P9-DUY-302

D0123492

Neuer
BILDATLAS
ZUR DEUTSCHEN
GESCHICHTE

Wilhelm J. Wagner

Neuer BILDATLAS ZUR DEUTSCHEN GESCHICHTE

Wissenschaftliche Beratung:
Professor Dr. Imanuel Geiss

Abbildungen auf dem Schutzumschlag

Umschlag vorne:
oben links: Flötenkonzert Friedrichs des Großen, Gemälde (Ausschnitt) von Adolph von Menzel
(Archiv für Kunst und Geschichte, Berlin)
oben rechts: Willy Brandt vor dem Mahnmal der Opfer des Warschauer Ghettos am 7.10.1970
(Corbis-Bettmann, New York)
Hinterleger: Reichsapfel (Ende 12. Jh.) der Reichskleinodien (Kunsthistorisches Museum, Wien)

Rücken: Konrad I.(Archiv für Kunst und Geschichte, Berlin)

Umschlag hinten:
Kaiser Otto III. umgeben von geistlichen und weltlichen Würdenträgern, Evangeliar, Ende 10. Jh.
(Bayerische Staatsbibliothek, München)

Impressum

© 2002 Chronik Verlag im Wissen Media Verlag GmbH
Gütersloh/München
Aktualisierte, überarbeitete und erweiterte Neuausgabe

Wissenschaftliche Beratung: Professor Dr. Imanuel Geiss
Satz, Kartographie, Grafik: Gertrude Wagner, Grünbach am Schneeberg
Projektleitung: Annette Grunwald
Lektorat: Andreas Schieberle, Schwerte
Karten- und Grafikredaktion: Dr. Matthias Herkt
Bildredaktion: Ursula Nöll-Kaske, Carola Wessolek, Ursula Franz
Beratung Redaktion/Layout: Hansjürgen Bade

Umschlaggestaltung: INIT, Büro für Gestaltung, Bielefeld
Druck und Bindung: MOHN Media Mohndruck GmbH, Gütersloh

ISBN: 3-577-14598-6

Deutschland – schwierig Vaterland

Professor Dr. Imanuel Geiss

Rasante Globalisierung mag es altmodisch machen, sich noch um die nationale Identität zu kümmern, gar für die Deutschen mit ihrem *„schwierigen Vaterland"* (Gustav W. Heinemann). Aber die sperrige Formel des unbequemen Bürgerpräsidenten verweist auf eine neue Mitte. Zwischen a-historischem Aufgehen im a-nationalen Nirwana der Einen, grenzenlos entgrenzten multikulturellen Global-Einheitswelt »links« und chauvinistisch-fundamentalistischen Reaktionen »rechts« müssen wir eine konstruktive Balance gewinnen. Auch sonst ist Deutschland mit seiner bewegten Geschichte zwar schwierig genug, aber immerhin »Vaterland«, als altfränkisches Synonym für Nation.

Auch eine sich globalisierende Weltgesellschaft braucht Kollektividentitäten unterhalb der Menschheit, seit 1945 vertreten in der UNO. Nur darf sich Nation nicht mehr, wie seit der Französischen Revolution, als innerweltlicher Religionsersatz über alle anderen Ebenen menschlicher Existenz erheben, für uns Europa, darüber die westliche Wertegemeinschaft. Die Nation muss nach unten Raum für andere Kollektividentitäten geben, mit Autonomie für Regionen und Kommunen. Dann ist Nation – nach unten in sich untergliedert, nach oben in weitere Zusammenhänge eingeordnet – keineswegs überholt, sondern bleibt unentbehrlich als Zwischenebene vom Individuum zur Menschheit, für eine (hoffentlich friedliche) Koexistenz demokratisch Vereinter Nationen, wie der offizielle Titel der UN lautet.

So rational, in friedlicher und demokratischer Absicht definiert, haben und sind auch die Deutschen eine Nation, zumal nach ihrer friedlichen und demokratischen Vereinigung 1990. Gegen die modische Verleugnung einer Kollektividentität der Deutschen gilt es, ihr *„schwieriges Vaterland"* zu erklären, so schwer das angesichts tiefer Brüche auch fallen mag, weil sie immer neue irrationale Emotionen freisetzen. Allemal entpuppt sich der »deutsche Sonderweg« als ideologische Leerformel: Es gibt unzählige »Sonderwege« in der Weltgeschichte, nationale wie regionale, z. B. Europas, Chinas, Indiens, Schwarzafrikas usw.

Deutsche Geschichte ist nicht nur Hitler und Auschwitz. Es gehört zu den Unerträglichkeiten unserer Tage, dass jeder, der solche Ansichten vertritt, fast automatisch als »rechtsextrem« gilt. Vielmehr muss es möglich werden, eine rationale Analyse deutscher Geschichte zu wagen: Nach einem Jahrhundert reichspatriotisch-deutschnationaler Selbstüberhebung über eine selbst provozierte »Welt von Feinden« seit 1871 »rechts« herrscht bei uns, seit dem Symboljahr 1968, eine a-nationale Zerknirschung bis hin zur kollektiven Selbstauflösung »links«.

Der »Neue Bildatlas zur deutschen Geschichte«

Natürlich kann ein populärwissenschaftlicher Bildatlas zur deutschen Geschichte nicht Defizite auffüllen, die wechselnde Orthodoxien im Geschichtsbewusstsein durch ihre Einseitigkeiten produzierten. Aber es ist verdienstvoll, einem breiteren Lesepublikum allgemein verständliche Schlaglichter deutscher Geschichte anzubieten. Die neu konzipierten und mittels modernster Computertechnik erstellten, ausdrucksstarken Karten und Diagramme machen den besonderen Reiz des Bandes aus, zumal hier die spezielle Leistung und Kompetenz des Autors Wilhelm J. Wagner liegt, eines gelernten und praktizierenden Kartographen und Geographen.

Um Geschichte abseits eines Zahlen- und Daten-Salates für jeden schmackhaft zu machen, bedient sich Wagner der journalistischen Sprache, erzählt farbig und detailreich. Das Werk ist nach dem Prinzip der Doppelseite, die ein Thema behandelt, aufgebaut. Dies ermöglicht es dem Leser, thematisch »ein- und auszusteigen«, unabhängig von der Chronologie.

Während sich die einzelnen Kapitel des Werkes naturgemäß dem jeweils speziellen historischen Geschehen widmen, bietet dieses Vorwort die Möglichkeit einer Längsschnittbetrachtung der deutschen Geschichte, bildet gewissermaßen eine umfassende Klammer des Gesamtwerkes. Durch Einordnung in größere Zusammenhänge soll die Fülle des Materials historisch verständlicher werden – Wechsel Deutschlands zwischen Machtzentrum (955/62 – 1198), Machtvakuum (1198 – 1871), Machtzentrum (1871 – 1945), Machtvakuum (1945 bis 1990) und wieder latentem Machtzentrum (ab 1990).

Anfänge deutscher Geschichte

Deutsche Geschichte setzt 911 ein: Alles davor ist Vorgeschichte, so wichtig sie auch ist. Das mittelalterliche Deutschland begann als östliches Spaltungsprodukt des Karolingerreiches mit dem Aussterben der ostfränkischen Karolinger und der Wahl eines ersten deutschen Königs. Nach seinem Höhepunkt unter Karl dem Großen (768 – 814) hinterließ das Karolingerreich eine erstaunliche Prägekraft über die Jahrhunderte hinweg, durch die Kaiserkrönung in Rom 800 wie mit seinen damaligen Grenzen. Es war komplexes Produkt aus germanischer Völkerwanderung, als Fluchtbewegung vor den schrecklichen Hunnen ins Römische Reich, und Resten der spätantiken Zivilisation, einschließlich römischer Amtskirche.

Deutschland 911 erstreckte sich ungefähr auf dem Gebiet der alten Bundesrepublik bis zur Vereinigung 1990. Von vornherein zeigte sich ein Grundproblem deutscher Geschichte: So schwach die frühen Deutschen damals waren – die fünf eher ärmlichen Stämme der Deutschen stiegen bereits durch ihren lockeren staatlichen Zusammenschluss sofort zur stärksten Macht im lateinischen Europa auf. Zwischen dem orthodoxen Byzanz im Südosten, der ab 988 ebenfalls orthodoxen Kiewer Rus im Osten und dem muslimischen Emirat (ab 929 Kalifat) von Cordoba im Südwesten war Deutschland im Zeitalter feudaler Zersplitterung nach dem Sturz des (West-)Römischen Reiches 476 aber nur relativ stark.

Der Zusammenschluss erfolgte zur Verteidigung gegen den (schon auslaufenden) Druck der Normannen vom Norden und der aus Zentralasien stammenden Ungarn vom Südosten. Die vereinten Deutschen waren stark genug, in der Schlacht bei Augsburg 955 die Ungarn so entscheidend zu schlagen, dass sie sesshaft wurden, das Christentum annahmen (1000) und sich in die werdende Staatengemeinschaft des lateinischen, römisch und katholisch geprägten westlichen Europa unter Kaiser und Papst einfügten.

Vom Machtzentrum I
zum Machtvakuum II (955/62 – 1871)

Den Kaiser stellten ab 962 die Deutschen als stärkste Militärmacht auf dem Kontinent seit der Kaiserkrönung Ottos I. in Rom. Die Erneuerung des Römischen Reiches Karls des Großen erhob Deutschland zum ersten Machtzentrum des lateinischen Europa seit dem Untergang Westroms 476. Aber in seiner damaligen Randlage war Deutschland ökonomisch wie kulturell unterentwickelt, jedenfalls im Vergleich zu Italien und Frankreich. Sie lagen auf älterem Kulturboden den Quellen der römisch-lateinischen Zivilisation näher als Deutschland, meist jenseits des Limes. Anschließend raubte der trügerische Glanz des Reiches den Deutschen die Chance, solide Fundamente zu späteren Nationalstaaten zu legen, wie Frankreich, England, Spanien und Portugal. Seine innere Struktur blieb so locker, dass das Reich es nie zu einer amtlichen Reichshauptstadt brachte.

Mit dem Thronstreit zwischen Staufern und Welfen 1198 begann der Abstieg des Reichs als Machtzentrum Nr. 1 des lateinischen Europas, zugunsten Frankreichs, das seit der Schlacht bei Bouvines 1214 zur ersten und lange Zeit einzigen Großmacht Europas aufstieg. Deutschland dagegen zerfiel in zahlreiche autonome, seit dem Westfälischen Frieden 1648 souveräne Einzelstaaten. Es wurde zum großen langfristigen Machtvakuum Europas, bis zur Reichsgründung 1871, nach und auf Jahrhunderte gleichzeitig mit Italien als Machtvakuum (476 – 1859/61).

In fast 700 Jahren, in denen Deutschland Machtvakuum war, veränderten mehrere Prozesse schrittweise die Strukturen Europas und Deutschlands und mündeten langfristig in die nächste Phase Deutschlands als Machtzentrum Nr. 1 auf dem Kontinent ein.

1. Bevor das Reich im Westen unter dem Druck der französischen Expansion an Boden verlor, gewann die deutsche Ostkolonisation ab 1134 weite Gebiete östlich der Linie Elbe-Saale-Böhmerwald-Enns hinzu.

2. Aus östlichen Markgrafschaften, für Defensive wie Offensive militarisierten Grenzbezirken, entwickelten sich drei neue regionale Machtzentren, die bayrische Ostmark, Meißen und Brandenburg. Die beiden im Süden und Norden übernahmen, auf je ihre Weise, nacheinander das diffuse Reich – Österreich als Kaisermacht 1438 – 1806, später als Präsidialmacht im Deutschen Bund 1815 – 1866; Preußen durch die Reichsgründung 1867/71. In der Mitte blieb Sachsen machtpolitisch zwischen beiden innerdeutschen Hegemonialmächten auf der Strecke.

3. Die Reformation ab 1517, das erste Großereignis Europas, das von Deutschland ausging, erhöhte Deutschlands Fragmentierung, nun durch konfessionelle Spaltungen. Wie in Europa insgesamt überwog auch in Deutschland der Protestantismus im Norden, blieb der Süden überwiegend katholisch, herrschte in der Mitte Gemengelage. Dort brachen die Religionskriege aus, eskalierend zum Dreißigjährigen Krieg (1618 – 1648). Als europäischer Großkonflikt tobte er besonders verheerend im zentralen Machtvakuum Deutschland.

4. Der Westfälische Friede 1648 ratifizierte staats- und völkerrechtlich die Fragmentierung Deutschlands, ferner die Loslösung der Schweizer Eidgenossenschaft und der neuen Niederlande der Generalstände vom Reich.

5. Als positive Kehrseite staatlicher Zersplitterung bereitete sich Deutschlands kultureller Aufstieg etwa ab 1700 vor, kulminierend in der Goethezeit bis 1832, mit weit reichenden Nachwirkungen auf Gebieten der Bildung und Wissenschaft, seit der industriellen Revolution auch der Technik und Wirtschaft.

6. Zugleich bahnte sich aus der politischen Zersplitterung der spätere Föderalismus an, der einzige konstruktive Beitrag Deutschlands zur politischen Weltkultur.

7. Im Zeitalter der industriellen Revolution und des Nationalismus drängten Wirtschaft und Nationalgefühl, in einer Serie von drei Reichsgründungskriegen (1864 – 1871), zur staatlichen Zusammenfassung, der Reichsgründung 1871.

Machtzentrum II, Kontinuitäten deutscher Großmachtpolitik (1871 – 1945)

Selbst das kleindeutsche Reich, ohne Österreich, schoss über Nacht zu einem erstklassigen Machtzentrum auf dem Kontinent empor, das alle anderen vier Großmächte der Europäischen Pentarchie (= fünf Großmächte: Frankreich, Österreich, England, Russland, Preußen) zu deklassieren drohte. Weiteres Bevölkerungs- und Wirtschaftswachstum erzeugte subjektiv ein hybrides Kraft- und Machtgefühl, objektiv die Kontinuität deutscher Machtpolitik vom Zweiten zum Dritten Reich, eben als neues Machtzentrum Nr. 1 in Europa. Mit dem Übergang von der relativ zurückhaltenden Kontinentalpolitik Bismarcks und seines unmittelbaren Nachfolgers Caprivi zur Wilhelminischen Weltpolitik ab 1896 überschritt das Reich die Grenze zwischen Machbarkeit und Illusion: Der Aufstieg zur Weltmacht – gleichzeitig gegen Frankreich, Russland und England – hätte erst recht jedes Gleichgewicht in Europa zerschlagen, denn Weltpolitik erforderte Deutschlands Hegemonie über Europa als

territoriale Basis. Weltpolitik und Schlachtflottenbau gegen England provozierten erst recht die sprichwörtliche »Welt von Feinden«. Ihr erlag folgerichtig Deutschland, mit drei schwachen Verbündeten (Österreich-Ungarn, Osmanisches Reich, Bulgarien), 1918.

Militärische Niederlage, Novemberrevolution und Versailles mündeten in eine schwere innere Krise, die nach dem Interregnum der Weimarer Republik 1933 ins Dritte Reich führte: Wie zuvor Russland 1917 und Italien 1922 flüchteten die größten Verlierer des Ersten Weltkrieges sowie eine Siegernation, die sich um ihren »gerechten« Lohn betrogen fühlte (Italien), in eine totalitäre Heilsbewegung. In Deutschland siegte 1933 mit dem Rechtstotalitarismus zugleich auch die rabiateste Variante des staatlich organisierten Antisemitismus, der schon mit dem Ersten Weltkrieg seinen großen Durchbruch erzielt hatte.

Hitlers Drittes Reich, durch den Anschluss Österreichs 1938 gesteigert zum »Großdeutschen Reich«, organisierte die Revanche für den verlorenen Ersten Weltkrieg, trieb Europa und die Welt in den Zweiten Weltkrieg, als brutalisierte Fortsetzung und Steigerung des Ersten Weltkrieges. In Radikalisierung kaiserlicher wie alldeutscher Kriegsziele im Ersten Weltkrieg wollten Hitler und Himmler mit ihrem »Großgermanischen Reich deutscher Nation« auf Dauer eine deutsche Hegemonie über Europa errichten, als territoriale und machtpolitische Grundlage für den Anspruch, noch weiter in die Welt auszugreifen – *„Aufstieg oder Abstieg"* (Hitler, 23. 5. 1939).

Vom Machtvakuum II zum latenten Machtzentrum (1945 – 1990)

Als Rückschlag gegen so übersteigerte Kriegsziele fiel die deutsche Niederlage 1945 noch vernichtender aus als 1918: Das Reich selbst ging unter, Deutschland wurde territorial beschnitten, wurde wieder Machtvakuum, das die vier Besatzungsmächte auf ihre Weise ausfüllten – im Kalten Krieg gegeneinander. Deutschland zerfiel in zwei ungleich große und strukturierte Nachfolgestaaten des Reiches, Bundesrepublik und DDR. Als Satellitenstaat der linkstotalitären Sowjetunion hatte die DDR an allen Schwächen des Sowjetkommunismus teil und konnte sich nie zu einer ernsthaften Alternative gegen die Bundesrepublik aufbauen. Der Untergang der Sowjetunion in einem komplexen welthistorischen Prozess riss daher mit dem Fall der Berliner Mauer am 9. November 1989 auch die DDR in den Abgrund, da sie ohne ihre sowjetische Schutzmacht allein nicht lebensfähig war.

Seit der deutschen Vereinigung 1990 im Ende des Kalten Krieges wurde selbst die kleindeutsche Bundesrepublik, im Osten bis zur Oder-Neisse-Grenze, nach Bevölkerungszahl und Wirtschaftskraft wieder potentielles Machtzentrum, von vielen in Europa und Deutschland misstrauisch beäugt, als mögliches »Viertes Reich«. Gegen diese subjektiven Ängste sprechen bisher die Bereitschaft der Deutschen, jedenfalls bis zur Ära Helmut Kohl, sich in Europa einzuordnen, und das Lebensgefühl einer zunehmend von 1968 geprägten Gesellschaft, das nationalstaatliche Profil der Deutschen möglichst niedrig zu halten.

Solange die Deutschen mit ihren – anfangs leichtfertig unterschätzten – inneren Problemen der Vereinigung beschäftigt sind, droht Europa keine Gefahr eines neuen Anlaufs zur deutschen Hegemonie, nun ökonomisch und friedlich im Rahmen einer sich erweiternden EU. Aber das historische Grundproblem der Deutschen bleibt: Als (erst hinter den Franzosen, seit etwa 1850 hinter den Russen) zahlenmäßig zweitstärkstes Volk und durch die Industrialisierung als stärkste Wirtschaftsmacht in der Mitte Europas sind sie, staatlich vereint, für jedes europäische Gleichgewicht eigentlich zu mächtig. Sie sind dann wie zu einem komplizierten Gewölbe der Schlussstein, der aber zu groß geraten ist und alles zum Einsturz bringen könnte.

Aufgabe der Deutschen wie ihrer Mit-Europäer wird es daher, durch eine rationale Besinnung auf ihre gemeinsame Geschichte, tragfähige Konstruktionen zu finden. Sie müssen ihre legitimen nationalen Interessen und das Gesamtinteresse Europas an einer friedlichen Existenz ohne Deutschlands Hegemonie konstruktiv miteinander in Einklang bringen. Das erfordert auf allen Seiten viel Fingerspitzengefühl und gegenseitige Rücksicht. Die Deutschen müssen sich ihrem *schwierigen Vaterland* stellen, müssen ihre durch ihre wechselvolle Geschichte selbst vielfältig gebrochene Identität annehmen und sie produktiv wenden – zum Nutzen Europas wie der Deutschen selbst. Das geht am besten über eine möglichst objektive Kenntnisnahme ihrer komplizierten Geschichte, eingebettet in europäische Zusammenhänge.

Fenster zur Vergangenheit

„Nun sprach Gott: Lasst uns den Menschen machen nach unserem Bilde, uns ähnlich."

Die Bibel, Das Buch Genesis

Man schreibt den 24. November 1859. In London ist es ein Tag wie jeder andere: Auf den Straßen der Millionenstadt herrscht die übliche Betriebsamkeit, an der Börse spekulieren die Broker heftig über die jüngst in den USA aufgenommene Erdölförderung, und in den politischen Clubs erhitzt die Gründung des Deutschen Nationalvereins in Frankfurt am Main (16. 9. 1859) durch liberale und demokratische Patrioten die Gemüter. Macht sich doch der Verein die Schaffung eines einigen und freien Deutschlands unter Preußens Führung zum Ziel. Sollte das Vorhaben gelingen, wären Auswirkungen auf die britische Außenpolitik unvermeidlich. Von diesen aktuellen Entwicklungen voll beansprucht, nimmt man die Nachricht kaum wahr, dass die ersten 1250 Exemplare eines Buches des englischen Naturforschers Charles Darwin am Tag des Erscheinens im Handumdrehen verkauft worden sind. Und doch, dieses Werk, »On the Origin of Species«, wird auf Jahrzehnte zum Streitobjekt für Naturwissenschaftler, Philosophen und die Kirche. Darwin behauptet nämlich, dass die Merkmale der Lebewesen einem ständigen Wandel unterliegen (Evolutionstheorie), den Kampf ums Dasein nur der Beste gewinnt

Charles Robert Darwin, britischer Biologe, 1809 bis 1882.

(Ausleseprinzip) und Menschenaffe und Mensch dieselbe Wurzel besitzen (Abstammungslehre). Als die Theorie in England schließlich bekannt wird, bricht ein wahrer Sturm der Entrüstung los. In Deutschland hingegen bleiben Reaktionen auf Darwins Hypothesen aus.

Ein spektakulärer Fund

Noch stehen die Anthropologen unter dem Eindruck der vor drei Jahren gemachten Entdeckungen in einer der beiden Feldhofer Grotten des Neandertales bei Düsseldorf: Damals behauptete der Realschullehrer Johann Carl Fuhlrott aus Elberfeld, die gefundenen Knochenreste – eine Hirnschale mit fliehender Stirn und starken Augenbrauenwülsten und grobschlächtige Gliedmaßen, insgesamt einem Affen ähnlicher als einem Menschen – seien Fossilien einer frühen menschlichen Entwicklungsstufe. Der berühmte Begründer der wissenschaftlichen Pathologie, der Berliner Rudolf Virchow, glaubt es besser zu wissen: Fuhlrott irrt, meint er. Der Mensch, ein Abbild Gottes, habe seit seiner Schöpfung keine Veränderung im Aussehen erfahren. Die Knochenfunde gehörten eindeutig zu den Überresten eines an Kindheits-Rachitis und einer altersbedingten Arthritis deformans Erkrankten, der zudem im Laufe seines beschwerlichen Lebens noch Schläge auf Stirn und Schädel erhalten hätte.

Den typischen Neandertalerschädel fand man in La Chapelle-aux-Saints (links).

Der frühe moderne Homo sapiens aus Qafzeh in Israel zählt 100.000 Jahre (rechts).

Spy, Engis, La Naulette, Scalyn Swanscombe — Pontnewydd — Boxgrove — La Quina — Saint-Césaire — La Ferrassie — Biache — Petershöhle — La Chapelle-a.-S. — Hortus — Lezetxiki — Burgos — Atapuerca — Arago — Saccopastore — Feldhofer Grotte — Mauer — Steinheim — Bilzingsleben — Ehringsdorf — Kulna, Ochoz — Sipka — Erd — Tata — Vindija — Krapina — Ceprano — Altamura — Patralona — Molodova — Kiyik-Koba — Starosillya — Sukhaya Mechetka — Dmanisi — Teshik Tas — Shanidar — Amud — Zuttiyeh — Bisitun — Skhul — Tabun — Kebara — Qafzeh — Gorham-Höhle — Forbes Quarry — Mugharet el 'Aliya — Sidi Abderrahman — Thomas Quarry — Jebel Irhoud — Zafarraya — Tighenif — Taforalt — Dar es Soltan, Zouhrah-Höhle, Temara — El Guettar — Bir el Ater — Hajj Creiem — Haua Fteah — Ed Dabba

Die Erdkarte entspricht dem gegenwärtigen physikalischen Landschaftsbild.

Homo habilis aus Turkana (rechts).

Bir Tarfawi — Bir Sahara — Singa — Hadar — Middle Awash/Aramis — Dire Dawa — Gademotta — Omo — Konso-Gardula — Nariokotome — West Turkana — Koobi Fora — Lainyamok — Lukenya Hill — Nasera — Olduvai-Schlucht — Laetoli — Matupi — Mumba — Chambuage Mine — Malema — Uraha — Kabwe — Bambata — Pomongwe — Swartkrans — Cave of Hearths — Bushman Rock — Sterkfontein — Boder-Höhle — Equus Cave — Florisbad — Hoedjies Punt — Orangia 1 — Elandsfontein — Klasies River Mouth — Langebaan — Howieson's Poort — Die Kelders — Herold's Bay

Ostafrikanischer Grabenbruch

Der Schädel eines rezenten (= in der Gegenwart lebenden) Homo sapiens, ca. 130.000 Jahre alt, stammt aus Omo in Äthiopien.

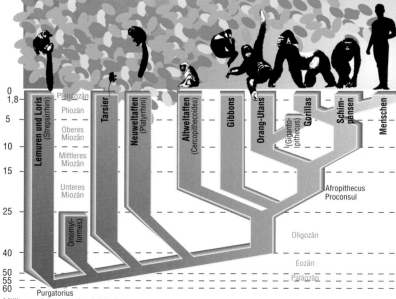

0 / 1,8	Pleistozän											
5	Pliozän											
	Oberes Miozän											
10	Mittleres Miozän											
15	Unteres Miozän									Afropithecus Proconsul		
25												
40	Omomyiformes							Oligozän				
50 / 55 / 60	Purgatorius						Eozän					
							Paläozän					

Lemuren und Loris (Strepsirhini) · Tarsier · Neuweltaffen (Platyrrhini) · Altweltaffen (Cercopithecoidea) · Gibbons · Orang-Utans · (Gigantopithecus) · Gorillas · Schimpansen · Menschen

Millionen Jahre vor der Jetztzeit

Virchow spricht – und jede weitere fachliche Diskussion erstirbt, bis 1863 der Potsdamer Zoologe Ernst Haeckel in Stettin einem Forum aus Naturforschern und Ärzten den Entwurf seiner Überlegungen zur menschlichen Ahnenreihe vorlegt.

Ein Bekenntnis zu Darwin

Haeckel sagt, Mensch und Affe müssten einen gemeinsamen Urahnen gehabt haben, den »Pithecanthropus«. Tatsächlich findet im September 1891 der niederländische Militärarzt Eugène Dubois auf Java die Schädeldecke, einige Zähne und Oberschenkelknochen eines Geschöpfes, das den Vorstellungen Haeckels ent-

Ein dichtes Fundnetz früher Hominiden erstreckt sich entlang des Ostafrikanischen Grabenbruchs und in den Lösslandschaften Chinas (Karte unten). Der Purgatorius soll der Urahn aller Primaten sein. Zwar ist die Entwicklungsgeschichte der Primaten in groben Zügen bekannt, die Stellung der einzelnen Fossilien zueinander ist aber umstritten (Grafik links unten).

Der Pekingmensch aus einer Höhle von Zhoukoudian in China ist etwa 420.000 Jahre alt (oben).

Der Australopithecus afarensis aus Hadar lebte vor rund 3 Millionen Jahren (links).

Das Hirnvolumen beträgt zur Zeit des Auftretens des Homo erectus 775 cm³ und entwickelt sich mit der Zeit auf eine Größe von 1300 cm³.

Der Bau von Brustkasten und Rippen gleicht dem des Gegenwartsmenschen.

Mit seinem untersetzten, muskulösen Körperbau und einer Größe von 1,70 bis 1,80 m muss der Homo erectus einen kräftigen Eindruck gemacht haben.

Homo erectus, Australopithecus afarensis und Homo sapiens im Vergleich (Grafik rechts, von links nach rechts).

- ● **anatomisch dem modernen Homo sapiens entsprechend**
  mehr als 50 000 Jahre alt

- ◐ **Homo neanderthalensis**
  ausgestorbene Nebenlinie des Homo praesapiens, 25 000 bis 125 000 Jahre alt

- ◑ **Homo praesapiens**
  archaischer Homo sapiens, 35 000 bis 300 000 Jahre alt

- ○ **frühe Hominiden**
  Australopithecus, Homo erectus, Homo ergaster, Homo habilis, 300 000 bis 4 Millionen Jahre alt

treffen sie ein, auch aus China und Ostafrika. Die Anhänger Darwins und Haeckels, in der Zwischenzeit haben sie gegenüber den Zweiflern die Oberhand gewonnen, kommen schließlich zur Erkenntnis, dass der Urahn aller Primaten, vom Lemuren bis zum Menschen, der so genannte Purgatorius, vor vermutlich 60 Millionen Jahren in Afrika lebte.

Afrika, die Wiege der Menschheit

Im Ostafrikanischen Grabenbruch finden Anthropologen und Paläontologen die bislang ältesten Knochen menschenverwandter Lebewesen. Im frühen Miozän (vor 19 bis 18 Millionen Jahren) tummelten sich hier mindestens zehn verschiedene Arten von Menschenaffen. 1933 entdecken Forscher ein beinahe vollständiges Skelett der Gattung »Proconsul«. Er lief auf allen Vieren, lebte aber auch auf Bäumen und ernährte sich von Früchten. Mitte der achtziger Jahre graben die Wissenschaftler weitere Zeitgenossen des Proconsuls aus der fossilreichen ostafrikanischen Erde, den »Afropithecus« und den »Kenyapithecus«; beide stehen dem Ursprung von Menschen und Menschenaffen noch näher als Proconsul.

Die affenmenschlichen Fossilien von Laetoli (3,5 Millionen Jahre alt), Hadar (zwischen 3,3 und 2,9 Millionen Jahre), Sterkfontein und Makapansagat (3 bis 2,5 Millionen Jahre) zählen zu den ältesten, die Fachwelt nennt sie »Australopitheciden«, »Südaffen«. Die zu Stein gewordenen Fußabdrücke von Laetoli bestätigen darüber hinaus: Der Affenmensch lief bereits vor mindestens 3,5 Millionen Jahren aufrecht auf zwei Beinen. Tatsächlich ist der aufrechte Gang aber noch älter, nämlich mindestens vier Millionen Jahre. Die 1994 von Meave Leakey und Alan Walker in der Allia-Bucht des Turkana-Sees (früher Rudolfsee) entdeckten, zwischen 4,2 und 3,9 Millionen Jahre alten hominiden Reste des Australopithecus anamensis zeigen Knie-, Fuß- und Ellbogengelenke wie die des eine Million Jahre jüngeren Australopithecus afarensis aus Hadar, »Lucy« genannt,

von dem man genau weiß, dass er Zweibeiner war. Allerdings ging »Lucy« vor 3,18 Millionen Jahren nicht ausschließlich aufrecht, sondern bewegte sich auch noch recht munter im Blätterdach hoch gewachsener Bäume.

Neue Zweifel an Darwin und Haeckel

In jüngster Zeit regen sich neue Zweifel an Charles Darwins und Ernst Haeckels Theorien, dass die Gattung Mensch nur in Afrika und nur aus einem Affen-Mensch-»Adam« mutiert sein soll. Die Fülle hominider Überreste, die in Ostchina in letzter Zeit entdeckt wurden und zum Teil noch auf wissenschaftliche Detailuntersuchungen warten, lassen nicht nur eine menschliche Genesis an anderen Orten, sondern auch andere Ursprünge möglich erscheinen. So wird das 1984 aufgefundene, fast vollständige Skelett des 1,6 Millionen Jahre alten so genannten Jungen von Turkana wieder nur zu einem Glied in der langen Evolutionskette der Hominiden, allerdings zu einem bedeutungsvollen: Der so genannte Junge, 1,80 m groß und schlank ist dem Gegenwartsmenschen schon sehr ähnlich, die Paläoanthropologen nennen ihn »Homo ergaster«.

Obwohl noch immer viele Verbindungen zwischen den einzelnen Gliedern im Stammbaum unserer Herkunft fehlen, scheinen Analysen der Chromosomen, der Träger genetischer Informationen, das Nahverhältnis von Mensch und Menschenaffe zu bestätigen: Die Differenz zwischen der Erbmasse des Schimpansen und der des Menschen beträgt weniger als zwei Prozent.

spricht. Verständlich, daß dieser 1898 mit großer Genugtuung feststellt: *„Die Abstammung des Menschen von einer tertiären Primaten-Kette [...] ist eine historische Tatsache."*

Doch Dubois' Pithecanthropus – Virchow schreibt die Überreste einem Riesengibbon zu – ist bei weitem nicht der älteste Vorläufer aller Primaten. Ab 1930 häufen sich die Fundmeldungen. Nicht nur aus Java

Ernst Haeckel, Zoologe und Naturphilosoph, 1834 bis 1919.

Map labels: Changwu, Xujiayao, Zhoukoudian, Lantian, Dingcun, Dali, Yunxi, Nanzhao, Yunxian, Jianshi, Longgupo, Chaoxian, Changyang, Yuanmou, Tongzi, Maba, Narmada, Sangiran, Sambungmachan, Perning, Ngangdong, Trinil

Auf der Suche nach den Ahnen

Ein Diorama im Niedersächsischen Landesmuseum in Hannover zeigt eine Rekonstruktion, wie der Urmensch vor 700.000 bis 400.000 Jahren ausgesehen und gelebt haben könnte (Bild links).
Der Neandertaler war dem Gegenwartsmenschen schon sehr ähnlich (links unten).
Im Bocksteinloch von Rammingen in Schwaben fanden die Archäologen erstaunlich wenig Artefakte und Knochen von erlegten Tieren (Grafik unten).

„Der Mensch ist die einzige Kreatur, die über ihre Geschichte nachdenken kann."

Friedemann Schrenk, 1997

Die alte, ehrwürdige Hansestadt Bremen birgt in ihren Baudenkmälern mancherlei Überraschungen. Zu ihnen gehört zweifellos das an die Martinikirche angebaute »Neander-Haus«. Hier lebte in seinem letzten Lebensjahr 1679/80 Joachim Neander, ein calvinistischer Pastor, aus dessen Feder das bekannte Kirchenlied »Lobet den Herren!« stammt. 1674 war er Rektor am Gymnasium in Düsseldorf und baute als erster in einem bis dahin unbewohnten Tal sein Haus. Nach ihm heißt es Neandertal.

In diesem Tal entdeckten im Jahr 1856 Steinbrucharbeiter in einer der beiden Feldhofer Grotten die Überreste des berühmt gewordenen »Neandertalers«. Jutta Gräbner von der Touristikzentrale in Bremen bestätigt: *Selbst viele Bremer kennen den Zusammenhang zwischen dem Pfarrhaus in der Martinistraße und dem Neandertal bei Düsseldorf nicht."* So entdeckt man mitunter Dinge, die man eigentlich gar nicht suchte.

Das können auch Anthropologen behaupten, die 1996 in der Nähe des nordspanischen Burgos in den Tonen und Mergeln der Einsturzhöhle Gran Dolina Überreste von sechs Urmenschen finden. Die Überraschung ist groß, als erste Untersuchungen an den hominiden Knochenfragmenten ein Alter von 780.000 Jahren ergeben und sie in die Reihe der ältesten Europas stellen. Das langgesuchte »Missing Link«, ein Übergangsglied zwischen dem archaischen und dem modernen Menschen, scheint gefunden: *„Jetzt haben wir ein Bindeglied",* sagt Antonio Rosas vom Nationalmuseum in Madrid, *„das wir gar nicht gesucht haben."* Der Hamburger Anthropologe Günter Bräuer ist anderer Meinung. Für ihn ist der spanische »Homo antecessor« weder der Urahn des Neandertalers noch des Heidelberger Homo sapiens: *„Viel wahrscheinlicher ist es, dass es sich bei den Fossilien um Relikte des späten Homo erectus handelt",* meint Bräuer und verweist auf seine jüngsten Forschungen.

Auf dem Weg zum Homo sapiens

Gestützt auf die Uran-Datierungsmethode hat Bräuer die vom britischen Anthropologen Richard Leakey am Turkana-See entdeckten fossilierten Schädel- und Oberschenkelknochen eines Frühmenschen auf ihr Alter untersucht. Die Entwicklung zum Homo sapiens erfolgte vor etwa 600.000 Jahren, um 200.000 Jahre früher, als man bisher vermutet hat, so Bräuer. Die Relikte vereinen, wie jene der Höhle Gran Dolina, archaische Kennzeichen mit denen des modernen Menschen und unterstützen die Theorie vom »Afrika, der Wiege der Menschheit«. Dagegen allerdings spricht ein Vergleich zwischen Schädeln des afrikanischen Homo erectus und klassisch ostasiatischen. Die deutlichen Unterschiede zwischen beiden berechtigen zur Annahme, es handle sich um zwei verschiedene Frühformen der Hominiden. Aus dem afrikanisch/kenianischen »Homo ergaster« vermochte sich der Neumensch zu entwickeln,

der ostasiatische Homo erectus aber – lange Zeit als Bindeglied zwischen frühem und modernem Menschen angesehen – starb aus. Wären da nicht Funde aus der Longgupo-Höhle in der chinesischen Provinz Sichuan, verliefe die Erklärung der Evolution des Menschen relativ einfach. Doch die in Longgupo entdeckten Zähne und Unterkieferfragmente sind nach ersten Datierungen 1,9 Millionen Jahre alt, also erheblich älter als die 1,4 Millionen Jahre alten Relikte aus Olduvai, zu denen auch der »Junge von Turkana«, die erste Frühform der Gattung Mensch – »Homo ergaster« – gerechnet wird. Die Entdeckung dieser ostasiatischen Relikte spaltet die Anthropologen in zwei Lager. Die einen betrachten den archaisch gebauten Homo erectus, einschließlich des Homo ergaster, als alte Variante des modernen Menschen, der in seiner 2 Millionen Jahre dauernden Evolution die heutige Vielfalt der Menschen hervorbrachte. Für die anderen *„stammen alle jetzigen menschlichen Bevölkerungsgruppen von einer einzigen Population ab, die etwa 150.000 bis 100.000 Jahre vor der Gegenwart lokal begrenzt auftrat",* stellt der New Yorker Anthropologe Ian Tattersall fest. Er bezeichnet den modernen Menschen schlichtweg als *„letzten Akt dieses Schauspiels evolutionärer Aufspaltungen und Spezialisierungen".*

Der älteste Mensch auf deutschem Boden

Eine Entdeckung besonderer Art wartet am 21. 10. 1907 auf den Arbeiter Daniel Hartmann in der Sandgrube Grafenrain in Mauer bei Heidelberg. *„Beim Ausheben des Sandes vermittels einer Schaufel",* vermerkt der Fundbericht, stieß Hartmann auf einen kalkverkrusteten Knochen mit Zähnen. Der Anthropologe Otto

[Grafik – Bocksteinloch]

Höhleneingang
Bocksteinloch
Feuerstelle
Tierknochen
Pferdewirbelsäule
Faustkeile, Rengeweih
Holzkohle von Laubbäumen
Hirschgeweih
Felsblöcke
Schmiedsgrube
hohe Artefaktenkonzentration
Pferdeunterkiefer
Gemsenknochen
heutiger Höhlenvorplatz
Knochenkohlen
Knochenreste Pferd, Bär, Hirsch, Mammut, Auerochse, Wolf, Hyäne
West
Ost
N
0 5 m

Vergletscherung zur Zeit der Neandertaler

Festland bis zur letzten Eiszeit

Clacton-on-Sea
La Naulette
Boxgrove
Swanscombe
Feldhofer Grotte (Neandertal)
Abbeville
Bilzingsleben
La Cotte-de-St-Brelade
Spy Scalyn
Ehringsdorf
St-Acheul Engis Mauer
Steinheim
Kulna, Ochoz
Petershöhle
Sipka
St-Césaire
La Quina
Le Moustier
La Chapelle-aux-Saints
Tata Érd
La Ferrassie
Lezetxiki
Hortus
Krapina
Vértesszöllös
Gran Dolina
Subalyuk Vindija
Molodova
Arago
Atapuerca
Bañolas
Kiyik-Koba, Starosillya
Columbeira
Saccopastore
Salemas
Ceprano
Gorham's Cave
Circeo
Carigüela
Zafarraya
Altamura Petralona
Forbes' Quarry

● frühe Erectinen
● Neandertaler

Fundstätten von frühen Erectinen und Neandertalern in Europa (Karte oben).
Schädel eines Neandertalers, des Homo transprimigenius, der vor etwa 50.000 Jahren in der Gegend von Le Moustier in Frankreich lebte (Bild links oben).
Etwa 180.000 Jahre zählt der Homo steinheimensis aus Steinheim a. d. Murr (Bild rechts oben).
Der Homo sapiens soll nach Meinung vieler Anthropologen von einer einzigen Population abstammen, die in Afrika oder an der Levante gelebt hat (Grafik unten).
Im Jahre 1907 wird bei Heidelberg der Unterkiefer eines rund 600.000 Jahre alten Homo erectus gefunden (Bild unten).

Homo sapiens
Homo neanderthalensis
Homo heidelbergensis
Homo erectus
Homo ergaster

Schoetensack, mit der Begutachtung des Fundes betraut, hat schon lange Überbleibsel von Menschen vermutet, die hier dem reichlich vorhandenen Wild nachjagten. Der aufgefundene Kieferknochen stammt vermutlich von einem 19- bis 25-jährigen Mann, der als »Homo heidelbergensis« bekannt wird. Er gehört einer Gesellschaft von Jägern an, die Hornsteingeräte in tradierten Techniken herstellen. Die Menschen von damals konnten also ihre Arbeitsmethoden bereits vermitteln. Der Wissensaustausch findet laut Studien des Max-Planck-Institutes vor 528.000 bis 621.000 Jahren statt.

Der Heidelbergmensch steht auf einer Entwicklungsstufe, die direkt zum Homo steinheimensis und weiter zum Neandertaler führt. Natürlich war der Homo heidelbergensis nicht der erste »Deutsche«, er war auch nicht der erste »Europäer«. Solche zwar medienwirksamen, aber paläoanthropologisch falschen Aussagen lehnt die ernsthafte Wissenschaft ab.

Einen weiteren Nachweis ältester menschlicher Anwesenheit auf deutschem Boden finden Forscher 1983 in der Tongrube Kärlich bei Koblenz. Die im Erdreich eingebetteten Quarzgerölle zeigen eine Million Jahre alte Bearbeitungsspuren. Etwa 600.000 Jahre ist ein steinzeitlicher

Schlacht- und Essplatz in Andernach-Miesenheim alt. Und in den großen Travertinbrüchen von Stuttgart-Bad Cannstatt in Baden-Württemberg entdecken Archäologen 300.000 bis 250.000 Jahre alte, aus Stein gearbeitete Geräte.

Elefanten in Bilzingsleben

Von überragender Bedeutung für die Erforschung der Steinzeit in Mitteleuropa sind die Untersuchungen des Paläontologen Dietrich Mania über den Lagerplatz von Bilzingsleben. Hier, am Ufer eines kleinen, jetzt ver-

landeten Sees schlugen vor über 300.000 Jahren Frühmenschen zur Jagdzeit regelmäßig ihr Lager auf, bis es der See überschwemmte und Kalkschlamm die Siedlungsreste bedeckte und konservierte. Auf der etwa 1000 m² großen Ausgrabungsfläche kommen die Überreste der Jagdbeute, rund 2000 kg Tierknochen von 31 Elefanten und 68 Nashörnern, zutage. Mehr als 100.000 Steinartefakte liegen im Travertinboden, darunter Knochen, Zähne und Schädelteile früher Menschen, die den hominiden Überresten aus den Fundstätten von Olduvai in Afrika sowie Zhoukoudian und Sangiran in China gleichen.

Erstaunen erweckt bei den Wissenschaftlern ein besonderer Platz im Lager der Bilzingslebener Jäger: Nahe den Behausungen und Arbeitsstätten für die Herstellung von Werkzeugen und Waffen legen die Archäologen eine Stelle frei, die sie »das zentrale Pflaster« nennen. Gewaltsam zerstampfte Tierknochen, mit Steinen vermischt, bedecken eine Fläche von 10 m im Durchmesser. Im Umkreis des Platzes häufen sich Menschenzähne und vorsätzlich zerschlagene menschliche Schädelteile. Hier dürfte ein Kult- oder Opferplatz einer spirituellen Kultur gewesen sein. Der Homo erectus von Bilzingsleben verstand es, einfache Skizzen und Ornamente in Elefantenknochen zu ritzen. Er hat eine Entwicklungsstufe erreicht, *„auf der er uns mit einer zwar einfachen, aber doch schon relativ weit entwickelten menschlichen Kultur und Gesellschaft entgegengetreten ist"* (Dietrich Mania). Bilzingsleben ist voll von Überraschungen und viele warten noch auf ihre Entdeckung.

So mag der Steinzeitjäger vom Lager Bilzingsleben vor 300.000 Jahren ausgesehen haben (Bild und Grafik unten).

menschliche Schädelreste und Zähne
0   10 m
N
Abfallhalde
Uferzone
Arbeitszone
Wohnbauten
Feuerstellen
Arbeitsplätze
Elefantenstoßzähne
■ »zentrales Pflaster« (Opferplatz?)

Überleben in der Kälte

„Das menschliche Geschlecht erhebt sich über seine tierische Vergangenheit geradezu greifbar dank der Fähigkeit Werkzeuge zu benutzen."

Karl Dietrich Adam, 1984

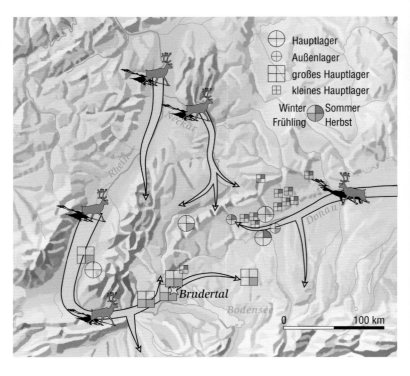

Noch 1994 sieht Milford Wolpoff von der Universität Michigan in *„einigen Europäern"* Nachkommen des Neandertalers. Er irrt. Eine Forschergruppe um Svante Pääbo am molekularbiologischen Institut der Universität München stellt 1997 eindeutig fest, dass sich die Wege der Vorfahren des Neandertalers von denen des Gegenwartsmenschen vor rund 600.000 Jahren trennten und nicht wieder zusammenliefen. Der Neandertaler stirbt aus, der andere Zweig führt zum modernen Menschen. Ausschlaggebend für diese Erkenntnis waren Untersuchungen am Erbgut jenes Neandertalers, den einst der Elberfelder Realschullehrer Johann Carl Fuhlrott entdeckte. Demnach verschwindet der Neandertaler vor 30.000 bis 25.000 Jahren von der Bildfläche, warum, das wissen wir nicht. Er hat sich, so lautet die Analyse, mit dem Homo sapiens, mit dem er über 10.000 Jahre »Tür an Tür« lebte, wie zum Beispiel in Hahnöfersand bei Hamburg, nicht vermischt.

Nach heutiger Meinung wanderte der rezente (= in der Gegenwart lebend) Mensch vor 100.000 bis 40.000 Jahren – vermutlich aus Afrika kommend – über den Kaukasus in Europa ein. Er bringt geistige und technische Fähigkeiten mit, die ihn deutlich von den Urbewohnern unterscheiden. Seine Werkzeugtechnologie verdrängt die der Neandertaler: Benutzten diese in der Hauptsache Steinrohlinge, die nur an einer

Seite mit einer Klinge versehen waren, so bedient sich der Neuankömmling der beidseitig bearbeiteten Klingenschaber und zahlreicher anderer Werkzeugtypen. Hat der Neandertaler nur selten neben Stein auch Knochen, Elfenbein und Geweih zur Herstellung seiner Arbeitsgeräte benutzt, so setzt der rezente Mensch diese Rohstoffe verstärkt ein und verwendet den vielseitig und leicht bearbeitbaren Feuerstein.

Der Homo sapiens sapiens oder Cromagnonmensch – so benannt nach dem Ort seiner Fundstätten bei Les Eyzies in der französischen Dordogne – ist wendig, einfallsreich, innovativ und flexibel. Diese Eigenschaften braucht er, um in einer unwirtlichen Umwelt zu überleben. Denn im Gegensatz zum warmen Klima Afrikas trifft er in Europa auf ein kaltes, schneereiches und lebensfeindliches Umfeld.

Erstaunliche technische Leistungen

Das nördliche Europa, Nordwestdeutschland eingeschlossen, weite Teile Irlands und Englands, die Alpen und Pyrenäen bedeckt stellenweise eine bis zu 1000 m mächtige Eisschicht. Am Eisrand dehnen sich Tundren aus, die jenen des heutigen Sibirien gleichen. Die durchschnittliche Jahrestemperatur überschreitet 8 °C nicht. Wohl bevölkert eine reiche Tierwelt die flachwelligen Ebenen, doch Rentiere, Auerochsen, Wisente, Mammuts, Nashörner und andere Großtiere können nur mit einem beträchtlichen Aufgebot an Jägern und mit intelligenten Waffen erbeutet werden. Eine dieser Waffen, die Speerschleuder, ist eine erstaunliche technische Leistung des Cro-

magnonmenschen. Der Eiszeitjäger schleudert – wie mit einem verlängerten Arm – einen im hakenförmigen Ende eines Holmes eingelegten 1,2 bis 1,5 m langen Speer mit enormer Geschwindigkeit und hoher Treffsicherheit bis zu 200 m weit. Im vorbildlich eingerichteten Federseemuseum von Bad Buchau zeigt die engagierte Leiterin die praktische Handhabung der Speerschleuder und erklärt, wie der Mensch vor 30.000 Jahren Späne aus Rentiergeweih herauslöste, um Schmuckgegenstände, Nadeln und Harpunenspitzen herzustellen.

Ein archäologisches Juwel

Der Federsee und sein Umland zählen zu den archäologisch bedeutsamsten Kleinodien nicht nur Oberschwabens, sondern ganz Deutschlands. Vor allem wird hier mit einer

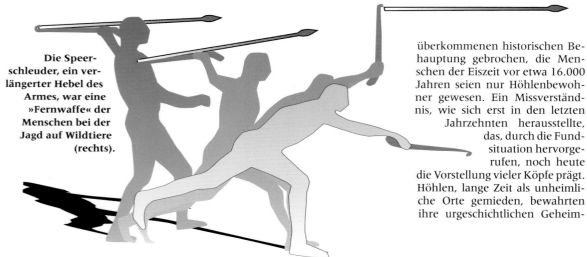

Die Speerschleuder, ein verlängerter Hebel des Armes, war eine »Fernwaffe« der Menschen bei der Jagd auf Wildtiere (rechts).

überkommenen historischen Behauptung gebrochen, die Menschen der Eiszeit vor etwa 16.000 Jahren seien nur Höhlenbewohner gewesen. Ein Missverständnis, wie sich erst in den letzten Jahrzehnten herausstellte, das, durch die Fundsituation hervorgerufen, noch heute die Vorstellung vieler Köpfe prägt. Höhlen, lange Zeit als unheimliche Orte gemieden, bewahrten ihre urgeschichtlichen Geheim-

nisse, Freilandplätze hingegen unterlagen oft der Zerstörung durch menschliche Kultivierung und die Natur. Wie durch ein Wunder blieben in manchen Regionen des mittleren Deutschlands und des Rheinlands jungsteinzeitliche Freilandstationen aus der Magdalénienzeit vor 15.000 bis 11.500 Jahren erhalten. Mitunter übertreffen sie sogar zahlenmäßig die erhaltenen Höhlenplätze.

Gegen Ende der Eiszeit sterben Mammut und Wollnashorn aus und die Jäger müssen ihr Augenmerk auf Wildpferde und Rene lenken, die jahreszeitlich bedingte, dem Nahrungsangebot entsprechend weiträumige Wanderungen unternehmen. Der Eiszeitmensch folgt ihnen und lagert entlang den Wildwechseln, gleichgültig ob er Höhlen vorfindet oder nicht. Der Frühgeschichtswissenschaftler Gerd-Christian Weniger rekonstruiert 1982 das für Eiszeitjäger so wichtige Verhalten der Rentiere in Südwestdeutschland. Seinen Forschungen zufolge suchten die Rentiere im kontinental strengen Winter die klimatisch begünstigten Tieflagen und Beckenlandschaften der Schwäbischen Alb auf, im Sommer aber die Mittelgebirgslagen mit ihren artgerechten Setzplätzen (= Geburtsplatz eines Schalenwildes) und ausreichender Nahrung.

Bis zu 150 km legten die Tiere im Frühjahr und Herbst zwischen den Becken und den Höhen zurück, dafür benutzten sie naturräumlich vorgezeichnete Routen, wie Flusstäler, Mulden und Bergsättel. Der Eiszeitjäger machte sich diese Gewohnheiten zu Nutze und lauerte

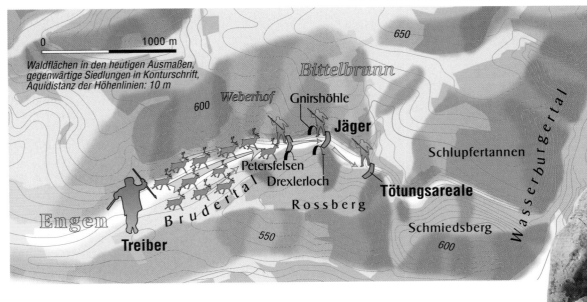

0 — 1000 m

Waldflächen in den heutigen Ausmaßen, gegenwärtige Siedlungen in Konturschrift, Äquidistanz der Höhenlinien: 10 m

650
Bittelbrunn
Weberhof
600
Gnirshöhle
Jäger
Schlupfertannen
Petersfelsen
Drexlerloch
Tötungsareale
Engen
Brudertal
Rossberg
Wasserburgertal
Schmiedsberg
550
600
Treiber

An den Wildwechseln errichteten die Jäger ihre Lager und lauerten den Tieren auf (Karte linke Seite).

Im Brudertal bei Engen erlegten jungpaläolithische Jäger an drei Stellen die durchziehenden Tierherden (Karte links).

Mammutplastik aus Elfenbein der letzten Eiszeit, gefunden in der Vogelherdhöhle des Lonetals in Baden-Württemberg (Bild unten).

dem Wild mit Vorliebe während des Herbstes auf. Das kann man aus der Geweih- und Zahnentwicklung bei Fundstücken schließen.

Dem Bewegungsmuster der Tiere gleicht der Eiszeitjäger sein Lagerverhalten an: Im Sommer sucht er in den Mittelgebirgslagen die Höhlen und Abri, das sind Wohnstätten unterhalb von Felsvorsprüngen, auf; den Winter verbringt er in den trockenen Ebenen und Becken des Gebirges.

Treibjagd in der Eiszeit

Es waren Gruppen unterschiedlicher Größe und Aufgaben, vermutet Weniger: Eine »Lokalgruppe« aus 25 bis 30 Personen und mehreren Familien bildete den stabilen sozialen Kern. Mehrere Lokalgruppen ergaben eine »Zweckgruppe«, die in der Gemeinschaft der Nahrungsbeschaffung nachging. Daneben gab es noch Kleingruppen aus ein bis zwei Familien, glaubt Weniger. Ausgedehnte Fundplätze weit verstreuter Werkzeuge und Rohlinge, manchmal bis zu 700 Stück, lassen den Schluss auf ein großes Lager mit einer umbauten Feuerstelle zu, ein Hauptlager von Zweckgruppen, in dem etwa 50 bis 100 Personen lebten. Diese großen Stationen liegen vorwiegend jenseits der Schwäbischen Alb in den Niederungen und dienen bevorzugt der herbstlichen Jagd. Eine große Zahl von Menschen ist an ihr beteiligt. Die Tiere müssen verfolgt, erlegt und an Ort und Stelle zerteilt werden. Brauchbare Rohmaterialen, wie Fell, Knochen und Geweih, bringen die Jäger in einen Zustand, der die Weiterverarbeitung ermöglicht. Eine bescheidene Form von Vorratswirtschaft wäre daher bereits denkbar, vermutet Weniger.

Die Freilandstation von Gönnersdorf bei Neuwied, vor rund 12.500 Jahren angelegt, erhielt sich in den Bimssteinablagerungen eines Vulkanausbruches in der Eifel. Als der Aschenregen auf die Siedlung niederfiel, hatten die Bewohner ihre Rundbauten schon verlassen. Jagdbeutereste belegen eine Benutzung des Lagers während der Winter- und Sommermonate. Nach Gerhard Bosinski, dem Leiter der Ausgrabungen, ermöglichten die im Umland von Gönnersdorf reichlich vorhandenen Nahrungsressourcen einen dauerhaften Aufenthalt selbst für größere Gruppen. Die Masse der erlegten Tiere stellt das Wildpferd. Fisch aus dem fast seeartig erweiterten Rhein ergänzt die Speisekarte. Die Behausungen sind kreisrund und messen im Durchmesser 6 bis 8 m; den Boden bildet eine Anhäufung von Schieferplatten und Quarzgeröllen, die, anders als in Bilzingsleben, keine konstruktiven Aufgaben erfüllen, sondern der Innenausstattung dienen.

Hütten aus Fell

In regelmäßig angeordneten Pfostenlöchern an der Außenkante und in der Mitte des Grundrisses steckt ein mit Fellen bespanntes Holzgerüst.

Etwa 40 Wildpferdhäute, sie wiegen rund 240 kg, decken und umwanden die Behausung. Da der Einsatz von Lasttieren noch unbekannt ist, müssen diese Karkassen- oder Gerippezelte an Ort und Stelle verbleiben, wenn die Eiszeitjäger weiterziehen. Im Bereich der Hamburger-Kultur Norddeutschlands errichtete der Magdalénienmensch kegelförmige Stangenzelte von wenigen Metern Durchmesser, die er auch transportieren kann.

An die zehn Personen finden in einer der Gönnersdorfer Zelthütten Platz. An den langen Winterabenden übt sich der eine oder andere in der Anfertigung von Kleinkunstwerken, ritzt in Geweih-, Knochen- und Elfenbeinstücke Tier- und Frauengestalten oder fertigt Miniaturen von eindrucksvoller Klarheit an. Der weiblichen Figur huldigen die frühen Künstler fast kultisch: An die 200 weibliche Plastiken registrierten Anthropologen bisher weltweit und obwohl die Fundorte oft 1000 km und mehr voneinander entfernt liegen, tragen alle gleiche Merkmale: Der rudimentäre Kopf trägt keine oder nur kaum erkennbare Gesichtszüge, Füße und Beine laufen spitz zu, die Arme sind zumeist nur angedeutet, dafür werden in der Regel Brust, Becken und Gesäß stark betont. Ob die Figuren bereits Symbole göttlicher Verehrung darstellten oder Fruchtbarkeitsritualen dienten, darüber streiten sich die Wissenschaftler. Der Schönheit ihrer Ausführung tut dies keinen Abbruch.

Rekonstruktion eines Gönnersdorfer Großzeltes mit einer zentralen Feuerstelle und einer Art Grillvorrichtung aus Mammutknochen (Bild links).

Die »stille Revolution«

„Eine Klimaveränderung von globalem Ausmaß bedeutete vor 11.500 Jahren das Ende der Eiszeit. Nach und nach breiteten sich wärmeliebende Gehölze aus, ganz Mitteleuropa wurde zur Waldlandschaft."

Erwin Keefer, 1996

Mit dem Beginn der nacheiszeitlichen Erdperiode des Holozäns setzt eine Warmzeit ein, die die Umwelt dramatisch verändert: Die Gletscher von ursprünglich gewaltigen Dimensionen schmelzen und ziehen sich auf die heutigen Standorte zurück. Frei werdende Wassermassen überfluten Landbrücken, wie jene zwischen Sibirien und Alaska, die Ostsee und große Teile der Nordsee entstehen, Landstriche, vom Eisdruck entlastet, heben sich, Klima- und Vegetationsgrenzen rücken polwärts, die großen Tierherden müssen ihnen nachziehen oder sterben aus.

Manche Jagdgemeinschaften und Familien folgen dem Wild, sodass im nun eisfreien Norden Deutschlands in der »Ahrensburger Kultur« (10.700 bis 10.000 v.Chr.) die Rentierjagdgesellschaft noch einmal zu einer kulturellen Blüte gelangt. In den südlichen, jetzt weniger bewohnten Landesteilen stellen sich die Jäger auf ein anderes Angebot jagdbaren Wildes um, auf den hier heimisch werdenden Hirsch, die Gämse, den Steinbock, das Reh, den Hasen und das Wildschwein. Um diese zu erlegen, benutzt der Mensch Pfeil und Bogen. In den nördlichen Küstengebieten ergänzen Muscheln das Nahrungsangebot: An der dänischen Küste entdecken Archäologen ganze Gebirge aus Muschelschalen, den »Kjökkenmöddinger«. Pflanzlicher Kost kommt untergeordnete Bedeutung zu. Der Mensch lebt in Zelten oder Hütten aus Schilf, Blattwerk und Holz.

Der große Wandel

Um 7000 v.Chr. erreicht ein innovativer Schub aus dem Vorderen Orient den Balkan. Er ändert die Lebensweise der Menschen in einem Maße, dass von einem neuen Abschnitt der Menschheitsgeschichte gesprochen werden kann: vom Neolithikum oder der Jungsteinzeit. Ob das Neolithikum durch Zuwanderer aus dem Nahen Osten in unsere Breiten kommt, die mit Saatgut und Haustieren die bodenständige Bevölkerung animieren, ihre bisherige auf Jagd und Sammeln ausgerichtete Lebensweise aufzugeben und Landwirtschaft und Viehzucht zu betreiben, oder ob der Handel zwischen den europäischen Wildbeutern und den orientalischen Agrariern befruchtend auf Europa wirkt, wissen wir nicht. Um 5400 v.Chr. setzt dieser schwerwiegende Umstellungsprozess auch in Mitteleuropa ein.

Der Mensch wird sesshaft

Der australische Prähistoriker Gordon Childe prägte für den zwischen 7000 und 5400 v.Chr. in Europa einsetzenden Wandel vom Jäger- und Nomadentum zur Sesshaftigkeit den Begriff der »stillen« oder »neolithischen Revolution«. In der Tat tritt hier eine der wirkungsvollsten und tiefgreifendsten Änderungen in der bisherigen Geschichte der Menschheit ein. Denn das Bestellen von Feldern, das Domestizieren von bisher in freier Wildbahn lebenden Tieren, die Lagerhaltung von Vorräten zieht eine Fülle von begleitenden Tätigkeiten nach sich, die von der Pflege der erwirtschafteten Güter bis hin zur nun notwendig gewordenen Errichtung langlebiger und aufwendiger Behausungen sowie dauerhafter Behältnisse und zur Entwicklung entsprechender Arbeitsgeräte reichen. Der kulturelle Wandel hat noch andere zur Folge: Das Nahrungsangebot wird breiter und vor allem sicherer und bewirkt eine regelrechte Bevölkerungsexplosion. Diese wiederum verlangt nach komplexeren gesellschaftlichen Organisationsformen bzw. Mechanismen zur Konfliktlösung. Weiterhin erlauben die produzierten Nahrungsüberschüsse, besonders Befähigte von der ausschließlichen Beschaffung von Nahrungsmittel zu befreien und ihnen andere Tätigkeiten zuzuweisen: Es ist die Geburtsstunde von eigenständigen Berufsgruppen wie Handwerkern und Händlern.

Erste große Bauernkultur

Die Entwicklung dieser ersten großen Bauernkultur ist gut erforscht und heißt nach den charakteristischen Bogen- und Winkelbändern auf ihren Keramiken »bandkeramische« oder »linearbandkeramische Kultur«. Um 5500 v.Chr. erobert sie vom Balkan ausgehend nach und nach Mitteleuropa und Teile Westeuropas. Die bandartigen Ornamente aus eckigen und runden Spiralen zeigen im Allgemeinen ein einheitliches Dekor. Gegen 4900 v.Chr., bereits im Übergang zur »bemaltkeramischen Kultur«, erfährt es über neue, lokale Einflüsse eine Bereicherung.

In Westeuropa gelangt ein weiterer Strom steinzeitlicher Pioniere aus dem Mittelmeerraum über das Rhônetal aufwärts ins Pariser Becken und in das Elsass. Sie führen spezielle Steingeräte und anders aussehende Gefäße mit von der Bandkeramik abweichenden Mustern mit sich. Die nach einem Fundort in Nordwestfrankreich »La-Hoguette-Stil« genannte Kultur mischt sich in Südwestdeutschland mit der Bandkeramik und geht schließlich in ihr auf.

Um Feldbau betreiben zu können, mussten die Steinzeitbauern erst Ro-

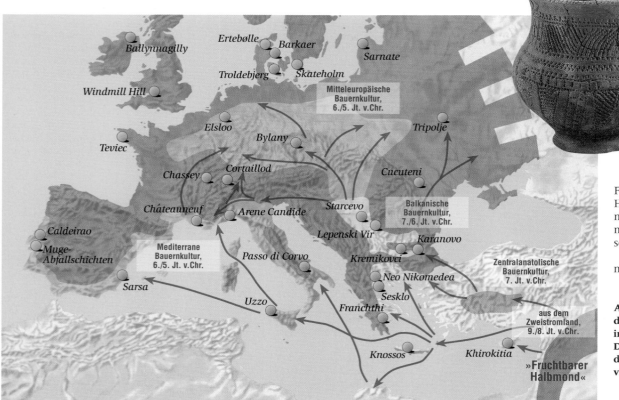

Aus dem Vorderen Orient erreichen die ersten Bauernkulturen Europa im 7. Jt. v.Chr. (Karte links).
Der Fußbecher aus Ton stammt aus der Rössener Kultur (5900 bis 5300 v.Chr., Bild oben).

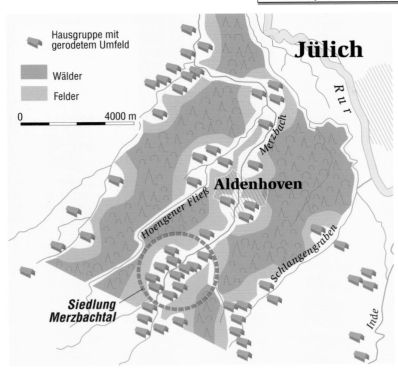

Jülich

Hausgruppe mit gerodetem Umfeld

Wälder

Felder

0   4000 m

Aldenhoven

Siedlung Merzbachtal

nach bodenkundlichen und archäologischen Quellen maximale Ausdehnung der Siedlung

Häusergruppe

Erdwerk

0   400 m

Langweiler

Niedermerz

Laurenzberg

Die Karte oben zeigt die bandkeramischen Siedlungen der Aldenhovener Platte bei Jülich. – Der Ausschnitt in der Karte rechts dokumentiert 7 Siedlungsplätze des Merzbachtales. – Das neolithische Beil von Dorfen bei Ebersberg (Oberbayern) ist aus Elchgeweih gefertigt (rechts). – Das jungsteinzeitliche Gefäß zieren typische bandkeramische Ornamente (rechts unten).

dungsinseln in die dichten Laubmischwälder schlagen. Eine breite Palette von Beilen und Dechseln, das sind Beile mit einem quer stehenden Blatt aus Stein, und in tradierter Technik geschlagene Silexwerkzeuge stehen ihnen dabei zur Verfügung. Um Gräser und Halme zu schneiden, klemmt der Bauer Feuersteinklingen in bogenförmige Hölzer. Emmer, Einkorn, Erbse, Linse, Lein und Mohn sind bevorzugte Anbauprodukte. Domestizierte Ziegen, Rinder, Schweine und Schafe stehen in Gattern und auf Waldweiden. Mit Vorliebe siedeln die Menschen auf den fruchtbaren Böden der von Bächen und Wasserläufen durchzogenen Lösslandschaften.

Bei Köln-Lindenthal liegt eine dieser frühneolithischen Agrarsiedlungen. Zwischen 1929 und 1934 legen hier die Archäologen Werner Buttler und Waldemar Haberey mehr als 70 große Gruben und die Grundrisse von rund 100 Rechteckbauten frei. Beide Wissenschaftler irren allerdings bei der Interpretation der Grundrisse: Sie deuten die Grubenkomplexe als erdhöhlenartige Behausungen, den Pfostenlöchern rund um die rechteckigen Flächen schenken sie kein Augenmerk. Ihre Rekonstruktion lenkt die Forschung für ein Jahrzehnt in eine falsche Rich-

tung. Ende der dreißiger Jahre erkennt Otto Uenze den wahren Sachverhalt: Die früher für Behausungen gehaltenen Gruben sind in Wirklichkeit Abfallgruben, in die der neolithische Siedler zerbrochene Töpfe, Schalen, Werkzeuge, kurz seinen unbrauchbaren Trödel warf. Diese Ansicht unterstützt 1942 Oscar Paret. Er weist nach, dass die großen Rechtecke tatsächlich Behausungen trugen, und bricht beinahe einen ideologischen Streit vom Zaun. Er fordert im *„Abstreifen der noch etwas romantisch angehauchten Vorstellung von Grubenwohnungen eine dringend nötige Ehrenrettung für den ganzen donauländischen Kulturkreis, dieses klassische Bauerntum der jüngeren Steinzeit"*, das eine *„hohe Wohnkultur"* und eine *„höhere Baukunst"* als etliche spätere Kulturen vorweisen könne. Eine wahrhaft mutige Einstellung in einer das Donauländisch-Balkanische abwertenden, dafür alles Nordische verherrlichenden Zeit.

Große Siedlungskontinuität

Die Häuser der Neolithbauern zeichnen sich durch Größe und Stabilität aus. Im Durchschnitt 5 m breit und bis zu 40 m lang, besteht der zumeist

von Nordwesten nach Südosten ausgerichtete Bau aus drei funktionell unterschiedlichen Teilen: Der südöstliche dient als Getreidespeicher, der nordwestliche als Stall oder Schlafraum, der geräumige Mittelteil als Wohn-, Koch- und Arbeitsstätte. In der Regel bewohnen etwa fünf bis sieben Personen ein Haus. Landwirtschaftliche Langzeitversuche an ungedüngten Feldern ergaben, dass die bandkeramischen Bauern dauerhaft siedelten, zumindest aber in bestimmten Zyklen immer wieder zu ihren Wohnplätzen zurückkehrten. Die Untersuchungen zeigen, dass erst im zweiten Jahrzehnt ununterbrochenen Anbaus Ertragseinbußen von etwa 10% eintraten, die wohl kaum einen neolithischen Bauern bewogen haben, Haus und Boden aufzugeben. Dies bestätigt schließlich die Ausgrabung eines Steinzeitdorfes im Merzbachtal bei Jülich. Die von Jens Lü-

ning und Rudolph Kuper vom Kölner frühgeschichtlichen Institut aufgedeckten 24 ha einer neolithischen Siedlungsfläche gewähren einen Einblick in die bandkeramische Hausbauweise. Zwischen 5350 und 5000 v.Chr. standen hier in 14 Zeitabschnitten nie mehr als 17 Häuser. Ihre Haltbarkeit belief sich auf 25 Jahre, danach verfielen sie und ein neues Haus wurde in unmittelbarer Nachbarschaft errichtet. Der Mensch war endgültig sesshaft geworden.

Aufbruch in die Metallzeit

„Anfangs nur zögernd und langsam kündigte sich im mitteleuropäischen Jungpaläolithikum eine grundlegend neue Technologie an, die im Vorderen Orient bis ins 7. Jt. v.Chr. zurückreichte und die auf dem Balkan im 5. Jt. v.Chr. bereits in voller Blüte stand: die Metallverarbeitung."

Martin Kuckenburg, 1993

Die Kultur der Linearbandkeramik dauert etwa 600 Jahre und wird ab 4900 v.Chr. durch Regionalkulturen verdrängt. Das Bauerntum dehnt sich während dieser Zeit von den bisher bevorzugten Lösslandschaften mit ihren leicht zu bearbeitenden fruchtbaren Böden auf andere, weniger ertragreiche Gebiete aus, sodass letzte Siedlungsinseln aus der mittleren Steinzeit auch in Norddeutschland verschwinden. Ab dem 5. Jt. v. Chr. setzt sich das Neolithikum voll durch. Das Pferd als Zug- und Lasttier findet in manchen Kulturen schon ab dem 4. und 3. Jt. Verwendung, ebenso ein einfacher hölzerner Hakenpflug. Werkzeuge und Arbeitsgeräte sind allerdings nach wie vor aus Stein, Holz und Knochen. Keramikgefäße sind selbstverständlich geworden, zur Freude der Archäologen, die anhand der unterschiedlichen Formen und Muster Entstehungszeiten und Verbreitung der einzelnen Kulturen, mitunter sogar Handelsströme rekonstruieren.

Das Mysterium um Sterben und Tod beschäftigt die Menschen in dieser Zeit mehr als in allen anderen Kulturen vorher, glaubt man den Theorien, die in den gewaltigen Steinanlagen Norddeutschlands Grabstellen sehen. Die Menschen der »Trichterbecherkultur« haben sie zwischen 4300 und 3000 v.Chr. angelegt, für welchen Zweck bleibt Spekulation. Manche Archäologen halten die so genannten Megalithgräber für Grablegen hoch gestellter Persönlichkeiten, für astro-

nomische Kalender, Denkmäler einer Religion oder einfach für Grenzmarken von Siedlungsräumen. In früheren Jahrhunderten hielt man die Steinmonumente für Werke von Riesen und nannte sie Hünengräber, denn anders konnte man sich ihre Entstehung nicht erklären.

Die Megalithgräber

Wie nun die Menschen vor 6000 Jahren diese tonnenschweren Lasten bewegten, erklärt 1977 die Archäologin Helga Wingert-Uhde recht plausibel: Die gewaltigen Granitblöcke können ohne besondere Mühe transportiert werden, wenn der Boden eben und – gefroren ist. Diese Verhältnisse treffen für die meisten Megalithgrabfundorte in Norddeutschland zu. Das Bewegen der Steine verlangte den neolithischen Menschen dennoch große Leistungen ab. Bei Wildeshausen südwestlich von Bremen liegt ein Megalithgräberfeld mit dem gewaltigsten aller deutschen Hünengräber, dem »Visbeker Bräutigam«. Etwa 80 riesige Findlinge bilden ein Rechteck von 10 mal 108 m. Die Grabkammer, ein von Flachsteinen bedecktes Geviert, misst allein 10 mal 10 m. Nur 30 m weiter entfernt liegt der »Brautwagen« mit mächtigen Decksteinen, von denen einer auf 160 Zentner geschätzt wird. In ganz Deutschland gab es 1938 laut einer Aufstellung des Geschichtswissenschaftlers Ernst Sprockhoff noch 538 Megalithgräber. Früher müssen

Neolithischer Glockenbecher aus Safferstetten bei Bad Füssing (links oben) und spätbronzezeitliche Tonurne der Lausitzer Kultur aus Wulfen in Sachsen-Anhalt (oben). – Handels- und Kulturströme sowie Fundorte von Kupfergegenständen zur Bronzezeit in Mitteleuropa (Karte unten).

Bronzezeitlicher Goldkegel von Schifferstadt (rechts).

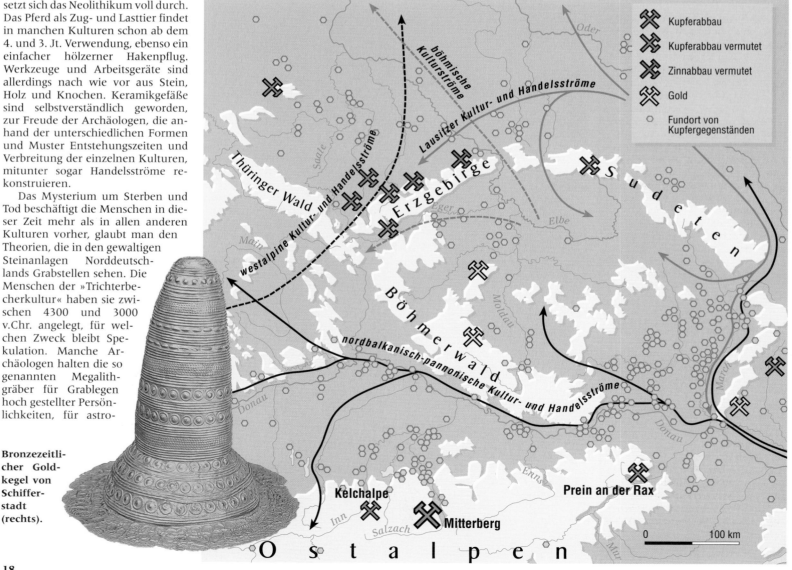

es tausende gewesen sein. Aber sie wurden zerstört, weniger durch Schatzräuber als durch Kaufleute, die den wertvollen Granit sprengen und die zerkleinerten Bruchstücke an das steinarme Holland verkaufen. Der Handel nimmt solchen Umfang an, dass ihn die Hannoversche Landesregierung 1728 auf heftigen Protest von Altertumsfreunden hin per Dekret verbieten muss.

Nun sind großräumig angelegte Stein- und Erdwerke den Archäologen bereits aus der Michelsberger Kultur (ca. 4200 bis 3500 v.Chr.) im südlichen Deutschland bekannt. Auch das Merzbachtal bei Köln-Lindenthal gab ein Erdwerk mit einem Durchmesser von 100 m frei. Es sind zumeist Kreisgrabenanlagen, die, so meinen die Frühgeschichtsforscher, in Krisenzeiten als Fluchtburgen, vielleicht auch als Weideplätze, Opfer-, Richt- oder Versammlungsstätten dienten.

Eine revolutionierende Entdeckung

Das 5. Jt. bringt weitere einschneidende Veränderungen: Auf dem Balkan beginnen Menschen Metall zu verarbeiten. Dieses Wissen beziehen sie auch aus dem Vorderen Orient, wo die Technologie schon seit dem 7. Jt. bekannt ist. Noch bearbeiten die jungneolithischen »Schmiede« nur reines Kupfer und die gegossenen und getriebenen Objekte finden wenig Anklang. Denn für Werkzeuge, Arbeitsgeräte und Waffen ist das Material zu weich und für Gebrauchsgegenstände zu kostbar. Kupferlagerstätten sind zudem selten. Erst die um 2500 v.Chr. gemachte Erfindung, dem Kupfer etwas Zinn beizumengen und dadurch Bronze herzustellen, verbessert die Eigenschaften des Metalls erheblich. Das neue Metall birgt eine ganze Reihe von Vorteilen: Während missglückt behauene Steinrohlinge zum Abfall wandern, ergeben eingeschmolzene Bronzereste wieder verwendbares Rohmaterial. Bronze ist außerdem wesentlich einfacher und vielseitiger zu verarbeiten.

Eine neue Epoche beginnt

Kein Wunder, dass Bronze bald zum beherrschenden Grundstoff vieler Gebrauchsgegenstände wird. Die nach dem Metall benannte Bronzezeit dauert in Mitteleuropa von 2200 bis 750 v.Chr.

Auch sie entwickelt eigene, typische Kulturperioden, die sich durch Formen in der Grablege und Bestattung unterscheiden. Der Frühbronzezeit (2200 bis 1600 v.Chr.) folgt die Hügelgräberbronzezeit (bis 1250 v.Chr.), in der zumindest ein Teil der Toten unter großen Erdhügeln beerdigt wird. In der anschließenden Urnenfelderzeit (bis 750 v.Chr.) verbrennt man die Verstorbenen, ihre Asche wird in Tongefäßen auf Flachgräberfriedhöfen beigesetzt. Ungeachtet lokaler Bestattungsvarianten, wie in der Lausitzer Kultur, in den verschiedenen Kulturgruppen von Saale, Helmsdorf, Unstrut usw., ist ihnen allen der Reichtum an Grabbeigaben aus Bronze gemeinsam: Die Toten sollten offenbar im Jenseits ein gutes Auskommen finden. Im Handel mit anderen Prestige- oder Luxusgütern besitzt Bronze einen allgemein anerkannten Wert. Er wird durch die große

Der »Heidenopfertisch«, ein Megalithgrab in der Ahlhorner Heide bei Visbek.

Nachfrage bestimmt, die kaum zu befriedigen ist, denn Kupfer- und Zinnlagerstätten sind selten, die Gewinnung der Metalle ist schwierig, ebenso der oft weite Transport zu den Verarbeitungs- und Verbraucherstätten. Haben die Prospektoren (nach Bodenschätzen Suchende) endlich Kupferressourcen entdeckt, werden diese restlos ausgebeutet. Im Salzburger Mitterberg-Revier folgen die unerschrockenen bronzezeitlichen Knappen dem begehrten Erz bis in eine Tiefe von 100 m. In der Blüte der Kupfergewinnung arbeiten am Mitterberg bis zu 200 Leute, die pro Jahr etwa 20 t Kupfer produzieren. So wie hier werken im Erzgebirge und in mitteldeutschen Bergbaugebieten Spezialisten, deren Tätigkeiten nach einer neuen Infrastruktur verlangen. Wege und Brücken müssen gebaut, Lagerräume und -plätze errichtet, Hauer, Träger, Zimmerleute, Holzarbeiter, Gießer, Schmiede und andere Handwerker mit Kleidung, Nahrung und Unterkunft versorgt werden.

Der neue Reichtum aus dem Kupfererzbergbau schlägt sich in den Grabbeigaben nieder. Hoch gestellte Persönlichkeiten werden in dachförmigen Grabkammern begraben, umgeben von Gütern des täglichen Gebrauchs, von Waffen und Schmuck. Der Goldschatz aus einem Grabhügel bei Dieskau wiegt 600 Gramm.

Der Bergbau fordert eine straffe Organisation, mit ihr entstehen Hierarchien. Die Menschheit befindet sich im Aufbruch zu einer neuen Gesellschaftsordnung.

strohgedecktes Dach

grobe Bretter

Mann

Goldschmuck   Frau

Äxte, Dolchstab   Tongefäß von Steinen umgeben

Dolche und Meißel

Streitaxt

Norden

Rekonstruktion der frühbronzezeitlichen Grabkammer einer hoch gestellten Persönlichkeit, Leubingen in Thüringen. – Kurzschwert aus Bronze aus Lüben (Mitte). – Spätneolithisches Frauengrab, Rössen bei Merseburg (Bild ganz rechts).

Romantische Idyllen

Romantisierende Pfahlbau-Darstellungen prägten die Vorstellung der Wissenschaftler und der Öffentlichkeit vom 19. Jh. bis in die Gegenwart. Das Bild links zeigt den Murtensee in der Schweiz (Lithographie nach einem Gemälde von Alfred Marxer, um 1900).
Im Laufe der Forschungsgeschichte änderten sich die Hypothesen zur Rekonstruktion der Pfahlbauten (Grafik unten).

der ersten Ruinen, steht fest: Die aufgedeckten Überreste liegen auf einer 1,8 m mächtigen Niedertorfmoorschicht aus Riedgras, Schilf und Sumpfmoos. Frank schreibt, seine *„Häuser mit Pfählen"* hätten nichts mit *„Pfahlbauten im wirklichen Sinn"* gemein. Der Geologe Oscar Fraas vom Stuttgarter Naturaliencabinett teilt seine Meinung nicht. Der Gedanke, dass dasselbe Volk, das die üppigen Felder Oberschwabens kultiviert hat, einst im Moor lebte, scheint ihm unerträglich. Fraas findet 1877 bei einer anthropologischen Tagung in Konstanz für die Federseesiedlung eine andere, mystische Erklärung: *„Auf der künstlichen Insel im See sowie auf dem Estrich des Knüppeldammes wurden der Gottheit zu Ehren heilige Feuer entzündet und Opfer dargebracht. Die Krüg-*

„Die »Pfahlbauten« gehören, neben den »Eiszeithöhlen« und den »Hünengräbern«, zu den populärsten archäologischen Denkmälern in unserem Raum. Diese Popularität ist der »Pfahlbauarchäologie« wie der archäologischen Siedlungsforschung überhaupt in hohem Maße zugute gekommen – sie drohte freilich manchmal auch zu einem Hemmschuh zu werden, wenn neue wissenschaftliche Erkenntnisse nicht mit alten, lieb gewonnenen Klischees zusammenpassten."

Martin Kuckenburg, 1993

Eines dieser Klischees hält sich bis zum heutigen Tage: die romantische Idylle vom alpenländischen Eingeborenen, der auf dem Einbaum den glasklaren See zum strohgedeckten Pfahlbau überquert. Das beschauliche Bild vermitteln zahlreiche, scheinbar wissenschaftlich abgesicherte Gemälde und Zeichnungen, hält Einzug in Fachschriften und Schulbücher und stößt auf Anklang bei einem breiten Publikum. Es passt einfach in die von J. F. Cooper (»Wildtöter«, 1841) oder – gegen Ende des 19. Jhs. – von Karl May weit verbreitete Schablone vom »edlen Wilden«.

Die Pfahlbauforschung nimmt in der Schweiz ihren Ausgang. 1548 berichtet ein Schweizer Chronist, dass bei Arbon und Rorschach *„starke und breyte pfalment und maalzeichen starker gebeuwen"* auf dem Grund des Bodensees zu erkennen seien. Vadian, Bürgermeister von St. Gallen in der Schweiz und Rektor an der Universität in Wien, deutet diese Pfahlflächen *„im glaslauteren und stillen Wasser"* als alte Siedlungsreste, die rätselhafte Angelegenheit ist erledigt.

Das 19. Jh. rückt die Pfahlbaureste erneut ins Licht des Interesses: Am Züricher, Bieler und an anderen Schweizer Seen ragen bei niedrigem Wasserstand Holzstempel an die Oberfläche und regen den Altertumsforscher Ferdinand Keller zu intensiven Untersuchungen an. Er steht unter dem Eindruck französischer Reiseberichte aus dem Jahr 1827 über West-Neuguinea und meint, genauso wie dort beschrieben müssten die Pfahlbauten auch in den Alpen ausgesehen haben. 1854 veröffentlicht Keller einen ersten Bericht, in dem er das Pfahlfeld von Obermeilen am Züricher See erklärt: Die in den Seegrund getriebenen Pfähle ragten ursprünglich nur wenige Fuß über den Wasserspiegel und bildeten *mit waagrecht liegenden Bal-*

ken und Brettern bedeckt [...] ein festes Gerüst", um *„einen Unterbau für die darauf zu erbauenden Wohnungen"* abzugeben. Ein Geschichtsprofessor aus Neuenburg behauptet, die bronzezeitlichen Pfahlbauten seien Warenlager der Phönizier gewesen. Deutsche Archäologen folgen diesen wissenschaftlich unfundierten Spekulationen nicht.

Die Entdeckungen eines Waldschützen

Bahnbrechend für die moderne Pfahlbauforschung wird die Entdeckung des Waldschütz Eberle aus dem oberschwäbischen Schussenried. Sensibilisiert von den Berichten aus der Schweiz – mittlerweile hat ganz Süddeutschland eine fieberhafte Suche nach Pfahlbauten im Bodenseegebiet ergriffen – meldet er am 24. 5. 1875 seinem Vorgesetzten, dem Revierförster Eugen Frank, einen Pfahlbaufund im Federseer Staatsried. Frank informiert umgehend die zuständige archäologische Behörde in Stuttgart und beginnt unter wissenschaftlicher Aufsicht mit Ausgrabungen. Frank steht von Anfang an Kellers Theorien kritisch gegenüber. Jetzt, nach der Freilegung

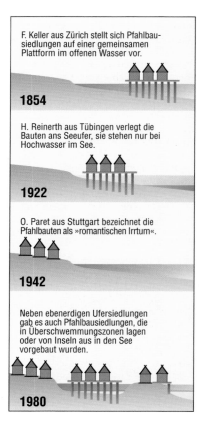

F. Keller aus Zürich stellt sich Pfahlbausiedlungen auf einer gemeinsamen Plattform im offenen Wasser vor.

1854

H. Reinerth aus Tübingen verlegt die Bauten ans Seeufer, sie stehen nur bei Hochwasser im See.

1922

O. Paret aus Stuttgart bezeichnet die Pfahlbauten als »romantischen Irrtum«.

1942

Neben ebenerdigen Ufersiedlungen gab es auch Pfahlbausiedlungen, die in Überschwemmungszonen lagen oder von Inseln aus in den See vorgebaut wurden.

1980

lein, Schalen und Näpfe enthielten die Weihegaben, der dargebrachte Weizen das Dankopfer für die glücklich eingeheimste Ernte."

1919 bestätigen weitere Ausgrabungen Frank: Am Federsee standen keine Wasserpfahlbauten, sondern »Moorbauten«, ebenerdige Häuser, die dem Niedermoor auflagen. Daraufhin entbrennt erneut ein heftiger Streit zwischen Anhängern Kellers und der »Moorbauten-Theorie« über die generelle Frage, wo denn nun die Siedlungen gelegen hätten – im Wasser, im Uferbereich oder auf trockenem Gelände.

Das Ende eines langen Streits

Die öffentliche, zutiefst emotional geführte Auseinandersetzung dauert bis in die 70er Jahre des 20. Jhs. Erst moderne Grabungstechniken und Untersuchungen an Pflanzenresten und Pollen stellen schließlich fest: Die Bronzezeitleute bauten Häuser auf Pfählen sowohl auf feuchten und von Hochwasser gefährdeten Böden als auch an Seeufern und in Mooren. Diese neue Erkenntnis ändert zwangsläufig die Fachterminologie: Der von Keller geprägte Begriff »Pfahlbau« wird differenziert, Archäologen unterscheiden jetzt zwischen »Moor-« und »Feuchtbodensiedlungen«, wie am Federsee, und den »Seeufer-«, oder »Uferrandsiedlungen« der Schweizer und österreichischen Alpenseen.

1981 wird die »Pfahlbautheorie« abermals in Zweifel gezogen. Der Archäologe Josef Speck fragt: Was hätte denn *„eine Bauernbevölkerung veranlassen können, ausgerechnet im amphibischen Übergangsbereich zwischen offenem Wasser und Land, dessen periodische Überschwemmung ja Seeanwohnern nicht verborgen bleiben konnte, zu siedeln?"* Dieser Frage geht seit 1983 in Baden-Württemberg ein Team aus Archäologen und Spezialisten verschiedener naturwissenschaftlicher Disziplinen nach. Sie konzentrieren sich auf die früh- bis

Zeichenerklärung (Legende)

- ▲ Lagerplätze der alt- und mittelsteinzeitlichen Jäger
- ● ausgewählte Einzel- und Streufunde aus der Alt- und Mittelsteinzeit
  (Die unterschiedlich großen Kreise geben die ungefähre Fundstreuung wieder)

Siedlungen der Jungsteinzeit:
- ⌂① Aichbühler Kultur
- ⌂② Schussenrieder Kultur
- ⌂③ Pfyn-Altheimer Kultur
- ⌂④ Horgener Kultur
- ⌂⑤ Goldberg-III-Gruppe
- ● Einzelfunde aus der Jungsteinzeit
- ⌂ Siedlungen der Bronzezeit

Einzelfunde aus der Bronzezeit:
- ▲ Frühe Bronzezeit
- ■ Mittlere Bronzezeit
- ● Späte Bronzezeit
  (Urnenfelderkultur)

- ⌒ Grabhügel
- Einzelfund aus der Römerzeit
- Floß
- Einbaum
- Gewässerflächen um 8000 v.Chr.

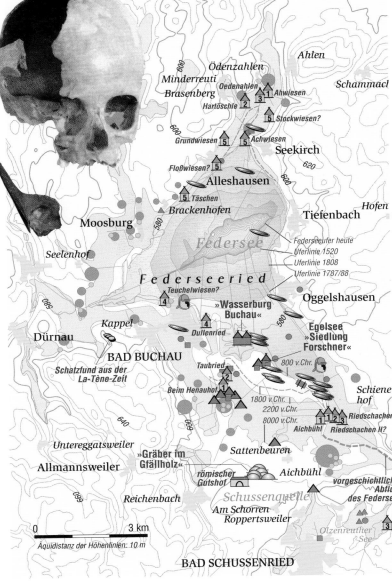

mittelbronzezeitliche (18. bis 15. Jh. v.Chr.), nach ihrem Entdecker benannte »Forschner-Siedlung« im Federseemoor. Die Grabungskampagne zwischen 1982 und 1989 zeigt klare Unterschiede zu den bandkeramischen Siedlungen des 5. Jts., etwa des Merzbachtales: Die Häuser liegen

Funde und Ausgrabungen am Federsee erlauben einen Blick in die Menschheitsgeschichte, der 14.000 Jahre zurückreicht (Karte oben). – Die Rekonstruktionszeichnung des jungsteinzeitlichen Moordorfes Aichbühl (Bild links unten). – Kinderschädel (oben) und Scheibenrad aus der »Wasserburg«, 1000 v.Chr. (Mitte links). – Jungsteinzeitlicher Knochenlöffel aus Schussenried (Mitte oben). – Paddel aus Oggelshausen (links).

nicht mehr ungeschützt über ein großes Areal verteilt, sondern stehen dicht aneinander, von Holzkastenmauern und Palisaden geschützt. Wolfgang Torke, der mit Erwin Keefer die Niederlassung freilegte, spricht von einer echten »Wehrsiedlung«, die von 1767 bis 1759 v.Chr. errichtet worden ist und ab 1500 v.Chr. verfällt. Knappe 400 m weiter nordöstlich der Forschner-Siedlung bauten Zuwanderer 1100 v.Chr. eine

neue Anlage, die nach den Ausgrabungen von 1920 bis 1928 als »Wasserburg Buchau« in die Fachliteratur eingeht. Auch dieser Siedlungskomplex ist aufwendig befestigt, 15.000 Kiefernstämme haben ihn umgeben. Allein für diesen Wehrring mussten 13 ha Wald gerodet werden. Durchgehende Brandschichten, gewaltsam zertrümmerte Schädel von zwei achtjährigen Kindern, Palisaden, Kastenmauern und die Lage in unzugänglichem Moor, alles deutet darauf hin, dass die »Pfahlbautenbewohner« keine Idylle kannten, dafür Gefahr, Vertreibung, Not und Tod.

Eine Sprache ohne Volk

Neu-Isländisch
Neu-Norwegisch
Neu-Schwedisch
Dänisch
Schottisch
Baltisch
Irisch Englisch
Kymrisch Deutsch
Bretonisch Niederld.
Slawisch
Französisch Räto-romanisch
Provenzalisch Rumänisch
Portugiesisch Katalanisch Italienisch
Spanisch Sardisch Albanisch
Griechisch
Armenisch
(Hethitisch)
Skytisch
Tocharisch
Kaspische Dialekte
Ossetisch
Neu-Persisch Pamir-Sprachen
Kurdische Afghanisch Kaschmiri
Dialekte Pandjabi
Balucisch Nepali
Sindhi Hindi-Urdu Assami
Gujarati Bengali
Oriya
Marathi
Singhalesisch

„Wenn man sich die neu gewonnene Erkenntnis von der Zusammengehörigkeit der indogermanisch sprechenden Völker anschaulich machen wollte, musste zwangsläufig die Hypothese von einem Urvolk, das jene Sprache gesprochen hat, auftauchen; nur eine Hypothese gewiss, aber eine unausweichliche, da doch mindestens die erste Ausbildung einer Sprache ein Volk notwendig voraussetzt."

Anton Scherer, 1950

Sir William Jones ist ein gebildeter Mann. 1746 in London geboren, studiert er in Oxford die Rechte und nebenbei Arabisch und Persisch. Ungeachtet seiner erst 37 Jahre wird er 1783 Oberrichter des damals britischen Bengalen, ein Amt, das ihm das Studium der altindischen Literatursprache Sanskrit erlaubt. Beim Vergleich von Griechisch, Latein und Gotisch fällt ihm 1786 als erstem Linguisten die Verwandtschaft der vier Sprachen auf. Doch erst dem Mainzer Sprachforscher Franz Bopp, auch er ist des Sanskrit mächtig, erkennt die Zusammenhänge und begründet die vergleichende Sprachforschung: In der Gegenüberstellung des Altindischen, Griechischen, Lateinischen, Germanischen, Litauischen, Slawischen, Armenischen, Keltischen und Albanischen beweist er die Herkunft dieser Sprachen aus

einem einzigen Sprachstamm. Bopp nennt ihn, wie sein britischer Kollege Thomas Young (1813), den »indoeuropäischen«, ein Ausdruck, den 1823 der Orientalist Julius Klaproth aus Berlin gegen »indogermanisch« austauscht. Dieser ist heute noch im deutschen Sprachraum üblich.

Wo lebten die Indoeuropäer?

Einmal auf Spurensuche, verfolgen die Linguisten akribisch genau jede einzelne Sprache bis zu ihren Anfängen und bestätigen Bopp: Die meisten Sprachen wurzeln in einer einzigen »Ursprache«. Ihr Träger, das ist der logische Schluss, könne nur ein Volk mit einem Lebensraum sein, der die Ausbildung einer Kultur- und Spracheinheit ermöglichte. Nach diesem suchen nun die Sprachwissenschaftler, dann Geographen, Prähistoriker, Ethnologen und Anthropologen. Die Letzteren sind es, die dem gesuchten Volk eine »rassische« Identität verleihen. Unversehens hat sich die Suche nach den Menschen, die das Indoeuropäische in die späteren Verbreitungräume brachten, zur fixen Idee eines »indogermanischen Volkes« gewandelt.

Die Suche nach der Urheimat der »Indogermanen« entzweit um 1900 die Wissenschaft: Die eine Gruppe hängt einer »Ost-Theorie« an, nach der das Vieh züchtende Urvolk aus südrussischen oder mittelasiatischen Steppen sich ins Abendland ausgebreitet habe. Die andere Gruppe vertritt die »Nord-Theorie«, nach der ihr Ackerbau treibendes Urvolk in Skandinavien siedelte und nach Südosteuropa und in den Nahen Osten ausschwärmte. Der Berliner Altertumsforscher Gustaf Kossinna ist einer der leidenschaftlichsten Vertreter der »Nord-Theorie«. Zwar mag er 1895 in seinen Forschungen über die »vorgeschichtliche Ausbreitung der Germanen« diese noch nicht »Indogermanen« nennen. Aber ihre Urheimat legt er fest: Sie erstreckt sich entlang der Ost- und Nordsee über Südnorwegen und Schweden, Dänemark und

So genannte Buckelkeramik, wie sie in den donauländischen Kulturen der Jungsteinzeit, der Lausitzer und Urnenfelderkultur in Mitteleuropa verbreitet war (Bild oben). – Aus dem indoeuropäischen Sprachenstammbaum lassen sich fast alle europäischen und viele Sprachen des Mittleren Ostens ableiten (Karte oben). – Ein Tumulus (unten links) und eine Kugelamphore der Kurgan-Leute aus der Dölauer Heide (unten Mitte).

Humus Humus-Sand-Gemisch grauer Lehm
gelbliche Grabfüllung grauer lehmhaltiger Boden hellgrauer Lehm weißer Lehm
0 2 m

Norddeutschland. 1902 ergänzt Kossinna seinen sieben Jahre alten Bericht in der »Ethnographischen Zeitschrift«: *„Indogermanen wagte ich diese Germanen der Steinzeit nur deshalb nicht zu nennen, weil ich damals noch nicht vom nordischen Charakter des indogermanischen Typus und Volkes so überzeugt war wie heute."*

Die »Nord-Theorie« findet im wilhelminischen Deutschland großen Anklang und nicht nur dort. In Wien macht sich der angesehene Urgeschichtsforscher Matthäus Much die Ansicht Kossinnas zu Eigen und vertritt sie als sein Forschungsergebnis.

Die Indogermanen als ideologisches Werkzeug

Die »Nord-Theorie« verbreitet sich rasch. In unseliger Verquickung von sprachwissenschaftlicher Fiktion und vermeintlicher Realität betrachtet die Allgemeinheit plötzlich die Indogermanen als Vorläufer der Germanen. Die nationalsozialistischen Rassenideologen der späteren Jahrzehnte werden die Kossinna-Much'sche »Nord-Theorie« als wissenschaftlichen Unterbau für ihren germanischdeutschen Weltmachtanspruch missbrauchen. Sie bedurften der »Nord-Theorie«, wie 1949 der Anthropologe Wilhelm Schmidt feststellt, denn: *„Stammen die Indogermanen, von denen nach nazistischer Lehre alle höhere Kultur auf der ganzen Erde herkommt, vom Norden und der dortigen Rasse, dann ist diese die eigentliche Kraftquelle für alle* diese Hochleistungen. Sie ist dann die höchste Edelrasse, die die Pflicht zu ihrer Vollentwicklung hat und das Recht auf die unterwürfigen Dienste aller andern Völker und Rassen."*

In den 30er Jahren ergänzt der Wiener Prähistoriker Richard Pittioni die »Nord-Theorie«. 1938 versucht er zu beweisen, dass die europäische Indogermanisierung aus dem östlichen Deutschland erfolgt sei. Aus der Lausitz habe sich zwischen 1250 und 750 v.Chr. die »Urnenfelderkultur« über Europa verbreitet. Träger dieser Kultur und damit auch indogermanischer Wesens- und Grundzüge sei ein Stamm der Vorillyrer gewesen. Mitte der 60er Jahre widerlegen spätjungsteinzeitliche Funde aus dem westlichen Pannonien die Wiener Wissenschaftler. Sie belegen eindeutig, dass die Urnenfelderkultur von hier aus über Stammeskontakte und Händler nach Schlesien, Polen und donauaufwärts nach Österreich, Bayern, Mähren und Böhmen gelangte. Keinesfalls konnte sie nach Meinung ernst zu nehmender Archäologen Träger einer Indogermanisierungswelle gewesen sein.

Die Indoeuropäisierung aus den Weiten Russlands

Mittlerweile ersetzt die Fachwelt den Begriff »Indogermanen« durch »Indoeuropäer« und die aus ideologischen Gründen in der Vorkriegszeit verworfene »Ost-Theorie« fasst dank neuer archäologischer Erkenntnisse in modifizierter Form wieder Fuß. Demnach ist die Wahrscheinlichkeit groß, dass die Indoeuropäisierung von den Steppengebieten am Kaspischen Meer ausging.

In mehreren Wellen bringen Steppenvölker aus dem Gebiet von Wolga, Ural und Kaspischem Meer Alteuropa in Bewegung, meint die Prähistorikerin Marija Gimbutas. »Kurgan-Leute« nennt sie die halbnomadischen Hirtenvölker, weil sie die Toten in runden Grabhügeln (türk./russ. »kurgan« = Hügel, Tumulus) bestatten. *„Zum ersten Mal kamen sie um die Mitte des 5. Jahrtausends vor unserer Zeitrechnung im unteren Dnjepr-Becken mit den Grenzländern Alteuropas in Berührung"*, so Gimbutas, und Europa kommt für die nächsten zwei Jahrtausende nicht mehr zur Ruhe.

Tatsache ist, dass bis etwa 4300 keine Waffen als Grabbeigaben festgestellt werden können und auch keine Hinweise auf befestigte Höhensiedlungen vorliegen. Die friedliebenden Ackerbauern und Viehzüchter sind den kriegerischen kurganischen Reitern wehrlos ausgeliefert. Zwei verschiedene Kulturen prallen aufeinander: hier die alteuropäische, überwiegend friedliche, sesshafte, matriarchalisch ausgerichtete, dort die patriarchalische, kriegerische und hierarchisch organisierte. Dank einer »Wunderwaffe«, dem domestizierten Pferd, das die Urbevölkerung Europas nicht kennt, überrennen die Kurgan-Leute Alt-Europa. Die alten europäischen Siedlungsmerkmale verschwinden, Viehzucht und halbnomadische Lebensformen verdrängen den Ackerbau. Religion und Mythologie sind genauso einem Wandel unterworfen wie die Gesellschaftsordnung, die von einer geschlechtergleichen zu einer vorwiegend männerdominierten wechselt. Mittel- und Osteuropa befinden sich zwischen 4500 und 2500 in einem radikalen Umbruch.

Bronzezierscheiben der Urnenfelderzeit vom Bullenheimer Berg (8. Jh. v.Chr., unten). – Im Landesmuseum von Schleswig-Holstein befindet sich die Rekonstruktion eines

Urnengräberfeldes der späten Bronzezeit (Bild rechts). – Die Indogermanisierung Europas soll durch »Kurgan-Leute« vom Unterlauf der Wolga her erfolgt sein (Karte unten).

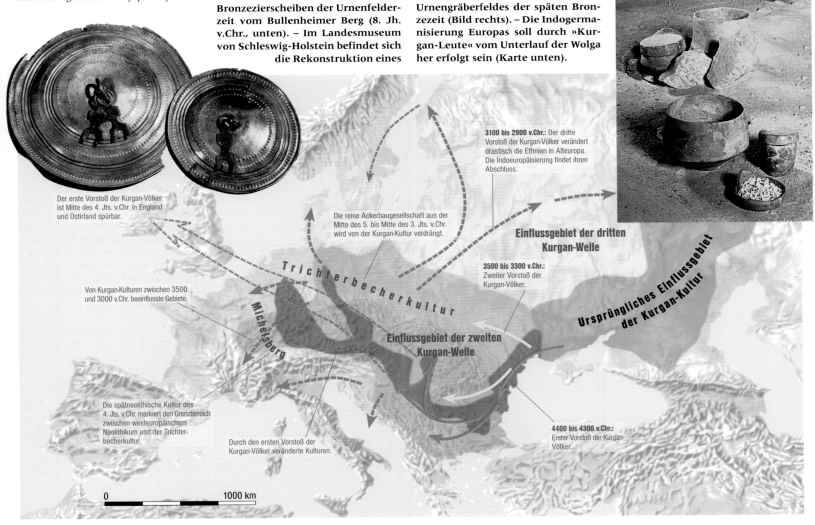

Der erste Vorstoß der Kurgan-Völker ist Mitte des 4. Jts. v.Chr. in England und Ostirland spürbar.

Die reine Ackerbaugesellschaft aus der Mitte des 5. bis Mitte des 3. Jts. v.Chr. wird von der Kurgan-Kultur verdrängt.

3100 bis 2900 v.Chr.: Der dritte Vorstoß der Kurgan-Völker verändert drastisch die Ethnien in Alteuropa. Die Indoeuropäisierung findet ihren Abschluss.

Einflussgebiet der dritten Kurgan-Welle

Trichterbecherkultur

Von Kurgan-Kulturen zwischen 3500 und 3000 v.Chr. beeinflusste Gebiete.

3500 bis 3300 v.Chr.: Zweiter Vorstoß der Kurgan-Völker.

Michelsberg

Ursprüngliches Einflussgebiet der Kurgan-Kultur

Einflussgebiet der zweiten Kurgan-Welle

Die spätneolithische Kultur des 4. Jts. v.Chr. markiert den Grenzbereich zwischen westeuropäischem Neolithikum und der Trichterbecherkultur.

Durch den ersten Vorstoß der Kurgan-Völker veränderte Kulturen.

4400 bis 4300 v.Chr.: Erster Vorstoß der Kurgan-Völker.

0   1000 km

Die Kelten kommen

„Die Kelten, von den Griechen auch Galater, von den Römern Gallier genannt, sind neben den Germanen das andere große Urvolk im prähistorischen Europa nördlich der Alpen, das immer wieder nicht nur die Altertumswissenschaften fasziniert hat."

Rupert Gebhard, 1993

Europa kommt von nun an nicht mehr zur Ruhe. Zwischen 1250 und 1150 und von 750 bis 700 v.Chr. erschüttern weitere Wanderungswellen den Kontinent. Um 1200 ergreifen die Urkelten vom westlichen Deutschland Besitz, Veneter durchziehen die Alpen, frühillyrische Stämme siedeln auf dem Balkan, Etrusker und Italiker auf dem Apennin. Und aus den Steppen Südrusslands preschen die Kimmerier bis ins Karpatenbecken vor, von zentralasiatischen Skythen verfolgt, die ihrerseits wieder vor einem expandierenden China weichen müssen (ca. 800 v.Chr.). Ähnlich werden später Hunnen und Awaren der großen östlichen Macht weichen. Ein neues Zeitalter kündigt sich an: die Eisenzeit.

Um 1500 v.Chr. entdecken die Hethiter im kleinasiatischen Taurusgebirge eine Epoche machende Technologie: Sie schmelzen und schmieden Eisen. Um 1000 v.Chr. erreichen ihre Kenntnisse den Balkan und die Apenninenhalbinsel. Das innovative und begabte Volk der Etrusker nimmt sich der neuen Technik an; es verfügt auf der Insel Elba über reiche und leicht abbaubare Eisenerzvorkommen. Auf dem nahen Festland bei Populonia entsteht ein Eisenverarbeitungzentrum. Eisenbarren oder fertige Produkte finden von hier ihren Weg bis nach Süddeutschland und weiter. Eisen ist begehrt und härter und fester als Bronze. Es eignet sich bestens zur Herstellung schwerer landwirtschaftlicher Geräte und Waffen. Zwar ist der Herstellungsprozess langwierig – Eisenerz muss erst gebrochen, zerkleinert, im Holzkohlenfeuer ausgeglüht und danach durch mühsames Hämmern entschlackt werden –, dafür ist es als Raseneisenerz weit verbreitet und im Tagebau leicht abbaubar. »Eisenzeit« nennen die Historiker diese Epoche. In Europa dauert sie von etwa 750 bis 15 v.Chr. und ist in weiten Teilen zugleich die hohe Zeit eines indoeuropäischen Volkes, der Kelten. Der griechische Geograph Hekataios von

Milet ist einer der Ersten, die von den Kelten berichten. Um 500 v.Chr. schreibt er, dass die griechische Kolonialstadt Massilia, das heutige Marseille, *„unterhalb der Keltike"*, des Keltenlandes, liege. Im 3. Jh. v.Chr. weiß Apollonios von Rhodos, dass man die Rhône aufwärts fahrend und stürmische Seen überquerend die Kelten erreichen könne. Sonst bleiben die Nachrichten spärlich, das Augenmerk der Griechen bleibt auf ihr Mutterland und das Mittelmeer gerichtet, ihr Interesse an der keltischen Kultur jenseits der Alpen ist gering. Daher entgeht ihnen, dass bei den »Barbaren« *„eine der eindrucksvollsten und reichsten Kulturen der europäischen Vorgeschichte"* (Martin Kuckenburg) zur Blüte gelangt.

Die Hallstattkultur

Im November 1846 stoßen Arbeiter beim Wegebau im Halltal westlich des oberösterreichischen Ortes Hallstatt auf ein Skelett mit einigen Beigaben aus Bronze. Das Einzelgrab ist nur eines von etwa 3000 weitgehend unberührten Gräbern aus der Zeit von 1300 bis 100 v.Chr., die in den nachfolgenden Jahrzehnten freigelegt werden und Hallstatt weltberühmt machen.

Die Altertumsforscher nennen zunächst die ganze Kultur nach dem Gräberfeld. Sie umfasst während der älteren Eisenzeit zwischen 800/750

Der prächtige Gold- und Bernsteinschmuck einer keltischen Fürstin, in ein Grab bei Rheinheim mitgegeben, stammt aus dem 5. Jh. (Bild oben). – Die keltische Frau schmückte sich gerne (Grafik unten) und trug mit Vorliebe Hals- und Armreifen (Hohlbuckelringe aus Kupfer, 8. Jh., Bild unten).

und 450 v.Chr. den Raum zwischen Ostfrankreich und der oberen Save. Erst spätere Detailuntersuchungen an den Fundobjekten stellen Unterschiede fest: Zwei verschiedene Völkerschaften verursachten offenbar kulturelle Differenzierungen, sodass eine Unterteilung der Hallstattkultur in einen keltischen West- und einen illyrischen Ostkreis erfolgt. Der Ursprung und die Herkunft der beiden Völker beginnt die Prähistoriker zu beschäftigen.

Die Kelten breiten sich aus

Das Fehlen schriftlicher Quellen erschwert die prähistorische Forschungsarbeit. Die Analyse archäologischen Fundmaterials aus den Gräbern jener Zeit erlaubt lediglich den Rückschluss, dass um ca. 1200 v.Chr., noch während der Urnenfelderzeit, keltische Zuwanderer die angestammten alteuropäischen Kulturen verdrängen oder annehmen und ihre eigene Kultur entwickeln. Dabei zeichnen sich drei große Kulturabschnitte ab: die mit der späten Bronze- und frühen Hallstattzeit zusammenfallende Urnenfelderzeit von 1200 bis 750 v.Chr., die in Hallstattzeit und La-Tène-Zeit unterteilte Ältere Eisenzeit

von 750 bis 450 v.Chr. und die eigentliche La-Tène- bzw. Jüngere Eisenzeit von 450 bis 15 v.Chr.

Das ursprüngliche Siedlungsgebiet der Kelten liegt zwischen Loire, Mosel und Rhein. Ab dem 5. bis zum 3. Jh. begeben sich die Keltenstämme auf Wanderschaft. *„Es waren viele Zehntausende junger kriegstüchtiger Männer, und sie führten noch mehr Kinder und Frauen mit sich"*, berichtet Plutarch im 1. Jh. n.Chr. Die zu große, wegen des kargen Bodens nicht mehr zu ernährende Bevölkerung, die Verlockungen durch südlichen Wein, Feigen und Öl hätten die Kelten zum Aufbruch veranlasst, vermerkt die antike Überlieferung. In wirrem Hin und Her ziehen Kelten aus dem heutigen südlichen Bayern nach Griechenland, von Baden-Württemberg ins Karpatenbecken, von Böhmen nach Italien. Im Westen erreichen sie den Atlantik und die Britischen Inseln, im Osten Kleinasien, manche dürften auch – reich an Erfahrungen – wieder zurückgekehrt sein.

Über das Leben der keltischen Völker und Stämme sind wir dank römischer Berichte gut informiert. Außerdem liefert die keltische Sprache wertvolle Hinweise über den Verbleib des für manche noch immer rätselhaften Volkes. Denn die Keltenstämme verwenden, wohin sie auch kommen, die gleichen Flur-, Orts-

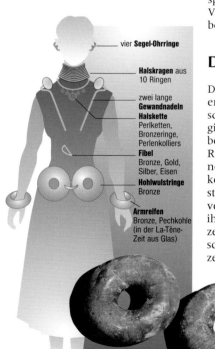

vier **Segel-Ohrringe**

Halskragen aus 10 Ringen

zwei lange **Gewandnadeln**
Halskette
Perlketten, Bronzeringe, Perlenkolliers
Fibel
Bronze, Gold, Silber, Eisen
Hohlwulstringe
Bronze
Armreifen
Bronze, Pechkohle (in der La-Tène-Zeit aus Glas)

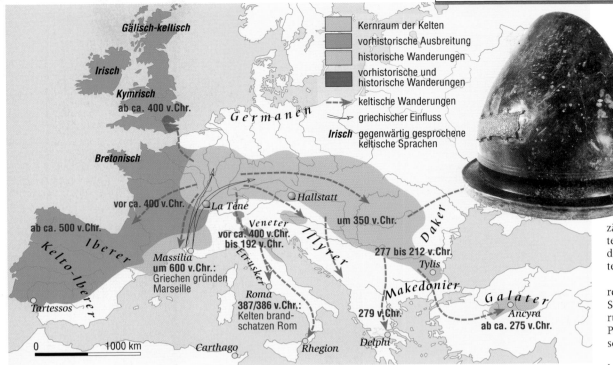

und Viehzüchter bevorzugt auf Hügeln oder sanften Hängen oberhalb von Bächen und Flüssen. Die rechteckigen, zwischen 40 und 120 m² großen Häuser haben lehmverschmierte Holzwände, deren Pfosten das stroh- oder schilfgedeckte Dach tragen. Doch auch massive Blockbauten sind nicht selten. Nach einem Planungskonzept stehen die Häuser um einen palisadenumzäunten Platz mit zwei großen Bauten, vermutlich den Wohnhäusern des Dorfältesten, vielleicht des obersten Priesters.

Die Stammesgesellschaft ist bereits hierarchisch gegliedert. An ihrer Spitze steht eine »adelige« Führungsschicht, die zusammen mit der Priesterkaste der »Druiden« das Geschick der Gemeinschaft bestimmt.

Ab dem Ende des 3. Jhs. sind die keltischen Stämme konsolidiert, lokale und überregionale Wirtschafts- und Verkehrseinrichtungen sind festgelegt. Geld bestimmt den Kreislauf von Handel und Tausch und das Handwerk ist endgültig zum selbständigen Erwerbszweig aufgestiegen. Eine neue Zivilisation, die der großen Städte, der Oppida, entsteht.

„Mit dieser Struktur", erklärt der Historiker Rupert Gebhard, *„steht die keltische Gesellschaft an der Schwelle zur Staatsbildung. Wesentliche Merkmale sind vorhanden: öffentliche Bauten in den Städten, fortgeschrittene Arbeitsteilung oder Geldwirtschaft."* Es fehlt nur noch die Schrift, ohne die eine organisierte Verwaltung nicht funktioniert.

Auf ihren weiten Wanderungen kommen die Kelten mit vielen alteuropäischen Völkern in Berührung (Karte oben). – Von den Griechen lernen sie die Münzprägung (1. Jh. v.Chr., so genannte Regenbogenschüsselchen von Hohenfels, Bild unten). – Raetischer Bronzehelm aus Saulgrub bei Garmisch-Partenkirchen (Bild rechts oben). – Keltische Höhensiedlungen aus der Urnenfelderzeit in Franken (Karte rechts unten).

und Landschaftsbezeichnungen. Erleichtert wird die siedlungsgeschichtliche Forschung auch durch Vergleiche mit der heute noch in Wales, Schottland, Irland und der Bretagne gesprochenen keltischen Sprache.

Gräber geben Auskunft

Die Schilderungen antiker Berichterstatter und die Beigaben in keltischen Gräbern ermöglichen eine plastische Vorstellung von Aussehen, Alter, Kleidung und Lebensweise der Kelten. Die Männer – etwa 170 cm groß – und die Frauen – um 10 cm kleiner – erreichen ein Alter von durchschnittlich 40 bzw. 35 Jahren. Sie kleiden sich auffallend, die Männer in Hosen, die Frauen mit farbigen, geblümten Röcken, über die sie im Winter dicke gestreifte, im Sommer leichtere, bunt gewürfelte Mäntel tragen. Die keltische Frau legt großen Wert auf Schmuck, sie trägt mit Vorliebe Bernsteinketten, Ohr-, Hals-, Arm-, Finger- und Fußringe, auch Hüftgehänge, Haar- und kunstvolle Gewandnadeln aus allen erdenklichen Materialien. Selbst das Lackieren der Finger- und Zehennägel ist ihr nicht unbekannt gewesen.

Der keltische Krieger

Die Bewaffnung der keltischen Krieger ist vielfältig: Schild, Brustpanzer, Langschwert, Dolch, Speer und Lanze dienen Angriff und Verteidigung. Helme aus Leder fallen im 5. Jh. durch ihre spitze Kegelform auf, im 4. und 3. Jh. werden sie durch kugelförmige Eisenhelme ersetzt. Neben dem gemeinen Soldaten nimmt der Krieger auf dem zweirädrigen Streitwagen im Kampf eine wichtige Rolle ein. Julius Caesar berichtet von ungewöhnlichen akrobatischen Leistungen, die keltische Streitwagenlenker vollbringen: *„... sie parieren die Pferde im vollen Lauf, selbst auf ziemlich steilen Hängen, machen kurze Wendungen, laufen auf der Deichsel hin und her, stellen sich auf das Joch und von da aus rasch wieder im Wagen."* Weiterhin berichtet er, dass keltische Krieger meist nackt kämpfen sowie das Kopfhaar mit weißer Kalkmilch färben und festigen. In der Schlacht greifen sie ihre Gegner blitzschnell und scheinbar ungeordnet an. Der Kelte schlägt dem besiegten Feind den Kopf ab und nagelt diesen als Trophäe an die Außenwand seines Hauses, oder aber er bewahrt ihn in einem Schrein auf. Gehöfte und Weiler errichten die keltischen Bauern

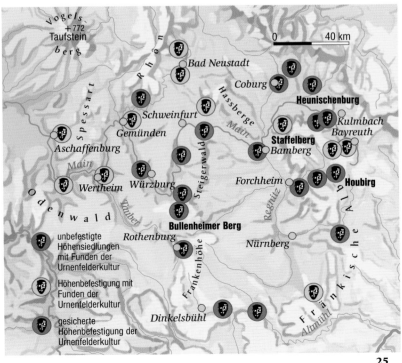

Die ersten Fürsten

„Das 6. und 5. Jh. v.Chr. sind eine der spannendsten und glanzvollsten Epochen der Vorgeschichte Mitteleuropas, fassen wir hier doch zum ersten Mal eine Gesellschaft mit ausgeprägter Sozialstruktur, deren Spitze sich in den so genannten Fürstengräbern widerspiegelt.“

Jörg Biel, 1993

Bei Hundersingen an der oberen Donau schiebt sich 60 m über Grund ein flacher Bergsporn ins breite Donautal. Die Bevölkerung bezeichnete ihn schon vor der ersten schriftlichen Nennung 1560 als »Heuneburg« und mutmaßte, dass in Urzeiten auf den Höhen jene sagenhaften Riesenwesen gelebt hätten, denen man in Norddeutschland die Megalithgräber zuschreibt, die Hünen. Aus unerklärlichen Gründen weckt der Berg bis ins vergangene Jahrhundert weder bei Hobby- noch bei Facharchäologen Interesse. Selbst als 1876 Erdarbeiten einige Gräber mit Goldschmuckstücken freigeben und der württembergische Archäologe Eduard Paulus, sicher unter dem Eindruck des trojanischen Schatzfundes durch Schliemann stehend, im ersten Überschwang der Entdeckung von einem »Fürstengrab« spricht und so einen bleibenden archäologischen Begriff prägt, verzichtet man auf weitere Grabungen. Erst

1921 werden Suchgräben gezogen, doch außer einigen späthallstattzeitlichen Scherben finden die Archäologen nichts. Im Sommer 1950 beginnt endlich jene umfassende Grabungskampagne, die auf der 300 x 150 m großen Fläche der Heuneburg bemerkenswerte Ergebnisse zutage fördert: 16 nacheinander errichtete Mauerzüge und 23 Siedlungshorizonte kommen zum Vorschein, deren Baugeschichte einen Zeitraum von der Bronzezeit bis zum Mittelalter umfasst. Das erstaunlichste Befestigungswerk ist wohl eine 3 m breite und 4 m hohe, mit einem hölzernen Wehrgang ausgestattete Mauer. Sie wurde im 6. Jh. v.Chr. aus damals im mitteleuropäischen Raum unüblichen Materialien errichtet.

Eine Burg aus Ziegeln

Im Gegensatz zu der üblichen Holz-Stein-Erde-Bauweise verwenden die vorchristlichen Baumeister der Heuneburg exakt dimensionierte, sauber verfugte Lehmziegel, die sie nach der Läufer-Binder-Methode einem Fundament aus gebrochenen Weißjurasteinen aufsetzen. Die Archäologen staunen nicht schlecht über die Maße der Ziegel: Sie entsprechen genau jenen der antiken griechischen Kolonien zwischen Südfrankreich und Sizilien und messen 40 x 40 x 8 bis 10 cm. Noch

eine andere Neuheit überrascht die Forscher: Etwa ein Dutzend rechteckige, vom Burginneren begehbare Türme sichern die Nord- und Westflanke der Anlage. Bis heute ist kein weiteres Bauwerk mit ähnlicher Ausstattung in Mitteleuropa bekannt geworden. Der Fund attischer Keramikscherben und die Entdeckung eines nach mediterranem Vorbild angelegten Handwerkerquartiers bestätigen für die Wissenschaftler intensive Kontakte der Herren von Heuneburg zum griechischen Kulturkreis am Mittelmeer.

Kein Fürstensitz

Trotz der spektakulären Grabungserfolge auf der Heuneburg bemächtigt sich der Archäologen eine herbe Enttäuschung: Den erhofften »Fürstensitz« entdecken sie nicht. Obwohl knapp ein Dutzend herrschaftlich ausgestattete Hügelgräber nahe der Heuneburg – unter ihnen der älteste und mit 13 m höchste, der »Hohmichele« – einen solchen haben vermuten lassen. Freilich, 60% des Areals der Heuneburg warten noch auf Entdeckung und als schwacher Trost für die Heuneburger Ausgräber mag gelten, dass auch in den anderen Burganlagen der vorchristlichen Jahrhunderte keine Bauten entdeckt werden konnten, die den Begriff »Fürstensitz« verdienen.

Und wieder spielt der Zufall Regie. Ein Junge in Hart an der Alz gräbt

eines Tages im elterlichen Garten ein Loch in den Boden und stößt auf einige seltsame Bronzestücke. Er zeigt sie seiner Lehrerin und sie alarmiert die Archäologen, die einen sensationellen Fund aus dem Boden holen: Die Bronzeteile eines vierrädrigen Wagens der Urnenfelderzeit. Er war mit seinem verstorbenen Besitzer verbrannt und begraben worden. Der Brauch, hochgestellte Krieger oder Fürsten mit Waffen und Geräten auf ihrem Wagen zu verbrennen und mit Beigaben aus Gold sowie Ton- und Bronzegefäßen in eigenen Grabkammern beizusetzen, ist in der älteren Hallstattzeit nicht ungewöhnlich. Mitunter bergen manche Gräber kleine Wägelchen aus Bronze, wie den so genannten Kesselwagen von Acholzhausen. Vermutlich kam der künstlerisch wertvolle Ersatz doch noch billiger als ein original großer Wagen. Wagenbestattungen blieben in der Regel Männern vorbehalten, nur 4,5% der bisher entdeckten Wagengräber entfallen auf Frauen. Eigenartigerweise steigt im Laufe der späten Hallstattzeit ihr Anteil plötzlich auf 31%. Ob nun eine Massen-

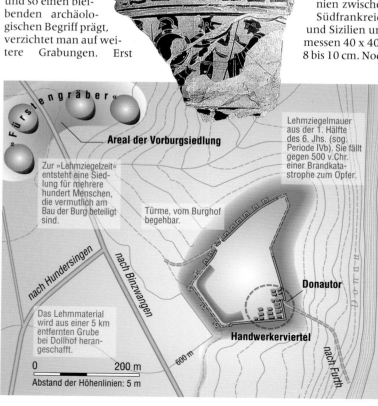

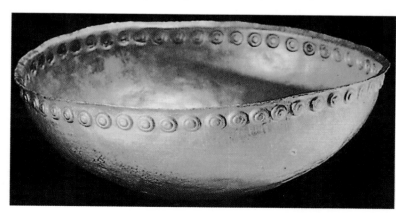

Die Heuneburg ist durch ihre Bauweise aus Lehmziegeln mediterraner Art von besonderem Interesse (Karte links). – Während der Hallstattzeit wurde ein griechischer Krater (= Gefäß mit Fuß und zwei Henkeln), von dem nur noch ein Bruchstück gefunden werden konnte (Bild links), vermutlich aus der Gegend von Marseille importiert. – Eine gediegen gearbeitete Goldschale aus dem Fürstengrab von Hochdorf (Bild unten). – Ebenfalls aus dem Grab des Hochdorfer Fürsten stammt eine Bronzefigur mit Rad, sie ist eine von acht, die als Beine eine Totenliege beweglich machten (Bild oben).

»Fürstengräber«

Areal der Vorburgsiedlung

Zur »Lehmziegelzeit« entsteht eine Siedlung für mehrere hundert Menschen, die vermutlich am Bau der Burg beteiligt sind.

Lehmziegelmauer aus der 1. Hälfte des 6. Jhs. (sog. Periode IVb). Sie fällt gegen 500 v.Chr. einer Brandkatastrophe zum Opfer.

Türme, vom Burghof begehbar.

Das Lehmmaterial wird aus einer 5 km entfernten Grube bei Dollhof herangeschafft.

nach Hundersingen

nach Binzwangen

600 m

Donautor

Handwerkerviertel

nach Furth

0   200 m

Abstand der Höhenlinien: 5 m

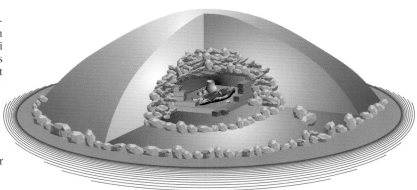

produktion die Herstellung der Wagen verbilligte oder mehr Frauen obere Ränge der Hierarchie einnahmen, wissen wir nicht. Ab der La-Tène-Zeit weichen die vierrädrigen Wagen zweirädrigen Karren. Das Gefährt dient nicht mehr dem Zeremoniell, sondern ist Attribut eines adeligen Kriegers geworden.

Im Übergang von der späten Hallstatt- zur frühen La-Tène-Zeit ändert sich der Kult der Beisetzung. Die bislang relativ seltene Körperbestattung löst die Brandbestattung ab. Besondere Kennzeichen dieser Gräber sind ihre weithin sichtbare Hügelform und die Aufbahrungskammer für den Verstorbenen im Inneren des Erdwerkes. Die Größe des Hügels drückt den sozialen Stand des Toten zu Lebzeiten aus. Sie schwankt zwischen 10 und 20 m im Durchmesser und 1 bis 2 m in Höhe. So genannte Fürstengräber sind bis zu 13 m hoch und erreichen Radien von 50 m. Eine Grabstele (= Säule als Grab- oder Gedenkstein mit Bildnis des Toten) aus Holz oder Stein krönt den Tumulus (= Grabhügel). Das eigentliche Grab, eine 3 bis 6 m lange und 2 m breite Holzkammer, sitzt dem Erdboden auf oder ist leicht versenkt. Da über Jahrhunderte ein augenfälliges Ziel für Grabräuber, sind nur wenige Tumuli in unversehrtem Zustand bis heute erhalten. Einer von ihnen ist das Fürstengrab von Hochdorf bei Ludwigsburg. In der überaus reich ausgestatteten Grablege von etwa 550 v.Chr liegt der Tote in fein gewobenen Tüchern auf einem durch kleine Räder fahrbaren, 2,75 m langen Bronzesofa. Goldblechbeschläge zieren Gürtel, Dolch, Schnabelschuhe und neun Trinkbecher, von denen einer 5 l Flüssigkeit fasst. Ein Bronzekessel aus einer griechischen Werkstatt in Unteritalien war mit 400 l Met gefüllt. Stapel von Servierbecken und Bronzetellern sowie andere Gegenstände lagen auf dem mit Eisenblech verzierten, vierrädrigen Holzwagen.

In der späten Hallstattzeit ändert sich der Bestattungsbrauch in der Grabhügelkultur: Unter den Erdhügeln finden nun mehrere, kreisförmig angeordnete Gräber Platz, wie z. B. im Tumulus vom Magdalenenberg bei Villingen. Ab 400 v.Chr. setzt sich das Flachgrab durch, im 3. Jh. verbrennt man die Toten wieder und setzt die Asche in einer Erdgrube bei. Die Sitte, Beigaben ins Grab zu legen, kommt zum Leidwesen der Archäologen im 1. Jh. v.Chr. gänzlich abhanden und die Grabstellen verschwinden aus dem Blickfeld der Forschung.

Die Rätsel von Manching

Schon der Name gibt Rätsel auf: Keine Erwähnung, keine Zeichnung in Stein, nichts nennt den keltischen Namen der größten Stadt Bayerns jener Zeit. Die 380 ha große antike Siedlungsfläche des Manchinger Oppidums ist zwar erst zu 2,9 % untersucht, aber die Hoffnung, doch noch einen Hinweis zu finden, ist schwach. Längst haben die Suchgräben der versierten Archäologen Werner Krämer und Franz Schubert die dicht bebauten Bereiche der im 2. bis 1. Jh. v.Chr. in Hochblüte stehenden Stadt durchzogen und dem Manchinger Boden die meisten Geheimnisse entrissen. Der größte Teil des Stadtareals war nur gering oder gar nicht bebaut und von Feldern und Weiden bedeckt. So täuscht also der Vergleich der Manchinger Keltenstadt mit dem flächenmäßig gleich großen Rom: Während die eine nur 5000 bis 15.000 Menschen beherbergte, lebten in der Ewigen Stadt weit über 100.000. Umso beeindruckender muss die 7 km lange Wallmauer gewesen sein, die Caesar »Murus gallicus« nennt. Ähnlich wie bei der Heuneburg gliedern planmäßig angelegte Straßen das Zentrum der Stadt. Hier gruppieren sich die Handwerkerquartiere, arbeiten und wohnen Glasmacher, Bronzegießer, Schmiede usf. getrennt in verschiedenen Vierteln. Einem dieser Siedlungsareale kommt besondere Bedeutung zu, meint der Archäologe Franz Schubert. Zwei Holzbauten deutet er *„zunächst hypothetisch und im Einzelnen noch zu belegen"* als Tempel. Das wäre neu für eine keltische Siedlung, denn keltische Kultplätze liegen gewöhnlich außerhalb der Wohnbereiche auf besonderen, heiligen Hainen. Ein Grabfund von etwa 70 v.Chr. erregt allerdings Aufsehen und die Gemüter der Altertumsforscher: Die achtlos in eine Abfallgrube des Manchinger Oppidums geworfenen Knochen vieler Kelten. Sowohl die Schädel- als auch die Arm- und Beinknochen weisen keine Verletzungen auf, aber 95 % der Arme und Beine sind fachgerecht vom Rumpf abgetrennt. Die Gebeine stammen überwiegend von jungen Männern, sie dürften einem kannibalischen Ritual zum Opfer gefallen sein, vermuten Archäologen. Bislang fehlt auch die Erklärung für eine mit Knochen von mindestens 400 Menschen und Abfällen bedeckten Fläche. Langknochen und Schädelteile sind überdurchschnittlich vertreten und zeigen Schnittspuren und vorsätzliche Verstümmelungen.

Um die Mitte des 1. vorchristlichen Jahrhunderts, noch bevor römische Legionäre die Alpen überschreitend das Alpenvorland besetzen, verlassen die Kelten das Oppidum von Manching. Warum? Auch das wissen wir nicht.

Ein Fürstengrab mit Grabkammer im Schnitt (Grafik oben). – Die Spitze des Hügels krönte eine Grabstele, wie die Figur des Kriegers von Hirschlanden (Bild links unten). – Die Kelten der Urnenfelderzeit legten ihre Siedlungen in der Alb bevorzugt auf den weiträumigen, durch Steilabfälle gesicherten Plateaus an (Karte unten).

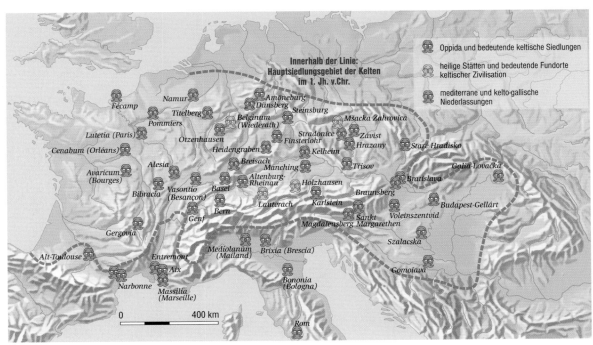

Der Kult der Kelten

„Zugang zum Denken und Fühlen, nicht zuletzt zum religiösen Empfinden antiker Völker und Kulturen zu gewinnen gehört zu den schwierigsten Aufgaben, die dem Archäologen gestellt sind."

Wolfgang Kimmig, 1993

Mit Ausnahme der Keltenstämme in Gallien, die von Königen regiert werden, halten in den mitteleuropäischen Gebieten reiche Fürstenclans das Schicksal der Stammesgemeinschaften in Händen. Einfluss und Macht schöpft die Herrscherschicht aus dem Privileg der Abstammung, dem Vermögen, der Zahl der Sklaven, der Bauern, Handwerker und anderer Untertanen. Die Quellen des Reichtums der Fürsten fließen aus den von ihnen beherrschten Kupfer- und Salzbergwerken, den Eisenerzgruben und dem Fernhandel. Dennoch sind sie nicht allmächtig, die über alles erhabene Priesterkaste der Druiden wacht über ihr Tun.

Die Druiden, »die Wissenden um die Eiche«, nehmen in der keltischen Gesellschaft einen besonderen Rang ein. Sie sind Juristen, Ärzte, Philosophen, Sterndeuter und Vermittler zu den Göttern. Sie bewahren die keltische Tradition und geben ihre Lehren – mangels einer Schrift – nur mündlich an die Priesterschaftsanwärter weiter, die diese auswendig lernen müssen, *„damit sie dem Volk verborgen bleiben"*, meint Caesar.

Den nicht weniger bedeutenden Vates oder »Sehern« kommt die wichtige Aufgabe zu, in die Zukunft zu schauen. Sie bestimmen die Termine von Aussaat, Ernte und Kriegen. Selbst Könige und Stammesfürsten müssen sich ihren Entscheidungen beugen.

Menschenopfer in heiligen Hainen

Kultische Handlungen nehmen die Druiden an bestimmten Orten vor, entweder in abgelegenen Gegenden, heiligen Hainen oder innerhalb von viereckigen Wall-Graben-Anlagen, die heute noch »Keltenschanzen« heißen. Die Masse dieser Viereckschanzen stammt aus dem 2. bis 1. Jh. v.Chr. und ihre Verbreitung reicht vom östlichen Frankreich bis Bayern. Zuerst halten sie die Archäologen für umfriedete Viehweiden, Gutshöfe oder Verteidigungsanlagen. Erst genaue Untersuchungen ergeben, dass sie »heilige Bezirke« gewesen sein müssen. Caesar berichtet, dass die Druiden die heiligen Haine einmal im Jahr aufsuchen und hier Kulthandlungen zelebrieren, Gericht halten und Tier-, ja sogar Menschenopfer darbringen.

Die Viereckschanze von Holzhausen bei Grünwald zählt zu den archäologisch am besten erkundeten. Nicht weniger als fünfmal bauen die Kelten sie um, ohne die einmal festgelegten Ausmaße von 85 x 90 m zu verändern. Der ursprünglich 1,5 m hohe Holzzaun, der die Anlage umgibt, wird durch einen Graben ersetzt. Die Aufmerksamkeit der Archäologen jedoch ziehen drei Kult-

schächte auf sich, von denen einer über 18 und ein zweiter 36,5 m tief ist. Alle drei enthalten stark eiweißhaltige Rückstände von Fleisch und Blut, womit der Nachweis für kultische Opferhandlungen erbracht scheint. Ein an der Nordostecke der »Schanze« gelegenes, 6,5 x 7 m großes Holzhaus – von ihm sind noch Reste erhalten – diente vermutlich zur Aufbewahrung von Kultgegenständen. Rodungsspuren auf dem Platz deuten auf ein Waldheiligtum. Die Kelten verehren Bäume, besonders die Eiche als Sitz von Göttern und Fabelwesen. Ihrer Meinung nach tragen Bäume den Himmel, deshalb kann der Druide über sie mit den Göttern sprechen. Plinius der Ältere, einer der wichtigsten antiken Berichterstatter über die keltische Lebensart, schreibt: *„Die Druiden [...] halten nichts heiliger als die Mistel und den Baum, auf dem sie wächst, sofern es der Eichbaum ist. Aber auch so pflegen sie die Eichenhaine und vollziehen kein Opfer ohne den Laubschmuck dieser Bäume [...]. Wenn sie das Opfer gerichtet haben, führen sie zwei weiße Stiere herbei, deren Hörner sie zuerst bekränzen. Dann besteigt ein weiß gekleideter Druide den Eichbaum und schneidet mit einer goldenen Sichel den Mistelzweig ab, der in einem weißen Tuch aufgefangen wird. Daraufhin opfern sie die Stiere und beten."*

Der Kult um den Baum

Dass Menschen im Rahmen des Baumkultes geopfert werden, stellt eine Szene auf dem Silberkessel von

Das »Kultbäumchen« aus dem spätkeltischen Manchinger Oppidum, eine mit Goldblech überzogene Astgabel mit kunstvoll gestalteten Blättern, Blüten und Früchten, ist Bestandteil eines Baumkults.

Gundestrup auf Jütland dar: Eine feierliche Prozession von Kriegern trägt einen Kultbaum, während ein Druide ein Menschenopfer darbringt.

„Wenn jemand schwer krank wird oder Gefahren und Kämpfen entgegengeht, so pflegt er Menschenopfer zu geloben, deren Durchführung natürlich Sache der Druiden ist", berichtet Caesar. *„Auch von Staates wegen finden dergleichen Opfer statt. Zu ihrer Durchführung macht man riesige Götterfiguren aus Stroh und Reisig, die mit lebenden Men-*

Epona, die Reitergöttin, hier auf einem Relief aus dem 2. Jh. n.Chr., zählt zur weiblichen Dreieinigkeit der keltischen Religion (Bild links). – Die keltischen Viereckschanzen sind stets nach einem Schema angelegt (Grafik unten). – Auf dem Bleigewicht aus Manching ist eine keltische Gottheit abgebildet (2. Jh. v.Chr., Bild rechts).

Im Norden ist in keiner der Viereckschanzen ein Eingang

ein bis drei Kultschächte

Kultbau?

Osten

Torbau

Erdwall

Graben

Die keltischen Schmiede verzierten sogar eiserne Achsnägel mit Symbolfiguren (Bild Mitte). – In Bayern sind über 200 spätkeltische Tempelbezirke (Viereckschanzen) bekannt (Karte rechts). – Das Skelett eines sechsjährigen Kindes in Hockerbestattung von 1000 v.Chr. ist vermutlich ein Bauopfer aus der ersten Bauphase des Manchinger Oppidums (Bild unten).

schen gefüllt werden. Dann wird das Ganze angezündet, sodass die Menschen in den Flammen umkommen."

In der spirituellen Welt der Kelten spielt der menschliche Kopf eine bedeutsame Rolle. Den Schädel des gefallenen Feindes nagelt der keltische Sieger an die Hauswand, spießt ihn zur Schau auf den Speer, bewahrt ihn in Vitrinen oder Schreinen auf, er überzieht das Gesicht mit Goldblech oder fertigt aus der Hirnschale einen Trinkbecher. In welchem Zeremoniell welchen Göttern damit gehuldigt wird, bleibt im Dunkel der Geschichte verborgen, obwohl sonst über die Götterwelt der Kelten dank antiker Berichte kaum mehr Unklarheiten bestehen.

Die grausamen Götter

Die Zahl Drei ist in der keltischen Mythologie heilig: Eine »Dreifaltigkeit« aus den männlichen Gottheiten Taranis, Teutates und Esus krönt die göttliche Hierarchie. Taranis in Pferdegestalt oder halb als Mensch, halb als Pferd dargestellt, beherrscht Blitz und Donner. Sein Symbol ist das Feuerrad, ihm werden Kriegsgefangene geopfert, die in riesigen Weidenkäfigen den Feuertod sterben. Teutates, der Gott aller Stämme, oft als Widder oder mit Widdergehörn wiedergegeben, beschirmt Krieg und Künste. Die ihm geweihten Menschen finden an heiligen Quellen oder Teichen durch Ertränken oder Erhängen den Tod. Esus ist der Gott der Erde, des Waldes und der Pflanzen und erscheint in Menschengestalt mit einem Mistelzweig im Haar oder als Stier. Seine Opfer werden an heiligen Bäumen erhängt oder an zwei niedergebogene Bäume gebunden, die dann durch plötzliches Hochschnellen die Leiber zerreißen.

Der männlichen Dreieinigkeit steht eine weibliche gegenüber. Epona, die Reitergöttin, Arduinna, die Göttin der Jagd – nach ihr sind die Ardennen benannt –, und die Kriegsgöttin Nemetona werden als Mutter- und Fruchtbarkeitsgöttinnen verehrt. Zu diesen obersten Gottheiten gesellen sich noch etwa 400 weitere Göttinnen und Götter und jede Menge geheimnisvoller Wesen, von denen die Kelten glauben, dass sie in Bäumen, Wäldern, an Quellen, Bächen, Flüssen, Seen, über, auf und unter der Erde leben. Dazu gehören manche Tiere, die das Schicksal der Menschen mitbestimmen, wie Stier, Eber, Widder, Hirsch und Eule.

Der Untergang der Kelten

Den Untergang der keltischen Völker kann der ganze dicht bevölkerte Götterhimmel nicht verhindern. Unfähig eine staatliche Zentralgewalt zu errichten und eingekeilt zwischen der expansiven römischen Großmacht im Süden und den gleichfalls expandierenden Germanenstämmen im Norden, haben die untereinander oft zerstrittenen keltischen Stämme keine Überlebenschance. Caesar bezwingt 58 bis 51 v.Chr. die linksrheinischen Kelten, die rechtsrheinischen und im südlichen Deutschland lebenden und von Germanen stark dezimierten Kelten unterwerfen sich ab 15 v.Chr. den Römern.

„Mit dem Untergang des »freien Keltentums« ging in den römisch besetzten Gebieten Mittel- und Westeuropas auch die »Vorgeschichte« zu Ende, denn die weitere Entwicklung der eroberten Provinzen vollzog sich im Rahmen der Geschichte des Römischen Reiches", stellt der Prähistoriker Martin Kuckenburg fest.

Ein Volk aus vielen Völkern – die Germanen

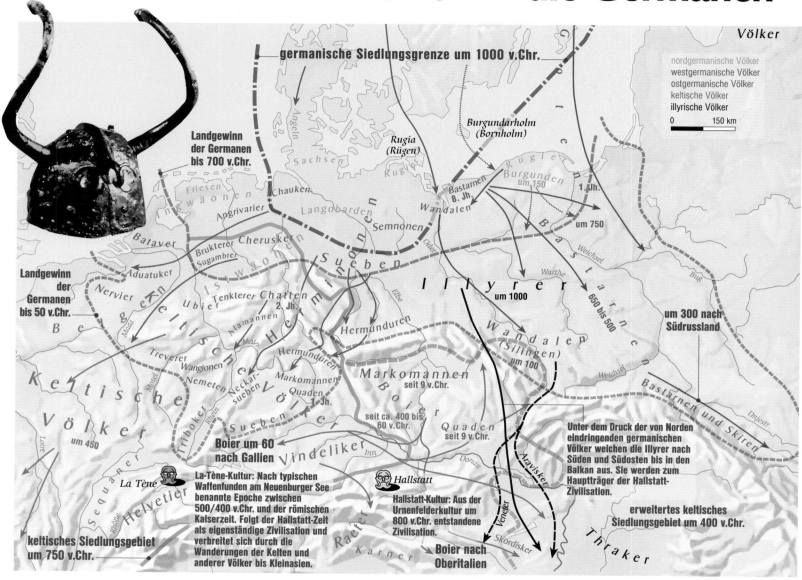

germanische Siedlungsgrenze um 1000 v.Chr.

Völker

nordgermanische Völker
westgermanische Völker
ostgermanische Völker
keltische Völker
illyrische Völker

0   150 km

Landgewinn der Germanen bis 700 v.Chr.

Landgewinn der Germanen bis 50 v.Chr.

Boier um 60 nach Gallien

La-Tène-Kultur: Nach typischen Waffenfunden am Neuenburger See benannte Epoche zwischen 500/400 v.Chr. und der römischen Kaiserzeit. Folgt der Hallstatt-Zeit als eigenständige Zivilisation und verbreitet sich durch die Wanderungen der Kelten und anderer Völker bis Kleinasien.

keltisches Siedlungsgebiet um 750 v.Chr.

Hallstatt-Kultur: Aus der Urnenfelderkultur um 800 v.Chr. entstandene Zivilisation.

Boier nach Oberitalien

Unter dem Druck der von Norden eindringenden germanischen Völker weichen die Illyrer nach Süden und Südosten bis in den Balkan aus. Sie werden zum Hauptträger der Hallstatt-Zivilisation.

erweitertes keltisches Siedlungsgebiet um 400 v.Chr.

um 300 nach Südrussland

„Erst in den letzten Jahrzehnten des vorigen Jahrhunderts begann man die Fragen zu stellen, wann denn eigentlich aus der Urbevölkerung jenes Volk entstanden sei, das man nur während der späten römischen Kaiserzeit Germanen nannte, und wann sich diese Germanen in die »uralten Teutschen« verwandelt hätten. Diese Fragen beschäftigen Historiker wie Vorgeschichtler noch heute.“

Hannsferdinand Döbler, 1975

Dabei beginnt alles so einfach: Um 700 unterscheidet der große Kirchenreformer Bonifatius (672/73 bis 754) ein »Germanien« nördlich der Donau und ein südliches, aus der römischen Provinz

Raetien hervorgegangenes »Bayern«. Der Angelsachse zählt, dem römischen Geschichtsschreiber Tacitus folgend, auch jene slawischen Völker und Stämme zur »Germania«, die westlich der Weichsel wohnen. Die Bayern und die wie sie ausgegrenzten Alamannen sehen das anders: Auch sie fühlen sich der Germania zugehörig, behauptet jedenfalls Arbeo, der Bischof von Freising (764/65 bis 782/83).

Selbstverständlich kann von einem nationalen Zugehörigkeitsgefühl im heutigen Sinne noch keine Rede sein. Auch das Verwischen des antiken Begriffes »Germania« mit dem des »Deutschen« in den nachfolgenden Jahrhunderten entspringt keinem nationalen Bewusstsein: Der Enkel Karls des Großen, Ludwig, der

bald nach seinem Tode 875 den Beinamen »Germanicus« bekommt, ist kein »Deutscher«, sondern der Sohn Ludwigs »des Frommen«, der das östliche Teilreich des karolingischen Imperiums beherrscht, das ehemalige römische »Germanien«.

Die »uralten Teutschen«

Im Hochmittelalter setzen die Geschichtsschreiber »Germanicus« mit »deutsch« gleich; Ludwig Germanicus wird plötzlich »der Deutsche«, aber noch immer ohne nationalen Beigeschmack. Noch bis in Luthers Zeiten interessiert es kaum jemanden, wer denn die Vorfahren der Deutschen waren. Nur einige Gelehrte, die antike lateinische und

griechische Texte studieren und im 16. Jh. Tacitus wieder entdecken, zum Beispiel der humanistische Philologe Beatus Rhenanus (1485 bis 1547), nehmen sich der deutschen Vorgeschichte an. Rhenanus gelangt zur Feststellung: *„Unser sind der Goten, Wandalen und Franken Triumphe“*, und erhebt damit, so der Historiker Herwig Wolfram, *„den Anspruch der Deutschen auf die germanische Geschichte der Völkerwanderungszeit“*. In die gleiche Kerbe schlägt der »bayerische Herodot« Johannes Aventinus, mit bürgerlichem Namen Turmayr, geboren 1477, gestorben 1534 in Regensburg. Seine bayerische Chronik, die »Annales Bojorum«, erscheint nicht nur in Latein, sondern als erstes deutsches Geschichtswerk auch in deutscher Sprache. Für Turmayr sind die

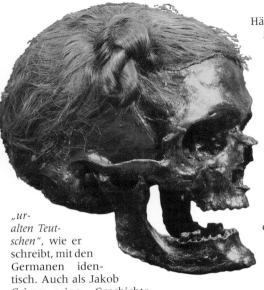

„ur-alten Teutschen", wie er schreibt, mit den Germanen identisch. Auch als Jakob Grimm seine »Geschichte der deutschen Sprache« veröffentlicht, ist es noch selbstverständlich, »deutsch« mit »germanisch« gleichzusetzen. Tatsächlich aber sind die Germanen nur eines der indoeuropäischen Völker, deren Geschichte sowohl Teil der deutschen als auch der Geschichte anderer europäischer Völker ist: der Skandinavier, Engländer, Franzosen, Belgier usw.

Anfänge der Germanen

Im 4. Jh. treten die Germanen zum ersten Mal ins Licht der Geschichte. Seit Beginn der Bronzezeit (Mitte des 2. Jts. v.Chr.) bilden sie einen zusammenhängenden Kulturkreis, der den südlichen Teil Skandinaviens, Dänemark und Norddeutschland entlang der Ostsee umfasst. Vermutlich unter dem Druck der Übervölkerung breiten sich germanische Stämme bis 450 v.Chr. fächerförmig nach Süden aus und gelangen im 2. Jh. bis an die Siedlungsgrenze der Kelten. Dabei sind Begegnungen mit römischen Händlern nicht auszuschließen. Die einmal in Gang gesetzten Wanderungen zeigen Sogwirkung auf kleinere Stammesgruppen, die einzelnen Verbände wachsen zu größeren Einheiten zusammen, die mitunter politisches Gewicht erlangen: Die beinahe schon staatlich organisierten Markomannen und mit ihnen die kleineren Volksgruppen der Boier und Quaden sowie einige keltische Stämme stellen für Jahrhunderte eine ständige Bedrohung der römischen Provinzen Noricum und Pannonien dar.

Nach ihren Spracheigentümlichkeiten unterteilt man die germanischen Völker in drei große Gruppen: in West-, Ost- und Nordgermanen. Zur Westgruppe zählen jene Völkerschaften, die in den ersten Jahrhunderten nach Christus im Geviert von Rhein, Elbe, Nordsee und Donau wohnen. Zu ihnen gehören die Rhein-Weser-Germanen, mit den Stämmen der Bataver, Ubier, Tenkterer, Brukterer und Sugambrer, aus denen im 3. Jh. die Franken hervorgehen. Zu den Nordgermanen zählen die Angeln, Friesen und Sachsen, von denen die beiden Letzteren gemeinsam mit den Jüten im 5. Jh. Britannien erobern. Cherusker, Chatten, Markomannen, Semnonen und Sueben – um die bekanntesten zu nennen – bilden die Elb-Germanen. Während die Chatten vermutlich die Vorväter der Hessen abgeben, gehen die Cherusker mit anderen kleineren germanischen Stämmen im Verband der Sachsen auf. Aus den Sueben entwickeln sich die Hermunduren, die Thüringer und die Alamannen.

Letztere siedeln im südwestdeutschen, elsässischen und nordschweizerischen Raum.

Zu den Ostgermanen zählen die Goten, die aus ihrer skandinavischen Urheimat – die Insel »Gotland« erinnert an sie – die Weichsel aufwärts nach Südrussland ziehen. Die Burgunden erscheinen im 4. Jh. v.Chr. am mittleren Rhein, leben um 100 v.Chr. noch zwischen Oder und Weichsel und werden, wie die Wandalen, die sich vorwiegend in Schlesien niederlassen, zu den Ostgermanen gerechnet. Die elbgermanischen Langobarden wandern im 2. Jh. v.Chr. über Mähren, Ungarn und das Karpatenbecken bis nach Italien.

Patriarchalische Autorität

Nur eine bestimmte Gesellschaftsstruktur erlaubt Wanderbauern: Eine patriarchalische Autorität steht einem Sippenverband vor, der zugleich eine Siedlungsgemeinschaft bildet. Die sozialen Unterschiede schildert Tacitus in seiner »Germania«. Ein Stammesverband besteht aus »freien« Bauern und Handwerkern, die auch den wehrfähigen Teil der Bevölkerung stellen, Halbfreien, also Unterworfenen und Freigelassenen, und Sklaven, also Kriegsgefangenen, unfrei Geborenen und in Schuld-knechtschaft Geratenen. Das wichtigste Element der sozialen und rechtlichen Ordnung ist das Haus mit seinem »Friedensbezirk«. Niemand darf ihn ohne Erlaubnis des Hausherrn betreten. Wer dagegen handelt und »Hausfriedensbruch« begeht, den treffen strenge Strafen.

Der Herrschaftsgewalt des Hausherrn, der »Munt«, unterstehen seine Frau und seine Kinder bis zu ihrer eigenen Hausstandsgründung und das Gesinde. Seine Gewalt über die Angehörigen schließt auch die Tötung eines straffällig gewordenen Haushaltsmitglieds ein. Dafür hat der Hausherr die Pflicht, allen Personen, die in seiner Munt leben, Schutz zu geben und für ihren Unterhalt zu sorgen. Schutz und Herrschaft, untrennbar verbunden, stellen bis ins Mittelalter die Rechtsbasis und soziale Ordnung dar.

Mehrere durch Abstammung oder Verschwägerung verbundene Familien bilden die Sippe, mehrere Sippen den Stamm.

Die Gefolgschaften bilden sich aus der Masse der Freien. Vorwiegend junge Männer treten unter die Munt eines reichen Adeligen, leben an dessen Hof und kämpfen für ihn. Elemente des Gefolgschaftswesens erhalten sich bis ins Mittelalter und dienen dem Vasallentum und Lehenswesen als Vorbilder.

Auf ihren Wanderungen in Europa (Karte links oben) verbreiten die Germanen mit ihren seltsam geformten Helmen Furcht und Schrecken (Kulthelm aus Bronze, Virksö in Dänemark, links oben). – Der etwa 2000 Jahre alte Schädel aus dem Moor bei Osterby trägt den für damalige Zeiten typischen Suebenhaarknoten (Bild oben). – Die Moorleiche eines etwa 15-jährigen Mädchens aus Windeby hält zwischen den Armen einen gebrochenen Stab als Zeichen der Verurteilung wegen eines Verbrechens (Zeitwende, Bild unten).

STICHWORT

Germanisches Recht

Krieg und Räubereien stellen für die Germanen nichts Unehrenhaftes dar, sofern sie außerhalb des Stammesgebietes erfolgen. Konflikte innerhalb der Sippe schlichtet die Sippe selbst, sie geht ebenso gegen Sippenfremde vor, die einen ihrer Angehörigen geschädigt haben. Diese Rechtsordnung des so genannten Holmganges (Darstellung von 1890, unten) führt im Laufe der Zeit zu einer Kette von Raub, Mord, Brand und Verwüstung. Nur Vergehen gegen Kult und Religion oder Verrat bzw. Desertion betreffen den Stamm, der in einer Versammlung der Freien, dem »Allthing«, das Todesurteil fällt. Flüchtige verfallen der Acht, jeder ist verpflichtet, sie zu töten und die »Vogelfreien« dem Fraß der Vögel zu überlassen.

Bedrohte Grenze

„Germanien, dieses Land undurchdringlicher Urwälder, bewohnt von unberechenbaren und gefährlichen Eingeborenen, ist zur Zeit des Kaisers Augustus kein Land gewesen, dessen Eroberung sich in irgendeiner Weise gelohnt hätte. Wenn der Kaiser 16. v.Chr. trotzdem den Plan fasste, diese Gegend bis zur Elbe zu befrieden, so nur, um an der nördlichen Reichsgrenze ein für alle Mal Ruhe zu schaffen und die Grenze auf die Elbe-Donau-Linie zu verkürzen.“

Hannsferdinand Döbler, 1975

Die Künstler des 19. Jhs. versuchten die Welt der Germanen nach ihren Vorstellungen nachzuempfinden (»Germanenzug« nach einer Originalzeichnung von Johs. Gehrz, Bild oben).

Der römische Geschichtsschreiber Titus Livius berichtet, dass um 50 v.Chr. Kimbern, Teutonen, Tiguriner und Ambronen von den äußersten Grenzen Galliens auf der Flucht waren, da der Ozean ihre Wohnsitze überflutet hatte. Auf der Suche nach Siedlungsplätzen wenden sie sich an den römischen Senat *„mit der Bitte, dass das Volk des Mars (= Römer) ihnen etwas Land als Sold gebe; im Übrigen möchte er nach seinem Belieben über ihre Waffen und Arme verfügen."* Der Senat weist sie ab. Die schlechten Erfahrungen mit Kimbern und Teutonen, die 113 v.Chr. an der römischen Grenze erschienen, sind noch zu sehr in unangenehmer Erinnerung.

Damals schlugen sie bei Noreia, im Königreich Noricum jenseits der Alpen, ein römisches Heer. Nur ein Unwetter bewahrte die Römer vor der vollständigen Vernichtung. Seither reißen die Geplänkel mit den ungestümen Germanen nicht ab. Nach

Provinzialrömische Kalksteinplastik vom Grabmal eines Reitersoldaten (1. Jh. v.Chr., Fundort Köln, unten).

der Schlacht bei Arausio (105 v.Chr.), heute Orange, steht das Tor für sie sogar zum Marsch auf Rom weit offen. Es bleibt für die Römer ein Wunder, dass die Germanen nach Nordgallien und Iberien weiterziehen. Doch 103 v.Chr. beschließen sie, sich mit Waffengewalt einen Platz in Italien zu erkämpfen. Sie treffen auf ein reformiertes, gut gerüstetes römisches Heer. Bei Aquae Sextiae stürmen die Teutonen (102 v.Chr.) ins Verderben, bei Vercellae die Kimbern. Kaum einer ihrer Krieger überlebt. Die im Tross mitziehenden Frauen schlugen vergeblich die Kriegstrommeln. Als sie die Front ihrer Kämpfer brechen sehen, töten sie ihre Kinder und begehen Selbstmord. Nur wenige gehen in die ungewisse Zukunft der Sklaverei. Rom aber ist wieder einmal gerettet.

Julius Caesar in Gallien

Um 60 v.Chr. herrscht in den nordwestlichen römischen Provinzen beträchtliche Unruhe. Ähnlich den Kimbern und Teutonen dringen um 71 v.Chr. 15.000 Sueben unter ihrem Anführer König Ariovist über den Oberrhein. Sueben ist der Sammelname für die rechtsrheinischen Germanen, ihre wirkliche Stammeszugehörigkeit ist ungeklärt. Sie folgen dem Ruf der germanischen Sequaner und Averner in Gallien, im Nu ist die Schar auf 150.000 kriegstüchtige Männer angewachsen, die umgehend die romfreundlichen Haeduer zu Tributzahlungen und zur Geiselstellung zwingen. Der Gewaltakt

stört zwar das politische Gleichgewicht in Gallien, der römische Senat folgt dem Hilferuf der Haeduer dennoch nicht. Zu sehr mit innenpolitischen Machtkämpfen beschäftigt, anerkennt der Senat sogar den expansiv vorgehenden Ariovist als »Freund des römischen Volkes«.

Ariovist nutzt die Schwäche Roms, vertreibt die Helvetier aus ihrem Siedlungsgebiet, der heutigen Schweiz, und fordert von den Sequanern ein weiteres Drittel ihres Stammesgebietes, das erste hatten sie für die suebische Unterstützung gegen die Haeduer abgegeben. Da immer mehr Germanen nach Gallien strömen, wenden sich die hier ansässigen Stämme unter Führung der Sequaner an Gajus Julius Caesar, er möge die bedrohliche Invasion beenden.

Caesar, 59 v. Chr. mit der Verwaltung der Provinzen Gallia Cisalpina (das heutige Oberitalien), Illyricum (Teile Kroatiens und Bosniens) und Gallia Transalpina (das Gallien jenseits der Alpen) betraut, stehen in Gallien nur vier römische Legionen und wenige Hilfstruppen zur Verfügung. Dennoch wagt er den Feldzug gegen die unbotmäßigen Germanen, zwingt zunächst die Helvetier in ihre Stammheimat zurück (58 v.Chr.) und fordert Ariovist auf, das besetzte Land und die Haeduergeiseln freizugeben. Ariovist pocht auf sein vermeintliches Recht, ein Feldzug ist unvermeidlich geworden. Caesar beschreibt ihn anschaulich in seinem Werk »Der gallische Krieg« (»De bello Gallico«). Für Caesar ist die Begegnung zwischen Römern und Germanen von weltgeschichtlicher Be-

deutung. In der Rheinebene bei Mülhausen muss Ariovist im Spätsommer 58 v.Chr. die Überlegenheit der römischen Waffen anerkennen und über den Rhein fliehen. Nachhaltige Wirkung ist dem Sieg Caesars nicht beschert. Bei Neuwied rückt er auf einer Schiffsbrücke zu einer Strafexpedition über den Rhein, vernichtet einige Stämme der Usipeter und Tenkterer, hütet sich aber, tiefer in die urwaldähnliche Wildnis einzudringen. Caesar hat andere Sorgen: Reste der Gallier, um den legendären König Vercingetorix geschart, leisten den römischen Besatzern gegenüber immer noch erbitterten Widerstand. Bei Alesia schlägt schließlich auch ihre Stunde, 51 v.Chr. ist die Eroberung Galliens abgeschlossen. Für etwa 500 Jahre werden das Rheinland und Gallien ein Bestandteil des Römischen Reiches.

Unsichere Lage am Rhein

Die Lage am Rhein bleibt weiterhin bedrohlich. Sugambrer, Tenkterer und Usipeter dringen 17 oder 16 v.Chr. bis Aachen vor, Kaiser Augustus eilt an den Rhein (16 v.Chr.). Für ganze drei Jahre schlägt er hier sein Hauptquartier auf und plant den Gegenschlag, der ihm das ganze »freie Germanien« bis zur Elbe einbringen soll. Auch das Alpenvorland nimmt er ins Visier, böte es ihm doch einen weiteren Aufmarschraum zum Schlag gegen Germanien. 15 v.Chr. lässt Augustus marschieren. Das befreundete Königreich Noricum wird fast widerstandslos besetzt, die Raeter hingegen verteidigen ihr Land hartnäckig. Auf dem Bodensee liefern sich die beiden Kriegsparteien ein erbittertes Seegefecht. Die Entscheidung fällt vermutlich auf dem Boden des Manchinger Oppidums in Bayern. Die keltischen Stämme unterliegen der überlegenen Kraft und Taktik gedrillter römischer Legionäre (1. August 15 v.Chr.).

Jetzt ist die Donau Reichsgrenze und Augustus kann Germanien von Süden und Westen her in die Zange nehmen. 12 v.Chr. beginnt die große Offensive, aber erst drei Jahre später erreicht sein Feldherr Drusus die Elbe. Auf dem Rückmarsch stürzt er so schwer vom Pferd, dass er an den Folgen des Unfalls stirbt. Tiberius, sein älterer Bruder, tritt an seine Stelle. Für ihn ist der Aufmarsch gegen Germanien zu Ende: Er betrachtet

das Gebiet zwischen Rhein und Elbe als okkupiert. Ab 5 n.Chr. ist das Land so weit unterworfen, dass es den Rang einer Provinz einnimmt.

Zusammengehörigkeit

Der Schein der Befriedung trügt. Wahrscheinlich zum ersten Mal in ihrer Geschichte entwickeln die germanischen Stämme eine Art Zusammengehörigkeit. Die alten Traditionen und Gewohnheiten, ihre eigenen Rechtsvorstellungen, Sitten und Gebräuche lassen eine gegen Rom gerichtete Gemeinsamkeit entstehen. Am deutlichsten zeigt sich diese Entwicklung in der ersten Reichsbildung keltisch-germanischer Völker im böhmisch-mährischen Raum. Ca. 8 bis 6 v.Chr. war der König der Markomannen, Marbod, mit seinem Volk aus dem Maingebiet hierher gezogen und hatte es unter straffer Führung mit Quaden, Boiern, Lugiern, Semnonen, Langobarden und kleineren keltischen Stämmen zur Völkergemeinschaft geeint. Begreiflicherweise ver-

ursacht dieser politische Machtblock dem römischen Senat Sorgen. Obwohl Marbod, in Rom aufgewachsen und ausgebildet, einen strikt neutralen Kurs zwischen den Germanenvölkern und Rom verfolgt, trauen ihm die Machthaber Roms nicht. Tiberius soll präventiv das Markomannenreich zerschlagen. Mit 60.000 Soldaten überquert er 6 n.Chr. bei Carnuntum auf Pontons die Donau, Marbod erwartet ihn mit 70.000 Mann Fußvolk und 4000 Reitern. Auch das ist neu in der Geschichte der Germanen, noch nie hatten sie ein so starkes gemeinsames Heer aufgestellt. Noch bevor es zum Kampf kommt, wendet sich Tiberius einer Revolte in Pannonien zu.

In diesem pannonisch-illyrischen Feldzug dient ein junger Offizier von vornehmer cheruskischer Herkunft und römischer Erziehung namens Arminius. Er gewinnt nach der Niederschlagung der illyrischen Aufstände das Vertrauen des Oberbefehlshabers in Germanien, Publius Quinctilius Varus. Doch die Freundschaft erweist sich als trügerisch: sie endet für Varus in einer Katastrophe.

Gesichtsmaske eines Paradehelms aus vergoldeter Bronze vom so genannten orientalischen Typ, wie sie Offiziere bei Feierlichkeiten nach großen Siegen tragen (Straubing in Bayern, 3. Jh., unten).

Germania schien bereits nach vielen Feldzügen unterworfen zu sein (Karte unten). – Entsetzen erfasst die römische Welt nach der Niederlage des Oberbefehlshabers in Germania, Publius Quinctilius Varus, im Teutoburger Wald (Varus-Münze aus Achulla bei Karthago, 6/7 n.Chr., links). – Der Sieger der Schlacht, Arminius – später Hermann der Cherusker genannt –, gilt seither als »Befreier Germaniens« (nach einer Originalzeichnung von Ferdinand Leeke, um 1900, Bild rechts unten). Tatsächlich gaben die Römer weitere Eroberungsversuche auf.

Flammen am Horizont

„Die Schlacht des Jahres 9 n.Chr. war beispiellos: Nie hatten die Römer so chancenlos gefochten. Nie gab sich ein Feldherr vor anstürmenden »Barbaren« den Tod. Im Teutoburger Wald sank der Nimbus der Berufssoldaten, die durch Drill und Rüstung unüberwindlich schienen."

Ingo Günther, 1993

Als im Jahr 9 n.Chr. rechts des Rheins bei einigen germanischen Stämmen Streitigkeiten ausbrechen, marschiert der römische Feldherr Varus zu einer Strafexpedition ins Unruhegebiet. An den Quellen von Lippe und Ems schlägt er sein Sommerlager auf und befriedet von hier aus die germanischen Stämme. Nebenbei gründet er Orte, hält Märkte ab, zieht Steuern ein und pflegt vor allem freundschaftliche Beziehungen zu Arminius. Gut gemeinte Warnungen des romfreundlichen Cheruskers Segestes vor dem – wie dieser meint – hinterhältigen Arminius schlägt Varus in den Wind, er will nicht glauben, dass Arminius insgeheim eine germanisch-antirömische Allianz schmiedet.

Im September des Jahres 9 bricht das römische Expeditionskorps die Zelte ab und begibt sich auf den Heimweg. Drei Legionen, ebenso viele Reitergeschwader, sechs Kohorten und ein Tross aus Frauen und Kindern, insgesamt an die 30.000 Menschen, durchqueren bei Wind und Regen die dichten Wälder des Teutoburger Waldes. Am ersten Tag begleiten sie noch cheruskische Anführer und die Römer halten sie für Freunde. Die Ernüchterung folgt am nächsten Morgen. Unter der Führung von Arminius greifen Cherusker, Marser, Brukterer und Chatten, insgesamt 20.000 Mann, die Armee des Varus an. Im sumpfigen, moorigen und waldigen Gelände können die Römer ihre Kampfkraft nicht voll entwickeln. Ihre schwere Ausrüstung behindert sie bei der Abwehr der pausenlos und blitzschnell aus dem Hinterhalt angreifenden Germanen mehr, als sie nützlich ist. Drei Tage dauert das mörderische Ringen, das Gros der römischen Soldaten fällt, nur wenige Angehörige des Trosses überleben und können fliehen. Varus begeht Selbstmord. Mit bitterem Unterton vermerkt der römische Geschichtsschreiber Velleius Paterculus: Varus *„hatte mehr Mut zu sterben als Mut zu kämpfen".*

Es widerspricht römischer Tradition, einmal erobertes Land wieder aufzugeben. Germanicus – Sohn des verunglückten Drusus und von Tiberius adoptiert – trachtet, von unbändigem Ehrgeiz besessen, Germania wieder für Rom zu gewinnen. Noch im Herbst das Jahres 14 stößt er in die Wälder und Sümpfe Germaniens vor. Dem Stamm der Marser gilt sein erster Schlag, er führt ihn mit *„unbändigem Gelüst"*, schreibt Tacitus, *„nicht Geschlecht, nicht Alter fand Gnade, Höfe wie Heiligtümer wurden niedergelegt, auch eine besonders verehrte Kultstätte. Die Soldaten, die nur Schlaftrunkene, Unbewaffnete oder Versprengte erschlagen hatten, blieben ohne Verluste."* Im folgenden Jahr setzt Germanicus seinen Rachefeldzug fort, um die Allianz der freien Germanen zu zerschlagen und das Volk der Cherusker zu isolieren. Sechs Jahre nach der Schlacht im Teutoburger Wald steht er vor den Stätten des Grauens. Die Gebeine der Getöteten liegen noch so, wie sie gefallen sind. Er lässt sie sammeln und würdig bestatten, dann *„ging Germanicus wieder an seine eigentliche Aufgabe"*, berichtet Tacitus. Aber in den Bergwäldern lauern die Cherusker. Um ein Haar hätte sich die Varusschlacht wiederholt, in den Sümpfen bei der heutigen Stadt Horn-Bad Meinberg geraten die Römer in einen Hinterhalt. Sofort bricht Germanicus das Unternehmen ab, lässt einen Teil seiner Armee auf Schiffen die Heimreise antreten, den anderen führt der erfahrene General Caecina auf dem Landweg zurück. Prompt gerät er in eine weitere Falle. Im sumpfigen Gelände sind die Cherusker mit ihrer leichten Ausrüstung beweglicher. Mit letzter Anstrengung gelingt Caecina der Ausbruch aus der tödlichen Umklammerung. In Eilmärschen entkommt er den Verfolgern.

Die Schlacht bei Idistaviso

Germanicus mangelt es weder an Waffen noch an Soldaten. Erneut bricht er auf, um den verhassten Arminius zu stellen (15). In einer kombinierten Land- und Seeoffensive schafft er seine Armee an die Weser. Mit acht Legionen, das sind 48.000 Mann, will er die Cherusker auf offenem Feld bei Idistaviso stellen. Die Germanen, etwa 40.000 Krieger, undiszipliniert wie immer, stürzen sich von den Berghängen in die Ebene, Arminius kann sie nicht zurückhalten. Mann um Mann wird erschlagen, berichtet Tacitus. Aber es entkommen genügend Krieger, um sich neu zu formieren. Am Angrivarierwall, einer alten Schanze, die von den Angrivariern einst zum Schutze vor den Cheruskern angelegt worden ist, fällt die Entscheidung: Germanicus wirft alle Mann nach vorn, sie sprengen die Reihen der Germanen und erzielen den Durchbruch, Arminius muss fliehen.

Selbstbewusst meldet Germanicus dem Kaiser, dass im kommenden Jahr Germania römisch sein werde. Aber Tiberius, er ist dem verstorbenen Augustus nachgefolgt, winkt ab: Der Besitz der unwirtlichen und unwegsamen Germania stehe in keinem Verhältnis zum notwendigen militärischen Aufwand. Er untersagt jeden weiteren Feldzug, die Germanen mögen sich in ihrem eigenen Ränkespiel und ihren Fehden erschöpfen. Und tatsächlich, nur wenig später, 17 n.Chr., geraten Marbod, der markomannische König, und der Cherusker Arminius aneinander. Zum Dank für sein neutrales Verhalten während der Kriegszüge in Ger-

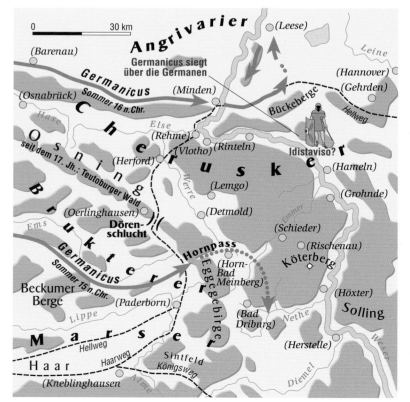

In mehreren Feldzügen versuchte Drusus Germanicus die Niederlage seines Vorgängers Varus zu rächen (Karte links). – Das Totenmahl hatte bei den Römern hohen kultischen Wert. Grabmale zeigen daher des Öfteren derartige Szenen, wie das bemalte Steinrelief von Trier aus dem 2./3. Jh. (Bild oben).

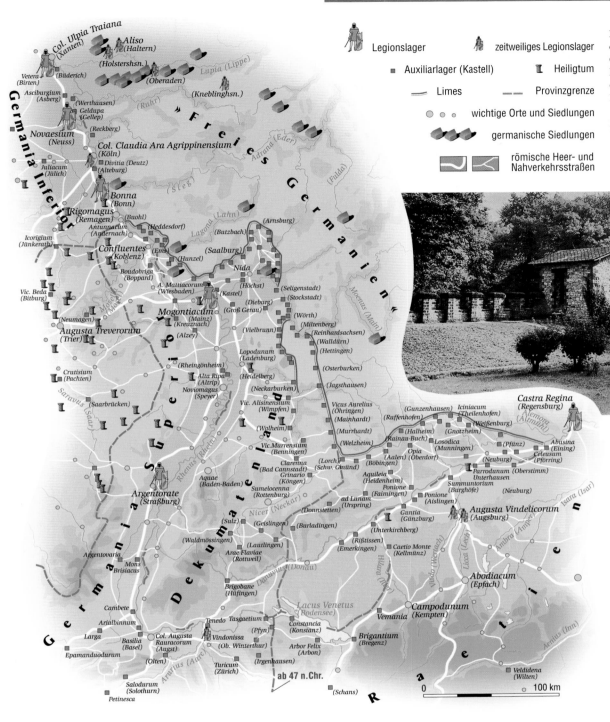

Legionslager **zeitweiliges Legionslager**
Auxiliarlager (Kastell) **Heiligtum**
Limes **Provinzgrenze**
wichtige Orte und Siedlungen
germanische Siedlungen
römische Heer- und Nahverkehrsstraßen

Nicht der Grenzverteidigung, sondern der ständigen Beobachtung der Grenze diente der Limes (Karte links). Die »grüne Grenze« verleitet die Germanenstämme, ins Römische Reich einzudringen.

Die Rekonstruktion des Kohortenkastells von Saalburg erlaubt einen guten Einblick in römerzeitliche Wehrbaukunst (Bild unten).

Legionslager, Auxiliar- und Kleinkastelle

Das Römische Reich kann mit einer ganzen Reihe von Erfindungen aufwarten, so auch mit der genormten Bauweise von Legionslagern, Auxiliar- und Kleinkastellen. Sie sehen überall gleich aus und sind nach dem gleichen Schema errichtet. Ist der Standort des Stabsgebäudes festgelegt, erfolgt die Trassierung der drei Hauptstraßen, die vom Gebäude weg und im rechten Winkel zu den drei wichtigsten Lagertoren führen. Um das Stabsgebäude gruppieren sich die Wohnhäuser des Kommandanten, der Offiziere und ihrer Familien. Die Mannschaftsbaracken für jeweils 80 Mann, Vorratshäuser, Werkstätten, Pferdeställe und Arsenale füllen die verbleibende Fläche innerhalb der Befestigungsmauern.

Um 162 durchbricht der germanische Stamm der Chatten den Limes. Plündernd zieht er durch Obergermanien und Raetien. Mit Mühe gelingt es, die Chatten aus dem Land zu jagen. Nur drei Jahre später dringen Germanen unbekannter Stammeszugehörigkeit über die mittlere Donau. Übergriffe häufen sich. Der Anfang vom Ende einer langen, friedlichen Zeit, der »Pax Romana«, kommt im Winter 166/67 mit dem markomannischen Ansturm auf breiter Front.

mania erhofft Marbod Hilfe aus Rom, vergebens, Tiberius verweigert sie. Geschlagen und verfolgt bleibt dem Markomannenkönig nur die Flucht ins Exil nach Ravenna.

Das Schicksal des Arminius verläuft tragischer. Der von Tacitus als Befreier Germaniens Gerühmte wird 19 oder 21 n.Chr. von einem Verwandten ermordet. Arminus, von der Nachwelt „Hermann der Cherusker" genannt, soll nach der germanischen Königswürde gestrebt haben, doch so hoch wollte ihn die Sippe nicht steigen lassen.

Rom verzichtet auf die Eroberung Germanias

Der Verzicht des Kaisers Tiberius auf die Eroberung Germanias verändert für das Imperium die strategische Bedeutung von Rhein und Donau. Ursprünglich logistische Basis und Verkehrsverbindung, gewinnen sie nun als Grenzflüsse neuen Stellenwert und müssen vor germanischen Überfällen gesichert werden. Die Legionslager werden von den Ufern weg ins Hinterland verlegt, an ihre Stelle treten Kleinkastelle, Auxiliarlager und viele kleine Wachttürme. Holzpalisaden bilden die vorderste Grenzsicherung, im 2. und frühen 3. Jh. wird dahinter ein Wall-Graben-System angelegt, das ein Patrouillenweg (»limes«) begleitet. Stroh- oder schindelgedeckte Wachttürme aus Holz, später aus Stein, sichern die Anlagen. Von ihren Plattformen alarmiert die Besatzung mit brennenden Fackeln die Wachen des nächsten, in Sichtweite befindlichen Turms. So wird die Nachricht weitergereicht, bis sie im Stammkastell ankommt.

„Germani ante portas!"

„Das Vermächtnis des Augustus bestimmte jahrhundertelang die römische Grenz- und Militärpolitik. [...] Die Grundlage der augusteischen Doktrin war die Entscheidung, die römische Armee mit ihren Legionen, Auxiliareinheiten und irregulären Truppen, etwa 300.000 Mann oder zwischen einem halben und ganzen Prozent der Reichsbevölkerung, so gut wie ausschließlich an den Grenzen des Reiches zu stationieren. Diese starre Linie trat an die Stelle einer in der Tiefe gegliederten Ordnung."

Herwig Wolfram, 1990

Rom steht am Ende des 1. Jhs. n.Chr. auf dem Gipfel der Macht. Im Laufe seiner 800-jährigen Geschichte hat es in Krisen- und Kriegszeiten stets die Kraft gefunden, durch Reformen innen- und außenpolitische Herausforderungen zu meistern. Ein halbes Jahrhundert später droht dem Weltreich der Zusammenbruch: An der Donau überrennen Markomannen, Quaden und andere germanische Verbände den Limes (170) und stoßen in schnellem Vormarsch bis zur Adria vor. Nun rächt sich die augusteische Doktrin von der »starren Grenze«, denn dem Hinterland fehlt es an Truppen, die dem Feind entgegentreten könnten. Mit letzten Reserven, der Rekrutierung von Veteranen, Sklaven, Gladiatoren, sogar Verbrechern bringt Kaiser Mark Aurel bei Opitergium die Markomannen zum Stehen. Im Gegenschlag wirft er sie über die Donau zurück. Der Sieg ist so nachhaltig, dass der »Philosophenkaiser«, wie er wegen seiner tiefsinnigen Betrachtungen heißt, die Angliederung Böhmens, Mährens und Nordungarns als neue Provinzen erwägt. Noch bevor er zur Tat schreitet, rafft ihn eine Seuche, möglicherweise die Pest, hinweg (180). Die ihm folgenden Imperatoren gehen anderen Interessen nach.

Das Ende der »Pax romana«

Im Jahr 235 brechen an drei bislang ruhigen Abschnitten der römisch-germanischen Grenze Unruhen und schwere Kämpfe aus: Auf der gesamten Strecke zwischen Rhein und Donau durchbrechen die Alamannen den Limes, zerstören die römischen Befestigungsanlagen und setzen sich im herrenlos gewordenen oberrheinischen Land fest. Nördlich davon,

zwischen Lahn und Sieg, dringen die Franken über den Rhein und greifen Städte und Handelszentren an. Am Donauunterlauf stürmen Goten und andere Verbände auf den römischen Balkan. Die Lage ist für Rom kritisch, und dennoch werden die Grenztruppen an Donau und Rhein ausgedünnt, um in den Machtkämpfen der Thronanwärter für die eine oder die andere Partei eingesetzt zu werden oder im Orient persische Eindringlinge aus dem Land zu treiben. Die in aller Eile aus Britannien herangeholten Auxiliartruppen füllen die Lücken in der Grenzsicherung nur örtlich, die Verteidigung des Limes bricht stellenweise zusammen. 257 setzen die Franken nahezu ungehindert über den Rhein, marschieren durch ganz Gallien bis zum spanischen Tarraco (Tarragona), plündern und zerstören es. Nur zwei Jahre später versetzen plötzlich auftauchende Alamannen und Juthungen Rom in Panik. *„Germani ante portas!"*, hallt es durch die Straßen, doch die Germanen wagen es noch nicht, die Stadt anzugreifen; es plündert sich leichter auf dem offenen Land. Die kleinen, planlos marodierenden Germanenscharen werden vernichtet oder vertrieben.

Ein Reich kämpft ums Überleben

Die germanischen Anführer zeigen sich wohlinformiert über die innenpolitischen Querelen und Machtkämpfe im Weltreich, wenn es darum geht, ins römische Nachbarland einzufallen. Sie nutzen die Schwächen der Grenzverteidigung und greifen an, wenn Truppenteile abgezogen werden. Die »grüne Grenze« öffnet der Spionage Tür und Tor. Viele der im römischen Heer dienenden germanischen Söldner geben bereitwillig militärische Informationen an ihre Stammesbrüder weiter.

Umso bemerkenswerter ist die Beharrlichkeit des Römischen Reiches, verloren gegangene Staatsteile wiederzugewinnen. So 258, als Kaiser Gallienus die Rheinprovinz verlässt,

um seinen Heerführer und Gegenspieler Ingenius in Pannonien zur Räson zu bringen. Kaum ist Gallienus abgezogen, schwingt sich sein Stellvertreter, der rheinische Provinzstatthalter Cassianus Latinius Postumus, zum Gegenkaiser auf und erklärt zuerst Köln, 268 dann Trier zur Hauptstadt seines »gallischen« Sonderreiches und reißt neben Gallien noch Hispania und Britannia an sich. Postumus behauptet sich gegenüber Rom. Er und seine beiden Nachfolger halten über 15 Jahre allen Angriffen, auch jenen fränkischer Germanen stand. Erst beim Aufmarsch eines gewaltigen römischen Heeres gibt der letzte Herrscher des Sonderreiches, Tetricus, auf und Gallien fällt an den Reichsverband zurück (274). Es dauert geraume Zeit, bis die fruchtbare Provinz wirtschaftlich, militärisch und verwaltungsorganisatorisch wieder eingegliedert ist. Diese Umstellungsphase nutzen Franken und Alamannen und überfallen sie 275. Etwa 60 oder 70 Ortschaften werden auf ihrem Beutezug dem Erdboden gleichgemacht. Bei Lyon tritt ihnen Kaiser Probus mit geballter römischer Heereskraft entge-

gen, drängt sie über Rhein, Neckar und Alb und wirft in einem Zug auch Burgunden, Goten und Wandalen aus Raetien (278). Eine in Augsburg aufgefundene Inschrift von 281 feiert Probus als *„weit blickenden Erneuerer der Provinzen und Festungswerke sowie als tapfersten Feldherrn, alle früheren Kaiser übertreffend"*.

Rache an den Germanen

Mit bemerkenswerter Monotonie wiederholen sich während des ganzen 3. Jhs. die Kriegs- und Friedensphasen. Der tüchtigste Imperator behauptet sich, verurteilt in der Regel seinen glücklosen Konkurrenten wegen Usurpation (= widerrechtliches Streben nach dem Thron) zum Tode und beendet die Bürgerkriegssituation durch Verfolgung und Bestrafung der eingedrungenen Barbaren. Rücksichtslos wird das Reichsgebiet von sogar sesshaft gewordenen Germanen gesäubert, die Grenze überschritten und das feindliche Stammesgebiet verwüstet. Den Abschluss der Strafaktionen bilden meist Friedensverträge. Der Friede hält umso länger, je stärker der Ader-

Nach der typischen römischen Meinung müssen alle »Barbaren« besiegt und vernichtet werden. Die Darstellung der Enthauptung markomannischer Krieger, bei der ihre Anführer zusehen müssen, auf der Marcussäule in Rom spiegelt diese Einstellung wider (Bild oben).
Die Abwehr eines germanischen Angriffs auf einen mit Wachttürmen gesicherten Limes als ein Beispiel römischer Strategie (Grafik links oben).
Darstellung eines Legionärs auf einem Relief aus der Gegend von Mainz (ganz links oben).

Das römische Köln um 200 nach einer Rekonstruktionszeichnung von E. Saalfeld (Bild links unten).
Nach Aufgabe des Dekumatenlandes 259/60 stabilisiert sich die Lage für Rom im obergermanisch-raetischen Raum keineswegs. Franken und Alamannen tragen ihre Plünderungszüge bis Spanien und an die Tore Roms vor (Karte rechts).
Kalksteinrelief gefangener Germanen aus dem Mainzer Legionslager (Bild unten).

lass des geschlagenen Gegners ist. Nach der Strafaktion des Probus aber bleiben die Germanen trotzdem ruhelos und fallen 286 über den Mittelrhein abermals in Gallien ein und bedrohen Trier (287).

Mit wachsender Sorge beobachtet Kaiser Diokletian (284 bis 305), der letzte der seit 235 regierenden Soldatenkaiser, die gefährliche Entwicklung an der Rhein-Donau-Grenze. Der trotz aller Gegenmaßnahmen zunehmende Druck germanischer Völker und die andauernden Spannungen im Reichsinneren drängen ihn, die von Probus begonnenen Reformen weiterzuführen: Diokletian strafft die Zentralisierung von Verwaltung und Fiskus und richtet ein neues Regierungssystem ein, die »Tetrarchie«, eine »Viererherrschaft« zweier Augusti und zweier Caesaren. Eine eilig einberufene Kaiserkonferenz (288/89) beschließt angesichts der Bedrohung des Reiches durch die germanische Hydra aus dem Norden, den Landstrich zwischen Rhein, Donau und Iller zur bestgesicherten Grenze des Römischen Imperiums auszubauen. Über 100 Jahre dauern die Arbeiten, erst 401 sind sie abgeschlossen. Doch die Germanenstämme zeigen Flexibilität: Sie umgehen die Rheingrenze auf dem Seeweg. Immer häufiger terrorisieren die seefahrenden »Barbaren« die küstennahen Landstriche der Gallia Belgica und die gegenüberliegenden Ufer Britanniens. Besonders die Saxones, die Sachsen, verstehen den Seekrieg meisterhaft zu führen und werden erst Ende des 3. Jhs. vertrieben.

Plündern, sengen, morden

Gegen Ende des 3. Jhs. führt Constantius Chlorus, der Schwiegersohn von Kaiser Maximian, alten römischen Straßen folgend, eine Heeresabteilung plündernd und sengend von Mogontiacum (Mainz) am Rhein quer durch alamannisches Gebiet bis Guntia (Günzburg) an der Donau. Dabei fällt ihm ein alamannischer Gaufürst in die Hände, den er im Triumphzug in die römische Gefangenschaft führt. Diese Provokation nehmen die Alamannen nicht hin. 298 plündern sie bis nach Langres, 150 km von ihrem Stammesgebiet entfernt. Chlorus stellt sie und schlägt sie vernichtend. Nach römischen Quellen kommen bei diesem Kriegszug fast 60.000 Alamannen ums Leben. Zahlenangaben historischer Chronisten sind mit Vorsicht zu genießen, aber es besteht kein Zweifel, dass die germanischen Völker hohe Verluste erlitten. Dennoch dringen sie wieder auf römisches Territorium vor.

Kaiser Konstantin der Große (306 bis 337) führt das von Diokletian begonnene Reformwerk fort. Sein Augenmerk ist auf die Neuorganisation des Heeres gerichtet. Nach dem neuen strategischen Konzept haben Garnisonstruppen ausschließlich die Reichsgrenze zu schützen und dürfen nur im Bereich ihrer Provinz zum Einsatz kommandiert werden, Feldtruppen hingegen finden als mobile Reserven an allen Fronten ihre Verwendung. Die Rückeroberung des Dekumatenlandes, des höchst gefährdeten Winkels zwischen Rhein und Donau, fassen die römischen Feldherren nicht mehr ins Auge. Die Militärs begnügen sich damit, wie bisher den Gegner mit Strafaktionen in die Schranken zu weisen. Das Karussell des gegenseitigen Plünderns, Sengens und Mordens, der Geiselnahme und Bußgeldzahlung dreht sich endlos weiter.

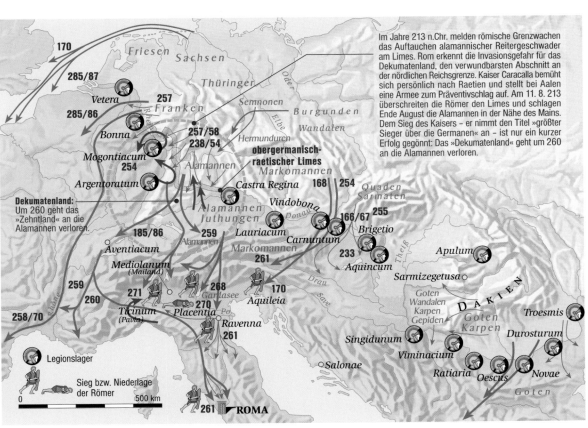

Im Jahre 213 n.Chr. melden römische Grenzwachen das Auftauchen alamannischer Reitergeschwader am Limes. Rom erkennt die Invasionsgefahr für das Dekumatenland, den verwundbarsten Abschnitt an der nördlichen Reichsgrenze. Kaiser Caracalla bemüht sich persönlich nach Raetien und stellt bei Aalen eine Armee zum Präventivschlag auf. Am 11. 8. 213 überschreiten die Römer den Limes und schlagen Ende August die Alamannen in der Nähe des Mains. Dem Sieg des Kaisers – er nimmt den Titel »größter Sieger über die Germanen« an – ist nur ein kurzer Erfolg gegönnt: Das »Dekumatenland« geht um 260 an die Alamannen verloren.

Dekumatenland:
Um 260 geht das »Zehntland« an die Alamannen verloren.

Legionslager

Sieg bzw. Niederlage der Römer

0   500 km

Der Limes bricht

„Unzählbare und äußerst wilde Stämme haben ganz Gallien überrumpelt [...]. Mainz, die einst so schöne Stadt, ist gefallen und zugrunde gerichtet."

Hieronymus, um 410

Während des 4. Jhs. ändert sich das Siedlungsbild im südwestdeutschen Raum. Die Bevölkerung wächst im Durchschnitt um das Vierfache, Siedlungsplätze liegen nun auch in Gegenden, die bisher gemieden worden sind: am Ober- und Hochrhein, zwischen Bodensee und oberer Donau und auf den Albplateaus. Allmählich nehmen die Alamannen das ganze Land zwischen Main, Rhein, Bodensee, Donau und Iller in Besitz. Eine schlagartige Besetzung, wie Historiker früher meinten, erfolgt laut Grabungsbefunden nicht. Die Vorläufer der ersten Einwanderergeneration sind umherstreifende germanische Kriegerscharen. Sie bringen ihre Familien aus dem Elbe-Gebiet nach dem Rückzug der Römer ins nahezu menschenleere Land mit.

Zwischen 350 und 358 brennen die Kriegsfackeln im Rhein-Donau-Winkel und in Raetien wieder lichterloh. Die Usurpatorenkämpfe im Inneren des Römischen Reiches ziehen Truppenverbände von den Grenzen ab. Die neuerliche Schwächung der Verteidiger bleibt den Spähern und Informanten der germanischen Nachbarn nicht verborgen.

Die Schlacht bei Straßburg

In breiter Front dringen die Germanen nach Westen vor und verwüsten das Land von Basel bis Mainz. In Raetien hausen in der 1. Hälfte des 4. Jhs. die Juthungen derart, dass nur befestigte Höhensiedlungen das Wüten überstehen. Ein Vetter von Kaiser Constantius II. tritt den Invasoren entgegen: Der militärisch unerfahrene Julian schlägt 357 den alamannischen Heerhaufen unter Führung Chnodomars bei Straßburg in offener Feldschlacht. Chnodomar geht in Gefangenschaft und Julian verfolgt kurz entschlossen mit einem Expeditionsheer die fliehenden Alamannen. Im

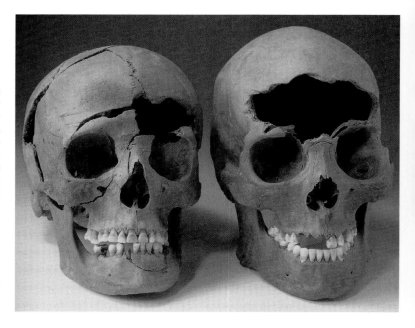

1983 finden Archäologen in einem Brunnen eines römischen Gutshofes bei Regensburg die Überreste von 14 Menschen, denen germanische Eindringlinge die Stirn eingeschlagen hatten (Bild oben). – Der spätrömische Donau-Iller-Rhein-Limes hielt dem germanischen Ansturm nur bis 405 stand (Karte).

Gegenzug verwüstet er ihr Land, erzwingt die Herausgabe gefangen gehaltener römischer Soldaten und Zivilisten. Demonstrativ lässt er ein niedergebranntes Auxiliarlager aus trajanischer Zeit wieder aufbauen, bewehren und mit Soldaten besetzen. Julians Konzept geht auf: Die römische Macht vor Augen, bitten die germanischen Anführer um Frieden.

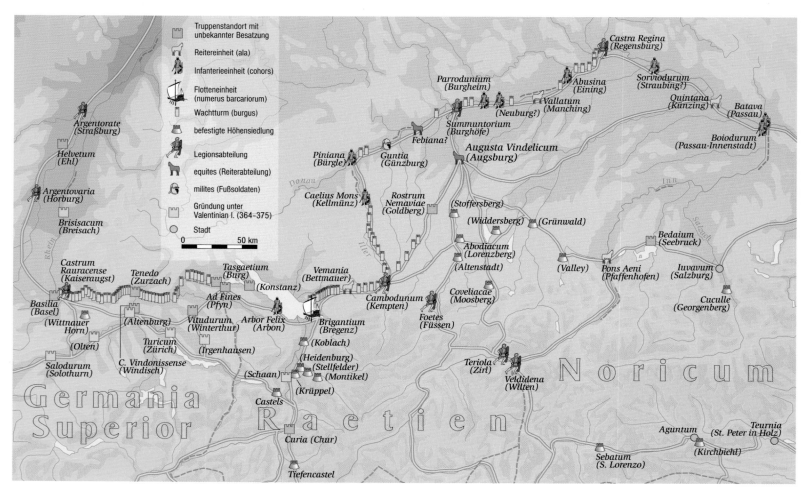

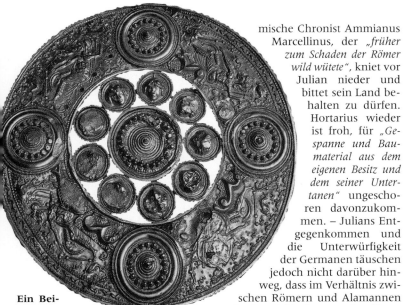

Ein Beispiel germanisch-römischen Kulturaustausches ist die »barbarische« Imitation einer Marsscheibe (Thorsberg in Schlesien, frühes 3. Jh., Bild oben).

Es ist ein eigenartiges, zwiespältiges Verhältnis, das die germanischen Völker und das Römische Reich in den kurzen Zeiten friedlichen Zusammenlebens miteinander pflegen. Bis zur Niederlage bei Straßburg sind die Germanenfürsten daran gewöhnt, für Wohlverhalten und Friedensschlüsse belohnt zu werden. Kaiser Constantius II. zum Beispiel räumt alamannischen Stämmen sogar das Recht ein, linksrheinisches Gebiet zu bewirtschaften.

Germanen bitten um Gnade

Julian kündigt die kaiserlichen Zusagen auf, er schlägt härtere Töne an. Er kennt den Eigensinn germanischer Stämme und ihre Schwächen. Sie sind nicht fähig, eine über die Kriegsphase hinausgehende, einheitliche Führung aufzubauen. Ist die Schlacht geschlagen, gehen sie wieder ihre eigenen Wege. Das von der Geschichtsschreibung des 19. Jhs. geprägte Bild germanischer Gemeinsamkeiten, verbindenden Stammesbewusstseins und dauerhafter politischer Bündnisse entspricht nicht der Wirklichkeit. Zersplittert in den Ansichten, uneins in der Ausführung endlich gefasster Pläne, sind die germanischen Völker außerstande, aus eigener Kraft ein Gesamtreich zu schaffen. Mühelos diktiert Julian jedem einzelnen an der Schlacht von Straßburg besiegten Anführer seine Friedensbedingungen. Der Alamannenfürst Suomar, so schildert der römische Chronist Ammianus Marcellinus, der *„früher zum Schaden der Römer wild wütete"*, kniet vor Julian nieder und bittet sein Land behalten zu dürfen. Hortarius wieder ist froh, für *„Gespanne und Baumaterial aus dem eigenen Besitz und dem seiner Untertanen"* ungeschoren davonzukommen. – Julians Entgegenkommen und die Unterwürfigkeit der Germanen täuschen jedoch nicht darüber hinweg, dass im Verhältnis zwischen Römern und Alamannen nach der Schlacht von Straßburg eine unüberbrückbare Kluft entstanden ist: Alamannischen Söldnern bleibt in Zukunft eine Karriere im römischen Offizierskorps versagt.

Im Februar 364 wählen hohe Beamte und Militärs Flavius Valentinianus zum Kaiser. Er betreibt den weiteren Ausbau des Limes am Rhein, vor allem zum Schutze der gallischen Präfektur, in der bei seinem Amtsantritt gleich drei große alamannische Heerscharen plündernd umherziehen. Erst zwei Jahre später werden sie vernichtet oder vertrieben. Valentinian überwacht persönlich die Festungsarbeiten und verlegt zu diesem Zweck seine Residenz von Mailand nach Trier. Alte Lager werden erneuert, neue errichtet, am jenseitigen Rheinufer Brückenköpfe geschlagen und durch Türme und Mauern befestigt. Fährverbindungen ermöglichen schnelle Truppentransporte für den Gegenschlag. Das Konzept Valentinians geht auf, bis zu seinem Tod herrscht in der Germania Secunda am Unterrhein Ruhe. Gratian, sein 16-jähriger Sohn, ist ein würdiger Nachfolger. Noch zu Lebzeiten seines Vaters hat dessen Heermeister Severus die regelmäßig in der Rheinmündung einfallenden Sachsen in einem Hinterhalt vernichtet. An der Nordflanke von dieser ständigen Bedrohung befreit, wendet sich Gratian den Alamannen und Juthungen zu, die wie eh und je die Reichsteile jenseits des Rheins und der Donau heimsuchen. Bei Colmar im Elsass stellt sie der junge Imperator, nur 5000 von 40.000 Alamannen sollen überlebt haben. Auf ihrer Flucht verfolgt er sie bis tief in den Schwarzwald, alles niedermachend, was sich ihm in den Weg stellt. Es ist der letzte Feldzug eines römischen Kaisers auf rechtsrheinischem Gebiet.

Das Ende Westroms

381 verlegt Gratian den Kaiserhof nach Mailand. Er stellt das Interesse an den nördlichen Provinzen zugunsten des italischen Mutterlandes zurück. Gallien übergibt er der Obhut des Feldherrn Arbogast, eines gebürtigen Franken. Gratian fällt zwei Jahre später einer Usurpation zum Opfer und das Weströmische Reich hat wieder einmal zwei Imperatoren: den 12-jährigen Valentinian II. und den Gegenkaiser Magnus Maximus. Mit dem militärisch unerfahrenen Valentinian II. liegt der alte Haudegen Arbogast in ständigem Konflikt. Als man eines Tages den 21-jährigen Kaiser erhängt in seinem Palast auffindet, wird Arbogast der Usurpation verdächtigt und muss sich einem Waffengang mit Ostroms Kaiser Theodosius stellen. Arbogast unterliegt (394), doch auch der kränkliche Theodosius stirbt nach wenigen Monaten. Sein Tod bedeutet für das Imperium das endgültige Auseinanderbrechen in einen West- und einen Ostteil: Die Herrschaft teilen sich die beiden Söhne des Theodosius. Die Entscheidung wirkt bis in die Gegenwart: Die damals gezogene Grenze ist mit der heutigen konfliktbeladenen bosnisch-serbischen – im Balkan an der Drina – nahezu identisch.

Das Ende Westroms zeichnet sich ab. Hinter Honorius, dem neuen Kindkaiser Westroms, steht zwar ein starker Feldherr und Berater, der Wandale Stilicho, aber an der illyrischen Grenze tritt ein neuer Feind auf, die Westgoten.

Sie haben 378 in der Schlacht von Adrianopel das oströmische Heer besiegt. Kaiser Gratian erlaubt ihnen in Pannonien zu siedeln. Ihr Anführer Alarich erhält sogar einen hohen römischen Militärrang. Das hindert ihn nicht, 401 die kaiserliche Residenz Mailand zu belagern. Stilicho rettet den Kaiser, sprengt den Belagerungsring mit Hilfe von Soldaten des Limes. Nun hält die ausgedünnte Grenzverteidigung dem Ansturm germanischer Völker nicht mehr stand. Mit 20.000 Mann überschreitet Gotenkönig Radagais die Donau und fällt in Italien ein (405). Kaum ein Jahr später – 406 – drängen Wandalen, Sueben und Alanen bei Mainz über die Grenze nach Gallien. Die römische Herrschaft in Obergermanien ist zu Ende, 488 ziehen die Römer auch aus Raetien ab.

STICHWORT

Germanische Söldner

Germanische Söldner in römischen Diensten sind den Augusti wegen ihrer Tapferkeit und Verlässlichkeit willkommen. Die wiederum lernen römisches Leben und fremde Völker kennen und haben Chancen, in den Militärrängen höher zu rücken. Germanische Offiziere streben über die Heirat mit Frauen aus führenden römischen Familien nach Integration. Sie finden alle Wege auch zu höchsten Ämtern offen und werden Träger eines Militäradels.

Da die Kontakte zu den Angehörigen in der Heimat in der Regel aufrechterhalten bleiben, werden die germanischen Soldaten in römischem Sold zu wichtigen Vermittlern der jeweils anderen Welt und der Mentalität der Menschen, die dort leben.

Dazu meint Max Martin vom Historischen Institut der Universität München: *„Dies war eine entscheidende Voraussetzung bei der Niederlassung germanischer Bevölkerungsteile auf dem Boden des Imperium Romanum."*

Grabmal des vermutlich germanischen Auxilar(Hilfs-)soldaten Firmus aus Andernach (links).

Völkersturm über Europa

„Dank seiner zivilisatorischen Überlegenheit war Rom, auch in Krisen, innere Geschlossenheit vorausgesetzt, seiner äußeren Gegner wenigstens in der Defensive immer wieder Herr geworden, vor allem der Germanen. In die inneren Konflikte um die Rückkehr des Gesamtreiches zur christlichen Orthodoxie hinein platzten die Auswirkungen eines Weltereignisses, das dem Schicksal des Römischen Reiches eine neue Wende gab: Die »Völkerwanderung« setzte die Ostgermanen in Bewegung (375), angestoßen von den aus Zentralasien stammenden Hunnen."

Imanuel Geiss, 1995

Die Hunnen, ein nomadisierendes Reitervolk aus Zentralasien, erscheinen zum ersten Mal 375 in Europa. In den weiten Steppen nördlich des Schwarzen Meers vernichten sie das Ostgotische Reich und treiben die germanischen Völker vor sich her. In Panik fliehen diese über die Grenzen des Römischen Reiches. Ostrom bedient sich einer geschickten Diplomatie und eines demonstrativen militärischen Widerstands und lenkt die Germanentrecks nach Westen, ins Weströmische Reich, ab. Die Hunnen, die

schon im Sommer 376 die Große Walachei verheerten und die Westgoten über die Donau ins Römische Reich trieben, hält Konstantinopel mit Zahlung hoher Geldbeträge in Zaum. Die Westgoten hingegen werden zum Problem. Ihre Bitte um Schutz lehnt der Hof am Bosporus ab. Für sie gibt es nur noch eine Alternative, wollen sie nicht in hunnische Sklaverei fallen: mit Waffengewalt eine Bleibe zu erzwingen. Bei Adrianopel tobt die Schlacht (378), in der Kaiser Valens das Leben verliert. Die Westgoten ziehen unter ihrem An-

führer Alarich weiter, quer durch das südliche Europa bis Rom (410). Westrom, unfähig sich dem Sturm fliehender Völker entgegenzustellen, muss zum ersten Mal nach der Kelteninvasion von 387 v.Chr. plündernde »Barbaren« in der Ewigen Stadt erdulden und diesen sogar den Status eines »Verbündeten« zuerkennen. Westrom macht das Beste aus der tristen Lage, es verspricht den Westgoten Landbesitz, sollten sie die in Spanien siedelnden und ebenso höchst unwillkommenen Wandalen vertreiben. Die Hoffnung der weströ-

Das Reich des Syagrius. Syagrius, der letzte Statthalter Galliens, behauptet nach dem Sturz des weströmischen Kaisertums durch Odoaker (476) die römische Provinz Gallien als sein eigenes Reich. Der Frankenkönig Chlodwig besiegt ihn 486 bei Soissons. Der Widerstand der letzten Römer in Gallien bricht zusammen, Soissons wird Hauptstadt der Franken. Der Grundstein für die kommenden, entscheidenden Entwicklungen in Europa ist gelegt.

West- und Ostrom

Germanen

0   500 km

Europa während der Völkerwanderungszeit (Karte links unten). Das Oströmische Reich versteht es, den Völkersturm an seinen Grenzen nach Westen abzulenken.

Ungewöhnlich ist der hunnische Brauch, Kindern im frühen Alter den Kopf durch Bandagen zu verformen. Der »Turmschädel« wurde im bayerischen Straubing gefunden (Bild unten).

Der Hunnensturm vor der Kulisse brennender Dörfer aus der Sicht eines Historienmalers (Bild oben).

mischen Diplomaten, die beiden Germanenvölker würden einander so weit schwächen, dass für Westrom keine Gefahr mehr bestünde, erfüllt sich nur zum Teil: Die Wandalen ziehen nach Nordafrika weiter (429), den Westgoten aber muss das versprochene Land übergeben werden. Um Toulouse und in Nordspanien errichten sie ihr »Tolosanisches Reich«.

Die Schlacht auf den Katalaunischen Feldern

Die Massenflucht vor den hunnischen Reitern löst zwischen Don und Donau ein unbeschreibliches Chaos aus, das die Hunnen bei der Konsolidierung ihrer Herrschaft behindert. Mehr als eine Generation dauert es, ehe sich von Pannonien bis zur Donaumündung ein hunnisches Großreich etabliert. Erst 424 legt Hunnenkönig Rugila an der Theiß den Hauptsitz seines Reiches fest. Ihm ist kein langes Leben gegönnt, ein Blitz erschlägt ihn 434. Nun steht Attila mit seinem Bruder Bleda an der Spitze des Hunnenreiches, das mittlerweile vom Rhein bis zum Kaukasus, von Polen bis zur Donau reicht. Doch dann bleiben Erfolge aus. Attila bezichtigt den eher gutmütigen, bedächtigen Bleda der Unfähigkeit und ermordet ihn während eines Gelages (445). 451 bricht Attila mit 100.000 Mann von Pannonien auf, mar-

schiert quer durch Noricum und Raetien nach Gallien gegen die Westgoten. Auf den Katalaunischen Feldern nahe der heutigen Stadt Châlonssur-Marne trifft Attila auf Aëtius, den Heermeister und höchsten Beamten des Weströmischen Reiches. Dieser kennt die Hunnen. In jungen Jahren ist er ihre Geisel gewesen und hat 436 mit ihrer Hilfe das Reich der Burgunden am Mittelrhein vernichtet. Nun sind sie seine Gegner. Er steht ihnen mit einem wahrhaft »europäischen« Völker-Heer aus Römern, Westgoten, Alanen, Burgunden, Rheinfranken, Bretonen, Laeten und Sachsen gegenüber.

Attilas Tod

Die Schlacht im September 451 endet unentschieden. Doch Aëtius kann einen moralischen Erfolg verbuchen: Der Nimbus hunnischer Unbesiegbarkeit ist gebrochen. Ein geplanter Feldzug der Hunnen gegen Ostrom kommt nicht mehr zustande, 453 stirbt Attila einen für einen Hunnen untypischen Tod: Er erstickt an einem Blutsturz während der Hochzeitsnacht. Unter seinen Söhnen zerfällt sein Reich rasch: Am südpannonischen Fluss Nedao unterliegen sie den Gepiden und anderen germanischen Stämmen. Reste des einst so gefürchteten Reitervolkes ziehen zur Wolga ab. Dennoch kommt Westrom

nicht zur Ruhe. 454 wird Aëtius ermordet, in den folgenden Bürgerkrieg greifen die Wandalen ein und verheeren Rom (455). Der Skirenfürst Odoaker besetzt im Auftrag des oströmischen Kaisers Italien und errichtet dort sein eigenes Reich. Westrom hört auf zu bestehen (476).

Der weströmische Feldherr Flavius Aëtius (unten).

Karte

Wolga

Don

Alanen

Hunnen 375

eruler

Alanen
400 bis Spanien

zes Meer

Sinope

Petra

Trapezunt

Sebastopolis

SASSANIDEN-REICH

Tarsus

Palmyra

REICH

Cypern

Damaskus

Tyrus

Jerusalem

Ein Reich entsteht

„Erst durch ihren langjährigen, für die Römer bald unverzichtbaren Militärdienst sind die fränkischen Völkerschaften zu der historischen Kraft in Gallien geworden, die sie unter Chlodwig darstellten.“

Horst Wolfgang Böhme, 1997

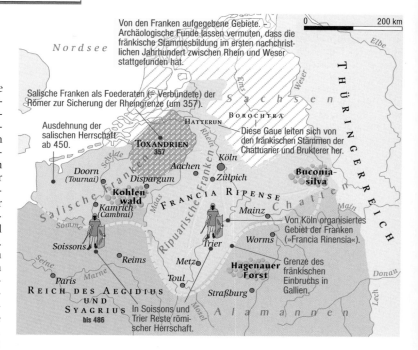

Das Kerngebiet der Franken im 4. und 5. Jh. (Karte oben). – Goldgriffspatha (Spatha = germanisches Schwert) aus Flonheim (5. Jh., Bild unten). – Chlodwigs Taufe (Miniatur um 1250, Bild rechts oben). – Das Frankenreich unter den Merowingern bis Mitte des 6. Jhs. (Karte rechts unten). – Grabstein eines fränkischen Kriegers aus Niederdollendorf (7. Jh., Bild ganz rechts unten).

Ab der Mitte des 3. Jhs. erschüttern Invasionen germanischer Völker das Römische Imperium. Am Rhein fallen die Charnaven, Chattuarier, Brukterer, Amsivarier und Salier über die gallischen Provinzen her (357). Dieses den Römern bislang unbekannte Völkergemisch erhält später den Sammelnamen »Franken«. Die Eindringlinge erhalten Land in Gallien. Auf Dauer ist der Ansturm fremder Völker für das römische Weltreich nicht zu verkraften. Seit 407 greifen die im Landesinneren angesiedelten germanischen Stämme zu den Waffen und fordern unabhängige Stammesgebiete. Die Burgunden besetzen ohne Zustimmung des römischen Senats Landstriche an Rhône, Saône und Doubs. Im Osten stoßen die Alamannen in die Nordschweiz und bis zu den Vogesen vor. In Gallien erweitern die Westgoten ihren Herrschaftsbereich von Aquitanien bis zur Loire und zur Provence. Vom blühenden gallischen Land bleiben nur noch die nördlichen und mittleren Teile in der Hand römischer Heermeister.

Die Franken an der Macht

Über das Volk der Franken berichten die Annalen ab dem 4. Jh. Genaueres. Mehrere ihrer Völkerschaften schließen sich zu den ripuarischen (= Ufer-)Franken zusammen, siedeln beiderseits des Mittelrheins und machen Köln zur Hauptstadt ihres Reiches. Die chattischen Franken breiten sich rheinaufwärts aus und dringen im 5. Jh. an die obere Mosel bis Trier vor. Fränkische Stämme vertreiben im 6. Jh. die Thüringer und Alamannen aus dem Maingebiet und besetzen es bis zum Fichtelgebirge. Die salischen Franken (sala = Herrschaft) aber schreiben Weltgeschichte, ihnen fällt die Rolle der Gründer des Fränkischen Reiches an Maas und Schelde zu. Kurz nach dem Tode des Aëtius (454) wird Trier fränkisch (456), wenig später Köln (459). Es ist die Zeit, in der die ersten Merowin-

ger – das älteste bezeugte fränkische Geschlecht, mit dem legendären Merowech als Urahn – auf den Plan treten. Über Childerich I., er soll Merowechs Sohn gewesen sein, liegen präzise Nachrichten vor: Als Verbündeter des Syagrius, des römischen Heermeisters in Gallien, kämpft er gegen Westgoten, Sachsen und Alamannen. Childerich stirbt 481 oder 482 und wird in der Residenz Tournai bestattet. 1653 wird durch Zufall sein Grab nahe der Pfarrkirche St. Brictius entdeckt: Der König ist in vollem Ornat mit Waffen, Insignien und einem Schatz von Gold- und Silbermünzen begraben worden. Unweit seiner letzten Ruhestätte entdecken Archäologen 1983 eine Grube mit 21 Pferden des Königs. Childerich ist nach »heidnischem« Brauch bestattet worden.

Sohn und Nachfolger Chlodwig findet bereits eine stark veränderte politische Landschaft vor: Die lateinische Einheit des Abendlandes hat sich aufgelöst, die führende Macht in Gallien ist das Gotenreich des Königs Eurich (466 bis 484), der große Teile Galliens und Spaniens beherrscht. Seine Flotte ist bereit einzugreifen, sollte der Verbündete Syagrius angegriffen werden. Der Flottenaufmarsch wirkt abschreckend auf den jungen, gerade erst 16 Jahre alten Frankenkönig Chlodwig, er hält Frieden mit dem Nachbarn Syagrius und widmet sich der Festigung von Autorität und Einfluss im eigenen Land: Eine Friedelehe (= auflösbare Ehe) mit einer »freien« Frau aus salfränkischem Königsgeschlecht kommt einem Bündnis mit den rheinischen Franken gleich, was ihm zustatten kommt, wenn er über Syagrius herfallen wird. Chlodwig braucht nicht lange zu warten. Eurich, der Schirmherr des Syagrius, stirbt 484 und Chlodwig schlägt zu. Unterstützt durch den in Cambrai heimischen Frankenkönig Ragnachar erobert er 486 das Reich des Syagrius, den Rest des Weströmischen Imperiums. Syagrius gelingt die Flucht ins Reich der Westgoten, vergeblich, sie liefern ihn aus und Chlodwig lässt ihn hinrichten. Das Gebiet bis zur Seine gehört zum Machtbereich der Merowinger, der Basis des Großfränkischen Reiches.

Im Aufwind seiner Macht begnügt sich Chlodwig nicht mit dem Erreichten. Zwischen 486 und 494 schiebt er seine Herrschaft bis zur Loire, der Grenze des Westgotenreiches, vor. Hatten die Westgoten gedacht, durch die Auslieferung des Syagrius die Gunst Chlodwigs erkauft zu haben, so unterlagen sie einem Irrtum. Schon sucht der Merowinger nach Verbündeten, um die Westgoten ins Meer zu werfen. Ein alter Konflikt der Burgunden mit den Westgoten kommt ihm zustatten: Die Burgunden grollen den Goten wegen der Annexion der Provence. Chlodwig entschließt sich zur politisch motivierten Ehe mit Chrodechild, der Nichte Gundobalds – des Königs von Burgund –, und Westgotenkönig Alarich II., der Nachfolger Eurichs, sitzt in der Falle. Zwar hat Chlodwig nicht die politische Bewegungsfreiheit, die er sich wünscht: Der Ostgotenkönig Theoderich auf der Apenninenhalbinsel achtet auf eine Ausgewogenheit der Mächte, und auch die Raubzüge der nach wie vor ungezähmten Alamannen machen ihm zu schaffen. Aber vom Ziel, die gesamte gallische Atlantikküste zu beherrschen, lässt er nicht ab. Da verändern die Alamannen ungewollt Chlodwigs weitere Zukunft entscheidend.

Ein Heide wird Christ

Wieder einmal auf Beutezug, plündern alamannische Krieger auf den ihnen schon seit Römerzeiten bekannten Wegen von Worms über Straßburg nach Metz. Die rheinischen Franken weichen zurück, bei Zülpich kommt es dennoch zum Kampf (496). Chlodwig eilt aus Reims zu Hilfe, doch diesmal scheint er nicht siegreich zu bleiben.

Gregor, Bischof von Tours (573 bis 594), berichtet, was sich in jener Schlacht *„im 15. Jahr der Regierung“* Chlodwigs ereignet haben soll. Angesichts der drohenden Niederlage habe der »Heide« Chlodwig den Christengott angerufen, berichtet der Bischof: *„Denn ich habe meine Götter angerufen, aber, wie ich erfahre, sind sie weit davon entfernt, mir zu helfen. Ich meine daher, ohnmächtig sind sie, da sie denen nicht helfen, die ihnen dienen. Dich nun rufe ich an, und ich verlange, an Dich zu glauben; nur entreiße mich aus der Hand meiner Widersacher.“*

Chlodwig kennt das Christentum. Seine Frau ist Christin und bedrängt ihn ihren Glauben anzunehmen. Beide Söhne sind getauft und Chrodechilds Schwester Crona ist sogar Nonne. Aber Chlodwig zögerte bislang aus taktischen Motiven, das Christentum anzunehmen: Der Großteil der germanischen Völker und viele seiner Krieger hängen dem Arianismus an. Der Übertritt in die

abgelegt und der Christengott habe ihn erhört. Am Weihnachtstag des Jahres 498 empfängt Chlodwig mit mehr als 3000 Kriegern die Taufe. *„Das Ganze war ein wichtiger Staatsakt von weit reichenden, bis in die Gegenwart nachwirkenden Folgen für die europäische und damit natürlich auch für die deutsche Geschichte"*, meint der Historiker Hans K. Schulze.

Alamannen in Bedrängnis

Mit dem Bekenntnis zur katholischen Kirche ist Chlodwig als König seines Reiches auch ihr Herr. Somit kann sich allmählich eine fränkische Reichskirche entwickeln, die zu einer starken Klammer der Reichseinheit wird und die innere Ordnung fördert. Diese begünstigt die Übernahme des römischen Verwaltungssystems und die erste Niederschrift der »lex salica«, des fränkischen Volksrechtes. *„Das Verhältnis von Staat und Kirche wurde auf eine neue Grundlage gestellt. Eine Entwicklung bahnte sich an, die im Laufe der Jahr-* hunderte über die Verchristlichung des germanischen Königsgedankens zum Kaisertum Karls des Großen, zur engeren Verbindung mit Rom und zum »Heiligen Römischen Reich Deutscher Nation« führen sollte*", vermerkt Schulze.

Noch einmal erheben sich die Alamannen, Chlodwig bereitet ihnen bei Straßburg eine Niederlage, von der sie sich nicht mehr erholen. Die Überlebenden fliehen in Panik, von den Franken verfolgt, ins Reich Theoderichs.

Theoderich erweist sich als Staatsmann: Er siedelt die Alamannen in einzelnen Gruppen am Bodensee, in Norditalien, sogar Pannonien an, beglückwünscht Chlodwig zu seinem glänzenden Erfolg und warnt ihn gleichzeitig, er möge die ostgotische Grenze respektieren. Chlodwig hat an Raetien kein Interesse, solange die Westgoten noch gallisches Gebiet ihr Eigen nennen. 507 greift er sie an, den Kampf erklärt er zum antiarianischen Religionskrieg. Der Sieg bei Poitiers ist ein vollständiger. Der Kaiser Ostroms ehrt ihn durch die Übergabe eines Königsornats und die Verleihung des Titels eines Konsuls.

In seiner fast dreißigjährigen Regierungszeit (482 bis 511) brilliert Chlodwig als kluger Politiker und überlegener Feldherr. Aber er geht auch über Leichen, wenn es um die Macht geht: Durch List und Gewalt beseitigt er alle fränkischen Gaukönige, zuletzt den um 510 in Köln residierenden rheinfränkischen König. Die gallischen Bischöfe sehen mit Nachsicht über diese Untaten hinweg. 511 stirbt Chlodwig in seiner neuen Residenz Paris.

römische Kirche, so fürchtet er, würde den Gegensatz zu ihnen vertiefen. Außerdem gefällt es ihm, von den arianisch-germanischen Königen und den römisch-katholischen Bischöfen umworben zu werden, er kann sie gegeneinander ausspielen. In der Schlacht von Zülpich habe Chlodwig, so der Chronist Gregor, jedenfalls ein klares Bekenntnis

Legende:

- Gebiet der Franken um 481
- Eroberungen Chlodwigs (482 bis 511)
- Eroberungen von 511 bis 555
- Gebiet lockerer fränkischer Oberherrschaft
- vorübergehend erobertes Gebiet
- bevorzugter Königssitz
- merowingische Klostergründung
- relativ geschlossene fränkisch-bäuerliche Landnahme
- Bischofssitz um 614 (in Auswahl)
- iro-schottische Klostergründung
- frühe angelsächsische Mission
- wichtige Besitzung früher Karolinger
- frühe karolingische Klostergründung
- wichtiger Handelsplatz
- wichtige Schlacht

Chlodwigs I. Machtzentrum im Pariser Becken.

Wilfrid 678, Willibrord 690 / Bonifatius 716

Willibrord

salische Franken als Foederaten in Toxandrien (um 357)

Von Franken geräumte Stammlande

Das Reich Chlodwigs I. um 486.

Chlodwigs I. Vorstoß zum Mittelmeer (508/11) scheitert am Eingreifen Theoderichs des Großen.

Das Reich Chlodwigs I. bei seinem Tod (511).

Ortschaften und Regionen:
Canterbury, Boulogne, Quentovic, Tournai, Nivelles, Fosses, Maastricht, Süsteren, Köln, Zülpich, Stablo, Utrecht 695, Duurstede, Suidbert, Ewalde, Lebuin, Cambrai, Amiens, Corbie, Reims, Mainz, Echternach, Trier, Worms, Speyer, Rouen, Jumièges, Soissons, Verdun, Metz, Chartres, St-Germain, Paris, Langres, Straßburg, Weltenburg, Augsburg, Le Mans, Orléans, Troyes, Luxeuil, St. Trudpert, Säckingen, St. Gallen, Salzburg, Angers, Tours, Bourges, Autun, Chalon-sur-Saône, Ursitz, Chur, Nantes, Vouillé, Poitiers, Mâcon, Genf, Lausanne, Sion, Bergamo, Belluno, Aquileia, Limoges, Clermont-Ferrand, Lyon, Vienne, Grenoble, Ivrea, Novara, Mailand, Vicenza, Verona, Vercelli, Pavia, Bordeaux, Cahors, Albi, Reggio, Bologna, Genua, Ravenna, Pisa, Florenz, Toulouse, Arles, Narbonne, Marseille, Toulon, Carcassonne

AUSTRASIEN, NEUSTRIEN, REICH DES SYAGRIUS, BRETAGNE, Rennes, AQUITANIEN, BURGUND, BAYERN, CHURRAETIEN, THÜRINGERREICH, REICH DES SAMO, Obotriten, Wilzen, Sachsen, Havel-Spree-Stämme, Sorben, Lusizer, Milzener, Alamannen, GASCOGNE, SEPTIMANIEN, WESTGOTEN-REICH, WESTRÖMISCHES REICH

486, 497, 497/506, 507, 532, 687

0 — 300 km

Marsch in den Süden

„Je weiter der nördliche Himmelsstrich von der Hitze der Sonne entfernt ist und in Schnee und Eis erstarrt, umso gesünder ist er für die Körper der Menschen und günstig für die Vermehrung der Völker. [...] Gleichermaßen ist auch das Volk der Winniler oder Langobarden, das nachmals glücklich in Italien herrschte, von germanischen Völkern herstammend, von der Insel Skandinavia gekommen.“

Paulus Diaconus, um 770

Mit diesen Worten leitet Paulus Diaconus seine Geschichte der Langobarden ein. Er stammt, um 720 geboren, aus einer einflussreichen langobardisch-friaulischen Familie und genießt am glanzvollen herzoglichen Hof und im Königspalast von Pavia eine hervorragende Ausbildung. Er ist mit der Tochter des letzten Langobardenkönigs Desiderius, Adalperga, verheiratet und lebt mit ihr im süditalienischen Benevent. Seine theologischen Studien machen ihn zu einem berühmten Gelehrten, König Karl holt ihn 782 an seinen Hof. Gegen 800 stirbt Paulus. Sein sechsbändiges Werk über die Geschichte der Langobarden ist heute wie damals eine spannende Lektüre.

Den Exodus der Langobarden aus Skandinavien führt Paulus auf Übervölkerung zurück. Ein Drittel der Bevölkerung musste nach Losentscheid die Heimat verlassen. Winniler nennt sich das Volk, das im 2. Jh. v.Chr. in den Süden aufbricht. Den Namen »Langobarden« nehmen sie erst später an. Paulus bezeichnet es als *„lächerliches Märchen“*, dass Gottvater Wotan ihnen den Namen wegen ihrer langen Bärte gegeben habe. Zum anderen bekräftigt er, dass sie *„wegen der Länge ihres Bartes, an den kein Eisen [Rasiermesser] kam, hernach so benannt wurden.“*

Zu sonnigen Gefilden

Der Geschichtswissenschaftler Ernst Klebel zeichnet 1957 den Wanderweg der Langobarden nach. Seiner Meinung nach führt er über Nordjütland, Niedersachsen und Lausitz bis nach Böhmen. Der niedersächsische Archäologe Willi Wegewitz unterstützt das Forschungsergebnis durch seine Untersuchungen von Gräbern an der unteren Elbe. Die Friedhöfe aus dem 6. Jh. v.Chr. bis zum 3. Jh.

n.Chr., der frühen Eisenzeit, sind dem langobardischen Volk zuzurechnen, meint Wegewitz.

In der römischen Geschichtsschreibung erscheint das wilde Volk der Langobarden – *„gens etiam Germana feritate ferocior“* – zum ersten Mal in den Berichten des Velleius Paterculus, der als Offizier an den Feldzügen des Tiberius in der Germania (9 und 16 n.Chr.) teilgenommen hat. Etwas schärfer wird das Geschichtsbild von den Langobarden zwischen 19 v.Chr. und 19 n.Chr. Sie zählen zu den Verbündeten Marbods, des Markomannenkönigs, der von Böhmen aus Arminius, den Anführer der Cherusker, zu umklammern versucht. Die Allianz löst sich allerdings nach dem eindrucksvollen Sieg des Arminius gegen Varus im Teutoburger Wald auf: Von der Leistung des Cheruskers eingenommen, fallen die Langobarden von Marbod ab. Noch in der zweiten Hälfte des 1. Jhs. leben sie an der unteren Elbe, vermerkt Tacitus um 98 n.Chr. und führt weiter aus: *„Die Langobarden dagegen macht ihre geringe Zahl berühmt. Von vielen starken Nationen umgeben, behaupten sie sich nicht durch Gefügigkeit, sondern durch Kämpfe und Wagemut.“*

Eine letzte Erwähnung in der römischen Geschichtsschreibung findet das germanische Volk durch Cassius Dio. Er berichtet von 6000 Langobarden und Obiern, die 166 die pannonische Donaugrenze überschritten hätten. Der Einfall leitet die Markomannenkriege des Mark Aurel ein (161 bis 180); während ihres Verlaufs dringen bis zu elf Germanenvölker unter der Führung des Markomannenkönigs Ballomarius über Noricum nach Oberitalien vor. Allerdings werden die Langobarden schon am Beginn der Kämpfe in den pannonischen Steppen der Ungarischen Tiefebene von Candidus und einem römischen Reiterregi-

ment in die Flucht geschlagen und entschwinden aus dem Blickfeld römischer Geschichtsschreiber.

Halt an der Donau

Um 489 erscheinen die Langobarden wieder, diesmal donauaufwärts. Von Böhmen aus sind sie über die Mährische Pforte ins Rugiland zwischen dem niederösterreichischen Wald- und Weinviertel eingerückt. Die ostgermanischen Rugier – dem Namen nach könnten sie von der Insel Rügen stammen – hatten bis 455 dem Reich der Hunnen angehört. Nach dem Tod Attilas zogen sie gemeinsam mit den benachbarten Herulern, Skiren und Sueben sowie dem Volk der Gepiden gegen die Söhne und Nachfolger Attilas und besiegten sie am Fluß Nedao, irgendwo im Karpatenbecken. Ihr Unglück ist, dass sie zwischen die Machtblöcke des oströmischen Kaisers Zenon und des Skirenfürsten Odoaker gerieten. Odoaker hatte im Auftrag Zenons Italien erobert und war nicht bereit, das Land dem oströmischen

Kaiser zu übergeben, sondern errichtete sein eigenes Reich. Zenon stachelte nun den Rugierkönig Fewa auf, Odoaker von Noricum aus anzugreifen. Odoaker kam diesem Plan zuvor und schickte noch im Winter 487 seinen Comes (= hoher Beamter) Pierius mit einer Streitmacht ins Rugiland. Auf dem Tullnerfeld tobte die für beide Seiten verlustreiche Schlacht. Pierius nahm König Fewa und seine Gemahlin Giso, eine Kusine des Ostgotenkönigs Theoderich, gefangen, beide wurden in Italien enthauptet. Den Restaurationsversuch der Rugier im Jahr darauf verhinderte Hunulf, der Bruder Odoakers, er zerschlug das Rugierreich an der Donau endgültig.

In dieses Machtvakuum stoßen die Langobarden und treffen auf ein fast menschenleeres Land, dessen Infrastruktur zerstört ist. Die romanische Bevölkerung hat sich 488 auf Anraten des Mönches Severin aus dem östlichen Raetien und Ufer-Noricum den abziehenden römischen Soldaten angeschlossen. Der Limes besteht nicht mehr und die wenigen Menschen, die nicht nach Italien mitgegangen sind, sind schutzlos den Einfällen der Thüringer und Heruler preisgegeben. Nun schieben sich die Langobarden an die Flanke der Heruler und leisten dem herrischen Volk Schutzzahlungen, um in Frieden mit ihm auszukommen. Drei Jahre dauert die mühsam aufrechterhaltene Ruhe, dann verweigern die Langobarden die Tributzahlungen und es kommt zum Kampf. In der Ebene des niederösterreichischen Marchfeldes, nordöstlich von Wien, greifen sie die Schlachtreihen der Heruler an, töten ihren König Rodulf (508) und vertreiben den Rest der Krieger.

Ein kluger Heiratsdiplomat

Am Beginn langobardischer Großmachtpolitik steht König Wacho – und ein Mord. Wacho tötet um 510 seinen Onkel, den Herulerbezwinger Tato, und dessen Sohn und rechtmäßigen Nachfolger, Risiulf. Unangefochten an der Spitze des langobardischen Volkes, verfolgt Wacho eine aggressive Eroberungs- und geschickte Heiratspolitik. Gleich drei politisch opportune Ehen geht er ein: mit Ranigunda, der Tochter des mit den Ostgoten verbündeten thüringischen Königs Bisin, mit Austrigusa, einer Gepidenprinzessin, die ihm ein Defensivbündnis mit dem Gepidenreich einbringt, und mit Silinga, der Tochter des letzten Herulerkönigs Rodulf, die Wacho eine dynastische

Beziehung zu den herulischen Volkssplittern bei den Gepiden in Italien und Skandinavien eröffnet. Ganz selbstverständlich verheiratet der Langobardenkönig auch seine Töchter nach den Regeln politischer Vernunft. So stellt er familiäre Bindungen zur aufstrebenden fränkischen Dynastie her.

Mit Wachos Tod enden diese komplizierten Heiratsbündnisse (540). Nachfolger Audoin gibt die neutrale Haltung gegenüber Ostrom auf und stellt sich ganz auf dessen Seite. Ein Bündnis mit Kaiser Justinian (547/48) sichert ihm das „Gemeinwesen der Noriker sowie Befestigungen Pannoniens, viele andere Plätze und sehr große Geldsummen". Die Langobarden ziehen um 547 donauabwärts nach Pannonien. Die Ausweitung ihres

Territoriums ruft den Argwohn der Franken hervor, zu deren Machtbereich Venetien zählt. Betroffen sind auch die Gepiden, deren Expansionspläne auf dem Balkan in Frage gestellt werden. Nutznießer des klugen politischen Brettspiels ist Justinian I. Er setzt die Langobarden als Gegengewicht zu den Gepiden ein. Politisch entlastet, kann Justinian I. der Eroberung Italiens seine volle Aufmerksamkeit zuwenden. Dass seine Gleichgewichtspolitik in einem Krieg der lombardischen und gepidischen Rivalen endet, stört ihn nicht weiter. Die beiden Völkerschaften schwächen einander und das bringt ihm nur Vorteile (552, 565). Die Treffen der beiden Kontrahenten bringen jedoch keine Entscheidung und dass schließlich der Langobardenkönig

Alboin das asiatische Reitervolk der Awaren aus den Schwarzmeersteppen zu Hilfe holt, konnte man in Konstantinopel nicht ahnen.

Die Awaren folgen Alboins Ruf bereitwillig. Nach hunnischer Manier sie auf ihren kleinen Pferden blitzschnell aus allen Richtungen über den gepidischen Gegner herein und vernichten ihn.

Nach dem Kampf mit den Gepiden bricht Alboin mit seinem 150.000 Menschen zählenden Volk nach Italien auf. Im Mai 568 betreten die Langobarden italischen Boden. Ihr Lombardisches Reich zerfällt in viele Herzogtümer, bis 774 Karl der Große Italien besetzt.

Im Namen »Lombardei« lebt die Geschichte dieses Volkes von der Unterelbe fort.

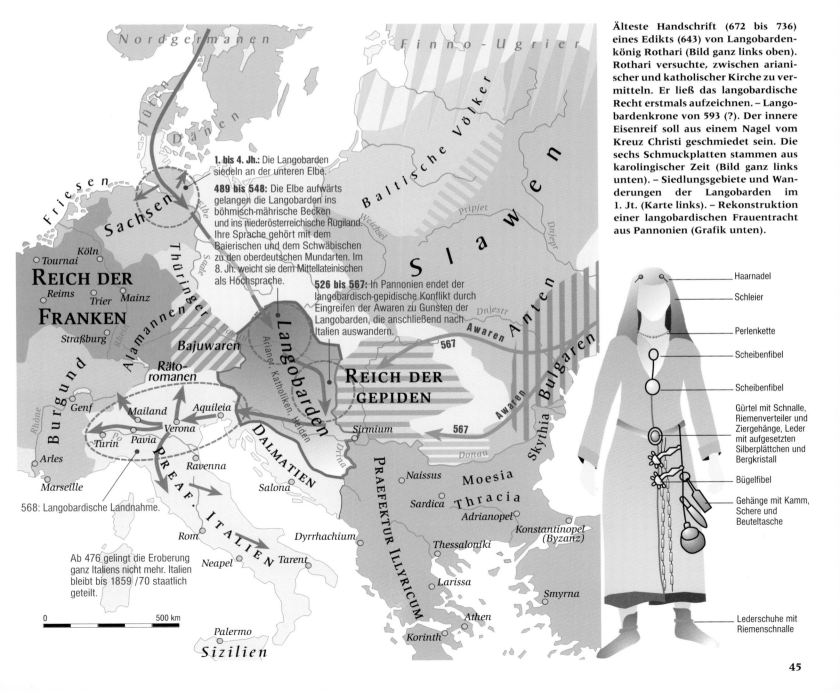

1. bis 4. Jh.: Die Langobarden siedeln an der unteren Elbe.

489 bis 548: Die Elbe aufwärts gelangen die Langobarden ins böhmisch-mährische Becken und ins niederösterreichische Rugiland. Ihre Sprache gehört mit dem Baierischen und dem Schwäbischen zu den oberdeutschen Mundarten. Im 8. Jh. weicht sie dem Mittellateinischen als Hochsprache.

526 bis 567: In Pannonien endet der langobardisch-gepidische Konflikt durch Eingreifen der Awaren zu Gunsten der Langobarden, die anschließend nach Italien auswandern.

568: Langobardische Landnahme.

Ab 476 gelingt die Eroberung ganz Italiens nicht mehr. Italien bleibt bis 1859/70 staatlich geteilt.

0 ___ 500 km

Nordgermanen · Finno-Ugrier · Jüten · Dänen · Friesen · Sachsen · Thüringer · Baltische Völker · Slawen · Pripjet · Weichsel · Dnjepr · Anten · Köln · Tournai · REICH DER FRANKEN · Reims · Trier · Mainz · Straßburg · Alamannen · Bajuwaren · Räto-romanen · Langobarden (Arianer, Katholiken, Heiden) · REICH DER GEPIDEN · Dnjestr · Awaren · Skythia Bulgaren · Burgund · Rhône · Genf · Mailand · Aquileia · Po · Verona · Turin · Pavia · DALMATIEN · Sirmium · Drina · Donau · Arles · Ravenna · PRAEF. ITALIEN · Marseille · Salona · PRAEFEKTUR ILLYRICUM · Naissus · Moesia · Rom · Dyrrhachium · Sardica · Thracia · Neapel · Tarent · Adrianopel · Konstantinopel (Byzanz) · Thessaloniki · Larissa · Smyrna · Athen · Korinth · Palermo · Sizilien · 567

Älteste Handschrift (672 bis 736) eines Edikts (643) von Langobardenkönig Rothari (Bild ganz links oben). Rothari versuchte, zwischen arianischer und katholischer Kirche zu vermitteln. Er ließ das langobardische Recht erstmals aufzeichnen. – Langobardenkrone von 593 (?). Der innere Eisenreif soll aus einem Nagel vom Kreuz Christi geschmiedet sein. Die sechs Schmuckplatten stammen aus karolingischer Zeit (Bild ganz links unten). – Siedlungsgebiete und Wanderungen der Langobarden im 1. Jt. (Karte links). – Rekonstruktion einer langobardischen Frauentracht aus Pannonien (Grafik unten).

Haarnadel · Schleier · Perlenkette · Scheibenfibel · Scheibenfibel · Gürtel mit Schnalle, Riemenverteiler und Ziergehänge, Leder mit aufgesetzten Silberplättchen und Bergkristall · Bügelfibel · Gehänge mit Kamm, Schere und Beuteltasche · Lederschuhe mit Riemenschnalle

Christus zwischen Rhein und Elbe

„Die Franken sind nicht von heute auf morgen Christen geworden. Mit Chlodwig trat nur die weitere Gefolgschaft, die mit dem König nach Soissons und Paris zog, zum katholischen Christentum über."

Eugen Ewig, 1993

Leben und Tod des hl. Bonifatius, »Apostel der Deutschen« (Sakramentar, 10. Jh., Bild oben). – Vor- und nachkarolingische christliche Mission im 6. bis 10. Jh. (Karte rechts unten). – Wirkungsbereich der Missionare Bonifatius, Willibrord und Pirmin (kleine Karte, rechts). – Fuldaer Michaelskirche aus den Jahren 819 bis 822 (Bild unten).

Im römischen Germanien leben Christen schon vor und seit der Zeit Konstantins des Großen. In Köln besteht eine Bischofskirche, deren erster nachweisbarer Bischof, Maternus, an den Synoden von Rom und Arles in den Jahren 313 und 314 teilnimmt. Die von Konstantin und seinem Mitregenten Licinius 313 im Mailänder »Toleranzedikt« zugesicherte Bekenntnisfreiheit führt 391 zur Erhebung des Christentums zur Staatsreligion. Von Toleranz ist nun freilich nichts mehr zu merken, die Anhänger der arianisch-christlichen Lehre werden als Ketzer verurteilt und verfolgt. Trotz des Verbreitungsverbotes fasst der Arianismus bei den Germanen Fuß und lässt dem katholischen Glauben keinen Spielraum. Der Westgote Wulfila, der, 341 zum Bischof der Goten geweiht, die Bibel ins Gotische übersetzt, trägt wesentlich zur Verbreitung der arianischen Lehre bei. Die Arianer leugnen im Gegensatz zur römisch-christlichen Kirche die Gottheit Christi. 376 nehmen die Westgoten diesen Glauben in Massen an und tragen ihn im 5. Jh. zu den Ostgoten, Wandalen und Langobarden weiter. Auch die Burgunden und die in Spanien angesiedelten Sueben sind zum Teil Arianer. Das wirkt sich während der Gründung germanischer Reiche auf römischem Boden negativ aus, weil die Kluft zwischen der eingesessenen, katholischen Bevölkerung und der neuen, arianischen, des Ketzertums bezichtigten Eroberern vertieft wird. Die Entscheidung Chlodwigs für die katholische Richtung, der Untergang des Wandalen- und Ostgotenreichs (534 bzw. 553) sowie der Übertritt der Westgoten, Sueben und Langobarden zum Katholizismus (6. bis 7. Jh.) bedeuten das Ende des arianischen Glaubens.

Mönche, Träger des Glaubens

Die eigentlichen Träger der katholischen Religion sind Mönche und ihre Klöster. Der hl. Martin, 316 im pan-

nonischen Sabaria geboren, gründet das erste Kloster Galliens in Tours. Er predigt nicht nur die Armut, er lebt sie auch und macht sich dadurch bei den ihm übergeordneten, in Prunk und Reichtum lebenden Kirchenfürsten unbeliebt. Martin gerät nach seinem Tod (397) in Vergessenheit, bis die Merowinger ihn im 5. Jh. zum Reichsheiligen dekretieren.

Entscheidende und neue Impulse erhält das gallische Mönchstum durch die Ankunft und Lehrtätigkeit iro-schottischer Mönche. Der Zulauf ist beachtlich, denn die Glaubensjünger von den Britischen Inseln locken Neugierige schon allein durch ihr Aussehen und Auftreten an. Nach der Zahl der Apostel gehen sie meist zu zwölft auf die Reise und das Staunen ist grenzenlos, wenn sie auf ihren Booten aus Weidengeflecht und Tierhäuten anlanden. Die Tonsur ist anders als auf dem Festland: Das Haar, über der Stirne halbmondförmig geschoren, fällt vom Hinterkopf in langen Strähnen an die Schulter nieder. Die redegewaltigen Männer, die sich furchtlos in die tiefen Wälder zu den heiligen Orten heidnischer Götter begeben, um den Menschen gerade dort die neue Heilslehre zu verkünden, tragen ihre Bücher sorgsam in Ledersäcken um den Hals gebunden. Der hl. Patrick und der hl. Kolumban sind die hervorstechendsten Berufenen der ersten Missionierungsphase.

Um 700 beginnt die eigentliche, große Zeit der Glaubensverbreitung unter den noch »heidnischen« Germanen rechts des Rheins. Wieder geht die Initiative nicht vom Papst aus, sondern von den karolingischen

Hausmeiern – Vorständen der karolingisch-merowingischen königlichen Hofhaltung –, die Missionare zu den Hessen, Thüringern, Baiern, Alamannen, Sachsen und Friesen entsenden. Gewiss mit der Absicht, die Träger der Heilsbotschaft zugleich als Boten des fränkischen Reichsgedankens einzusetzen. Das erklärt die weite Verbreitung des Martinskultes in Deutschland und Österreich.

Warum die angelsächsischen Missionare ihre rechtsrheinischen Stammesverwandten aufsuchen, liegt in der Kirchenkultur auf den Britischen Inseln begründet, die im 7. Jh. ein besonders hohes Niveau erreicht. Die Angelsachsen *„verfolgten unbeirrbar die reinsten, klarsten und uneigennützigsten Ziele, erfüllt vom Ideal der asketischen Pilgerschaft im Dienste des christlichen Glaubens, der Peregrinatio pro Deo"*, so der Historiker Hans Schulze.

Bonifatius, der »Apostel der Deutschen«

Winfrid ist einer jener vom apostolischen Auftrag Erfüllten. Er setzt im Frühjahr 716 von London zum friesischen Handelsplatz Wijk bij Duurstede am Niederrhein über. Der 672 in Wessex geborene, theologisch hochgebildete Asket folgt damit den Spuren seines Lehrmeisters Willibrord mit einem klaren Lebensziel: die Bekehrung der friesischen »Heiden«. Den Zeitpunkt allerdings hat Winfrid schlecht gewählt. Eben haben die Friesen, eine innenpolitische Schwäche des Frankenreiches nutzend, Teile des südwestlichen Frieslands zurückerobert. Dieser Er-

folg bestätige die Stärke ihrer Götter, meinen sie, und zeigen sich der neuen Religion verschlossener denn je. Winfrid kehrt unverrichteter Dinge in sein Heimatkloster Nursling zurück. Die ihm zuerkannte Würde eines Abtes bindet den von missionarischem Eifer Besessenen nicht lange. 718 bricht Winfrid erneut auf, diesmal für immer. Als Pilger wandert er nach Rom zur höchsten Autorität, zum Papst, *„um sich in der Stadt der Apostelfürsten das geistliche Rüstzeug für sein eigenes Apostolat zu holen"*, meint Schulze. Am 15. 5. 719 erhält er den Missionsauftrag für die *„Völker Germaniens"*. Unter dem altrömischen Heiligennamen Bonifatius wandert er nach Germanien.

Bonifatius wirkt zunächst nördlich des Thüringer Waldes, in Gebieten, die vor ihm Willibrord missionierte. Sein Entsetzen ist groß über die in seinen Augen sittlich verwahr-

losten Priester, die *„einem häretisch-synkretistischen, kaum christlich zu nennenden Glauben huldigten"* (H. K. Schulze). *„Ketzer, Hurer und Ehebrecher"* nennt Bonifatius die Geistlichen, bricht seine Mission ab und eilt zu Willibrord nach Utrecht um zu berichten. Willibrord, nach seiner missionarischen Tätigkeit nun Erzbischof, versucht, den asketischen Mönch für die Friesenmission zu gewinnen. Doch Bonifatius fühlt sich dem Papst und dem Auftrag, alle Völker Germaniens zu missionieren, verpflichtet. 721 wählt er Hessen, Mittelfranken und

Thüringen zum Zentrum seiner Tätigkeit. Hier regieren bereits Herzöge, vielleicht schon Grafen in fränkischem Auftrag, und es gibt Christen, wie das frühe und seltene Patrozinium (= Schutzherrschaft) der hl. Brigida von Kildare auf der nordhessischen Büraburg bei Fritzlar vermuten lässt. Hier wie im Würzburgischen wirkten Ende des 7. Jhs. die irischen Mönche Kilian, Kolonat und Totnan. Sie wurden Märtyrer, nicht weil sie heidnische Altäre und Götterbilder stürzten, sondern weil sie

den Hass der Gemahlin und ehemaligen Schwägerin von Herzog Gozbert, Geilana, auf sich zogen. Die Mönche verlangten die Auflösung der ihrer Meinung nach unrechtmäßigen Ehe. Geilana ließ sie während eines Abendgebetes ermorden (689).

Vorläufer staatlicher Organisation

Bonifatius, nicht weniger unerschrocken als seine Vorgänger, verbreitet den Glauben mit Worten und Taten. Im Jahr 723 oder 724 – die »heidnischen« Hessen opfern lieber in heiligen Hainen und hören mehr auf Wahrsager und Orakel als auf das Wort Gottes – setzt Bonifatius eine außerordentliche Tat: Mit der Axt fällt er in Geismar den gewaltigen Stamm der dem Gott Donar geweihten heiligen Eiche. Die Symbolaussage ist stark, Bonifatius riskiert allerdings nicht viel: Die fränkische Mi-

litärmacht ist auf der Büraburg zugegen und schaut über das Tal der Eder zum Ort des Geschehens. Bonifatius gründet Klöster, u.a. Fritzlar und Fulda, und kümmert sich um die Bistumsorganisation in Bayern, Hessen und Thüringen. Etwa um 746 übernimmt er das Bistum Mainz, unterhält Beziehungen zu den fränkischen Hausmeiern Karl Martell und Karlmann und zu Pippin III., »dem Kurzen«, der 751 Frankenkönig wird. Seine besten Mitarbeiter, Willibald, Sturm, Lullus, setzt er in den Zentren der Mission ein: Eichstätt, Fulda, Hersfeld, Fritzlar und Utrecht. Auf dieser kirchlichen Organisation baut Karl der Große die staatliche auf.

Bonifatius reist, bereits 80 Jahre alt, noch einmal zu den Friesen. Bei Dokkum erschlagen ihn Angehörige »heidnischer Stämme«. »Apostel der Deutschen« wird er seitdem genannt. Im Dom zu Fulda, seiner ersten Klostergründung, liegt der große Missionar Bonifatius begraben.

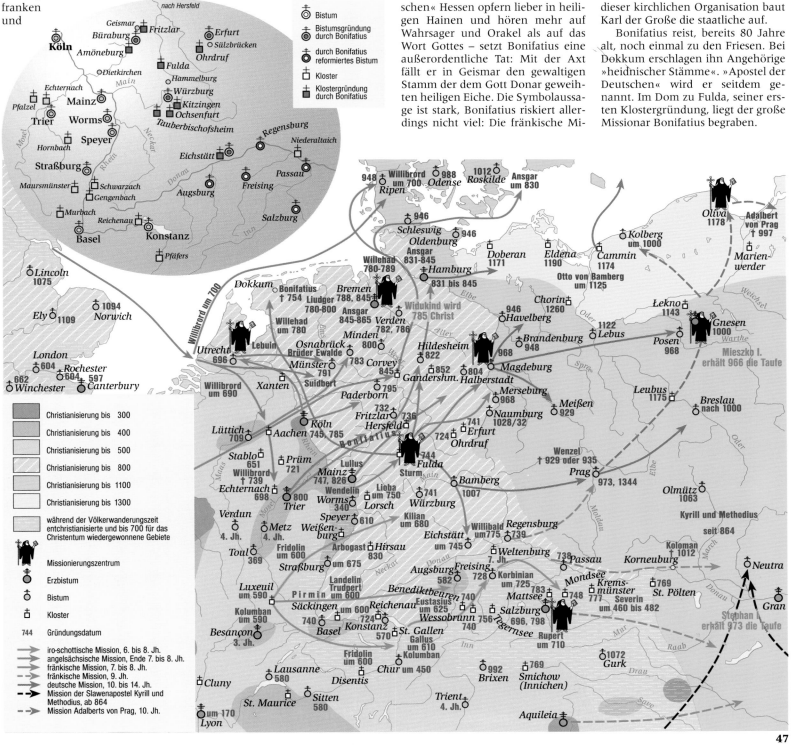

Eine Familie formt Europa

„Die Geschichte des karolingischen Europa beginnt mit dem Aufstieg einer Adelsfamilie, die in den erzählenden Quellen erstmals zu Beginn des 7. Jhs. erwähnt wird. Begünstigt von den Krisen, die die merowingische Gallia erschütterten, konnte sie sich schrittweise eine Führungsposition erringen, erst in Austrien, dann im gesamten Königreich."

Pierre Riché, 1995

Zur Zeit der Merowinger (Mitte des 5. Jhs. bis 751) liegt der Schwerpunkt des Fränkischen Reiches zwischen Loire und Rhein. Die Klöster sind die kulturellen Mittelpunkte, hier findet der Ausgleich zwischen römischer, germanischer und christlicher Sitte relativ rasch statt. Noch ist das Land südlich der Loire kulturell dem Norden überlegen. Von fränkischen Siedlungen kaum berührt, wahren die Städte nach antiker Tradition ihre politisch, kulturell und konfessionell zentrale Stellung, Wirtschaft und Warenaustausch bleiben im Netz des orientalischen Mittelmeerhandels eingebunden. Das Absterben der reichen spätantiken Zivilisation geht vom Niedergang Roms als kultureller und wirtschaftlicher Motor im 8. Jh. aus. Südgallien richtet jetzt seine Handelsbeziehungen nach Norden und zum Fernhandelsstrom nach Britannien und Skandinavien aus, der Handel im Mittelmeerraum wird bereits empfindlich durch die arabische Expansion gestört. Nun gewinnt der fränkische Norden eine Vorrangstellung, die im Aufstieg der Karolinger politisch zum Ausdruck kommt.

Das Heil der Sippe

Chlodwig hat durch seine glänzenden militärischen und außenpolitischen Erfolge und die Errichtung eines fränkischen Großreiches auf den Trümmern des zerfallenen Römischen Imperiums das »Heil« seiner Sippe bewiesen. Vom »Gottesgnadentum« werden die europäischen Herrscher ihren Herrschaftsanspruch bis zur Französischen Revolution ableiten. Krone, Zepter und Purpur sind die äußeren Zeichen ihrer »Geblütsheiligkeit«. Die Merowinger zeigen noch ein anderes: Sie tragen schulterlanges Haar. Bezeichnenderweise wird die Absetzung des letzten Merowingers 751 durch die symbolische Handlung des Haarschneidens vollzogen. Auch Tassilo, dem aufmüpfigen Agilolfinger und wohl ersten Vorkämpfer baierischen Selbstbehauptungswillens, wird das Haupt geschoren, bevor er in einem der damaligen Staatsgefängnisse, einem Kloster, verschwindet.

Da sich das »Königsheil« auf alle Sippenmitglieder überträgt, melden beim Tode Chlodwigs (511) alle vier Söhne ihren Regierungsanspruch an. Chlodwigs Söhne beschwören zwar die Einheit des Reiches, errichten ihre Residenzen in bequemen Reichsweiten zueinander und verfolgen eine gemeinsame Außenpolitik – 531 erobern sie Thüringen, 534 Burgund –, aber die Herrschaftsteilung verursacht internen Zwist. Er endet nach dem Tod Dagoberts I. (vermutlich 639) in blutigen Familienfehden. Aus den vier Reichsteilen gehen schließlich zwei weitgehend selbständige Teilreiche hervor: Neustrien im Westen mit Paris als Zentrum, das meist gemeinsam mit Burgund regiert wird, und Austrien im Osten mit der Residenz in Reims, später in Metz.

Den Merowingern entgleitet die Macht

Der familiäre Zwist wirft den merowingischen Clan von der Spitze des Reiches. Der Adel reißt die Macht an sich, ihm voran die obersten königlichen Beamten, die Hausmeier. Sie, die ursprünglich nur der königlichen Hofhaltung vorstehen, verzeichnen eine außergewöhnliche Karriere. Sie steigen zu Führern der berittenen königlichen Gefolgschaft auf, leiten die königliche Domänenverwaltung, führen den Adel an und bestimmen schließlich die Politik.

Die bürgerkriegsartigen Zustände in den beiden Teilreichen gipfeln 687 im Kampf der Hausmeier. Pippin II., »der Mittlere«, aus dem austrischen Geschlecht der Arnulfinger und Pippiniden – es nennt sich später nach Karls Sohn aus einer Friedelehe »karolingisch« – besiegt in der Schlacht bei Tertry den neustrischen Majordomus (fränkischer Feldherr) Berchar. In beiden Teilreichen macht Pippin II. niemand mehr den Führungsanspruch streitig.

Mit dem Tod Pippins II. (16. 12. 714) brechen neue Wirren im Fränkischen Reich aus. Seine beiden Söhne sind seit langem tot und so übernimmt Plektrud, Pippins Witwe, mit Enkel Theudoald das Regieren.

Sie tut alles um die Herrschaft zu sichern. Zunächst nimmt sie den austrischen Adel für sich ein. Mit seiner Unterstützung nimmt sie ihren Stiefsohn Karl aus der Friedelehe Pippins II. in Haft. Aber um mit harter Hand durchzugreifen fehlt ihr die Kraft. Prompt stehen die Neustrier auf, besiegen die Austrier und wählen einen Ostfranken zum Hausmeier. Er versichert sich sofort der Friesen, der Erzfeinde der Austrier. Umgehend fallen diese ins Land, plündern und brennen bis Köln, wohin Plektrud mit Teilen des Staatsschatzes geflohen ist. Mittlerweile stacheln in Burgund die Bischöfe von Auxerre und Orléans die nach Unabhängigkeit trachtende Opposition auf, während in den Grenzgebieten des Niederrheins die Sachsen wüten.

Karl Martell, »der Hammer«

Im allgemeinem Chaos gelingt es Karl, seiner Stiefmutter zu entkommen (716). Bis 714 lebte er in unmittelbarer Umgebung seines Vaters Pippin, der hatte ihm den Namen Karl gegeben, *„den bis dahin noch kein Mitglied der Familie getragen hatte"*, vermerkt der französische Historiker Pierre Riché. Auf diesen Namen, so Riché, geht die Bezeichnung »Karolinger« zurück. Der Bastard Karl reißt die Zügel an sich. Mit austrischer Unterstützung bezwingt er die abtrünnigen Neustrier (717) und zwingt Plektrud, Köln und den Staatsschatz herauszugeben. Chlothar IV., einen merowingischen Prinzen, setzt Karl als Schattenkönig auf den Thron, danach schlägt er die Sachsen und festigt seine Hausmacht. Im Besitz des Reichsschatzes und gestützt auf seine ausgedehnten Güter, regiert er faktisch allein, die Königswürde strebt er aus taktischen Gründen nicht an. Das respektiert der fränkische Adel und leistet Karl treue Gefolgschaft.

Von den Franken kaum bemerkt, sind mittlerweile von Arabern organisierte Berber aus Nordafrika nach Spanien vorgedrungen, haben in der Schlacht bei Arcos de la Frontera (711) die Westgoten niedergerungen und die Pyrenäen überschritten. Carcassonne fällt, ebenso Arles und Nîmes. Narbonne (720) im heutigen

Fränkischer Spangenhelm aus einem Fürstengrab in Morken/Erft (um 600, Bild oben). – Merowingischer Triens (Münze) aus Herten/Stockach (um 640, Bild unten). – Reiterstein von Hornhausen (7. Jh., Bild rechts). – Das Frankenreich beim Tode Karl Martells um 741 (Karte rechts).

Constantia
(Coutances)

Gesobricate
(Brest)

Abrincates
(Avranches)

BRETAGNE
seit ca. 630 unabhängig

Venetus
(Vannes)

Redc
(Ren

Namnetae
(Nantes)

Santor
(Sainte

Burdigal
(Bordeaux

0   200 km

Aquae
(Dax)

Lapurdum
(Bayonne)

CANTABRIEN   GA

Pamplona

REICH DER WE

Südfrankreich wird für Jahrzehnte das Hauptlager der Araber. Die Stadt Autun und das Tal der Rhône liegen ungeschützt vor den sarazenischen Säbeln. Und während Karl mit dem aufrührerischen Eudo, dem Herzog von Aquitanien, im Streit liegt, erobert der spanische Statthalter des Kalifen, Abd-Ar-Rahman, mühelos Bordeaux und Poitiers und zielt auf Tours, die Stadt des Nationalheiligen Martin. Ein starkes fränkisches Aufgebot tritt bei Poitiers den arabischen Reitern entgegen und siegt (732). Karl wird als Retter des Abendlandes gefeiert, »Martellus« nennen ihn die Chronisten, den »Hammer«. Schritt um Schritt drängt er die Eindringlinge aus dem Reich,

wehrt 737 ihren letzten Vorstoß ins Rhônetal ab. Zur gleichen Zeit setzt er in Aquitanien, in der Provence und in Burgund an die Stelle der opponierenden Großen seine Vertrauensleute. Friesen, Thüringer, Alamannen und Baiern bindet er fester ans Fränkische Reich. Karl Martell ist der unangefochtene Herrscher. Zwangsläufig ruft sein Tod (741) neue Krisen hervor.

Karls Söhne, Karlmann und Pippin III., »der Jüngere«, regieren in Austrien und Neustrien. Zur Stabilisierung ihrer Herrschaft holen sie 743 einen Merowinger auf den seit 737 vakanten Thron. Damit beruhigen sie die alamannischen und baierischen Herzöge, die nach germani-

scher Tradition nur einen König als Oberhaupt anerkennen. Nun regiert – scheinbar – wieder ein König, dessen einzige Beschäftigung im Signieren von Urkunden besteht, und die Herzöge geben sich zufrieden.

Karlmann zieht sich aus freien Stücken 747 hinter Klostermauern zurück und Pippin III. regiert allein. 750 fragt er Papst Zacharias, ob es gut sei, dass es im Frankenreich Könige ohne königliche Gewalt gebe. Zacharias antwortet, es möge der tatsächliche Herrscher König sein, *„damit die naturgemäße Ordnung nicht gestört werde."* Das wollte Pippin hören. Kraft päpstlicher Meinung verbannt er den Scheinkönig ins Kloster und lässt sich zum König erheben.

Der Papst gewinnt einen Verbündeten gegen die Langobarden, die ihn stark bedrohen: Pippin III. bekämpft sie erfolgreich, die eroberten Landstriche überträgt er der Kirche, die »Pippin'schen Schenkungen« begründen den »Kirchenstaat«. Formal steht der Kirchenstaat unter der Oberhoheit des byzantinischen Kaisers, tatsächlicher Schutzherr aber ist der fränkische König.

Im Jahr 768 stirbt Pippin III. Nach 27 Regentschaftsjahren übergibt er ein gefestigtes, territorial geschlossenes Reich an seine Nachkommen. Einer von ihnen erlangt ungeteilte Anerkennung um die Verdienste für das Abendland, Karl der Große.

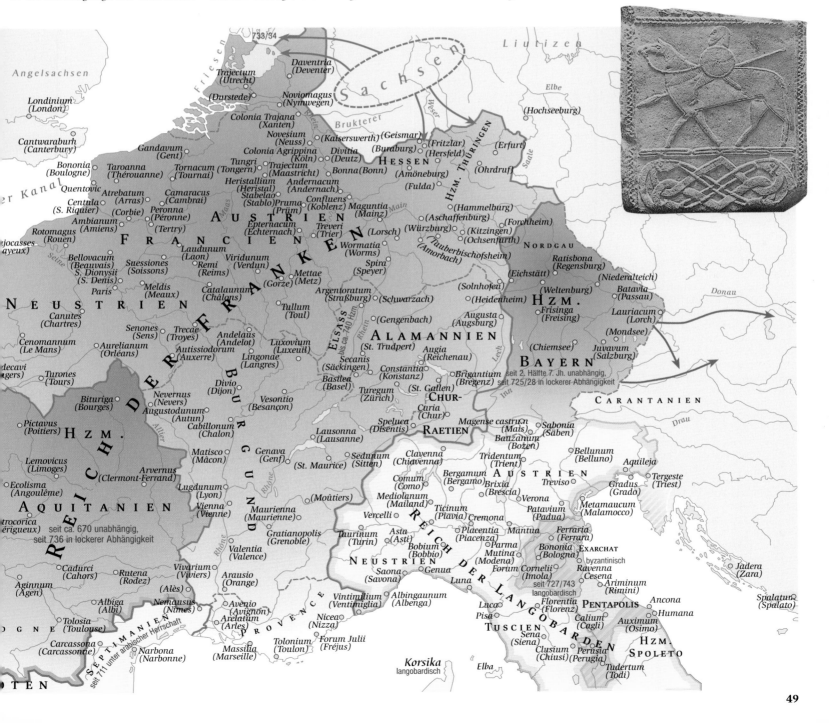

Der »Vater Europas«

„Karl der Große, der »Vater Europas«, schuf ein Reich, das bis heute die politischen, gesellschaftlichen, kulturellen, religiösen Strukturen Westeuropas vorgeprägt hat. [...] Karl der Große war nicht Deutscher, nicht Franzose, sondern von seiner Geburt bis zum Tode Franke.“

Friedrich Heer, 1975

Von den ersten Lebensjahren Karls des Großen wissen wir so gut wie nichts. Der Geburtsort ist unbekannt, das Geburtsdatum musste mühevoll rekonstruiert werden. Französische Historiker meinen, mit dem 2. 4. 747 das richtige Geburtsdatum Karls ermittelt zu haben. Im Alter von vier Jahren dürfte der kleine Karl ins Kloster gebracht worden sein, mit sieben Jahren salbt ihn der Papst. Schreiben lernt Karl nicht, das gilt bei den Franken als weibisch und bleibt Mönchen vorbehalten. »Ein Mann, ein Wort«, diese Redewendung ist von damals auf uns gekommen. – Karl hat einen jüngeren Bruder namens Karlmann. Das Verhältnis zwischen beiden ist getrübt. Karlmanns Abneigung gegenüber Karl geht so weit, dass er ihm die Waffenhilfe bei der Niederschlagung eines Aufstandes in Aquitanien versagt. Der frühe Tod Karlmanns (771) erspart Karl und dem Fränkischen Reich eine Menge Ärger, der Zwist der beiden hätte eines Tages unweigerlich zu einer blutigen Auseinandersetzung geführt.

Macht und territoriale Ansprüche sind in der Regel die Ursachen der Streitigkeiten in den früheren Herrscherhäusern. Königinwitwe Bertrada sucht daher beide Königssöhne mit einer territorialen Erweiterung ihrer Teilreiche zufrieden zu stellen. Sie fasst das Baiern Herzog Tassilos III. und das Langobardenreich von König Desiderius in Italien ins Auge.

Ein baierischer Rebell

Tassilo III. ist am karolingischen Hof das schwarze Schaf. Wohl hat er 757 König Pippin III. den Gefolgschaftseid geleistet, bricht ihn aber schon wenige Jahre später aus fadenscheinigen Gründen (763). Der 21-jährige Tassilo, ein ehrgeiziger Spross der agilolfingischen Familie versucht dem fränkischen Reichsgefüge zu entkommen und strebt nach der Unabhängigkeit seines bayeri-

schen Landes. Die Bischöfe Virgil von Salzburg, Arbeo von Freising, die irischen und angelsächsischen Mönche der Klöster Mondsee, Niederaltaich und Kremsmünster unterstützen ihn dabei – mit gutem Grund: Tassilo eröffnet ihnen bis ins awarische Land ein weites missionarisches Betätigungsfeld. Gute Beziehungen pflegt Tassilo III. zum langobardischen Königreich und zum Papst. Sie geben ihm Rückhalt in seinen separatistischen Bestrebungen und spiegeln die Richtung seiner Interessen wider.

Die Politik einer Königin

Die Königinwitwe Bertrada zeigt außenpolitisches Geschick. Mit Vermittlung des Papstes gleicht sie Differenzen zwischen Tassilo und Karl aus und fädelt gleichzeitig die Heirat Karls mit einer Tochter des langobardischen Königs Desiderius ein (770). Dadurch erreicht sie zweierlei: Tassilo verliert einen langjährigen Verbündeten und der Papst gerät, ohne dass er es ahnt, in fränkische Abhängigkeit. Denn nun drohen die einst von Pippin an die Kirche übergebenen Ländereien (»Pippin'sche Schenkung«) an den langobardischen König verloren zu gehen. Nur das Wohlwollen der Franken bewahrt den Pontifex vor langobardischen Übergriffen.

Der unerwartete Tod Karlmanns verändert schlagartig die innen- und außenpolitische Situation des Karolingerreiches: Karlmanns Erben, zwei Söhne und die Witwe Gerberga, melden der fränkischen Erbschaftsregel entsprechend ihren Regierungsanspruch auf das Teilreich des Verstorbenen an. Karl jedoch verweigert ihn, vereint das Reich Karlmanns

mit dem seinen und jagt Gerberga mit ihren Söhnen aus dem Land. Gerberga flieht zu Desiderius und Karl findet darin einen Vorwand, mit dem Langobardenkönig zu brechen. Er strebt nach der Herrschaft über das Langobardenreich. Karl schickt kurzerhand seine langobardische Ehefrau ihrem Vater zurück, der Bruch ist vollzogen. Papst Hadrian I. fühlt sich vom politischen Druck der Langobarden befreit. Gleichzeitig erinnert er Karl, dass er Patrizius der Römer und Beschützer des Papstes sei (773). Karl versteht die Nachricht. Mit zwei fränkischen Aufgeboten rückt er über die Alpen. Desiderius kapituliert im Juni 774 und die seit 568 andauernde Herrschaft der Langobarden auf der Apenninenhalbinsel ist zu Ende.

Karls Regierungszeit ist mit Ausnahme der Jahre zwischen 790 und 807 von Eroberungskriegen erfüllt. Kriege bricht er ohne vorgefassten Plan vom Zaun, für ihn zählen nur der Erfolg, die Beute und das Land, das er unterwirft.

Kampf den Baiern

Im Jahr 787 geht Karl daran, den bayerischen Rebellen Tassilo III. zur Vernunft zu bringen. Der Dux (= Herzog) soll die Awaren um Unterstützung gegen Karl gebeten haben. Die Awaren, ähnlich den Hunnen ein asiatisches Reitervolk, sind bis an die Enns, der Grenze baierischer Macht, vorgestoßen. Drei Heersäulen aus

verschiedenen Richtungen beziehen Stellung gegen Tassilo III. Der Dux erkennt die Sinnlosigkeit des Widerstandes und stellt sich dem Reichsgericht. Die hochverräterische Verbindung zu den Awaren wird ihm zwar nicht nachgewiesen, aber der vor 25 Jahren begangene Bruch des Gefolgschaftseides zieht jetzt das Todesurteil nach sich. Karl, Herr über Leben und Tod seiner Untertanen, wandelt, milde gesinnt, das Todesurteil in eine lebenslange Haftstrafe um: Vetter Tassilo III. verschwindet mit Familie hinter Klostermauern (788). Im Kloster zu Lorsch soll Tassilo am 11. 12. irgendwann nach 794 gestorben sein.

Der Unruheherd Bayern ist beseitigt, Karl wendet sich den Sachsen zu, die er seit 772 unermüdlich bekämpft. Das Volk der Sachsen leistet aus politischen und religiösen Motiven zähen Widerstand. Karl erklärt den Feldzug zum Kreuzkrieg und zerstört »Irminsul«, das nationale Heiligtum der Sachsen, eine heilige Säule, die nach sächsischem Glauben das Weltgebäude hält. Im Gegenzug brennen die gedemütigten Sachsen die Kirche von Fritzlar nieder. Karl setzt die schärfste Waffe ein, die ihm zur Verfügung steht, die Zwangstaufe. Der sächsische Adel schwenkt 777 ins Lager Karls. Das sächsische Volk freilich verschärft unter Führung des Kleinadeligen Widukind den Widerstand. Im Süntelgebirge vernichtet er das fränkische Heer (782). Karl ahndet die Niederlage grausam. Weil Widukind zu den Dänen entkommt, lässt er im »Blutgericht von Verden« 4500 Sachsen enthaupten. Angesichts dieses Mordens gibt Widukind 785 auf und lässt sich taufen. Aber die Sachsen kämpfen weiter. Karls Feldzüge von 794 bis 799 und 802 bis 804 bringen die Entscheidung: »Christentum oder Tod« heißt das Motto. Wer die Taufe verweigert, wird mit dem Tode bestraft. Jetzt fügt sich das Volk.

Der Awarenkrieg

Karls zweiter Kreuzkrieg gilt den Awaren. Im Herbst 791 zieht ein Völkerheer aus Franken, Sachsen, Friesen, Thüringern, Bayern und Slawen in zwei Heeressäulen nördlich und südlich der Donau gegen Pannonien. Das Ergebnis ist mager. Die awarischen Reiter weichen in die weiten Steppen aus und Karl stößt ins Leere. Ein früher Wintereinbruch und eine Pferdeseuche zwingen ihn im Okto-

Karl der Große empfängt orientalische Gesandte und ihre Ehrengeschenke (Bild links unten). – Das älteste Porträt Karls des Großen von 830/40 (Bild links). – Das Reich Karls des Großen von 768 bis 814 (Karte).

ber 791 an der Raab zur Umkehr. Der Krieg gegen die »heidnischen« Awaren bleibt dennoch ein Anliegen Karls. Der verbündete Woynimir, ein slawischer Heerführer, beendet ihn durch einen Vorstoß aus der Mark

Friaul zum »Ring«, dem awarischen Reichszentrum an der Theiß. 803 anerkennen die Awaren die fränkische Oberhoheit, nach wenigen Jahrzehnten ist dieses gefürchtete Volk im Frankenreich aufgegangen.

Eroberung Sachsens 772/804

778: Widukind entfacht Aufstand.

779: Karl verkündet Reformkapitular über Ordnung und Sicherheit von Staat und Kirche und die Stärkung der Macht des Herrschers.

germanisch-romanische Sprachgrenze

28. 1. 814: Karl stirbt (vermutlich) im 57sten Lebensjahr.

westliche Grenze der slawischen Sprachen

794: Reichssynode verurteilt die Irrlehre des Adoptianismus, nach der Christus erst durch sittliche Bewährung zum göttlichen Wesen geworden sei.

Unterwerfung Bayerns 788

788: Tassilo III. bricht seinen Vasalleneid. Das Herzogtum Bayern geht an Gerold, einen Schwager Karls, über.

787: Das byzantinische Istrien wird erobert und dem Langobardenreich angeschlossen.

Frankenreich im Jahre 768

Basken vernichten die fränkische Nachhut.

793: Araber schlagen ein fränkisches Aufgebot.

Unterwerfung Italiens 774

Weihnacht 800: Karl wird durch Papst Leo III. zum Kaiser gekrönt.

seit 812 fränkisch

Legende:

- karolingische Pfalz
- *Heveller* Völker unter fränkischem Einfluß
- Handelsplatz an der fränkischen Ostgrenze
- wichtiger Schlachtort
- Aufstandsgebiet freier Bauern (774 bis 792 gegen fränkische Eroberer, 841/43 Stellinga-Aufstand)
- Aufstand höriger Bauern
- Verweigerung feudaler Leistungen (Abgaben, Dienste)
- Grenzmarken schraffiert

0 — 200 km

Ortsnamen und Gebiete:
York, Lincoln, Elmham, OST-ANGLIA, Dunwich, ESSEX, London, Winchester, SUSSEX, KENT, Canterbury, DEVON, Exeter, Der Kanal, Nordsee, Ostsee, DÄNEMARK, Haithabu, Schwentine, Rügen, Rerik, Pomoranen, Weichsel, Hamburg, Obotriten, Liutizen, Oder, Bardowick, Heveller, Kujawier, FRIESLAND, Utrecht, Bremen, Scheezel, SACHSEN, Magdeburg, Polen, Paderborn, Xanten, Eresburg, THÜRINGEN, Erfurt, SORB. MARK, Sorben, Sillinger, Aachen, Maastricht, Herstal, HESSEN, Hammelburg, Elbe, Prag, BÖHMEN, Schwarze Kroaten, Olmütz, Tournai, Cambrai, AUSTRIEN, Frankfurt, Mainz, Würzburg, OST-FRANKEN, Hallstadt, Forchheim, MÄHRER, Rouen, Reims, Verdun, Trier, Worms, Speyer, Heilbronn, Premberg, AVARIA, Paris, NEUSTRIEN, Metz, Selz, Regensburg, Passau, Slowaken, Chartres, Troyes, Toul, Straßburg, Ulm, Donau, Freising, Linz, Enns, Lorch, Mautern, PANNONISCHE MARKEN, Le Mans, Orleans, Sens, Langres, Kolmar, Neckar, Augsburg, BAYERN, Salzburg, Pöchlarn, REICH DER AWAREN, Nantes, BRETAGNE, Vannes, Rennes, BRETON. MARK, BURGUND, Dijon, Nevers, Besançon, ALAMANNIEN, Zürich, Konstanz, Bozen, KÄRNTEN, Tours, Bourges, Chalon, Genf, Inn, AQUITANIEN, Périgueux, Lyon, Aosta, Trient, MARK FRIAUL, Aquileia, Laibach, Limoges, Clermont, Vienne, Valence, Ivrea, Mailand, Pavia, Verona, Venedig, Grado, ISTRIEN, Pola, Kroaten, Bordeaux, Dordogne, Le Puy, Turin, KGR. ITALIEN, Parma, Genua, Ferrara, Bologna, Ravenna, Zara, Saintes, Agen, Cahors, Tarne, Avignon, Arles, PROVENCE, Nizza, Nîmes, Marseille, Aix, Savona, Pisa, Ligurisches Meer, Siena, KIRCHEN-STAAT, Ancona, Spalato, Bayonne, Pamplona, GASCOGNE, Roncesvalles 778, SEPTIMANIEN, Toulouse, Albi, Narbonne, Urgel, SPAN. MARK, Vich, Gerona, Barcelona, Tudela, Zaragoza, Lerida, Tarragona, Tortosa, Korsika, Ajaccio, Tiber, HZM. SPOLETO, Spoleto, Chieti, Adriatisches Meer, Ragusa, OMAIJADISCHES EMIRAT, Cuenca, Teruel, Rom, HZM. BENEVENT, Gaëta, Neapel, Benevent, Bari, LANGOBARDIEN, Brindisi, CORDOBA, Valencia, Balearen, Palma, Sardinien, Cagliari, Tyrrhenisches Meer, Sorrent, Salerno, Tarent, TODMIR, Alicante, Murcia, Cartagena, Cosenza, CALABRIEN, Palermo, Messina, Reggio, THEMA SIZILIEN, Mazara, Catania, Bizerta, Agrigent, Syrakus, Mittelländisches Meer

DN CARVLO REG

51

Auf dem Gipfel der Macht

„Am 25. Dezember des Jahres 800 wurde Karl der Große zum Kaiser gekrönt. Sein Kaisertum war neu, im Frankenreich noch ohne Vorbild, von Herkommen und Recht nicht legitimiert. Zeitgenossen und Nachwelt nahmen dennoch nicht Anstoß an diesem Krönungsfest und an der neu eingeführten Würde."

Elsbet Orth, 1988

Ausgerechnet in einer fußlangen Tunika, darüber die »chlamys«, den römisch-hellenischen Mantel, und in Schnürsandalen und nicht in der gewohnten fränkischen Tracht erscheint Karl am Weihnachtstag 800 in der Peterskirche zu Rom, um die Kaiserwürde durch Papst Leo III. entgegenzunehmen. Karls Berater beherrschen die Sprache der Symbole. Er, der unter seinen vielen Beinamen auch den eines »Patrizius der Römer« trägt, nimmt während der Krönungszeremonie zwei symbolische Handlungen vor: Er streift den römischen Mantel ab, d.h. den Patrizier-Titel, danach wirft er den purpurfarbenen, reich verzierten Ornat des oströmischen Kaisers über bzw. nimmt den Titel eines »Imperators« an.

Den Anstoß zur Kaiserkrönung geben innerrömische Wirren, in die Karl eingreifen muss. Papst Leo III. ist 799 von Anhängern seines Vorgängers wegen seines unchristlichen Lebenswandels mit Blendung und Ermordung bedroht worden und nach Paderborn unter Karls Schutz geflohen. Die Situation für Karl wird unangenehm, als die Gegner des Papstes die schweren Anschuldigungen an ihn herantragen und einen Urteilsspruch verlangen. Karl verspricht, den »Fall Leo« an Ort und Stelle zu untersuchen und gewinnt zunächst Zeit, denn die Rechtslage ist unklar. Darf er über den Papst, der keiner weltlichen Gerichtsbarkeit unterliegt, Recht sprechen? Da Byzanz für den lateinischen Westen längst keine Ordnungsmacht mehr darstellt, liegt die Entscheidung bei Karl. Damals mag der Gedanke aufgekommen sein, ein neues, weströmisches Kaisertum zu errichten. Im Herbst 800 reist Karl nach Rom und übernimmt den Vorsitz der Synode zum »Fall Leo«. Der Richtspruch ist eindeutig: Niemand außer Gott dürfe den Papst richten, wohl aber müsse er sich rechtfertigen. Papst Leo III. muss vor der Synode – heute würde man Untersuchungsausschuss sagen – den »Reinigungseid« ablegen. Karls Standpauke, von nun an ein rechtschaffenes Leben zu führen, die Kirche in frommem Eifer zu leiten und die Simonie (= Handel mit Kirchenämtern) zu bekämpfen, hat Leo nach Todesängsten leichten Herzens über sich ergehen lassen.

Kaiserkrönung in Rom

Die Krönung Karls zum Kaiser folgt altem byzantinischen Brauch. Die Abfolge der zeremoniellen Handlungen ändert Papst Leo III.: Nicht der Krönungskandidat ist Mittelpunkt der Feier, sondern der Pontifex. Nun steht zu Beginn der Zeremonie das Aufsetzen der Krone durch den Papst, danach fordert dieser das anwesende römische Volk auf, durch dreimalige Akklamation die Zustimmung zu erteilen, erst danach vollzieht er die Proskynese, den

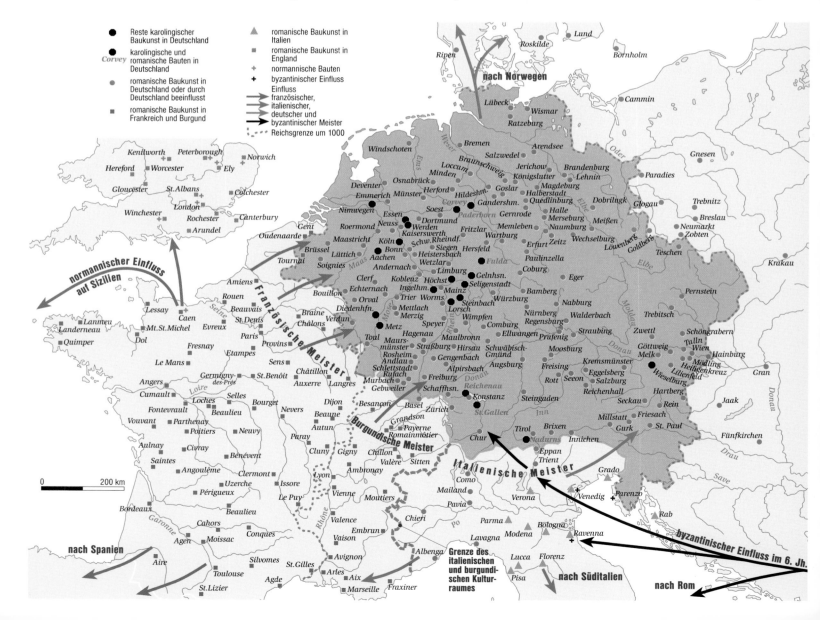

Verbreitung des karolingischen und romanischen Baustils vom 8. bis 13. Jh. (Karte links). – Die Torhalle des Klosters von Lorsch (spätes 8. Jh., oben). – Pfalzkapelle mit dem Thron Karls des Großen in Aachen (8. Jh., rechts unten).

tern, die das Großaufgebot an Menschen versorgen können. In den Pfalzen hält er Hof, stellt Urkunden aus und spricht Recht.

Von der Geld- zur Naturalwirtschaft

Unter Karl dem Großen vollendet sich im westlichen Europa ein langfristiger wirtschaftlicher Umkehrprozess: der Wandel von der Geld- zur Naturalwirtschaft. Auslösende Momente sind die arabische Expansion ab 635, die fränkische Rückeroberung und häufige Bürgerkriege, die das Land in arge Mitleidenschaft ziehen. Geld ist vorhanden, aber nutzlos. Grundbesitz wird die Basis für Macht und Reichtum. Eine neue Sozial- und Wirtschaftsordnung beginnt politische und soziale Entwicklungen zu bestimmen: der Feudalismus. Er bildet die Grundlage des mittelalterlichen »Staates«, der freilich mit dem modernen nur entfernte Ähnlichkeit besitzt. Der mittelalterliche Staat ist eher ein Personenverband, abhängig vom persönlichen Verhältnis des Herrschers zu seinen Untertanen. Mächtigster Grundherr im Frankenreich ist der König, später

der Kaiser, dem eine Schicht von Gutsherren, meist schwerttragende Mitglieder des Hochadels und Besitzer großer Ländereien, nachfolgt. Daran schließt die aristokratisch geprägte Kirche, deren Besitz dem der Adeligen nicht nachsteht.

Der König bzw. Kaiser als größter Grundherr des Reiches überträgt seine Güter, später auch Ämter und Rechte, nicht unfreien Bauern, sondern dem Hoch- oder Kronadel. Dafür verpflichtet er ihn zur Treue und Gefolgschaft, zum Vasallentum. Die Großen stehen zwar in Abhängigkeit zum Herrscher, aber sie besetzen einflussreiche Ämter. Durch Weitergabe ihrer Grundherrschaften (Allodialgüter) an Untervasallen bauen sie eigene Machtbereiche auf. Aus dieser Kombination von Geben und Nehmen entsteht das Lehnswesen.

Relativ spät beteiligt der fast 70-jährige Karl seinen Sohn Ludwig an der Regierung (813). Eigenhändig setzt er ihm die Krone aufs Haupt und das Frankenvolk akklamiert nach byzantinischer Sitte Ludwig, dem »Imperator« und »Augustus«. Nur wenige Monate später, am 28. 1. 814, stirbt Karl der Große an einer Rippenfellentzündung und wird in der Aachener Pfalzkapelle beigesetzt.

Kniefall vor dem gekürten Kaiser. Schon allein der geänderte Ablauf der Handlung verärgert Karl, dann erst recht der Titel, den ihm Papst Leo III. verleiht: »Imperator Romanorum«, »Kaiser der Römer«. Das ruft den Unmut Ostroms hervor, es sieht sich noch immer als Herrscher über Rom und die Kirche. Das Verhältnis des Frankenreiches zum Oströmischen Reich trübt sich, für Byzanz ist Karl der Große nach der Annahme des Titels nichts anderes als ein frecher Usurpator. Karl wünscht, *„er hätte die Kirche [...] nicht betreten, hätte er zuvor von der Absicht des Papstes wissen können"*, so berichtet sein Chronist Einhard. Karl versteht sich als christlicher Kaiser im Westen, als »Bruder-Kaiser« zu jenem in Konstantinopel und ist bis zum Lebensende bemüht, von Ostrom als »Bruder« anerkannt zu werden.

Aachen wird Residenz

Wenige Monate nach der Kaiserkrönung kehrt Karl der Große nach Aachen zurück. Seine Lieblingspfalz nimmt immer mehr den Charakter einer Residenz an, sodass ein namentlich unbekannter Dichter sie im »Paderborner Epos« als »zweites Rom« rühmt. Diesen Gedanken setzt

Karl in Stein um. Neben dem Münster und dem »Sacrum Palatium« seiner Residenz entsteht der »Lateran«, in den der Papst ziehen sollte. Der Schock fährt den Strategen des Vatikan durch alle Glieder und die Reaktion bleibt nicht aus: Sie verstärken ihre Öffentlichkeitsarbeit und verändern das Image des Papstes.

Der »Heilige Vater«

Nicht der Kaiser, sondern der »Heilige Vater« sei die Vaterfigur für die Untertanen, ja für die ganze Christenheit, lassen die Berater des Papstes verlautbaren, »il Papa« nennen ihn die Italiener noch heute. Diese »Vater-Ideologie«, die verstärkt ab dem 9. Jh. einsetzt, verändert zwangsläufig die symbolische Rolle weltlicher Herrscher: Ist der Papst der Vater, dann sind Könige und Kaiser zum Gehorsam verpflichtete Söhne. Der beginnende Streit um die Rangfolge gipfelt in den nächsten Jahrhunderten im Kampf zwischen Kirche und Reich.

Karl der Große verfügt bis zur Bestimmung Aachens als Hauptresidenz über keinen festen Regierungssitz. Mit seiner Familie und dem Gefolge zieht er von Pfalz zu Pfalz, landwirtschaftlich leistungsfähigen Gü-

Kampf um den Thron

„Die drei Söhne Ludwigs teilten es [= das Reich] unter sich auf, Ludwig erhielt den östlichen, Karl den westlichen Teil, Lothar das Land in der Mitte [...]. Damit war eine Grundkonstellation der weiteren europäischen Geschichte hergestellt: Der Kern des Kontinents war von nun an dauerhaft geteilt, die verschwisterten Reiche der West- und Ostfranken trieben auseinander, aus ihnen sollten einmal Frankreich und Deutschland werden."

Hagen Schulze, 1996

Eine tiefe Frömmigkeit zeichne Ludwig I. aus, die so weit gehe, dass er selbst auf einfache Mönche höre, vermerken die Biografen. Nach der Devise des Erzbischofs Agobard von Lyon, *„ein Gott, eine Kirche, ein Kaiser"*, ist Ludwig I. – die Nachwelt gibt ihm den Beinamen »der Fromme« – besessen, einen Gottesstaat zu errichten. Deshalb unterstützt er die Kirchenreformer in ihrem Streben, die Kirche zur ersten Kraft im Reich zu machen.

Ludwigs Sorge gilt der Einheit des Reiches. Auf der Reichsversammlung im Juli 817 in Aachen erlässt er auf Drängen kirchlicher Kreise das Gesetz der »Ordinatio imperii«. Es dient der Festigung der Reichseinheit und bestimmt Ludwigs ältesten Sohn Lothar I. zum Mitregenten. Weiterhin bestätigt das Gesetz, dass die Söhne Pippin und Ludwig II. als Unterkönige Aquitanien und Bayern behalten dürfen. Nach dem Tode Ludwigs I. allerdings sollten beide Reichsteile Lothar I. politisch untergeordnet werden. Das Prinzip der Unteilbarkeit des Reiches und des Vorrechtes des Erstgeborenen, das Karl 806 schon in seiner Nachfolgeordnung umrissen hat, ist jetzt im fränkischen Grundgesetz präzisiert und verankert.

Angst um die Macht

König Bernhard von Italien, Sohn Pippins, 812 von seinem Großvater, Karl dem Großen, zum (Unter-)König von Italien bestimmt, fühlt sich übergangen. Auf seinem Feldzug gegen den Kaiser gerät er bei Châlon in Gefangenschaft. Ludwig I., »der Fromme«, kennt kein Pardon: Neffe Bernhard wird derart grausam geblendet, dass er an den Folgen stirbt. Der Kaiser, einmal misstrauisch geworden, bangt weiterhin um seine Macht und verbannt vorsorglich seine unehelichen Halbbrüder Drogo und Hugo ins Kloster (818). Diese Taten machen ihn nicht glücklich. Als wenige Monate später seine Frau Irmingard stirbt, glaubt Ludwig I. von Gott bestraft worden zu sein und will sich ins Kloster zurückziehen.

Dieser Gedanke beunruhigt Ludwigs geistliche Ratgeber. Unter seiner Regentschaft konnte die Kirche an Eigenständigkeit gewinnen. Nach eingehender Beratung meinen Ludwigs geistliche Berater den Grund der kaiserlichen Depressionen erkannt zu haben und veranstalten in der Residenz zu Aachen eine regelrechte Schönheitskonkurrenz vornehmer Damen. Der Erfolg bestätigt sie: Prompt verliebt sich der Kaiser in die 19-jährige Judith, Tochter des schwäbischen Grafen Welf und der Sächsin Heilweg. Ludwig verfällt der gebildeten, intelligenten und schönen Judith und als sie ihm 823 einen Sohn schenkt, ist sein Glück vollkommen. Alles hat seinen Preis und für Judith ist es selbstverständlich, dass nicht nur sie, sondern auch ihr Sohn Karl, nach dem Großvater, Karl dem Großen, getauft, in den Genuss von Reichsgeschäften kommen müssen. Das aber bedarf einer Änderung der »Ordinatio imperii«, die nur durch die Reichsversammlung vorgenommen werden kann.

Intrigen am Hof

Judith geht außerordentlich geschickt und planvoll vor. Zunächst vermehrt sie Macht und Einfluss ihrer Familie. Ihre Brüder hat sie schon kurz nach der Heirat mit wichtigen Ämter versehen, jetzt vertieft sie die Verbindung zu ihren Stiefsöhnen. Den jüngsten, Ludwig II., der einmal Ludwig »der Deutsche« heißen wird, verheiratet sie mit ihrer Schwester Hemma, ihren älteren Bruder Konrad mit der Schwägerin von Lothar, dem ältesten Kaisersohn. Dann schaltet Judith die Berater des Kaisers aus. Gelegen kommt ihr, dass die Reichsversammlung im Februar 828 Hugo von Tours und Matfried von Orléans wegen Feigheit vor dem sarazenischen Feind verurteilt. Das Jahr 829 bringt geradezu einen vom Kaiser verursachten Staatsstreich: Ludwig setzt auf der Reichsversammlung in Worms durch, dass seinem jüngeren Sohn Karl, er wird später »der Kahle« genannt werden, ein eigenes Teilreich, Schwaben, zugesprochen wird, womit er das Erbe der älteren Söhne beträchtlich verkleinert. Gleichzeitig mit diesem Bruch der »Ordinatio imperii« verliert Wala, der Kämmerer des Kaisers, sein Amt. An seine Stelle tritt ein Günstling und vermutlicher Liebhaber Judiths, Bernhard von Septimanien. Das ist denn doch zuviel der Intrige. Judith wird des Ehebruchs und der Hexerei angeklagt, denn nur so sei es zu erklären, dass ihr Mann, der Kaiser, von ihren außerehelichen Intimitäten nichts gemerkt habe, meint die Anklage. Judith muss hinter Klostermauern, ihre Brüder werden zu Mönchen geschoren.

Vertrag von Verdun, 843

Reich Lothars
Reich Ludwigs »des Deutschen«
Reich Karls »des Kahlen«
umstrittenes Reichsgebiet

weiße Umrandung: Deutschland heute

Nordsee

Hamburg
Friesland
Elbe
Bremen
Oder
SACHSEN
Magdeburg
Paderborn
LOTHARINGEN
Köln
Thüringen
Lüttich
Aachen
OST-
Prag
Cambrai
Mainz
Fulda
BÖHMEN
Verdun
Worms
FRANKEN
Nordgau
Mähren
Seine
Paris
Regensburg
Bretagne
ELSASS
Straßburg
Donau
Nantes
FRANZIEN
Tours
Besançon
ALAMANNIEN
BAYERN
Kärnten
Loire
BURGUND
Chur
Bourges
Genf
MARK
FRIAUL
Kroatien
AQUITANIEN
Mailand
Bordeaux
Vienne
Pavia
Venedig
KGR. ITALIEN
Ravenna
Serbien
Garonne
PROVENCE
Tuscien
GASCOGNE
SEPTIMANIEN
Hzm.
Spoleto
EMIRAT
VON CORDOBA
Narbonne
Korsika
Rom
Hzm.
BENEVENT
Barcelona
Capua
Adriatisches Meer
Patrimonium Petri
Mittelländisches Meer

Die Aktion kommt einer Palastrevolte gleich. Wala, der verstoßene Kämmerer, hat sie inszeniert. Auf seiner Seite stehen die Söhne des Kaisers Pippin und Lothar. Die Revolte greift um sich. Zwar bestätigt die Reichsversammlung von Nimwegen (830) den Kaiser, aber zur Beruhigung der in zwei Lager gespaltenen Adeligen führt der Richtspruch nicht. Im Frühjahr 833 stehen die Brüder Lothar, Ludwig II. und Pippin vereint gegen den Vater im Feld. Lothar I. hat Papst Gregor IV. für eine mögliche Vermittlung mitgebracht. Auf dem Rotfeld, beim elsässischen Colmar, stehen die Heere einander gegenüber. Während der Kaiser mit dem Papst verhandelt, überredet Lothar I. das kaiserliche Heer durch Versprechungen zum Verrat und Ludwig ist am 30. 6. 833 der Gefangene seiner Söhne. In der Kirche St. Médard bei Soissons legt Kaiser Ludwig vor den Großen die Waffen ab und bekennt im Büßergewand seine Sünden. Nach geltendem Brauch wird er exkommuniziert und abgesetzt.

Strittige Entscheidungen

Doch nur ein halbes Jahr später ist Ludwig I. wieder im Besitz seiner Würden. Ludwig II. und Pippin machten es gegen den Willen Lothars I. möglich. Im Bruderkrieg unterliegt Lothar und der alte Exkaiser, Ludwig I., greift erneut zum Zepter. Er nennt sich »Kaiser durch die wiederkehrende Gnade Gottes«.

Während der letzten sechs Lebensjahre bemüht sich Ludwig I., seinen spät geborenen Sohn Karl zu versorgen. Nach dem Tod Pippins stimmt Lothar I. einem Kompromiss zu: Sollte der Kaiser sterben, erhielte Lothar I. das Gebiet östlich von Maas, Saône und Rhône einschließlich Italiens, Karl das Reich westlich davon, Ludwig II. hingegen bliebe auf Bayern beschränkt. Ludwig begehrt gegen den Vater auf, doch bevor es zum Kampf mit ihm kommt, stirbt der Kaiser auf einer Rheininsel bei Ingelheim (20. 6. 840).

Ein deutsch-französisches Manifest

Nach dem Tod Ludwigs I. erhebt Lothar I., wie es die »Ordinatio imperii« vorsieht, den Anspruch auf den Thron. Seine Brüder verweigern die Zustimmung und am 25. 6. 841 prallen ihre Heere bei Fontenoy aufeinander. Ludwig II., »der Deutsche«, und Karl »der Kahle« siegen, sie erwarten aber einen weiteren Waffengang und beschwören ihr Bündnis gegen Lothar I. Es ist ein historischer Augenblick: Vor der gemeinsamen Heeresversammlung spricht Karl die Eidesformel althochdeutsch und Ludwig altfranzösisch (14. 2. 842). Nithard, der Geschichtsschreiber, überliefert das Sprachdokument. Es ist ein Zeugnis für die Entwicklung beider Sprachen.

Weitere Kämpfe bleiben aus. Im Mai 843 nimmt Lothar Verhandlungen mit seinen Brüdern auf. Sein Plan, das Erbe zu dritteln, findet ihre Zustimmung. Auf der Basis einer allgemeinen Inventarisierung von Bistümern, Klöstern, Grafschaften und Reichsgütern entwerfen Unterhändler einen Teilungsplan, der Anfang August 843 in Verdun angenommen wird. Lothar I., dessen Kaiserwürde keine Oberherrschaft mehr darstellt, übernimmt ein von Italien bis zur Nordsee reichendes Mittelreich, Karl

Kaiser Ludwig »der Fromme« in einem so genannten Figurengedicht des Mainzer Erzbischofs Hrabanus Maurus (um 830/40, Bild links). – Kaiser Lothar I. in einer Miniatur aus dem Evangeliar Lothars (9. Jh., Bild rechts). – Die karolingischen Teilreiche nach den Verträgen von Verdun, Mersen und Ribémont (Karten unten).

»der Kahle« behält den westlichen, Ludwig »der Deutsche« den östlichen Teil des Reiches. Nominell bleibt die Reichseinheit erhalten, tatsächlich aber bereitet der Vertrag von Verdun den Zerfall des Frankenreiches in ein West- und ein Ostfränkisches Reich vor. Das Mittelreich, ein geopolitisches Unikum, löst sich in Italien und Burgund auf, das restliche Mittelreich mit Namen Lotharingien (= Lothringen) wird mangels rechtmäßiger Erben im Vertrag von Mersen 870 zwischen Karl und Ludwig aufgeteilt. 875 sichert sich Karl »der Kahle« die Kaiserwürde, die Vereinigung der beiden Reichsteile gelingt jedoch nur noch Karl III., »dem Dicken«, und auch das nur für zwei Jahre (885 bis 887). Nochmals bricht der Streit um die Teilreiche aus. Ludwig III. versucht nach dem Tod König Ludwigs, »des Stammlers«, im Sommer 879 das Westfränkische Reich an sich zu reißen. Sein Vorhaben scheitert, nur die Westhälfte Lotharingiens fällt ihm durch den Zweiten Vertrag von Verdun (879) zu. Im Februar 880 erfolgt eine weitere Korrektur des Grenzverlaufs: Der Vertrag von Ribémont spricht nun auch die westfränkische Hälfte Lotharingiens dem Reich Ludwigs III. zu. Diese beträchtlich nach Westen verschobene Grenze wird im Wesentlichen während des Mittelalters die deutschen Länder vom Königreich Frankreich trennen.

Vertrag von Mersen, 870
- Reich Kaiser Ludwigs II.
- Reich Ludwigs »des Deutschen«
- Reich Karls »des Kahlen«

weiße Umrandung: Deutschland heute

Nordsee · Hamburg · Bremen · SACHSEN · Magdeburg · Elbe · Oder · Utrecht · OSTFRÄNKISCHES · Friesland · LOTHARINGIEN · Mersen · Köln · Thüringen · Lüttich · Aachen · OST- · Prag · BÖHMEN · Cambrai · Mainz · Fulda · Mähren · Paris · Worms · FRANKEN · Nordgau · Verdun · Regensburg · Franzien · WESTFRÄNKISCHES · KÖNIGREICH · Straßburg · Donau · Bretagne · ALAMANNIEN · BAYERN · Nantes · Tours · Loire · Besançon · Kärnten · Seine · Bourges · Burgund · Chur · Aquitanien · Genf · Mailand · MARK FRIAUL · Kroatien · Bordeaux · Vienne · KÖNIGREICH · Venedig · Pavia · KGR. ITALIEN · Ravenna · Serbien · Gascogne · SEPTIMANIEN · PROVENCE · Tuscien · Adriatisches Meer · Narbonne · Hzm. Spoleto · *Mittelländisches Meer* · Korsika · Rom · Patrimonium Petri · Barcelona · EMIRAT VON CORDOBA · Hzm. BENEVENT

Vertrag von Ribémont, 879/80
- Italien
- Ostfränkisches Reich
- Westfränkisches Reich
- Hochburgund
- Niederburgund
- Reich Karls III., 887
- 0 — 200 km

weiße Umrandung: Deutschland heute

Nordsee · Hamburg · Bremen · SACHSEN · Magdeburg · Elbe · Oder · OSTFRÄNKISCHES · Friesland · Paderborn · LOTHARINGIEN · Köln · Thüringen · Lüttich · Aachen · OST- · Prag · Cambrai · Ribémont · Mainz · Fulda · GROSSMÄHRISCHES REICH DES SWATOPLUK 869–894 · Paris · Verdun · Worms · FRANKEN · Nordgau · Regensburg · FRANZIEN · WESTFRÄNKISCHES · Straßburg · REICH · Donau · Bretagne · Basel · ALAMANNIEN · BAYERN · Nantes · Tours · Loire · Besançon · Kärnten · Bourges · HOCH-BURGUND · Chur · MARK FRIAUL · AQUITANIEN · Bordeaux · Genf · 888 Kgr. · Mailand · Kroatien · NIEDER- · Vienne · 879 Kgr. · Pavia · Venedig · Gascogne · BURGUND · KGR. ITALIEN · Ravenna · Serbien · SEPTIMANIEN · PROVENCE · Tuscien · Adriatisches Meer · Narbonne · *Mittelländisches Meer* · Korsika · Rom · Patrimonium Petri · Hzm. Spoleto · Barcelona · EMIRAT VON CORDOBA · Capua · Hzm. BENEVENT

Das Phänomen einer Landnahme

„Das Phänomen der slawischen Aus-breitung ist mit geläufigen historischen Kategorien kaum zu beschreiben und noch weniger zu erklären. Zwischen dem Ende des 5. und dem Anfang des 7. Jahrhunderts fand in weiten Teilen Ost- und Mitteleuropas zwischen Ostsee und Ägäis eine stille Revolution statt, und kein Mensch kann im Grunde sagen, wieso halb Europa in derart kurzer Zeit slawisiert werden konnte."

Herwig Wolfram, 1990

Der Niedergang des Römischen Imperiums und das Abwandern ganzer Völkerschaften aus Ostmitteleuropa nach Westen und Süden eröffnet große Gebiete dem Zustrom eines neuen Bevölkerungselementes, der Slawen. Diese Bezeichnung kommt im Laufe des 6. Jhs. auf und leitet sich aus dem Wort »slovo« ab, was so viel wie »der Sprache mächtig« bedeutet.

Im 4. und 5. Jh. brechen die Slawen plötzlich aus ihrer Urheimat an Don, Bug und Dnjepr auf und wandern westwärts. Im Karpatenraum stoßen sie auf fest gefügte und wehrhafte Völker, die Langobarden, Gepiden und andere kleinere germanische Stämme, eine Barriere, die sie, in zwei Gruppen geteilt, in weitem Bogen umgehen. Der südliche Zweig erreicht schließlich über den Balkan die Ägäis und das Adriatische Meer, der nördliche Böhmen, Mähren, die Slowakei, Polen und das östliche Deutschland bis zur Elbe. Diese Trennung hat zukunftsweisende Folgen, sie bewirkt die Differenzierung der Sprache in drei große Gruppen: das Ostslawische der Ukrainer, Weiß- und Großrussen; das Südslawische der Slowenen, Kroaten, Serben und slawisierten Bulgaren; das Westslawische der Polen, Tschechen, Sorben, Slowaken und Pomoranen.

Erste Bekanntschaft mit dem Volk der Slawen

Die Römer, mit denen die Slawen relativ spät, erst zu Beginn des 6. Jhs., in Berührung kommen, nennen sie Venedi. Aus dem Begriff leitet sich der Name »Wenden« (= Sorben) für einen Volksstamm des Elbe-Saale-Gebietes ab, dessen Brauchtum und Sprache in Bevölkerungsteilen des nördlichen Spreewaldes und der Oberlausitz bis heute fragmentarisch erhalten sind.

Von Prokopius, dem byzantinischen Geschichtsschreiber, stammt die erste Nachricht über die Slawen. Er berichtet, dass sie in armseligen Hütten hausen und häufig ihren Wohnsitz wechseln. *„Ihre Lebensweise ist ebenso roh und primitiv wie die der Massageten [Hunnen]; wie diese starren auch sie vor Schmutz. Doch",* so Prokopius, *„sind sie keineswegs schlechte und bösartige Menschen."* Diese Friedfertigkeit vergessen die Slawen gelegentlich, wenn sie römischen Gefangenen bei lebendigem Leib die Haut abziehen, sie pfählen, erschlagen oder in ihren Häusern verbrennen.

Als die Awaren in der Mitte des 6. Jhs. ins pannonisch-siebenbürgische Becken einfallen, fliehen die am äußeren Rande des Karpatengebirges lebenden slawischen Stämme nach Westen und Norden oder werden von dem asiatischen Reitervolk als Sklaven nach Pannonien und Karantanien (Kärnten) mitgeführt.

Flucht und Vertreibung tragen dazu bei, *„dass an beiden Flanken des Awarenreiches unter den Slawen ähnliche oder gleiche Namen vorkommen",* stellt der Historiker Herwig Wolfram fest und führt weiter aus: *„Der Name der Kroaten tritt vereinzelt von Sachsen bis Athen auf und wird als Stammesbezeichnung außer am nordwestlichen Balkan noch in Kärnten und beiderseits der Karpaten genannt."*

Tief greifende Veränderungen

Der Kontakt mit dem Fränkischen und Byzantinischen Reich verändert ab dem 9. Jh. tief greifend das politische und soziale Gefüge der Slawenstämme. Der Strukturwandel zeigt sich durch die Entwicklung einer ausgeprägten Stammesaristokratie, an deren Spitze ein mächtiger Fürst steht, und die Entstehung von Stammesstaaten.

Ein Vorläufer einfacher Staatsbildung ist das Reich des Samo. Woher Samo kommt, wissen die Historiker nicht. Der fränkische Sklaven- und Waffenhändler könnte aus dem belgischen Soignies, dem burgundischen Sens oder dem unterfränkischen Saalgau stammen; die Angaben der »Fredegar-Chronik«, der wichtigsten Geschichtsquelle aus dem 7. Jh., sind schwer zu interpretieren. Jedenfalls bereist Samo um 630 Böhmen und das Gebiet zwischen der oberen Elbe und der Saale. Ob er im Auftrag des Frankenkönigs

Dagobert I. die slawischen Stämme gegen die awarischen Besetzer aufwiegeln soll oder ob Samo als Usurpator der austrasischen Adelsopposition einen Slawenaufstand gegen Dagobert anzetteln soll, ist umstritten. Tatsache ist, dass Samo die Zwistigkeiten der slawischen Stämme beilegt und sie zum Kampf gegen die awarischen Unterdrücker motiviert. So jedenfalls berichtet ausführlich die »Fredegar-Chronik«.

Die Awaren werden aus dem böhmischen Raum vertrieben und der einflussreichste Stamm unter den böhmisch-mährischen Slawen, die Wenden, wählt Samo zu seinem König. Samo festigt seine Stellung durch Heirat mit 12 wendischen Töchtern bedeutender Stammesfürsten. Auf dem Höhepunkt der Macht erstreckt sich sein Reich vom Mittellauf der Elbe bis Krain. Sehr zum Missfallen von Frankenkönig Dagobert I., der seiner expansiven Ostpolitik einen Riegel vorgeschoben sieht.

Dagobert I., auf schwankendem Thron der Kritik austrasischer adeliger Opponenten ausgesetzt, benötigt dringend politische Erfolge. Da kommt ihm die Ermordung fränkischer Händler im Samo-Reich gelegen. Dagobert eröffnet mit dem Langobarden-Dux des Friaul einen Zweifrontenkrieg gegen Samo (631). Während der Dux im heutigen südli-chen Österreich erfolgreich raubt und plündert, belagert das Heer König Dagoberts die Slawenfestung Wogatisburc in der Gegend von Kaa-

den an der Eger ohne Erfolg. Angeblich führt der Verrat austrasischer Truppenteile um 631/32 zur Niederlage und zum Rückzug der Franken. Der Fehlschlag schwächt die fränkische Position an der slawischen Grenze erheblich: Der sorbische Dux, bisher Vasall der Franken, geht ein Bündnis mit Samo ein, einige fränkischen Gaue werden Ziele slawischer Raubzüge, worauf Dagobert I. den betroffenen Sachsen den Tribut erlassen und Steuereinbußen hinnehmen muss; und die Thüringer fühlen sich ermuntert, ihre Unabhängigkeit einzufordern.

Im Spannungsfeld der Interessen

Auffallend ist, wie behutsam Karl der Große den Slawen gegenübertritt. Die Ostgrenze seines Reiches ist offen und im wahrsten Sinne des Wortes fließend: Auf langen Strecken trennen Elbe und Saale das Frankenreich vom Volk der Slawen. Manche von ihnen sind Verbündete des Reiches, andere wieder Feinde, wieder andere stehen zu ihm in lockerer Angliederung. Karl der Große ist bemüht, die grenznahen slawischen Stammesgebiete als Pufferräume zu den Völkern in den Weiten Osteuropas zu gewinnen. So die Obotriten, Wilzen, Linonen und Sorben.

Karl der Große sichert die offene Ostgrenze (slaw. »granica« = Grenze, Grenzraum) mit Burgen, Kastellen, Schutzwällen, Marken und tributpflichtigen Fürstentümern. Diesen Schutzgürtel übernehmen seine Nachfolger, deren Blick allerdings mehr nach Westen und Süden gerichtet ist. *„Die offensive, aber nur im Südosten auch annektionistische Ostpolitik, die Karl der Große betrieben hatte und die ihm den zweifelhaften Ruhm einbrachte, der Urvater des deutschen Dranges nach Osten zu sein, war nach seinem Tode zum Erliegen gekommen. Unter Ludwig dem Frommen verlor die Ostpolitik an Gewicht; sie trat hinter den dynastischen Konflikten und den innenpolitischen Problemen deutlich zurück, ohne gänzlich vernachlässigt zu werden"*, vermerkt Hans K. Schulze.

Im Südosten des Reiches geht es weit turbulenter zu. An Stelle des Awaren-Reiches hat hier Karl der Große ein fränkisches Vorfeld für eine Osterweiterung des Reiches geschaffen: die Mark an der Donau und die Pannonische Mark. Die Vorreiter der Osterweiterung sind bereits aktiv: Das Erzbistum Salzburg und das Patriarchat Aquileia missionieren eifrig bis ins Theiß-Donau-Becken.

Sie geraten dabei in das Spannungsfeld der Interessen des offensiven Bulgaren-Khans, des Großmährischen, des Byzantinischen und des eigenen Ostfränkischen Reiches. Da weder die Bulgaren noch das Großmährische Reich unterworfen werden können, versuchen Byzanz und das Ostfränkische Reich die beiden neuen Völkerschaften geopolitisch in ihre Einflussphäre zu zwingen. Im böhmisch-ungarischen Raum treffen die politisch-konfessionellen Ideologien der beiden Großreiche aufeinander. Sie spiegeln im Prinzip den dogmatischen Konflikt zwischen dem Papst in Rom und dem Patriarchen von Konstantinopel wider. Auch dieser Hegemonialstreit der großen Mächte stellt Weichen für die Zukunft.

Holzstatuette des vermutlich vierköpfigen Gottes Svantevit aus Wollin (9./10. Jh., Bild links). – Figurinen in slawischer Tracht (8. Jh., Bild links unten). – Verbreitung der Slawen vom 7. bis zum 10. Jh. (Karte).

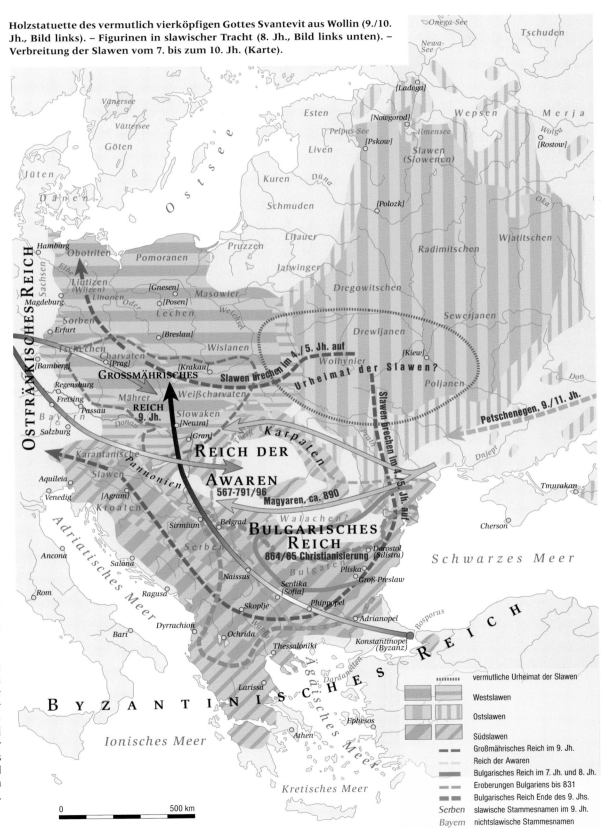

Ein Kirchenkampf um Böhmen und Mähren

„Der Aufstieg des Großmährischen Reiches ging relativ rasch vonstatten. Die Mährer werden erstmals 822 in einer fränkischen Quelle erwähnt, als sie auf einer Reichsversammlung in Frankfurt am Main erscheinen und Geschenke überbringen, gewiss als Zeichen einer lockeren Abhängigkeit."

Hans K. Schulze, 1994

Kaiser Karl der Große hat sein Reich in 53 Feldzügen zu einer Europa beherrschenden Macht ausgebaut. Und dennoch machen ihm jene Abschnitte, die gegenüber feindlichen Invasionen schwer zu schützen sind, Sorgen. Um Angriffe noch in Grenzbereichen abzufangen, errichtet er in den stark gefährdeten Randbereichen des Reiches Marken, deren regierende Grafen – mit Sondervollmachten ausgestattet – den Schutz des Kernlandes übernehmen.

Sie verfügen innerhalb ihres Machtbezirkes über Heerbann (= das Recht zum Aufstellen eines eigenen Heeres), Verwaltung, Rechtsprechung und Grenzschutz und unterstehen direkt dem Kaiser. Militärisch gut gesichert, erfüllen die Marken neben Abwehraufgaben noch andere: Sie dienen auch als Aufmarschgebiet für offensives Vorgehen. Der Ostgrenze, kaum durch natürliche Barrieren geschützt, gilt Karls besonderes Augenmerk. Eine Kette von Marken erstreckt sich von der Dänischen Landenge bis zur Adria. Grenzburgen sichern Schlüsselstellen und sind defensiv und offensiv konzipiert.

Im Südosten bringt der Sieg über die awarischen Stämme weite Teile Pannoniens unter fränkische Herrschaft. Die Mark an der Donau sichert den strategisch wichtigen Donaulauf zwischen Enns und Wienerwald und ist bayerisches Vorfeld. Hand in Hand mit der militärischen Besetzung geht die Kolonisation durch bayerisch-fränkische Siedler und die Christianisierung. Die Erzbistümer Freising, Regensburg, Passau, Salzburg und das Patriarchat Aquileia treiben die Bekehrung von Slawen und Awaren voran.

Aufstand auf dem Balkan

Nicht immer verläuft die Missionierung in friedlichen Bahnen. Brandanschläge, Überfälle und Revolten in Salzburg und Karantanien (Kärnten) dauern bis 772. Jenseits der karantanischen Grenze kann der Vorstoß des

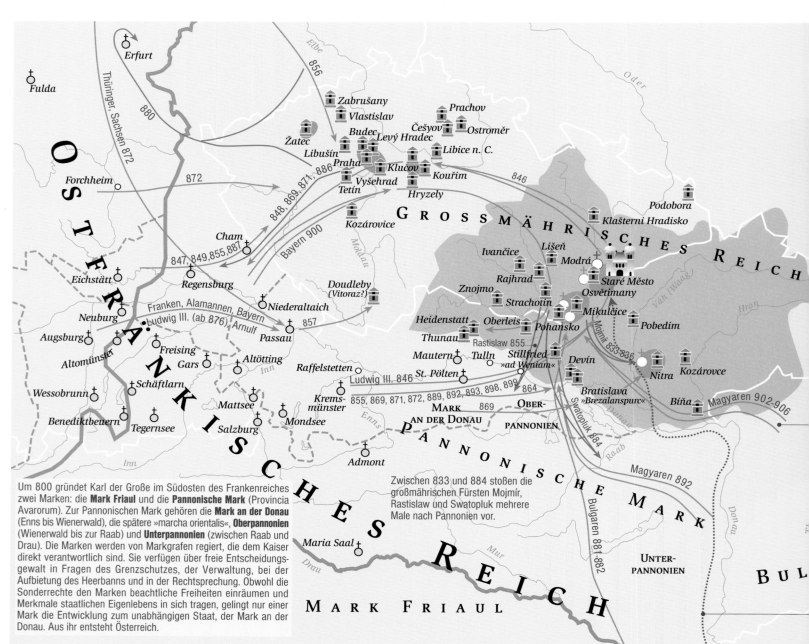

Um 800 gründet Karl der Große im Südosten des Frankenreiches zwei Marken: die **Mark Friaul** und die **Pannonische Mark** (Provincia Avarorum). Zur Pannonischen Mark gehören die **Mark an der Donau** (Enns bis Wienerwald), die spätere »marcha orientalis«, **Oberpannonien** (Wienerwald bis zur Raab) und **Unterpannonien** (zwischen Raab und Drau). Die Marken werden von Markgrafen regiert, die dem Kaiser direkt verantwortlich sind. Sie verfügen über freie Entscheidungsgewalt in Fragen des Grenzschutzes, der Verwaltung, bei der Aufbietung des Heerbanns und in der Rechtsprechung. Obwohl die Sonderrechte den Marken beachtliche Freiheiten einräumen und Merkmale staatlichen Eigenlebens in sich tragen, gelingt nur einer Mark die Entwicklung zum unabhängigen Staat, der Mark an der Donau. Aus ihr entsteht Österreich.

Zwischen 833 und 884 stoßen die großmährischen Fürsten Mojmír, Rastislaw und Swatopluk mehrere Male nach Pannonien vor.

58

Bulgaren-Khans Omurtag (814 bis 831) nur in schweren Kämpfen abgewehrt werden.

Der mit bulgarischer Unterstützung entflammte Kroatenaufstand des Fürsten Ljudewit (819 bis 823) und seiner Nachfolger bereitet den Karolingern über mehr als 30 Jahre beachtliche Schwierigkeiten. Ludwig »der Deutsche«, seit 843 König des Ostfränkischen Reiches, gelingt es schließlich, in zahllosen Kleinkriegen das verlorene Terrain zurückzugewinnen (853).

Während Ludwig »der Deutsche« im Südosten seines Reiches – im Raum des heutigen Slowenien und Kroatien – militärisch gebunden ist, entsteht nur wenige 100 km nördlich das »Großmährische Reich«. Dieser von Mojmír 830 gegründete, nach

dem Reich des Samo zweite slawische Staat, nimmt eine deutlich antifränkische Haltung ein.

Konflikt mit den Bayern

Bislang bewahrten die mährischen Herzöge geschickt die Unabhängigkeit ihrer Herrschaftsgebiete, jedoch der ehrgeizige Fürst Mojmír strebt nach mehr. Die militärische Bindung Ludwigs »des Deutschen« auf dem Balkan nutzend, fällt er 833 in die Pannonische Mark ein. Dreizehn Jahre vergehen, bis Ludwig 846 zum Straffeldzug antritt. Mojmír muss den Thron einem Günstling Ludwigs, Rastislaw, übergeben. Doch auch Rastislaw verfolgt eine separatistische Politik, wie sich bald herausstellt, allerdings mit anderen Mitteln: Er verweigert bayerischen Missionaren die Tätigkeit in seinem Reich und bittet gleichzeitig Konstantinopel um politischen und monastischen (= kirchlichen) Beistand. Noch ist die Christenheit durch einen nahezu einheitlichen Glauben verbunden, die Kirchentrennung, das Schisma, erfolgt erst 1054. Der einzige Unterschied in der Religionsausübung zwischen der West- und Ostkirche betrifft das Zeremoniell: Byzanz erlaubt seinen Völkern, die Liturgie in der eigenen Sprache abzuhalten, Rom hingegen schreibt Latein vor.

Die Erfindung des Kyrillischen

Mit großer Genugtuung nimmt der oströmische Kaiser Michael III. den Hilferuf Rastislaws entgegen, bietet sich ihm doch jetzt die einmalige Gelegenheit, byzantinischen Einfluss bis nach Mitteleuropa auszudehnen. Er ist ein vorsichtiger Diplomat, er entsendet vorerst nur zwei Missionare, die Brüder Method und Kyrill aus der ägäischen Hafenstadt Thessaloniki (864). Die Brüder wissen genau um die Macht des Bibelwortes. Ähnlich wie der Gote Wulfila 369 das Heilige Buch ins Ostgotische übertrug und so für die Verbreitung des arianischen Christentums unter den Ostgermanen sorgte, übersetzen Method und Kyrill die Bibel in die slawische Landessprache und schreiben sie in einer neuen Schrift, der Glagoliza, nieder. Allerdings findet sie in der slawischen Bevölkerung wenig Anklang, sie ist schwer erlernbar. Schüler des Kyrill entwickeln daraufhin eine zweite Schrift und nennen sie ihm zu Ehren »kyrillisch«. Sie wird bis heute von Russen, Bulgaren, Ukrainern und Serben verwendet.

Das Großmährische Reich im 9. Jh. (Karte links). – Die byzantinischen Missionare Kyrill und Method beim feierlichen Empfang durch Herzog Rastislaw in Velehrad (Bild unten).

Method und Kyrill handeln im tiefen Glauben an das Evangelium und ahnen nicht, dass sie für politische Zwecke missbraucht werden. Sowohl der byzantinische Kaiser als auch der Papst bedient sich ihrer, um der ostfränkischen Machtausweitung zu begegnen. Mähren liegt plötzlich im machtpolitischen Spannungsfeld der Interessen dreier Mächte: des Ostfränkischen und des Byzantinischen Reiches und des Papstes.

Nach Ausgrenzung durch Rastislaw protestiert der fränkisch-bayerische Klerus heftig und liegt Ludwig in den Ohren, die Waffen sprechen zu lassen. Method reist nun nach Rom, um sich wie einst der »Apostel der Deutschen«, Bonifatius, die päpstliche Bestätigung für seine Mission zu holen.

Ein Missionar im Kerker

Als Method über die Alpen nach Mähren reisen will, warten schon die Häscher des Salzburger Kirchenfürsten Adalwin auf ihn. Dieser treue Gefolgsmann der bayerischen Kirche lässt Method festnehmen und in Regensburg für drei Jahre in den Kerker werfen (870 bis 873). Erst die massiven Proteste von Papst Johannes VIII. bewirken schließlich die Freilassung Methods.

Mittlerweile hat sich Ludwig »der Deutsche« vom bayerischen Klerus überreden lassen und plant den Feldzug gegen Rastislaw. In Tulln an der

Donau schließt er ein Bündnis mit dem Anstifter des kroatischen Aufstandes, dem orthodoxen Bulgaren-Zar Boris (864). Einen Stoß der Bulgaren aus der pannonischen Ebene heraus in seine Flanken braucht er nicht mehr zu befürchten. Noch bevor Ludwig nach Böhmen aufbricht, fegt ein Staatsstreich Rastislaw vom Thron: Swatopluk verdrängt jetzt seinen Vetter Rastislaw und liefert ihn den Ostfranken aus. Bereitwillig huldigt er Ludwig und öffnet das Land der bayerischen Mission, die das Problem der etablierten, orthodox-byzantinischen Kirche auf ihre Weise löst: Der alte Method bleibt unbehelligt, immerhin ist er Bischof von Sirmium.

Unmittelbar nach Methods Tod (885) jagen die bayerischen Missionare die altslawisch predigenden Priesterkollegen über die Grenze ins Bulgarische Reich. Der Papst, zufrieden über die katholische Tat bayerischer Glaubensverkünder, beeilt sich, per Edikt die lateinische Liturgie in Mähren wieder einzuführen.

Das Gerangel der rivalisierenden Kirchen um Böhmen ist entschieden und die große slawische Völkerfamilie gespalten: Ein Teil orientiert sich am katholischen Rom, der andere am orthodoxen Byzanz, seit 1453 von Moskau machtpolitisch abgelöst.

Die Jahre des »Großmährischen Reiches« sind gezählt. Unter dem Ansturm eines neuen asiatischen Reiter- und Nomadenvolkes, der Magyaren, geht es 907 unter.

Kernzonen mährischer Staatsbildung im 9. Jh.

Zentrum des Großmährischen Reiches

angegliederte Gebiete

vermutlich größte Ausdehnung unter Fürst Swatopluk (870 bis 894)

mährische Burganlagen

Sitz des mährischen Fürsten und des Erzbischofs (Velehrad)

Kirchen von Kyrill und Method

Grenzen der katholischen Diözesen und Erzdiözesen

Stifte und Klöster

0   125 km

Zemplin

Heutige Staatsgrenzen als weiße Linien.

Der ostfränkische König Arnulf von Kärnten holt zum Kampf gegen das Großmährische Reich die Magyaren ins Land (892 bis 906).

RISCHES REICH

Reiseroute der Brüder Kyrill und Method aus Konstantinopel (864). Sie missionieren die Slawen im Auftrag des byzantinischen Kaisers Michael III. mit beachtlichem Erfolg.

Abgang ohne Glanz

„Die letzten Karolinger sind von schwerer Krankheit geplagt, von langem Siechtum, und bedroht von frühem Sterben, als ginge die physisch-psychische Substanz des Geschlechtes zur Neige. Ein großes Sterben überfällt die inzwischen weit verzweigte Sippe; im letzten Drittel des 9. Jhs. sterben mehr als ein Dutzend Könige und Kaiser, die meisten nach sehr kurzer Regierungszeit.“

Hans K. Schulze, 1994

Karl III., der jüngste Sohn Ludwigs »des Deutschen«, »der Dicke« genannt, seit 876 König von Alamannien, übernimmt von seinem sterbenskranken Bruder Karlmann die Anwartschaft auf Italien und die Kaiserkrone. Papst Johannes VIII. krönt Karl und seine Gemahlin Richardis Mitte Februar 881. Insgeheim hatte der Papst auf fränkische Unterstützung im Kampf gegen die Araber gehofft, die das südliche Italien heimsuchen. Karl III. plagen andere Sorgen: An der eigenen Küste plündern und morden die wilden Normannenstämme.

Seit 787 sind die Nord- und Ostseeküsten den nordischen Beutejägern ausgeliefert. Entlang großer Flüsse dringen sie weit ins Landesinnere vor – Aachen ist schon ein Raub der Flammen geworden, Köln und Trier folgen. Am Unterlauf der Maas tritt ihnen Karl mit einem starken Aufgebot aus Franken, Alamannen, Thüringern, Sachsen und Langobarden entgegen (882). 12 Tage belagert er sie, der Sieg scheint schon sicher, da verlegt sich Karl plötzlich aufs Verhandeln. 2000 Pfund in Silber und Gold zahlt er den Normannen an Tribut und erlaubt ihnen sogar in Friesland zu siedeln (21. 7. 882). Alle denken an ein Wunder, als sich Gotfried, der normannische Anführer, taufen lässt und Gisela, die Tochter Lothars II., heiratet. Die Friedfertigkeit des Normannen dauert nur wenige Wochen. Im November greift er zur Streitaxt, brennt Deventer an der Ijssel nieder und plündert abermals den Rhein aufwärts. Diesmal überlässt Karl »der Dicke« die Abwehr dem Grafen Heinrich von Babenberg. Heinrich, erfahren und unerschrocken im Kampf, überwältigt die rebellischen Normannen und lässt Gotfried umbringen.

Am 12. 12. 884 stirbt im Westfränkischen Reichsteil König Karlmann. Die westfränkischen Großen wählen den ostfränkischen Herrscher Karl »den Dicken« (Juni 885) zum König. Vielleicht erhofften sie durch Karl tatkräftige Unterstützung im Kampf gegen die Normannen, denn mehr noch als Ostfranken leidet der Westen unter ihren Überfällen. Im November 885 stehen die Nordmänner überraschend vor Paris, schließen die Stadt ein und während Hunger und Krankheit die Bevölkerung zermürben, streifen ihre Abteilungen bis Reims. Karl schickt seinen bewährten Recken, den Babenberger Heinrich, an die Seine. Heinrich fällt im Kampf (August 886) und Karl verlegt sich abermals aufs Verhandeln. Diesmal zahlt er 700 Pfund in Silber und überlässt den Normannen Burgund als Winterquartier.

Ein Kaiser resigniert

Karl »der Dicke« leidet an quälenden Kopfschmerzen, die auch eine Trepanation (= chirurgische Öffnung des Schädels) nicht lindert. Der vermutlich an Epilepsie Erkrankte nimmt die Regierungsgeschäfte kaum mehr wahr. Das riesige Reich benötigt jedoch einen kraftvollen Herrscher und so wählen im Herbst 887 die ostfränkischen Großen einen neuen König, Arnulf von Kärnten. Karl zieht sich ins schwäbische Neudingen zurück und stirbt am 13. 1. 888.

Die großfränkische Einheitsidee verblasst. Getragen von regionalen Kräften entstehen neue Reiche, deren Herrscher sich mit dem Königstitel schmücken. Unter ihnen ist Arnulf von Kärnten zweifellos der Mächtigste. Die Wahl Arnulfs zeigt zum ersten Mal ein ostfränkisch-deutsches Zusammengehörigkeitsgefühl: Nur die deutschen Stämme geben ihm ihre Stimme – Sachsen, Bayern, Alamannen und Thüringer.

Aktiv für die Zukunft

Arnulf ist nicht nur ein kriegstüchtiger Herrscher, sondern auch ein kluger Politiker. Ohne Sanktionen zu ergreifen nimmt er den Austritt Lothringiens, Italiens und westlicher Reichsteile hin, er schlägt sogar das Angebot der westfränkischen Königswürde (Juni 888) aus. Als König des Ostfränkischen Reiches verfolgt er eine andere Politik: Er strebt nach einer hegemonialen Machtstellung über alle auf karolingischem Reichsboden bestehenden Teilreiche. Das entspräche einer Restauration des karolingischen Einheitsgedankens, den er in Wirklichkeit stets verfolgt hat. Die Rechnung geht auf: Odo von Paris, Rudolf von Hochburgund, Irmgard, Regentin der Provence, und der eben nach fränkischem Recht mündig gewordene 13-jährige Karl »der Einfältige«, König des Westfränkischen Reiches, huldigen Arnulf. Die Separatisten kehren langsam wieder ins Reich zurück.

Währenddessen geht es in Italien turbulent zu. König Berengar unterwirft sich zwar Arnulf, doch sein Widersacher Wido stürzt ihn. Ehrgeizig und machtbesessen zwingt Wido Papst Stephan V., ihm die Kaiserwürde zu übertragen. Arnulf ist mit der Vertreibung der Normannen aus Dyle (891) und einem Feldzug gegen den mährischen Fürsten Swatopluk beschäftigt (892, 893). Er wendet sich erst 895/96 gegen Italien. Im Februar 896 steht er vor Rom, das von Widos unberechenbarer Herrschsucht genug hat und kampflos die Stadttore öffnet. Ende Februar 896 empfängt Arnulf die Kaiserkrone, doch kurz danach erleidet er vermutlich einen Schlaganfall, von dem er sich nicht mehr erholt. Kaum 50 Jahre alt, stirbt Arnulf am 8. 12. 899.

Widukind von Corvey, der sächsische Geschichtsschreiber des 10. Jhs., berichtet, Arnulf habe die Magyaren im Kampf gegen das Großmährische Reich ins Land geholt, die dann so 900 verheerende Verwüstungen im Ostfränkischen Reich und in Italien anrichteten. In der Tat kämpfte Arnulf 892 Seite an Seite mit den wilden asiatischen Reitern gegen den Mährerfürsten Swatopluk. Aber die Magyaren hätten auch ohne das Bündnis mit dem Kaiser den Weg nach Westen gefunden.

Ein Kind an der Spitze des Reiches

Die Nachfolge tritt der erst 6-jährige Ludwig IV., »das Kind«, an. Die Huldigung der Geistlichkeit und der Aristokratie am 4. 2. 900 in Forchheim geht glatt vonstatten und Ludwig zieht durch die Lande, wie es die Vorväter taten. Natürlich führt er nur nominell die Regierung, die Entscheidungen treffen seine Berater. Der Ausschreitungen unter den Adeligen können sie jedoch nicht Herr werden. Im mainfränkisch-hessischen Raum arten die Zwistigkeiten in der »Babenberger Fehde« zum blutigen Krieg um die Vormacht zwischen dem ostfränkischen Adelsgeschlecht der Konradiner und den Babenbergern aus. Von 902 bis 906 dauern die Kämpfe, dabei geht die Burg Babenberg in Bamberg in Flammen auf. Heinrich, das Oberhaupt des babenbergischen Geschlechts der Popponen, und sein Sohn Adalhart verlieren das Leben. Es fehlt einfach die Zentralfigur des Königs, die durch ein Kind nicht ersetzt werden kann. Zu den inneren Zerfallserscheinungen kommt eine äußere Bedrohung: An der Grenze erscheinen die Magyaren, die im Ostfränkischen Reich gleiches Entsetzen verbreiten wie einst die Hunnen im Römischen Imperium.

Im September 911 stirbt Ludwig »das Kind«. Er war der Letzte im mannbaren Stamm in der ostfränkischen Linie der Karolinger.

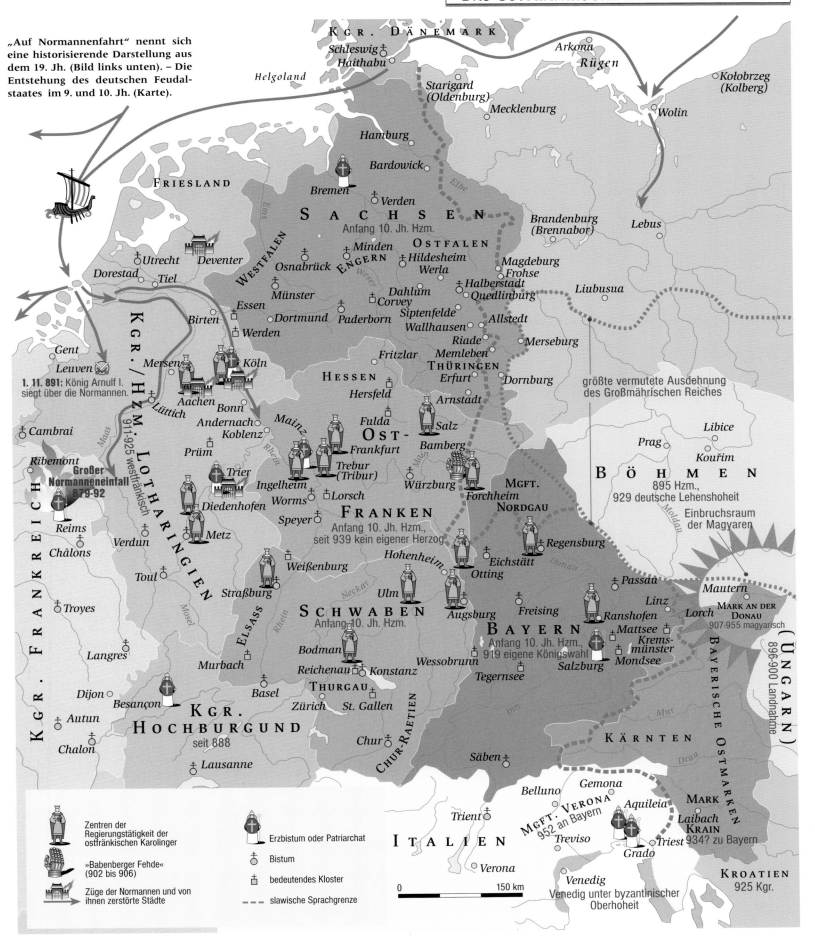

„Auf Normannenfahrt" nennt sich eine historisierende Darstellung aus dem 19. Jh. (Bild links unten). – Die Entstehung des deutschen Feudalstaates im 9. und 10. Jh. (Karte).

KGR. DÄNEMARK

Schleswig
Haithabu
Helgoland
Arkona
Rügen
Kołobrzeg (Kolberg)
Starigard (Oldenburg)
Wolin
Mecklenburg
Hamburg
FRIESLAND
Bardowick
Bremen
Verden
SACHSEN
Anfang 10. Jh. Hzm.
OSTFALEN
Brandenburg (Brennabor)
Lebus
Utrecht
Deventer
Minden
Hildesheim
Magdeburg
Frohse
Dorestad
Tiel
WESTFALEN
ENGERN
Osnabrück
Werla
Liubusua
Essen
Münster
Dahlum
Halberstadt
Birten
Dortmund
Corvey
Quedlinburg
Werden
Paderborn
Siptenfelde
Allstedt
Gent
Mersen
Köln
Wallhausen
Merseburg
Leuven
Riade
Memleben
1. 11. 891: König Arnulf I. siegt über die Normannen.
Aachen
Bonn
Fritzlar
THÜRINGEN
Dornburg
HESSEN
Erfurt
größte vermutete Ausdehnung des Großmährischen Reiches
Lüttich
Andernach
Hersfeld
Arnstadt
Cambrai
Koblenz
Mainz
Salz
Ribemont
Prüm
Fulda
OST-
Libice
Großer Normanneneinfall 879-92
Trier
Frankfurt
Bamberg
Prag
Kouřim
Ingelheim
Trebur (Tribur)
Würzburg
Reims
Diedenhofen
Worms
Lorsch
Forchheim
BÖHMEN
895 Hzm., 929 deutsche Lehenshoheit
Châlons
Metz
Speyer
FRANKEN
Anfang 10. Jh. Hzm., seit 939 kein eigener Herzog
MGFT. NORDGAU
Verdun
Weißenburg
Hohenheim
Einbruchsraum der Magyaren
Toul
Straßburg
Ulm
Eichstätt
Regensburg
Troyes
ELSASS
SCHWABEN
Anfang 10. Jh. Hzm.
Otting
Passau
Langres
Murbach
Augsburg
Freising
Linz
Mautern
Bodman
Wessobrunn
Ranshofen
Lorch
MARK AN DER DONAU
907-955 magyarisch
Dijon
Besançon
Reichenau
Konstanz
BAYERN
Anfang 10. Jh. Hzm., 919 eigene Königswahl
Mattsee
Kremsmünster
Autun
THURGAU
Tegernsee
Salzburg
Mondsee
Chalon
Zürich
St. Gallen
KGR. HOCHBURGUND
seit 888
Basel
Chur
CHUR-RAETIEN
KÄRNTEN
BAYERISCHE OSTMARKEN
(UNGARN) 896-900 Landnahme
Lausanne
Säben
Gemona
MARK
Belluno
Aquileia
Laibach
KRAIN
Triest 934? zu Bayern
Trient
MGFT. VERONA 952 an Bayern
Treviso
Grado
ITALIEN
Verona
Venedig
Venedig unter byzantinischer Oberhoheit
KROATIEN
925 Kgr.

Zentren der Regierungstätigkeit der ostfränkischen Karolinger

»Babenberger Fehde« (902 bis 906)

Züge der Normannen und von ihnen zerstörte Städte

Erzbistum oder Patriarchat

Bistum

bedeutendes Kloster

slawische Sprachgrenze

0   150 km

Das Reich der Deutschen

„An der Schwelle der deutschen Geschichte steht eine in der Rivalität der Stämme begründete Doppelwahl."

Hildebert von Mainz, 936

Mit dem Regnum Theutonicum beginnt im engeren Sinn die deutsche Geschichte. Obwohl den mitteleuropäischen Raum nur lockere Stammesverbände beherrschen, bilden diese insgesamt doch die relativ stärkste Macht zwischen Byzanz und dem Emirat von Cordoba in Spanien. Das Rheintal wird zur ökonomischen und zivilisatorischen Hauptachse des mittelalterlichen Deutschland.

Nach dem Tod Ludwigs IV. kann nur noch ein einziger Nachkomme Karls des Großen die Königswürde übernehmen: Karl III., »der Einfältige«. Diesmal halten sich die Großen an die altgermanische Form der Kö-nigserhebung, die Wahl des vermeintlich Besten. Weil Herzog Otto, »der Erlauchte«, aus dem Geschlecht der Liudolfinger die Königswürde ablehnt, wird Konrad, der Herzog von Franken, neues Oberhaupt (Reichsversammlung zu Forchheim vom 6. bis 10. 11. 911). Nur Lotharingien votiert für den westfränkischen Karl, »den Einfältigen«, und scheidet aus dem Ostfränkischen Reich.

Konrad sieht sich vor schweren Aufgaben: Rückgewinnung Lotharingiens, Bekämpfung der im Reich marodierenden Magyaren, Zähmung des auf seine Macht bedachten Adels. Schon sein erstes Unternehmen gegen Lotharingien verläuft glücklos. Zwar gelingt es ihm, das Elsass zurückzugewinnen, doch die Feldzüge danach verlaufen ergebnislos. Konrad vertagt die Wiedergewinnung Lotharingiens und wendet sich den Magyaren zu.

Magyaren und Rebellen

Vorerst liegt die Abwehr allein in den Händen der Regionalherrscher, des Herzogs Arnulf von Bayern, der alamannischen Grafenbrüder Erchanger und Berthold und des Linzgauer Grafen Udalrich. 913 erringen sie gegen die Magyaren am Inn einen beachtlichen Erfolg, ihr Ansehen steigt beträchtlich. Zum Leidwesen Konrads I., der jeden Machtzuwachs seiner Untergebenen zu unterbinden trachtet. *„Ein Zwist brach aus zwischen dem König und Erchanger"*, berichten alamannische Chroniken. Konrad versucht, ihn durch seine Heirat mit Erchangers Schwester, Kunigunde, Witwe des bayerischen Markgrafen Luitpold, beizulegen (913). Doch die »Friedensheirat« bringt nicht den erwünschten Erfolg. Schwager Erchanger gerät mit Bischof Salomo III. von Konstanz, zugleich Kanzler Konrads, in Fehde und setzt ihn gefangen. Konrad befreit im Gegenzug Salomo und verbannt Erchanger. Daraufhin rebelliert Herzog Arnulf von Bayern, ein Neffe Erchangers. Auch er muss ins Exil. Mittlerweile rauben die Magyaren bis Thüringen und Sachsen. Bei Fulda stellt sich ihnen der Abt des Klosters entgegen und wehrt sie ab. Der König aber betreibt Hausmachtpolitik, schickt seinen Bruder Eberhard gegen Heinrich von Sachsen, weil der sich weigert, einige Lehen abzutreten. Eberhard unterliegt Heinrich am Fuße der Eresburg und muss ihm die Herzogswürde über ganz Sachsen zugestehen (Grona, 915). Konrad greift nun persönlich ein und stößt gegen Sachsen vor. Diesen Augenblick nutzt Erchanger: Aus dem Exil zurück, verbündet er sich mit Burchard von Schwaben, besiegt ein königliches Aufgebot bei Wahlwies am Bodensee und lässt sich zum Herzog ausrufen (915).

Konrads Versuch, die Mittelgewalten im Reich zu bezwingen, ist gescheitert. Die Großen meiden das Umfeld des Königs, der immer mehr in Abhängigkeit kirchlicher Berater gelangt. Die Kirchenfürsten sind es dann auch, die Erchanger und Berthold in Hohenaltheim am 20. 9. 916 zu lebenslanger Klosterhaft verurteilen. Beiden gelingt die Flucht, aber Häscher werden ihrer bald wieder habhaft. Konrad I. soll in Tränen ausgebrochen sein, so berichtet ein Chronist, als er von der neuerlichen Festnahme erfährt, denn nun muss er das Todesurteil aussprechen.

Unterdessen setzt Arnulf in Bayern nach Belieben Bischöfe ab und eignet sich Kirchengüter an; verständlich, dass ihn klerikale Chronisten »den Bösen« nennen. Arnulf war dem Ruf nach Hohenaltheim nicht gefolgt; der jetzt notwendig gewordene Waffengang mit dem König endet wieder mit Arnulfs Flucht zu den Magyaren. König Konrad I. ist während des Kampfes verwundet worden und erholt sich von den Verletzungen nicht mehr. Am Ende seines Lebens ist das Reich durch innere Fehden geschwächt und neuen Gefahren von außen preisgegeben. Konrad I. stirbt am 23. 12. 918.

Verhängnisvolle Versäumnisse

Konrad I. versäumte es während seiner Regierung, der Entwicklung des Reiches ein festes, zeitgemäßes Fundament zu geben. Vielleicht zu sehr unter dem konservativen Einfluss seiner engsten Berater stehend, des Erzbischofs Hatto von Mainz und des Bischofs Salomo von Konstanz, gliederte er die aufstrebenden Herzogsgewalten in den Staatsaufbau nicht ein. Auf dem Totenbett allerdings beweist der kinderlos gebliebene Konrad I. historische Größe: Er bittet seinen Bruder Eberhard auf die Erbfolge zu verzichten und die Königsinsignien jenem zu bringen, *„dem das Glück mit den edelsten Sitten folgt"*, seinem schlimmsten Feind, Herzog Heinrich von Sachsen.

Konrad I. (Bild links) und Heinrich I. (Bild oben) nach Darstellungen um 1840. – Das Reich zur Zeit Heinrichs I. (Karte rechts).

Die Legende liest sich hübsch: Der neu gekürte Herrscher eines großen Reiches widmet »am Vogelherd« sein ganzes waidmännisches Interesse den Fangnetzen und Leimruten zum Vogelfang und weiß nichts von der großen ihm erwiesenen Ehre. Der einzige Schönheitsfehler: Die Legende ist 200 Jahre nach den tatsächlichen Ereignissen niedergeschrieben worden. Denn in Wirklichkeit ist sich Heinrich des Anspruchs auf die Königswürde bewusst: Großvater Liudolf stand an der Spitze sächsischer Großer in der Abwehr normannischer und slawischer Eindringlinge, Vater Otto erweiterte den Besitz der Liudolfinger durch Heirat mit der Babenbergerin Hadwig um Thüringen und Mainfranken.

Heinrich selbst vollbringt weniger Spektakuläres, sorgt aber dennoch für Aufsehen: Er entführt Hatheburg, die verwitwete Tochter des Grafen Erwin von Merseburg, aus dem Kloster und heiratet sie. Darauf steht der

Kirchenbann. Da das Feuer der Leidenschaft bald erlischt und er nach der Geburt des Sohnes Thankmar eingesteht, gegen Kirchengesetze verstoßen zu haben, geht Heinrich straffrei aus und Hatheburg wieder ins Kloster. Ihre Güter fallen an ihn.

Heinrich I. wird König

Im Mai 919 nimmt Heinrich I. in der Pfalz Fritzlar die Königsinsignien entgegen: Krone, Mantel, Lanze und Schwert. Auf die Salbung durch Erzbischof Heriger von Mainz verzichtet er und demonstriert dadurch Unabhängigkeit von der Kirche: *„Es genügt mir, dass ich von meinen Vorfahren König genannt werde"*, begründet Heinrich. Die auf die Kirche gestützte Politik seines Vorgängers Konrad I. will Heinrich I. nicht weiter fortsetzen, er beabsichtigt, sich die Unterstützung der Großen zu sichern.

Die Probleme, an deren Lösung Heinrich I. herangeht und an denen sein Vorgänger scheiterte, sind gewaltig: Wiederherstellung des inneren Friedens, Integration Schwabens und Bayerns ins Reich, Wiedergewinnung Lotharingiens, Sicherung der Ostgrenze und Bekämpfung der Normannen und Magyaren. Nach einigem Zaudern folgen Heinrich I. die deutschen Herzöge. Nur Arnulf von Bayern, der selbst Anspruch auf den Königstitel erhebt, und der Schwabenherzog Burchard stellen sich gegen ihn. Arnulf wird in Forchheim bei Bamberg – vermutlich unter Mitwirkung fränkischer Großer – zum Gegenkönig gewählt.

Der folgende Waffengang Heinrichs I. gegen Arnulf von Bayern ist jedoch nichts anderes als ein Muskelspiel. Arnulf und auch Burchard anerkennen Heinrich I., ohne dass es zu Kampfhandlungen kommt.

Bleibt noch der Außenseiter, Herzog Giselbert von Lotharingien, den Heinrich mit Waffengewalt unterwerfen muss, um ihn danach mit seiner Tochter Gerberga zu verheiraten. *„Damit war die königliche Gewalt über die Herzöge der fünf Stämme Franken, Sachsen, Lothringer, Schwaben und Bayern hergestellt"*, meint der Historiker Gerhard Jaeckel.

Heinrich I. erweist sich als überlegener Politiker. Als er auf der Burg Werla die ersten magyarischen Reiterscharen (924) erwartet, fällt seinen berittenen Beobachtern ein Fürst aus dem Árpádengeschlecht in die Hände. Heinrich verhandelt mit den Magyaren, bereit, den Árpádenfürsten Tribut zu zahlen, wenn das Reich vor weiteren magyarischen Übergriffen verschont bleibe. Die

Magyaren willigen ein und halten die Vereinbarungen. Den auf neun Jahre geschlossenen Vertrag nutzt er, um eine massive Reichsverteidigung auf die Beine zu stellen: Die »Burgenordnung« von 926 verpflichtet zur Errichtung von Wehranlagen. Die Freien unterliegen wieder der Wehrpflicht und die gepanzerten Reiter werden verstärkt. Bevor Heinrich I. seine Wehrkraft gegen die Magyaren

richtet, erprobt er sie im Winter 927/28 an den slawischen Hevellern. 933, nach Ablauf der Neun-Jahres-Frist, fühlt er sich stark genug, den Magyaren einen weiteren Tribut zu verweigern. Das bedeutet Krieg.

Die Magyaren verwüsten Franken und Thüringen, bei Riade an der Unstrut fällt die Entscheidung: Der König siegt über die Árpáden und Westeuropa hat für 22 Jahre Ruhe.

Heinrich I. steht auf dem Höhepunkt seiner Macht. Etliche Jahre vorher, 926, hat ihm schon König Rudolf II. von Burgund gehuldigt und ihm die »heilige Lanze« übergeben, an deren Spitze, so berichtet die Legende, ein Nagel aus dem Kreuz Christi eingearbeitet ist.

Ein Schlaganfall rafft ihn im Alter von 60 Jahren in der Pfalz Memleben an der Unstrut (2. 7. 936) hinweg.

922/925: Lotharingische Große rebellieren gegen König Karl, »den Einfältigen«. Sie sind mit seiner Politik, die den kleinen Adel bevorzugt, nicht einverstanden und wählen Robert von Franzien zum Gegenkönig (29. 6. 922). Karl erinnert Heinrich I. an den Bonner Vertrag (7. 11. 921) und bittet um Hilfe. Heinrich I. greift 923 ein, aber aus eigenen Interessen. Während Ost-Lotharingien ihn anerkennt, hält der Westen bis 925 zu Robert. Karl, von einem treulosen Vasallen im Kerker der Burg Péronne gefangen gehalten, stirbt am 7. 10. 929. Heinrich I. ist nun auch über Lotharingien Herrscher.

Sommer 929: Nach der Niederwerfung rebellieren die Redarier und erobern die Burg Walsleben.

Burg Meißen, 929 von Heinrich I. zum Schutz des Elbe-Übergangs erbaut, ist Ausgangspunkt für die Unterwerfung des Milzener Landes und der Lausitz.

Im Bündnis mit den Magyaren (Elbe-Übergänge für magyarische Einfälle offen).

929: Heinrich I. zieht gegen Prag, um die Oberhoheit des Reiches zu demonstrieren. Herzog Wenzel I. anerkennt ihn kampflos und wird daraufhin vom eigenen Bruder, Boleslaw I., ermordet.

Mai 919: Franken und Sachsen wählen Herzog Heinrich von Sachsen zum König.

7. 11. 921: Heinrich schließt mit Karl »dem Einfältigen« als gleichberechtigter »König der Ostfranken« einen Freundschaftsvertrag.

929: Herzog Arnulf von Bayern schließt sich dem Zug Heinrichs I. gegen Böhmen an.

7./11. 911: Franken, Sachsen, Schwaben, Bayern wählen Konrad I. zum König.

20. 9. 916: Synode verurteilt Erchanger und Berthold.

Die Annäherung zwischen Heinrich I. und dem Burgundenkönig Rudolf II. zwingt den Schwabenherzog Burchard zum Einlenken gegenüber dem König.

919: König Rudolf II. von Burgund strebt nach Teilen Schwabens; Herzog Burchard tritt ihm entgegen und besiegt ihn.

Reichsgrenze zur Zeit Heinrichs I.

Fraxinetum 888 bis 975 islamisch

Ausdehnung des Einflussbereiches Heinrichs I.

Reichsgrenze nach 1000

KGR. DÄNEMARK
Schleswig
Oldenburg
Mecklenburg
Hamburg
Ratzeburg
Bremen
Verden
Lenzen
Walsleben
Rhetra
POMMERN
Obotriten
Liutizen
Redarier
929
HZM. SACHSEN
Minden
Werla
Königslutter
Osnabrück
Hildesh.
Quedlinburg
Magdeburg
Brennabor (Brandenburg)
Heveller
Liubusa
Münster
Halberstedt
Paderborn
Corvey
Bodfeld
Siptenfelde
Wallhsn.
Alstedt
Meißen
POLEN
Gröna
Pöhlde
Nordhsn.
Tilleda
Riade
Jahna
915
Eresburg
Fritzlar
Duderstadt
Merseburg
Zeitz
Naumburg
Milzener
Lusizer
Dalemantier
II
Kaiserswerth
HZM. NIEDER-LOTHARINGIEN
Aachen
Köln
Bonn
Lüttich
HZM.
Fulda
Gelnhausen
Thüringen
Böhmische Pforte
Prag
BÖHMEN
MÄHREN
Péronne
Trier
Mainz
Trebur
Kamba
Würzburg
Bamberg
Forchheim
Regensburg
Reims
Verdun
Gorze
Toul
Ingelheim
Oppenh.
Worms
Speyer
FRANKEN
Lorsch
Eichstätt
Hohenaltheim
Augsburg
Passau
»AVARIA«
Kremsmünster
Sens
Clairvaux
Langres
Luxeuil
St. Blasien
Straßburg
Wahlwies
Bodman
Hohentwiel
HZM. SCHWABEN
HZM. BAYERN
Freising
Salzburg
Mondsee
Donau
Nevers
Autun
Dijon
Citeaux
Chalon
Cluny
Besançon
Basel
St. Gallen
Winterthur
Einsiedeln
HOCHBURGUND
936
Brixen
Innichen
Säben
MARK KÄRNTEN
Mur
Drau
Mâcon
Lausanne
Chur
Krainburg
Lyon
Vienne
Belley
Grenoble
Moûtiers
Fruttuaria
St. Moritz
Aosta
MARK FRIAUL
MGFT. VERONA
Aquileia
Grado
NIEDER-BURGUND
KGR. BURGUND
HZM. BURGUND
Trient
Ganda
Vicenza
S. Zeno
Venedig
Le Puy
Valence
St. Jean
Embrun
Gap
Mailand
Crema
Pavia
LOMBARDEI
Polirone
Nonantola
Mende
Viviers
Orange
Sisteron
Digne
Bobbio
Bologna
Ravenna
MGFT. TUSCIEN
ROMAGNA
Uzès
Nîmes
Aix
Genua
Pisa
PENTAPOLIS
Agde
Arles
Marseille
Toulon
Nizza
Spoleto
PATRIMONIUM PETRI
ROM

Krönungsort
wichtige Pfalz
königlicher Jagdhof
wichtige Burg
Kriegszüge gegen slawische Völker
wichtige Schlacht
Freundschaftspakt
Aufstände
Erzbistum
Bistum
erloschenes Bistum
bedeutendes Kloster
Synode von Hohenaltheim

0   150 km

Entscheidung auf dem Lechfeld

„Sehet, hier bringe ich euch den von Gott erkorenen und einst von dem großmächtigen Herrn Heinrich bestimmten, jetzt aber von allen Fürsten zum König erhobenen Otto."

Hildebert von Mainz, 936

Jubelnd begrüßt das Volk den neuen Herrscher. Heilrufe erklingen. Nach uraltem germanischen Brauch erteilt es ihm die »Vollbort«, die Zustimmung durch Akklamation. Die Königskrönung, die am 7. 8. 936 in der Marienkapelle in der Pfalz zu Aachen stattfindet, wird zum wohl inszenierten Fest. In prachtvolle Gewänder gekleidet schwören die versammelten Großen des Reiches Treue und Gefolgschaft, Otto erhält den Segen der Kirche und vom höchsten Kirchenfürsten des Landes, Erzbischof Hildebert von Mainz, die königlichen Insignien. Auf dem Marmorthron Karls des Großen wohnt er dem Gottesdienst bei, danach findet in der Pfalz das Krönungsmahl statt, die Herzöge warten dem König mit symbolischer Gestik auf: Giselbert von Lotharingien als Kämmerer, Hermann von Schwaben als Mundschenk, Eberhard von Franken als Truchsess und Arnulf von Bayern als Marschall.

„Eine grundlegende Handlung für die deutsche Nation" nennt der Historiker Leopold von Ranke den großen Tag von Aachen. Wohl zum ersten Mal in der Geschichte des Reiches demonstrieren alle vier Herzöge durch ihr geschlossenes

Auftreten die Bereitschaft, in Zukunft ein gemeinsames Schicksal tragen zu wollen. Die zur Schau gestellte Eintracht löst sich aber in dem Augenblick auf, in dem Ottos innenpolitisches Programm, die verstärkte Durchsetzung der königlichen Gewalt auf Kosten der Eigeninteressen der Herzöge und Adeligen, bekannt wird. Aufstände brechen aus, die Ottos Herrschaft bis ins Mark erschüttern. Die Unruhen beginnen in einem Akt der Selbstjustiz von Herzog Eberhard von Franken. Er zerstört kurzer-

hand die Burg eines unbotmäßigen sächsischen Lehnsmannes. Otto I., der in seinem politischen Programm auch die Durchsetzung seiner Gerichtshoheit gegenüber dem Fehderecht des Adels verfolgt, greift mit harter Hand durch. Er verurteilt Herzog Eberhard zu einer hohen Buße

Adelheid und Otto I. im Magdeburger Dom (Skulptur aus dem 13. Jh., Bild links unten). – Das Reich zur Zeit Ottos I. (Karte unten). – Die Heilige Lanze, eine Reliquie des hl. Mauritius (Bild rechts). – Die Schlacht auf dem Lechfeld, ein Rekonstruktionsversuch (Karte rechts unten).

Legende:
- Aufstand, Rebellion
- Mordkomplott
- »Befriedungsaktion« gegen Slawen
- wichtige Schlacht
- wichtige Burg
- Erzbistum

Kartenbeschriftungen:

KGR. DÄNEMARK

Herbst 955: Schlacht an der Regnitz

Obotriten — MARK DER BILLUNGER 937–982

Redarier — Liutizen — Rhetra

Hamburg — 936

Bremen — Heveller — NORDMARK ca. 937–982

Verden — Havelberg — Brandenburg 948: Missionsbistum

948: Missionsbistum — Oder

Osnabrück — Minden — Magdeburg (Mauritiuskloster) 937: »Hundetragen« — 937

HZM. SACHSEN — Basis der Missionierung der mittelelbischen Slawen

939: Ottos Heer siegt über Aufständische

Münster — Paderborn — Grona — Quedlinburg 950: Zug nach Böhmen zur Sicherung der Oberhoheit über Herzog Boleslaw I.

Birten bei Xanten — Eresburg 28. 7. 938: Der rebellierende ältere Bruder Ottos, Thankmar, wird auf der Eresburg gestellt und in der Burgkapelle erschlagen.

HZM. — THÜRINGEN — Saalfeld — Sorben — Milzener — Dalemmzer

POLEN

SCHLESIEN bis 950 böhmisch, danach polnisch

939: Ottos Bruder Heinrich schmiedet Aufstandspläne

Lüttich — Köln — Aachen

Chèvremont — Bonn — Andernach

939: Otto zieht gegen Giselbert und Heinrich.

LOTHARINGIEN 944: An die Stelle Giselberts tritt der Wormsgaugraf Konrad »der Rote«.

2. 9. 939: Ottos Gefolgsmann Herzog Hermann von Schwaben überfällt Giselbert und Eberhard, die einen Beutezug feiern. Eberhard wird erschlagen, Giselbert ertrinkt auf der Flucht im Rhein. Der Aufstand bricht zusammen.

Trier — Metz 939 — Mainz 939, 953

Reims — Bamberg

HZM. FRANKEN — Prag — BÖHMEN — MÄHREN

938: Otto unternimmt zwei Feldzüge gegen den nach Stammesritual erhobenen Bayernherzog Eberhard. Er setzt an seine Stelle Berthold.

939: Ottos jüngerer Bruder Heinrich rebelliert mit Unterstützung von Eberhard von Franken, Giselbert von Lotharingien und Westfrankenkönig Ludwig IV.

FRANKREICH / FRANZIEN

939: Giselbert und Eberhard wollen Ottos Rückkehr nach Sachsen unterbinden.

939: Westfrankenkönig Heinrich IV. fällt im Elsass ein.

Straßburg — Elsass — Neckar — Augsburg — Freising

Regensburg

944: Bayernherzog Eberhard siegt über die Magyaren.

HZM. SCHWABEN — HZM. BAYERN — Wels — AVARIA — Krems münster — Mondsee — Magyaren

955: Schlacht auf dem Lechfeld

939 — Breisach — Rhein

Basel

953: Bayern schließt sich den Rebellen an und vertreibt den treu zu Otto stehenden Herzog Heinrich. Mit seinem Abgang bricht die Verteidigung gegen die Magyaren zusammen.

HOCHBURGUND Grenze des römisch-deutschen Kaiserreiches 1034

Salzburg — Inn — Brenner — MARK KÄRNTEN — Drau

Sept. 951: Ottos »bewaffnete Brautfahrt« zur Befreiung der von Berengar festgesetzten Adelheid, der Frau des verstorbenen italienischen Königs Lothar. Otto heiratet sie in Pavia und nimmt den Titel »König der Franken und Langobarden« an. In Deutschland zettelt indessen Thronfolger Liudolf eine Rebellion an, die 953 ganz Deutschland erfasst.

KGR. BURGUND — MGFT. VERONA — MARK FRIAUL — Krainburg — Reichsgrenze nach 1000

Aquileja — Triest — Grado — MARK ISTRIEN — Save

Ivrea — LOMBARDEI — Mailand — Garda — Etsch

Pavia — Venedig — Reichsgrenze nach 1000

Otto unterstützt den aus Italien vertriebenen Markgrafen Berengar von Ivrea gegen den unbotmäßigen italienischen König Hugo. Nach dessen Tod übernimmt Berengar die Herrschaft über Italien und setzt sich eigenmächtig die Krone auf (950). Von Konrad »dem Roten« bezwungen, leistet Berengar in Augsburg den Lehnseid (952) und erhält das Königreich Italien.

Po — Genua — Bologna — Ravenna — ROMAGNA — MGFT. TUSCIEN — PENTAPOLIS

KGR. KROATIEN

Spalato

Reichsgrenze bei der Kaiserkrönung Ottos I., des Großen (962)

ITALIEN — HZM. SPOLETO

Spoleto — MTE. GARGANO byzantinisch

PATRIMONIUM PETRI (KIRCHENSTAAT) ROM — Tusculum — Siponto

0 — 150 km

und dessen vornehme Gefolgsleute zur schimpflichen Strafe des »Hundetragens«: Vor aller Augen müssen die edlen Herren auf dem Hoftag im September 937 räudige Hunde entlang einer vorgegebenen Wegstrecke bis zur königlichen Pfalz in Magdeburg tragen.

Ein Jahr später löst Ottos Halbbruder Thankmar einen Aufstand aus. Er ist um sein mütterliches Erbe gebracht worden und fühlt sich als rechtmäßiger Anwärter auf den Königsthron. Mit Eberhard von Franken überzieht er von der Eresburg aus das Land mit Raub und Plünderung. Als Otto I. mit starkem Aufgebot die Burg einnimmt, flieht Thankmar in die Kapelle. Das hält die Verfolger nicht davon ab ihn zu erschlagen (28. 7. 938).

Anschlag auf den Thron

Wieder ein Jahr später sammelt Königsbruder Heinrich in der Pfalz Saalfeld Gleichgesinnte, um Otto vom Thron zu stürzen. Auch diesmal ist Eberhard von Franken dabei und Giselbert von Lotharingien. Bei Andernach kommt es zum Kampf, bei dem Eberhard fällt und Giselbert auf der Flucht im Rhein ertrinkt. Heinrich rettet sich ins Westfränkische

Reich, zu König Ludwig IV.; er ist schier besessen, den Bruder umzubringen. Doch auch das Mordkomplott von 941 scheitert und das Brüderpaar versöhnt sich. Die Ära der Rebellionen ist vorbei.

Auf Brautfahrt

Das ottonische Königtum scheint fürs Erste gefestigt. Nur Italien wird zum Unruheherd. Berengar II. lässt sich in Pavia zum König krönen und um seine Herrschaft abzusichern bringt er die 19-jährige Adelheid, Frau des verstorbenen Königs Lothar, in seine Gewalt, um sie zur Hochzeit mit seinem Sohn Adalbert zu zwingen. Auf Burg Garda nimmt er sie in »Beugehaft«. Ihren Hilferuf kann Otto I. nicht überhören. Otto I., seit Jahren verwitwet, verbindet Nützliches mit Romantischem: Sein erster Feldzug gegen Italien wird zugleich eine Brautfahrt; die schöne Königinwitwe Adelheid bringt ihm auch den Rechtsanspruch auf das Königreich Italien ein. Anfang September 951 zieht Otto I. mit einem stattlichen Heer über den Brenner nach Süden. Kampflos rückt er in die alte langobardische Hauptstadt Pavia ein. Und während Erzbischof Friedrich von Mainz in Rom mit Papst Agapet II. den zeremoniellen Akt der Kaiserkrönung bespricht, heiratet Otto I. zu Weihnachten 951 die schöne Adelheid. Im März 952 kehrt Otto I. nach Deutschland heim, nimmt die Unter-

werfung Berengars II. entgegen und belehnt ihn mit dem Königreich Italien. Allerdings trennt er Verona, Friaul und Istrien davon ab und unterstellt sie Heinrich von Bayern. Diese Bevorzugung Heinrichs und auch die Ehe mit Adelheid erregen das Missfallen Liudolfs, des Thronanwärters, der schon seit 946 zum Nachfolger bestimmt ist.

Stürzt Otto I.?

Als nun Adelheid Anfang 953 einem Sohn das Leben schenkt, geht am Hof sofort das Gerücht um, Otto I. beabsichtige die Nachfolge zu überdenken. Liudolf handelt rasch. Während Otto I. mit kleinem Gefolge in Mainz weilt, zwingt ihm Liudolf einen Vertrag ab, der ihm die Erbfolge bestätigt. Otto I. denkt nicht daran, das Diktat zu erfüllen. Kaum in Sachsen zurück, erklärt er den Vertrag für ungültig und fordert den Rebellen auf, sich zu unterwerfen. Das bedeutet Krieg. Otto I. droht zu unterliegen: Franken und Lotharingien gehen teilweise, Bayern und Schwaben ganz zu den Aufständischen über. Da retten ihn – die Magyaren.

Liudolf und Konrad von Lotharingien, »der Rote«, rufen, um ganz sicherzugehen, das asiatische Reitervolk zur Unterstützung ins Land und verlieren schlagartig ihre Gefolgsleute. Mit den wilden »Heiden« wollen sie nichts gemein haben. Beide Anführer müssen sich im Dezember 954

Otto I. unterwerfen und ihre Herzogtümer abtreten. Es ist hoch an der Zeit, denn die Magyaren hausen nach Belieben.

Die Lechfeld-Schlacht

Mag sein, dass die Kirche König Otto I. bedrängt, endlich etwas gegen die gottlosen »Heiden« zu unternehmen, mag sein, dass Otto I. selbst seinem Grundsatz nachkommen will, ein innerlich und äußerlich gefestigtes Reich aufzubauen. Im August 955 ist es soweit. Augsburg, die reiche Beute versprechende Bischofsstadt, hat die Magyaren angelockt. Das anmarschierende Heer Ottos I. nehmen sie nicht wichtig. Doch Otto ist mit einem wahren Reichsheer unterwegs. Etwa 10.000 Krieger stehen am Morgen des 10. 8. 955 auf dem Lechfeld südlich von Augsburg zum Kampf bereit. Otto I. führt zum ersten Mal, die »Heilige Lanze« in Händen, das Hauptheer in die Schlacht. Die Verluste sind auf beiden Seiten hoch; prominentestes Opfer ist Konrad »der Rote«. Die Schlacht auf dem Lechfeld bedeutet einen Markstein in der deutschen Geschichte. Nach der Schlacht bei Riade haben sich abermals Deutsche aus allen Regionen zur Abwehr eines äußeren Feindes zusammengefunden.

Diese Bewährung stärkt das Zusammengehörigkeitsgefühl. Die Siegesfeiern kommen einer Kaiserproklamation Ottos I. gleich.

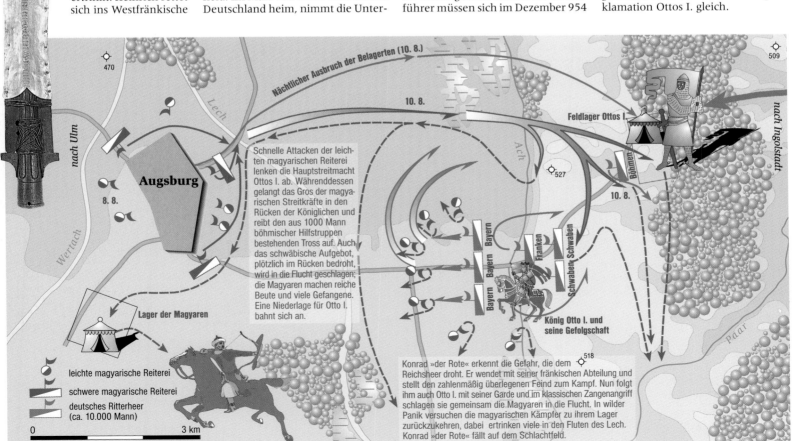

nach Ulm

Lech

8. 8.

Augsburg

Wertach

Lager der Magyaren

leichte magyarische Reiterei

schwere magyarische Reiterei

deutsches Ritterheer (ca. 10.000 Mann)

0   3 km

Nächtlicher Ausbruch der Belagerten (10. 8.)

10. 8.

470

Schnelle Attacken der leichten magyarischen Reiterei lenken die Hauptstreitmacht Ottos I. ab. Währenddessen gelangt das Gros der magyarischen Streitkräfte in den Rücken der Königlichen und reibt den aus 1000 Mann böhmischer Hilfstruppen bestehenden Tross auf. Auch das schwäbische Aufgebot, plötzlich im Rücken bedroht, wird in die Flucht geschlagen; die Magyaren machen reiche Beute und viele Gefangene. Eine Niederlage für Otto I. bahnt sich an.

Ach

527

Bayern

Bayern

Bayern

Franken

Schwaben

Schwaben

König Otto I. und seine Gefolgschaft

518

Konrad »der Rote« erkennt die Gefahr, die dem Reichsheer droht. Er wendet mit seiner fränkischen Abteilung und stellt den zahlenmäßig überlegenen Feind zum Kampf. Nun folgt ihm auch Otto I. mit seiner Garde und im klassischen Zangenangriff schlagen sie gemeinsam die Magyaren in die Flucht. In wilder Panik versuchen die magyarischen Kämpfer zu ihrem Lager zurückzukehren, dabei ertrinken viele in den Fluten des Lech. Konrad »der Rote« fällt auf dem Schlachtfeld.

Feldlager Ottos I.

Böhmen

10. 8.

nach Ingolstadt

Paar

509

Der Griff nach dem Süden

"Zur Herrschaft geboren, hatte Otto II. schon als Kind die Königs- und die Kaiserkrone empfangen und war als Siebzehnjähriger mit einer byzantinischen Prinzessin vermählt worden. Nun trat er, gerade achtzehn Jahre alt, als Kaiser an die Spitze der abendländischen Christenheit."

Hans K. Schulze, 1994

Die späte Frucht des deutschen Sieges auf dem Lechfeld fällt der römischen Kirche in den Schoß. Der magyarische Fürst Vaik tritt zum Christentum über, empfängt 996 unter dem Namen Stephan die Taufe und 1001 vom Papst die Königskrone.

Keine Gnade kennen die deutschen Sieger auf dem Lechfeld für die magyarischen Anführer: Bulcsu und Lél werden in Regensburg gehängt. Das Gericht in Regensburg wählt bewusst die Schmach des Stricks, es demonstriert den Triumph der katholischen über die byzantinische Kirche: Bulcsu und Lél waren keine »Heiden«, sondern Christen, allerdings orthodoxe, von Kyrill und Method missionierte. So hat die Schlacht auf dem Lechfeld auch über den künftigen Machtbereich der römisch-katholischen und der orthodox-byzantinischen Kirche entschieden. Böhmen, Mähren, Pannonien gehören dem westlichen, römisch-katholischen Einzugsbereich an.

Vergebliches Warten auf den Kaisertitel

Nach dem Sieg auf dem Lechfeld sonnt sich Otto I. als der Große im Ruhm und im Jubel des Volkes, das ihn »Imperator« nennt. Der Papst hingegen verhält sich reserviert, von einer Krönung Ottos zum Kaiser will er nichts wissen.

Otto hat ohnehin noch andere Sorgen: An der Ostsee begehren die slawischen Obotriten auf. In der Schlacht an der Recknitz in Mecklenburg bezwingt er sie im Herbst 955 und sichert damit auch im Nordosten die Reichshoheit. Obwohl diese Erweiterung des ottonischen Reiches der missionierenden Kirche ein weites Betätigungsfeld in den Ostseeraum eröffnet und der oberste Apostel in Rom eigentlich dankbar sein sollte, verweigert er weiterhin die Krönung des deutschen Königs zum Kaiser. Das Verhalten Berengars II.,

des Königs von Italien, bringt unerwartete Hilfe: Die harte Politik, der Machthunger Berengars sind für viele italienische Große unerträglich, sie bitten Otto um Hilfe. Als Berengar dann noch den Kirchenstaat bedroht, wird auch Papst Johannes XII. vorstellig. Otto erscheint mit einem stattlichen Heer und Berengar II. flieht auf seine Burg bei San Leo. Johannes XII. beeilt sich nun, Otto zum Kaiser zu krönen (962), in der Hoffnung, in Rom bald wieder allein seinen Amtsgeschäften nachgehen zu können. Doch Otto bleibt: Berengar muss erst niedergerungen werden und die Kirche bedarf einer dringenden Reform. Bestürzt merkt der Pontifex, wie sein Handlungsspielraum schrumpft, und knüpft heimlich Kontakte zu Berengars Sohn und zu den Magyaren.

Ottos große Liebe

Otto reagiert prompt: Er enthebt den Papst des Amtes durch ein kaiserliches Dekret am 6. 11. 963 mit einer kurzen Begründung: *"Wisset also, dass ihr nicht von wenigen, sondern von allen Geistlichen wie Weltlichen angeklagt seid des Mordes, des Meineids, des Kirchenfrevels, der Unzucht mit Verwandten und mit zwei Schwestern."* Johannes entzieht sich der Verantwortung, er ergreift die Flucht.

Ottos große Liebe gehört Italien, nahezu zehn Jahre regiert er von dort aus sein Reich. Besessen von der Idee, Rom zur deutschen Hauptstadt zu machen, schafft er die Basis für ein staatliches Gebilde, das »Sacrum Imperium«, das ab dem 19. Jh. von national denkenden deutschen Historikern zum »Heiligen Römischen Reich Deutscher Nation« idealisiert wird. Das »Heilige Römische Reich« entspricht keinem der Attribute – es ist weder heilig noch römisch noch deutsch, aber es wird nach und nach zum »Reich der Deutschen«.

Otto I., der Große, stirbt am 7. Mai 973 in Memleben an der Unstrut, bei Riade, dem Ort, an dem die Magyaren durch seinen Vater Heinrich I. die erste empfindliche Niederlage (933) hinnehmen mussten.

Otto II., sein Sohn und Nachfolger, im Jahr des Triumphs über die Magyaren, 955, geboren, wird mit sechs zum König gewählt und übernimmt mit 18 Jahren die Regierung. In dem knappen Jahrzehnt bis zu seinem Tode kann der geistig-religiös Aufgeschlossene, jedoch politisch

Unerfahrene die an ihn herangetragenen politischen Aufgaben mit Mühe meistern. Die Unruhen, die wieder von den süddeutschen Herzogtümern Bayern und Schwaben ausgehen, sind die unerquicklichsten Passagen seiner Herrschaft. Cousin und Bayernherzog Heinrich, dem die Chronisten nicht zu Unrecht den Beinamen »der Zänker« geben, ist Quelle ständigen Zwists. In seinen Adern fließt das Blut der sächsischen Liudolfinger und der bayerischen Luitpoldinger. Gemeinsam mit dem Schwabenherzog Burchard übergeht er nach dem Tod des heldenhaften Verteidigers von Augsburg während der Lechfeld-Schlacht, Bischof Ulrich, das Recht der Investitur des Kaisers und setzt seinen luitpoldingischen Vetter Heinrich auf den Bischofsstuhl. Als Herzog Burchard III. ohne Nachkommen 973 stirbt und Schwaben in Griffnähe Heinrichs gerät – Herzoginwitwe Hartwig ist seine Schwester –, übergeht jetzt Otto Heinrichs Anspruch und übergibt das Herzogtum einem seiner Neffen.

Und wieder Rebellion

Heinrich begehrt auf und findet nicht nur bayerische, sondern auch sächsische Anhänger, auch Herzog Boleslaw von Böhmen und Mieszko von Polen stehen auf seiner Seite. Otto II. setzt daraufhin Heinrich in Ingelheim fest (974) und meint, die bayerische Gefahr gebannt zu haben.

Im Zuge der Auseinandersetzung mit dem »Zänker« muss Otto II. auch Aufrührer im Hennegau und bei Cambrai niederringen, den Einfall von Dänenkönig Harald Blauzahn abwehren und Böhmenherzog Boleslaw II. wegen des Komplotts mit Heinrich in die Schranken weisen. Kaum gelingt Heinrich

die Flucht, schon schlagen die Flammen des Aufstands in Bayern wieder hoch, muss Regensburg von den Kaiserlichen erobert werden. Jetzt beeilt sich Otto, dem bayerischen Separationsstreben einen Riegel vorzuschieben, trennt Kärnten von Bayern und erhebt es zum eigenen Herzogtum (976). Das im Osten an Bayern angrenzende Land an der Donau – der Einfachheit halber bis heute »bayerische Ostmark« genannt und Keimzelle Österreichs – gibt Otto dem kaisertreuen Babenberger Luitpold, einem erklärten Gegner Heinrichs »des Zänkers«, zum Lehen (21. 7. 976).

Sieben Jahre braucht der König, um die innere Stabilität des Reiches nördlich der Alpen wiederherzustellen. Dazu trägt eine Änderung im Kirchensystem bei: Bischöfe werden zu Trägern, ihre Bistümer zu Institutionen der Reichsverwaltung. Sie unterstehen dem König und dem Papst zugleich. Die Heirat mit der byzantinischen Prinzessin Theophanu bringt Otto gute Beziehungen zu Konstantinopel ein. Mittlerweile ist das Papsttum in Italien durch Gegenpäpste und Mord in die Krise geraten. Papst Benedikt VII. bittet im Sommer 980 Otto II. um Hilfe.

Vor Ort lässt sich der deutsche König von der arabischen Gefahr für Rom überzeugen. Otto nimmt den Titel »Romanorum Imperator Augustus«, »erhabener Kaiser der Römer«, an und verspricht die Kirche zu schützen. Die möglichen Gefahren nicht ahnend, geht er auf Eroberungsfahrt und trifft bei Cotrone auf die vom Emirat Sizilien heranrückenden Araber (13. 7. 982). Im Angriff durchbrechen die deutschen Panzerreiter die sarazenischen Rei-

hen. Der Kampf scheint gewonnen und das Christenheer tritt den Rückzug an. Doch in den Bergen lauern arabische Reserven, in wüstem Gemetzel überwältigen sie die kleinen Trupps der Ritter, der Kaiser flieht zur Küste und entkommt auf einem griechischen Schiff.

In Italien erfüllt sich schließlich das Schicksal Ottos II.: 983 bricht er nochmals in den Süden auf, erkrankt an Malaria und erliegt der Krankheit am 7. 12. 983 in Rom.

Kaiser Otto II. mit Symbolen der vier Teile seines Reiches, 983 (Bild links). – Europa um 1000 (Karte unten).

Visionen eines Kaisers

„Dies war die Sünde des Königs: Das Land seiner Geburt, das liebe Deutschland, wollte er nicht einmal mehr sehen, so groß war seine Sehnsucht, in Italien zu bleiben, wo in tausend Mühen, tausend Todesgefahren schreckliches Unheil bewaffnet heranstürmt."

Brun(o) von Querfurt, nach 1002

Brun(o) von Querfurt, Missionserzbischof und Begleiter Ottos III. auf seinen Italienfahrten, weiß, wovon er spricht: Er, der Sachse, kann seinem Herrn Otto, ebenfalls aus sächsischem Geschlecht, seine Vorliebe für Italien unter Hintansetzung des Heimatlandes nicht verzeihen. Dabei führt Otto III. das von seinem Vater begonnene Werk, Italien und Rom stärker an das Reich zu binden, doch nur etwas konsequenter fort.

Juristisch ist der 980 geborene Otto auf Grund seiner Wahl in Verona und der Krönung in Aachen 983 Nachfolger seines Vaters Otto II. Faktisch aber wird er erst mit der Schwertleite auf dem Reichstag zu Sohlingen (bei Höxter) im September 994 regierungsfähig. Der auf das Herrscheramt sorgfältig vorbereitete, erst 14-jährige König nimmt die Regierung selbstbewusst in die Hand. Was auf dem Sohlinger Reichstag so glatt über die Bühne geht,

hat ein mehr als 10-jähriges turbulentes Vorspiel: Gleich drei Frauen teilen sich in dieser Zeit das Regieren – Großmutter Adelheid, die Mutter Theophanu und die tatkräftige Äbtissin Mathilde von Quedlinburg, zugleich Schwester Ottos II. Sie steuern das Staatsschiff durch die Klippen von Wirren und Hemmnissen, die Neider und Usurpatoren legen. Einer von ihnen ist der unermüdlich, fast krankhaft nach der Königskrone trachtende Heinrich II., »der Zänker«. Er sieht mit dem Tod Ottos II. seine Stunde gekommen, denn die Reichsverfassung schreibt keine festen Regeln für eine Regentschaft im Falle der Minderjährigkeit des Nachfolgers vor. Er reist aus dem Utrechter Exil zunächst nach Köln, um von Erzbischof Warin die königlichen Insignien und den Kindkönig Otto III. ausgeliefert zu bekommen. Dann begibt er sich nach Sachsen und feiert dort in der Quedlinburg, der traditionsreichen »Osterpfalz« seiner Ahnen, das Osterfest. Das beeindruckt weltliche und geistliche Große. Seine Anhänger bejubeln ihn schon als neuen König.

Regierung der Frauen

Unterdessen sind die Damen des kaiserlichen Hauses, Adelheid und Theophanu, nicht untätig, sondern stellen eine königstreue Fürstenopposition gegen Heinrich II., »den Zänker«, auf die Beine, an deren Spitze der Mainzer Erzbischof und Erzkanzler Willigis machtvoll auftritt. Heinrich II. gibt klein

bei und folgt am 29. Juni 984 bei Rara (Rohr in Thüringen?) den Kindkönig an Theophanu aus. Theophanu ist zweifellos eine tatkräftige und ehrgeizige Frau. Im Herbst 989 reist sie ohne ihren königlichen Sohn nach Rom, übt kaiserliche Hoheitsrechte aus, nennt sich Kaiserin und Kaiser zugleich und stellt Urkunden im eigenen Namen aus. Viel Zeit bleibt ihr aber nicht mehr für die Regierungsgeschäfte: Sie stirbt am 15. 6. 991 in Nimwegen, im Alter von etwa 36 Jahren. Noch einmal muss die jetzt 60-jährige Kaiserin Adelheid aus ihrem Alterssitz in Pavia anreisen und stellvertretend für Otto III. die Regierungspolitik leiten. Sie tut es dank treu ergebener Großer mit Geschick, ist aber sichtlich froh, mit der Schwertleite das Amt ihrem nun regierungsfähig gewordenen Enkel Otto III. übergeben zu können.

Auf dem Sohlinger Reichstag ist u.a. eine Reise nach Italien beschlossen worden. Doch bevor Otto III. in den Süden aufbricht, zieht er gegen die wieder unruhig gewordenen Slawen jenseits der Reichsgrenze. Schon zu seines Vaters Zeiten waren Liutizen und Obotriten regelmäßig in Sachsen eingefallen, der große Slawenaufstand von 983, nach Cotrone 982, ist noch vielen im Gedächtnis. Otto III. strebt nicht nach Landgewinn, seine Expedition, der sich auch polnische Kämpfer unter Boleslaw Chrobry und ein böhmisches Aufgebot anschließen, dient der Demonstration von Stärke und Präsenz.

Unruhiges Italien

Unterdessen treffen aus Rom alarmierende Nachrichten ein: Papst Johannes XV. ist vor der stadtrömischen Adelsfamilie der Crescentier auf der Flucht. Otto muss nach dem Rechten sehen und reitet im Frühjahr 996 mit gewaltiger Streitmacht über die Alpen. In Verona kommt es zu ersten, blutigen Auseinandersetzungen. Es mag sein, dass diese Händel erste Anzeichen eines beginnenden italienischen Nationalgefühls reflektieren, im übrigen Italien aber bleibt es ruhig. Angesichts des herannahenden deutschen Heeres ändert sich die Stimmung in Rom, Papst Johannes XV. kehrt auf den Stuhl Petri zurück, stirbt freilich schon kurz danach. Otto III., zwar noch nicht zum Kaiser gekrönt, waltet seines Amtes: Er bestimmt kurz entschlossen seinen Hofkapellan Brun, den Sohn Herzog Ottos von Kärnten und Urenkel Ottos des Großen, zum Nachfolger. Ausschließlich Vernunft bestimmt sein Handeln, denn nach den Erfah-

Otto III., umgeben von geistlichen und weltlichen Würdenträgern (Evangeliar, Ende 10. Jh., Bild oben). – Reichskrone, vermutlich um 962 auf der Insel Reichenau entstanden (Bild links unten). – Das Reich um 1000 (Karte rechts).

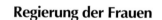

rungen der letzten Zeit musste das Papsttum aus den Machtkämpfen der weltlichen Großen herausgehalten werden, um den eigentlichen, universalen, spirituellen Aufgaben vorbehalten zu bleiben.

Päpste leben gefährlich

Die Bilanz der letzten 30 Jahre war erschreckend genug: Seit Otto dem Großen hatte es neun Päpste gegeben, davon starb einer in der Verbannung, drei waren im Verlies der Engelsburg gewaltsam umgekommen. Brun von Kärnten knüpft an bessere Traditionen an, er nennt sich Gregor V., nach dem legendären Gregor dem Großen (590 bis 604), dem Mehrer des »Patrimonium Petri«. Gregor V., auch erst 24 Jahre alt, krönt am Christi-Himmelfahrts-Tag, am 21. 5. 996, den knapp 16-jährigen Vetter Otto III. zum Kaiser. Die Eintracht der beiden trügt. Nur allzu bald treten Spannungen auf, die nur durch eine überstürzte Abreise Ottos III. nicht eskalieren. Gregor V. hat den Eindruck gewonnen, zum Erfüllungsgehilfen des deutschen Kaisers degradiert zu werden, weil dieser nicht bereit ist, die für den Kirchenstaat lebensnotwendigen Privilegien zu bestätigen. Das Fehlen materieller Grundlagen brächte aber das Papsttum in vollständige Abhängigkeit von weltlichen Herrschern, folgert Gregor. Ottos plötzliche Abreise bringt Gregor in Verlegenheit.

Ein unfassbares Martyrium

Ohne kaiserlichen Schutz in einer ihm fremden Welt, lernt er alsbald die Macht des Oberhauptes der einflussreichen römischen Patrizierfamilie der Crescentier, Johannes, kennen. Der verjagt den Pontifex kurzerhand aus Rom und ernennt Philagathós, mit dem apostolischen Namen Johannes XVI., zum Gegenpapst. Philagathós war Lehrer und Erzieher Ottos III., weshalb Johannes Crescentius darauf spekuliert, dass Otto III. Philagathós anerkennen und seinen Vetter Gregor V. fallen lassen werde. Der mit Byzanz konspirierende Crescentier täuscht sich. Ende des Jahres 997 feiert der Kaiser noch geruhsame Weihnachten in Pavia, im Februar 998 steht er vor der Engelsburg und fordert Johannes Crescentius auf, sich zu ergeben. Der weiß, dass ihn keine Gnade erwartet, und kämpft um sein Leben. Nach Wochen der Belagerung gibt er auf. An Ort und Stelle wird er geköpft, der Körper über die Zinnen in den Abgrund

gestürzt und was von dem Leichnam noch übrig ist, auf dem Monte Mario an den Füßen aufgehängt. Philagathós flieht vor den Häschern, die ihn schließlich doch einholen, ihm die Augen ausstechen, Ohren, Nase, Unterlippe und Zunge abschneiden und ihn mit einem über das Haupt gestülpten Tierbalg rücklings auf einem Esel sitzend durch die Stadt treiben.

Diese Greueltaten, die Otto III. zweifellos billigt, passen so gar nicht zu dem Bild, das die Chronisten von ihm zeichnen. Ein „mirabilia mundi", ein „Weltwunder", soll er gewesen sein. Feingliedrig, von schlanker Gestalt und hochintelligent. Zeit seines Lebens hängt er einer Vision an, die in der »Renovatio Imperii Romanorum« gipfelt, einer schwärmerischen Begeisterung für die römische Antike. Rom will er zur Residenz erheben, von der aus das Reich, bestehend aus Italien, Deutschland, Frankreich und dem Slawenland (»Sklavenia«), durch einen gemeinsamen Kanzler regiert werden soll. Aber die Römer lehnen ihn und seine Weltstadtpläne ab.

Als er Ende 1000 wieder in seinem heiß geliebten Rom weilt, ist die Stimmung hasserfüllt. Otto III. flieht, bitter enttäuscht, hinter Klostermauern. Noch hängt er seiner Vision an

und versucht sie mit Waffengewalt zu verwirklichen. Er besetzt Salerno, stürmt Benevent, zieht sich schließlich voller Selbstzweifel auf die Burg Paterno bei Civita Castellana zurück. Am 24. 1. 1002, noch nicht 22 Jahre alt, stirbt Otto III. an Malaria und durch Askese bedingter körperlicher Schwäche.

In Italien lodern die Flammen des Aufstands. Bis Oberitalien müssen die Deutschen den Rückweg ihres toten Herrschers mit dem Schwert in der Faust freikämpfen.

In Aachen liegt Otto III. begraben, neben seinem Großvater, Otto I., dem Großen.

Heinrich II. und Polen

„Die »großpolnisch-piastische« Idee lebte jedoch weiter, feierte als jagellonische [litauisch-polnische Dynastie] Idee Triumphe und lieferte »die historische Legitimation für die politische Wirklichkeit unserer Tage«. Das piastische Großreich des Boleslaw Chrobry gewann zentrale Bedeutung für das nationalpolitische Geschichtsbewusstsein und half der polnischen Nation im Kampf ums Überleben.“

Hans K. Schulze, 1994

Heinrich II. ist der Letzte aus dem sächsischen Hause der Ottonen. Am 6. 5. 973 als Sohn des bayerischen Herzogs Heinrich II., »des Zänkers«, und der burgundischen Prinzessin Gisela in der Pfalz Grone bei Göttingen geboren, wächst er während der 11-jährigen Verbannung seines Vaters in Sachsen heran. In der Domschule zu Hildesheim und später in Regensburg wird er, vermutlich auf Geheiß Ottos II., für das geistliche Amt erzogen. Doch schon kurz nach dem Tod seines Vaters (995) wählt ihn der bayerische Adel zum Herzog. Treu und ergeben folgt er seinem König und Kaiser Otto III. zweimal nach Italien. Ihm und seinen Männern hat es der deutsche Herrscher zu danken, dass er 1001 aus dem Palatin in Rom, von einer aufgebrachten Menschenmenge belagert, unbeschadet entkommen konnte. Der Tod Ottos III. überrascht Heinrich II. nicht. Er handelt kurz und entschlossen, zieht dem Kondukt, der sich langsam über die Alpen quält, entgegen und erwartet ihn im oberbayerischen Polling. Die Ehrenbezeugung gilt nicht dem toten König allein, sondern er trachtet nach dem Besitz der im Trauerzug mitgeführten Reichsinsignien. Keinen Augenblick zögert er, seinen Thronanspruch geltend zu machen, nimmt Kanzler und Erzbischof Heribert von Köln in Haft und dessen Bruder Heinrich als Geisel, als er erfährt, dass die »Heilige Lanze« bereits heimlich nach Köln geschafft worden ist.

Heinrich ist nicht der einzige Thronanwärter. Neben dem Bayernherzog kommen noch Herzog Hermann II. von Schwaben, Markgraf Ekkehard von Meißen und der sächsische Graf Brun von Braunschweig in Betracht. Die Art, in der Heinrich II. sich der Reichsinsignien bemächtigt, empört die Großen. Die Fürsten begünstigen den Schwabenherzog, den Konradiner Hermann II. Heinrich erhebt Einspruch und bewirkt die Aussetzung der Königswahl. Seine Macht ist groß. Das Herzogtum Bayern, fruchtbar und für das Reich strategisch ungemein wichtig, reicht über den Brenner bis Bozen und vom Lech bis an den Wienerwald. Die Franken unter dem mächtigsten Kurfürsten des Reiches, Erzbischof Willigis von Mainz, zeigen ihm ihre Sympathie. So beschließt man in Aachen lediglich, über die Königsnachfolge nachzudenken und in Werla weiter zu beraten.

Christus krönt Heinrich II., »den Heiligen«, und dessen Frau Kunigunde (Bamberger Evangeliar, um 1010, Bild rechts). – Polen zur Zeit seiner größten Ausdehnung unter der Herrschaft der Piasten (Karte).

Die Wende in Werla

In Werla votieren die meisten Großen bereits für Heinrich II. Zwar sieht sich Ekkehard von Meißen schon in der Rolle des Königs, doch eines Nachts wird er in der Pfalz Pöhlde überfallen und ermordet. Damit stehen nur noch Heinrich II. und der Schwabenherzog Hermann II. zur Wahl. Nun entpuppt sich Erzbischof Willigis von Mainz als Königsmacher: Er salbt und krönt Heinrich II. am 7. 6. 1002, ohne den entscheidenden Spruch der Großen abzuwarten. Hermann II. lässt seiner Wut freien Lauf und plündert das königstreue Straßburg. Im Gegenzug marodiert Heinrich II. in den Besitzungen des Schwaben. Der Konflikt ist so nicht zu schlichten, also versucht es Heinrich II. mit diplomatischen Mitteln: Ein Umritt durch Deutschland soll ihm die Gunst der deutsche Fürsten gewinnen. Die Salbung allein hat ihn noch nicht zum König erhoben, es fehlen die Thronbesteigung in Aachen und die Akklamation. Die Entscheidung liegt bei den einflussreichen sächsischen Fürsten. In Merseburg bestätigt Heinrich ihnen die Erhaltung ihrer Stammesrechte. Die Sachsen sind zufrieden, der Bayernherzog hat die letzte Hürde vor dem Königsthron genommen. Nun bequemen sich auch die Lotharingier zur Huldigung und der Schwaben-

herzog gibt seine Opposition auf. Keinen Tag zu früh, denn an der Ostgrenze drohen neue Gefahren.

Polen, eine neue Macht im Osten

Der gewaltsame Tod des Markgrafen Ekkehard von Meißen hat eine Lücke in den Sicherungsgürtel an der Elbe gerissen. Boleslaw Chrobry, der polnische Herzog aus dem Hause der Piasten, nützt diese Gelegenheit, besetzt die Mark Geros, dann Bautzen, die Hauptburg der Milzener, Burg Strehla an der Elbe, Meißen und das Gebiet bis zur Weißen Elster. Seit ihn Otto III. *„Bruder und Mithelfer im Reich"* genannt hat, fühlt sich Boleslaw dazu befugt. Das Argument überzeugt, Heinrich II. belehnt den Polenherzog mit dem Milzener Land (Nieder- und Oberlausitz), Meißen aber verweigert er ihm und gibt es einem Vasallen Boleslaws, dem Markgrafen Gunzelin.

Kaum ist die politische Ordnung an der Elbe wieder hergestellt, brechen in Böhmen, im Hause der Přemysliden, Thronwirren aus. Zwei Parteien streiten um die Nachfolge, die eine sucht bei Boleslaw Unterstützung, die andere bei Heinrich II. Wieder meint der Polenfürst, als Nachfolger Ekkehards auch dessen böhmisches Lehen in Anspruch nehmen zu können.

Mit der Sympathie der Ekkehardiner und Billunger, einem Bündnis mit dem Markgrafen von Schweinfurt und der Verwandtschaft zum Dänenkönig Sven im Rücken, tritt Boleslaw gegen Heinrich II. auf. Heinrich II. ist zuerst bereit ihm nachzugeben, doch als er die deutsche Lehenshoheit ablehnt, in Prag die Herrschaft übernimmt (1003) und damit die Interessen Bayerns und des Reiches verletzt, ist die Basis für Zugeständnise zerstört. Ein 15 Jahre dauernder Krieg beginnt, den Heinrich II. sehr ernst nimmt.

Ungeachtet aller Warnungen seiner Berater geht er am Quedlinburger Osterhoftag von 1003 ein Bündnis mit dem »heidnischen« westslawischen Volk der Liutizen – auch Wilzen genannt – ein und verpflichtet sie zum Kampf gegen den Polenherzog. Ein Aufschrei geht durch die deutsche Kirche, mit Entsetzen stellt sie fest, dass nun neben der »Heiligen Lanze« Götzenbilder in den Krieg ziehen. Aber das kümmert Heinrich nur wenig.

Boleslaw I. Chrobry löst alle Bindungen zum Reich und stellt seine eigene, großpolnische Reichskonzeption entgegen. Der Erfolg be-

stätigt ihn, das Herzogtum Polen wächst in alle Richtungen und der von sächsischen Fürsten vermittelte Friede von Bautzen (13. 1. 1018) bestätigt seine Eroberungen, vor allem den Besitz der umstrittenen Marken Lausitz und Milzener Land. Ein Vierteljahrhundert nach der spektakulären Aufwertung Kaiser Ottos III. in Gnesen im Jahr 1000 steht Boleslaw I. auf dem Gipfel seiner Macht, durch Erhebung 1024 zum König buchstäblich gekrönt.

Heinrich II. und Kunigunde erhalten Kaiserwürden

Die Kämpfe gegen das piastische Polen sind nicht die einzigen, die Heinrich II. zu bestehen hat. Die Erhebung des Markgrafen Arduin von Ivrea zum König führt Heinrich nach Italien. Demonstrativ lässt er sich am 14. 5. 1004 in Pavia die Krone aufsetzen. Während seines zweiten Italienbesuches, am 14. 2. 1014, verleiht Papst Benedikt VIII. ihm und seiner Frau die Kaiserwürde. Der dritte Italienzug (1021/22) bringt nach päpstlichem Hilferuf die kaiserliche Autorität in Unteritalien wieder zur Geltung. 250 deutsche Ritter drängen mit normannischer Hilfe die byzantinische Expansion zurück.

Auf dem Rückweg hält Heinrich II. mit Papst Benedikt VIII. in Pavia eine Reformsynode ab, die ein Eheverbot für Priester fordert. Vor allem geht es um die Sicherung des Kirchenvermögens vor dem Erbanspruch der Priesterkinder.

Der Erfolg im Süden wiederholt sich im Westen nicht. Zwar sichert ihm König Rudolf III. von Burgund die Anwartschaft auf das Teilreich zu und Heinrich nimmt 1006 Basel in Besitz, doch den burgundischen Adel kann er nicht für sich gewinnen.

Heinrich II. stiftet der Kirche und den Klöstern reichlich und fördert kräftig das ottonische Reichskirchensystem, greift aber auch rücksichtslos nach Kirchengütern, wenn er Umverteilungen für notwendig hält: Das Bistum Bamberg, eine persönliche Stiftung des Kaisers und seiner Gemahlin Kunigunde, entsteht im Wesentlichen aus Gütern der Bistümer Würzburg und Eichstätt.

Am 13. 7. 1024 stirbt der Kaiser an einer Gallenkollik. 1146 spricht ihn Papst Eugen III. wegen seiner reichen Stiftungen heilig. Seine Frau Kunigunde nimmt nach seinem Tod den Schleier und dient im Kloster Kaufungen bei Kassel an der Klosterpforte. Sie überlebt Heinrich um neun Jahre. Im Jahr 1200 wird auch Kunigunde heilig gesprochen.

Der Reichsgedanke triumphiert

„Die Stärkung der königlichen Autorität nach innen und die Festigung des Ansehens des Reiches nach außen ist die große Leistung des ersten Saliers, der seine Kräfte in rastlosem Einsatz für die Erfüllung dieser Aufgabe früh verbrauchte."

Egon Boshof, 1995

Heinrich II. ist der letzte der sächsischen Herrscher aus dem Haus der Liudolfinger. Der Bruder des Kaisers, Bruno, ist Bischof von Augsburg und kommt für die Nachfolge nicht in Betracht.

Wieder stehen die deutschen Fürsten vor einer schwierigen Königswahl. Keiner der möglichen Kandidaten ist angesehen genug, um Aussichten auf die Krone zu haben. Nun entscheiden die hohen Geistlichen über die Nachfolge nach alter Tradition, dem Geblütsrecht: Zwei Urenkel Liutgards, der Tochter Ottos des Großen, Gemahlin Konrads »des Roten« von Lothringen, kommen in die engere Auswahl. Beide Anwärter heißen Konrad und stehen den zwei Linien des reich begüterten salisch-fränkischen Hauses vor.

Ein Salier wird König

Auf der Reichsversammlung zu Kamba am Rhein, nördlich von Worms, wählen am 4. 9. 1024 die Großen des Reiches den Favoriten des Mainzer Erzbischofs Aribo, Konrad den Älteren, zum König, obwohl Konrad bei Heinrich II. in Ungnade gefallen, sogar verbannt worden ist: Er hatte einem königlichen Günstling den Fehdehandschuh zugeworfen. Konrad wird am 8. 9. 1024 zum König akklamiert.

Im Wesentlichen verfolgt der neue Herrscher die politische Linie seines Vorgängers: Er wahrt die Hoheit über die Reichskirche und die Herzogtümer. An der Nordgrenze tritt er kompromissbereit die Mark Schleswig an den dänisch-englischen König Knut, den Großen, ab (1025). Der gebietet über ein großes, von England bis Norwegen reichendes Territorium. Die Einfälle der Nordleute sind gebannt; Konrads II. Sohn, Heinrich III., wird mit der dänischen Prinzessin Gunhild verheiratet. Die Absicherung gegen weitere Übergriffe erscheint Konrad II. notwendig, denn noch immer ist der von elbslawischen Völkern (Obotriten und Liu-

tizen) bewohnte Landstrich zwischen Dänemark, der Elbe und der Oder ein Machtvakuum im polnisch-deutschen Spannungsfeld.

Misstrauen gegen Polen

Voll Argwohn registriert daher Konrad II., wie sich Boleslaw I. Chrobry, vermutlich mit apostolischem Segen, die Königskrone aufsetzt (1025) und jetzt im Rang den westlichen Herrschern gleichkommt. Doch kurz darauf stirbt Boleslaw und sein Sohn Mieszko II. Lambert tritt die Nachfolge an. Da auch er meint, die Königswürde sei erblich, glaubt Konrad II. die Reichsrechte verletzt, denn immerhin besteht seit 986 die Abhängigkeit zum Reich. Wieder droht ein Krieg, den der deutsche König mit einer antipolnischen Koalition, Herzog Udalrich von Böhmen und dem Kiewer Fürsten Jaroslaw, rasch zu führen gedenkt. Vorerst aber muss er ähnlichen separatistischen Bestrebungen in Italien entgegentreten. In Oberitalien fordern die Großen lautstark einen König der eigenen Wahl und nicht einen von Deutschland ernannten. Die aufgebrachte Bevölkerung reißt die königliche Pfalz Heinrichs II. nieder, oberitalienische Große bieten gleichzeitig demonstrativ Robert II. von Frankreich, dann Wilhelm V. von Aquitanien und dessen Sohn die lombardische Krone an.

Hingegen zeigt sich der Erzbischof von Mailand, Aribert, königstreu. Er tritt offen an die Seite Konrads II., krönt ihn vor aller Welt zum italienischen König (1026) und bekämpft die oppositionellen Adligen. Anfang 1027 kapitulieren die Zentren des Aufruhrs, Pavia und Ravenna, der Weg nach Rom ist für Konrad II. frei. Papst Johannes XIX. salbt ihn am 26. 3. 1027 in Gegenwart des englisch-dänischen Königs Knut des Großen und Rudolfs III. von Burgund zum Kaiser. Wenige Monate später überträgt der kinderlose Rudolf das Erbrecht seines Reiches auf Kaiser Konrad II. (im August 1027), der karolingische Einheitsgedanke triumphiert wie selten zuvor. Natürlich ruft Rudolf damit beträchtliche Unruhe unter den Großen des eigenen Landes hervor, Konrad II. muss sich dieses Erbe mit Waffengewalt erkämpfen (1033/34). Noch in Rom erneuert der Kaiser die Oberhoheit in den Fürstentümern Capua, Salerno und Benevent und überlässt den Normannen die Grenzsicherung

zu den byzantinischen Fürstentümern. Erfolgreich und selbstbewusst kehrt der Kaiser im Sommer 1027 nach Deutschland zurück. Zur Ruhe kommt er nicht, es erwarten ihn bereits innenpolitische Probleme.

Sein Stiefsohn, Herzog Ernst II. von Schwaben, schon 1025 in Opposition, rebelliert. Konrad II. schlägt ihn in Acht und Ernst flieht auf seine Burg Falkenstein im Schwarzwald. Das Raubritterleben bekommt ihm nicht, gejagt und verfolgt fällt er schließlich in einem Gefecht gegen Graf Mangold (1030). Ungerührt nimmt Konrad die Nachricht vom Tode seines Stiefsohns entgegen. *„Selten haben bissige Hunde Junge"*, soll er lakonisch gemeint haben. Auch Adalbero von Kärnten aus dem bayerischen Geschlecht der Eppensteiner verliert die Gunst des Kaisers und sein Land. Kärnten fällt an die Salier.

Konflikt an der Ostgrenze

Böse Nachrichten erreichen Konrad II. von der Ostgrenze: Mieszko II. verwüstet die Mark Meißen (1028) und das Umland. Er holt zum Gegenschlag aus und erobert zusammen mit Udalrich Böhmen zurück. Mieszko ruht nicht, diesmal fällt er in Allianz mit den »heidnischen« Liuti-

zen in die östlichen Marken ein, wiederholt 1030 den Beutezug und verschleppt 9000 Gefangene. Die Gegenoffensive Konrads II. lässt nicht lange auf sich warten, mit neuen Kräften zwingt er 1031 Mieszko, auf die Lausitz und das Milzener Land zu verzichten und die červinischen Burgen an den Fürsten der Kiewer Rus, Jaroslaw »den Weisen«, abzutreten. Mieszko flieht, sein friedenswilliger Bruder Bezprym tritt an seine Stelle. Freiwillig übergibt er die polnische Königskrone an Konrad II. und begnügt sich mit dem Herzogshut. Aber schon 1032 fällt er einem Mordanschlag zum Opfer und Mieszko II. ist wieder an der Macht. Nur den Rückhalt von einst findet er bei den polnischen Großen nicht mehr. Auf dem Hoftag in Merseburg verzichtet er mit Kniefall auf den Königstitel und stimmt einer Dreiteilung Polens zu: Bruder Otto und Vetter Dietrich erhalten je ein Drittel des Landes als selbständige Herrschaftsbereiche. Es ist gewissermaßen die erste der vielen Teilungen, die Polens Geschichte aufweist. Konrad II. hat für die nächste Zeit das Schreckgespenst eines mächtigen slawischen Staates an der Ostgrenze des Reiches verscheucht. Anders als sein Vorgänger Heinrich II. betrachtet Konrad II. die Reichskirche nicht aus persönlichem,

---

STICHWORT

Die Salier

Das Herkunftsgebiet der »Salier« ist im 7. Jh. der Moselraum. Mit Konrad »dem Roten«, seit 944 Herzog von Lotharingien, tritt das Geschlecht ins Rampenlicht der Geschichte. Der Begriff »Salier« erscheint erstmals Anfang des 12. Jhs. als Beiname »rex salicus« oder »reges salici«. Ob er auf den Namen der Stammesgruppe der Salfranken oder den althochdeutschen Rechtsbegriff »sal« = Herrschaft zurückgeht, ist nicht geklärt.

ehrgeizigen, sondern aus einem praktischen Blickwinkel: Für ihn sind die geistlichen Würdenträger Diener der Kirche und Beamte des Reiches zugleich, er ist ihr unumschränkter Herrscher und sie haben seinen Anweisungen zu folgen. Ungehorsamen Bischöfen drohen Konsequenzen, der mächtige Reichsvikar und Erzbischof Aribert von Mailand, der ihm bis zur Regelung der Lehensverhältnisse treu dient, dann aber die neuen Bestimmungen hintertreibt, wird wegen Hochverrats verurteilt (1037). Um die Freiheit zu retten flieht er, der Konrad II. die italienische Königskrone aufgesetzt und die adelige Opposition in blutigen Kämpfen niedergerungen hat, hinter die schützenden Mauern Mailands, belagert von diesem Konrad.

Die Erblichkeit der Lehen

Noch im Heerlager vor Mailand erlässt der Kaiser am 28. 5. 1037 das wichtige Gesetz »Zur Sicherung des Besitzes aller Lehensträger gegen willkürliche Verdrängung und Verbürgung der Erblichkeit aller Lehen selbst«, die »Constitutio de feudis«. Sie garantiert allen Untervasallen die Erblichkeit ihrer Lehen. Die Absicht ist klar: Mit dem Dekret will der Kaiser die vielen kriegstüchtigen kleinen Ritter als politisches Gegengewicht zum Episkopat und zu den mächtigen oberitalienischen Markgrafengeschlechtern aufwerten.

Währenddessen schlägt Aribert in die Kerbe, die italienische Große 1025 vorzeichneten: Er bietet Graf Odo von der Champagne die italienische Königskrone und die Kaiserwürde gleich dazu an. Ermuntert durch diese Versprechungen bricht Odo zum privaten Feldzug gegen Konrad II. auf. Das strategische Ziel seines komisch-tragischen Kleinkrieges heißt Aachen, die Stadt, in der die Reichskleinodien verwahrt werden. Odos hochfliegender Plan scheitert am Widerstand eines lotharingisch-elsässischen Aufgebots. Er kommt auf der Flucht ums Leben. Sommerliche Hitze und schwere Unwetter

zwingen Konrad II., die Belagerung von Mailand abzubrechen (1038) und eiligst den Rückzug anzutreten. Mit der Gesundheit des 48-Jährigen steht es nicht zum Besten, die Anstrengungen der letzten Jahre zeigen Wirkung. Am Beginn des Jahres 1039 lähmt ihn ein Gichtanfall, zu Pfingsten 1039 befallen ihn nach einem Festessen in Utrecht heftige Schmerzen und er stirbt. Konrad II. war eine der kraftvollsten Herrschergestalten des

Mittelalters. Seinem Nachfolger hinterlässt er ein durch den Erwerb Burgunds, der Lausitz und des Milzener Landes abgerundetes, in sich gefestigtes Reich. Den traditionellen Beinamen »Mehrer des Reiches« trägt er zu Recht.

Marktkreuz aus dem Jahr 968 auf dem Hauptmarkt von Trier (Bild links). – Silberdenar mit dem Bildnis Konrads II. aus der Kölner Münzstätte (Bild oben). – Das Reich Konrads II. um 1030 (Karte rechts).

Map labels:

KGR. DÄNEMARK
Ostsee
Schleswig — 1025: Konrad II. tritt die Mark Schleswig an Knut den Großen ab.
MARK SCHLESWIG
Rügen
Helgoland
Oldenburg
Obotriten
Ratzeburg
Rhetra
POMMERN
STORMARN
Hainburg
BILLUNGER MARK
Lenzen
Liutizen
NORDMARK
Warthe
Gnesen
FRIESLAND
Bremen
Havelberg
Brandenburg
KGR. POLEN
Posen
Utrecht — 4. 6. 1039: Konrad II. stirbt und wird nach Speyer überführt.
HZM. SACHSEN
ENGERN
OSTFALEN
Magdeburg
Spree
Lebus
SCHLESIEN
Breslau
Osnabrück
Minden
Hildesheim
Werla
Quedlinburg
Elbe
MARK LAUSITZ 1030
1031
Nimwegen
Münster
WESTFALEN
Corvey
Goslar
Pohlde
Allstedt
Meißen
MARK MEISSEN
1028, 1030
Antwerpen
HZM. NIEDER-LOTHARINGIEN
Duisburg
Dortmund
Paderborn
Grona
Memleben
Merseburg
Zeitz
1033: Auf dem Hoftag verzichtet Mieszko II. auf die Königswürde und stimmt der Dreiteilung seines Landes zu.
Brüssel
Aachen
Köln
Fritzlar
THÜRINGEN
HZM. BÖHMEN
Lüttich
Bonn
Bebra
Erfurt
Prag
Olmütz
MÄHREN
Maas
Prüm
Hersfeld
WESTLICHES HESSEN
Fulda
1029
Kladrau
FRANKREICH
Echternach
8. 9. 1024: Krönung Konrads II. zum deutschen König.
Frankfurt
ÖSTLICHES HESSEN
Bamberg
MGF. NORDGAU
Reims
Gorze
Metz
Mainz
Tribur
Kamba
Würzburg
HZM. FRANKEN
Regensburg
Verdun
Bar-le-Duc
Ingelheim
Oppenheim
4. 9. 1024: Auf Vorschlag des Erzbischofs Aribo von Mainz wählen geistliche und weltliche Fürsten den Salier Konrad II. zum König.
Eichstätt
Passau
WIEN
15. 11. 1037: Graf Odo von Blois-Champagne verliert auf dem Feldzug nach Aachen Schlacht und Leben gegen die kaisertreuen Herzöge Gozelo I. von Lotharingien und Bischof Reginard von Lüttich.
Speyer — Der Dom zu Speyer wird auf Anregung Konrads II. gebaut. Er dient ihm als Grablege.
Straßburg
HZM. SCHWABEN
Hirsau
HZM. BAYERN
Freising
Augsburg
Kremsmünster
»Ostmark«
Neusiedler See
Chalons
Troyes
1025/1030: Fortwährende Kämpfe mit Stiefsohn Ernst von Schwaben.
St. Blasien
Konstanz
St. Gallen
Wessobrunn
Benediktbeuren
Salzburg
Mondsee
Tegernsee
Admont
Eppenstein
Sommer 1034: Ein Vorstoß nach Ungarn endet für die deutschen gepanzerten Reiter in den Sümpfen östlich des Neusiedler Sees. Sie kehren um und werden von lauernden Magyaren im Raum von Wien aufgerieben. Der Raum zwischen Fischa und Leitha geht an die Ungarn.
Dijon
Besançon
BURGUND
Basel
Chur
Brenner
Brixen
Säben
HZM. KÄRNTEN
1035: Adalbero I., Herzog von Kärnten, des Hochverrats wegen umstürzlerischer Verbindungen zu bayerischen Oppositionellen und zu Ungarn angeklagt, muss in die Verbannung.
Autun
2. 2. 1033: Konrad II. zum König von Burgund gekrönt.
Peterlingen
St. II 11
Gotthard Lukmanier
Septimer
Trient
MARK FRIAUL
Cluny
Chalon
Lausanne
Sitten
MARK ISTRIEN
Mâcon
Genf
Gr. St. Bernhard
Aosta
Mit dem Erwerb Burgunds beherrscht Konrad II. alle Alpenpässe
MGFT. VERONA
Aquileia
Grado
Lyon
St. Jean
Moûtiers
LOMBARDEI
1026: Konrad II. zum italienischen (lombardischen) König gekrönt.
Mailand
Verona
Venedig
KGR. KROATIEN
Vienne
Valence
Embrunn
Pavia — 1026
Po
VENEDIG
Spalato
Die
Gap
Frühjahr 1037: Auf seinem 2. Italienzug bekriegt Konrad II. seinen Reichsvikar und Erzbischof Aribert von Mailand.
Genua
Bologna
ROMAGNA
Ravenna
Adriatisches Meer
Viviers
Orange
Sisteron
Digne
28. 5. 1037: Gesetz zum Schutz der Lehen.
MGFT. TUSCIEN
Pisa
Florenz
PENTA-POLIS
Perugia
Uzès
Avignon
PROVENCE
Nîmes
Aix
Golf von Genua
Arno
MGFT. ITALIEN
Arles
Toulon
Nizza
Frühjahr 1038: Konrad II. setzt an die Stelle des oppositionellen Fürsten Pandulf IV. von Capua Fürst Waimar V. von Salerno und überträgt auf dessen Wunsch das Lehen der Grafschaft Aversa auf den normannischen Anführer Rainulf. Damit festigt er die normannische Herrschaft in Süditalien.
0 — 150 km
Elba
Korsika
KIRCHEN-STAAT
26. 3. 1027: Kaiserkrönung durch Papst Johannes XIX.
Rom
byzant.
FSM. BENEVENT
byzant.
FSM. CAPUA

Gleichklang zwischen Reich und Kirche

„Schon früh galt Heinrich als »Hoffnung des Reiches«, und man erwartete, er werde ein Zeitalter der Harmonie, des Friedens und nicht zuletzt auch der Kirchenreform heraufführen."

Karl Rudolf Schnith, 1996

Heinrich III. übernimmt 1039 von seinem Vater Konrad II. ein mächtiges Reich mit gesicherten Grenzen. Dennoch, der aufstrebende Adel setzt das Königtum unter Druck, die Aufrechterhaltung der Herrschaft über Italien bedarf ständiger Kraftanstrengungen.

Im Gegensatz zu seinem Vater ist Heinrich III. tief religiös und asketisch. 1043, bei seiner Hochzeit mit Agnes von Poitou in Ingelheim, verjagt er die auftretenden Gaukler und Spielleute: Die Hochzeit ist für ihn ein ernster Staatsakt und dient nicht frivoler Lustbarkeit. Seine Frau Agnes teilt seine Ansicht. Sie steht ihrem Mann an Frömmigkeit nicht nach. Nach dem Tod seiner ersten Frau, Gunhild, Tochter von Dänenkönig Knut dem Großen, ist die Heirat mit Agnes ein Ergebnis machtpolitischer Überlegungen: Agnes von Poitou stammt aus einem der mächtigsten Fürstenhäuser Frankreichs, aus Aquitanien.

Die tiefe und ehrliche Religiosität hat Kapellan Wipo aus Burgund dem jungen Heinrich vermittelt. In 100 Denksprüchen lehrt er ihn den Grundsatz des katholischen Sittenkodex: *„Besser ist Weisheit als irdische Macht, besser ist, sich zu demütigen, als sich zu erhöhen."*

Eine strenge Regierung

Doch wie sein Vater reagiert Heinrich III. auf innere oder äußere Gefahren mit Härte. Bretislaw von Böhmen, der Polen überfällt, zwingt er, die Selbständigkeit Polens anzuerkennen und Tribut an das Reich zu zahlen. Aufständische »Heiden« in Ungarn unterwirft er in mehreren Feldzügen, Ungarn wird vorübergehend sogar deutsches Lehen (1045). Auf seinem Zug nach Rom (1046/47)

Heinrich III. überreicht der thronenden Maria das Buch; rechts: Königin Agnes. Ausschnitt aus einem Dedikationsbild um 1050 (Bild oben). – Krypta des Doms zu Speyer, erbaut 1030 bis 1061, Grablege der salischen Kaiser (Bild links unten). – Reichskreuz, Goldschmiedearbeit um 1024 (Bild rechts oben). – Das Reich Heinrichs III. (Karte rechts).

STICHWORT

Kirchenreform

Die zunehmende Kritik an den Missständen in der Kirche führt zwischen dem 10. und 12. Jh. zu einer Erneuerungsbewegung, die zwei monastische Zentren aufweist: die Benediktinerabtei Gorze bei Metz in Lotharingien, der auf deutschem Reichsgebiet 160 bis 170 Klöster unterstellt sind, und das Benediktinerkloster Cluny in Burgund. Die Reformbewegungen bekämpfen die Verweltlichung des Klerus. Sie verbieten Simonie (Handel mit Kirchenämtern) und Nikolaitismus (Priesterehe). Papst Leo IX. stellt sich auch gegen das Eigenkirchenwesen (Kirche im Besitz eines weltlichen Herrschers). Dadurch gerät die Reichskirchenpolitik der deutschen Könige in Konflikt mit dem Papst, denn sie behandeln Kirche und Papsttum als »Eigenkirche« des Reiches.

löst Heinrich III. entschlossen das Papsttum aus den lokalen Verstrickungen römischer Patrizierfamilien und beendet das lähmende Chaos bei der Bestellung des Pontifex auf einfache Weise: In der Funktion eines »Patricius der Römer« entscheidet er als Kaiser die Wahl. Gleich drei Päpste hintereinander, nämlich Gregor VI., Silvester III. und Benedikt IX., setzt er auf den Synoden von Sutri und Rom ab (1046) und ernennt an ihrer Stelle drei Deutsche: Bischof Suidger von Bamberg als Clemens II., danach Leo IX. und Viktor II. Ohne Zweifel, das Papsttum ist auf einem Tiefpunkt angelangt und bedarf einer dringenden Reform.

Kampf den Unruhen

Am 24. 12. 1046 verleiht Clemens II., vorher Bischof Suidger von Bamberg, Heinrich III. und seiner Gemahlin Agnes die Kaiserwürde. Solcherart im Ansehen gestärkt, bekämpft der Kaiser innere Unruhen, zum Beispiel den rebellierenden Gottfried »den Bärtigen«. Der Konflikt ist ausgebrochen, als Heinrich das lotharingische Erbe von Herzog Gozelo I. (1044) auf dessen beide Söhne, Gottfried »den Bärtigen« und den vermutlich schwachsinnigen Gozelo II., aufteilte. Gottfried »der Bärtige«, schon zu Lebzeiten des Vaters in der Rolle eines Mitherzogs, begehrt auf und beansprucht das Alleinerbe. Mit dem Grafen von Brabant zieht er gegen Heinrich ins Feld, dem es erst 1049 mit Hilfe eines dänischen Aufgebots und englischer Seeunterstützung gelingt, die rebellierenden Herzöge zu bezwingen.

Kirchenreform hat Vorrang

Heinrichs Hauptaugenmerk gilt während seiner ganzen Regierungszeit der Reform der Kirche. Dabei findet er, durch Wipo, seinen burgundischen Kapellan, beeinflusst, an den radikalen geistlichen Erneuerungsideen des burgundischen Benediktinerklosters Cluny eher Gefallen als, wie sein Vater, an jenen von Gorze.

Beide Reformbewegungen verfolgen im Prinzip gleiche Ziele: die Abschaffung des Nikolaitismus (Priesterehe), der Simonie (kirchlicher Ämterkauf) und der Laieninvestitur (Verleihung von kirchlichen Würden durch weltliche Autoritäten).

Das Verbot der Laieninvestitur lässt freilich noch auf sich warten. Es wird die große Tat von Papst Gregor VII. sein, auf der römischen Lateransynode von 1078 die Verquickung geistlicher und weltlicher Ämter zumindest ansatzweise zu trennen. 44 Jahre später findet das Wormser Konkordat auch einen tragfähigen Kompromiss für die vom Reich abhängigen Prälaten (1122).

Wesentlich frühere Erfolge bringt die Bekämpfung der Simonie. Nach dem an Petrus herangetragenen Wunsch des Magiers Simon benannt, für Geld geistliche Macht zu verleihen, steht die Simonie während des Mittelalters in voller Blüte. Weniger in Deutschland – hier werden hohe Kirchenämter durch den König nach staatspolitischem Kalkül vergeben – als in Frankreich, wo im Jahre 1016 das Erzbistum Narbonne die gewaltige Summe von 100.000 damaligen Schillingen einbringt.

Verbot der Priesterehe

Nahezu revolutionäre Wirkung zeigt das Verbot der Priesterehe: Wieder ist Papst Gregor VII. ein energischer Vorkämpfer. Unbarmherzig geht er gegen verheiratete Priester vor, fordert das Kirchenvolk auf, deren Messen zu boykottieren und die »Kebsweiber« verheirateter Priester zu verjagen. Die Kinder aus diesen Ehen werden als unfreie Sklaven dem Kirchenvermögen zugerechnet. Zehntausende, zumeist aus dem Stand des niederen Klerus, sind betroffen. Allein in der Diözese Konstanz begehren nach dem Zölibatgebot auf einer Synode 3600 verheiratete Priester gegen den Beschluss auf.

Heinrich ist auf die Stärkung der Macht des Reiches bedacht, daher schränkt er die der Großen ein. Zu dem Zweck belehnt er landfremde Dynastien mit frei werdenden Herzogtümern, wie Bayern und Schwaben, oder schafft Gegengewichte zu den Fürsten, wenn sie, wie die sächsischen Billunger Herzöge, feindseliges Verhalten an den Tag legen.

Während der letzten Regierungsjahre immer stärker auf die Einbindung des päpstlichen Stuhls in die Reichskirche fixiert, verliert Heinrich III. das Augenmaß für reale Entwicklungen. Erst spät erkennt er die Gefahr für den kaiserlichen Primat über die Kirche, die von Papst Leo IX., einem tatkräftigen, reformfreudigen Mann, ausgeht. Leo IX. vertritt die Theorie des Anspruchs der Kirche auf Weltherrschaft, losgelöst von weltlichem Besitz, unabhängig von weltlichen Autoritäten. Zum Beweis gibt Leo sein Lehen, das Bistum Toul, zurück und dokumentiert Distanz zum Pfründe beziehenden reichskirchlichen Episkopat. Heinrich III. fördert ungeachtet dessen die Reformbemühungen des Pontifex, unter anderem auf der großen Reformsynode von Mainz (1049). Bald danach merken beide, wie verschieden ihre Stellung zur Kirche im gemeinsamen Staatsver-

band ist: Leos Erneuerungsideen stehen den staatspolitischen Interessen Heinrichs entgegen. Der Bruch zwischen ihnen bleibt aus, weil Leo einen moderaten Reformkurs verfolgt. Dennoch, als Leo IX. am 19. 4. 1054 stirbt, ist Heinrich III. erleichtert, er kann einen willfährigen Kirchenfürsten auf den Stuhl Petri heben: den Kanzler Gebhard von Eichstätt (13. 4. 1055), mit dem apostolischen Namen Viktor II.

Heinrich III. ist kein langes Leben mehr beschieden, er stirbt am 5. 10. 1056 in Bodfeld, nur 39 Jahre alt. Unter seiner Herrschaft hat die Idee der vollständigen Harmonie weltlicher und kirchlicher Gewalten den Zenit der Verwirklichung erreicht. Witwe Agnes, die für ihren Sohn, Heinrich IV., die Vormundschaftsregierung übernimmt, überbrückt den Gegensatz zwischen Reichskirche und Kirchenreform nicht mehr.

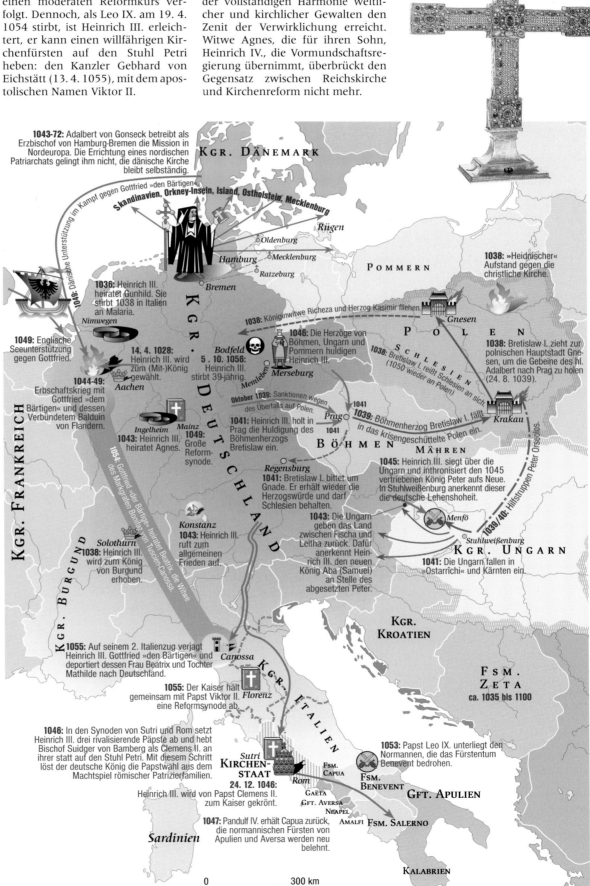

1043-72: Adalbert von Gonseck betreibt als Erzbischof von Hamburg-Bremen die Mission in Nordeuropa. Die Errichtung eines nordischen Patriarchats gelingt ihm nicht, die dänische Kirche bleibt selbständig.

1049: Dänische Unterstützung im Kampf gegen Gottfried »den Bärtigen«

Skandinavien, Orkney-Inseln, Island, Ostholstein, Mecklenburg

KGR. DÄNEMARK

Rügen

Oldenburg

Hamburg   Mecklenburg

Ratzeburg

POMMERN

1038: »Heidnischer« Aufstand gegen die christliche Kirche

Bremen

1036: Heinrich III. heiratet Gunhild. Sie stirbt 1038 in Italien an Malaria.

Nimwegen

1049: Englische Seeunterstützung gegen Gottfried.

1038: Königinwitwe Richeza und Herzog Kasimir fliehen

Gnesen

1046: Die Herzöge von Böhmen, Ungarn und Pommern huldigen Heinrich III.

POLEN

SCHLESIEN

1038: Bretislaw I. reißt Schlesien an sich (1050 wieder an Polen)

1038: Bretislaw I. zieht zur polnischen Hauptstadt Gnesen, um die Gebeine des hl. Adalbert nach Prag zu holen (24. 8. 1039).

14. 4. 1028: Heinrich III. wird zum (Mit-)König gewählt.

1044-49: Erbschaftskrieg mit Gottfried »dem Bärtigen« und dessen Verbündetem Balduin von Flandern.

Aachen

Bodfeld 5. 10. 1056: Heinrich III. stirbt 39-jährig.

Memleben

Merseburg

Oktober 1039: Sanktionen wegen des Überfalls auf Polen.

1041: Heinrich III. holt in Prag die Huldigung des Böhmenherzogs Bretislaw ein.

Prag

1039: Böhmenherzog Bretislaw I. fällt in das krisengeschüttelte Polen ein.

Krakau

1039/40: Hilfstruppen Peter Orseolos

KGR. DEUTSCHLAND

1054: Gottfried »der Bärtige« heiratet Beatrix, die Witwe des Markgrafen Bonifaz von Tuscien-Canossa.

KGR. FRANKREICH

Ingelheim   Mainz

1043: Heinrich III. heiratet Agnes.

1049: Große Reformsynode.

Konstanz

1043: Heinrich III. ruft zum allgemeinen Frieden auf.

Regensburg

1041: Bretislaw I. bittet um Gnade. Er erhält wieder die Herzogswürde und darf Schlesien behalten.

BÖHMEN   **MÄHREN**

1045: Heinrich III. siegt über die Ungarn und inthronisiert den 1045 vertriebenen König Peter aufs Neue. In Stuhlweißenburg anerkennt dieser die deutsche Lehenshoheit.

Menfö

1043: Die Ungarn geben das Land zwischen Fischa und Leitha zurück. Dafür anerkennt Heinrich III. den neuen König Aba (Samuel) an Stelle des abgesetzten Peter.

Stuhlweißenburg

KGR. UNGARN

1041: Die Ungarn fallen in »Ostarrîchi« und Kärnten ein.

KGR. BURGUND

Solothurn

1038: Heinrich III. wird zum König von Burgund erhoben.

1055: Auf seinem 2. Italienzug verjagt Heinrich III. Gottfried »den Bärtigen« und deportiert dessen Frau Beatrix und Tochter Mathilde nach Deutschland.

Canossa

KGR. KROATIEN

FSM. ZETA ca. 1035 bis 1100

1055: Der Kaiser hält gemeinsam mit Papst Viktor II. eine Reformsynode ab.

Florenz

ITALIEN

1046: In den Synoden von Sutri und Rom setzt Heinrich III. drei rivalisierende Päpste ab und hebt Bischof Suidger von Bamberg als Clemens II. an ihrer statt auf den Stuhl Petri. Mit diesem Schritt löst der deutsche König die Papstwahl aus dem Machtspiel römischer Patrizierfamilien.

Sutri **KIRCHEN-STAAT**

24. 12. 1046: Heinrich III. wird von Papst Clemens II. zum Kaiser gekrönt.

Rom

FSM. CAPUA

GAËTA   **GFT. AVERSA**   **NEAPEL**

AMALFI **FSM. SALERNO**

FSM. BENEVENT

1053: Papst Leo IX. unterliegt den Normannen, die das Fürstentum Benevent bedrohen.

GFT. APULIEN

1047: Pandulf IV. erhält Capua zurück, die normannischen Fürsten von Apulien und Aversa werden neu belehnt.

Sardinien

KALABRIEN

0   300 km

Ein König wird entführt

„Kaum hatte er das Schiff bestiegen, da umringen ihn die Helfershelfer und Dienstmannen des Erzbischofs, die Ruderer stemmen sich hoch, werfen sich mit aller Kraft in die Riemen und treiben das Schiff blitzschnell in die Mitte des Stromes. Der König, verwirrt und fassungslos über diese Wendung der Dinge, dachte nichts anderes, als dass man ihm Gewalt antun und ihn ermorden wolle.“

Lampert von Hersfeld, um 1070

Diese unerhörte Geiselnahme eines Kindkönigs ereignet sich im Frühling des Jahres 1062 und geht als »Staatsstreich von Kaiserswerth« in die Geschichte ein. Kaiserin Agnes und ihr 12-jähriger Sohn Heinrich IV. weilen in der Pfalz Kaiserswerth am Niederrhein, begleitet von Erzbischof Anno von Köln. Nach einem festlichen Mahl überredet er den jungen König, sein schön geschmücktes Schiff zu besichtigen. In diesem Augenblick, Heinrich ist unbewacht, schlagen die Entführer zu, der Staatsstreich ist geglückt. Erzbischof Anno II. von Köln, das Haupt einer verschwörerischen Fürstenopposition, hat den König in seine Gewalt gebracht. Der Anschlag verfolgt keine Mordabsichten, aber er soll Kaiserin Agnes und ihre Berater zwingen zurückzutreten.

Etwa 30 Jahre alt ist die Kaiserin, als sie die Staatsgeschäfte übernimmt. 12 Jahre steht sie an der Seite ihres Mannes, dem sie fünf Kinder schenkt, nun lenkt sie sechs Jahre die Geschicke des mächtigsten Reiches im lateinischen Westen.

Agnes regiert

Die Reichskirche hat sie im Griff, indem sie im Namen des Königs Privilegien und Ämter bestätigt, Bistümer und Abteien mit Personen besetzt, die ihr vom Klerus empfohlen werden. Ihre tiefe Religiosität trägt dazu bei, dass an ihrem Hofe die Vertreter des geistlichen Standes überwiegen. Es ist nur zu verständlich, dass sie mehr Interesse am Wohlergehen der Kirche als an dem des Reiches haben. In der Zeit des Investiturstreites (die Auseinandersetzung zwischen König und Papst, wer Bischöfe ernennen darf) beziehen etliche von Agnes belehnte und gut dotierte hohe Geistliche gegen König

und Reich Stellung. Im Sinne ihres Mannes setzt Agnes die Friedenspolitik fort, mit Gottfried »dem Bärtigen« von Lotharingien söhnt sie sich aus. Dessen Mitstreiter Graf Balduin von Flandern belehnt sie mit Reichsflandern und der Grafschaft Hennegau. Kompliziert wird die Vergabe

des Herzogtums Kärnten: Rudolf von Rheinfelden erhält es, obwohl Bertold von Zähringen seinen Anspruch durch den Besitz eines kaiserlichen Ringes bekräftigt. Rudolf verfügt über einen stärkeren Trumpf: Er entführt die 12-jährige Kaisertochter Mathilde. Auch Sachsen macht Pro-

bleme. Jetzt rächt es sich, dass Heinrich III., um die Macht der sächsischen Herzöge zu beschneiden, Teile des Landes der Bremer Kirche übergeben hat: Die Billunger überfallen bischöfliche Territorien, blenden die Kirchenleute und verhöhnen den über sie verhängten Kirchenbann.

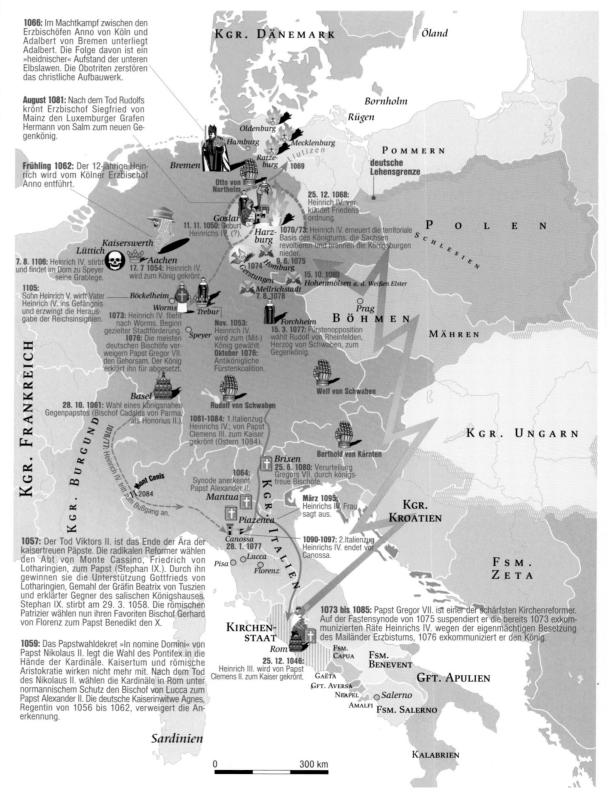

1066: Im Machtkampf zwischen den Erzbischöfen Anno von Köln und Adalbert von Bremen unterliegt Adalbert. Die Folge davon ist ein »heidnischer« Aufstand der unteren Elbslawen. Die Obotriten zerstören das christliche Aufbauwerk.

August 1081: Nach dem Tod Rudolfs krönt Erzbischof Siegfried von Mainz den Luxemburger Grafen Hermann von Salm zum neuen Gegenkönig.

Frühling 1062: Der 12-jährige Heinrich wird vom Kölner Erzbischof Anno entführt.

25. 12. 1068: Heinrich IV. verkündet Friedensordnung.

1070/73: Heinrich IV. erneuert die territoriale Basis des Königtums, die Sachsen revoltieren und brennen die Königsburgen nieder.

KGR. DÄNEMARK
Öland
Bornholm
Rügen
POMMERN
deutsche Lehensgrenze
Oldenburg
Hamburg
Mecklenburg
Ratzeburg
Liutizen 1069
Bremen
Otto von Northeim
Goslar
11. 11. 1050: Geburt Heinrichs IV. (?).
Harzburg
Homburg 1074
POLEN
SCHLESIEN
MÄHREN
Prag
BÖHMEN

7. 8. 1106: Heinrich IV. stirbt und findet im Dom zu Speyer seine Grablege.

Kaiserswerth
Lüttich
Aachen
17. 7 1054: Heinrich IV. wird zum König gekrönt.

1105: Sohn Heinrich V. wirft Vater Heinrich IV. ins Gefängnis und erzwingt die Herausgabe der Reichsinsignien.

1073: Heinrich IV. flieht nach Worms. Beginn gezielter Stadtförderung.

1076: Die meisten deutschen Bischöfe verweigern Papst Gregor VII. den Gehorsam. Der König erklärt ihn für abgesetzt.

Böckelheim
Worms
Trebur
Gerstungen
Meilrichstadt 7. 8. 1078
Hohenmölsen a. d. Weißen Elster 15. 10. 1080
9. 6. 1075

Nov. 1053: Heinrich IV. wird zum (Mit-)König gewählt.
Oktober 1076: Antikönigliche Fürstenkoalition.

Speyer
Forchheim
15. 3. 1077: Fürstenopposition wählt Rudolf von Rheinfelden, Herzog von Schwaben, zum Gegenkönig.

Welf von Schwaben

Basel
28. 10. 1061: Wahl eines königsnahen Gegenpapstes (Bischof Cadalds von Parma, als Honorius II.).

Rudolf von Schwaben

1081–1084: 1. Italienzug Heinrichs IV.; von Papst Clemens III. zum Kaiser gekrönt (Ostern 1084).

KGR. FRANKREICH
KGR. BURGUND
1076/77: Heinrich IV. tritt zum Bußgang an.
Mont Cenis
1084

Berthold von Kärnten

Brixen
25. 6. 1080: Verurteilung Gregors VII. durch königstreue Bischöfe.

1064: Synode anerkennt Papst Alexander II.
Mantua

März 1095: Heinrichs IV. Frau sagt aus.

KGR. ITALIEN

KGR. KROATIEN

Piazenca
Canossa 28. 1. 1077

1090–1097: 2. Italienzug Heinrichs IV. endet vor Canossa.

1057: Der Tod Viktors II. ist das Ende der Ära der kaisertreuen Päpste. Die radikalen Reformer wählen den Abt von Monte Cassino, Friedrich von Lotharingien, zum Papst (Stephan IX.). Durch ihn gewinnen sie die Unterstützung Gottfrieds von Lotharingien, Gemahl der Gräfin Beatrix von Tuszien und erklärter Gegner des salischen Königshauses. Stephan IX. stirbt am 29. 3. 1058. Die römischen Patrizier wählen nun ihren Favoriten Bischof Gerhard von Florenz zum Papst Benedikt den X.

1059: Das Papstwahldekret »In nomine Domini« von Papst Nikolaus II. legt die Wahl des Pontifex in die Hände der Kardinäle. Kaisertum und römische Aristokratie wirken nicht mehr mit. Nach dem Tod des Nikolaus II. wählen die Kardinäle in Rom unter normannischem Schutz den Bischof von Lucca zum Papst Alexander II. Die deutsche Kaiserinwitwe Agnes, Regentin von 1056 bis 1062, verweigert die Anerkennung.

Pisa
Lucca
Florenz

1073 bis 1085: Papst Gregor VII. ist einer der schärfsten Kirchenreformer. Auf der Fastensynode von 1075 suspendiert er die bereits 1073 exkommunizierten Räte Heinrichs IV. wegen der eigenmächtigen Besetzung des Mailänder Erzbistums, 1076 exkommuniziert er den König.

KIRCHEN-STAAT
Rom
25. 12. 1046: Heinrich III. wird von Papst Clemens II. zum Kaiser gekrönt.

FSM. CAPUA
FSM. BENEVENT
Gaëta
GFT. AVERSA
Neapel
Salerno
FSM. SALERNO
Amalfi
GFT. APULIEN

FSM. ZETA

KGR. UNGARN

Sardinien

KALABRIEN

0   300 km

Bischof Anno von Köln setzt den Siegburger Abt Erpho ein (Pergamenthandschrift, 12. Jh., Bild oben). – Das Reich in der 2. Hälfte des 11. Jhs. (Karte links). – Rekonstruktion der Kaiserpfalz Goslar um 1230 (Bild rechts unten).

Zu den Rivalitäten und Spannungen im Reichsinneren kommen Gefahren von außen. Noch hält auf Basis der Gleichberechtigung der Friede mit König Andreas I. von Ungarn; zur Festigung der freundschaftlichen Beziehung heiratet Kaisertochter Judith den ungarischen Königssohn Salomon. 1057 lässt Andreas I. seinen Sohn Salomon zum König krönen und übergeht das Recht der Mitregentschaft des jüngeren Sohnes Bela. Das empört Bela, mit polnischer Hilfe versucht er seinen Bruder Salomon zu stürzen. König Andreas ruft die Deutschen zu Hilfe, der Feldzug endet allerdings in einer Katastrophe: Judith und Salomon gelingt mit Mühe die Flucht nach Bayern, Andreas fällt verwundet in die Gefangenschaft seines Sohnes Bela. Das deutsche Heer ist geschlagen, das Ansehen des Reiches erschüttert.

Radikale Kirchenreformer am Werk

Das Jahr 1057 bringt noch ein weiteres unangenehmes Ereignis: Am 28. Juli stirbt Papst Viktor II., mit ihm geht die Zeit der kaisertreuen, gemäßigten päpstlichen Reformer zu Ende. Die radikalen Erneuerer greifen ins Geschehen ein. Schon am 2. August besteigt der neue Papst, Friedrich von Lotharingien, Abt von Monte Cassino, als Stephan IX. den Heiligen Stuhl. Agnes zögert, nimmt widerspruchslos zur Kenntnis, was in

Rom ausgeheckt wird und macht von ihrem Investiturrecht keinen Gebrauch. Der Bruder Stephans IX. ist Herzog Gottfried »der Bärtige« von Lotharingien, der mit Heinrich III. in jahrelanger Fehde lag. Und Gottfried ist Gemahl der Markgräfin Beatrix von Tuszien, die mit ihren vielen Besitzungen in Oberitalien alle wichtigen Wege nach Rom beherrscht. Als Gottfried durch seinen päpstlichen Bruder das Herzogtum Spoleto und die Mark Ancona erhält, ist der Lotharingier Herr über Mittelitalien.

Kirchenspaltung

Die Probleme werden mit dem Tod Stephans IX. nach nur 8-monatigem Pontifikat nicht geringer: Die römischen Patrizier nützen die Schwäche der deutschen Kaiserin und drängen an die Macht. Sie ernennen ihren eigenen Papst: Benedikt X. Verwirrt, kopflos, unentschlossen, was in diesem Augenblick zu tun sei, und ohne Reichsunterstützung fliehen die von der Papstwahl ausgeschlossenen Kardinäle aus Rom; ihr geistiger Führer Hildebrand hält sich gerade in Deutschland auf. Hildebrand reist zwar umgehend nach Siena und lässt mit Zustimmung der Kaiserin Agnes den Bischof von Florenz zum Papst Nikolaus II. wählen, aber er vertieft dadurch die Kluft in der römisch-katholischen Kirche: Ein ganzes Jahrhundert werden einander Päpste und Gegenpäpste bekämpfen.

Trotzdem, die Weichen sind gestellt: Das päpstliche Wahldekret »In nomine Domini« von Nikolaus II. legt 1059 die Papstwahl in die Hände der Kardinäle, die deutschen Könige und römischen Kaiser haben kein Mitspracherecht mehr. Agnes beginnt den Kampf um die Wiederherstellung kaiserlicher Einflussnahme zu spät. Schon am 30. 9. 1061 – Papst Nikolaus II. ist am 19. 7. 1061 gestorben – kommen die Kardinäle zum ersten Mal ihrer neuen Pflicht nach und bestimmen unter normannischem Schutz den Reformer Anselm von Lucca zum Papst Alexander II. Der Protest von Agnes verhallt ungehört, ihr Gegenpapst, der Bischof von Cadalus mit dem apostolischen Namen Honorius II., wird nicht mehr in der Ewigen Stadt, sondern im unbedeutenden Basel erkoren. Hinter Honorius stehen zwar die reichstreuen Bischöfe von Oberitalien, Burgund, Deutschland und die Gesandten des römischen Adels, doch der Riss durch die Reichskirche ist nicht zu übersehen: Der mächtige Erzbischof Gebhard von Salzburg hat trotz angedrohter Sanktionen bereits die Partei Alexanders II. ergriffen.

Die Situation ist mitunter skurril, wenn beide Päpste gleichzeitig in Rom residieren, der eine auf dem Kapitol und im Lateran, der andere im Vatikan und in der Engelsburg. Da der Kampf der Päpste um die Alleinherrschaft seine Fortsetzung auf der Straße findet, beherrschen Mord und Totschlag die Stadt am Tiber.

Anno an der Macht

Die Entführung des jungen Heinrich IV. in Kaiserswerth ist nicht nur ein Protest gegen die verfehlte Reichspolitik der Königin, der Staatsstreich lässt Parteiungen im Reich zwischen Klerus und Fürsten und untereinan-

der erkennen. Im Besitz der Person des jungen Königs und der Reichsinsignien, geht die Runde an Anno, er übernimmt formell die Reichsregierung. Die Hoffnung mancher, Anno werde die Spannungen im Reich lösen, erfüllt sich nicht. Im Gegenteil, Rivalitäten und Fehden brechen stärker denn je hervor, die Rangstreitigkeiten zweier Kirchenfürsten gipfeln in einem blutigen Zwischenfall.

Goslar: Kampf in der Kirche

Zu Pfingsten 1063 versammeln sich in der Goslarer Stiftskirche König Heinrich IV., Bischof Hezilo von Hildesheim, in dessen Sprengel Goslar liegt, Abt und Erzkanzler Widerad von Fulda – Rivale Hezilos – und andere kirchliche und weltliche Fürsten zur Abendmesse. Ein Streit über die bischöfliche Sitzordnung entbrennt. Hezilo will eine Zurücksetzung durch Widerad nicht hinnehmen. Vorausplanend hat er den Grafen Ekbert mit Kriegern hinter dem Altar verborgen. Sie hören den Streit, stürzen aus dem Versteck und schlagen auf Widerad und seine Begleitung mit Knüppeln ein. Die Überraschten fliehen, machen wieder kehrt, einige mit Waffen in Händen. *„Eine hitzige Schlacht entbrennt, und durch die ganze Kirche hallt statt der Hymnen und geistlichen Gesänge Anfeuerungsgeschrei und Wehklagen Sterbender. Auf Gottes Altären werden grausige Opfer abgeschlachtet, durch die Kirche rinnen allenthalben Ströme von Blut, vergossen nicht wie ehedem durch vorgeschriebenen Religionsbrauch, sondern durch feindliche Grausamkeit"*, berichtet der Chronist Lampert.

König Heinrich IV. ergreift die Flucht. Der Kampf in der Kirche dauert bis zum Morgen und der junge König mag geahnt haben, welche Konflikte auf ihn während seiner Regentschaft zukommen werden.

Päpste wollen Weltherrschaft

„Heinrichs zähes Ringen verschaffte ihm langfristig immer wieder Erfolge gegenüber dem Papst, der 1084 aus Rom vertrieben werden konnte, ebenso wie gegenüber den Fürsten, und der König tat alles, um seine Herrschaft und die seines Geschlechtes zu sichern."

Hans-Werner Goetz, 1995

Sein Hass auf den Kölner Erzbischof Anno, seinen Entführer und Vormund, ist unbeschreiblich. Als Heinrich IV. am 29. 3. 1065 die Schwertleite empfängt und offiziell regierungsfähig wird, kann ihn seine Mutter, Kaiserin Agnes, nur mit Mühe davon abhalten, mit Anno sofort abzurechnen, denn im Reich gibt es Wichtigeres zu tun. Zu Weihnachten 1068 kehrt Heinrich an den Ort der blutigen Fehde zwischen Bischöfen, nach Goslar, zurück und richtet einen Friedensappell an das Volk. In Wirklichkeit steht zunächst Krieg bevor: Die Liutizen jenseits der El-

be rebellieren und huldigen ihren alten Göttern. Christen werden gefoltert, Bischof Johannes von Mecklenburg stirbt auf Burg Rethra den Opfertod, Hamburg und andere Städte brennen nieder. Im Februar 1069 zieht nach Jahren wieder ein deutsches Heer ins Slawenland, es demonstriert Stärke, mehr nicht, und die Slawen geben wieder Ruhe.

Mehr Sorge bereitet es dem König, die Macht der Krone zu erneuern. Die auf Ausgleich ausgerichtete Politik seiner Mutter Agnes zeigt jetzt ihre Schwächen: Im Machtvakuum dieser Jahre bedienten sich geistliche und weltliche Fürsten in solchem

Maße am Reichsbesitz, dass den Saliern kaum ein Rückhalt in Form von Gütern zur Verfügung steht. Dem König geht es nicht nur um das verlorene Staatsvermögen, er will rund um das Harzgebirge ein mit Burgen und Wehrbauten bestücktes »Reichsland« errichten, mit der salischen Lieblingspfalz Goslar und dem Stiftskloster, einer Gedankenschmiede politisch engagierter Geistlicher als Herrschaftszentrum. Mit Bedacht wählt er den Harz für dieses Vorhaben aus, hier liegen die großen Krongüter

der Ottonen, die nach ihrem Aussterben an die Salier fielen und auf die er Anspruch erhebt. Auf sein Geheiß legt sich ein Geflecht von Burgen über Thüringen und das östliche Sachsen. Modernste Erkenntnisse der damaligen Fortifikationskunst finden in den Festungsanlagen ihren Niederschlag. Kernstück der Burgenlandschaft ist die Harzburg, eine der prächtigsten Reichsburgen ihrer Zeit. Die Sachsen sind empört. Mit ihren gewaltigen Mauern empfinden sie die Anlagen als Zwingburgen, die ständige Besatzung aus Reichsministerialen sowie fremden Dienstmannen einfa-

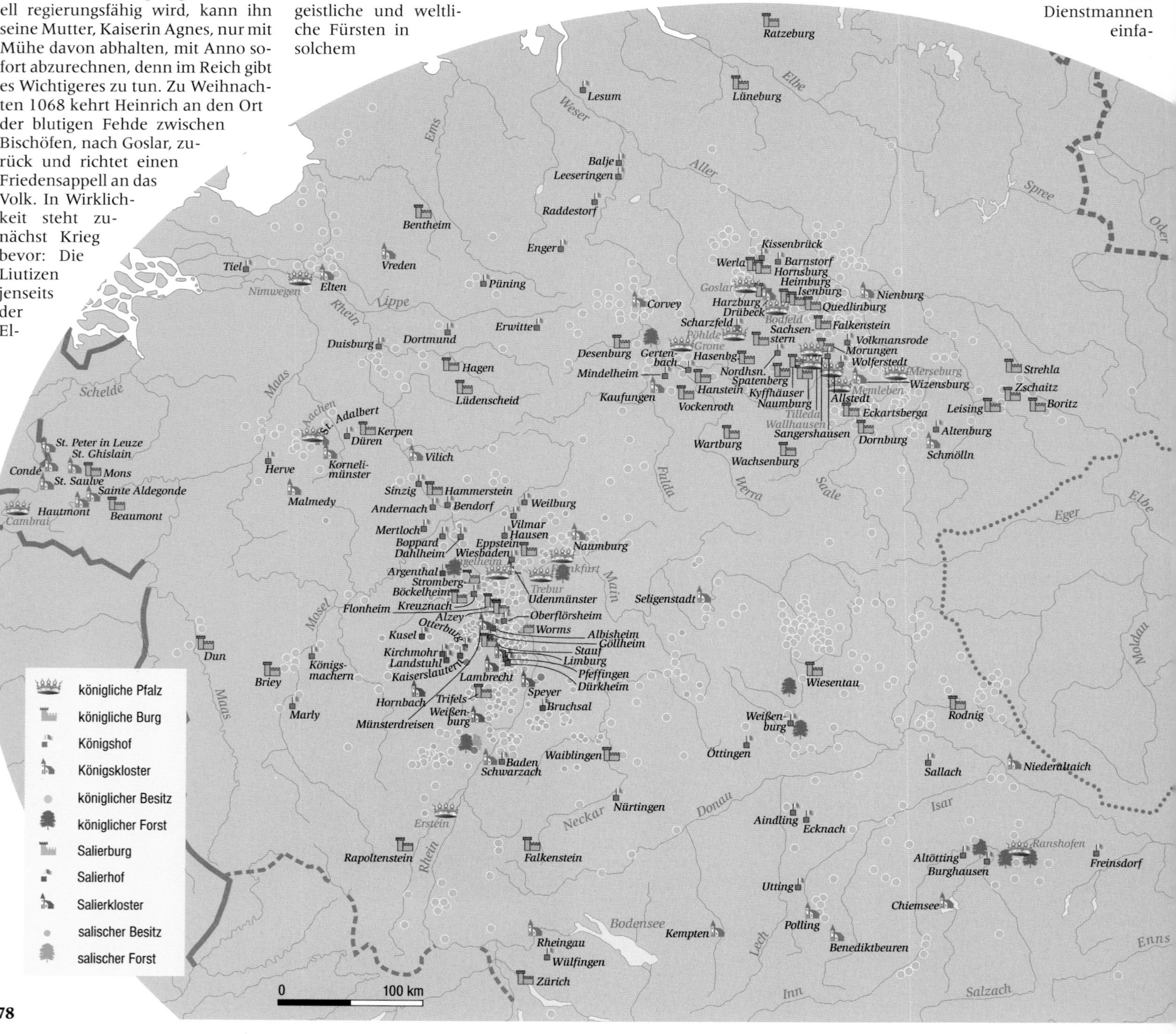

👑	königliche Pfalz
	königliche Burg
	Königshof
	Königskloster
	königlicher Besitz
🌲	königlicher Forst
	Salierburg
	Salierhof
	Salierkloster
	salischer Besitz
🌲	salischer Forst

0   100 km

Heinrich IV. mit den Söhnen Heinrich V. und Konrad aus dem St. Emmeramer Evangeliar (Bild oben). – Die salischen Reichs- und Hausgüter (Karte links). – Die Burgenlandschaft Heinrichs IV. im Harz (Karte rechts unten).

cher oder unfreier Herkunft erscheinen ihnen bedrückend, weil sie rücksichtslos Dienste und Abgaben von den sächsischen Bauern einfordern. Willkür herrscht, der sächsische Hochadel und die Bauern begehren auf. Gerüchte gehen um, der König wolle sein Heer nicht für einen Feldzug gegen Polen, sondern gegen Sachsen und Thüringer einsetzen. Eine Petition der Sachsen, ihre alten Rechte wieder herzustellen, lehnt Heinrich IV. im August 1073 ab. Jetzt machen die Adeligen Front und erscheinen mit gewaltiger Streitmacht in Goslar, sodass der König auf die Harzburg fliehen muss.

Der König in Bedrängnis

Erst nach einem halben Jahr wagt es der König, gegen die Aufständischen vorzugehen. Seine Lage ist prekär. Nahezu alle Burgen sind verloren, die strategisch wichtige Lüneburg ist gefallen. Auf die Unterstützung süd- und westdeutscher Fürsten kann der König nicht zählen, ein Sieg brächte ihm auf ihre Kosten einen Prestigegewinn. Die sächsischen Fürsten befinden sich in einem ähnlichen Dilemma: Ein Sieg ihres Bauernheeres über die Ritter des Königs hätte eine Stärkung des Selbstbewusstseins der freien Bauern bedeutet, das soziale Gefüge käme ins Schwanken. So ergibt sich eine unterschwellige Solidarität der fürstlichen Schicht, die – sehr zum Missfallen der sächsischen Bauern, die am liebsten gleich losgeschlagen hätten – am 2. 2. 1074 zum Friedensschluss führt. Die Bedingungen freilich diktieren die Sachsen: Sie verlangen den Abbruch der Burgen, die Rückgabe ihrer Länder, Straffreiheit usf. Sogar Otto von Northeim, ein Aufwiegler der ersten Stunde und

bis zu seiner Absetzung, 1070, Herzog von Bayern, soll wieder sein Amt bekleiden dürfen.

Der König willigt unter einer Bedingung ein: dass die Harzburg erhalten bleibe. Die Sachsen lehnen ab. Die Harzburg müsse fallen, fordern sie, schließlich billigen sie einen Kompromiss: Die Kirche mit der Grablege von Angehörigen der königlichen Familie und die Wohntrakte seien von der Zerstörung ausgenommen. Das kümmert die sächsischen Bauern wenig.

Die Harzburg brennt

Nach dem Abzug der königlichen Truppen stürmen sie die Burg und legen sie in Schutt und Asche. Dieser Vertragsbruch kommt dem König gelegen. Die Zerstörung der Kirche und die Schändung der Gräber empören weltliche wie geistliche Fürsten landauf und landab und bringen sie geschlossen auf seine Seite, er kann zu Recht den Reichskrieg ausrufen. Panik erfasst die Sachsen. Für den Schaden wollen sie aufkommen, ihn wieder gutmachen. Vergebens, Heinrich IV. fordert ihre vollständige Unterwerfung. Darauf können die Sachsen nicht eingehen, wieder gibt es Krieg. Bei Homburg an der Unstrut prallen die beiden Heere aufeinander (9. 6. 1075). Die Königlichen siegen, die sächsischen Fürsten ergreifen auf ihren schnellen Pferden die Flucht, das sächsische Bauernvolk aber bleibt auf dem Schlachtfeld, im wahrsten Sinne des Wortes.

Noch feiert Heinrich IV. seinen Triumph, als ihn in den ersten Tagen des Jahres 1076 ein päpstliches Mahnschreiben erreicht. Es trifft ihn wie ein Blitz: Den zum Jahreswechsel üblichen apostolischen Segen und

Gruß könne er, Papst Gregor VII., ihm, dem König, nur dann erteilen, wenn er, wie es sich für einen christlichen König geziemt, dem apostolischen Stuhl gehorche. Das sei aber nicht der Fall. Obwohl jedem Christen der Umgang mit Exkommunizierten bei Strafe des Kirchenbanns verboten sei, habe König Heinrich IV. seine aus der Kirche verbannten Berater nicht entlassen, sondern weiter in Diensten behalten.

Konflikt mit dem Papst

In seinem Schreiben an Heinrich erhebt Gregor VII. ultimative Forderungen: kein Umgang mit Beratern, die dem Kirchenbann unterliegen, keine Ernennung von Bischöfen und Erzbischöfen, strikter Gehorsam gegenüber dem Papst.

Mit dem Investiturverbot missachtet der Papst die bestehende Rechtslage: Im Sinne staatspolitischer Vernunft hatte der König bei der Bestellung von Reichsbischöfen das entscheidende Wort, denn sie hatten neben ihren geistlichen Ämtern auch weltliche Funktionen wahrzunehmen. Heinrich IV. nimmt den päpstlichen Fehdehandschuh auf und zählt auf die Hilfe seiner Großen. Selbst die hohen Geistlichen ergreifen seine Partei, weil sie vom Papst wie Gutsverwalter behandelt würden, heißt es in Chroniken. Am 24. 1. 1076 versammelt der König die wichtigsten geistlichen Würdenträger Deutschlands um sich. 26 Kirchenfürsten kündigen im »Wormser Absageschreiben« dem

Papst ihren Gehorsam auf und erklären seine Wahl für ungültig.

Der König im Kirchenbann

Heinrich schließt sich dem Protest mit der Aufforderung an, er möge vom päpstlichen Stuhl herabsteigen. Gregor VII. ist ein guter Inszenator. In einem feierlichen Akt während der römischen Fastensynode liest er die Schreiben aus Deutschland vor, die Entrüstung im Volk ist allgemein. Dann exkommuniziert er jene Kirchenfürsten, die den Gehorsam verweigern. Auf dem Höhepunkt des Schauspiels schleudert er den Bannstrahl gegen Heinrich IV., der »vom Herrn Auserwählte« ist plötzlich aus der Kirche ausgeschlossen.

Die Kirchenreform gegen Simonie, Priesterehe und Laieninvestitur ist damit zu einer wuchtigen apostolischen Waffe gegen das König- und Kaisertum geworden. In seinem berühmten Dokument »Dictatus Papae« aus dem Jahr 1075 hat Gregor VII. in 27 Paragraphen bereits vorgeschrieben, wie das Papsttum vorgehen müsse. Sie prägen das dogmatische Denken der Päpste noch heute: Der Pontifex hat niemals geirrt, wird niemals irren, ist unfehlbar. Der Papst richtet, darf aber von niemandem gerichtet werden. Sein Allmachtsanspruch erstreckt sich auch über weltliche Belange, dem obersten Hirten haben die Fürsten die Füße zu küssen, er setze Kaiser ab und entbinde Untertanen vom Treueeid, nach dem Motto: »Der wahre Kaiser ist der Papst.«

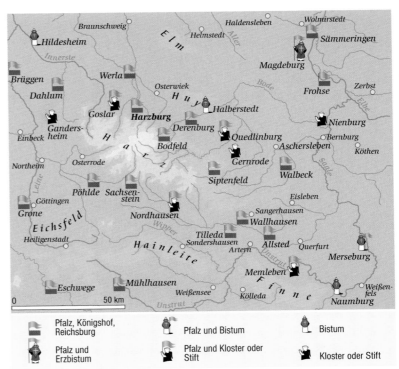

Der lange Schatten von Canossa

„Ich habe die Gerechtigkeit geliebt und das Unrecht gehasst, deshalb sterbe ich in der Verbannung."

Papst Gregor VII., 25. 5. 1085

Heinrich IV. gerät zunehmend unter Druck. Da er zu seinen exkommunizierten Beratern und Bischöfen nicht auf Distanz geht, tut es das deutsche Episkopat. Immer mehr Bischöfe ergreifen die Partei Gregors, aus Sorge, ebenfalls dem päpstlichen Bannfluch zu unterliegen und aus Angst um ihr Leben: Heinrichs getreuester Gefolgsmann, Gottfried »der Bucklige«, wird von Unbekannten ermordet; der Bischof von Utrecht, der im Auftrag des Königs den Papst exkommunizierte, stirbt eines plötzlichen, rätselhaften Todes. Dazu verstärkt die vom Papst verkündete Entbindung vom Treueeid für den König bei oppositionellen deutschen Fürsten den Widerstand ihm gegenüber: Die süddeutschen Herzöge verschwören sich, die Sachsen proben wieder den Aufstand. Das Reich ist in höchster Gefahr.

In dieser bedrohlichen Lage beschließen die Fürsten im Oktober 1076 in Trebur, Heinrich IV. abzuwählen, sollte er länger als ein Jahr unter Kirchenbann stehen. Einige Radikale fordern sogar seine sofortige Abdankung und die Neuwahl. Einhellig entscheiden sie, Papst Gregor VII. möge am 2. 2. des kommenden Jahres in Augsburg ihre Differenzen mit dem König schlichten.

Papst Gregor VII. jubiliert

Kraft der Worte des Papstes steht das große, mächtige Reich am Rande des Zerbrechens. Gregor VII. wird über sein Schicksal entscheiden.

Aus der einfachen innerkirchlichen Reform – Kampf gegen Simonie und Nikolaitismus – entflammte eine Kirchenrevolution, die sich gegen das Eigenkirchenrecht und das Kaisertum wendet. An der Spitze der Reformer fordert Papst Gregor VII. kompromisslos die Universalität, die Vorherrschaft der römischen Kirche über die gesamte Christenheit, nicht nur in konfessionellen, sondern auch in weltlichen Angelegenheiten.

Heinrich IV. muss handeln, er ist bereit zu büßen. Deshalb ersucht er Gregor VII., ihn alsbald in Rom zu empfangen und nach geleisteter Abbitte den Bann aufzuheben. Genau

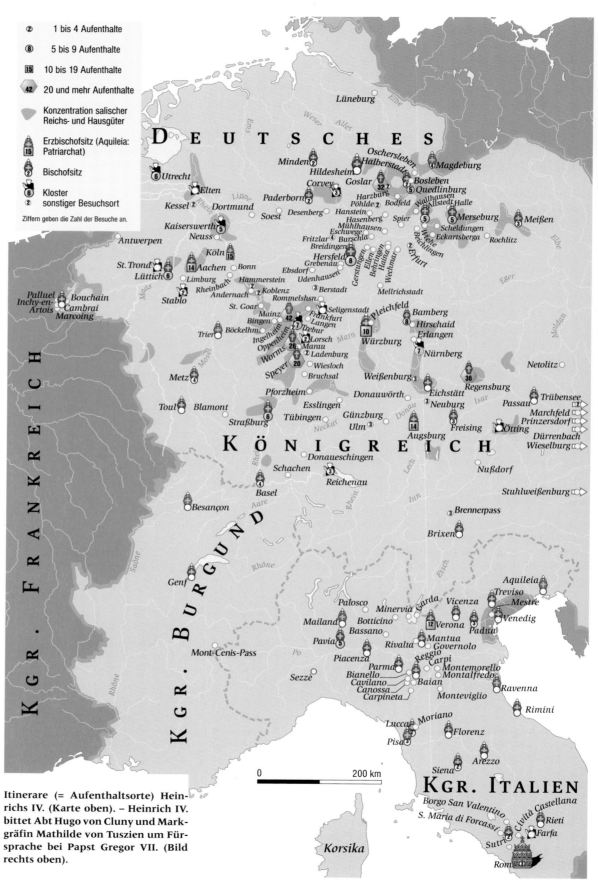

Itinerare (= Aufenthaltsorte) Heinrichs IV. (Karte oben). – Heinrich IV. bittet Abt Hugo von Cluny und Markgräfin Mathilde von Tuszien um Fürsprache bei Papst Gregor VII. (Bild rechts oben).

R·EX·ROGAT·ABBATEM·MAThILDIM·SUPPLICAT·ATQ;

das aber liegt nicht im Sinne Gregors, den Triumph von Augsburg will er sich nicht entgehen lassen. Er lehnt den dringenden Wunsch des Königs ab und macht sich – bevor noch der Winter beginnt und Schnee die Alpenpässe versperrt – auf den Weg nach Deutschland.

Was niemand erwartet, geschieht: Heinrich IV. ergreift die Initiative, denn noch vor der zu erwartenden Schmach in Augsburg muss er vom Kirchenfluch befreit sein. Mit Gemahlin Berta und dem dreijährigen Sohn Konrad reist er über Burgund und die tief verschneiten, bis zu 2000 m hohen Pässe des Mont Cenis nach Italien. Der Übergang über die Alpen ist voller Gefahren. Über die eisglatten Berghänge müssen Frauen und Kinder von ortskundigen Einheimischen auf Rinderhäute gesetzt und zu Tal gezogen werden.

Heinrich in Italien

Die Ankunft Heinrichs IV. in Italien löst Überraschung und Jubel aus. Die Lombarden, ein lebensfrohes Volk, halten nichts von kirchlichen Bannsprüchen, Heinrichs königliche Würde hat nicht im Mindesten gelitten. Papst Gregor VII. bricht seine Reise nach Deutschland ab. Hinter den Mauern der Burg Canossa, einer Fes-

tung in den Apenninen, deren Herrin, Markgräfin Mathilde von Tuszien, als seine Geliebte zu seinen treuesten Anhängern zählt, sucht er Zuflucht; noch weiß er nicht, ob Heinrich im Guten oder Bösen kommt.

Canossa

Der »Gang nach Canossa« wird erst später, aus dem historischen Zusammenhang gerissen, zum Inbegriff demütigen Zukreuzekriechens. Im Februar 1077 ist Canossa nichts anderes als ein Ereignis politischen Taktierens, wenngleich ein beispielloses. Heinrich IV. beabsichtigt nicht, eine Entscheidung mit Waffengewalt zu erzwingen. Ihm liegt am Freispruch vom Bann, daher riskiert er es, an Kraft und Ansehen zu verlieren, und demütigt sich vor dem Papst.

Den Demutsakt schildert Papst Gregor VII. in einem langen Schreiben an die deutschen Fürsten: *„Drei Tage lang harrte der König vor den Toren der Burg aus, ohne jedes königliche Gepränge in Mitleid erregender Weise, barfuß und in wollener Kleidung, und ließ nicht eher ab, unter reichlichen Tränen Hilfe und Trost des apostolischen Erbarmens zu erflehen.“*

In Wirklichkeit steckt der Papst im Dilemma: Löst er den Bann, bleibt Heinrich aller Wahrscheinlichkeit

nach König und aus dem angestrebten Triumph in Augsburg wird nichts. Verweigert er ihn, verstößt er gegen die Gebote christlicher Nächstenliebe und setzt sich der Beschuldigung aus, rachsüchtig und politisch berechnend zu sein. Gregor ringt sich zum Kompromiss durch: Die Absolution erteile er, wenn Heinrich gelobe, den apostolischen Schiedsspruch in Augsburg anzuerkennen, und ihm freies Geleit im Reich zusichere. Heinrich gelobt, er spielt auf Zeit.

Erfolg für Heinrich

Mit der Unterwerfung am 28. 1. 1077, wenige Tage vor Ablauf der von den deutschen Fürsten gesetzten Frist, erringt Heinrich zweifellos einen realpolitischen Erfolg. Der Papst befreit ihn vom Kirchenfluch und erkennt ihn wieder als König an. Das ist ein schwerer Schlag für die deutsche Fürstenopposition, sie beschließt am 13. 3. 1077 in Forchheim einen neuen König zu wählen. Forchheim ist schon einmal Schauplatz einer Königswahl gewesen. 911 beendeten hier die ostfränkischdeutschen Stämme das karolingische Erbrecht durch die Wahl des Franken Konrad zum König. Jetzt sollen die Salier einem neuen Geschlecht weichen. Es sind mächtige Herren, die am 15. 3. 1077 Heinrich IV. absetzen und Rudolf von Rheinfelden auf den Thron heben: die süddeutschen Herzöge Rudolf von Schwaben, Welf von Bayern, Berthold von Kärnten, dann Erzbischof Siegfried von Mainz, Gebhard von Salzburg und Otto von Northeim, den man immer auf der Seite der Stärkeren finden kann.

Herzog Rudolf von Rheinfelden trägt die für ihn angefertigte Krone bereits im Gepäck, aber gleich zu Beginn muss er auf die Erblichkeit der Königswürde verzichten und das kanonische (= kirchliche) Recht bei der Wahl von Bischöfen anerkennen.

Der König kontert

Heinrich IV. weilt noch in Italien und sammelt Kraft und Geld für die nächsten Aktivitäten. Freude über seinen taktischen Erfolg in Canossa kommt nicht auf, die Würde des königlichen Amtes hat zu schwer gelitten. Aber in den Schoß der Kirche wieder aufgenommen, findet er Anhänger genug, die ihm in Deutschland zur Seite stehen.

Rudolf zieht es jedenfalls vor, in Sachsen, dem Zentrum des Widerstandes gegen Heinrich, die Zukunft abzuwarten. Sie sieht trübe für ihn

aus, denn Heinrich IV. erklärt zu Pfingsten 1077 auf dem Hoftag in Ulm die oppositionellen Herzöge für abgesetzt. Mit Schwaben belehnt er Graf Friedrich von Büren, der die – für das Geschlecht später namensgebende – Burg Hohenstaufen nördlich von Ulm errichtet.

Papst Gregor VII. am Ende

Papst Gregor VII. versagt vorerst Rudolf die Anerkennung, predigt Einigkeit und Frieden und sieht dem schweren Bürgerkrieg in Deutschland untätig zu. Erst die ultimative Aufforderung Heinrichs, den Kirchenbann über Rudolf zu verhängen, sonst werde er einen Gegenpapst aufstellen, zwingt Gregor zur Parteinahme: Wieder exkommuniziert er Heinrich samt seinen Getreuen (1080), löst die Treueeide und spricht ihm die Königswürde ab, indem er sie Rudolf überträgt.

Die apostolischen Waffen sind stumpf geworden. Heinrich IV. beruft an die 30 deutsche und oberitalienische Bischöfe nach Brixen (25. 6. 1080) und lässt Papst Gregor VII. seines Amtes entheben. Zum neuen Oberhirten wird Bischof Wibert aus Ravenna gekürt, mit dem apostolischen Namen Clemens III. Die Spaltung in Kirche und Reich ist vollständig: Zwei Könige und zwei Päpste stehen einander gegenüber; Gregorianer gegen die Heinrizianer.

An der Weißen Elster fällt die Entscheidung (15. 10. 1080): Heinrich IV. verliert die Schlacht, sein Gegner Rudolf das Leben. Die rechte Hand, die Schwurhand, ist ihm abgetrennt worden und er verblutet.

Mit einem Häuflein Getreuer, dessen Kern böhmische Einheiten unter dem Herzogssohn Borivoj stellen, marschiert Heinrich nach Italien. Den Weg nach Rom durch den Festungswall der Vertrauten Papst Gregors, der Markgräfin Mathilde, hauen ihm lombardische Söldner frei. Dass mittlerweile die Gegner in Deutschland einen Gegenkönig inthronisiert haben – Hermann von Salm aus luxemburgischem Haus –, nimmt Heinrich gelassen hin, der Papst, die Quelle des Unfriedens in Deutschland, ist sein Ziel. Die Römer, der jahrelangen Kämpfe müde, öffnen ihm die Tore der Ewigen Stadt. Am Ostersonntag 1084 erstrahlen Heinrich IV. und seine Frau Berta in kaiserlichem Glanz.

Körperlich am Ende, stirbt Papst Gregor VII. am 25. 5. 1085 in der unverrückbaren und festen Meinung, ein Wohltäter für Kirche und Menschen gewesen zu sein.

König und Papst einig

„Der Tod Heinrichs IV. bedeutete nicht mehr als eine Atempause im Ringen zwischen der gregorianischen Papstkirche und dem römisch-deutschen Kaisertum."

Hans K. Schulze, 1994

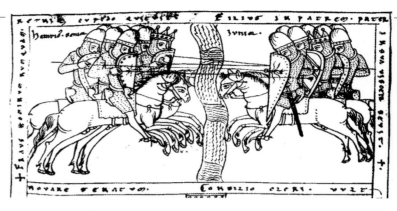

Nach dem Tod seines großen Gegenspielers, Papst Gregors VII., sind Heinrich IV. noch zwei Jahrzehnte eines politisch turbulenten Lebens gegönnt. Zunächst macht er Ordnung im Reich. Auf dem Reichstag in Mainz (1085) entlässt er alle gregorianischen Bischöfe und verhängt den Kirchenbann über sie. Herzog Vratislav von Böhmen erhält als Dank für seine Treue den Königstitel, danach vertreibt Heinrich seinen königlichen Gegenspieler Hermann von Salm nach Dänemark. Gedungene Vasallen ermorden auf seinen Befehl Markgraf Ekbert von Meißen, das militärische Oberhaupt der nach wie vor oppositionellen Sachsen. An die Fürsten im deutschen Süden kommt Heinrich allerdings nicht heran. Bertold II. von Zähringen, Welf IV. und dessen Sohn Welf V. halten nicht nur ihre Bastionen, sie erweitern sie: Welf V., kaum 17 Jahre alt, heiratet 1089 die verwitwete Markgräfin Mathilde von Tuszien. Es ist eine politische Ehe, Mathilde ist 27 Jahre älter als Welf; Vermittler dieser Heirat ist kein Geringerer als der neue Papst, Urban II., der gleich zu Beginn seines Pontifikats gelobt, die Reformarbeit Gregors VII. fortzusetzen. Um den welfisch-tuszischen Block zu zerschlagen, zieht der 40-jährige Heinrich IV. im Frühjahr 1090 mit einem gut gerüsteten Heer wieder gegen Italien. Mantua fällt und einige andere Burgen der Markgräfin Mathilde, aber vor ihrer Hauptburg Canossa kommt der Straffeldzug zum Stehen (1092).

Konrad verlässt den Vater

Den unfreiwilligen Halt verursacht Heinrichs eigener Sohn, Konrad. Ihn hat der Kaiser ins Feldlager rufen lassen, um ihm das reiche Erbe der Großmutter, der Markgräfin von Turin und Savoyen, zu übergeben. Konrad, 1087 in Aachen zum König gekrönt, gerät unter den Einfluss der Markgräfin Mathilde und wechselt in ihr Lager. Nun trifft den Kaiser ein Schicksalsschlag nach dem anderen:

In Oberitalien schließen vier Städte – Mailand, Lodi, Piacenza und Cremona – gegen ihn den ersten Städtebund des Mittelalters, den 1. Lombardenbund (»Lega«). Die süddeutschen Fürsten verhindern durch die Sperre der Alpenpässe seine Rückkehr nach Deutschland. Dadurch ist der Kaiser in Verona isoliert. Hingegen hat der Papst freie Hand zum 1. Kreuzzug, er wird der geistliche Führer des Abendlandes gegen Islam und Byzanz.

Aufruf zum Kreuzzug

Papst Urban II. widmet sich neuen Aufgaben. In Frankreich nimmt er den Kampf gegen die dort weit verbreitete Simonie und die Laieninvestitur auf. Die Reform der Kirche voranzutreiben ist eine Verpflichtung, die andere ist die Verwirklichung einer Vision seines Vorgängers Gregor: die Befreiung Jerusalems aus islamischer Hand. Zu Gregors Zeiten war die europäische Ritterschaft nicht bereit, unter der Fahne Petri in einem fernen Land einem zumindest ebenbürtigen Feind gegenüberzutreten (1074). Jetzt aber, am 27. 11. 1095, auf der Synode von Clermont, zündet Urbans Aufruf, den bedrängten Christen im Orient zu Hilfe zu kommen. Die Massen jubeln ihm zu, nicht ahnend, welche politischen Absichten der Papst verfolgt: Der Abzug der Ritterheere würde die Macht der Fürsten schwächen und Byzanz durch den Durchzug der Heere mit erheblichen wirtschaftlichen und innenpolitischen Sorgen belasten.

Die Wende

Während Papst Urban II. seinen Wunschvorstellungen nachhängt, tritt in Oberitalien für Heinrich IV. eine Wende zum Besseren ein. Die Ehe des jungen Welf V. mit der eigensinnigen Mathilde scheitert, damit zerbricht die welfisch-tuszische Allianz. Welf IV. lenkt ein und öffnet die Alpenpässe. Nach dem 7-jährigen, erzwungenen Italienaufenthalt kann der Kaiser endlich den Rückmarsch nach Deutschland antreten.

Heinrich IV. regelt zuerst die Nachfolge: An die Stelle des abtrünnigen Konrad rückt sein Sohn Heinrich (V.). Feierlich muss er schwören, niemals die Hand gegen den Vater zu erheben, dann darf er die Königskrone aufsetzen (Mai 1098). Nach sechs Jahren ist das Gelöbnis vergessen,

Ende 1104 rebelliert Heinrich und inhaftiert seinen Vater auf Burg Böckelheim westlich von Bingen.

Heinrich V. ist 1099, nach dem Tod von Papst Urban II., unter den Einfluss Papst Paschalis' II. geraten, eines eingeschworenen Gregorianers, der unermüdlich auf das Fehlverhalten des Vaters hinwies. Heinrich IV. will die Herrschaftsrechte des Hochadels durch die wirtschaftliche, soziale und politische Förderung des Niederadels und des aufkeimenden Bürgertums einschränken, so durch die Verleihung des Stadtprivilegs von Worms an Fernkaufleute (Juden) im Jahr 1073. – Für Frankreich und England wird die neue Konstellation zur Grundlage der beginnenden Nationalmonarchie.

Alles zusammen ist Grund genug, dass der Hochadel um seine Herrschaftsrechte bangt. Der gregorianisch gesinnte Teil des Klerus steht dem König ohnehin feindlich gegenüber. Dem Kaiser gelingt die Flucht aus der Feste Böckelheim. In Köln jubelt ihm das Volk zu (Februar 1106), viele seiner Getreuen sammeln sich um ihn, der Waffengang gegen den Sohn wird vorbereitet, da stirbt er unerwartet am 7. 8. 1106 in Lüttich. – Noch immer lastet der Kirchenfluch auf ihm. In ungeweihter Erde, vor der Stadtmauer, liegt der Leichnam begraben. Sein Sohn Heinrich V. holt den toten Vater nach Speyer, bahrt ihn in einer ungeweihten Kapelle auf, erst 1111 löst die Kirche den Bann vom Kaiser.

Der Papst gibt nach

Heinrichs V. gutes Einvernehmen mit der Kirche endet schon in den ersten Regierungsjahren: Auf die Oberhoheit über weltliche Güter der Kir-

Aufstand Heinrichs V. gegen seinen Vater (aus der Chronik Ottos von Freising, 1144, Bild oben). – Italien im 11. und 12. Jh. (Karte rechts). – Die Besitzungen der Markgräfin Mathilde von Tuszien 1052 bis 1115 (Karte rechts unten).

STICHWORT

Wormser Konkordat

Am 23. 9. 1122 schließen die Legaten von Papst Kalixt II. mit König Heinrich V. (im Bild links mit Papst Paschalis) in Worms einen Vertrag, der den seit 1075 dauernden Investiturstreit beendet. Heinrich verzichtet bei der Investitur auf Ring und Stab, gesteht kanonische Wahlen und freie kirchliche Weihen zu. Der Papst anerkennt die Wahl der Reichsbischöfe und -äbte in Gegenwart des Königs und die Annahme der Regalien (weltliche Hoheits- und Besitzrechte) in Form eines Zepters durch die Designierten aus der Hand des Herrschers. Der Vertrag anerkennt, dass ein Reichsbischof Verpflichtungen gegenüber Kirche und Reich hat. Das bedeutet das Ende des ottonisch-salischen Reichskirchensystems. Der Weg zur Umwandlung der ottonischen Reichskirche in geistliche Fürstentümer ist frei.

che und den Treueeid der belehnten Geistlichen könne er nicht verzichten, betont Heinrich V. Paschalis exkommuniziert ihn, worauf Heinrich V. gegen Rom zieht. Am 11. 2. 1111 steht Heinrich V. mit 30.000 Mann vor Rom. Papst Paschalis II. besinnt sich plötzlich des monastisch-asketischen Armutsideals: Die Kirchenfürsten mögen ihre vom Kaiser empfangenen Lehen und Besitzungen dem Reich zurückgeben und in Zukunft von Spenden und Gütern leben, schlägt der Pontifex vor. Damit wären Kirche und Staat entflochten, Heinrich V. stimmt diesem Vorschlag zu, der die schon ältere Tendenz zur schrittweisen Trennung von Kirche und Staat im lateinischen Westen weiter fördert.

Ende des Investiturstreites

Der Empfang für Heinrich V. in Rom ist festlich. Im Petersdom soll die Verlesung der Verträge und anschließend die Kaiserkrönung stattfinden. Dazu kommt es nicht mehr. Nach der Verzichtserklärung des Papstes – das Patrimonium Petri, der Kirchenstaat, bleibt von der neuen Regelung aus-

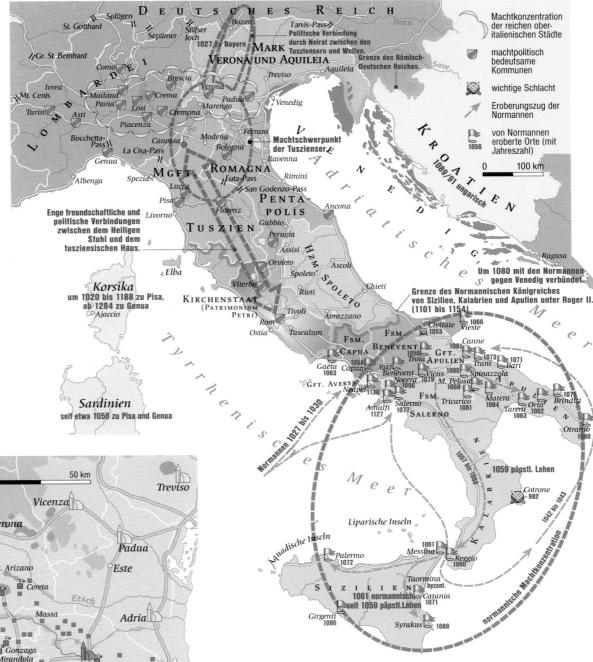

genommen – erhebt sich ein Sturm der Entrüstung: Das ist den radikalen Kirchenreformern denn doch zu viel. Ein Tumult bricht los, vor der Kirche und in den Straßen Roms kämpfen Gegner und Befürworter. Im Chaos verhaftet Heinrich den Papst und holt an Stelle von Paschalis II. den bislang wenig beachteten Gegenpapst Silvester IV. in die Ewige Stadt.

Paschalis willigt ein, dass der König weiter investiere und alles beim Alten bleibt. Am 13. 4. 1111 trägt Heinrich V. die Kaiserkrone, er kann zufrieden sein, die in den folgenden Jahren von den Gregorianern gegen ihn geschleuderten Kirchenflüche zeigen keine Wirkung mehr.

Unter Papst Kalixt kommen die Investiturverhandlungen wieder in Gang und finden 1122 nach fast 50 Jahre dauerndem Streit endlich ihren Abschluss.

Heinrich V. stirbt ungefähr 40-jährig und kinderlos am 23. 5. 1125 in Utrecht.

Unter seiner und seines Vaters Herrschaft vollzieht sich in Deutschland ein entscheidender Wandel: Die Zentralmacht der Krone wird geschwächt, die Macht des Hochadels (Kronvasallen) gestärkt. Das deutsche Königreich befindet sich anders als Frankreich und England auf dem Weg zum geistlichen und weltlichen Reichsfürstenstand.

Welfen gegen Staufer

„Das Königs- oder Reichsgut war in allen Jahrhunderten des Mittelalters in der Gefahr, entfremdet zu werden, und die Aufgabe, Reichsgutverluste nicht nur zu verhindern, sondern verlorenes Reichsgut zurückzuholen, verlorene Reichsrechte zurückzugewinnen, war eine der wichtigsten Pflichten der mittelalterlichen Könige."

Hartmut Boockmann, 1994

Rund 13 Jahre ist es her, dass der verschwörerische Erzbischof von Mainz, Adalbert, auf dem Weg zum Anführer der rebellischen Sachsen, Lothar von Supplinburg (1112), königlichen Häschern in die Hände fällt. Heinrich V. scheut sich nicht, den hohen Kirchenmann ins Gefängnis zu werfen. Nach drei Jahren befreit Lothar von Supplinburg den Inhaftierten und besiegt Heinrich V. bei Welfesholm (1115). Adalbert verspricht, diese christliche Tat nie zu vergessen.

Mit Heinrichs V. Tod (1125) erlöscht die Linie der männlichen salischen Nachkommen. Das umfangreiche Hausgut und die Königskrone fallen an seine staufischen Neffen, Herzog Friedrich II. von Schwaben und dessen Bruder Konrad. Noch immer steht das Geblütsrecht der Dynastien vor dem Wahlrecht und das will Erzbischof Adalbert ändern: Die Staufer, die stets königstreu hinter dem verhassten Heinrich V. standen, dürfen nicht an die Macht kommen und dessen politischen Kurs weiter verfolgen.

Eine Freundschaft zerbricht

Dabei standen sich König und Erzbischof einmal sehr nahe: Heinrich V. ernannte Adalbert zum Nachfolger des verstorbenen Mainzer Erzbischofs Ruthard (15. 8. 1111) und fügte der Würde eines deutschen Erzkanzlers noch die des italienischen hinzu. Überraschend kam es zum Bruch. Adalbert, durch Heinrich mit Ring und Stab belehnt, kritisierte eben diese Laieninvestitur und ging zu den Gregorianern über.

Im August 1125 treten drei Kandidaten zur Königswahl an: Adalberts Befreier, Lothar von Supplinburg, Markgraf Leopold III. von Österreich und der Staufer Friedrich von Schwaben.

Die Wahl dauert sechs Tage. Sie soll turbulent gewesen sein; es kommt fast zu tätlichen Auseinandersetzungen, berichten Zeitzeugen. Adalberts Kandidat, Lothar III. von Supplinburg, gewinnt die Wahl. Herzog Heinrich »der Schwarze« von Bayern protestiert, erst als Lothar ihm für seinen Sohn Heinrich – er wird später »der Stolze« genannt – seine Tochter und Alleinerbin Gertrud zur Gemahlin verspricht, zieht der Bayernherzog seinen Einspruch zurück. Die Heirat begründet die Macht der Welfen in Sachsen und die Feindschaft der Welfen und Staufer.

Streit um Güter

Nicht nur Heinrich »der Schwarze« ist gegen die Wahl. Friedrich von Schwaben, der traditionell den Anspruch auf die Königswürde besitzt, zeigt wenig Verständnis für die plötzliche Änderung des Wahlrechtes, er verweigert König Lothar III. die Gefolgschaft. Damit geht er der Reichsgüter verlustig, die in der Hand der Salier im Laufe der Zeit mit ihren Hausgütern verbunden worden sind. Friedrich ignoriert die Aufforderung des Königs die Güter herauszugeben, worauf er in Acht fällt.

Lothars Macht stützt sich auf den nördlichen Teil des Landes, im Süden zählen die Welfen zu seinen Getreuen, seit er ihr Haus durch die Heirat seiner Tochter Gertrud mit dem welfischen Herzogssohn Heinrich an das seine gebunden hat. Ihnen überlässt er die undankbare Aufgabe, den Staufern das Reichsgut zu entreißen.

Ein Gegenkönig

Das Kräfteverhältnis zwischen Welfen und Staufern ist ausgeglichen, daher kommen Lothars Verbündete nicht so recht voran. Zwei Jahre dauert die lustlos geführte Auseinandersetzung, da kehrt der jüngere Bruder Friedrichs von Schwaben, Konrad, von einer Pilgerreise aus dem Heiligen Land zurück. Auch er denkt nicht daran, die Forderungen Lothars III. zu erfüllen. Im Gegenteil, er lässt sich von seinen schwäbischen Anhängern zum Gegenkönig ausrufen und bittet in Italien den Gegenpapst um Bestätigung seiner Königswürde. Der aber lehnt ab.

In der Zwischenzeit haben die Anhänger Lothars zwei wichtige Bastionen der Staufer eingenommen – Speyer und Nürnberg (1130): Eine Vorentscheidung ist gefallen. Mit der Krönung Lothars III. zum Kaiser

Lothar III. mit Richenza bei der Krönung Heinrichs des Löwen und Gemahlin. (Evangeliar Heinrichs des Löwen 12. Jh., Bild o.). – Das Reichs- und Hausgut der Staufer und das Hausgut der Welfen und Wittelsbacher (Karte rechts).

STICHWORT

Die Welfen

Das Haus der Welfen entstammt alter fränkischer Reichsaristokratie aus der Gegend von Metz. Um 750 verschlägt es die Familie nach Schwaben; Altdorf, später Weingarten nördlich des Bodensees wählen sie zu ihrem Zentrum. Graf Welf I. († vor 825) ist der erste gesicherte Angehörige, seine Tochter Judith heiratet 819 Kaiser Ludwig »den Frommen«, Emma 827 König Ludwig »den Deutschen«. Sie sind die Stammmütter der fränkischen Karolinger. Die Belehnung mit den Herzogtümern Sachsen und Bayern (12. Jh.) bedeutet den ersten Höhepunkt ihrer Macht.

Kreuzgang der Stiftskirche Königslutter, benannt nach Lothar III., erbaut im 12. Jh. Die Kirche ist Grablege Lothars und Richenzas (Bild unten).

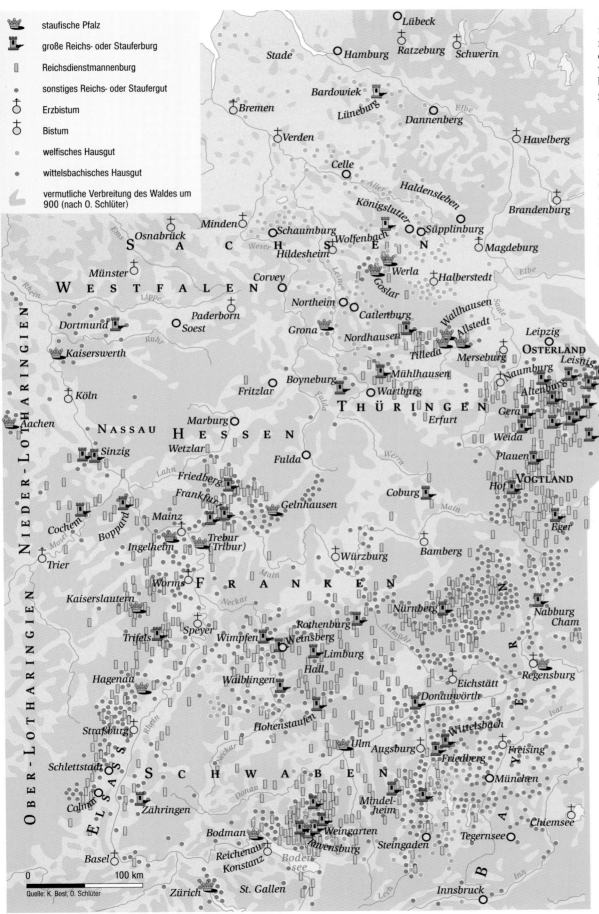

Legende:

- staufische Pfalz
- große Reichs- oder Stauferburg
- Reichsdienstmannenburg
- sonstiges Reichs- oder Staufergut
- Erzbistum
- Bistum
- welfisches Hausgut
- wittelsbachisches Hausgut
- vermutliche Verbreitung des Waldes um 900 (nach O. Schlüter)

Quelle: K. Bosl, O. Schlüter

0   100 km

(4. 6. 1133) entspannt sich die Situation, die schwäbischen Brüder verzichten auf die Königswürde und anerkennen den Supplinburger. Der wieder zeigt sich erkenntlich und belässt ihnen die in ihren Besitz übergegangenen Reichsgüter.

Lothar stirbt

Vier Jahre sind Kaiser Lothar III. noch gegönnt. Am 4. 12. 1137 trifft er nach einem überaus anstrengenden Feldzug gegen die Normannen in Süditalien im Tiroler Breitenwang bei Reutte ein. Der 62-Jährige fühlt den Tod, er übergibt seinem Schwiegersohn Herzog Heinrich »dem Stolzen« die Reichsinsignien und das sächsische Lehen. Lothar stirbt noch am gleichen Tag.

Die Wahl des neuen Königs ist für Pfingsten 1138 anberaumt. Aussichtsreichster Kandidat ist der Welfe Heinrich »der Stolze«, Herzog von Bayern und nun auch von Sachsen. Von ihm aber befürchtet Papst Innozenz II. eine härtere Gangart gegenüber der Kurie und schlägt daher Konrad von Hohenstaufen, den jüngeren Bruder Friedrichs von Schwaben, zum Thronnachfolger vor. Aber, auch das weiß der Pontifex, die deutschen Fürsten hätten ihm nie die Königswürde übertragen. In aller Eile lässt er über den Wahlleiter Erzbischof Albero von Trier und einige ihm nahe stehende Fürsten am 7. 3. 1138 den Staufer Konrad nach Koblenz holen, zum König wählen und ihn durch Dietwin, den päpstlichen Legaten, in verkürzter Zeremonie krönen.

Streit ohne Ende

Heinrich »der Stolze« protestiert vergeblich, er liefert zwar die Reichsinsignien aus, die Huldigung aber verweigert er. Der Reichsacht unterworfen, verliert er die Herzogswürde. Ein mehrjähriger Krieg ist die Folge des Widerstreits der staufischen und welfischen Partei.

Der Kreuzzugsbewegung steht Konrad III. lange reserviert gegenüber. Eine flammende Rede des Abtes Bernhard von Clairvaux in Speyer bewegt ihn das Kreuz zu nehmen (Dezember 1146). Im Frühjahr 1149 trifft König Konrad III. wieder in Deutschland ein. Der für den Herbst 1152 geplante Feldzug nach Italien und der Empfang kaiserlicher Würden entfällt, Konrad III. stirbt am 15. 2. 1152. Der Zwist zwischen Welfen und Staufern bleibt bestehen.

Für die »Ehre des Reiches«

„Trauer überflutet unser Herz, wenn wir an die bevorstehenden Veränderungen im Reich denken."

Wibald von Stablo-Malmédy, 1152

Es sind wahrhaft prophetische Worte, die Abt Wibald von Stablo-Malmédy nach den Krönungsfeierlichkeiten für Friedrich I., Barbarossa, im Jahr 1152 an den Papst schreibt. Er dürfte geahnt haben, dass der zielstrebige Friedrich seine eigenen Wege gehen wird.

Anders als die Wahl Konrads III. erfolgt die seines Neffen, Friedrichs I., genannt Barbarossa, Rotbart, am 4. 3. 1152 in Frankfurt am Main einstimmig. Allerdings wird auch sie abgesprochen, auch sie folgt nicht dem Geblütsrecht – sie übergeht den rechtmäßigen Nachfolger, den unmündigen Sohn Friedrich (IV.) von Rothenburg – und auch sie scheint nicht so glatt verlaufen zu sein, wie es der berühmte Chronist Otto von Freising wahrhaben möchte. Denn manche der deutschen Fürsten treten im Wahljahr plötzlich mit neuen Vorrechten und Würden auf und dürften von Barbarossa mit handfesten Zusicherungen auf seine Seite gezogen worden sein.

Eine überlegte Wahl

Die Wahl ist zum ersten Mal eine Wahl der Vernunft: Barbarossa, Sohn einer welfischen Mutter und eines staufischen Vaters, versteht es, die aufgeregten Gemüter seiner beiden Stammhäuser zu beruhigen. Dieser jahrzehntelange Konflikt scheint beigelegt, wenn er auch nicht der einzige war, der die Innenpolitik des Reiches belastete. Die Versöhnung mit Heinrich »dem Löwen« zum Beispiel gelingt nur schrittweise: 1142 mit der Ernennung zum Herzog von Sachsen, 1156 durch Belehnung mit dem Herzogtum Bayern, auf das Heinrich schon 1147 Anspruch erhob.

Seit Konrad III. war die Frage strittig, ob die Welfen zwei Herzogtümer zugleich, nämlich Bayern und Sachsen, ihr Eigen nennen dürfen. Die Frage beantworten schließlich mehrere Hoftagsbeschlüsse, die Heinrich »dem Löwen« sowohl Sachsen als auch in der Folge Bayern zusprechen. Die Vergabe Bayerns bereitet einige Probleme, denn das Herzogtum steht seit 1139 unter der Obhut des Markgrafen von Österreich. Laut Hoftagsbeschluss muss nun Heinrich II., Jasomirgott, auf Bayern verzichten, nicht ohne Protest, versteht sich, der aber Friedrich I. nicht ungelegen kommt. Er trifft eine wahrhaft salomonische Entscheidung: Bayern wird, um die Markgrafschaft Österreich verkleinert, Heinrich »dem Löwen« übergeben. Im Gegenzug erhält die Markgrafschaft Österreich den Status eines Herzogtums und Heinrich II., Jasomirgott, Sonderrechte, die im »Privilegium minus« Österreich die Vorrechte einer eigenen Landesentwicklung einräumen (17. 9. 1156). Dem ewig rebellischen Bayernherzog Heinrich »dem Löwen« steht nun das Österreich der Babenberger Herzöge gegenüber.

Ein Gelöbnis

Unmittelbar nach der am 9. 3. 1152 in Aachen erfolgten Krönung zum König durch den Kölner Erzbischof Arnold gelobt Friedrich am Grab Karls des Großen, die alte Kaiserherrlichkeit, Ruhe und Ordnung im Reich wiederherzustellen. Aus dieser programmatischen Erklärung resultiert seine Wahlanzeige an Papst Eugen III., dass *„es zwei sind, von denen vornehmlich die Welt regiert wird, nämlich die heilige Autorität der Päpste und die königliche Gewalt"*, und *„mit Gottes Hilfe die Erhabenheit des Römischen Reiches zur alten Kraft seiner Hoheit reformiert werden soll."* Der Standpunkt Friedrichs I. ist unmissverständlich. Ungeachtet des Wormser Konkordats hält er am Prinzip der »zwei Schwerter« fest: Papst und Kaiser treffen unabhängig voneinander die Entscheidungen für ihre Aufgabenbereiche.

Friedrich I. verliert keine Zeit. Noch bevor er das sächsisch-bayerische Problem angeht, bricht er auf, um sich in Rom die Kaiserwürde zu holen. Selbstbewusst tritt er am 8. 6. 1155 Papst Hadrian IV. – Eugen III. ist 1153 verstorben – bei Sutri, 40 km nördlich von Rom, gegenüber. Schon das erste Treffen ist von Missstimmung geprägt: Friedrich I. verweigert den schon in den Konstantinischen Schenkungen vermerkten, traditionellen Strator- und Marschalldienst, das Pferd des Papstes eine Strecke weit am Zügel zu führen. Beim zweiten Treffen mit dem Papst entspricht Friedrich dem Zeremoniell, er erklärt es als einen Ehrendienst ohne politische Bedeutung. Er geleitet den Papst gerade nur einen Steinwurf weit. Die allgemeine Stimmung, die den Deutschen in Rom entgegenschlägt, ist entsprechend unfreundlich. Friedrich I. schürt den Unmut zusätzlich, indem er den römischen Senat von den Krönungsfeierlichkeiten ausschließt. Am Krönungstag sichern 1800 deutsche Reiter den Vorplatz der Peterskirche (18. 6. 1155). Wie erwartet stürmen die Römer den Dom. Sie erschlagen im Tumult einige der bewaffneten deutschen Wächter. Friedrich I., vor allem aber seine ihn begleitenden Fürsten, haben nun keine Veranlassung mehr, dem Papst gegen die drohende Gefahr der Normannen – wie in Konstanz (1153) zugesichert – beizustehen, sie treten den Heimweg an. Dass sie mit diesem Schritt den Pontifex ins Lager der Normannen treiben, zeigt sich erst später (1156, Vertrag von Benevent).

Idealen verplichtet

Friedrich I., Barbarossa, ist ein glanzvoller, tatkräftiger und zielbewusster Herrscher. Der höfischen Kultur aufgeschlossen und den Idealen des Rittertums verpflichtet, kämpft er ein Leben lang für die »Ehre des Reiches«. Das sind für ihn alle Rechte und Würden, die ihm als Kaiser der Römer und König Deutschlands, Burgunds und Italiens zustehen, so auch die Einkünfte und Verfügungsrechte über die Reichsgüter. Das Fehlen eines Verzeichnisses der Reichsrechte und einer königlichen, zentralen Verwaltung ließ manche fiskalische Regelung in Vergessenheit geraten, nicht nur auf deutschem, sondern vor allem auf italienischem Reichsgebiet.

Begreiflich, dass die von König Friedrich I., Barbarossa, jetzt konsequent angemahnten Forderungen bei den reichen italienischen Städten auf strikte Ablehnung stoßen. Unter Führung des mächtigen und selbstbewussten Mailand schließen sie sich

»Cappenberger Barbarossa-Kopf«, Kopfreliquiar Friedrichs I. (um 1160, Bild oben). – Das Reich Friedrichs I., Barbarossa (Karte rechts).

STICHWORT

Die Staufer

Das schwäbische Adelsgeschlecht reicht in die 1. Hälfte des 11. Jhs. zurück, Stammsitz ist Büren (heute Wäschenbeuren). Friedrich von Büren († nach 1053) gründet das Kloster Lorch im schwäbischen Remstal als Grablege der Familie. Durch seine Ehe mit der elsässischen Grafentochter Hildegard (Bild links) kommt die Familie zu Besitz im Elsass. Ihr Sohn Friedrich I. wird 1079 von König Heinrich IV. zum Herzog von Schwaben ernannt und gelangt durch seine Heirat mit der Königstochter Agnes in unmittelbare Nähe zum König. Aus dieser Ehe gehen drei Söhne, Herzog Friedrich von Schwaben, Bischof Otto von Straßburg und Pfalzgraf Ludwig hervor. Friedrich I. erbaut die für die Familie namensgebende Burg Hohenstaufen bei Göppingen.

Grenze des Römisch-
Deutschen Reiches zur Zeit
Friedrichs I., Barbarossa.

1154: Auf dem Hoftag erhält
Heinrich III., »der Löwe«,
Bayern und das Königsrecht
der Bischofsinvestitur im
Slawenland.

4. 3. 1152: Wahl Friedrichs I.
zum deutschen König. Sein
politisches Programm lautet:
Ausgleich mit den Fürsten.

17. 9. 1156: »Privilegium minus« räumt
Österreich Sonderrechte ein. Unter anderem
wird die Mark ein Herzogtum mit besonderer
Erbregelung (weibliche Nachfolge).

1153: »Konstanzer Vertrag«
Friedrich verspricht Papst
Eugen III. Hilfe gegen die
Normannen, der sichert
dafür Kaiserkrönung und
Unterstützung gegen innere
Feinde zu.

1154-55: 1. Italienzug. Die
Mehrzahl der oberitalienischen
Städte huldigt Friedrich I. Er
nimmt Beziehungen zur
Bologneser Rechtsschule auf
(Scholarenprivileg).

1158-62: Der 2. Italienzug hat die Errichtung
einer direkten Territorialherrschaft und die
Partizipation an der Wirtschaftskraft der
lombardischen Städte zum Ziel.

1174-78: Im 5. Italienzug belagert Friedrich I.,
Barbarossa, vergeblich Alessandria. Friedens-
verhandlungen mit den Lombarden scheitern
(Vertrag von Montebello).

	staufische Herzogtümer und Grafschaften
	welfisches Hausgut
	welfische Herzogtümer
	Babenberger
	Wettiner
	Askanier
	Savoyer
	französisches Kronland
♛	Pfalz
	Reichsburg oder staufische Burg
	Veroneser Städtebund (1164)
	Lombardischer Städtebund (1167)
	sonstige bedeutende Burg
	wichtiges Kloster
	von Friedrich I., Barbarossa, längere Zeit belagerte Stadt

0   200 km

1167 zum 2. Lombardenbund zusammen und bekämpfen den Kaiser. Friedrich I. betrachtet sich als besonderer Schutzherr der römischen Kirche. Während des Schismas (Kirchenspaltung aus kirchenrechtlichen und nichtdogmatischen Gründen) 1159 nimmt er das Recht in Anspruch, dem ihm nahe stehenden apostolischen Kandidaten Viktor IV. zur Anerkennung zu verhelfen. Das Ergebnis dieses Ringens zwischen

Kaiser- und Papsttum ist ein Beziehungsgeflecht ständig wechselnder Koalitionen: Byzanz mischt sich ein, das die Chance, seinen Einfluss in Italien zu erweitern, wahrnehmen möchte. Das sizilianische Normannenkönigtum versucht wieder Byzanz aus der Apenninenhalbinsel zu verdrängen. Der 2. Lombardenbund will sich weder der deutschen Reichshoheit noch dem Pontifikat beugen. In Deutschland nimmt ein Teil des

Episkopats Stellung gegen den wachsenden Zentralismus des Vatikans, und die übrigen europäischen Länder melden sich zu Wort. Viele von ihnen und Teile des deutschen Episkopats stehen auf der Seite des stauferfeindlichen Papstes Alexander III. Friedrich I. muss 1177, so schwer es ihm fällt, seinem eben auf den Stuhl Petri gehobenen Favoriten, Viktor IV., absagen und Alexanders Rechtmäßigkeit anerkennen.

Seit Karl dem Großen hat sich viel geändert: Das Selbstverständnis der aufstrebenden Nationalmonarchien ist auf dem Weg zur vollen Souveränität gegenüber dem Kaisertum.

Und so fragt ein Zeitgenosse Friedrichs, Johann von Salisbury, Bischof von Chartres: *„Wer hat die Deutschen zu Richtern über die Völker bestellt? Wer hat diesen plumpen Barbaren das Recht gegeben, einen Herrn über die Häupter der Menschheit zu setzen?"*

87

Ein Reich zerfällt

„Er liebt Kriege, aber nur, um dadurch den Frieden zu gewinnen, er ist persönlich tapfer, im Rat außerordentlich überlegen, Bittenden gegenüber nachgiebig und mild gegen die zu Gnaden Angenommenen."

Rahewin, um 1160

Friedrich I., Barbarossa, festigt in den folgenden Jahrzehnten im komplizert gewordenen Geflecht diplomatischer und strategischer Interessen das Reich als bedeutendste Macht Europas. Dennoch verliert es an politischem Gewicht. Die Ursachen liegen in den jahrzehntelangen inneren Wirren und Zerwürfnissen. Um sie in Zukunft zu vermeiden, trachtet Friedrich I. den welfisch-staufischen Konflikt auszugleichen: Welf VI., dem Bruder Heinrichs »des Stolzen«, spricht er aus der eingezogenen Erbmasse und den Mathildischen Gütern italienische Reichslehen zu, Kirchenrechtsfragen in Nordelbingen entscheidet Friedrich im Sinne Sachsens; mit der Gründung des Herzogtums Österreich löst er das bayerische Problem ebenso gütlich. Umso unverständlicher werden die immer maßloseren Forderungen Heinrichs »des Löwen«: Ständig seine Macht erweiternd, gründet er München (1158) und Lübeck (1159), unternimmt Kreuzzüge gegen die Wenden, belebt nebenbei den Ostseehandel und erobert Mecklenburg und Vorpommern. Heinrich »der Löwe« steigt zum mächtigsten Kronvasall des Reiches auf, dem sogar das Recht der Bischofsinvestitur zusteht.

Ein dickköpfiger Herzog

Eine Entfremdung zwischen Heinrich »dem Löwen« und dem Kaiser zeichnet sich 1167 ab. Heinrich verweigert die Heeresfolge im Italienfeldzug des Kaisers, fehlt ebenso beim Waffengang von 1174. Der Bruch ist 1176 perfekt: Kaiser Friedrich I. gerät gegen die Lombarden bei Chiavenna in arge Bedrängnis und bittet Vetter Heinrich »den Löwen« um Beistand. Heinrich ist nur dann bereit einzugreifen, wenn er den Rammelsberg bei Goslar mit den reichsten Silbergruben Europas erhält. Dieser Forderung gibt Barbarossa nicht nach und er erleidet bei Legnano eine Niederlage (29. 5. 1176). Militärisch von geringer, aber von

hoher psychologischer Bedeutung, wirkt die Schlappe politisch nach; Friedrich I. muss sich dem Druck der Kirchenfürsten beugen, im Frieden von Venedig Papst Alexander III. anerkennen und mit den rebellischen lombardischen Städten einen 6-jährigen Waffenstillstand abschließen.

Anklage wegen Landfriedensbruch

Der auf Ausgleich bedachte Barbarossa muss noch anderes hinnehmen: das Scheitern seiner toleranten Politik gegenüber Herzog Heinrich. Der Welfe setzt seine Macht, ohne auf die Interessen des Reiches zu achten, zum eigenen Vorteil ein. Seine maßlose Territorialpolitik provoziert nicht nur den Kaiser, sie ruft den Neid der anderen Fürsten hervor. Nicht die Verweigerung der Heereshilfe in Oberitalien ist letzten Endes der Grund für die Anklage, die deutsche Fürsten im November 1178 gegen »den Löwen« erheben, sondern Landfriedensbruch. Heinrich verweigerte dem Halberstädter Bischof Udalrich einige Kirchenlehen und der Bischof griff mit dem Kölner Erzbischof Phillip zu den Waffen. Auf dem Reichstag zu Speyer tragen alle am Gerangel Beteiligten ihren Standpunkt vor, nur Heinrich »der Löwe« fehlt. Nach fränkischer Rechtsprechung können nur Anwesende verurteilt werden. Erst beim dritten Reichstag tritt er an und wird zur Acht verurteilt. Heinrich verteidigt vergeblich seine Länder, Westfalen geht verloren, Ostsachsen kann er mit Hilfe slawischer Wenden halten. Friedrich Barbarossa denkt nicht mehr daran, Gnade vor Recht ergehen zu lassen. Er klagt ihn an, trotz zweimaliger Aufforderung nicht zu den Reichstagen erschienen zu sein und daher die königliche Majestät missachtet zu haben. Im Januar 1180 spricht das Fürstengericht zu Würzburg Heinrich alle Lehen ab und fällt über ihn die unlösbare Oberacht. Heinrich hat die Chance vertan, den Kaiser um Gnade zu bitten. Damit können seine Lehen neu vergeben werden, aber niemand glaubt, dass Friedrich den Urteilsspruch wahrmacht. Er bleibt aber unnachgiebig und bestätigt das am 13. 4. 1180 in der Pfalz Gelnhausen getroffene Urteil: Die westliche Hälfte Sachsens geht als Reichslehen an das Kölner Erzstift, die östliche an Bernhard von Askanien. Bayern wird aufs Neue

verkleinert und die Steiermark zum eigenen Herzogtum erklärt. Bayern erhält der Pfalzgraf Otto von Wittelsbach, der die mehr als 700-jährige Herrschaft der Wittelsbacher einleitet, Steiermark übernimmt der bisherige Markgraf Ottakar. Die mitteldeutschen Territorien, die Bayern und Sachsen bisher verbanden, stellt Friedrich unter die Reichsverwaltung eines Vogtes. Noch heute heißt dieser Landstrich Vogtland.

Heinrich, »der Löwe«, nimmt seinen Privatkrieg gegen den Kaiser auf. Nach mehrjährigen Kämpfen flieht der Rebell zu König Heinrich II. von England (1182), kehrt wieder und unterwirft sich schließlich dem Nachfolger Barbarossas, Heinrich VI.

Ein Rechtsspruch mit Folgen

Das Urteil von Gelnhausen zieht ungeahnte Folgen nach sich: Durch die Aufteilung des Herzogtums Sachsen und der anderen Güter Heinrichs »des Löwen« erfährt der Prozess der territorialen Zusammenschlüsse innerhalb des Reiches einen entschei-

Grabmal Heinrichs »des Löwen« und seiner Gemahlin Mathilde aus Kalkstein im Dom zu Braunschweig (vor 1250, Bild unten). – Siegel Herzog Heinrichs »des Löwen« (vor 1188, Bild rechts unten). – Das römisch-deutsche Kaiserreich zur Zeit der Staufer, Mitte des 12. bis Mitte des 13. Jhs. (Karte rechts).

denden Bruch: Die Auflösung der alten Stammesherzogtümer schreitet fort, die staatliche Zersplitterung in Kleinfürstentümer nimmt ihren Lauf. Aus ihnen entsteht ein neuer Reichsfürstenstand, der den Rechtsgrundsatz durchsetzt, dass heimgefallene Lehen vom König innerhalb eines Jahres neu vergeben werden müssen. Damit ist das Einzugsrecht für die Krone beseitigt. Während in England und Frankreich auf der Basis einer breiten Hausmacht neue Dynastien und starke Zentralgewalten entstehen, splittert das Reich in unzählige Territorialstaaten auf.

Auf dem Höhepunkt seiner Macht, im Alter von 67 Jahren, bricht Friedrich I., Barbarossa, im Mai 1189 von Regensburg auf, um Jerusalem aus den Händen Sultan Saladins zu befreien. Im Fluss Saleph an der Südküste Kleinasiens ertrinkt er während eines Bades (10. 6. 1190).

Der schlafende Kaiser im Kyffhäuser

Sagen und Legenden nehmen sich des Kaisers an. Schon das »Volksbuch« über Friedrich Barbarossa aus dem Jahre 1519 weist ihm den Platz im thüringischen Kyffhäuser zu, den er einst, wenn die Raben den Berg nicht mehr umkreisen, verlassen wird, um das Reich zu neuer Herrlichkeit zu führen. Die nationale Geschichtsschreibung des 19. Jhs. huldigt im Besondern dem Mythos vom »schlafenden Kaiser«; der Berliner Architekt Bruno Schmitz errichtet im Auftrag Kaiser Wilhelms II. auf dem Kyffhäuser ein Baudenkmal, zu dem die Massen wie zu einem Nationalheiligtum pilgern. Nationalsozialistische Ideologen dümpeln in der ersten Hälfte des 20. Jhs. im gleichen Fahrwasser. Mittlerweile hat Friedrich I., Barbarossa, eine weitere Schlafstätte erhalten: den Untersberg bei Salzburg. Sooft er in seiner Bergfestung am Obersalzberg weilt, blickt Adolf Hitler auf den Bergstock hinüber. Was er denn dabei denke, fragt ihn eines Tages ein Journalist: *„Das ist kein Zufall"*, meint Hitler, *„ich erkenne darin Berufung."* Den Angriff auf die Sowjetunion 1941 nennt er »Unternehmen Barbarossa«. Hitler hat den Barbarossa-Mythos damit so gründlich zerschlagen, dass eine Neubelebung nach 1945 kaum mehr denkbar ist.

89

Der »Tyrann von Sizilien«

„Vierundzwanzig Jahre alt war Heinrich VI., als er 1190 den Schritt von der Regentschaft zur vollen Herrschaft tun musste. Er war eine komplizierte, zum Geistigen, zu Kunst und Wissenschaft stärker als zum ritterlichen Kampf geneigte Persönlichkeit, in der Politik rücksichtslos und nicht selten verschlagen."

Wilhelm Treue, 1990

Nach dem Tod Friedrichs I., Barbarossa, geht die Herrschaft nahtlos auf seinen Sohn Heinrich VI. über. Im Alter von vier Jahren ist er schon zum König gewählt worden (1169) und während des Kreuzzuges seines Vaters führte er die Regierungsgeschäfte. Heinrich, ein kluger und beredter Mann von feurigem Geist, so Chronist Burchard von Ursberg, heiratet mit großem Prunk am 27. 1. 1186 Konstanze, eine Tochter des Normannenkönigs Roger II. von Sizilien. Seit dem Frieden mit den Lombarden ist nun auch der normannische Süden Italiens formal ein Bestandteil des Heiligen Römischen Reiches.

Einfach war es nicht, eine dynastisch passende Gemahlin für Heinrich zu finden. Die um 11 Jahre ältere Konstanze muss erst aus dem Kloster geholt werden. Dafür ist die Mitgift reichlich, 40.000 Pfund in Gold sind zur Verlobung in Augsburg der kaiserlichen Schatzkammer übergeben worden und zur Hochzeit in Mailand rücken weitere 150 mit wertvollen Gegenständen beladene Tragtiere heran, ganz abgesehen davon, dass Sizilien nun zum Erbgut zählt.

Glück für Heinrich

Allerdings rechnet niemand mit dieser Erbschaft, denn der auf Sizilien herrschende König Wilhelm II. ist mit 30 Jahren im besten Mannesalter und außerdem erst seit vier Jahren mit der noch sehr jungen Tochter des englischen Königs Heinrich II., Johanna, vermählt. Da kann noch manch erbberechtigter Spross das Licht der Welt erblicken. Auch Heinrich VI. muss nahezu acht Jahre warten, bis ihm Konstanze, nun schon fast 40 Jahre alt, den ersten Sohn schenkt.

König Wilhelm II. stirbt überraschend (18. 11. 1189), das Unmögliche tritt ein: Heinrich VI. ist nach dynastischem Recht König von Sizilien.

Die sizilianische Nationalpartei wählt allerdings Graf Tancred von Lecce.

König Tancred weiß, dass ihm Sanktionen drohen, Heinrich VI. wird auf sein Erbe nicht freiwillig verzichten. Da bietet sich ein Bündnis mit dem englischen König, Richard I., Löwenherz, an. Löwenherz ist ein Schwager Heinrichs II., »des Löwen«, des ehemaligen Herzogs von Sachsen und Bayern. Der raubt und plündert seit Barbarossas Fahrt ins Heilige Land im Norden Deutschlands und ist militärisch nicht zu fassen. Heinrich VI. schließt mit »dem Löwen« einen Kompromiss und schenkt dem Rebellen die halben Einkünfte der Reichsstadt Lübeck für seine Unterwerfung (Juli 1190). Somit steht dem Marsch des Königs nach Italien nichts mehr im Wege.

Eine Schlappe in Italien

Papst Coelestin III. krönt Heinrich VI. am 14. 4. 1191 zum Kaiser. Der nachfolgende Feldzug gegen Tancred endet allerdings schon vor den Toren Neapels. Krankheiten schwächen das Heer Heinrichs VI., sodass es den Rückzug antritt. Dazu fällt Konstanze in die Hände Tancreds und bleibt als Geisel in Italien.

Nach dieser Schlappe ist die Stellung des Kaisers im Reich schwer angeschlagen. Sachsen geht in Opposition, das welfische Lager formiert sich wieder und die süddeutschen Fürsten verbünden sich gegen ihn. Nur die Herzöge von Schwaben und Österreich bleiben ihm treu.

Richard Löwenherz

Aufmerksame kaiserliche Häscher retten Heinrich VI. aus der bedrohlichen Lage: In Erdberg, einem Wiener Vorort, wird der inkognito aus dem Heiligen Land heimkehrende englische König Richard I., Löwenherz, festgenommen (Dezember 1192). Der Babenbergerherzog Leopold V. hält den Engländer auf Burg Dürnstein in der Wachau gefangen; Leopold V. ist mit Löwenherz seit dem gemeinsamen Kreuzzug im Heiligen Land persönlich verfeindet. Jetzt sieht er die Stunde der Vergeltung – und das Geschäft seines Lebens – gekommen. Er und Kaiser Heinrich VI. sind sich einig, die Freilassung des Gefangenen könne nur gegen viel Geld erfolgen, möge Papst Coelestin III. in Rom auch zetern und über

den Bruch des »Gottesfriedens« wettern, soviel er wolle. Unbeeindruckt nimmt Leopold V. die Exkommunikation auf sich. Heinrich VI. entgeht ihr, er hat eine plausible Begründung: Als weltlicher Schirmherr der Christenheit müsse er der Anklage nachgehen, Löwenherz habe im Heiligen Land Blutschuld auf sich geladen. Er soll den Auftrag zum Mord am staufischen Lehensmann und gewählten König von Jerusalem, Konrad von Montferrat, erteilt haben, damit der englische Vasall Guy de Lusignan dessen Stelle einnehmen konnte.

Lösegeld für einen König

In Wahrheit aber warten Heinrich und Leopold ab, wer für die Auslieferung des englischen Königs am meisten bietet, der König von Frankreich, der auch mit Richard in Fehde liegt, oder England. Die Engländer greifen für die Freiheit ihres Herrschers tief in die Tasche und bringen die ungeheure Summe von 100.000 Mark in Silber nach Kölner Gewicht, das sind nach heutiger Kaufkraft etwa 7 Milliarden DM, auf. Und während in England deswegen Sondersteuern erhoben werden, das Kirchensilber eingeschmolzen und wertvoller Zierrat von öffentlichen Gebäuden abmontiert wird, geht es auf Dürnstein hoch her: Löwenherz feiert fröhliche Feste und säuft seine Bewacher unter den Tisch. Als das Lösegeld endlich nach zwei Jahren bei Kaiser Heinrich VI. eintrifft, verweigert Leopold V. die Herausgabe seines illustren Gefangenen, der Kaiser will ihm vom Lösegeld nichts abtreten. Endlich rückt er die Hälfte des erpressten Geldes heraus und Richard I., Löwenherz, kommt frei (4. 2. 1194). Kaiser Heinrich VI. finanziert mit den englischen Steuergeldern seinen Krieg in Italien.

Im Vollbesitz seiner Macht geht Heinrich VI. im Sommer 1194 wieder auf Italienfahrt. Tancred und sein Sohn Roger sind in der Zwischenzeit verstorben. Ende November 1194 trifft der Kaiser in Palermo ein,

Krönung Kaiser Heinrichs VI. durch Papst Coelestin III. in Rom (Buchmalerei des Petrus von Ebulo, Bild oben). – Reichsapfel der Reichskleinodien, vermutlich in Köln hergestellt (Ende 12. Jh., Bild rechts unten). – Reichs- und staufische Hausgüter zur Zeit Heinrichs VI. (Karte rechts).

nimmt huldvoll die sizilianische Königskrone vom zweitgeborenen Sohn Tancreds, Wilhelm III., entgegen und verspricht dem vor ihm demütig knienden Königskind die Herrschaft Lecce und das Fürstentum Sorrent. Unterdessen bringen seine Kämmerer den sagenhaften Normannenschatz auf die Reichsfestung Trifels im schönen Haardt. Am Weihnachtstag 1194 bricht die Katastrophe über die Sizilianer herein.

Ein Massaker auf Sizilien

Aus abgefangenen Briefen geht hervor, dass sizilianische Große eine Verschwörung gegen den Kaiser planen. Heinrich VI., Herr über ein Reich, das von Nord nach Süd 2500 km misst und das größte ist, das ein deutscher Monarch je regierte, hält ein unfassbares Blutgericht ab: Hinrichtung, Blendung, Kerkerhaft, Feuertod, Ertränken im Meer und Sklaverei sind die Urteile, die der Kaiser ohne Anhörung der Verdächtigten verhängt. Das Grab des verstorbenen Königs

Tancred lässt er aufbrechen, dem Leichnam die Krone vom Kopf reißen und das Haupt abschlagen. Wilhelm III., der 7-jährige Sohn Tancreds, wird – geblendet und entmannt – auf der Welfenfestung Hohenems in den Kerker geworfen. Andere Mitglieder der königlichen Familie, Verwandte seiner Frau Konstanze, verurteilt Heinrich VI. zu lebenslanger Haft und deportiert sie ins Reich. Zur gleichen Zeit, am 26. 12. 1194, schenkt Konstanze in Iesi bei Ancona einem Sohn das Leben, den Zeitgenossen später bewundernd »stupor mundi«, »das Staunen der Welt«, nennen: Friedrich II.

Auf dem Reichstag zu Bari im März 1195 ordnet Heinrich VI., ganz im Sinne staufischer Hausmachtpolitik, die Verhältnisse in Mittel- und Süditalien und verteilt die normannischen Güter und Lehen neu. Er gebietet über ein Weltreich, das nach Übernahme des sizilianischen Erbes u. a. Zypern, Tunis, Tripolis, Kleinarmenien und Syrien umfasst.

Noch in Bari gelobt Heinrich VI. – sicher nicht ohne Hintergedanken – das Kreuz zu nehmen: Der Besitz des Heiligen Landes sichert ihm den Einfluss auf Byzanz. Den dynastischen Anspruch trägt er schon in der Tasche: Bei der Eroberung Siziliens ist ihm die byzantinische Prinzessin Irene in die Hände gefallen, die Witwe von Tancreds verstorbenem Sohn Roger. Sie verheiratet er mit seinem jüngeren Bruder Philipp, dem Verwalter der mathildischen Güter in Mittelitalien. Als kurz darauf Irenes Vater vom byzantinischen Thron gestürzt wird, beansprucht Heinrich VI. an Stelle seines Bruders Philipp die Nachfolge, freilich mit wenig Erfolg. Erfolglos verlaufen auch die Verhandlungen mit den deutschen Fürsten, das Reich in eine erbliche Monarchie umzuwandeln, der »Erbreichsplan« findet keine Zustimmung. Alles, was der Kaiser erreicht, ist die Sicherung der Thronnachfolge für seinen Sohn Friedrich II., ihn wählen die deutschen Fürsten im Dezember 1196 zum König.

Während ein mächtiges Landheer von Kreuzfahrern unter der Leitung von Bischof Konrad von Hildesheim in den Orient aufbricht, organisiert Heinrich VI. in Messina die Seeflotte der Kreuzritter. Ein Aufstand der geknechte-

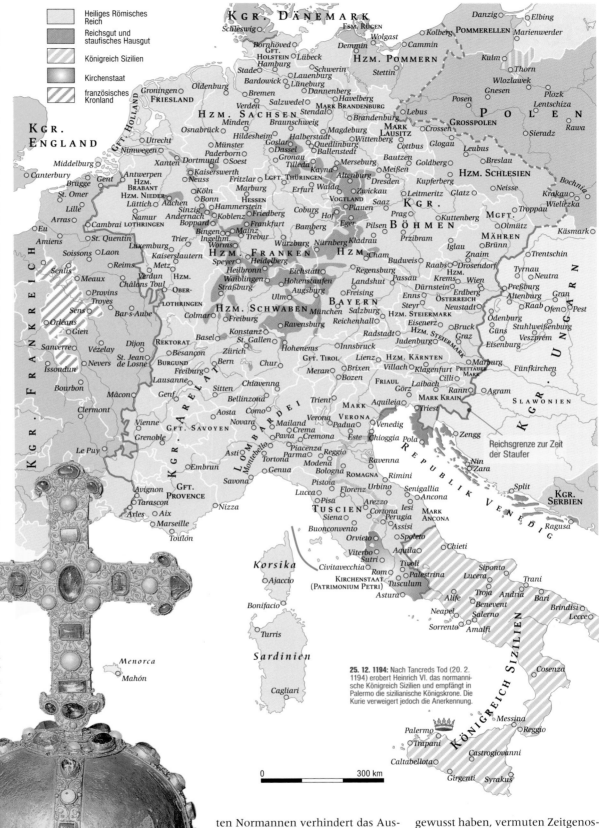

Heiliges Römisches Reich

Reichsgut und staufisches Hausgut

Königreich Sizilien

Kirchenstaat

französisches Kronland

25. 12. 1194: Nach Tancreds Tod (20. 2. 1194) erobert Heinrich VI. das normannische Königreich Sizilien und empfängt in Palermo die sizilianische Königskrone. Die Kurie verweigert jedoch die Anerkennung.

0   300 km

ten Normannen verhindert das Auslaufen. Wieder wütet Heinrich – dem Anführer und Gegenkönig lässt Heinrich, so berichten Annalen, „vor den Augen seiner Gemahlin, der Kaiserin, eine Krone mit eisernen Nägeln aufs Haupt schlagen." Konstanze und der Papst sollen von der Verschwörung gewusst haben, vermuten Zeitgenossen. Heinrich VI., »der Tyrann von Sizilien«, wie ihn Chronisten nennen, stirbt auf rätselhafte Weise am 28. 9. 1197 im Alter von 32 Jahren. Seine Greueltaten passen schlecht zu einem, der es verstand, zarte Minnelieder zu dichten.

Ein Bettler wird König

„Friedrich II., mehr noch als Heinrich VI. Symbol des Machtkampfes zwischen den Zwei Schwertern, war ironischerweise gerade durch den Papst an die Spitze gelangt."

Harald Steffahn, 1981

Friedrich, Sohn des Stauferkaisers Heinrich VI. und Konstanzes, der Erbin des normannischen Königreiches Sizilien, ist kaum drei Jahre alt, als sein Vater überraschend im September 1197 stirbt. Obwohl die deutschen Fürsten ihn im Dezember 1196 zum König wählen, verweigern sie jetzt die Huldigung. Jene politischen Kräfte gewinnen die Oberhand, die eine Vereinigung des Reiches mit Süditalien unter staufischer Vorherrschaft ablehnen: Die Kaiserinwitwe Konstanze ist zu nennen, die sich mit dem sizilianischen Erbteil für ihren Sohn zufrieden gibt, der Papst, der die Umklammerung des Kirchenstaates durch das Reich und die damit zweifellos verbundene Abhängigkeit fürchtet, und eine Gruppe deutscher Fürsten, die den Staufern schon immer die Stirn bot. Unter ihnen der Mächtigste von allen, Erzbischof Adolf von Köln, der nach Heinrichs Tod ein Bündnis mit dem englischen

König Richard Löwenherz eingeht und die Anerkennung Friedrichs II. erfolgreich hintertreibt.

Unter diesen Umständen übernimmt Philipp von Schwaben, der Bruder Heinrichs VI., auf Wunsch vieler deutscher Großer die Königswürde (März 1198).

Drei Könige, ein Reich

In der Zwischenzeit wird Erzbischof Adolf tätig und findet im 20-jährigen Otto, dem Sohn Heinrichs »des Löwen«, den Thronanwärter seiner Wahl. In aller Eile krönt er ihn zu Aachen (12. 7.), noch bevor Philipp von Schwaben vom burgundischen Erzbischof die Krone verliehen erhält (Mainz, 8. 9.). Wieder regieren zwei Könige – der Welfe Otto, am richtigen Ort mit der falschen Krone, und der Staufer Philipp, mit der richtigen Krone am falschen Ort gekrönt. Ein dritter, Friedrich, wartet in Sizilien auf seine Volljährigkeit. Die Staufer stützen sich auf Frankreich, die Welfen auf England, das bringt Unheil.

Das Reich ist auf dem Tiefpunkt angelangt und gerade in diesem Augenblick tritt in Rom ein neuer Jünger Petri das Amt an, kraftvoll, ideenreich und von staatsmännischem Format: Innozenz III. Konsequent setzt er sein Programm, das Kaisertum durch eine universale Papstgewalt zu ersetzen und den Kirchenstaat zu erweitern, in die Tat um. Unter Berufung auf frühere Versprechen der Kaiser vergrößert er durch die so genannten Rekuperationen das Patrimonium Petri auf das Doppelte. Wie ein Riegel liegt es nun quer über dem italienischen Stiefel, reicht vom Tyrrhenischen bis zum Adriatischen Meer und trennt Oberitalien vom Königreich Sizilien. Da Kaiserinwitwe Konstanze anlässlich der Krönung Friedrichs das sizilianische Königreich vom Papst als Lehen erhält, reicht der Einfluss des Heiligen Stuhles über ganz Mittel- und Süditalien, Sizilien mit eingeschlossen. Der neuen irdischen Macht wird der Papst aber nicht gerecht. Nach dem Tod Konstanzes mit der Vormundschaft über den minderjährigen Friedrich betraut, regiert Innozenz III. Sizilien mit vier Erzbischöfen und dem Kanzler Walther von Palearia. Das Sizilianische Königreich verfällt in Chaos und Anarchie.

Im Reich sind die Verhältnisse nicht besser. Zehn Jahre dauern bereits die Machtkämpfe zwischen Ot-

to IV. und Philipp von Schwaben, ohne eine Entscheidung zu bringen. Erst die Verdrängung der Engländer vom Kontinent durch die Franzosen und das Nachlassen ihrer finanziellen und politischen Unterstützung für Otto IV. bewirken einen langsamen Stimmungsumschwung unter den deutschen Fürsten und Philipp gewinnt an Boden. Innozenz III., der bislang eher distanziert die innenpolitische Entwicklung beobachtet, allenfalls den über Philipp verhängten Bann erneuert, registriert aufmerksam die Veränderungen.

Königsmord in Bamberg

1207 ist die Zeit reif: Zwei apostolische Delegaten reisen nach Deutschland und bewegen Otto IV., auf den Thron zu verzichten. Eine einjährige Waffenruhe und die Lösung des Kirchenbannes von Philipp soll die Lage stabilisieren. Alle scheinen einverstanden zu sein, da wird Philipp von Schwaben am 21. 6. 1208 in Bamberg ermordet. Es ist der erste Königsmord in der deutschen Geschichte. Es ist kein politischer Mord, sondern einer aus Rachsucht, begangen vom bayerischen Pfalzgrafen Otto von Wittelsbach. Philipp hatte ihm seine älteste Tochter Beatrix zur Frau versprochen, das Verlöbnis aber aus realpolitischer Vernunft wieder aufgelöst. Die erst 10-jährige Beatrix sollte nun Otto IV. zum Mann bekommen, um die nach so langer Feindschaft noch dünnen neuen Freundschaftsbande zu stärken. Das war dem jähzornigen Wittelsbacher zuviel, er ersticht den Staufer Philipp.

Der Tod Philipps macht den Fürsten deutlich, dass vom Geschlecht der Staufer nur noch ein einziger männlicher Nachkomme lebt, ein 14-jähriger Junge, der als Pflegekind des Papstes in den Gassen Palermos unter Arabern, Normannen, Juden, Italienern und Berbern herumstreut. Es ist Friedrich, der Sohn Kaiser Heinrichs VI., und für den päpstlichen Vormund nichts weiter als ein Trumpf, den man spielt, wenn man ihn braucht.

Kaiser Otto IV.

Zunächst preist Innozenz III. die Ermordung Philipps als Gottesurteil, schenkt seine Aufmerksamkeit wieder Otto IV. und verleiht ihm am 4. 10. 1209 mit den traditionellen

Otto IV. (Bild oben) und Philipp von Schwaben (Bild links unten) aus der Kölner Königschronik. – Otto von Wittelsbach ermordet Philipp von Schwaben (Bild von Ende des 19. Jhs.), rechts unten). – Europa zur Zeit Friedrichs II. (Karte rechts).

Worten *mein lieber Sohn, an dem ich Wohlgefallen habe"* die Kaiserwürde. Selbstverständlich muss Otto IV. vorher versprechen, die »Rekuperationen«, die Gebietserweiterungen des Kirchenstaates, anzuerkennen, auf Spolien- und Regalienrechte (= verschiedene Rechte der Steuererhebung) zu verzichten und den Papst bei der Bekämpfung der Ketzerei zu unterstützen.

Ein Kaiser
bricht sein Versprechen

Die Freude dauert nur kurz, denn Otto IV. fühlt sich nach der Krönung zum Kaiser plötzlich frei aller Versprechungen und marschiert auf die Bitte apulischer Barone, ohne Zustimmung des Papstes, von Rom aus weiter in den Süden, um Ordnung und mit Friedrich kurzen Prozess zu machen. Vergeblich protestiert Innozenz III. und schleudert den Kirchenfluch gegen seinen »lieben

Caption for Philipp image: PHILIPPVS REX
Caption for Otto image: OTTO REX

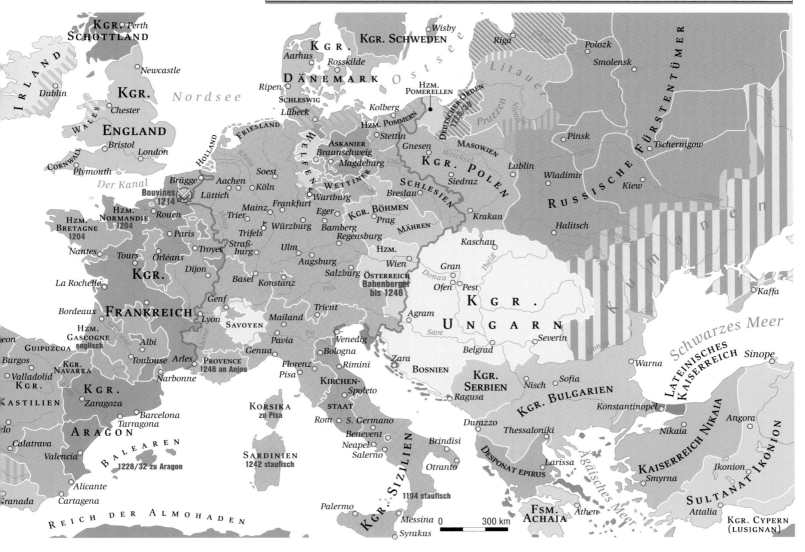

Sohn«. Otto IV. handelt nach seinem Gutdünken. So spielt jetzt der Papst seinen Trumpf, den so lange vernachlässigten Friedrich. Die Kehrtwendung ist perfekt: Innozenz III. holt sich Rückendeckung durch den französischen König Philipp II. aus dem Geschlecht der Kapetinger und hält den deutschen Fürsten vor, dass der Enkel des großen Barbarossa dem Reich nur Gutes bringen könne. Die einflussreichsten deutschen Fürsten, die Herzöge von Bayern und von Österreich, der Landgraf von Thüringen und der König von Böhmen hören auf ihn und erklären im September 1211 in Nürnberg Otto IV. für abgesetzt. Friedrich, jetzt der II., sei der rechtmäßige Nachfolger, behaupten sie. Und während Otto IV. in aller Eile in Italien umkehrt und versucht, im Reich zu retten, was zu retten ist, nimmt der mittlerweile 17-jährige Friedrich, eben noch zur Flucht nach Afrika bereit, den Gruß der deutschen Fürsten in Palermo entgegen.

„Arm und abgerissen wie ein Bettler", so ein Chronist, besteigt Friedrich mit einer Handvoll Getreuer am 18. 3. 1212 das Schiff, um das ferne deutsche Königreich in Besitz zu nehmen.

Das ist kein leichtes Unterfangen. Schon auf dem Seeweg lauern Kriegsgaleeren Ottos auf ihn und zwingen Friedrich, bei Gaeta vorzeitig an Land zu gehen. Auf Schleichwegen quert er das von Mailand gegen den König aufgewiegelte Oberitalien und gelangt endlich, die gesperrten Alpenpässe umgehend, im September 1212 nach Konstanz. Der Empfang staufischer Anhänger für das »Chint von Pulle« (»Das Kind von Apulien«) ist überwältigend: Schwaben und die süddeutschen Fürsten huldigen ihm, die Bevölkerung jubelt ihm zu. Bei Vaucouleurs erneuert Friedrich mit dem französischen König Philipp II. das staufischkapetingische Bündnis gegen die Welfen und England. Er reist mit 20.000 Silbermark aus dem französischen Staatssäckel rheinaufwärts, um weitere Verbündete zu kaufen. Otto IV. erwartet ihn in der Zwischenzeit in Köln.

Auf dem Höhepunkt der Macht

„Er war von der gottgewollten Doppelheit von Reich und Kirche durchdrungen und arbeitete schon der säkularisierten Neuzeit vor; er sog Wissen von arabischen und jüdischen Philosophen ein und verfolgte Ketzer mit Methoden kirchlicher Inquisition; er unterhielt eine sarazenische Leibtruppe und unterwarf sich päpstlichem Bann; er verband bezaubernde Liebenswürdigkeit mit grausamer Härte, nüchternsten Tatsachensinn mit frommem Bewahren der Tradition."

Harald Steffahn, 1981

Am 5. 12. 1212 sieht Frankfurt am Main in seinen Mauern wieder das bunte Gepräge der Großen des Reiches. Friedrich, halb Staufer, halb sizilianischer Normanne, wird durch die große Fürstenversammlung – das zweite Mal nach 16 Jahren – zum deutschen König gewählt. Im nahen Mainz findet vier Tage später die Krönung statt – am falschen Ort und mit falschen Insignien. Denn Aachen, die eigentliche Krönungsstadt, in der auch die Reichsinsignien aufbewahrt werden, hält Otto IV. in Besitz – nach dem Grundsatz, wer Aachen sein Eigen nennt, ist der wahre Herrscher. Über alle Wirrnisse hinweg hat die Stadt seit Karl dem Großen ihre Symbolkraft nicht verloren.

In den acht Jahren seines ersten Aufenthaltes in Deutschland, von 1212 bis 1220, trachtet Friedrich II., das Wohlwollen der Fürsten, der hohen Geistlichen und des Papstes zu bewahren. Sie sind die Quellen seiner Macht und diese liegt in Deutschland. Am 12. 7. 1213 bestätigt er auf dem Reichstag im böhmischen Eger (heute Cheb) dem Papst seine territorialen Rechte in Mittelitalien, verzichtet selbst auf Spolien- und Regalienrechte und auf die Mitwirkung bei der Wahl der Reichsbischöfe und -äbte. Auch den deutschen Großen gewährt er Privilegien, die letztlich die Verselbständigung der Fürstentümer beschleunigen. Dagegen haben die Fürsten begreiflicherweise nichts einzuwenden. Jeder einzelne setzt sein Zeichen unter den Vertragstext der »Goldenen Bulle« und bestätigt das Ende der Reichskirche. Mit einem Federstrich sind die jahrzehntelangen Kämpfe des Investiturstreits und der hart errungene Kompromiss des »Wormser Konkordats« abgetan.

Während Friedrich II. abendländische Geschichte schreibt, grübelt Kaiser Otto IV. auf seinen sächsischen Gütern über eine Lösung des Thronstreits. Zu diesem Zwecke heiratet er 1214 die Erbin von Brabant, Maria. Auf dem Boden von Brabant wähnt er sich sicherer als in irgendeinem deutschen Land.

Im flandrischen Bouvines fällt am 27. 7. 1214 auch die Entscheidung. Es ist nicht nur eine zwischen dem Welfen Otto und dem Staufer Friedrich, es ist gleichzeitig eine zwischen dem französischen Kapetingerkönig Philipp II. und seinem Onkel, dem englischen König Johann Ohneland. Sie unterstützen die beiden Kontrahenten finanziell und fechten so untereinander den Vorherrschaftsanspruch auf dem Festland aus.

Krieg der Stellvertreter

Bei Bouvines siegt – der allerdings persönlich abwesende – Friedrich II. über Otto IV., vor allem aber Frankreich über England. Dadurch erhält die Schlacht, die von Lille und der Île de France im Doppelangriff vorgetragen wird, weltgeschichtliche Bedeutung: Die Franzosen überwinden ein englisch-normannisches Heer und stärken so ihr Nationalgefühl. In England nutzt der Adel die Schwäche des welfischen Verbündeten und

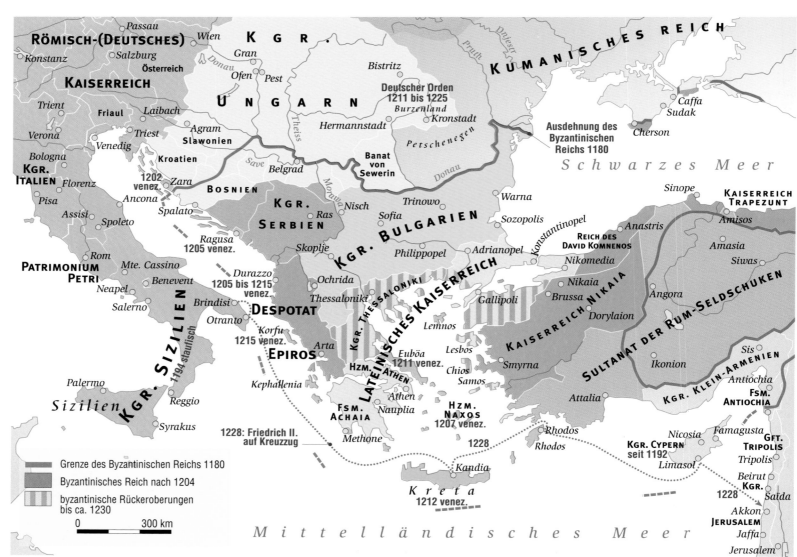

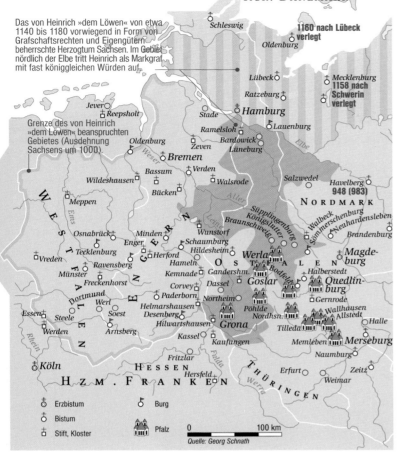

KGR. DÄNEMARK

Das von Heinrich »dem Löwen« von etwa 1140 bis 1180 vorwiegend in Form von Grafschaftsrechten und Eigengütern beherrschte Herzogtum Sachsen. Im Gebiet nördlich der Elbe tritt Heinrich als Markgraf mit fast königgleichen Würden auf.

Grenze des von Heinrich »dem Löwen« beanspruchten Gebietes (Ausdehnung Sachsens um 1000).

○ Erzbistum
○ Bistum
✝ Stift, Kloster
⚲ Burg
🏛 Pfalz

0   100 km

Quelle: Georg Schnath

Sachsen zur Zeit Heinrichs »des Löwen«, um 1180 (Karte oben). – Der Mittelmeerraum zur Zeit Friedrichs II. (Karte links). – Hochzeit Friedrichs II. mit Isabella von Brienne-Jerusalem, 1225 (Bild rechts unten).

Mitverlierers Johann Ohneland, um ihm die »Magna Charta libertatum« abzuringen (1215).

Friedrichs II. Start im Reich ist geglückt. Und während ihm Frankreichs König zum Zeichen des Sieges über Otto IV. die eroberte Adlerstandarte übermittelt, resigniert dieser in Köln. Seine Gemahlin Maria gibt sich derweil dem Spielteufel hin, verjubelt die übrig gebliebenen englischen Gelder, bis man sie und ihren glücklosen Mann wegen eines Übermaßes an Schulden aus der Stadt wirft. Noch einmal sammelt Otto IV. alle Kräfte, jedoch für mehr als einen misslungenen Feldzug gegen den Magdeburger Erzbischof und die Verwüstung des anhaltischen Aschersleben reichen sie nicht mehr. Der Welfe stirbt 1218 mit der Bitte an seinen Bruder, Heinrich den Älteren, die Reichsinsignien Friedrich II. auszuhändigen.

Friedrich geht eigene Wege

Innozenz III. liegt viel daran, Sizilien und Deutschland auseinander zu halten. Er lässt sich von Friedrich II.

nochmals die Unvereinbarkeit der beiden Kronen bestätigen, doch kaum ist der Papst tot (16. 7. 1216), erhebt Friedrich II. seinen Sohn Heinrich zum Herzog von Sizilien und lässt den 8-Jährigen im April 1220 zum König wählen. Dafür ist ihm jedes Mittel recht, auch das des Ausverkaufs des Reiches. Die geistlichen Fürsten korrumpiert er mit Königs- und Stadtrechten, den Protest von Papst Honorius III. wimmelt er mit dem Hinweis ab, die deutschen Fürsten hätten die Wahl ohne sein Zutun getroffen. Ein Schatten legt sich auf das Verhältnis zum Stuhl Petri. Aber um Friedrichs in Christi Namen gelobten Kreuzzug für das Jahr 1221 nicht in Frage zu stellen, erhebt ihn der Pontifex schließlich zum Kaiser (22. 11. 1220) und entlässt ihn mit apostolischem Segen nach Sizilien.

Aufgewachsen im sizilianischen Schmelztiegel vieler Völker, spricht Friedrich neben Italienisch auch Latein, Griechisch, Arabisch, Französisch und schließlich, nach seinem Aufenthalt im Reich, Deutsch. Ohne eine Schulbildung genossen zu

haben, ist er gebildeter als viele Gelehrte seiner Zeit und gründet, von wissenschaftlichem Eifer besessen, eine Universität in Neapel. Friedrich führt unter anderem das aus Indien stammende und bei den Arabern längst bekannte Dezimalsystem in Europa ein. Die Verdienste Friedrichs um sein Königreich Sizilien sind unbestritten. Er verstaatlicht den Handel, errichtet eine eigene, von Pisa und Genua unabhängige Handelsflotte und zentralisiert die Verwaltung bis ins Detail. Die Schaltstellen des sizilianischen Königreiches besetzt Friedrich II. mit weltlichen Beamten unter Ausschaltung der Geistlichen. Darin und im Erlass einer von der Kirche nicht anerkannten Verfassung liegen die Ursachen für den untilgbaren Hass des Papstes.

Rebell in der Familie

„In großer Glorie zog er daher, und es folgten Ihm viele Quadrigen mit Gold und Silber beladen, mit Byssus und Purpur, mit Gemmen und köstlichem Gerät. Er führte mit sich Kamele, Maultiere und Dromedare, Affen und Leoparden, auch viele Sarazenen und dunkle Äthiopier, die sich auf allerlei Künste verstanden und als Wache dienten für Gelder und Schätze", schreibt ein Chronist über die Reise Friedrichs nach Deutschland im Mai 1235. Der Anlass verlangt weniger nach orientalischem Gepränge als nach der blanken Waffe. Sohn Heinrich VII., seit 1228 regierungsfähig und während der Abwesenheit des Vaters mit den Amtsgeschäften betraut, rebelliert. Der unnachsichtige Kaiser verurteilt auf dem Wormser Reichstag am 5. 7. 1235 den rebellischen Sohn zu lebenslangem Kerker. Nachsicht, vereint mit politischer Vernunft, zeigt er hingegen auf

dem Reichstag zu Mainz: Er beendet den jahrzehntelangen Streit mit den Welfen, indem er Otto, dem einzigen noch lebenden Enkel Heinrichs »des Löwen«, das Herzogtum Braunschweig als Lehen übergibt.

Auf dem Kreuzzug

Nach mehrmaligem Aufschub bricht Friedrich II. zum Kreuzzug auf. Dem Ruf der Kirche folgen 60.000 Menschen, Tausende bleiben zurück, weil es an Schiffen mangelt. Am 9. 9. 1227 sticht die Flotte von Brindisi in See. Nach wenigen Tagen endet die Fahrt. Ausbrechende Seuchen zwingen Friedrich zur Umkehr, sehr zum Verdruss des Papstes, der Friedrich lieber im Heiligen Land gesehen hätte. Und obwohl Friedrich selbst schwer erkrankt ist, belegt ihn Papst Gregor IX. mit den Kirchenbann, den er auch dann nicht löst, als der Kaiser im Juni 1228 zum zweiten Mal nach Palästina aufbricht. Dem Kaiser ist nicht nach Kämpfen zumute. Er verhandelt viel lieber mit Sultan Al-Kamil. Jerusalem, Bethlehem, Nazareth, Jaffa und Saïda übernehmen die Christen *„ohne Kampf und Kriegswerkzeug"*, wie ein Chronist berichtet.

Und während sich der deutsche König, römische Kaiser und von der Kirche verfluchte Friedrich II. in der Grabeskirche die Königskrone von Jerusalem aufs Haupt setzt (1229), fallen päpstliche Truppen in sein Land bis Neapel ein. Zurück vom Kreuzzug, erkämpft Friedrich II. Unteritalien rasch zurück und ist drauf und dran, Rom zu besetzen. Die Vermittlung des Hochmeisters des Deutschen Ordens, Hermann von Salza, hält ihn zurück (Friede von San Germano, heute Cassino, August 1230). Aber der Kampf geht an anderer Front weiter.

„Vernichtet Spross und Samen!"

„Hass und Angst vor der »Vipernbrut« der Staufer hatten nach Friedrichs II. Tod innerhalb einer einzigen Generation zur Ausschaltung und geradezu Austilgung dieses Geschlechts geführt, das höher als jedes andere emporgestiegen war. Keine deutsche Dynastie fand ein Ende wie die Staufer, in Armut und Bedrängnis, im Kerker, auf dem Schafott und am Galgen."

Walter Koch, 1996

Friedrichs II. Politik steuert auf einen vollständigen Bruch mit dem Papst zu. Also macht er mit dem nach Rom orientierten österreichischen Babenbergerherzog Friedrich II., »dem Streitbaren«, kurzen Prozess. Klagen des böhmischen Königs, des mährischen Markgrafen und verschiedener Bischöfe über Gesetzesbruch, Missachtung von Privilegien und liederlichen Lebenswandel des Babenbergers nimmt er zum Anlass, um ihm Österreich und die Steiermark abzuerkennen und die Länder einem Statthalter der Reichsverwaltung zu unterstellen (1236). Wien wird Reichsstadt, und demonstrativ lässt Kaiser Friedrich II. seinen 9-jährigen Sohn, Konrad, im Februar 1237 zum König wählen. Mittlerweile haben sich in Oberitalien wieder einmal die lombardischen Städte gegen den Kaiser erhoben. Papst Gregor IX. ergreift offen ihre Partei und Friedrich II. zieht in Eilmärschen nach Süden. Die Kämpfe dauern fast ein Jahr, schließlich muß Friedrich II. die Belagerung von Brescia im Oktober 1238 erfolglos abbrechen.

Die Rivalität zwischen Kaiser und Papst geht weiter

Die Auseinandersetzung zwischen Kaiser und Papst findet auf diplomatischer Ebene ihre Fortsetzung und erhält noch im gleichen Monat neuen Konfliktstoff: Friedrich verheiratet seinen unehelichen Sohn Enzio mit Adelasia, der Erbin von Sardinien, und ernennt ihn zum König der Insel. Sardinien wird aber von der Kurie als päpstliches Lehen beansprucht, der Bruch zwischen Papst und Kaiser ist vollzogen. Merkwürdigerweise wartet Papst Gregor IX. zu, erst am 20. 3. 1239 schleudert er – diesmal mit flammenden Worten – den Kirchenfluch abermals gegen den Kaiser: *„Es steigt aus dem Meer die Bestie voller Namen der Lästerung, die*

mit der Tat des Bären und dem Maul des Löwen, an den übrigen Gliedern wie ein Leopard gestaltet, die ihren Mund zu Lästerungen des göttlichen Namens öffnet und nicht aufhört, auf Gottes Zelt und die Heiligen im Himmel die gleichen Wurfgeschosse zu schleudern ..."* Friedrich antwortet nicht minder kraftvoll: *„[Der Papst] selbst ist der große Drache, der das ganze Erdenrund verführt hat, der Antichrist, dessen Vorläufer Wir sein sollen."*

Die ursprünglich aus persönlichem Machtstreben entstandene Auseinandersetzung ist längst zu einem Streit zweier gegensätzlicher Ideologien geworden, der des Kaisers und der des Papstes.

Der Streit der Ideologien

Nicht einmal die für die Existenz des Abendlandes bedrohliche Gefahr durch mongolische Reiterscharen schaffen eine Ruhepause. Im Gegenteil, für Papst Gregor IX. kommen die Mongolen im richtigen Augenblick. Mit großer Genugtuung vernimmt er

die Nachricht, dass polnische Ritter und Ritter des Deutschen Ordens bei Liegnitz (9. 4. 1241) im Pfeilhagel der zahlenmäßig überlegenen Mongolen auf dem Felde liegen bleiben. Zur Niederlage gesellt sich übler Nachruf: Kaiser Friedrich II. habe selbst die wilden mongolischen Horden ins Land gerufen, um mit ihnen gemeinsam das Christentum zu vernichten, verbreitet die Kurie in einer Gräuelpropaganda. Der Kaiser antwortet mit der Besetzung des Kirchenstaates, worauf der Papst zu Ostern 1241

Der wissenschaftlich begabte Friedrich II. schrieb ein Buch über die »Kunst, mit Falken zu jagen« (Bild oben). – Europa am Ende der Staufer-Ära um 1254 (Karte links). – Die Hinrichtung Konradins, des letzten Staufers, in Neapel 1268 (Bild rechts).

ein Konzil nach Rom einberuft. Friedrich vereitelt das Zustandekommen, indem er über hundert Prälaten, die auf genuesischen Schiffen anreisen, nahe der Insel Elba festnimmt. Als Friedrich zum Sturm auf Rom ansetzt, stirbt Gregor.

Kein Friede mit der Kirche

Der Tod Gregors IX. (22. 8. 1241) bringt keinen Ausgleich. Friedrich II. – »der Hammer der Christenheit« für die Kirche, »das Staunen der Welt« für seine Bewunderer – muss fast zwei Jahre auf einen Nachfolger Petri warten, mit dem er hofft Frieden schließen zu können. Aber Papst Innozenz IV. ist nicht minder unnachgiebig und kämpft mit allen Mitteln um die Vorherrschaft der Kirche. Ein

Treffen mit Friedrich II. inszeniert der Pontifex so, als sei er angegriffen worden und habe fliehen müssen. Eine in der Hafenstadt Civitavecchia liegende Flotte bringt ihn nach Frankreich. In Lyon beruft Innozenz IV. ein großes Konzil ein, vor dem sich Friedrich II. wegen Meineid, Friedensbruch, Ketzerei und anderer Vergehen hätte verantworten sollen. Aber dieser verzichtet auf ein persönliches Erscheinen, wohl wissend, was ihn erwarten würde, und entsendet stattdessen einen Verteidiger. Kardinal Rainer von Viterbo, ein Vertrauter des Papstes, fasst die Anklagepunkte gegen Friedrich II. zusammen, es ist eine lange Liste von Verteufelungen, Vorwürfen, Verdächtigungen, Unterstellungen und erdichteten Vergehen. Im Schlußplädoyer fordert der Kardinal: *„Habt kein Mitleid mit dem Ruchlosen! Werft ihn zu Boden vor der Könige Antlitz, dass sie ihn sehen und fürchten, im Handeln diesem zu folgen! Werft ihn hinaus aus dem Heiligtum Gottes, dass er nicht länger herrsche über das christliche Volk! Vernichtet Namen und Leib, Sproß und Samen dieses Babyloniers! Die Barmherzigkeit möge seiner vergessen."*

Am 17. 7. 1245 verkündet der Papst das Urteil über den Mann, der *„glaubt, Gesetze und Zeiten verwandeln zu können":* Der Kaiser ist abgesetzt, die deutschen Fürsten mögen einen neuen König wählen. Mit einem Propagandafeldzug sondergleichen verfolgt der Pontifex die Vernichtung des verhassten Kaisers: Friedrich II., »der Streitbare« von Österreich und Steiermark, wird exkommuniziert, als er ins Lager des Kaisers wechselt. Scharen von Bettelmönchen durchziehen das Reich, predigen Hass und Verachtung und den Abfall vom Kaiser; zwei von der Kurie inszenierte Giftanschläge auf Friedrich II. scheitern

im letzten Augenblick. Der Kampf um die Herrschaft in Italien weitet sich zum Überlebenskampf des Kaiserhauses aus. In dieser hassgeladenen Situation stirbt Friedrich plötzlich an fiebriger Darmgrippe (13. 12. 1250). Die Mehrheit der Bevölkerung will seinen Tod nicht wahrhaben und erdichtet die Legende vom Zauberschlaf, den er in einer Berghöhle verbringt. Die Mär wird später auf seinen Großvater Barbarossa übertragen.

Unversöhnlicher Hass

Friedrichs Lebenswerk zerbricht: Das Papsttum, bis in die Grundfesten vom »heidnisch-weltlichen« Denken des Kaisers und seiner Übermacht verunsichert, zeigt sich über den Tod Friedrichs II. hinaus unversöhnlich gegenüber allem, was der staufischen *„Vipernbrut"* angehört. Deutschland ist davon nicht mehr betroffen, das dramatische Ende der Staufer läuft in Italien ab. Friedrichs von ihm selbst verstoßener Sohn Heinrich (VII.) stirbt schon 1242, König Konrad IV. 1254. Manfred, ein außerehelicher Sohn, verliert 1266 in der Schlacht bei Benevent gegen den vom Papst ins Land geholten Bruder des französischen Königs, Karl von Anjou, das Leben. Derselbe Anjou siegt zwei Jahre später bei Tagliacozzo über Friedrichs II. Enkel, Konradin. Der 16-Jährige endet unter dem Beil des Scharfrichters, den Leichnam verscharren Knechte im Küstensand. Den 17-jährigen Halbbruder gleichen Namens lässt Karl von Anjou 1269 hängen. 1318 stirbt Heinrich, der

letzte männliche Nachkomme der Staufer, der im Alter von vier Jahren in einen neapolitanischen Kerker geworfen worden ist, nach 52-jähriger Gefangenschaft.

Die Staufer scheiterten am Gegensatz zwischen konservativem Universalismus und einer vielfältig gewordenen Welt. Mit ihrem Untergang findet der Partikularismus in Deutschland und Italien für Jahrhunderte keinen Widerstand mehr. Die Königsmacht verfällt in den allgemeinen Wirren um die Macht der einzelnen Fürsten. Der päpstliche Universalismus feiert einen totalen Triumph, allerdings um den Preis des Zusammenbruchs einer jahrhundertealten Ordnung. Die Berufung der Anjous nach Italien verstärkt die Abhängigkeit der päpstlichen Kurie von Frankreich. Der in der Bulle »Unam sanctam« bezeichnete unbedingte Gehorsam gegenüber der Kirche, der für jeden heilsnotwendig sei, dient nur dem äußeren Schein. Die scheinbare Überlegenheit der Kirche täuscht, wenn Papst Bonifatius VIII. (1294 bis 1303) der Tiara einen zweiten Reif als Symbol der weltlichen Macht hinzufügen lässt. Den französischen König, Philipp »den Schönen«, scheren solche Symbole nicht: Er zwingt Papst Clemens X. 1309 in Avignon zu residieren, weil hier die päpstliche Kurie unter französischer Vormundschaft als Werkzeug staatspolitischer Entscheidungen eingesetzt werden kann. Das Heraustreten aus dem kaiserlichen Schutz wirkt sich bald negativ für das Papsttum aus: Es unterliegt nach wenigen Jahrzehnten den aufstrebenden europäischen Nationalstaaten.

Hunger, Pest und Geißlerzüge

„In der Mitte des 14. Jahrhunderts wurden die meisten europäischen Länder von einer Reihe von Katastrophen heimgesucht, die nun so dicht auftraten wie nie zuvor, die größer als frühere ähnliche Ereignisse oder ganz neu waren."

Hartmut Boockmann, 1994

Eigentlich hätten sich die Hungerperioden im Mittelalter – und davon gibt es gar nicht so wenige – auf die Wachstumskurve der Bevölkerung auswirken müssen. Das ist aber nicht der Fall. Die im Zeitraum von 800 bis 1350 auftretenden zahlreichen Hungersnöte zeigen auf die Bevölkerung keine Auswirkungen. Demographen vermuten, dass nur ganz bestimmte Bevölkerungskreise Opfer des Hungers wurden, nämlich die physisch Schwachen: viele Kleinkinder, Alte und Arme.

Bedauerlicherweise verrät die Statistik nicht, wie sehr Unterernährung im Zusammenhang mit Infektionskrankheiten die Bevölkerung des Mittelalters dezimierte. Masern zum Beispiel führen im Mittelalter bei durch Hunger geschwächten Kindern zum Tod.

Hunger und Erdbeben

In der ersten Hälfte des 14. Jhs. treten Hungersnöte in Deutschland wie in Europa allgemein häufig auf. Schwere Hungersnot herrscht zwischen 1315 und 1317. Rund 20 Jahre später überfallen Heuschreckenschwärme ungeheuren Ausmaßes Südostdeutschland. Kaiser Karl IV. berichtet in seiner Autobiographie, wie ihn eines Morgens im Jahr 1338 ein Ritter weckt: *„Herr, steh auf, der Jüngste Tag ist da, denn die ganze Welt ist voller Heuschrecken!"*

Zehn Jahre später, im Januar 1348, erschüttern starke Erdbeben das östliche Alpengebiet bis nach Slowenien. Ein Regensburger Kaufmann, der in Villach Halt machte, berichtet, dass die Burgmauern, die Kirche, das Kloster und alle Türme zusammenstürzten. Etwa 5000 Menschen dürften in der Stadt während des Erdbebens umgekommen sein. Zu allem Übel erreicht 1348 eine gewaltige Pestwelle, aus Ostasien kommend, auch Süddeutschland. Nun ist die Katastrophe vollständig.

Die Pest kommt

Ein halbes Jahrtausend ist Europa von der Pest verschont geblieben, bis 1338 in der Wüste Gobi unter den mongolisch beherrschten Nestorianern des Balchaschsees in Transoxanien die Seuche ausbricht und entlang der Seidenstraße nach Westen gelangt. Mit geradezu unheimlicher Geschwindigkeit erreicht sie 1346 Astrachan, springt von Kaffa auf Handelsschiffen über das Schwarze Meer und wütet bereits im Sommer 1347 in Konstantinopel. Zwölf Genueser Kauffahrteischiffe steuern Ende September Messina an und ab Oktober greift der schwarze Tod über Sizilien hinaus nach Norden.

Drei oder vier Galeeren versuchen noch Genua anzulaufen, doch die Kunde von ihrer todbringenden Fracht ist ihnen schon vorausgeeilt, die Kapitäne müssen wenden und ankern in Marseille, hier weiß man noch nichts von der Katastrophe, die Italien heimsucht.

Die Kenntnisse der Mediziner des 14. Jhs. über Pestilenz und ihre Ursachen sind denkbar dürftig. Wohl beschreiben Evagrius und Prokop bereits im 6. Jh. die Krankheitssymptome, aber erst 1894 wird der Erreger während einer Epidemie in Hong-

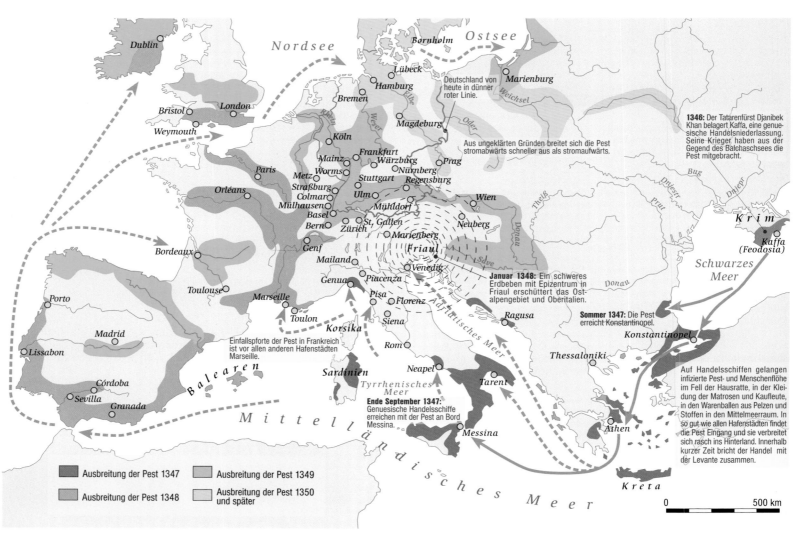

1346: Der Tatarenfürst Djanibek Khan belagert Kaffa, eine genuesische Handelsniederlassung. Seine Krieger haben aus der Gegend des Balchaschsees die Pest mitgebracht.

Aus ungeklärten Gründen breitet sich die Pest stromabwärts schneller aus als stromaufwärts.

Deutschland von heute in dünner roter Linie.

Januar 1348: Ein schweres Erdbeben mit Epizentrum in Friaul erschüttert das Ostalpengebiet und Oberitalien.

Sommer 1347: Die Pest erreicht Konstantinopel.

Ende September 1347: Genuesische Handelsschiffe erreichen mit der Pest an Bord Messina.

Einfallspforte der Pest in Frankreich ist vor allen anderen Hafenstädten Marseille.

Auf Handelsschiffen gelangen infizierte Pest- und Menschenflöhe im Fell der Hausratte, in der Kleidung der Matrosen und Kaufleute, in den Warenballen aus Pelzen und Stoffen in den Mittelmeerraum. In so gut wie allen Hafenstädten findet die Pest Eingang und sie verbreitet sich rasch ins Hinterland. Innerhalb kurzer Zeit bricht der Handel mit der Levante zusammen.

Legende:
- Ausbreitung der Pest 1347
- Ausbreitung der Pest 1348
- Ausbreitung der Pest 1349
- Ausbreitung der Pest 1350 und später

0   500 km

kong entdeckt. Seine Wirte sind kleine Nager, im Besonderen Ratten, von denen er über den Pestfloh auf den Menschen übertragen wird. Solange der Floh über Wanderratten verbreitet wird, bleibt die Seuche auf ein bestimmtes Gebiet begrenzt, infiziert aber der Pestfloh die Hausratte, gelangt der Erreger massenhaft in die menschlichen Siedlungsräume. Das geschieht 1347. Die schlimmen hygienischen Zustände dieser Zeit sind ein ausgezeichneter Nährboden für die Verbreitung des schwarzen Todes. Dieser Name rührt von den Auswirkungen einer besonderen Form der Pesterkrankung her, von den schwarzblau verfärbten Flecken am ganzen Körper und Beulen in Achselhöhlen, an Lenden und anderen Stellen eines an Beulenpest Erkrankten. Die so genannte Beulenpest ist gegenüber der Lungenpest noch die harmlosere Form der Erkrankung, der Patient hat Chancen zu überleben, doch die Lungenpest ist absolut tödlich.

Die Geißler von Doornik (Niederlande), eine Miniatur aus der Chronik des Aegidius Li Muisis (1349, Bild oben). – Die Ausbreitung der Pest 1347 – 1350 (Karte links unten).

Die Ernten fallen aus

Über Venedig und Friaul gelangt die Seuche im Frühjahr 1348 in die österreichischen Länder. *„Die Pest schob sich kriechend nach Kärnten vor, um dann heftigst in der Steiermark zu wüten"*, berichtet die Chronik des steirischen Stiftes Neuberg an der Mürz. Fast alle Chorherren kommen ums Leben. Die Felder liegen brach, das Vieh streunt herum. Im Sommer kommt der schwarze Tod in das Pustertal und den Vintschgau. Der Mönch Goswin aus der Abtei Marienberg berichtet: *„Besagte Seuche war unheimlich. Die einen hatten geschwollene Drüsen in der Leistengegend und starben unter starker Benommenheit innerhalb von drei Tagen. Die anderen hatten Blut im Speichel und Auswurf. Und wer sich an solchen Drüsensekreten oder solchem Blut infizierte, starb."*

Über Brenner und Reschen gelangt die Pest ins bayerische Vorland. In Mühldorf sterben am 29. 6. 1348 die ersten Pestkranken. Seltsamerweise breitet sich die Seuche nicht gleich weiter aus. Erst im folgenden Jahr erfasst sie das übrige Bayern.

Ende 1348 stehen die Lombardei und das Tessin, dann auch das Rhônetal und die Westschweiz im Zeichen des schwarzen Todes. 14.000 Menschen sterben 1349 in Basel, dann springt er ins Elsass, wütet in Mülhausen, Colmar und Straßburg. Im gleichen Jahr fallen zehntausende Menschen in Wien der Pest zum Opfer. In Angsthalluzinationen meinen die Leute, sie hätten die »Pest-

jungfrau« gesehen: Als blaue Flamme entströme sie dem Mund des Pesttoten und fliege durch die Luft, berichten Betroffene. Hebt sie den Arm, stirbt wieder ein Mensch an der unheimlichen Seuche. Behörden, Kirche und Ärzte sind hilflos. Allgemein warnen sie, den Erkrankten näher zu kommen, weil man unweigerlich sterbe, komme man *„in die Nähe eines Kranken oder mit dessen Atem oder Ausdünstung oder Kleidung in Kontakt"*. Eine Massenflucht setzt ein, die den schwarzen Tod bis in die entlegensten Alpentäler trägt.

Zu Ostern 1349 erreicht die Pest Frankfurt am Main. Der Chronist Caspar Camentz schreibt: *„Im gleichen Jahr herrschte vom Magdalenentag bis Mariä Heimsuchung überall der Tod. Innerhalb von 72 Tagen starben über 2000 Menschen. Am Morgen eines einzigen Tages begrub man 35 Personen ohne Glockenläuten, Kerzen und Priester."*

Eine Stadt nach der anderen fällt der Seuche anheim. Augsburg, Ulm, Stuttgart, Mainz, Kassel, Limburg. Nicht jedoch Prag, Nürnberg, Würzburg und viele Städte Schlesiens und Böhmens.

Die große Landflucht

Zu Pfingsten 1350 zieht der schwarze Tod in Lübeck ein und regiert in Bremen, ein Jahr danach in Hamburg. Schon 1349 ist Preußen über die Ostseehäfen sein Opfer geworden und

ab 1351 ist man nirgendwo in Deutschland mehr sicher vor der Ansteckung.

Die Verbreitung der Seuche wird durch die sanitär unzureichend ausgestatteten Wohnungen gefördert. Dazu trifft sie auf eine durch Engpässe in der Versorgung mit Grundnahrungsmitteln physisch geschwächte Bevölkerung. Das Massensterben auf dem Lande führt zu einer Verringerung der Arbeitskräfte, die Ernten können nicht eingebracht werden und die dramatische Verknappung an Lebensmitteln trifft wieder die Ärmsten und Schwächsten: Denn die Preise der Grundnahrungsmittel steigen, die für Grund und Boden verfallen gleichzeitig, weil niemand mehr für die Bewirtschaftung sorgt.

In Massen flieht die Landbevölkerung in die Städte, im irrigen Glauben, dort Hilfe zu finden. Dörfer und Höfe verkommen zu Wüstungen. Adelige und kirchliche Grundbesitzer müssen empfindliche Einkommenseinbußen hinnehmen; Kleinbauern, die ihre Scholle nicht verlassen, profitieren, denn ihre Arbeitskraft ist begehrt und wird gut bezahlt. Um 1300 leben in Deutschland und Skandinavien etwa 11,5 Millionen Menschen. Hundert Jahre nach der großen Pest sind es noch immer erst 7,5 Millionen. Eine Regeneration der Bevölkerung setzt erst nach der Mitte des 15. Jhs. ein, die Bevölkerungszahl erreicht erst zu Beginn des 16. Jhs. den alten Stand.

Religiöser Wahn

Den Zug des schwarzen Todes begleiten massenhysterische Exzesse bei Geißlerumzügen und Ausschreitungen gegen Juden.

Selbstgeißelung als Ausdruck gesteigerter Askese üben italienische Einsiedler schon im 11. Jh. Ab dem 13. Jh. formieren sich die Geißler oder Flagellanten (lat. flagellum = Geißel) unter dem Eindruck religiöser und sozialer Erregung sowie von Endzeiterwartung zu einer Massenbewegung. Zum ersten Mal treten 1260 in Perugia Geißler in der Öffentlichkeit auf.

Ein Jahr später erfasst die Bewegung Bayern und breitet sich in mehreren Wellen über fast ganz Europa aus. Der Straßburger Chronist Fritsche Closener berichtet 1349, dass zweihundert Geißler gekommen seien: Zweimal am Tage schlagen sie sich mit Geißeln, Aufnahme in die Bruderschaft findet nur, wer dreiunddreißigeinhalb Tage für die Sünden der Menschheit büßt.

Geißler, Hunger, Pest und die sozialen Spannungen in den Städten zwischen Altbewohnern und Zuwanderern werfen schließlich die Frage nach den Verursachern dieses Elends auf. Wer forderte Gottes Zorn in einem solchen Maße heraus, dass der die Menschheit so straft? Und schon wie zur Zeit des Ersten Kreuzzugs findet man die vermeintlich Schuldigen rasch: die Juden.

Judenhut, gelber Fleck

„Die Verketzerung durch die Kirche, die unter Papst Innozenz III. begann, sollte für die Juden verheerende Folgen haben. So schloss das 4. Laterankonzil von 1215 die Juden von allen handwerklichen Berufen aus und drängte sie in die Rolle von Pfandleihern, Geldwechslern und Zinsnehmern – dem Volke sichtbar und daher oft verhasst."

Nachum T. Gidal, 1997

Bereits im Jahre 321 gibt es in Köln eine blühende jüdische Gemeinde, das geht aus Dekreten hervor, die der römische Kaiser Konstantin 321 und 326 an den Kölner Magistrat sendet. Aus dem 6. bis 8. Jh. wird berichtet, dass Juden in den Territorien der fränkischen Könige als Kaufleute, Gutsbesitzer, Zollbeamte, Ärzte und Münzmeister leben. Nach der Niederlage der Araber bei Poitiers 732 geht der Handel mit dem Orient in die Hände jüdischer Kaufleute über. Sie rüsten Handelsfahrten aus, die bis Persien, Indien und China führen.

Wie unter Karl dem Großen genießen Juden auch unter den Ottonen kaiserlichen Rechtsschutz. Im Zuge der wirtschaftlichen Blüte ab 1000 erlebt die jüdische Kultur einen bedeutenden Aufschwung. Das Talmudstudium verlagert sein Zentrum aus den arabischen Ländern nach Nordfrankreich und an den Rhein. Worms, Speyer und Mainz werden zum Mittelpunkt jüdischen spirituellen Denkens. Ludwig »der Fromme« gewährt zwischen 814 und 840 den Juden besonderen Rechtsschutz, die, weil sie keiner christlichen Konfession angehören, sonst in Rechtlosigkeit leben müssten. Zwar setzt er sich dadurch der scharfen Kritik der Bischöfe von Mainz und Lyon aus, doch die christlichen Würdenträger merken selbst, dass die Einbindung von Juden in das gesellschaftliche Leben Nutzen für ihre Städte und Ländereien bringt. Bischof Rüdiger von Speyer gewährt ihnen volle Freiheiten, auch Wehrrechte und -pflichten sowie einen eigenen Friedhof.

In der Blüte

Diese großzügige Behandlung der Juden trifft nicht auf alle Städte zu. Mainz weist 1012 viele der 2000 jüdischen Einwohner aus der Stadt, es ist die erste Judenvertreibung in Deutschland. Die Ausweisung bleibt zunächst ein Einzelfall, im Allgemeinen blühen die jüdischen Gemeinden. In Worms wird 1174/75 eine der ersten Synagogen errichtet, die erst in der unheilvollen Pogromnacht des 9. 11. 1938 niederbrennt.

Die »Judensau«, ein Spottbild der Christen im Mittelalter auf die Juden, die nach ihren Gesetzen kein Schweinefleisch essen dürfen (kolorierter Holzschnitt, um 1470, Bild oben). – Der angebliche Hostienfrevel jüdischer Mitbürger gilt den Christen nach dem Ritualmord als das schlimmste Verbrechen (Holzschnitt, 1492, Bild links unten). – Die Judenverfolgung vom 13. bis zum 15. Jh. erfasst ganz Europa (Karte rechts).

Im 10. und 11. Jh. stabilisiert sich die Stellung der jüdischen Gemeinden weiter, obwohl die Bulle von Papst Gregor VII. den Juden in christlichen Ländern die Annahme eines Amtes verbietet.

Die ersten Pogrome

Im Zuge des Aufrufes zum Ersten Kreuzzug (1096) brechen tausende Bettler, Taugenichtse, verarmte Bauern und Handwerker aus Frankreich zum »Kreuzzug der Armen« auf und ziehen an den Rhein.

Schon auf dem Weg durch Frankreich fallen sie über die jüdische Bevölkerung her, morden und foltern sie und rauben ihr Eigentum. Von Italien aus versucht Heinrich IV. mit einem Schutzedikt die Juden vor weiteren Übergriffen zu bewahren, doch das bewirkt nicht viel. Wer weiterhin die Taufe verweigert, wird ermordet.

Vergeblich verteidigen sich die Juden in ihren Vierteln, fliehen zu Bischofssitzen in der Hoffnung, vor dem aufgehetzten Pöbel Schutz zu finden. Ist das Entkommen aussichtslos, versammeln sich die Judengemeinden, sprechen das Glaubensbekenntnis »Schema Israel« und töten einander, um den Namen Gottes nicht zu entheiligen.

In Speyer kommen 11 Juden zu Tode, in Mainz genießt die jüdische Gemeinde Schutz durch den Erzbischof, doch dann liefert er sie den wütenden »Kreuzfahrern« doch aus. 1300 Menschen sterben für ihren Glauben. In Worms, Straßburg, Trier, Xanten und Verdun ereignen sich ähnliche Bluttaten. Beim Aufruf zum 2. Kreuzzug (1147/48) kommt es abermals zu Übergriffen auf die jüdischen Gemeinden. Der Initiator des Kreuzzuges, der Prediger Bernhard von Clairvaux, kann diesmal aber das Schlimmste verhindern.

Verleumdung und Mord

Die Verfolgung der Juden in Deutschland beginnt unter Papst Innozenz III. Das von ihm einberufene 4. Laterankonzil von 1215 schließt Juden von Handwerk und Gewerbe aus. Sie widmen sich dem Geldverleih, ein Beruf, der Christen verboten ist, weil sie aus Glaubensgründen für verliehenes Geld keinen Zins nehmen dürfen. Innozenz III. schreibt auch eine sichtbare Stigmatisierung der Juden vor: Er zwingt sie zum Tragen des »Judenhutes« und eines »gelben Flecks« auf der Brust.

Während die Kirche Reichtümer anhäuft, verarmen die Bevölkerung und das niedere Rittertum. Sie sind gezwungen, bei jüdischen Geldverleihern gegen hohe Zinsen, den »Wucher«, Geld aufzunehmen. Aufgehetzt durch Kanzelpredigten – der größte Volksredner seiner Zeit, der Franziskanermönch Berthold von Regensburg, nennt die Juden Räuber und Diebe, die wie Heiden und Ketzer dem Teufel verfallen seien – richtet sich der Volkszorn ganz allgemein gegen Juden. Dass jüdische Pfandleiher an Kaiser, Fürsten und Städte enorme Steuersummen abliefern müssen, bleibt den meisten Nichtjuden verborgen.

Im 13. Jh. berichtet eine Nachricht aus dem Rheinland davon, dass *„Christen aus Bosheit"* mit Messern in

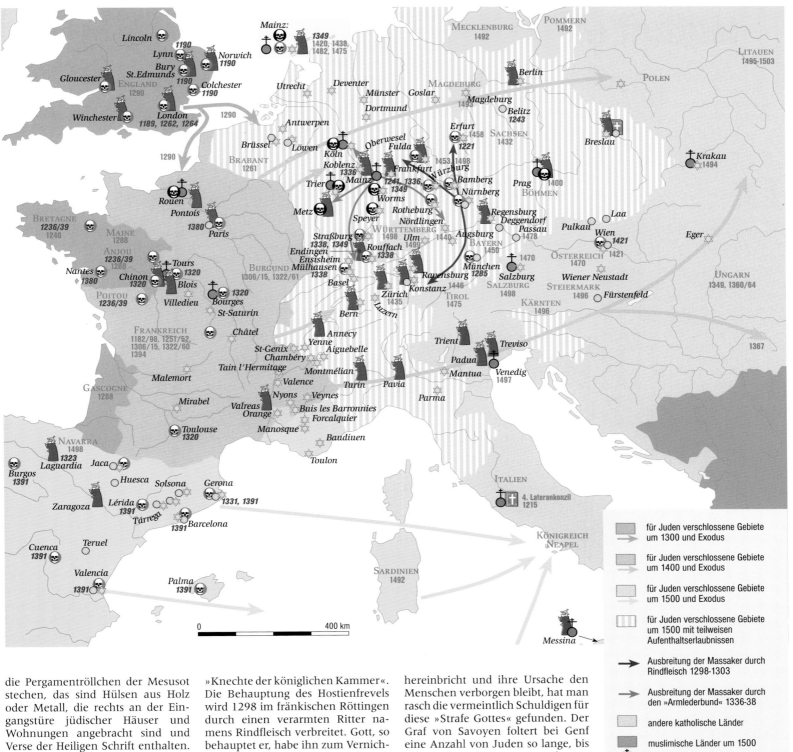

Mainz:
1349
1420, 1438,
1482, 1475

POMMERN 1492

MECKLENBURG 1492

LITAUEN 1495-1503

POLEN

Lincoln
1190
Lynn *1190*
Norwich *1190*
Gloucester
Bury
St.Edmunds *1190*
Colchester *1190*
ENGLAND 1290
Winchester
London *1189, 1262, 1264*
1290

Utrecht
Deventer
Münster
Dortmund
Goslar
MAGDEBURG
Magdeburg 1493
Belitz 1243
SACHSEN 1432
Erfurt 1458
Berlin
Breslau
Krakau 1494

1290
Antwerpen
Brüssel
Löwen
BRABANT 1261
Köln
Oberwesel
Koblenz
Fulda 1221
1453, 1498
Frankfurt
Würzburg
Trier *1336*
Mainz *1241, 1336,*
1349
Worms
Bamberg
Nürnberg
Prag 1400
BÖHMEN
Laa

Rouen
Pontois
1380
Paris
Metz
Speyer
Rotheburg
Nördlingen
Regensburg
Deggendorf
Passau 1478
Pulkau
Wien 1421
Eger

BRETAGNE *1236/39*
1240
MAINE 1288
ANJOU *1236/39*
1288
Nantes *1380*
Chinon *1320*
Tours *1320*
Blois
Villedieu
Bourges *1320*
St-Saturin
Châtel
WÜRTTEMBERG 1498
Straßburg *1338, 1349*
Endingen
Ensisheim
Mülhausen *1338*
Rouffach *1338*
Basel
Ulm 1499
Augsburg
BAYERN 1450
München 1285
ÖSTERREICH 1470
1421
Wiener Neustadt
UNGARN 1349, 1360/64

POITOU *1236/39*
FRANKREICH 1182/98, 1251/52, 1306/15, 1322/60, 1394
Bern
Luzern
Zürich 1435
Konstanz
Ravensburg 1446
Salzburg 1498
SALZBURG 1498
STEIERMARK 1496
Fürstenfeld

GASCOGNE 1288
Malemort
Mirabel
Tain l'Hermitage
St-Genix
Chambéry
Annecy
Yenne
Aiguebelle
Montmélian
Valence
Turin
Trient
Treviso
Padua
Venedig 1497
Mantua

TIROL 1475
KÄRNTEN 1496

1367

Toulouse *1320*
Nyons
Veynes
Pavia
Parma

NAVARRA 1498
1323
Laguardia
Jaca
Burgos 1391
Huesca
Solsona
Gerona
Valreas
Orange
Buis les Barronnies
Forcalquier
Manosque
Baudiuen
Toulon

Zaragoza
Lérida 1391
Tárrega
Barcelona 1391
Gerona 1331, 1391

ITALIEN
4. Laterankonzil 1215

Cuenca 1391
Teruel

Valencia 1391
Palma 1391

SARDINIEN 1492

KÖNIGREICH NEAPEL

Messina

0   400 km

Legend
für Juden verschlossene Gebiete um 1300 und Exodus	
für Juden verschlossene Gebiete um 1400 und Exodus	
für Juden verschlossene Gebiete um 1500 und Exodus	
für Juden verschlossene Gebiete um 1500 mit teilweisen Aufenthaltserlaubnissen	
Ausbreitung der Massaker durch Rindfleisch 1298-1303	
Ausbreitung der Massaker durch den »Armlederbund« 1336-38	
andere katholische Länder	
muslimische Länder um 1500	
Erzbistum	
Judenmassaker während des 1. Kreuzzugs 1096	
1421 Judenmassaker mit Jahreszahl	
Beschuldigung des Ritualmordes an Christen	
Beschuldigung der Hostienschändung	
antijüdische Aufstände 1348-50	
Kirchenkonzil mit judenfeindlichen Dekreten	
1494 Jahr der Judenvertreibung	

---

die Pergamentröllchen der Mesusot stechen, das sind Hülsen aus Holz oder Metall, die rechts an der Eingangstüre jüdischer Häuser und Wohnungen angebracht sind und Verse der Heiligen Schrift enthalten. Aus diesem Sakrileg mag in Umkehrung die Vorstellung entstanden sein, Juden würden Hostien durchbohren. Auch tauchen Gerüchte über Kindsmorde auf, wonach Juden ein christliches Kind getötet hätten, um mit dessen Blut das Mazze, das Pessachbrot, zuzubereiten.

Kaiser Friedrich II. lässt die Anschuldigungen zwar genau untersuchen und gewährt den Gemeinden der Juden seinen besonderen kaiserlichen Schutz, nennt sie aber »Knechte der königlichen Kammer«. Die Behauptung des Hostienfrevels wird 1298 im fränkischen Röttingen durch einen verarmten Ritter namens Rindfleisch verbreitet. Gott, so behauptet er, habe ihn zum Vernichter der Juden ernannt. Er zieht mit einer Meute aus Totschlägern und anderen Kriminellen durch schwäbische Judengemeinden und mordet tausende von Juden und Jüdinnen.

Im Jahr 1336 rotten sich abermals Raubgesindel, Pöbel, verarmte Bauern und Ritter zusammen, geben sich den Namen »Judenschläger« und tragen als Zeichen ihrer Vereinigung ein Stück Leder um den Arm. Dieser Willkür fallen tausende Juden zum Opfer. Als 1348 die Pest über Europa hereinbricht und ihre Ursache den Menschen verborgen bleibt, hat man rasch die vermeintlich Schuldigen für diese »Strafe Gottes« gefunden. Der Graf von Savoyen foltert bei Genf eine Anzahl von Juden so lange, bis sie gestehen, Brunnen vergiftet zu haben. Diese Nachricht gelangt über Straßburg nach Deutschland.

Diesmal ergreift die Judenverfolgung fast ganz Europa.

Nach 1349 fliehen viele Juden aus den rheinfränkischen Gebieten nach Polen. Sie nehmen die mittelhochdeutsche Sprache ihrer Heimat mit und mischen sie mit hebräischen, polnischen und russischen Lehnwörtern. So entsteht im Laufe von Jahrhunderten das Jiddische.

»Stadtluft macht frei«

„Was für einen Anblick bietet diese Stadt! Welcher Glanz, welch liebliche Lage, welche Schönheit, welche Kultur, welch vortreffliches Regiment!"

Aeneas de Piccolominibus, 1457

Der Bericht des italienischen Humanisten und Kardinals von Siena, Piccolominibus, mag schmeichelhaft erscheinen, aber dieses Bild einer mittelalterlichen Stadt, wie er sie beschreibt, haben wir heute noch. Sie vermittelt den Eindruck politischer Selbstbehauptung und Wehrfähigkeit, ist Kristallisationskern für Wirtschaft und Gesellschaft und bietet der Landbevölkerung Schutz in Notzeiten.

Seit Ende des 11. Jhs. beginnen die Bürger städtischer Siedlungen ihre Angelegenheiten durch eigene Beauftragte zu regeln, sie übernehmen die Aufgaben der Verteidigung, des Befestigungsbaus, der Rechtsprechung und erheben Steuern und Zölle. In der Folgezeit entwickelt sich die Stadtkommune zu einer privilegierten Insel bürgerlicher Freiheit, Freizügigkeit und Rechtsgleichheit inmitten eines durch Bindung und Ungleichheit gekennzeichneten feudal landwirtschaftlichen Umlandes. Korporationen und soziale Gemeinschaften, wie Zünfte, Gilden, Bruder- und Nachbarschaften, Quartiere, Gassen und Pfarrsprengel, gliedern und organisieren die Stadt in soziale und administrative Bereiche.

In ihr haben Großkaufleute, Im- und Exporteure mit weiträumigen Geschäftsverbindungen ihre Niederlassungen. Arbeitsverhältnisse basieren auf Regeln die Rat und Zunft normieren und personenrechtlich frei und vertraglich fixiert sind.

Ordnung und städtisches Selbstbewusstsein drücken sich in zahlreichen Bauwerken aus: Rathaus, Markt, Waage, Zollhaus, Getreidespeicher, Spital, Waisen- und Armenhaus, Pranger, Richtblock, Galgen, Badestuben und Freudenhäuser. Nirgends auf dem Lande ist die Infrastruktur so vielfältig wie in der Stadt.

Ein Gründungsboom

Die politische Bedeutung der freien Städte und Reichsstädte wächst, als ihre Vertreter vom König zu den Hoftagen und später zu den Reichstagen geladen werden. Städtetage fördern die Kommunikation untereinander, die Willensbildung und Willensäußerung gegen Belastungen und Auflagen durch Kaiser und Fürsten.

Dieses Idealbild der mittelalterlichen Stadt ist gewiss nicht für alle Kommunen im Reich zutreffend. Dennoch setzt ab dem Ende der Staufer, 1254, ein gewaltiger Städtegründungs- und Stadtrechtsverleihungs-Boom ein. Bis zur Mitte des 15. Jhs. zählt Deutschland ca. 4000 Städte, davon sind 25 – nach damaligen Begriffen – Großstädte. 16 Kommunen weisen 10.000 bis 20.000 Einwohner

und 8 Städte 20.000 bis 40.000 Einwohner auf. Köln als die größte Stadt Deutschlands hat über 40.000 Einwohner. Städtische Siedlungen im Norden und Osten des Reiches liegen im Durchschnitt etwa 7 bis 8 Wegstunden voneinander entfernt, im Süden und Westen 4 bis 5 Stunden. Aus der Stadtgründungsstatistik lassen sich drei Gruppen der Stadtbildung ableiten: 1. Kleinstädte in Gebieten mit starker territorialer Zersplitterung und in Räumen geringer wirtschaftlicher Entwicklung; 2. städtische Kümmerformen, wie unfertig gebliebene städtische Siedlungen oder Fehlgründungen; und 3. Minderstädte, deren Gründung in eine Zeit demographischer, durch Seuchen, Kriege oder Missernten verursachter Umschwünge fällt.

„Der berühmte, in dieser Formulierung allerdings von der Wissenschaft geprägte Satz »Stadtluft macht frei«, der sich an den landrechtlichen Satz »Luft macht eigen« anlehnt, bedeutet, dass der Erwerb des Bürgerrechts und sein unangefochtener Besitz oder auch nur unangefochtene Ansässigkeit in der Stadt nach Jahr und Tag von bisheriger Gebundenheit und Unterwerfenheit löse", meint der Historiker Eberhard Isenmann.

Bürger wird, wer Geld hat

Nicht alle Stadtbewohner sind in die Kommune integriert und besitzen das Bürgerrecht: Wer Bürger sein will, muss den Nachweis der Wohlhabenheit erbringen. Für den Bürgerstatus ist mitunter der Besitz von Grund und Boden erforderlich. In Frankfurt etwa ist der Erwerb eines Grundstücks im Wert von 10 Mark vorgeschrieben. Ulm verlangt den Nachweis eines Vermögens von mindestens 200 Pfund Heller, Nördlingen 30 rheinische Gulden und München

90 Pfund Pfennige. Das heißt nicht, dass die Stadt nur Vermögende in die Bürgerschaft aufnimmt. Ärmeren Neubürgern wird die Aufnahmegebühr, das »Bürgergeld«, gestundet, wenn ihnen zwei Bürgen beistehen. Die Abgaben werden zum Ausbau der Befestigungsanlagen, für den Unterhalt gemeinnütziger Anstalten verwendet. Juden als Nichtchristen, der Klerus und die Insassen von Klöstern stehen außerhalb der Bürgerschaft, sie finden in der Stadtgemeinschaft keine Aufnahme.

Der Rat der Stadt

Über lange Zeit bleibt der Zugang zu Rat und Magistrat der Stadt den »ratsfähigen« Familien vorbehalten, den Stadtpatriziern, die sich aus reichen Handels- und Kaufleuten und reich gewordenen Ministerialen – das sind unfreie Dienstleute des Königs, die ab dem 13./14. Jh. den Kern des niederes Adels bilden – der Stadt zusammensetzen. Ab dem 14. Jh. erzwingen die Zünfte der Handwerker und Gewerbetreibenden in vielen Städten die Öffnung des Rates und der städtischen Ämter für ihre Mitglieder. So sind im späten Mittelalter die Stadtgemeinden weit vom Ideal entfernt, all ihren Bewohnern Freiheit und Gleichheit zu bieten. Nur die so genannten Gründungsstädte, wie Lübeck, gewähren ihren Bewohnern Privilegien, die andere Städte nicht zugestehen.

Die neuen Städte, von mächtigen Herren planmäßig angelegt (München, Freiburg im Breisgau), liegen an Knotenpunkten alter Handelswege, wo man Warentransporte kontrollieren und Zölle erheben kann. Da es an Neusiedlern fehlt, werben die Stadtherren mit besonderen Privilegien: Wer vom Land in die Stadt

Stadtansicht von Nürnberg, 1493 (Bild oben). – Städtische Badeszene (15. Jh., Bild links unten). – Verbreitung mitteleuropäischer Städte im 12. und 13. Jh. (Karte rechts). – Wägemeister zu Nürnberg, 1497 (Bild rechts unten).

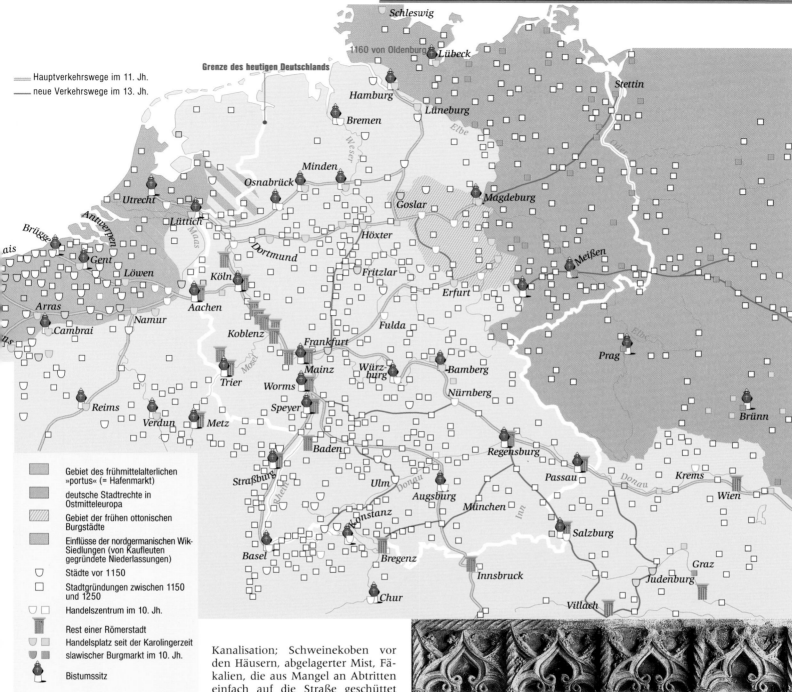

Hauptverkehrswege im 11. Jh.
neue Verkehrswege im 13. Jh.

Grenze des heutigen Deutschlands

1160 von Oldenburg

Schleswig
Lübeck
Stettin
Hamburg
Bremen
Lüneburg
Minden
Osnabrück
Utrecht
Magdeburg
Lüttich
Goslar
Brügge
Höxter
Gent
Dortmund
Meißen
Löwen
Köln
Fritzlar
Arras
Aachen
Erfurt
Cambrai
Namur
Fulda
Prag
Koblenz
Frankfurt
Trier
Würz-
Mainz
burg
Bamberg
Worms
Nürnberg
Brünn
Reims
Speyer
Verdun
Metz
Regensburg
Baden
Passau
Krems
Straßburg
Ulm
Donau
Wien
Augsburg
München
Konstanz
Salzburg
Basel
Bregenz
Graz
Innsbruck
Judenburg
Chur
Villach

Gebiet des frühmittelalterlichen
»portus« (= Hafenmarkt)

deutsche Stadtrechte in
Ostmitteleuropa

Gebiet der frühen ottonischen
Burgstädte

Einflüsse der nordgermanischen Wik-
Siedlungen (von Kaufleuten
gegründete Niederlassungen)

Städte vor 1150

Stadtgründungen zwischen 1150
und 1250

Handelszentrum im 10. Jh.

Rest einer Römerstadt

Handelsplatz seit der Karolingerzeit

slawischer Burgmarkt im 10. Jh.

Bistumssitz

flieht und binnen »Jahr und Tag« vom Grundherrn nicht zurückbefohlen wird, findet Aufnahme in der Bürgergemeinschaft und ist frei von früheren Bindungen.

In die Stadt zu ziehen mag für viele verlockend gewesen sein, aber Lebensqualität bietet sie keine. Die hohe Sterblichkeit während des ganzen Mittelalters ist zum Großteil auf die Lebensbedingungen in den Städten zurückzuführen. Das enge Zusammenleben fördert die Ansteckung mit Krankheiten. Die mit vorragenden Geschossen überbauten, schmalen Gassen besitzen keine Kanalisation; Schweinekoben vor den Häusern, abgelagerter Mist, Fäkalien, die aus Mangel an Abtritten einfach auf die Straße geschüttet werden, geben Ungeziefer und Ratten Unterschlupf.

Um durch den Straßenkot zu gelangen schnallen reiche Bürger hölzerne Unterschuhe, so genannte Trippen, an ihre Schnabelschuhe aus feinem Leder. Geflügel, Schweine, verwilderte Katzen und herrenlose Hunde streifen durch das Winkelwerk der Gassen. Die Hundeplage in Wien etwa nimmt derart überhand, dass der Magistrat eigene »Hundeschläger« beschäftigt. Die Lebensverhältnisse auf dem Land sind nicht viel besser, aber die räumliche Beengtheit fällt meistens weg. Wenn man hier vor die Haustüre tritt, ist die Luft zwar »unfrei«, dafür aber gesünder.

Freiheit für die Hanse

„Die Hanse wäre ohne den europäischen Urbanisierungsprozess des ausgehenden Mittelalters nicht denkbar."

Klaus Friedland, 1991

Die deutsche Hanse ist eine in der mittelalterlichen Geschichte einzigartige Schöpfung: West- und niederdeutsche Fernkaufleute gründen diese genossenschaftliche Vereinigung, die von der Mitte des 12. bis zum 14. Jh. die Nord- und Ostseeregion als Handelsgroßraum beherrscht. In der Hochblüte gehören der Hanse rund 200 See- und Binnenstädte in einem Gebiet zwischen den hanseatischen Außenkontoren London, Brügge, Bergen und Nowgorod an. Dennoch ist die Hanse kein Städtebund, wie er in Deutschland und um einiges früher in Italien auftrat, sie verfolgt eigene, andere Interessen: Während die Städtebünde politische Ziele haben, zum Beispiel die Autonomie und den Rechtsstatus ihrer Mitglieder zu verteidigen, widmet sich die Hanse rein wirtschaftlichen Aufgaben. Sie schützt ihre Kaufleute im Ausland vor Willkür und Ungesetzlichkeit und versucht bestehende Handelsbeziehungen zu erweitern.

Zu diesem Zweck führt die Hanse gelegentlich Krieg, doch unterhält sie weder Heer noch Kriegsflotte. Ihr Rechtsstatus ist seltsam. Tritt sie doch manchmal an die Stelle kaiserlicher Gewalt, ohne die entsprechende Souveränität zu besitzen.

Die Gründung

Als »Hansen« bezeichnet man ursprünglich Fahrtengemeinschaften, die Kaufleute für einzelne Handelsreisen eingingen. In England treten die Vorläufer hanseatischer Organisation in Gestalt lokaler Kaufmannsgemeinschaften auf. Schon 1157 besitzen die Kölner Kaufleute eine eigene Gildehalle in London. 1266 wird auch den Hamburger und kurz danach den Lübecker Fernhandelsleuten gestattet, in der englischen Hauptstadt eine eigene Hanse zu errichten. Aus diesen nach Städten orientierten Verbindungen entsteht noch im 13. Jh. in London die gemeinsame »Hansa Alamaniae«.

Der entscheidende Anstoß für die Gründung einer großräumigen Handelsorganisation geht jedoch vom Ostseeraum aus. Im Zug der einsetzenden Ostkolonisation wird 1158 Lübeck neu gegründet. Eine Kette

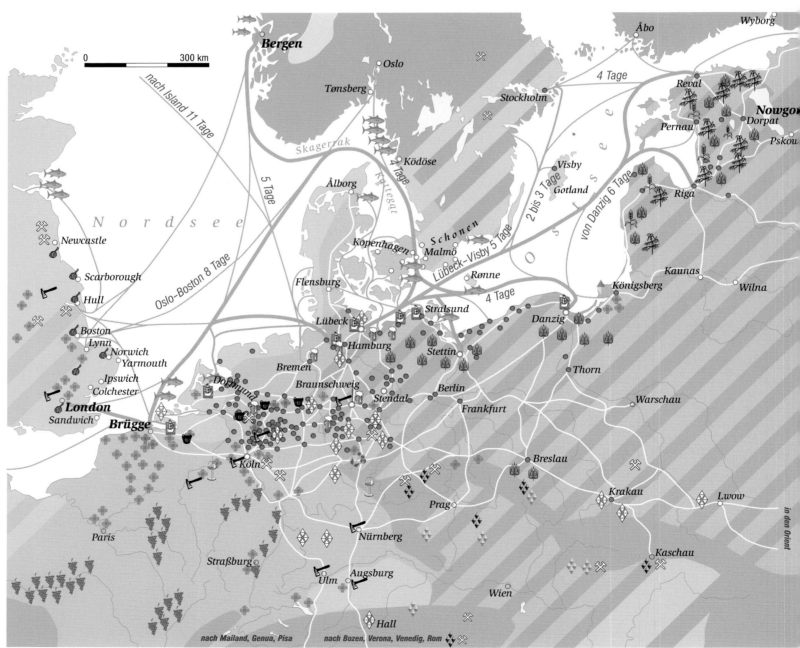

von Städten entsteht entlang der südlichen Ostseeküste, die den Ostseehandel kräftig anregt. Mittelpunkt des regen Handelsverkehrs wird die Insel Gotland, auf der bis ins 12. Jh. viele deutsche Kaufleute ihre Niederlassungen errichten. Um 1160 gründen westfälische, sächsische und lübische Fernhandelskaufleute in Visby auf Gotland die Gotländische Genossenschaft, die ihre Mitglieder in Rechtsangelegenheiten vertritt.

Gotland und London

Im Handelsverkehr mit dem Osten und Norden nimmt Gotland eine besondere Stellung ein. Von hier knüpfen die Kaufleute Kontakte zum russischen Nowgorod und gründen dort um 1200 den »St. Petershof«.

Von den im Ausland errichteten Außenkontoren der Hanse ist der vom englischen König mit Privilegien reich bedachte Stalhof (= Stapelhof) in London – nach Brügge (1252) – das älteste an der Nordsee. Von Kölner Kaufleuten 1257 gegründet, nimmt der Stalhof Verbindungen zu flandrischen Städten auf und bildet bald den Mittelpunkt für den deutschen Handel mit dem Westen.

„Die deutsche Hanse ist [...] ein festes Bündnis von vielen Städten, Orten und Gemeinschaften zu dem Zweck, dass die Handelsunternehmungen zu Wasser und zu Land den erwünschten und günstigen Erfolg haben und dass ein wirksamer Schutz gegen Seeräuber und Wegelagerer geleistet werde, damit nicht durch deren Nachstellungen die Kaufleute ihrer Güter und ihrer Werte beraubt würden", so beschreibt sich 1469 die Hanse in einem Brief an den englischen König selbst.

Ab Mitte des 13. Jhs. liegt nahezu der gesamte Seehandel der Ost- und Nordsee in den Händen der Hanse. Ihre Tätigkeit besteht in erster Linie im Zwischenhandel und seiner Organisation im Hinterland. Wolle aus England, feine Tücher aus Flandern, Wein aus dem Rheinland, Spitzen aus Brabant sind bevorzugte Handelswaren, gefolgt von Bier aus einigen Hansestädten (besonders aus Hamburg, Bremen, Dortmund und Danzig), Stockfisch aus Norwegen, Kupfer und Eisen aus Schweden, Pelzen und Fellen aus Russland und anderem mehr.

Insgesamt liefert der Westen überwiegend gewerbliche Fertigwaren, der Osten Naturalien. Entsprechend unterschiedlich fallen die Gewinne aus, die ein hanseatischer Kaufmann verzeichnet: Bei einer Handelstour von Nowgorod nach Brügge liegt er während des 14./15. Jhs. bei durchschnittlich 6%. Gewinne im Fischhandel sind niedrig, dafür gleichmäßig.

Blütezeit des Handels

Die Blütezeit der Hanse fällt in das 14. und 15. Jh. Dank des Einsatzes eines neuen Schiffstyps, der Kogge, und einer überlegenen Handelskonzeption, die ihr Hauptaugenmerk dem Transport spezieller Güter zuwendet, behauptet sich die Hanse gut. Ihrer Wirtschaftsexpansion förderlich ist der rege Handelsverkehr zwischen den alten Städten im Reich und den Stadtgründungen im Osten entlang den Ostseeküsten mit ihrem enormen Nachholbedarf. London, Bergen, Brügge und Nowgorod werden zu Eckpfeilern des hanseatischen Handelsimperiums.

Gegen Ende des 13. Jhs. tritt ein bedeutsamer Wandel des Bundes ein: Die aufstrebende Reichsstadt Lübeck verdrängt den gotländischen Fernhandel. In der Folge schließen sich der kaufmännischen Genossenschaft immer mehr Kommunen an, sodass gegen Mitte des 14. Jhs. aus der Handelshanse eine Wirtschaftsvereinigung von Hansestädten entsteht. 1358 ist erstmals von den *„steden van der dudeschen hense"* die Rede. Nach wie vor ist es eine lockere Vereinigung, der etwa 70 bis 80 aktive Mitglieder und 100 bis 120 kleine Städte, die keine Umlagen bezahlen und daher an den Hansetagen nicht vertreten sind, angehören. Im 14. Jh. werden die Städte zu regionalen Gruppen, zum gotländisch-livländischen, lübisch-sächsischen und westfälisch-preußischen Drittel zusammengefasst.

Krieg gegen Dänemark

Auch eine Handelsvereinigung wie die Hanse bleibt von Kriegen nicht verschont. Der Krieg des dänischen Königs Waldemar IV. Atterdag mit Schweden, in dem er das schonische Handelsgebiet der Hanse in Südschweden verwüstet, 1361 auch Gotland überfällt und Visby niederbrennt, ruft die Kaufleute auf den Plan: Der Angriff einer unter Vertrag genommenen Kriegsflotte gegen Kopenhagen scheitert 1362.

Auf Drängen der preußischen Seestädte vereinigen sich in der Kölner Konföderation (1367) mehrere Hansestädte und andere Kommunen – wie Amsterdam und Briel – erneut. Im April 1368 eröffnen sie mit 41 Schiffen den Krieg gegen Waldemar und besiegen ihn (Friede von Stralsund, 24. 5. 1370).

Der Niedergang der Hanse beginnt im 15. Jh. mit dem Auftreten der Engländer (»Merchant adventures«) und Holländer im Ostseeraum. Noch mehr Gewicht kommt der krisenhaften Veränderung in der städtischen Gesellschaft zu, die Unruhen in fast allen großen Kommunen der Hanse hervorruft. Auch der lübische Verfassungsstreit von 1408 bis 1416 belastet die Handelsvereinigung stark, sie verlegt ihre Leitung nach Hamburg, dann nach Stralsund.

Schritt für Schritt muss die Hanse ihre Kontore auflassen, zuerst in Nowgorod (1494), danach in London (1598). Nominell besteht zwar die Hanse noch bis zur Mitte des 17. Jhs., als Wirtschaftsmacht spielt sie aber keine Rolle mehr.

Das Handelsgebiet der Hanse (Karte links). – Zollstätte des Hamburger Hafens um 1497 (Bild unten).

▢	Ackerbau und Gartenkultur
▢	Waldwirtschaft und Jagd (Holz, Honig, Wachs, Felle, Pelze, Pech, Holzkohle, Pottasche)
▭	Viehzucht
🐟	Fischfang
◉	Vorort der Hanse, Hansestadt
○	Hansekontor (außerhalb des Heiligen Römischen Reiches)
○	Niederlassung der Hanse (außerhalb des Heiligen Römischen Reiches)
	Getreide
	Salz
	Bier
	Wolle
	Wein
	Hanf, Flachs
	Leinwand, Webwaren, Spitzen
	Waid (Färberpflanze für Blau)
	gewerbliche Produkte
	Kohle
	Gold, Silber, Bernstein
	Metallwaren
	Schiffe
—	Seewege der Hanse
—	wichtige Fernhandelsstraßen der Hanse

Die Fürsten rufen und die Siedler kommen

„Die bäuerliche Ostsiedlung war Teil des umfassenden, alle europäischen Länder ergreifenden Ausbauprozesses. Im Gegensatz zu Heidenkampf und Mission gehörte ihre Förderung nicht zu den traditionellen Königspflichten. Hinter ihr stand denn auch kein richtungsweisender Herrscherwille. Was im Rückblick wie eine breit angelegte, raumergreifende Expansionspolitik erscheinen mag, setzte sich in Wirklichkeit aus einer Fülle kleinräumiger Einzelinitiativen zusammen, bei denen lokale Grundherren und Fürsten siedlungswillige Bauerngruppen unter Führung eines »Lokators« anwarben."

Hanna Vollrath, 1997

Das frühmittelalterliche Westeuropa ist außerordentlich dünn besiedelt. Nur wenige Flächen werden landwirtschaftlich genutzt, selbst kultivierte Gebiete verwildern wieder, weil es an Menschen mangelt, die sie bewirtschaften. Die Lage ändert sich ab dem 11. Jh. Mit der Befriedung des Kontinents nach außen – Sarazenen, Normannen und Magyaren sind abgewehrt – setzt um 1000 bis ca. 1315 ein bemerkenswerter Bevölkerungszuwachs ein. In den bereits dichter besiedelten Gegenden Englands und Frankreichs steigt die Bevölkerung um das Dreifache, in Sachsen sogar auf das Zehnfache. Durch intensive Bodenbewirtschaftung, Rodung der Wälder, Trockenlegung von Mooren und Eindeichung von Küstengebieten an der Nordsee gewinnen die Siedler mehr Kulturland. Neue Technologien, zum Teil aus dem fortschrittlichen Frankreich, aus der Île de France um Paris, kommen zum Einsatz: der schollenwendende Pflug, die Wassermühle u.a.

Nur noch Waldinseln

Der Landausbau bringt nicht nur neue Kulturflächen, er ruft auch manchen Zwist und sogar Zusammenstöße hervor, wie eine Urkunde aus der Regierungszeit des Landgrafen Ludwig von Thüringen (1140 bis 1172) berichtet. Darin entbietet der Landesfürst den rodenden Zuzüglern wohl seine Grüße, doch dann folgen harsche Drohungen: Er fordert die Kolonisten auf, sein Land zu verlassen, sonst werde er sie mit Feuer vertreiben. Ihm und manch anderem Landesherren geht es um die Erhaltung der Wälder, die Schonung des Wildes zur Befriedigung der Jagdlust. So konnten sich die Wälder Thüringens, am Harz, im Schwarzwald und anderswo bis zum heutigen Tage erhalten. Freilich, die großen Wildtiere, der Braunbär, der Elch, das Ur, finden in den klein gewordenen Revieren keine Existenzmöglichkeit mehr, sie verschwinden und mit ihnen der Wolf und der Luchs. Wie sehr die Kultivierung fortschreitet, berichtet eine Elegie des wohl berühmtesten Dichters und Minnesängers seiner Zeit, Walther von der Vogelweide: Er sei erwacht und finde sich in einer anderen, fremden Welt wieder. Der Wald sei gerodet, die Fluren seien verteilt, es gebe keinen Freiraum mehr für Abenteuer oder neue Herrschaftsbildungen.

Um 1105 holt Markgraf Wiprecht von Groitzsch die ersten fränkischen Siedler nach Sachsen. 1120 setzt die deutsche Besiedlung im Vogtland und im Vorland des Erzgebirges ein. Heinrich »der Löwe« wirbt flämische, holländische und niederdeutsche Bauern für Holstein und Mecklenburg an, in Pommern fördert Herzog Barnim I. deutsche Siedlungs- und Stadtgründungen. In Stettin amtiert 1243 ein deutscher Schultheiß und Preußen steht ab 1283, nach der Eroberung durch die Ordensritter, der bäuerlichen Landnahme offen. Noch im 12. Jh. ruft der ungarische König Kolonisten von der Mosel nach Siebenbürgen und im 13. Jh. treffen deutsche Bergleute in der slowakischen Zips ein.

Ein europäisches Phänomen

Die Siedlungsbewegung ist kein spezifisch deutsches Phänomen. In ganz Europa wird, von West nach Ost fortschreitend, Land kultiviert. Aus dem Pariser Becken wandern Kolonisten nach Süden, später auch Osten, zum Rhein. Die deutsche Ostsiedlung folgt dem Trend und mit ihr die tschechische, die Land in Ungarn unter den Pflug nimmt. Siedler aus Polen wandern nach Russland und vor allem in die Ukraine.

Um 1300 dürften im Reich etwa 16 Millionen Menschen gelebt haben. Zwischen dem 12. und 14. Jh. ziehen etwa 500.000 bis 600.000 Personen nach Osten.

Die Fürsten rufen und die Siedler kommen. Der deutsche Markgraf von Brandenburg zum Beispiel, die Hochmeister des Deutschen Ordens oder die slawischen Territorialherren von Mecklenburg, Rügen, Pommern und Böhmen. Nationale Motivation fehlt bei der Erschließung der neuen Ländereien, es zählen Arbeitskraft, Steuereinnahmen, Verbesserung der Infrastruktur, wie z. B. der Wegebau. Die Stärkung der Wirtschaft steigert die Macht des Landesherrn.

Kein »Drang nach Osten«

Die mittelalterliche deutsche Ostsiedlungsbewegung ist daher mit dem Kolonialismus der Neuzeit nicht zu vergleichen. Sie ist auch kein spontaner Massenaufbruch, der einem »Drang nach Osten« folgt, da sie weder zentral gesteuert noch vom Reich gelenkt wird. Vor allem Söhne von Bauern und Adeligen, die auf keine existenzsichernde Erbschaft rechnen können, wagen den Schritt in die Fremde. Sie bringen neue Agrartechniken mit, die denen der eingesessenen Bevölkerung überlegen sind. Der eiserne Scharpflug, der die Erde tief umwälzt, ersetzt den slawischen Hakenpflug, der die Erdoberfläche nur schwach ritzt. Pferde lösen die bisher als Zugtiere verwendeten Ochsen ab. Die Sense wird eingeführt und die neuen Siedler wissen die Wälder rationell und in großem Umfang zu nutzen und zu fällen.

Die neuen Agrartechniken erlauben eine Ertragssteigerung bis zum Fünffachen der bisherigen Menge. Für ihre Leistungen erhalten die Kolonisten im Allgemeinen eine günstigere Rechtsstellung als sie in der Heimat hatten. Da die weitaus meisten Siedler Deutsche sind, bürgert sich für dieses Kolonistenrecht der Name »deutsches Recht« ein. Es sieht unter anderem Abgabefreiheit für die ersten Jahre vor, ebenso den möglichen Wiederverkauf des Nutzungsrechtes für den Boden.

Ein dichtes Netz von Dorf- und Stadtgründungen überzieht das Land. Bis 1500 sind es im Gebiet zwischen Elbe und Dnjepr, das in den Anfangszeiten ausschließlich von Deutschen bewohnt wird, über

Der Sachsenspiegel, ein Rechtsbuch des deutschen Mittelalters, entsteht 1220 – 1235 zunächst in lateinischer, dann in deutscher Sprache. Hier sind Hausbau und Dorfgründung dargestellt (Bild oben). – Ausbreitung der deutschen Stadtrechte im 13. und 14. Jh. (Karte rechts).

deutsches Siedlungsgebiet um 1500
Deutsche und slawische Minderheit
Deutsche und polnische Minderheit
Dänen
Schonen (Schweden)
Polen
polnisch-deutsches Mischgebiet
Tschechen und Slowaken
deutsche Minderheit im tschechisch-slowakischen Siedlungsgebiet
Lausitzer, Wenden, Sorben
Kaschuben
Litauer
Ungarn
ungarisch-deutsches Mischgebiet
Ödland

● Stadt mit Lübecker Recht
○ Stadt mit Magdeburger Recht
● Stadt mit Nürnberger Recht
○ Stadt mit Wien-Brünner Recht
● Stadt mit Münchner Recht

- - - Reichsgrenze zu Beginn des 14. Jhs.

tausend. Auch hier wird das »deutsche Recht« eingeführt.

Der Anteil der deutschen Bevölkerung an der slawischen ist lokal unterschiedlich hoch: Er beträgt im Durchschnitt ein Drittel bis zur Hälfte. In Pommerellen und im Baltikum

siedeln fast keine Bauern, dafür lassen sich viele deutsche Ritter, Geistliche und Kaufleute in den großen Städten Riga, Reval und Dorpat nieder und bilden mit acht Prozent Bevölkerungsanteil die Oberschicht. In Böhmen wird die gesamte Randzone,

die zuvor gar nicht oder nur wenig besiedelt war, von deutschen Kolonisten urbar gemacht, während das alte Siedlungsgebiet des böhmisch-mährischen Beckens – von wenigen deutschen Sprachinseln abgesehen – tschechisch bleibt.

Um 1350 erlahmt die Abwanderung in den Osten: Die Pest hält in Europa ihren katastrophalen Einzug und rafft die Bevölkerung dahin. Dörfer sind ausgestorben. Man muss nicht mehr in einem fremden Land Aufbauarbeit leisten.

Ein wehrhafter Orden

„Der Deutsche Orden war [...] ein geistlicher Ritterorden, der neben einer militärischen auch eine starke politische Ausprägung hatte. Seine bedeutendste Leistung war die Erschaffung des Ordensstaates Preußen, eines Staates, den er zu solcher Blüte und Stärke gebracht hat, dass er den Orden überlebte."

Wolfgang Sonthofen, 1995

Im 11. und 12. Jh. bewegt der Kreuzzugsgedanke das Abendland. Seit 1095 Papst Urban II. die europäische Christenheit aufgerufen hat, die heiligen Stätten und die dort lebenden Glaubensbrüder und -schwestern zu schützen, sind als Ergebnis des Ersten Kreuzzuges im Raum zwischen Antiochia und Jerusalem vier Kreuzfahrerstaaten entstanden, deren Führung west- und südeuropäische Adelsschichten übernehmen. Militärisch stützen sie sich auch auf Ritterorden ihrer Heimatländer. Aus einer Hospitalgemeinschaft zum Schutz der »fränkischen« (= westlichen) Herrschaft entsteht nach 1100 der Ritterorden der Johanniter, der Orden der Templer erhält 1128 seine Regel. In Spanien und Portugal, wo der Kampf zwischen Christen und Muslime entbrennt, bilden sich ebenfalls Ritterorden. Ein deutscher aber fehlt. Erst als Sultan Saladin die Kreuzfahrerstaaten auf einen schmalen Küstensaum zurückdrängt (1187), Jerusalem in die Hände der Muslime fällt und Kaiser Friedrich I., Barbarossa, am 3. Kreuzzug teilnimmt, wird ein Ritterorden gegründet.

Im Orient gegründet

1190 errichten Bremer und Lübecker Kaufleute der Überlieferung nach vor dem von Christen belagerten Akkon ein Feldhospital. Unter einem Zeltdach aus Segeltuch werden kranke und verwundete Deutsche verarztet und gepflegt. 1198, nach der Eroberung Akkons, wandeln die anwesenden deutschen Fürsten die Hospitalbruderschaft in einen Ritterorden um, der den Namen »Brüder vom Hause St. Mariens der Deutschen in Jerusalem« trägt. Der Name erinnert an das im Jahr 1128 gegründete deutsche Marienspital. Ordensregel und Tracht – ein schwarzes Kreuz auf weißem Mantel – bestätigt Papst Innozenz III. mit der Auflage, der Orden möge nach der Regel der Johanniter und der Templer in Keuschheit, Armut und Gehorsam leben und er solle die Heiden bekämpfen. Der von Stauferkaisern mit Gütern in Unteritalien reich bedachte Orden fasst auch in Deutschland rasch Fuß und zeichnet sich durch straffe Organisation aus: Die einzelnen Niederlassungen – »Kommenden« –, denen ein Komtur vorsteht, werden gebietsweise zu »Balleien« zusammengefasst, die dem »Deutschmeister« unterstehen. Den Gesamtorden führt der »Hochmeister«. 1198 wird Heinrich Walpot als erster Hochmeister, 1216 der erste Deutschmeister erwähnt.

Hermann von Salza

Der vierte Hochmeister, Hermann von Salza (1209 bis 1239), prägt die Entwicklung des Ordens für die Zukunft. Zwar missglückt sein Versuch, im Kampf gegen die heidnischen Kumanen in Siebenbürgen, im Burzenland, einen eigenen Staat zu errichten (1211 bis 1225), aber Hermann von Salza erweist sich als geschickter Diplomat und Vermittler zwischen den beiden rivalisierenden führenden Mächten im Abendland: dem Papst und dem Kaiser. Die Schlappe schadet seinem Ruf keineswegs.

Der Hilferuf des Piastenfürsten Herzog Konrad von Masowien, ihn bei der Abwehr der heidnischen Pruzzen zu unterstützen, eröffnet Hermann von Salza die Möglichkeit, seinem Orden eine neue Heimat zu geben. Für die Unterstützung bietet ihm Konrad 1225/26 die fruchtbaren Böden des Culmerlandes an.

Nun beweist der Hochmeister sein diplomatisches Geschick: In der »Goldenen Bulle von Rimini« bestätigt ihm Kaiser Friedrich II. die Schenkung Konrads und politische Herrschaftsrechte über alle künftigen Eroberungen im heidnischen Preußen außerhalb des Reiches (1226).

1228/29 begleitet Hermann von Salza den Kaiser auf den Kreuzzug ins Heilige Land. Damals wird Hermann von Salza vermutlich mit dem Adlerschild des Reiches bewidmet, das seither das Hochmeisterwappen als Herzschild schmückt. In diese Zeit fällt auch der Erwerb der Burg Starkenberg, besser unter dem Namen »Montfort« bekannt. Starkenberg kapituliert 1271 vor dem Mameluken-Sultan Baibar, 1291 fällt Akkon und der Orden zieht sich nach Venedig zurück.

Marienburg an der Nogat, erbaut 1274 (Bild oben). – Kampf der Litauer gegen Ordensritter (Gemälde von Henryk Pillati, 2. Hälfte 19. Jh., Bild unten). – Der Deutsche Ordensstaat 1231 – 1411 (Karte rechts).

Heidenbekehrung

1230 ruft der Papst zum Kreuzzug gegen die Pruzzen auf. Er legt großes Gewicht auf diese Mission und stellt 1234 das Culmerland und Preußen unter seinen Schutz. Heidenbekehrung und Staatsgründung werden zur großen Aufgabe des Ordens. Im Frühjahr 1231 zieht ein deutsches Ritterheer unter Landmeister Hermann Balk vom Waffenplatz Vogelsang gegen die Pruzzen. Der Feldzug dauert, von schweren Niederlagen unterbrochen, bis zum Ende des 13. Jhs., erst 1290 stehen die Ritter an der Grenze zu Litauen. Mit dem Vordringen errichtet der Orden seine Stützpunkte: Der bekannteste, die eindrucksvolle Marienburg, dient von 1308 bis 1456 dem Hochmeister als Hauptsitz.

Auf immer neuen Kreuzzügen erweitert der Orden sein Territorium, 1255 erobert er das Samland und gründet Königsberg, benannt nach dem bedeutendsten Kreuzfahrer gegen die Pruzzen, König Ottokar II. von Böhmen. Danzig und Pommerellen stellen schließlich die Landverbindung zum Reich her.

Mit der Errichtung der polnisch-litauischen Union tritt 1386 die Wende für den Deutschordensstaat ein. Dem übermächtigen Gegner können die Ordensritter wenig ent-

gegensetzen und da die Litauer zum Christentum übertreten, ist dem Orden die Existenzgrundlage entzogen: Der Kampf gegen die Heiden ist endgültig vorbei.

Der Niedergang

Die Katastrophe bricht 1410 in der Schlacht von Tannenberg (polnisch: Grunwald) über die deutschen Ritter herein. 14.000 Ordenskrieger unterliegen 22.000 Polen, Litauern und tatarischen Söldnern. Von dieser Niederlage erholt sich der Deutsche Orden nicht mehr. Hand in Hand mit der militärischen Niederlage wächst im Land die innere Opposition preußischer Stände und eskaliert 1454 bis 1466 zum Ständekrieg. Auch der geht für den Orden verloren. Der Niedergang ist nicht mehr aufzuhalten: 1457 erobern die Polen die Marienburg. Der 2. Thorner Friede von 1466 bringt große territoriale Verluste und zwingt den Hochmeister, dem König von Polen mit Kniefall zu huldigen. Vergebens hatte er auf Hilfe aus dem Reich gehofft.

Im Alleingang sucht Hochmeister Albrecht von Brandenburg 1525 in einem letzten Kampf die Polen zu bezwingen. Er unterliegt. Enttäuscht von Reich und Papst tritt Albrecht zur Reformation über, wandelt den Ordensstaat in ein weltliches Herzogtum Preußen um und unterstellt es polnischer Lehenshoheit.

Wohl ist der Deutsche Orden in erster Linie mit der Heidenmission beauftragt, seine Leistungen auf kulturellem und wirtschaftlichem Gebiet sind jedoch beachtenswert: Unter seine Herrschaft fallen etwa 100 Stadtgründungen, aus denen

die großen Handelsstädte Culm, Elbing, Thorn, Königsberg und die alte Bistumsstadt Pernau hervorragen.

Die Deutschordensstädte kennzeichnet in der Regel das gleichmäßig angelegte rechtwinkelige Straßennetz der ostdeutschen Kolonialstadt und die Architektur, die besonders bei den Burgen typisch zum Ausdruck kommt. Die Besiedlung des Landes schreitet ab 1280 zwar nur langsam und in Wellen voran, dennoch wird sie zum Träger eines eigenen Stadtrechtes, das in der »Culmer Handfeste« auf 1332 zurückgeht und Vorbild für fast alle preußischen Städte ist. Die Kolonisten, in der Mehrheit deutsche Bauern aus Niedersachsen, Holstein, dem Mittelelbegebiet um Meißen und aus Schlesien, bringen neue Wirtschaftskenntnisse mit: Im Danziger und Marienburger Werder ringen sie

der Marsch mit Entwässerungsanlagen in Gestalt windbetriebener Schöpfwerke Neuland ab. Das geistige Leben ist in erster Linie ein geistliches. Ein dichtes Netz von Kirchen legt sich über das Land. Der Reichtum des Ordens er-

möglicht es, selbst kleine Dorfkirchen künstlerisch wertvoll auszustatten. Mit dem Orden kommt auch der Backsteinbau ins Pruzzenland, er prägt hier die Architektur bis zur Zerstörung der Bauten 1944/45.

»Die kaiserlose, die schreckliche Zeit«

„Der Begriff »Interregnum« kann insofern zu Missdeutungen Anlass geben, als von einem Zwischenreich im rechtlichen Sinne zwischen 1250 und 1272 nicht die Rede sein kann. Denn tatsächlich bestand auch nach dem Tode Friedrichs II. das Königtum in Deutschland fast ununterbrochen fort. Dies gilt auch für den Zeitraum vom Jahre 1256, in dem König Wilhelm starb, bis zum Jahre 1273, in dem der Habsburger Graf Rudolf gewählt und gekrönt wurde.“

Alfred Haverkamp, 1993

So viele Könige hat es noch nie gegeben, weder vor noch nach der so genannten königlosen Zeit. Schon die Staufer müssen sich mit »Gegenkönigen« auseinandersetzen: 1246 mit dem Landgrafen Heinrich Raspe von Thüringen und 1247, nach dessen Tod, mit dem Grafen Wilhelm von Holland.

Als der Staufer Konradin (1268) sein Haupt auf der heutigen Piazza del Mercatore in Neapel auf das Schafott legt, sieht man es in Deutschland gelassen als das Ende des »Gegenkönigtums«. Da aber König Wilhelm auch jetzt keine allgemeine Anerkennung findet, versuchen zahlreiche Städte den Frieden auf andere Weise zu sichern: Im Februar 1254 entsteht der Rheinische Bund, ein unbefristetes Schutzbündnis, dem zunächst die Städte Mainz und Worms angehören, dann auch Oppenheim, Bingen und andere mittel- und oberrheinische Orte sowie Kommunen aus der Wetterau, nordöstlich von Frankfurt am Main.

Selbsthilfe der Städte

Diese überregionale Vereinigung will durch Selbsthilfe Ordnung und Frieden erhalten, Besitz, Handel und Verkehr sichern und die Rechte der Städte wahren. Initiator und Lenker des Bundes ist der Mainzer Arnold, der es innerhalb von zwei Jahren versteht, den Bund auf über 70 Städte zwischen Aachen, Bremen, Lübeck, Mühlhausen in Thüringen, Würzburg, Regensburg und Zürich auszuweiten. Rückgrat der Vereinigung ist der Rhein mit seinen großen Handelsmetropolen zwischen Basel und Köln. Das Beispiel, auch ein Reflex des Selbstverständnisses mittelalterlicher Städte, macht Schule: Geistliche und weltliche Fürsten suchen um Aufnahme an, unter ihnen die

Erzbischöfe von Mainz, Köln und Trier, der Graf von Tecklenburg und die Landgräfin von Thüringen. Mit sich immer weiter ausdehnenden Interessenbereichen werden Verfassung und Organisation angepasst. Als Beschlussgremium fungiert eine Bundesversammlung, in die jedes Bündnismitglied – ungeachtet seiner Größe und Bedeutung – vier Bevollmächtigte entsendet. Der Rheinische Bund ist 1255 mächtig genug, dass König Wilhelm von Holland ihn anerkennt und über die Rechtsprechung in die Reichsverfassung einbindet. Er, sein Reichshofrichter und die Reichsschultheißen von Boppard, Frankfurt am Main, Oppenheim, Hagenau und Colmar erfüllen die Funktion von Beschwerdeinstanzen. Der Versuch einer Reichsreform auf genossenschaftlicher Basis scheitert nach dem Tode Wilhelms schließlich an der Doppelwahl von 1257 und der gespaltenen Haltung gegenüber den Königen Richard von Cornwall und Alfons von Kastilien.

Mag den Historikern des 19. Jhs. die Wahl von 1257 auch als ein Tiefpunkt der deutschen Geschichte erscheinen, im 13. Jh. entscheiden dynastische Verbindungen über den nächsten König und nicht nationale Gefühle. Daher ist es belanglos, ob der neue König aus England oder aus Spanien kommt. Immerhin, beide aus der Doppelwahl von 1257 hervorgegangenen Könige können in irgendeiner Linie ihre blutsmäßige Verwandschaft zu deutschen Geschlechtern nachweisen: Alfons X. von Kastilien ist ein Enkel Philipps von Schwaben und Richard von Cornwall, der Bruder des englischen Königs Heinrich III., ist ein Vetter

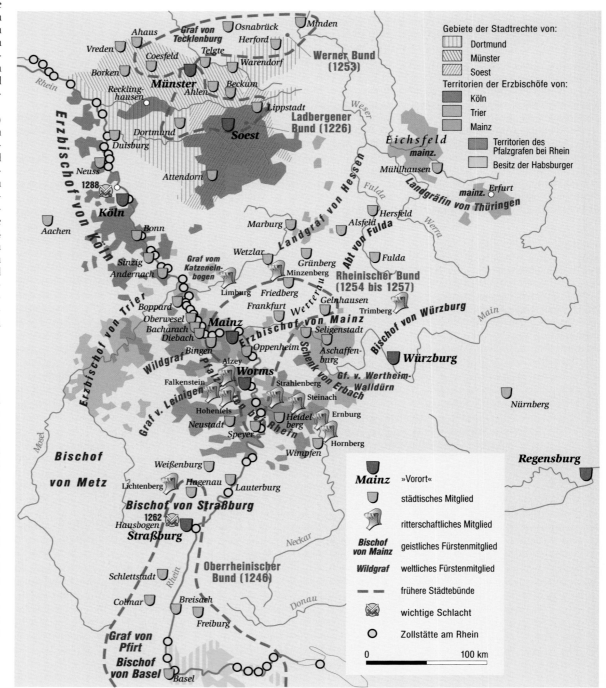

Die »Goldene Bulle« Karls IV. (Bild oben). – Die Städtebünde im 13. Jh. (Karte links). – Der Schöne Brunnen in Nürnberg zeigt im Hauptgeschoss neben den guten Helden die sieben Kurfürsten (Bild rechts unten).

Ludwig dem Bayern die Markgrafschaft Brandenburg (1323), die Luxemburger unter Heinrich VII. das Königreich Böhmen (1310) und die Habsburger unter König Rudolf die Herzogtümer Österreich und Steiermark (1282). Die Folgen der Doppelwahl von 1257 zeigen sich sehr bald: Alfons von Kastilien betritt nie Reichsboden und Richard von Cornwall weilt nur kurz im Reich, ohne jemals das Ostufer des Rheins zu betreten. Beiden Herrschern fehlt die allgemeine Anerkennung.

Rudolf von Habsburg

In dieser Situation befindet sich Papst Gregor X. im Dilemma: Er plant einen Kreuzzug ins Heilige Land und benötigt dazu die Unterstützung des deutschen Königs. Mit gebotener diplomatischer Vorsicht streckt er unter den in Frage kommenden deutschen Fürsten die Fühler aus, wer wohl nach den Versagern Alfons und Richard das Amt antreten könnte. Eine ganze Reihe von Interessenten bietet sich an: König Ottokar von Böhmen, der sein Reich seit dem Ende der Staufer bis zur Adria vergrößerte, oder Karl von Anjou, der Papst Innozenz IV. bei der Vernichtung der Staufer mit beispielloser Härte beistand und gerne seinen Neffen, den König von Frankreich, Philipp III., als deutschen König sehen

möchte. So ist die deutsche Krone nicht nur ein begehrtes, sondern auch ein machtpolitisches Objekt in der Hand des Papstes.

Aber anders als früher überlässt der Pontifex die Wahl den deutschen Fürsten. Sie entscheiden sich am 1. 10. 1273 für Graf Rudolf von Habsburg, den wohl mächtigsten unter den nichtfürstlichen Herren im Reich. Er ist der Wunschkandidat des Erzbischofs von Mainz und hat die Unterstützung des Burggrafen von Nürnberg, Friedrich von Zollern. Sein Territorialbesitz zwischen Vogesen und Bodensee kann sich sehen lassen, daher fällt es ihm nicht schwer, den Kurfürsten erhebliche materielle Zuwendungen zukommen zu lassen und das durchaus glaubhafte Versprechen abzugeben, die Wiedergewinnung des Reichsgutes nicht auf landesherrliche Rechnung zu betreiben.

Rudolfs wertvollstes Kapital aber sind seine sechs Töchter, von denen er gleich drei noch vor der Königswahl dem Kurfürsten von der Pfalz, dem von Brandenburg und dem von Sachsen zur Frau verspricht.

Seit dem Bannspruch von Lyon vor fast 30 Jahren nimmt am 24 .10. 1273 endlich wieder ein deutscher Adeliger am richtigen Ort, in Aachen, mit den richtigen Isignien, Reichsapfel, Reichskrone und Heiliger Lanze, die Wahl zum deutschen König an: Rudolf von Habsburg.

Ottos IV. Einer staufischen Familie anzugehören hat in Deutschland noch immer Gewicht.

Eine bedeutsame Wahl

Die Königswahl ist aber aus einem anderen Grund von historischer Bedeutung: Zum ersten Mal in der deutschen Geschichte wählen sieben Fürsten, die späteren »Kurfürsten«, allein den König; die übrigen Großen bleiben ausgeschlossen. Die aus der Doppelwahl von 1198 hervorgetretene kleine Gruppe von Königswählern hat sich als ein beständiges Kollegium erwiesen. Das Landrecht des »Sachsenspiegel« nennt als ersten Wähler den Erzbischof von Trier, dann jene von Mainz und Köln, sodann als Laienwähler den Pfalzgrafen bei Rhein, den Herzog von Sachsen und den Markgrafen von Brandenburg; bei der Doppelwahl von 1257 tritt noch der König von Böhmen hinzu, dessen Wahlrecht der Sachsenspiegel nicht anerkennt. Im »Schwabenspiegel« tritt der Herzog von Bayern an seine Stelle. Im Jahr 1290 wird das Wahlrecht Böhmens

aber festgeschrieben. Von nun an gelten die sieben Kurfürsten als die einzigen Stimmberechtigten bei der Königswahl, auch wenn sie erst durch die »Goldene Bulle« von 1356 legitimiert werden. Ebenso wird darin das durch Erbteilung strittig gewordene Stimmrecht der weltlichen Kurfürsten verfassungsrechtlich geregelt.

Da nun der deutsche König – im Gegensatz zu den westeuropäischen Monarchien – nicht durch Erbfolge, sondern durch Wahl zur Herrschaft gelangt, bedarf er einer materiellen Absicherung, sollte das königliche Amt verloren gehen. Die Versuchung ist daher groß, Reichsgüter den Hausgütern einzuverleiben. Im Spätmittelalter ist aber das Reichsgut durch Thronkämpfe und Wirren verschleudert und verpfändet, jedenfalls schon so weit auf ein Minimum reduziert, dass es keine Grundlage zur Macht mehr darstellt. Könige ohne großen eigenen Besitz müssen versuchen, durch eine entsprechende Heiratspolitik wieder zu Reichtum und Macht zu gelangen oder die durch Aussterben einer Dynastie heimfallenden Lehen in der Familie zu behalten. So erwerben die Wittelsbacher unter

STICHWORT

Die sieben Kurfürsten

Die »Goldene Bulle« von 1356 regelt verfassungsrechtlich erstmals die Königswahl und die Rechtsstellung der Kurfürsten als allein berechtigte Wähler des Königs. Sie entscheiden mit Stimmenmehrheit. Der Erzbischof von Mainz beruft als Erzkanzler die Wahl nach Frankfurt am Main ein. Er fragt die Stimmen ab, stimmt als Letzter und kann somit bei Stimmengleichheit die Wahl noch entscheiden. Die Reihenfolge bei der Stimmabgabe ist festgelegt: Trier, Köln, Böhmen, Pfalz, Sachsen, Brandenburg und Mainz. Das Mehrheitsprinzip und die Zuweisung des Kurrechtes an Sachsen-Wittenberg und Pfalz, unter Abweisung von Sachsen-Lauenburg und Bayern, sollen Doppelwahlen verhindern.

Um Nachfolgeprobleme zu verhindern, werden die Kurländer für unteilbar erklärt. Die päpstliche Approbation findet keine Berücksichtigung mehr, das Recht des gewählten Königs auf die Kaiserwürde wird jedoch vorausgesetzt.

Der Grundstein für eine Dynastie

„An der Wahl Rudolfs von Habsburg hatte der König von Böhmen nicht teilgenommen. Er beantwortete die Wahl mit einem wütenden Protest an die Adresse des Papstes. Sonst wurde König Rudolf aber einmütig gewählt, und zwar sogar von sieben Kurfürsten, weil diesmal der Herzog von Bayern mitwählte."

Hartmut Boockmann, 1994

Noch vor seiner Wahl zum deutschen König versichert Rudolf von Habsburg den Kurfürsten in einer eidesstattlichen Erklärung, er wolle die während des Interregnums verstärkte Entfremdung der Güter und Herrschaftsrechte im Reich wieder rückgängig machen. Das ist gleich das zentrale Thema bei den ersten Hoftagen 1273 und 1274 in Speyer und Nürnberg. Die Rückforderung oder Revindikation zeigt dort den größten Erfolg, wo der geringste Widerstand zu verzeichnen ist: bei den kleinen Fürsten. Die politischen Freunde Rudolfs bleiben von den Rückforderungen sowieso ausgenommen.

Mit einem mächtigen Herrn führt die Revindikation aber zur Konfrontation, mit König Přemysl Ottokar II. Er ist der mächtigste Landesherr im Reich und hat – nach dem Aussterben der männlichen Linie der Babenberger und dem gescheiterten Versuch der Staufer sich Österreich anzueignen – die Babenbergerin Margarete geheiratet. Durch diese Heirat kommt Österreich in seinen Besitz und Ottokar versteht es geschickt, nach einem kurzem ungarischen Zwischenspiel auch das früher ebenfalls babenbergische Herzogtum Steiermark (1260/61) an sich zu ziehen. 1269 fügt er seinem Länderkomplex aus dem Erbe des verwandten Herzogs Ulrich II. noch Kärnten und Krain hinzu.

Rudolf, der »arme Graf«

Er ist der wahre Gewinner im Interregnum, sein Großreich bildet einen machtvollen Schwerpunkt im östlichen Mitteleuropa, sein Einfluss reicht bis zur Ostsee. Verständlich, dass Ottokar auf die Rückforderungen Rudolfs nicht reagiert und ihn durch die böhmische Propaganda als »armen Grafen« schmähen lässt. Nur, so arm ist Rudolf von Habsburg gar nicht. Obwohl er dem Fürstenstand nicht angehört, nennt er umfangreiche Besitzungen und ausgedehnte Herrschaftsrechte im Aargau und Zürichgau, am Oberrhein, im Elsass und Schwarzwald sein Eigen. Der Nachteil seiner Länder liegt darin, dass sie weit verstreut sind und nicht wie jene Ottokars einen geschlossenen Machtblock bilden. Das Recht steht auf der Seite Rudolfs, denn der Böhmenkönig hat sich ohne ausreichende Legitimation nach dem Tode Kaiser Friedrichs II. in den Besitz der Herzogtümer Österreich und Steiermark gesetzt. Rudolf strengt nach der Verweigerung der Huldigung durch König Ottokar ein förmliches Rechtsverfahren an, das 1275 mit dessen Ächtung endet.

Schlacht auf dem Marchfeld

Ottokar entspricht schließlich den Forderungen Rudolfs auf Abtretung der strittigen Länder und erfüllt die Lehenshuldigung, zettelt aber kurz danach in Österreich einen Aufstand gegen Rudolf an. Das berechtigt diesen zu den Waffen zu greifen und gegen den Böhmenkönig zu ziehen.

Die Entscheidungsschlacht findet am 26. 8. 1278 bei Dürnkrut, auf dem Marchfeld nordöstlich von Wien statt. Rudolfs Heer ist dem des Böhmenkönigs zahlenmäßig unterlegen, doch der Habsburger greift zur Kriegslist und lässt aus einem Versteck Reserven in die Flanken des Feindes stoßen. Die böhmischen Panzerreiter reagieren verwirrt, die schmalen Schlitze ihrer wuchtigen Topfhelme engen das Blickfeld so ein, dass sie den seitlich herannahenden Feind nicht wahrgenommen haben. Sie fliehen in wilder Panik, ihr König wird auf der Flucht erschlagen. Der Traum von der Errichtung eines böhmischen Großreiches unter der Herrschaft der Přemysliden ist ausgeträumt.

Frieden im Reich

Der überlegene Sieg Rudolfs stärkt seine Position innen- wie außenpolitisch. Korrekt stellt er die Herzogtümer Österreich und Steiermark unter Reichsverwaltung. Ein Jahr später, am 27. 12. 1282, stimmen die Kurfürsten seinem Antrag zu, mit den Ländern seine Söhne erblich belehnen zu dürfen. Der Grundstein für die Habsburg-Dynastie ist gelegt.

Rudolf sorgt für Frieden im Reich: Burgen von Landfriedensbrechern (»Raubrittern«) zerstört er persönlich, 1289 zwingt er Pfalzgraf Otto IV. von der Freigrafschaft Burgund zur Huldigung. Er ist ein »städtischer« König: 28% aller von ihm überlieferten Urkunden stellt er für Städte aus. Er fördert sie, denn sie sind seine liebsten Aufenthaltsorte. Damit setzt er die Tradition seiner staufischen Vorgänger fort.

Rudolfs Aktionsradius endet bei Aachen, Erfurt und dem thüringischen Altenburg. Er entspricht den innenpolitischen Notwendigkeiten, deren Schwerpunkt im Süden liegt.

Als Rudolf den Tod nahen spürt, macht sich der 73-Jährige auf den Weg nach Speyer. *„Dorthin, zur Gruft meiner Ahnen, die auch Könige waren, will ich selbst reiten, damit mich niemand führe"*, soll Rudolf gesagt haben. Einen Tag nach der Ankunft stirbt er (15. 7. 1291).

Rudolf I. von Habsburg belehnt 1282 seine Söhne Albrecht und Rudolf mit den Herzogtümern Österreich, Steiermark, Kärnten und Krain (Bild unten). – Bau der Habichtsburg, Stammburg der Habsburger, nach einer Miniatur aus dem 16. Jh. (Bild oben). – Der Expansionsdrang Přemysl Ottokars II. 1251 bis 1276 (Karte rechts).

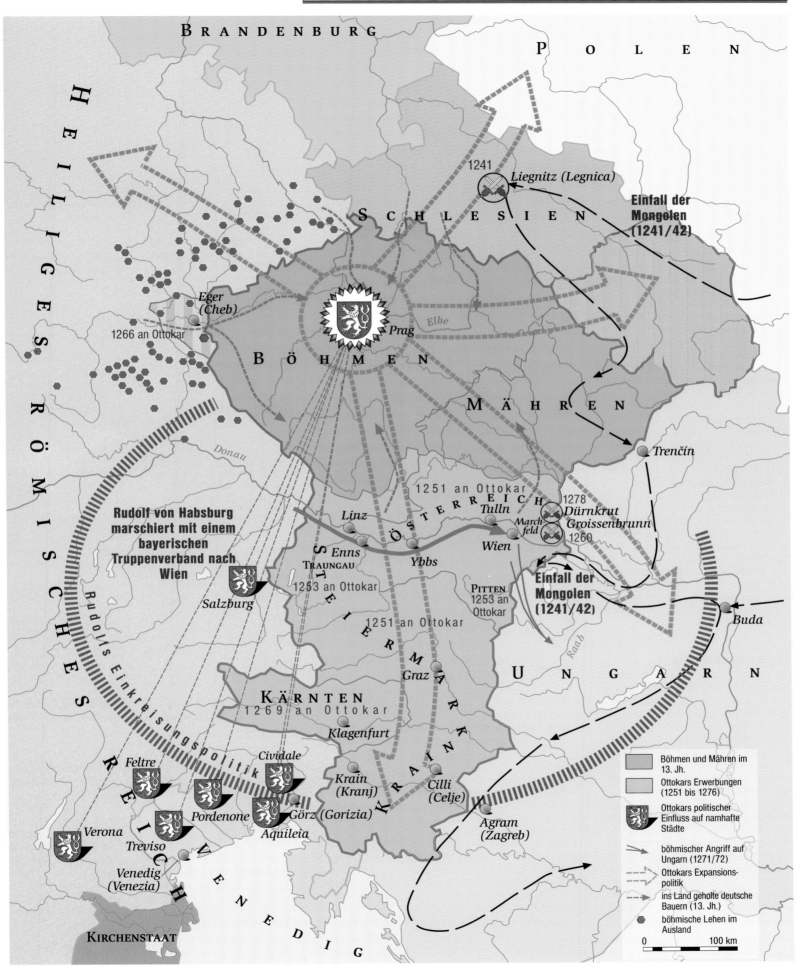

BRANDENBURG

POLEN

HEILIGES RÖMISCHES REICH

SCHLESIEN

1241
Liegnitz (Legnica)

Einfall der
Mongolen
(1241/42)

Eger
(Cheb)

1266 an Ottokar

Elbe

Prag

BÖHMEN

MÄHREN

Trenčín

Donau

1251 an Ottokar

Rudolf von Habsburg
marschiert mit einem
bayerischen
Truppenverband nach
Wien

ÖSTERREICH

Linz
Tulln
1278
Dürnkrut
Groissenbrunn
1260

March-
feld

Wien

Rudolfs Einkreisungspolitik

Salzburg

Enns
TRAUNGAU
1253 an Ottokar

STEIERMARK

Ybbs

PITTEN
1253 an
Ottokar

Einfall der
Mongolen
(1241/42)

1251 an Ottokar

Buda

Raab

UNGARN

Graz

KÄRNTEN
1269 an Ottokar

Klagenfurt

KRAIN

Feltre

Cividale

Krain
(Kranj)

Cilli
(Celje)

Pordenone

Görz (Gorizia)

Aquileia

Verona

Treviso

Venedig
(Venezia)

Agram
(Zagreb)

VENEDIG

KIRCHENSTAAT

Böhmen und Mähren im
13. Jh.

Ottokars Erwerbungen
(1251 bis 1276)

Ottokars politischer
Einfluss auf namhafte
Städte

böhmischer Angriff auf
Ungarn (1271/72)

Ottokars Expansions-
politik

ins Land geholte deutsche
Bauern (13. Jh.)

böhmische Lehen im
Ausland

0   100 km

Drei Dynastien von Rang

„Die Rivalität der drei großen Dynastien um das Königtum schloss einerseits Bündnisse und Eheverbindungen nicht aus, erhielt aber andererseits immer wieder zusätzlichen Zündstoff durch die räumliche Nachbarschaft, denn alle drei waren auf den Osten und den Südosten des Reiches als ein Feld ihrer territorialpolitischen Ambitionen verwiesen, wo es daher wiederholt zu Interessenkonflikten kam."

Hanna Vollrath, 1997

Verlorene Rechte, Güter und Besitzungen lassen sich nur noch schwer für das Reich zurückgewinnen, das zeigt schon die Auseinandersetzung Rudolfs von Habsburg mit dem Böhmenkönig Ottokar II. Deshalb versucht Rudolf noch zu Lebzeiten, wie übrigens alle nachfolgenden Könige auch, den Familienbesitz unter Wahrung der Reichsrechte zu erweitern und, gestützt auf die Hausmacht, Einfluss auf die Politik des Reiches zu nehmen. Dieser königlichen Hausmachtpolitik setzen die Kurfürsten bei der Wahl Rudolfs Schranken, als sie ihm das Erbfolgerecht verweigern und nach seinem Tod tatsächlich nicht seinen Sohn Albrecht I., sondern den Grafen Adolf aus dem unbedeutenden Territorium Nassau zum Herrscher wählen. Namentlich die Erzbischöfe von Köln und Mainz protegieren Adolf von Nassau und ihre Absicht ist klar: Unter der Regentschaft eines schwachen Königs können sie ihre eigenen territorialen Ziele besser verwirklichen.

Expansionsfreudig

König Adolf zeigt sich aber alles andere als schwach: Als ehemaliger Verbündeter des englischen Königs im Krieg gegen Frankreich empfing er beträchtliche Subsidien (= Hilfsgelder), die er nun in den Erwerb Thüringens und der Mark Meißen investiert. Dieser Machtzuwachs läuft den Absichten seines wichtigsten Förderers, des Mainzer Erzbischofs, zuwider, er klagt Adolf von Nassau auf einem eilig einberufenen Fürstentag verschiedener Vergehen an und setzt seinen Schützling ab (23. 6. 1298). Statt seiner besteigt Herzog Albrecht I. von Österreich den Thron. Jetzt müssen die Waffen sprechen: Am 2. 7. 1298 fällt König Adolf von Nassau in der Ritterschlacht bei Göll-

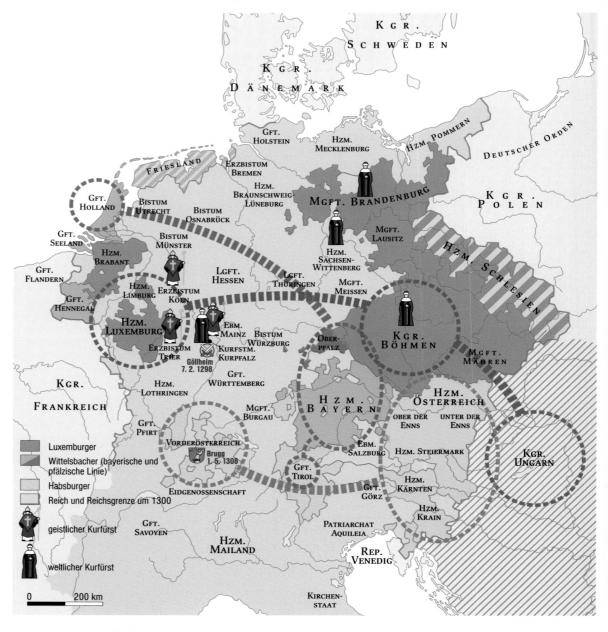

Die Hausmachtpolitik der Luxemburger, Habsburger und Wittelsbacher im 13./14. Jh. (Karte oben). – Peter von Aspelt mit Heinrich VII., Johann von Böhmen und Ludwig dem Bayern (Grabplatte nach 1320, Bild rechts oben). – Dante vor Kaiser Heinrich VII. (Darstellung Ende 19. Jh., Bild rechts unten).

heim. Wer immer ihn tötet, handelt in voller Absicht: Denn üblicherweise töten Ritter einander nicht. Ziel des Kampfes unter Rittern ist nicht das Töten des Gegners, sondern seine Gefangennahme, um später hohes Lösegeld zu erpressen. Erschlagen werden nur die Minderen: die Söldner, Bauern und Knechte. Wie auch immer, der Mainzer Erzbischof hat sein Ziel erreicht, und gegen seine ursprünglichen Absichten favorisiert er nun Albrecht I., den Sohn Rudolfs

von Habsburg, als neuen König. Die Macht des Erzbischofs ist groß, Albrecht I. wird tatsächlich gewählt und – wegen einiger Bedenken um die Rechtmäßigkeit der Kür – in einer Nachwahl am 27. 7. 1298 nun auch von den Kurfürsten von Trier und der Pfalz bestätigt.

Albrecht, mit der Tochter des Grafen von Tirol-Görz verheiratet, gilt als kriegstüchtiger, tapferer Feldherr. Die Österreicher mögen ihn nicht, sie kritisieren sein unfreundliches, her-

risches Auftreten und sein abstoßendes Äußeres: Albrecht ist einäugig. Dass der Verlust seines Auges die Folge einer medizinischen Fehlleistung ist, nimmt man kaum zu Kenntnis: Albrecht war bei einem Festessen übel geworden und die herbeieilenden Ärzte vermuteten – für damalige Zeiten nicht unüblich – eine Vergiftung. Um die schädlichen Säfte aus dem Körper fließen zu lassen, hing man den Herzog an den Füßen auf, wobei der Blutandrang ein Auge so

sehr schädigte, dass es entfernt werden musste.

Schon unmittelbar nach seiner Wahl zeigt Albrecht Expansionsgelüste: Im Bündnis mit dem französischen König strebt er nach dem Besitz Hollands. Das wäre eine starke Achse, um den Kurfürsten die Macht als »Königsmacher« zu rauben. Als er entlang dem Rhein die unzähligen Zollstätten abschafft und damit vier Kurfürsten ihre Pfründen entzieht, begehren sie auf. Doch Albrechts Position ist gefestigt, die mächtigen Städte am Rhein stehen hinter ihm.

Ein kraftvoller Herrscher

Nicht minder ungeniert tritt Albrecht I. in Italien auf, er übt Herrschaftsrechte aus, die eigentlich nur dem Kaiser zustehen. Den Kaisertitel aber will Papst Bonifatius VIII. nur im Gegengeschäft erteilen: Er verlangt die Abtretung der Toskana an den Kirchenstaat. Dieser Preis für die kaiserliche Würde ist Albrecht I. zu hoch. Der Streit mit dem Pontifex ist heftig, dafür kurz. Albrecht I. lebt ohne Kaiserkrone auch recht gut und wendet sich handfesteren Dingen zu, dem Erwerb Böhmens (1303). Das Aussterben des Königshauses der Přemysliden gibt Albrecht 1306 die Möglichkeit, seinen Sohn Rudolf III.

als böhmischen König zu inthronisieren. Doch dieser stirbt schon 1307, bevor noch die letzte Festung oppositioneller Böhmen fällt. Noch bevor nun Albrecht I. selbst nach Böhmen marschieren kann, fällt er einem Attentat zum Opfer: Sein Neffe, Johann Parricida, ermordet ihn bei Brugg im Aargau. Vorgeblich weil Johann bei der Erbteilung übergangen wurde, übte er am Onkel Rache, vermelden die Chronisten. Die Gerüchte aber, dass Peter von Aspelt, der Erzbischof von Mainz, Parricida gedungen habe, wollen nicht verstummen. Noch erfolgreicher als die habsburgische Hausmachtpolitik ist im 14. Jh. die luxemburgische.

Die Kurfürsten wählen 1308 auf Betreiben des Trierer Kurfürsten Balduin von Luxemburg dessen Bruder Heinrich zum König. Wieder ist es ein bis dahin einflussloser, unbedeutender Graf, der die Geschicke des Reiches lenken soll. Selbstverständlich

gehen dieser Wahl intensive Gespräche darüber voraus, was denn der Kandidat für die Inthronisation zu geben bereit sei. Wahlkapitulation nennt man diesen Handel und Heinrich verspricht viel, ohne selbst in die Tasche greifen zu müssen: die Rückgabe all jener Güter, die Albrecht I. während seiner Amtszeit eingezogen hat (Revindikation). Auch das Angebot der Prager Stände, er möge die böhmische Krone annehmen, kommt ihm gelegen.

Luxemburger in Böhmen

Heinrich VII. belehnt seinen Sohn Johann mit Böhmen. Dessen Verlobung mit der Tochter des verstorbenen Böhmenkönigs erleichtert das Verfahren, die Familienbande stellen die dynastische Rechtmäßigkeit her. Dank der Heirat kann sich Johann tatsächlich in Böhmen behaupten und die Basis für eine zweite Großdynastie in Mitteleuropa herstellen.

Die Interessen Heinrichs VII. gelten Italien. Bei seiner Romfahrt bejubeln ihn Dante und viele Ghibellinen, Anhänger der kaisertreuen Partei. Heinrich VII. von Luxemburg erhält als erster Herrscher nach Friedrich II. die Kaiserwürde (1312). Allerdings gelingt ihm die Durchsetzung der Reichsrechte in Italien nicht. Der Marsch nach Rom war schon streckenweise nur mühsam mit Kämpfen erzwungen, auf dem Rückweg stirbt Heinrich bei Siena unerwartet (24. 8. 1313).

Nach dem Tod Kaiser Heinrichs VII. bleibt der Thron über ein Jahr unbesetzt. Danach gibt es wieder zwei Könige: Friedrich »den Schönen« von Habsburg, hinter dem Köln, Pfalz, Sachsen-Wittenberg und Böhmen stehen, und den Wittelsbacher Ludwig IV., den Bayern, den eine luxemburgische Partei, Mainz, Trier, Brandenburg, Sachsen-Lauenburg, Bayern und Böhmen unterstützen (1314).

Mit Ludwig dem Bayern tritt die dritte königsfähige Dynastie des deutschen Spätmittelalters auf die politische Bühne: das Haus Wittelsbach. Habsburger und Wittelsbacher halten einander so lange die machtpolitische Waage, bis 1322 bei Mühldorf am Inn die Entscheidung fällt. Friedrich der Habsburger gerät in Gefangenschaft und verzichtet (1325) zugunsten Ludwigs des Bayern auf den Thron, dafür gesteht ihm Ludwig die Mitregentschaft zu.

Land um Land zieht Ludwig an sich: Zunächst die Markgrafschaft Brandenburg, danach Niederbayern, Holland, Seeland, Friesland und den Hennegau und Tirol. Vor so viel Ansammlung an Macht rückt das Haus Luxemburg, treuester Parteigänger des Kaisers, von ihm ab. Der Nominierung eines Gegenkönigs steht nichts mehr im Wege. 1346 heben die Kurfürsten Karl IV. von Böhmen auf den Thron. Ludwig dem Bayern bleibt ein Waffengang erspart: Auf einer Jagd bei Fürstenfeldbruck erliegt er überraschend einem Herzschlag (1347).

Die gespaltene Kirche

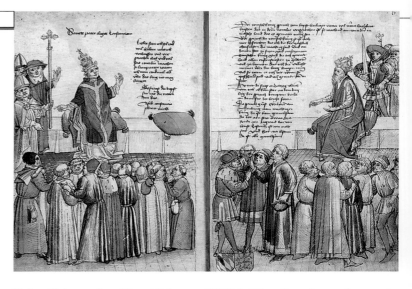

„In dem Verhältnis von Hausmacht und Reich brachte das Königtum Sigismunds etwas Neues: Die Hausmachtbasis seines Vaters und Bruders hatte zwar an der Peripherie, aber doch im Reiche gelegen, denn Böhmen gehörte zum Reichslehnsverband [...]. Das Königreich Ungarn aber, Sigismunds Hausmachtbereich, hatte niemals zum Reich gehört."

Hanna Vollrath, 1997

Der bedeutendste Herrscher aus luxemburgischem Haus ist Karl IV. Im Laufe seiner Regierungszeit von 1346 bis 1378 wandert das Machtzentrum des Reiches nach Böhmen.

Als der dreißigjährige Karl 1346 zum Gegenkönig Kaiser Ludwigs des Bayern gewählt wird, verfügt er über zwei Trümpfe: die Unterstützung des Papstes und die der meisten Kurfürsten. Ein Feldzug gegen seinen Widersacher Ludwig IV., den Bayern, bleibt ihm wegen dessen frühen Todes erspart, nicht aber der Streit mit dessen Söhnen. Sie ernennen den thüringischen Grafen Günther von Schwarzenburg zum Gegenkönig. Erst als die Wittelsbacher 1349 die Aussichtslosigkeit ihrer oppositionellen Haltung erkennen, lenken sie ein; ihre Lage ist bereits ein Jahr vorher prekär geworden: Karl IV. hatte die Habsburger für sich gewonnen.

Karl IV. gelingt es auch, den Papst geschickt auszuspielen. Nachdem er 1355 die Kaiserwürden entgegengenommen hat, erlässt er ein Jahr später auf den Reichstagen von Nürnberg und Metz die »Goldene Bulle«, in der er das wichtigste Grundgesetz des alten Reiches verankert: Es regelt die Königswahl und die Rechtsstellung der Kurfürsten, ohne dem Papst das zugesicherte Mitspracherecht einzuräumen.

Selbstverständlich gilt auch Karls Augenmerk, wie das seiner Vorgänger, der Stärkung der eigenen Hausmacht. Politisch feinfühlig vergrößert er durch Übernahme von Pfändern, Heirat und Kauf seinen Besitz, erwirbt das Herzogtum Schweidnitz-Jauer, die Niederlausitz und eine ganze Reihe kleinerer Güter.

Dabei vergisst er nicht, sein geliebtes Prag zur Residenz auszubauen, was ihr das Prädikat »Goldene Stadt« einbringt. Nach dem Vorbild der Pariser Hochschule gründet Karl 1348 die erste Universität Mitteleuropas, Prag wird zum geistig-kulturellen Mittelpunkt des Heiligen Römischen Reiches.

Kaiser Sigismund und Papst Johannes XXIII. bei Konzilsvorbesprechungen in Lodi (Bild oben). – Kaiser Sigismund auf dem Konzil von Konstanz (Buchmalerei um 1450, Bild unten links). – Kaiser Karl IV. (nach einem Votivbild von Johann Ocko von Vlasim, nach 1370, Bild rechts oben). – Die Kirchenspaltung in Europa 1378 – 1417 (Karte rechts).

STICHWORT

Abendländisches Schisma

Die große abendländische Kirchenspaltung entsteht, als Gregor XI. 1376 seinen Sitz vom französischen Avignon wieder nach Rom verlegt. Zwei Jahre später stirbt er. Das Volk fordert die Wahl eines Italieners zum Papst, der Erzbischof von Bari wird als Urban VI. gekürt. Angesichts seines selbstherrlichen Verhaltens verweigern die nichtitalienischen Kardinäle den Gehorsam. Sie erklären Urban für abgesetzt und heben den Kardinal von Genf auf den Heiligen Stuhl. Mit französischer Unterstützung residiert Clemens VII. wieder in Avignon. Während König Wenzel, vier rheinische Kurfürsten und England Urban huldigen, schwenkt Österreich ins Lager des Clemens. Ein dritter Papst, Johannes XXIII., tritt auf den Plan und vertieft die Kirchenkluft, die erst 1417, auf dem Konzil von Konstanz, endet.

Karl IV. auf dem Höhepunkt

Karl IV. ist außerordentlich erfolgreich: 1372 fädelt er die Verlobung seines Sohnes Sigismund mit der Erbtochter König Ludwigs von Polen und Ungarn ein und schafft dadurch die Grundlage für die Übernahme des polnischen Königreiches. 1373 erwirbt der Luxemburger von den Wittelsbachern die Markgrafschaft Brandenburg, und noch 1376 wählen die Kurfürsten Karls Sohn Wenzel zum König. Die Zukunft der Luxemburger scheint gesichert. Sorgen bereitet Karl IV. allerdings die Erbteilung: Wenzel erhält das Kerngebiet mit Böhmen, Sigismund Brandenburg und Johann das Herzogtum Görlitz.

Seine Erbteilung fällt bereits in die Zeit der beginnenden Kirchenspaltung, deren Auswirkungen er nicht mehr erlebt, er stirbt am 29. 11. 1378 im 62. Lebensjahr.

Europa in der Krise

Das große »abendländische Schisma« bricht aus und spaltet für Jahrzehnte die Kirche. Die enge Verquickung zwischen Kirche und Reich stürzt auch die weltlichen Fürstentümer in die Krise. Diese Wirren und die Uneinigkeit der Söhne Karls IV. lassen das mühsam errichtete Reich ihres Vaters innerhalb kurzer Zeit zusammenbrechen. Wenzel von Luxemburg, der die Krone des Vaters übernimmt, kann sich angesichts der geteilten Kirche und der einander heftig bekämpfenden Fürsten, Städte und Ritter nicht behaupten.

Die Auflösung des karolingischen Systems nimmt in Böhmen seinen Ausgang. Schritt um Schritt auf die Krondomäne zurückgedrängt, verliert Wenzel im Reich an Ansehen. Die »Heidelberger Stallung«, ein Ausgleichsversuch zwischen ihm, den Fürsten und den Städten, verschafft eine Atempause (1384). Immerhin bringt sein Sieg im Ersten Städtekrieg von 1388/89 einen bescheidenen Erfolg: Der Landfrieden von Eger diktiert den Kommunen die Auflösung ihrer Bündnisse. Trotzdem ist der Machtverfall nicht aufzuhalten. In den rheinischen Ländern formiert sich die Opposition der Kurfürsten neu und setzt 1400 Wenzel ab. In Rhens wird Pfalzgraf Ruprecht III. zum neuen Herrscher gewählt. Wenzel, zum Schattenkönig herabgesunken, stirbt 1419.

Letzte Hoffnung: ein Konzil

Über drei Jahrzehnte dauert die Kirchenspaltung bereits, als die Wahl eines dritten Papstes in Pisa (1409) die Kluft weiter vertieft. Nicht minder chaotisch ist die politische Lage in Deutschland: Nach dem Tode Wenzels herrschen wieder zwei Könige, Jobst von Mähren und Wenzels Sohn, Sigismund von Ungarn. Für beide ist das Reich wärend der ersten Regierungsjahre Nebensache. Sigismund hat eine schwere Niederlage gegen die Türken bei Nikopolis zu verkraften (1396), außerdem halten ihn Probleme mit Polen und Konflikte mit Venedig in Ungarn fest. Erst nach vier Jahren besucht er Deutschland. Die periphere Lage seiner Hausmacht und die lange Abwesenheit vom Reich sind seiner Herrschaft in Deutschland gefährlich geworden.

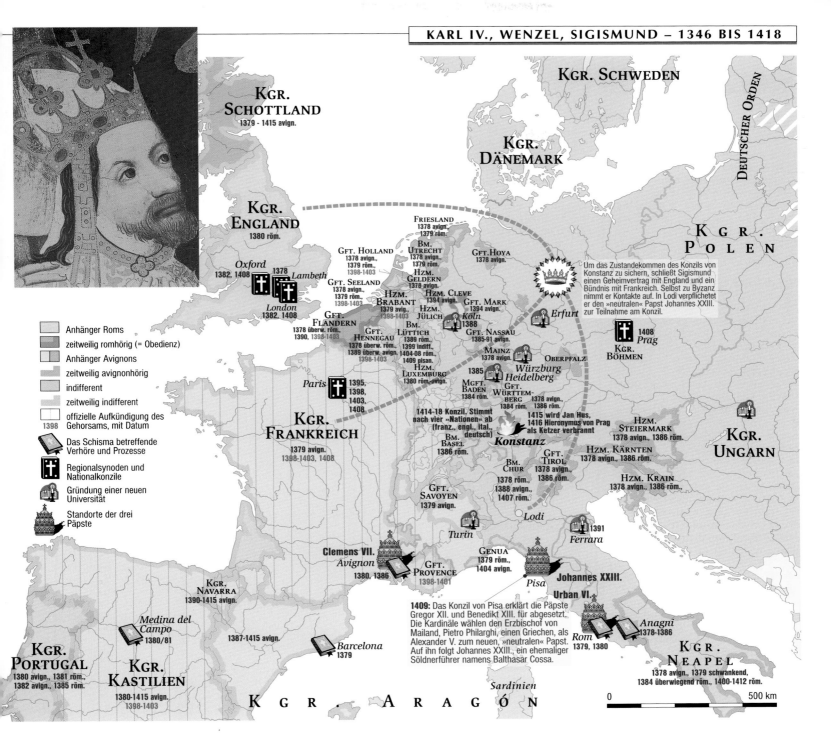

KGR. SCHWEDEN

KGR. SCHOTTLAND
1379 - 1415 avign.

KGR. DÄNEMARK

DEUTSCHER ORDEN

KGR. POLEN

KGR. ENGLAND
1380 röm.

FRIESLAND
1378 avign.,
1379 röm.

Oxford
1382, 1408   1378   Lambeth

GFT. HOLLAND
1378 avign.,
1379 röm.,
1398-1403

BM. UTRECHT
1378 avign.,
1379 röm.

GFT. HOYA
1378 avign.

London
1382, 1408

GFT. SEELAND
1378 avign.,
1379 röm.,
1398-1403

HZM. GELDERN
1378 avign.

HZM. CLEVE
1394 avign.

GFT. MARK
1394 avign.

Erfurt

Um das Zustandekommen des Konzils von Konstanz zu sichern, schließt Sigismund einen Geheimvertrag mit England und ein Bündnis mit Frankreich. Selbst zu Byzanz nimmt er Kontakte auf. In Lodi verpflichtet er den »neutralen« Papst Johannes XXIII. zur Teilnahme am Konzil.

HZM. BRABANT
1378 avig.,
1398-1403

HZM. JÜLICH
1394 avign.

Köln
1388

GFT. FLANDERN
1378 überw. röm.,
1390, 1398-1403

GFT. HENNEGAU
1378 überw. röm.,
1389 avignon.,
1398-1403

BM. LÜTTICH
1389 röm.,
1399 indiff.,
1404-08 röm.,
1409 pisan.

GFT. NASSAU
1385-91 röm.

1408
Prag

KGR. BÖHMEN

HZM. LUXEMBURG
1380 avign.

MAINZ
1378 avign.

OBERPFALZ

Würzburg
Heidelberg

Anhänger Roms

zeitweilig romhörig (= Obedienz)

Anhänger Avignons

zeitweilig avignonhörig

indifferent

zeitweilig indifferent

1398   offizielle Aufkündigung des Gehorsams, mit Datum

Das Schisma betreffende Verhöre und Prozesse

Regionalsynoden und Nationalkonzile

Gründung einer neuen Universität

Standorte der drei Päpste

Paris
1395,
1398,
1403,
1408

KGR. FRANKREICH
1379 avign.
1398-1403, 1408

1385

MGFT. BADEN
1384 röm.

GFT. WÜRTTEM-BERG
1384 röm.

WÜRZBURG
1378 avign.,
1386 röm.

1414-18 Konzil. Stimmt nach vier »Nationen« ab (franz., engl., ital., deutsch)

1415 wird Jan Hus, 1416 Hieronymus von Prag als Ketzer verbrannt

HZM. STEIERMARK
1378 avign., 1386 röm.

BM. BASEL
1386 röm.

Konstanz

HZM. KÄRNTEN
1378 avign., 1386 röm.

KGR. UNGARN

BM. CHUR
1378 röm.,
1388 avign.,
1407 röm.

HZM. TIROL
1378 avign.,
1386 röm.

HZM. KRAIN
1378 avign., 1386 röm.,

GFT. SAVOYEN
1379 avign.

Lodi

Turin

1391
Ferrara

GENUA
1379 röm.,
1404 avign.

Clemens VII.
Avignon
1380, 1386

GFT. PROVENCE
1398-1401

Pisa

Johannes XXIII.

Urban VI.

KGR. NAVARRA
1390-1415 avign.

1409: Das Konzil von Pisa erklärt die Päpste Gregor XII. und Benedikt XIII. für abgesetzt. Die Kardinäle wählen den Erzbischof von Mailand, Pietro Philarghi, einen Griechen, als Alexander V. zum neuen, »neutralen« Papst. Auf ihn folgt Johannes XXIII., ein ehemaliger Söldnerführer namens Balthasar Cossa.

1387-1415 avign.

Medina del Campo
1380/81

Barcelona
1379

Rom
1379, 1380

Anagni
1378-1386

KGR. PORTUGAL
1380 avign., 1381 röm.
1382 avign., 1385 röm.

KGR. KASTILIEN
1380-1415 avign.
1398-1403

KGR. NEAPEL
1378 avign., 1379 schwankend,
1384 überwiegend röm., 1400-1412 röm.

Sardinien

KGR. ARAGON

0   500 km

Will er seinem Rivalen Jobst nicht unterliegen, muss Sigismund rasch politische Erfolge vorweisen. Dazu zählt u. a. die Bewältigung des vordringlichsten Problems, die Beendigung des Schismas.

Nun hat sich in führenden Kreisen schon seit langem der Gedanke festgesetzt, nur ein großes Konzil, an dem alle streitenden Parteien teilnehmen, könne den Konflikt lösen. Es ist Sigismunds Verdienst, einen der drei Päpste, Johannes XXIII., während eines Treffens in Lodi mit sanftem Druck zu bewegen ein Konzil einzuberufen. Die Kirchenversammlung tagt vom 5. 11. 1414 bis

zum 22. 4. 1418 in Konstanz am Bodensee. Sie ist die größte, die das Mittelalter erlebt hat: 33 Kardinäle, 900 Bischöfe, 2000 Doktoren, Theologen, weltliche Magnaten und Gesandte aus ganz Europa nehmen am Treffen teil. Drei Hauptthemen stehen zur Beratung – das Papstproblem (causa unionis), das Reformproblem (causa reformationis) und die Auseinandersetzung mit den Lehren des böhmischen Theologen Jan Hus (causa fidei). Die Versammlung scheitert beinahe, als Papst Johannes XXIII. – die beiden anderen Päpste lassen sich vertreten – vor der Alternative steht, freiwillig zurückzutreten oder abge-

setzt zu werden. Er flieht in Panik zu Herzog Friedrich von Tirol, der ihm bereitwillig Schutz gewährt. Die Aufregung unter den Konzilsteilnehmern ist groß, Gegner und Befürworter Johannes' XXIII. geraten aneinander. Da handelt Sigismund rasch und entschlossen und droht Friedrich von Tirol mit der Reichsacht, sollte er Johannes nicht ausliefern. Friedrich fügt sich. In dieser schwierigen Lage fällt das Konzil einen beachtenswerten Entschluss: Es betrachtet sich in Rechtsfragen als über den Päpsten stehend (»Haec sancta synodus«, 1415) und erklärt alle drei Päpste für abgesetzt. Jetzt ist

der Weg für die Neuwahl eines Papstes frei. Mit allgemeiner Anerkennung geht Martin V. am 11. 11. 1417 aus der Wahl hervor.

In der Glaubensfrage hat das Konzil bereits 1415 entschieden: Nach einem Prozess wird Jan Hus wegen Ketzerei verurteilt und trotz des von König Sigismund zugesicherten freien Geleits auf dem Scheiterhaufen verbrannt, seine Asche in den Rhein gestreut. Das Urteil empört seine Glaubensbrüder in Böhmen, ihr Aufstand greift über die böhmischen Grenzen hinaus und stürzt das Reich mit den Hussitenkriegen (1419 bis 1433) in eine schwere Existenzkrise.

117

Ketzer, Märtyrer und Religionskrieg

„Der Papst ist [...] ein hochmütiger Mensch und ein grausamer Rächer. Denn wenn ihm die Macht des weltlichen Arms fehlt, so wendet er die Strafe der Exkommunikation an und verleiht angeblich Ablässe all denen, die für ihn Rache an den Feinden üben wollen."

John Wyclif, 1380

Im letzten Jahrhundert des Mittelalters löst sich die bis dahin scheinbar noch intakte feudale Gesellschaftsordnung allmählich auf: Die adelige Oberschicht, vom Herrscher lehensrechtlich mit Ländern und politischen, militärischen, administrativen, richterlichen und gesellschaftlichen Vorrechten ausgestattet, sieht sich in ihrer Existenz bedroht: Ein aufstrebendes Stadtbürgertum, eine Schicht reicher Händler, Großkaufleute und Weinbauern wird zur neuen Kraft im Lande. Sie verändert die feudalen Wirtschaftsstrukturen, die bisher auf dem Prinzip der Bedarfsdeckung beruhten.

Der seit 1000 merkbare, von einer wachsenden Bevölkerungszahl begleitete ökonomische Aufstieg erreicht einen Höhepunkt: Nun rollt das Geld, der Handel diktiert das Geschehen, die Kaufleute werden reich, gewinnen politischen Einfluss und bestimmen die Steuerleistung – zu ihren Gunsten, versteht sich. In Nürnberg beispielsweise werden für Gewinne in Höhe von 10 Gulden lediglich 11 Kreuzer erhoben, für 50 Gulden nur 30 Kreuzer. Gleichzeitig bestimmen sie die Preise nach dem Motto: 25% Gewinn ist rein gar nichts, 50% geht an, 100% Gewinn ist ein gutes Geschäft. Das Einkommen der übrigen Bevölkerung hält nicht mit. Die Leute müssen Geld zu enormen Zinsen leihen und geraten in Schulden, die sie nicht mehr bezahlen können. Die Verarmung des niederen Adels, der Handwerker, Gewerbetreibenden, Taglöhner und Bauern ruft schließlich soziale Unruhen hervor.

Neue Sekten

Schon lange bevor Jan Hus, der böhmische »Ketzer«, in Konstanz auf dem Scheiterhaufen verbrannt wird, werden waldensische Gläubige verfolgt. Vom reichen Lyoner Kaufmannssohn Waldes 1173 ins Leben gerufen, vertreten die Waldenser ein

radikales Urchristentum. Ihr Verbreitungsgebiet reicht von Brandenburg, Sachsen, Thüringen, Niederbayern und vom Rheinland bis Ungarn. Ihre Verfolgung beginnt schon 1184 aufgrund einer bischöflichen Inquisition. Später tut sich ein Inquisitor besonders hervor: Petrus Zwicker aus Ostpreußen. Er wirkt lange Zeit als Schulrektor in Zwittau, bevor er 1381 in das Coelestinerkloster im böhmischen Oybin eintritt. Später steigt er zum Ordensprovinzial für Deutschland auf. Das Amt eines Inquisitors versieht er vermutlich vor 1391, jedenfalls durchkämmt er als solcher von 1392 bis 1394 Pommern, sucht die Diözese Passau auf und

weilt zwischen 1395 und 1398 in Österreich, stets auf unermüdlicher Suche nach Ketzern.

Eine arge Bedrohung für Landesherrn und Kirche sollen sie gewesen sein, die armseligen Bäuerlein aus der Gegend von Augsburg, Dinkelsbühl, Erfurt, Mainz, Bern, Steyr usw. Zwicker und seinen Gefährten ist es

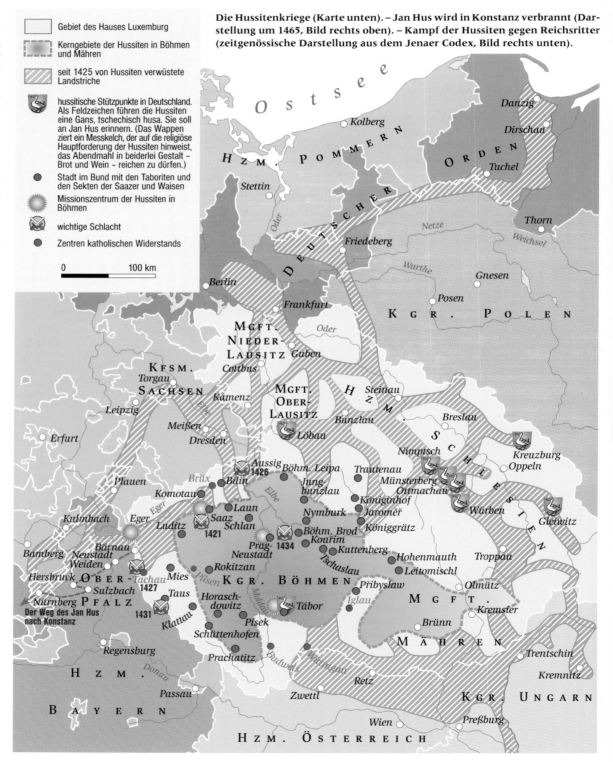

Die Hussitenkriege (Karte unten). – Jan Hus wird in Konstanz verbrannt (Darstellung um 1465, Bild rechts oben). – Kampf der Hussiten gegen Reichsritter (zeitgenössische Darstellung aus dem Jenaer Codex, Bild rechts unten).

Gebiet des Hauses Luxemburg

Kerngebiete der Hussiten in Böhmen und Mähren

seit 1425 von Hussiten verwüstete Landstriche

hussitische Stützpunkte in Deutschland. Als Feldzeichen führen die Hussiten eine Gans, tschechisch husa. Sie soll an Jan Hus erinnern. (Das Wappen ziert einen Messkelch, der auf die religiöse Hauptforderung der Hussiten hinweist, das Abendmahl in beiderlei Gestalt – Brot und Wein – reichen zu dürfen.)

Stadt im Bund mit den Taboriten und den Sekten der Saazer und Waisen

Missionszentrum der Hussiten in Böhmen

wichtige Schlacht

Zentren katholischen Widerstands

0   100 km

zuzuschreiben, dass das mitteleuropäische Waldensertum um 1400 nahezu ausgerottet wird.

Auch die Hussitenbewegung, die 1415 in Böhmen ihren Ausgang nimmt, hat soziale wie religiöse Aspekte. Gedanklich wurzelt sie in der Lehre des englischen Gelehrten John Wyclif. Aber zum ersten Mal spielen nationale Parolen im Aufbegehren der Bevölkerung eine Rolle: Die Prager Universität ist in vier »Nationen«, die bayerische, sächsische, polnische und böhmische, gegliedert und wird von einer Mehrheit deutscher Lehrer, trotz des Übergewichts tschechischer Studenten, geleitet. Im »Kuttenberger Dekret« von 1409 ändert König Wenzel unter böhmischem Druck die Mehrheitsverhältnisse zugunsten Böhmens und setzt einen Exodus an der Prager Universität in Bewegung: Rund 60 deutsche Lehrer und annähernd 1000 deutsche Studenten verlassen die Stadt.

Hass auf die Deutschen

Die nationalen Spannungen an der Universität sind dadurch zwar auf ein Minimum reduziert, die im Volk weit verbreitete antiklerikale Stimmung aber bleibt. Hohe Kirchenämter nehmen nach wie vor Deutsche ein. Gegen sie richtet sich nun der geballte Zorn, geschürt von den wortstarken Predigten Konrads von Waldhausen. Mit aller Schärfe verurteilt er die *simonistische Häresie*, bekämpft die Aufnahme von Mönchen und

Nonnen in den Klöstern nur um des Geldes willen, das sie mitbringen. Der Dominikanerpater Franz von Retz meint bitter: *„Was die Armen im Schweiße ihres Angesichts mit harter Hände Arbeit sich erworben, das nehmen ihnen die geistlichen Herren weg und verwenden es zur Mästung ihrer Pferde."*

Magister Jan Hus, seit dem Auszug der deutschen Lehrer Rektor an der Prager Universität, macht sich zum Sprachrohr der Kritik. Er fordert die Kirche auf, zum Vorbild der in apostolischer Armut lebenden Urkirche zurückzukehren und sich mit ganzer Kraft der eigentlichen Aufgabe, der Verkündung der Heiligen Schrift, zu widmen.

Gegen die Heuchelei

Hus, der erstmals in der tschechischen Landessprache predigt, greift nicht die kirchlichen Dogmen an, sondern verurteilt die Heuchelei und den Lebenswandel der hohen geistlichen Würdenträger. Zum Aufruhr kommt es, als ein päpstlicher Legat 1412 in Prag den Ablass für alle jene verkündet, die Papst Johannes XXIII. in seinem Krieg gegen Ladislaus von Neapel beistehen. Hus erklärt öffentlich, es sei unchristlich, gegen einen christlichen König das Kreuz zu predigen. Bei den folgenden Auseinandersetzungen, in denen Studenten die Ablassprediger Betrüger und Lügner nennen, werden drei Kommilitonen festgenommen und hingerichtet. Hus, der seit 1410 unter Kir-

chenbann steht, flieht nach Südböhmen und predigt mit Fanatismus weiter gegen die Traditionskirche und das Papsttum. 1413 erscheint seine Schrift »De ecclesia« (»Von der Kirche«), in der er der Kirche alle Autorität abspricht, die nicht ausdrücklich in der Bibel erwähnt ist.

Wegen der alarmierenden Nachrichten aus Böhmen laden die Konzilsväter Jan Hus vor und er reist, mit einem Schutzbrief von Kaiser Sigismund versehen, zum Konzil. Vor den versammelten Kardinälen verspricht er alles zu widerrufen, was man ihm als falsch nachweisen könne. Hus darf auf keinen fairen Prozess hoffen. Das Todesurteil ist unvermeidlich: Am 6. 7. 1415 stirbt Jan Hus in den Flammen eines Scheiterhaufens; die Unterzeichnung einer Widerrufsformel hatte er abgelehnt.

In Böhmen erhebt sich das Volk: In wildem Protest stürmen radikale Hus-Anhänger das Prager Rathaus und werfen einige der Ratsherren, die nicht ihrer Partei angehören, aus dem Fenster. Dieser »Erste Prager Fenstersturz« (30. 6. 1419) ist der Auftakt zu Kriegen, die von 1419 bis

1433 große Teile Böhmens und angrenzende Gebiete verwüsten. In mehreren Schlachten bleiben die Hussiten Sieger; sie entwickeln eine neue Kriegstaktik: Sie schieben Pferdewagen eng zu einem Kreis zusammen und erwarten in dieser Wagenburg den angreifenden Feind.

Die Kämpfe flauen erst ab, als sich die Hussitenbewegung in zwei einander befehdende Gruppen spaltet: die »Utraquisten« – sie halten das Abendmahl mit Brot und Wein ab – und die radikalen, ein »Reich Gottes in Böhmen« anstrebenden Glaubensbrüder, die »Taboriten«. Auf diplomatischem Weg wird ein Ausgleich zwischen Reich und Böhmen hergestellt. Die »Prager und Iglauer Kompaktate« (1436/37) gewähren den Hussiten einige religiöse Zugeständnisse: Sie dürfen u.a. den heftig umstrittenen Laienkelch verwenden. Dafür müssen sie Sigismund als Landesherrn anerkennen.

Sigismund stirbt 1437. Sein Tod hat Auswirkungen auf Böhmen: Es verliert die gewichtige Rolle als Zentrum des Heiligen Römischen Reiches im Sinne Karls IV.

Besinnung auf die Antike

„Eine wirklich bahnbrechende Neuerung war der Buchdruck, den Johannes Gensfleisch zum Gutenberg um 1450 erfand. Schon vorher kannte man Blockdrucke, bei denen für jede Seite eine Druckplatte aus Holz geschnitzt werden musste. Indem Gutenberg jetzt die einzelnen Buchstaben als bewegliche Lettern aus Blei in Serie goss und dann aus dem großen Vorrat von Einzellettern Texte zusammensetzte, wurde die Buchherstellung wesentlich schneller und billiger."

Jürgen Mirow, 1996

Die Bücher des Mittelalters bestehen aus gehefteten und gebundenen, von Hand beschriebenen Pergamenten. Bislang sind sie durch Abschreiben vervielfältigt worden, oft nur als einmaliges Exemplar für einen Auftraggeber. In der Regel werden Bücher in Klöstern oder an Königshöfen, in eigenen Schreibstuben größerer Städte und im Umfeld von Universitäten kopiert. So ist die Verbreitung und Anfertigung von Schriften eine kostspielige Angelegenheit, die sich nur wenige Begüterte leisten können.

Im späten Mittelalter ersetzt allmählich das billigere Papier das teure Pergament und die Herstellungskosten sinken beträchtlich. Um 1400 kostet eine handgeschriebene Bibel rund 60 Gulden, dafür bekam man, zum Vergleich, schon ein Bauerngut. Mit der Einführung des Buchdrucks fallen um 1500 die Produktionskosten auf 5 Gulden.

Eine revolutionierende Erfindung

Um 1440/50 erfindet Johannes Gensfleisch zur Laden, genannt Gutenberg, Sohn eines Mainzer Patriziers, die Technik der Herstellung von Metalltypen: Er schneidet Metallstempel in Gestalt seitenverkehrter Lettern und anderer Schriftzeichen, gießt sie in Kupfer und fertigt daraus Druckformen aus Blei. Die ebenfalls von Gutenberg erfundene Druckerpresse als Fortentwicklung der traditionellen Weinpresse erlaubt eine Kosten sparende und vergleichsweise rasche Herstellung von Druckwerken in größerer Auflage.

Die neue Technik verbreitet sich von Mainz aus rasch über ganz Europa. Schon 1455 erscheint die berühmte mehrfarbige »Gutenberg-Bibel« in lateinischer Sprache.

Gutenbergs Erfindung regt den geistigen Austausch in hohem Maße an. Sie fällt in eine Zeit zweier philosophischer Geistesströmungen – Humanismus und Renaissance.

Beide Begriffe sind, wenn überhaupt, nur schwer voneinander zu trennen, da sie auf der gleichen geistigen Basis beruhen: Als Bezeichnungen der Epoche des Übergangs vom Mittelalter zur Neuzeit werden sie erst seit dem 19. Jh. verstanden. Für gewöhnlich weist man dem Humanismus philosophische, philologische und literarische Themen zu, der Renaissance eher künstlerische Ausdrucksformen.

Beide Strömungen entstehen während der zweiten Hälfte des 14. Jhs. in Italien, es bietet dafür die besten Voraussetzungen: Die reiche Geschichtskultur, die klassische lateinische Sprache, die römische Wissenschaft und Literatur regen zur Besinnung auf traditionelle geistige Werte an. Diese »Wiedergeburt« (= Renaissance) antiker Überlieferung und Tradition ist eine Reaktion auf die scholastisch geprägte Dogmatik der spätmittelalterlichen Kirche.

Der Humanismus

Damals bleiben die meisten Humanisten dem christlichen Glauben weiter verbunden, obwohl sie mit der Wiedergabe ihrer geistigen Schöpfungen zur Verweltlichung und zu einer von der Kirche unabhängigen Bildung beitragen, sogar eine konkurrierende Geistesströmung entwickeln.

In Deutschland fällt der Humanismus auf fruchtbaren Boden. Neben der Besinnung auf griechisches und römisches Gedankengut werden zum ersten Mal auch die Werte der eigenen Vergangenheit in einer betont »nationalen« Einstellung gewürdigt. Tacitus' großes Werk »Germania«, Cicero und andere antike Schriftsteller werden wieder modern, das mittelalterliche Gebrauchslatein wird durch das klassische abgelöst. Manche deutsche Gebildete latinisieren sogar ihre Namen.

In Verbindung mit einer neuen »nationalen« Haltung findet der Humanismus in Deutschland auch seinen praktischen ideologischen Niederschlag: in der Kritik an der Verweltlichung des Papsttums und der Geistlichkeit, der Geldgier der Kurie, der scholastischen Lehrmeinung. Die geistige Auseinandersetzung zwischen Humanisten und der Traditionskirche erreicht im Streit um den Tübinger Rechtslehrer Johannes Reuchlin, den Begründer der hebräischen Sprachforschung, den Höhepunkt. Reuchlin gerät wegen seines Auftretens gegen die Vernichtung hebräischer, nichtbiblischer Literatur in Konflikt mit der Inquisition. Zu seiner Verteidigung veröffentlicht er 1514 eine Auswahl seines Briefwechsels mit berühmten Zeitgenossen. Daraufhin erscheint eine

anonyme, fingierte Briefsammlung unter dem Titel »Epistolae obscurorum virorum«, die so genannten Dunkelmännerbriefe. In Vulgärlatein reagieren sie satirisch auf die Spitzfindigkeiten der Spätscholastiker, decken die Unmoral der Mönche und die Engstirnigkeit des weltlichen Klerus auf. Ab diesem Zeitpunkt kündigt sich eine große, kommende Konfrontation mit und in der Kirche an.

Die Idee der Italiener, den Ursprüngen das Augenmerk zuzuwenden, veranlasst die deutschen Humanisten, die Bibel in Griechisch und im hebräischen Urtext zu lesen und zu kommentieren. Ohne ihre Studien wäre Luthers Bibelübersetzung ins Deutsche wohl kaum möglich gewesen.

Wege zur Reform

Die Humanisten fördern und betreiben Sprachstudien, sie treiben das Bildungswesen voran und kritisieren die Missstände in der Kirche. Damit schaffen sie die Basis für die Reformation. Sie bleiben eine elitäre Minderheit und schaffen den geistigen Durchbruch an den Universitäten nicht. Die Kirche behält weiterhin das Bildungsmonopol. Die Humanisten können nur die katholischen und protestantischen Lateinschulen prägen.

Der Bildungseifer zeigt auch nachteilige Wirkungen: Da die Schüler an den Lateinschulen angehalten sind, selbst in persönlichen Gesprächen mit Freunden ausschließlich Latein zu sprechen, Deutsch örtlich sogar verboten ist, wird das Schulwesen weltfremd, behindert die Weiterentwicklung der deutschen Sprache. Bezeichnenderweise stagniert die Auflage von Druckwerken in deutscher Sprache von 1530 bis 1600 bei 30% aller Ver

öffentlichungen. Die Mehrzahl der Schriften wird weiterhin lateinisch abgefasst. *„Als man im 15. Jahrhundert die Schriften Platons viel umfassender kennen lernte, gab dies besonders der Naturphilosophie deutscher Gelehrter Impulse"*, vermerkt der Historiker Jürgen Mirow. *„Seit der Mitte des 16. Jahrhundert strömten Themen der römischen Mythologie und Geschichte in Kunst und Literatur ein."* Aber, so Mirow: *„Die Theologen pflegten weiter eine eng gefasste christliche Deutung des Geschehens, führten unvorhergesehene Ereignisse wie Missernten, Viehseuchen und plötzliche Todesfälle sehr konkret auf den strafenden Zorn Gottes zurück."* Das hat ein Übermaß an Heiligenverehrung zur Folge, die Zahl der Messstiftungen steigt und die Kirchen füllen sich mit gestifteten Altären.

Trotz ihrer kritischen Haltung verlassen die Humanisten den Boden der Traditionskirche nicht. Der wohl bekannteste Vertreter für eine Erneuerung christlicher Werte, Erasmus von Rotterdam, lehnt den Radikalismus der lutherischen Lehre ab.

Erasmus von Rotterdam (Kohlezeichnung nach einem Gemälde von Hans Holbein d. J., Bild links oben). – Johannes Gensfleisch zur Laden, genannt Gutenberg (Bild oben). – Die so genannte Gutenbergbibel von 1455, gedruckt in Mainz (Bild links unten). – Verbreitung des Buchdrucks im 15. Jh. (Karte rechts).

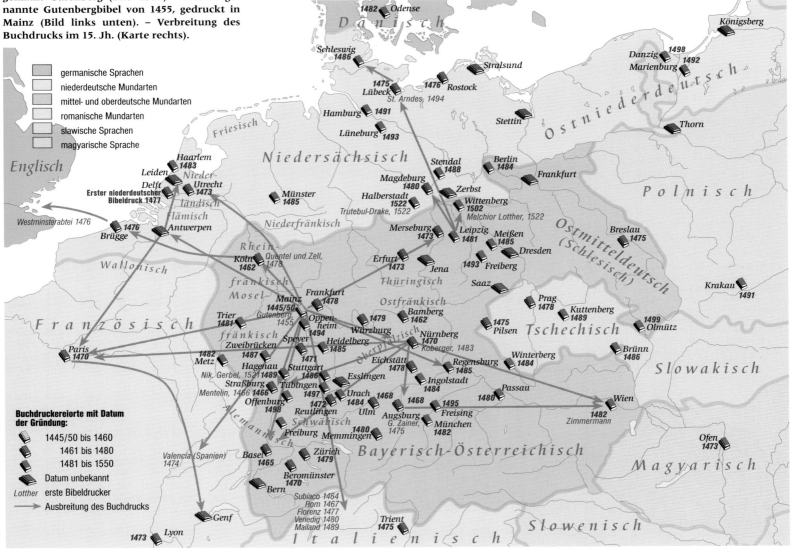

germanische Sprachen
niederdeutsche Mundarten
mittel- und oberdeutsche Mundarten
romanische Mundarten
slawische Sprachen
magyarische Sprache

Buchdruckereiorte mit Datum der Gründung:

1445/50 bis 1460
1461 bis 1480
1481 bis 1550
Datum unbekannt
Lotther erste Bibeldrucker
→ Ausbreitung des Buchdrucks

Ablass: Handel mit dem Jenseits

„Das religiöse Leben des späten Mittelalters ist gekennzeichnet durch eine Fülle verschiedenster, vielfach bis zum Widerspruch gegensätzlicher Äußerungen und Formen der Frömmigkeit."

Franz Machilek, 1970

Eine Reform der Kirche »an Haupt und Gliedern« haben schon die Konzilien des 15. Jhs. angestrebt. Das Konzil von Konstanz beseitigt zwar das Schisma und stellt nach außen die Einheit der abendländischen Christen wieder her. Aber eines der drei Hauptthemen, die von vielen erhoffte innere Reform der Kirche, die »causa reformationis«, wird nicht zufrieden stellend verhandelt. Versuche das Problem zu lösen scheitern nicht zuletzt am Widerstand des Papstes, der seine Autorität von den Konzilsvätern nicht weiter untergraben lassen will. Doch ganz ohne Ergebnisse enden die Verhandlungen auch wieder nicht: In mehreren Konkordaten räumt der Papst europäischen Königen Sonderrechte in den Kirchen ihrer Länder ein. Auch mit Friedrich III. kommt in Wien 1448 ein Konkordat zustande, das die Beziehungen zwischen Staat und Kirche bis zum Ende des alten Reiches regelt und die Rechte zur Besetzung von Kirchenämtern auf Heiligen Stuhl, Kapitel (geistliche Obrigkeit) und Landesfürsten gleichmäßig verteilt. Damit ist der Weg vorgezeichnet, der später in den evangelischen Ländern die Einrichtung landesherrlicher Kirchenregimenter ermöglicht.

Selbsthilfe der Klöster

Trotzdem besänftigen die päpstlichen Zugeständnisse nicht den Unmut der Bevölkerung über die luxuriöse Hofhaltung, die gigantischen Bauvorhaben und die kostspieligen Kriege der Renaissancepäpste. Der allgemeine Ärger wächst auch über die von der Kurie eingeführte Vergabe von Pfründen und Ablässen und stets neue und höhere Gebühren und Abgaben. Dabei wissen die Kritiker dieser Missstände nicht, dass ein Gutteil der erhobenen Gelder den deutschen Fürsten zufließt. Sie sind es nämlich, die den Ablasshandel auf ihren Territorien erlauben und dafür ein Drittel bis zur Hälfte der Einnahmen erhalten. Ob dann der Rest der Summe zur Gänze nach Rom gelangt, ist vom Wohlwollen und Gutdünken des Landesfürsten abhängig, der oft genug durch Erpressung, Drohung, ja sogar durch gedungene Räuber nochmals abkassiert.

Als auf dem Konzil von Basel 1431 bis 1449 erneut der Konflikt mit dem Papst wegen seines Widerstandes gegen die Reformdekrete ausbricht, greifen manche deutsche Klöster zur Selbsthilfe, um zumindest eine »Reform der Glieder« durchzusetzen. Schon 1417 haben sich im Schatten des Konzils von Konstanz deutsche Benediktiner zu einer Visitation (Kontrolle) ihrer Klöster durchgerungen. Nach italienischem Vorbild schließen sich die bisher unabhängigen Klöster unter Führung eines Mutterklosters – Kastel in der Oberpfalz, Melk in Österreich, Tegernsee in Bayern und Bursfeld an der Weser – zu einer ordensähnlichen Kongregation zusammen. Der enge Kontakt, die gegenseitige Unterstützung bei der Wiederherstellung heruntergekommener Wirtschaften, die Einführung strenger Sitten durch die Visitation von Konstanzer Konzilsteilnehmern vertiefen das religiöse Leben und machen den Orden für die Bevölkerung wieder glaubhaft.

Seelenheil für Geld

Alles in allem aber bleibt das Unbehagen gegenüber der Amtskirche aufrecht, die ihre kirchlichen Ämter in erster Linie als Einnahmequelle betrachtet und versucht, so viele Pfründen wie möglich zu erwerben. Gleichzeitig vernachlässigt sie ihre Priester, die, mangelhaft ausgebildet und schlecht bezahlt, die ihnen zur Verfügung stehenden Gnadenmittel zum Kauf feilbieten.

1517 tritt im Kurfürstentum Brandenburg der Leipziger Dominikaner Johannes Tetzel auf und verkauft Ablasszettel, deren Erlöse dem Bau des Petersdomes zukommen sollen. In Wirklichkeit fließt die Hälfte der Erträge Albrecht von Brandenburg zu, der beim Augsburger Bankhaus Fugger Schulden abzutragen hat. Albrecht, Administrator von Halberstadt und Erzbischof von Magdeburg, hatte einen Kredit von 29.000 rheinischen Gulden aufgenommen, um auch das Erzbistum Mainz von der Kurie zu erwerben. Die Fugger schossen die Summe vor und Albrecht wurde zum Ablasskommissar für seinen Sprengel und die brandenburgischen Länder ernannt: Ohne Sicherheiten gab es auch damals keinen Kredit. Die Hälfte der Einnahmen hat Albrecht an die Fugger abzuliefern.

So verwerflich der Ablasshandel auch ist, es entspricht dem wirtschaftlichen Denken der Zeit, auch einen Platz im Himmel kaufen zu können. Dieser ökonomischen Einstellung entsprechen die zahlreichen Stiftungen, Wallfahrten und Pilgerreisen, die Anhäufung von Reliquien u.a.m. Motor für diesen Reliquienkult war bereits die Kirche zwischen dem 7. und 13. Jh. durch ihre zahlreichen Reliquientranslationen (= Überführung von Reliquien) quer durch Europa.

Reliquiensammler

Die umfangreichen Sammlungen von Reliquien, die nun aus dem Wunsch, sich einen großen Ablasszeitraum zu sichern, in den ersten beiden Jahrzehnten des 16. Jhs. entstehen, sind eine konsequente Umsetzung frühkapitalistischer Kaufmannsmentalität, die freilich recht absonderliche Auswüchse zeigt: Ablässe kann man sogar für die Sünden Verstorbener erwerben oder für Sünden, die man in Zukunft zu begehen beabsichtigt. Gegen Geld ist für alles vorgesorgt. Um 1500 verfügt zum Beispiel Kardinal Albrecht von Brandenburg, der durch eine Ämterhäufung sondergleichen in die Kirchengeschichte eingegangen ist, über einen Reliquienschatz von über 30.000 Objekten, die ihm einen Ablass für 39.245.120 Jahre einbringen sollen. Der Nürnberger Nikolaus Muffel bedauert, dass er in 33 Jahren nicht für jeden Tag eine Reliquie erworben habe, denn ein Stück allein hätte ihm einen Ablass von 800 Tagen gebracht. Er bringt es bis zu seinem Tod auf 308 Reliquien.

Es entspricht durchaus der tiefen Volksfrömmigkeit des ausgehenden Mittelalters, dass auch einzelne Herrscher nach dem Besitz wertvoller Reliquien streben. Kaiser Karl IV. scheut kein Mittel, ob Flehen, Bitten, Zwang

---

STICHWORT

Der Ablasshandel

Der Ablasshandel der katholischen Kirche beruht auf der Unterscheidung von Sündenschuld und Sündenstrafe: Erstere tilgt das Sakrament der Buße, die zweite ist vom reuigen Sünder entweder im irdischen Leben oder im Fegefeuer zu erdulden. Die mittelalterliche Kirche meint nun über einen spirituellen »Kirchenschatz« aus den »Verdiensten« Christi und der Heiligen zu verfügen, aus dem sie den Gläubigen für bestimmte Leistungen, zum Beispiel für eine Pilgerfahrt oder für das Ersteigen hoher Steintreppen zu einer Kirche auf Knien, Ablass gewähren kann. Durch den hohen Finanzbedarf der Kurie – unter anderem wird in Rom der Petersdom erbaut – nimmt die Vergabe von Ablässen gegen Geldzahlungen zu.

O ihr deutschen merckt mich recht/
Des heiligen Vaters Papstes Knecht/
Bin ich/vnd br ingeuch jst allein/
Zehn taufent vnd neun hundert carein/
Gnad vnd Ablaß von einer Sünd/
Vor euch/ewer Elter n/ Weib vnd Kind/
Sol ein jeder gewehret fein
So viel jhr legt ins Käftelein/
So bald der Gülden im Becken klingt/
Im hun die Seel im Himel fpringt/

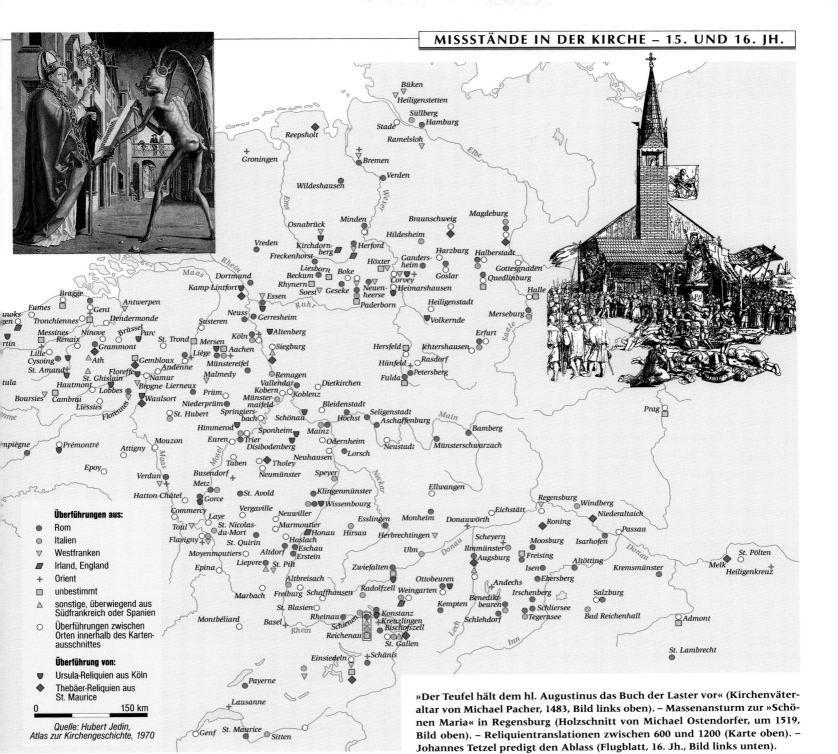

Überführungen aus:
- ● Rom
- ● Italien
- ▽ Westfranken
- ◆ Irland, England
- + Orient
- ▢ unbestimmt
- △ sonstige, überwiegend aus Südfrankreich oder Spanien
- ○ Überführungen zwischen Orten innerhalb des Kartenausschnittes

Überführung von:
- ▼ Ursula-Reliquien aus Köln
- ◆ Thebäer-Reliquien aus St. Maurice

0 ————— 150 km

*Quelle: Hubert Jedin,
Atlas zur Kirchengeschichte, 1970*

»Der Teufel hält dem hl. Augustinus das Buch der Laster vor« (Kirchenväteraltar von Michael Pacher, 1483, Bild links oben). – Massenansturm zur »Schönen Maria« in Regensburg (Holzschnitt von Michael Ostendorfer, um 1519, Bild oben). – Reliquientranslationen zwischen 600 und 1200 (Karte oben). – Johannes Tetzel predigt den Ablass (Flugblatt, 16. Jh., Bild links unten).

oder Diebstahl, um sie zu erhalten. Nahezu krankhaft raubt Karl IV. Reliquien aus allen bedeutenden Klöstern, Abteien, Kirchen und Domen. Die Sucht, kultisch verehrte Überreste von Heiligen zu besitzen, ist allgemein. Manchmal versucht man ihrer mit formellen Ansuchen, auf dem Tauschweg oder durch Betrug habhaft zu werden. So der Schweizer Johannes Bäli, der aus dem Kölner Dom 1463 das Haupt des hl. Vinzenz *„mit listen da dannen genommen"*, es also entwendet und dem Münster in Bern gestiftet hat.

Der unbedingte Wunsch, ganz bestimmte Reliquien zu erlangen, leistet dem Betrug Vorschub. Das Berner Münster beispielsweise sitzt einem ausgewachsenen Schwindel auf. Nachdem es vergeblich von der Abtei l'Isle-Barbe bei Lyon Überreste der hl. Anna begehrte, schalten die Berner den Faktor einer deutschen Handelsgesellschaft ein. Tatsächlich gelingt es diesem durch Bestechung, die Hirnschale der Heiligen zu erwerben. Just als man daran geht, eine kostbare Schatulle zur Aufbewahrung anzufertigen, klärt ein Schreiben aus

der Abtei auf: Einer der Mönche, so teilt der Abt mit, habe *„uss dem gmeinen beinhus ein hirnschalenscherble verkouft"*. Doch auch die falsche Reliquie erfreut sich eines allgemeinen Zustroms von Gläubigen und reicher Stiftungen.

Die tiefe Frömmigkeit des Volks lässt auf große Unsicherheit, mangelnde Bildung, Lebensangst, Hilfsbedürftigkeit und Existenzsorgen schließen. Scharlatane, Betrüger und falsche Heilige haben Hochsaison. Eine Madonna in Trier weint, dank eines kunstvollen Tränenmechanis-

mus, eine Hungerkünstlerin gibt vor, nur von Hostien zu leben – und verbirgt unter der Schürze Lebkuchen (Augsburg). Mit Totenmessen versucht man sich das Paradies zu sichern: Der Wiener Bürger Ulreich der Wild »bucht« dafür 500 Seelenmessen, Graf Werner von Zimmern gar 14.831.000. Kaiser Friedrich III. gibt sich mit 30.000 zufrieden.

Die Missstände, der Ablasshandel, die Auswüchse übertriebener und von der katholischen Kirche noch geförderter Frömmigkeit lösen schließlich die Reformation aus.

Abkehr von Rom

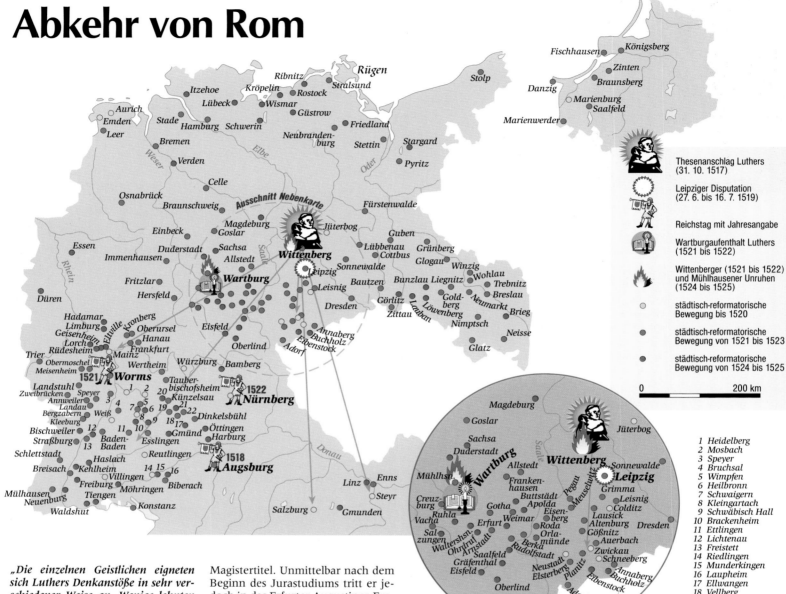

Thesenanschlag Luthers (31. 10. 1517)

Leipziger Disputation (27. 6. bis 16. 7. 1519)

Reichstag mit Jahresangabe

Wartburgaufenthalt Luthers (1521 bis 1522)

Wittenberger (1521 bis 1522) und Mühlhausener Unruhen (1524 bis 1525)

○ städtisch-reformatorische Bewegung bis 1520

● städtisch-reformatorische Bewegung von 1521 bis 1523

● städtisch-reformatorische Bewegung von 1524 bis 1525

0 — 200 km

1 Heidelberg
2 Mosbach
3 Speyer
4 Bruchsal
5 Wimpfen
6 Heilbronn
7 Schwaigern
8 Kleingartach
9 Schwäbisch Hall
10 Brackenheim
11 Ettlingen
12 Lichtenau
13 Freistett
14 Riedlingen
15 Munderkingen
16 Laupheim
17 Ellwangen
18 Vellberg
19 Heilbronn
20 Ingelfingen
21 Ilshofen
22 Crailsheim

„Die einzelnen Geistlichen eigneten sich Luthers Denkanstöße in sehr verschiedener Weise an. Wenige lehnten sie strikt ab, viele nahmen einzelne Elemente davon auf, ohne Luthers Radikalität zu folgen, manche wurden unbedingte Lutheranhänger, einige führten das einmal angestoßene Nachdenken über den richtigen Glauben selbständig weiter. So erblühte in wenigen Jahren eine bunte Fülle immer unterschiedlicherer Glaubensauffassungen."

Jürgen Mirow, 1996

Am 10. 11. 1483 wird Martin Luther im thüringischen Eisleben geboren. Sein Vater hat sich im Mansfelder Kupferschieferbergbau vom Berghauer zum Hüttenmeister emporgearbeitet und ist zu bescheidenem Wohlstand gekommen, der ihm die Finanzierung des Studiums seines Sohnes ermöglicht. 1505 erwirbt Martin in Erfurt den Magistertitel. Unmittelbar nach dem Beginn des Jurastudiums tritt er jedoch in das Erfurter Augustiner-Eremitenkloster ein. Nach der Weihe zum Priester bringt es Martin Luther bis zum Professor an der Universität Wittenberg (1512). Seine Vorlesungen »Lectura in Biblia« behandeln die Gerechtigkeit Gottes, die für ihn den Maßstab darstellt, den Gott dem Menschen anlegt. Gott, so meint Luther, stellt an den Menschen so hohe moralische Ansprüche, dass dieser sie in seiner Unvollkommenheit nie erfüllen kann. Luther selbst fühlt sich zeit seines Lebens als Sünder.

Nach Jahren der Besinnung und Meditation gewinnt Luther in der Einsamkeit seines Turmzimmers in Wittenberg die Erkenntnis, dass die Gerechtigkeit dem Menschen auf Grund seines Glaubens geschenkt wird. Sie ist ausschließlich eine Gnade Gottes (»Turmerlebnis«) und kann nicht erworben werden. Mit diesem Interpretationswandel von der »Strafgerechtigkeit« zur »Gnadengerechtigkeit« Gottes erschüttert Luther die fundamentalen Vorstellungen der mittelalterlichen Gläubigkeit.

Die Sünde hat ihren Preis

Ein Ablasshändler, der Dominikaner Johannes Tetzel, erregt Luthers Unmut. Tetzel bietet seine »Ware« nach einer gestaffelten »Preisliste« an, die ihm Erzbischof Albrecht von Brandenburg vorgegeben hat: „Taxen je nach Stand und Vermögen: Könige, Fürsten, Bischöfe [...] 25 rheinische Gulden. Grafen, Prälaten, Adel [...] 10 rheinische Gulden. Adel mit geringem Einkommen [...] 6 rheinische Gulden. Bürger und Kaufleute [...] 3 rheinische Gulden. Handwerker [...] 1 rheinischer Gulden. [...] der Ablassbrief kann auch für Verstorbene gekauft werden, die im Fegefeuer sind."

Luther, der Gerechtigkeitsfanatiker, ist über den marktschreierischen Tetzel empört und protestiert mit 95, in lateinischer Sprache geschriebenen Thesen gegen den Ablass-Missbrauch. Er führt unter anderem aus: „36. Jeder Christ, der wahrhaftig Reue empfindet, hat einen Anspruch auf vollkommenen Erlass von Strafe und Schuld, auch ohne Ablassbrief."

Ob Luther am 31. 10. 1517 die Thesen, akademischem Brauch folgend, tatsächlich an der Türe der Wittenberger Schlosskirche anschlägt, ist umstritten. Tatsache ist, dass die Thesen umgehend ins Deutsche übersetzt werden und durch den Buch-

Martin Luther als Mönch (Holz-schnitt nach Lucas Cranach, 1520, Bild oben). – Die Reformation bis 1525 (Karte links). – Luther auf dem Reichstag zu Worms (Farblithogra-phie, 19. Jh., Bild unten rechts).

druck rasche Verbreitung in der ge-bildeten Schicht finden. Die Nach-richt vom geradezu ketzerischen Akt des Wittenberger Theologen gelangt nach Rom und hier beeilen sich die Vertreter des Dominikaner-Ordens – immerhin ist einer ihrer Glaubens-brüder scharf angegriffen worden – gegen Luther einen Ketzerprozess anzustrengen.

Im Oktober 1518 wird Luther nach Augsburg zitiert, um vor dem Kardinallegaten Cajetan Rede und Antwort zu stehen: Den Widerruf seiner Behauptungen aber verwei-gert er. Der Prozess wird verschoben. In der Zwischenzeit kommt es zu einem heftigen theologischen Streit mit dem Ingolstädter Religionswis-senschaftler und Gegner Luthers, Jo-hannes Eck. Auf dem Höhepunkt des Disputs spricht Luther dem Papst und den Konzilien die Unfehlbarkeit ab und zieht für seine Person die Kon-sequenz: Er verlässt die römische Kir-che, damals für einen Priester von Rang und Namen eine unerhörte Tat.

Das Bekenntnis Luthers

In drei reformatorischen Program-men stellt er seine Lehre dar (1520): »An den christlichen Adel deutscher Nation von des christlichen Standes Besserung«, »Von der babylonischen Gefangenschaft der Kirche« und »Von der Freiheit eines Chris-tenmenschen«. Darin fordert er eine wahre Kirche als Gemeinschaft von Gleichgestellten und Freien, eine Kirche, die Wahrheit und Heil ver-kündet. Noch einmal räumt ihm

Rom eine Widerrufsfrist für 41 als ketzerisch beurteilte Sätze ein. Doch Luther verbrennt am 10. 12. 1520 die päpstliche Bannbulle und verweigert während des Wormser Reichstages am 18. 4. 1521 abermals den Wider-ruf seiner Thesen.

Mittlerweile sind seine Schriften in einer Auflage von weit über 500.000 Stück verbreitet. Vermutlich besitzt jeder, der im Reich lesen und schreiben kann, ein Exemplar.

Junker Jörg

Auf der Rückreise von Worms lässt der sächsische Kurfürst Friedrich »der Weise« trotz kaiserlich garan-tiertem freien Geleit seinen Schütz-ling Luther auf die Wartburg in Si-cherheit bringen. Offiziell wird Luther entführt und niemand außer den engsten Vertrauten weiß, wo er sich aufhält. In der Abgeschiedenheit der Wartburg übersetzt »Junker Jörg«, wie Luther sich in der Anony-mität nennt, 1521/22 das Neue Tes-tament aus der Vulgata (= altlateini-sche Bibelübersetzung) und der griechisch-lateinischen Erasmusaus-gabe von 1519 ins Deutsche. Diese Bibelübersetzung wird zur Grundla-ge der neuhochdeutschen Schrift-sprache.

Mittlerweile verhängt der Worm-ser Reichstag im »Wormser Edikt« über Luther die Reichsacht (1521) – »Wer seiner habhaft wird, soll ihn dem Kaiser ausliefern […]« – und ordnet die Vernichtung aller seiner Schriften an: »[…] wer sie liest, kauft, behält oder druckt, soll ebenfalls geächtet werden.«

Im März 1522 brechen Unruhen radikal reformatorischer Kräfte aus der Tradition der Sekten aus. Luther nennt sie „Schwarmgeister", verlässt sein Versteck, um den extremen Neuerungsversuchen Einhalt zu ge-bieten. Jetzt zeigt es sich, dass bereits ganz andere Konsequenzen aus sei-nen Schriften gezogen werden, als er beabsichtigte: Die Distanzierung vom Papsttum führt zur Bildung verschie-dener Glaubens- und Interpretati-onsrichtungen innerhalb der evange-lischen Bewegung.

In Abkehr von Rom gestaltet Lu-ther auch den Gottesdienst neu: Er führt die »Deutsche Messe« ein (1526), den Kleinen und den Großen Katechismus (1529) und fördert das evangelische Kirchenlied. Dank der Landeskirche in Luthers Heimat Kur-sachsen und seiner neuen Kirchen-ordnung ist das Luthertum bald in Deutschland fest verankert.

Konflikt mit dem Kaiser

Dennoch versucht Ferdinand als Stellvertreter Karls V., seines Bru-ders, das Wormser Edikt auf dem Reichstag zu Speyer (1529) wieder voll in Kraft zu setzen. Daraufhin zie-hen die lutherischen Stände aus Pro-test aus, seither nennt man die Lu-theraner »Protestanten«. Im Februar 1531 gründen mehrere protestanti-sche Reichsstände, Fürsten und freie Reichsstädte den »Schmalkaldischen Bund«. Unter Führung Kursachsens und Hessens richtet sich das Verteidi-gungsbündnis gegen die kaiserliche Religionspolitik. Karl V. gerät unter Druck: Im Südosten des Reiches be-drohen seit 1529 (Belagerung Wiens) die Türken das Land, im Reich selbst sieht er sich der bewaffneten Macht der Protestanten, des Schmalkaldi-schen Bundes, gegenüber. Er ist ge-zwungen, den Lutheranern Zuge-ständnisse zu machen.

Auf einer Reichsversammlung protestantischer Reichsstände in Nürnberg 1532 schließt er mit ihnen einen befristeten Religionsfrieden (Nürnberger »Anstand«) und gesteht ihnen bis zum endgültigen Entscheid eines Konzil oder eines Reichstags freie Religionsausübung zu. Dafür si-chern die Protestanten Hilfe bei der Türkenabwehr zu. Gegen die ge-währten Zugeständnisse protestieren die katholischen Reichsstände heftig, bleiben jedoch von Karl V. unbeach-tet. 1546 eskalieren die Gegensätze, ein Krieg zwischen Evangelischen und Katholischen bricht aus. Karl V. besiegt die Evangelischen. Martin Luther erlebt die Niederlage der Ver-teidiger seiner Lehre nicht mehr: Er stirbt am 18. 2. 1546 im 63. Lebens-jahr in seinem Geburtsort, in Eisle-ben; er wird in der Wittenberger Schlosskirche bestattet.

Mächte im Hintergrund

„Keiner beherrschte das Instrumentarium des Frühkapitalismus so vollkommen wie Jakob Fugger der Reiche (1459–1525). Von seinem Bürgerpalast am Augsburger Weinmarkt aus, wo Kaiser und Kirchenfürsten abstiegen, herrschte er eine Generation lang als ungekrönter König über das Wirtschaftsimperium der Firma »Jacob Fugger und seiner Brüder Söhne«."

Heinz Schilling, 1994

D ie Anfänge der Augsburger Kaufmannsfamilie der Fugger gehen bis ins 14. Jh. zurück. Seit 1367 sind Mitglieder der aus Graben bei Schwabmünchen stammenden Familie in Augsburg als Weber und Tuchhändler tätig. Johann, Jakob und Andreas Fugger werden die Begründer der Linie »von der Lilie« und der Linie »vom Reh«, so benannt nach ihren Wappentieren. Jakob I. beteiligt sich bereits am Schwazer Silberbergbau in Tirol und seine Söhne Ulrich, Georg und Jakob II. verstehen es das Vermögen kontinuierlich zu vermehren: Sie handeln mit den gewinnbringendsten Rohstoffen stets zur richtigen Zeit – die Familie besitzt zeitweise ein nahezu lückenloses Kupfermonopol.

Aufstieg der Fugger

Die Zeit ist günstig für Handelsunternehmen. Die Epoche der großen Entdeckungen neuer Länder in Übersee bricht an, die bisherige Wirtschaftsform wandelt sich zum so genannten Frühkapitalismus. Nach 1450 greift er von Italien nach Deutschland und findet im gehobenen Stadtbürgertum Aufnahme. Die Familie der Fugger zählt zu diesen Privilegierten und zu den bedeutendsten und einflussreichsten deutschen Unternehmern an der Wende zur Neuzeit.

Die ihnen zufließenden ungeheuren Geldmengen aus den Geschäften mit den Habsburgern und dem Papst investieren die Fugger nicht nur in den Ausbau ihrer Niederlassungen, sie fördern auch Kultur, Kunst und Wissenschaft. Vor al-

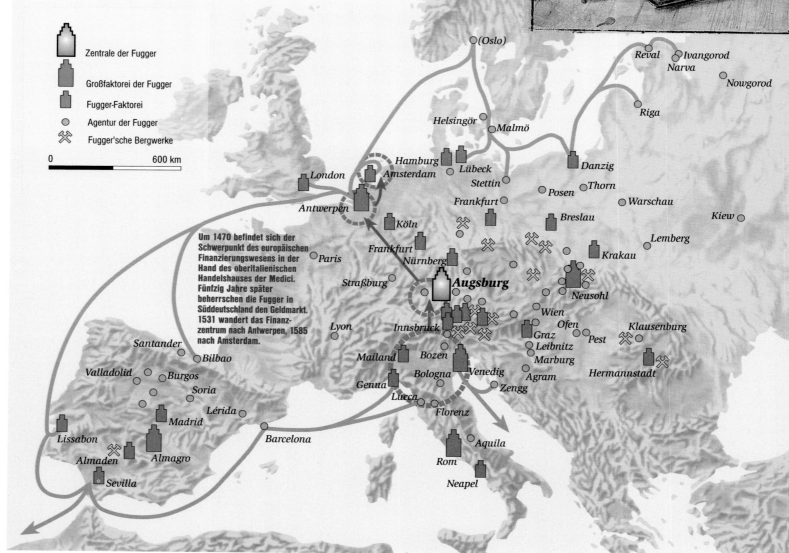

Um 1470 befindet sich der Schwerpunkt des europäischen Finanzierungswesens in der Hand des oberitalienischen Handelshauses der Medici. Fünfzig Jahre später beherrschen die Fugger in Süddeutschland den Geldmarkt. 1531 wandert das Finanzzentrum nach Antwerpen, 1585 nach Amsterdam.

Zentrale der Fugger

Großfaktorei der Fugger

Fugger-Faktorei

Agentur der Fugger

Fugger'sche Bergwerke

0   600 km

Mittelalterlicher Bergbau (Schwazer Bergbuch, 1556, Bild oben). – Jakob Fugger und Matthäus Schwarz im Kontor (Miniatur aus dem »Schwarzen Trachtenbuch«, Bild links oben). – Handelsniederlassungen und Handelsbeziehungen der Fugger (Karte links unten). – Kaiser Maximilian I. (Gemälde von Albrecht Dürer, 1519, Bild rechts unten).

lem unterstützen sie politische, risikoreiche Projekte.

Jakob II., »der Reiche«, ursprünglich für den geistlichen Stand bestimmt, kehrt 1473 in das elterliche Geschäft zurück. Nach Lehrjahren in der Fuggerniederlassung Venedig und ausgedehnten Handelsreisen übernimmt er 1485 die Fugger'sche Faktorei in Innsbruck. Er ist ein geschickter Spekulant, dem ständig in Geldnöten steckenden Erzherzog Sigmund von Tirol gewährt er gegen Bergbaurechte für Kupfer- und Silberlagerstätten großzügig Kredite.

Der reichste Mann Europas

1507 erhält Jakob Fugger als Pfand für Darlehen an Kaiser Maximilian I. mehrere Herrschaften, darunter Kirchberg und Weissenhorn. 1509 leiht er dem Kaiser abermals 170.000 Gulden für den Krieg in Italien. Dafür gibt es Titel und Ämter: Schon 1504 wird Jakob Fugger in den Adelsstand gehoben und zum Kaiserlichen Rat ernannt. Die Kreditgeschäfte mit Papst Leo X. bringen ihm das Amt eines Pfalzgrafen im Lateran ein. Auf dem Höhepunkt seines Lebens gilt Jakob Fugger als der reichste Mann Europas aus nichtfürstlichem Stand. Von seiner Finanzierungsbereitschaft hängen oft Erfolg oder Misserfolg militärischer oder politisch-diplomatischer Aktivitäten des Kaisers ab. Karl V. erhält einen Kredit von 850.000 Dukaten zur Bestechung der Kurfürsten und Karl wird in der Tat 1519 Kaiser. Fugger besitzt auch eine starke soziale Ader, so gründet er eine Stiftung für Arme und Waisen, die »Fuggerei« in Augsburg, und andere gemeinnützige Einrichtungen.

Gegen Ende des 16. Jhs. beginnt der Niedergang der in viele Nebenlinien geteilten Fuggerfamilie. Der spanische Zweig der habsburgischen Gläubiger muss Zahlungsunfähigkeit anmelden und reißt das große Fugger'sche Handelsimperium nahezu in den Abgrund.

So seltsam es scheint, am einträglichen Fernhandel nehmen die Fugger wenig Anteil. Zwar beteiligen sie sich 1505 unter Umgehung des venezianischen Zwischenhandels am Ostindiengeschäft, doch die Gewinne lohnen das Risiko nicht. Auch der anderen großen deutschen Kaufmannsfamilie, den Welsern, bleibt der Überseehandel verschlossen. Dabei eröffnen sich auch für sie nach der Eroberung Lateinamerikas durch die Spanier neue goldene Perspektiven. Kaiser Karl V., gleichzeitig spanischer König, fordert die deutschen Kaufleute auf, an der wirtschaftlichen Erschließung der jungen Kolonien mitzuwirken. Fugger und Welser finanzieren die Ausrüstung und Schiffe der Expeditionsflotten, statt Geld erhalten sie dafür große Ländereien auf dem südamerikanischen Kontinent: die Welser etwa das heutige Venezuela (1528), die Fugger ungefähr das Gebiet von Chile (1531). Nur zu bald platzen die Kolonialhoffnungen wie Seifenblasen. Fugger und Welser müssen ihre Besitzungen zwischen 1535 und 1556 ersatzlos aufgeben.

Im Zuge der Trennung der spanischen Krone von der Kaiserkrone monopolisieren die Spanier ihren Handel mit Südamerika und die Portugiesen mit Asien, deutsche Fernkaufleute bleiben vom direkten Überseegeschäft ausgeschlossen.

Dass die deutschen Monarchen so wenig Interesse am internationalen Geschäft ihrer großen Handelshäuser zeigen, hat Gründe: Um 1470, in der entscheidenden Phase des Aufbaus der Fernhandelsrouten, befindet sich das Reich in Auflösung.

Italien geht verloren

Die Zugehörigkeit Italiens zum Reich entspricht längst nicht mehr der Realität. Gesetze und Reichsbeschlüsse tragen bezeichnenderweise den Zusatz, sie sollen nur im »Römischen Reich« wirksam sein, soweit es »deutscher Nation« sei. Der Begriff vom »Heiligen Römischen Reich Deutscher Nation« wird zur üblichen Bezeichnung des Reiches.

Die Versuche Maximilians I. und Karls V., die kaiserliche Gewalt wieder nach Reichsitalien zu tragen, sind zwar erfolgreich, das Reich jedoch ist unfähig, daraus Profit zu schlagen. Im 17. Jh. enden alle Bindungen. Der Verlust Italiens bedeutet im Weiteren die Lösung des Kaisertums von Rom und Papst. Friedrich III. ist der letzte Kaiser, der noch in Rom gekrönt wird (1452). Sein Sohn Maximilian I. kehrt, auf dem Weg zur Ewigen Stadt von einer schwer bewaffneten venezianischen Streitmacht aufgehalten, um und nimmt in Trient ohne päpstliche Assistenz den Titel »erwählter römischer Kaiser« an (1508). Und Karl V. ist überhaupt der letzte Kaiser des Heiligen Römischen Reiches Deutscher Nation, der auf italienischem Boden aus der Hand eines Papstes (Clemens VII.) die Kaiserwürde entgegennimmt, auch nicht mehr in Rom, sondern am 24. 2. 1530 in Bologna. Die Italienzüge der römisch-deutschen Könige gehören der Vergangenheit an, die karolingische Tradition ist 1562 endgültig vorbei: Maximilian II. wird nicht mehr in Aachen, sondern in Frankfurt zum römisch-deutschen König gekrönt.

Der Traditionswandel bringt dem Reich keine strukturellen Neuerungen. Während in den Nachbarstaaten die Territoriumsbildung und der nationale Zusammenschluss fortschreitet, verharrt das Heilige Römische Reich staatspolitisch in einem Urzustand. Am Ende des 15. Jhs. gliedert es sich – ohne Italien – in 80 geistliche und weltliche Territorien von Reichsfürsten und in rund 2220 reichsunmittelbare Kleinfürstentümer von Grafen, Rittern und Prälaten. In dieser Mischung ungleicher Länder und Territorien sorgen die unterschiedlichsten Ansprüche an Macht und Einfluss für erhebliche Spannungen.

Der immer lauter werdende Ruf nach einer umfassenden Reichsreform ist nur zu verständlich.

Mühen für die Einheit

„Germania hat jetzung viererlei [...] Stände. Zuerst Geistliche, Pfaffen und Mönche [...] Müssige, ehelose, niemand nütze Leute, die wenig studieren, und ihre Zeit fast mit Spielen, Essen, Trinken und schönen Frauen hinbringen [...] Der andere Stand Germaniens ist der Adel, die aus Gottes Ordnung recht edel, das ist Väter des Vaterlandes, eine Furcht und Rute des Bösen und ein Schild, Burg und Zuflucht des Frommen sein sollten.“

Sebastian Frank, 1534

Die Klagen der Zeitgenossen im 15. Jh. werden unüberhörbar: Die Missstände nicht nur in der Kirche, auch im Reich seien unerträglich geworden. Die Mängel im Gerichtswesen verbreiteten allgemeine Rechtsunsicherheit, das Fehdewesen nehme überhand, das Reich sei äußeren Bedrohungen gegenüber schutzlos ausgeliefert und die Wehrverfassung zeichne sich

durch Unzulänglichkeiten aus. Das Reich ist uneins: Während das Königtum zeitweise in Allianz mit dem niederen Adel und den Reichsstädten eine Stärkung der monarchischen Zentralgewalt anstrebt, steuern Kurfürsten und Fürsten dagegen. Sie fordern die Schwächung des Kaisers, dafür ihre stärkere Einbindung in die Regierungsgeschäfte.

Während des ganzen 15. Jhs. wird auf den zahlreichen Reichstagen über Vorschläge und Gegenvorschläge debattiert ohne zu einem Ergebnis zu gelangen; die Interessen sind einfach zu gegensätzlich. Ansätze zu einer Lösung des Reichsproblems zeichnen sich erst während der Regierung Maximilians I. ab.

Reformen für das Reich

Maximilian I., zum Nachfolger seines Vaters, Friedrichs III., gewählt, vereinigt mit den österreichischen und burgundischen Ländern die beiden

mit Abstand mächtigsten Territorien im Reich unter seiner Herrschaft. Seine Stellung ist stark und der Abfall Burgunds rechtzeitig durch seine Heirat mit Maria, der Herzogin von Burgund, verhindert worden. Er ist

der reine Gegensatz zu seinem phlegmatischen Vater, voll Tatendrang und Abenteuerlust. Die Nachwelt nennt Maximilian den »letzten Ritter«. In der Tat, er findet großen Gefallen an Ritterspielen und Turnieren. Den-

Das Heilige Römische Reich mit seinen Gliedern (Holzschnitt, 1510, Bild oben). – Die Umklammerung Frankreichs durch die Habsburger (Karte unten). – Karl V. (Porträtgemälde von Bernhard Strigel, Bild rechts oben). – Karl V. auf der Flucht nach Villach (Holzstich, 1877, Bild rechts unten).

streckt die Reichskammergerichtsurteile und geht gegen Landfriedensbrecher vor.

„Die Tendenz des 15. Jahrhunderts zu völliger Auflösung des Reiches war überwunden. Eine Reintegration des Reiches begann, getragen vor allem durch den Reichstag, der zwar unregelmäßig und an wechselnden Orten, aber durchaus häufiger tagte, und durch das ständige und immer stärker angerufene Reichskammergericht. Dadurch waren Zentralgewalten institutionellen Charakters entstanden, wie es sie bis dahin nicht gegeben hatte" (Jürgen Mirow).

Karl V.

Nach Maximilians I. Tod (12. 1. 1519) bewerben sich drei Kandidaten um die römische Kaiserkrone: König Heinrich VIII. von England, König Franz I. von Frankreich und Maximilians 19-jähriger Enkel Karl, der bereits Burgund, Spanien und Unteritalien regiert. Gerade jetzt, in der Phase der Einheitsbestrebungen, fehlt mangels entsprechend großer Hausmacht ein deutscher Kandidat. Die Kurfürsten, reich beschenkt mit geliehenen Fugger'schen Geldern, küren schließlich Karl. Sie nehmen allerdings nicht nur die Geldgeschenke, sondern fordern vom designierten Kaiser auch mehrere Versprechen: Die hohen Reichsämter habe er nur im Deutschen Reich Geborenen zu verleihen, er dürfe keine fremde Truppen ohne Zustimmung der Kurfürsten ins Land bringen und keinen Krieg außerhalb der Reichsgrenzen beginnen. Als wesentlichste Forderung ringen sie ihm die Mitwirkung der Reichsstände an den Regierungsgeschäften ab. Karl V. fällt es nicht schwer Zusagen zu machen: Er gebietet über ein riesiges, buntes Puzzle an Ländern mit unterschiedlichen Kronen ohne gemeinsamen Namen, ohne gemeinsame Verwaltungssprache und Behörden. Aber in seinem Reich geht die Sonne nicht unter.

Ein Zweifrontenkrieg

Kaiser Karl V. fühlt sich ganz als Nachfolger der mittelalterlichen Kaiser. Die Kaiserwürde bedeutet für ihn nicht Prestige, sondern tatsächlich als vornehmster Herrscher des Abendlandes, als Beschützer der Christenheit und Verteidiger des christlichen Glaubens erwählt zu sein. Ein »Urgestein« gewissermaßen in der bunten Landschaft der Potentaten. Sein Drang nach Vorherrschaft im Stile eines Karl des Großen bringt ihn zwangsläufig in

Konflikt mit Frankreich und dem Papst. Gleichzeitig belasten ihn die Sorgen um die Christenheit vor den auf den Balkan drängenden Türken und um die Wiederherstellung der Einheit der gespaltenen Kirche. Deshalb unterdrückt er die Reformation, die eine kritische Anfangsphase nur deswegen glimpflich übersteht, weil Karl V., in ständige kriegerische Aktionen verwickelt, keine Kraft gegen die Ausbreitung der Lehren Luthers aufbringen kann. Zudem ist er vom Wohlwollen der evangelischen Reichsstände abhängig. Er braucht ihre Unterstützung in den vier Kriegen gegen Frankreich (1521 bis 1526, 1527 bis 1529, 1534 bis 1536, 1542 bis 1544) und bei der Abwehr der Osmanen, die 1529 bis Wien vorstoßen. Erst nachdem die Kriege gegen Frankreich beendet und die Türken abgewehrt sind, wendet er sich gegen die Evangelischen im Reich.

Krieg gegen Protestanten

Im Schmalkaldischen Krieg von 1546/47 besiegt er die protestantische Opposition, ohne daraus politisches Kapital schlagen zu können. Die überkonfessionelle Allianz, die Moritz von Sachsen mit evangelischen Fürsten und dem katholischen König von Frankreich im Vertrag von Chambord herstellt, nimmt den Kampf gegen Karl V. auf. Im »Fürstenkrieg« von 1552 verhalten sich die katholischen Reichsstände – Bayern und die geistlichen Kurfürsten am Rhein – neutral. Vor den anmarschierenden Fürstenheeren flieht der schwer erkrankte Karl V. nach Innsbruck und weiter nach Villach, bereit, mit den Rebellierenden Verhandlungen aufzunehmen. Dazu beauftragt

er seinen Bruder König Ferdinand, seit 1521/22 amtierender Statthalter im Reich. Angesichts einer neuen Bedrohung durch die Türken gelangen die Einigungsgespräche sehr rasch zum Abschluss. Im Passauer Vertrag (2. 8. 1552) erhalten die im Schmalkaldischen Krieg gefangen genommenen Territorialherren Philipp von Hessen und Johann Friedrich von Sachsen ihre Freiheit wieder. Das »Augsburger Interim« von 1548 – es bestimmte die kompromisslose Ablehnung eines Ausgleichs mit den Protestanten – wird ausgesetzt und ein Religionsfriede zwischen den Konfessionen vereinbart. Karl V. muss im Kräftemessen um mehr Einfluss im Reich gegen die Evangelischen eine klare Niederlage hinnehmen. Frustriert darüber, dass die katholischen Fürsten im entscheidenden Augenblick nicht eingriffen, zieht Kaiser Karl V. im Februar 1553 nach Brüssel, er kehrt nicht mehr ins Reich zurück. Verbittert nimmt er den reichsrechtlich besiegelten Augsburger Religionsfrieden von 1555 zu Kenntnis. 1556 verzichtet Karl V. auf die Kaiserwürde, ein bis dato in der deutschen Geschichte einmaliger Vorgang, den die Kurfürsten erst nach zwei Jahren akzeptieren.

Im März 1558 bestätigen die Kurfürsten die Abdankung und Karls Bruder Ferdinand I. tritt, auf die österreichischen Länder gestützt, die Nachfolge an. Karls Sohn Philipp II. übernimmt Spanien, Neapel, Sizilien, Mailand und die Niederlande. Die Trennung der spanischen von der österreichischen Linie im Hause Habsburg zeichnet sich ab.

Karl V. stirbt am 21. 9. 1558 im Kloster San Jerónimo de Yuste bei Madrid. Mit seinem Tod zerfällt das Weltreich der Habsburger.

noch verschließt er sich nicht der Realität: Die gepanzerten, schwer beweglichen Ritterheere entsprechen nicht mehr der Zeit und den militärischen Anforderungen. Maximilian reformiert seine Armee von Grund auf, er bringt den frischen Wind der brabantischen Nordseeküste in die düsteren Amtsstuben der österreichischen Hofkanzlei. Er setzt in den österreichischen Ländern eine Verwaltungsreform durch, die seinen Sinn für Effizienz sichtbar macht: Maximilian nimmt Rücksicht auf bestehende Landesrechte und -einheiten. Die Verwaltung fußt auf dem »Kollegialsystem«: Stets treffen mehrere gleichrangige Beamte gemeinsam die Entscheidungen, eine übergeordnete zentrale Behörde befindet danach über die Richtigkeit. Diese und andere Reformen werden zum Vorbild für das Reich.

Ewiger Landfriede, gemeiner Pfennig

Der Wunsch das Reich zu reformieren wird seit 1486 ernsthaft erwogen und hilft mit, dass auf dem Wormser Reichstag von 1495 ein Schritt nach vorn erfolgt: Das Fehderecht muss dem »Ewigen Landfrieden« weichen, ein vom König unabhängiges Reichskammergericht ordnet das Gerichtswesen neu, für die Stärkung der Reichsfinanzen sorgt eine neue allgemeine Reichssteuer, der »Gemeine Pfennig«, der an den König abzuführen ist. Auf dem Augsburger Reichstag von 1500 beschließen die Delegierten nach österreichischem Vorbild das Reichsregiment, eine Art ständische Reichsregierung, deren Zustimmung für die Regierungsentscheidungen des Königs notwendig ist. Eine Reichsexekutionsordnung wird auf dem Reichstag von Trier/Köln 1512 bestätigt, sie voll-

„Der Bauer stund auf im Land"

„Zum Dritten ist der Brauch gewesen, dass man bisher behauptet hat, wir seien Eigenleute [= Leibeigene], was zum Erbarmen ist, in Anbetracht dessen, dass uns Christus alle mit seinem kostbaren Blutvergießen erlöst und losgekauft hat – den Hirten ebenso wie den Höchsten, keinen ausgenommen. Darum ergibt sich aus der Schrift, dass wir frei sind, und deshalb wollen wir's sein."

Forderungen des Baltringer, 1525

Bereits im 14. und 15. Jh. brechen Bauernrevolten aus, die freilich lokal begrenzt bleiben. Die Jahrzehnte zwischen 1470 und 1520 bringen dann immer stärker werdende Wellen der Unruhe und des Aufruhrs. Aufstände in den Städten, mehrere Dutzend im Reich, vom mittleren und niederen Zunftbürgertum getragen, verfolgen zumeist das Ziel, mehr Mitspracherecht in der Stadtregierung zu erhalten, die Steuerlast zu senken und die Steuerfreiheit der Kirche zu beseitigen, die vielen ungerechtfertigt erscheinen.

Zur gleichen Zeit kommt es im Oberrheingebiet, in Oberschwaben, in der Schweiz und in Teilen der österreichischen Alpen zu Bauernaufständen, die unterschiedliche Ursachen haben. In Kärnten zum Beispiel fühlen sich die Bauern vom Adel, der sich hinter den festen Mauern seiner Burgen verschanzt, schutzlos den Plünderungszügen der Türken preisgegeben. Bauern und Bergknappen schließen sich 1478 zu einem Bund unter einheitlicher Leitung zusammen. Die Bewegung setzt sich alsbald politische Ziele und erfasst ganz Kärnten: Nach dem Vorbild der Schweiz – dort haben drei Talschaften am 1. 8. 1291 einen »ewigen Landfriedensbund« geschlossen und erfolgreich gegen die Habsburger ihre Freiheit erkämpft (Sempach 1386, Näfels 1388) – soll auch hier eine reichsunmittelbare Bauernrepublik entstehen.

Für Freiheit und Gleichheit

Generell richten sich alle Bauernaufstände gegen herrschende Missstände, Unfreiheit und drückende Abgaben. In der Fürstabtei Kempten revoltieren 1491 die Bauern gegen neue Steuern, 1513/14 stehen sie in der Nordschweiz auf. Die Verschwendungssucht des Herzogs von

Württemberg und dessen Versuch, seine Schulden durch weitere Besteuerungen auszugleichen, löst im Frühjahr 1514 die Bauernrevolte des »Armen Konrad« aus, die das ganze Herzogtum ergreift, letztlich aber keine Ergebnisse für die Unterdrückten bringt. Vor dem »Armen Konrad« hat Peter Gais aus Beutelsbach im Remstal aus Protest gegen die Manipulation von Gewichten zu Gunsten höherer Landeseinnahmen diese Gewichte in die Rems geworfen und das Zeichen zum Aufruhr gegeben.

Aufstand im Taubertal

Bereits 1476 kommt es im fränkischen Taubertal zum Aufbegehren Zehntausender. Der Schäfer Hans Böheim, der »Pfeifer von Niklashausen«, macht sich zum Sprachrohr der Unzufriedenen und fordert die Aufhebung der Steuern. Der Bischof von Würzburg lässt den Rebellen festnehmen und verbrennen. Im Oberrheingebiet organisiert der Leibeigene Joß Fritz 1502, 1513 und 1517 Revolten, die eine Absetzung der Fürsten, des Adels und des Klerus zum Ziel haben. Als Symbol dient den Rebellen der Bundschuh, die typische Fußbekleidung der damaligen Bauern im Unterschied zu den Stiefeln der Ritter und Adeligen.

Die Unruhen und Aufstände sind im Lichte zweier Entwicklungen zu sehen, die einander im 15. und 16. Jh. zuwiderlaufen: Zum einen untergräbt die Bildung der Territorialstaaten alte Rechte und die relative Autonomie der dörflich-ländlichen Gesellschaft, zum anderen steigt die Nachfrage nach landwirtschaftlichen Produkten durch die wachsende Bevölkerungszahl. Wer in welchem Umfang von den neuen Gewinn- und Marktmöglichkeiten profitieren wird, Grundherr oder Bauer, entscheidet die Zukunft.

Kampf um Profit

Eine Fülle von Faktoren spielt eine maßgebliche Rolle: Größe des Territoriums, rechtliche und wirtschaftliche Vereinbarungen zwischen Grundherren und Bauern, Größe des Bauerngutes, Produktpalette, Konkurrenz, Anbindung an Handelswege, Stadtnähe, politisches Bewusstsein usw. Dass noch eine ganze Reihe anderer Faktoren die große Bauernerhebung mitverursacht, liegt in die-

Hans Böheim, genannt Pfeifer von Niklashausen, predigt im Taubertal die Gleichheit aller Menschen (kolorierter Holzschnitt, 1493, Bild oben). – Aufständischer Bauer (Bild rechts oben). – Der Bauernkrieg 1525/26 (Karte rechts).

ser Zeit allgemeinen Umbruchs auf der Hand. Martin Luthers neue Thesen von der Gleichheit und Gerechtigkeit im Glauben tragen wesentlich zur Erhebung des unterdrückten Bauernstandes bei.

Luthers zündende Idee

„Als zündender Funke erwies sich Luthers Auftreten. Seine Gedanken wurden nicht nur durch Flugschriften verbreitet, sondern auch anschließend mündlich weitervermittelt und erreichten damit auch den gemeinen Mann. Die reformatorische Vorstellung, allein das Evangelium sei als Autorität zu akzeptieren, bot einen festen Ausgangspunkt, von dem aus überlieferte Bräuche und Rechtsgewohnheiten sich kritisieren ließen. [...] Luthers Lehre von der »Freiheit des Christenmenschen« in Glaubensdingen wendeten die Bauern jetzt auf die Gestaltung weltlicher Verhältnisse an. Luther selbst fühlte sich hier allerdings missverstanden und grenzte sich am Ende der Bauernrevolution scharf von dieser ab", meint der Historiker Jürgen Mirow.

Im Juni 1524 befiehlt die Gräfin von Lupfen im südlichen Schwarzwald ihren Bauern, die Ernte zu unterbrechen und Schneckenhäuser zu sammeln, weil sie diese zum Aufwickeln des Garnes benötige. Der aufgestaute Unmut über die Willkür der Obrigkeit muss gehörig gewesen sein, denn dieser aus heutiger Sicht nichtige Anlass löst den offenen Auf-

ruhr der Bauern aus. Trotz aller Beschwichtigungsversuche glimmt die Lunte des Aufstandes weiter und zündet das Pulver im Frühjahr des folgenden Jahres. Wie ein Flächenbrand breitet sich die Rebellion aus, erfasst Schwaben, das Elsass, Franken, Thüringen und den österreichischen Alpenraum bis zur Steiermark. Dass Bayern und der niederdeutsche Raum ruhig bleiben, deutet auf regional unterschiedliche Verhältnisse zwischen Grundherren und Bauern. Auch das Verhalten der Städte ist uneinheitlich. Manche, zumeist wirtschaftlich eng mit der Landwirtschaft verbundene, schlagen sich auf die Seite der Bauern, andere wieder proben den Aufstand aus lokalen Motiven ohne ursächlichen Zusammenhang mit den Bauernrebellen, wie die rheinisch-westfälischen.

Steuern für alle

Die Ziele und Forderungen der Bauern sind klar und pragmatisch: Die Leibeigenschaft soll abgeschafft werden, es soll einen Stopp für neue Steuern und Abgaben geben, Adel und Klerus sollen die Steuerlast mittragen und die Herrschaftsfunktion aufgeben. Keinesfalls fordern die Bauern die Auflösung des adeligen Grundbesitzes. Sich selbst verwaltende Gemeinden mögen eine größtmögliche Autonomie erhalten und ihren Pfarrer selbst wählen dürfen.

Nicht gelehrte Richter sollen nach römischem Recht urteilen, sondern Dorfrichter nach traditionellem Recht. Allmenden (= gemeinschaftlich genutzte Weiden) sollen von der Dorfgemeinde wieder genutzt werden, auch mögen die Einschränkungen von Jagd und Fischerei zurückgenommen werden. In den größeren Ländern wie Salzburg, Tirol und Württemberg erstrecken sich die Forderungen der Bauern auf das Mitspracherecht in den ständischen Landtagen. Sie verlangen, dass die Gemeinden den Landtag wählen und mit dem Landesherren regieren.

Hinhaltetaktik

Die Revolution der Bauern kann die Adeligen nicht wirklich überraschen, zu dicht ist bereits die Folge von Unmutsäußerungen im Reich gewesen. Dennoch trifft der Aufruhr auf eine nicht gerüstete Herrscherschicht. Der Kaiser weilt in Spanien, die kaiserlichen Truppen stehen in Italien, die Obrigkeiten sind auf sich selbst gestellt. Zunächst verlegt sich die Adelsschicht aufs Verhandeln. Während die Aufständischen plündern, Klöster und Adelssitze zerstören, aber kaum Bluttaten begehen, versuchen die Herrschenden Zeit zu gewinnen und schließen mit den Rebellen Verträge und Abkommen. Die Bauern sind gutgläubig und vertrauen ihnen, nicht ahnend, dass der Gegner nur Zeit gewinnen will.

Mittlerweile rüsten die schwäbischen Fürsten eine kleine Armee auf, die den Bauernhaufen zahlenmäßig weit unterlegen, dafür im Kriegshandwerk geübt und diszipliniert ist. Im Zusammenschluss des »Schwäbischen Bundes« gehen die Fürsten im April 1525 zur militärischen Gegenoffensive über. Ein mörderisches Gemetzel bricht über die kaum organisierten und ohne kundige Führung kämpfenden Bauernrebellen herein. Bis zum Juli wird Bauernhaufen um Bauernhaufen geschlagen. Verfolgung und Verurteilung fürchtend, fliehen viele der überlebenden Aufständischen nach Salzburg. Im Frühjahr 1526 versuchen sie verzweifelt das Ruder herumzureißen. Sie scheitern, die Bauernrevolte bricht zusammen. Man schätzt die Opfer auf 75.000 Mann.

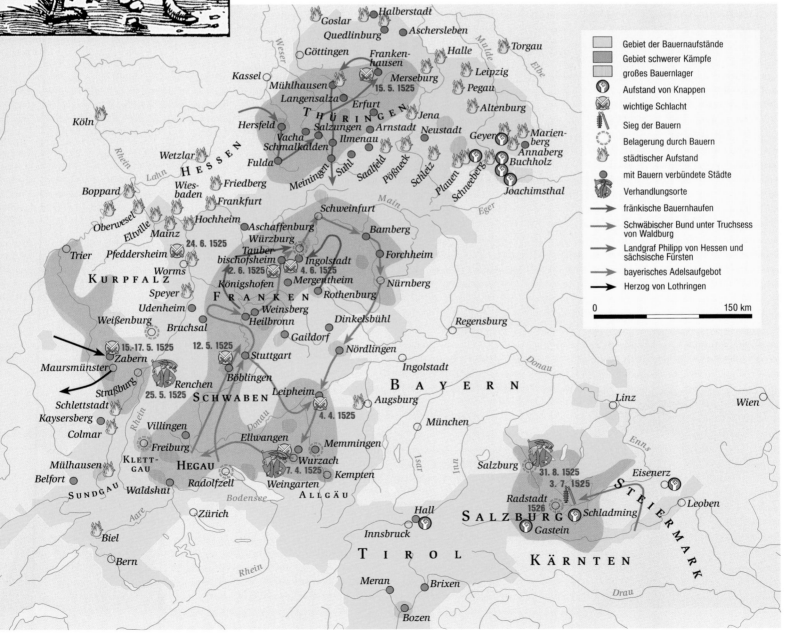

Glaubensradikale

„Zwinglis geistig-theologische Welt war stärker als diejenige Luthers vom Humanismus, insbesondere von Erasmus von Rotterdam geprägt."

Heinz Schilling, 1994

Huldrych (Ulrich) Zwingli, am 1. 1. 1484 in Wildhaus in der Grafschaft Toggenburg geboren, lernt während seines Studiums in Wien und Basel (1489 bis 1506) den Humanismus kennen. Er wird, ohne ein Theologiestudium absolviert zu haben, Feldprediger der Söldnertruppe seines Kantons, die im Dienste des Papstes in Oberitalien kämpft. Seine erste veröffentlichte Schrift ist denn auch kein theologisches Traktat, sondern ein Gutachten, das sich gegen das Reislaufen wendet, das heißt die Verpflichtung seiner Landsleute in fremden Heeren zu dienen. Das hat seine Entlassung aus dem Pfarrdienst in Glarus zur Folge. Er verdingt sich als Leutpriester (= Weltgeistlicher) im Kloster Einsiedeln, später im Großmünster von Zürich. Hier setzt er sich für Reformen nach den Lehren des Erasmus von Rotterdam ein. Der reformatorische Durchbruch, wie ihn Luther in seinem »Turmerlebnis« hatte, gelingt Zwingli nicht. Sein Bemühen ist humanistisch-wissenschaftlich. Im Unterschied zu Luther lebt Zwingli nicht in der geistigen Enge einer kleinbürgerlichen, agrarisch-provinziellen Universitätsstadt, sondern in Zürich, einer wirtschaftlich bedeutenden Handelsmetropole, in der selbstbewusste und weltaufgeschlossene Stadtbürger leben.

Die Schweizer Eidgenossenschaft befindet sich zu Zwinglis Zeiten auf dem machtpolitischen Höhepunkt. Zwar zerstoben alle Expansionsgelüste durch die Niederlage von Marignano gegen Franz I. von Frankreich (1515), aber die politische Bedeutung des Landes über die Grenzen hinaus ist nicht gemindert.

Äußerer Anlass der Reformation in der Schweizer Eidgenossenschaft ist ein Wurstessen in der Fastenzeit (1522). Zwingli verteidigt den Bruch der Fastenvorschrift in seiner Schrift »Von Erkiesen und Freiheit der Speisen«. Es zeugt von Weitsicht des Züricher Rates, dass er als Vertretungsorgan der Bürgerschaft Anfang 1523 einen Aufruf an alle Bürger erlässt, in Zürich vor dem Rathaus zu erscheinen und öffentlich darüber zu diskutieren, ob das altkirchliche Fastengebot mit der Heiligen Schrift in Einklang zu bringen sei. Fast sechshundert Personen erscheinen, in der Hauptsache Geistliche, Wissenschaftler und vornehme Bürger, weniger Leute aus dem Volk. Sie hören am 29. 1. 1523 die wortgewaltigen Ausführungen Zwinglis über das Evangelium aus seiner Sicht.

Kritik an der katholischen Kirche

Nach Abschluss der Veranstaltung entscheidet der Rat: *„Während aber Meister Ulrich Zwingli, Chorherr und Prediger im großen Münster, vorher sehr verleumdet und angeklagt worden war, konnte, nachdem er seine Thesen offen vorgelegt hatte, niemand gegen ihn auftreten und ihn mit der gerechten göttlichen Schrift widerlegen [... Daher] haben der oben genannte Bürgermeister, der Rat der Stadt Zürich beschlossen, die große Unruhe und Zwietracht zu beenden. Es ist ihr ernstlicher Wille, dass Meister Ulrich Zwingli fortfahren und weiter wie bisher das Evangelium und die göttlichen Gebote verkünden solle [...]."*

Diese von Zwingli angeregte »Züricher Disputation« übernehmen in der Folge auch andere Städte, sie findet sogar Eingang in die lutherischen Einflussbereiche. Es *„war ein Instrument kirchenpolitischer Entscheidungsfindung geschaffen worden, das in eigentümlicher Weise sowohl den bürgerlichen Vorstellungen rational-geistiger Auseinandersetzungen als auch den neuen theologischen Normen des protestantischen Gemeindechristentums entsprach"* (Heinz Schilling).

1523 veröffentlicht Ulrich Zwingli seine 67 »Schlussreden«, in denen er der katholischen Kirche vorwirft, in vielen Institutionen und sakralen Handlungen nicht der Heiligen

Schrift zu entsprechen. Im Zusammenwirken mit dem Züricher Rat schafft er alle nicht in der Bibel angeführten Elemente – heilige Messe, Prozessionen, Gesänge – ab. Zwinglis Gleichsetzung spirituell-kirchlicher und bürgerlich-politischer Werte, von seinem Nachfolger Bullinger zum theologischen Staatskirchentum erweitert, prägt für Jahrhunderte die reformierten Länder und zeigt seine Wirkung im Anglikanismus Britanniens bis heute.

Radikale Reformer

Von Luther unterscheidet sich Zwingli durch seine Radikalität, was beide Seiten jedoch nicht hindert, den Ausgleich zu suchen um gegen die übermächtige institutionalisierte katholische Kirche anzutreten. In den von Landgraf Philipp von Hessen angeregten »Marburger Religionsgesprächen« zwischen Luther und seinem Mitstreiter und Freund Philipp Melanchthon, Zwingli und dem Reformator Johannes Oekolampad aus Basel kommt es 1529 allerdings in der entscheidenden Frage um das Abendmahl zu keiner Einigung: Während die Zwinglianer in der Handlung nur eine symbolische Erinnerung an die Erlösung der Menschheit durch Christi Tod sehen, vertreten die Lutheraner die These der »Realpräsenz«, der leiblichen Gegenwart Jesu. Die Uneinigkeit beider Reformatoren macht den politischen Plan Philipps von Hessen zunichte, gegen Habsburg einen Machtblock zu errichten.

Die außerordentlich demokratische Gesinnung der Züricher Stadtväter von 1523 stürzt die Schweizer Eidgenossenschaft in einen Bürgerkrieg zwischen den neu- und den altgläubigen Kantonen Uri, Schwyz, Unterwalden, Zug und Luzern (»die fünf Orte«). Beide Parteien gründen militärische Bünde, das »Christliche Burgrecht« auf der protestantischen Zürich-Konstanzer Seite (1527) und die »Christliche Vereinigung« auf der Seite der Urkantone und Österreichs (1529). Im 1. Kappeler Krieg kann der »Kappeler Landfrieden« Blutvergießen noch verhindern (1529). 1531 rücken die Katholischen wieder an, um Zürich, die Zitadelle der Häresie, einzunehmen. Bei Kappel schlagen sie die Protestanten (11. 10. 1531), die mehr als 500 Tote, darunter 26 Ratsherren und 25 Geistliche, beklagen. Zwingli fällt mit dem Spieß in der Hand. Die Rache der Katholischen geht über seinen Tod hinaus: Posthum sprechen sie das Urteil über die Leiche, vierteilen und verbrennen sie und streuen die Asche in den Wind. Seinen Geist können sie frei-

Marburger Religionsgespräch, im Hintergrund rechts: Luther und Zwingli (Gemälde, 1867, Bild oben). – Ulrich Zwingli (Hans Asper, 1531, Bild unten links). – Johannes Calvin (kolorierter Kupferstich, 1562, Bild unten). – Einfluss von Wittenberg und Genf um 1555 (Karte rechts).

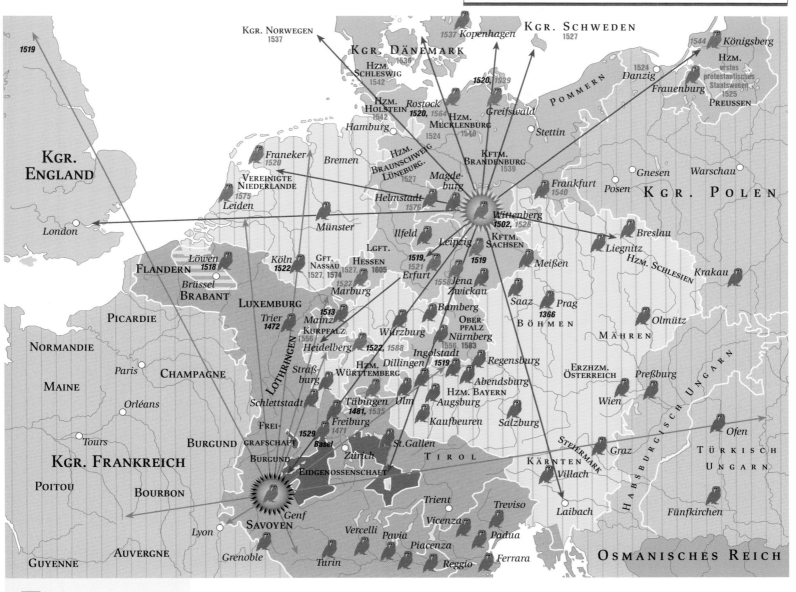

KGR. NORWEGEN 1537

KGR. SCHWEDEN 1527

1537 Kopenhagen

1519

KGR. DÄNEMARK

HZM. SCHLESWIG 1542

HZM. HOLSTEIN 1542

Rostock *1520, 1564*

HZM. MECKLENBURG *1540*

1520, 1539

Greifswald

POMMERN

Stettin

Danzig

1544 Königsberg

HZM. erstes protestantisches Staatswesen 1525 PREUSSEN

Frauenburg 1524

Hamburg

KGR. ENGLAND

Franeker *1520*

Bremen

HZM. BRAUNSCHWEIG LÜNEBURG. 1527

Magdeburg

KFTM. BRANDENBURG 1539

Frankfurt *1540*

Posen

Gnesen

Warschau

KGR. POLEN

VEREINIGTE NIEDERLANDE *1575*

Leiden

Münster

Helmstadt *1576*

Ilfeld

Wittenberg *1502, 1526*

Leipzig

KFTM. SACHSEN *1519*

Breslau

Liegnitz

HZM. SCHLESIEN

London

FLANDERN

Löwen *1518*

Köln *1522*

GFT. NASSAU 1527, 1574

LGFT. HESSEN 1527, 1605

1519, 1521

Meißen

Krakau

MÄHREN

Brüssel

BRABANT

LUXEMBURG

Erfurt

1558 Jena Zwickau

Bamberg

Saaz

Prag *1366*

BÖHMEN

Olmütz

PICARDIE

NORMANDIE

Trier *1472*

Mainz *1513*

KURPFALZ 1556

Würzburg

OBER-PFALZ

Nürnberg 1556, 1583

ERZHZM. ÖSTERREICH

Preßburg

Heidelberg *1522, 1588*

Ingolstadt *1519*

Regensburg

Wien

HABSBURGISCH UNGARN

LOTHRINGEN

Paris

CHAMPAGNE

MAINE

Orléans

Straß-burg

HZM. WÜRTTEMBERG

Dillingen

Abendsburg

HZM. BAYERN

Schlettstadt

Tübingen *1481, 1535*

Ulm

Augsburg

Salzburg

Kaufbeuren

STEIERMARK

Graz

TÜRKISCH UNGARN

Ofen

Tours

BURGUND

Frei-grafschaft

1529

Basel

Freiburg *1471*

St. Gallen

TIROL

KÄRNTEN

Villach

Laibach

Fünfkirchen

KGR. FRANKREICH

BURGUND

Zürich

Eidgenossenschaft

Trient

Treviso

POITOU

BOURBON

1519

Genf

SAVOYEN

Vicenza

Padua

Lyon

Vercelli

Pavia

GUYENNE

AUVERGNE

Grenoble

Turin

Piacenza

Reggio

Ferrara

OSMANISCHES REICH

landeskirchlich gefestigte Territorien des Protestantismus

weiteste Ausdehnung der Reformation im 16. Jh.

durch die Reformation erschütterte Territorien innerhalb des Reiches

durch die Reformation erschütterte Territorien außerhalb des Reiches

Territorien der Schweizer Reformation

weitestes Vordringen des Calvinismus im 16. Jh.

von der Reform nicht betroffene katholische Territorien

Anglikanische Kirche seit 1534

1527 Übertritte zur Lutherkirche

1605 Übertritte lutherischer Territorien zum Calvinismus

1519 Einführung des Humanismus an den Universitäten

1576 Übertritt der Universitäten zum Protestantismus

protestantische Universitäten

katholische Universitäten

sonstige Universitäten

0   250 km

Quelle: LIST Geschichte unserer Welt, 1965.

lich nicht vernichten. Zwinglis Nachfolger Heinrich Bullinger pflegt das Erbe und findet mit dem Genfer Reformator Johannes Calvin eine gemeinsame Gesprächsbasis.

Johannes Calvin

Jean Cauvin, der später, dem Trend der Humanisten folgend, einen latinisierten Namen annimmt und sich Johannes Calvinus nennt, wird am 10. 7. 1509 in Noyon in der Picardie geboren. Er studiert die Rechte und den Humanismus und kommt mit reformatorischem Gedankengut in Berührung. Ende 1533 muss er wegen einer der Ketzerei verdächtigen Rede eines seiner Freunde aus Paris fliehen. Verfolgung und Flucht hinterlassen bei Calvin tiefe Eindrücke, er beginnt intensiv reformatorische Schriften zu studieren. 1534 veröffentlicht er sein erstes theologi-

sches Werk, das gleichzeitig sein wichtigstes wird: »Christianae Religionis Institutio«. Das Werk gilt gleichzeitig als erste systematisch auf der Bibel als alleiniger Quelle christlicher Wahrheit aufbauende Darstellung der protestantischen Lehre.

Entscheidend für Calvins weiteres Leben wird 1536 ein Treffen mit dem in Genf wirkenden Reformator Guillaume Farel. Er bietet Calvin ein kirchliches Amt an. Konsequent und radikal reformiert Calvin das gesamte öffentliche und private Leben der Stadt. Mit der Forderung, alle Genfer Bürger müssten den Eid auf seine im »Genfer Katechismus« niedergelegte Glaubenslehre ablegen, geht er denn doch zu weit, er und sein Mitstreiter Farel werden 1538 aus Genf verbannt. Calvin geht nach Straßburg und nimmt sich hier der aus Frankreich vertriebenen Hugenotten an. Für sie verfasst er eine Kirchenordnung, die später für alle französi-

schen protestantischen Gemeinden Vorbild wird. Drei Jahre später, wieder in Genf, setzt er seine Kirchenordnung durch, die mit vier Ämtern – Prediger, Lehrer, Ältester und Diakon – eine enge Verbindung zwischen Kirche und Stadt herstellt und ihm Einfluss auf weltliche Belange ermöglicht. Ein Konsistorium aus Ältesten und Pfarrern wacht über den Lebenswandel der Gemeindemitglieder. Abtrünnige werden verfolgt und verurteilt. Der spanische Arzt Michel Servet, der Calvins Auslegung der Trinität nicht folgt, endet auf dem Scheiterhaufen.

Calvins radikale Lehre verhindert eine Annäherung an die deutschen Lutheraner, dafür beeinflusst sie den Protestantismus außerhalb des Reiches: Der Calvinismus gibt den Hugenotten und den protestantischen Holländern die Kraft für den Widerstand gegen französische und spanische Unterdrückung.

133

Luthers »falsche Brüder«

„Es gab jedoch auch Reformatoren, die auf Distanz zu Wittenberg hielten und eigene Konzeptionen der Kirchenreform entwickelten, so vor allem die schweizerisch-oberdeutschen Theologen. Schließlich gab es eine dritte Gruppe, die sich entschieden gegen die Wittenberger stellte, um eine radikalere, bisweilen utopisch-sozialrevolutionäre Reformation zu erzwingen."

Heinz Schilling, 1994

Im Kielwasser von Luthers neuem Glaubensschiff schwimmen viele Erneuerer, kluge Köpfe zum Teil, scharfe Denker und konsequente Analytiker. Aber auch irrlichternde Geister, wie Thomas Münzer, der hauptsächlich in Thüringen predigt. Auf Vermittlung Luthers wirkt Münzer 1520 als Prädikant (Hilfsprediger) an der Zwickauer Hauptkirche und gerät hier unter den Einfluss des taboritischen Schwärmers Nikolaus Storch. Er drängt Münzer vom strengen Bibelglauben Luthers in die mystische Welt der Erleuchtung ab. Münzer predigt gegen das Bettelmönchtum und seinen weniger radikalen, etwas versponnenen Glaubensbruder Johannes Egranus.

Egranus fällt durch den Streit mit dem Leipziger Professor Düngesheim um die Frage auf, ob die hl. Anna drei Ehemänner gehabt habe und ob aus den Verbindungen die drei Marien abstammen. Während sich die Spuren des Egranus später irgendwo in Süddeutschland verlieren, macht Münzer weiter von sich reden: Seine unentwegten Angriffe gegen die Obrigkeit führen schließlich zur Ausweisung aus der Stadt.

Die Böhmischen Brüder

Bei den Böhmischen Brüdern, einer Glaubensgemeinschaft, die im Sinne der Bergpredigt lebt, den Eid, den Kriegsdienst und öffentliche Ämter ablehnt, findet er Unterschlupf. Dieses friedliche Völkchen ruft Münzer im »Prager Manifest« zum radikalen Umsturz auf. Abermals wird er ausgewiesen, wandert nach Allstedt und nimmt 1523 die Stelle eines Pfarrers an. Noch vor Luther führt er eine neue Gottesdienstordnung ein und publiziert in zahlreichen Flugblättern seine Reformpläne. Unter anderem will er in einem Bund der »Auserwählten«, deren Kern die Mansfelder Bergknappen stellen sollen, den

Kampf gegen die »Gottlosen« aufnehmen. Luther warnt vor dem *„aufrührerischen Geist"*, der mittlerweile im thüringischen Mühlhausen mit krausen Parolen eine Revolte anzettelt, die freilich im Sande verläuft. Mit der Streitschrift »Wider das geistlose sanfftlebende Fleysch zu Wittenberg« macht Münzer sogar Front gegen Luther.

1525 schwingt er sich zum ideologischen Anführer der thüringischen Bauernrebellen auf und wird nach deren Niederlage bei Frankenhausen geköpft. Seine theologischen Interpretationen aber prägen eine religiöse Bewegung, die sich – nach ihrer Vertreibung aus der Schweiz – seit 1525 nach Deutschland ausbreitet, die Täufer.

Die Täufer, auch Wiedertäufer genannt, lehnen die Kindstaufe ab und akzeptieren nur die Taufe Erwachsener. Sie sind konsequenter als andere Glaubensgemeinschaften und orientieren sich ausschließlich an der Lehre des Urchristentums. Daher spielt bei den Täufern die endzeitliche Heilserwartung eine große Rolle.

Ihre radikalen gesellschaftlichen Forderungen und ihre Verbindungen mit den Bauernrebellen von 1524/25 stempeln sie für das Reich zu gefährlichen Revoluzzern.

Tod den Täufern

Kaiser Karl V. verfügt am 4. 1. 1528, die Wiedertäufer bis zum Tode zu verfolgen. Im Zeitraum von 1527 bis 1533 werden mindestens 679 Täufer exekutiert. Daher können bei der nur im Verborgenen agierenden Sekte keine zusammenhängenden Organisationen entstehen; nur in Böhmen baut Jakob Huter sie auf. Wegen ihrer radikalen Ablehnung staatlicher, sozialer und kirchlicher Traditionen werden die deutschen Täufer grausam verfolgt und nach Zerschlagung der Täuferkommune von Münster 1535 nahezu vollständig ausgerottet. Die übrig Gebliebenen verstreuen sich über Europa, einige gelangen mit ihrem Führer Menno Simons (daher die Bezeichnung Mennoniten) nach Nordamerika.

Am 15. 2. 1533 wird die Reformation in Münster durch Vertrag zwischen der Bürgerschaft und dem Bischof legalisiert. Der ursprünglich lutherisch predigende Pastor Bernhard Rothmann übernimmt zunehmend täuferische Lehren. Gleichzeitig erfolgt Zuzug von Täufern aus den Niederlanden, darunter Personen mit Charisma, wie der Prediger Jan Matthys. Bald bekennen sich immer mehr Bürger zur neuen Lehre und gewinnen die Ratsmehrheit. Sie rufen das Königreich Zion aus, schaffen Privateigentum und die Einehe ab, plündern Klöster und Kirchen. Nach einjähriger Belagerung erobern Truppen des Bischofs von Münster 1735 die Stadt; die Anführer der Täufer werden am 26. 1. 1536 auf dem Marktplatz grausam hingerichtet, ihre Leichen in eisernen Körben am Turm der Lambertikirche zur Abschreckung aufgehängt.

Jakob Huter organisiert gemeinsam mit den »Stäblern« des Jakob Wiedermann die Täufergemeinden: Gründung von »Haushaltungen« (Kommunen), in denen gemeinsam gearbeitet, gebetet und gegessen wird. Die Erträge der Arbeit fließen in eine gemeinsame Kasse, die ein auf Lebenszeit gewählter »Hirte« verwaltet. Zur Zeit der Aufhebung der Täufervereinigung (1535) leben in Mähren etwa 5000 »Brüder«.

Karte (Legende)

- dichteres Siedlungsgebiet der Täufer
- mäßig bis gering von Täufern besiedelt
- 1527 Ausbreitung der Täufer
- Aufstand, mit Jahreszahl
- Zug bewaffneter Täufer
- Fluchtbewegung der Täufer
- Zentren der Täufer
- Orte, in denen Täufer leben
- Melchioriten
- Mennoniten, seit 1546
- Zwickauer Propheten, seit 1521
- Schwenkfelder

Die religiösen Sonderbewegungen im 16. Jh. (Karte oben). **Die katholischen Länder und der evangelische Schmalkaldische Bund, 1530 – 1547 (Karte rechts). – Thomas Münzer (1524, Bild Mitte oben). – Karl V. in der Schlacht zu Mühlberg, in der Karls Gegner, Kurfürst Johann Friedrich I. von Sachsen, eine schwere Niederlage hinnehmen muss (Gemälde von Tizian, 1547, Bild rechts oben).**

„Nach 1525 flaute der reformatorische Aufbruch von unten ab. Die Initiative ging auf die Obrigkeit über", meint der Historiker Jürgen Mirow. Doch diese kann die zerbrochene Glaubenseinheit nicht mehr kitten. Im Gegenteil, die in der Schweiz in den »Kappeler Religionskriegen« von 1529 und 1531 ausgebrochenen Konflikte finden in Deutschland eine Fortsetzung.

Am 23. 2. 1531 schließen mehrere evangelische Reichsstädte unter der Führung Kursachsens im Schmalkaldischen Bund eine Verteidigungsallianz gegen die kaiserliche Religionspolitik. Dem setzen die katholischen Reichsstände unter der Leitung Bayerns ihre Liga entgegen (1538). Als die Schmalkaldener 1545

dem Aufruf des Kaisers, am Konzil von Trient teilzunehmen, nicht folgen, geht Karl V. ein Jahr später gegen sie vor. Das Wahlversprechen, keine fremde Truppen ins Land zu holen, verwirft er. Mit spanischen, holländischen und italienischen Söldnern schlägt er die zahlenmäßig überlegenen Streiter des Schmalkaldischen Bundes.

Religionsfriede

Karl V. ist auf dem Gipfel seiner Macht, aber die Evangelischen sind nicht geschlagen. Also bequemen sich beide Seiten im »Augsburger Interim« über die Religionsfrage eine Zwischenlösung anzustreben (1547). Der Vertrag von Passau (2. 8. 1552) leitet Vorverhandlungen über die Beendigung der Religionsstreitigkeiten ein, im »Augsburger Religionsfrieden« (25. 9. 1555) finden endlich die friedenswilligen Kräfte an einen gemeinsamen Tisch.

Nach sieben Monaten zäher Verhandlungen zwischen Karls Statthalter Ferdinand I. und den Reichsständen werden die Anhänger des Augsburger Bekenntnisses, die Lutheraner, als gleichberechtigt anerkannt und den Reichsständen und der freien Reichsritterschaft die freie Wahl der Konfession zugestanden. Nach ihrem Bekenntnis haben sich

die Untertanen zu richten. Jene, die dem Glaubensdiktat des Herrschers nicht gehorchen, sollen ohne Verlust an Besitz, Vermögen und Ehre auswandern dürfen, nach der Formel »Cuius regio, eius religio«, »Wessen das Land, dessen die Religion«.

In Fortsetzung der Reformen des Reichsregiments von 1521 beschließt der Augsburger Reichstag die Reichsexekutionsordnung. In zehn neuen Reichskreisen soll der Landfrieden gesichert werden, die den Reichskreisen angehörenden Reichsstände tragen dafür die Verantwortung.

Verhinderte Einheit

Diesen Reichskreisen kommt in Zukunft einige Bedeutung zu. Schon 1436 tauchten Pläne auf, das durch innere und äußere Wirren geschwächte Deutsche Reich in vier Kreise zusammenzufassen. Nikolaus von Kues, ein bedeutender Gelehrter des deutschen Mittelalters, schlägt zwölf Kreise zur Wahrung des Friedens vor. Maximilian I. errichtet sechs, die 1512 auf zehn erhöht werden. Diese Reichskreise sind eine von den Ständen getragene Institution.

Der Augsburger Religionsfriede hat nicht nur die konfessionelle Spaltung legitimiert. Weil die Wahrung des Friedens bei den Ständen liegt, ist Deutschland von der Institutionalisierung einer Zentralgewalt weiter denn je entfernt. Besonders die norddeutschen Territorien fühlen sich durch die Anerkennung der Reformation im Selbstbewusstsein gestärkt. Das Deutsche Reich ist auf dem besten Wege, eine weitere Strukturgrenze auf seinem Boden zu errichten, die konfessionelle zwischen Protestanten und Katholiken.

Schmalkaldischer Bund 1530/31 der protestantischen Fürsten und Städte

Erweiterungen des Schmalkaldischen Bundes 1536 und danach

Katholische Liga von Nürnberg 1538

0   200 km

Nach ihrem demonstrativen Auszug vom Reichstag zu Speyer gründen am 22. 4. 1529 Sachsen, Hessen, Straßburg, Nürnberg und Ulm einen geheimen, den **Schmalkaldischen Bund** zur rechtlichen, gegebenenfalls kämpferischen Behauptung des Luthertums. Der evangelische Bund lehnt eine Verständigungspolitik mit dem katholischen Kaiser Karl V. ab und gerät durch die Stellungnahme für den zum Protestantismus übergetretenen Kölner Erzbischof Hermann von Wied in scharfen Gegensatz zum Reich. Bund und Reich tragen ihren Konflikt im **Schmalkaldischen Krieg** 1546/47 aus, in dessen Verlauf das Reich siegt und sich der Bund auflöst.
Als Papst Paul III. am 2. 6. 1536 zu einem Konzil nach Mantua einlädt, beauftragt der evangelische Kurfürst Friedrich von Sachsen Martin Luther seine Lehre in unwiderruflichen Artikeln als Diskussionsgrundlage für das Treffen darzulegen. Auf dem Bundestag zu Schmalkalden (Februar 1537) entscheiden sich die Mitglieder des Schmalkaldischen Bundes dann nicht für Luthers unversöhnliche Studien, sondern nur für die Confessio Augustana, die von Melanchthon ausgearbeitete Bekenntnisschrift der Lutheraner, die den Ausgleich mit den Katholiken sucht. Der Name **Schmalkaldische Artikel** bezieht sich daher nur auf die Ausführungen Luthers, die 1538 in einer vermehrten Fassung den lutherischen Bekenntnisschriften zugerechnet werden.

Reformen und Gewalt

„Der Augsburger Religionsfriede war Ausdruck einer äußerst labilen und daher prekären Machtbalance und gab der Glaubensspaltung eine reichsrechtlich verbindliche, nicht auf Dauer berechnete Fassung. In den Jahrzehnten nach 1555 zeigte sich, dass er als historische Momentaufnahme der politischen Konstellation der Jahre 1552 bis 1555 nicht in der Lage war, die Dynamik der weiteren konfessionellen und politischen Entwicklung zu bändigen und in den Bahnen friedlicher Auseinandersetzungen zu halten."

Ulrich Lange, 1997

Eine Verwaltungsreform stärkt die Gewalt der Pfarrer und Bischöfe über die Gläubigen, weist den Bischöfen das Visitationsrecht (= Kontrolle) zu und den Pfarrern den Katechismusunterricht sowie die Führung von Tauf-, Trauungs-, Firmungs-, Totenbüchern und Kommunionslisten. Provinzial- und Diözesansynoden sollen das Reformprogramm in die Praxis umsetzen, die wieder gründlichen Visitationen unterliegen. *„Die Konzilsdekrete wurden so zum Ausgangspunkt eines neuen Amtsverständnisses des Klerus. Nicht mehr die materiellen Segnungen der Pfründe standen im Vordergrund, sondern die Pflicht zur seel-*

Augsburger Reichstag, 1530, an dessen Ende die unversöhnliche konfessionelle Konfrontation zwischen den beiden großen Religionen steht. Das Augsburgische Bekenntnis wird ohne Beteiligung Luthers von Melanchthon verfasst und von den protestantischen Reichsfürsten und Städten unterzeichnet (Bild oben). – Konzil von Trient (Bild rechts unten). – Die Einführung der Reformation durch die Territorialherren bis 1570 (Karte unten).

W ann immer die Gegenreformation einsetzt, mit dem so genannten gläsernen Augsburger Religionsfrieden von 1555 oder mit dem Konzil von Trient 1563, das Reich taumelt an der Wende zum 17. Jh. einer Katastrophe entgegen: Die Kluft zwischen den katholischen und protestantischen Reichsständen vertieft sich und der Gegensatz zwischen den Habsburgern und den überwiegend protestantischen Landständen wird schärfer. Die Legalisierung der Mehrkonfessionalität durch den Beschluss von Augsburg kann in der Folge politisch nicht bewältigt werden. Kritische Stimmen werden laut, immer mehr Fürsten verweigern die Durchführung der Beschlüsse, andere wieder treten für strenge Einhaltung der vorgegebenen Normen ein. Nach 1555 beginnen die protestantischen Territorialherren, auf ihren Territorien vollendete Tatsachen zu schaffen und die Bistümer unter ihre Gewalt zu stellen. Dabei sind konfessionelle und dynastische Motive eng miteinander verbunden. Bereits 1566 sind alle Bistümer Norddeutschlands nördlich der Weser mit Ausnahme von Hildesheim evangelisch.

Die katholische Kirche gerät zunehmend unter Druck. Das Konzil von Trient – es dauert nicht weniger als 18 Jahre (1545 bis 1563) und in der zweiten Periode von 1551 bis 1552 nehmen auch protestantische Reichsfürsten daran teil – beschließt eine grundlegende Erneuerung der Kirche.

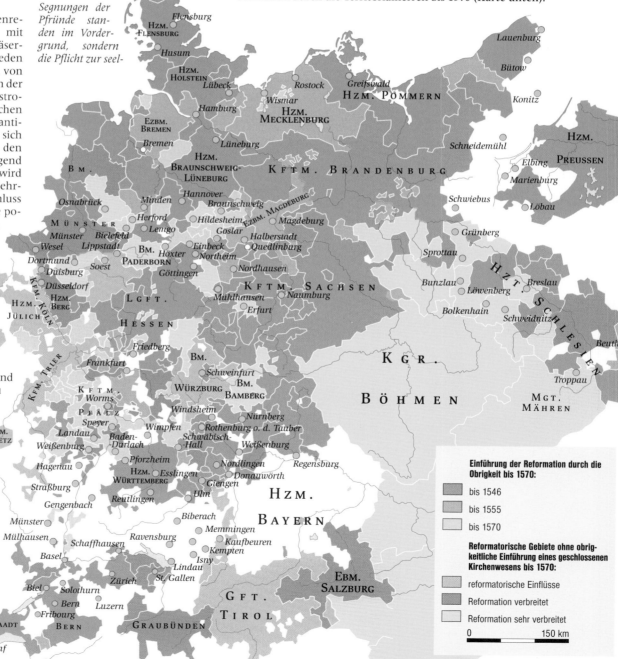

Einführung der Reformation durch die Obrigkeit bis 1570:

- bis 1546
- bis 1555
- bis 1570

Reformatorische Gebiete ohne obrigkeitliche Einführung eines geschlossenen Kirchenwesens bis 1570:

- reformatorische Einflüsse
- Reformation verbreitet
- Reformation sehr verbreitet

0   150 km

sorgerischen Wahrnehmung des geistlichen Amtes, dessen Aufgaben sich nicht einfach in einer Summe fest umrissener, in jedem Falle gegen Geld geübter kirchlicher Dienstleistungen erschöpften", stellt der Geschichtswissenschaftler Ulrich Lange fest.

Dogmatische Erstarrung

Mehrere Dekrete formulieren strittig gewordene Fragen verbindlich, wie die der Sakramente, der Erbsünde, der Rechtfertigung und der Willensfreiheit. Das sind die konkreten Antworten auf Luthers Schmalkaldische Artikel, die gegenüber der katholischen Kirche eine kompromisslose Haltung einnehmen.

Die dogmatische Festlegung ihrer Standpunkte erschwert beiden Konfessionen die Annäherung. Die scharf formulierten Lehrdekrete der katholischen Kirchenreformer erleichtern der Inquisition das Vorgehen gegen die Ketzer, zu denen nach der geltenden Kirchenmeinung auch die Protestanten gehören. Dem laufen jedoch die nach wie vor gültigen Augsburger Beschlüsse zuwider, die Evangelische nicht mit Häretikern und Ketzern gleichstellen.

Trotz der rechtlichen Pattstellung zwischen den beiden großen Konfessionen und der zahlenmäßig stärkeren evangelischen Bevölkerung gewinnt der Katholizismus im Reich wieder an Boden. Die Gegenreformation ist das Ergebnis der Remissionierung durch die Jesuiten und die unterstützende obrigkeitliche Macht der katholischen Fürsten.

Der Jesuitenorden, von Papst Gregor XIII. leidenschaftlich gefördert, verfolgt zwei Aufgaben: eine konfessionelle, die Rekatholisierung verloren gegangenen Terrains, und eine machtpolitische, die Ausschaltung der protestantischen Stände und die Errichtung eines absolutistischen Regimes. Die Angehörigen des Ordens sind geistig und geistlich hervorragend ausgebildet und dem Papst durch Eid verpflichtet: Sie haben absolut gehorsam die Lehre der katholischen Kirche in die Welt zu tragen.

Missionseifer

Mit missionarischem Eifer gründen die Jesuiten Gymnasien, Universitäten und Priesterkollegien in Wien, Prag, Köln, Ingolstadt, München und anderen Städten. Zum führenden Sprecher des deutschen Jesuitenordens wird Peter Canisius, mit bürgerlichem Namen Pieter Kanjis aus Nimwegen. Er gründet die deutsche Ordensprovinz, die 1563 über 160 Ordensangehörige zählt.

Reichsrechtlich stützt sich die Rekatholisierung auf den Beschluss der Augsburger Verhandlungen, nach denen die Untertanen den Glauben ihres Landesherrn anzunehmen haben. Diese Regelung, ein Zugeständnis an die Protestanten, sorgt jetzt in Anwendung durch die Katholischen für Zündstoff bei den evangelischen Ständen.

Nach dem Trienter Konzil und der Etablierung der Jesuiten zeigen die katholischen Fürsten und Reichsstände neues Selbstbewusstsein. Ungestüm drängen sie auf die Einhaltung des Augsburger Religionsfriedens durch die Evangelischen. Diese, überrascht durch das plötzlich offensive Vorgehen, sind uneins: Die calvinistischen »Falken« vertreten einen radikalen Kurs, wie in der Kurpfalz, die lutherischen »Tauben« empfehlen dagegen ein liberales Verhalten. Kursachsen ist zum Beispiel sogar auf Kosten der Protestanten zu Konzessionen bereit, um die Reichseinheit zu wahren. Die wichtigsten Streitpunkte der beiden großen Konfessionen kreisen um die Frage des Reformationsrechtes in den Reichsstädten und um die Höhe des Anteils der evangelischen Obrigkeit am territorialen Kirchengut.

Rekatholisierung

Schon unmittelbar nach dem Trienter Konzil leiten 1564 Bayern und Österreich die Gegenreformation ein. Schritt für Schritt entmachten sie die protestantischen Stände. Im Kölner Krieg von 1583 kommt es zur ersten militärischen Auseinandersetzung: Domkapitel und Landtag, beide katholisch orientiert, verhindern gewaltsam den Versuch von Erzbischof und Kurfürst Gebhard Truchsess von Waldburg, sein Kurfürstentum den Evangelischen zu öffnen.

Misstrauen auf beiden Seiten

Im Konfessionskonflikt versagen die Rechts- und Regierungsinstrumente zunehmend. Seit 1601 kann das Reichskammergericht keinen Rechtsspruch mehr fällen. Auf Reichstagen fassen die Stände kaum mehr gemeinsame Beschlüsse. Jede von den Territorialherren getroffene Aktivität wird von der konfessionellen Gegenseite misstrauisch beobachtet.

Als der bayerische Herzog Maximilian I., um die katholische Minderheit zu unterstützen, 1608 die Vollstreckung einer Reichsacht gegen die protestantische Reichsstadt Donauwörth exekutieren will, kommt es auf dem zur gleichen Zeit tagenden Reichstag zu Regensburg zum Eklat. Empört fordern die Protestanten eine nochmalige Bestätigung des Augsburger Religionsfriedens, bei sonstiger Verweigerung ihrer Unterstützung zur Abwehr der Türken. Die katholischen Reichsstände kontern, sie verlangen die Herausgabe der seit 1555 vertragswidrig angeeigneten Territorien, u. a. die von den Protestanten besetzten norddeutschen Bistümer. Über diesen Gegensatz kommt es zum Bruch: Unter Führung von Kurpfalz verlassen die Evangelischen den Reichstag, der sich ohne Reichsabschied (formelle Beendigung) auflöst.

»Union« gegen »Liga«

Wieder sammeln die Protestanten wie schon einmal im Schmalkaldischen Bund ihre Kräfte. Die Kurpfalz gründet mit anderen süddeutschen protestantischen Ständen (Württemberg, Baden-Durlach, Ansbach-Bayreuth) noch im gleichen Jahr die »Union«, eine konfessionelle Allianz gegen die Katholischen. Die Katholischen stellen ihr ein Jahr später die von Bayern gelenkte »Liga« gegenüber. Offiziell setzen sich beide Bünde das defensive Ziel, ihre Konfession und den Landfrieden zu verteidigen. Österreich und Salzburg treten keinem der Bünde bei. In Österreich ist seit 1596 Erzherzog Ferdinand III. dabei, das Land gewaltsam zu rekatholisieren, und alle Protestanten, die nicht konvertieren wollen, des Landes zu verweisen. Tausende wandern ins Reich aus.

Krieg der Religionen

„Die Aufrüstung der deutschen Konfessionslager war umso gefährlicher, als auch im übrigen Europa die Spannungen zugenommen hatten. In einer der Wetterecken drohte ein Unwetter aufzuziehen: Täglich rechnete man mit dem Ableben des kinderlosen Herzogs von Jülich-Kleve. Mehrere Reichsstände erhoben Anspruch auf das Erbe und auch der Kaiser, Spanien, die Niederlande und Frankreich waren entschlossen, ihren und ihrer Partei Vorteil zu wahren."

Heinz Schilling, 1994

Was alle erwarten, trifft ein: Am 23. 3. 1609 stirbt mit Herzog Johann Wilhelm die Manneslinie der Herzöge von Kleve aus. Unter den vielen großen und kleinen Anwärtern, die auf die Erbschaft hoffen und bereit sind, ihre Ansprüche mit Waffengewalt durchzusetzen, sind die beiden lutherischen Fürsten Sigismund von Brandenburg und Wolfgang Wilhelm von Pfalz-Neuburg die schnellsten. Sie besetzen im Handumdrehen das Herzogtum. Im Dortmunder Rezess bestätigen sie die Unteilbarkeit des Erbes. Kaiser Rudolf II. allerdings, der das gemischtkonfessionelle Gebiet

für sein Haus gewinnen will, verweigert die Anerkennung und beauftragt Bischof Leopold von Passau und Straßburg, das Ländchen zu besetzen. Das ruft den Widerspruch von Frankreich, Holland und England hervor, sie vertreiben den Bischof. Die Ermordung des französischen Königs Heinrichs IV. 1610 glättet die Wogen etwas und im Einverständnis mit Brandenburg und Pfalz-Neuburg kann Rudolf II. das Herzogtum an Sachsen als Lehen weitergeben. Sigismund und Wolfgang Wilhelm teilen sich weiterhin die Regentschaft. Damit ihr Territorium nicht eines Tages zwischen den Großen aufgeteilt wird, suchen sie Rückhalt bei den konfessionellen Parteien, bei der evangelischen »Union« die eine, bei der katholischen »Liga« der andere. Nun tritt genau das ein, was beide verhindern wollten: Spanische Truppen besetzen Jülich, holländische Kleve, das Land ist geteilt. Erst 1614 wird der Streit unter Vermittlung Frankreichs und Englands beigelegt.

Im Jülich-Kleve-Konflikt kündigen sich Machtkonstellationen an, die drei Jahre später im »Krieg aller Kriege« wirksam werden. Anlass ist der Streit zwischen den katholischen, habsburgischen Herrschern und den evangelischen Ständen in Böhmen.

Der seit 1576 amtierende Kaiser Rudolf II. leidet fortschreitend an geistiger Umnachtung. Das Land braucht eine neue Zentralgewalt und da der Kaiser sein Amt nicht freiwillig aufgibt, proben seine Brüder eine Palastrevolte. Matthias I. zieht 1608 mit kaiserlichen Truppen gegen die Prager Residenz Rudolfs II., um ihn zur Abdankung zu zwingen. Doch die

böhmischen Stände wollen alles andere als einen Regimewechsel. Sie unterstützen den Kaiser gegen Zugeständnisse: freie Konfessionsausübung, Wiedereröffnung der Universität, Verzicht auf gewaltsame Bekehrungsversuche.

Rudolf II., von seinen Beratern bedrängt, bestätigt ihre Forderungen im »Majestätsbrief« vom 9. 7. 1609. Doch kurze Zeit später geht er militärisch gegen die Stände vor, die nun in ihrer Not Matthias I. um Unterstützung bitten. Wenige Monate später stirbt Rudolf und Matthias besteigt den Thron.

Der Prager Fenstersturz 1618 (Bild oben). – Die Länder der »Union« und der »Liga«, 1. Hälfte des 17. Jhs. (Karte unten). – Albrecht von Wallenstein (Bild Mitte rechts unten). – Gustav II. Adolf von Schweden (Bild ganz rechts unten).

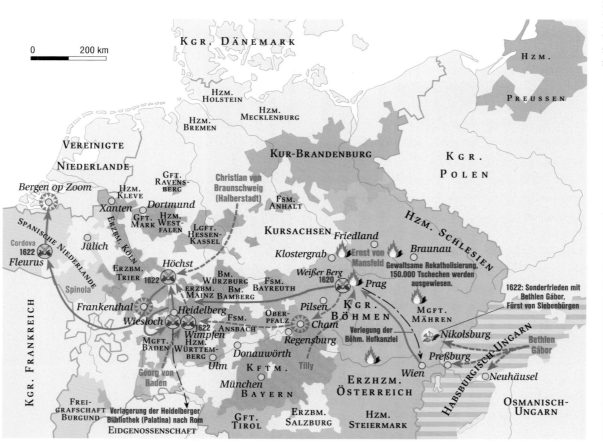

Die protestantische »Union« wird am 14. 5. 1608 im säkularisierten Kloster Auhausen bei Nördlingen gegründet. Das Defensivbündnis leidet von Anfang an unter chronischem Geldmangel, den Differenzen zwischen Lutheranern und der calvinistischen Mehrheit, am Fernbleiben Kursachsens und der norddeutschen Fürsten. Die »Union« wird am 12. 4. 1621 formell aufgelöst.

Die katholische »Liga«, ein von katholischen Reichsständen am 10. 7. 1609 zur Wahrung ihrer religionspolitischen Interessen gegründetes Defensivbündnis, nimmt in der böhmisch-habsburgischen Auseinandersetzung von 1618 militanten Charakter an. Mit Hilfe päpstlicher Hilfsgelder stellt die »Liga« im Dezember 1619 ein Heer von 25.000 Mann unter der Führung von Johann Tserclaes Graf von Tilly auf. Sie bekämpft die böhmischen Protestanten und später die norddeutschen Fürsten. Der Frieden von Prag löst die »Liga« 1635 auf.

österreichische Habsburger

spanische Habsburger

Zwist um die Nachfolge

Seine Position ist innerhalb der habsburgischen Familie unangefochten, doch über seine Nachfolge brechen zwischen der österreichischen und spanischen Linie heftige Auseinandersetzungen aus. Erzherzog Ferdinand von der österreichischen Seite will seinen Anspruch durch einen Kompromiss mit dem spanischen Haus absichern und schließt mit dem spanischen Gesandten Oñate einen Geheimvertrag: Für den Besitz Böhmens und Ungarns ist er bereit, das Elsass mit Hagenau und Ortenburg dem spanischen König zu überlassen. Als dieses Geheimpapier an die Öffentlichkeit gelangt, fühlt sich Frankreich von den österreichischen und spanischen Habsburgern eingekreist. Der Vertrag veranlasst Frankreich im Dreißigjährigen Krieg einzugreifen.

Ferdinand ist ein eifriger Anhänger der Rekatholisierung. Kaum zum Kaiser gewählt, geht er repressiv gegen die böhmischen Stände vor, verwirft die im »Majestätsbrief« Rudolfs gegebenen Versprechen und verbietet einen nach Prag einberufenen Protestantentag. Die Empörung in Prag ist ungeheuer und wie schon 1419 kommt es auch diesmal zum Fenstersturz: Protestantische Adelige werfen die kaiserlichen Statthalter Jaroslaw von Martiniz und Wilhelm von Slavata aus einem Fenster des Hradschin (23. 5. 1618). Der Prager Fenstersturz leitet den Dreißigjährigen Krieg ein. Umgehend konstituieren die Stände einen Landtag und verabschieden eine nach Schweizer Muster gehaltene ständische Verfassung (Konföderationsakte, 31. 7. 1619), die das Recht der Königswahl einschließt. Im Einvernehmen mit den österreichischen Ständen wird Ferdinand abgesetzt (22. 8.) und Kurfürst Friedrich V. von der Pfalz, Führer der protestantischen »Union« in Deutschland, zum neuen König gewählt (26./27. 8).

Ein neuer Böhmenkönig

Die Annahme der Krone durch Friedrich V. und seine Krönung in Prag noch im November 1619 besiegelt die politische Verbindung zwischen der Führungsmacht des deutschen Calvinismus und der böhmischen ständischen Opposition. Das Haus Habsburg kann diese Entwicklung nicht tatenlos hinnehmen.

Was zunächst wie eine böhmisch-habsburgische Adelsrevolte aussieht, mündet im offenen Kampf zwischen Protestanten und Katholiken, Kaiser und Reichsständen und endet in einem Krieg europäischer Mächte auf deutschem Boden.

Nach dem Tod von Matthias I. tritt Ferdinand II. die Nachfolge an. Er errichtet in den habsburgischen Ländern wieder die katholisch-monarchische Zentralgewalt und wird bestimmende Gestalt des Absolutismus seiner Epoche.

Im Münchner Vertrag vom 8. 10. 1619 schließt Ferdinand II. ein Bündnis mit Herzog Maximilian I. von Bayern, dem Führer der katholischen »Liga«. Gegen die Erstattung der Kriegskosten und die Übertragung des pfälzischen Kurfürstentums kämpfen die bayerischen Wittelsbacher für Habsburg gegen die Evangelischen in Böhmen.

Die Entscheidung lässt auf sich warten. Erst am 8. 11. 1620 findet die erste große Schlacht statt: Das Heer der katholischen »Liga« unter dem Feldherrn Johann von Tilly schlägt die böhmischen Truppen des Christian von Anhalt am Weißen Berg vor den Toren Prags. Friedrich V. flieht in Panik in die Niederlande. Die Schmähung, ein »Winterkönig« zu sein, hängt ihm nicht nur seitens der Katholischen nach.

Die umgehend einsetzende Rekatholisierung, die Übergabe der Kurpfalz und der Oberpfalz an Maximilian I. von Bayern und die Belehnung des sächsischen Kurfürsten mit der schlesischen Lausitz für sein neutrales Verhalten im Böhmisch-Pfälzischen Krieg (1619 bis 1623) beendet den ersten Abschnitt des Dreißigjährigen Krieges.

Kein Friede in Sicht

Obwohl seit 1621 zaghaft Friedensfühler ausgestreckt werden, finden sich keine Vermittler. Feldherr Tilly verfolgt gemeinsam mit dem Söldnerheer Albrechts von Wallenstein die Anhänger Friedrichs und gerät dabei auf nordwestdeutsches Territorium. Die protestantischen Fürsten befürchten Arges und rufen König Christian IV. von Dänemark um Hilfe. Im Niedersächsisch-Dänischen Krieg (1625 bis 1629) ermöglichen Siege der Kaiserlichen an der Elbbrücke bei Dessau (25. 4. 1626) und bei Lutter am Barenberge (27. 8. 1626) die Eroberung Norddeutschlands durch die Katholischen.

Ferdinand II., auf dem Höhepunkt der Macht, erlässt 1629 das »Restitutionsedikt«: Die Protestanten müssen alle seit 1552 eingezogenen geistlichen katholischen Güter herausgeben. Das Vorgehen schreckt selbst die katholischen Reichsstände auf, sie fürchten, der Kaiser könnte auch ihre Position untergraben. Auf dem Kurfürstentag von Regensburg zwingen sie Ferdinand II., seinen so erfolgreichen Feldherrn Wallenstein, Garant aller militärischen Erfolge, zu entlassen (1630).

Unterdessen landet König Gustav II. Adolf von Schweden mit seinem Heer auf Usedom. Mehrere Gründe bewegen ihn zum Krieg: Die Siege der Kaiserlichen in Norddeutschland gefährden seine Seeherrschaftspläne im Ostseeraum, auch befürchtet er, dass Habsburg Polen unterstützen könnte, um die Herrschaft der schwedischen Wasa abzuschütteln. Tatsächlich wird Gustav II. Adolf von der evangelischen deutschen Bevölkerung als Retter begrüßt. Damit beginnt die dritte Kriegsphase, der »Schwedische Krieg« (1630 bis 1635). Tilly verliert die Schlacht bei Breitenfeld (17. 9. 1631) und fällt in der am Lech (15. 4. 1632).

In aller Eile holt Ferdinand II. den bewährten Wallenstein zurück und überträgt ihm den Oberbefehl über die kaiserlichen Truppen. Wallenstein ist der Alte geblieben: Die Schlacht bei Lützen findet zwar keinen Sieger, aber König Gustav Adolf fällt im Kampf (16. 11. 1632) und die schwedische Armee verliert ihren fähigsten Feldherrn. Das Kriegsglück wechselt wieder die Fronten.

Außer Kontrolle

„Der Krieg war allen Fürstenhöfen völlig außer Kontrolle geraten, und es fehlte auch an greifbaren Streitobjekten und klaren Kriegszielen. Seit dem Prager Frieden zog sich der Krieg noch lange in wechselvollen Feldzügen durch Deutschland hin und her, ohne dass eine Seite stark genug war, eine Entscheidung zu erzwingen."

Jürgen Mirow, 1996

Eine der schillerndsten Figuren der Weltgeschichte spielt im Dreißigjährigen Krieg eine große Rolle: Albrecht Wenzel Eusebius von Waldstein, besser als Wallenstein bekannt. Am 24. 9. 1583 in Hermanitz bei Königgrätz geboren, bald lutherisch, bald im Glauben der Sekte der Böhmischen Brüder erzogen, landet er schließlich in einer Jesuitenschule und wird katholisch. Die Jesuiten suchen ihm auch seine Frau, die sehr viel ältere, aber sehr reiche Witwe Lukrezia Nekeschin von Witschkow. Als sie stirbt, ist er ein wohlhabender Mann und findet Eingang in die beste Gesellschaft, 1607 wird er Kämmerer am Hofe des späteren Kaisers Matthias. Seine zweite Frau, Isabella von Harrach, aus höchstem österreichischen Adel, öffnet ihm die besten Verbindungen zum Wiener Hof. Nach der Schlacht am Weißen Berg 1620 nimmt er an der Säuberung Böhmens teil, reißt über 50 Güter geächteter Aufständischer an sich und requiriert die gefüllte Kriegskasse der mährischen Stände von Olmütz. 1623 wird er in den Pfalzgrafen- und Fürstenstand erhoben, 1625 ernennt ihn der Kaiser zum Herzog von Friedland.

Feldherr Wallenstein

Noch im gleichen Jahr stellt Wallenstein in Flandern auf eigene Kosten ein Kürassierregiment auf und meldet sich beim Kaiser zum Kriegseintritt, um die »Liga« gegen Dänemark zu unterstützen. 1628 wird er zum »General des Ozeanischen und Baltischen Meeres« ernannt, er erhält nach dem Frieden von Lübeck mit Dänemark das Herzogtum Mecklenburg zum Lehen (1629); nach Tillys Tod rückt er zum Oberbefehlshaber des kaiserlichen Heeres auf.

Aus heutiger Sicht war Wallenstein weder ein glänzender Feldherr noch ein guter Stratege, aber ein hervorragender Organisator. Er befeh-

ligte 20.000 bis 60.000 Söldner, achtete auf Disziplin, erfand u.a. den Zapfenstreich und zahlte gut und pünktlich, was in den damaligen Zeiten keine Selbstverständlichkeit war. Daher gingen seine Soldaten für ihn durch dick und dünn. Der Nachschub funktionierte, er beruhte auf dem Prinzip: Das Land ernähre den Krieger. Und die Ernährung war nicht schlecht: Ein gemeiner Soldat erhielt täglich mehr als 1 kg Fleisch, zwei Maß Bier und 1 kg Brot.

Mord in Eger

Nach dem Tod König Gustavs II. Adolf von Schweden in der unentschiedenen Schlacht bei Lützen (1632) erweckt Wallenstein wegen seiner zögernden Kriegsführung und seiner Verhandlungen mit Sachsen und Schweden das Misstrauen des Kaisers, das Intrigen und Gerüchte am Hofe zu Wien noch verstärken. Schon einmal ist Wallenstein seines Amtes auf Antrag der Reichsfürsten enthoben worden, jetzt, am 24. 1. 1634, entlässt ihn der Kaiser zum zweiten Mal. Wallenstein ahnt Böses, er versichert sich der Treue seiner Offiziere und knüpft Verbindungen zum protestantischen Feldherrn Bernhard von Weimar. Seine düstere Ahnung bestätigt sich: In der Nacht des 25. 2. 1634 wird Wallenstein in Eger mit dreien seiner Getreuen ermordet. Die Täter und ihre Auftraggeber bleiben unbekannt. Tage vor dem Attentat, am 18. 2. 1634, hat Kaiser Ferdinand II. ein »Proskriptionspatent« gegen seinen ehemaligen Feldherrn erlassen, da seine *„meineidige Treulosigkeit und barbarische Tyranei, dergleichen nicht gehört noch in Historiis zu finden ist."*

Nach der schwedischen Niederlage bei Nördlingen (1634) schließen Kaiser Ferdinand II. und der protestantische Kurfürst Johann Georg I. von Sachsen, Sprecher der Reichsstände, in Prag Frieden (30. 5. 1635): Ferdinand verzichtet auf die Durchführung des Restitutionsedikts, dafür sichert der Kurfürst die militärische Unterstützung bei der Wiedergewinnung der von den ausländischen Mächten besetzten Reichsteile zu. Außer Baden, Hessen-Kassel und Württemberg schließen sich alle bedeutenden deutschen Stände dem Frieden an. Die letzte Phase des Dreißigjährigen Krieges, der Französisch-Schwedische Krieg (1635 bis 1648) wird von Frankreichs Kardinal

Richelieu gesteuert. Er schließt mit allen Gegnern des Hauses Habsburg Bündnisse, den Generalstaaten (Holland), Schweden, Savoyen, Mantua, Parma, und tritt auch mit französischen Truppen in den Krieg ein. Die konfessionelle Motivation spielt keine Rolle mehr, vielmehr soll die habsburgische Vormachtstellung in Europa gebrochen werden. Nun entgleitet der Krieg jeder Kontrolle: Söldnerbanden durchziehen das Land und hinterlassen eine ungeheure Spur der Verwüstung. Planlos geführten Feldzügen sind da und dort Zufallserfolge beschieden, sie spielen in der allgemeinen Erschöpfung keine Rolle mehr. Keine der Krieg führenden Parteien ist imstande, einen militärisch entscheidenden Erfolg zu erringen. Als die Franzosen im Zangenangriff gegen Bayern vorgehen,

trifft die erlösende Nachricht vom Abschluss des Westfälischen Friedens aus Münster ein.

Friede

Am 24. 10. 1648 beenden die Friedensschlüsse von Münster und Osnabrück im so genannten Westfälischen Frieden die Kriegshandlungen zwischen den Schweden und Franzosen einerseits und Kaiser Ferdinand III. – sein Vater ist am 15. 2. 1637 gestorben – andererseits. Die Verträge behandeln zwei Hauptpunkte: 1. die Religionsfrage und 2. die Reichsverfassung. Das Religionsproblem soll durch die Fixierung der konfessionellen Grenzen des so genannten Normaljahres 1624 festgeschrieben und durch Anerkennung der Calvi-

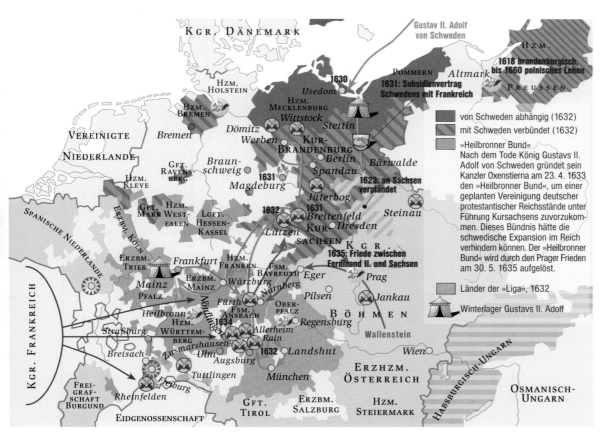

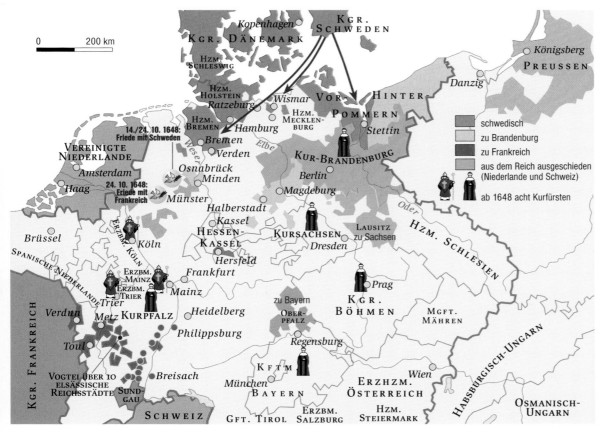

Die Ermordung Albrechts von Wallenstein, 1634, zu Eger (Bild links oben). – Lagerszene aus dem Dreißigjährigen Krieg. Entlang der Heeresstraßen und im Umfeld der Kriegsschauplätze ist die Zivilbevölkerung auf der ständigen Flucht. (Gemälde, Sebastian Bourdon, 1643, Bild links unten). – Der Französisch-Schwedische Krieg 1635 – 1648 (Karte oben). – Der Westfälische Friede und die territorialen Veränderungen im Heiligen Römischen Reich 1648 (Karte unten).

nisten gelöst werden. Die Reichsinstitutionen werden in Zukunft paritätisch besetzt. Getrennt beratende katholische und protestantische Reichsstände entscheiden konfessionelle Fragen im Reichstag gemeinsam. In den Reichsgeschäften erfahren die Reichsstände eine starke Aufwertung durch die Übertragung der vollen Landeshoheit, sie erhalten das Recht der Gesetzgebung, die Steuerhoheit und ein Bewaffnungs- und Bündnisrecht. Außerdem ist der Kaiser in der Ausübung seiner politischen Geschäfte an ihre Zustimmung gebunden.

Frankreich fasst Fuß

Der Westfälische Friede »atomisiert« das Reich zu einem lockeren Verband von Einzelstaaten. Obwohl es weder Sieger noch Besiegte gibt, ist das Heilige Römische Reich am Ende seiner Kraft und muss den Frieden annehmen, der auch territoriale Bestimmungen enthält: Metz, Toul, Verdun und Elsass gehen an Frankreich, Vorpommern, Bremen, Verden und Wismar sowie Sitz und Stimme im Reichstag an Schweden. Die Schweiz und die Niederlande scheiden endgültig aus dem Reich. Der Besitzstand von 1618 wird wiederhergestellt und die Rheinpfalz erhält die (achte) Kurwürde.

Über die Einhaltung des Westfälischen Friedens, der zum ewigen Grundgesetz des Reiches erklärt wird, wachen die Garantiemächte Frankreich und Schweden. Die Friedensbestimmungen besiegeln die Ohnmacht von Kaiser und Reich, sie sichern Frankreich die Möglichkeit, die Reichsstände gegen den Kaiser und diesen gegen die Reichsstände auszuspielen. Geopolitisch von Bedeutung ist die Abtretung der Mündungen der großen Flüsse Oder, Elbe, Weser und Rhein an fremde Mächte: Sie kontrollieren Wareneinund -ausfuhr und können über ihre Brückenköpfe jederzeit in das Reichsinnere militärisch vordringen.

Die Schäden des Dreißigjährigen Krieges können bis heute nicht annähernd festgestellt werden. Neben großen Gebieten, die im Krieg verschont bleiben, gibt es andere, die mehrmals heimgesucht werden. Hier »verheeren« die Heere das Land im wahrsten Sinne des Wortes, zwischen Freund und Feind gibt es keinen Unterschied. Im Kampfgeschehen selbst sterben die wenigsten, weitaus mehr Menschen – ca. ein Drittel der Bevölkerung – gehen als Opfer einer verrohten Soldateska, an Seuchen und Hunger zugrunde.

Das Reich zerfällt

„Es war nicht nur eine Kriegsperiode zu Ende gegangen, die dreißig, vierzig oder – im Falle des Niederländisch-Spanischen Krieges – sogar achtzig Jahre gewährt hatte. Es war ein Einschnitt erreicht, der den älteren von dem jüngeren Teil der frühen Neuzeit trennte. Nach den ersten anderthalb Jahrhunderten [...] war nun die Basis für eine neue Stabilität erreicht."

Heinz Schilling, 1994

Bereits während des Dreißigjährigen Krieges beginnt sich eine Tendenz abzuzeichnen, die sich in den folgenden Jahren ver-stärken und schließlich vollenden wird: die Tendenz zur Eigenstaatlichkeit peripherer Reichsteile. Begonnen hat der Prozess mit der Lösung der Schweizer Eidgenossenschaft vom Reich. Kurz nach dem Tod König Rudolfs von Habsburg gründen die drei Talschaften Uri, Schwyz und Nidwalden den »Ewigen Landfriedensbund« (1. 8. 1291), dem sich bald auch Obwalden anschließt. Seine Gründer sind nicht Fürsten oder Städte, sondern Landgemeinden. Ungewöhnlich ist, dass die drei Talschaften, ab 1309 »Waldstätte« genannt, unterschiedlichen Rechts-status besitzen: Nidwalden untersteht der habsburgischen Landesherrschaft, Uri ist seit 1231, Schwyz seit 1240 reichsunmittelbar. Zweck des Landfriedensbundes ist es, die Fehden der Familien innerhalb der Talschaften zu unterbinden. Der Landfriede wird notwendig, weil der Reise-, Transport- und Handelsverkehr nach Erschließung des Gotthardpasses 1237 stark zugenommen hat und einträglichen Gewinn durch Spann-, Fuhrwerker-, Schmiede-, Wagner-, Sattler- und andere Dienste verspricht. Um sich dieses Geschäft nicht entgehen zu lassen und einer möglichen Zuwanderung Fremder begegnen zu können, muss zunächst in den eigenen Kommunen der Frieden herrschen.

Schweizer Rebellen

Erst als die Habsburger unter Albrecht I. und Leopold I. ihre Landesherrschaft verstärken, nimmt der Landfriedensbund eine oppositionelle Haltung ein und beginnt sich wohlorganisiert aufzulehnen. In den Schlachten am Morgarten (1315), von Sempach (1386) und Näfels

Nach Abschluss des Friedens von Nimwegen (1678/79) richtet der französische König Ludwig XIV. **Reunionskammern** ein (réunion = Wiedervereinigung). Sie sollen jene Territorien zurückholen, die Frankreich im Mittelalter als Lehen vergeben hat und im Laufe der Zeit an das Reich gefallen waren. Die Kammern gehen zum Teil mit rechtlich umstrittenen und zweifelhaften Grundlagen vor. Sie annektieren zum Beispiel am 30. 9. 1681 die Reichsstadt Straßburg. Der Protest der Betroffenen verhallt ungehört, der Einspruch Kaiser Leopolds I. ist wirkungslos: Er benötigt alle Kräfte, um den zweiten Türkensturm auf Wien abzuwehren, zudem hat Frankreich im Großen Kurfürsten einen starken Verbündeten und mit den Niederlanden ein Stillhalteabkommen vereinbart. Frankreich ist erst nach dem verlorenen Pfälzischen Erbfolgekrieg und dem Frieden von Rijswijk 1697 bereit, bis auf das Elsass und Straßburg alle widerrechtlich angeeigneten Territorien zurückzugeben.

Der Friedensschwur in Münster beendet den Krieg des Reiches mit Frankreich (Gemälde, Gerard Terborch, Bild oben). – Mitteleuropa im Spannungsfeld französischer und osmanischer Vorstöße und der Aufstieg Brandenburgs unter dem Großen Kurfürsten (Karte links).

(1388) schlagen die geländekundigen Eidgenossen die habsburgischen Ritterheere vernichtend. Das gewachsene Selbstbewusstsein findet jetzt seinen Ausdruck in der Erneuerung des Bundesbriefes, der eindeutig antihabsburgische Forderungen enthält und in der Legendenbildung seinen Niederschlag findet. Das aufwühlend einprägsame Schiller'sche Drama von Wilhelm Tell mit der Gessler-Hut-Szene, dem Rütlischwur und dem Apfelschuss entbehrt dagegen der historischen Grundlage.

Schweiz unabhängig

Fest steht, dass die Schweizer Urkantone bald zum Werkzeug Ludwigs IV., des Bayern (1315), und der schwäbischen Städte (1386/88) werden, um die Habsburger beim Konflikt um die Königswürde im Reich zu belasten. Für die langsame Verselbständigung der Schweizer Eidgenossenschaft sind zwischen 1332 und 1353 der Beitritt der großen Städte und die Angliederung der Kantone Aargau und Thurgau entscheidend. Die Angriffe Neuburgunds wehrt sie mit habsburgischer Hilfe ab. Der Strafexpedition im »Schwabenkrieg« von Kaiser Maximilian I., der die Wormser Beschlüsse (1495) – »ewiger Landfriede«, allgemeine Reichssteuer und unabhängiges Reichskammergericht – durchsetzen soll, muss sie ohne fremde Hilfe standhalten. Im

Frieden von Basel 1499 scheidet die Schweizer Eidgenossenschaft praktisch aus dem Heiligen Römischen Reich aus, der Westfälische Friede besiegelt 1648 ihre Selbständigkeit.

Völlig anders entwickelt sich die Situation in den Niederlanden: Hier beschneidet König Philipp II. von Spanien – Sohn Karls V. und sein Nachfolger als Herrscher in den Provinzen an der Nordsee – die Rechte der Stände erheblich und ruft deren Widerstand hervor. Die starke Opposition erhält neue Nahrung durch die intolerante Politik des katholischen Philipp gegenüber den niederländischen Calvinisten. 1567 bricht der offene Widerstand aus, an dessen Spitze Wilhelm von Oranien steht. Die Solidarität mit dem spanischen Zweig seiner Familie lässt Kaiser Maximilian II. untätig zuschauen, wie die Spanier die niederländische Bevölkerung brutal unterdrücken. Obwohl die Aufständischen ihre Zugehörigkeit zum Reich in der Hoffnung auf habsburgische Unterstützung gegen die spanische Willkür betonen, bleibt die Hilfe aus.

Niederlande geteilt

1578 tritt Wilhelm von Oranien vor den Wormser Reichstag, um die deutschen Fürsten für die Sache der Niederlande zu gewinnen, vergebens: 1579 zerbricht das Land in zwei Teile, die nördlichen Provinzen Holland, Drenthe, Overijssel, Groningen, Geldern, Utrecht und Seeland vereinigen sich unter Wilhelm zur Utrechter Union, der katholische Süden bleibt unter spanischer Kontrolle. Die abgefallenen Generalstaaten, von den deutschen Fürsten und vom Kaiser im Stich gelassen, wenden sich immer mehr England und Frankreich zu.

Der Kampf gegen die Spanier stärkt ihren Willen zur Selbständigkeit, 1581 erklären sie sich für souverän und unabhängig von Heiligen Römischen Reich. England und Frankreich anerkennen 1596 die Souveränität der Generalstaaten, 1648 wird sie durch den Westfälischen Frieden bestätigt. Die Südprovinzen unter spanischer Herrschaft bleiben hingegen reichsabhängig.

Auch die habsburgischen Länder zeigen während des Dreißigjährigen Krieges die Neigung, sich vom Reich zu lösen. 1620 richtet Kaiser Ferdinand II. eine eigene Hofkanzlei für die österreichischen Länder ein und schränkt die Zuständigkeit der Reichskanzlei auf das übrige Reich ein. Ab 1624 folgt die Reichspost der Thurn und Taxis diesem Beispiel,

Österreich erhält eine eigene Postorganisation. 1637 muss der Reichshofrat seine Zuständigkeit an die österreichische Hofkanzlei abgeben. Der Kaiser stellt also den österreichischen Staatsgedanken bereits höher als die Reichsidee.

Partikularismus siegt

Ist der Zusammenhalt der einzelnen Reichsteile um 1500 wieder fester geworden, so siegt 1648 der Partikularismus: Die Schweiz und die Niederlande verlassen den Reichsverband und in den habsburgischen Ländern und in Italien nimmt der Wille zur Eigenständigkeit zu. Während in Westeuropa die Bildung von Nationalstaaten zügig fortschreitet, löst sich das Reich in Territorialstaaten auf. Der Westfälische Friede von 1648 erhebt die Autonomie der deutschen Länder zur faktischen Souveränität (»Teutsche Libertät«).

Stände gegen Krone

In fast allen europäischen Ländern kämpfen im 16. und 17. Jh. zwei Parteien um die Vormachtstellung im Staat: die Vertretung der Stände nimmt Front gegen den nach absoluter Macht drängenden Monarchen. In Frankreich und Spanien siegt die Krone, in England das Parlament. In allen Fällen bleibt die Einheit der Länder gewahrt, nur das römisch-deutsche Reich geht einen Sonderweg: Hier behalten weder Kaiser noch Stände als Ganzes die Oberhand, sondern einzelne Fürsten in der Zersplitterung.

Die Reichsstände, durch vielerlei Interessen und zuletzt noch durch unterschiedliche Religion einander entfremdet, finden nicht den Weg zu einer gemeinsamen Reichsspitze. Die kaiserliche Zentralgewalt, durch familiäre Solidaritäten gebunden, versäumt es, rigoros und mit klaren Zielvorstellungen die zweifellos mächtigen Stände in ein Regierungssystem einzubinden.

Der Kontinent ist nach der großen Erschöpfung des Dreißigjährigen Krieges zur Ruhe gekommen.

„Nach den ersten anderthalb Jahrhunderten, die zunächst den Aufbruch in der Religion, der Politik, der Wirtschaft und der Gesellschaft, dann Verhärtung und schließlich die innere und äußere Krise gebracht hatten, war nun die Basis für eine neue Stabilität erreicht, die bis zum nächsten mächtigen Schub des Wandels im letzten Drittel des 18. Jahrhunderts andauerte", stellt der Historiker Heinz Schilling fest.

Im Namen Gottes und des Teufels

„Das Zeitalter der legalen Hexenverfolgungen begann in Europa um 1430 und endete um 1780. Der Verfolgungszeitraum lag in seinem Schwerpunkt nicht im »finsteren Mittelalter«, sondern in der Neuzeit. Der Höhepunkt der Hexenverfolgungen ereignete sich in den Jahrzehnten zwischen 1560 und 1630, mit absoluten Verfolgungsspitzen in den 80er Jahren des 16. Jahrhunderts und in dem Jahrfünft 1626 – 1630. Während des restlichen 17. Jahrhunderts kam es immer wieder zu Verfolgungswellen. Noch die ganze erste Hälfte des 18. Jahrhunderts blieb die Gefahr von Hexenprozessen in Mittel- und Osteuropa virulent, während sich die ökonomisch und wissenschaftlich fortschrittlichen Länder Westeuropas zwar meist nicht de jure, aber de facto davon verabschiedet hatten."

Wolfgang Behringer, 1998

Die Ergebnisse einer Umfrage, die das Allensbacher Institut für Demoskopie 1973 durchführt, lassen aufhorchen: 11 % der westdeutschen Bevölkerung, davon 8 % der Männer und 13 % der Frauen, glauben an die Existenz von »Hexen«. Außerdem halten 23 % der Bevölkerung das »Anwünschen« von Krankheiten als denkbar. Weiter stellt die Umfrage fest, dass der Glaube an das »Hexenwesen« eng mit dem Glauben an einen personifizierten Teufel einhergeht. So vertreten in Deutschland 24 % der Bevölkerung die Meinung, es gebe den »Leibhaftigen« tatsächlich. Dieser Ansicht sind vor allem regelmäßige Kirchgänger, gleichgültig ob sie dem römisch-katholischen oder dem protestantischen Bekenntnis anhängen.

Für römisch-katholische Gläubige ist eine derartige Einstellung nicht verwunderlich. 1976 vertreten 79 % der katholischen Priester in Deutschland die Meinung, dass der Teufel existiere. Sie folgen den Worten Papst Johannes Pauls II., der mehrmals die Realität des Teufels als Person betont. Am geringsten ist der Glaube an einen personifizierten Teufel bei passiven Kirchenmitgliedern: Nur 3 % halten ihn für existent.

Wenn also in unserem rational aufgeklärten Jahrhundert mit einer Fülle an Bildungs- und Informationsmöglichkeiten noch eine respektable Zahl von Personen an den Teufel und Hexen glaubt, wie tief und weit verbreitet muss dieser Glaube erst in früheren Jahrhunderten im

Volk verankert gewesen sein? Es verwundert daher nicht, dass am Ende des 16. Jhs. viele Gelehrte die reale Existenz von Hexen und Teufeln annehmen.

Die Jagd beginnt

In Deutschland beginnen Hexenprozesse etwa um 1480, zuerst vereinzelt. Dann schwillt ihre Zahl von 1590 bis 1630 zum Höhepunkt an. Eine der Ursachen der Hexenverfolgungen ist in einer fatalen Entwicklung theoretischer Überlegungen zu suchen: Theologen greifen gegen Ende des späten Mittelalters verschiedene Elemente des Volksglaubens auf, die noch aus vorchristlicher Zeit stammen: den Schadenzauber, die Verwandlung von Menschen in Tiere, die Existenz von Dämonen, den sexuellen Verkehr mit ihnen

sowie die Fähigkeit bestimmter Frauen, durch die Lüfte fliegen zu können. Die Verknüpfung dieser Vorstellungen mit den Schilderungen des Bösen, des Satans der Bibel, gibt der theologischen Theorie die Grundlage zu behaupten, dass Hexen und Hexer unter Verleugnung des Christentums den Teufel anbeten, mit ihm einen Pakt schließen und dadurch die Macht zum Schadenzauber erhalten. In den gefürchteten Hexenprozessen stellt der Nachweis eines Bundes zwischen den Beschuldigten und dem Teufel das zentrale Thema dar. Gleichgültig, ob die Angeklagten dem Teufel »nur« mit dem so genannten obszönen Kuss auf das Hinterteil (»Osculum Infame«) huldigen oder sich nächtens mit dem Satan in Orgien paaren, sie werden in jedem Fall den Ketzern gleichgestellt.

Ketzer aber fallen in die Zuständigkeit der Kirche und damit in die

»Hexensabbat« von Hans Baldung, genannt Grien, 1510 (Bild oben). – Frühe Hexenverfolgung in den deutschen Ländern (Karte unten). – »Hexenversammlung« von Frans Francken, 1607 (Bild rechts oben). – Ausschnitt aus dem Gemälde »Hexen und ihre Beschwörung« von Salvator Rosa, 1646 (Bild rechts unten).

In Hamburg beginnen die Hexenverfolgungen 1603

Mecklenburg 1570 bis 1630: 1000 Opfer?

1458: Eine Frau wird verbrannt.

1521: Ein Medicus wird als Zauberer verbrannt. Er hat eine Frau entbunden, die von der Hebamme schon aufgegeben worden ist.

1390: Früheste Nennung einer Hexenverbrennung in Deutschland. Eine Hexe namens Wolberg wird verbrannt.

1483: Eine alte Frau wird der Hexerei überführt und verbrannt.

1540: Vier Frauen werden wegen Hexerei hingerichtet.

1553: Zwei Frauen wegen Wettermachens, Kinddiebstahls und Kindesmords arretiert.

In Kurköln beginnt die Hexenjagd in der zweiten Hälfte des 16. Jhs.

Kurköln 1612 bis 1637: 2000 Opfer

Nassau 1590 bis 1660: 400 Opfer

1456: Zwei Personen wegen Ernteschadens verbrannt.

1471: Auspeitschung einer Frau, die behauptet, Diebstähle entdecken zu können.

1486: Ein Gaukler wird wegen Zauberei ertränkt.

29. 10. 1456: Zwei Frauen werden ertränkt. Sie brachten mit »Liebesbissen« ihre Männer um.

1. 10. 1416: Eine Frau wird wegen Hexerei verbrannt.

Würzburg 1623 bis 1631: 900 Opfer 1573 bis 1622: 300 Opfer

Kurtrier 1581 bis 1599: 350 Opfer

1438: Einer Hexe wird die Zunge abgeschnitten.

Bamberg 1623 bis 1633: 600 Opfer

1446: Mehrere Frauen und ein »Ketzermeister« werden verbrannt.

1447: Eine Frau wird wegen Verbreitung von Hexenkenntnissen verbrannt.

Kurmainz 1601 bis 1604: 650 Opfer 1604 bis 1626: 361 Opfer 1626 bis 1629: 768 Opfer

1491: Mehrere Hexenprozesse sind anhängig.

Ellwangen/Eichstätt 1612 bis 1636: 700 Opfer

1508: Klage einer Bürgerin auf Schadenersatz wegen unmenschlicher Tortur infolge Verdachts auf Zauberei.

Aus dem Kurfürstentum Mainz werden bereits Ende des 15. Jhs. Hexenverbrennungen gemeldet. Die konsequente Verfolgung beginnt aber erst 1590. Unter der Herrschaft des kurfürstlichen Erzbischofs Johann von Baden führt Trier trotz päpstlicher Ermahnungen keine Prozesse aus. Das erste Verfahren findet 1572 statt.

15. Jh.: Hexenprozess wegen Wettermachens.

1409: Vier Geistliche verhungern in Käfige gesperrt vor dem Stadttor.

Nach ersten Hexenprozessen 1578 wüten in Bayern die besonders frommen Herrscher Wilhelm V. (1579 bis 1597) und Maximilian I. (1597 bis 1651).

1423: Eine »Unholdin« wird verbrannt.

1775: Letzter Hexenprozess in Deutschland. Die Magd Anna Maria Schwägel wird enthauptet.

20. 7. 1419: In einer »Urphede« wird der Begriff »Hexe« das erste Mal für Schadenzauber verwendet (Urphede = Dokument über die Beendigung einer Feindschaft).

frühe Prozesse oder Verurteilungen wegen Zauberei oder Hexerei

Zentren der Verfolgung

0   150 km

der Inquisitoren. Wer in deren Fänge gerät und nicht freiwillig den Anschuldigungen abschwört, befindet sich in einer denkbar schlechten Rechtslage: Der oder die Beschuldigte erfährt nicht, wer die Anzeige erstattete, ein Rechtsbeistand wird verweigert, ein Geständnis kann durch Folter erzwungen werden. Gesteht der Delinquent nicht oder nur zögernd oder nicht hinreichend glaubhaft, verfällt er der Todesstrafe, die von der weltlichen Obrigkeit vollstreckt wird.

Gemischte Gerichtsbarkeit

Die Kirche darf ihrerseits kein Blut vergießen und außerdem ist die weltliche Gewalt selbst daran interessiert, Störenfriede einer gottgewollten irdischen Herrschaftsordnung zu eliminieren. Es ist bezeichnend, dass der Höhepunkt der Hexenverfolgungen in eine Zeit fällt, in der sich ein Umbruch geistiger, religiöser und politischer Verhältnisse anbahnt und weltliche wie kirchliche Spitzen verunsichert reagieren. Dazu gesellt sich eine durch existenzielle Ängste besorgte Bevölkerung, die Ernteausfälle, Hungersnöte und Seuchen in ihren Ursachen nicht deuten kann. Sie sucht bereitwillig und gemeinsam mit der Obrigkeit dafür Schuldige. Die finden sie in gesellschaftlichen Randgruppen oder in Personen, die durch vermeintliche oder tatsächliche besondere oder unerklärbare Fähigkeiten aus der breiten Masse auffallen. Katharina Paldauf von der steirischen Riegersburg muss als »Blumenhexe« im Feldbacher Hexenprozess ihr Leben lassen, nur weil sie es versteht, im Winter Blumen zu ziehen (1675). Auch körperliche oder physische Abnormitäten genügen, um die Gezeichneten der Hexerei oder Magie zu verdächtigen.

Die frühesten Hexenprozesse in den deutschen Ländern beginnen gegen Ende des 14. Jhs., die große Welle der Verfolgungen setzt 1484 mit der Veröffentlichung der »Hexenbulle« (»Summis desiderantes affectibus«) durch Papst Innozenz VIII. ein. Sie erlaubt den Inquisitoren, die zunächst nur Ketzer und von Dämonen Besessene verfolgen, den Einsatz aller Mittel, um der Zauberei und Hexerei Verdächtige geständig zu machen. Das Erscheinen des von den Dominikanern Jakob Sprenger und Heinrich Institoris verfassten »Hexenhammers« (1487) – eine genaue Beschreibung des Hexenwesens, ihrer Verfolgung und der Prozessführung – bietet die Grundlage zur Verfolgung von Hexen.

Peinliche Gerichtsordnung

Die gesetzliche Basis stellt die »Peinliche Gerichtsordnung« Kaiser Karls V., die »Constitutio Criminalis Carolina«, her, die der Reichstag zu Regensburg 1532 annimmt und zum Reichsgesetz erhebt. Paragraph 58 beschreibt den Gebrauch der Folter zur Wahrheitsfindung. Sie soll allerdings nur angewendet werden, wenn die üblichen Vernehmungen und Verhöre kein Geständnis bewirken. Die »peinliche Frage« wird nicht nur bei Hexen und Zauberern angewendet, sondern auch bei Mördern, Räubern, Brandstiftern und anderen Übeltätern. Paragraph 109 bestimmt eindeutig: *„Item so jemandt den leuten durch zauberey schaden oder nachtheyl zufügt, soll man straffen vom leben zum todt, vnd man soll solche straff mit dem Fewer thun […].“*

Im 16. und 17. Jh. steigert sich die Jagd auf Hexen nicht nur in Deutschland, sondern auch in vielen Ländern Europas zu einem regelrechten Massenwahn. Dass der Schwerpunkt der Hexenjagd dennoch in Zentraleuropa liegt, hat vermutlich mit der Wirtschaftskrise des 16. und 17. Jhs. zu tun. Sie wiederum ist in Zusammenhang mit einer Klimaverschlechterung zu sehen, die Mitteleuropa heimsucht, der »kleinen Eiszeit«.

Das Tagebuch des Friedrich Rüttel aus Stuttgart verzeichnet am 24. 5. 1626 Hagelschlag von mehr als einem Meter Höhe. Für den 26. 5. melden die Aufzeichnungen scharfen, frostigen Nordwind, der die Temperatur des nächsten Tages unter den Gefrierpunkt sinken lässt. Durch die Kälte friert nicht nur Wasser, es erfrieren Wein, Roggen, Gerste, und die Blätter der Bäume färben sich schwarz. Da wissenschaftliche Erklärungen der Wetteranomalien fehlen, bezichtigt man Zauberer und Hexen, sie verursacht zu haben.

Eine Chronik aus dem unterfränkischen Zeil berichtet vom 27. 5. 1626, dass *„der Weinwachs im Frankenland […] aller erfroren“* sei. *„Hierauf ein großes Flehen und bitten unter dem gemeinen Pöffel, warumb man so lange zusehe, das allbereit die Zauberer und Unholden die Früchte sogar verderben, wie dan ir fürstliche Gnaden nichts weniger verursacht solches Übel abzustrafen, hat also seinen Anfang dis Jahr erreicht […].“*

Eine Publikation aus dem Jahr 1627 geht der Frage nach, ob Hexen für Frost, Hagel, Preissteigerungen und wirtschaftlichen Niedergang der früher blühenden Region verantwortlich zeichnen. Die Verfolgung der vermutlichen Verursacher des Schlechtwetters bleibt nicht aus:

1629 lässt der Fürstbischof von Bamberg, Johann Georg II. Fuchs, 600 Hexen, Zauberer und Teufelsbanner verbrennen. Diesem entsetzlichen Massenmord fallen sogar der langjährige Hochstiftskanzler, Dr. Georg Haan, und seine Familie zum Opfer. Wie ganz allgemein die Hexenverfolgung keine Unterschiede zwischen Rang und Namen macht.

Widerstand

Opfer der Prozesse sind in der Regel überwiegend Frauen, nur selten und lokal begrenzt sind mehr Männer betroffen. Verfolgt werden Hexerei, und Zauberei überall, nicht nur in Ländern mit katholischer Konfession. In den calvinistischen Grafschaften Nassau und Büdingen finden zur Zeit der Hexenverfolgung je 400 Hexenhinrichtungen statt.

Ist auch die Stimme der Kirche für die Verfolgung von Hexerei und Zauberei stark, so regt sich dennoch schon früh Widerstand gegen das unselige Morden. 1526 wendet sich der Arzt und Philanthrop Johann Weyer gegen Hexenverfolgungen. Doch erst die vom Jesuiten Friedrich Spee von Langenfeld 1631 anonym verfasste Schrift »Cautio Criminalis« bringt ein Umdenken bei den Fürsten. Spee verurteilt die unmenschlichen Praktiken der Verhör- und Foltermethoden. Die Schriften des Balthasar Bekker aus Amsterdam (1681) und des Leipzigers Christian Thomasius (1701) führen in Preußen zu einem Edikt, das Hexenprozesse allein der Regierung und den obersten Justizkollegien zuweist. Das bedeutet das Ende der Hexenjagd. Die letzten Prozesse in Deutschland finden 1749 in Würzburg, 1751 in Endigen am Kaiserstuhl und 1775 in Kempten im Allgäu statt. Insgesamt dürften in deutschen Ländern etwa 25.000 Menschen wegen Hexerei oder Zauberei hingerichtet worden sein.

Schrankenlose Macht

„Die absolute Fürstenherrschaft ist, zumindest in West- und Mitteleuropa, ihrem Ursprung nach zunächst einmal der Versuch, auf inner- und zwischenstaatliche Herausforderungen mit Kompetenz- und Machterweiterung des Staates zu antworten."

Heinz Duchardt, 1989

Nach dem Ende des Dreißigjährigen Krieges ändern sich die Herrschaftsstrukturen in den europäischen Ländern sehr unterschiedlich: In England behaupten die Stände, als Parlament, ihre Stellung als gleichwertige Macht neben dem König und der Weg zur parlamentarischen Monarchie steht hier offen. In Polen hingegen erringen die Stände die Überlegenheit über das Königtum und untergraben seine Autorität. In der Folge verfällt das Land in Anarchie und wird ein Opfer machthungriger Nachbarn. In Spanien, Portugal, Dänemark, Frankreich und den meisten anderen Staaten siegt das Königtum über die Stände: Der König übt absolute Macht aus, fühlt sich nicht an Gesetze gebunden, im Gegenteil, er nimmt für sich das Recht in Anspruch, sie nach Belieben zu verändern oder zu brechen.

Vorbild Ludwig XIV.

Das augenfälligste Beispiel absoluter Herrschergewalt ist die Regentschaft König Ludwigs XIV. von Frankreich. Sein Regierungsstil findet Ausdruck in einer glanzvollen Hofhaltung, deren Ausstrahlung viele deutsche Fürsten in den Bann zieht und zur Nachahmung anregt. Die Auswir-

kungen sind heute noch sichtbar: Nirgendwo sonst in Europa ist die Zahl an barocken Schlössern so groß wie in Deutschland, selbst der kleinste Landesherr will mit einem reputierlichen Herrschaftssitz, einem »Mini-Versailles«, aufwarten.

Seit dem späten 16. Jh. versuchen gelehrte Juristen, die Berechtigung absolut zu herrschen wissenschaftlich zu untermauern. Sie entwickeln komplexe Theorien über eine zentrale Macht und verwerfen die bisherige Meinung, dass Fürst und Stände die zwei einander verpflichteten Träger der Herrschaft seien. Nach Auffassung der Gelehrten beweist die bisherige endlose Kette kriegerischer Auseinandersetzungen, dass der mittelalterliche Ständestaat am Beginn der Neuzeit die auftretenden politischen, sozialen und wirtschaftlichen Probleme nicht mehr meistern kann. Die ständische Ordnung, so meinen sie, befinde sich in den meisten Ländern Europas in Auflösung. Das zeige sich besonders deutlich in den Glaubenskriegen. Hingegen werde gleichzeitig der allgemeine Wunsch nach einer Wiederherstellung der staatlichen Ordnung wach.

Einer der geistigen Begründer des Absolutismus ist der Franzose Jean Bodin (1530 bis 1596). Er vertritt 1576 den Gedanken des absoluten Macht und unbedingten Souveränität des Königs über sein Territorium. Bodins Ausführungen gipfeln in der Aussage, dass der Herrscher über allen stehe und niemandem zur Rechenschaft verpflichtet sei. Dabei beruft er sich auf die Bibel und die Erkenntnisse der Vernunft. Die Erfahrung lehre, so Bodin, dass die Anarchie schlimmer sei als jede Tyrannei, und da Gott, wie deutlich

sichtbar sei, nicht alle Menschen gleich erschaffen habe, entspreche es dem Naturgesetz, dass die einen regieren und die anderen gehorchen. Wer seinen »natürlichen Fürsten« missachte, der missachte Gott, ist seine logische Schlussfolgerung.

Macht kommt von Gott

Der Engländer Thomas Hobbes (1588 bis 1679) führt die Überlegungen Bodins in seinem Hauptwerk »Leviathan« (1651) weiter aus: Das Verhalten des Menschen gegenüber dem Mitmenschen werde durch den Trieb zur Selbsterhaltung bestimmt. Damit sei der Trieb zur Macht verbunden und dieser müsse zwangsläufig im Kampf aller gegen alle münden.

Scharf präzisiert Jacques-Bénigne Bossuet die Stellung des Monarchen in der Gesellschaft: *„Gott ist der König der Könige; ihm kommt es zu, sie zu unterrichten und zu leiten als seine Diener […]. Die Fürsten handeln also als Gottes Diener und Statthalter auf Erden. Durch sie übt er seine Herrschaft aus […]. Deshalb ist […] der königliche Thron nicht der Thron eines Menschen, sondern Gottes selber."*

So von gelehrten Zeitgenossen im Amt bestätigt, sind viele der Fürsten von ihrem Herrschertum aus Gottes Gnaden überzeugt und immer weniger bereit, andere Autoritäten und Gewalten anzuerkennen. Bereits im 16. Jh. dringen fürstliche Anweisungen in ursprünglich autonome Gesellschaftsbereiche ein, verändern die bisherige Ordnung in Dorfgemeinden, reglementieren das Kirchenleben, das Verhalten und das Brauchtum der Bevölkerung. Stadträte landsässiger Städte werden zu staatlichen Organen, ebenso die Universitäten. Auch das Militärwesen

bringen die Monarchen unter ihre Gewalt, Garnisonen und Stadtwachen ersetzen die bisher landesweit üblichen Bürgermilizen. Die Söldnerheere verschwinden allmählich, der Monarch wirbt nun in seinem Namen Soldaten an, sorgt für ihre Ausrüstung und ernennt die Offiziere. Da auch die Gerichtshoheit in der Hand des Monarchen liegt, bearbeiten nicht mehr Juristenfakultäten oder Gerichtsoberhöfe die Prozessakten, sondern der Monarch mit einem Stab juristischer Berater. Die gesamte staatliche Verwaltung lässt sich mithin auf die einfache, Ludwig XIV. zugeschriebene Formel bringen: *„L'État c'est moi", „Der Staat bin ich".*

Hessische Soldaten werden von ihrem Landesherrn Friedrich II. an England verkauft (Bild oben). – Fürstliche Gesellschaft vor einem Rokokoschlösschen (Bild unten links). – Europa im Absolutismus (Karte rechts).

———— Grenze der Heiligen Römischen Reiches 1740
– – – – Grenze des Heiligen Römischen Reiches 1648

Charakteristisch für den absolutistischen Regierungsstil ist das »Kabinettsystem«: Der Monarch stützt sich auf Räte, ein unabhängiges Kabinett aus Geheimem Rat und Staatsrat. Mit Hilfe dieser Körperschaft betreibt er Diplomatie, greift in die Justiz ein, erteilt »Kabinettsorder« mit Gesetzeswirkung, erklärt Kriege, die zumeist dynastischen Interessen oder der Abrundung (»Arrondierung«) des Territoriums dienen. Die Verfügungsgewalt des Souveräns zeigt sich im 18. Jh. besonders deutlich in den Ländertauschaktivitäten der europäischen Monarchen oder in der territorialen Teilungspraxis. Die stehenden, jederzeit verfügbaren Heere ermöglichen es, vom grünen Tisch aus »Kabinettskriege« zu führen, Verträge und Bündnisse aufzukündigen, neue einzugehen und per Order die Armeen umzudirigieren.

Soldaten werden verkauft

Bürokratie, Hofhaltung und der Unterhalt des Heeres verschlingen Unsummen, die die Untertanen durch Steuern und Abgaben aufbringen müssen. Im etwa 460 km² großen Fürstentum Anhalt-Bernburg verwendet der Landesherr 58 % der Einnahmen allein für die Hofhaltung. Erbarmungslos geht der Fürst gegen die Bevölkerung vor, wenn sein Eigentum in Gefahr gerät: Eine Bürgerfrau, die ihm drei Teller stiehlt, lässt er 1736 hinrichten. Fürsten verkaufen sogar ihre Soldaten. So 1776 der Landgraf Friedrich II. von Hessen-Kassel. Für 12.000 seiner Soldaten zahlen die Engländer 450.000 Taler. Wilhelm VIII. von Hessen verkauft 6000 Soldaten an zwei miteinander Krieg führende Parteien: an die Engländer und an Kaiser Karl VII. Als Gegenleistung erhält der Fürst 30 Kronen für einen toten, 10 Kronen für einen verwundeten hessischen Soldaten. Aber auch Braunschweig, Hessen-Hanau, Ansbach-Bayreuth, Waldeck und Anhalt-Zerbst verdienen am Verkauf ihrer Landeskinder. Viele von ihnen werden von den Briten im nordamerikanischen Unabhängigkeitskrieg eingesetzt. Insgesamt werden etwa 30.000 Deutsche nach Amerika verschifft.

149

Ein »Kleinfürst an der Spree«

„Im Laufe des 16. Jhs. war politisches Gemeinschaftsbewusstsein auf zwei Ebenen entstanden: bei den Reichsständen und auch manchen Schriftstellern mit Bezug auf das Reich als Ganzes, und, wohl stärker, bei den Landständen mit Bezug auf ihr jeweiliges Fürstentum. Nach dem Dreißigjährigen Krieg bildete sich dies in komplizierter Weise um. Die Regierenden der großen Dynastien kümmerten sich immer weniger um das Reich und entwickelten zunehmend ein Eigenbewusstsein, das sich über ihre Reichsfürstenrolle stellte.“

Jürgen Mirow, 1996

Um 1650 umfasst das Heilige Römische Reich Deutscher Nation die reichsunmittelbaren Territorien von 8 Kurfürsten, 27 geistlichen und 30 weltlichen Fürsten, 38 Prälaten, 75 Grafen und Herren, 53 Reichsstädten und rund 1500 Reichsrittern. Die Größe dieser Herrschaftsgebiete ist höchst unterschiedlich: Während im Westen kleine und mittlere Länder überwiegen, zersplittert der Südwesten in ein buntes Gemisch kleiner und kleinster Einheiten, oft nicht größer als ein Schloss mit einigen Dörfern und ihren Fluren. Dagegen liegen die flächenmäßig großen Länder im Osten des Reiches: das Habsburger Reich und die Kurfürstentümer Bayern, Sachsen und Brandenburg.

Da der Westfälische Friede die politische Zersplitterung des Reiches bewirkt, stellen sich neue Fragen: Würden sich gleich starke deutsche Staaten die Waage halten oder würde ein Staat kräftig genug sein und andere Fürstentümer an sich ziehen? Sicher wünscht keiner der Herrscher des ausgehenden 17. Jhs. bewusst eine deutsche Einheit, alle verfolgen zu sehr eigene, dynastische Ziele.

Die Anfänge Brandenburgs

Kurfürst Friedrich Wilhelm von Brandenburg wird bald unter den deutschen Potentaten eine herausragende Rolle spielen. Die Markgrafschaft Brandenburg ist um die Mitte des 12. Jhs. im Zuge der deutschen Ostkolonisation entstanden. Die »Goldene Bulle« von 1356 nennt den Markgrafen von Brandenburg einen Kurfürsten, er zählt also zu den Spitzen des Reiches, zu jenen sieben Auserwählten, die den König bestimmen. 1417 kommt Brandenburg in den Besitz der Hohenzollern. Sie sind der Reformation aufgeschlossen und öffnen 1539 das Land für die Evangelischen. Danach allerdings erlahmt ihr reformatorischer Eifer. Obwohl sich das Herrscherhaus seit 1613 zum Calvinismus bekennt, verschaffen sie dem Bekenntnis im eigenen Land keinen Durchbruch.

Die vielen weit verstreut liegenden brandenburgischen Besitzungen

sind schwer zu regieren, die schlechten Verkehrswege führen über viele fremde Territorien. Als 1614 die Herzogtümer Kleve und Mark mit Ravensberg und 1618 das polnische Lehen Preußen an den brandenburgischen Kurfürsten fallen, erstrecken sich seine zersplitterten Territorien über mehr als tausend Kilometer. Es ist nur zu verständlich, dass Kurfürst Friedrich Wilhelm mit Antritt seiner Regentschaft (1640) diese Hemmnisse durch eine territoriale Abrundung zu beseitigen trachtet.

Gescheiterte Pläne

Zunächst versucht er, wie die meisten Herrscher jener Zeit, durch Heirat seine Position zu stärken. Er wählt, der Vernunft folgend, Königin Christine von Schweden zur Braut. Ihr Vater, König Gustav II. Adolf, war mit der Heirat einverstanden, sein Machtwort hätte genügt, sie zu realisieren. Doch er fällt im Dreißigjährigen Krieg 1632 bei Lützen; seine Tochter, nun Alleinregentin, will von dem bulligen Hohenzollern nichts wissen, sie lehnt die Heirat ab. Der Plan Friedrich Wilhelms vom Großreich bleibt eine Utopie.

Der junge Hohenzoller, am 16. 2. 1620 in Cölln bei Berlin geboren, verbringt einige Jahre am Hofe der calvinistischen Oranier in Haag. Sein Regierungsantritt 1640 führt ihn mitten hinein in die Tragik eines

Friedrich Wilhelm von Brandenburg (Bild oben). – Plünderungsszene aus dem Dreißigjährigen Krieg (Bild unten). – Der Aufstieg des Kurfürstentums Brandenburg (Karte rechts).

durch die Verwüstungen des Dreißigjährigen Krieges wohl am schwersten gezeichneten Landes. Im Westfälischen Frieden erhält er Hinterpommern und die Anwartschaft auf Magdeburg. Mehrmals bemüht sich der Kurfürst auch um die polnische Krone, sie bleibt ihm aber versagt. Das bewegt ihn wahrscheinlich 1655 dazu, die Schweden beim Angriff auf das Land an der Weichsel zu unterstützen (Erster Nordischer Krieg). Seine Hoffnungen, damit sein Territorium zu erweitern, zerschlagen sich allerdings noch während des Feldzugs.

»Wechselfieber«

Friedrich Wilhelm wechselt die Seiten und steht plötzlich auf der Seite der Polen. Dieses »brandenburgische Wechselfieber« überfällt den Kurfürsten auch in Zukunft, und wenn er neuerlich Vorteile für sich und seine Herrschaft erkennt, überrascht er seine Partner durch spontan vollzogene Frontwechsel.

Auch der Friede von Oliva (1660) erfüllt seine Wünsche nicht. Das erhoffte, seit 1648 von den Schweden besetzte Vorpommern bleibt in deren Besitz: Frankreichs Friedensvermittler und erster Minister, Mazarin, will Schweden nicht zu sehr schwächen. Nur kleine polnische Ämter an der

Kgr. Schweden

Kgr. Dänemark

Nordsee

Reichsgrenze im 18. Jh. _____

Ostsee

Memel
Tauroggen 1691-1793
Tilsit
Königsberg · Insterburg
Serrey 1691
HZM. PREUSSEN 1618/60
Lauenburg 1657
Oliva · Danzig
Kolberg · 1793
Kammin
VORPOMMERN 1720 · 1679
HINTERPOMMERN 1648
Bütow
WEST-PREUSSEN 1772
Elbing
ERMLAND 1772
Marienwerder
Tannenberg
Bialystok
NEU-OSTPREUSSEN 1795
Bug
Stettin
Draheim
Kulm
Thorn
NETZEDISTRIKT 1772
Bromberg
Modlin
PRIGNITZ
UCKER-MARK
Gnesen
Posen
SÜDPREUSSEN
Warschau
Praga
Siedlce
OST-FRIESLAND
GRONINGEN · Emden 1744
FRIESLAND 1536 1524
DRENTE 1536
Lingen 1702
HANNOVER
ALTMARK
KURMARK
Spandau · Berlin
NEUMARK 1455
Küstrin
Schwiebus 1686-95/1742
1793
Kalisch
Petrikau
Radom
Lublin
WEST-GALIZIEN 1795
NIEDERLANDE
Utrecht 1528
OVER-IJSSEL 1528
GELDERN 1543
Tecklenburg
BM. MINDEN 1648
1707
Erzbm. Magdeburg 1680
Potsdam
Storkow 1571
Cottbus 1467
NIEDER-LAUSITZ 1635 sächs.
Glogau
OB. GELDERN 1714
Wesel
Moers 1702
RAVENSBERG
MARK 1614
Halberstadt
Wernigerode 1714
1648
Mansfeld
Halle 1680
Liegnitz
Breslau
SCHLESIEN 1526 habsb., 1742 preußisch
Neisse
NEU-SCHLESIEN 1795
Tschenstochau
Sandomir
KLEVE
Soest
Hohnstein
1780
Görlitz
OBER-LAUSITZ
Antwerpen 1715
Brüssel
Jülich
BERG
Limburg
SACHSEN
Dresden
Reichenberg
Königgrätz
Glatz
HZM. OST-SCHLESIEN
Beuthen
Kosel
Oderberg
Auschwitz
Krakau
Weichsel
KGR. GALIZIEN UND LODOMERIEN 1772
Namur
FSM. BAYREUTH 1791
Eger
Prag
Pilsen
Kolin
Olmütz
Troppau
Przemysl
LUXEMBURG 1714
Luxemburg
Mainz
Bayreuth
KGR. BÖHMEN 1526
MGFT. MÄHREN 1526
ZIPS
LANDVOGTEI 1542-1648
Hagenau
1648 französisch
FSM. ANSBACH 1791
LIMPURG 1716-1742
WÜRTTEMBERG
BURGAU
BAYERN
VORDERÖSTERREICH
Budweis
Brünn
1526
Schemnitz
Neutra
Preßburg
ERZHZM. ÖSTERREICH
Linz
INNVIERTEL 1779
Wien
Wiener Neustadt
Neuhäusl
Gran
Ofen
Raab
FREIGRAFSCHAFT BURGUND
Mülhausen
SUNDGAU
BREISGAU
Besançon
FSM. NEUENBURG 1707
Neuenburg
VOR-ARLBERG
Innsbruck
GFT. TIROL
Kufstein
HZM. STEIERMARK
Graz
HZM. KÄRNTEN
KGR. UNGARN
SCHWEIZ

Brandenburg 1525
Erwerbungen bis 1618
Erwerbungen 1640 bis 1688 (unter dem Großen Kurfürsten)
Erwerbungen 1689 bis 1740
Erwerbungen 1740 bis 1786 (unter Friedrich dem Großen)
Erwerbungen 1791 bis 1795
Habsburger Reich 1795
wichtige Festung

0   200 km

Grenze zu Hinterpommern – Lauenburg und Bütow – kann Brandenburg gewinnen. Von wesentlicher Bedeutung ist jedoch, dass er die volle Souveränität über das Herzogtum Preußen erhält. Sie reicht aus, um als souveräner Herrscher eines deutschen Staates aufzutreten.

Aggressives Frankreich

Das Jahr 1672 verwickelt nahezu alle großen deutschen Fürsten in den Krieg, den Frankreich und England gemeinsam gegen die Niederlande führen. Den Feldzug bricht Ludwig XIV. einzig und allein mit dem Ziel vom Zaun, die Wirtschaftsmacht der Niederlande zu Fall zu bringen. Der Auseinandersetzung geht eine sorgfältige Bündnispolitik voraus. Der Kurfürst von Köln, der Bischof von Münster und der bayerische Kurfürst unterstützen Frankreich, andere

Länder, wie Mainz, die Pfalz und Sachsen, verhalten sich neutral. Nicht so Friedrich Wilhelm von Brandenburg. Er steht zu seinem Bündnis mit den Niederlanden (6. 5. 1672) in der Hoffnung, er werde mit seiner Parteinahme den Kaiser zum Eingreifen bewegen. Friedrich Wilhelms Plan geht auf: Seine Attacke gegen Frankreich trägt den Krieg auf Reichsgebiet und zwingt damit Habsburg zum Eingreifen. Nun schickt Versailles seinen Verbündeten Schweden vor: Die Truppen König Karls XI. fallen unter der Führung General Wrangels in der brandenburgischen Kurmark ein. Friedrich Wilhelm muss sein Frankreich-Abenteuer abbrechen, das fränkische Winterlager verlassen (Ende Mai 1675) und in Eilmärschen an die Spree ziehen. Der Prinz von Homburg hat sich hier schon behauptet und den Schweden bei Linum eine Abfuhr erteilt. An der

Spitze von 5700 Soldaten bereitet Friedrich Wilhelm den Schweden bei Fehrbellin eine schwere Niederlage (28. 6. 1675). Der den Schweden seit dem Dreißigjährigen Krieg anhaftende Ruf der Unbesiegbarkeit ist jetzt gebrochen, Friedrich Wilhelm wird nach seinem Sieg als der »Große Kurfürst« gefeiert. Doch auch diesmal verfehlt er sein erklärtes Ziel, in den Besitz des schwedischen Vorpommern zu kommen.

Bei innenpolitischen Reformen ist er erfolgreicher: Er schafft ein einheitliches Staatswesen, seine Herrschaft stützt sich auf den durchorganisierten Verwaltungsapparat und eine staatstreue Beamtenschaft. Bereits im Dreißigjährigen Krieg hat er den Wert eines stehenden Heeres erkannt und so baut er eines in der Stärke von 30.000 Mann auf. Die Gelder für den Unterhalt bezieht er aus direkten Abgaben der Landstände, denen er entsprechende Herr-

schaftsrechte auf ihren Ländereien einräumt, wenngleich er sich ständig bemüht, ihre Macht einzuschränken.

Mit der Ansiedlung von 20.000 wegen ihres Glaubens aus Frankreich vertriebenen Hugenotten in Berlin und Brandenburg kurbelt er im Zuge der merkantilistischen Wirtschaftspolitik Gewerbe und Manufaktur an. Mit Straßen- und Kanalbauten verbessert er die Infrastruktur, der Bau einer Handelsflotte und die Errichtung der Kolonie Großfriedrichsburg an der Guineaküste, die regelmäßig von der brandenburgisch-afrikanischen Handelsgesellschaft angelaufen wird, tragen wesentlich zum wirtschaftlichen Aufschwung des Kurfürstentums Brandenburg bei. Friedrich Wilhelm, zu Beginn seiner Herrschaft ein »kleiner Fürst an der Spree«, stirbt als »Großer Kurfürst« am 9. 5. 1688 in Potsdam. Er ist der eigentliche Begründer der preußischen Großmacht.

Krieg um das spanische Erbe

„Als das Jahr 1700 heraufzog, hatte sich mancher Zeitgenosse geglaubt, Mittel- und Westeuropa stünden nun doch vor einer längeren Friedensperiode. [...] Der Schein trog, da viele Fragen noch ungelöst waren."

Hans Schmidt, 1997

Als im Mai 1697 im kleinen holländischen Ort Rijswijk ein europäischer Friedenskongress zusammentritt, um den Pfälzer Krieg zu beenden, ist allen Beteiligten klar, dass diesmal Frankreich nicht ungeschoren davonkommen wird. Tatsächlich verliert es alle seine Reunionen bis auf das Elsass und die ehemalige Reichsstadt Straßburg. Auch Barcelona, um das seit Jahrzehnten gekämpft worden ist, fällt an Spanien zurück.

Spanien, eine Großmacht im Niedergang, profitiert davon nicht mehr. Am 1. 11. 1700 schließt Karl II. von Spanien, der letzte Rey Católico (= katholischer König) der spanisch-habsburgischen Linie, erst knapp 39 Jahre alt, die Augen. Kurz vor seinem Tod unterzeichnet er sein Testament, das den Keim für einen nächsten Krieg in sich trägt: Es bestimmt den Enkel des französischen Königs, Ludwigs XIV., zum Alleinerben.

Damit tritt der Kriegsfall ein, denn Kaiser Leopold I. beschließt, die Ansprüche seines zweiten Sohnes, Karl, spätestens

mit Waffengewalt durchzusetzen. Vom Sommer 1701 bis zum Frühjahr 1714 zieht die Kriegsfurie über Spanien, die Niederlande, Oberitalien und Süddeutschland. Wieder stürzt Europa in Not und Elend, kämpfen Franzosen und Bayern gegen den Kaiser und das Reichsheer.

Prinz Eugen will Krieg

Aber anders als in den vorhergehenden Konflikten sind Ludwig XIV. und seine Berater diesmal für die Katastrophe des Spanischen Erbfolgekrieges nicht verantwortlich: Prinz Eugen, der große Türkenbezwinger, und die spanische Clique am Wiener

Hof raten Kaiser Leopold I. zum Feldzug. Brandenburgs Kurfürst Friedrich III., ab 1701 Friedrich I. König in Preußen, tritt an die Seite des Kaisers, andere Verbündete bleiben aus. Im Gegenteil, der designierte spanische König Philipp V. wird in Madrid, Brüssel und Mailand anerkannt.

Die Zeit drängt, noch im Winter 1700/01 führt Prinz Eugen seine Streitmacht über die Alpen in die Po-ebene, den ersten Hauptkriegsschauplatz, um nach mittelalterlichem Reichsgesetz das heimgefallene Lehen Mailand einzuziehen. Gleichzeitig nimmt Leopold I. Koalitionsverhandlungen mit den Seemächten England und Niederlande auf, die am 7. 9. 1701 zur Haager oder Großen

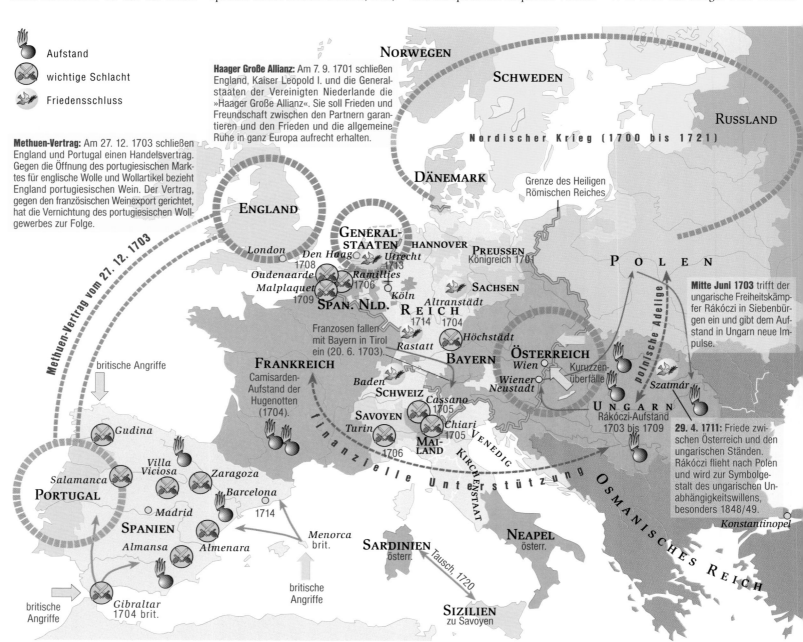

Aufstand

wichtige Schlacht

Friedensschluss

Haager Große Allianz: Am 7. 9. 1701 schließen England, Kaiser Leopold I. und die Generalstaaten der Vereinigten Niederlande die »Haager Große Allianz«. Sie soll Frieden und Freundschaft zwischen den Partnern garantieren und den Frieden und die allgemeine Ruhe in ganz Europa aufrecht erhalten.

Methuen-Vertrag: Am 27. 12. 1703 schließen England und Portugal einen Handelsvertrag. Gegen die Öffnung des portugiesischen Marktes für englische Wolle und Wollartikel bezieht England portugiesischen Wein. Der Vertrag, gegen den französischen Weinexport gerichtet, hat die Vernichtung des portugiesischen Wollgewerbes zur Folge.

Mitte Juni 1703 trifft der ungarische Freiheitskämpfer Rákóczi in Siebenbürgen ein und gibt dem Aufstand in Ungarn neue Impulse.

29. 4. 1711: Friede zwischen Österreich und den ungarischen Ständen. Rákóczi flieht nach Polen und wird zur Symbolgestalt des ungarischen Unabhängigkeitswillens, besonders 1848/49.

NORWEGEN
SCHWEDEN
RUSSLAND
DÄNEMARK
Nordischer Krieg (1700 bis 1721)
Grenze des Heiligen Römischen Reiches
ENGLAND
London
GENERAL-STAATEN
HANNOVER
PREUSSEN Königreich 1701
POLEN
Den Haag
Utrecht 1713
Oudenaarde 1708
Ramillies 1706
Malplaquet 1709
SPAN. NLD.
Köln
REICH
Altranstädt 1714 1704
SACHSEN
polnische Adelige
Franzosen fallen mit Bayern in Tirol ein (20. 6. 1703).
Höchstädt
FRANKREICH
Rastatt
Baden
BAYERN
ÖSTERREICH
Wien
Kuruzzen-überfälle
Szatmár
Methuen-Vertrag vom 27. 12. 1703
Camisarden-Aufstand der Hugenotten (1704).
SCHWEIZ
Cassano 1705
SAVOYEN
Wiener Neustadt
UNGARN
Rákóczi-Aufstand 1703 bis 1709
britische Angriffe
Turin
Chiari 1705
MAILAND 1706
VENEDIG
KIRCHENSTAAT
finanzielle Unterstützung
OSMANISCHES REICH
Gudina
Villa Viciosa
Zaragoza
Salamanca
Barcelona 1714
PORTUGAL
Madrid
SPANIEN
Almansa
Almenara
Menorca brit.
britische Angriffe
NEAPEL österr.
SARDINIEN österr.
Tausch 1720
Konstantinopel
britische Angriffe
Gibraltar 1704 brit.
SIZILIEN zu Savoyen

Berlin in der Vogelschau nach einem kolorierten Holzstich, 1688 (Bild oben). – Europa im Spanischen Erbfolgekrieg (Karte links unten). – Brandenburgs Kurfürst Friedrich III. krönt sich zum König in Preußen (Bild rechts unten).

Allianz und im Frühjahr zur Kriegserklärung an Frankreich führen.

1703 erreicht der österreichische Thronprätendent Erzherzog Karl III. Barcelona und beginnt seine Regentschaft. Unterdessen interveniert Frankreich an Habsburgs gefährdetster Flanke, in Ungarn. Es unterstützt Ferenc II. Rákóczi, der sich zum Fürsten von Siebenbürgen aufwirft. Seine Anhänger, die »Kuruzzen« (Kreuzfahrer), verunsichern Ostösterreich bis zum Frieden von Szatmár (1711).

Glanzvolle Siege

Leopold I., der friedliebende Monarch, der lieber Opern komponiert als Kriege führt, erlebt noch die glanzvollen Siege seiner Feldherren, bevor er 1705 stirbt. Wo Prinz Eugen und sein englischer Verbündeter, der Herzog von Marlborough, auftreten, ist den Kaiserlichen der Sieg gewiss, aber sie können nicht überall sein. Auf den Nebenkriegsschauplätzen behalten die Bayern und Franzosen die Oberhand. Nur in Tirol jagen die Bauern die eindringenden Bayern, die Innsbruck besetzen wollen, bis nach München zurück.

Die Verluste an Menschenleben steigen ins Unermessliche, auf dem Schlachtfeld von Malplaquet (1709) bleiben 23.000 Tote und unversorgte Verwundete zurück.

Ein innenpolitischer Umschwung in England ändert die Lage auf dem Festland: Die Partei der Whigs weicht 1711 den konservativen Tories, die Marlborough abberufen. In Wien stirbt währenddessen Joseph I., der Nachfolger Leopolds. Wieder hemmt

das Dilemma der Nachfolge die habsburgischen Aktivitäten: Joseph hinterlässt keinen Sohn und Karl muss daher aus Spanien zurück an den Wiener Hof. Sein Plan, Spanien mit Österreich zu vereinigen, schreckt die Engländer auf, die Verbindung würde das Gleichgewicht der Mächte auf dem Kontinent empfindlich verändern. Sie kündigen daher die Allianz mit Österreich; der Friede von Utrecht (11. 4. 1713) beendet den Krieg Frankreichs mit den Generalstaaten, Savoyen, England, Portugal und Brandenburg-Preußen. Ein Jahr noch führt Karl den Feldzug mit wechselndem Glück weiter, bevor die Friedensverhandlungen von Rastatt (6. 3. 1714) den grausigen Kämpfen ein Ende bereiten.

Beinahe ein Weltkrieg

Der Spanische Erbfolgekrieg hat sich beinahe zum Weltkrieg ausgeweitet, er wird in Europa und in Übersee ausgetragen. Die Entscheidung fällt allerdings in Europa, auf den Kriegsschauplätzen von Höchstädt (1704), Turin (1706), Oudenaarde (1708) und unzähligen anderen. Zuletzt spielt England das Zünglein an der Waage: Da das eigene Kriegsziel, die Schwächung des französischen Rivalen und der Gewinn von Kolonien, erreicht ist, steht es als eigentlicher Sieger da und ist auf dem Weg zur Weltmacht. Im Siebenjährigen Krieg wird es diesen Sprung schaffen. Zugleich geht die Epoche Ludwigs XIV., des »Sonnenkönigs«, zu Ende. Seine hochfliegenden Hegemonialpläne scheitern. Österreich, nach den er-

folgreichen Türkenkriegen europäische Großmacht, leidet unter einem traditionellen Übel, der chronischen Finanznot. Das fördert die Position des Kaisers im Reich nicht gerade. Wohl wird er respektiert, die Reichsidee an den kleinen Fürstenhöfen gepflegt und hochgehalten, aber die führenden Reichsstände, wie das am 16. 11. 1700 durch das Wiener Krontraktat zum Königreich erhobene Preußen oder Kur-Hannover und Kur-Sachsen und auch Bayern, beziehen bereits Positionen, die das Reich zu sprengen drohen. *„Das Reich als übergeordnete Autorität, die man respektierte, verlor im Verlauf des 18. Jhs. immer mehr an Überzeugungskraft. Immer mehr wurde der Kaiser zum Rivalen der anderen deutschen Fürsten und damit selbst Partei im Reich"*, meint der Historiker Hans Schmidt.

Der Spanische Erbfolgekrieg und parallel dazu der Nordische Krieg (1700 bis 1721) zwischen Schweden unter Karl XII. und einer Koalition aus Russland, Dänemark, Preußen, Hannover und dem sächsischen Polenkönig August dem Starken leiten eine neue Epoche im deutschen und

europäischen Staatengefüge ein: Zur bisher einzigen Großmacht Europas, Frankreich seit der Schlacht von Bouvines 1214, treten drei neue Großmächte – Österreich 1683, England 1713, Russland 1721.

Ein neues Machtgefüge

In einem knappen Jahrhundert haben sich neue Machtkonstruktionen gebildet. Im Westen Europas stehen England und Frankreich einander als Partner und Rivalen gegenüber, Spanien ist auf einen drittklassigen Rang gesunken, Russland tritt in den Vordergrund und überschattet ab 1721 (Friede von Nystad) die verblassende Macht Schwedens und Dänemarks. Habsburg expandiert nach der Befreiung Wiens 1683 auf dem Balkan und drängt das Osmanische Reich nach Südosten ab.

Erst später, 1763 und 1772, tritt auch Preußen in den Kreis der europäischen Großmächte. Seine Stärke sind eine gut organisierte, disziplinierte und schlagkräftige Armee und wohlgeordnete Finanzen.

Kultur hat Vorrang

„Es lohnt nicht, vor 1713 nach dem zu suchen, was wir heute als typisch preußisch im Guten wie im Bösen empfinden. Brandenburg plus Ostpreußen waren nichts als ein deutscher Mittelstaat, dessen besonders krasse materielle Mängel und schwere Kriegsschäden durch einen befähigten Herrscher von 1648 bis 1688 gemildert wurden."

Hans Bleckwenn, 1981

Die Historiker meinen es nicht gut mit Friedrich III., dem Nachfolger des Großen Kurfürsten. Gerade nur erwähnt und dann noch mit negativem Vorzeichen versehen, führt der Kurfürst von Brandenburg-Preußen, seit 1701 aus Rücksicht auf die polnischen Besitzrechte in Westpreußen nur König »in« Preußen und nicht »von« Preußen, ein Schattendasein in der Geschichtsschreibung. Entscheidend mag das Verdikt seines Enkels, Friedrichs des Großen, gewesen sein, der für seinen Großvater wenig gute Worte findet: *„Ihm lag mehr am blendenden Glanz als am Nützlichen, das bloß gediegen ist [...]. Alles in allem: Er war groß im Kleinen und klein im Großen. Und sein Unglück wollte es, dass er in der Geschichte seinen Platz zwischen einem Vater und einem Sohn fand, die ihn durch überlegene Begabung verdunkeln."* Friedrich der Große urteilt zu persönlich und wenig wertfrei.

Kurfürst Friedrich III. zeigt während seiner Regierungszeit viele positive Seiten, stellt die moderne Geschichtsschreibung fest.

Der Kultur aufgeschlossen

Gewiss, das politische und militärische Format seines Vaters erreicht der etwas verwachsene Friedrich nicht, auch der Genialität seines Sohnes Friedrich Wilhelm I. hat er nichts Gleichwertiges gegenüberzustellen. Seine Fähigkeiten liegen auf anderen, für ein in die Moderne hineinwachsendes Staatsgebilde nicht minder wichtigen Gebieten: In seiner Regierungszeit, 1688 bis 1713, gehen für den künftigen preußischen Großstaat wegweisende Impulse aus, weniger für das Heer- und Verwaltungswesen, jedoch für Wissenschaft, Kunst und Wirtschaft. Hier kann später sein Enkel, ein ebenfalls musisch hoch begabter und kulturell außerordentlich interessierter und aufgeschlossener Herrscher, anknüpfen.

Friedrich III. beweist Gefühl und eine gute Hand. Als er 1692 aus einer ehemaligen Ritterakademie die für die deutsche Frühaufklärung bedeutsame Universität Halle gründet, gewinnt er im Juristen und Philosophen Christian Thomasius als Rektor eine Größe der Zeit. 1696 errichtet der Kurfürst in Berlin die Akademie der Künste, 1700 legt er den Grundstein zur Stiftung einer Sozietät der Wissenschaften – später Akademie der Wissenschaften – in Berlin, der kein Geringerer als Gottfried Wilhelm von Leibniz vorsteht. Andreas Schlüter, den berühmten Baumeister und Bildhauer, holt er 1705 nach Berlin und überhäuft ihn mit Aufträgen. Schlüter errichtet das bekannte Reiterdenkmal des Großen Kurfürsten und wirkt maßgeblich an der Neugestaltung der Residenz mit.

Ein treuer Hüter des Erbes

Auch politisch stellt sich Friedrich III. nicht so ungeschickt an, wie Historiker ihn bis zur Mitte des 20. Jahrhunderts charakterisieren. Gelingt es ihm doch, in der schwierigen Zeit wechselnder Bündnisse und Kriege das in halb Europa weit gestreute Erbe seines Vaters zusammenzuhalten und dem Aufstieg des preußischen Staates die Wege zu ebnen. Um ein Haar hätte nämlich der Große Kurfürst selbst alle seine Bemühungen um den Bestand des Staates Brandenburg-Preußen zunichte gemacht: Er gibt den Forderungen seiner Frau Dorothea von Holstein – sie ist die Stiefmutter Friedrichs III. – nach und bedenkt testamentarisch ihre Kinder mit Teilen des brandenburgischen Territoriums. Friedrichs Proteste verhallen ungehört, seine Halbbrüder hingegen akzeptieren die Einwände und geben sich zur Erhaltung des Gesamtstaates mit einer Abfindung zufrieden.

In den ersten zehn Regierungsjahren wird der Kurfürst durch seinen ehemaligen Erzieher Eberhard von Danckelmann gut beraten. Unter dessen Anleitung betreut Dodo von Kyphausen als »Wirklich Geheimer Etatsrat« seit 1683 die Verwaltung des Kammerwesens. Sein Verdienst ist es, durch Einführung eines Pachtsystems (1689) die Domänenverwaltung (in Preußen königliches Gut) neu zu organisieren und zum ersten Mal das Aufstellen eines Staatshaushaltes (Etat) zu ermöglichen. Er und sein unmittelbarer Vorgesetzter Dan-

Ein Beispiel großartiger barocker Baukunst ist der Treppenaufgang der Würzburger Residenz (Bild oben). – Gottfried Wilhelm von Leibniz (Bild rechts). – Verbreitung des barocken Baustils in Mitteleuropa (Karte rechts).

ckelmann, der 1695 Oberpräsident des Geheimen Rates wird, betreiben ganz im Sinne der absolutistischen Staatsführung eine konsequent zentralistische Politik. 1696 richten sie für die Kammereinkünfte eine Generalkasse ein, die zusammen mit dem Generalkriegskommissariat die Basis für eine zentrale Verwaltungs- und Finanzbehörde bildet.

Intrigen am Hof

Neider und Intriganten gibt es überall. Dass ausgerechnet Sophie Charlotte, die Gemahlin des Kurfürsten, 1697 plötzlich die Absetzung Danckelmanns und Kyphausens fordert, verwundert: Ist doch an den Beschuldigungen, die beiden hätten Misswirtschaft betrieben, keine außenpolitischen Erfolge zu verzeichnen, Verwandte begünstigt und sich persönlich bereichert, kein Körnchen Wahrheit. Charlotte müsste es

besser wissen. Nach diesen beiden hervorragenden Staatsmännern beherrschen unfähige Günstlinge, Kolbe von Wartenberg und Augustus Graf von Sayn-Wittgenstein, die Regierungsgeschäfte und nun reißen wirklich Korruption und Misswirtschaft ein. Allerdings rühren sie nicht am festen Fundament des Staates.

„Auch Friedrichs viel kritisierte Außenpolitik ist besser als ihr Ruf. Zumindest hat er, durch die Erhebung des Kurfürstentums zum Königreich Preußen, eine wichtige Grundlage für den weiteren Aufstieg des Staates geschaffen, wobei das neue Königtum, das jetzt dominierend über den alten Provinzen stand, das einigende Band darstellte, das die von seinem Sohn betriebene Zentralisierung entscheidend begünstigte", meint der Historiker Hans Schmidt.

Schon 1690 will Kurfürst Friedrich III. Kaiser Leopold I. für die Erhebung Brandenburg-Preußens zum Königreich gewinnen. Friedrich III., dessen Königswürde nicht auf den

Reichslanden, sondern auf dem vom Reich unabhängigen Herzogtum Preußen basieren soll, benötigt die Anerkennung des Kaisers nicht in dessen Funktion als Lehnsherr, sondern als europäischer Herrscher. Verhandlungen über die Verleihung der Königswürde steht daher nichts im Wege. Sie werden auch kurz nach dem Frieden von Rijswijk 1697 zwischen Graf Harrach und dem preußischen Gesandten Bartholdi aufgenommen und in einem formellen Bündnisvertrag fixiert. In diesem 14 Artikel und 6 Separatklauseln umfassenden »Kontraktat« verpflichtet sich der Kurfürst zur Zahlung einer jährlichen Summe von 150.000 Gulden und dazu, durch Stellung von 8000 Soldaten bei der Durchsetzung habsburgischer Ansprüche in der spanischen Erbschaftsangelegenheit mitzuwirken.

Mit anderen Worten, Kaiser Leopold I. rechnet bereits 1697/98 mit einem Krieg gegen Frankreich um das spanische Erbe. Und Friedrich III. muss noch mehr zugestehen: Anerkennung der Erhebung Hannovers zum neunten Kurfürstentum sowie Unterstützung bei der Wiederherstellung der kurfürstlichen Rechte Böhmens und der Habsburger bei der kommenden Kaiserwahl.

Am 18. 1. 1701 setzt sich Friedrich in Königsberg selbst die Krone aufs Haupt, auf die Mitwirkung der Kirche, bis dahin ein unumgänglicher Bestandteil jeder Krönungszeremonie, verzichtet er.

Friedrich I., wie ihn jetzt die Genealogie bezeichnet, ist bis zu seinem Tod am 25. 2. 1713 ein treuer Verbündeter des Kaisers. Die Beteiligung am Spanischen Erbfolgekrieg an der Seite Leopolds I. ist für ihn selbstverständlich. Der Friede zu Utrecht (April 1713), der den Kriegszustand mit Frankreich beendet, bringt die internationale Anerkennung seines Königtums und sichert ihm einen Anteil am oranisch-niederländischen Erbgut. Kurfürst und König Friedrich III. (I.) war alles eher als einer, dem *„am blendenden Glanz"* mehr liegt *„als am Nützlichen"*.

Legende:

- barock geprägte Städte
- Orte mit bedeutenden Bauwerken des Barock
- bedeutende barocke Kirchen oder Klöster
- bedeutende barocke Schlösser
- Einfluss des niederländischen Barockstils
- Einfluss des französischen Barockstils
- Einfluss des italienischen Barockstils
- Einfluss des österreichischen Barockstils
- Grenze des heutigen Deutschland

„Ihr sollt mich nicht fürchten!"

„Seine einseitige Genialität befähigte ihn zu seiner weltgeschichtlichen Leistung, der Schaffung des preußischen Militär- und Beamtenstaates."

Hans Schmidt, 1997

E r ist das genaue Gegenteil seines Vaters: War Friedrich I. musisch begabt, der Wissenschaft und Kunst aufgeschlossen und ein wenig dem Prunk einer großzügigen Hofhaltung zugetan, so ist sein Sohn Friedrich Wilhelm I. sparsam, nüchtern und einfach in seiner Lebensführung. Das muss er wohl auch, denn die zwischen 1709 und 1711 in den östlichen Landesteilen grassierende Pest hat die Bevölkerung dezimiert und das Steueraufkommen be-

trächtlich sinken lassen. Die kostspielige Teilnahme am Spanischen Erbfolgekrieg hat letztlich nichts außer ein paar entlegene Kleinfürstentümer eingebracht und die 1701 gegen harte Gulden vom Kaiser eingehandelte Königskrone ist den Flitter und Tand, in den sie gehüllt ist, nicht wert.

Am 14. 8. 1688 in Cölln – heute ein Stadtteil Berlins – geboren, lernt Friedrich Wilhelm als Mitglied des Geheimen Rates (1702) die Staatsverwaltung kennen und spürt die außenpolitische Hilflosigkeit Brandenburg-Preußens: Während des Nordischen Krieges ziehen, die Neutralität auf das Gröbste verletzend, russische und sächsische Truppen durch das Land (1711) und er muss, auf Geheiß des Vaters, für die Friedensbrecher noch um schönes Wet-

ter bitten. Damals mag er sich geschworen haben, aus dem hilflos der Willkür der Mächtigen preisgegebenen Brandenburg-Preußen einen respektablen, durch Bajonette geschützten Staat zu schaffen.

Monarch im Waffenrock

Dieser Vorstellung entspricht es, dass er als erster Monarch Europas in Uniform öffentlich auftritt. Hämisch nennt ihn deswegen sein Vetter Georg II. von England-Hannover »Roi Sergent«, »König Unteroffizier«. Das kränkt Friedrich Wilhelm kaum, nicht der prunkhaften Hofhaltung ist er verbunden, sondern dem Bürger und Untertanen. Allerdings hasst er Nichtstuer. Als er eines Tages in Potsdam einen Müßiggänger zur Rede stellen will, läuft dieser angstvoll davon. Friedrich Wilhelm eilt ihm mit erhobenem Stock und lautem Rufen nach: *„Ihr sollt mich nicht fürchten, ihr sollt mich lieben!"*

Das fällt allerdings den Zeitgenossen nicht leicht. Der König ist jähzornig, unausgeglichen und setzt brutal durch, was er sich vornimmt. Für Geisteskultur und feine Lebensformen hat er zum Bedauern seiner Frau, der klugen und musisch begabten Sophie Dorothee von Hannover, nur Verachtung.

Sparsamer Staat

Der Sinn für die Praxis fehlt ihm dafür nicht: Noch vor seinem Regierungsantritt plant er den Sturz der ihm verhassten Hofgünstlinge Wartenberg und Sayn-Wittgenstein. Mit Übernahme der Amtsgeschäfte verordnet er sofortige Sparmaßnahmen, denen die prunkvolle Hofhaltung als Erstes zum Opfer fällt. Minister- und Beamtengehälter reduziert der im calvinistischen Glauben Erzogene auf ein Minimum, in der sparsamen Lebensführung nimmt er sich selbst und seine Familie nicht aus. Seine ganze Aufmerksamkeit gilt der Armee. Selbst die Verwaltungsreform, die eine noch straffere, zentralistische Staatsführung vorsieht, dient dem Aufbau eines perfekten Heerwesens. *„Preußen? – Die Armee hat einen Staat!"*, so urteilt der nachmalige Präsident der französischen Nationalversammlung (1791), Honoré Gabriel (de) Riqueti Comte de Mirabeau, den seine Regierung 1786 als Spion nach Berlin entsendet. Als

»Soldatenkönig« geht Friedrich Wilhelm I. in die Geschichte ein. Seine »Langen Kerls« von der »Potsdamer Wachparade« sind ausschließlich groß gewachsene Männer, er nennt sie *„meine lieben blauen Kinder"*. Sie liegen ihm so am Herzen, dass sie ab 1715 bis zu seinem Tode, 1740, in keinen Krieg zu ziehen brauchen. Dennoch zielen alle seine Bemühungen darauf hin, für den Ernstfall gerüstet zu sein: Er verdoppelt die Truppenstärke von 40.000 auf 81.000 Mann, das sind 36% der Gesamtbevölkerung.

Ein neues Heeressystem

Um der Rekrutierung eine sichere Personalgrundlage zu garantieren, teilt er das Staatsgebiet in Kantone. Jedem Regiment – Kasernen gibt es noch nicht – sind rund 5000 »Feuerstellen«, das heißt Haushalte, zugewiesen, die für die Versorgung der Soldaten aufkommen müssen. Das wird zwar als Last empfunden, aber da der Staat für die Unterkunft zahlt, wird dieses Nebeneinkommen wiederum auch gerne angenommen. Für die Verpflegung sorgen die Handwerker der Garnison. Schon bei der Geburt wird die männliche Bevölkerung »enrolliert«, in Rekrutierungslisten eingetragen, nach der Konfirmation auf den König vereidigt und mit 17 Jahren eingezogen. Die Wehrpflicht der bäuerlichen Bevölkerung ist unbeschränkt, wer in den Listen steht, ist lebenslang Soldat. Dessen Leben pendelt zwischen Rittergut und Regiment, der Gutsherr ist gleichzeitig Offizier, der die militärische Disziplin auch auf den zivilen Alltag überträgt.

Dank der Größe der Armee wird sie zu einem wichtigen Wirtschaftsfaktor, denn Waffen und Uniformen werden im Lande produziert. An Rohstoffen mangelt es nicht. Schafwolle ist bislang zur Verarbeitung nach Sachsen exportiert worden, nun wird sie im Lande verarbeitet. Das ist einfacher gesagt als getan, das weiß auch der König und er entwirft ein Wirtschaftsprogamm, das durch Logik besticht: Zunächst, meint er, brauche Brandenburg-Preußen für seine Wirtschaftsreform Geld für Investitionen. Er »versilbert« das Hofsilber, Schlösser, voll mit Luxus- und Gebrauchsgegenständen, werden verkauft, Tafelgeschirr geht in die Münze. Besonderheiten, wie die Lustjacht seines Vaters oder das Bern-

König Friedrich Wilhelm I. vor seinen »Langen Kerls« (Bild unten). – Der preußisch-österreichische Dualismus (Karte rechts). – Salzburger Exulanten (= Landesverwiesene) bei ihrer Ankunft in Ostpreußen (Bild rechts unten).

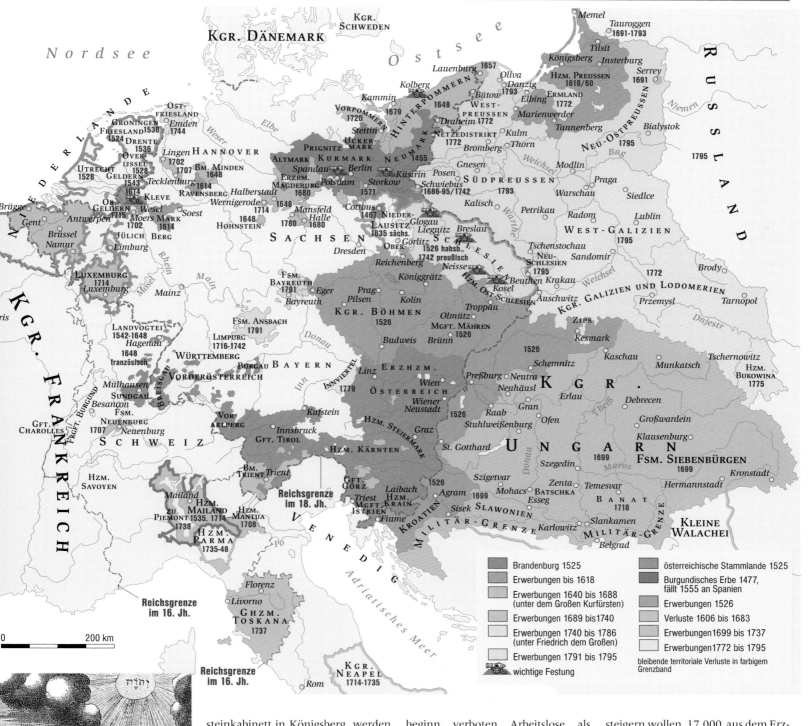

Nordsee

Ostsee

KGR. SCHWEDEN

KGR. DÄNEMARK

NIEDERLANDE

RUSSLAND

KGR. FRANKREICH

SCHWEIZ

Legend:

- Brandenburg 1525
- Erwerbungen bis 1618
- Erwerbungen 1640 bis 1688 (unter dem Großen Kurfürsten)
- Erwerbungen 1689 bis 1740
- Erwerbungen 1740 bis 1786 (unter Friedrich dem Großen)
- Erwerbungen 1791 bis 1795
- wichtige Festung
- österreichische Stammlande 1525
- Burgundisches Erbe 1477, fällt 1555 an Spanien
- Erwerbungen 1526
- Verluste 1606 bis 1683
- Erwerbungen 1699 bis 1737
- Erwerbungen 1772 bis 1795
- bleibende territoriale Verluste in farbigem Grenzband

Reichsgrenze im 18. Jh.

Reichsgrenze im 16. Jh.

0 — 200 km

steinkabinett in Königsberg, werden als repräsentative Geschenke politisch verwertet, Zar Peter von Russland ist einer der Beschenkten. Die Erlöse aus Immobilien und Raritäten fließen zur Gänze in die Wollproduktion, Wollimporte und -exporte werden verboten, die Preise für Rohwolle staatlich festgelegt. Ein zentrales »Lagerhaus« in Berlin mit etwa 500 Beschäftigten steht an der Spitze einer ganzen Reihe von kleineren, in der Provinz verteilten Wollmanufakturen. Per Edikt wird der »blaue Montag«, ein in der Arbeitsmoral etwas locker gehandhabter Wochen-

beginn, verboten. Arbeitslose, als »herrenloses Gesinde« bezeichnet, werden zur Arbeitspflicht angehalten. Auch die Frauen der Soldaten und deren Kinder spinnen Wolle. Die Produktionskurve steigt sprunghaft, sodass Überkapazitäten bald Sorge bereiten. Doch Friedrich Wilhelm I. hat eine Lösung parat: Seine »liebsten Kinder« bekommen nicht alle zwei Jahre, sondern jedes Jahr eine Uniform verpasst. Dies ist ein unerhörter Luxus, selbst für reichere Länder als Brandenburg-Preußen.

Dem König sind alle willkommen, die in seinem Land die Produktivität

steigern wollen. 17.000 aus dem Erzbistum Salzburg vertriebene Lutheraner siedelt er in Ostpreußen an.

Die Beamtenschaft ist dem König treu ergeben, auch wenn er gelegentlich saumselige Staatsdiener höchstpersönlich verprügelt. Der Stock, den er stets bei sich führt, wird zu seinem Markenzeichen. Als der König am 31. 5. 1740 im 52. Lebensjahr stirbt, ist Brandenburg-Preußen nach Österreich die stärkste Militärmacht im Reich. Die Staatskassen sind gut gefüllt, ebenso die Kornmagazine; die Worte Hungersnot oder Staatsdefizit sind unbekannt.

157

Preußen, die fünfte Großmacht Europas

„Von allen Ländern Europas passen zu Preußen am besten Sachsen, Polnisch-Preußen und Schwedisch-Pommern, weil alle drei zu seiner Abrundung beitragen. Sachsen wäre am nützlichsten. Sein Erwerb würde am meisten die Grenze zurückverlegen und Berlin, den Sitz der Regierung, decken."

Friedrich II., der Große, 1752

Der Schock sitzt tief. Zeit seines Lebens wird Friedrich II. von Preußen – man wird ihn später »den Großen« nennen – das schaurige Bild eines trüben Novembertages des Jahres 1730 nicht los: Im Hof der Festung Küstrin wird vor seinen Augen sein bester Freund, Leutnant Hans Hermann von Katte, enthauptet. Nur weil er, der Kronprinz, die unmenschliche Erziehung durch seinen Vater, Friedrich Wilhelm I., nicht mehr ertragen und mit Hilfe des Freundes nach England fliehen wollte. Der Fluchtversuch scheiterte. Katte wird vom König persönlich zum Tode verurteilt, obwohl das Militärtribunal bereits auf lebenslangen Kerker entschieden hat.

Der junge Friedrich ist seelisch gebrochen und unterwirft sich dem Diktat des Vaters. Er heiratet die Frau, die er ihm auswählt, Elisabeth Christine von Braunschweig-Be-

Der Erste Schlesische Krieg, 1740 – 1742 (Karte rechts). – Friedrich II., der Große, als Flötenspieler (Bild rechts oben). – Maria Theresia mit Gemahl Franz I. Stephan und Thronfolger Joseph (Bild rechts unten).

vern. Die Jahre bis zum Antritt seiner Regentschaft verbringt er im Kreise Gleichgesinnter mit philosophischen Gesprächen und Flötenspiel, zurückgezogen auf Schloss Rheinsberg. Die stillen Abendstunden widmet Friedrich außenpolitischen Überlegungen und fasst sie in einer Denkschrift zusammen, die später bei seinen Biographen wenig Beachtung findet, weil sie nicht in seine Regierungszeit fällt (ab 30. 5. 1740). Und doch sind die »Betrachtungen über den gegenwärtigen Zustand Europas« (1738) richtungweisend für Friedrichs spätere Aktivitäten.

Der Leitgedanke dieses außenpolitischen Traktats klingt in einem Brief an seinen Freund, den französischen Philosophen François-Marie de Arouet, genannt Voltaire, durch, dem er am 26. 10. 1740, dem gleichen Tag, an dem er vom Tod Kaiser Karls VI. in Wien erfährt, schreibt: *„Die Zeit ist gekommen, in der das alte po-*

litische System eine gänzliche Änderung erfahren muss."

Die fünfte Großmacht

Unter dem »alten politischen System« versteht Friedrich die europäische Viererordnung, die sich seit dem Dreißigjährigen Krieg auf die vier Großmächte England, Frankreich, Russland und Österreich stützt. Seiner Ansicht nach ist der Kontinent in zwei miteinander rivalisierende politisch-militärische Blöcke zerfallen, die von den beiden Supermächte Frankreich und England dirigiert werden. Deren außenpolitische Absichten chrakterisiert Friedrich so: *„Die Franzosen wollen Siege erringen, um ihre Eroberungen zu behaupten. Die Briten wollen Fürsten erkaufen, um daraus Satelliten zu machen. Und beide Mächte spiegeln dem Publikum fremde Dinge vor, um dessen Aufmerksamkeit*

von ihrer tatsächlichen Vorherrschaft und von ihren wahren Zielen abzulenken."

Eine fünfte Kraft könnte im machtpolitischen Poker das Zünglein an der Waage spielen. Friedrich nützt die erste Gelegenheit, um Preußen diese Position zu geben. Der Tod des Kaisers bietet sie: Am 16. 12. 1740 überfällt er unter dem Vorwand, alte Erbansprüche zu besitzen, das seit 1526 habsburgische Schlesien.

Ein fragwürdiges Dokument

Mit dem Tod Karls VI. ist der Mannesstamm der österreichischen Habsburger ausgestorben. Noch zu Lebzeiten hatte der Monarch versucht, die Nachfolge durch die »Pragmatische Sanktion« zu regeln, die das Thronrecht auch einem weiblichen Kandidaten sichern sollte (19. 4. 1713). Von diesem Dokument hält Prinz Eugen nicht viel, er empfiehlt statt-

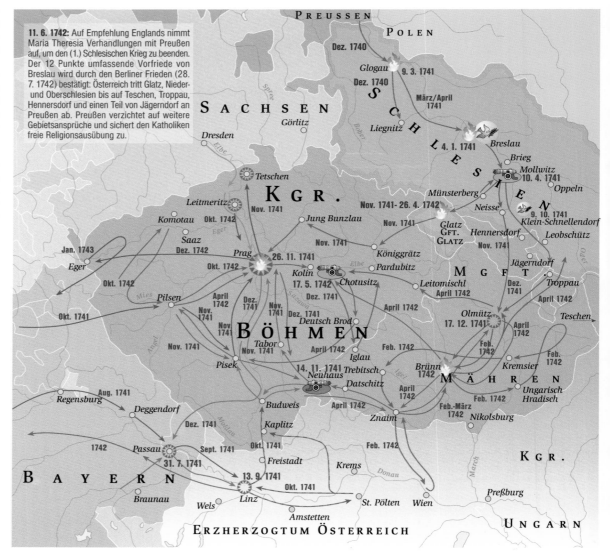

11. 6. 1742: Auf Empfehlung Englands nimmt Maria Theresia Verhandlungen mit Preußen auf, um den (1.) Schlesischen Krieg zu beenden. Der 12 Punkte umfassende Vorfriede von Breslau wird durch den Berliner Frieden (28. 7. 1742) bestätigt: Österreich tritt Glatz, Nieder- und Oberschlesien bis auf Teschen, Troppau, Hennersdorf und einen Teil von Jägerndorf an Preußen ab. Preußen verzichtet auf weitere Gebietsansprüche und sichert den Katholiken freie Religionsausübung zu.

Legende:
- Preußen
- Sachsen
- von Preußen erobertes Schlesien
- Bayern
- Habsburger Reich
- preußische Truppenbewegungen
- sächsische Truppenbewegungen
- bayerische Truppenbewegungen
- französische Truppenbewegungen
- habsburgische Truppenbewegungen
- bedeutender Sieg der Preußen
- bedeutender Sieg der Habsburger
- von Preußen und Alliierten eroberte wichtige Stadt
- belagerte Stadt

0   100 km

Topographische Namen wie bis 1918 üblich

Krieg ausgeweitet hat: dem Österreichischen Erbfolgekrieg 1740 bis 1748. Mit englischer Hilfe schlagen sich die Habsburger immer besser. Im Frühjahr 1744 stoßen sie über den Rhein in das Elsass vor, eine Niederlage der Franzosen zeichnet sich ab, da überfällt Friedrich II. abermals die Österreicher.

Den Zweiten Schlesischen Krieg (1744/45) entscheidet Friedrich der Große in der Schlacht bei Hohenfriedeberg (4. 6. 1745) und dank seines Feldherrn, Leopold I. von Anhalt-Dessau, bei Kesselsdorf (15. 12. 1745). Zwei Tage später fällt Dresden, die mit den Österreichern verbündeten Sachsen kapitulieren. Maria Theresia beendet wohl oder übel den Krieg mit Preußen (25. 12. 1745, Friede von Dresden).

Friedrich II. näher am Ziel

1745 stirbt Kaiser Karl VII. Sein kriegsmüder Sohn, Kurfürst Maximilian III. Joseph, schließt Frieden mit Maria Theresia, er sagt sogar zu, bei der anstehenden Kaiserwahl ihren Gemahl, Franz Stephan von Lothringen, zu wählen. Und während »Resl«, wie sie vom österreichischen Volk liebevoll genannt wird, an allen Fronten Niederlagen hinnehmen muss, wird ihr Mann als Franz I. Stephan mit der Stimme Preußens in Frankfurt am Main zum Kaiser gewählt (15. 9. 1745). Preußen ist aus dem Ringen mit Österreich erfolgreich hervorgegangen und König Friedrich II. seinem Ziel, Preußen zur fünften Großmacht Europas zu erheben, näher gekommen.

dessen volle Staatskassen und ein schlagkräftiges Heer. Doch der Kaiser sieht Österreichs Zukunft nicht durch Kanonen gesichert, sondern durch bilaterale Abkommen, und holt sich die Zustimmung für seine Nachfolgeregelung bei den wichtigsten europäischen Fürstenhöfen. Dafür verzichtet er auf Ländereien und auf die einzige Kolonie, die Österreich je besaß: die Inselgruppe der Nikobaren im Indischen Ozean von 1778 bis 1781. Er zahlt hohe Abfindungen und verheiratet Familienangehörige an unliebsame Potentaten, nur um seiner Tochter Maria Theresia die Nachfolge zu sichern.

Ein schweres Erbe

Als Maria Theresia an der Bahre ihres Vaters steht, erweist sich die »Pragmatische Sanktion« als wertlos. Noch hat sie den Thron nicht bestiegen, da melden Bayern, Sachsen und Spanien schon ihre Ansprüche auf Teile des Habsburger Reiches an, bombardieren die Wiener Hofburg mit diplomatischen Noten und unmissverständlichen Drohungen.

Friedrich II. hält sich mit derlei Geplänkel nicht auf. Er stellt der jungen Thronerbin ein Ultimatum. Für die Abtretung Schlesiens bietet Friedrich Subsidien, die Stimme Preußens bei der Wahl ihres Gemahls zum Kaiser und eine Garantie, die österreichische Besitzungen in Deutschland vor fremdem Zugriff sichern soll. Da Maria Theresia den Handel ablehnt, gibt Mitte Dezember 1740 der Preußenkönig 28.000 Soldaten den Marschbefehl. Bereits am 4. 1. 1741 ist die schlesische Hauptstadt Breslau besetzt, nach knappen fünf Wochen das restliche Schlesien.

Während Maria Theresia noch auf die Bündnistreue jener Mächte hofft, die in der Pragmatischen Sanktion ihren Thronanspruch anerkennen, fällt in der Schlacht von Mollwitz eine Vorentscheidung: Die Österreicher können die Preußen nicht zurückwerfen, Sachsen, Bayern und Frankreich schlagen sich auf die Seite Friedrichs II. Nur England, »the balance of power« scharf beobachtend, stellt der jungen Monarchin Hilfe in Aussicht, vor allem als Vermittler.

Österreich in der Defensive

Ehe sich's die Österreicher versehen, nehmen bayerisch-französische Truppen das oberösterreichische Linz, schwenken 60 km vor Wien nach Böhmen und erobern Prag (26. 11. 1741). Die Alliierten triumphieren, schon wird Karl Albrecht, Kurfürst von Bayern, von oberösterreichischen und böhmischen Ständen als neuem König gehuldigt und der Bayer sieht sich dem Ziel seiner Träume nahe, der Vereinigung Bayerns mit dem Habsburger Reich. Doch ohne Preußens Hilfe gelingt der letzte Schritt nicht: Auf englische Vermittlung schließt Friedrich am 9. 10. 1741 mit Maria Theresia in Klein-Schnellendorf bei Neisse einen Waffenstillstand. Ausschlaggebend für Friedrichs II. Entschluss ist ein Schreiben seines Militärattachés am bayerischen Hof, des Freiherrn von Schmettau. *"Frankreichs Interesse ist es"*, steht darin, *"drei oder vier mittlere Mächte in Deutschland zu haben und keine von ihnen so weit emporkommen zu lassen, dass sie den Franzosen die Stirn bieten könnte."* Das ist nicht im Sinne Friedrichs II.

Am 24. 1. 1742 wird in Frankfurt der bayerische Kurfürst, Karl VII. Albrecht, zum Kaiser gewählt. Frankreichs Wunsch, einen von seiner Unterstützung abhängigen Kaiser ohne eigene Hausmacht an der Spitze des Reiches zu wissen, ist erfüllt. Über Karls Triumph legen sich schon zwei Tage später schwere Schatten: Die Österreicher, vom preußischen Druck in Böhmen befreit, haben München erobert. Der Erfolg der Habsburger überrascht nicht nur die Wittelsbacher, sondern auch Friedrich II., der nun die Annexion Bayerns durch Habsburg befürchtet. Umgehend marschiert er wieder gegen Österreich. Im Sieg von Chotusitz (17. 5. 1742) ringt der preußische König Maria Theresia den Präliminarfrieden von Breslau ab (11. 6. 1742), dem am 28. 7. der bestätigende Friede von Berlin folgt. Im Besitz von Ober- und Niederschlesien, ist für Friedrich II. der Krieg vorbei, während Maria Theresia weiterhin in einem Kampf steht, der sich mittlerweile zu einem europäischen

Reformen und Krieg

„Von 1748 bis 1756, für Preußen und seine deutschen Verbündeten sogar von 1745 bis 1756, herrscht nun Friede im Reich."

Hans Schmidt, 1997

D er Friede von Dresden stellt für Österreich eine eindeutige Niederlage dar: Der Verlust des an Rohstoffen reichen Schlesien schmerzt, Maria Theresia kann ihn nicht verwinden, sie setzt alles daran, um es wiederzugewinnen. Als erste Maßnahme unterzieht sie den gesamten Staat einer grundlegenden Reform. Das Vorbild Preußen ist unverkennbar. Eines der ersten Ziele ist die Schaffung eines stehenden Heeres mit einer Friedensstärke von 108.000 Mann. Die Geldmittel dafür werden durch Vereinfachung und Zentralisierung des Staatsapparates aufgebracht. In der Außenpolitik schlägt der junge Diplomat Joseph Wenzel von Kaunitz neue Wege vor und rät, vom englischen Kurs abzugehen. Er empfiehlt den Ausgleich mit Frankreich, dieser Leitlinie wird er bis zum Ausbruch der Französischen Revolution folgen.

Seit dem Sieg bei Roßbach 1757 im Siebenjährigen Krieg (3. Schlesi-

scher Krieg) wird Friedrich II. der Große genannt. Sein Augenmerk gilt der Beschaffung neuen Bodens. Die groß angelegte Kultivierung der Niederungen des Oderbruchs zwischen 1747 und 1753 bringt Raum für 240 neue Dörfer mit je 300 Einwohnern. Mit dem Gewinn Schlesiens steigt die Bevölkerung Preußens von 3 Millionen Menschen auf rund 4 Millionen. Über 320.000 Menschen holt Friedrich II. zusätzlich ins Land, sodass er die Friedensstärke seiner Armee auf 150.000 Mann erhöhen kann, das ist immerhin ein knappes Drittel mehr als Österreich. Erstaunlich rasch vollzieht sich die wirtschaftliche und gesellschaftliche Integration Schlesiens, obwohl die Einführung des straffen Kantonsystems zur Aushebung von Rekruten hier auf breite Ablehnung stößt.

Noch immer lässt eine soziale Besserstellung der Bauern auf sich warten. Seit 1739 hat Vater, Friedrich Wilhelm I., die Abschaffung des »Bauernlegens«, das heißt die eigen-

Friedrich II. von Preußen in seinem Arbeitszimmer auf Schloss Sanssouci (Bild oben). – Der Siebenjährige Krieg (Karte unten). – Zeitgenössische Allegorie auf den Frieden von Hubertusburg (Bild rechts oben).

mächtige Vertreibung der Bauern von ihren Höfen durch gutsherrliche Entscheidungen, durchgesetzt hat,

steht jede Weiterentwicklung still. Rücksichten auf den Adel, das Junkertum und auf die Bauern, die eine

160

Befreiung aus der Leibeigenschaft und die angebotene Erblichkeit übertragener Landwirtschaften als neue Form der Sklaverei empfinden, ersticken Reformversuche im Keim.

Die Wirtschaftspolitik folgt nach wie vor dem Merkantilismus, sie weist respektable Erfolge auf: Manufakturgründungen, verstärkter Straßen- und Kanalbau, Einführung neuer landwirtschaftlich nutzbarer Anbauprodukte wie der Futterpflanze Luzerne oder der Kartoffel, die seit 1746 auf den Domänen gepflanzt werden müssen, steigern die Wirtschaftsleistung Preußens beachtlich. Diese Maßnahmen setzen das von König Friedrich Wilhelm I. begonnene Aufbauprogramm in bemerkenswerter Weise fort.

Ruhe vor dem Sturm

Nach langen Kriegsjahren findet Friedrich II. nun wieder Zeit sich der Architektur und den schönen Künsten zuzuwenden: Schloss Sanssouci, nach nur zweijähriger Bauzeit entsprechend den penibel ausgeführten Plänen Friedrichs 1747 fertiggestellt, ist ein Höhepunkt des deutschen Rokoko, 1752 wird das Potsdamer Schloss feierlich der Benutzung übergeben. Die Akademie der Wissenschaften in Berlin wird wiederbelebt. Friedrich II. erfreut sich der berühmten Tafelrunden, an denen gelegentlich auch Voltaire teilnimmt, schreibt Flötensonaten und beauftragt 1747 den Komponisten und Organisten

Johann Sebastian Bach, eine Komposition zu schreiben. Allerdings entspricht sie offensichtlich nicht dem Geschmack des Königs, denn Bach bekommt weder Honorar noch Anerkennung. Ob das Werk, das Bach ein »Musikalisches Opfer« nennt, je vor Friedrich II. aufgeführt wird, ist nicht bekannt.

Ringen um Allianzen

Außenpolitisch überschatten die wachsenden Spannungen des englisch-französischen Gegensatzes in Übersee die Jahre zwischen 1745 und 1754. Die Konfrontation der beiden um die Vormacht ringenden Mächte entzündet sich am 28. 5. 1754 in Nordamerika, beide tragen den Konflikt nach Europa. Anfang Juni spricht der englische Gesandte in Wien bei Graf Kaunitz, dem Leiter der österreichischen Außenpolitik, vor, um das Habsburger Reich für den Kampf gegen Frankreich zu gewinnen. Kaunitz geht auf den englischen Wunsch nicht ein. Der britisch-französische Konflikt berührt ihn nur insoweit, als er ihn für einen Waffengang gegen Preußen zur Wiedergewinnung Schlesiens nutzen kann. Er plant in Allianz mit Frankreich und Russland die Umklammerung Preußens. Mit dem Zarenreich ist Kaunitz schon 1746 einig geworden, Versailles hingegen zögert den Entschluss hinaus.

Friedrich der Große dagegen handelt: Er schließt mit den Engländern

die Konvention von Westminster, um sich vor einem durch Österreich initiierten Angriff Russlands zu sichern (16. 1. 1756). Damit stößt er Frankreich vor den Kopf und treibt es in die Arme Maria Theresias. Die Allianzen haben sich verkehrt.

Präventivkrieg

Auf Wunsch Österreichs soll die Offensive gegen Preußen im Frühjahr 1757 beginnen. Friedrich holt zum Präventivschlag aus und fällt im August 1756 mit drei Heersäulen von insgesamt 66.000 Mann in Sachsen ein, das mit Österreich verbündet ist; der Siebenjährige Krieg nimmt seinen Lauf. Schon am 9. September erobern die Preußen Dresden, doch Kurfürst August III. von Sachsen – zugleich König von Polen – verweigert die Kapitulation. Bei Pirna verteidigt sich der eingeschlossene Rest der sächsischen Armee in der Hoffnung auf österreichischen Entsatz, doch der scheitert bei Lobositz an der preußischen Abwehr (1. 10. 1756). Jetzt geben die Sachsen auf, August III. flieht in sein polnisches Königreich. Der Krieg zieht immer größere Kreise, außer Sachsen sind Böhmen, Schlesien, Neumark, Pommern und Hannover betroffen.

Der kriegserfahrene Friedrich II. hat fähige Generäle – Seydlitz, Zieten,

Prinz Heinrich und Prinz Ferdinand von Braunschweig – zur Seite, die unerschütterliche Maria Theresia steht ihm mit ihren Feldherren Daun und Laudon gegenüber. Nach wechselvollem Kriegsverlauf, den glänzenden Siegen von Prag, Roßbach, Leuthen, Zorndorf, Liegnitz und Torgau, aber auch empfindlichen Niederlagen bei Kolin, Hochkirch und Kunersdorf ist Friedrich II. schließlich wegen erschöpfter Ressourcen und der Aufkündigung englischer Subsidien aufs Äußerste bedrängt. Der plötzliche Tod der Zarin Elisabeth (1762) rettet ihn. Ihr Nachfolger Peter von Holstein (Peter III.), einer seiner Bewunderer, stellt die Kämpfe ein (»Mirakel des Hauses Brandenburg«). Im gleichen Jahr erobert Friedrich Schweidnitz und Freiberg.

Erschöpfung und Kriegsmüdigkeit machen auch die Österreicher und Franzosen friedensbereit. In Übersee erringt England die Vormacht über Frankreich und diktiert in Paris den Frieden (10. 2. 1763).

In Europa endet der Siebenjährige Krieg am 15. 2. 1763 mit dem Frieden auf der Hubertusburg. Der territoriale Besitzstand von 1756 wird wiederhergestellt, Österreich verliert endgültig Schlesien und Preußen etabliert sich als fünfte Großmacht Europas. Der Dualismus der beiden deutschen Mächte setzt sich seit 1740 bis 1866 fort.

STICHWORT

Merkantilismus

Der vom schottischen Wirtschaftstheoretiker Adam Smith (Bild links) 1776 geprägte Begriff nennt den Handel als die alleinige Quelle von Reichtum und Wohlfahrt. In Deutschland wird dieses Wirtschaftssystem von den Kameralisten vertreten und vom Nationalökonomen Friedrich List als »Industriesystem« bezeichnet. Der Merkantilismus ist eine Reglementswirtschaft des sich seit dem 17. Jh. konsolidierenden modernen Territorialstaates mit seiner zentralisierten Verwaltung, einem Berufsbeamtentum und stehendem Heer. Die damit verbundene Steigerung des Geldbedarfs, verursacht durch Sold und Ausrüstung für Soldaten, Festungsbau, fürstliche Hofhaltung, erfordert neue Maßnahmen der Geldbeschaffung und führt zur Einführung zentraler, vom Staat – und nicht mehr von Ständen – beaufsichtigter Steuerbehörden.

»Licht der Vernunft«

„Absolutismus und Aufklärung be-
saßen vielerlei gemeinsame Ziele und
schlossen sich doch in grundsätzlichen
Fragen aus. So stimmten beide in der
Kritik der alten Wirtschafts- und Sozi-
alstrukturen überein; beide strebten
eine Rationalisierung fürstlicher Herr-
schaft an und seit Mitte des 18. Jahr-
hunderts zunehmend auch ihre Sä-
kularisierung [...]. Und schließlich
akzeptierten die Aufklärer trotz ihrer
Distanz zu der im Absolutismus fort-
dauernden Privilegierung des Adels
sogar die in den absoluten Monarchien
betriebene »Sozialdisziplinierung« der
gesamten Gesellschaft und ihrer Stän-
de für die Staatsräson – unter der Vor-
aussetzung allerdings, dass sie auf das
Gemeinwohl abziele.“

Horst Möller, 1994

Ausgehend von Frankreich entsteht an der Wende des 17. zum 18. Jh. in den gebildeten Schichten eine neue Geistesströmung: die Aufklärung. Zum ersten Mal nach der Reformation ergreift wieder ein gedankliches Problem weite Kreise der europäischen Bevölkerung. Haben die Humanisten des 17. Jhs. schon eine starke Neigung zu Naturwissenschaften und Technik gezeigt, so widmen sich ihnen die Aufklärer jetzt mit wahrem Enthusiasmus. Mit Begeisterung wenden sie sich diesen Disziplinen zu, die durch Philosophen und Staatstheoretiker zusätzlich geistige Impulse erhalten. Der englische Physiker Isaac Newton (1643 bis 1727) gilt als der Begründer der exakten Naturwissenschaften. Er verknüpft die von Francis Bacon (1561 bis 1626) verfeinerten Methoden des Experiments als Grundlage der Erkenntnis mit den Lehren von René Descartes (1596 bis 1650), der Naturerscheinungen mit Hilfe der Mathematik als Bewegung von Teilchen der Materie erklärt.

Zeitalter der Forschung

In der Epoche des Merkantilismus werden die Naturwissenschaften in den großen Monarchien durch die Errichtung von Akademien gezielt gefördert. Man will ökonomischen Nutzen aus den nun reichlich gemachten Erfindungen ziehen und bestehende Maschinen kontinuierlich weiter verbessern. Ein wahrer Wettlauf um die praktische Anwendung der Naturwissenschaften hebt an. Es gehört zum guten Ton adeliger und bürgerlicher Kreise, über Probleme der Naturwissenschaften oder der Physik zu diskutieren. Die Experimente von Réaumur, Fahrenheit und Celsius führen zu brauchbaren Thermometern und stoßen auf großes Interesse. Die Erfindung des Dampfkessels durch Papin (1609), von Newcomen (1712) und Watt (1769) weiter entwickelt, wird lebhaft kommentiert. Insbesondere die Versuche mit Elektrizität begeistern ein breites Publikum, die Namen der Forscher Galvani, Coulomb und Volta sind in aller Munde.

Einen weiteren Grundstein der modernen Naturwissenschaften hat Nikolaus Kopernikus bereits zu Beginn des 16. Jhs. gelegt: Sein heliozentrisches Weltbild (= Sonne im Mittelpunkt unseres Planetensystems) erschreckt die Kirche, die unerschütterlich an ihrer Interpretation der Bibel festhält, die lautet: Die Erde ist der Mittelpunkt des Kosmos. Noch dominiert der Vatikan die weltliche Lehrmeinung, das beweist der Ketzerprozess gegen Galileo Galilei, den bedeutendsten Vertreter der kopernikanischen Lehre. Johannes Kepler setzt Ende des 16. Jhs. die Beobachtung des Weltalls fort und begründet mit den nach ihm benannten, teils empirisch, teils hypothetisch gefundenen drei Bewegungsgesetzen der Planeten die neuere Astronomie (1. Viertel 17. Jh.). Die Erkenntnisse finden weit gestreute Beachtung und regen den rationalen Geist der Aufklärung mächtig an.

Gesprächsstoff in Salons

Die Mathematik wird im 18. Jh. geradezu eine Modewissenschaft, von diesem Werkzeug des Verstandes erwartet man förmlich für alles nur mit Vernunft begründete Antworten.

Bei den Monarchen Europas finden die neuen Gedankenströmungen der Aufklärung bereitwillige Aufnahme. Friedrich der Große ist ein glühender Anhänger des aufgeklärten Absolutismus, aber auch Kaiser Joseph II. und sein Nachfolger, Kaiser Leopold II., die Söhne Maria Theresias. Anders als die Bourbonen in Frankreich leiten sie ihre Herrschaft nicht mehr von Gottesgnaden ab. Friedrich der Große präsentiert sich überzeugend als »erster Diener des Staates« und Joseph II. fühlt sich als »erster Beamter seines Reiches«.

Die Aufklärung wird in Deutschland und Österreich vom Bürgertum getragen, seine Verbreitung findet »das Licht der Vernunft« durch Geheimgesellschaften, die Freimaurer etwa oder durch den »Geheimbund der Illuminaten« in Bayern. Nicht selten finden in ihren Reihen Radikale Unterschlupf, die die Rebellion gegen die Obrigkeit predigen und Verschwörerzirkel gründen. Für die Gesetzeshüter wird es dann schwer, zwischen der Kritik der Aufklärer an Staat und Traditionskirche mit der Forderung nach Reformen und den umstürzlerischen Bemühungen einiger weniger zu unterscheiden.

Aufklärung und Revolution

Kaiser Franz II., in panischer Angst vor möglichen jakobinischen Umtrieben, die ähnliche Zustände wie in Frankreich zur Zeit der Revolution erzeugen könnten, lässt das von Joseph II. errichtete Agenten- und Spitzelnetz und die »Censurhofstelle« weiter ausbauen. Abgesehen von wenigen, im Grunde der josephinischen Staatsreform zuneigenden »aufrührerischen« Geistern, die auch prompt zu Festungshaft oder zum Tode verurteilt werden, beschränken sich die revolutionären Umtriebe auf programmatische Entwürfe neuer Verfassungen und wirkungslose Aufrufe zum Sturz des Systems.

Auch in Deutschland kommt es zu keiner revolutionären Bewegung aus aufklärerischer Geisteshaltung, da steht die Vielzahl kleinräumiger Länder mit ihren provinziellen Residenzen dagegen. Die Gründung der Mainzer Republik 1793 bleibt eine Ausnahme: Ohne direkte Unterstützung durch Frankreich wäre sie nicht entstanden und als diese wegfällt, sind ihre Tage gezählt. Dafür bildet sich eine politische Presse- und Theaterkultur heraus, die einigen Einfluss auf die Gesellschaft gewinnt. Die Möglichkeit, unzensierte Druckwerke herzustellen, nutzen österreichische Oppositionelle, um gegen den Habsburger Staat, dessen rigorose Zensurbestimmungen viele kritische Schriftsteller und Journalisten nach Deutschland vertreiben, zu polemisieren.

Nationales Bewusstsein

Parallel zur Aufklärung regt sich nationaler Patriotismus, der bislang in Deutschland unbekannt war. Zweifellos finden hier Rousseaus Ideen von Vaterland und Nationalgeist Widerhall. Thomas Abbts Schrift »Vom Tod für das Vaterland« (1761), die den Tod als höchste Bewährung für die Heimat feiert, und Friedrich Carl von Mosers Werke »Der Herr und der Diener« (1754) sowie »Von dem deutschen National Geiste« (1756) sind Ausdruck jener Geisteshaltung, die in aufgeklärten Kreisen rasch Fuß fasst. Viel bewirkt sie freilich nicht. Moser selbst – er redet dem Reichsgedanken das Wort und verbringt einige Jahre in Wien – kehrt enttäuscht nach Hessen zurück, als er merkt, dass von

Das Eisenwerk des Grafen Solms zu Baruth in der Mark, erbaut 1757/58 (Bild oben). – Immanuel Kant, ein Philosoph, der die Aufklärung zum Höhepunkt führt (Bild rechts oben). – Wirtschaftsstruktur des sächsischen Territorialstaates in der 2. Hälfte des 18. Jhs. (Karte rechts unten).

Langensälza
Goth
Eisenach
Vacha
GFT.
HENNENBERG
Meiningen
Suhl
Schleusingen
Hildburghause

Österreich keine belebenden Impulse für das alte Reich ausgehen. Doch die Saat ist ausgebracht und zu Anfang des 19. Jhs., im Zeitalter der Befreiungskriege, wird sie voll aufgehen.

Fortschritt auch in der Kirche

Einer besonders scharfen Kritik durch die Aufklärer muss sich die Traditionskirche stellen. Nicht alle geistlichen Fürsten trifft der Vorwurf, die alten Wege nicht verlassen zu wollen, manche sind fortschrittlich, dem modernen Zeitalter angepasst und der Aufklärung durchaus aufgeschlossen. Der Salzburger Erzbischof, Hieronymus Graf Colloredo, an der Wende zum 19. Jh. zählt zu ihnen. Sparsam verwaltet er den Staatshaushalt und fördert vor allem das Schul- und Ausbildungswesen. Die Fürstbischöfe von Bamberg, Würzburg und Mainz richten vorbildliche Armenhäuser und Krankenanstalten ein, gründen Krankenversicherungen für Handwerkergesellen und Dienstboten, fördern Wirtschaft, Kunst und Kultur.

Der praktische Sinn der deutschen Aufklärung findet sichtbaren Niederschlag im Wiederaufbau Sachsens, des vom Siebenjährigen Krieg am härtesten betroffenen Landes. Finanziell von Friedrich II. vollständig ausgeplündert und durch die Misswirtschaft des Premierministers, Graf von Brühl, in den Ruin getrieben, schaffen von König Friedrich August I. von Sachsen ins Land geholte, aufgeklärt gesinnte, bürgerliche Beamte eine beispielhafte Erneuerung auf wirtschaftlichem Sektor.

Beispiel Preußen

Das preußische Beispiel macht Schule: Durch Förderung von Straßenbau, Landwirtschaft und die Gründung von Manufakturen steigt Sachsen in wenigen Jahren zu einer beachtlichen Wirtschaftsmacht im Reich auf. Aber anders als in Preußen greifen die sächsischen Ökonomen nicht auf staatliche Hilfsmittel zurück, sondern

regen zu Eigeninitiative an. Nicht zentralistisch dirigiert und durch Gewalt und Zwang soll die Produktivität gesteigert werden, sondern auf freiwilliger Basis, im gegenseitigen Vertrauen. 1762 leiten führende Köpfe der jüngeren sächsischen Intelligenz erste Maßnahmen des »Retablissements« ein, arbeiten eng mit Kurprinz Friedrich Christian zusammen, der erste wichtige Schritte setzt, obwohl er nur wenige Monate regiert. Dieses Reformwerk geht, nach seinem Tode durch Kurfürstin Maria Antonia weiter kräftig vorangetrieben, nicht ohne den Widerstand der Stände vonstatten. Aber die Erfolge überzeugen, Volkswohlfahrt und Gewerbefleiß steigen beachtlich. Das Beispiel findet

in den Nachbarstaaten keine Nachahmung, da deren Machthaber fürchten, zu sehr auf Einflussnahme und Macht verzichten zu müssen.

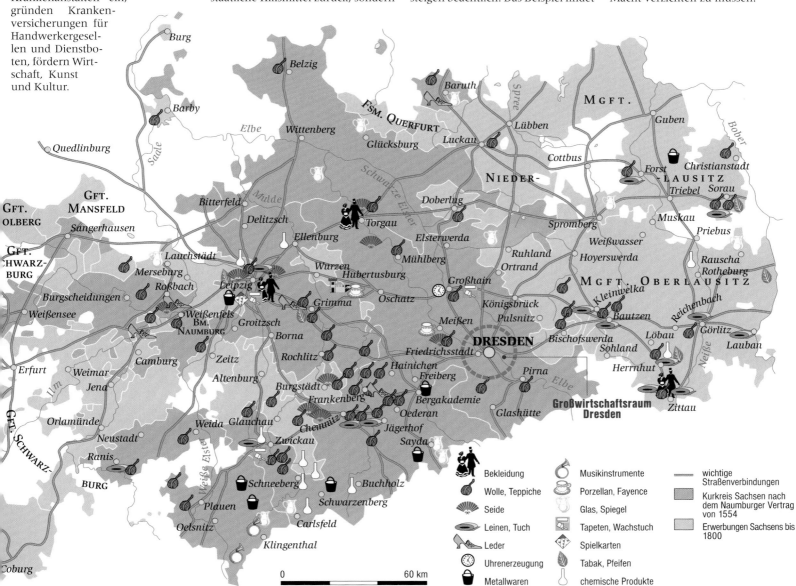

Russland, Garant des Reiches

„Die beiden deutschen Führungsmächte [...] hatten zwar, jede für sich, den Streit um Schlesien beendet. Aber ihre Rivalität innerhalb des Reiches bestand weiter und damit ein großes gegenseitiges Misstrauen, das ein Bedürfnis nach Anlehnung an eine andere europäische Macht zur Folge hatte. Nach Lage der Dinge konnte dies nur Russland sein; denn England zog sich nunmehr, nachdem es sein erstes Imperium begründet hatte, aus der Kontinentalpolitik zurück."

Hans Schmidt, 1997

Wenn es im Siebenjährigen Krieg Gewinner gibt, dann sind es England, das sich seit der Personalunion mit Schottland – zu der 1714 noch Hannover stößt – Großbritannien nennt und Russland. Russland hat im Nordischen Krieg, für Mitteleuropa zum ersten Mal deutlich sichtbar, seine Muskeln spielen lassen, als es im Verbund mit Dänemark, Polen, Sachsen und Hannover, später auch Preußen die Vorherrschaft Schwedens im baltischen Raum bricht.

Das Zarenreich stellt einen Machtfaktor dar, der durchaus imstande ist, die Geschehnisse Europas aktiv mitzugestalten. Kaum ein halbes Jahrhundert später ist es eine umworbene Macht. Russland zeigt im Siebenjährigen Krieg, dass es seine Herrschaft – bislang nur in den Ostseeraum und gegen das Schwarze Meer gerichtet – ausdehnen will, es drängt nach Zentraleuropa. Den Weg dorthin aber versperrt Polen. Gegen Ende des 18. Jhs. wird es das vordringliche Anliegen St. Petersburgs, der neuen Hauptstadt Russlands, das Königreich Polen entweder in seine Abhängigkeit zu zwingen oder ganz auszulöschen. Bei diesem Bemühen kommen dem Zarenreich mehrere Umstände entgegen.

England konzentriert sich auf den Ausbau seines gewaltig vergrößerten, den ganzen Globus umspannenden Imperiums. Allein in Indien unterstellt es allmählich 200 Millionen Menschen. Im 1788 neu entdeckten Ostaustralien will es die anbaufähigen Böden unter den Pflug nehmen, um von Getreideimporten unabhängig zu werden. In Kanada sind die riesigen Wälder zu nutzen, deren Holz für die britischen Kohlengruben des waldarmen Englands von enormer Bedeutung ist. Zugleich bekommt in Neuengland die Unabhängigkeitsbewegung immer mehr Gewicht und stellt den Verbleib dieser ungemein rohstoffreichen Region im Britischen Reich in Frage.

Frankreich leidet nach dem Siebenjährigen Krieg wohl am meisten an dessen Folgen. Der Verlust vieler

Friedrich II., der Große, im Alter von 69 Jahren (Bild oben). – Ländertauschprojekte in der 2. Hälfte des 18. Jhs. zwischen Preußen und Österreich (Karte unten). – Erste Begegnung zwischen Friedrich II., dem Großen, und Joseph II. am 25. 8. 1769 in Neisse. Aussprache über den wachsenden Einfluss Russlands in Ost- und Mitteleuropa (Bild rechts oben).

kolonialer Stützpunkte an England kommt einem weltpolitischen Zusammenbruch gleich. Zu dieser nationalen Katastrophe gesellen sich die innenpolitischen Probleme der überaus krassen Klassenunterschiede in der Bevölkerung.

Preußen und Österreich, die mit Abstand führenden Länder im seit dem Westfälischen Frieden außenpolitisch bedeutungslos gewordenen Reich, stehen einander im Wechsel von kriegerischem und friedlichem Dualismus misstrauisch gegenüber. Der Friede von Hubertusburg kann keinen dauerhaften Ausgleich der beiden Rivalen schaffen.

Russland, der neue Partner

Friedrich bemüht sich sehr um die Gunst des großen russischen Nachbarn. Am 11. 4. 1764 wird seine Mühe durch ein Verteidigungsbündnis belohnt, das – in seltener Dauerhaftigkeit – eine Konstante der europäischen Politik bis zum Ende des 19. Jhs. bleibt.

Zweifellos lohnt sich das Zusammengehen mit Russland: Abgesehen von den beträchtlichen Stücken, die sich Preußen in den kommenden Jahren aus dem polnischen Kuchen einverleiben kann, beruhigt die russische Vermittlung die Lage an der Nordgrenze: Dänemark und Schweden finden zur friedlichen Koexistenz (1767, 1772). Der russische Thronfolger Paul aus der Gottorper Linie des Hauses Oldenburg übernimmt die Grafschaften Delmenhorst und Oldenburg. Nicht einmal der Staatsstreich Gustavs II., König von Schweden (1771 bis 1792), kann die »Ruhe des Nordens« stören.

Friedrich II. hat Rückendeckung, als im Süden des Reiches wieder die Funken fliegen: Überraschend segnet Kurfürst Maximilian III. Joseph von Bayern das Zeitliche (31. 12. 1777) und Österreich meint das Nachbarland in Besitz nehmen zu können, gewissermaßen als Ausgleich für den Verlust Schlesiens.

Seit 1724 besteht ein wittelsbachischer Familienpakt, der beim Aussterben der einen Linie den Besitz der anderen zuspricht. Nun haben weder die bayerisch-wilhelminische noch die pfälzische Linie einen männlichen Nachfolger, nur die kleine Nebenlinie Pfalz-Zweibrücken ist berechtigt, das Erbe zu übernehmen. Doch der pfälzische Kurfürst Karl Theodor befürchtet Schwierigkeiten mit Preußen wegen seiner Nachfolge. So schlägt er, ganz im Sinne des üblichen absolutistischen Länderschachers, einen territorialen Tausch vor:

Wien möge die aus der spanisch-habsburgischen Erbmasse stammenden Niederlande – sie entsprechen mit Ausnahme des Bistums Lüttich etwa dem heutigen Belgien – gegen Bayern eintauschen. Gewiss sind die Österreichischen Niederlande wirtschaftlich beträchtlich potenter als Bayern, dafür liegt dieses näher und würde das Gebiet der Habsburger abrunden. Den Vorschlag findet Joseph II., seit 1765 Kaiser und Mitregent Maria Theresias, akzeptabel, er vereinbart mit Karl Theodor die Abtretung von Teilen Oberbayerns und Niederbayerns, der Oberpfalz, Leuchtenbergs und der Herrschaft Mindelheim für Belgien (Wiener Konvention, 3. 1. 1778).

Marsch nach Bayern

Unbekümmert und bar jedes diplomatischen Feingefühls lässt Joseph II. seine Truppen sofort ins Straubinger Land einrücken, ohne Friedrich den Großen zu konsultieren. Prompt erhebt Friedrich Einspruch gegen die Besitznahme und die Bayern unterstützen ihn dabei. In München erhebt sich ein Sturm des Protestes. Mitglieder der alten Dynastie, der Landschaftsverordnung und führende Beamte – die »bayerischen Patrioten« – legen gegen das über ihre Köpfe hinweg abgeschlossene Geschäft ihr Veto ein.

Ein heftiger Propagandakrieg entbrennt, Flugschriften schmähen einmal Joseph II., dann wieder Friedrich den Großen. In dieser verfahrenen Situation schürt der preußische

König geschickt die Angst der kleinen Territorialfürsten vor der scheinbaren Allmacht des Kaisers in Wien. Die Einheit des Reiches sei gefährdet, tönt es aus Potsdam. In Wahrheit liegen Friedrich II. die Bedürfnisse des Reiches ebenso wenig am Herzen wie Kaiser Joseph II.

Länderschacher

Das beweisen die zwischen beiden Hofkanzleien aufgenommenen Verhandlungen, die in Vorgesprächen Länder nach Gutdünken hin und her schieben, als seien sie Dominosteine. Die Österreichischen Niederlande sollen an die Pfalz kommen, dafür Bayern mit Ansbach an Österreich fallen; die sächsische Niederlausitz und das Herzogtum Berg sollen dafür Preußen einverleibt und Bayreuth an Sachsen angeschlossen werden. Sachsen soll den Handel abgelehnt haben, es wolle nicht mit Bayreuth zusammengehen, berichten später offizielle Stellen. In Wirklichkeit aber brechen Preußen und Österreich die Verhandlungen ab, denn was immer sie auch beschlossen hätten, der Protest der übrigen Reichsstände wäre ihnen sicher gewesen.

Da nun keine Gesprächsbasis mehr besteht, rücken am 5. 7. 1778 preußische Truppen in Böhmen ein und lösen den Bayerischen Erbfolgekrieg aus. Als Kriegsgrund nennt Friedrich den Schutz der Reichsverfassung und gewinnt im Reich ungeheure Popularität. Der Krieg besteht in der Hauptsache im Requirieren von Lebensmitteln, der Volksmund

nennt ihn daher in Deutschland den »Kartoffelkrieg« und in Österreich den »Zwetschkenrummel« (= Pflaumenrummel). Friedrich bietet dafür 230.000 Mann auf, Joseph II. 251.000. Währenddessen interveniert Maria Theresia hinter dem Rücken ihres Sohnes in Berlin, freilich ohne Erfolg.

Russland sichert den Bestand des Reiches

Die Stunde Russlands ist gekommen, gemeinsam mit Frankreich, das sich doch nicht von der politischen Bühne Europas verdrängen lassen will, werden die Streithähne an den Verhandlungstisch im österreichisch-schlesischen Teschen genötigt (13. 5. 1779). Bayern muss das Innviertel abtreten – es wird Bestandteil Oberösterreichs – Preußen erhält den Anspruch auf Ansbach-Bayreuth bestätigt und Sachsen eine Geldentschädigung. Russland und Frankreich treten als Garantiemächte des Friedens von Teschen auf. Russland wird im Vertrag zugleich als Garant der Reichsverfassung bezeichnet.

Der seit dem Westfälischen Frieden 1648 einsetzende Prozess verstärkt sich: Nicht mehr die beiden neuen deutschen Großmächte garantieren die Gesetze des Reiches; die alte Reichsherrlichkeit erlischt.

Johann Wolfgang Goethe fasst die Tragik in seinem »Urfaust« zusammen, in dem er den Frosch in Auerbachs Keller fragen lässt: *„Das liebe Heilige Römische Reich, wie hält's nur noch zusammen?"*

Das Reich in der Krise

„Sie wissen ebenso wie ich, wie sehr dieser unglückliche Mensch den Schandtitel »allzeit Zerstörer des Reiches« verdient."

Staatskanzler Kaunitz, 21. 12 1789

Eine glückliche Hand beweist Joseph II. – seit dem Tod seiner Mutter Maria Theresia Alleinregent (29. 11. 1780) – nicht gerade. Es besteht kein Zweifel, dass viele seiner aufklärerischen Reformen bahnbrechend sind, so sehr zukunftsgerichtet, dass sie nur von wenigen seiner Beamten in ihrer Tragweite begriffen, von der Mehrheit des Volkes aber miss- oder nicht verstanden werden. Einige der Neuerungen lösen Ängste, Unmut, sogar

offenen Widerstand aus, wie das Gesetz über die Aufhebung der Leibeigenschaft (1782), das in Galizien deshalb nicht durchgesetzt werden kann, weil es die adeligen Großgrundbesitzer ruinieren würde; Joseph muss es wohl oder übel wieder zurücknehmen.

Herrscher ohne Gefühl

Joseph II. ist ein reiner Verstandesmensch, der wenig Gefühl für seine Untertanen aufbringt. Die Gunst der Ungarn verscherzt er sich gleich zweimal: einmal durch die Anordnung, ihr Nationalheiligtum, die Stephanskrone, aus der Krönungsstadt Preßburg nach Wien zu transferieren, und ein anderes Mal wegen der Ein-

führung des Deutschen als Amtssprache, mit der er das noch immer übliche Latein ersetzen will (1784).

Auch in der Außenpolitik geht er bedenkenlos vor. Der von ihm vom Zaun gebrochene »Kartoffelkrieg« um den Besitz Bayerns erregt seine Mutter so sehr, dass sie ihn scharf zur Rede stellt: *„Ich erkläre dir, dass ich mich nicht mehr dazu hergebe, fortwährend gegen meine Überzeugung und gegen mein Gewissen zu handeln"*, poltert sie, als sie vom Marschbefehl der österreichischen Truppen erfährt (1778). Den Krieg verhindern kann sie freilich nicht mehr. Immerhin bemüht sie sich – ohne Wissen ihres Sohnes – bei Friedrich II., dem Großen, der auch aufmarschieren lässt, um Verhandlungen. Der Friede von Teschen legt zwar den Konflikt bei, die Wün-

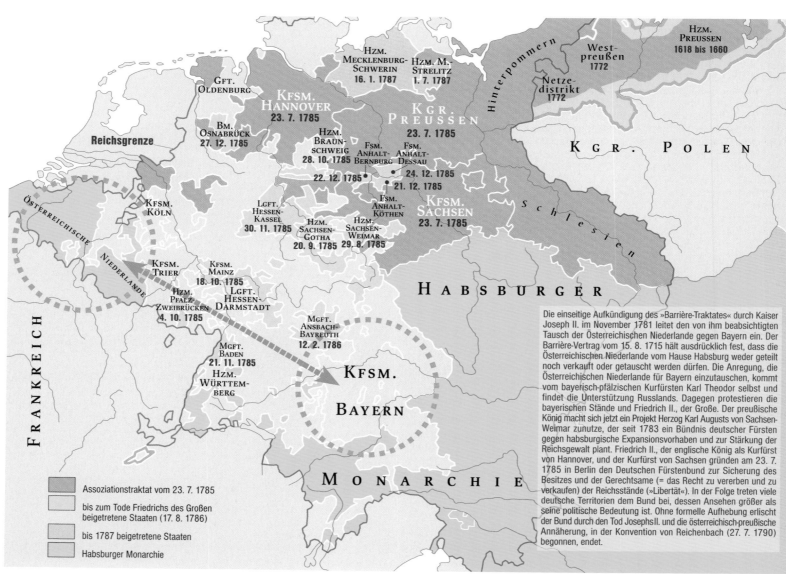

Die einseitige Aufkündigung des »Barrière-Traktates« durch Kaiser Joseph II. im November 1781 leitet den von ihm beabsichtigten Tausch der Österreichischen Niederlande gegen Bayern ein. Der Barrière-Vertrag vom 15. 8. 1715 hält ausdrücklich fest, dass die Österreichischen Niederlande vom Hause Habsburg weder geteilt noch verkauft oder getauscht werden dürfen. Die Anregung, die Österreichischen Niederlande für Bayern einzutauschen, kommt vom bayerisch-pfälzischen Kurfürsten Karl Theodor selbst und findet die Unterstützung Russlands. Dagegen protestieren die bayerischen Stände und Friedrich II., der Große. Der preußische König macht sich jetzt ein Projekt Herzog Karl Augusts von Sachsen-Weimar zunutze, der seit 1783 ein Bündnis deutscher Fürsten gegen habsburgische Expansionsvorhaben und zur Stärkung der Reichsgewalt plant. Friedrich II., der englische König als Kurfürst von Hannover, und der Kurfürst von Sachsen gründen am 23. 7. 1785 in Berlin den Deutschen Fürstenbund zur Sicherung des Besitzes und der Gerechtsame (= das Recht zu vererben und zu verkaufen) der Reichsstände (»Libertät«). In der Folge treten viele deutsche Territorien dem Bund bei, dessen Ansehen größer als seine politische Bedeutung ist. Ohne formelle Aufhebung erlischt der Bund durch den Tod Josephs II. und die österreichisch-preußische Annäherung, in der Konvention von Reichenbach (27. 7. 1790) begonnen, endet.

Kartenbeschriftungen:

HZM. PREUSSEN 1618 bis 1660
Hinterpommern
West-preußen 1772
Netze-distrikt 1772
HZM. MECKLENBURG-SCHWERIN 16. 1. 1787
HZM. M. STRELITZ 1. 7. 1787
GFT. OLDENBURG
KFSM. HANNOVER 23. 7. 1785
KGR. PREUSSEN 23. 7. 1785
BM. OSNABRÜCK 27. 12. 1785
HZM. BRAUNSCHWEIG 28. 10. 1785
FSM. ANHALT-BERNBURG 22. 12. 1785
FSM. ANHALT-DESSAU 24. 12. 1785
21. 12. 1785
FSM. ANHALT-KÖTHEN
KGR. POLEN
Reichsgrenze
Österreichische
Niederlande
KFSM. KÖLN
LGFT. HESSEN-KASSEL 30. 11. 1785
HZM. SACHSEN-GOTHA 20. 9. 1785
HZM. SACHSEN-WEIMAR 29. 8. 1785
KFSM. SACHSEN 23. 7. 1785
Schlesien
KFSM. TRIER
KFSM. MAINZ 18. 10. 1785
HZM. PFALZ-ZWEIBRÜCKEN 4. 10. 1785
LGFT. HESSEN-DARMSTADT
MGFT. ANSBACH-BAYREUTH 12. 2. 1786
MGFT. BADEN 21. 11. 1785
HZM. WÜRTTEMBERG
FRANKREICH
HABSBURGER
KFSM. BAYERN
MONARCHIE

Legende:

- Assoziationstraktat vom 23. 7. 1785
- bis zum Tode Friedrichs des Großen beigetretene Staaten (17. 8. 1786)
- bis 1787 beigetretene Staaten
- Habsburger Monarchie

sche, Bayern zu besitzen und Preußen im Aufstieg zu hemmen, gibt Joseph II. jedoch nicht auf. Wieweit er mit seinen politischen Eskapaden Reichsinteressen verletzen könnte, ist für Joseph, obwohl er als Kaiser darauf bedacht sein müsste, von zweitrangiger Bedeutung. Wie allerdings auch für Friedrich den Großen und fast alle anderen deutschen Fürsten.

Bayern ist Josephs Ziel

Für Josephs antipreußische Aktivitäten erweist sich das Bündnis Potsdams mit St. Petersburg als störend. Es zu unterlaufen und dann mit russischer Rückendeckung Bayern doch noch zu erwerben, wird für die kommenden Jahre sein Ziel. Tatsächlich gelingt es ihm, die Zarin Katharina II. in einer Begegnung in Mohilew am 7. 6. 1780 zu einer Annäherung an Österreich und einem Abrücken von Preußen zu bewegen. Ein am 4. 6. 1781 geschlossenes Bündnis isoliert Friedrich II., mit Grimm muss er den außenpolitischen Erfolg seines Rivalen, die Vermittlung der Konvention von Konstantinopel (8. 1. 1784), hinnehmen. Russland gewinnt dabei die Krim und den Kuban. Als Gegenleistung verspricht die Zarin ihrerseits, Joseph bei der Ausführung seiner Pläne behilflich zu sein: der Aufhebung des Barrière-Traktates vom 15. 8. 1715, das die niederländischen Generalstaaten berechtigt, zum Schutz gegen Frankreich in den Österreichischen Niederlanden mehrere Festungen zu besetzen und die Scheldemündung für den Handel zu öffnen. Die Beseitigung des Barrière-Vertrages ist Voraussetzung für einen Tausch der Österreichischen Niederlande gegen Bayern. Nach wie vor will Joseph das Kurfürstentum in seinen Besitz bringen. Katharina II. von Russland unterstützt ihn dabei. Auch der bayerische Kurfürst Karl Theodor hat, wie schon 1778, nichts dagegen einzuwenden, sein Domizil an der Nordsee aufzuschlagen.

Stimmung gegen Österreich

Friedrich II. macht umgehend im Lager der protestantischen Fürsten im Reich dagegen Stimmung und schürt deren Sorge über einen möglichen, unter Habsburgs Aufsicht stehenden katholischen Machtblock, obwohl er weiß, dass der aufgeklärte Joseph II. alles eher als ein Förderer des Katholizismus ist: Von 1782 bis 1786 hebt Joseph in seinen Erbländern von insgesamt 2163 Klöstern nicht weniger

als 738 auf, weil er meint, *„jene Orden können Gott nicht gefällig sein, die sich nicht mit Krankenpflege und Jugenderziehung beschäftigen, also dem Nächsten ganz und gar unnütz sind."*

Friedrich II. bemächtigt sich eines Planes, den Carl August von Weimar, einer der wenigen Verfechter des Reichsgedankens, bereits Ende 1783 entwickelte: Zur Erneuerung von Kraft und Ansehen des Reiches sollen sich die kleinen und mittleren Fürstentümer Deutschlands zusammenschließen. Ohne Protektion einer Großmacht wäre eine solche Vereinigung allerdings zum Scheitern verteilt. Carl August wendet sich deswegen an Frankreich, doch dieses lehnt ab. Damit bietet sich nur noch Preußen an und Friedrich sagt die Schirmherrschaft zu.

Die vielen unterschiedlichen Interessen zögern die Gründung des Bundes hinaus, bis Friedrich die Geduld verliert und mit Sachsen und Hannover den »Dreikurfürstenbund« schließt. Das ist eine Kampfansage an Josephs bayerischen Expansionsplan (23. 8. 1785).

Der Deutsche Fürstenbund

Dem Dreikurfürstenbund treten in der Folge die wichtigsten Territorien der Reiches bei. Ein deutlicher Beweis, wie sehr die mittleren und kleinen Fürsten eine Schutz bietende Allianz suchen. Sogar der Reichserzkanzler und Mainzer Kurfürst, Friedrich Karl von Erthal, schließt sich ihr an. Freilich weniger aus Schutzbedürfnis, sondern als Protest gegen den »Erzsakristan« Joseph II., für dessen Klösteraufhebungen die Kirche begreiflicherweise wenig Verständnis aufbringt. Nur Kur-Trier, Kur-Köln, Kur-Bayern, Oldenburg, Württemberg und Hessen-Darmstadt bleiben dem Fürstenbund fern.

„Im dritten Deutschland, dem Deutschland zwischen den beiden Großmächten, weckte der Fürstenbund höchste Hoffnungen auf eine zeitgemäße Reform des Reiches, obwohl der preußische Minister Hertzberg konkrete Reformpläne bewusst dem Vertragstext ferngehalten hatte. Denn für Friedrich war der Fürstenbund nur ein Mittel zum Zweck" (Hans Schmidt), er hilft Preußen aus der Isolation. Als Friedrich II. am 17. 8. 1786 stirbt, vollzieht sich der Thronwechsel reibungslos. Die Ansätze für ein neues Reichsgefühl verlieren sich, zu offenkundig sind die Ambitionen Preußens, aus dem Fürstenbund nur eigene Vorteile ziehen zu wollen.

Gegen Ende des Jahres 1787 mahnt Zarin Katharina II. bei Jo-

seph II. die gegebenen Versprechen ein. Er muss, obgleich aus dem Bayernhandel nichts geworden ist, im ausbrechenden Russisch-Türkischen Krieg Partei für das Zarenreich ergreifen und auf dem Balkan gegen die Osmanen marschieren.

Die Pläne der Zarin

Der Konflikt kommt für ihn nicht überraschend, schon im September 1782 hat ihn die Zarin darüber informiert, dass 1. ihrem Enkel der beziehungsvolle Name Konstantin gegeben werde, 2. sie das griechische Kaisertum zu erneuern gedachte und 3. sie ein Königreich »Dacien« errichten wolle, das aus Bessarabien und der Walachei bis östlich der Flüsse Alt und Moldau bestehen solle, also aus Teilen des noch bestehenden Osmanischen Reiches. Nur die unverschämt hohen Gegenleistungen Josephs – er forderte Teile der Walachei, Serbien, Albanien, Bosnien und Herzegowina – hielten die Monarchin davon ab, sofort loszuschlagen.

Mittlerweile haben sich die Beziehungen zwischen Wien und der Hohen Pforte normalisiert und der Sultan hat trotz eines antihabsburgischen Bündnisses mit Friedrich dem Großen während des Siebenjährigen Krieges gegenüber Wien eine wohlwollende Neutraliät bewiesen. Baron Thugut, dem österreichischen Gesandten am Bosporus, gelingt es 1775 sogar, vom Sultan die Bukowi-

na, das »Buchenland«, gegen Hilfsgelder zur Finanzierung seines Krieges gegen Russland (1768 bis 1774) zu erwerben.

Joseph zieht ungern in den Krieg, den ein englisch-französisches Komplott anzettelt. Agenten raten Sultan Abd ül-Hamid I. im Sommer 1787, Russland anzugreifen (23. 8.). Österreich seinerseits erklärt am 9. 2. 1788 dem Osmanischen Reich den Krieg und erreicht unter Einsatz von 245.000 Mann und 37.000 Reitern auch bescheidene Erfolge, bis Sumpffieber und die schwere Niederlage bei Mehadia das Heer dezimieren. Joseph erkrankt an Malaria und kehrt, dem Tod nahe, heim.

Die Erfolge seines 72-jährigen Feldherrn Laudon, der auf dem Balkan von Erfolg zu Erfolg eilt und Belgrad erobert, sodass die Osmanen schließlich kapitulieren, nimmt der Kaiser kaum noch wahr. Um so prompter reagiert der junge Nachfolger Friedrichs des Großen, Friedrich Wilhelm II., er agitiert gegen Österreich in den Niederlanden, ermutigt die oppositionellen Oranier zum Aufstand gegen Habsburg. In allen größeren Städten des nachmaligen Belgien kommt es zum Aufruhr.

Joseph II. stirbt am 20. 2. 1790 in Wien. Während man in Ungarn seinen Tod mit Freudenfesten feiert, macht sich Leopold, sein toleranter und liberaler Bruder, Großherzog der Toskana, auf den Weg nach Norden, um in der alten Kaiserresidenz Wien seine Nachfolge anzutreten.

Joseph II., römisch-deutscher Kaiser (Bild links oben). – Der Deutsche Fürstenbund von 1785 (Karte links). – Maria Theresia und Joseph II. – rechts von ihr – im Kreise der Familie (Bild unten).

Eine polnische Tragödie

„Ohne die Eifersucht seiner Nachbarn, die mit bewaffneter Hand die Eroberungsgelüste ehrgeiziger Fürsten in den Schranken der Mäßigung halten, wäre Polen längst unterworfen."

Friedrich II., der Große, 1768

Vier Jahre später, genau am 5. 8. 1772, weicht die *„Eifersucht"* der Nachbarn einem höchst eigennützigen Bedürfnis: Sie bedienen sich selbst an Teilen des von inneren Konflikten gelähmten Polen. Motor dieser ersten Teilung ist Zarin Katharina II. Als am 5. 10. 1763 August III., König von Polen und Kurfürst von Sachsen, stirbt, nimmt sie ihre Chance wahr. Unter dem Schutz russischer Bajonette lässt sie ihren Günstling Stanislaus August Poniatowski vom polnischen Parlament, dem Sejm, zum polnischen König wählen.

Katharina meint in ihrem früheren Liebhaber eine willfährige Marionette auf dem Thron zu haben. Doch sie täuscht sich in ihm: Poniatowski ist dem Fortschritt aufgeschlossen und beginnt das Land zu reformieren. Aufgeklärt reorganisiert er Finanzen, Verwaltung, Heer und Schulwesen, sehr zum Missfallen der drei benachbarten Großmächte: Denn ein modernisiertes Polen mit möglicherweise außenpolitischem Ehrgeiz könnte Ostmitteleuropa destabilisieren.

Umgehend leiten Preußen und Russland Gegenmaßnahmen ein. Die Einfuhrschutzzölle, mit denen Polen seinen Haushalt sanieren will, beantwortet König Friedrich II. martialisch mit dem Beschuss polnischer Handelsschiffe auf der Weichsel.

Massiver Druck

Katharinas Prokonsul in Warschau, Fürst Nikolaus Repnin, geht diplomatischer vor. Er besticht polnische Adelige, um mit Hilfe des »liberum veto« den Sejm lahm zu legen. Das »liberum veto« erlaubt seit 1652 jedem Reichstagsabgeordneten, durch seine Nein-Stimme einen Gesetzesantrag zu Fall zu bringen. Repnin überreicht dem Sejm außerdem eine Reihe von Forderungen seiner Kaiserin zur Besserstellung russisch-orthodoxer Gläubiger (1767). Als katholische Abgeordnete dagegen protestieren, lässt Repnin vier von ihnen nach Russland deportieren. Eingeschüchtert nimmt der Sejm das von Russland geforderte Toleranztraktat an (5. 3. 1768). Doch es ist Sprengstoff für das Lager des polnischen Adels, es spaltet sich: Die Russophilen gründen die »Konföderation von Radom«, der nach einigem Zögern auch König Poniatowski beitritt. Die Patrioten hingegen vereinigen sich in der »Konföderation von Bar« *„zum Schutze der Religion und der Freiheit Polens"*, zur Erhaltung der Vorrangstellung der katholischen Kirche und gegen die Einmischung Russlands.

Eskalation

Das liefert Katharina den Anlass einzugreifen. Russische Truppen attackieren ein Aufgebot der Konföderierten von Bar und drängen es über die osmanische Grenze. Zur gleichen Zeit erheben sich griechisch-orthodoxe Bauern gegen ihre polnischen katholischen Herren und richten ein Blutbad an (»Hajdamakenaufstand«). Erst jetzt schlagen die Russen den Aufstand nieder. Dabei kommt es zu Grenzverletzungen gegenüber dem Osmanischen Reich, das daraufhin den Krieg erklärt.

Österreich nimmt die Flucht eines Teiles der Barer Konföderierten auf ungarisches Gebiet zum Vorwand, um das Zipser Land zu besetzen (1769). Preußen will dem österreichischen Beispiel nicht nachstehen; unter dem Vorwand, die Ausbreitung von Seuchen verhindern zu müssen, zieht es durch das polnische Westpreußen und Teile Großpolens einen militärischen »Sanitätskordon«. Um die gleiche Zeit erobern russische Truppen die osmanischen Vasallen Moldau und Walachei und kommen dabei der österreichischen Grenze gefährlich nahe. Das Wiener Außenamt registriert besorgt die bedrohliche Umklammerung Österreichs durch russisch dirigierte Länder.

Auch Preußen beobachtet mit wachsendem Unbehagen die russischen Machtausweitung. Sollte ganz Polen russisch werden, muss es mit dem Verlust der von polnischem Gebiet eingeschlossenen Provinz Ostpreußen (seit 13. 1. 1773) rechnen. Eine Landverbindung zu dem exponierten Territorium scheint Friedrich II. unumgänglich notwendig, daher trachtet er das polnische Westpreußen in Besitz zu nehmen.

Zarin Katharina II. ist gar nicht abgeneigt einer Verkleinerung Polens zuzustimmen, sofern auch ihre Wünsche berücksichtigt werden. Russisch-preußisch-österreichische Verhandlungen führen im August 1772 zur ersten Teilung Polens.

Beispielhafte Reformen

Vorerst allerdings muss sich Katharina II. in einem Zweifrontenkrieg gegen Schweden und Osmanen behaupten. Das ermöglicht den polnischen Nationalisten nicht nur, ein Militärbündnis mit Preußen zu schließen (29. 3. 1790), sondern auch eine neue Verfassung zu verabschieden, die eine der fortschrittlichsten im damaligen Europa ist (3. 5. 1791): Der König und ein Staatsrat üben die exekutive, ein aus zwei Kammern bestehender Reichsrat die legislative Gewalt aus. Polen wird konstitutionelle Erbmonarchie, das »liberum veto« fällt. Wenig Erfolg hingegen hat das Verbot von Konföderationen. Russenfreundliche polnische Adelsgeschlechter lassen sich nicht davon abhalten, die »Konföderation von Targowica« zu gründen. Sie rufen russische Truppen ins Land, um mit ihrer Hilfe die neue Verfassung zu bekämpfen. Die Patrioten unter der Führung des königlichen Neffen, Fürst Poniatowski, und des Freiheitskämpfers Kosciuszko leisten erbitterten, jedoch vergeblichen Widerstand. Bei Dubienka schlägt ihre Stunde (1792).

Obwohl er im Kampf gegen das revolutionäre Frankreich kaum erfolgreich ist, fordert Friedrich Wilhelm II. eine Honorierung für den Einsatz seiner Truppen. An Frankreich kann er sich nicht schadlos halten, also wendet er sich Polen zu. Knapp fünf Wochen nach der Niederlage von Valmy (25. 10. 1792), teilt der Preußenkönig dem österreichischen Außenamt mit, er wolle erst nach einer Entschädigung

Zarin Katharina II. diktiert dem polnischen König im Beisein Friedrichs des Großen und Josephs II. territoriale Forderungen (Allegorie, Bild links unten). – Die Gebietsverluste Polens durch die drei Teilungen im 18. Jh. (Grafik unten). – Stanislaus II. August Poniatowski (Bild rechts oben). – Teilungen zwischen 1772 und 1795 (Karte rechts).

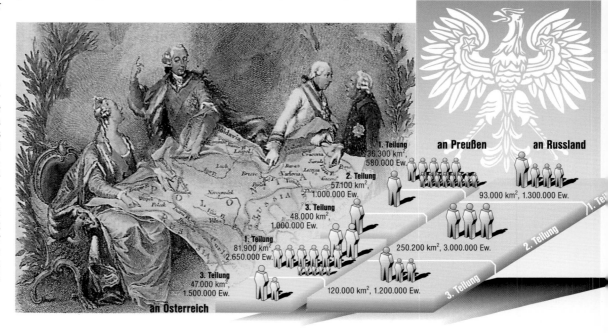

1. Teilung
36.300 km²,
580.000 Ew.

2. Teilung
57.100 km²,
1.000.000 Ew.

3. Teilung
48.000 km²,
1.000.000 Ew.

1. Teilung
81.900 km²,
2.650.000 Ew.

3. Teilung
47.000 km²,
1.500.000 Ew.

an Österreich

an Preußen

an Russland

93.000 km², 1.300.000 Ew.

250.200 km², 3.000.000 Ew.

120.000 km², 1.200.000 Ew.

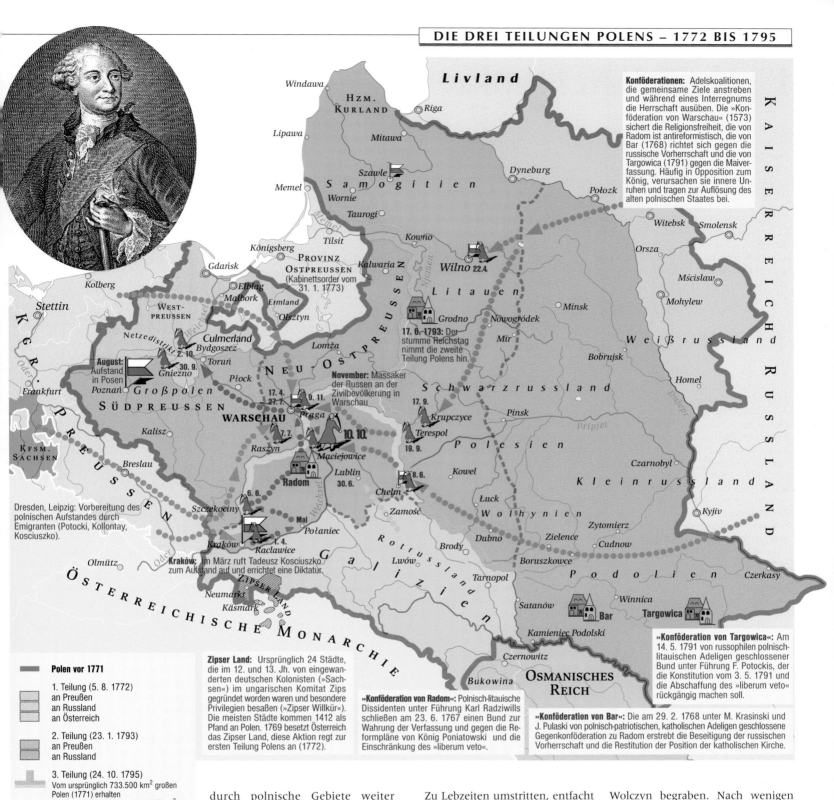

Livland

HZM. KURLAND

Windawa

Riga

Lipawa

Mitawa

Samogitien

Memel

Wornie

Taurogi

Szawle

Dyneburg

Połozk

Witebsk

Smolensk

Orsza

Mścislaw

Mohylew

KAISERREICH RUSSLAND

Konföderationen: Adelskoalitionen, die gemeinsame Ziele anstreben und während eines Interregnums die Herrschaft ausüben. Die »Konföderation von Warschau« (1573) sichert die Religionsfreiheit, die von Radom ist antireformistisch, die von Bar (1768) richtet sich gegen die russische Vorherrschaft und die von Targowica (1791) gegen die Maiverfassung. Häufig in Opposition zum König, verursachen sie innere Unruhen und tragen zur Auflösung des alten polnischen Staates bei.

Kowno

Königsberg

Tilsit

Kalwaria

Wilno 22.4.

Litauen

Grodno

Nowogródek

Mir

Minsk

Bobrujsk

Weißrussland

Homel

PROVINZ OSTPREUSSEN (Kabinettsorder vom 31. 1. 1773)

Gdańsk

Elbląg

Malbork

Ermland

Olsztyn

17. 6. 1793: Der stumme Reichstag nimmt die zweite Teilung Polens hin.

Schwarzrussland

Pinsk

Polesien

Kowel

Czarnobyl

Kleinrussland

Kyjiv

Kolberg

Stettin

WEST-PREUSSEN

Netzedistrikt

Culmerland

Bydgoszcz

Toruń

2. 10.

30. 9.

Lomża

Płock

NEU-OSTPREUSSEN

August: Aufstand in Posen

Poznań

Gniezno

Großpolen

SÜDPREUSSEN

Frankfurt

KGR. PREUSSEN

KFSM. SACHSEN

Breslau

Kalisz

17. 4.
27. 7.

9. 11.

WARSCHAU

Praga

7.7.

10. 10.

Raszyn

Maciejowice

Radom

Lublin
30.6.

Krupczyce

17. 9.

Terespol

19. 9.

Chelm

8.6.

Łuck

Zamość

Dresden, Leipzig: Vorbereitung des polnischen Aufstandes durch Emigranten (Potocki, Kollontay, Kosciuszko).

6. 6.

Szczekociny

Mai

Połaniec

Kraków

Raclawice

1. 4.

Kraków: Im März ruft Tadeusz Kosciuszko zum Aufstand auf und errichtet eine Diktatur.

Olmütz

Galizien

ÖSTERREICHISCHE MONARCHIE

ZIPSER LAND

Neumarkt

Käsmark

Rotrussland

Lwów

Brody

Dubno

Tarnopol

Czernowitz

Bukowina

Zielence

Boruszkowce

Cudnow

Zytomierz

Wolhynien

Podolien

Czerkasy

Satanów

Winnica

Bar

Targowica

Kamieniec Podolski

OSMANISCHES REICH

Zipser Land: Ursprünglich 24 Städte, die im 12. und 13. Jh. von eingewanderten deutschen Kolonisten (»Sachsen«) im ungarischen Komitat Zips gegründet worden waren und besondere Privilegien besaßen (»Zipser Willkür«). Die meisten Städte kommen 1412 als Pfand an Polen. 1769 besetzt Österreich das Zipser Land, diese Aktion regt zur ersten Teilung Polens an (1772).

»Konföderation von Radom«: Polnisch-litauische Dissidenten unter Führung Karl Radziwills schließen am 23. 6. 1767 einen Bund zur Wahrung der Verfassung und gegen die Reformpläne von König Poniatowski und die Einschränkung des »liberum veto«.

»Konföderation von Targowica«: Am 14. 5. 1791 von russophilen polnisch-litauischen Adeligen geschlossener Bund unter Führung F. Potockis, der die Konstitution vom 3. 5. 1791 und die Abschaffung des »liberum veto« rückgängig machen soll.

»Konföderation von Bar«: Die am 29. 2. 1768 unter M. Krasinski und J. Pulaski von polnisch-patriotischen, katholischen Adeligen geschlossene Gegenkonföderation zu Radom erstrebt die Beseitigung der russischen Vorherrschaft und die Restitution der Position der katholischen Kirche.

Legende:

Polen vor 1771

1. Teilung (5. 8. 1772)
an Preußen
an Russland
an Österreich

2. Teilung (23. 1. 1793)
an Preußen
an Russland

3. Teilung (24. 10. 1795)
Vom ursprünglich 733.500 km² großen Polen (1771) erhalten
Preußen 19,28 % oder 141.400 km²
Russland 63,15 % oder 463.200 km²
Österreich 17,57 % oder 128.900 km²

Polen von 1793 bis 1795

Zentren patriotischer Bewegungen

Befreiungskämpfe 1794

Bewegungen polnischer Freiheitskämpfer (etwa 30.000 Mann, durch Milizen verstärkt)

preußische Truppen

russische Truppen

österreichische Truppen

0   100 km

Die Ortsnamen auf polnischem Staatsgebiet sind damaliger Zeit entsprechend polnisch geschrieben.

durch polnische Gebiete weiter gegen Frankreich kämpfen. Auch Katharina ist für eine weitere Teilung (23. 1. 1793). Der am 17. 6. 1793 nach Grodno einberufene polnische Reichstag nimmt in stummem Protest das Teilungstraktat zur Kenntnis. Die zweite Teilung bedeutet für das gedemütigte Land formal noch nicht das Ende. 1795, nach dem Scheitern eines Aufstandes unter Kosciuszko, teilen die Nachbarn den Rest Polens unter sich auf und Poniatowski dankt ab.

Zu Lebzeiten umstritten, entfacht Poniatowski heute noch Streit unter Historikern: Verdankt ihm Polen liberalen Fortschritt oder war er ein »Wendehals«, ein Kollaborateur? Wie seinem Andenken, so war auch seinen Gebeinen keine Ruhe gegönnt: Als 1939 die Sowjets Poniatowskis Grabeskirche in Leningrad sprengen wollen, schicken sie seinen Sarg als „gewöhnliche Ware" per Bahn nach Warschau. Die Obristen Pilsudskis lassen ihn ohne viel Aufhebens in seinem Geburtsort

Wolczyn begraben. Nach wenigen Monaten haben die Sowjets Poniatowski wieder: Polen ist durch den »Hitler-Stalin-Pakt« geteilt und der Ostteil fällt an die Sowjetunion. Der ehemalige polnische König liegt neuerlich in russischer Erde.

1992 werden im Zuge archäologischer Grabungen aus der verfallenen Kirche, in der Poniatowski begraben liegt, einige Knochen und Fetzen königlichen Gewandes geborgen und in der Warschauer Kathedrale zur letzten Ruhe gebettet.

Umbruch in Frankreich

„Die politisch-sozialen Probleme des »Übergangs« vom Ancien Régime zur Revolution lassen sich nicht auf den Gegensatz zwischen Adel und Bürgertum reduzieren. Die Revolution entstand aus sehr unterschiedlichen und oft einander widersprechenden Zielvorstellungen der an ihr beteiligten sozialen Gruppen, die sich weder mehr in das Grundmuster der drei Stände – Klerus, Adel, Bürgertum – noch in das Klassenschema einfügen lassen."

Elisabeth Fehrenbach, 1986

Im Vergleich zur Masse des französischen Volkes geht es der im Reich vergleichsweise gut. Zahlreiche, durch die Obrigkeit veranlasste Reformen haben manche Not und gutsherrliche Abhängigkeit gemildert und die meisten Territorien in eine fortschrittlichere Richtung gelenkt. Die Aufklärer in Deutschland haben gute Arbeit geleistet. Agrarreformen bringen dem Bauernstand wirtschaftliche, gesellschaftliche und rechtliche Besserstellungen (»Bauernbefreiung«). Der Ausbau des Straßennetzes erhöht die landwirtschaftlichen Einkommen, weil dank der besseren Verbindungen Agrarprodukte nun rascher als früher die städtischen Verbraucher erreichen. Mehr Straßen fördern die Kommunikation und die Reiselust. Die Produktion von Zeitschriften und Büchern steigt. Der schulischen Ausbildung wird verstärktes Augenmerk zugewendet, auch den mittleren Bevölkerungsschichten öffnet sich der Zugang zu aufgeklärten Ideen.

Grenzenlose Armut

In Frankreich nimmt seit Ludwig XIV. dagegen die Verarmung und Unterdrückung der Nichtprivilegierten zu. Ehrgeizige Militäraktionen in Nordamerika, die Verschwendungssucht des Hofadels und des hohen Klerus verschlingen Unsummen, Missernten treiben die Getreidepreise in die Höhe, Seuchen dezimieren das Nutzvieh; das Land steht vor dem wirtschaftlichen Ruin. Mehr als 33 % des Staatshaushalts fließen 1774 in Rüstung und Armee, 3 % verschlingen Zinszahlungen für aufgenommene Kredite, 10 % verbraucht der Königshof. Dagegen verbucht die fiskalische Einnahmenseite nur wenig: Adelige Grundbesitzer zahlen keine Grundsteuer, die Kirche bequemt

sich nur zu freiwilligen Spenden, die ganze Last der Steuerleistung liegt auf einer verarmten Bauernschaft, die immer tiefer in Not und Elend gerät. Die Bauern müssen 70 % des Einkommens an den Staat abführen. In Preußen und Österreich dürfen sie diesen Prozentsatz für sich behalten. Der ganze Hass des französischen Volkes richtet sich gegen den König, den sie für ihr unbeschreibliches Elend für verantwortlich halten.

Um die drohende Finanzkatastrophe abzuwenden, beruft der König die Generalstände nach Versailles. Nach nahezu 175 Jahren treten sie am 5. 5. 1789 zum ersten Mal wieder zu Beratungen zusammen.

Der »dritte Stand« rebelliert

Nach sechs Wochen fruchtloser Verhandlungen ergreifen die Abgeordneten des »dritten Standes«, sie vertreten 98 % des Volkes, die Initiative und erklären sich zur allein berechtigten »Verfassunggebenden Nationalversammlung « (17. 6. 1789). In hitzigen Debatten mit den Delegierten des »ersten« (Klerus) und »zweiten« Standes (Adel) bestehen sie jetzt nicht nur auf einer Steuerreform: Im königlichen Ballsaal fordern sie eine neue Verfassung und die Abschaffung des Feudalsystems. Sie würden erst auseinander gehen, so geloben sie, bis ihre Forderungen erfüllt seien (»Ballhausschwur«, 20. 6. 1789). Eine Woge nationaler Begeisterung erfasst das Land, das sind Worte, die im Volk Stimmung machen. Davon unbeeindruckt verweigert der König die Zusammenarbeit mit der selbst ernannten Nationalversammlung, lehnt ihre Forderungen ab und entlässt alle liberal gesinnten Minister aus seiner Regierung, unter ihnen auch den in der Bevölkerung beliebten Generalkontrolleur der Finanzen, Jacques Necker (11. 7. 1789).

Die Revolution

Das Volk ist aufgebracht, Demonstranten ziehen durch die Straßen von Paris. Um mögliche Unruhen noch im Keime zu ersticken, lässt Ludwig XVI. einen Kordon aus 20.000 Soldaten rund um die Stadt ziehen. Doch statt einzuschüchtern bewirkt das Militär das Gegenteil: Tausende Pariser plündern aus dem Hôtel des Invalides (13. 7. 1789) die dort lagernden Waffen (13. 7. 1789)

und rüsten damit eine Bürgergarde aus. Am folgenden Tag stürmen sie die ehemalige Königsburg, die Bastille, hinter deren Mauern sie ein ganzes Arsenal an Waffen vermuten. Waffen findet der Mob keine. Das Geschehen ist praktisch bedeutungslos, aber das Gebäude, ein Symbol der Despotie, wird vom Volk gehasst, sein Fall gibt das Zeichen zum Aufstand.

Der König reagiert zunächst verwirrt. Er ist sich der Loyalität seiner Truppen nicht mehr sicher und erteilt ihnen deshalb keinen Befehl zur Niederschlagung des Aufstandes. Er anerkennt den von der revolutionären Pariser »Kommune« gewählten Bürgermeister und lässt die Gründung einer »Nationalgarde« zu, die nun mit blau-weiß-roten Kokarden und unter einer neuen Fahne, der »Trikolore«, marschiert.

Der Weg für umfassende Reformen durch die Abgeordneten des »dritten Standes« ist frei. Am 4. 8. 1789 schaffen sie den Feudalismus ab, schon am 26. 8. folgt die feierliche Erklärung der 17 Artikel der Menschen- und Bürgerrechte, die in der Sicherstellung des bürgerlichen Eigentums, der Chancengleichheit bei der Bewerbung um öffentliche Ämter, der Rechtsgleichheit aller

Bürger, der Meinungs-, Presse- und Religionsfreiheit und der Teilung des staatlichen Systems in drei Gewalten gipfeln.

Noch leistet der König formal Widerstand und verweigert seine Unterschrift zu Beschlüssen der Nationalversammlung. Daraufhin attackieren die Revolutionäre das Königshaus mit scharfen Hassparolen. Tausende Pariser Marktweiber und Frauen aus den Armenvierteln bewaffnen sich mit Stöcken, Äxten und Sensen und marschieren nach Versailles. Sie holen die eingeschüchterte Königsfamilie nach Paris und stellen sie in den Tuilerien (5. 10. 1789) unter Hausarrest.

»Schlössersturm«

Mittlerweile springt der Funke der Revolution auf die Provinz über. Räuberbanden und herumziehende Bettler verbreiten das Gerücht, ausländische Agenten bereiteten den Umsturz vor. Eine Kollektivpanik bemächtigt sich des Landvolkes, auf jedem Schloss und jedem Gutshof vermuten sie den Sitz einer »Aristokraten-Verschwörung«. Um ihr den Garaus zu machen, zerstören sie die

KGR.
GROSSBRITANNIEN
London

NIEDERLANDE
Breda
Antwerpen

HEILIGES RÖMISCHES REICH
Rhein

Dünkirchen
ÖSTERR.
Neerwinden
Aachen

Hazebrouck
Brüssel
Lüttich
Koblenz
Frankfurt

Lille
Jemappes
NIEDERLANDE
Trier
Mainz
Worms

HENNEGAU
Valenciennes
Maas
Longwy

**Sturm auf die Pariser Bastille
(14. 7. 1789)**

Amiens
Sedan
Varennes
Metz

Cherbourg
Rouen
Verdun
Straßburg

NORMANDIE
Caen
Vernon
Valmy
Nancy
ELSASS
Rhein

Brest
Versailles
Paris
Mülhausen

Troyes

Orléans
**Fluchtversuch König Ludwigs XVI.
und seiner Familie und Rückführung
nach der Ergreifung bei Varennes
(21. 6. 1791)**

Angers
Dijon
Besançon

Nantes
Bourges
SCHWEIZ

VENDÉE
Poitiers
Saône

La Rochelle
**SAVOYEN
1792 frz.**

Limoges
Lyon
Turin

Grenoble

Bordeaux
Valence
**KGR.
SARDINIEN**

Garonne
Rhône
1791 frz.
1792 frz.

Avignon
Nizza
Monaco
1793 frz.

Nîmes

Toulouse
Marseille
Toulon

Perpignan

KGR. SPANIEN

0   200 km

Zentren der städtischen revolutionären Bewegung

Gebiete revolutionärer Bauernaktionen (»Schlössersturm«)

Grenzen der 1790 geschaffenen 83 Departements

Pariser Volkserhebung am 10. 8. 1792

von Frankreich besetzte Gebiete (1792)

Zentren emigrierter französischer Royalisten

Zentren der royalistischen konterrevolutionären Erhebung im Frühjahr 1793 (»Vendée-Aufstand«)

Frankreich während der Revolution, zwischen dem Sturm auf die Bastille, 1789, und der Konterrevolution 1793 (Karte oben). – Der Bourbonenkönig Ludwig XVI. ist der erste europäische Monarch, der unter der Guillotine stirbt (Bild links oben).

Gebäude und vernichten die Steuerlisten (»Schlössersturm«). »La Grande Peur« geht um, »die große Angst« vor einem Komplott der Adeligen. In den meisten Provinzen Frankreichs brennen die Schlösser.

Erst die Abschaffung der Feudalherrschaft durch die revolutionäre Nationalversammlung beruhigt die Lage. Gegen Ende des Sommers 1789 legt sich der größte Bauernaufstand in der Geschichte Frankreichs.

Der französische Bauer ist nach der Revolte des Adels und der Revolution der bürgerlichen Abgeordneten in Versailles sowie den Gewaltausbrüchen in den Städten zum Mitträger der Revolution geworden.

»Pilgerreisen« in die Revolution

„Schon während des Ancien Régime zog es Deutsche in die französische Metropole, denn schließlich beherrschte die französische Kultur den europäischen Kontinent. […] Mit der Revolution kam ein neues Reisemotiv hinzu, das politische Paris wurde zu einem politischen »Wallfahrtsort«.“

Hans-Ulrich Thamer, 1989

Leopold II. hinterlässt in seinem toskanischen Großherzogtum ein viel bewundertes Reformwerk; jetzt geht er mit Eifer daran, das josephinische Wirrwarr an Neuerungen im Habsburgerreich zu beseitigen. Manche nimmt er zurück, manche belässt er, wie das Toleranzpatent (1781), das die freie Religionsausübung für alle nichtkatholischen Christen und Juden garantiert.

Besonderes Augenmerk richtet Leopold II. auf die rebellischen Niederlande: Er nimmt die von Joseph oktroyierte Kirchenverfassung zurück und stellt alte Rechte des »gemeenen landes« wieder her. Dadurch entzieht er den Aufständischen den Boden. Außerdem versiegen für sie nach dem Ausgleich mit Potsdam durch die am 27. 7. 1790 unterzeichnete Konvention von Reichenbach die Quellen preußischer Waffenhilfe. Die letzten niederländischen Widerstandsnester kapitulieren.

Die Ereignisse in Paris beunruhigen Leopold zutiefst. Noch vor wenigen Monaten wies er den verzweifelten Hilferuf Marie Antoinettes, sie aus der Gefangenschaft der Sansculotten, der französischen Revolutionäre, zu befreien, brüsk ab: *„Ich habe eine Schwester“*, antwortet er, *„die Königin von Frankreich. Aber das Heilige Reich hat keine Schwester, und Österreich hat keine Schwester. Ich darf einzig handeln, wie es das Wohl der Völker gebietet, und nicht nach Familieninteressen!“* Jetzt, im Frühjahr 1791, befürchtet er für die Königsfamilie das Schlimmste. In einem Rundschreiben beschwört er England, Preußen, Sardinien, Neapel und Russland, ihn gegen Frankreich zu unterstützen.

Gemeinsames Vorgehen

Preußen ist bereit einzugreifen (Wiener Abkommen, 25. 7. 1791). In Pillnitz vereinbaren Friedrich Wilhelm und Leopold gemeinsame Schritte. Eine sofortige militärische Intervention, wie sie Graf d'Artois, der Bruder des französischen Königs, verlangt, lehnen sie jedoch ab.

Obwohl die »Deklaration von Pillnitz« jeden aggressiven Tonfall gegenüber Frankreich vermeidet, ja Ludwig XVI. sogar eindringlich auffordert, die neue Verfassung anzuerkennen, reagiert Paris ungewöhnlich gereizt. Es verbittet sich jede Einmischung in innere Angelegenheiten und fordert ultimativ die Wiener Staatskanzlei auf, die österreichischen Truppen aus den Niederlanden unverzüglich abzuziehen, sonst gebe es Krieg.

„Um frei zu sein, muss das Haus Österreich zerstört werden“, trommelt General Adam Philippe, Graf von Custine, und die Partei der Girondisten fordert unmissverständlich die *„natürlichen Grenzen Rhein und Alpen“*. Das sind Schlagworte, die bis ins 20. Jahrhundert die französische Außenpolitik beherrschen werden.

Die Pariser Kriegstrommeln beunruhigen jetzt nicht nur Wien, sondern auch Preußen. Beide Mächte kommen überein, die Deklaration von Pillnitz durch einen Beistandspakt zu erweitern (7. 2. 1792): Je 20.000 Mann sollen einer möglichen französischen Offensive begegnen; hinzu kommen 8000 Soldaten einer bei Koblenz und Trier aufgestellten Armee französischer königstreuer Emigranten. Noch aber nehmen die Staatskanzleien die Bedrohung nicht allzu ernst und vermuten eher, dass sich die innerfranzösische Angelegenheit bald von selbst erledigen wird.

Souvenirs aus Paris

Deutsche Intellektuelle hingegen verfolgen die Vorgänge in Frankreich mit größtem Interesse. Es setzt ein wahrer Reiseboom nach Paris ein, *„um an diesem Ort in der Hauptepoche seiner Geschichte zu sein“*, so der Königsberger Johann Benjamin Jachmann an seinen Lehrer Immanuel Kant am 14. 10. 1790. Man ist sicher, einen Wendepunkt der Weltgeschichte mitzuerleben. *„Schon so lange umtönt uns das ferne Rauschen des gallischen Freiheitskatarakts. Warum sollten wir nicht näher gehen?“*, fragt der Oldenburger Justizrat Gerhard Anton von Harlem und begibt sich 1790 ebenfalls auf die Reise nach Paris. Der schwärmerische Pädagoge Joachim

Heinrich Campe aus Braunschweig bezeichnet seine Fahrt zur Französischen Revolution sogar als »Wallfahrt«. Zu solch einer Pilgerfahrt gehört es, die »heiligen« Stätten der Revolution zu besuchen: das Grab Rousseaus, das Pantheon oder die Trümmer der Bastille, die als Symbol des gestürzten Despotismus gilt. Wie viele andere nimmt auch von Harlem einen Stein der Bastille als Souvenir mit sich. *„Mir ist es“*, berichtet er, *„seit ich auf den Trümmern der Bastille ging und dort diesen Stein sammelte, mir ist's, als trüge ich einen Talisman wider jede Bedrückung bei mir.“*

Ernüchterung

Die Begeisterung der »Revolutionspilger«, die überwiegend aus dem Königreich Preußen, aus dem protestantischen norddeutschen Raum und aus Mitteldeutschland kommen, legt sich jedoch, sobald die finanziellen Mittel verbraucht sind und die Verbindungen zur Heimat wegen des anhaltenden revolutionär-anarchischen Geschehens abbrechen. Der Literat Konrad Engelbert Oelsner, Sohn eines reichen schlesischen Kaufmanns, berichtet, dass er sich mitunter nur von einer Tasse Schokolade ernähren kann und immer wieder Freunde um Unterstützung bitten muss, weil Teuerung und Inflation seine Reisegelder in kürzester Zeit aufbrauchten.

Auch bei anderen Intellektuellen verfliegt die Begeisterung für die Französische Revolution. Charakteristisch ist die Haltung Friedrich Gottlieb Klopstocks, der anfänglich die »gallische Freiheit« begrüßt und in seiner Ode »Sie – und nicht wir« die Franzosen um ihre Revolution beneidet. Klopstock, 1792 zum französischen Ehrenbürger ernannt, wendet sich 1793 vom jakobinisch regierten Frankreich ab, weil es zum Eroberungskrieg übergeht und die Prinzipien von 1789/91 mit Füßen tritt. Den entsprechenden Schwenk vollziehen viele deutsche Denker, nicht aber Immanuel Kant, der in seinen Schriften »Zum ewigen Frieden« (1795) und »Vom Streit der Fakultäten« (1798) eine Staatsform preist, die der französischen sehr nahe kommt. Johann Wolfgang Goethe

Sturm auf die Pariser Bastille (Bild links). – Die Deklaration von Pillnitz zwischen Leopold II., Friedrich Wilhelm II. und Graf d'Artois (Bild rechts oben). – Die Bündnissysteme in der 2. Hälfte des 18. Jhs. (Karte rechts).

steht den Ereignissen in Frankreich von Anfang an skeptisch gegenüber, die radikale politische Schwärmerei ist ihm ebenso suspekt wie religiöser Fanatismus. Auch Friedrich Schiller, zunächst ein begeisterter Anhänger der Revolution und – wie Klopstock – französischer Ehrenbürger, predigt nach dem Beginn der jakobinischen Greueltaten private Innerlichkeit und schmäht jene Deutschen, die noch immer den Prinzipien von 1789 anhängen. Das Dekret des Konvents vom 1. 8. 1793, das Fremden, die nach dem 14. Juli in Frankreich einreisten, die Festnahme androht, ist für die deutschen Frankreich-Besucher schließlich lebensbedrohlich. Fluchtartig verlassen die ausländischen Revolutionsfreunde das Land.

Am 3. 3. 1792, zwei Jahre nach seinem Regierungsantritt, stirbt Leopold II. Sein Sohn Erzherzog Franz übernimmt ein schweres Erbe: Am 20. 4. 1792 liegt die Kriegserklärung Frankreichs auf seinem Schreibtisch.

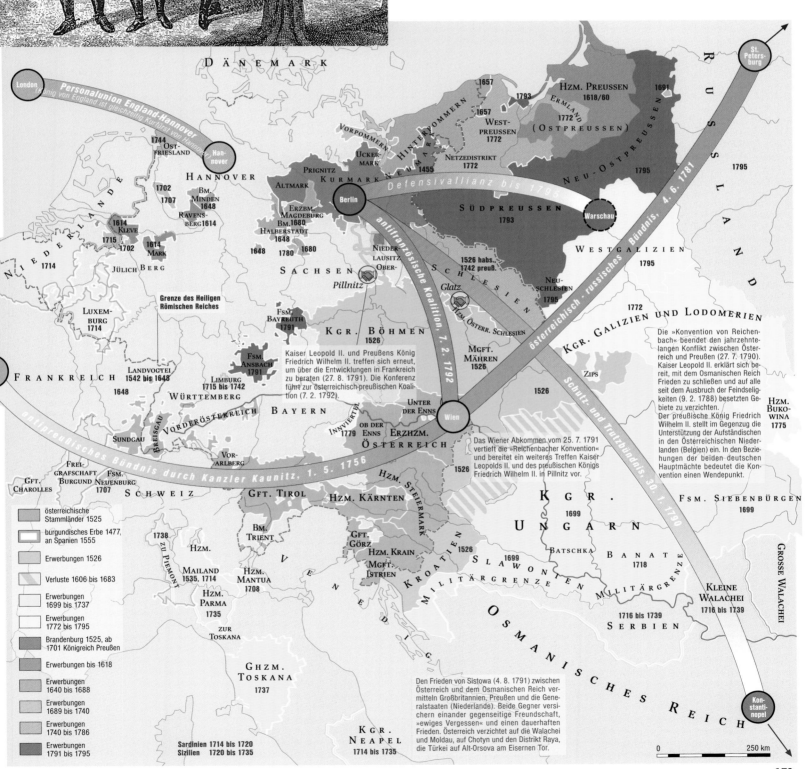

Kaiser Leopold II. und Preußens König Friedrich Wilhelm II. treffen sich erneut, um über die Entwicklungen in Frankreich zu beraten (27. 8. 1791). Die Konferenz führt zur österreichisch-preußischen Koalition (7. 2. 1792).

Das Wiener Abkommen vom 25. 7. 1791 vertieft die »Reichenbacher Konvention« und bereitet ein weiteres Treffen Kaiser Leopolds II. und des preußischen Königs Friedrich Wilhelm II. in Pillnitz vor.

Die »Konvention von Reichenbach« beendet den jahrzehntelangen Konflikt zwischen Österreich und Preußen (27. 7. 1790). Kaiser Leopold II. erklärt sich bereit, mit dem Osmanischen Reich Frieden zu schließen und auf alle seit dem Ausbruch der Feindseligkeiten (9. 2. 1788) besetzten Gebiete zu verzichten. Der preußische König Friedrich Wilhelm II. stellt im Gegenzug die Unterstützung der Aufständischen in den Österreichischen Niederlanden (Belgien) ein. In den Beziehungen der beiden deutschen Hauptmächte bedeutet die Konvention einen Wendepunkt.

Den Frieden von Sistowa (4. 8. 1791) zwischen Österreich und dem Osmanischen Reich vermitteln Großbritannien, Preußen und die Generalstaaten (Niederlande). Beide Gegner versichern einander gegenseitige Freundschaft, »ewiges Vergessen« und einen dauerhaften Frieden. Österreich verzichtet auf die Walachei und Moldau, auf Chotyn und den Distrikt Raya, die Türkei auf Alt-Orsova am Eisernen Tor.

Legende:

- österreichische Stammländer 1525
- burgundisches Erbe 1477, an Spanien 1555
- Erwerbungen 1526
- Verluste 1606 bis 1683
- Erwerbungen 1699 bis 1737
- Erwerbungen 1772 bis 1795
- Brandenburg 1525, ab 1701 Königreich Preußen
- Erwerbungen bis 1618
- Erwerbungen 1640 bis 1688
- Erwerbungen 1689 bis 1740
- Erwerbungen 1740 bis 1786
- Erwerbungen 1791 bis 1795

Kartenbeschriftung:

DÄNEMARK

London — Personalunion England-Hannover (König von England ist gleichzeitig Kurfürst von Hannover)

St. Petersburg

RUSSLAND

1744 OST-FRIESLAND
Hannover
HANNOVER
1702 1707
BM. MINDEN 1648
RAVENS-BERG 1614
1614 KLEVE
1715
1702 1614 MARK
1714
JÜLICH BERG

NIEDERLANDE

PRIGNITZ
ALTMARK
KURMARK
NEUMARK
UCKER-MARK
VORPOMMERN
HINTERPOMMERN
1657
1793
HZM. PREUSSEN 1618/60
1691
ERMLAND 1772 (OSTPREUSSEN)
WEST-PREUSSEN 1772
1657
NETZEDISTRIKT 1772
1455
NEU-OSTPREUSSEN 1795
1795

Berlin
ERZBM. MAGDEBURG
BM.1680
HALBERSTADT 1648
1648 1780 1680
SÜDPREUSSEN 1793
Warschau
WESTGALIZIEN 1795

Defensivallianz bis 1795

SACHSEN
Pillnitz
NIEDER LAUSITZ
OBER
SCHLESIEN
1526 habs., 1742 preuß.
Glatz
HZM. ÖSTERR. SCHLESIEN
NEU-SCHLESIEN 1795
1772

LUXEMBURG 1714

Grenze des Heiligen Römischen Reiches

FSM. BAYREUTH 1791
KGR. BÖHMEN 1526
MGFT. MÄHREN 1526
KGR. GALIZIEN UND LODOMERIEN

antifranzösische Koalition, 7. 2. 1792

österreichisch-russisches Bündnis, 4. 6. 1781

FRANKREICH

LANDVOGTEI 1542 bis 1648 1648
FSM. ANSBACH 1791
LIMBURG 1715 bis 1742
WÜRTTEMBERG
VORDERÖSTERREICH
BAYERN
INNVIERTEL
OB DER ENNS 1779
UNTER DER ENNS
Wien
ERZHZM. ÖSTERREICH
ZIPS
1526
1772
HZM. BUKO-WINA 1775

Schutz- und Trutzbündnis, 30. 1. 1790

antipreußisches Bündnis durch Kanzler Kaunitz, 1. 5. 1756

GFT. CHAROLLES
FREI-GRAFSCHAFT BURGUND
FSM. NEUENBURG 1707
SCHWEIZ
SUNDGAU
BREISGAU
VOR-ARLBERG
GFT. TIROL
HZM. STEIERMARK
KGR. UNGARN
1699
FSM. SIEBENBÜRGEN 1699

HZM. KÄRNTEN
BM. TRIENT
GFT. GÖRZ
HZM. KRAIN
MGFT. ISTRIEN
1526
KROATIEN
SLAWONIEN
MILITÄRGRENZE
MILITÄRGRENZE
1699
BATSCHKA
BANAT 1718
GROSSE WALACHEI

1738
zu PIEMONT
HZM. MAILAND 1535, 1714
HZM. MANTUA 1708
HZM. PARMA 1735
VENEDIG

SERBIEN 1716 bis 1739

KLEINE WALACHEI 1716 bis 1739

OSMANISCHES REICH

zur TOSKANA
GHZM. TOSKANA 1737

Konstantinopel

Sardinien 1714 bis 1720
Sizilien 1720 bis 1735

KGR. NEAPEL 1714 bis 1735

0 — 250 km

173

Gemeinsam gegen Frankreich

„Entscheidend wurde jedoch, dass auch und gerade ein Großteil des »linken« Flügels der Revolutionäre den Krieg befürwortete."

Michael Wagner, 1988

Die Wirkung der Französischen Revolution auf die vielgestaltige Länderwelt des »Heiligen Römischen Reiches Deutscher Nation« verläuft unterschiedlich. Im Westen, in den Österreichischen Niederlanden, dem heutigen Belgien, und in Lüttich brechen Unruhen aus. Trotz der zeitlichen und

räumlichen Nachbarschaft unterscheiden sie sich aber in Ursachen und Zielen: Während in Lüttich aufgeklärte Demokraten den konservativen Fürstbischof aus der Stadt jagen, lehnt sich die belgische Bevölkerung gegen das Reformwerk Josephs II. auf, das die regionale Autonomie durch Zentralisierung ebenso eindämmt wie die Sonderstellung von Adel und Kirche.

Der Widerstand in Belgien hat verschiedene Hintergründe: In Lüttich werden mit Preußens Waffenhilfe und Interventionstruppen französische Revolutionsideen wirksam, im heutigen Belgien halten hingegen

konservative Kräfte unbeirrbar an alten Privilegien fest. Die belgischen Unabhängigkeitskämpfer verfechten nicht die individuelle Freiheit, sondern eine gemeinschaftliche. Die Anfang 1790 unter Jan van der Not ausgerufene »Republik belgischer Staaten« ist somit ein Gegenmodell zum revolutionären Frankreich und nicht seine Nachahmung.

Das Beispiel Lüttich und Belgien-Brabant (Österreichische Niederlande) beunruhigt die westdeutschen Fürsten dennoch, mehr jedenfalls als die Französische Revolution selbst, die viele Regenten sogar begrüßen, weil Frankreich, wie sie meinen, für

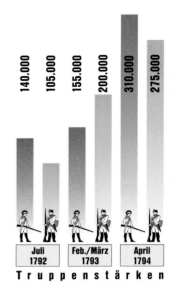

140.000	105.000	155.000	200.000	310.000	275.000
Juli 1792		Feb./März 1793		April 1794	

T r u p p e n s t ä r k e n

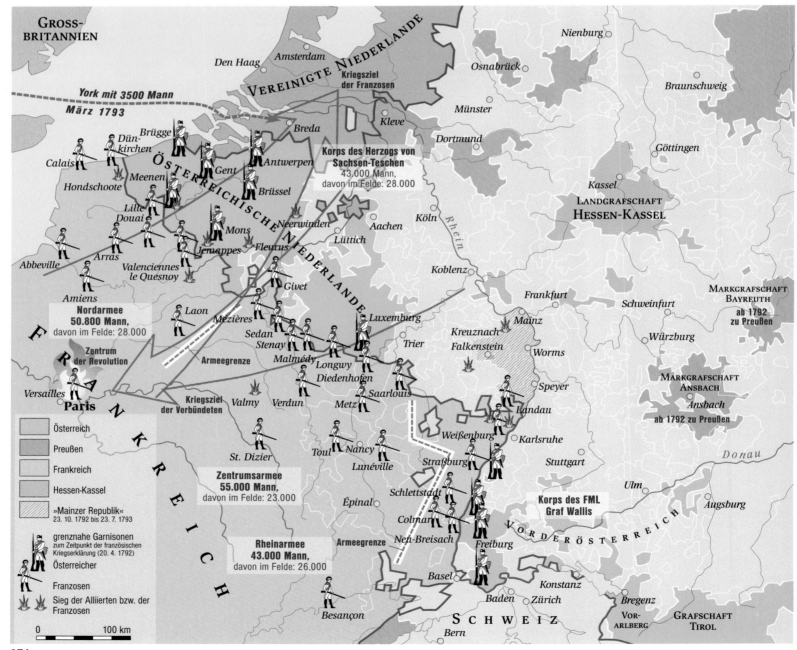

Aufmarsch und Truppenstärke im Ersten Koalitionskrieg gegen Frankreich (Karte und Grafik links). – Militär wirft den sächsischen Bauernaufstand von 1790 nieder (Zeitgenössische Darstellung, Bild oben).

geraume Zeit die außenpolitische Bühne verlässt. Andere wieder, wie Joseph II. und sein Nachfolger Leopold II., sehen sich in ihrem Reformprogramm bestätigt.

Geteilte Interessen

Wenig Interesse an den Vorgängen in Frankreich zeigt Preußens König Friedrich Wilhelm II. Den Ausgleich mit Österreich schließt er nicht aus Angst vor der Revolution, sondern er braucht freie Hand, um gegen Polen vorgehen zu können. Das erklärt die eher schleppend-zögernde Kriegsführung gegen Frankreich und die bereitwillige Annahme des französischen Friedensangebotes von 1795.

Kurfürst Karl Theodor von Pfalz-Bayern verhält sich ähnlich, verfolgt zwar seit 1785 alle Aufklärer radikal, betreibt aber im Ersten Koalitionskrieg von 1792 bis 1797 gegenüber Frankreich eine wohlwollend neutrale Politik. Karl Friedrich von Baden und Friedrich Eugen von Württemberg steuern den gleichen Kurs. Am entschiedensten gegen die Französische Revolution treten im Reich die geistlichen Fürstentümer auf, und das ist wegen der Verfolgung der Kirche durch die radikalen Sansculotten verständlich.

Mehr noch als Sansculotten und Jakobiner fürchten die Kirchenherren die Herrscher der deutschen Mittelstaaten: Wenn diese die schon länger ins Auge gefassten Maßnahmen zur Abrundung ihrer Territorien auf Kosten der geistlichen Länder verwirklichen, so rechnen sie mit der Unterstützung Frankreichs.

Die Zahl der deutschen Fürsten, die in der Revolution eine Bedrohung ihrer Existenz sehen, überwiegt allerdings jene, die von den Umwälzungen zu profitieren gedenken. In der Tat häufen sich in den westdeutschen Ländern ab 1789 Unruhen, Aufstände und Rebellionen. In Aa-

chen und Köln brechen schwere Auseinandersetzungen um die Mitsprache der Stände und die Zulassung protestantischer Kaufleute im Stadtregiment aus. Badische und pfälzische Bauern verweigern im Sommer 1789 Frondienste und Steuern und fordern alte Weide- und Waldrechte zurück. Missliebige Beamte werden mit Knüppeln und Sensen verjagt. In Nassau-Saarbrücken zahlen die Bauern keinen Zehent, im saarländischen St. Ingbert verlangen sie alte Bergbaurechte, in Trier brechen Tumulte aus, weil die Residenz nach Koblenz verlegt werden soll, und in Mainz verprügeln Handwerksgesellen die Studenten der Universität und tragen als gemeinsames Erkennungszeichen die blau-weiß-rote Kokarde der Jakobiner.

Die Unruhen in Deutschland unterscheiden sich von denen in Frankreich: Hier entsteht keine nationale Bewegung, der Aufruhr bleibt lokal begrenzt. Die Ursachen sind auch keine antifeudalen, sondern bestehen aus einer Mischung juristischer, konfessioneller oder sozialer Spannungen. Appelle, die Konflikte vor den Reichsgerichten auszuhandeln, fruchten daher meistens.

Die Sachsen rebellieren

Eine große Ausnahme bildet 1790 der Bauernaufstand in Sachsen, der auch in die Städte überspringt, an die 10.000 Menschen erfasst und zur Selbstjustiz der Aufständischen eskaliert. Hier leben die Bauernkriege und ihr sozial-religiöses Konfliktpotential unter der Parole, es solle *„in Sachsen so werden wie in Frankreich"*, wieder auf. Ein weiterer Unruheherd, der seine Wurzeln ebenfalls in sozialen Nöten hat, ist Schlesien. Die Bauern von Glatz, Oppeln und Neisse lösen 1793 den Schlesischen Aufstand aus, Breslauer Gesellen tragen ihn zu den durch fortschreitende Industrialisierung ruinierten, arbeitslosen kleinen Webern. Den Aufstand wirft das Militär nieder.

Es wäre aber zu weit hergeholt, alle diese Revolten mit der Revolution in Frankreich in Verbindung zu bringen. Auch die Unruhen durch arbeitslose Handwerker und Taglöhner in Hamburg, Nürnberg, Ulm und Reutlingen sind nicht auf eine Fernwirkung der Pariser Ereignisse zurückzuführen.

Im späten Frühjahr 1792, als die Wahrscheinlichkeit eines Krieges mit Frankreich immer näher rückt, beginnen die Strategen in der Wiener Hofburg zu überlegen, welchen Nutzen Österreich aus dem Feldzug zie-

hen könne. Wieder kommen sie auf Kaiser Josephs II. Projekt zurück, Bayern gegen die Österreichischen Niederlande zu tauschen. Dieses in der Tradition der Konvenienzpolitik des Absolutismus stehende Kompensationsgeschäft kommt allerdings über einleitende Gespräche mit Preußen nicht hinaus. Zwar denken die Hofpolitiker in Potsdam daran, als Gegenleistung weitere polnische Gebiete zu fordern, konkrete Vereinbarungen werden jedoch nicht getroffen. Dieses Versäumnis belastet in der kommenden Zeit das preußisch-österreichische Verhältnis außerordentlich. Deshalb wird auch der gemeinsame Krieg gegen Frankreich zur drückenden Verpflichtung, der man nur schleppend nachkommt.

„Losschlagen!"

Franz II. wird am 14. 7. 1792, dem Jahrestag der Erstürmung der Bastille, in Frankfurt zum Kaiser gekrönt. Jetzt kann er endlich *„losschlagen"* und empfiehlt – weil er einen raschen Sieg über die undisziplinierten französischen Soldaten erwartet – dem preußischen General Bischoffswerder: *„Kaufen Sie nicht zu viele Pferde, die Komödie wird bald aus sein!"* Der preußische Feldmarschall und seit 7. 3. 1792 Oberkommandierende der Alliierten, Karl Wilhelm Ferdinand, Herzog von Braunschweig, vergleicht den Feldzug mit einem *„militärischen Spaziergang"*.

Erst Ende Juli 1792, drei Monate nach der Kriegserklärung, marschieren Österreicher und Preußen entlang der Grenze auf und schon legen sich Schatten auf das junge alliierte Verhältnis: Preußen annektiert die 3579 km² großen Markgrafschaften Ansbach und Bayreuth, deren Linie ausgestorben ist. Sehr zum Ärger von Kaiser Franz, der seine Ansprüche ebenfalls angemeldet hat und von ihnen nicht abrücken möchte.

Über diese Politik empört sich sein 81-jähriger Kanzler Kaunitz so sehr, dass er mit schwerer Kritik an seinem Herrn nicht zurückhält: *„Eine dergleichen Moralität ist nicht nach meinen Grundsätzen und sollte daher von einer großen Macht, welche sich selbst zu schätzen weiß und den Wert ihres guten Namens anerkennt, nimmermehr angenommen werden"*, meint der Konstrukteur der österreichisch-französischen, antipreußischen Allianz von 1756 und dankt am 6. 8. 1792 ab.

Unterdessen geht die österreichisch-preußische Invasionsarmee langsam gegen Paris vor und beschleunigt – freilich ungewollt – den Sturz der Monarchie (21. 9. 1792).

Böses Erwachen

„Von Anfang an waren die Kriege gegen das revolutionäre und dann napoleonische Frankreich Koalitionskriege, doch nie in der Form, dass das ganze restliche Europa gleichzeitig gegen Frankreich zu Felde gezogen wäre."

Hans Schmidt, 1997

Acht Tage nach der Kriegserklärung marschieren die Franzosen an der exponiertesten Stelle des Habsburgerreiches ein, in Belgien. Aber die schwunglos geführten Attacken prallen an den Mauern der österreichischen Garnisonen ab und bestärken die Prognosen der österreichisch-preußischen Verbündeten, der französische Pöbel werde leicht zu schlagen sein.

Erst am 19. August sind die Alliierten so weit, dass sie zur Offensive übergehen können. Zehn Tage später stehen die preußischen Abteilungen vor Verdun, der Weg nach Paris scheint offen. Doch dann gerät der Vormarsch ins Stocken. Bei Valmy entwickelt sich ein Artillerieduell, in dem sich die französische Freiwilligenarmee zum ersten Mal behauptet. Der Herzog von Braunschweig, der zu Beginn des Feldzuges meint, es werde ein Spaziergang nach Paris, lässt seine durch Ruhr geschwächten Truppen nach einer ergebnislos verlaufenden Kanonade über Luxemburg (20. 9. 1792) ans rechte Rheinufer abrücken. Valmy wird zur Wende des Krieges, der noch nicht einmal richtig begonnen hat.

Goethe über Valmy

Johann Wolfgang Goethe befindet sich als Kriegsberichterstatter im Tross der unglückseligen Interventionsarmee des Herzogs, er schreibt: *„Unbeweglich standen die Franzosen, [...] unsere Leute zog man aus dem Feuer zurück, und es war eben, als wenn nichts gewesen wäre. Die größte Bestürzung verbreitete sich über die Armee. Noch am Morgen hatte man nichts anderes gedacht, als die sämtlichen Franzosen anzuspießen und aufzuspeisen, ja mich selbst hatte das unbedingte Vertrauen auf ein solches Heer, auf den Herzog von Braunschweig zur Teilnahme an dieser gefährlichen Expedition gelockt; nun aber ging jeder vor sich hin, man sah sich nicht an, oder wenn es geschah, so war es, um zu fluchen oder zu verwünschen."* Französische Truppen unter General Custine stoßen nach und besetzen, ohne

auf nennenswerten Widerstand zu treffen, innerhalb von fünf Wochen Speyer, Worms, Mainz und Frankfurt. Am 6. 11. 1792 schlägt General Dumouriez die Österreicher bei Jemappes, vertreibt sie aus Belgien und besetzt die südlichen Niederlande bis zur Maas. Goethe ergänzt Jahre später seinen Bericht über den Rückzug von Valmy: *„Diesmal sagte ich: Von hier und heute geht eine neue Epoche der Weltgeschichte aus, und ihr könnt sagen, ihr seid dabei gewesen."*

Vom Erfolg beflügelt, werden nun die Forderungen der Revolutionsführer nach den »natürlichen Grenzen Alpen und Rhein« noch lauter, sodass ab Ende November 1792 England, das die bisherigen Geschehnisse aus einer neutralen Ecke beobachtete, auf den Plan tritt.

England beunruhigt

Gefährdet doch die Eroberung Belgiens durch die Franzosen die Öffnung der Scheldemündung für den internationalen Schifffahrts- und Handelsverkehr und bedroht die Niederländischen Generalstaaten, den wichtigsten britischen Verbündeten auf dem Kontinent, somit zentrale strategische und wirtschaftliche Interessen der Insel. Noch mehr Besorgnis erregt ein Dekret des französischen Konvents, das allen unterdrückten Völkern, die *„ihre Freiheit wiedererlangen wollten"*, die Hilfe Frankreichs zusichert (19. 11. 1792). Die britische Regierung, aus adelig-großbürgerlichen Eliten gebildet, und Premier William Pitt sehen darin eine Aufwiegelung der britischen »Jakobiner« – in Clubs organisierte Handwerker und radikale Intellektuelle –, die eine Reform der aristokratischen Verfassung verlangen.

Großbritannien ist zum Krieg entschlossen, doch nicht London erklärt ihn, sondern der Konvent in Paris (1. 2. 1793). In einem Zug wirft Frankreich auch den Spaniern den Fehdehandschuh zu (3. 2.).

Längst haben die Radikalen in Paris das Wort. Erbarmungslos gehen sie gegen die Opposition vor. Zwischen 2. 9. und 5. 9. 1792 kommt die Guillotine nicht zum Stillstand, 6000 wirkliche oder vermeintliche Revolutionsgegner verlieren den Kopf. Am 21. 1. 1793 steigt Ludwig XVI. auf das Schafott, die Menge tanzt dazu die »Farandole«. Fast neun Monate später folgt ihm seine Frau, Marie Antoinette (16. 10. 1793).

Tanz um den »Freiheitsbaum«, das Symbol der Revolution (Bild oben). – Einzug der Revolutionstruppen in Mainz, 1792 (Bild unten). – Die Kanonade von Valmy (Bild rechts oben). – Mit drei Heersäulen soll Österreich 1796 bezwungen werden (Karte rechts unten).

1793 unternehmen Österreich und Preußen, jetzt mit Unterstützung der Niederlande, Spaniens und Großbritanniens, den zweiten Versuch, Frankreich niederzuwerfen. Die Zeit spricht für die Alliierten, arge Krisen schütteln den Jakobinerstaat: Neue Rekrutierungen rufen den Widerstand der bäuerlichen Bevölkerung hervor, Anarchie bricht aus, doch bis zum Herbst ist die Krise überwunden. Die französische Revolutionsarmee geht wieder offensiv vor, erobert das verloren gegangene Belgien zurück, besetzt im Winter 1794/95 mit tatkräftiger Unterstützung holländischer Sympathisanten die Generalstaaten und wandelt sie in die von Frankreich abhängige Batavische Republik um.

Durch die Misserfolge entmutigt, zerbricht die Einheit der Alliierten.

erklärung ab. Gerüchte über ein ge-heimes Angebot Napoleons, er werde den Engländern Hannover wieder zurückerstatten, lassen am preußi-schen Hof starkes Misstrauen gegen den französischen Kaiser aufkom-men; sie münden schließlich in einer Mobilmachung gegen Frankreich.

Preußen erklärt den Krieg

In Verkennung der politischen Rea-lität fordert Preußens König, Fried-rich Wilhelm III., Napoleon I. auf, seine Truppen aus Süddeutschland zurückzuziehen. Darauf reagiert Na-poleon nicht und Friedrich Wilhelm, nur mit Sachsen, Braunschweig und Sachsen-Weimar-Eisenach verbün-det, erklärt den Krieg (9. 10.). Unzu-reichend ausgerüstet und dilettan-tisch geführt, erleidet die preußische

Armee am 14. 10. 1806 in der Dop-pelschlacht von Auerstedt und Jena eine vernichtende Niederlage. Daran ändern heldenhafte Einzelaktionen, wie die Verteidigung Kolbergs durch Major Gneisenau und den Bürger-meister Nettelbeck, nichts.

Friedrich Wilhelm III. gibt jedoch nicht auf, mit russischer Hilfe setzt er den Kampf fort und kann in den Schlachten von Preußisch-Eylau (8. 2. 1807) und von Friedland (14. 6. 1807) auch Erfolge verbuchen. Doch dann schert Zar Alexander I. aus dem Bündnis aus und schließt Frieden mit Napoleon I. In Tilsit diktiert der fran-zösische Kaiser den Frieden (7./9. 7. 1807): Preußen verliert alle Besit-zungen links der Elbe an das neu ge-gründete Königreich Westphalen, aus den von Preußen annektierten Gebieten der Zweiten und Dritten Teilung Polens entsteht das Großher-

zogtum Warschau, Danzig wird zum Freistaat. Auf die Hälfte seines Ter-ritoriums geschrumpft und durch den Verlust von 5 Millionen Einwohnern sinkt Preußen auf den Rang eines Mittelstaates ab, der als Puffer zwi-schen Napoleons Herrschaftsbereich und dem mächtigen Russland zerrie-ben oder aufgeteilt werden kann.

Kontinentalsperre

Napoleon steht auf dem Höhepunkt der Macht. Mit Russland ist er sich über die Herrschaft in Europa einig, nun gilt es, England an den Verhand-lungstisch zu zwingen. Ein am 21. 11. 1806 in Berlin veröffentlichtes De-kret leitet einen Handelsboykott ein, der in der Schließung aller Festlands-häfen im napoleonischen Machtbe-reich und der Unterbindung des Wa-

ren- und Korrespondenzverkehrs mit England gipfelt. Die Auswirkun-gen treffen nicht nur England, der Kontinent ist selbst abgeschottet.

Die Folgen für die deutsche Wirt-schaft sind unterschiedlich: Während die Baumwollverarbeitungsindustrie im Großherzogtum Berg 20.000 Ar-beiter auf die Straße setzt, profitieren in Sachsen das Textilgewerbe und der Maschinenbau. Preußen konzen-triert sich auf die Beschlagnahme von Schmuggelware und verkauft sie ge-gen hohe Lizenzgebühren.

Der Handel der Rheinbundstaaten zieht Vorteile aus die Nähe zum fran-zösischen Markt. Aber Russlands Wirtschaft wird von der Blockade hart getroffen, daher öffnet es am 31. 12. 1810 seine Häfen und nimmt den Handel mit England wieder auf. Napoleons Kontinentalsperre gegen Britannien ist gescheitert.

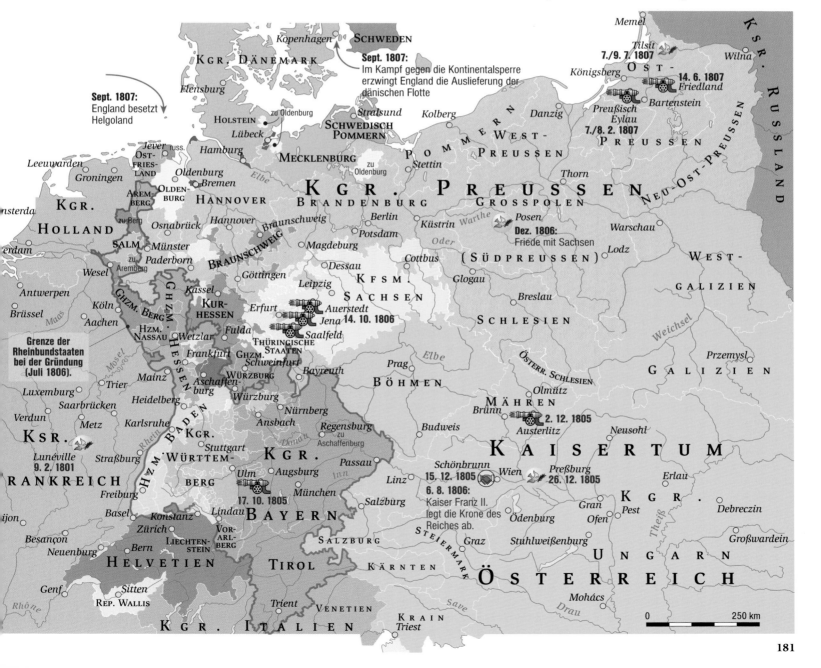

Kampf dem Tyrannen

„In Deutschland hinterließ die Zeit der napoleonischen Herrschaft tiefe Spuren. Neben der wirtschaftlichen Ausbeutung, der Zerstörung gewachsener Handels- und Gesellschaftsstrukturen waren es die großen Opfer, welche die Bevölkerung während der Kriege bringen musste."

Michael Behnen, 1997

Österreich rüstet abermals zum Kampf gegen Napoleon. 1805 wird der aus Mainz stammende Reichsgraf Johann Philipp von Stadion Außenminister, er propagiert gemeinsam mit dem Kriegsminister und Oberbefehlshaber, Erzherzog Karl, und dem in Breslau geborenen Publizisten Friedrich von Gentz den nationalen Krieg der Deutschen gegen Frankreich zur Wiederherstellung des Reiches und Österreichs. Unter dem Schlagwort *„Die Völker selbst müssen unsere Bundesgenossen werden!"* beginnt von Wien aus eine nationale Kampagne von bisher unbekanntem Ausmaß. Schon 1796 hat der Vizepolizeipräsident Graf Saurau eine Hymne nach englischem Vorbild zur Motivierung des Volkes in Auftrag gegeben. Joseph Haydn komponierte die Melodie, der Anhänger josephinischer Toleranzideale Leopold Lorenz Haschka schrieb den Text: *„Gott! erhalte Franz, den Kaiser, Unsern guten Kaiser Franz!"*

Die Melodie wird am 11. 8. 1922 die Hymne des Deutschen Reiches, 1950 Nationalhymne der Bundesrepublik Deutschland und 1990 die des vereinigten Deutschland.

Euphorischer Patriotismus

Mit propagandistischem Eifer nehmen sich Literaten, Dichter und Schriftsteller der patriotischen Sache an. Romane, Gedichte, Lieder, Flugblätter, alles wird in den Dienst nationaler Heimatverbundenheit gestellt. Die Wiener Schriftstellerin Karoline Pichler veröffentlicht in 53 Bänden patriotische Romane. Napoleon glaubt die »Wehrmannslieder« des Theaterdichters Ignaz Franz Castelli sogar mit einer eigenen Verfügung ächten zu müssen.

Der spontane Patriotismus greift auf Deutschland über: Clemens Brentano, Joseph von Eichendorff, August Wilhelm und Friedrich Schlegel und der preußische Dichter

Heinrich von Kleist lassen sich mitreißen von der Euphorie der nationalen Erweckung.

Der in Wien erhoffte gesamtdeutsche Aufstand allerdings bleibt aus, als Friedrich von Gentz am 25. 3. 1809 das »Österreichische Manifest«, den Aufruf zum Befreiungskampf gegen Kaiser Napoleon I., veröffentlicht. Preußen verharrt neutral, Russland löst das Bündnis mit Frankreich nicht. Erhebungen in Deutschland sind politisch bedeutungslos. In Norddeutschland kämpft Major Ferdinand von Schill aussichtslos gegen die französische Übermacht und fällt in Stralsund. Herzog Friedrich Wilhelm von Braunschweig flieht nach London, wo er seine Gefolgschaft, die »Schwarze Schar«, zur »King's German Legion« formiert und in Spanien gegen Napoleon weiterkämpft.

Schmachvoller Friede

Bei Aspern siegen die Österreicher unter Erzherzog Karl über die zahlenmäßig überlegenen Franzosen (21./22. 5. 1809). In erbittert geführten Straßenkämpfen fallen 23.000 österreichische und 44.000 französische Soldaten. Die Entscheidung fällt bei Wagram, nordöstlich von Wien: In offenem Gelände unterliegen die Österreicher (5./6. 7. 1809).

Im Frieden von Schönbrunn vom 14. 10. 1809 muss Österreich schwere Konsequenzen hinnehmen: Aller Randgebiete (mit Salzburg, dem Innviertel, Südkärnten, Dalmatien, Galizien, Triest, Görz, Krain, insgesamt 120.000 km²) beraubt, wird das Kaisertum auf einen binnenländischen Rumpfstaat reduziert, seine Wirtschaftsräume werden zerrissen.

Kaiser Franz I. resigniert. Den Krieg verloren und zur politischen Bedeutungslosigkeit verurteilt, kann er die heldenhaft um ihre Freiheit gegen die französisch-bayerische Besatzung kämpfenden Tiroler und Vorarlberger unter Andreas Hofer nicht unterstützen.

Auf Brautschau

Dynastisch bedeutet Österreich dem Kaiser von Frankreich allerdings noch immer viel. Er heiratet, um sein Ansehen an den europäischen Fürstenhöfen zu heben, die Tochter Kaiser Franz I., Marie Louise. Vorher allerdings holt er sich bei seiner Brautschau in St. Petersburg eine Ab-

fuhr, Zar Alexander I. verweigert dem großen Korsen die Hand seiner jüngeren Schwester. Napoleon gerät ins Dilemma, die Ehe mit Joséphine Beauharnais ist kinderlos geblieben, er läuft Gefahr, dass die französische Kaiserwürde mit seinem Tod erlischt. Den Plan, die Napoleoniden mit den Habsburgern dynastisch zu verbinden, schmiedet Clemens von Metternich. Nach der Niederlage von Wagram löst er den erfolglosen Staatskanzler Graf Stadion ab. Als »rechte Hand« von Kaiser Franz I. macht er seinem Herrscher den Heiratsplan schmackhaft, er hoffe insgeheim, so Metternich, dass Napoleon die drückenden Kontributionen nachlassen werde. Von diesem Handel will Napoleon nichts wissen, er lehnt ihn brüsk ab: *„Ich gebe mir Vorfahren"*, sagt er zu Metternich, *„es ist ein Bauch, den ich heirate [...]"*. Eine Stundung der Zahlungen ist alles, was er gewährt – gegen Zinsen.

Napoleons Katastrophe

Wann immer auch Napoleon I. beschließt Russland anzugreifen, im Jahr 1812 ist es soweit. 100.000 Deutsche müssen an dem Feldzug teilnehmen. Die Verluste des Korsen sind ungeheuer, von 600.000 Mann kehren nur noch 50.000 zurück. Die von den Rheinbundstaaten gestellten Regimenter werden fast zur Gänze aufgerieben, die preußischen kommen glimpflicher davon, die österreichischen haben fast keine Verluste, sie stehen unter dem Kommando Fürst Schwarzenbergs, der es versteht, seine Soldaten aus den Kampfhandlungen herauszuhalten.

Erst Napoleons militärische Katastrophe zündet den patriotischen Funken in Deutschland. Er greift sogar auf Militärs über, die, gegen

den Willen ihres Königs, Friedrich Wilhelm III., auf eigene Faust Bündnisse gegen Napoleon I. eingehen. Zum Beispiel verbündet sich der Führer des preußischen Hilfskorps, Ludwig Yorck von Wartenburg, mit dem russischen General Diebitsch in der Konvention von Tauroggen bei Tilsit (30. 12. 1812).

Widerwillig, dann doch, fügt sich König Friedrich Wilhelm dem Alleingang seines Militärs. Preußen ist auch der erste deutsche Staat, der nach der Niederlage des Korsen wieder die Waffen gegen ihn erhebt. Diesmal allerdings überlegt und mit langer Vorbereitungszeit. Zunächst errichtet der Berater des Zaren, Freiherr vom Stein, in Ostpreußen eine »vorläufige Verwaltung« (Einberufung der Landstände

Einzug Napoleons in Berlin nach seinen Siegen bei Jena und Auerstedt, 1806 (Bild oben). – Europa um 1812 (Karte rechts).

IRLAN
D

Ka

Golf vo
Biscay

La Coruña
Oviedo
Vito
Porto
Lissabon
Madrid
K G R .
1808 - 1812 franz. beset
K G R . P O R T U G A L
S P A N I E
Bailén
Sevilla
Cartage
Ceuta

am 5. 2. 1813). Parallel dazu führt auf Betreiben General Gerhard Johann von Scharnhorsts der König von Breslau aus am 9. 2. 1813 die allgemeine Wehrpflicht ein und erklärt – nach dem Bündnisvertrag zu Kalisch (28. 2.) mit Russland am 16. 3. – Frankreich den Krieg. Zu diesem Zeitpunkt umfasst das preußische Heer nicht mehr als 18.000 Mann. Aber die Wirkung auf das Volk ist enorm, allerorten bilden sich Landwehrformationen. Der Aufruf »An mein Volk« des Königs am 17. 3. und die Stiftung eines »Eisernen Kreuzes« als Auszeichnung für Tapferkeit hat Signalwirkung. Österreich wartet ab, es hat schlechte Erinnerungen an patriotische Freudenausbrüche.

Ende einer Herrschaft

Erst als Metternich das Land ins Lager der preußisch-russischen Allianz führt (11. 8.), der mittlerweile auch Schweden und England angehören, wendet sich das Blatt. Mit dem allgemein anerkannten Kriegsziel – Herstellung des Status quo von 1805 für Preußen und Österreich, Unabhängigkeit der deutschen Staaten östlich des Rheins, Auflösung des Rheinbunds – greifen die Alliierten an.

Die militärische Entscheidung fällt in der »Völkerschlacht« von Leipzig, in der Napoleon mit 200.000 Mann den nach einheitlichem Plan und unter gemeinsamem Oberbefehl operierenden 330.000 Soldaten der Verbündeten unterliegt. Napoleon entkommt nach Paris.

Auf Drängen Preußens willigen die übrigen Alliierten ein, Napoleon zur bedingungslosen Kapitulation zu zwingen. General Blücher, der bei Leipzig die Schlesische Armee anführte, schlägt den Korsen in mehreren Gefechten auf französischem Boden und zieht am 30. 3. 1814 als Sieger in Paris ein.

Im Frieden von Paris (30. 5. 1814) wird festgelegt: *„Die Staaten Deutschlands werden unabhängig und durch ein föderatives Band vereint sein."*

Die genaue Definition einer künftigen staatlichen Struktur Deutschlands bleibt einem kommenden Kongress überlassen.

Napoleon I. dankt ab und wird auf die Insel Elba verbannt. Metternich hatte Recht, als er am 26. 6. 1813 dem französichen Kaiser erklärte: *„Die Welt bedarf des Friedens. Um diesen Frieden zu sichern, müssen Sie in die mit der allgemeinen Ruhe vereinbarlichen Machtgrenzen zurückkehren, oder aber Sie werden unterliegen."*

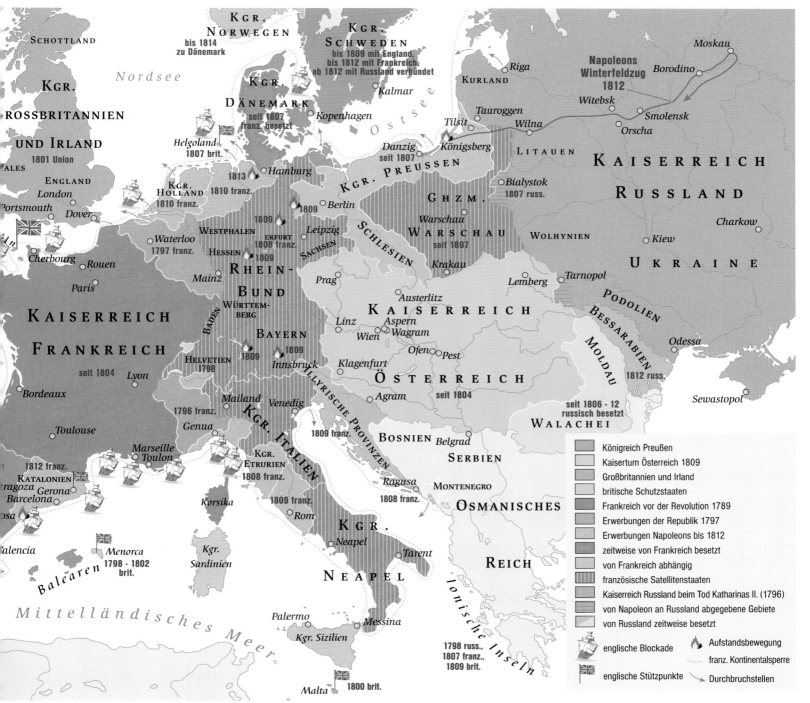

183

Der »teutsche« Traum

*„Das Jahr 1813 nimmt in der preu-
ßisch-deutschen Geschichte einen be-
merkenswerten Platz ein. Aufsehen erregt schon in den ersten Januartagen
das Neutralitätsabkommen, das General Yorck ohne Order seines obersten
Kriegsherrn mit den Russen abschließt.
Für die preußische Militärtradition ist
das ein unerhörtes Ereignis. Ebenso
ungewöhnlich ist es, dass Bürger und
Bauern in den Krieg eingreifen und mit
Säbeln, Knüppeln, Heugabeln oder
Dreschflegeln Napoleons Soldaten bekämpfen, obwohl der preußische König
mit dem französischen Kaiser verbündet ist.“*

Wolfgang Büttner, 1993

Schon im Winter 1807/08 ruft
der aus Rammenau in der
Oberlausitz stammende Philosoph Johann Gottlieb Fichte in seinen Berliner »Reden an die deutsche
Nation« Deutschland auf, das napoleonische Joch abzuschütteln und
Wert auf eine nationale und demokratische Erziehung zur Achtung vor
der Persönlichkeit, zum Mut und zur
sozialen Gemeinschaft zu legen.
Aber, was war die »deutsche Nation«? Jahre vor den Schlachten von
Jena und Auerstedt fragt Johann
Wolfgang Goethe in den »Xenien«:
*„Deutschland! Aber wo liegt es? Ich weiß
das Land nicht zu finden [...]“.* Der
Weltbürger gibt den Deutschen den
Rat: *„Zur Nation euch zu bilden, ihr hofft
es, Deutsche, vergebens; bildet, ihr könnt
es, dafür freier zu Menschen euch aus.“*
Doch davon wollen »die Deutschen« nichts wissen; ausgerechnet
in Preußen und Österreich, den
bankrotten deutschen Vormächten,
entwickelt sich ein Nationalismus,
der in Heinrich Kleists »Die Her-
mannschlacht« (1808) am klarsten
seinen Ausdruck findet: *„Ergeben! –
Einen Krieg, bei Mana! will ich entflam-
men, der in Deutschland rasselnd, gleich
einem dürren Walde, um sich greifen und
auf zum Himmel lodernd schlagen soll!“*
Der Geschichtsschreiber und Philosoph Heinrich von Treitschke (1834
bis 1896) preist Kleists Drama als ein
*„hohes Lied der Rache, eine mächtige
Hymne auf die Wollust der Vergeltung“.*
Treitschke ist nicht irgendwer, sein
*„nationales und von Antisemitismus
nicht freies Pathos war von starker Wirkung auf das Geschichtsbewusstsein der
Deutschen wie das Bild der Deutschen im
Ausland und beeinflusste den Nationalsozialismus“,* urteilt der Historiker
Günter Cordes.

Kleist ist nicht der Einzige, der den
Heldentod als Ausweg aus der
Knechtschaft empfiehlt. Der politische Dichter Ernst Moritz Arndt legt
in seiner Schrift »Was bedeutet Land-
wehr und Landsturm?« Anleitungen
zum Guerilakrieg nieder: *„Wo der
Feind ein- und andringt, da sammeln sich
die Männer, stellen auf ihn, umrennen
ihn, schneiden ihn ab, überfallen seine
Zufuhren und Rekruten, erschlagen seine
Kuriere, Boten, Kundschafter und Spä-
her, kurz, tun ihm allen Schaden und Abbruch, den sie ihm möglicherweise tun
können [...]“* Doch national-
revolutionärer Hass

Preußen und die Rheinbundstaaten während der Herrschaft Napoleons I. und
der Napoleoniden von 1807 bis 1813 und die deutschen Freiheitsbewegungen
(Karte unten).

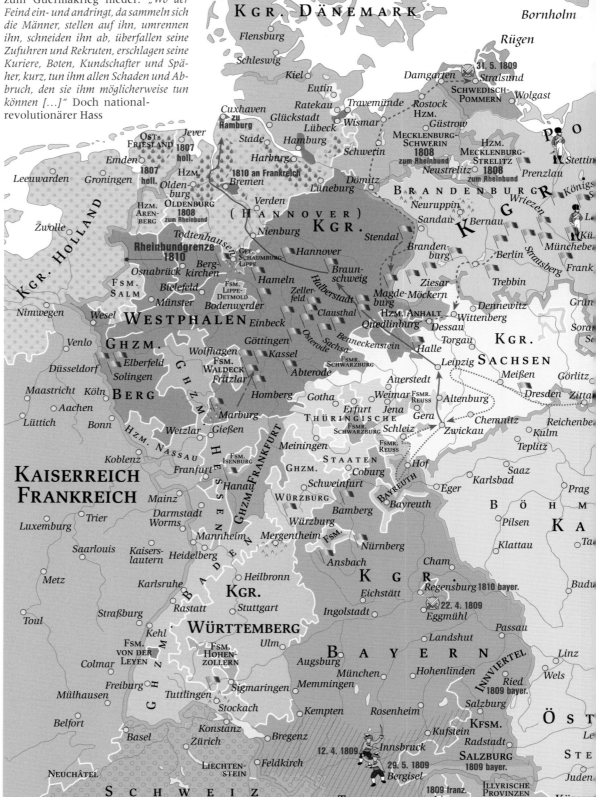

ist zu wenig, um einen überlegenen Gegner zu bezwingen, das müssen die Tiroler Freiheitskämpfer erfahren und mit ihnen die versprengt operierenden Guerillakrieger in Norddeutschland. So toben sich die nationalen Gefühle in der Hauptsache nur in Zirkeln rhetorisch geübter Verschwörer aus, verlieren sich mehr als oft in wirklichkeitsfremden Idealen und suchen das »Ur-Deutsche« in einem mythisch-verklärten Mittelalter. Deutschland entrückt, so bei Fichte, in die Gefilde des Reinen und Ursprünglichen. Eine fatale Selbsteinschätzung, die später Rassenideologen der Nationalsozialisten zum Leitbild erheben werden.

Während Fichte erst die Deutschen zum Deutschtum »erziehen« möchte, um zum vollkommenen Nationalstaat zu gelangen, will Arndt den bereits bestehenden, preußischen Staat durch Reformen und Förderung der sittlich reinen und schöpferischen Kräfte des Volkes erneuern. Seine Schrift »Über künftige ständische Verfassungen in Teutschland« entwirft das Bild eines konservativen deutschen Staates auf christlich-ständischer Grundlage (1814). Sonst sind seine Vorstellungen von einem deutschen Staat verschwommen. Auf die Frage „Was ist des Deutschen Vaterland?" antwortet er diffus: „So weit die deutsche Zunge klingt / Und Gott im Himmel Lieder singt / Das soll es sayn! / Das, wackrer Deutscher, nenne dein!" (1812).

Die Freikorps

So folgen im Befreiungskrieg von 1813 Studenten, Schüler, Bildungsbürger, Handwerker den zündenden Aufrufen und bilden Freikorps. Von Freiheitsenthusiasmus getragen, bilden sie bis zu 3000 Mann starke, militärisch nicht unbedeutende Verbände, die feindliche Kräfte binden.

Das bekannteste Freikorps ist das des Gardeoffiziers Adolf Freiherr von Lützow, es fällt durch Verwegenheit und Tapferkeit seiner Streiter auf. Lützow erhält im Februar 1813 in Breslau vom König die Erlaubnis zur Aufstellung eines nichtpreußischen Freiwilligenkorps, das nach seiner Montur »Schwarze Schar« genannt wird. Im Gasthof »Zum goldenen Zepter« können sich die Freiwilligen melden. Ein Banner aus schwarzer und roter Seide, auf dem in goldenen Lettern die Schrift »Mit Gott fürs Vaterland« eingestickt ist, macht auf das Werbebüro aufmerksam.

Die Uniformen der Lützow'schen Freischar übernehmen die Farben: Rot sind die Samtaufschläge der schwarzen Röcke mit den goldgelben Knöpfen. Schwarz-Rot-Gold, das werden die Farben, mit denen sich die deutsche demokratische Opposition während des ganzen 19. Jhs. zu erkennen gibt.

Lützows verwegene Jagd

Die Freischar des Freiherrn von Lützow wächst schon in den ersten Tagen des Aufrufs zu beachtlicher Stärke an. Zu den Freiwilligen meldet sich auch der Sohn des Dresdner Oberkonsistorialrates Gottfried Körner. In Wien hat Theodor Körner sich einen Namen als Theaterdichter gemacht, eines Tages erklärt er seinem Vater: „Ich will Soldat werden, will, […] sei's auch mit meinem Blute, mir ein Vaterland […] erkämpfen."

Die Lützower bilden eine verschworene Gemeinschaft, Unterschiede von Geburt, Stand, Ausbildung oder Vermögen gelten nicht. So fällt auch eine bartlose, freundliche junge Gestalt nicht weiter auf, die sich August Renz nennt. Den wirklichen Namen, Eleonore Prochaska, verrät das Mädchen aus Potsdam nicht. Ihrem Bruder berichtet sie stolz: „Wir exerzieren, tiraillieren und schießen recht fleißig […], ich treffe auf 150 Schritt die Scheibe."

Partisanentaktik

Das Lützower Freikorps rückt gemeinsam mit der preußischen Armee unter General von Blücher zum ersten Einsatz aus, in der Rogauer Dorfkirche empfängt es den Segen und Körner schreibt für den Gottesdienst zündende Verse zum bekannten Kirchenlied »Herr, wie du willst […]« aus der Reformationszeit: „Es bricht der freche Übermut / Der Tyrannei zusammen, / Es soll der Freiheit heil'ge Glut / In allen Herzen flammen […]".

Die Aufgabe von Lützows Schar ist, im Hinterland die Versorgungslinien der Franzosen zu stören. Am 26. 8. 1813 liegt sie wieder im Hinterhalt, der Überfall auf einen Transport mit Zwieback und Branntwein gelingt, doch eine Kugel trifft Körner tödlich. Auch Eleonore Prochaska fällt, während sie beim Sturmmarsch auf eine Anhöhe bei Göhrde die Angriffstrommel schlägt. »Lützows verwegene Jagd«, wie sie Körner besingt, endet 1814, das Korps wird aufgelöst und die Kavallerie wird in ein Ulanenregiment eingegliedert.

1830 wird Lützow zwangspensioniert, man verdächtigt ihn, gegen den Staat zu opponieren.

Am 8. 5. 1949 beschließt bei nur einer Gegenstimme der Parlamentarische Rat der Bundesrepublik Deutschland im Artikel 22 der zu verabschiedenden Verfassung, der neuen Nationalflagge die Farben Schwarz-Rot-Gold zu geben. Der sozialdemokratische Abgeordnete Ludwig Bergsträsser begründet den Beschluss: „Die Tradition von Schwarz-Rot-Gold ist Einheit und Freiheit. Diese Flagge soll uns als Symbol gelten, dass die Freiheitsidee, die Idee der persönlichen Freiheit, eine der Grundlagen unseres zukünftigen Staates sein soll."

von Verwandten Napoleons (Napoleoniden) regierte Staaten

von Frankreich annektiert

von Napoleon abhängig

Bauernunruhen

Aufstände in Norddeutschland 1813

Widerstandsaktivitäten in Städten 1808 bis 1813

Tiroler Bauernaufstand 1809

Festung mit französischer Besatzung

Gefechte zwischen Befreiungskämpfern und Franzosen

Vorstöße von Katte

Vorstöße von Dörnberg

Feldzug Ferdinand von Schills

Feldzug des Herzogs von Braunschweig-Oels

Feldzug des Herzogs von Braunschweig-Oels mit österreichischen Truppen 1809

0   100 km

Sieg der Restauration

„Die Verfassung des Deutschen Bundes sah für seine 38, dann 41 Mitglieder, die »souveränen Fürsten und freien Städte«, einen losen Staatenbund vor, dessen Zweck in der »Erhaltung der äußeren und inneren Sicherheit Deutschlands und der Unabhängigkeit und Unverletzbarkeit der einzelnen deutschen Staaten« bestehen sollte."

Michael Behnen, 1997

Auf dem Wiener Kongress kommt einer Unterkommission, dem »Deutschen Komitee«, eine besondere Aufgabe zu: Unter dem Vorsitz von Preußen, Österreich, Hannover, Bayern und Württemberg wird der Zusammenschluss aller deutschen Staaten zu einer Föderation geprüft. In der Folge erfährt das Komitee der fünf großen Staaten eine Erweiterung um 39 Delegierte aus vier freien Städten und 35 Fürstentümern, sie beschließen am 8. 6. 1815 die »Deutsche Bundesakte«, die mit den Artikeln 53 bis 63 Bestandteil der »Wiener Kongressakte« wird und den Schutz der Signatarmächte genießt: *„Zur Erhaltung der äußeren und inneren Sicherheit verbinden sich die souveränen Fürsten und freien Städte Deutschlands zu einem beständigen Bund, welcher »Deutscher Bund« heißen soll"*, heißt es darin. Das Gebilde ist weit von jenen Idealen entfernt, für die deutsche Patrioten gegen Napoleon gekämpft haben, entsprechend heftig fällt ihre Kritik an dem Vertragswerk aus.

Eine Konföderation

In der Tat ist dieses Gebilde höchst merkwürdig, gehören ihm doch nicht nur deutsche Staaten an, sondern auch ausländische Herrscher, der König von Großbritannien als König von Hannover, der dänische König, gleichzeitig Herzog von Holstein und Lauenburg, der König der Niederlande, zugleich Großherzog von Luxemburg. Dagegen liegen beträchtliche Teile Preußens und Österreichs außerhalb der Grenzen des Deutschen Bundes, da nur Gebiete des einstigen Heiligen Römischen Reiches im Bund Aufnahme finden.

Andererseits wird der Besitzstand der einzelnen deutschen Territorien durch die Unterzeichnung der acht führenden Kongressmächte Österreich, Preußen, Großbritannien, Russland, Frankreich, Schweden,

Portugal und Spanien in der Schlussakte des Wiener Kongresses (9. 6. 1815) völkerrechtlich garantiert. Offen allerdings bleibt die Frage, wieweit die Signatarmächte aus ihrer Garantieerklärung ein Interventionsrecht ableiten können. Frankreich und Großbritannien nehmen es in der Folge für sich einige Male in Anspruch, allerdings beschränkt es sich nur auf diplomatische Aktivitäten und selbst diese werden von Preußen und Österreich, wenn sie betroffen sind, als Einmischung in ihre Angelegenheiten entschieden zurückgewiesen.

Zur Passivität verurteilt

Der Deutsche Bund nimmt im europäischen Staatensystem eine eindeutig passive Stellung ein, die allein schon im Gesandtschaftsrecht ihren Ausdruck findet: Dem Bund steht das aktive Gesandtschaftsrecht nicht zu, er kann keine Gesandten in fremde Länder entsenden.

Andererseits sind die außerdeutschen Großmächte Russland, Frankreich und Großbritannien auf dem Bundestag in Frankfurt sehr wohl durch ihre diplomatischen Vertreter präsent; diese bemühen sich nachdrücklich, durch diplomatische Kontakte mit den Abgeordneten der Bundesstaaten Einfluss auf deren Politik auszuüben.

Den einzelnen Bundesstaaten jedoch steht das Recht zu, Vertreter ins Ausland zu entsenden. Allerdings nehmen nur die wenigsten von ihnen dieses Recht in Anspruch, denn die Kosten, Gesandtschaften zu unterhalten, sind sehr hoch. Daher werden diplomatische Beziehungen nach dem Grad der Bedeutung und Wichtigkeit für die Staaten aufgenommen. Die Mittelstaaten unterhalten nur in wenigen Hauptstädten Vertretungen, die Kleinst- und Kleinstaaten verzichten meist auf Auslandsbeziehungen, ihre Anliegen vertreten Preußen oder Österreich.

Defensive Rolle

Von vornherein ist dem Deutschen Bund keine aktive Rolle im europäischen Konzert der Völker zugedacht. Seine Funktion erschöpft sich in der Friedenserhaltung und der Abwehr möglicher Angriffe von außen, vor allem hat er auf Grund jüngster Erfahrungen ein Bollwerk gegen

Die erste Seite der Deutschen Bundesakte von 1815 (Bild oben). – Die Staateneinteilung des Deutschen Bundes, 1815 (Karte rechts).

Frankreich zu sein. Schon deshalb ist eine Rückkehr zu den Strukturen des Heiligen Römischen Reiches unmöglich geworden – wenngleich das für kurze Zeit ernsthaft erwogen wird –, konnte doch dessen Verfassung nicht einmal den Schutz der einzelnen Territorien untereinander garantieren.

Wie nun im Falle einer Aggression vorgegangen werden soll, regelt die Wiener Schlussakte vom 15. 5. 1820, die eindeutig bestimmt, dass ein Angriff von außen automatisch den Bund in den Kriegszustand versetzt. Um präventiv vorgehen zu können, müssen zwei Drittel der Bundesabgeordneten zustimmen. Im Kriegsfall darf kein Mitglied neutral bleiben, sondern muss zumindest ein vertraglich festgelegtes Truppenkontingent zur Verfügung stellen, auch wenn es am Krieg nicht aktiv teilnimmt. Auch Waffenstillstandsverhandlungen oder Friedensschlüsse dürfen Einzelstaaten nicht tätigen. Ein Separatfrieden, wie der Baseler Frieden 1795 zwischen Preußen und

Frankreich, soll sich nicht mehr wiederholen dürfen. Sonderbestimmungen für Österreich und Preußen mit ihren außerhalb des Bundes liegenden Territorien regeln für den Kriegsfall die Vorgangsweise: Der Bund wird erst einbezogen, wenn die Kämpfe über seine Grenze dringen.

Der Bundestag in Frankfurt

Zur gemeinsamen politischen Willensbildung der Bundesstaaten gibt es ein einziges Organ, den Bundestag in Frankfurt am Main. Hier besitzen in einem Engeren Rat unter dem Vorsitz Österreichs die elf größeren Staaten je eine Stimme, sechs weitere Stimmen stehen als Kuriatstimmen mehrerer Bundesstaaten gemeinsam zu, bis zu acht Kleinstaaten teilen sich eine Kuriatstimme. In der Vollversammlung hingegen besitzt jedes Mitglied mindestens eine Stimme, die größeren Staaten bis zu vier von den insgesamt 69 Stimmen. In

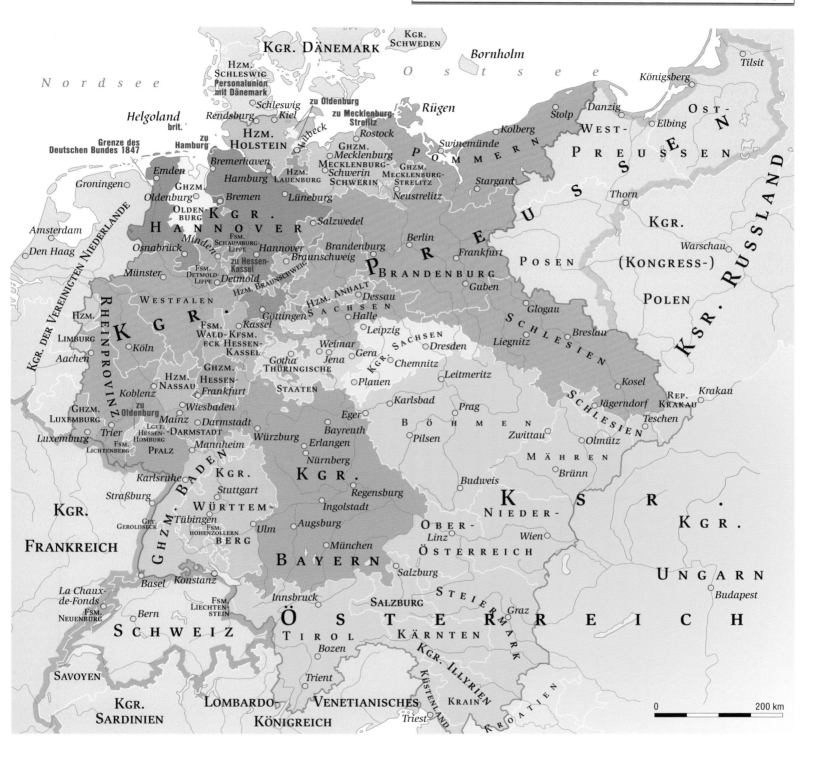

keinem der beiden Gremien können Preußen oder Österreich die übrigen Einzelstaaten überstimmen.

Bei wichtigen Angelegenheiten, wie der Änderung der Bundesverfassung, in Religionsfragen oder Institutionen des Bundes, ist Einstimmigkeit erforderlich. In der Regel aber sprechen sich Österreich und Preußen ab und verhandeln im Vorfeld des Engeren Rates. Die dort vereinbarten Beschlüsse finden zumeist auch im Plenum ihre Anerkennung.

Große Enttäuschung erfasst die deutschen Patrioten, als sie merken, dass der Bundestag ein ausgesprochener Gesandtenkongress ohne Mitspracherecht für das Volk ist.

Kritik am Bund

Der Auftrag des Artikels 13 der Bundesakte, in allen Bundesstaaten solle eine landständische Verfassung verabschiedet werden, wird in den Kleinterritorien nur schleppend, in Preußen und Österreich gar nicht verwirklicht. Deshalb wird der Deutsche Bund von den Liberalen und den Anhängern der nationalen Bewegung scharf verurteilt.

Heftige Kritik üben die Patrioten vor allem an der immer klarer hervortretenden Zielen der Bundesverfassung: der Sicherung des monarchischen Systems und der Bewahrung der grundkonservativen Ordnung. Eine *„Zangen- und Nothge-* burt" nennt sie der rheinländische katholische Publizist Joseph Görres, eine *„jämmerliche, unförmliche, missgeborene, ungestaltete Verfassung"*. Vergeblich hofft der große preußische Reformer Freiherr vom Stein den *„Despotismus der Napoleoniden"*, wie er die Funktion der Bundesabgeordneten nennt, durch Grundgesetze zu beschränken.

Weder Preußen noch Österreich wollen den Deutschen Bund stärken, er hätte sie ihrer Macht beraubt.

Trügerische Ruhe

„Man ist gewohnt, die Jahre zwischen dem Wiener Kongress und der Revolution von 1848 in zwei Phasen einzuteilen: in »Restauration« (1815 bis 1830) und »Vormärz« (1830 bis 1848). Verglichen mit den vorangegangenen Jahren [...] scheint es sich um eine eher ereignisarme Epoche zu handeln, durchbrochen allenfalls von einer vorübergehenden Phase der Unruhe im Gefolge der französischen Julirevolution 1830. Daher ist, von der Literatur ausgehend, der Begriff »Biedermeier« auf das Erscheinungsbild der Epoche im Ganzen übertragen worden.“

Wolfgang Hardtwig, 1993

Mit dem Wiener Kongress beginnt die Ära der Restauration und Reaktion unter der Devise Stabilität und Legitimität. Zentrale Figur der Epoche ist der österreichische Staatskanzler Clemens Wenzel Nepomuk Lothar Fürst von Metternich-Winneburg. 1773 als Sohn eines typischen Diplomaten des Ancien Régime in Koblenz geboren, lernt er früh die Rechtsverhältnisse der deutschen Kleinstaatenwelt und während des Studiums in Straßburg (1788 bis 1790) auch das aufklärerisch-rationale Gedankengut kennen.

Metternich verfolgt politische Prinzipien, die seiner Meinung nach Naturgesetzen gleichkommen. Aus ihrer Nichtachtung leitet er alles Unglück der letzten Jahrzehnte ab, sich ihrer zu besinnen und ihnen wieder Geltung zu verschaffen sind Grundmotive seiner restaurativen Politik. Sein politisches Leitmotiv ist in den Schlussakten des Wiener Kongresses verankert. Es findet bei den Herrschern in Europa zur Unterdrückung von Revolutionen Anwendung.

Das »System Metternich«

Die Idee der Freiheit hat im »System Metternich« keinen Platz. Metternich selbst gebraucht nie das Wort »System« für seine Prinzipien. Es wird in Zusammenhang mit seinem Namen dennoch zum Begriff für gewaltsame Unterdrückung revolutionärer Strömungen und Bewegungen, soll aber der Erhaltung des Friedens dienen. Der Weltbürger Metternich sieht den Nationalismus als einen Bestandteil einer liberalen Phraseologie ohne reale Daseinsberechtigung. So lange seine Politik den Bedürfnissen der Bevölkerung nach Ruhe, Ordnung und Stabilität nach den Aufregungen der napoleonischen Epoche entgegenkommt, findet sein System Zuspruch. Metternich ist sich bewusst, dass eine nächste Revolution ganz Europa erfassen wird. Daher zeigt er sich den Ideen von Zar Alexander I., eine »Heilige Allianz« der Großmächte auf Basis der christlichen Religion als einen *„Bund zwischen Thron und Altar"* zu gründen, nicht abgeneigt.

Alexander hängt der Idee dieser Allianz seit dem Wiener Kongress nach. Er sieht sich als Weltbefreier, der das Reich Gottes auf Erden zu errichten habe.

Die »Heilige Allianz«

Alexander versteht sich als großer Verkünder und lädt alle führenden Herrscherhäuser Europas ein, sein politisches Manifest mitzutragen. Das tun sie auch, mit Ausnahme des Papstes – der von seinem Anspruch auf Alleinvertretung der gläubigen Christen nicht abrückt –, des Sultans – der aus begreiflichen Gründen dem christlich-patriarchalischen Herrscherschematismus fernbleibt – und Großbritanniens, das vorgibt, nur der König könne den Beitritt zu dieser Allianz bestätigen – und der ist geistesschwach. In Wahrheit beurteilt der britische Außenminister Stewart Castlereagh die »Heilige Allianz« als *„ein Stück erhabenen Mystizismus und Unsinn"*. Auch dem Realpolitiker Metternich erscheint das Manifest verworren und als etwas *„Unnützes"*, daher ändert er darin einige Stellen, um *„einer hämischen Auslegung zu entgehen"*. Unter seiner Feder wird das Dokument zum Inbegriff der »Restauration«. Es verpflichtet die verbündeten Monarchen beim Ausbruch revolutionärer Bewegungen zu gegenseitiger Hilfe, einschließlich der Intervention. Eine ganze Reihe von Kongressen festigt dieses Beistandsabkommen: Aachen 1818, Karlsbad 1819, Troppau 1820, Laibach 1821, Verona 1822.

Eine ernsthafte Herausforderung für das Metternisch'sche System stellt die Burschenschaftsbewegung dar, die in Deutschland über die eng gesteckten Grenzen der Fürstentümer hinaus in den Einzugsbereichen der Universitäten im Wahlspruch »Ehre, Freiheit, Vaterland« verbreitet. Erschreckt vermerkt Metternichs wichtigster Publizist, Friedrich Gentz, dass die Burschenschaft *„im höchsten und furchtbarsten Sinne des Wortes als revolutionär"* einzustufen ist.

Gegenströmungen

Die Gründung der ersten Burschenschaft erfolgt im Juni 1815 in der Universitätsstadt Jena durch elf Angehörige von vier Landsmannschaften, das sind Studentenvereinigungen, die aus der Nationengliederung der Studenten an den mittelalterlichen Universitäten hervorgingen, als eine erste Antwort auf die Restaurationsbemühungen der Länder des Deutschen Bundes. Die Bewegung der Burschenschaft greift rasch um sich, zahlreiche namhafte Philosophen, Historiker und Theologen treten ihr bei. Mit einem Mitgliederstand von maximal 1500 bei insgesamt 8000 Studenten in Deutschland erreicht sie ihr Ziel, alle Studenten zu erfassen, nicht. Deutschtümelei und Antisemitismus, auch die oppositionelle Haltung gegenüber den Regierungen halten viele davon ab, der Burschenschaft beizutreten.

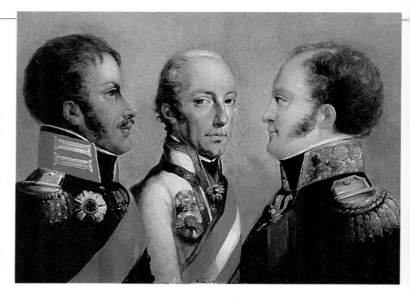

Die Gründer der »Heiligen Allianz«, Friedrich Wilhelm III., Joseph I. und Alexander I. (Bild oben). – Bücherverbrennung auf der Wartburg (Bild unten). – Die Universitäten im Deutschen Bund (Karte rechts).

STICHWORT

Burschenschaft

Die studentische Bewegung der Burschenschaft geht aus dem patriotischen Geist der Befreiungskriege hervor und strebt an Stelle der im Mittelalter fußenden, nationalen Landsmannschaften die Zusammenfassung aller Studenten an. Leitmotiv der Burschenschaft ist die deutsche Einheit und die politische Freiheit, ihre Farben Schwarz-Rot-Gold hat sie vom Lützow'schen Freikorps übernommen. 1935/36 wird sie aufgelöst, nach dem Zweiten Weltkrieg entsteht sie neu.

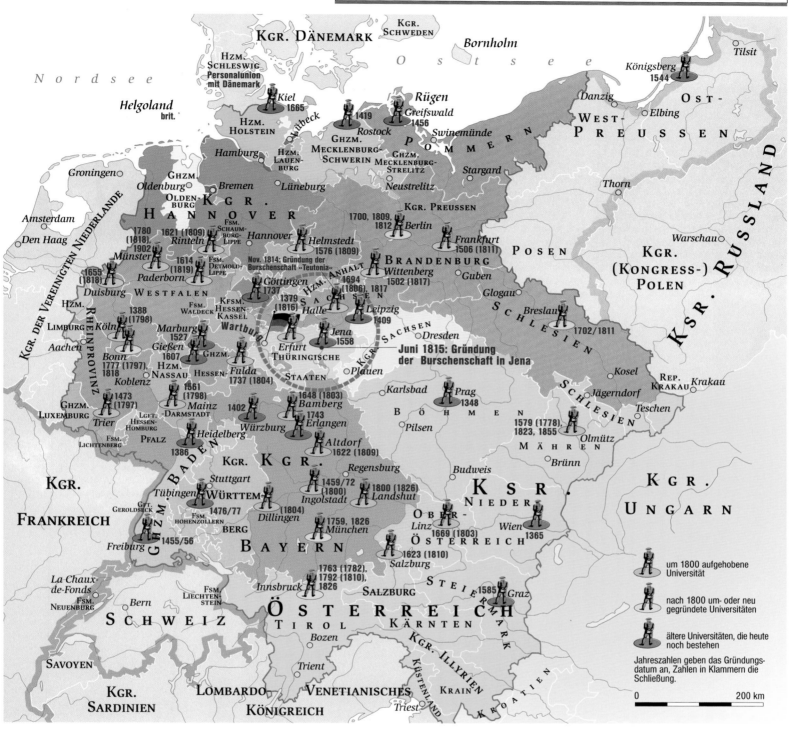

Nov. 1814: Gründung der Burschenschaft »Teutonia«

Juni 1815: Gründung der Burschenschaft in Jena

um 1800 aufgehobene Universität

nach 1800 um- oder neu gegründete Universitäten

ältere Universitäten, die heute noch bestehen

Jahreszahlen geben das Gründungsdatum an, Zahlen in Klammern die Schließung.

0   200 km

Den Gedächtnistag der Völkerschlacht von Leipzig (1813) und des Beginns der Reformation (1615) nimmt die Burschenschaft zum Anlass, eine öffentliche Massenkundgebung zu veranstalten. Auf der Wartburg findet am 18. 10. 1817 eine Feier statt, bei der vor 500 versammelten Studenten von mindestens 13, hauptsächlich evangelischen Universitätsprofessoren aus Jena patriotische Reden halten. »Grundsätze« werden zwar verabschiedet, aber aus Furcht vor staatlichen Re-

pressalien nicht unterzeichnet. Immerhin dienen sie dem Jenaer Studenten Riemann für seine 1818 verfassten Grundsätze als Leitlinie. Sie gipfeln in der Forderung nach der staatlichen Einheit Deutschlands, der Errichtung einer konstitutionellen Monarchie, nach Rechtsgleichheit, Schwurgerichten sowie Meinungs- und Pressefreiheit. Längst ist die Burschenschaft zum Auffangbecken radikaler Geister geworden, die sich unter ihrem Führer, dem Universitätslehrer Karl Follen, die »Unbe-

dingten« nennen. Eine Minderheit zwar, die sich aber mit einer spektakulären Aktion ins Rampenlicht setzt: Während des Wartburgfestes werden politisch missliebige Bücher verbrannt, u. a. der Code Napoléon, die »Geschichte des Deutschen Reiches« des Schriftstellers Kotzebue, preußische Polizeigesetze und Symbole der Obrigkeiten.

Vehement verlangt Metternich auf dem Aachener Kongress (September 1818), die Freiheiten der Universitäten, die »Quellen revolutionä-

rer Umtriebe«, zu beschneiden. Er wird abgewiesen. Der Mord vom 23. 3. 1819 am Schriftsteller August von Kotzebue durch den aus den Reihen der radikalen »Unbedingten« stammenden Theologiestudenten Karl Ludwig Sand gibt den Verfechtern der Restaurationspolitik die Möglichkeit, Bürger wegen tatsächlicher oder vermeintlicher »demagogischer Umtriebe« zu verfolgen. Selbst Turnvater Jahn gerät unter Verdacht und wird zu Festungshaft verurteilt. Metternich triumphiert.

Risse im System

„Die Repressionspolitik des Deutschen Bundes erklomm ihren ersten Höhepunkt. Es setzten die Verfolgungen wegen »demagogischer Umtriebe« ein. Man überwachte Predigten, nahm Verhaftungen vor, so bei dem Gießener Liberalen Welcker und bei Arndt in Bonn, der ein Jahr später von seinem Lehramt suspendiert und erst 20 Jahre später rehabilitiert wurde. Görres musste ins Elsass fliehen. Jahn geriet in Untersuchungshaft, das Turnen wurde in Preußen amtlich verboten, Jahn selbst 1824 zu zweijähriger Festungsstrafe verurteilt."

Michael Behnen, 1997

Als Metternich im April 1819 die Nachricht von der Ermordung Kotzebues erhält, schmiedet er umgehend das politische Eisen, mit dem er gegen die Unruhestifter vorzugehen gedenkt. Zu Gentz meint er: *„Meine Sorge geht dahin, der Sache die beste Folge zu geben, die möglichste Partie aus ihr zu ziehen, und in dieser Sorge werde ich nicht lau vorgehen."* In der Tat gelingt es ihm, im böhmischen Kurort Teplitz den preußischen König Friedrich Wilhelm III. zu einem scharfen Vorgehen gegen die liberale Bewegung zu gewinnen (Teplitzer Punktation, 1. 8. 1819). Auf dieser Grundlage werden kurz danach die Ministerkonferenzen in Karlsbad eröffnet (6. bis 31. 8. 1819). Neben Preußen und Österreich nehmen weitere acht deutsche Staaten teil, die am Bundestag in Frankfurt (20. 9.) scheinbar einstimmig – Gegenstimmen werden aus dem Protokoll gestrichen – vier Gesetze erzwingen: Ein Universitätsgesetz, das einen staatlichen Bevollmächtigten vorsieht (Kurator) und Studenten und Professoren streng überwachen sowie Burschenschaften unterdrücken soll. Ein Pressegesetz, das eine Vorzensur für alle

Schriften unter »20 Bogen im Druck« vorschreibt. Redakteure von in Misskredit gefallenen Druckwerken können mit einem Berufsverbot von bis zu fünf Jahren bestraft werden. Ein drittes Gesetz schafft eine zentrale Bundesbehörde mit Sitz in Mainz, der es obliegt »revolutionäre Umtriebe« zu untersuchen. Und ein viertes Gesetz, die »Provisorische Exekutionsordnung«, die dem Bund das Recht der Exekution und Intervention gegen die Gliedstaaten im Falle des Aufruhrs gibt. Metternich ist der Motor der schärfsten antiliberalen Maßnahmen, die der Bund während seiner ganzen Zeit beschließt. Die Karlsbader Beschlüsse blieben bis zur Auflösung des Bundestages am 2. 4. 1848 in Kraft. Nicht alle Länder halten sich an die Bestimmungen, viele legen sie liberaler aus, als Metternich recht ist, manche unterlaufen sie. Merkwürdigerweise richtet sich der Zorn der Liberalen nicht gegen die Verursacher der »Maulkorbgesetze«, sondern gegen eine Minderheit, die Juden. Ihnen lastet man die herrschende Wirtschaftskrise an. Im Sommer 1819 werden Rufe laut, die Juden zu vertreiben. Tatsächlich müssen 400 von ihnen Würzburg verlassen. *„Hep, hep, Jud verreck!"* schallt durch die Straßen vieler deutscher Städte.

Umsturzpläne

Den Karlsbader Beschlüssen fällt u. a. auch die Burschenschaft zum Opfer (1824). Im Geheimen besteht sie weiter, selbst Burschentage finden statt und werden – trotz rigoroser Strafandrohung – von den Universitäten beschickt. Der Radikale Karl Follen flieht in die Schweiz, auf seine Anregung hin gründet der aus Mecklenburg stammende von Sprewitz den »Jünglingsbund«, dessen Mitglieder geloben, zur Beseitigung der

Die Ermordung von August von Kotzebue (Bild oben). – »Der Denkerklub«, eine Karikatur auf die »Karlsbader Beschlüsse« (Bild links unten). – »Die Pressefreiheit«, eine Karikatur zu den in Karlsbad zur Unterdrückung demagogischer Umtriebe beschlossenen Maßnahmen (Bild rechts oben). – Die Interventionspolitik der »Heiligen Allianz« (Karte rechts).

Tyrannei beizutragen. Einige der Verschwörer gewinnen in Erfurt einen Offizier, der die Festung zu übergeben verspricht. Doch der Plan wird aufgedeckt – das überall bereits aktive Metternich'sche Spitzel- und Agentennetz funktioniert bestens – und gibt erneut Anlass, die bestehenden Gesetze zur Verhinderung demagogischer Umtriebe zu verschärfen: Am 9. 4. 1821 wird ein Bundesmilitärgesetz erlassen, welches die Aufstellung von zehn Bundesarmeekorps vorsieht. Je drei stehen unter preußischer und österreichischer Führung, eines unter bayerischer, die restlichen drei unter einer württembergisch-Hannoveraner-sächsischen.

Der Deutsche Bund aus europäischer Sicht

Die Karlsbader Beschlüsse sind ein voller Erfolg Metternichs und Österreichs. Preußen hat sich vollkommen der von Wien ausgehenden Bundespolitik untergeordnet und die übrigen deutschen Staaten schließen sich an. *„So vegetiert er [der Deutsche Bund] nun – die Schande Deutschlands und der Spott Europas"*, charakterisiert 1823 Friedrich von Gagern, ein Bruder des Führers der Liberalen, Heinrich von Gagern, die allgemeine Lage.

In Hinsicht auf Europa allerdings irrt Gagern. England zum Beispiel ist mit der Situation vollauf zufrieden. Der Deutsche Bund zeigt sich gefestigt und immun gegenüber allen Einflüssen von außen, er ist ein Hort von Stabilität und Ordnung, ein Garant bestehender Machtverhältnisse, und

fügt sich durchaus ins britische außenpolitische Modell, das »Gleichgewicht der Kräfte«.

Anders beurteilt die Staatskanzlei in Paris die Situation, nicht wegen der Unterdrückung der liberalen Kräfte oder der Bürgerfreiheiten, sondern einfach, weil sich der Machtschwerpunkt im Deutschen Bund nach Österreich verschoben hat und die deutschen Staaten zu einer willfährigen Klientel herabdrückt. Schon im Oktober 1819 fordert der französische Botschafter in St. Petersburg eine gemeinsame französisch-russische Intervention. Der Zarenhof hat dazu eine zwiespältige Meinung. Hier sinkt die liberale Stimmung auf einen Tiefpunkt, nachdem gerade Puschkin ein Opfer der repressiven Politik von Innenminister Golizyn geworden ist und in die Verbannung gehen musste. Russland verweigert Frankreich die Unterstützung, ein Vorgehen gegen Österreich ist damit gescheitert.

„Die Solidarität der konservativen Mächte, von England her durch Castlereagh gestützt, von Russland nicht gestört und von Frankreich nicht mehr bedroht, schien einen dauerhaften europäischen Rahmen für den in Deutschland errungenen Sieg über das Gespenst der Revolution zu gewährleisten", stellt der Historiker Heinrich Lutz fest. Der Schein trügt. Im solidarischen Europagebäude treten Risse auf. Seit 1820 werden revolutionäre Strömungen in Spanien und Italien immer stärker, sie wirken auf die Lage in Mitteleuropa ein und beeinflussen nach und nach alle übrigen europäischen Länder. Metternichs in Dogmen erstarrtes Re-

staurationskonzept wird fragwürdig. In den Aufständen von Piemont und Neapel kann Metternich die europäische Gemeinschaft noch mobilisieren und zur gemeinsamen Intervention bewegen, die österreichische Armee greift mit dem Segen der Garantiemächte 1821 ein.

England zieht sich zurück

Aber ab 1822 beginnt sich Widerstand zu regen. Englands Außenminister Castlereagh meldet gegen die Schiedsrichterrolle Österreichs Bedenken an, sein Nachfolger Canning macht aus seiner Abneigung schließlich kein Hehl mehr. An den spanischen Revolutionskämpfen beteiligt sich England nicht mehr. Der Gegensatz zwischen London und Wien verstärkt sich noch, als die lateinamerikanischen Staaten ihre Unabhängigkeit erklären, London sie mit realpolitischem Sachverstand anerkennt und Wien dies aus Unvermögen, politische Zukunftsentwicklungen zu erkennen, verweigert. Eine schwere Belastung der europäischen Allianz bedeutet der griechische Aufstand gegen die osmanische Herrschaft. Die Rebellion beginnt 1821 und endet 1822 mit der Proklamation der Unabhängigkeit durch einen griechischen Nationalkongress.

1830 findet das neue griechische Königreich durch England, Russland und Frankreich über den Kopf Metternichs hinweg seine Anerkennung, der Riss in der »Heiligen Allianz« ist unüberbrückbar geworden.

Tatsächlich sind die politischen Fäden verworrener denn je. Metternich, dem Legitimitätsprinzip folgend, steht auf der Seite des Sultans, der gar nicht Mitglied der Allianz ist. Russland unterstützt die griechischen Rebellen, weil sie dem christlichen orthodoxen Glauben angehören. Großbritannien fürchtet, sollte Russland eingreifen, um seine Mittelmeerposition, stellt sich aber in der Funktion des Beschützers kleiner Völker dennoch auf die griechische Seite. Das wieder versetzt Metternich

in Sorge, besteht doch Österreich aus vielen unterschiedlichen Völkern.

Euphorie für Griechenland

Seine Sorgen sind auch aus anderem Grund berechtigt, denn der griechische Freiheitskampf findet auf deutschem Boden ungeheuren Widerhall und wird noch dazu durch romantisch-mystische Ausschmückungen glorifiziert, die selbst höchste Kreise nicht unberührt lassen: König Ludwig I. von Bayern erklärt sich bereit, seinen Sohn auf den griechischen Thron heben zu lassen. Der Wittelsbacher wird auch tatsächlich von der griechischen Nationalversammlung im August 1832 als Otto I. inthronisiert. Trotz des Enthusiasmus für die griechische Sache zeigt der hellenische Freiheitsdrang keine Auswirkungen auf das System des Deutschen Bundes. Auch der Gedanke, Preußen und Österreich durch die Errichtung eines Blockes aus den Staaten des Dritten Deutschlands

eine weitere Kraft gegenüberzustellen, wie es der württembergische Politiker Karl August von Wangenheim vorschlägt, bleibt Utopie. Es scheint, als sei das Metternich'sche System durch nichts zu sprengen.

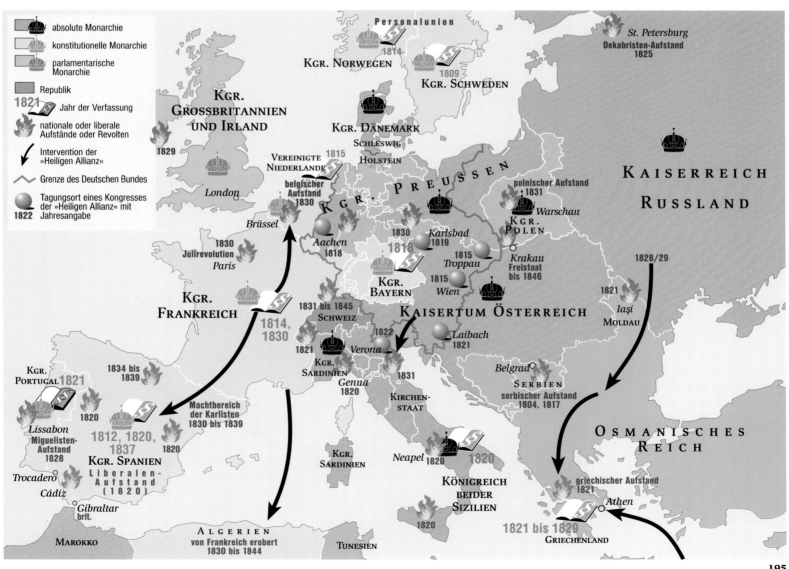

195

Politisches Wetterleuchten

„Seit 1830 kam ein neues Spannungsmoment in die gesamteuropäische Politik, weil es in mehreren Ländern gelang, das Prinzip der monarchischen Legitimität national und liberal-demokratisch zu überholen. Die Kräfte des Bürgertums erreichten einen vollen Erfolg, der ihnen 1814/15, als sie noch ausgeschlossen waren von den Planungen und Beschlüssen, versagt geblieben war."

Reinhart Koselleck, 1983

Am Montag, den 26. 7. 1830 fallen an der Pariser Börse die Renten um 6%. Polignac, dem Premierminister, werden die Fenster eingeworfen und im Redaktionszimmer der Tageszeitung »National« versammeln sich 44 Journalisten von 11 Zeitungen. Ihr Sprecher Adolphe Thiers entwirft eine Protestnote: Die Herrschaft des Gesetzes ist unterbrochen, die Gewalt hat eingesetzt und der Gehorsam aufgehört Pflicht zu sein. Aber von aufrührerischen Taten sind die Redakteure noch weit entfernt. Am nächsten Tag wird der Protest an allen Straßenecken verlesen. Die Zeitungen sind ohne Vorzensur erschienen und mit dem Protest auf der Titelseite im Handumdrehen verkauft.

Sturmglocken bringen die Leute auf Trab, Vorstadtarbeiter rücken an, Kaufleute sperren hastig ihre Läden, Gewerbebetriebe öffnen gleich gar nicht. In der folgenden Nacht organisiert sich die Revolution, der Zeitpunkt ist günstig: Große Kontingente der französischen Elitetruppen stehen im nordafrikanischen Algerien, die übrigen Regimenter sind im Land verteilt: in der Normandie, wo eine Kette von rätselhaften Brandlegungen die Bevölkerung verunsichert, und an der Grenze zum unruhigen Belgien. Die Entscheidung fällt am 29. 7. 1830. 165 Mann der königstreuen Schweizer Garde und regulärer Truppen werden massakriert, die Aufrührer verlieren das Fünffache an Kämpfern. Der König resigniert und verlässt das Land.

Die Revolution springt über

Die Ursachen der französischen Julirevolution von 1830 wurzeln in der provozierenden Restaurationspolitik König Karls X., der seit 1824 regiert. Sein überraschender Sturz löst revolutionäre Wellen aus, die weite Teile Europas berühren. Der Funke zündet im August 1830 in Belgien, im Spätsommer bis Herbst in der Schweiz, in England stürzt das Tory-Kabinett im November, zur gleichen Zeit revoltiert Polen, im Februar 1831 brennt Mittelitalien. Metternich muss frustriert zur Kenntnis nehmen, dass das komplizierte Vertragswerk der Wiener Schlussakte und die »Heilige Allianz« allein durch Worte zum Einsturz gebracht werden.

Hektische Reaktionen

Vor allem die Ereignisse in Polen bestürzen österreichische, preußische und russische Politiker. Der Aufstand bewegt Potsdam zu einer hektischen Reaktion: Unter Oberpräsident von Flottwell setzt im Großherzogtum Posen eine rigorose Germanisierungspolitik ein. In den Mittelstaaten des Bundes nimmt die Bereitschaft neue Verfassungen zu erarbeiten einen enormen Aufschwung: Braunschweig, Hessen-Kassel, Sachsen, Hannover werden zu Verfassungsstaaten, die den Widerstand konservativer Kreise hervorrufen. Als Herzog Karl II. von Braunschweig die Annahme der Landschaftsordnung (Verfassung) von 1820 verweigert, stürmt die aufgebrachte Menge das Schloss und legt es in Schutt und Asche (7. 9. 1830). Der Herzog flieht, sein liberal eingestellter Bruder erlässt ein neues Grundgesetz modernen Zuschnitts mit Wahl- und Versammlungsrecht, der Möglichkeit zur Ministeranklage und der Aufhebung grundherrlicher Lasten (1832). Im Königreich Sachsen entladen sich 1830 in den Aufständen von Dresden und Leipzig längst aufgestaute soziale Spannungen. Am 4. 9. 1831 wird auch hier eine moderne, der französischen Charte von 1814 vergleichbare Verfassung eingeführt. In Kurhessen, das unter der Willkür Wilhelms II., eines *„Taugenichts von rohesten Begierden"*, besonders arg zu leiden hat, verbrennen die Bauern die Zehentlisten der Grundherren und die Gewerbetreibenden die Zollakten. In Hannover geht die Opposition uneinheitlich vor, die Bauern fordern lautstark die Aufhebung der drückenden Abgaben und das politische Mitspracherecht, während sich das Stadtbürgertum an der Adelsschicht reibt und die Stadtgewalt stürzt. 1833 erlässt allerdings der gleichzeitig als englischer König in London residierende König von Hannover, Wilhelm IV., eine gemäßigt liberale Verfassung, die sein Nachfolger, Ernst August, wieder aussetzt. Das nehmen sieben Professoren der Landesuniversität Göttingen nicht hin – unter ihnen die Germanisten Jacob und Wilhelm Grimm –, sie protestieren 1837 heftigst, werden prompt gekündigt, drei von ihnen des Landes verwiesen.

Das Hambacher Fest

Nach der französischen Julirevolution tritt besonders im südwestlichen Deutschland eine Art außerparlamentarische Bewegung an die Öffentlichkeit. Ungeachtet der Spitzel diskutieren Bürger, Studenten, Gewerbetreibende und Handwerker in locker organisierten Zusammenkünften aktuelle politische Themen. Das größte dieser Treffen findet zwischen dem 27. und 30. 5. 1832 in Neustadt in der bayerischen Pfalz beim Schloss Hambach statt. Etwa 20.000 Personen, darunter polnische Freiheitskämpfer und Franzosen mit der Trikolore, nehmen an der Veranstaltung teil. Aber über allgemeine programmatische Erklärungen und Willensbekundungen hinaus werden keine Beschlüsse gefasst, es ist ein Volksfest ohne politische Wirkung. Der Bundestag nimmt allerdings den Aufmarsch von Hambach für weitere Repressionen zum Anlass. Je weniger die Ereignisse vom 27. 5. 1832

Zug der Festteilnehmer auf das Hambacher Schloss, 1832 (Bild unten). – Bürgerliche und antifeudale Protestbewegungen im Deutschen Bund bis 1847 (Karte rechts).

wirksam werden, umso mehr eifert die Obrigkeit, sie nennt das Fest eine Revolution, grässlich, skandalös und eine große Orgie.

Ähnlich erfolglos wie das Hambacher Fest verläuft der Überfall auf das Wachlokal der Stadt Frankfurt am 3. 4. 1833. Ein 50-köpfige Gruppe aus Heidelberger Burschenschaftern unternimmt den Handstreich, um eine deutsche Zentralgewalt zu errichten und die deutsche Republik auszurufen. Außer der Befreiung einiger Gefangener verzeichnen die Revoluzzer keinen Erfolg, die Rädelsführer fliehen in die Schweiz.

Die kritisch denkende Intelligenz zieht sich angesichts des immer stärker werdenden staatlichen Terrors in die innere Emigration zurück oder sucht im Exil einen Rest von Freiheit zu bewahren, wie der Dichter Heinrich Heine, der von Paris aus feststellt: *"Denk' ich an Deutschland in der Nacht, dann bin ich um den Schlaf gebracht"* (1843). Heine zu lesen wird in Deutschland verboten.

Ein letztes Aufflackern der 1830 entzündeten revolutionären Glut bringt eine Flugschrift zustande, die Georg Büchner, ein Medizinstudent, und der Pfarrer Ludwig Weidig herausgeben, der »Hessische Landbote«. Er bezieht sich hauptsächlich auf die sozialen Verhältnisse im Milieu des oberhessischen Kleinbauerntums. Unter dem Motto »Friede den Hütten – Krieg den Palästen«, der militanten Parole aus der Zeit der Französischen Revolution, ruft die Flugschrift die Bevölkerung auf, sich zu erheben, der Knechtschaft und Unterdrückung den Kampf anzusagen und sich wieder Freiheit und Gleichheit zu erkämpfen. Das sozialrevolutionäre Pamphlet erscheint in eine Stärke von 8 Seiten und in zwei Auflagen von 300 und 400 Stück. Es steht mit seiner sozialkritischen Tendenz in der Tradition vormarxistischen Denkens.

Der »Hessische Landbote« ist der Beginn einer Reihe von Veröffentlichungen, die auf die soziale Not der Bevölkerung hinweisen. Im Untergrund produziert, laufen die Hersteller der Druckwerke Gefahr, verraten zu werden, und müssen bei Entdeckung mit hohen Strafen rechnen. Büchner kann kurz vor seiner Festnahme in die Schweiz fliehen, Weidig, der in die Hände der Polizei fällt, nimmt sich nach zweijähriger Untersuchungshaft unter unwürdigen Umständen das Leben.

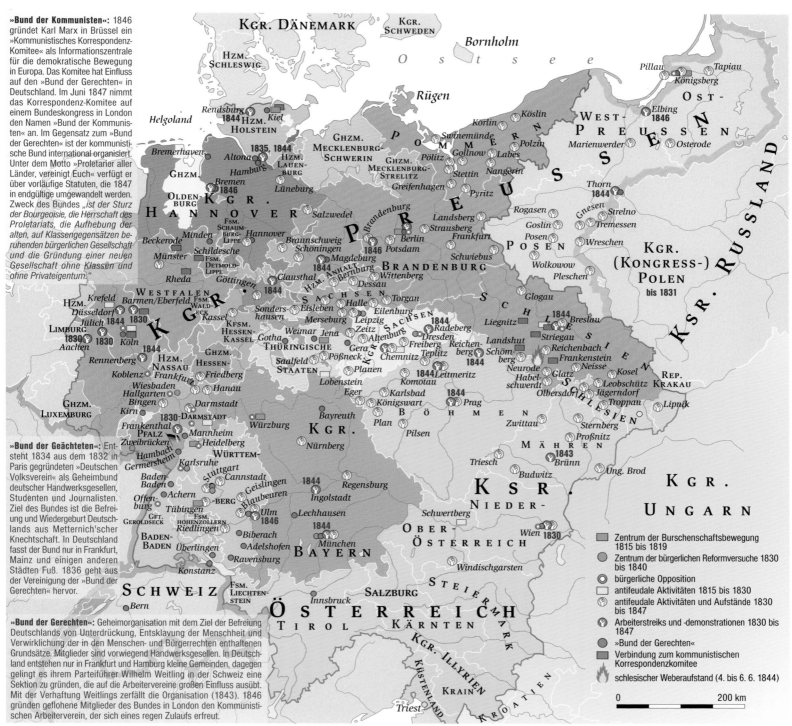

»Bund der Kommunisten«: 1846 gründet Karl Marx in Brüssel ein »Kommunistisches Korrespondenz-Komitee« als Informationszentrale für die demokratische Bewegung in Europa. Das Komitee hat Einfluss auf den »Bund der Gerechten« in Deutschland. Im Juni 1847 nimmt das Korrespondenz-Komitee auf einem Bundeskongress in London den Namen »Bund der Kommunisten« an. Im Gegensatz zum »Bund der Gerechten« ist der kommunistische Bund international organisiert. Unter dem Motto »Proletarier aller Länder, vereinigt Euch« verfügt er über vorläufige Statuten, die 1847 in endgültige umgewandelt werden. Zweck des Bundes *„ist der Sturz der Bourgeoisie, die Herrschaft des Proletariats, die Aufhebung der alten, auf Klassengegensätzen beruhenden bürgerlichen Gesellschaft und die Gründung einer neuen Gesellschaft ohne Klassen und ohne Privateigentum."*

»Bund der Geächteten«: Entsteht 1834 aus dem 1832 in Paris gegründeten »Deutschen Volksverein« als Geheimbund deutscher Handwerksgesellen, Studenten und Journalisten. Ziel des Bundes ist die Befreiung und Wiedergeburt Deutschlands aus Metternich'scher Knechtschaft. In Deutschland fasst der Bund nur in Frankfurt, Mainz und einigen anderen Städten Fuß. 1836 geht aus der Vereinigung der »Bund der Gerechten« hervor.

»Bund der Gerechten«: Geheimorganisation mit dem Ziel der Befreiung Deutschlands von Unterdrückung, Entsklavung der Menschheit und Verwirklichung der in den Menschen- und Bürgerrechten enthaltenen Grundsätze. Mitglieder sind vorwiegend Handwerksgesellen. In Deutschland entstehen nur in Frankfurt und Hamburg kleine Gemeinden, dagegen gelingt es ihrem Parteiführer Wilhelm Weitling in der Schweiz eine Sektion zu gründen, die auf Arbeitervereine großen Einfluss ausübt. Mit der Verhaftung Weitlings zerfällt die Organisation (1843). 1846 gründen geflohene Mitglieder des Bundes in London den Kommunistischen Arbeiterverein, der sich eines regen Zulaufs erfreut.

Map labels:

KGR. DÄNEMARK · KGR. SCHWEDEN · Bornholm · Ostsee · Rügen · Helgoland · HZM. SCHLESWIG · HZM. HOLSTEIN · Rendsburg · Kiel · Pillau · Tapiau · Königsberg · OST-PREUSSEN · Elbing 1846 · WEST-PREUSSEN · Marienwerder · Osterode · Köslin · Körlin · Swinemünde · Gollnow · Polzin · POMMERN · Bremerhaven · Altona · Hamburg · HZM. LAUENBURG · GHZM. MECKLENBURG-SCHWERIN · GHZM. MECKLENBURG-STRELITZ · Pölitz · Labes · Nangörin · Thorn 1844 · GHZM. OLDENBURG · Bremen 1846 · Lüneburg · Stettin · Greifenhagen · Pyritz · Rogasen · Gnesen · Strelno · Tremessen · KGR. HANNOVER · Salzwedel · Brandenburg · Landsberg · Strausberg · Frankfurt · POSEN · Goslin · Posen · Wreschen · KGR. (KONGRESS-) POLEN bis 1831 · KSR. RUSSLAND · Beckerode · Minden · FSM. SCHAUMBURG-LIPPE · Hannover · Braunschweig · Schöningen · Berlin · Potsdam 1846 · Schwiebus · Wolkowow · Pleschen · Münster · FSM. DETMOLD-LIPPE · Magdeburg · BRANDENBURG · Rheda · Clausthal · HZM. ANHALT 1844 · Bernburg · Dessau · Wittenberg · Glogau · Göttingen · WESTFALEN · 1844 · SACHSEN · Halle · Torgau · Krefeld · Barmen/Eberfeld · FSM. WALDECK · Kassel · Sondershausen · Eisleben · Merseburg · Leipzig · SACHSEN · 1844 · Radeberg · Liegnitz · 1844 · Breslau · SCHLESIEN · HZM. DÜSSELDORF · Jülich 1844 1830 · KFSM. HESSEN-KASSEL · Weimar · Jena · Zeitz · Altenburg · Dresden · Freiberg · Reichenberg · Landshut · Schömberg · Reichenbach · Striegau · LIMBURG 1830 · Köln 1830 · Gotha · THÜRINGISCHE STAATEN · Gera · Pößneck · Chemnitz · Teplitz · Neurode · Frankenstein · Neisse · Aachen · 1844 · Rennenberg · HZM. NASSAU · Saalfeld · Lobenstein · Plauen · 1844 · Leitmeritz · Habelschwerdt · Glatz · Jägerndorf · Kosel · Leobschütz · Koblenz · Frankfurt · GHZM. HESSEN-Friedberg · Eger · Komotau · Karlsbad 1844 · Olbersdorf · Troppau · Lipnik · Wiesbaden · Hallgarten · Hanau · Königswart · Prag · REP. KRAKAU · Bingen · GHZM. LUXEMBURG · Kirn · Darmstadt · Bayreuth · Plan · BÖHMEN · Zwittau · Sternberg · Proßnitz · 1830-DARMSTADT · Würzburg · KGR. · Pilsen · MÄHREN · 1843 · Brünn · Frankenthal · PFALZ · Mannheim · Heidelberg · Nürnberg · Zwittau · Ung. Brod · Zweibrücken · Hambach · Germersheim · WÜRTTEM-BERG · Triesch · Budwitz · Karlsruhe · Stuttgart · Cannstatt · Geislingen · Regensburg · KSR. NIEDER-ÖSTERREICH · KGR. UNGARN · Baden-Baden · Achern · Blaubeuren · Ingolstadt · Schwertberg · Wien 1830 · Offenburg · BERG · Ulm 1846 · Lechhausen · Tübingen · GFT. GEROLDSECK · FSM. HOHENZOLLERN · Riedlingen · 1844 · München · OBER-ÖSTERREICH · BADEN-BADEN · Biberach · Adelshofen · Überlingen · Ravensburg · BAYERN · Windischgarsten · Konstanz · SCHWEIZ · FSM. LIECHTENSTEIN · SALZBURG · STEIERMARK · Bern · Innsbruck · ÖSTERREICH · TIROL · KÄRNTEN · KGR. ILLYRIEN · Küstenland · KRAIN · KROATIEN · Triest

Legend:

- ■ Zentrum der Burschenschaftsbewegung 1815 bis 1819
- ● Zentrum der bürgerlichen Reformversuche 1830 bis 1840
- ◎ bürgerliche Opposition
- □ antifeudale Aktivitäten 1815 bis 1830
- ◉ antifeudale Aktivitäten und Aufstände 1830 bis 1847
- ✊ Arbeiterstreiks und -demonstrationen 1830 bis 1847
- ● »Bund der Gerechten«
- ■ Verbindung zum kommunistischen Korrespondenzkomitee
- 🔥 schlesischer Weberaufstand (4. bis 6. 6. 1844)

0 — 200 km

Das Elend der Massen

„Er webt schmales Baumwollenzeug, in vierzehn Tagen sechsundsechzig Ellen für einen Taler, zehn Silbergroschen. Zehn Kinder sind ihm gestorben, ein Sohn lernt das Töpferhandwerk, ein Mädchen von dreizehn Jahren besucht noch die Schule und verdient nebenbei täglich einen Silbergroschen mit Spulen, ebenso viel erwirbt die Frau neben den Hausgeschäften. Seit fünf Jahren bezieht J. monatliche Unterstützung von der Armendirektion, erst zwanzig Silbergroschen, jetzt zwei Taler. Da seine Frau drei Monat' krank lag und er durch die Verpflegung an der Arbeit verhindert wurde, ist die Mietschuld auf sechs Taler gewachsen. Er ist kein Tag sicher, dass er nicht aus der Wohnung getrieben und ins Arbeitshaus gebracht werde."

Bettina von Arnim, 1843

Die Zeit der Romantik ist vorbei. Mit dem Einsatz von Maschinen beginnt eine rauhe Epoche, illusionslos und nüchtern. 1843 erscheint in Berlin ein zweibändiges Werk, das schon durch seinen Titel, der gleichzeitig Widmung ist, auffällt: »Dies Buch gehört dem König«. Autor ist eine Frau, die Schwester von Clemens Brentano, und es ist die erste sozialkritische Reportage in deutscher Sprache. Nüchtern, sachlich und mit einfachen Worten beschreibt sie das Leben der Menschen, zumeist verarmter Handwerker. Es sind meistens Weber, die mit ihrem Anhang in so genannten Familienhäusern, einem halben Dutzend vierstöckiger Mietskasernen im Berliner Vorstadtviertel »Vogtland« vor dem Oranienburger und dem Hamburger Tor, hausen. Ein Raum, durch Seile unterteilt, dient mehreren Familien als Werkstatt, Küche, Wohn- und Schlafraum. Die Arbeitszeit beträgt bis zu 15 Stunden am Tag, die Löhne liegen in der Regel unter dem Existenzminimum. Ein Arbeiter im Berlin von 1850 verdient pro Woche zwei bis zweieinhalb Taler. Eine Familie mit drei Kindern benötigt für den Lebensunterhalt mindestens dreieinhalb Taler. Bricht der Winter an, kommen Heizkosten hinzu. Bettina von Arnim berichtet von einem Tischler: *„Im letzten Winter kam er wegen Mangels an Verdienst so weit ökonomisch zurück, dass er Kleider, Betten und Werkzeug verkaufen musste.*

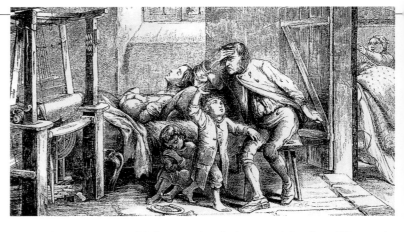

Weber-Elend, um 1840 (Bild oben). – Wirtschaftspotential und Bevölkerung in den europäischen Großstaaten (Karte unten). – Barackenlager obdachloser Familien am Cottbuser Damm bei Berlin um 1872 (Bild rechts unten).

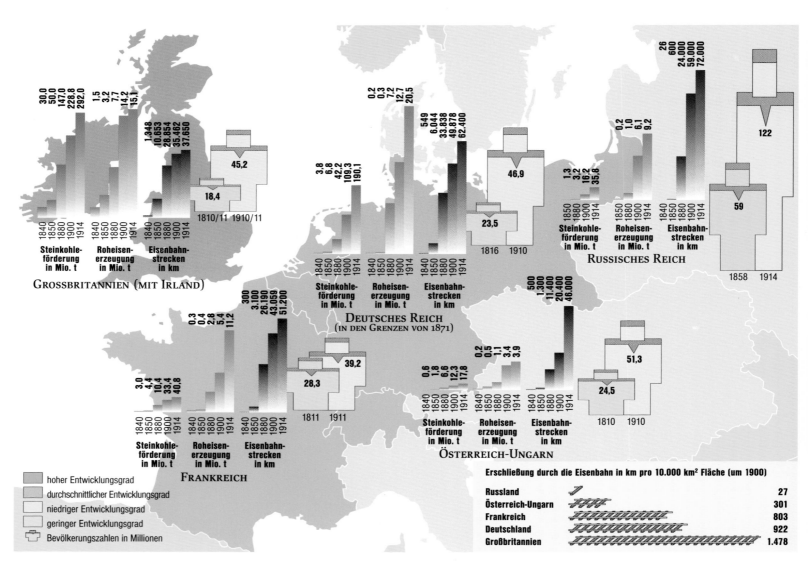

GROSSBRITANNIEN (MIT IRLAND)

Steinkohleförderung in Mio. t: 30,0 / 50,0 / 147,0 / 228,8 / 292,0 (1840/1850/1880/1900/1914)

Roheisenerzeugung in Mio. t: 1,5 / 3,2 / 7,7 / 14,2 / 15,1

Eisenbahnstrecken in km: 1.348 / 10.653 / 28.854 / 35.462 / 37.650

Bevölkerung: 18,4 (1810/11) – 45,2 (1910/11)

FRANKREICH

Steinkohleförderung in Mio. t: 3,0 / 4,4 / 10,4 / 33,4 / 40,8

Roheisenerzeugung in Mio. t: 0,3 / 0,4 / 2,8 / 5,4 / 11,2

Eisenbahnstrecken in km: 300 / 3.100 / 26.190 / 43.059 / 51.200

Bevölkerung: 28,3 (1811) – 39,2 (1911)

DEUTSCHES REICH (IN DEN GRENZEN VON 1871)

Steinkohleförderung in Mio. t: 3,8 / 6,8 / 42,2 / 109,3 / 190,1

Roheisenerzeugung in Mio. t: 0,2 / 0,3 / 7,2 / 12,7 / 20,5

Eisenbahnstrecken in km: 549 / 6.044 / 33.838 / 49.878 / 62.400

Bevölkerung: 23,5 (1816) – 46,9 (1910)

ÖSTERREICH-UNGARN

Steinkohleförderung in Mio. t: 0,6 / 1,8 / 6,6 / 12,3 / 17,8

Roheisenerzeugung in Mio. t: 0,2 / 0,5 / 1,1 / 3,4 / 3,9

Eisenbahnstrecken in km: 500 / 1.300 / 11.400 / 20.400 / 46.000

Bevölkerung: 24,5 (1810) – 51,3 (1910)

RUSSISCHES REICH

Steinkohleförderung in Mio. t: 0,2 / 0,3 / 7,2 / 16,2 / 35,8

Roheisenerzeugung in Mio. t: 0,2 / 1,0 / 6,1 / 9,2

Eisenbahnstrecken in km: 26 / 600 / 24.000 / 59.000 / 72.000

Bevölkerung: 59 (1858) – 122 (1914)

hoher Entwicklungsgrad
durchschnittlicher Entwicklungsgrad
niedriger Entwicklungsgrad
geringer Entwicklungsgrad
Bevölkerungszahlen in Millionen

Erschließung durch die Eisenbahn in km pro 10.000 km² Fläche (um 1900)

Russland	27
Österreich-Ungarn	301
Frankreich	803
Deutschland	922
Großbritannien	1.478

Es stehen drei Bettgestelle im Zimmer; in allen ist nichts als Stroh, bei einem nicht einmal mit einem Tuche bedeckt." Der Lohn eines Zimmereigesellen in Leipzig zwischen 1800 und 1820 deckt nicht einmal den Nahrungsbedarf einer Familie. Örtliche und qualitative Unterschiede vertiefen die sozialen Unterschiede: In Südwestdeutschland erhalten die bestbezahlten Fabrikarbeiter 50-mal mehr Lohn als die Strohflechter im Schwarzwald. Frauen und Kinder sind von vornherein schlechter gestellt, sie müssen mit der Hälfte bzw. einem Drittel der Männerlöhne zufrieden sein. Spezielle Berufe, das Bauhandwerk oder der Maschinen- und Bergbau bieten höhere Einkünfte. Maschinenspinner verdienen etwa 10-mal mehr als Handspinner, doch liegt auch hier der Lohn generell unter dem Existenzminimum.

Viel Arbeit, wenig Brot

Während die Löhne kaum steigen, klettern die Preise für Lebensmittel zwischen 1844 und 1847 um 50 %, für Kartoffeln um 100 %. Arbeitszeiten sind nicht festgelegt, 12 bis 16 Stunden am Tag sind jedoch die Regel. Kellner in Gastbetrieben arbeiten mit Ausnahme der Sonn- und Feiertage bis zu 18 Stunden täglich. Da der Verdienst eines Arbeiters nicht ausreicht, um seine Familie zu ernähren, muss die Frau dazuverdienen, meistens müssen es auch die Kinder ab dem 4. Lebensjahr. Der Anteil der Frauen im Arbeitsprozess ist entsprechend hoch, 1840 sind in Baden 30 % der Arbeitskräfte Frauen, 1846 in Sachsen 35 %. In Chemnitz besteht die Belegschaft der Arbeiter im Kattundruck in der ersten Hälfte des 19. Jhs. zu einem Viertel bis zu einem Drittel aus Kindern. Preußen legt 1839 das Mindestalter für arbeitende Kinder mit neun Jahren und ihre tägliche Arbeitszeit mit zehn Stunden fest. Diese Regelung geht von Militärs aus, die bei den Rekruten so katastrophale gesundheitliche Schäden feststellen, dass sie für den Wehrdienst untauglich sind. Das Kinderarbeitsgesetz wird mehrmals reformiert, 1853 setzt das reformierte Gesetz das Mindestalter für arbeitende Kinder auf zwölf Jahre fest und beschränkt die tägliche Arbeitszeit auf sechs Stunden. Fabrikinspektoren, Beamte des Staates, sollen die Einhaltung der Vorschriften überprüfen. Zunächst gehen in ganz Preußen drei Mann dieser Aufgabe nach, so ist es begreiflich, dass viele Betriebe die Kinderarbeitsgesetze missachten. Darüber hinaus sehen Gemeindebehörden und lokale Exekutivorgane darüber hinweg, offensichtlich froh, dass ein Unternehmer überhaupt Arbeitsplätze anbietet. Aus dem gleichen Grund klagen auch die Betroffenen nicht. Um dennoch sicherzugehen, versuchen nicht wenige Fabrikanten der Kontrolle durch den Inspektor zu entgehen: *„Vorkehrungen zur Signalisierung der Ankunft des Revisionsbeamten durch eigens angebrachte Schellenzüge, aufgestellte Posten und dgl. Aus einer Fabrik wurden, weil das Zeichen der Schelle verhindert worden war, sämtliche Arbeiter bei meinem Erscheinen zum Nachhausegehen entlassen, um die Revision zu vereiteln."*

Kinderarbeit

1849 arbeiten allein in Preußen 32.000 Kinder unter 14 Jahre in den Fabriken, 1898 sind im Deutschen Reich über 300.000 schulpflichtige Kinder in der Hausindustrie tätig. Eineinhalb bis zwei Pfennige erhalten sie für das Aufnähen von 12 Dutzend Knöpfen, Frauen bekommen vier Pfennige. Diese Tätigkeit ist vergleichsweise noch als »gesund« zu bezeichnen, denn Kinder werden bevorzugt zu Tätigkeiten herangezogen, wo sie *„bei gewissen Fabrikationszweigen dem Einatmen schädlicher Dünste und Substanzen ausgesetzt sind, wodurch in ihnen bei ihrem zarten Alter leicht der Grund zu späterem Siechtum gelegt wird"*, heißt es in einem offiziellen Bericht aus dem Jahr 1846.

Die Härte des Lebens erfahren sogar Ungeborene: In Kärntner Nagelschmieden stehen schwangere Frauen bis zur Niederkunft an den Am-bossen. *„Gewöhnlich wärmt das Weib im Hammer neben der Arbeit in einem großen Geschirr das Wasser, welches zum Bade des in Kürze zu gebärenden Kindes bestimmt ist"*, berichtet ein Zeitgenosse von 1815 und versichert noch, dass die Erschütterungen der niedersausenden Hämmer viel zu einer leichten Geburt beitrügen.

Wohnungselend

Mit der Not steigt die Kriminalität. Über zwei Drittel der Berliner Strafgefangenen sitzt wegen Diebstahls ein. Für 1850 registriert die preußische Statistik 265.000 Delikte von Holzdiebstahl, die Zahl der Fälle verdoppelte sich innerhalb von 15 Jahren. Es sind typische Beispiele der Armutskriminalität. Die Armenliste in Köln verzeichnet für 1848 rund 25.000 Personen, die eine Mittellosenunterstützung empfangen, das sind mehr als ein Viertel der Stadtbevölkerung von 95.000 Personen.

Das starke Bevölkerungswachstum beschleunigt die Wohnungsnot der Unterschichten in Stadt und Land in einem erschreckenden Ausmaß. Ställe und Schuppen sind oft komfortabler als Gesindestuben.

„Ein einfenstriges Loch, mit zerbrochenen Ziegelsteinen ausgelegt und drei zweischläfrigen, rauhbretternen Bettkasten drin", empfindet ein Landarbeiter schon als wohnlich, gegenüber dem Verlies, das die Magd bewohnen muss: *„Kaum so groß, dass die eine Bettstelle drin stehen konnte, schien auch weder Sonne noch Mond dort hinein. Es war eine Abbucht der Küche, ohne Fenster, ohne Bequemlichkeit, dunkel, niedrig,* undicht, schmutzig, im Winter kalt wie ein Eiskeller." Nicht minder entsetzlich und jeder Hygiene spottend sind die Unterkünfte in der Stadt. Hier teilen sich Bettgeher schichtweise eine Liegestatt, kommt der eine am Morgen von der Arbeit, geht der andere gerade zur Arbeit. Doch nicht selten teilen drei oder vier Personen eine Bettstelle, dann liegen wechselseitig zwei mit dem Kopf aufwärts und zwei abwärts.

Im Jahr 1844 empören sich die schlesischen Weber im Kreis Waldenburg. In einer spontanen Aktion zerstören, stürmen, plündern Tausende Weberfamilien Lagerhäuser, Fabriken und Wohnungen der Verleger und Händler. Eine jahrzehntelange Verelendung ist dem Aufruhr vorausgegangen, ohnmächtig mussten die Arbeiter zusehen, wie ihr Gewerbe infolge von Industrialisierung und schlechter Zollverhältnisse unterging. Die Revolte entzündet sich im Juni 1844 nach der Festnahme eines Webers, der in Peterswaldau öffentlich ein aufrührerisches Lied gesungen hat. Das Maß ist voll. Die Weber stürmen Fabrik und Villa des Fabrikanten Zwanziger, demolieren Häuser und zertrümmern Maschinen. Der Aufstand greift auf Langenbielau und andere Orte über. Militär schlägt die Revolte blutig nieder. Zehn Weber sind tot, viele wandern in den Kerker. Die Not der schlesischen Weber steigt noch weiter und führt zu einer starken Abwanderung in die Städte. Erleichterungen bringt der Aufstand von 1844 nicht, aber Regierungen und Bürgertum sind zum ersten Mal mit einer proletarischen Revolte konfrontiert.

Jubel und Schüsse

„Die deutsche Revolution von 1848/49 erfasste die Massen. Weit mehr als etwa die Bauernkriege der frühen Neuzeit oder die Freiheitskriege von 1813/14 erreichte sie die Bevölkerung, und das in nationaler Weite und bis in kleinste Dorfgemeinden und das flache Land."

Wolfram Siemann, 1997

Am 27. Februar 1848 überrascht eine Nachricht aus Paris die deutsche Öffentlichkeit: In der französischen Metropole ist der König gestürzt worden. Anhaltende Barrikaden- und Straßenkämpfe fordern – wie schon 1830 – Tote und Verletzte bei Aufständischen und Verteidigern des Systems. Doch diesmal springt der Revolutionsfunke auf Deutschland über, das noch immer unter dem Eindruck der Hungerrevolten vergangener Jahre steht: Die Kartoffelfäule vernichtet zwischen 1845 und 1847 nahezu die ganze Ernte und löst eine schwere Agrarkrise aus.

1847 lähmt eine Wirtschaftskrise Manufaktur und Industrie. 1847/48 führt ein strenger Winter zu Hungersnot und Preissteigerungen bei Grundnahrungsmitteln.

In Mannheim brechen die ersten Unruhen aus. Noch am Tag des Eintreffens der Meldung aus Paris reichen 2500 Teilnehmer einer spontan einberufenen Volksversammlung eine Petition bei der badischen Regierung in Karlsruhe ein. Sie fordern mit Nachdruck: 1. eine Volksbewaffnung mit freier Wahl der Offiziere, 2. unbedingte Pressefreiheit, 3. Einführung von Schwurgerichten nach englischem Vorbild und 4. sofortige Errichtung eines Nationalparlaments. Die vom Demokraten Gustav von

Struve entworfene Eingabe findet über Flugblätter, Zeitungsberichte, Plakate und andere Druckwerke rasche Verbreitung und wird schließlich zur wichtigsten Forderung der »Märzrevolution« in ganz Deutschland. Schon am nächsten Tag verabschieden im benachbarten Großherzogtum Hessen-Darmstadt unter dem Wortführer Heinrich von Gagern und im traditionell unruhigen Mainz liberale Demonstranten gleich lautende Petitionen an die Regierung. In rascher Folge schließen sich die anderen deutschen Staaten an. Vielerorts beeilen sich die Fürsten, den Demonstranten den Wind aus den Segeln zu nehmen, wie in Württemberg. König Wilhelm I. hebt die Zensur auf, verspricht Volksbewaffnung und Versammlungsfreiheit.

Jubelstimmung

Am 5. 3. 1848 treten in Heidelberg 51 liberale und demokratische Persönlichkeiten des öffentlichen Lebens aus Südwestdeutschland zusammen und wählen einen siebenköpfigen Ausschuss, der Vorschläge für die Parlamentswahl ausarbeiten soll. Wieder einmal herrscht nationale Jubelstimmung unter dem Schwarz-Rot-Gold-Banner der patriotischen Bewegung. Doch das bisher Erreichte ist den Demonstranten zu wenig, weitere Forderungen werden der von den Kabinetten mehr und mehr schleppend behandelt und zum Teil brüsk abgelehnt, wie im Königreich Hannover.

Die Regierungen warten auf die kommenden Entwicklungen in den beiden deutschen Vormächten, Preußen und Österreich. In Berlin zeigt sich König Friedrich Wilhelm IV. am 7. 3. jedenfalls nicht bereit, Petitionen um Presse- und Redefreiheit, politische Amnestie, Versammlungs- und Vereinigungsrecht, für unabhängige Richter u. a. m. entgegenzunehmen. Es ist nicht anders zu erwarten, nachdem er am 26. 6. des Vorjahres den Vereinigten Landtag, das erste gesamtpreußische Parlament, nach nur 76-tägiger Amtszeit wegen liberaler Obstruktionspolitik kurzerhand aufgelöst hat. *„Das Volk ist mir zum Kotzen"*, sagte König Friedrich Wilhelm IV. damals.

Nun blickt alles nach Wien. Dort hat eine den deutschen Mittelstaaten ähnliche Entwicklung eingesetzt, nur dass die gemäßigten, liberalen Kräfte sehr rasch von radikalen Re-

Hungerkrawalle im April 1847 in Stettin (Bild oben). – Karikatur zum Ausspruch des preußischen Königs „Das Volk ist mir zum Kotzen!" (Bild links unten). – Die bürgerlich-demokratische Revolution 1848/49 in den Ländern des Deutschen Bundes (Karte rechts).

volutionären verdrängt werden. Radikal-demokratische Studenten setzen sich an die Spitze einer breiten Volksbewegung, in den Vorstädten gehen Fabriken, Leihhäuser, Steuerämter und Geschäfte in Flammen auf (13. 3.). Das Militär schießt auf die unbewaffneten Demonstranten und tötet 48 von ihnen, weicht aber vor dem Ansturm zurück.

Kaiser Ferdinand I. flieht nach Innsbruck, Metternich dankt ab und rettet sich nach London, in jene Stadt, in der wenige Wochen zuvor, Ende Februar, Karl Marx und Friedrich Engels das epochale »Manifest der Kommunistischen Partei« veröffentlichten. Diese Kampfschrift legt erstmals die kommunistischen Theorien zur Entwicklung der menschlichen Gesellschaft dar.

Kommunistisches Manifest

Der Schrift zufolge ist *„die Geschichte aller bisherigen Gesellschaften die Geschichte von Klassenkämpfen"*, der Untergang der Bourgeoisie und der Sieg des Proletariats sind *„unvermeidlich"*. Die Klassengesellschaft werde danach von einer *„Assoziation"* abgelöst, in der *„die freie Entwicklung eines jeden die Bedingung für die freie Entwicklung aller ist"*. Den Anspruch auf internationale Breitenwirkung betont das Manifest durch das Motto: *„Proletarier aller Länder, vereinigt Euch!"* Den deutschen Kommunisten empfiehlt die Schrift allerdings das Zusammengehen mit der Bourgeoisie, da der Zeitpunkt für eine proletarische Revolution noch nicht gekommen sei. Auf die Märzrevolution hat

die kommunistische Kampfschrift trotz ihrer aufrüttelnden Sprache keinen Einfluss.

Schüsse auf Demonstranten

Dagegen führt die Nachricht vom Sturz Metternichs am 18. 3. in Berlin zu einer Massenkundgebung vor dem Berliner Schloss. Mit Nachdruck stellen die Demonstranten die gleichen Forderungen wie die Revolutionäre in Wien: Pressefreiheit, Einberufung aller Provinzialstände, bewaffnete Bürgerwehr. Und wie in Wien eröffnet Infanterie das Feuer, um den Platz zu räumen. Dreizehn Stunden dauert der Kampf, 303 Demonstranten, meist Gesellen, Handwerker, Arbeiter und Studenten, lassen ihr Leben. In der Nacht zum 19. 3. befiehlt König Friedrich Wilhelm IV. die Feuereinstellung und richtet eine selbst verfasste Proklamation *„An meine lieben Berliner"*.

Am gleichen Tag beruft der Monarch eine neue, liberale Regierung, erlaubt die Aufstellung einer Bürgergarde, die für die Herstellung der Ordnung sorgen solle, und befiehlt dem ultrakonservativen Prinzen Wilhelm, dem späteren Kaiser Wilhelm I., nach London zu gehen. Die Bevölkerung hält den »Kartätschenprinzen« für die Exzesse des Militärs verantwortlich. Er soll die Soldaten wiederholt aufgefordert haben, besser zu schießen.

Die Märzrevolution hat in Berlin gesiegt, doch die innenpolitische Lage ist verworrener denn je. Da bietet sich Friedrich Wilhelm IV. die Möglichkeit, die Krise des preußi-

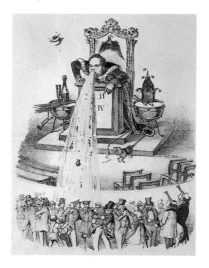

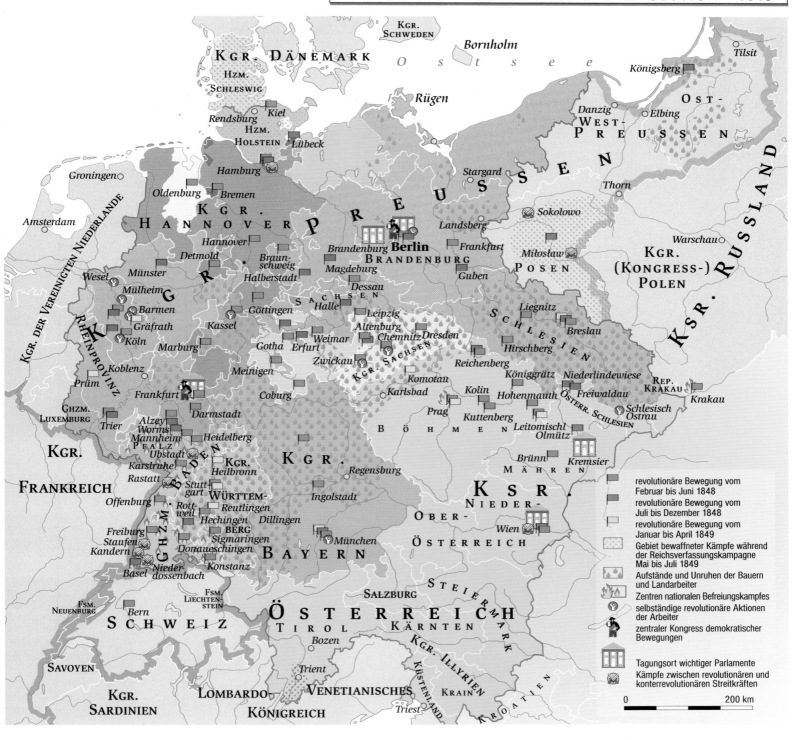

Legende:

- revolutionäre Bewegung vom Februar bis Juni 1848
- revolutionäre Bewegung vom Juli bis Dezember 1848
- revolutionäre Bewegung vom Januar bis April 1849
- Gebiet bewaffneter Kämpfe während der Reichsverfassungskampagne Mai bis Juli 1849
- Aufstände und Unruhen der Bauern und Landarbeiter
- Zentren nationaler Befreiungskampfes
- selbständige revolutionäre Aktionen der Arbeiter
- zentraler Kongress demokratischer Bewegungen
- Tagungsort wichtiger Parlamente
- Kämpfe zwischen revolutionären und konterrevolutionären Streitkräften

0   200 km

schen Staates zu meistern und gleichzeitig für Deutschland eine entscheidende Tat zu setzen: Schleswig-Holstein erhebt sich gegen den dänischen König und stellt nicht nur die Forderungen, wie ganz Deutschland sie in den Märztagen erhebt, sondern will mehr: die „Unabhängigkeit vom fremden Dänentum" (Veit Valentin). Begreiflicherweise lehnt der dänische König die Petition ab, will dagegen „die unzertrennliche Verbindung Schleswigs mit Dänemark durch eine gemeinsame Verfassung bekräftigen"

(24. 3.). Die Reaktion auf die Absage bleibt nicht aus. Noch am gleichen Tag bildet die Führung der deutschen Bewegung in den Herzogtümern Schleswig und Holstein in Rendsburg eine provisorische Landesregierung. Und Herzog Augustenburg richtet im Gleichklang mit dem Parlament eine Bittschrift an König Friedrich Wilhelm IV., er möge die Schirmherrschaft über sein Land übernehmen. Eilig stimmt dieser zu, kann er doch endlich national handeln und sein in den Berliner Barrikadenkämpfen ins

Zwielicht geratenes Militär vor der Öffentlichkeit rehabilitieren. Die Zeit drängt, die Dänen marschieren bereits mit 20.000 Mann, besetzen Rendsburg, Hadersleben und Alsen.

In Bayern haben bereits am 4. 3. Aufständische das Zeughaus gestürmt, vom Herrscher die Einsetzung eines liberalen Kabinetts und den Landesverweis seiner – platonischen – Geliebten, der kreolisch-schottischen Tänzerin Lola Montez, eigentlich Betsey Watson, verlangt. Sie beeinflusse, so sagen Gerüchte,

den König in unseliger Weise. Ludwig I. gibt der Forderung nach, verbannt die »bayerische Pompadour« und verzichtet neun Tage später zugunsten seines Sohnes Maximilian auf das Amt (20. 3.).

In Berlin zeigt die Einsetzung des liberalen Ministeriums Camphausen-Hansemann am 29. 3. 1848 nicht die von den Demokraten erhoffte Wirkung. Gegen Adel, Militär und Hofkamarilla behauptet es sich nicht, König Friedrich Wilhelm IV. entlässt das Kabinett am 25. 6. 1848.

Die Paulskirche

„Die Revolution von 1848 war einer der seltenen Augenblicke der deutschen Geschichte, in denen die Volksmassen in Bewegung gerieten, zu einem wichtigen politischen Faktor wurden und – obwohl sie vor den Thronen stehen blieben – die Grundfesten der monarchistischen Staatsgebäude erschütterten.“

Walter Grab, 1998

Über Jahrhunderte war Frankfurt am Main nach Aachen der wohl wichtigste Ort für Kaiserwahl und Krönungszeremonie. Auch nach dem Ende des alten Reiches erfüllt die Stadt eine bedeutende Aufgabe als Sitz des Deutschen Bundes. Dass sie nicht zur Reichshauptstadt aufsteigt, ist der Rivalität der beiden anderen deutschen »Hauptstädte« zuzuschreiben: Berlin und Wien, die ihre Spitzenposition verteidigen, so lange, bis die Vorherrschaft im Reich entschieden ist.

In den Tagen der Märzrevolution mangelt es nicht an Versuchen, Deutschland eine Reichshauptstadt und damit der Nation ein neues Zentrum zu geben. Frankfurt, als freie, von den alten Mächten unabhängige,

sich selbst verwaltende Bürgergemeinde wirtschaftlich stark, politisch liberal, scheint die angestrebte neue Ordnung auf ideale Weise zu repräsentieren. Der Einklang der Stadt und ihrer Bürger mit der revolutionären Schöpfung, dem ersten frei gewählten gesamtdeutschen Parlament, wird am 18. 5. 1848, dem Tag der feierlichen Eröffnung der »Verfassunggebenden deutschen Reichs-Versammlung«, besonders deutlich.

Böhmen bleibt fern

In einem Meer von schwarz-rot-goldenen Fahnen und unter dem Jubel tausender Frankfurter ziehen die Abgeordneten der Nationalversammlung in die Paulskirche ein. 649 Mitglieder zählt die Versammlung, nur die Böhmen boykottieren das Parlament, sie fühlen sich dem multinationalen österreichischen Kaisertum stärker verbunden als dem nationalen Deutschland.

Nach der sozialen Zusammensetzung ist die Nationalversammlung zu Frankfurt ein überwiegend bürgerliches Parlament. Der Anteil des Adels liegt nur knapp über 10 %, jener der

Eröffnungssitzung der Deutschen Nationalversammlung mit Heinrich von Gagern als Präsident am 18. 5. 1848 (zeitgenössische Lithographie, Bild oben). – Die Parteien der Frankfurter Nationalversammlung 1848 (unten).

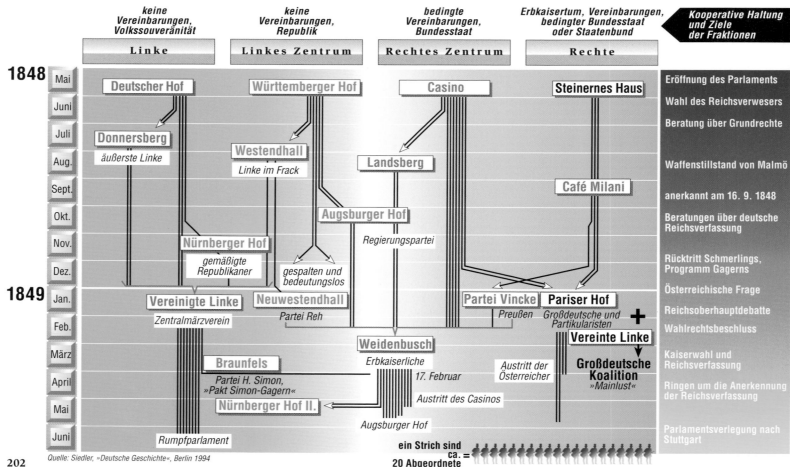

Quelle: Siedler, »Deutsche Geschichte«, Berlin 1994

andere. Noch ist die Turbulenz innerhalb der Fraktionen hoch, Abgeordnete pendeln hierhin und dorthin, Abspaltungen, Neugründungen sind an der Tagesordnung. Die Fraktionen der Frankfurter Paulskirche sind die Wurzeln der späteren politischen Parteien. In ihnen kristallisieren sich jene Grundströmungen heraus, die bis heute den politischen Alltag formen, zunächst Konservative, Liberale, Demokraten.

Den Monarchen ergeben

Die mit 120 bis 180 Mitgliedern stärkste Fraktion ist das rechts der Mitte angesiedelte »Casino«. Sie ist die vornehmste von allen Gruppen, mit rheinischen Unternehmern, norddeutschen Professoren und gemäßigten südwestdeutschen Liberalen. Heinrich von Gagern gehört dem »Casino« an, ein über die Fraktionsgrenze hinweg anerkannter und einflussreicher Politiker, der daher auch den Vorsitz der Nationalversammlung übernimmt.

Politisch bekennt sich das »Casino« zur konstitutionellen Monarchie, sucht Kompromisse mit den Monarchen und Länderparlamenten, aber keine Lösung sozialer Probleme. Gagern überlegt, die niederen Klassen durch Wahlrechtsbeschränkungen von allen politischen Entscheidungen auszuschließen.

Die Linke ist von Beginn an in zwei großdeutsch orientierte Hauptgruppen geteilt: die extreme Linke, mit dem »Deutschen Hof« und das Linke Zentrum mit dem »Württemberger Hof«. Letzterer zählt etwa 120 Mitglieder und wirkt auf viele süd-

und mitteldeutsche Abgeordnete anziehend. Er tritt für die Souveränität der Nationalversammlung sowie für eine freiheitlich-demokratische Verfassung ein und bekennt sich vorbehaltlos zur Republik. Anders die extreme Linke, die der Volkssouveränität das Wort redet. Ihre Spaltung in einen gemäßigten Flügel »Deutscher Hof« unter Robert Blum und eine radikale Gruppe »Donnersberg« schwächt allerdings ihr Durchsetzungsvermögen. Die Hochburgen der Linken – sie stellen zwischen 100 und 140 Parlamentarier und repräsentieren rund 15 % der Abgeordneten – liegen in Sachsen, der Pfalz und in Baden.

»Steinernes Haus« und später »Café Milani« nennt sich die äußerste Rechte, die 6 % der Sitze auf sich vereinigt. Sie rekrutiert sich aus erzkonservativen evangelischen und katholischen Delegierten aus Österreich, Preußen und Bayern. Ihr Band ist das kompromisslose Festhalten am bestehenden, monarchistischen Staatssystem.

Keine Macht dem Volk

Das Überwiegen der konservativen Kräfte entscheidet schließlich das Schicksal der Paulskirche und Deutschlands. Den meisten Abgeordneten ist mehr an einem gütlichen Arrangement mit den Herrschern gelegen als an der Macht des Volkes. Anträge der republikanischen Führer, des Anwalts Friedrich Hecker und des Publizisten Gustav Struve, die Revolution weiterzuführen und zum Schutze der Nationalversammlung eine eigene bewaffnete Volks-

wehr aufzustellen, stoßen auf Ablehnung. Ebenso vergeblich schlägt der Demokrat Wilhelm Schulze aus Darmstadt vor, der Nationalversammlung einen Verwaltungsapparat zu geben, um von den Länderregierungen unabhängig zu sein.

Mit großer Bestürzung muss die Linke zur Kenntnis nehmen, dass die Revolution ohne Verbesserung der Lage für die unteren Volksklassen im Sande zu verlaufen droht. Doch auch die »Aprilrevolution«, die ihren Ausgang in Baden nimmt, holt den dynamischen Geist der Märzerhebung nicht mehr zurück.

Dreierdirektorium oder Vollziehungsausschuss

Als am 17. 6. die Frankfurter Nationalversammlung die Beratungen über eine provisorische Reichsexekutive aufnimmt, sind daher die Strukturen der Weiterentwicklung des deutschen Parlamentarismus schon vorgezeichnet. Zwei Konzepte stehen einander gegenüber: Die Liberalen vertreten die Idee eines Dreierdirektoriums, bestehend aus Fürsten oder zumindest einem Fürsten und zwei Abgeordneten der Nationalversammlung. Anders die Linken, sie reden der Einsetzung eines Präsidenten das Wort bzw. eines von der Nationalversammlung abhängigen Vollziehungsausschusses.

Schließlich überzeugt Heinrich von Gagerns Vorschlag, das Parlament selbst müsse im *kühnen Griff* seine eigene Zentralgewalt schaffen. Erzherzog Johann von Österreich, wegen seiner liberalen und mit dem Bürgertum sympathisierenden Haltung in Deutschland geachtet, wird mit 81,04 % der Stimmen die Funktion eines Reichsverwesers übertragen (24. 6. 1848). Auf Dauer kann er ihr jedoch nicht gerecht werden. Er schwankt zwischen den Verpflichtungen als Mitglied des österreichischen Kaiserhauses und den Bestrebungen der Paulskirche, das Reich zu einigen, und findet keine klare politische Linie. Zudem stößt er mit dem Bekenntnis zur »Großdeutschen Lösung«, dem Zusammenschluss aller deutschen und österreichischen Länder, zunehmend auf den Widerstand jener Gruppen, die das »kleindeutsche« Projekt befürworten.

Die Nationalitätenfrage, nicht nur die Österreichs, sondern auch die Deutschlands, belastet daher die Konstruktion der Verfassung von Anfang an. Wie ein Schatten liegt die schleswig-holsteinische Frage über allen Verfassungsdebatten, ebenso die limburgische und die polnische.

Landwirte bei 6,4 %, schwach vertreten sind Kaufleute, Bankiers und Fabrikanten, praktisch gar nicht Handwerker und Kleinhändler. Dafür sind höhere Verwaltungsbeamte, Richter, Staatsanwälte und Universitätsprofessoren, also Bürger im Dienste des Staates, mit 56,2 % besonders präsent. Die auffallende Dominanz von Akademikern und Beamten in der Paulskirche erregt die Kritik der linken Abgeordneten: Sie debattieren weltfremd und zerreden Nebensächlichkeiten bis ins Detail, dabei verlieren sie den Blick für wichtige Fragen der Zukunft, bemängelt die Linke. Spötter und Karikaturisten finden ein reiches Betätigungsfeld, um das »Professorenparlament« zu verulken. Die Geburtsstunde der hämisch-zynischen, gehässig-spöttischen Satire hat geschlagen. Sie prägt das Vorurteil über die »Frankfurter Quatschbude« bis heute.

Doch nicht die Berufsstrukturen prägten die Nationalversammlung, sondern regionale Bindungen und politische Orientierungen. Schon nach wenigen Wochen parlamentarischer Arbeit kristallisieren sich Fraktionen heraus, die sich zunächst nach ihren Versammlungslokalen nennen: das »Casino« zum Beispiel oder der »Württemberger Hof« und

Feierlicher Einzug des Reichsverwesers Erzherzog Johann von Österreich in Frankfurt am 6. 7. 1848 (Neuruppiner Bilderbogen, Bild rechts).

Auf des Messers Schneide

„In Wien entscheidet sich das Schicksal Deutschlands, vielleicht Europas. Siegt die Revolution hier, dann beginnt sie von neuem ihren Kreislauf, erliegt sie, dann ist wenigstens für eine Zeitlang Kirchhofsruhe in Deutschland."

Robert Blum, 20. 10. 1848

Der zerstörte Zwinger in Dresden nach der Revolution im Mai 1849 (Lithographie von W. Bässler, Bild oben). – Deutschland zur Zeit der Revolution von 1848/49 (Karte rechts).

Die deutsche Revolution von 1848 ist ein Bestandteil der Europäischen Revolution von 1848/49, die fast den ganzen Kontinent erfasst. Von Polen bis Frankreich, von Dänemark bis zu den italienischen Staaten erschüttert die Erhebung die Grundlagen des gesellschaftlichen und staatlichen Lebens: Die Umwandlung in Nationalstaaten beschleunigt sich. Besonders für Deutschland und das Kaisertum Österreich entstehen neue Konflikte. Ihre Territorien schließen viele Völker anderer Nationalitäten mit ein. Als daher am 18. 5. 1848 die deutsche Nationalversammlung in der Paulskirche die Arbeit an der Reichsverfassung aufnimmt, stellt sich die entscheidende Frage: Wo liegen denn überhaupt die Grenzen eines Deutschen Reiches?

Etliche Abgeordnete, die auf der Wartburg und in Hambach große Worte führen konnten, stehen jetzt in der Paulskirche vor diesem ernsten Problem. Manch einer von ihnen hat schon den Befreiungskrieg von 1813 miterlebt, so der »Turnvater« Jahn oder der greise Ernst Moritz Arndt, der 1813, noch unter napoleonischer Drangsal, das patriotische

Lied mit der schicksalsschweren Frage »Was ist des Deutschen Vaterland« dichtete. Auch er, der noch im gleichen Jahr mit der Schrift »Der Rhein Teutschlands Strom, aber nicht Teutschlands Grenze« publizistisches Aufsehen erregt hat und im Bann der Stein'schen Ideen der politischen Einigung Deutschlands und der Erneuerung des Kaisertums das Wort redete, weiß nun auf die Frage nach den realen deutschen Grenzen keine Antwort. In jenen Jahrzehnten des patriotischen Überschwangs entsteht eine Unzahl von Deutschland-Liedern, die zwar emotional die Wellen hochschlagen lassen, aber nicht dazu beitragen, den deutschen Staaten eine reale Grenze zu zeigen.

Wo liegen Deutschlands Grenzen?

Auch das am 5. 10. 1841 zum ersten Mal öffentlich vorgetragene »Lied der Deutschen« des Breslauer Germanistikprofessors August Heinrich Hoffmann ändert daran nichts. Hoffmann nennt sich nach seinem Geburtsort »von Fallersleben«. Er studierte die deutsche Volksdichtung und empfand ihr manche Lieder nach, die heute noch zum Allgemeingut zählen: »Alle Vöglein sind schon da« zum Beispiel oder »Kuckuck ruft's aus dem Wald«. Seltsamerweise wird sein neues Deutschland-Lied, das mit den Versen *„Deutschland, Deutschland über Alles"* beginnt, nicht mit Begeisterung aufgenommen. Liegt es daran, dass er in

dichterischer Freiheit das Deutschland, nach dessen Grenzen so emsig gesucht wird, *„von der Maas bis an die Memel, von der Etsch bis an den Belt"* sich erstrecken lässt? Weil Maas und Memel, Etsch und Belt in gemischtsprachigen Gebieten liegen, über deren Zugehörigkeit Liberale und Demokraten heftig diskutieren?

Streit wegen Polen

Zum Prüfstein deutscher Einheit werden die musischen Ergüsse gewiss nicht, wohl aber die politischen Realitäten. Hat doch noch die freiheitsbegeisterte Mehrheit des Vorparlaments die Teilung Polens für *„ein schmachvolles Unrecht"* erklärt und *„die heilige Pflicht des deutschen Volkes"*, an der *„Wiederherstellung Polens mitzuwirken"*, gelobt. Kurz danach allerdings verfliegt die Begeisterung des »Völkerfrühlings« in den nüchternen Verhandlungen der Frankfurter Nationalversammlung: Das Problem im polnischen Posen wird zum Streitobjekt der linken, nationaldemokratischen und der konservativen, nationalen Abgeordneten. Zur Eskalation trägt die berüchtigte Rede des ostpreußischen Dichters und Abgeordneten Wilhelm Jordan nicht wenig bei. Er, der linke Demokrat, predigt am 24. 7. 1848 die Unvereinbarkeit deutscher und polnischer nationaler Interessen. Das brutale Vorgehen preußischer Truppen gegen polnische Aufständische in Posen Anfang Mai 1848 entschuldigt er als Ergebnis eines *„gesunden Volksegoismus"*. Jordan redet dem *„Kampf auf Leben und Tod"* das Wort, seine Leitsätze finden bis 1945 hörige Vollstrecker.

Konflikt um Schleswig-Holstein

Nicht nur im Osten, auch im Norden verschwimmt die Grenze eines deutschen Nationalstaates im diffusen Licht unterschiedlicher Interessen. Der Anspruch der Dänen, die Herzogtümer Schleswig und Holstein gegen ihren Willen einem dänischen Nationalstaat einzuverleiben (21. 3. 1848), entfacht einen Krieg, der halb Europa mit einbezieht. Zunächst eilen preußische Truppen den Schleswig-Holsteinern zu Hilfe und die Bundesversammlung erklärt am 12. 4. 1848 den Konflikt mit Dänemark zum Bundeskrieg. Unter der

militärischen Führung des preußischen Generals von Wrangel dringen die von vielen Freiwilligen unterstützten Bundestruppen tief nach Jütland vor. Allerdings steht dem Erfolg zu Land die nicht minder wirksame dänische Seeblockade deutscher Häfen gegenüber.

Ruf nach einer Flotte

Bestürzt nimmt die deutsche Öffentlichkeit die Ohnmacht ihres Militärs wahr, den Zugang zum offenen Meer nicht garantieren zu können.

Der Ruf nach einer starken deutschen Flotte wird laut, diverse Schlagworte wie *„Was bringt zu Ehren? Sich wehren!"* heizen die nationale Mobilisierung mit imperialistischen Tendenzen an und münden schließlich in Ansprüchen auf Weltmachtgeltung. Die Forderungen des Zweiten Kaiserreichs nach einem »Platz an der Sonne« fußen zum guten Teil in jener Zeit, in der dänische Kriegsschiffe deutsche Küsten erfolgreich blockierten.

Der dänisch-preußisch-deutsche Konflikt ruft England und Russland auf den Plan. Ihre übereinstimmenden Bemühungen, Dänemark und Preußen an den Verhandlungstisch zu bringen, führen zum Waffenstillstand vom 26. 8. 1848.

Die Frankfurter Nationalversammlung unter dem Vorsitzenden von Leiningen befindet sich in einer politischen Sackgasse: Einerseits verbietet der Eigenstaatlichkeitsan-

Demonstration der Demokraten vor dem Palais des preußischen Innenministers von Auerswald in der Berliner Wilhelmstraße, 1848 (unten).

In **Hannover** betreibt das Märzministerium unter dem großdeutsch gesinnten Innenminister Johann Stüve bei der Anerkennung der Frankfurter Reichsverfassung eine Hinhaltetaktik. Daraufhin beschließen in Celle die Vertreter von 75 Volksvereinen, den König zur Annahme der Verfassung zu drängen. Tatsächlich löst er am 25. 4. 1849 beide Kammern auf, das Ministerium entlässt er jedoch nicht. Auch die Forderung der »Zeitung für Norddeutschland«, einen revolutionären Landesausschuss einzusetzen, bleibt ohne Echo. Zur sofortigen Niederschlagung möglicher Unruhen steht in den Kasernen Militär in Bereitschaft.

Die Ablehnung der Verfassung und der Kaiserkrone bestimmt **Preußen** konsequenterweise zur Führungsmacht bei der Konterrevolution. In dieser Rolle bietet es allen anderen deutschen Teilstaaten seine militärische Unterstützung bei der Bekämpfung der Revolution an. Vorerst allerdings muss Preußen mit seinen eigenen Linken fertig werden; dazu wird über Berlin der Ausnahmezustand verhängt und der Aufstand in Breslau niedergeschlagen (6./7. 5. 1849). Der »Zentralmärzverein« aktiviert in der Folge die politischen Klubs in Düsseldorf, Iserlohn, Solingen und Hagen, insgesamt fordern 303 Gemeinden die Anerkennung der Reichsverfassung. Die regulären Truppen verhalten sich loyal zum König, anders die Landwehren, die offen auf die Seite der Demokraten treten. In Elberfeld kommt es zum Landwehraufstand gegen die Regierung. Eine Gefahr für die von Preußen ausgehende Konterrevolution besteht aber zu keiner Zeit.

In **Württemberg** drängt die Bevölkerung den König zur Annahme der Verfassung. Freikorps und Bürgerwehren entstehen, der Landesausschuss aller Volksvereine bewaffnet das Volk. Der »Zentralmärzverein«, eine Dachorganisation sämtlicher liberalen und demokratischen Klubs, fordert die Soldaten auf, ihrem Verfassungseid treu zu sein. Die Offiziere erklären den König schützen, aber nichts gegen die Verfassung unternehmen zu wollen. Zur Zeit der Unruhen stehen die meisten Truppen an der Grenze zu Baden, der Übergang zum republikanischen Umsturz steht unmittelbar bevor. Unter diesem Eindruck anerkennt der König die Verfassung.

Die Regierung in **Sachsen** ist bereit, den Kampf gegen die Linke aufzunehmen, die in sich gespalten ist. Allerdings stehen die meisten Truppen in Schleswig, sodass Außenminister Beust preußisches Militär anfordert. Das Volk reagiert mit Barrikadenbau, der König flieht. Am 5. 5. 1849 treffen die preußischen Hilfstruppen ein und werfen am 9. 5. den Aufstand nieder.

„Ich will Kleindeutschland verhindern", erklärt König Maximilian von **Bayern** und löst die Abgeordnetenkammer auf, nachdem sie die unbedingte Anerkennung der Verfassung beschlossen hat. Volksvereine veranstalten daraufhin in Erlangen, Nürnberg, Würzburg, Füssen und Lindau Versammlungen, die bis zu 10.000 Teilnehmer zählen. Die Pro-Verfassungs-Bewegung reicht bis in die kleinen Landstädte. In der **Pfalz** glückt der Aufstand, weil die Soldaten der Garnisonen zu den Linken übergehen. Eine provisorische, fünfköpfige Regierung nimmt für die Pfalz den Status einer Republik in Anspruch. Am 14. 6. 1849 flieht die republikanische Regierung, auf ein bayerisches Hilfeersuchen rücken preußische Truppen in die Pfalz ein, die unter dem Befehl Prinz Wilhelms von Preußen, des späteren Kaisers Wilhelm I., stehen.

Obwohl die Regierung von **Baden** die Verfassung anerkennt, drängen radikale Kräfte an die Macht. Intellektuelle verbinden sich mit Bürgerlichen, die Soldaten der Festung Rastatt schließen sich den Demokraten an; ähnlich wie in Wien findet am 12. 5. 1849 der Umsturz statt, der Großherzog flieht und ersucht um preußische Waffenhilfe. Bis zum 23. 7. 1849 ist der Aufstand in Baden niedergeworfen.

spruch dem diskriminierenden Frieden zuzustimmen, andererseits fehlt die Macht den Krieg fortzusetzen. Der Krise fällt das Kabinett zum Opfer, sie leitet die Wende in der Geschichte der Paulskirche ein. Der Österreicher Anton von Schmerling übernimmt nach einem Interregnum den Vorsitz des Reichskabinetts und bringt die Abgeordneten dazu, den Malmöer Frieden mit 257 : 236 Stimmen anzunehmen (16. 9.). Dieser Beschluss hat zur Folge, dass erneut Spannungen zwischen den radikalen

Demokraten und der Nationalversammlung ausbrechen. Sie erreichen in der Ermordung des Abgeordneten Lichnowsky und des Generals Hans von Auerswald in Frankfurt einen dramatischen Höhepunkt. Österreichische und preußische Truppen schlagen den Aufstand nieder.

Währenddessen droht dem Deutschen Bund neue Gefahr. Der auf dem Wiener Kongress gegründete Freistaat Krakau ist zum Sammelbecken nationalpolnischer Freiheitskämpfer geworden. Ihren Aufstand

beendet Österreich am 3. 3. 1846 zwar mit der Besetzung des Freistaates, doch der Revolutionsfunke glimmt weiter. Nach Ausbruch der Pariser Revolution im Februar 1848 springt er im April nach Posen und im Juni nach Prag und Wien über. Die Revolution in Wien gilt für die deutschen Demokraten als beispielhaft. Vier ihrer Abgeordneten reisen in die Donaumetropole, unter ihnen Robert Blum. Sie erreichen die Stadt, als die Konterrevolution bereits blutige Abrechnung unter den Aufständi-

schen hält: Blum und sein Mitstreiter Fröbel werden ungeachtet ihrer Immunität als Abgeordnete der Paulskirche wegen Verdachts auf Hochverrat am 9. 11. 1848 erschossen.

Berlin fasst das als Signal auf: General Wrangel verhängt den Ausnahmezustand, löst Bürgerwehren auf und verbietet Versammlungen. Die Revolution bricht zusammen.

Im Österreichischen Kaisertum hält der Aufstand in Ungarn weiter an, er kann nur mit massiver russischer Hilfe niedergeschlagen werden.

Die Einigung scheitert

„Mit allen Plänen zur Gestaltung eines deutschen Reiches erlitt die Paulskirche Fehlschläge: Mit der großdeutschen Lösung, die Österreich mit der Zerteilung bedrohte; mit dem Plan des engeren und weiteren Bundes, der Österreich aus seinen deutschen Bindungen herauslöste; und mit der kleindeutschen Lösung, die zu einer Art Mediatisierung Preußens und der deutschen Mittelstaaten im neuen Reich geführt hätte. Jeder dieser Pläne hatte die Souveränität aller Staaten im Deutschen Bund bedroht."

Anselm Doering-Manteuffel, 1993

Obwohl die Würfel bereits im November 1848 gefallen sind und sich die Niederlage der Revolution abzeichnet, bemühen sich die linken Fraktionen der Paulskirche, die demokratischen Errungenschaften der Märzrevolution zu retten. Ein »Zentralmärzverein« übernimmt die Funktion einer Dachorganisation, vereint die zahlreichen liberalen und demokratischen Klubs unter sich und bemüht sich, eine freiheitliche Verfassung für den geplanten deutschen Nationalstaat zu entwerfen. Der Versuch, der Konterrevolution entgegenzutreten, kommt zu spät. Das verängstigte Bürgertum paktiert bereits mit den alten Gewalten, die ihr konstitutionelle Zusagen macht. Das Bürgertum wendet sich von der revolutionären Bewegung ab.

Dennoch werden in der Paulskirche Debatten über ein gesamtdeutsches Staatsgrundgesetz geführt (26. 9. bis 3. 10. 1848). Zunächst gilt es, die Grenzen eines künftigen Deutschen Reiches festzulegen, in denen die neue Verfassung wirksam werden soll. Österreich mit seinen über die Grenze des Deutschen Bundes hinausreichenden Territorien bildet bei den Beratungen ein unüberwindliches Hindernis.

Deutschland ohne Österreich?

Viele der Abgeordneten befürworten eine »kleindeutsche« Lösung, die Österreich aus dem Deutschen Reich ausschließt. Dieser Vorschlag stößt nicht nur bei Österreich auf Ablehnung, das sich auf Grund der gemeinsamen Sprache und Geschichte, die es über Jahrhunderte prägten, zu Deutschland gehörig

betrachtet. Auch viele der mittleren Staaten – wie zum Beispiel Bayern – plädieren für die Aufnahme Österreichs, weil sie die Vormachtstellung des protestantischen Preußen fürchten. Die Kleindeutschen hingegen

schrecken vor dem hohen Anteil an slawischen Völkern zurück, den Österreich in das Reich mitbringen würde. Schließlich liegt der Vorschlag des Verfassungsausschusses auf dem Tisch, er präzisiert in § 2:

„Kein Teil des Deutschen Reiches darf mit nichtdeutschen Ländern zu einem Staat vereinigt sein." Das heißt, Österreich hätte die staatsrechtliche Bindung zu seinen übrigen, nichtdeutschen Territorien zu lösen und auf

Baden hat zwar die Frankfurter Reichsverfassung vom 20./27. 12. 1848 anerkannt, dennoch meutert die badische Garnison der Bundesfestung Rastatt (11. 5. 1849). Als sich weitere badische Truppenteile anschließen, flieht der Großherzog über das Elsass nach Mainz und ein revolutionärer Landesausschuss der Volksvereine übernimmt die Regierungsgewalt.

Bereitstellungsräume der badisch-pfälzischen Volksbefreiungsarmee

→ Operationen der pfälzischen Befreiungsarmee

⇢ Operationen der badischen Volksarmee

⊗ Ort bedeutender Kämpfe der Freischaren und Volkswehren unter Johann Ph. Becker

⚔ sonstige Gefechte zwischen den Republikanern und der regulären Armee

Kampfhandlungen, an denen Friedrich Engels teilnimmt

Bereitstellungsräume der konterrevolutionären Armeekorps

→ Operationen der konterrevolutionären Armeekorps

Eisenbahnlinien

0   30 km

Am 17. 5. schließt das badische Revolutionskabinett mit der Führung des pfälzischen Aufstandes eine Militärallianz. Ab 1. 6. besorgt eine provisorische Regierung unter Lorenz Brentano die Landesgeschäfte und führt Wahlen durch. Die Landesversammlung gerät immer mehr ins radikale Fahrwasser. Unterdessen bittet der Großherzog um Militärhilfe durch Reichs- und preußische Truppen, deren Oberbefehl der Thronfolger Prinz Wilhelm persönlich übernimmt. Von Westen und Norden her angegriffen, weicht die Revolutionsarmee unter dem polnischen Freiheitskämpfer Mieroslawski an die Murg zurück. Mit dem Fall der Festung Rastatt bricht der badische Aufstand zusammen. Rund 40 Todesurteile werden vollzogen, die wichtigsten Regierungsmitglieder – Brentano, Struve, Kinkel, Schurz – und Revolutionsoffiziere – u. a. Becker – fliehen in die Schweiz. Etwa 80.000 Badener verlassen die Heimat, 1,5 Millionen Taler muss das Land an Reparationen zahlen, erst 1851 verlassen die Interventionstruppen das Großherzogtum Baden.

Die Ablehnung der Frankfurter Reichsverfassung durch Bayern sorgt für erhebliche Aufregung in der Pfalz. Die Pfalz, seit 1777 bayerisch, stimmte für die Annahme. Vertreter der demokratischen Pfälzer Vereine wählen zum Vollzug der Reichsgesetze einen vorläufigen Landesverteidigungsausschuss. Die Überrumpelung der unter bayerischem Kommando stehenden Festung Landau gelingt allerdings nicht. Überraschenderweise anerkennt der aus der Paulskirche anreisende »Reichskommissar« Bernhard Eisenstuck die pfälzische Erhebung, der Weg für die Konstituierung einer provisorischen Landesregierung ist frei (17. 5.); deren erste Handlung ist die Lossagung von Bayern. Und während in München noch überlegt wird, wie die Rebellion niedergeschlagen werden kann, marschiert Preußen bereits mit drei Heersäulen gegen die Pfalz und das ebenfalls aufständische Baden. Erst am 4. 6. ersucht Bayern die Preußen offiziell um Hilfe. Landau fällt, die provisorische Landesregierung flieht, die preußischen Truppen stehen bereit, auch Baden niederzuwerfen. Auf der neu errichteten Bahnlinie werden sie zunächst von Heidelberg nach Ubstadt, später von Oos nach Offenburg transportiert.

Der Befehlshaber der 5. Division der Freischärler, Johann Philipp Becker, flieht mit Truppenteilen in die Schweiz.

ein dynastisches, völkerrechtliches Verhältnis zu beschränken.

Fürst Schwarzenberg, nach der Inthronisation des jungen habsburgischen Kaisers Franz Joseph I. mit den österreichischen Regierungsgeschäften betraut, protestiert. Aus dem kleinen mährischen Städtchen Kremsier, wohin der österreichische Reichstag in den Wiener Revolutionswirren verlegt worden ist, gibt er am 27. 11. 1848 bekannt: *„Österreichs Fortbestand in staatlicher Einheit ist ein deutsches wie ein europäisches Bedürfnis. Erst wenn das verjüngte Österreich und das verjüngte Deutschland zu neuen und festeren Formen gelangt sind, wird es möglich sein, ihre gegenseitigen Beziehungen staatlich zu bestimmen."* Damit stellt Schwarzenberg die Anhänger der »großdeutschen Lösung« kalt. Anton von Schmerling, ein Verfechter dieses Programms, tritt zurück, und macht Heinrich von Gagern Platz.

Der liberale, aus Bayreuth stammende Gagern neigt zwar den Kleindeutschen zu, tritt jedoch nicht entschieden gegen die großdeutsche Lösung auf, deren Vorteile für die Einheit des Reiches er durchaus erkennt. Gagern entwickelt den Kompromiss eines Doppelbundes: Ein nationalstaatlicher Bund Deutschland soll mit einem österreichischen Staatenbund eine Vereinigung bilden, eine komplizierte Konstruktion, aber nicht unrealistisch, wie der »Zweibund« von 1879 beweisen wird. Noch ist die Zeit dafür nicht reif. Zu viel Neues stürzt auf die Abgeordneten der Paulskirche ein, die mit ihrem Mangel an Erfahrung, Wissen und Demokratieverständnis schwer zu kämpfen haben.

Debatte um Österreich

Schmerling, der Österreich wieder als Abgeordneter vertritt, ist mit dem Vorschlag Gagerns nicht einverstanden: Österreich sei noch immer eine deutsche Bundesmacht und es beanspruche, an der künftigen Gestaltung des Deutschen Reiches mitzuwirken. Schwarzenberg stimmt den Ausführungen zu und legt sich mit seiner Idee eines multinationalen, mitteleuropäischen »70-Millionen-Reiches« (40 Millionen Österreicher, 30 Millionen Deutsche) fest. Doch angesichts der nationalstaatlichen Trends ist dies eine unrealistische Vorstellung.

Die Österreich-Debatte bewirkt erstaunliche Fraktionsumschichtungen innerhalb der Paulskirche: Die Linke geht mit den Großdeutschen unter Schmerling eine Koalition ein (»Mainlust«) und erringt gegen die traditionellen Mehrheitsfraktionen des Parlaments das Übergewicht.

Klein- oder großdeutsch?

Dabei sind sich beide, Linke und Schmerling-Anhänger, nur in der Ablehnung der kleindeutschen Lösung einig. Ein gemeinsames Verfassungsprogramm, das vielleicht das Dilemma hätte lösen können, fehlt. Aus dieser Koalition ergibt sich für die kleine Splitterpartei der »Westendhall« – einer Sammlung Liberaler und Demokraten unter Heinrich Simon – die Chance, ins Geschehen einzugreifen, sie wechseln zu den Kleindeutschen unter Gagern. Der hat inzwischen über den Vorschlag, ein deutsches Erbkaisertum zu errichten, abstimmen lassen: Über den »Simon-Gagern-Pakt« wird mit 267 zu 263 Stimmen entschieden, das deutsche Erbkaisertum mit nur vier Stimmen Differenz angenommen. Diese stammen übrigens von demokratischen Österreichern, die aus Protest über Schwarzenbergs Politik einer »großdeutschen und sonst gar keiner Lösung« für die andere Fraktion stimmten (27. 3. 1849).

Schon am folgenden Tag wird die Reichsverfassung verkündet und Friedrich Wilhelm IV. von Preußen mit 290 Stimmen bei 248 Enthaltungen zum Reichsoberhaupt gewählt. 32 Mitglieder der Frankfurter Nationalversammlung unter Geleit ihres Präsidenten, Eduard Simson, bieten am 3. 4. 1849 dem König die Kaiserwürde an. Friedrich Wilhelm IV. findet nur Schmähworte: Er wolle das *„eiserne Halsband"* nicht annehmen, durch das er *„zum Leibeigenen der Revolution gemacht"* werden solle, sagt er im vertrauten Kreis. Friedrich Wilhelm verhält sich gegen die Abordnung distanziert. Die Annahme der Kaiserkrone macht er vom Einverständnis aller deutschen Fürsten abhängig. Am 28. 4. formuliert er endgültig die Absage.

Für die Österreicher ist die Errichtung eines deutschen Erbkaisertums ein schwerer Affront. Bereits am 5. 4. zieht die Regierung ihre Abgeordneten aus der Frankfurter Nationalversammlung ab. Gagern gelingt es zwar, noch 28 kleine und mittlere deutsche Teilstaaten zur Annahme der Verfassung zu bewegen, in Wirklichkeit aber ist die geplante deutsche Einheit an der Österreich-Frage gescheitert.

Einigung gescheitert

Ein namhafter Teilstaat nach dem anderen zieht seine Abgeordneten aus der Paulskirche zurück: Preußen am 14. Mai, Sachsen am 19. Mai, Hannover am 23. Mai, Baden am 12. Juni. Das Rumpfparlament verlegt seinen Sitz nach Stuttgart, hier wähnen sich die verbliebenen Abgeordneten vor möglichen Repressalien preußischer Soldaten sicher. Nur der Reichsverweser bleibt in Frankfurt und bildet aus den letzten »aufrechten Delegierten« ein Kabinett der Rechten. Es ist ein fruchtloses Unterfangen, denn die Rumpfregierung entbehrt bereits jedes parlamentarischen Rückhalts.

Nun versucht die Linke auf eigene Faust zu retten, was an demokratischen Errungenschaften noch zu retten ist. Noch einmal marschiert die Revolution und flammt in jenen Teilstaaten auf, die sich der Reichsverfassung verweigern, in Preußen mit dem Schwerpunkt in Schlesien, im Rheinland, in Württemberg, Sachsen, Bayern mit dem Zentrum München, in Franken, der Pfalz und Hannover. Baden entwickelt sich zum Sonderfall, es wird zur Bastion der Erhebung, obwohl seine Regierung die Verfassung anerkennt.

Das Ende der Revolution

Die Revolution ist von vornherein zum Scheitern verurteilt: Die Bauern halten treu und loyal zu den Fürsten. Und da die preußische Armee zu 80 % aus Bauernsöhnen besteht, kommt sie der Pflicht, die Aufstände niederzuschlagen, mit besonderem Eifer nach. Auf den neuen Eisenbahnlinien gelangen die preußischen Truppen rasch von einem Kampfplatz zum anderen. Unter dem Kugelhagel ihrer modernen, schnellfeuernden Zündnadelgewehre bricht die Revolution schließlich am 23. 7. 1849 zusammen. Als letzte Bastion kapituliert die von 6000 Kämpfern verteidigte badische Festung Rastatt.

Anders als in Sachsen und der Pfalz kennen die preußischen Standgerichte in Baden kein Pardon. Mehr als 1000 Urteile werden gefällt, 28 davon lauten auf Tod. Aus Furcht um ihr Leben fliehen rund 80.000 Badener in die Schweiz, nach Frankreich, England und in die USA. Nahezu jede Familie ist von diesem Exodus betroffen.

Die Erinnerung an das harte Vorgehen des preußischen Militärs gegen die Demokraten hält noch lange Zeit ein badisches Wiegenlied wach: *„Schlaf, mein Kind, schlaf leis! / Dort draußen geht der Preuß. / Deinen Vater hat er umgebracht, / Deine Mutter hat er arm gemacht, / Und wer nicht schläft in stiller Ruh, / Dem drückt der Preuß die Augen zu."*

Die Reichsverfassungskampagne in der Pfalz und in Baden Mai bis Juli 1849 (Karte links). – Das Berliner Zeughaus und die Neue Wache (Gemälde von Wilhelm Brücke, um 1840, rechts).

Auf dem Weg zur Wirtschaftsmacht

„Die Revolution lag zurück, die großen Hoffnungen hatten sich verflüchtigt, zurückgeblieben waren Ernüchterung und Abwendung von der erfolglosen »idealistischen« Politik."

Hagen Schulze, 1992

Am 18. 6. 1849 gibt der württembergische Ministerpräsident Friedrich von Römer seinen Dragonern den Befehl, die Paulskirche zu stürmen. Gewaltsam werden die letzten noch verbliebenen Abgeordneten der Nationalversammlung vertrieben, der Reichsverweser Johann wird entlassen. Der Traum von der Errichtung eines alle Deutschen umfassenden Nationalstaates auf freiheitlicher Basis ist zu Ende. Das hindert Preußen nicht, auf Pläne der Paulskirche zurückzugreifen, ein Deutschland in einem engeren Bund zu schaffen. Der außenpolitische Berater des Preußenkönigs Friedrich Wilhelm IV., Joseph Maria von Radowitz, schlägt dazu die Gründung einer »Preußischen Union« vor, der die Mittelstaaten Bayern,

Steuerverein: Am 1. 5. 1834 schließen sich Braunschweig und Hannover zum norddeutschen Zoll- und Handelsverband zusammen, der am 1. 6. 1835 in Kraft tritt. 1836 tritt Oldenburg dem Verein bei und 1838 Schaumburg-Lippe. Unmittelbarer Anlass der Gründung ist das Scheitern des Mitteldeutschen Handelsvereins. Der Steuerverein verwehrt dem Deutschen Zollverein den Zugang zur Nordsee, begünstigt aber gleichzeitig Importe aus Großbritannien.

Preußisch-hessisches Zollgebiet: Das Zollabkommen zwischen Preußen und Hessen-Darmstadt vom 14. 2. 1828 stellt die erste handelspolitische Verbindung zu einem süddeutschen Staat her. Im Vertrag verzichtet Preußen auf jegliche Vorrechte gegenüber dem wirtschaftlich schwächer gestellten Hessen und nimmt finanzielle Nachteile in Kauf. Dafür akzeptiert die hessische Zollverwaltung eine Umorganisation nach preußischem Vorbild. Zolleinnahmen werden nach dem Verhältnis der Bevölkerungszahlen Hessen-Darmstadts und des westlichen Preußen aufgeteilt. Das Abkommen (ursprünglich bis 31. 12. 1834) endet vorzeitig durch die Gründung des Deutschen Zollvereins am 1. 1. 1834.

Preußischer Zollverband bis 1828
Preußisch-hessisches Zollgebiet 1828
Mitteldeutscher Handelsverein 1828
Süddeutscher Zollverein 1828
Deutscher Zollverein (Zusammenschluss 1834)
Anschlüsse bis 1838
Anschlüsse bis 1842
Anschlüsse bis 1867
Steuerverein 1834 bis 1836
Eisenbahnen bis 1848
Eisenbahnen 1849 bis 1867

0   100   200 km

Deutscher Zollverein: Am 22. 3. 1833 vereinigen sich der preußisch-hessische und der bayerisch-württembergische Zollverein zu einem Verbund, der, auf acht Jahre befristet, am 1. 1. 1834 in Kraft tritt. Erklärtes Ziel ist die Errichtung eines einheitlichen Wirtschaftsraums der deutschen Staaten, ein gemeinsamer Markt ohne Binnenzölle und eine Zollgrenze gegenüber dritten Staaten. Seit den Befreiungskriegen ist ein geschlossener deutscher Wirtschaftsraum immer wieder gefordert worden. Das preußische Zollgesetz

Aus bescheidenen Anfängen entwickelte sich die mächtige deutsche Industrie. Die Laurahütte in Schlesien mit 4 Kokshochöfen, Puddel- und Walzwerk um 1840 (Holzstich rechts).

Der Abbau der Zollschranken zwischen den deutschen Ländern im 19. Jh. (Karte unten).

Mitteldeutscher Handelsverein: Der »Vertrag zur Beförderung des freien Handels und Verkehrs« vom 24. 9. 1828 ist die Reaktion von 17 mitteldeutschen Staaten auf den preußisch-hessischen Zollvertrag vom 14. 2. 1828 und den »Süddeutschen Zollverein« vom 18. 1. 1828. Der Vertrag findet die Förderung der europäischen Großmächte mit Ausnahme Russlands, das Preußen unterstützt. Der Vertragsunterzeichnung geht die »Frankfurter Erklärung« voraus, eine Abmachung, die den mitteldeutschen Signatarstaaten den Beitritt zu einem anderen Zollverband für drei Jahre untersagt. Damit soll eine Stärkung des preußisch-hessischen Zollvereins verhindert werden. Für Preußen bestimmte Güter werden mit höheren Durchgangszöllen belastet, die Einnahmen dienen dem Ausbau der Fernverkehrsstraßen. Da aber die einzelnen Staaten ihre eigene Wirtschaftspolitik verfolgen, bleibt die Gründung einer Zollunion Utopie. Der Handelsverein erlangt während seines Bestehens keine wirtschaftpolitische Bedeutung, da ihn der Handelsvertrag mit Preußen vom 27. 5. 1829 unterläuft. Der Mitteldeutsche Handelsverein erlischt vor der Gründung des Deutschen Zollvereins.

Süddeutscher Zollverein: Am 18. 1. 1828 unterzeichnen Bayern und Württemberg einen Zollvertrag, der am 1. 7. 1828 in Kraft tritt. Er beendet jahrelange Verhandlungen süd- und mitteldeutscher Staaten, die bereits 1820 begonnen haben. Der Zollvertrag belässt beiden Staaten das eigene Verwaltungssystem, gegenseitige Kontrollen sollen die Einheitlichkeit sichern. Zölle gelangen nur an den Außengrenzen der beiden Staaten zur Einhebung. Die Einnahmen will man der Bevölkerungszahl entsprechend aufteilen, Bayern sichert sich durch ein Zusatzabkommen 72%. Die Gründung des Deutschen Zollvereins beendet den Vertrag.

vom 16. 5. 1818, mit dem Preußen sich ein einheitliches Zollgebiet gibt und den Freihandel einführt, wird zum Kern des Deutschen Zollvereins, dem sich allmählich alle anderen deutschen Länder, Österreich ausgenommen, anschließen. 1842 umfasst der Verein 28 Staaten mit 25 Millionen Einwohnern.

Sachsen, Württemberg, Hannover und Preußen angehören sollen. Doch die Süddeutschen halten Distanz, aus der Union wird ein bedeutungsloses »Dreikönigsbündnis« aus Preußen, Sachsen und Hannover (26. 5. 1849); da Preußen seine Vormachtstellung kooperationslos demonstriert, löst sich auch dieses Bündnis schon im Oktober 1849 wieder auf. Dabei wären die europäischen Großmächte nicht abgeneigt gewesen, die Union zu stützen, allein schon um dem von Russland protegierten Plan Schwarzenbergs vom mitteleuropäischen »70-Millionen-Reich« jede Chance zur Verwirklichung zu nehmen.

Schwere Differenzen

Die Spannungen um Neuordnung und Vorherrschaft in Deutschland zwischen Preußen und Österreich steuern 1850 auf einen Krieg zu. Er wird nur durch die Haltung der mittleren deutschen Staaten verhindert, die Preußen nicht unterstützen. In der Punktation von Olmütz (29. 11. 1850) beschließen Wien und Berlin, gemeinsam mit den übrigen deutschen Staaten über die Reform des Deutschen Bundes zu verhandeln. Doch Ergebnisse bleiben aus. Die preußisch-österreichische Rivalität verfolgt nur noch das Ziel, den Konkurrenten zu übervorteilen.

Preußen, durch den Wiener Kongress als machtpolitisch gewichtiger Staat wiederhergestellt, verbindet zum ersten Mal in seiner Geschichte den äußersten Westen Deutschlands mit dem äußersten Osten. Diese geographische Ausdehnung stellt das Königreich vor neue Aufgaben, besonders in der Außenpolitik: Wenn auch die umgebenden Länder überwiegend deutsch sind, so besitzen sie doch volle Souveränität, Gesandtschaften und Botschaften, es sei denn, sie überlassen zwischenstaatliche Aufgaben den beiden Vormächten Preußen und Österreich.

39 Territorien

Im Westen grenzen besonders viele souveräne Einzelstaaten an das preußische Territorium oder schließen preußische Enklaven ein. Durch andauerndes Wachstum verzahnt sich Preußen immer stärker mit ihnen, sodass es der Errichtung eines deutschen Zoll- und Handelssystems Nachdruck verleiht. Die Gliederung Deutschlands in 39 Territorien bedeutet eine große Erschwernis für die Errichtung eines geschlossenen Handelsraumes. Andererseits aber wäre seine unterschiedlich strukturierte Wirtschaft – ein großagrarischer Norden und Osten, eine gewerbliche, frühindustrielle Mitte und agrarischer, kleingewerblicher Süden und Südwesten – einem Wirtschaftsaufschwung förderlich.

Ringen um wirtschaftliche Einheit

Auch Preußen muss sich erst mit den neuen Voraussetzungen vertraut machen: Es verfolgt zunächst nur eine binnenpreußische Interessenpolitik, fasst das zersplitterte Staatsgebiet zu einem einheitlichen Zollgebiet zusammen und gewährt statt des üblichen Protektionismus mehr Handelsfreiheit (26. 5. 1818). Wie nicht anders zu erwarten, regt sich bei den deutschen Staaten umgehend Kritik, weil sie sich unter Druck gesetzt fühlen und die Verwirklichung einer deutschen Zoll- und Wirtschaftsein-

heit als Aufgabe des Deutschen Bundes ansehen und nicht eines Einzelstaates. Aber die Staaten sind geteilter Meinung: Erst 1827/28 entsteht auf bayerische Initiative eine weitere bilaterale Zollunion zwischen Bayern und Württemberg.

Im gleichen Jahr entschließt sich das Großherzogtum Hessen-Darmstadt, nun zwischen die Wirtschaftsblöcke Preußen und Bayern-Württemberg geraten, dem preußischen Zollsystem beizutreten. Der Schritt stimuliert Berlin zu einem Ausgreifen in den deutschen Süden: Die Absichten bleiben nicht verborgen, aus Sorge vor preußischer Vereinnahmung gründen die mitteldeutschen Staaten Braunschweig, Sachsen, Kurhessen, Nassau, Hannover, Oldenburg, Bremen, die Thüringischen Staaten und Hessen-Homburg 1828 den »Mitteldeutschen Handelsverein«, freilich mit wenig Erfolg.

Die gut funktionierende preußische Zollunion übt dagegen großen Anreiz auf die mitteldeutschen Staaten aus. 1831 tritt Kurhessen zur Zollunion über und am 22. 3. 1833 wird die Aufnahme der süddeutschen in die preußische Zollunion mit Wirksamkeit vom 1. 1. 1834 vereinbart. Das ist die Geburtsstunde des Deutschen Zollvereins, einer Vorstufe des Deutschen Reiches.

Noch am gleichen Tag treten ihm auch Sachsen und Thüringen bei. 1835 folgen Baden und weitere Staaten, sodass 1842 bereits 28 von 39 deutschen Ländern der Zollunion angehören. Nur das Königreich Hannover und die drei Hansestädte treten nicht bei und versperren Preußen den Zugang zur Nordsee.

Der Siegeszug der Bahn

Auf Drängen des liberalen Wirtschaftstheoretiker Friedrich List, der im April 1819 in Frankfurt den »Deutschen Handels- und Gewerbeverein« gründete, und einiger Industrieller des Rheinlandes beginnt trotz technikfeindlicher Widerstände in Deutschland der Eisenbahnbau. Am 7. 12. 1835 wird die erste deutsche Eisenbahnlinie eröffnet. Sie führt von Nürnberg nach Fürth über ganze 6 km. Am Vorabend der Revolution verbinden bereits 5000 km Schienenstränge die Industriegebiete mit den Hauptstädten, das ist viermal so viel wie in Österreich und doppelt so viel wie in Frankreich.

Erst ein dichtes Eisenbahnnetz ermöglicht den geschlossenen Wirtschaftsraum des Deutschen Zollvereins, auf dem das Deutsche Reich aufgebaut werden kann.

Kompromisse mit der Revolution

„Preußen setzt seinen Weg beharrlich fort, die deutsche Einheit nach seinem Muster voranzutreiben, und das hieß zugleich auch den nationalen Verfassungsstaat."

Wolfram Siemann, 1997

An preußischen Versuchen, die deutschen Teilstaaten zu einen, mangelt es nach dem Scheitern der Paulskirche nicht. Schon am 26. 5. 1849 kommt auf Anraten des preußischen Außenministers Joseph Maria von Radowitz das »Dreikönigsbündnis« zustande. Es verpflichtet Preußen, Sachsen und Hannover, an der Errichtung eines deutschen Bundesstaates unter Ausschluss Österreichs mitzuwirken. Sachsen und Hannover treten dem Bund mit Vorbehalt bei. Sie stellen

Bedingungen: Einer künftigen gemeinsamen Reichsverfassung wollen sie nur zustimmen, wenn sich ihr alle deutschen Staaten, Österreich ausgenommen, anschließen. Vorbehaltlich dieser schweren Hypothek einigen sich die drei Länder am 28. 5. 1849 schließlich doch auf eine Reichsverfassung, die jener der Frankfurter Nationalversammlung vom März zuvor in vielem aufs Wort gleicht. Bis Ende 1849 zeigen sich 28 Staaten mit dem Inhalt der Verfassung einverstanden, nur Bayern und Württemberg verweigern die Anerkennung. Sie liefern den Grund, dass Sachsen und Hannover wieder aus dem Dreikönigsbündnis austreten. Damit zerbricht die auf der Basis der neuen Verfassung gegründete »Union der deutschen Staaten«. Ein gleiches Schicksal ereilt das »Vierkönigsbündnis« der Mittelstaaten Bayern, Sach-

sen, Hannover und Württemberg vom 27. 2. 1850, die auf Aufnahme der Habsburgermonarchie samt ihrer nichtdeutschen Teile bestehen. Für unbeteiligte Beobachter ist die Politik der Mittelstaaten offenkundig, sie ziehen die österreichische Hegemonie der preußischen vor.

Ringen um eine Verfassung

Die Bemühungen, ein geeintes Deutschland zu schaffen, gehen trotz aller Misserfolge weiter. Am 20. 3. 1850 konstituiert sich in Erfurt aus mehreren Staaten das »Erfurter Unionsparlament«. Es besteht aus zwei »Häusern«: dem »Staatenhaus«, das Regierungen und einzelstaatliche Kammern mit Vertretern beschicken, und dem »Volkshaus«, das nach dem Dreiklassenwahlrecht gewählt wird.

In diesem sind die Teilnehmer des »Gothaer Nachparlaments« mehrheitlich vertreten. Sie gehörten ursprünglich der »Casino«-Fraktion an und errichteten nach der Auflösung der Paulskirche ein eigenes Plenum. Zu den etwa 100 Mitgliedern zählen die fähigsten Köpfe des ehemaligen Deutschen Bundes, wie von Gagern, Dahlmann oder Simson. Unbeirrt von allen Ereignissen halten sie am Erbkaisertum für Deutschland als der besten Verfassungsform fest. Da aber die Demokraten die Wahlen vom 31. 5. 1850 boykottieren, findet sich die »Gothaer« Fraktion allein gelassen auf der politisch linken Seite wieder. Auf der rechten stehen ihnen etwa 30 Abgeordnete gegenüber, während die politische Mitte rund 40

Fürst Felix von Schwarzenberg eröffnet im Brühl'schen Palais in Dresden eine Ministerkonferenz (Zeitungsillustration, rechts). – Die Verfassung der Paulskirche von 1849 (unten).

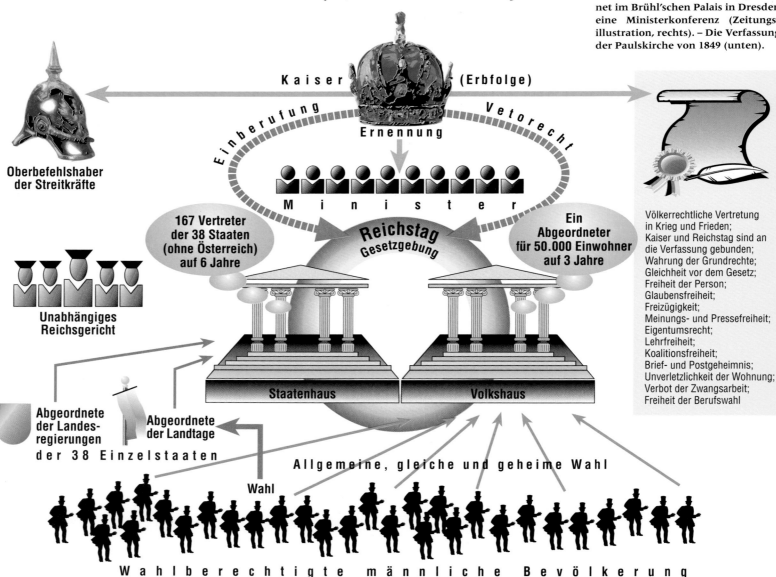

Kaiser (Erbfolge)

Einberufung — Ernennung — Vetorecht

Oberbefehlshaber der Streitkräfte

Minister

Unabhängiges Reichsgericht

167 Vertreter der 38 Staaten (ohne Österreich) auf 6 Jahre

Reichstag Gesetzgebung

Ein Abgeordneter für 50.000 Einwohner auf 3 Jahre

Staatenhaus

Volkshaus

Abgeordnete der Landesregierungen — Abgeordnete der Landtage

der 38 Einzelstaaten

Wahl

Allgemeine, gleiche und geheime Wahl

Wahlberechtigte männliche Bevölkerung

Völkerrechtliche Vertretung in Krieg und Frieden; Kaiser und Reichstag sind an die Verfassung gebunden; Wahrung der Grundrechte; Gleichheit vor dem Gesetz; Freiheit der Person; Glaubensfreiheit; Freizügigkeit; Meinungs- und Pressefreiheit; Eigentumsrecht; Lehrfreiheit; Koalitionsfreiheit; Brief- und Postgeheimnis; Unverletzlichkeit der Wohnung; Verbot der Zwangsarbeit; Freiheit der Berufswahl

Abgeordnete umfasst. Schon der erste Beratungspunkt führt zu heftigen Auseinandersetzungen. Die Linke spricht sich für den von Radowitz vorgelegten Verfassungsentwurf ohne Debatte aus, die Rechte lehnt ihn ab, weil er ihrer Ansicht nach dem monarchischen Prinzip widerspricht. Die Mitte hingegen fordert zumindest eine Teilrevision des Entwurfs. Die Entscheidung fällt durch die Mehrheit der »Erbkaiserlichen«, der Entwurf passiert beide Häuser. Schon am 8. 5. 1850 kommt das Verfassungsprojekt zu Fall, da nur Preußen bereit ist, es anzunehmen, nicht aber der Fürstenkongress in Berlin.

Drohende Kriegsgefahr

Im Herbst 1850 verhindert Österreich eine konstruktive Weiterführung der nationalen Einigung unter preußischer Führung. Franz Joseph I. schließt am 11./12. 10. 1850 in Bregenz mit den Königen von Bayern und Württemberg ein Schutz- und Trutzbündnis mit dem Ziel, den Deutschen Bund wiederherzustellen. Widerstand gegen Bundesbeschlüsse soll mit der Bundesexekution beantwortet werden.

Dieser Ernstfall tritt am 8. 11. 1850 ein, als Hessens Kurfürst Friedrich Wilhelm I. im Streit mit den Ständen seines Landes Bundeshilfe anfordert. Dem Wunsch wird entsprochen, ein bayerisch-österreichisches Korps unter Fürst Taxis marschiert in Kurhessen ein. Gleichzeitig aber rücken preußische Abteilungen unter Karl Graf von der Gröben in das nominell zur »Union deutscher Staaten« – kurz »Erfurter Union« – gehörende Land ein.

Bei Bronnzell südlich von Fulda geraten Vorhuten in Gefechtsberührung: Fünf österreichische Jäger erleiden Verwundungen und – ein preußisches Pferd, der »Schimmel von Bronnzell«, wird verletzt, meldet der Tagesbericht. Ein »Bruderkrieg« kündigt sich an. Zar Nikolaus I. bietet Österreich seine Hilfe an, sollte es zum Kampf mit Preußen kommen.

Im preußischen Kabinett herrscht Krisenstimmung. Außenminister Joseph von Radowitz plädiert für Krieg, er vertraut auf die Unterstützung vieler deutscher Staaten. Doch die »Kamarilla«, des Königs engere Berater, spricht sich unter Führung Otto von Manteuffels für eine Verständigung mit dem Habsburger Reich aus. Der Kriegstreiber, Außenminister von

Radowitz, muss abtreten. Die Realpolitik hat entschieden. Nicht nur der mächtige Militärblock süddeutsch-österreichischer Staaten im Bündnis mit Russland wäre Preußen zum Verderben geworden, sondern auch das neuerliche Aufflammen der Revolution steht im Bereich des Möglichen, wie die Berichte der preußischen Geheimpolizei belegen. Zwar ist das Pistolen-Attentat eines preußischen Leutnants auf König Friedrich Wilhelm IV. vom 22. 5. 1850 nur die Tat eines Einzelnen, aber es erfolgt immerhin unter dem Ruf *Es lebe die Freiheit*«, und davor haben die Monarchisten allemal Angst.

Preußen gibt nach

So sitzen Preußen und Österreich am 29. 11. 1850 im mährischen Olmütz wieder gemeinsam am Verhandlungstisch und alle wissen, dass Preußen einige Restriktionen wird hinnehmen müssen. Zunächst muss es die Besetzung Kurhessens durch die »Strafbayern«, wie das Volk sie bezeichnet, über sich ergehen lassen. Weiter vereinbart Otto von Manteuffel mit dem österreichischen Vertreter Fürst von Schwarzenberg ein

gemeinsames Vorgehen in Schleswig-Holstein, dessen innenpolitische Krise noch immer andauert. Darüber hinaus wird die »Erfurter Union« außer Kraft gesetzt, dafür soll die gesamtdeutsche Frage in Dresden durch eine Ministerialkonferenz im Detail erörtert werden.

Die »Olmützer Punktation«

Diese Abmachung, die »Olmützer Punktation«, wird zum Begriff einer preußisch-österreichischen Verständigungspolitik. Deutsche nationale Geschichtsschreiber verurteilen sie als »Schmach von Olmütz«, aber sie beendet immerhin für mehr als ein Jahrzehnt die innenpolitischen hegemonialen Rivalitäten der beiden deutschen Großmächte. Ihre Bereitschaft zu verhandeln resultiert jedoch nicht aus der Einsicht, inneren Frieden zu schaffen, sondern erfolgt unter dem Druck der Notwendigkeit: Beide Länder halten sich nur über die Bajonette ihrer Militärs an der Macht. Ob diese ein weiteres revolutionäres Aufbegehren niederzwingen könnten, ist ungewiss.

Die »Olmützer Punktation« dient nicht nur dem Ausgleich innerdeutscher Vormachtsansprüche, sondern steht im Schatten einer koordinierten gemeinsamen antirevolutionären Innenpolitik. Ministerpräsident von Manteuffel rechtfertigt am 8. 1. 1851 die Olmützer Beschlüsse: *„Ja, es ist dies ein Wendepunkt in unserer Politik: Es soll entschieden mit der Revolution gebrochen werden!"*

Zurück in den Bundestag

Schon in einer früheren Debatte (3. 12. 1850) meint Otto von Bismarck zur »Olmützer Punktation«, *„dass die Union an sich nicht lebensfähig sei, dass sie mir stets erschien als ein zwitterhaftes Produkt furchtsamer Herrschaft und zahmer Revolution. [...] Sollten wir trotzdem dahin getrieben werden, für die Idee der Union Krieg zu führen, meine Herren, es würde nicht lange dauern, dass den Unionsmännern von kräftigen Fäusten die letzten Fetzen des Unionsmantels heruntergerissen würden, und es würde nichts bleiben als das rote Unterfutter dieses sehr leichten Kleidungsstücks."*

Der Vertrag von Olmütz stellt den Bundestag wieder her. Preußen kehrt in den Bundestag zurück, sein neuer Bundesgesandter heißt Otto von Bismarck. Er arbeitet fortan auf den Bruch mit Österreich zu. Preußen ist seit Ende 1848 Verfassungsstaat, Österreich schwankt zwischen Verfassung und Absolutismus.

Neue Töne im Konzert der Mächte

„In der Tat, so wie die Revolution in der Gesellschaft, im Verfassungsleben und in der Wirtschaft vieler europäischer Länder einschneidende Veränderungen bewirkte und längst angelegte Entwicklungen freisetzte oder mindestens beschleunigte, so brachte sie auch in den zwischenstaatlichen Beziehungen und innerhalb des europäischen Systems Wandlungen in Gang, die binnen eines knappen Jahrzehnts zur Funktionslosigkeit des Europäischen Konzerts, zum Erlöschen der Wiener Ordnung und zum Aufleben einer neuen »raison« in den Staatsbeziehungen führten."

Anselm Doering-Manteuffel, 1993

Zunächst leitet die bürgerlich-demokratische Erhebung einen Erneuerungsprozess ein, der unumkehrbar alle Lebensbereiche betrifft. *„Erstmals eröffnet sich der Ausblick auf eine von politischer Freiheit und sozialer Gleichheit bestimmte Gesellschaftsordnung, in der der Einzelne nicht mehr Objekt fremder Befehlsgewalt, sondern Subjekt eigener Entscheidungen ist"*, führt der Historiker Walter Grab aus. Darüber hinaus verliert der Legitimismus – seit dem Wiener Kongress ein Eckpfeiler der europäischen konservativen Ordnung – durch die Revolution seine Berechtigung. Die Regierungen verhalten sich jetzt anders als in der vorrevolutionären Zeit. Trachteten sie damals die Revolution zu verhindern, so sind sie jetzt bemüht, diese zu überwinden. Die Realpolitiker führen das Wort und veranlassen Modernisierungsschübe, wie sie der Vormärz nicht kennt. In Preußen stoßen die Realpolitiker auf Widerstand: König Friedrich Wilhelm IV., schwankend und unentschlossen, nötigt seinem Ministerpräsidenten Otto von Manteuffel unentwegt Kompromisse zwischen Tradition und Fortschritt ab. Der junge Otto von Bismarck, Sohn eines märkischen Rittergutsbesitzers, seit 1847 stellvertretender Abgeordneter des Vereinigten Landtages und dann des preußischen Abgeordnetenhauses, meint resignierend, solange Friedrich Wilhelm regiere, könne er keine Reformen umsetzen.

Das »Europäische Konzert« der Großmächte und die »Wiener Ordnung« von 1815 wirken noch nach: Während der Schleswig-holsteinischen Krise von 1848 bis 1852 bleiben die Mächte solidarisch aktiv. Der Wandel ist aber nicht aufzuhalten.

Schon in der Orientkrise von 1853 zeigt das Sicherheitssystem der solidarischen Kooperation zur Krisenminderung arge Risse. Plötzlich bedeutet die »Wiener Ordnung« den Mächten nichts mehr, und als der französische Prinzpräsident Louis Napoleon sich den Kaiserstatus und den Titel Napoleon III. zulegt, nehmen die so prinzipientreuen Monarchen Preußens und Russlands schon 1852 den republikanischen Präsidenten im Lager der traditionellen Legitimisten hin.

Macht-politische Schwerpunkte

Ausschlaggebend für die Anerkennung Napoleons, eines Neffen des großen Korsen, ist Großbritannien. Der traditionelle und erbitterte Gegner des napoleonischen Frankreich erhebt keinen Einspruch bei der Errichtung des französischen Kaiserreiches. Englands Wirtschaftskraft ist jener der europäischen Festlandstaaten um ein Vielfaches überlegen und bürgt für Sicherheit und Macht. Das verdankt England seiner frühen Industrialisierung und den damit verbundenen Reformen (1832, 1846). Die Revolution auf dem Festland berührt Großbritannien nur insoweit, als sie eine kräftige Nachfrage und einen ebensolchen Wirtschafts-

aufschwung bewirkt (1849). Dadurch verlagert sich der machtpolitische Schwerpunkt Europas endgültig vom Kontinent auf die Insel.

Noch 1815 liegt er – mit britischer Duldung – in Wien. Die Kaiserstadt vermag damals die Balance zwischen Frankreich und Russland am geschicktesten herzustellen. 1830 wandert das europäische Machtzentrum nach Paris, kaum eine halbe Generation später nach London. Ursache sind der Übergang Englands zum Freihandel zwischen 1846 und 1849 und die Lösung aller Bindungen zum Festland. Ohne es zu merken, unterliegen ab 1850 die anderen europäischen Mächte dem politischen Einfluss Englands oder aber folgen bereitwillig dem britischen Beispiel einer Macht- und Interessenpolitik.

Preußen strebt nun nach der Führung in Deutschland. Diese erlangt es über ein Zoll- und Handelssystem, das innerhalb des Deutschen Bundes gut funktioniert und Österreich von der Teilnahme am Wirtschaftsmarkt der deutschen Länder fernhält.

Konflikt um die Meerengen

Außenpolitisch muss sich Preußen erst beweisen. Eine politisch unbedeutende Krise ist ein erster Prüfstein: Russlands Auseinandersetzung mit dem Osmanischen Reich wegen

der unter osmanischer Souveränität stehenden Meerengen.

Stein des Anstoßes ist der Meerengen- oder Dardanellenvertrag vom 13. 7. 1841. Damals vereinbarten die Großmächte, die Dardanellen und den Bosporus in Friedenszeiten für die Passage nichttürkischer Kriegsschiffe zu sperren. Nun strebt Russland eine Revision des Vertrages an, es versucht seine Machtstellung auszuweiten und über eisfreie Häfen das ganze Jahr auf den Weltmeeren präsent zu sein. Doch der Flaschenhals des Schwarzen Meeres mit den einzigen ganzjährig eisfreien Kriegshäfen des russischen Riesenreiches ist verschlossen und die Schwarzmeerflotte zur Untätigkeit verurteilt. Zar Nikolaus I. rechnet fest mit der diplomatischen Unterstützung Österreichs.

Der Zar versteht sich als Schutzherr der orthodoxen Christen. So auch jener 2000 griechisch-orthodoxen Gläubigen, die neben 1000 Katholiken und 350 Armeniern Mitte des 19. Jhs. in Jerusalem leben. Diese pflegen nun keineswegs christliche Nächstenliebe zueinander, im Gegenteil. Mehr als einmal bricht zwischen ihnen Streit aus nichtigen Anlässen aus, zum Beispiel darüber, wer von ihnen an welcher Stelle der »Grabeskirche Jesu« den Boden kehren dürfe. Im Mai 1853 entsteht wegen solch einer Bagatelle eine schwere Krise. Russland nimmt sie

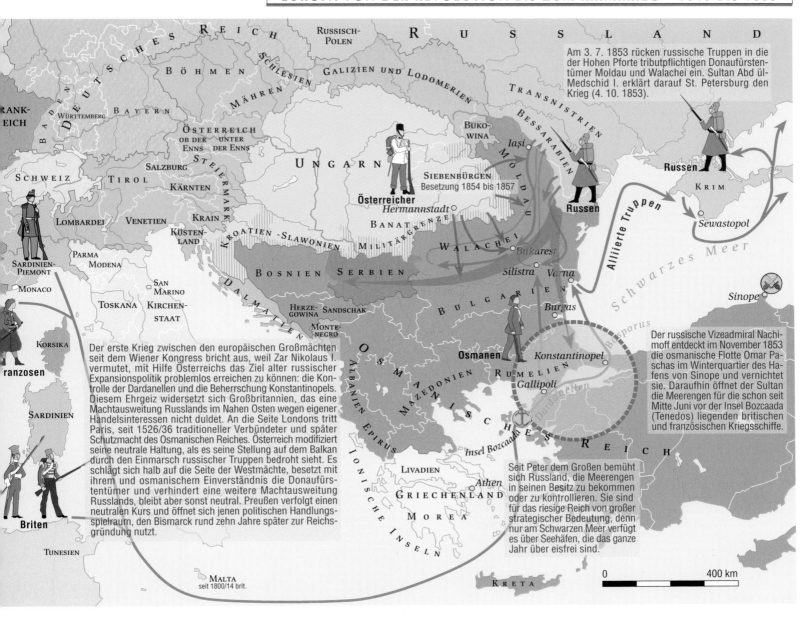

Am 3. 7. 1853 rücken russische Truppen in die der Hohen Pforte tributpflichtigen Donaufürstentümer Moldau und Walachei ein. Sultan Abd ül-Medschid I. erklärt darauf St. Petersburg den Krieg (4. 10. 1853).

Der erste Krieg zwischen den europäischen Großmächten seit dem Wiener Kongress bricht aus, weil Zar Nikolaus I. vermutet, mit Hilfe Österreichs das Ziel alter russischer Expansionspolitik problemlos erreichen zu können: die Kontrolle der Dardanellen und die Beherrschung Konstantinopels. Diesem Ehrgeiz widersetzt sich Großbritannien, das eine Machtausweitung Russlands im Nahen Osten wegen eigener Handelsinteressen nicht duldet. An die Seite Londons tritt Paris, seit 1526/36 traditioneller Verbündeter und später Schutzmacht des Osmanischen Reiches. Österreich modifiziert seine neutrale Haltung, als es seine Stellung auf dem Balkan durch den Einmarsch russischer Truppen bedroht sieht. Es schlägt sich halb auf die Seite der Westmächte, besetzt mit ihrem und osmanischem Einverständnis die Donaufürstentümer und verhindert eine weitere Machtausweitung Russlands, bleibt aber sonst neutral. Preußen verfolgt einen neutralen Kurs und öffnet sich jenen politischen Handlungsspielraum, den Bismarck rund zehn Jahre später zur Reichsgründung nutzt.

Der russische Vizeadmiral Nachimoff entdeckt im November 1853 die osmanische Flotte Omar Paschas im Winterquartier des Hafens von Sinope und vernichtet sie. Daraufhin öffnet der Sultan die Meerengen für die schon seit Mitte Juni vor der Insel Bozcaada (Tenedos) liegenden britischen und französischen Kriegsschiffe.

Seit Peter dem Großen bemüht sich Russland, die Meerengen in seinen Besitz zu bekommen oder zu kontrollieren. Sie sind für das riesige Reich von großer strategischer Bedeutung, denn nur am Schwarzen Meer verfügt es über Seehäfen, die das ganze Jahr über eisfrei sind.

Während halb Europa gegen Russland mobilmacht, kann das neutrale **Preußen fröhliche Feste feiern (Gemälde, 1856, links). – Krieg um die Meerengen (oben).**

zum Anlass, um der osmanischen Regierung (der »Pforte«) ein Ultimatum zu stellen: Es fordert die Anerkennung der Schutzherrschaft über die orthodoxen Christen des Osmanischen Reiches.

Mit britischer und französischer Rückendeckung lehnt der Sultan diese Forderung ab, worauf am 3. 7. 1853 russische Truppen ohne Kriegserklärung in die osmanischen Donaufürstentümer Moldau und Walachei einmarschieren. Auf britisch-französisches Anraten erklärt die »Pforte« am 4. 10. 1865 Russland den Krieg. Bald sehen sich auch Preußen und Österreich in die Krise

einbezogen. Preußen schwankt zwischen Parteinahme für Russland und für die Westmächte. »Ostelbien«, der Adel und die Konservativen neigen St. Petersburg zu, »Westelbien« – vor allem das liberale, sich industrialisierende Rheinland – und die Wochenblattpartei unter Moritz von Bethmann Hollweg orientieren sich nach Frankreich und England: Preußen ist daher innen gespalten und nach außen gelähmt.

Wien verärgert Petersburg

Auch Österreich zögert. Von den Revolutionsjahren 1848/49 noch geschwächt, fürchtet es einen großen Krieg und eine durch ihn verursachte soziale und nationale Revolution von unten. Wien sucht daher durch eine Defensivallianz Rückhalt in Ber-

lin (20. 4. 1854). Das Abkommen erneuert ein nach den Dresdner Konferenzen von 1851 geschlossenes, von Preußen angeregtes Bündnis, in dem sich Berlin und Wien den gegenseitigen Schutz bei einem Angriff von außen zusichern. Ein Zusatzartikel erweitert die Allianz: Er sieht ein offensives Vorgehen gegen das Zarenreich vor, sobald dieses die Donaufürstentümer annektiert. Berlin unterschreibt diese Allianz in der Hoffnung, Wien vor übereilten Aktivitäten abhalten zu können. Der österreichische Außenminister Buol-Schauenstein aber betreibt eine offensive Balkanpolitik.

Er fordert die Russen auf, die bereits an der serbischen Grenze stehenden Truppen zurückzunehmen. Gleichzeitig marschieren österreichische Verbände in die Donaufürstentümer Walachei und Moldau ein.

St. Petersburg verurteilt die Haltung Wiens als grenzenlose Undankbarkeit nach der erwiesenen Hilfe bei der Niederschlagung der Revolution in Ungarn. Es schlägt gegenüber Österreich einen unversöhnlichen außenpolitischen Kurs ein.

König Friedrich Wilhelm IV., er steht unter dem Einfluss des Bundestagsgesandten Otto von Bismarck, hält an der preußischen Neutralität fest. Bismarck ist es auch, der einen österreichischen, gegen Russland gerichteten Mobilisierungsantrag im Bundestag zu Fall bringt, indem er die Bundesmitglieder auf Kriegsbereitschaft zur *„Abwehr drohender Gefahr in jeder Richtung"* festlegt.

Den verlustreichen Krieg auf der Krim entscheiden die Westmächte schließlich für sich. Im September 1855 stürmen ihre Soldaten die Schwarzmeerfestung Sewastopol.

Österreichs Niedergang

„Wie die englische Regierung sah Bismarck mit dem Krimkrieg die Grundlagen der Mächtesolidarität zerstört, woraus Preußen ganz neue Chancen erwuchsen."

Anselm Doering-Manteuffel, 1993

Auf der Pariser Konferenz vom 30. 3. 1856 schiebt sich ein Mann immer stärker in den Vordergrund, den manche Historiker, wie zum Beispiel Hagen Schulze, als *„den großen Unruhestifter Europas in den fünfziger und sechziger Jahren"* bezeichnen: der Kaiser von Frankreich, Napoleon III. Er bezieht seine Legitimation aus der Zustimmung der Massen und sieht es als seine vordringliche Aufgabe, nationale Minderheiten zu beschützen, die von multinationalen Mächten, wie dem Österreichischen Kaisertum, beherrscht werden. Dies gilt für die Polen in Russland, Deutschland und Österreich, mehr noch aber für die Italiener des multinationalen Österreich. Mit dem Hinweis, Österreich habe durch seinen Eintritt auf der Seite der Westmächte in den Krimkrieg die Grundkonstruktion des Wiener Kongresses, die »Heilige Allianz«, zerstört, fordert er eine generelle Revision des Wiener Vertragswerkes von 1814/15. In logischer Konsequenz beansprucht er die »natürliche« Rheingrenze.

Keine neue Wiener Ordnung

Napoleons Plan, die Pariser Friedenskonferenz zu einem europäischen Neuordnungskongress auszuweiten, trifft auf Widerstand: Österreich befürchtet eine Verkleinerung seines Staatsgebietes und lehnt ihn daher ab. England – bereits auf dem Weg in die »splendid isolation«– vermutet, in ein System eingebunden zu werden, das seine Handlungsfreiheit beschränken könnte, und stellt sich ebenfalls gegen eine Neuordnung. Preußen, wegen seiner Neutralität im Krimkrieg auf Betreiben Englands zur Konferenz nicht geladen, erkennt in den Forderungen Napoleons III. eine Spitze gegen die eigene nationale Einigung und stimmt ebenfalls gegen eine Neuauflage des »Europäischen Konzerts«. Außerdem bringt das Ende der Wiener Ordnung Preußen einen größeren politischen Handlungsspielraum, der

sogar einen Krieg gegen Österreich ermöglicht. In seinem »Prachtschreiben« vom 26. 4. 1856 vermerkt Bismarck: *„Der deutsche Dualismus hat seit 1000 Jahren gelegentlich, seit Carl V. in jedem Jahrhundert, regelmäßig durch einen gründlichen inneren Krieg seine gegenseitigen Beziehungen reguliert, und auch in diesem Jahrhundert wird kein anderes als dieses Mittel die Uhr der Entwicklung auf ihre richtige Stunde stellen können. […] Ich will […] meine Überzeugung aussprechen, dass wir in nicht langer Zeit für unsere Existenz gegen Östreich werden fechten müssen."*

Neben Frankreich zeigt nur Sardinien-Piemont starkes Interesse an den Pariser Verhandlungen. Im

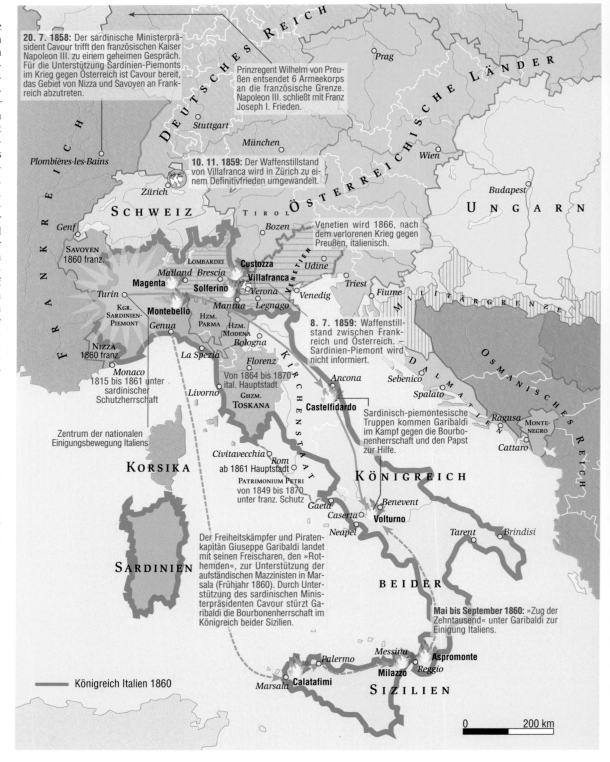

20. 7. 1858: Der sardinische Ministerpräsident Cavour trifft den französischen Kaiser Napoleon III. zu einem geheimen Gespräch. Für die Unterstützung Sardinien-Piemonts im Krieg gegen Österreich ist Cavour bereit, das Gebiet von Nizza und Savoyen an Frankreich abzutreten.

Prinzregent Wilhelm von Preußen entsendet 6 Armeekorps an die französische Grenze. Napoleon III. schließt mit Franz Joseph I. Frieden.

10. 11. 1859: Der Waffenstillstand von Villafranca wird in Zürich zu einem Definitivfrieden umgewandelt.

Venetien wird 1866, nach dem verlorenen Krieg gegen Preußen, italienisch.

8. 7. 1859: Waffenstillstand zwischen Frankreich und Österreich. – Sardinien-Piemont wird nicht informiert.

Sardinisch-piemontesische Truppen kommen Garibaldi im Kampf gegen die Bourbonenherrschaft und den Papst zur Hilfe.

Von 1864 bis 1870 ital. Hauptstadt.

ab 1861 Hauptstadt

PATRIMONIUM PETRI von 1849 bis 1870 unter franz. Schutz

Monaco 1815 bis 1861 unter sardinischer Schutzherrschaft

Zentrum der nationalen Einigungsbewegung Italiens

Der Freiheitskämpfer und Piratenkapitän Giuseppe Garibaldi landet mit seinen Freischaren, den »Rothemden«, zur Unterstützung der aufständischen Mazzinisten in Marsala (Frühjahr 1860). Durch Unterstützung des sardinischen Ministerpräsidenten Cavour stürzt Garibaldi die Bourbonenherrschaft im Königreich beider Sizilien.

Mai bis September 1860: »Zug der Zehntausend« unter Garibaldi zur Einigung Italiens.

— Königreich Italien 1860

DEUTSCHES REICH · ÖSTERREICHISCHE LÄNDER · FRANKREICH · SCHWEIZ · TIROL · UNGARN · MILITÄRGRENZE · OSMANISCHES REICH · DALMATIEN · KIRCHENSTAAT · KÖNIGREICH · BEIDER · SIZILIEN · KORSIKA · SARDINIEN

Prag · Stuttgart · München · Wien · Budapest · Plombières-les-Bains · Zürich · Genf · Bozen · SAVOYEN 1860 franz. · LOMBARDEI · Mailand · Brescia · Custozza · Udine · Triest · Fiume · Magenta · Solferino · Villafranca · Verona · Turin · Mantua · Legnago · Venedig · KGR. SARDINIEN-PIEMONT · Montebello · HZM. PARMA · HZM. MODENA · Genua · NIZZA 1860 franz. · La Spezia · Bologna · Florenz · Ancona · Sebenico · Spalato · Livorno · GHZM. TOSKANA · Castelfidardo · Ragusa · MONTE-NEGRO · Cattaro · Civitavecchia · Rom · Gaeta · Benevent · Caserta · Volturno · Neapel · Tarent · Brindisi · Marsala · Calatafimi · Palermo · Messina · Milazzo · Reggio · Aspromonte

0   200 km

Krimkrieg machte es durch eine spontane Teilnahme an der Seite der Westmächte von sich reden, wenn auch seine militärische Präsenz wenig zum Erfolg beitrug. Nun legt Sardinien-Piemont die »Italienische Frage« auf den Tisch und greift die Herrschaft der Habsburger in Oberitalien vehement an. Napoleon III. redet den Piemontesen eifrig das Wort und fordert kurz und bündig, Österreich möge sich endlich aus Italien zurückziehen. Am 20. 7. 1858 lädt Napoleon III. den Premierminister des Königreiches Sardinien-Piemont, Graf Camillo di Cavour, ins lothringische Plombières-les-Bains zu einem informellen Treffen. Im Stil alter Kabinettskriege beschließen sie, Österreich zum Krieg gegen Sardinien-Piemont zu provozieren; Frankreich würde dann auf piemontesischer Seite eingreifen. Das geheime Abkommen unterzeichnen Napoleon und Cavour am 10. 12. 1858 und legen die Aufteilung der zu erwartenden Beute fest: Frankreich erhält Nizza und Savoyen, Sardinien-Piemont die Lombardei, Venetien und Teile des Kirchenstaates.

Österreich in der Falle

Österreichs Außenpolitiker merken nichts von der Falle. Als Piemont der Aufforderung, Fahnenflüchtige aus den österreichisch beherrschten lombardisch-venetischen Provinzen auszuliefern, nicht nachkommt, droht Wien mit einem Militärschlag. Piemont zeigt sich unbeeindruckt, verstärkt seine Truppen an der Grenze und missachtet das österreichische Ultimatum zu demobilisieren. Das bedeutet Krieg (23. 4. 1859). Österreich taumelt in eine außenpolitisch nicht abgesicherte und daher äußerst prekäre Lage.

Denn Frankreich konnte zwischenzeitlich Russland für eine wohlwollende Neutralität gewinnen. Dazu bedurfte es – angesichts der seit dem Krimkrieg bestehenden Spannungen zwischen Wien und St. Petersburg – keiner großen Mühe. Österreich ist gezwungen, auch die galizische Grenze militärisch abzusichern. Ein Hilfeersuchen an den Deutschen Bund schlägt fehl, weil nach den Statuten der Bundesverfassung ein Krieg in Oberitalien zu den außerdeutschen Angelegenheit zählt, an denen die Bundesmitglieder nicht teilhaben müssen. Außerdem droht dem Bund bei einer Hilfeleistung der Angriff Frankreichs.

Deutsche Patrioten fordern Krieg gegen Frankreich

Die Argumentation der Politiker nimmt die deutsche Öffentlichkeit nicht zur Kenntnis. Und während die österreichischen Truppen von einer Niederlage zur nächsten stolpern, tobt in der deutschen Presse *„eine Meinungsschlacht, als stehe die Lösung der deutschen Frage unmittelbar bevor"*, meint der Historiker Hagen Schulze. Mit Nachdruck fordern die deutschen Patrioten den Kriegseintritt, um Frankreich den letzten, entscheidenden Schlag zu versetzen. Friedrich Engels, Weggefährte von Karl Marx und Mitbegründer des »wissenschaftlichen Sozialismus«, ruft zur Solidarität mit Österreich auf: *„Einer von uns wurde angegriffen, und zwar von einem Dritten, der mit Italien nichts zu schaffen, desto mehr Interesse an der Eroberung des linken Rheinufers hatte, und diesem gegenüber – Louis Napoleon, den Traditionen des ersten französischen Kaiserreiches gegenüber – müssen wir alle zusammenstehen."* Anders der aus Breslau stammende sozialdemokratische Politiker Ferdinand Lassalle. Der Sohn des jüdischen Seidenhändlers und Bankiers Lassal, der berufsbedingt von französischem Kapital abhängig ist, warnt, gegen Frankreich mobilzumachen. Dies würde, so Lassalle, *„in weitesten industriellen Kreisen das Vertrauen aufs Tiefste erschüttern."* Er fordert, *„Österreich muss zerfetzt, zerstückelt, vernichtet, zermalmt – seine Asche muss in alle Winde zerstreut werden!"*, denn *„Österreich vernichtet, und Preußen und Deutschland decken sich."*

Auch Bismarck, wegen seiner antiösterreichischen Haltung des Bundestagsmandats enthoben und ins Botschafterexil nach St. Petersburg entsandt, schreibt ähnlich (5. 5. 1859). Es sei an der Zeit, die deutsche Frage im Bündnis mit Frankreich und mit wohlwollender Neutralität Russlands gewaltsam zu lösen und das Königreich Preußen in ein Königreich Deutschland zu wandeln.

Katastrophale Niederlagen

Schon die ersten Kriegstage decken die Schwächen der österreichischen Armee auf: Korruption, Günstlingswirtschaft, ein als Feldherr untauglicher Kaiser und unfähige Offiziere. Planlos marschieren die Truppen in Erwartung des Feindes im Land umher und versäumen, die Vereinigung der sardinischen Armee mit der französischen zu unterbinden. Zwei Monate verstreichen ungenützt, erst im Juni 1859, bei sommerlicher Hitze, prallen die Armeen aufeinander. Der Blutzoll der Schlachten von Solferino, Custozza, Montebello und Magenta ist gewaltig.

„In den Straßen, Gräben, Bächen, Gebüschen und Wiesen, überall liegen Tote, und die Umgebung von Solferino ist im wahrsten Sinne des Wortes mit Leichen übersät", schreibt der Augenzeuge und Schweizer Philantrop Henri Dunant. Die Anwendung einer neuen Artilleriewaffe, die zu Splittern berstende Granaten verschießt, verstümmelt die menschlichen Leiber auf grauenhafte Weise. Dunant gründet unter dem Eindruck dieses Gemetzels am 22. 8. 1864 in Genf das »Rote Kreuz«.

Als Preußen angesichts des katastrophalen militärischen Versagens der Österreicher schließlich doch mobilmacht, bequemt sich Napoleon III. am 8. 7. 1859 zu Verhandlungen über einen Waffenstillstand. Drei Tage später einigt er sich mit Kaiser Franz Joseph I. über die Gründung einer italienischen Konföderation, deren Ehrenvorsitz der Papst übernehmen soll. Wichtiger noch ist die französische Bedingung – Abtretung der österreichischen Lombardei an Frankreich, das es an Sardinien-Piemont weitergibt.

In Villafranca, einem Ort bei Verona, wird am 11. 7. der Vorfriede und in Zürich am 10. 11. 1859 der Friedensvertrag unterzeichnet.

Die Verdrängung der Donaumonarchie aus Oberitalien, dann auch Deutschlands, ist eingeleitet.

Der italienische Einigungsgedanke geht von Turin, der Hauptstadt des Königreichs Sardinien-Piemont, aus (Karte links). – Eine zeitgenössische Darstellung kennzeichnet die Ratlosigkeit des österreichischen Feldherrnhügels in der Schlacht von Custozza. Beobachter des preußischen Generalstabs bemerken über die österreichischen Truppen: *„Löwen, von Eseln geführt!"* **(rechts).**

Spitzel und Soldaten

„Die Veränderung der europäischen Machtkonstellation und die Umgestaltung der Landkarte durch den Krimkrieg und den Sieg der italienischen Nationalbewegung 1859/60 hatten auch die innerdeutsche Szenerie betroffen, insbesondere das Verhältnis zwischen Österreich und Preußen. Die Schwächung Russlands und das starke Auftreten des neuen französischen Kaiserreiches schufen neue Bedingungen für die deutsche Frage."

Heinrich Lutz, 1994

Die deutsche Nationalbewegung, nach der Revolution mit dem Hauch des Hochverrats behaftet, erwacht nach dem Italienischen Krieg und der Einigung Italiens durch Cavour und Garibaldi wie aus einem Winterschlaf. Nach einem Jahrzehnt brechen längst vergessen geglaubte nationale Empfindungen explosionsartig hervor, kristallisieren sich um Friedrich Schillers 100. Geburtstag (10. 11. 1859) und kulminieren in Dichtungen, Festivitäten, Vereinsgründungen und Jubelfeiern. An allen Orten erinnern Nachbildungen der »Germania auf der Wacht am Rhein« – das Originalgemälde stammt von Lorenz Clasen – daran, dass der vermeintliche Feind an der Westgrenze des Reiches zu suchen sei. Liberalismus und Nationalismus schwappen wie eine Woge über das ganze Land, in Berlin werden unter dem Schillerdenkmal demokratische Reden gehalten, denen zur Empörung der Öffentlichkeit die Verhaftungen der Redner folgen. Denn nach wie vor unterdrücken Zensur und Spitzelwesen die öffentliche Meinung, nicht nur in Österreich, sondern auch in Preußen und – in etwas gemilderter Form – in den übrigen deutschen Staaten.

Eine preußisch-österreichische Geheimpolizei

Wenn der permanent glimmende Dualismus zwischen Berlin und Wien auch für innen- und außenpolitischen Zündstoff sorgt, der Austausch *„polizeilicher Daten von allgemeinem Interesse"* – wie es im Fachjargon heißt – funktioniert klaglos, da ist von Feindschaft der beiden großen Brüder nichts zu merken. Nur bei gemeinsamen, grenzüberschreitenden Einrichtungen scheiden sich die Ansichten, wie sie be-

werkstelligt werden sollen. Der am 11. 10. 1851 von Österreich und Preußen in die Bundesversammlung eingebrachte Antrag zur Errichtung einer Bundeszentralpolizei in Leipzig scheitert an einem einzigen der insgesamt sieben Vertragsartikel. Punkt vier will der Zentralstelle den Kontakt zu unteren Landesbehörden unter Umgehung der Landeszentralen gestatten. Er sieht weiterhin die Möglichkeit eines selbständigen Einschreitens der zentralbehördlichen Kommissare und Nachforschungen vor Ort vor. Am Veto Bayerns fällt das Projekt. Es betrachtet den Artikel als Eingriff in die Souveränitätsrechte – was Berlin und Wien ja genau so bezweckten. Ungeachtet des Scheiterns des Projektes vereinbaren Otto von Manteuffel für Preußen und Fürst Schwarzenberg für Österreich eine geheime erste Polizeikonferenz, die die Gründung eines gemeinsamen »Polizeivereins« zum Ziel hat.

Noch bevor der Bundestag seine Arbeit wieder aufnimmt, findet am 9. 4. 1851 das Treffen in Dresden statt. Es verläuft, an den Differenzen innerhalb der deutschen Länder gemessen, durchaus erfolgreich.

Geheime Akten

Dem »Polizeiverein« schließen sich neben Österreich und Preußen auch Sachsen, Hannover, Württemberg und Baden an. Selbst Bayern tritt ihm nun bedenkenlos bei; König Max II. von Bayern findet in heute seltsam anmutendem Deutsch: *„Vortrefflich finde ich diese Idee, und genehmige anmit das absichtlich die Ausführung derselben hier Beantragte."*

Nach außen bleibt der Polizeiverein völlig unbekannt, wie der Historiker Wolfram Siemann berichtet. Dennoch entwickelt der Vorläufer einer geheimen Staatspolizei rege Aktivitäten. Personen werden bis in ihre Tagebücher und persönlichen Notizen hinein bespitzelt, wie zum Beispiel der patriotisch-romantische Dichter Hoffmann von Fallersleben. Die Reaktionen der Bürger auf innen- und außenpolitische Ereignisse werden peinlich genau registriert und innerhalb der Landesorganisationen ausgetauscht.

Wochenberichte informieren umfassend und detailreich über Stimmungen im Volk, Namenslisten politischer Flüchtlinge und Exilanten werden angelegt, Agenten in New York, Paris, London, Zürich und

Brüssel berichten regelmäßig über ihre Tätigkeit. Ab 1859 zerfällt die Organisation, gemeinsame Konferenzen finden noch bis 1866 statt. *„Der Wandel ist zu erklären mit dem Systemwechsel in Preußen, mit der Regentschaft des Prinzen Wilhelm und der Ablösung des Ministeriums Manteuffel"*, begründet Wolfram Siemann. Die geänderte Einstellung Berlins und Wiens zur Bildung von Parteien, die Duldung und Förderung systemgenehmer Vereinigungen trägt ebenfalls zur Auflösung des Polizeivereins bei. Die preußische Anerkennung des »Deutschen Nationalvereins« 1859 spiegelt diese geänderte Einstellung wider.

Gegenüber den Forderungen des Vereins nach Errichtung einer liberalen Regierung, eines Bundesstaates und der Einberufung einer Nationalversammlung verhält sich die Regierung zunächst kühl.

Die »Neue Ära«

Das Jahr 1859 bringt denn auch den großen Wandel in Preußen. Mit der Ablösung des Ministeriums Manteuffel durch ein Ministerium, dem unter Fürst Karl Anton von Hohenzollern-Sigmaringen auch Führer der oppositionellen, gemäßigt liberalen »Wochenblattpartei« wie Graf Schwerin oder Moritz von Bethmann Hollweg angehören, bricht für Preußen die »Neue Ära« an.

Die Mitglieder der »Wochenblattpartei«, die die Macht der Ultrakonservativen und die der Kamarilla brechen wollen, ändern mit ihrem Wechsel in die Staatskanzlei ihre Einstellung nicht. Verlor die »Wochenblattpartei« bis 1855 auch zunehmend an Einfluss, so liegt es nicht am Programm, das einen Verfassungsstaat unter preußischer Hegemonie fordert, sondern am mangelnden po-

Eine Flut patriotischer Darstellungen motiviert den deutschen nationalen Einigungsgedanken. »Germania auf dem Meer« (Lorenz Clasen, 1865, unten). – Europa vor dem Italienischen Krieg (Karte rechts).

litischen Interesse der Bürger. Nun aber, in der allgemeinen Aufbruchstimmung, kann die »Neue Ära« auf guten Zuspruch hoffen. Tatsächlich wird sie bei den Landtagswahlen mehrheitlich bestätigt. Dass die Demokraten aus Rücksicht auf den frisch gekürten Regenten keine eigenen Kandidaten aufstellen, schmälert den Sieg der »Neuen Ära« nicht. Doch die Probleme kommen erst 1859 auf sie zu, zunächst durch die Ereignisse rund um den Italienischen Krieg, dann durch die Gründung des Deutschen Nationalvereins. Die daraus resultierenden innenpolitischen Hürden überwindet die »Neue Ära« nicht und scheitert: Zwischen der liberalen »Neuen Ära«, die eine parlamentarische Regierungsform anstrebt, und dem konservativen König, der starr an den Rechten der Krone festhält, gibt es keine Verständigung. Die »Neue Ära« kann sich auch nicht gegen die Opposition der konservativen Bürokratie durchsetzen. Ein Konflikt um die preußische Heeresreform führt zu einer Dauerkrise, die erst 1866 endet.

Heeresreform

Eine Heeresreform wird dringlich, als bei der Mobilmachung im Italienischen Krieg organisatorische Mängel zu Tage treten. Um dem abzuhelfen, fordern der Prinzregent und das 1858 erneuerte Militärkabinett eine umfassende Heeresreform, die eine Anhebung der Friedenspräsenzstärke vorsieht. Höhere Kosten soll eine Erhöhung des Heersbudgets decken, die aber das Abgeordnetenhaus strikt ablehnt. Immerhin genehmigt es provisorisch die bereits begonnene Reorganisation. Das verstehen König und Kamarilla als Zustimmung zur Reform. Das Missverständnis artet 1862 in einen emotional geführten Verfassungsstreit aus, der die Regierung veranlasst, am 17. März den widersprechenden Landtag – die »Neue Ära« – aufzulösen.

Der König bildet ein konservatives Beamtenkabinett, das bis zu den Neuwahlen die Geschäfte führt. Mit massiver Beeinflussung der Wählerschaft versuchen nun die Konservativen die Wahl zu gewinnen, tatsächlich aber geht die linke Opposition, aus der Fortschrittspartei und dem Linken Zentrum bestehend, gestärkt hervor.

Die Opposition erringt zwei Drittel der Sitze. Nochmals wird mit dem Landtag über das Heeresbudget verhandelt, die Fortschrittspartei vermittelt, doch der König bleibt starrsinnig, ebenso das Linke Zentrum.

Ein neues ultrakonservatives Beamtenkabinett übernimmt im September 1862 unter Otto von Bismarck die Regierung.

Bismarck die Führung anzuvertrauen ist ein Wagnis, denn der König kann ihn nicht ausstehen und Königin Augusta hasst ihn geradezu. Seine Bestellung zum Kanzler zeigt sich später als ein Ereignis von weltgeschichtlicher Bedeutung.

Die *„Herrschaftssicherung [...] und Machtentfaltung [...] nach außen bildeten Bismarcks Leitlinien. In seiner Politik bis zur Reichsgründung hatte Macht stets Vorrang vor Recht, sein Handeln war deshalb mit hohen Risiken behaftet"*, so Anselm Doering-Manteuffel.

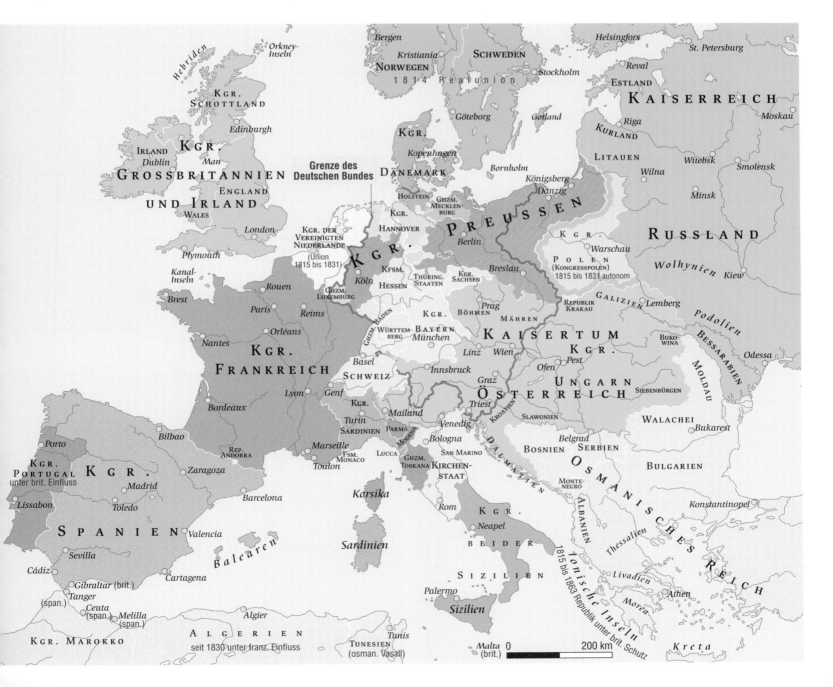

Krieg wegen Holstein

„Fast eine ganze Generation war wegen der Frage, ob Schleswig zu Dänemark oder zu Deutschland gehöre, in nationale Erregung versetzt worden, und das zu beiden Seiten der Grenze. Stets erneuerte sich der Konflikt, wenn Dänemark es abermals versuchte, über eine Gesamtstaatsverfassung zugleich auch Schleswig dem dänischen Staatsverband einzuverleiben."

Wolfram Siemann, 1995

Konsequent verfolgt Bismarck sein Ziel, Deutschland unter preußischer Führung zu vereinigen. Dazu nutzt er alle Mittel diplomatischer Kunst. Verlangt es die Vernunft, schwenkt er vom harten Verhandlungskurs auf eine moderate Gangart um, gibt sich liebenswürdig und täuscht den Gegner. So im Dezember 1862, als er dem österreichischen Botschafter in Berlin, Graf Karolyi, in scharfen Tönen seine politischen Visionen der Einigung Deutschlands und den Platz Österreichs dabei darlegt. Kaum zwei Monate später erkennt Karolyi den nun freundlichen und zuvorkommenden Bismarck nicht wieder, denn der hat in der Zwischenzeit erfahren, dass er bei einem Waffengang gegen Österreich weder mit der Hilfe Frankreichs noch der Italiens rechnen dürfe. Somit legt er seinen Plan zur Seite, zeigt sich leutselig und wartet ab. Von seiner geheimen Kontaktaufnahme mit Paris und Rom weiß man im Außenministerium auf dem Wiener Ballhausplatz natürlich nichts.

Reformen für den Bund

Andererseits beschäftigt sich Österreich mit einem Plan, den Deutschen Bund von Grund auf zu reformieren. Die Reforminitiative bleibt streng geheim. Selbst die Länderministerien werden über sie nicht informiert. Auf höchster Ebene, mit den Landesfürsten persönlich, soll beraten werden und dazu wird für den 16. 8. 1863 ein Fürstenkongress zu Frankfurt einberufen. Fraglich ist nur, ob einer der wichtigsten Vertreter der deutschen Staaten, König Wilhelm I. von Preußen, bereit sein wird zu erscheinen, weiß man doch um die ablehnende Haltung Bismarcks zu allen Reformvorschlägen, die aus den österreichischen Kanzleien kommen. Kaiser Franz Joseph I. nimmt daher am 3. 8. 1863 die Chance wahr,

den zur Kur in Gastein weilenden König Wilhelm zu besuchen und ihn mündlich zur Fürstenversammlung einzuladen. Wilhelm zögert, bringt Vor- und Einwände, wünscht zum Beispiel eine vorgeschaltete Außenministerkonferenz, ist jedoch grundsätzlich am Treffen interessiert. Bismarck dagegen versucht – wie erwartet – mit aller Überzeugungskraft seinen Monarchen von der Teilnahme abzuhalten, die doch nur der Stärkung der österreichischen Position im Bund dienen soll. Fürs Erste siegt jedoch monarchische Solidarität, und der Kanzler zieht sich grollend zurück.

Der König brüskiert

Die Ungeschicklichkeit österreichischer Diplomaten spielt ihm schließlich doch in die Hände. Ein zeremonieller Fehler verletzt den Stolz des Königs: Kaum von der Besprechung mit Franz Joseph zurückgekehrt, überbringt ihm auch schon ein kaiserlicher Flügeladjutant die formelle Einladung; die Einwände Wilhelms sind nicht berücksichtigt worden. Erbost sagt Wilhelm seine Teilnahme am Kongress ab. Trotzdem nehmen die Vorbereitungen für das Fürstentreffen einen günstigen Verlauf. Die österreichische Reforminitiative wird in Deutschland freudig begrüßt. Die alte Sehnsucht nach Reichstradition und großdeutscher Stärke erwacht wieder und hoffnungsfroh notiert der Dichter Friedrich Hebbel: *„Jetzt wird Deutschland sich einigen und mit den deutschen Provinzen Österreichs ein großes Reich bilden. Was soll es mit all den kleinen Königen, Herzogen, Kurfürsten, die müssen vor der künftigen Majestät*

ihre Krönlein ablegen und die Vasallen eines mächtigen deutschen Kaisers werden. Ich will dann eine Reichshymne dichten, die mit den Worten begönne: Gott vernichte, Gott zerspalte Grenzenpfähle, Länderschranken."

Glanzvoller Fürstentag

Und tatsächlich, Franz Joseph, der im einfachen offenen Zweispänner durch Frankfurt zum schwarz-rot-golden prächtig beflaggten Bundespalais fährt, wird mit ungeheurem Jubel empfangen.

Nur fünf von insgesamt 35 eingeladenen deutschen Fürsten folgen König Wilhelm und sagen die Teilnahme ab. Am 18. 8. 1863 beginnen die Beratungen. Die österreichischen Vorschläge sind vielfältig: Sie sehen für den Deutschen Bund ein fünfköpfiges Direktorium vor, weiterhin eine neben dem Bundestag periodisch tagende Fürstenversammlung, einen Bundesrat, eine alle drei Jahre zusammentretende Versammlung von Abgeordneten aller Landtage und ein oberstes Bundesgericht. Den Vorsitz im Direktorium und im Bundesrat soll Österreich übernehmen. Bismarck, der die Debatte mit den Worten *„Ich rase mit Ruhe"* erwartet, stellt drei Gegenforderungen: Er verlangt für Preußen die volle Gleichberechtigung im Bundesvorsitz, ein Vetorecht für die Mittelstaaten im Falle einer Kriegserklärung des Bundes und eine aus allgemeinen und direkten Wahlen hervorgegangene Nationalvertretung. Dieser letzte Punkt ist für den Vielvölkerstaat Österreich unannehmbar, die deutsche Bevölkerung ist zahlenmäßig den anderen Nationalitäten im Kai-

serstaat unterlegen, die Donaumonarchie wäre in ihrem Bestand bedroht. Österreich stimmt daher dieser Forderung nicht zu und Bismarck weist ruhigen Gewissens die österreichische Reforminitiative zurück. Ohne Preußen aber folgen die deutschen Fürsten der Klein- und Mittelstaaten dem Vorschlag Österreichs nicht. So endet der Fürstentag ergebnislos, der letzte Versuch Österreichs auf die Geschicke Deutschlands einzuwirken scheitert.

„Bezeichnend für die internationale Situation war es", notiert der Historiker Ernst Engelberg, *„dass Frankreich, Russland und im Wesentlichen auch England die Sabotage des Fürstentages durch Preußen billigten, weil allen Mächten an der Stärkung einer handlungsfähigen deutschen Zentralgewalt nicht gelegen sein konnte."* Österreich, in Europa isoliert, verliert auch zunehmend bei den deutschen Mittel- und Kleinstaaten an Autorität.

Krise um Schleswig-Holstein

Ein Konflikt an der Peripherie des Deutschen Bundes führt die beiden deutschen Großmächte wieder zusammen: Ende 1863 lebt die Schleswig-holsteinische Krise erneut auf.

Im Windschatten der internationalen Spannungen, die nach dem Ausbruch des polnischen Januaraufstandes von 1863 im russisch beherrschten Kongresspolen zunehmen, nimmt der dänische König im März 1863 einen neuen Anlauf: Er stellt die 1852 im 2. Londoner Protokoll vereinbarte dänisch-schleswig-holsteinische Personalunion in Frage und fordert ihre Revision. Ohne auf die Antwort der Großmächte zu war-

Der deutsche Fürstentag zu Frankfurt, in der Mitte Kaiser Franz Joseph I. im weißen Waffenrock (Bild links). – Der Sturm der preußischen Truppen auf die Düppeler Schanzen (Bild oben). – Der Krieg in Dänemark (Karte rechts).

ten, erklärt er am 30. 3., die Herzogtümer Schleswig und Holstein seinem Königreich einverleiben zu wollen. Im November stirbt der kinderlos gebliebene König und laut dänischer Verfassung wird Schleswig zum Bestandteil des Königreichs. Da Dänemarks König als Herzog von Holstein Mitglied des Deutschen Bundes ist, verstößt dieser Akt gegen das Bundesrecht, das keinem Land erlaubt, ein anderes zu annektieren. Die scheinbar juristisch einfach zu klärende Frage steckt voll politischer Brisanz und erregt deutsche und dänische Patrioten.

National oder liberal?

In Dänemark herrscht Jubel über die anscheinend gelungene Annexion. In Deutschland hingegen fordert eine aufgebrachte Öffentlichkeit die sofortige Rückgabe Schleswigs und die Übernahme durch das Geschlecht der Augustenburger, dem der junge Friedrich vorsteht. Diese Forderung widerspricht ebenfalls der Rechtslage, denn Friedrichs Vater verzichtete 1852 gegen eine Ablösesumme auf den Thron. Den Nationaldeutschen ist der Einwand gleichgültig. In dieser spannungsgeladenen Atmosphäre beweist Bismarck hohes diplomatisches Geschick.

Bismarck kommt die Kandidatur des Augustenburgers nicht gelegen, entfacht sie doch unkontrollierbare liberal-nationale Gefühle. Vor der schwierigen Entscheidung, sich mit Preußen an die Spitze der nationalen Bewegung zu stellen und von den Li-

beralen abhängig zu werden oder eine, wie er es nennt, *„waffenmäßige Großmachtpolitik"* zu betreiben, wählt er Letzteres. Während nun die Mittelstaaten den Augustenburger auf dem Thron sehen wollen, verknüpft Bismarck die Tradition des europäischen Vertragsrechts mit einer nationalegoistischen Machtpolitik. Eigentlich ist die Rechtslage klar: Der Annexion durch Dänemark kann die Bundesversammlung nur mit militärischen Mitteln begegnen. Nun gilt es nur noch, Österreich für den Waffengang zu gewinnen. Das fällt Bismarck nicht schwer, weiß er doch, dass der Habsburgerstaat seine Beteiligung an der Aktion *„nach seiner Stellung in Deutschland als eine politische Notwendigkeit"* ansieht. Da er den europäischen Mächten als Wahrer der Legalität erscheint, verhindert er so eine Intervention Russlands und Englands, zwingt andererseits Österreich zu gemeinsamen Maßnahmen.

Krieg

Mit einer Stimme Mehrheit fällt am 7. 12. 1863 im Bundestag die Entscheidung zur Bundesexekution. Am 1. 2. 1864 rücken die Bundestruppen über die dänische Grenze.

Der Krieg dauert bis in den August. Die dänische Verteidigung leistet der preußisch-österreichischen Übermacht erheblichen Widerstand. Wirkungsvoll greift die dänische Flotte Hamburg an und blockiert die deutschen Häfen. Die österreichische Adriaflotte, von Wilhelm von Tegetthoff kommandiert, siegt schließlich

am 9. 5. 1864 vor Helgoland. Auf britische Vermittlung hin beendet der Friede von Wien am 30. 10. 1864 den unsinnigen Waffengang. Aber *„das in die Hände der zwei deutschen Großmächte gelegte Schleswig-Holstein wurde bis*

1866 zum Faustpfand und Prüfstein der deutschen Politik Wiens und Berlins", stellt der Historiker Heinrich Lutz fest. Tatsächlich entscheidet sich das Schicksal Preußens und Österreichs in Schleswig-Holstein.

Preußen oder Österreich

„Man kann von Bismarcks Politik zwischen dem dänischen und dem österreichischen Krieg als den Versuch kennzeichnen, alle friedlichen Möglichkeiten einer Machtausdehnung Preußens auszuschöpfen, mit Österreich im Gespräch zu bleiben, aber einer militärischen Auseinandersetzung, wenn es sein musste, nicht auszuweichen.“

Theodor Schieder, 1975

Die jahrzehntelange preußisch-österreichische Rivalität in den Deutschen Bund wird durch die Kooperation im Krieg gegen Dänemark nur kurz unterbrochen. Nach dem Ende der Kriegsallianz steht das Verhältnis der beiden deutschen Mächte zueinander und dem Bund gegenüber erneut zur Diskussion. Daher besucht Bismarck am 24. 8. 1864 im Schloss Schönbrunn den österreichischen Außenminister Graf Rechberg. Vordergründig geht es in den Gesprächen um das weitere Schicksal der Herzogtümer Schleswig und Holstein, in Wirklichkeit um die künftige Position beider Staaten im Machtpoker um Vorherrschaft in Deutschland. Preußen macht den vollen Anspruch auf die Elbherzogtümer geltend.

Als Gegenleistung bietet Bismarck Österreich Hilfe zur Wiedererlangung der Lombardei an – ein höchst zweifelhaftes Angebot bei der fortgeschrittenen nationalstaatlichen Entwicklung in Italien. Das Wiener Außenamt misst daher diesem Angebot so gut wie gar keine Bedeutung bei, somit bleibt eine Einigung aus.

In die Konfrontation

Nun sucht Österreich die Konfrontation und dafür bietet sich das gemeinsam mit Preußen verwaltete Schleswig-Holstein an. Es unterstützt die Kandidatur des Augustenburgers Friedrich für die Herrschaft über beide Herzogtümer, wohl wissend, dass es damit den Applaus der deutschen Patrioten erntet und die Annexionspläne Bismarcks durchkreuzt. Der Kanzler reagiert flexibel, bringt keine Einwendungen gegen den Augustenburger vor, stellt aber am 22. 2. 1865 seine Bedingungen: Damit ein eigener Staat Schleswig-Holstein im Deutschen Bunde entstehen könne, müssten alle außenpolitischen, militärischen, maritimen und wirtschaftlichen Aufgaben Preußen

übertragen werden. Demnach müsste Schleswig-Holstein alle Kennzeichen der Staatssouveränität abtreten. Wieder einmal droht ein Waffengang zwischen Preußen und Österreich, zumal auch König Wilhelm I. unter Assistenz seines Generalstabschefs, Graf von Moltke, auf der Annexion Schleswig-Holsteins besteht. Plötzlich schwenkt Bismarck um. Für die Öffentlichkeit überraschend, empfiehlt er Mäßigung (29. 5. 1865) und schwächt seine Bedingungen ab.

Frankreichs Verhalten ist für den Gesinnungswandel entscheidend. In die mexikanische Revolution verwickelt, hat es kein Interesse an den Vorgängen in Mitteleuropa. Es scheidet als Bündnispartner Preußens aus und das lässt Bismarck einlenken.

»Gasteiner Konvention«

So verfahren die Situation ist, so spricht doch noch manches für den Erhalt des friedlichen preußisch-österreichischen Dualismus. Im salzburgischen Bad Gastein gibt sich Bismarck gesprächsbereit und vereinbart mit dem aus Holstein stammenden österreichischen Unterhändler Graf Blome am 14. 8. 1865 die Gasteiner Konvention. Sie regelt die Verwaltungsteilung der Elbherzogtümer: Holstein fällt in die Kompetenz Österreichs, Schleswig in die Preußens. *„Unbeschadet der Fortdauer der gemeinsamen Rechte beider Mächte an der Gesamtheit der Herzogtümer“*, wie Bismarck noch in den Vertragstext einfügen lässt. Nebenher erwirkt er in Holstein für Preußen noch einige Sonderrechte, zum Beispiel die Errichtung von Befestigungsanlagen und Marinestützpunkten sowie den Bau von zwei Etappenstraßen zur Versorgung der preußischen Besatzung in Schleswig. Gutgläubig setzen die österreichischen Außenpolitiker ihre Unterschrift auf das Papier. Sie ahnen nicht, dass sie soeben Holstein aus der Hand gegeben haben. Von preußischen Ländern umgeben, von preußischer Infrastruktur durchzogen und ähnlich weit weg von Österreich wie einst Belgien, kann Holstein auf Dauer nicht von Wien aus gehalten werden.

Österreich hat Holstein verspielt und damit Prestige bei den deutschen Mittelstaaten verloren. Wien hat ihrer Meinung nach das patriotische Projekt, den Augustenburger auf den Thron zu heben, schmählich verraten. Dieser freilich wartet nicht mehr

Napoleon III. (links) und Bismarck in Biarritz (Bild oben).

länger auf seinen Anspruch und agitiert lautstark mit Billigung des österreichischen Statthalters von Gablenz unter dem Schutz österreichischer Bajonette gegen Preußen.

Die Kriegsgefahr wächst, das Fass steht vor dem Überlaufen. Den letzten Tropfen liefert eine Massenversammlung in Altona bei Hamburg am 23. 1. 1866. Eine aufgebrachte Menge fordert die Einberufung der schleswig-holsteinischen Stände. Dagegen protestiert Preußen energisch und Österreich wehrt in gleich scharfer Form mit der Begründung ab, es dulde keine Einmischung in die Verwaltung Holsteins.

Kaum vier Wochen später, am 28. 2. 1866, erklärt der preußische Kronrat das Ende der friedlichen Kooperation und dass alle diplomatischen Maßnahmen für den Kriegsfall einzuleiten seien. Außenpolitisch ist

der Zeitpunkt gut gewählt. Die großen Mächte ringen mit eigenen Problemen: England mit inneren Reformen seines Imperiums, Frankreich mit dem mexikanischen Bürgerkrieg, Russland mit den Auswirkungen seiner Agrarreform und der Aufhebung der Leibeigenschaft von 1861. Bismarck kann außerdem den französischen Kaiser für sein Vorgehen gegen Österreich gewinnen.

Geheimes Treffen

In einem geheimen Treffen im Oktober 1865 in Biarritz erklärte er Napoleon III., dass er die Auflösung des Deutschen Bundes beabsichtige. Österreichs wolle er aus Deutschland ausschließen. Zwar plane er die Errichtung eines Norddeutschen Bundes unter preußischer Hegemonie, gleichzeitig anerkenne er aber das Recht süddeutscher Staaten, einen eigenen Südbund zu gründen. Der Bedingung Napoleons, Preußen dürfe mit seinen territorialen Erwerbungen nicht über die Mainlinie hinausgehen, stimmt Bismarck zu.

Auch Österreich nimmt Kontakt zu Napoleon III. auf und der verhält sich weit weniger zurückhaltend: Seine Neutralitätsverpflichtung vom 12. 6. 1865 verschachert er um den Preis Venetiens, ob Österreich siege oder nicht. Sollte Österreich gewinnen, würden Sachsen, Württemberg und Baden auf Kosten mediatisierter Fürsten vergrößert, aus den zu Preußen gehörenden Rheinprovinzen würde ein neuer deutscher Staat geschaffen werden. Mit diesen Bedingungen sichert sich der französische Kaiser die Mitbestimmung über die Zukunft Deutschlands.

Italien zieht mit

Bismarck kontaktiert mittlerweile Italien und vereinbart am 8. 4. 1866 ein auf drei Monate befristetes Offensiv- und Defensivbündnis. Für die unbedingte Waffenhilfe solle es Venetien und andere österreichisch beherrschte italienischsprachige Gebiete erhalten. Dass diese Offensivallianz gegen ein Mitglied des Deutschen Bundes fundamental der Deutschen Bundesverfassung zuwiderläuft, kümmert Bismarck nicht.

Nach außen erweckt Preußen weiterhin den Anschein, als wolle es eine Bundesreform auf Grundlage

Preußisch-Österreichisches Kondominium über Holstein und Schleswig. Die geographisch-politische Aufteilung erfolgt am 14. 8. 1865 durch die Gasteiner Konvention: Die Verwaltung Schleswigs übernimmt Preußen, die Holsteins Österreich. Kiel soll Bundeshafen werden, Rendsburg Bundesfestung, deren Garnison jährlich zwischen Preußen und Österreich wechselt. Preußen erhält Transitrechte in Holstein und die Genehmigung zum Bau eines Kanals. Ansprüche auf Lauenburg verkauft Österreich für 2,5 Millionen dänische Taler an Preußen.

Preußen und Österreich und ihre Verbündeten am Vorabend des »Bruderkriegs« 1866 (Karte oben). – Die verklärte Harmonie italienischen und deutschen Gemeinsinns im Biedermeier weicht 1866 dem politischen Realismus Bismarcks. »Italia und Germania« (Friedrich Overbeck, nach 1828, Bild links).

eines gesamtdeutschen Parlaments vorantreiben, doch ist das reine Taktik, um sich in der Öffentlichkeit vorteilhaft zu präsentieren.

Die Entscheidung über Schleswig-Holstein fällt am 1. 6. 1866 im Bundestag. Die Wiener Regierung kündigt in Frankfurt an, sie wolle die Erbfolge in Holstein dem Entscheid des Bundes überlassen. Preußen protestiert heftig und verweist auf die Gasteiner Konvention, die ein preußisches Mitbestimmungsrecht beinhaltet. Während dieser Kontroverse fällt in Berlin der Befehl zum Einmarsch preußischer Truppen in Holstein. Österreich fordert daraufhin am 11. 6. 1866 im Bundestag *„zum Schutze der inneren Sicherheit Deutschlands und der bedrohten Rechte seiner* *Bundesglieder"* die Mobilmachung der sieben nichtpreußischen Korps der Bundesarmee gegen Preußen. Bismarck reagiert ähnlich: Er richtet am 16. 6. gleich lautende Noten an 19 norddeutsche Staaten und kann innerhalb weniger Tage 17 davon zum Marsch gegen Österreich und seine Verbündeten bewegen. Dieser weitere Verstoß gegen die Bundesverfassung bedeutet das Ende des Deutschen Bundes. Doch noch bevor Preußen und seine Verbündeten offiziell den Deutschen Bund verlassen, fällt die militärische Entscheidung: Am 3. 7. 1866 verliert Österreich die Schlacht von Königgrätz und die Vormacht in Deutschland. Preußen steht am Ziel: der Einigung der deutschen Länder unter seiner Vorherrschaft.

Der »Bruderkrieg«

„Noch am Morgen des 3. Juli 1866 galt Österreich als stärkste Macht Mitteleuropas – am Abend desselben Tages war Österreich geschlagen und Preußens militärische Überlegenheit unter Beweis gestellt. Die Schlacht bei Königgrätz, eines der größten kriegerischen Treffen der neueren Geschichte, veränderte nicht nur schlagartig die Situation in Europa, sondern auch den Lauf der Geschichte und wird daher zu den großen Entscheidungsschlachten der Kriegsgeschichte gerechnet.“

Gordon A. Craig, 1987

An der Grenze zu Russland gärt es. Im Januar 1863 brechen im russischen Teil Polens (Kongresspolen) Aufstände gegen die russischen Garnisonen aus. Um ein Übergreifen der Revolte auf die preußischen Provinzen Posen und Westpreußen und damit eine Gefährdung des preußischen Staates zu verhindern, trifft Berlin mit St. Petersburg eine Abmachung: Polnische Aufständische, die von russischen Gebieten auf preußische fliehen, sollen ausgeliefert werden. So lautet die Alvenslebensche Konvention vom 8. 2. 1863. Frankreich protestiert und Preußen muss vom Vertrag zurücktreten. Schatten legen sich über das bislang gutnachbarliche preußisch-russische Verhältnis. Bismarck gelingt es, das Misstrauen des Zaren über eine vermeintliche Vertragsuntreue Preußens auszuräumen. Er macht plausibel, dass sich am Berliner Grundsatz »kein freies Polen und kein Bündnis mit Österreich« nichts geändert habe. Das ist eine wichtige Voraussetzung für den von ihm kühl und emotionslos vorbereiteten Krieg gegen Österreich. Neben Russland bindet er auch Frankreich durch einen Neutralitätsvertrag in seine strategischen Pläne ein und ein Offensivbündnis mit Italien nimmt Österreich in die Zange. Jetzt kann Preußen ohne Sorge vor ausländischen Interventionen seine militärisch hervorragend geschulten und bewaffneten Truppen am 14. 6. 1866 in Marsch setzen.

Der Aufmarsch

Auf dem deutschen Kriegsschauplatz stehen die Österreicher und ihre Verbündeten – Bayern, Württemberg, Baden, Sachsen, Hannover, Kurhessen und Hessen-Darmstadt sowie einige kleine Bundesmitglieder – mit 475.000 Mann den 302.000 Soldaten Preußens und seiner Alliierten gegenüber. Die zahlenmäßige Überlegenheit der Österreicher bereitet Bismarck einige Sorge. Daher plant er für den Fall eines ungünstigen Kriegsverlaufs die Tschechen, Südslawen, Italiener und Ungarn der Donaumonarchie zum Aufstand anzustacheln, um Wien doch noch zur Aufgabe zu zwingen. Doch dazu kommt es nicht. Sein Generalstabschef Helmuth von Moltke beweist strategisches Können und starkes Selbstbewusstsein und ist damit dem österreichischen Oberkommandierenden Ludwig von Benedek weit überlegen. Das Fehlen der Verfügungsgewalt über die alliierten Truppen hindert Benedek freilich, die

Unter preußischer Verwaltung

Unter österreichischer Verwaltung

Rückzug der Österreicher aus Holstein

Am 3. 5. macht die preußische Armee mobil. Bismarck nimmt Kontakt mit ungarischen Revolutionären auf.

Den Oberbefehl übernimmt König Wilhelm I., Generalstabschef ist Helmuth von Moltke.

220.000 preußische Soldaten

215.000 österreichische Soldaten

Die österreichische Nordarmee unter Feldzeugmeister Benedek mobilisiert am 27. 4.

23. 8.: Friedensschluss zwischen Preußen und Österreich

22. 7.: fünftägige Waffenruhe.

Verteidigungsanlagen

In einer Denkschrift vom 20. 4. drängt der Generalstab den Kaiser zur Aufrüstung.

3. 10.: Friedensschluss zwischen Italien und Österreich

8. 4. 1866: Ein Bündnis zwischen Italien und Preußen nimmt Österreich in die Zange, das nun an zwei Fronten gleichzeitig Krieg führen muss. Die Absichten der Gegner sind klar: Sie wollen Österreich aus Deutschland und Oberitalien zu Gunsten der eigenen Vormachtstellung verdrängen.

Franz Joseph I. sucht die Unterstützung Frankreichs und tritt Venetien an Napoleon III. ab (4. 7.).

Die österreichische Südarmee mobilisiert wegen des Aufmarsches italienischer Truppen (21. 4.). Erzherzog Albrecht übernimmt den Oberbefehl.

Im Frühjahr 1866 bietet Italien für die Abtretung Venetiens Österreich 1 Mrd. Lire an. Österreich lehnt ab.

Mobilmachung der italienischen Armee am 26. 4., die Kriegserklärung erfolgt am 20. 6.

Admiral Tegetthoff siegt über die italienische Flotte (20. 7.).

Grenze des »Norddeutschen Bundes«

volle Kampfkraft zu entwickeln. Die Weigerung Bayerns, an einem gemeinsamen Operationsplan mitzuarbeiten und den auf dem Hauptkriegsschauplatz in Böhmen bedrängten Österreichern zu Hilfe zu kommen, trägt zur Niederlage bei.

Genau nach Moltkes Plan fällt die militärische Entscheidung in Böhmen. In drei Heersäulen schickt er seine Armeen bis nach Königgrätz. Am Morgen des 3. 7 1866 stehen nahe der Ortschaft Sadowa einander jeweils 200.000 Mann der Preußen und der Österreicher gegenüber. Am Abend desselben Tages ist der Krieg entschieden, die geschlagenen Österreicher treten den Rückzug an. 44.000 Mann sind tot, verwundet oder gefangen, die Preußen haben 9200 Soldaten verloren. Den raschen Sieg bei vergleichsweise geringen Verlusten bewirkte nicht nur die vorzügliche taktische Führung, sondern auch das seit 1855 in der preußischen Armee verwendete »Zündnadelgewehr M 41«. Die Schussgeschwindigkeit dieser Waffe übertrifft jene des veralteten österreichischen Hinterladers um mehr als das Dreifache.

Österreich kapituliert

Italien, das vertragsgemäß mit dem preußischen Einmarsch in Böhmen ebenfalls zu den Waffen greift, erleidet Schlappe um Schlappe. Trotz der Erfolge auf dem italienischen Kriegs-

Die Schlacht bei Königgrätz und der Einsatz der preußischen Zündnadelgewehre (Lithographie, oben).
Der deutsch-österreichisch-italienische Kriegsschauplatz 1866 (Karte links).

schauplatz halten die Militärs in Wien die Weiterführung des Kriegs für aussichtslos, Kaiser Franz Joseph I. ersucht um Waffenstillstand.

So sachlich Bismarck den nationalen Krieg vom Zaun gebrochen hat, so beendet er ihn auch. Er lehnt jeden territorialen Gewinn auf Kosten Österreichs ab. Wichtiger für ihn ist ein rascher Friedensschluss, um einer doch noch möglichen Einmischung Frankreichs oder Russlands zuvorzukommen. In Paris erörtert der preußische Botschafter Robert Graf von der Goltz mit Napoleon III. die aktuelle Lage, parallel dazu nimmt Bismarck im preußischen Hauptquartier im mährischen Nikolsburg mit dem französischen Botschafter Benedetti erste Kontakte auf. Am Ende der Verhandlungen, am 14. 7., liegen Bismarcks Vorstellungen von der »Neuen Ordnung« Mitteleuropas formell auf dem Tisch und er versteht es geschickt, sie als französische Bedingungen hinzustellen: Auflösung des Deutschen Bundes, Umgestaltung der deutschen Länder ohne Beteiligung Österreichs, Gründung des »Norddeutschen Bundes« und Vereinigung der Elbherzogtümer Schleswig und Holstein mit Preußen. Napoleon III. stimmt in allen Punkten zu. Dadurch hat Preußen über leistungsfähige Häfen Zugang zur Nordsee. Die Abschaffung der hannoverischen Krone muss Bismarck allerdings in heftigen Diskussionen mit seinem Monarchen, Wilhelm I., erstreiten. Zu tief sitzt bei diesem noch das monarchische Solidaritätsbewusstsein, das die Liquidie-

rung eines Herrschaftshauses nicht so einfach hinnehmen will. König Wilhelm I. von Preußen fordert stattdessen von seinem Kanzler die „Züchtigung" Österreichs und Sachsens, denen er die Hauptschuld am Ausbruch des Krieges anlastet. Doch Bismarck besteht auf deren territoriale Integrität, nur sie garantiere einen dauerhaften Frieden, meint der Kanzler.

Der Vorfriede von Nikolsburg vom 26. 7. 1866 und der Friede von Prag (23. 8.) beenden den Kriegszustand zwischen Österreich und Preußen.

Napoleon III. stellt Forderungen

So ganz ohne Kompensationen will Napoleon III. nun doch nicht von der mitteleuropäischen Bühne abtreten. Am 5. 8. überbringt sein Botschafter Benedetti in Berlin kühne Entschädigungswünsche für wohlwollende Neutralität, „die Folge eines verlorenen Krieges hätten sein können", wie Bismarck feststellt, jetzt aber dem Sieger abgenötigt werden sollen: jene Teilgebiete, die Frankreich 1814 abgetrennt wurden, die bayerische Pfalz und Teile Hessens links des Rheins sowie Luxemburg. Bismarck lehnt ab. Und während Preußen nun Hannover, Kurhessen, Nassau, Frankfurt und Schleswig-Holstein annektiert und am 18. 8. unter seiner Vorherrschaft der »Norddeutsche Bund« – die Vorstufe der deutschen Reichsgründung – aus der Taufe gehoben wird, geht Napoleon III. leer aus.

Darüber hinaus drängen Bayern, Württemberg, Baden und Hessen-Darmstadt, durch die französischen Drohgebärden geängstigt, ins preußische Lager. Noch im Herbst 1866 schließen sie geheime Militärverträge, die im Verteidigungsfall eine Unterstellung ihrer Streitkräfte unter preußischen Oberbefehl vorsehen.

Wie erwartet protestiert auch Russland gegen den preußischen Machtgewinn. Die Entthronung ganzer Herrscherhäuser, so begründet der Zar, schwäche das monarchische System in Europa und leiste der Revolution Vorschub. Bismarck entgegnet, würde St. Petersburg der deutschen Neuordnung die Zustimmung versagen, müsse er die Reichsverfassung von 1849 einführen. Dann wären alle revolutionären Grundsätze in Kraft gesetzt, die 1849 niedergerungen worden sind. Die Worte „soll Revolution sein, so wollen wir sie lieber machen als erleiden" lassen den Zaren einlenken.

Bismarcks nächster Plan, den Deutschen Zollverein als Instrument für die Einigung Deutschlands über den Main hinweg nach Süden zu benutzen, scheitert. Der Zollverein erhält zwar einen Zollbundesrat und ein Zollparlament, doch die Wahlen zum Zollparlament 1868 zeigen in Württemberg und Bayern, dass nationale, einigende Bestrebungen abnehmen und der Partikularismus an Boden gewinnt. Preußens Griff nach dem katholischen Süden wird gestoppt. Wieder scheint die nationale Einigung der Deutschen in den Ansätzen stecken zu bleiben.

Legende (Karte)

- Preußen
- und Verbündete
- Österreich
- und Verbündete
- Ungarn
- preußische Erwerbungen 1866
- Deutscher Bundestag in Frankfurt
  Auf Antrag Österreichs beschließt der Bundestag am 14. 6. 1866 die Mobilmachung der Bundesarmee gegen Preußen, da zwischen Wien und Berlin keine Einigung über die Frage Schleswig-Holsteins erzielt werden kann. Daraufhin erklärt Preußen den Deutschen Bund für aufgelöst.
- Grenze des Deutschen Bundes (1815 bis 1866)
- Grenze des »Norddeutschen Bundes« (17. 4. 1867)
  Der Staatenbund aus 22 Ländern stärkt die Macht Preußens. Der preußische König ist gleichzeitig Oberhaupt (»Bundespräsident«), sein Ministerpräsident Otto von Bismarck »Bundeskanzler« der Föderation.

Im Zeichen von Kohle, Eisen und Getreide

„Die Jahrzehnte von 1848 bis 1914 waren ein Zeitalter der Bewegung, des Aufstiegs, des Wachstums und des großen Versprechens, dass das Leben anderswo mehr von seinen Schätzen biete. Zugleich war die Epoche ein Zeitalter der Heimatlosigkeit, der Unbehaustheit, der Flucht aus der Tradition und Sicherheit und der großen Glücksversagung."

Michael Stürmer, 1994

Schlagworte wie Wirtschaftswandel, Zentralisierung, Kapitalkonzentration, Marktverflechtung, Mobilität usw. sind keine Erfindungen des ausgehenden 20. Jhs. Schon vor mehr als 150 Jahren sind sie durchaus gängige Begriffe und sorgen für Diskussionsstoff unter Spekulanten, Börsenmaklern, Industriellen und – für Unruhe und Sorge bei den einfachen Arbeitnehmern. Ähnlich dem Wandel, der seit dem Zweiten Weltkrieg alle Lebensbereiche ergreift, unterliegt auch das 19. Jh. – von einigen kurzen Unterbrechungen abgesehen – einschneidenden wirtschaftlichen, sozialen und politischen Änderungen. Auslöser des damaligen Phänomens ist eine stärker werdende Industrialisierung, die sich unter den Zeichen von »Fortschritt« und »Wachstum« geradezu atemberaubend entwickelt. Hat bisher die landwirtschaftliche Produktion die führende Rolle in der Gesamtwirtschaft der deutschen Länder eingenommen, so verliert sie diese ab 1850. An ihre Stelle tritt das Kapital, angelegt in Maschinen, in die Gewinnung von Energie und in zugehörige Einrichtungen. Manufakturen treten vor der industriellen und maschinengesteuerten Produktion zurück. Wirtschaftliche Effizienz diktiert das Vorgehen der Unternehmer, die zum Träger einer neuen Gesellschaftsordnung werden: des Kapitalismus.

Land der Erfinder

Die industrielle Revolution, mit der Erfindung der Dampfmaschine, der Spinnmaschine und des mechanischen Webstuhls Ende des 18. Jhs. von England ausgehend, setzt in der ersten Hälfte des 19. Jhs. in Deutschland Zeichen und wirkt sich ab 1850 voll aus: Die bisherige Agrargesellschaft wandelt sich innerhalb einer Generation zur Industriegesellschaft. Noch 1830 sind vier Fünftel der deut-

schen Bevölkerung in der Landwirtschaft tätig, 1880 ist es die Hälfte.

Viele Ursachen bewirken einen tief greifenden sozioökonomischen Wandel, der, einmal in Gang gebracht, sich durch Rückkoppelung und hinzukommende andere Faktoren unaufhaltsam verstärkt. Schon die Maßnahmen vorangegangener Jahrzehnte bereiten die Entwicklung vor: staatlich sanktionierte liberale Wirtschaftsreformen, Aufhebung der Zollschranken und Ausbau des Bildungs- und Lehrwesens. Vor allem die Ausbildung wissenschaftlicher und technischer Fachkräfte kommt nun der Industrialisierung zugute. Deutschland wird zum Land der Erfinder und Konstrukteure und bleibt es für viele Jahrzehnte. Immer mehr neue Maschinen, Geräte und technische Entdeckungen bedürfen der

Weiterentwicklung und ziehen weitere Erfindungen nach sich. Der rasante Ausbau des Eisenbahnnetzes ermöglicht endlich einen lohnenden und umfangreichen Transport von Schwergütern, die wieder den Export anregen, der seinerseits die Dampfschifffahrt nach Übersee fördert. Die Eisen- und Stahlindustrie und mit ihnen der Bergbau auf Erz, Kohle und Edelmetalle müssen neue Tech-

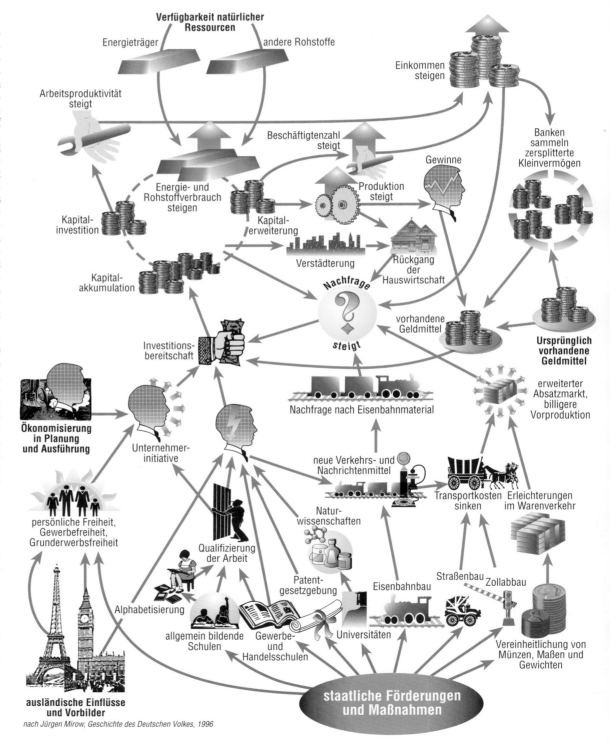

nach Jürgen Mirow, Geschichte des Deutschen Volkes, 1996

nologien entwickeln. Finanzstarke Konzerne errichten ihre Betriebe direkt bei den Gruben – wie Krupp, Mannesmann und Klöckner im Ruhrgebiet. Die gewaltigen Finanzierungskosten allerdings können Einzelunternehmer nicht mehr im Alleingang tragen, daher schließen sich Geldgeber zu Gesellschaften zusammen. Sie bringen ihr Kapital zumeist in Aktiengesellschaften ein. Großbanken stellen weitere Geldmittel zu Verfügung. So entsteht zum Beispiel im Ruhrgebiet eines der größten Industriereviere Europas.

Mehr Arbeitsplätze

Die Intensivierung der Investitionen in Maschinen und neue Energieträger führt seltsamerweise – von lokalen Erscheinungen abgesehen – nicht zur »Freisetzung« von Arbeitskräften. Im Gegenteil. Die Industrialisierung schafft mehr Arbeitsplätze als verloren gehen.

Nicht nur die Arbeitsplatzentwicklung verläuft in anderen Bahnen, als man annehmen könnte, auch der Agrarsektor behauptet sich. Zwar verliert er an Bedeutung in der

Volkswirtschaft, bleibt aber weiterhin ein wichtiger Wirtschaftsfaktor. Dazu trägt weniger die Mechanisierung als die Agrikulturchemie bei, die auf Grund neuer Erkenntnisse und Erfindungen durch künstliche Düngung höhere Ernteerträge ermöglicht. In der Tat sind die Steigerungen beachtlich: Im Zeitraum zwischen 1850 und 1913 steigt im Deutschen Reich der Ertrag bei Weizen von 12,0 auf 23,5, bei Roggen von 10,0 auf 19,1 und bei Kartoffeln von 66,6 auf 158,6 Doppelzentner je Hektar. Zur gleichen Zeit macht die durchschnittliche Verdoppelung des Ertrags auch vor der Milchproduktion nicht Halt, eine Kuh liefert statt ursprünglich 1200 Liter jetzt 2400 Liter Milch pro Jahr, das Schlachtgewicht von Rindern steigt von 163 auf 254, das der Schweine von 36 auf 84 Kilogramm.

Krise der Landwirtschaft

Die Steigerung der Agrarproduktion erhöht zwar die Wertschöpfung pro Hektar und landwirtschaftlich Beschäftigtem, auch die Realeinkommen werden größer, insgesamt aber

nicht im gleichen Ausmaß wie in der Industrie. Die Preise von Ackerbauprodukten geraten ab Mitte der 1870er Jahre vollends unter Druck, als die Konkurrenz eines allmählich entstehenden Weltmarktes beginnt, sich auf das Deutsche Reich auszuwirken: Der Anbau von Flachs und Hanf und die Zucht von Wollschafen müssen aufgegeben werden, Importe von billigem Getreide setzen der deutschen Landwirtschaft stark zu. Denn Russland kann wegen des niedrigen Lebensstandards seiner Bauern zu Dumpingpreisen produzieren und die USA drücken auf Grund hoher Schiffstonnagen und daher niedriger Frachtkosten auf ihre Exportpreise: Zwischen 1873 und 1894 sinken sie um 80 %. Um den Zusammenbruch der Preise deutscher Agrarprodukte zu verhindern, geht das Deutsche Reich einen bedenklichen Weg: Es führt 1879 für bestimmte Produkte Schutzzölle ein.

Gegen Ende der 1880er Jahre geht die liberale Wirtschaftsordnung, die weit gehend Freiheit für Handel und Gewerbe schuf und die Zollschranken zwischen dem Deutschen Zollverein, Frankreich, Großbritannien, Italien und Österreich abbaute, mit

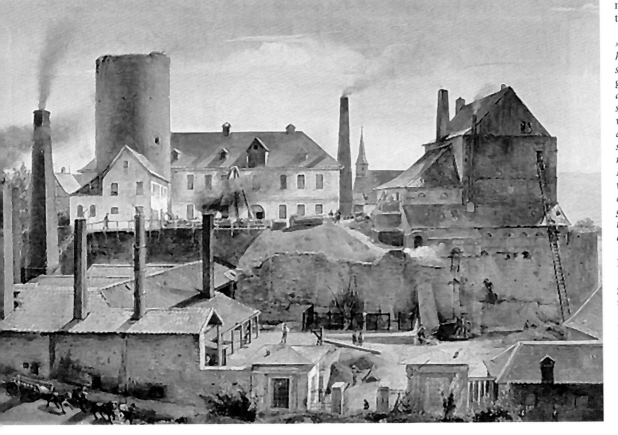

den Bemühungen das Marktgeschehen zu regulieren zu Ende.

Abkehr vom Freihandel

Dazu trägt die schwere Krise der ausgehenden Gründerzeit 1873 wesentlich bei, die das Vertrauen der breiten Öffentlichkeit in den Wirtschaftsliberalismus nachhaltig erschüttert. Infolge des rapiden Sinkens der Nachfrage nach Eisen verfallen die Preise für Eisenprodukte. So bildet nun die Eisenindustrie zusammen mit den Großagrariern eine Interessengemeinschaft, die eine Schutzzollpolitik befürwortet.

„Durch diese Interessenkoalition von »Roggen« und »Stahl« verlor der Freihandel im Deutschen Reich seine politische Basis", stellt der Historiker Jürgen Mirow fest. *„Mittelfristig wurde auch deutlich, dass als Folge der Industrialisierung bei freiem Wettbewerb die wirtschaftlich Starken noch stärker und die Schwachen schwächer wurden, dass sich mit dem Entstehen von Großunternehmen Kapital und wirtschaftliche Macht konzentrierten und den Wettbewerb zu beeinträchtigen drohten und dass andererseits viele Menschen keine vergleichbaren Chancen im Wettbewerb hatten und als Besitzlose zu einem immer drängenderen Problem wurden."*

Diese Probleme bleiben nicht nur Deutschland vorbehalten. Bereits 1878 beginnt Österreich das Marktgeschehen zu regulieren, das Deutsche Reich folgt 1879, die Schweiz 1884. Fast alle europäischen Staaten vollziehen schließlich den Schwenk zum Protektionismus, mit Ausnahme von Dänemark, der Niederlande und Großbritanniens; sie bleiben den Richtlinien des Freihandels treu.

Die Industrialisierung Deutschlands als Modell (Grafik links). – »Nur die Gedanken sind zollfrei« nennt der Münchner Carl Spitzweg vor 1834 sein Ölgemälde, das auf die vielen noch vorhandenen Kleinstaaten außerhalb des Deutschen Zollvereins mit ihren Zollschranken hinweist (Bild rechts oben). – Die Harkort'sche Fabrik in einer Burgruine um 1834 zählt zu den industriellen Keimzellen im Ruhrgebiet (unten).

Frühes Sterben

„Nicht bittere Armut und verzehrende Arbeitsbedingungen der Unterschichten, nicht ihre fortschreitende Verelendung stellten sich als die Folge der Industrialisierung ein – dieser Pauperismus war vielmehr das Ergebnis der vorindustriellen Zeit, als das Volk an die Grenzen der Tragfähigkeit des deutschen Raumes stieß. Im Gegenteil. Seit die Industrialisierung in voller Breite in Gang gekommen war, etwa ab 1870, stiegen die durchschnittlichen Realeinkommen langfristig an. Dabei wuchs der Konsumstandard nicht nur in bürgerlichen Kreisen, sondern auch die breiten Massen der Bevölkerung hatten daran Anteil."

Jürgen Mirow, 1996

Und dennoch leben die meisten Industriearbeiter von der Hand in den Mund, vertieft sich die soziale Kluft zwischen den Besitzenden und den Habenichtsen, lässt das Steigen der Lebensqualität viele Unzufriedene hinter sich, die mit dem Konsumstandard nicht mithalten können. Doch im Gegensatz zu früher messen die Unterschichten ihren eigenen Lebensstandard nicht an dem, den sie einmal hatten, sondern an jenem des mit bescheidenem Wohlstand gesegneten Mittelstandes. Das bewirkt, dass traditionelle, standesgemäße Maßstäbe verschwinden und allmählich alle nach immer höherem Lebensstandard streben. Dieses Ziel scheint durch Industrialisierung und Einsatz agrarchemischer Mittel erreichbar zu sein. Wurde in früheren Zeiten der Großteil des Einkommens für die Anschaffung der Grundnahrungsmittel benötigt, so sinkt der Anteil dafür bis 1910/13 auf 52 % der Haushaltsausgaben. Hingegen steigt wegen des geringen Angebots an Unterkünften in den rapid wachsenden, übervölkerten Städten der Anteil für die Wohnungsmieten von rund 12 (1850/54) auf 16 % (1910/13).

Bessere Ernährung

Ein deutlicher Beweis steigender Lebensqualität ist der durchschnittliche Verbrauch an Nahrungs- und Genussmitteln je Einwohner, der zwischen 1850 und 1913 von 780.000 Kilokalorien auf 1.240.000 klettert. Der Verbrauch von Zucker steigt von 2 auf 20 Kilogramm pro Kopf und Jahr, der von Kaffee von 0,8 auf 2 Kilogramm; um 1900 wird zum Früh-

stück kaum noch Grütze und Suppe verzehrt, sondern Brot mit Aufstrich. Doch nicht nur das. Neue Konservierungstechniken mit antiseptischen Mitteln kommen auf, und schon um 1800 wurde entdeckt, dass bestimmte Lebensmittel, unter Luftabschluss erhitzt, keimfrei werden. Gefrier- und Kühltechniken machen Nahrungsmittel dauerhafter. Die verbesserte Ernährungslage wirkt sich zunehmend positiv auf Gesundheit und Alter der Bevölkerung aus.

Gestiegene Lebenserwartung

„Geburt und Tod rücken auseinander, die Menschen wurden älter", berichtet der Historiker Michael Stürmer. *„Für die Lebensspanne einer Generation waren viel mehr Menschen jung als je zuvor, und weniger Menschen starben."* Betrug die Lebenserwartung 1850 in Deutschland noch etwa 34 Jahre, erhöht sie sich bis 1910 auf 49 Jahre (nach J. Mirow). Für das Anwachsen der Lebensspanne ist nicht nur die bessere Ernährung verantwortlich, auch

Fortschritte in der Medizin, die bessere ärztliche Versorgung, ein wachsendes hygienisches Bewusstsein und gesündere Wohnverhältnisse tragen dazu bei. Infektionskrankheiten können eingedämmt, Seuchen schon im Stadium des Entstehens wirkungsvoll bekämpft werden. Die Zahl derer, die an Lungentuberkulo-

se sterben, sinkt beachtlich: 1913 sterben nur noch 16 Menschen von 10.000 deswegen, 1877 waren es noch 37. Auch die Kindersterblichkeit nimmt allmählich ab, erreicht allerdings 1870 noch traurige Rekorde: In manchen Städten des Deutschen Reichs beträgt der Anteil verstorbener Säuglinge 35 bis 40 % aller Toten.

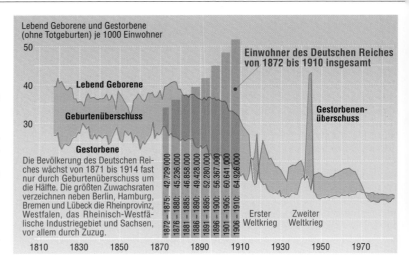

Lebend Geborene und Gestorbene (ohne Totgeburten) je 1000 Einwohner

Einwohner des Deutschen Reiches von 1872 bis 1910 insgesamt

Lebend Geborene · Geburtenüberschuss · Gestorbene · Gestorbenenüberschuss

1872–1875: 42.729.000 / 1876–1880: 45.236.000 / 1881–1885: 46.858.000 / 1886–1890: 49.428.000 / 1891–1895: 52.280.000 / 1896–1900: 56.367.000 / 1901–1905: 60.641.000 / 1906–1910: 64.926.000

Die Bevölkerung des Deutschen Reiches wächst von 1871 bis 1914 fast nur durch Geburtenüberschuss um die Hälfte. Die größten Zuwachsraten verzeichnen neben Berlin, Hamburg, Bremen und Lübeck die Rheinprovinz, Westfalen, das Rheinisch-Westfälische Industriegebiet und Sachsen, vor allem durch Zuzug.

Erster Weltkrieg · Zweiter Weltkrieg

Lebend Geborene und Gestorbene (1817 bis 1918 das Deutsche Reich in den Grenzen von 1871, 1919 bis 1945 in den Grenzen von 1937, ab 1946 Bundesrepublik Deutschland ohne DDR; Grafik oben). – Bevölkerungsverteilung und Großstädte in Europa um 1870 (Karte unten). – »Trauernde Familie« (Ölgemälde von Fritz Mackensen, 1896, rechts unten).

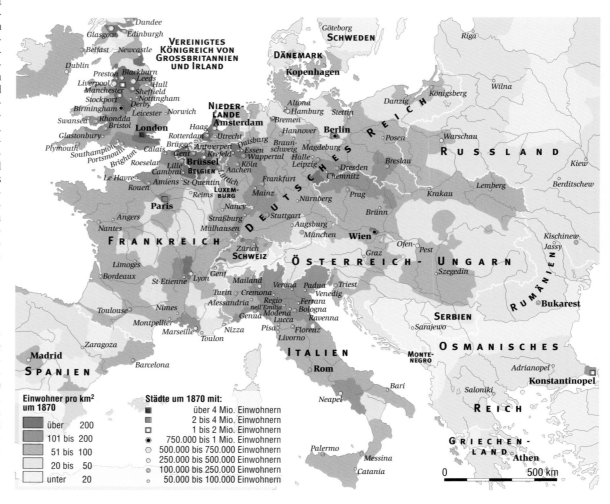

Einwohner pro km² um 1870
- über 200
- 101 bis 200
- 51 bis 100
- 20 bis 50
- unter 20

Städte um 1870 mit:
- über 4 Mio. Einwohnern
- 2 bis 4 Mio. Einwohnern
- 1 bis 2 Mio. Einwohnern
- 750.000 bis 1 Mio. Einwohnern
- 500.000 bis 750.000 Einwohnern
- 250.000 bis 500.000 Einwohnern
- 100.000 bis 250.000 Einwohnern
- 50.000 bis 100.000 Einwohnern

0   500 km

In Berlin liegt die Säuglingssterblichkeit – die Sterblichkeit während des ersten Lebensjahres – in den 1860er Jahren bei 31,5 %, in einigen bayerischen Landkreisen sowie in Eichstätt und Ebersberg bei München liegt sie noch höher. In Ingolstadt beispielsweise überschreitet sie in manchen Jahren sogar die 50-%-Marke. Vor allem heiße Sommer lassen die Säuglingssterblichkeit auf dem Lande sprunghaft ansteigen, nahezu ein Drittel aller verstorbenen Babys wird in Sommermonaten registriert. Hier, in der »guten Landluft«, abseits der Schadstoffe städtisch-industrieller Reviere, kommen seltsamerweise mehr Kinder zu Tode als in den unwirtlichsten Gegenden des Deutschen Reiches.

Männerwelt

Ausschlaggebend dafür ist die Mentalität der bäuerlichen Gesellschaft, die werdenden Müttern nur wenig Verständnis und Anteilnahme entgegenbringt. Männer verhalten sich gegenüber Schwangeren gleichgültig. „Kühverrecke, große Schrecke; Weibersterbe, kein Verderbe", sagt bezeichnenderweise ein hessisches Sprichwort. „Sechs Wochen vor und eben soviel Wochen nach dem Fohlen von allen Frohnen befreyet gelassen werden", das gönnt, laut dem süddeutschen Chronisten Wilhelm Heinrich Riehl, der Bauer seinen Stuten, nicht aber der schwangeren Bäuerin. „Sie gebären gar wohl hinter den Hecken, packen den neugeborenen Wurm auf, tragen ihn eine Stunde Wegs weit nach Hause und stehen nach drei Tagen wieder an ihrer gewohnten Arbeit", schreibt Riehl. Nicht viel besser ergeht es auch den Frauen in anderen Berufssparten. Je niedriger ihr Stand, desto früher müssen sie nach der Geburt eines Kindes zurück in den Arbeitsprozess. Begreiflicherweise ist auch die Sterblichkeitsrate Gebärender hoch: Auf die werdenden Mütter lauert die Gefahr einer Infektion durch das Kindbettfiebers.

Bis zum Zweiten Weltkrieg entbindet die Mehrzahl der Schwangeren unter dem Beistand einer Hebamme oder einfach einer Nachbarin, die schon eigene Erfahrungen mitbringt, zu Hause. Das Spital oder die Gebäranstalt suchen nur die Allerärmsten und ledige werdende Mütter der städtischen Unterschicht auf, denn hier ist die Gefahr, an Kindbettfieber zu sterben, am größten. Die Geburtskliniken Wiens erlangen in der Mitte des 19. Jhs. eine traurige Berühmtheit: In manchen Jahren sterben bis zu 30 % der Niedergekommen an Infektionserkrankun-

gen, bis der ungarische Gynäkologe Ignaz Semmelweis – »der Retter der Mütter« – Infektion als Ursache des Kindbettfiebers erkennt und die Desinfektion der Hände bei Ärzten und Hebammen zwingend einführt. Damit ist die Säuglingssterblichkeit zwar noch nicht gebannt, denn der Bedeutung des Stillens waren sich bestenfalls die alten Germanen bewusst, von denen Tacitus berichtet: „Die eigene Mutter nährt jedes Kind an ihrer Brust, und keines wird Mägden oder Ammen überlassen."

Mittlerweile aber war durch die körperfeindliche Einstellung christlicher Religionen das Entblößen der weiblichen Brust zum Stillen auch innerhalb der Familie eine höchst intime Angelegenheit geworden. Daher verwundert es nicht, dass im katholischen München zwischen 1861 und 1886 mehr als 80 % der Mütter ihre Säuglinge nicht stillen. Statt mit der für die Entwicklung von Immunität gegen manche Krankheiten so wichtigen Muttermilch füttern sie die Neugeborenen mit einer Mischung aus Zuckerwasser und Mehlbrei. Ein schreiendes Kind beruhigen sie mit einem in Bier getauchten Schnuller.

Eigenartige Moral

Und das trotz ärztlicher Aufklärung, denn Untersuchungen zeigen schon damals auf, dass die Sterblichkeitsrate bei Flaschenkindern vier- bis sechsmal, in heißen Sommermonaten sogar zehnmal höher ist als bei gestillten Säuglingen. 1871 versteht ein bayerischer Arzt seine Mitmenschen nicht mehr: „Eine stillende Frau bildet hier geradezu die Ausnahme. Alles Zureden, alle Vorstellungen wegen Verderblichkeit des Mehlbreifütterns in den ersten Lebenswochen, des Zuckerwassers zum Getränk, […] sind erfolglos. Selbst die Kuhmilch wird vielen Kindern in manchen Gegenden Schwabens aus Geiz, um dieselbe zur Käsebereitung verkaufen zu können, entzogen."

Der unerklärliche Widerwille vieler Mütter, ihre Säuglinge zu stillen, beschränkt sich keineswegs auf die ländliche Bevölkerung: „Keine Kaufmannsfrau säugt ihr Kind mehr, und die Adlichen sollen es thun?", meint am Ende des 19. Jhs. eine Dame aus bestem Haus. „Kühe und Bäuerinnen mögen ihre Jungen stillen, aber für Personen von Stand ist so eine viehische Gewohnheit Schande."

Wer vermögend genug ist, nimmt sich eine Stillamme. Der aus Köln-Deutz stammende Drechslermeister und Führer der deutschen Sozialdemokraten, August Bebel, klagt 1895,

„dass die Landmädchen sich schwängern lassen, um nach der Geburt ihrer Kinder sich als Amme an eine wohlhabende Berliner Familie vermieten zu können."

Ledige Mütter

Diese Mütter sind zumeist ledig und auf ihrer Hände Arbeit angewiesen. Unehelich Geborene gehören in den Ländern des Deutschen Bundes zur Regel, etwa jedes achte Kind wird unehelich geboren. Dieser Umstand ist nicht auf liederlichen Lebenswandel, sondern auf staatliche Regelungen zurückzuführen. Die Obrigkeit versucht, durch Heiratsbeschränkungen eine Bevölkerungsvermehrung einzudämmen, mit dem Erfolg, dass zum Beispiel in Bayern der Anteil unehelich Geborener in manchen Landesteilen 25 %, in München und Nürnberg fast 50 % erreicht. Da ledige Mütter mangels anderer Unterstützung berufstätig sein müssen und meistens in einer Fabrik schwer arbeiten, bleiben selbst Säuglinge sich selbst überlassen oder in der Obhut von Nachbarn oder älterer Geschwister. Die Sorge um ein Neu-

geborenes ist entsprechend dürftig. Ein Berliner Arzt kritisiert: „Kinder werden gewöhnlich im Schmutz zurückgelassen, mit einem Stöpsel von schlechter Milch oder saurem Brei im Mund."

Gegen Ende des 19. Jhs. geht die Säuglingssterblichkeit schließlich zurück. Die Trinkwasserzufuhr, die Kanalisation und die Mistabfuhr werden von kommunaler Seite geregelt, der Staat kümmert sich um Kind und Mutter, Ärzte werden angehalten, aufklärend und belehrend zu wirken. Stillgelder regen zur natürlichen Ernährung von Säuglingen an, neue Medikamente entschärfen die Gefahren typischer Kinderkrankheiten wie Scharlach und Röteln und der damals weit verbreiteten angeborenen Syphilis. Gesetze schützen das Leben des Kindes und der Mutter, die Zeit ist vorbei, von der August Bebel berichtet, dass die Zahl der Frauen, die infolge von Geburten sterben oder siechen, weitaus größer sei „als die Zahl der Männer, die auf dem Schlachtfeld fallen oder verwundet sterben."

Freilich, die großen Kriege mit ihren Massenvernichtungen stehen der Menschheit und den Deutschen noch bevor.

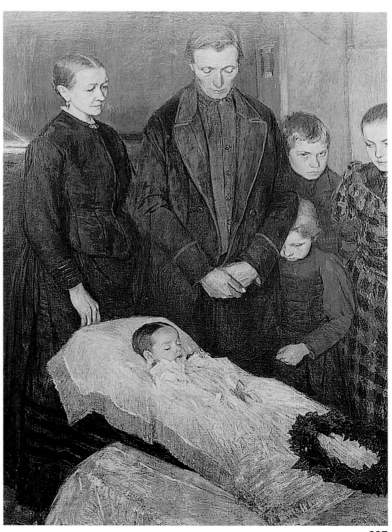

»Einigkeit macht stark!«

ADAV Gründung des »Allgemeinen Deutschen Arbeitervereins« (23. 5. 1863)

VDAV Gründung des »Vereinstags Deutscher Arbeitervereine« (7./8. 6. 1863)

SDAP Gründung der »Sozialdemokratischen Arbeiterpartei« (7. bis 9. 8. 1869)

• »Verband Deutscher Arbeitervereine«

• revolutionäre, proletarische Opposition im »Allgemeinen Deutschen Arbeiterverein«

• Gewerkschaften

• Sektionen oder Mitglieder der Internationalen Arbeiterassoziation

wichtige Streiks 1869

Protestkundgebungen gegen einen deutschen Annexionskrieg 1870/71

Solidaritätskundgebungen für die Pariser Kommune 1871

aus Wahlkreisen in den Reichstag des Norddeutschen Bundes entsandte Arbeitervertreter (31. 8. 1867)

Regionen, die Delegierte zur Gründung des ADAV entsenden

Fahne des »Allgemeinen Deutschen Arbeitervereins«, Sektion Stuttgart, 1863 (ganz oben). – Arbeiterorganisationen von 1863 bis 1871 (Karte links). – »Abstich in der Aloishütte« (Ölgemälde, 1850, Adolph von Menzel, rechts unten).

„Es dauerte Jahrzehnte, bis schließlich die geborenen Proletarier an ihre Lage gewöhnt waren und sich als Arbeiter verstanden."

Dietrich Mühlberg, 1986

Vor allem den Handwerkern, die in ihrem spezialisierten Beruf keine Beschäftigung finden, fällt es schwer, sich in die Rolle eines »Proletariers« zu fügen. Als im Berlin des Revolutionsjahres 1848 auf einer Massenversammlung die Gründung eines »Proletarierbundes« vorgeschlagen wird, bricht ein Tumult aus, der den Redner zwingt,

das Wort »Proletarier« zurückzunehmen", berichtet der Historiker Eduard Bernstein in seiner »Geschichte der Berliner Arbeiterbewegung« (1907). Es dauert Generationen, bis der »Proletarier« sich zu seinem Stand bekennt und Selbstbewusstsein zur Schau trägt. Erst jetzt beansprucht er die »Ehre der Arbeit«, nimmt das Schicksal nicht mehr als von Gott gewollt hin – wie die Armen in der Feudalzeit –, sondern erhebt Ansprüche und leistet den Privilegierten Widerstand. Mit der Zeit betrachten sich die Arbeiter selbst als Träger der Kultur, weil ihre *„Arbeit die Quelle allen Reichtums und aller Kultur"* sei, wie es im Programm der Sozialistischen Arbei-

terpartei Deutschlands von 1875 heißt. Dieser Ideologie trägt der Arbeiter durch Kleidung, Haltung und Auftreten Rechnung. Die Bildpropaganda geht noch einen Schritt weiter: Ende des 19. Jhs. stellt sie ihn als Heros der Arbeit, sogar als Beschützer von Wissenschaft, Kunst und Bildung dar. *„Dieses Wertbewusstsein war Ausdruck der erworbenen sozialen Stellung der Arbeiter"*, meint der Soziologe Dietrich Mühlberg. *„Sie hatten die Schule der industriellen Arbeit absolviert. Arbeitsamkeit war ihnen ebenso selbstverständlich geworden wie die Fähigkeit, die wissenschaftlich begründete Technik in Gang zu halten."* Bis es allerdings so weit ist, vergehen Jahrzehnte.

Ungeschulte Arbeitskräfte

In den Anfängen der industriellen Revolution rekrutiert sich die Arbeiterschaft aus ungelernten Kräften, Handwerksgesellen und ländlichen Hilfskräften. Sie hoffen, in den großen Städten und Fabriken Arbeit zu finden und Geld zu verdienen. Zu

ihnen stoßen die Heimarbeiter – Weber, Spinner, Scherenschleifer –, die durch die industrielle Produktion brotlos geworden sind, sowie die städtischen Tagelöhner, die in Zunftbetrieben fallweise mit körperlichen Hilfs- und Schwerarbeiten aushelfen. Die auf den Arbeitsmarkt drängenden ungelernten Kräfte treten in eine für sie bislang unbekannte Welt ein. An ihren früheren Arbeitsplätzen herrschten ganz andere Arbeitsbedingungen. Arbeitszeiten waren oft unregelmäßig, die Arbeitsdisziplin war mitunter locker. Besonders schwierig ist es für das kaum schreib- und lesekundige und technisch ungeschulte Personal, nun mit komplizierten Maschinen und ungewohnten Arbeitsgeräten umzugehen: *„In der Fabrik sollten die Arbeiter eine regelmäßige Arbeitszeit einhalten und während dieser auch arbeiten; der Fabrikant wollte sie schließlich nicht umsonst bezahlen"*, stellt der Historiker Jürgen Mirow fest. *„So hatten diese in die Fabrik gegangenen Arbeiter Anpassungsschwierigkeiten, und das äußerte sich in häufigem Zuspätkommen, willkürlichen*

Pausen und eigenmächtigen Feiertagen. Die Fabrikbesitzer versuchten im Gegenzug, ihre Arbeiter durch Fabriksordnungen zu disziplinieren, die für Eigenmächtigkeit harte Geldstrafen vorsahen." Die Disziplinierungsmittel schließen sogar religiöse Aufforderungen ein, „arbeite und bete" schallt es von den Kirchenkanzeln. In den Betrieben kontrollieren Aufseher die Werktätigen, mahnen zum aufmerksamen Umgang mit den Maschinen und zur genauen Einhaltung der Arbeitszeiten und -pausen. Stechuhren werden eingeführt.

Schwierige Anpassung

Viele der in den Fabrikalltag Eintretenden empfinden diese Disziplinierung als Unterdrückung, sie versuchen auszubrechen und stürzen sich in ein geradezu nomadenhaftes Wandern von Arbeitsplatz zu Arbeitsplatz. Noch um die Jahrhundertwende verlassen in der Montanindustrie des Ruhrgebietes im Durchschnitt 50 % der eintretenden Arbeiter innerhalb eines Jahres wieder ihre Arbeitsstätte. „So wie der Betrieb stellte für viele auch die Wohnung keinen Ort fester Verwurzelung dar", meint Jürgen Mirow.

In der Stadt Essen wechselt 1900 die Hälfte der Haushalte ihren Standort, „sei es in der Hoffnung auf eine billigere oder eine bessere Wohnung oder um näher an einem neuen Arbeitsplatz zu wohnen. Instabil war die Arbeiterexistenz auch, insofern sie ungesichert war. Bei ihrem schmalen Verdienst lebten die meisten Arbeiter weit gehend von der Hand in den Mund und konnten keine oder nur geringe Ersparnisse für Notzeiten bilden", sagt Mirow. Um die Fluktuation einzudämmen zahlen manche Betriebe den vollen Lohn erst nach längerer Zugehörigkeit an ihre Mitarbeiter aus. Manche Unternehmen (Krupp in Essen) bieten Sozialleistungen, wie Betriebsspar- und Krankenkassen, Kantinen und Wohnungen, um der Arbeiterschaft einen Anreiz zum längeren Verbleiben im Betrieb zu bieten. Oft missbrauchen die Arbeitgeber diese Angebote als Druckmittel gegenüber unbotmäßigen Arbeitnehmern: Durch Androhung der fristlosen Entlassung und des Verlustes aller erworbenen Privilegien versuchen sie Ausstände schon im Keim zu ersticken.

Arbeiterviertel

Nach und nach erfasst die Industrialisierung von lokalen Regionen ausgehend (Ruhrgebiet, Dresdner Um-land, Berlin) das gesamte Deutsche Reich. Umfassende Strukturpläne für neu zu gründende Fabriksquartiere gibt es nicht. Die Produktionsstätten entstehen meistens am Rand gewachsener, alter Stadtkerne. Sie nutzen die bereits vorhandene Infrastruktur und ziehen gleichzeitig die Landbevölkerung des Umfeldes an sich. Aus Dörfern an den Stadträndern werden Industriesiedlungen, aus ihnen schließlich Vorstädte. Der Zuzug von Arbeitskräften regt den Bau von Mietwohnhäusern an, er bedeutet Aufträge für Ziegeleien, Bauunternehmer, Zimmerleute, Möbelfabrikanten und Ofensetzer. Hier, in den Außenbezirken, siedeln die Arbeiter, während in den Stadtkernen das Kleingewerbe, die Handwerker, die Angestellten und Beamten wohnen. Diese strukturelle Gliederung hält sich in vielen Städten Deutschlands trotz der Zerstörungen im Zweiten Weltkrieg und trotz der durch den Krieg und die Nachkriegszeit hervorgerufenen hohen Bevölkerungmobilität bis heute: Die Arbeiter bleiben also unter sich.

Erste Arbeiterbewegungen

In den 1860er Jahren sind schließlich die Voraussetzungen im Deutschen Reich so weit gediehen, dass die in der Revolution von 1848 gegründete »Allgemeine Deutsche Arbeiterverbrüderung« nach staatlicher Unterdrückung und ihrer Auflösung in zusammenhanglose lokale Organisationen zu einer einheitlich geführten Arbeiterbewegung reift. Der 23. 5. 1863 ist jener denkwürdige Tag, an dem in Leipzig eine politische Partei der Arbeiter, der »Allgemeine Deutsche Arbeiterverein« (ADAV), gegründet wird. Aus ihm geht die Sozialdemokratische Partei Deutschlands hervor. Zur Gründungsversammlung erscheinen Vertreter und Komitees von Arbeitervereinen aus vielen großen deutschen Städten, u. a. aus Solingen, Barmen, Elberfeld, Düsseldorf, Mainz, Frankfurt/Main, Hamburg, Dresden, Harburg und Leipzig selbst. Ferdinand Lassalle, Sohn eines jüdischen Seidenhändlers aus Breslau, der Geschichte, Philosophie und Philologie studierte, verfasst das Parteiprogramm (1. 3. 1863). Auf seinen Studienreisen lernt er 1845 in Paris sozialistisches Gedankengut kennen und arbeitet an der von Karl Marx herausgegebenen »Neuen Rheinischen Zeitung« mit (1848).

Das Programm gipfelt in der Forderung nach einem allgemeinen Wahlrecht und einer mit staatlicher Hilfe ins Leben zu rufenden Arbeiterassoziation. Lassalle wird für fünf Jahre zum Präsidenten des Vereins gewählt und mit nahezu diktatorischen Vollmachten ausgestattet und erregt durch seine Agitation allgemeines Aufsehen. Die Partei aber stärkt er zunächst nicht. Nur wenige Anhänger folgen seinem Aufruf, mit der bislang von ihnen bevorzugten »Fortschrittspartei« und dem »Nationalverein« zu brechen. Zu überraschend kommt für sie die Aufforderung zum Bruch, noch mehr schreckt sie das diktatorische Gehabe Lassalles und die anfänglich ablehnende Haltung des ADAV gegenüber den Ge-werkschaften ab. So bleiben etliche Arbeitervereine der Fortschrittspartei verbunden, radikale Gruppen trennen sich vom ADAV, andere Unzufriedene gründen sogar eine eigene Partei, den »Vereinstag Deutscher Arbeitervereine« (VDAV).

Krise unter den Arbeitern

„Es waren vorwiegend nichtpreußische, in den Mittel- und Kleinstaaten beheimatete Vereine, die sich hier zusammenfanden", resümiert der Historiker Gerhardt Schildt. „Sie misstrauten mehr als der ADAV dem preußischen Machtstaat, waren lockerer organisiert und ließen den einzelnen Ortsvereinen mehr Freiheiten. Aber der heftige Konkurrenzkampf der beiden Richtungen nährte sich auch aus vielen persönlichen Animositäten und verstärkte sich verständlicherweise noch, als der VDAV sich vom 7. bis 9. August 1869 in Eisenach als »Sozialdemokratische Arbeiterpartei« konstituierte."

Die ideologische Orientierungslosigkeit der Arbeiterschaft lähmt ihre Aktivitäten für Jahre. Selbst der Zusammenschluss des ADAV mit dem VDAV zur »Sozialdemokratischen Arbeiterpartei« auf dem Eisenacher Kongress schafft noch keine Abhilfe. Erst Ende Mai 1875, auf dem Parteitag in Gotha, endet der Streit zwischen den durch ihre Programme kaum zu unterscheidenden Splittergruppen mit einer Vereinigung in der »Sozialistischen Arbeiterpartei Deutschlands«. Jetzt wird der von Gewerkschafts- und Arbeiterführern verbreitete Slogan »Einigkeit macht stark!« wirksam.

Deutschland wächst

„In seiner »Selbstkritik« des Liberalismus, veröffentlicht in den »Preußischen Jahrbüchern« im November/Dezember 1866, forderte einer der Sprecher der Liberalen, Hermann Baumgarten, Professor in Karlsruhe, die Anerkennung Preußens als des Wegbereiters des Nationalstaats und die Mitwirkung der Liberalen an der Schaffung der Verfassung. Die These »Erst Freiheit, dann Einheit« verwarf Baumgarten als eine Illusion. Das Bürgertum dürfe nicht abseits stehen, es müsse eine Macht werden, »endlich eine seine Gedanken selbst realisierende Macht«.“

Michael Behnen, 1997

Zu den Verlierern in der Schlacht von Königgrätz zählen nicht nur Österreich und die Mehrheit der deutschen Staaten, sondern auch viele politische Parteien, im Besonderen die Fortschrittspartei. Am gleichen Tag, an dem die Preußen die Österreicher bei Königgrätz besiegen, finden in Preußen die Wahlen zum Abgeordnetenhaus statt. Das Ergebnis fällt für die Fortschrittspartei ernüchternd aus: Von ursprünglich 247 Sitzen sackt sie auf 148 ab. Das ist eine klare Absage an den Liberalismus, der in einer Nachwirkung von 1848 Freiheit und Einheit verbinden und Preußen eine Verfassung nach englischem Vorbild als liberale und parlamentarische Monarchie geben will. Die Wahl gleicht geradezu einem Plebiszit für Bismarck, denn die ihm nahe stehenden Konservativen erhalten zu ihren 35 weitere 101 Mandate und verfügen über 136 Sitze.

Liberale gespalten

Der Schock bei den Fortschrittlichen sitzt tief: In der allgemeinen Orientierungslosigkeit entscheiden sich Liberale aus den von Preußen annektierten Ländern für den Austritt aus der Mutterpartei und die Gründung einer eigenen Nationalliberalen Partei. Sie bewegt sich fortan im Schatten Bismarcks. Grund der Spaltung ist die Frage der »Indemnität« vom 3. 9. 1866, als die Regierung Bismarck sich rückwirkend die parlamentarische Billigung für illegale Militärausgaben seit 1862 holt. Das Parlament bestätigt – ebenso verfassungswidrig – die »Indemnität« mit 230 zu 75 Stimmen.

Der Norddeutsche Bund von 1866 bis 1871

☐ Preußen bis 1866

☐ Länder, die dem Norddeutschen Bund beitreten

☐ Länder, die dem Norddeutschen Bund fernbleiben

BR. zu Braunschweig

0 — 100 — 200 km

Nach außen hin ist der seit 1861 schwelende Verfassungskonflikt damit beendet, doch der bürgerliche Liberalismus bleibt gespalten: Einerseits beharrt der Rest der Fortschrittspartei auf den Prinzipien des Rechts- und parlamentarischen Verfassungsstaates, andererseits befürworten die Nationalliberalen einen Machtstaat unter Führung Bismarcks. Die Nationalliberale Partei ist es auch, die in ihrem Gründungsprogramm vom 12. 6. 1867 die Einbeziehung der süddeutschen Staaten in den nationalen Verfassungsstaat fordert. Derart unterstützt und das Gespenst französischer Absichten auf die Annexion süddeutscher Staaten an die Wand malend, kann Bismarck am 18. 8. 1867 mit 17 deutschen Mittel- und Kleinstaaten ein Offensiv- und Defensivbündnis *„zur Erhaltung der Unabhängigkeit und Integrität, der inneren und äußeren Sicherheit"* aushandeln. Mehr noch: Das »August-Bündnis« sieht bei Wahrung des Besitzstandes der einzelnen Staaten die Gründung eines Bundesstaates anstelle des aufgelösten Deutschen Bundes vor. Basis ist ein preußischer

Der Norddeutsche Bund (Karte unten). – Eröffnung des Norddeutschen Reichstages (ganz unten).

am 22. 8. 1867 ein geheimes Schutz- und Trutzbündnis mit Preußen, in dem sie im Kriegsfall ihre volle militärische Hilfe unter einem gemeinsamen Oberbefehl zusagen.

Der Norddeutsche Bund

Der Weg ist frei, um nun die norddeutschen Staaten im Norddeutschen Bund auf der Grundlage einer gemeinsamen Verfassung zügig zusammenzuschließen. Am 12. 2. 1867 wird der konstituierende Reichstag nach dem Reichswahlgesetz vom 12. 4. 1849 und dem allgemeinen, gleichen, geheimen und direkten Wahlrecht für Männer über 25 Jahre gewählt. Es wird ein Sieg der rechten Mitte. Während die Fortschrittspartei nur 19 Sitze erringt, schafft die Nationalliberale Partei 80. Schon am 16. 4. billigt der Reichstag mit 230 zu 53 Stimmen den Verfassungsentwurf. Er ist wesentlich von Bismarcks bundesstaatlicher Vorstellung in Fortschreibung der Reichsverfassung von 1849 geprägt, die er in einer Denkschrift, den »Putbuser Diktaten«, dargelegt hat. Diese Schrift

Reformvorschlag (10. 6. 1866), der die Mitwirkung eines konstituierenden Reichstages und die Unterstellung der Truppen unter den König von Preußen zur Bedingung macht. Dieses »August-Bündnis« erlaubt es Bismarck, Napoleons Kompensationswünschen für sein neutrales Verhalten im deutsch-österreichischen Krieg entgegenzutreten.

Unter dem Eindruck der französischen Kompensationsforderungen schließen die süddeutschen Staaten

berücksichtigt bereits die verfassungsmäßige Stellung eines Bundesrates und eine elastische Staatsform, die den späteren Eintritt süddeutscher Staaten vorsieht.

Neue Bundesverfassung

Nach der Zustimmung der Einzelstaaten tritt am 1. 7. 1867 die Bundesverfassung in Kraft. Die Regierungsgewalt obliegt dem Bundesrat, der preußische König wird Bundespräsident, Bismarck Kanzler, Rudolf Delbrück sein Präsidialsekretär.

Die Ausübung der Exekutive liegt beim Bundespräsidium, das als Geschäftsleitung des Bundesrates arbeitet; ihr Vorsitzender ist der Bundeskanzler. Er steht im Brennpunkt der Verfassungsdebatte, da er ursprünglich nur den Vorsitz des Bundesrates annehmen sollte. Der Reichstag aber setzt die Ministerverantwortlichkeit für ihn durch und verleiht ihm den Rang eines selbständigen Regierungsorgans. Die Verfassung sieht jedoch keine weiteren Ressortminister vor, ein Umstand, der auf Dauer die Regierungsgeschäfte beeinträchtigt. Schließlich werden doch weitere Ressorts eingeführt, das Auswärtige Amt, Ministerien für Justiz, Finanzen, Eisenbahnwesen, Ernährung, Arbeit, Wirtschaft, aber nicht als dem Reichstag verantwortliche Ministerien, sondern als dem Kanzler zu- und untergeordnete Staatssekretariate.

Der Norddeutsche Reichstag ist die Volksvertretung. Bei der Gestaltung des Reichstages kann sich Bismarck nicht durchsetzen. Er wollte ein Staatsamt und ein Reichstagsmandat für unvereinbar erklären. Richtern, Verwaltungsbeamten und Universitätsprofessoren wäre ein Mandat verwehrt geblieben.

Sonst aber ist die Macht des Reichstages nur begrenzt: Die Budgetgewalt für militärische Ausgaben bleibt als Nachwirkung der Verfassungskrise (1861 bis 1866) beschränkt. Von der Regierungsbildung und der Regierungstätigkeit ist der Reichstag ausgeschlossen. Der Bundesrat kann weiterhin Gesetzesanträge mit einem Veto blockieren. Dennoch ist der demokratisch-parlamentarische Fortschritt gegenüber dem Parlament des Deutschen Bundes gewaltig, denn zu einem Volksvertretungsorgan hatte er es bisher nicht gebracht. Eine Neuerung im Norddeutschen Bund ist die Aufstellung einer Exekutive. Die Weichen für die Zukunft sind schon gestellt: Das Parlament des Norddeutschen Bundes heißt nicht *Bundes*tag, sondern *Reichs*tag.

Triumph über Frankreich

„Die preußischen Militärallianzen mit den süddeutschen Staaten, die wechselseitige militärische Angleichung, schließlich sogar ein gemeinsamer Aufmarsch- und Mobilmachungsplan: Alles scheint darauf hinzudeuten, Bismarck habe den kommenden Krieg mit Frankreich zielstrebig vorbereitet."

Wolfram Siemann, 1997

Fragen nach einer Kriegsschuld sind immer heikel, vor allem dann, wenn ein Konflikt so ungeheuer belastend auf das Verhältnis zweier Staaten wirkt wie der Deutsch-Französische Krieg von 1870/71. Auch er hat seine Vorgeschichte und bricht nicht plötzlich wie ein Naturereignis über Europa herein; er wurzelt politisch zweifelsfrei im österreichisch-preußischen

Konflikt von 1866: Damals erlaubt der Sieg Preußens über Österreich und dessen deutsche Verbündete eine Machterweiterung Berlins auf norddeutsche Territorien und die Gründung des Norddeutschen Bundes. Die Annexion dieser Territorien verschreckt Paris, fürchtet man doch zu Recht die Vorherrschaft Preußens.

Nach dem Ausscheiden Österreichs aus dem deutschen Staatengefüge ist zwischen dem Main und den Alpen ein Machtvakuum entstanden, in das Frankreich vergeblich einzudringen versucht. Es stößt hier nicht nur auf die ablehnende Haltung Preußens, sondern auch auf die der süddeutschen Staaten. Halten sich diese bislang gegenüber Berlin distanziert, so schwenken sie nun ins preußische Lager über, das sie einer französischen Vorherrschaft allemal vorziehen.

Der diplomatische Misserfolg trifft Napoleon III. und die französische Öffentlichkeit schwer. Der Anspruch auf die Vorrangstellung in Europa lässt sich in Konkurrenz zu einem im Wachsen begriffenen deutschen Nationalstaat kaum mehr aufrechterhalten.

Frankreich misstrauisch

Argwöhnisch verfolgt Frankreich die politischen Aktivitäten Preußens und vermutet hinter jeder Handlung Bismarcks eine Intrige. So auch während der bürgerlichen Revolution in Spanien, die am 18. 9. 1868 Königin Isabella II. zur Flucht nach Frankreich zwingt. Zu den neuen Thronanwärtern zählt Fürst Leopold aus dem preußischen Haus Hohenzollern. Seit 1861 mit der Infantin

Antonia von Portugal verheiratet, dadurch in Verwandtschaftsbeziehung zu den Häusern Bonaparte und Braganza, hat er große Chancen, den vakanten Thron zu besteigen. Gefördert wird das Vorhaben durch die spanische Regierung unter den Marschällen Serrano und Prim. In geheimer Mission sondieren sie in Berlin, doch König Wilhelm I. von Preußen widerstrebt ihr Vorhaben. Bismarck hingegen spricht sich energisch für die Thronkandidatur aus, um Bündnisgespräche zwischen Paris, Wien und Rom zu unterlaufen. Nach einigem Zögern entschließt sich Leopold doch, den Thron anzunehmen. Eine Indiskretion bringt die bisher geheim geführten Verhandlungen zwischen Madrid und Berlin am 3. 7. 1870 an den Tag und empört die französische Öffentlichkeit: *„Frankreich verfügte in diesem Augenblick über Politiker, die*

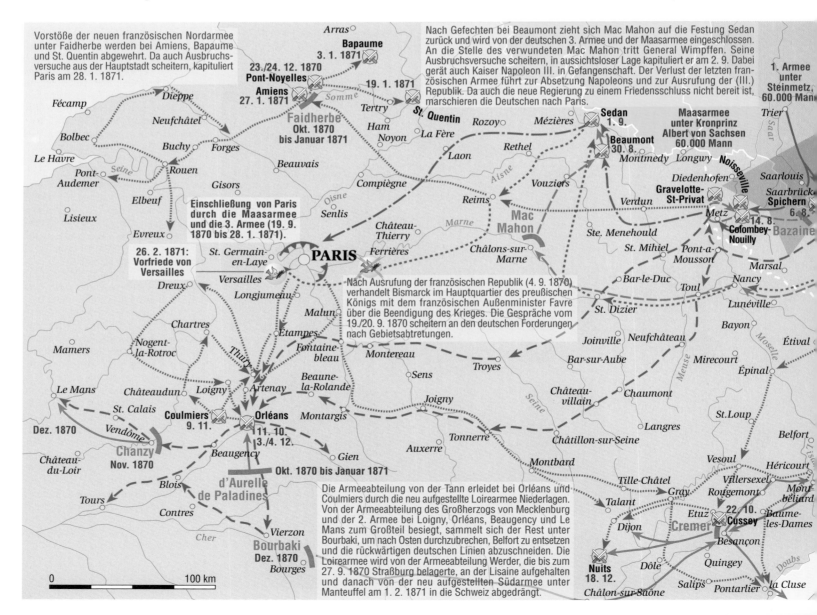

man auf internationalem Parkett als unerfahren betrachten konnte", meint der Historiker Wolfram Siemann, „den im Januar 1870 ins Amt gekommenen Ministerpräsidenten Emile Ollivier und den Außenminister Duc de Gramont."

Frankreich auf Konfrontationskurs

Ollivier und Gramont schlagen einen Kurs ein, der ein Zurück nicht mehr erlaubt. Am 7. 7. urteilt der bayerische Gesandte in Paris: „Man kann sich des Eindrucks nicht erwehren, dass nunmehr die französische Regierung es darauf abgesehen [hat], mit Preußen anzubinden oder zum mindesten Letzteres, falls es nachgibt, eklatant zu demütigen."

Die »Julikrise« 1870 wird noch durch eine beispiellose Pressekampagne Gramonts verschärft, sodass britische, russische, italienische und belgische Diplomaten mit dem unmittelbaren Ausbruch eines Krieges rechnen. Doch am 12. 7. 1870 tritt

Der französische Kriegsplan sieht eine rasche Trennung Nord- und Süddeutschlands vor.

Bingen
Mainz
Kreuznach
Darmstadt

2. Armee unter Prinz Friedrich Karl von Preußen, 149.000 Mann

Heidelberg

Kaiserslautern
Speyer

3. Armee Kronprinz von Preußen, 130.000 Mann

Landau
Weißenburg
Wörth
4. 8.
6. 8.
Karlsruhe
Hagenau
Zabern
Straßburg
Barr
Schlettstadt
Colmar
Neu-Breisach
Freiburg
Mülhausen
Lörrach
Basel
Zürich

S C H W E I Z

Luzern
Bern

D E U T S C H L A N D

Die Anfangsschlachten von Weißenburg, Wörth und Spichern bringen nicht die von Moltke geplante Vernichtung des Gegners. Bazaine tritt den Rückzug an und wird bei Metz eingeschlossen. Mac Mahon geht nach Châlon zurück und soll Metz entsetzen.

Deutsche Armeen:
Kampfstärke einschließlich der Reserven durchschnittlich 475.000 Mann

→ 1. Armee (Steinmetz)
- → 2. Armee (Prinz Friedrich Karl)
··· → 3. Armee (Kronprinz von Preußen)
– → Maasarmee (Kronprinz Albert von Sachsen)
······ → diverse Armeeabteilungen und Armee-Neuaufstellungen (von der Tann, Großherzog von Mecklenburg, Werder, Manteuffel, Goeben)

Französische Armeen:
→ Kaiserliche Armee (280.000 Mann einschließlich der Reserven)
→ Republikanische Armee im Dezember 1870 (500.000 Mann einschließlich Reserven im Felde, 155.000 Mann Kampftruppen in Paris, ohne Nationalgarde)

eine überraschende Wende ein: Fürst Karl Anton von Hohenzollern-Sigmaringen gibt den Verzicht der Kandidatur seines Sohnes Leopold bekannt. Mit dem Ergebnis nicht zufrieden, entsendet die französische Regierung am 13. 7. 1870 ihren Botschafter Vincent Graf Benedetti zu König Wilhelm I. von Preußen, der zur Kur in Bad Ems weilt. Benedetti fordert im Namen seiner Regierung von Wilhelm eine Garantieerklärung, dass er, der preußische König, den bereits erklärten Verzicht des Erbprinzen Leopold von Hohenzollern-Sigmaringen auf die spanische Königskrone billige und auch weiterhin keine Kandidatur eines Hohenzollern genehmigen werde.

Die »Emser Depesche«

Wilhelm lehnt dieses Ansinnen glattweg ab, hatte er der Kandidatur ohnehin seine Zustimmung verweigert. Um den preußischen Ministerpräsidenten vom Gespräch zwischen Wilhelm und Benedetti zu informieren, fasst es der Vortragende Rat Heinrich von Abeken zusammen und sendet es als Telegramm an Bismarck mit dem Auftrag, den Text zu überarbeiten und zu veröffentlichen. Dieses unter dem Begriff »Emser Depesche« bekannt gewordene Telegramm kürzt nun Bismarck derartig, dass es im Wortlaut an Schärfe gewinnt und dem Auftreten Benedettis ultimativen Charakter verleiht. Frankreich zeigt sich brüskiert, kann aber tatsächlich die neuerliche diplomatische Niederlage nicht mehr verkraften. Noch am 14. 7. teilt Napoleon III. seinem Ministerpräsidenten Ollivier mit: „Sehen Sie, in welcher Lage sich eine Regierung manchmal befinden kann:

Der Deutsch-Französische Krieg von 1870/71 (Karte links). – Die Schlacht bei Gravelotte und St. Privat am 18. 8. 1870 (Bild oben).

Wir haben keinen richtigen Kriegsgrund, trotzdem werden wir uns für den Krieg entscheiden müssen, um dem Willen des Landes zu gehorchen."

Am 19. 7. 1870 erklärt Frankreich Preußen den Krieg.

Kriegsbegeisterung

Die Bevölkerung beider Seiten erfasst eine begeisterte patriotische Erregung. Der Norddeutsche Reichstag verurteilt die »bonapartistische Herrschsucht« und der nationalliberale Reichstagspräsident Simson wertet die Auseinandersetzung als »heiligen Krieg«. Der bayerische Ministerpräsident und Außenminister Graf von Bray-Steinburg erkennt nüchtern: „Von hier ab ändert sich die Natur der Sache; die spanische Kandidatur verschwindet, die deutsche Frage beginnt." Tatsächlich anerkennen die süddeutschen Staaten den Bündnisfall und ziehen an der Seite der Truppen des »Norddeutschen Bundes« gegen Frankreich.

Bei durchschnittlich gleichwertiger Ausrüstung sind die Deutschen mit 475.000 Mann den Franzosen mit nur 280.000 Mann zu Beginn des Krieges überlegen. Generalstabschef Helmuth von Moltke hat den deutschen Oberbefehl, Napoleon III. den französischen. Nicht nur die zahlenmäßige Überlegenheit der Deutschen beendet den Krieg relativ rasch, sondern auch die bessere Führung und Strategie und der durch ein dichtes Eisenbahnnetz ermöglichte rasche Aufmarsch. Am 2. 9. geht schließlich der strategische Plan Moltkes auf, den Gegner zu umfassen und in einer Entscheidungsschlacht zu schlagen. Bei Sedan gerät General Mac Mahon mit Kaiser Napoleon III. und 100.000 Mann in Gefangenschaft. Zwei Tage danach wird in Paris die Republik

ausgerufen und eine »Regierung der nationalen Verteidigung« unter der politischen Führung von Jules Favre und Léon Gambetta gebildet. Sie verleihen dem Krieg den Charakter eines Volkskrieges, den die republikanischen Armeen mit Erbitterung führen. Denn seit dem Kriegsrat Bismarcks in Herny am 14. 8. 1870 ist bekannt, dass Preussen die Annexion Elsass-Lothringens plant. Dass die Idee dafür von Bismarck ausging, lässt sich nicht nachweisen. Es scheint eher, als sei der vielfach zitierte »Wieder-Erwerb« von rechtsradikal-patriotischen Kreisen ausgegangen. Wie auch immer, Bismarck und die Militärs geben der Forderung nach und verwandeln den preußischen Verteidigungskrieg in einen deutschen Eroberungskrieg. Paris wird belagert und nach viermonatiger, heftiger Gegenwehr am 28. 1. 1871 besetzt; nun bricht der französische Widerstand auch an den übrigen Fronten zusammen. Am 26. 2. 1871 erfolgt der Vorfriede in Schloss Versailles; der bestätigende Friede mit den Bestimmungen über den Umfang des abzutretenden Gebietes, des künftigen »Reichslandes Elsass-Lothringen«, sowie 5 Milliarden Franc Kriegsentschädigung wird am 10. 5. 1871 in Frankfurt am Main unterzeichnet. Der Friede ist von Beginn an in Frage gestellt. Die Niederlage – von den Franzosen als nationale Katastrophe (frz. »débâcle«) empfunden – bedeutet für Frankreich den Verlust der Vorherrschaft auf dem europäischen Festland. Der Verzicht auf Elsass-Lothringen belastet das Verhältnis zu Preußen über Jahrzehnte.

Preußen, auf dem Gipfel seiner Macht, verwirklicht jetzt das politische Konzept der »kleindeutschen Lösung«: den Zusammenschluss aller deutschen Staaten ohne Österreich.

Das Zweite Reich

„Mit der Ausrufung des preußischen Königs zum »Kaiser Wilhelm« durch den badischen Großherzog wurde nach außen sichtbar ein Akt der Fürsten vollzogen – glanzvoll zwar, aber doch erst später zum großen Ereignis, zur Reichsgründung stilisiert."

Jost Dülffer, 1997

Nach dem Triumph über Frankreich schweben die Deutschen auf den höchsten Wolken patriotischer nationaler Gefühle. Ob im Norden oder Süden, alle schwelgen im Glück des gemeinsam errungenen Sieges. Der Erweiterung des Norddeutschen Bundes durch die süddeutschen Staaten scheint nun nichts mehr im Wege zu stehen.

Schon nach den ersten Siegen, im Herbst 1870, lädt Bismarck die Minister der vier süddeutschen Staaten Baden, Württemberg, Bayern und Hessen-Darmstadt zu sich ins Hauptquartier nach Versailles. Die Kriegserfolge geben der Nationalbewegung einen gewaltigen Auftrieb, Fürsten und Regierungen stehen unter dem Druck, die bis dahin stagnierende Einigungsfrage als wieder akut gewordenes politisches Problem endlich aus der Welt zu schaffen. In Nord und in Süd fordern die liberalen und demokratischen Kräfte die Wiedererrichtung des Reiches. Bismarck, der »Eiserne Kanzler« – wie er später wegen seiner harten Verhandlungsführung genannt wird –, verhandelt wohlweislich einzeln mit den Abordnungen der süddeutschen Länder. Er

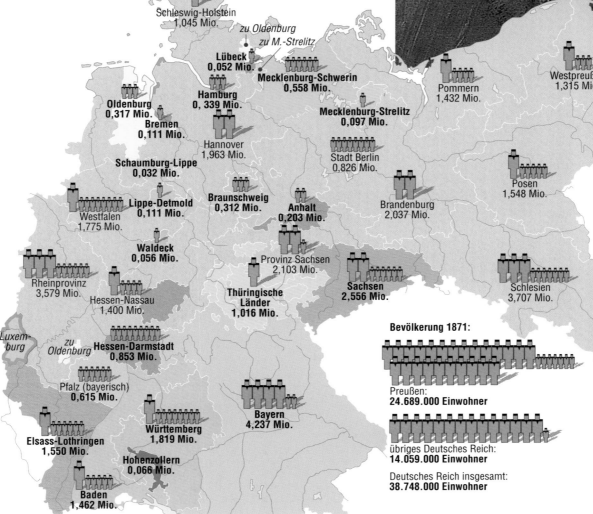

Porträt des »Eisernen Kanzlers« Otto von Bismarck, gemalt von Franz von Lenbach. Der bayerische Maler ist seit 1878 mit Bismarck befreundet (Bild oben).

Das geeinte Deutsche Reich von 1871 – auch als Zweites Reich bezeichnet – und die Verteilung der Bevölkerung auf die einzelnen Länder bzw. Provinzen Preußens (Karte links).

Anton von Werners 3. Fassung der »Kaiserproklamation in Versailles«; das Gemälde entstand in kaiserlichem Auftrag zum 70. Geburtstag Bismarcks im Jahr 1885 (Bild rechts).

Bevölkerung 1871:

Preußen:
24.689.000 Einwohner

übriges Deutsches Reich:
14.059.000 Einwohner

Deutsches Reich insgesamt:
38.748.000 Einwohner

weiß, dass er um Zugeständnisse nicht herumkommt, ist im Sinne des zu gründenden Gesamtstaates aber nicht bereit, allzu viel zu geben. Württemberg und Bayern, mit ihrem tief verwurzelten Bewusstsein einer Eigenstaatlichkeit und der historisch bedingten Abneigung gegen Preußen, erweisen sich in den Verhandlungen mit Bismarck als durchaus ebenbürtig und ringen ihm weit gehende Vergünstigungen bei den Hoheitsrechten ab: Militärhoheit im Frieden, eigene Eisenbahn- und Postverwaltung, Recht auf die Bier- und Branntweinsteuer. Noch immer zögert Bayerns König Ludwig II. dem Reichsbund beizutreten. Erst eine geheime finanzielle Aufbesserung aus dem 1866 beschlagnahmten Vermögen des Fürstenhauses von Hannover (»Welfenfonds«), stimmt ihn um: Bayern tritt am 23. 11., Württemberg zwei Tage später dem Deutschen Bund bei.

Reichsgründung

Die Reichsgründung »von oben« erfolgt unter erheblichem Druck »von unten«. Das ist aber auch alles, was die »Stimme der Straße« bewirkt. Andere Elemente der Volkssouveränität treten während des ganzen Prozesses der Reichsgründung nicht in Erscheinung, mit einer einzigen Ausnahme: Eine Abordnung des Norddeutschen Reichstages unter Präsident Eduard von Simson bietet König Wilhelm I. von Preußen die Kaiserkrone an und – er nimmt sie entgegen. Simson zeigt Übung in diesem Zeremoniell. Er hat bereits Ende Mai 1849 als Vorsitzender der Frankfurter Nationalversammlung eine Deputation angeführt, die König Friedrich Wilhelm IV. die Kaiserkrone angeboten hat. Damals hatte der Monarch brüsk abgelehnt: *„Einen solchen imaginären Reif aus Dreck und Letten gebacken"* nehme er nicht an.

Am 1. 1. 1871 treten die Beitrittsverträge in Kraft und der Bund nimmt Bayern, Hessen-Darmstadt, Württemberg und Baden auf. Anders als bei der gleichzeitig stattfindenden Einigung Italiens entsteht das »Deutsche Reich«, wie es sich jetzt nennt, nicht als zentralistischer Einheitsstaat, sondern als Bundesstaat – die Einzelstaaten bleiben bestehen.

Nichts dokumentiert den glanzlosen Akt der Reichsgründung besser – mit Ausnahme des spektakulären Krönungsaktes in Versailles – *als die Tatsache, dass der frisch gekürte Kaiser die ihm von Bismarck zu jener Proklamation unter der Adresse »An des Kaisers Majestät von dem Bundeskanzler« über-* sandten Dokumente mit *»Von des Kaisers Majestät an den Reichskanzler« zurücksandte"*, bemerkt der Historiker Jost Dülffer. *„Damit war die neue Institution ebenso geschäftsmäßig ins Leben getreten, wie es mit Bundesrat und Reichstag wenig später geschah."*

Jubel um das Zweite Reich

In großen Teilen Deutschlands begrüßt das Volk die Reichsgründung mit frenetischem Jubel. Die nationale Sehnsucht von Generationen hat sich erfüllt, vor allem im Lager des protestantischen Bildungsbürgertums und der Industriellen herrscht Genugtuung über den gelungenen Zusammenschluss. Wenig Freude zeigen hingegen konservative Kreise und der preußische Landadel, sie heißen das Zurücktreten der preußischen Staatstradition hinter das gesamtdeutsche Ideal nicht gut. Auch in den katholischen Regionen im Süden Deutschlands, in denen die von den Habsburgern getragene großdeutsche Idee noch weiterlebt, erheben sich starke kritische Stimmen und machen ihrem Unmut über die kleindeutsche Lösung unter der Vorherrschaft eines von protestantischen Hohenzollern geführten, autoritären preußischen Militärstaates Luft. In Bayern versteift sich der Widerstand zum Beitritt so sehr, dass die Zweite Kammer die Verträge erst am 21. 1. 1871 mit einer Zweidrittelmehrheit – 102 zu 48 Stimmen – nachträglich verabschieden kann.

Die Vorbehalte einiger deutscher Bundesstaaten gegenüber der preußischen Dominanz bleiben auch in Zukunft erhalten. Das mag daran liegen, dass Preußen nach Wirtschaftskraft, militärischer Stärke, politischem Gewicht und Bevölkerungszahl – 25 von insgesamt 39 Millionen – den Rang einer europäischen Großmacht einnimmt. Ob *„das Reich in Preußen oder Preußen im Reich aufgehen würde, war 1871 noch ungeklärt"*, so der Historiker Jost Dülffer.

„Preußen, bürokratisch und militärisch fundiert, wandelt sich langsam zum Interventions-, ja in Ansätzen zum Sozialstaat, wie es auch die anderen Staaten taten. Und damit gewann auch das Reich als solches eine eigene Qualität, die mehr war als die Summe seiner Teile, mehr jedenfalls als Preußen mit Anhang. Dennoch ist ein Dualismus Preußen – Reich nicht zu verkennen, eine immer austarierte und nie stabilisierte Beziehung, die auf einer relativen Rückständigkeit preußischer Einrichtungen im Vergleich zum Reich beruhte. Militärische Prärogative des Königs war das eine; die Beibehaltung der Verfassung von 1850 in Preußen mit dem Kern des Dreiklassenwahlrechts im Abgeordnetenhaus, vom adlig-ständischen Herrenhaus ganz zu schweigen, das andere. Diese Schere einer Auseinanderentwicklung von Preußen und Reich wurde im ganzen Verlauf des Kaiserreichs nicht geschlossen, ja sie weitete sich. Das ursprünglich liberale preußische Abgeordnetenhaus wandelte sich mehr und mehr zu einer konservativen, ja reaktionären Bastion gegen Veränderungen im Wandel der Zeit."

Am 18. 1. 1871 erfolgt im Spiegelsaal des Schlosses zu Versailles die Proklamation des Königs von Preußen zum Kaiser des Deutschen Reiches. Das Datum hat seine eigene Symbolkraft: Vor genau 170 Jahren krönte sich Friedrich I. zum »König in Preußen«, zum ersten preußischen König überhaupt.

Bedrückte Liberale

Die Kaiserkrönung im Palast des Sonnenkönigs Ludwig XIV. gestaltet sich zu einem Aufmarsch deutscher Fürsten in gewichsten Stiefeln, Paradehelmen und -uniformen. Der nicht zu übersehende militärische Charakter des Festaktes macht deutlich, was die liberal-demokratischen Kreise so sehr bedrückt: Nicht auf dem Ergebnis eines vom Volk getroffenen Entscheids gründet sich das neue Reich, sondern auf »Blut und Eisen«.

Einer der Teilnehmer, Prinz Otto von Bayern, der Bruder des bayerischen Königs Ludwig II., berichtet von der Krönung: *„Ich kann nicht sagen, wie unaussprechlich traurig und schmerzlich ich mich bei dieser Szene gefühlt habe […]. Alles war so kalt, stolz, glänzend, prunkvoll, aufschneiderisch, herzlos und leer."*

Selbst der neue Kaiser, Wilhelm I., fühlt sich nicht wohl. Am Abend vor der Proklamation sagt er: *„Morgen ist der unglücklichste Tag meines Lebens. Wir begraben die preußische Monarchie, und Sie, Fürst Bismarck, tragen dafür die Verantwortung."*

Kulturkampf

„Das stolze Bild nationaler Einheit und imperialer Kraft überdeckte indes nicht lange die Konflikte und Risse, die der konservative Gegenstoß der »Revolution von oben« im politischen Gefüge hinterlassen hatte."

Michael Stürmer, 1994

D er Sieg über Frankreich versetzt Deutschland in einen Taumel nationaler Begeisterung. In ihrem Schatten finden am 3. 3. 1871 die ersten Reichstagswahlen statt. Nur 51 % der 7,7 Millionen Wahlberechtigten – das sind 19,4 % der Gesamtbevölkerung – gehen zur Wahl. Stärkste Fraktion werden mit 125 von 382 Sitzen die Nationalliberalen, die zusammen mit den 30 Abgeordneten der Altliberalen und den 46 Abgeordneten der Fortschrittlichen über eine knappe Mehrheit verfügen. Die Bismarck nahe stehenden Freikonservativen erreichen nur 37 Mandate (8,9 %), die ihm kritisch gegenüberstehenden Konservativen 57 und die Katholische Zentrumspartei 63.

Theatralischer Auftakt

Die erste Sitzung des Reichstages findet im Stadtschloss zu Berlin statt. Der frisch gekürte Kaiser übernimmt den Vorsitz. Um jedoch keinen Vergleich zum napoleonischen Kaisertum aufkommen zu lassen, sondern auf deutsche Tradition hinzuweisen, wird – als symbolische Geste – der Thronsessel Heinrichs III. aus Goslar im Sitzungssaal für ihn aufgestellt. Seitlich vom Kaiser gruppieren sich *„Mitglieder der preußischen Dynastie und eine unbestimmte Anzahl uniformierter Herren, die bis dato souveräne Fürsten gewesen waren und nunmehr sich mühten, gute Miene zum bösen Spiel zu machen"*, schildert der Historiker Michael Stürmer die Szene. *„Vor ihnen hielten – gelungener Regieeinfall – preußische Generale die Reichsinsignien in Händen. Die Abgeordneten des deutschen Volkes wirkten eher wie Statisten."* Und weiter: *„Paradeuniformen und weiße Helmbüsche waren nicht nur Staffage eines Monumentalgemäldes nach dem Geschmack zeitgenössischer Historienmalerei. Sie setzten Zeichen."*

In der Tat ist dieses neue Deutsche Reich, die Geschichte nennt es das »Zweite«, ein eigenartiges Gebilde: Die konstitutionelle Monarchie verfügt über ein nur begrenzt handlungsfähiges Parlament, das die Privilegien des Adels unangetastet lässt und die Aufrüstung von Armee und Flotte mitmacht. *„Bismarcks Revolution von oben"*, so empfindet der britische Historiker Martin Kitchen, *„hat den Liberalismus und Nationalismus zum Schutz der traditionellen Elite benutzt und die demokratischen Kräfte behindert."* So kann die zur Schau gestellte imperiale Kraft und nationale Einheit die Gegensätze im Reich nicht lange verdecken.

Konflikt mit der Kirche

Eines der ersten Probleme, dem sich der neue Staat stellen muss, sind aufbrechenden Differenzen mit der katholischen Kirche. Den Anlass liefern mehrere Ursachen, darunter das im Sommer 1870 vom Vatikanischen Konzil verkündete Dogma »ex cathedra«, das dem Papst die Unfehlbarkeit seiner Entscheidungen bescheinigt. Die gleichzeitig betonte Ablehnung der politischen, kulturellen und wirtschaftlichen Grundsätze des Liberalismus durch die Kirche verursacht jedoch bei Liberalen und Protestanten heftige Aufregung. Bismarck denkt nicht daran, die Empörung auszugleichen, kommt sie doch seinen Bemühungen, die kirchliche Einflussnahme auf die Tagespolitik auszuschalten, sehr entgegen.

Aber auch das katholische Lager ist keineswegs geschlossen: Viele katholische Intellektuelle und Geistliche empfinden das Dogma der Unfehlbarkeit als unzumutbar. Theologieprofessoren – wie Ignaz von Döllinger und sein Schüler Johannes Friedrich – und gebildete Laien beginnen sich an der Kirche des frühen Christentums zu orientieren und verweigern späteren Entwicklungen in der Kirche die Gefolgschaft. Als »Altkatholiken« lehnen sie den Unfehlbarkeitsanspruch des Papstes ab, dazu Priesterzölibat, Ohrenbeichte, Heiligenverehrung u. a. Ihre Exkommunikation und die Forderung des Papstes, das Deutsche Reich möge die altkatholischen Theologieprofessoren aus staatlichen Lehrämtern entfernen, geben Bismarck die Möglichkeit, das Verhältnis zwischen Staat und Kirche neu zu ordnen. Zumal die Mehrheit der Katholiken sich mit der kleindeutschen Lösung arrangiert. Hinderlich für Bismarck ist, dass führende Katholiken die Partikularrechte der Bundesstaaten nachdrücklich befürworten. Bismarcks

»Kulturkampf« mit der Kirche beginnt schon am 8. 7. 1871: Das katholische Referat im preußischen Kultusministerium wird aufgehoben, während die Altkatholiken in Preußen und anderen Bundesländern staatliche Anerkennung finden.

Maulkorb für Geistliche

Wenige Monate später, am 10. 12. 1871, wird der »Kanzelparagraph« eingeführt. Dieser § 130 des Strafgesetzes verbietet Geistlichen oder sonstigen »Religionsdienern«, in Ausübung ihres Amtes staatliche Angelegenheiten *in einer den öffentlichen Frieden gefährdenden Weise"* zur Sprache zu bringen. Den Straftatbestand wertet das Gesetz als Kanzelmissbrauch, es wird 1876 auf die Verbreitung von Druckschriften ausgeweitet. Schon am 11. 3. 1872 erfolgt der nächste Schlag gegen die katholische Kirche: Preußen ersetzt die geistliche Schulaufsicht durch eine staatliche und dehnt sie kurze Zeit später auf das ganze Reich aus.

Die neue Rechtsprechung ruft den heftigen Protest des katholischen Lagers hervor. Immerhin ist die Katholische Zentrumspartei mit 63 Mandaten zweitstärkste Reichstagsfraktion. Ihr geistiger Führer, der frühere hannoverische Justizminister und Kronanwalt Ludwig Windthorst, steht an Redegewandtheit und brillantem Denken Otto von Bismarck in nichts nach. Dem Reich, erst seit wenigen Monaten geeint, und dem protestantisch-preußischen Kaisertum drohe Gefahr, befürchtet der misstrauische Bismarck: Nicht nur die Katholiken, auch das entmachtete hannoverische Königshaus der Welfen, die polnische Minderheit, Elsässer und Lothringer wollen – angeblich – Deutschland von innen zerstören. Für den Kanzler sind sie »Reichsfeinde«, denen mit scharfen Gesetzen begegnet werden müsse: Das »Jesuitengesetz« vom 4. 7. 1872 verbietet dem Orden die Errichtung weiterer Niederlassungen; bestehende werden sogar aufgelöst, die Aufenthaltsdauer der Mitglieder beschränkt. Vier weitere preußische

Otto von Bismarck berichtet Kaiser Wilhelm I. (Ölgemälde von Konrad Siemenroth, oben). – Die so genannten Reichsfeinde (Karte rechts).

Maigesetze (11. bis 14. 5. 1873) nötigen katholischen Geistlichen ein dreijähriges Studium an deutschen Universitäten und die Ablegung eines Examens in Philosophie, Geschichte und deutscher Literatur ab. Kirchliche Seminare stehen mit sofortiger Wirkung unter Staatsaufsicht, die Anstellung Geistlicher unterliegt der Anzeigepflicht und staatlichem Einspruchsrecht. Kirchenaustritte sind ab sofort gesetzlich geregelt. Besonders schmählich finden Katholiken das Expatriierungsgesetz (4. 5. 1874), das Geistlichen bestimmte Aufenthaltsorte bindend vorschreibt. Die Einführung der Zivilehe (1874/75), das »Brotkorbgesetz« (22. 4. 1875) – die Aufhebung staatlicher Unterstützungen an die katholische Kirche, der »Brotkorb«, wird für Geistliche höher gehängt – und das »Klostergesetz« (31. 5. 1875), das geistliche Orden in Preußen abschafft, vertiefen die Kluft zwischen Staat und katholischer Kirche noch mehr. Da die Katholiken die Anerkennung der meisten dieser Gesetze verweigern, werden gegen zahlreiche Bischöfe und Geistliche Geld-

und Gefängnisstrafen sowie Berufsverbot verhängt. Der Protest der katholischen Bevölkerung schlägt sich in den nächsten Reichstagswahlen nieder: 1874 erreicht die Zentrumspartei 91 Sitze und 1877 gewinnt sie zwei weitere hinzu. Der »Kulturkampf« hat Bismarck eine innenpolitische Schlappe eingebracht.

Zeit für den Ausgleich

Wohl weniger wegen des Pistolenattentats, das der Böttchergeselle Eduard Kullmann am 13. 7. 1874 in Kissingen auf den Kanzler verübt, wobei dieser leicht verletzt wird, sondern eher wegen einer außenpolitischen Fehlentscheidung reift um 1875 in Bismarck der Entschluss, den Ausgleich mit der katholischen Kirche zu suchen. Doch erst 1880 ergeht das erste Milderungsgesetz, das den Bischöfen den Eid auf die preußischen Staatsgesetze erspart. Noch deutlichere Zeichen der Versöhnung setzt die Aufhebung des »Brotkorbgesetzes«.

Das Nachgeben Bismarcks hat einen realen Hintergrund – der Kanzler muss 1875 seine erste große außenpolitische Niederlage hinnehmen: Die Konsolidierung der bislang labilen Regierung der Dritten Französischen Republik leitet einen Kompromiss zwischen Royalisten und Republikanern über die endgültige Verfassung ein. Mit einem stabil regierten Frankreich wächst aber die Gefahr eines Revanchekrieges für die Niederlage von 1870/71. Seine Furcht sieht Bismarck im März 1875 bestätigt, als Frankreich die Offiziersstellen vermehrt und durch die Aufgliederung der Regimenter in vier statt wie bisher in drei Bataillone seine Armee flexibler macht. Der Kanzler reagiert zunächst aggressiv und lanciert in der freikonservativen Berliner Zeitung »Post« am 8. 4. 1875 einen gegen Frankreich gerichteten Einschüchterungsartikel mit dem Titel »Ist Krieg in Sicht?«. Der französische Außenminister Duc de Decazes reagiert umgehend und veröffentlicht nun seinerseits am 6. 5. den Gegenartikel »The French Scare« in

der britischen »Times«. Darin bittet er England und Russland um Schutz vor einem deutschen Präventivkrieg. Daraufhin regt der britische Premier Disraeli in Wien und Rom ein gemeinsames Vorgehen gegen Berlin an. Doch Wien betont sein loyales Verhalten gegenüber dem Deutschen Reich und Zar Alexander II. stellt während eines Besuchs in Berlin fest, dass er keinerlei deutsche Offensivabsichten bemerkt habe. Ein Rundtelegramm seines Außenministers aber lässt erkennen, dass eine russische Intervention zu Gunsten Frankreichs nicht auszuschließen sei. Jetzt lenkt Bismarck ein: *„Deutschland, in sich gefestigt, will nichts als sich selbst in Frieden überlassen bleiben und sich friedlich weiterentwickeln."* Aus der Drohgebärde ist eine Beruhigungsgeste geworden; er muss zur Kenntnis nehmen, dass jede künftige Machterweiterung eine antideutsche Allianz provozieren würde.

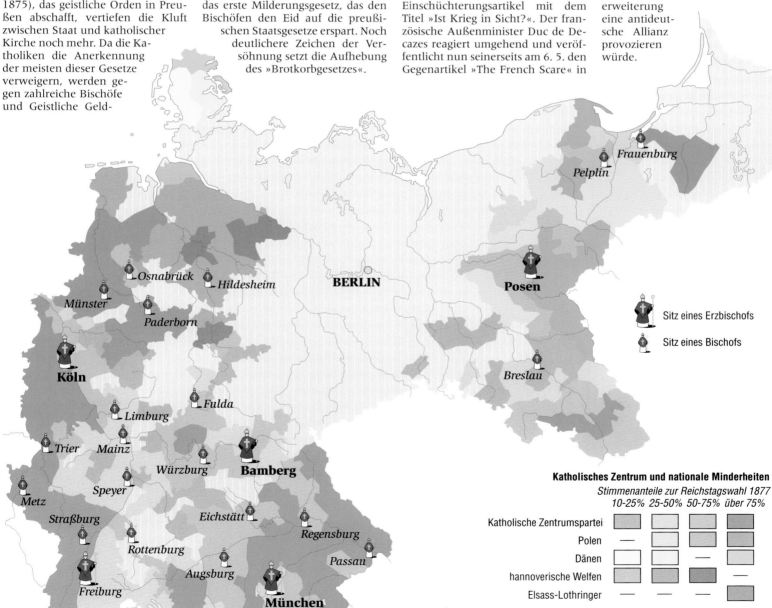

Katholisches Zentrum und nationale Minderheiten

Stimmenanteile zur Reichstagswahl 1877
10-25% 25-50% 50-75% über 75%

Katholische Zentrumspartei				
Polen	—			
Dänen			—	
hannoverische Welfen				—
Elsass-Lothringer	—	—	—	

Sitz eines Erzbischofs

Sitz eines Bischofs

Gegen Arbeiter und Liberale

„Das Gefüge der Gesellschaft in der späten Bismarckzeit stand unter der Last verschärfter wirtschaftlicher Verteilungskämpfe und politischer Umsturzängste. [...] Der Bankrott der Gründerzeit und der Abschwung der Konjunktur veränderten auch Stil und Gefüge der deutschen Innenpolitik. Die Aschermittwochstimmung, die dem Gründungsfieber folgte, wirkte tief in das Parteiengefüge hinein und lenkte alle Ansprüche der Industrie und bald auch der Landwirtschaft auf den Staat, der wieder Prosperität schaffen sollte und Sicherheit."

Michael Stürmer, 1994

D ie ersten Jahre nach der Reichsgründung bringen dem Deutschen Reich einen außerordentlichen wirtschaftlichen Aufschwung. Ausgelöst wird er von den 5 Milliarden Franc, der französischen Kriegsentschädigung, die, in kurzer Zeit bezahlt, den deutschen Geldmarkt überschwemmen; durch die Bildung eines Großwirtschaftsraums, die Vereinheitlichung der Handelsgesetzgebung und des Münzwesens sowie die Gründung der Reichsbank entwickelt sich die Wirtschaft geradezu stürmisch. Industrie, Eisenbahnnetz, Großbanken, Handel und Bautätigkeit expandieren gewaltig. Hemmungsloses Gewinnstreben und überschäumende Spekulation nutzen den Geldüberfluss auf dem Kapitalmarkt, innerhalb kurzer Zeit schießen neben den bereits bestehenden Firmen weitere 850 Aktiengesellschaften aus dem Boden.

Wirtschaftskrise

Das Ende der Hochstimmung kommt im Jahr 1873. Vom »großen Börsenkrach« in Wien ausgehend, greift eine Wirtschaftskrise von der Donaumonarchie auf das Deutsche Reich über. Kursstürze an den Börsen lassen Banken zusammenbrechen und viele Firmen in den Ruin treiben. Die Hochkonjunktur der Gründerjahre ist vorbei, erst 1896 endet diese als »Große Depression« bezeichnete wirtschaftliche Abschwungphase.

Die Krise beeinträchtigt nicht nur die Wirtschaft, sie beeinflusst im gleichen Ausmaß die politischen Handlungen der Parteien und nötigt Bismarck zur »Konservativen Wende«. Mit einer »Großen Finanzreform« will er die anstehenden Finanzpro-

Orte, die Delegierte zum Sozialistenkongress entsenden

Redaktion und Druckort des illegalen Parteiorgans »Socialdemokrat«

illegaler Transportweg des »Socialdemokrat« aus dem Ausland

zentrale Versandstelle des »Socialdemokrat«

»Kleiner Belagerungszustand« und Zahl der ausgewiesenen Personen

illegaler Parteikongress

größere Maikundgebungen

Streikbewegungen während der Dauer des »Sozialistengesetzes«

0   100 km

August Bebel, Mitbegründer der Sozialdemokratischen Partei Deutschlands, um 1906 (rechts).

Sitz der sozialdemokratischen Reichstagsfraktion. Ab 1880 für die Dauer des Ausnahmegesetzes offizielle Leitung der Partei.

Sozialdemokratisches Zentralunterstützungskomitee, ab 1878 unter Leitung von August Bebel

Widerstand der deutschen Arbeiterschaft gegen das »Sozialistengesetz« von 1878 bis 1890 (Karte links). »Der Sozialist«, ein Ölgemälde von Robert Köhler, 1885 (Bild rechts).

Flensburg
Schleswig
Rendsburg
Kiel
Neumünster
aus London
31
Lübeck
Rostock
Altona
Ottensen
Bremerhaven
Hamburg
Harburg
53 Grabow
Stettin
Altdamm
Bremen
Achim
293
BERLIN
Osnabrück
Linden
Hannover
Braunschweig
Minden
Brandenburg
Frankfurt
Bielefeld
Wolfenbüttel
Magdeburg
Dortmund
Cottbus
Duisburg
Krefeld
Bochum
Elberfeld
Barmen
Remscheid
Solingen
Nordhausen
64
Halle
Altenburg
Leipzig
Görlitz
Düsseldorf
Kassel
Köln
Eisenach
Erfurt
Weimar
Gera
Dresden
Freiberg
Zittau
Aachen
Gotha
Sozialistenkongress
1877
Chemnitz
Zwickau
Suhl
Plauen
71
Frankfurt
Hanau
Darmstadt
Würzburg
Bayreuth
Mainz
Worms
Ludwigshafen
Mannheim
Fürth
Nürnberg
Saarbrücken
Heidelberg
Karlsruhe
Besigheim
Stuttgart
Ulm
Augsburg
Freiburg
München
Waldsee
Wyden
1880 Konstanz
1882 Zürich St. Gallen
1887

238

bleme des Staates aus der Welt schaffen. Doch der Vorschlag, die indirekten Steuern und Zölle zu erhöhen, stößt auf Widerstand. Zollerhöhungen, so meint Rudolf von Delbrück, des Kanzlers rechte Hand und Präsident des Reichskanzleramtes, seien mit der bisherigen Freihandelspolitik unvereinbar. Widerspruch aber duldet der Kanzler nicht. Delbrück

muss im April 1876 zurücktreten, Anfang 1878 folgen ihm Minister Camphausen und Achenbach. Durch die Entlassungen erweitert der Kanzler vordergründig seinen Handlungsspielraum, gerät aber in eine innenpolitische Isolation. Zwei dramatische Ereignisse, Attentate im Spätfrühling 1878 auf Kaiser Wilhelm I., helfen ihm, sie zu durchbrechen. Obwohl der 81-jährige Monarch relativ unbeschadet die Anschläge übersteht, reagiert die Öffentlichkeit mit Entsetzen. Bismarck

nutzt die Stimmung im Volk geschickt und bringt, obwohl beide Attentäter nachweislich nie einer linken Partei angehörten, sie mit den Sozialde-

mokraten in Zusammenhang und bezichtigt sie den Umsturz zu planen. Mit seiner durch keine Beweise erhärteten Anklage will er den gewaltigen Zulauf unterbinden, den der Allgemeine Deutsche Arbeiterverein und die Sozialdemokratische Arbeiterpartei seit der Wirtschaftskrise von 1873 verzeichnen.

Auf Antrag Bismarcks beschließt der Reichstag das »Sozialistengesetz« *»wider die gemeingefährlichen Bestrebungen der Sozialdemokratie«* (21. 10. 1878). Das Gesetz verbietet Vereine,

die durch sozialdemokratische, sozialistische und kommunistische Umtriebe *»den Umsturz der bestehenden Staats- und Gesellschaftsordnung«* bezwecken. Parteifunktionären können bestimmte Aufenthaltsorte vorgeschrieben, Buchdruckern und Gastwirten kann die Lizenz entzogen werden, wenn sie Sozialdemokraten unterstützen. Als erniedrigend empfindet die Arbeiterschaft eine Bestimmung, die den so genannten kleinen Belagerungszustand über jene Bezirke ermöglicht, in denen sozialistische Agitation und somit eine Gefahr für die gesellschaftliche Ordnung vermutet wird. Betroffenen Personen droht die Ausweisung.

Entgegen dem Wunsch Bismarcks, das »Schandgesetz« – so die Sozialdemokraten – auf unbefristete Dauer zu verabschieden, beschränkt es der Reichstag auf drei Jahre, verlängert es aber dann in Etappen bis zum 30. 9. 1890.

Richter und Gerichte haben alle Hände voll zu tun: Während der Gültigkeit des »Sozialistengesetzes« werden Gefängnisstrafen von zusammen über 1000 Jahren ausgesprochen, etwa 1000 Sozialdemokraten müssen ihre Wohnorte zwangsweise verlassen, rund 1300 Druckschriften werden konfisziert. Selbst Gesangsvereine der Sozialdemokraten werden aufgelöst.

So tritt der *»bizarre Umstand«* ein, *»dass die Sozialisten die Bühne des Reichstags behielten, um Lebenszeichen zu geben und Brandreden zu halten, die straflos publiziert werden konnten, während die Parteiorganisation verboten wurde, aktive Tätigkeit für die Partei unter Strafe stand«*, führt der Historiker Michael Stürmer aus. Selbst Bismarck ist vom »Sozialistengesetz« nicht überzeugt: *»Die Vorlage, so wie sie jetzt ist, wird praktisch dem Sozialismus nicht Schaden tun, zu seiner Unschädlichmachung keinesfalls ausreichen«*, meint der Kanzler.

Sozialdemokraten im Untergrund

Die Sozialdemokratische Partei weicht mit ihren Organisationen in den Untergrund aus und bildet auf lokaler Ebene so genannte Fachvereine. Führende Sozialdemokraten emigrieren ins Ausland und organisieren von dort aus den Widerstand. Das Parteiorgan »Der Socialdemokrat« wird ins Land geschmuggelt, um so Sympathisanten mit Nachrichten zu versorgen; es erscheint ab 1879 in Zürich, dann in London. Julius Motteller, ein Kaufmann aus Esslingen, eng mit dem Führer der

Sozialdemokraten, August Bebel, befreundet, organisiert von diesen beiden Städten aus den Vertrieb der illegalen Parteizeitungen im Deutschen Reich. So hat die Verfolgung der Sozialdemokraten nicht die Vernichtung ihrer Ideologie zur Folge, sondern die Stärkung der Solidarität der Arbeiter und ein Anwachsen des Wählerpotentials – von 415.000 Stimmen im Jahre 1878 auf 1.427.000 im Jahre 1890. Erst jetzt stellen die Sozialdemokraten einen ernst zu nehmenden Machtfaktor in der deutschen Politik dar. 1912 wird die SPD mit 110 Abgeordneten die stärkste Fraktion im Reichstag.

Krise der Liberalen

In seinem Vorgehen gegen die Sozialdemokraten erhält Bismarck ungewollte, aber kräftige Schützenhilfe: Papst Leo XIII. erlässt die Enzyklika »Quod Apostolici muneris«, in der er gegen die *»Pestseuche des Sozialismus«* wettert und fordert, das *»unheilvolle Unkraut des Sozialismus«* mit der Wurzel auszurotten. Für Bismarck eröffnet sich die Möglichkeit, ohne Gesichtsverlust eine langsame Annäherung an die katholische Kirche und einen Ausgleich mit der Zentrumspartei zu versuchen.

An dieser, über viele Jahre verhärteten Front nun zunehmend entlastet, wendet sich Bismarck wieder dem Finanz- und Zollproblem zu. Sein Programm, er fasst es im Dezember 1878 zum »Weihnachtsbrief« zusammen, verknüpft unterschiedliche wirtschaftliche, soziale, finanzielle und politische Interessen des Deutschen Reiches. Eine Generallösung, so schlägt er vor, möge die anstehenden Probleme beseitigen. Tatsächlich gewinnt der Kanzler sowohl die Liberalen als auch das Zentrum für seine Pläne. Allerdings fordern beide für ihre Kompromissbereitschaft Zugeständnisse.

Bismarck muss sich für einen der beiden Blöcke entscheiden, seine Wahl fällt schließlich auf das Zentrum, dessen stabile Mittelposition ihm mehr Unterstützung verspricht.

Bismarcks Abwendung von den Liberalen stürzt die Partei in eine schwere Krise. *»Sie veränderte nachhaltig das Gesicht des politischen Liberalismus im Kaiserreich und schwächte ihn zugleich so stark, dass er sich davon nie wieder erholen sollte«*, stellt der Historiker Hans-Peter Ullmann fest. *»Die »Konservative Wende« brachte mithin nicht nur das Ende der Liberalen Ära, sondern warf die Liberalen und mit ihnen alle reformwilligen Kräfte in der deutschen Gesellschaft auch weit zurück.«*

Königsberg

Weichsel

Warthe

Oder

Liegnitz

Breslau

Waldenburg

Tarnowitz

Kattowitz

Schüsse auf Kumpel

„Mann der Arbeit aufgewacht/Und erkenne deine Macht!/Alle Räder stehen still,/Wenn dein starker Arm es will!"

Georg Herwegh, 1863

Immer öfter machen die Worte des Arbeiterdichters Georg Herwegh unter den Bergarbeitern die Runde. Seit der Industrialisierung und der Liberalisierung im Kohlenbergbau habe sich ihre soziale und wirtschaftliche Lage ständig verschlechtert, meinen sie. Die Unzufriedenheit wächst und zeigt am 1. 12. 1869 erste Auswirkungen: Im niederschlesischen Revier Waldenburg bleiben 6409 Bergarbeiter von insgesamt 7413 der Arbeit fern. Die Unternehmensleitung reagiert scharf und setzt alle Mittel ein, um die *„gewalttätigen Exzedenten"* einzuschüchtern, so ein historischer Bericht. Das reicht von der Aufkündigung der Werkswohnung über die Nichtversorgung erkrankter Knappen durch betriebseigene Ärzte bis zur Entlassung und Gefängnisstrafe. Der Streik bricht zusammen. Aber viele Knappen – vorwiegend junge, ledige – wollen unter diesen Bedingungen nicht mehr weiter arbeiten und wandern nach Oberschlesien, Sachsen und Rheinland-Westfalen ab. Über 1000 sollen damals im Ruhrgebiet Arbeit gefunden haben.

Straßenschlachten

Am 26. 6. 1871 bricht im oberschlesischen Königshütte der Streik aus, der, Zeitungsmeldungen zufolge, in eine wüste Straßenschlacht mit der Polizei mündet. Häuser werden zerstört, der Bergwerksdirektor wird schwer verletzt, im aufgestauten Hass stürmen Bergarbeiter mit dem Ruf *„Die Juden haben unser Geld!"* die Geschäfte jüdischer Kaufleute. Eiligst herbeigeholte Ulanen, eben erst aus Frankreich zurückgekehrt, *„säuberten mit staunenswerter Gewandtheit und Bravour die Straße"*, berichtet eine Morgenzeitung. Der Streikfunke jedoch glimmt weiter. Im Juni 1872 treten Delegierte von 12 Zechen des Reviers von Essen und Oberhausen-Mülheim an die Bergwerkseigner mit der Bitte heran, die Löhne um 25 % zu erhöhen. Die Zechenverwaltungen lehnen die Forderungen der Kumpel ab, worauf am 18. 6. 1872 rund 40 Zechen mit 20.000 Beschäftigten die Arbeit niederlegen. Das

Eine Abordnung aus drei Bergknappenführern, Ludwig Schröder, Friedrich Bunte und August Siegel, fährt zur Audienz nach Berlin (14. 5. 1889).

4. 5. 1889: Erste Ausschreitungen

Gelsenkirchen

»Der Streik«, ein Ölgemälde des Arbeitermalers Robert Köhler, 1886 (Bild oben).

Die Streikbewegung der deutschen Arbeiter von 1871 bis 1900 (Karte).

Wilhelm II. besucht Otto von Bismarck auf dessen Alterssitz Friedrichsruh im Sachsenwald bei Hamburg, 1889 (Bild rechts).

veranlasst die Unternehmer zu behaupten, hinter dem Streik stünden Jesuiten und Sozialisten.

Als am 23. 4. 1889 die Pferdejungen und Schlepper in der Gelsenkirchener Zeche »Hibernia« die Arbeit niederlegen, ahnt noch niemand, welche Auswirkungen dieser Streik

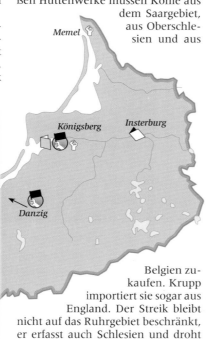

Ort mit starker sozialdemokratischer Bewegung

wiederholte Ausstände zwischen 1871 und 1898

Massenstreik der Bergleute 1889, mit Todesopfern

Herausgabe legaler sozialdemokratischer Parteizeitungen während der Jahre des »Sozialistengesetzes«, 1878 bis 1890

Herausgabe sozialdemokratischer Parteizeitungen ab 1890

Wahlkreis, der durch einen sozialdemokratischen Abgeordneten im Reichstag während einer oder mehrerer Legislaturperioden vertreten wird:

bis zu 2 Legislaturperioden
3 Legislaturperioden
4 Legislaturperioden
5 Legislaturperioden
6 Legislaturperioden
7 Legislaturperioden

0   100 km

Memel
Königsberg   Insterburg
Danzig
Breslau
Waldenburg   Oppeln
Beuthen
Ober-
langen-   Tarnowitz
bielau   Kattowitz
Königshütte

haben wird. Zwei Tage später schließen sich die Zeche »Präsident« und am 1. Mai – damals noch ein gewöhnlicher Arbeitstag – die Zeche »Friedrich-Ernestine« an. Die Ausständler fordern 15 % mehr Lohn und einige Vergünstigungen. Da die Werksleitungen für das laufende Jahr gute Erträge erwarten, erfüllen sie die Wünsche; die Kumpel fahren am 3. 5. wieder in die Grube ein. Dem Beispiel folgen auch andere Zechen und stellen ihre Forderungen. Bis Mitte des Monats legen von insgesamt 170 Zechen 127 mit 84 % der Belegschaft oder 104.000 Bergleute die Arbeit nieder. Die Auswirkungen machen sich sofort bemerkbar: Die

Kohlenhalden schrumpfen, die großen Hüttenwerke müssen Kohle aus dem Saargebiet, aus Oberschlesien und aus Belgien zukaufen. Krupp importiert sie sogar aus England. Der Streik bleibt nicht auf das Ruhrgebiet beschränkt, er erfasst auch Schlesien und droht den Bahnverkehr, der aus diesen Revieren seine Kohle bezieht, lahmzulegen, die westfälische Schwerindustrie legt Feierschichten ein.

Massenstreik

Auf dem Höhepunkt des Ausstandes streiken 150.000 Bergarbeiter und doch beteiligen sich nicht alle Kumpel am Streik. Am Abend des 4. 5. schlagen in Gelsenkirchen Streikbrecher und Streikende aufeinander los. Da die Behinderung Arbeitswilliger verboten ist, greifen Ordnungshüter ein. Eine Infanteriekompanie aus Münster rückt an. Die Ausständler fühlen sich provoziert und hissen in der Nacht zum 7. 5. auf dem Schornstein der Zeche »Consolidation« eine rote Fahne mit der Aufschrift *„Hoch Ferdinand Lassalle! Hoch Carl Marx!"* Die Erregung auf beiden Seiten wächst, am Nachmittag des 7. 5. fallen die ersten Schüsse. Drei Kumpel sind tot, vier verletzt. Angeblich wollten sie das Kesselhaus der Zeche »Moltke« stürmen. Die Nervosität greift weiter um sich. In Herne schießt ein Wachmann einen Bergmann nieder, in Brackel gibt es drei Tote, ebenso in der Aplerbecker Zeche »Schleswig«. Ein 19-jähriger Leutnant eröffnet beim Bochumer Bahnhof das Feuer auf eine Menschenmenge, weil er die Leute für Protestierende hält. Zwei Menschen sterben, vier sind verletzt – es sind Reisende aus einem gerade angekommenen Zug.

Schon will die Regierung den Ausnahmezustand verhängen, da schaltet sich der Kaiser ein.

Kaiser gegen Kanzler

Wilhelm II., seit 11 Monaten im Amt, ist fest entschlossen, das Regieren nicht seinem Kanzler Bismarck allein zu überlassen. Unmissverständlich wünscht er, die Forderungen der Arbeiter zu erfüllen. Bismarck dagegen fordert eine Verschärfung des »Sozialistengesetzes«. Kaiser Wilhelm II. lehnt ab, er habe keine Lust, mit seinen Soldaten die Rosengärten der Zechenbesitzer zu bewachen, entgegnet er schroff. Am 14. 5. empfängt er streikende Bergarbeiter, hört sich ihre Beschwerden an. Wichtiger als diese Audienz erweist sich aber das Zusammentreffen der Delegation mit dem nationalliberalen Reichstagsabgeordneten Hammacher. Er steht dem »Verein für die bergbaulichen Interessen im Oberbergamtsbezirk Dortmund«, kurz »Bergbaulicher Verein«, vor, vertritt also die Unternehmer. Hammacher zeigt sich für die Probleme der schwer geprüften Bergarbeiter aufgeschlossen. Die in den »Berliner Protokollen« verein-

barten Bestimmungen beenden den Streik: Die Schicht dürfe nicht länger als acht Stunden dauern, der Lohn solle angemessen sein; Überstunden müssten ausgehandelt werden.

Am 17. 5. beordert der Kaiser die Zechenbesitzer zu sich und hält den Industriellen eine sozialpolitische Standpauke: *„Die Arbeiter lesen die Zeitung"*, sagt der Monarch, *„und wissen, wie das Verhältnis des Lohnes zu dem Gewinne der Gesellschaft steht. Dass sie mehr oder weniger daran teilhaben wollen, ist erklärlich!"* Diese Worte sind auch auf Bismarck und sein »Sozialistengesetz« gemünzt. In der Folge verliert der Kanzler die Unterstützung der Nationalliberalen und der Industrie. Seine Regierungskoalition aus Nationalliberalen, Deutsch-Konservativen und der Deutschen Reichspartei, die seit den Reichstagswahlen vom 21. 2. 1887 das Staatsschiff lenkt, zerbricht.

Und der Kanzler, der zu seinem jugendlichen Monarchen zu keiner Zeit ein gutes Verhältnis aufbauen konnte, scheidet am 18. 3. 1890 aus dem Amt. Die Ära Bismarck ist zu Ende. Trauer kommt im Reich darüber nicht auf, der Dichter Theodor Fontane kommentiert trocken: *„Es ist ein Glück, dass wir ihn los sind!"*

Flucht in die Fremde

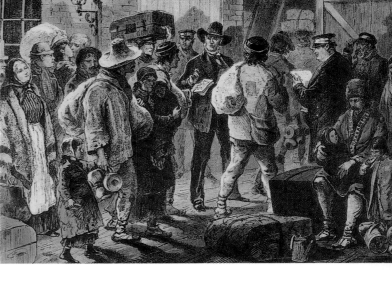

„In der ersten großen Auswanderungs-welle der Jahre 1845 bis 1858 verließen mehr als 1,3 Millionen Menschen Deutschland, um in überseeischen Ländern eine neue Heimat zu finden. Diese sozioökonomisch motivierte, aus der Übervölkerungssituation entstandene Massenwanderung, die schon im 18. Jh. eingesetzt hatte, bildete im 19. Jh. den vorherrschenden Auswanderungstyp, neben dem Auswanderungen aus religiösen oder politischen Motiven nur noch eine untergeordnete Rolle spielten.“

Peter Marschalck, 1984

Die Kurve der deutschen Auswandererzahlen spiegelt das konjunkturelle Auf und Ab der Wirtschaft wider. Sie klettert während und kurz nach Hunger- oder Seuchenjahren hoch, sinkt bei niedrigen Lebensmittelpreisen, um nach Einbrüchen im Realeinkommen, wie in den 1840er Jahren, wieder hochzuschnellen. *„Erst zum Ende des 19. Jhs., nachdem das Deutsche Reich weitgehend industrialisiert war, ging die Zahl der Übersiedlungswilligen zurück“*, stellt die Historikerin Isa Schikorsky fest. Der Anreiz, eine wirtschaftliche Existenz auf fremden Kontinenten aufzubauen, wird durch die Aussicht, im eigenen Land sein Auskommen zu finden, zunichte.

Bis zur Mitte der 1830er Jahre kommen die Auswanderungswilligen überwiegend aus dem deutschen Südwesten, aus Württemberg und der Pfalz. Zur Hälfte bevorzugen sie zwischen 1816 und 1830 den südamerikanischen Kontinent. Mit der Zunahme der Auswanderer aus anderen Teilen Deutschlands ändert sich das Zielgebiet: Zwischen 1820 und 1830 wandern 5,9 Millionen Deutsche in die USA aus, bis zum Ende des 19. Jhs. wählen ca. 90 % der Auswanderer die Staaten zur neuen Heimat. Die Überfahrt ist beträchtlich kürzer als nach Südamerika, obwohl auch die Reise nach Nordamerika 90 Tage dauert und entsprechend viel Proviant erfordert.

Die große Verlockung

Die günstigeren Niederlassungs- und Ansiedlungsbedingungen in den USA locken ebenso wie Mund- und Briefpropaganda, die viele dazu animiert, in der Neuen Welt ihr Glück zu versuchen. Zwischen 1820 und 1914

berichten schätzungsweise über 100 Millionen Privatbriefe von den guten und schlechten Seiten der USA. Manche Berichte überschlagen sich förmlich in der Schilderung des Wohlstandes. *„Hier rinnt mehr Fett auf dem Spülwasser als in Deutschland auf der Suppe“*, heißt es 1879 in einem Brief. Jedermann esse Weißbrot und dreimal täglich Fleisch. 1845 berichtet eine Briefschreiberin: *„Wer hier Ackerland hat Ocksen, und Wagen, und die Gesundheit ist reich genuch.“* Ein Lied jubelt: *„In Amerika, da ist es fein, / Da fließt der Wein zum Fenster rein. / Da wächst der Klee drei Ellen hoch, / Da gibt es Butter und Fleisch genug.“* Weibliche Dienstboten berichten 1887, dass man *„ein schönes Geld verdienen und [sich] mit der Zeit gut verheirathen“* könne. Manchen genügt auch die Feststellung, dass in Amerika *„Freiheit und Gleichheit“* herrsche, *„einer so viel wie der andere“* sei und *„keiner vor dem anderen den Hut zu quetschen“* brauche. Mag auch manches übertrieben und in rosigem Licht dargestellt sein, ganz allgemein warten auf die Ankömmlinge Chancen und Möglichkeiten, die sie in Deutschland nicht vorfinden. Arbeitswillige können hinreichend verdienen, sparen und fruchtbaren Boden billig erstehen, um der eigene Herr auf eigenem Land zu sein. Tüchtigen Gesellen und Handwerksmeistern steht der Weg zum Unternehmer offen, Arbeiter aus städtischen Erwerbszweigen finden sichere Arbeitsplätze, höhere Löhne und einen unbegrenzten Arbeitsmarkt vor. Dienstmädchen kommen in den Genuss geregelter Arbeitszeiten und höherer Löhne, sie haben mehr Freizeit, Freiheit und Unabhängigkeit, weil Frauen generell durch Gesetze besser geschützt und von der Gesellschaft

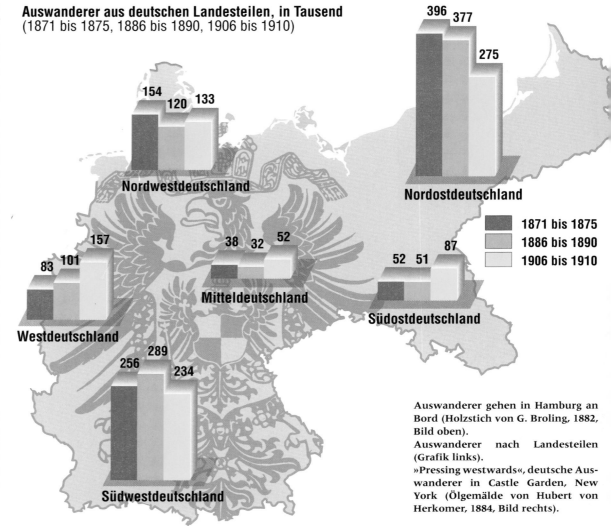

Auswanderer aus deutschen Landesteilen, in Tausend
(1871 bis 1875, 1886 bis 1890, 1906 bis 1910)

Nordwestdeutschland — 154, 120, 133

Nordostdeutschland — 396, 377, 275

Westdeutschland — 83, 101, 157

Mitteldeutschland — 38, 32, 52

Südostdeutschland — 52, 51, 87

Südwestdeutschland — 256, 289, 234

- 1871 bis 1875
- 1886 bis 1890
- 1906 bis 1910

Auswanderer gehen in Hamburg an Bord (Holzstich von G. Broling, 1882, Bild oben).
Auswanderer nach Landesteilen (Grafik links).
»Pressing westwards«, deutsche Auswanderer in Castle Garden, New York (Ölgemälde von Hubert von Herkomer, 1884, Bild rechts).

Auswanderung 1861 bis 1913 (in Tausend)

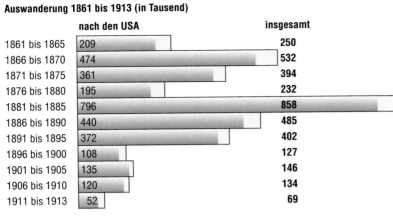

	nach den USA	insgesamt
1861 bis 1865	209	250
1866 bis 1870	474	532
1871 bis 1875	361	394
1876 bis 1880	195	232
1881 bis 1885	796	858
1886 bis 1890	440	485
1891 bis 1895	372	402
1896 bis 1900	108	127
1901 bis 1905	135	146
1906 bis 1910	120	134
1911 bis 1913	52	69

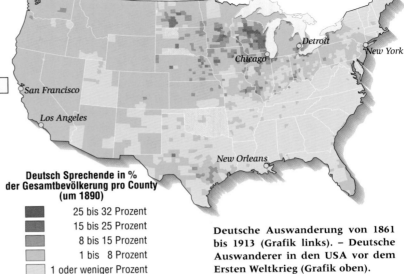

Deutsch Sprechende in % der Gesamtbevölkerung pro County (um 1890)

- 25 bis 32 Prozent
- 15 bis 25 Prozent
- 8 bis 15 Prozent
- 1 bis 8 Prozent
- 1 oder weniger Prozent

Deutsche Auswanderung von 1861 bis 1913 (Grafik links). – Deutsche Auswanderer in den USA vor dem Ersten Weltkrieg (Grafik oben).

geachtet werden. Die Ursachen wurzeln in den Pionierzeiten, als jede Hand, ob weiblich oder männlich, tatkräftig zugreifen musste und in von Indianern oder weißem, räuberischen Gesindel ständig bedrohten Gebieten auch Frauen ihren »Mann« stellen mussten.

Ernüchterung

Natürlich gibt es auch Schattenseiten für die Neuankömmlinge, die zunächst einen langen und beschwerlichen Prozess der Anpassung und Existenzgründung durchmachen. Die politischen und gesellschaftlichen Zustände sind in Wirklichkeit keinesfalls so paradiesisch, wie es mancher Briefschreiber schildert. Eine wachsende Ausländerfeindlichkeit zeigt sich 1854/55, Spannungen zwischen den Nord- und Südstaaten wegen der Sklavenfrage münden zwischen 1861 und 1865 in einen Bürgerkrieg, der an der Ostküste ganze Landstriche verwüstet. Gewaltverbrechen, die in der Weite des Raumes kaum geahndet werden können, Rassendiskriminierung, politische Korruption, Bandenunwesen und Indianerüberfälle gehören zum Alltag. Schlechte Böden, Missernten und stark schwankende

Agrarpreise treiben viele, die hoffnungsfroh Arkadien entdeckt zu haben meinten, in die wirtschaftliche Katastrophe. *„So mancher hat sich von 3 bis 10 Jahren herumgeschunden und ist heute ein Taglöhner"*, schreibt 1890 ein ausgewanderter Bauer.

„Die Zusammensetzung der Auswanderer entsprach der sozialen Struktur ihrer Herkunftsländer", stellt der Sozial- und Wirtschaftshistoriker Peter Marschalck fest. Die meisten Auswanderer entstammen dem ärmlichen Kleinbauern- (etwa 45 bis 55 %) und Handwerkermilieu Südwestdeutschlands. Aus dem vorwiegend gewerblich strukturierten Sachsen wandern die in der Hausindustrie, im Handwerk und als Arbeiter Tätigen ab (ca. 60 %) und vom gutsherrschaftlichen Mecklenburg-Schwerin machen etwa drei Viertel der Auswanderer Taglöhner und Knechte aus. Ländliche Unterschichten treten besonders in der Zeit zwischen 1880 und 1893 in Erscheinung, danach wächst der Anteil der Auswanderer, die aus städtisch-industriellen Bezirken kommen.

Zwischen 1846 und 1857 und von 1864 bis 1873 erreicht der Exodus Zahlenwerte von mehr als einer Million. 1880 bis 1893 wandern über 1,8 Millionen Deutsche aus. Es sind vorwiegend ganze Familien, die der Hei-

mat den Rücken kehren. Und obwohl die Auswanderung alle deutschen Länder betrifft, entwickelt sich erst in der zweiten Hälfte des 19. Jhs. eine aktive Auswanderungspolitik und ein staatlich gelenktes Beförderungs- und Agentenwesen. Auswanderungswillige werden von Auswanderungsvereinen beraten und durch Zeitungen und Zeitschriften über Einwanderungsbedingungen, Pflichten und Rechte informiert.

Kettenwanderung

Diese Informationsmittel und der rege Briefverkehr zwischen den bereits in der Fremde Ansässigen und den in der alten Heimat lebenden Verwandten lassen das Phänomen der Kettenwanderung entstehen: Auswanderungswillige ziehen gezielt in jene Gebiete, in denen schon Familienangehörige oder Nachbarn sich eine neue Existenz geschaffen haben. So entstehen relativ geschlossene ländliche Siedlungen, in die über Jahrzehnte hinweg aus dem heimatlichen Umfeld Neuankömmlinge zuwandern. Häufig bezahlen die vorausgewanderten Verwandten durch »prepaid tickets« die Überfahrt und die Ankömmlinge können auf Hilfe bei der Integration rechnen.

„Viele Ortsnamen in den USA weisen, weit über das Land verteilt, auf ursprünglich deutsche Gründungen hin", schreibt die Migrationsexpertin Christiane Harzig, *„dennoch lassen sich Schwerpunkte erkennen, vor allem in Wisconsin, Illinois und Missouri. Aber auch Pennsylvania, Ohio, New York, Maryland und Texas verzeichnen einen hohen Anteil deutscher Einwanderer."* Während der Kolonialzeit siedeln

Deutsche vorwiegend entlang der Ostküste im Raum Pennsylvania, Maryland und New York und erschließen ab den 1830er Jahren das Ohiotal und den Mittleren Westen. *„In der Zeit vor dem Bürgerkrieg (1861 bis 1865) konzentrierten sich die deutschen Siedler daher weitgehend in einem 200 Kilometer breiten Gürtel von New York nach Maryland bis zum Mississippi sowie in der Gegend um St. Louis, am Missouri entlang."* Das ungewohnte Klima und die Sklavenwirtschaft der Südstaaten bieten dagegen den deutschen Zuwanderern kaum Anreiz. Die wenigen, die hier Land nehmen, wandern noch vor Ausbruch des Bürgerkriegs wieder ab. Dafür werden die Städte mit ihren expandierenden Industrien Anziehungspunkte für ausgewanderte Arbeiter. Ethnische Wohnviertel entstehen, die so genannten deutschamerikanischen »communities«, die eine vielfältige Kultur auszeichnet. New York City, Philadelphia und Baltimore zählen seit dem frühen 19. Jh. viele deutschamerikanische Bewohner. Auch *„Cincinatti, St. Louis, Chicago und vor allem Milwaukee wurden im Prozess der Westwärtsbewegung zu urbanen Zentren deutschamerikanischen Lebens"*, sagt Christiane Harzig.

»Communities« sind allerdings nicht immer Endpunkte der deutschen Auswanderungsmassenbewegung. Rund jeder fünfte Nordamerika-Auswanderer verlässt die Neue Welt wieder und kehrt in die alte Heimat zurück. Es sind nicht nur Erfolglose und Gescheiterte, sondern auch solche, die den neuen Lebensverhältnissen nicht gerecht werden konnten oder solche, die ihre Ersparnisse in vertrauter Umgebung für ihren Lebensabend verbrauchen wollen.

Unstet und ziellos

„In der Realität blieb die reichsdeutsche Kolonialpolitik ein systemloser Aktionismus ohne klares Konzept. Hinter ihren einzelnen Schritten standen keine konkreten wirtschaftlichen Interessen, sondern sie sollte vor allem Prestigeerfolge erringen, die auch über die innenpolitischen Gegensätze hinweg versöhnen sollten. So versuchte die reichsdeutsche Politik jetzt an den verschiedensten Ecken des Erdballs koloniale Happen zu ergattern. Dabei geriet sie immer wieder mit den etablierten Kolonialmächten aneinander. Vor allem kam das Deutsche Reich zu spät.“

Jürgen Mirow, 1996

Kolonien zu erwerben und zu erhalten ist ein riskantes und schwieriges Unternehmen. Die bittere Erfahrung musste schon das Augsburger Handelshaus der Welser im 16. Jh. machen. 1528 erhalten sie als Dank für große Finanzkredite von Kaiser Karl V. das Ein- und Ausfuhrmonopol für Venezuela verliehen; ein Danaergeschenk, wie die Welser sehr bald merken.

Der Ruhm, die erste deutsche Kolonie verwalten zu dürfen, ist zweifelhaft und dauert nur kurz: Die kolonialen Statthalter des Handelshauses geraten mit der spanischen Regierung in Konflikt, die in den Deutschen nur unliebsame Konkurrenz sieht. Mögen Spanier und Deutsche auch formal einem gemeinsamen Reich angehören, wenn es um Handelsmonopole und viel Geld geht, behalten Eigeninteressen die Oberhand – damals, im Reich Karls V., wie heute, in der Europäischen Union. Die Spanier sperren ihre Häfen für Schiffe der Welser. Das bedeutet das Ende des kolonialen Traums und aller Hoffnungen, im dichten Regenwald jene riesigen Gold- und Silberminen zu entdecken, von denen phantasiebegabte Abenteurer immer wieder träumten. 1556 fällt das Lehen an das spanisch-habsburgische Kaiserhaus zurück.

Frühe Pläne

Ungefähr hundert Jahre später, 1657, versucht der merkantilistische Wirtschaftstheoretiker Johann Joachim Becher das Interesse des Reiches abermals auf den Erwerb von Kolonien zu lenken. Becher begeistert die Idee, durch bayerische Kolonisten nord- und südamerikanischen Boden urbar zu machen und rühmt sich, der Erste zu sein, *„welcher öffentlich im Druck die hochteutsche Nation dazu animiret habe“*, Kolonien zu erwerben. *„Wohlan denn, dapffere Teutschen, machet, dass man in der Mapp neben neu Spanien, neu Frankreich, neu Engelland, auch ins künftige neu Teutschland finde“*, fordert Johann Joachim Becher enthusiastisch.

Bechers Aufruf findet bei Friedrich Wilhelm von Brandenburg, dem Großen Kurfürsten, offene Ohren. Er, der in seiner Kindheit in den Niederlanden den wirtschaftlichen Aufschwung dank Handelsschifffahrt und holländischen Kolonien kennenlernte, verkündet: *„Seefahrt und Handel sind die fürnehmsten Säulen eines Estats, wodurch die Unterthanen beides zu Wasser als auch durch die Manufakturen zu Lande ihre Nahrung und Unterhalt erlangen.“* Der Große Kurfürst gründet 1682 eine afrikanische »Compagnie«, in deren Auftrag eine Expedition an der Westküste Afrikas Land in Besitz nimmt.

An der Goldküste errichtet sie 1683 die Faktorei Groß-Friedrichsburg. Die Ziegel für den Bau bringen sie wohlweislich aus brandenburgischen Lehmgruben mit. Der Handel mit Negersklaven, Gold, Elfenbein, Straußenfedern und Salz wirft hohe Gewinne ab, mitunter erreicht der Profit bis zu 150 %. Unter dem sparsamen Soldatenkönig Friedrich Wilhelm I. erlischt das Interesse am Kolonialgeschäft, die Niederlassung geht 1717 um 7200 Dukaten und eine Anzahl von Negersklaven an die handelstüchtigen Holländer.

Ablehnung

Mehr als 150 Jahre vergehen, ehe das Thema »Kolonien« nach der Reichsgründung 1871 in Deutschland wieder auftaucht. Kanzler Bismarck ist vollauf mit europäischen Problemen beschäftigt, von überseeischen Besitzungen will er nichts wissen: *„Solange ich Reichskanzler bin, treiben wir keine Kolonialpolitik!“*, meint er 1881. Ein Jahr zuvor hat aber Bismarcks Bankier Bleichröder die »Deutsche

britischer Besitz bis 1878
und Erwerbungen bis 1885

französischer Besitz bis 1878
und Erwerbungen bis 1885

portugiesischer Besitz 1878
und Erwerbungen bis 1885

spanischer Besitz 1878
und Erwerbungen bis 1885

italienischer Besitz 1878
und Erwerbungen bis 1885

deutscher Besitz

Abessinien und Erwerbungen
nach 1897

Osmanisches Reich

Herrschaftsbereich des Mahdi
(1881 bis 1898)

Kongostaat 1885 und
Erwerbungen bis 1894

Schraffuren: Erwerbungen nach 1885

Seehandels-Gesellschaft (DSG)« mit der Aufgabe mitgegründet, den finanziellen Absturz des Hamburger Seehandelshauses Godeffroy & Sohn aufzufangen. Das renommierte Unternehmen verfügt seit den 1850er Jahren über ein reich verzweigtes Netz von Handelsstützpunkten und Plantagen in der Südsee, treibt regen Handel mit Samoa und benachbarten Inselgruppen. Verunglückte Spekulationen in rheinisch-westfälischen Montanwerten und die Wirtschaftskrise von 1873 treiben die Firma an den wirtschaftlichen Abgrund. Ihre Aktien müssen zur Befriedigung der Ansprüche der Gläubiger beim Londoner Bankhaus Baring Brothers & Co. verpfändet werden.

Die Nachricht, dass Besitz und Handelsbeziehungen in britische Hände fallen könnten, alarmiert Bismarck. Zwei Neuerungen tragen dazu bei, seine Haltung zum Erwerb von Kolonien zu ändern – die Einführung von Schutzzöllen und die Eröffnung des Panamakanals, der den Weg zu den Samoas beträchtlich verkürzt: *„Das ist die Hauptsache"*, vermerkt Bismarck in einer Randnotiz.

Halbheiten

Die Presse nimmt bereitwillig das Weltgeltung und Abenteuer versprechende koloniale Thema auf. Das »Deutsche Handelsblatt« hofft, dass die Samoa-Debatte *„einer durch volkswirtschaftliche Notwendigkeiten gebotenen Kolonialpolitik"* zum Durchbruch verhelfen möge. Das ist allerdings weit mehr, als der Kanzler beabsichtigt. Er beantragt im Reichstag lediglich eine staatliche Finanzhilfe für privaten Überseehandel und -besitz und nicht für die Errichtung von Kolonien. Die »Samoa-Vorlage« lehnen am 27. 4. 1880 die linken Nationalliberalen, die Fortschrittspartei, das Zentrum, viele Konservative und die Sozialdemokraten ab. 140 Abgeordnete enthalten sich der Stimme; die rechten Nationalliberalen, Frei- und Deutschkonservative stimmen für die Vorlage. Trotz der Ablehnung können die Befürworter deutscher Kolonien noch hoffen. In der Abstimmung zur Kolonialfrage zeichnet sich bereits jenes Parteienbündnis ab, das später den »Kartell-Reichstag« bilden wird.

Der koloniale Gedanke, in der Öffentlichkeit mittlerweile gut propagiert, beginnt die Wirtschaft zu interessieren. Kreise der Schwerindustrie, des Bankkapitals und der Aristokratie gründen am 6. 12. 1882 in Frankfurt am Main unter Vorsitz von Fürst Hermann zu Hohenlohe-Langen-burg den »Deutschen Kolonialverein«, um die kolonialen Bewegungen organisatorisch zusammenzufassen, die Regierung und den Reichstag von den Vorteilen von Kolonien zu überzeugen. Hohenlohe-Langenburg, ein glühender Verfechter der Reichsgründung Bismarcks, vertritt zusätzlich eine sehr persönliche Ansicht über die Aufgaben des Kolonialvereins: Er könne die Grundlage schaffen, *„mit Hilfe welcher unsere Industrie jenseits der Meere in ungeahnter, selbständiger Weise erblüht."* In dieser programmatischen Erklärung, so der Historiker und Verfasser einer Monumentalbiographie Bismarcks, Ernst Engelberg, *„schwang schon mehr mit als reiner Ökonomismus; hier begann bereits der Missbrauch des deutschen Patriotismus für die Zwecke eines weltpolitischen Expansionismus."*

Doch noch immer zögert Bismarck, obwohl rundum europäische Staaten einen wahren Wettlauf um die noch »unverteilten« Gebiete auf dem Globus eröffnen und sogar »wertlose« Landstriche besetzen. Erst am 26. 2. 1884 schreckt Bismarck hoch: Der Telegraph meldet den Vertragsabschluss Großbritanniens mit Portugal, der den Briten im riesigen, rohstoffreichen Kongobecken weit reichende wirtschaftliche Privilegien sichern soll. Die Unruhe erfasst auch andere seefahrende Nationen, denn acht Jahre zuvor, 1876, hat der belgische König, Leopold II., eine »Internationale Afrikanische Gesellschaft« mit dem Ziel gegründet, Mittelafrika umfassend zu erforschen.

Die »Afrikakonferenz«

Einer der führenden Forscher ist der US-Amerikaner Henry Stanley. Ihn hat Leopold II. nicht nur zur Erforschung des Kongos angeworben, er soll bei der Errichtung eines Kongostaates mitwirken. Im Februar 1884 versucht jedoch England mit Hilfe Portugals das Mündungsgebiet des Kongo unter seinen Einfluss zu bringen. Portugal soll über die unteren Ufer des einzigen schiffbaren und weit ins Landesinnere führenden Kongos und Zollrechte verfügen, Großbritannien beansprucht großzügige handelspolitische Vorzugsrechte für sich. Bismarck protestiert heftig und lässt in Lissabon verlauten, dass die deutsche Regierung den Vertrag *„als für das Reich und seine Angehörigen verbindlich anzusehen nicht in der Lage wäre und das Fortbestehen der Handelsfreiheit für alle Nationen fordern müsse."*

Dem Telegramm schließen sich auch andere Nationen, allen voran Belgien, an. Der belgische König Leopold II. ersucht Bismarck, eine klärende Konferenz einzuberufen.

Das Treffen, von der deutschen und der französischen Regierung in die Wege geleitet, findet vom 15. 11. 1884 bis zum 26. 2. 1885 in Berlin statt. Neben 15 europäischen Nationen nehmen zum ersten Mal auch die USA an einer internationalen Tagung teil.

Die »Berliner Afrikakonferenz« (offiziell »Conférence Africaine«, früher »Kongokonferenz« genannt) macht zwei Dinge deutlich: eine außenpolitische Isolation Englands und eine über alle Differenzen hinweg reichende Zusammenarbeit zwischen Deutschland und Frankreich in Kolonialfragen. Die Schlussakte bestätigt dem belgischen König, Leopold II., den Besitz des Kongostaates, die Freiheit der Schifffahrt auf Kongo und Niger, das Verbot des Sklavenhandels – wurde bereits in der Schlussakte des Wiener Kongresses gefordert – und Handelsfreiheit im Kongo für die Signatarstaaten.

„Zugleich erhält die koloniale Besitzergreifung einen völkerrechtlichen Rahmen, auch für Deutschland", stellt der Historiker Imanuel Geiss fest.

Afrikas Aufteilung in der 2. Hälfte des 19. Jhs. (Karte links). – Eine Schautafel des Militärmalers Richard Knötel von 1899 zeigt Vertreter der deutschen Schutztruppen aus den Kolonien Deutsch-Südwest, Deutsch-Ost, Kamerun und Togo (Bild unten).

Kolonialmacht

„Die Verwaltung der Kolonien bedurfte ständiger Zuschüsse aus dem Reichshaushalt, wozu noch indirekte Subventionen kamen (vor allem für die Schifffahrtslinien). Zwar machten die privaten Kolonialgesellschaften teilweise beträchtliche Gewinne, aber insgesamt lag der Bruttowert des reichsdeutschen Handels mit den eigenen Kolonien unter den Kosten des Reiches in den Kolonien."

Jürgen Mirow, 1996

Gustav Nachtigal (Bild oben links) ist einer der ersten deutschen Afrikaforscher und Kolonialpionier. Er bringt Togo und Kamerun 1884 in deutschen Besitz. – Im gleichen Jahr erreicht der Bremer Großkaufmann Adolf Lüderitz (Bild oben rechts) die Unterschutzstellung Deutsch-Südwestafrikas.

Noch warten Reichstag und Regierung in der Kolonialfrage ab, als ein cleverer deutscher Kaufmann, der Bremer Adolf Lüderitz, einen Wüstenstreifen an der afrikanischen Südwestküste in Besitz nimmt. Lüderitz, Sohn eines Tabakgroßhändlers, nennt seit 1881 eine Faktorei in Lagos, im heutigen Nigeria, sein Eigen. Auf Anraten seines Angestellten Christian Vogelsang, der mit den Engländern gegen das afrikanische Volk der Xhosa kämpfte und über Landeskenntnisse verfügt, erwirbt Lüderitz am 1. 5. 1883 von Joseph Frederiks, dem Anführer des Hottentottenstamms der Nama, die Bucht Angra Pequena und fünf Meilen umliegendes Land. Dafür zahlt er 200 Gewehre und einige Kisten billigen Tands im Wert von 100 Pfund Sterling. Frederiks, mit dem Handel offenbar zufrieden, stimmt am 25. 8. 1883 einem weiteren Geschäft zu: Gegen 60 Gewehre und 500 Pfund Sterling in Waren verkauft er einen Gebietsstreifen, der von 26° südlicher Breite bis zum Oranje und 20 Meilen tief ins Landesinnere reicht.

Faule Geschäfte

„Frederiks, der Häuptling, meinte, dass er damit nur den Küstenstreifen einbüßte, also den südlichen Ausläufer der Namib, doch Vogelsang und Lüderitz hatten etwas anderes im Sinn: Sie waren schließlich Deutsche und dachten an eine deutsche oder geographische Meile und nicht an eine englische, wie Frederiks, dem nur diese geläufig war," berichtet der Experte für die Geschichte der deutschen Kolonien Wilfried Westphal. *„Der Unterschied machte über hundert Kilometer aus und enthob Frederiks praktisch seines ganzen Besitzes."* Unmittelbar nach Abschluss des ersten Kaufvertrags beantragt Lüderitz den Schutz des Reiches für sein Territorium. Den erhalte er, lässt Berlin Lüderitz wissen, sobald er einen Hafen erworben habe, auf den sonst keine europäische Nation Ansprüche stelle. Gleichzeitig fragt Bismarck der Ordnung halber in London an, ob Großbritannien etwaige Einsprüche gegen den Erwerb erhebe. Monate vergehen, an der Themse hat man keine Eile. Erst auf die zweite Anfrage antwortet am 21. 11. 1883 das Foreign Office. In gewundener Diplomatensprache weist es darauf hin, dass Großbritannien gegenwärtig nur die Walvis Bai und die Guano-Inseln besitze, darüber hinaus aber den ganzen Küstenstreifen Südwestafrikas beanspruche. Sechs Wochen später, im Januar 1884, erfährt Bismarck, dass London die gesamte Südwestküste Afrikas einschließlich des »Lüderitzlandes« annektieren will.

Die Anwort des Kanzlers ist unmissverständlich: Am 24. 4. 1884 telegraphiert er dem deutschen Konsul in Kapstadt, dass die Besitzungen des Bremer Kaufmannes Lüderitz unter dem Schutz des Deutschen Reiches stünden. Dieses Telegramm stellt den Beginn der offiziellen deutschen Kolonialgeschichte dar.

Deutsche »Schutzgebiete«

Bismarcks harte Gangart trifft das Foreign Office und die Regierung Gladstone in einer Phase hektischer Betriebsamkeit: Die Weltmacht läuft Gefahr, durch seinen expansiven Drang an wichtigen neuralgischen Punkten in Kriege verwickelt zu werden: im Sudan mit Frankreich, in Afghanistan mit Russland, im Kongo mit Belgien. Die Kongokrise ist es dann auch, die für kurze Zeit die deutsch-französischen Differenzen vergessen lässt und zu einer Zusammenarbeit in Kolonialfragen führt. Sie erleichtert dem Deutschen Reich den Erwerb bzw. die Unterschutzstellung weiterer Territorien: Togo, Kamerun, das Kaiser-Wilhelms-Land auf Neuguinea und der Bismarck-Archipel 1884, Deutsch-Ostafrika und die Marshall-Inseln 1885. 1897 folgen Kiautschou, 1899 die Karolinen, Marianen und Palau-Inseln. Im gleichen Jahr werden die seit 1889 mit Großbritannien und den USA bestehenden Streitigkeiten wegen Samoa beigelegt.

Bis 1899 übernimmt das Deutsche Reich alle »Schutzgebiete« – so der offizielle Name für die deutschen Überseebesitzungen – in die unmittelbare Reichsverwaltung, obwohl sie von privaten Kolonialgesellschaften erworben und verwaltet wurden. Aber die privaten Eigner, mit Kapital zu schwach ausgestattet, können sich in den Aufständen Einheimischer ohne Reichshilfe nicht behaupten. Die Kolonien drohen verloren zu gehen. Auch die Spannungen mit anderen Kolonialmächten lassen sich auf internationaler diplomatischer Ebene leichter abbauen, wie der Helgoland-Sansibar-Vertrag beweist. Dieser am 1. 7. 1890 geschlossene Vertrag bestätigt Großbritannien die Souveränität über die ostafrikanische Insel Sansibar, bringt andererseits den so genannten Caprivi-Zipfel an Deutsch-Südwestafrika und das bis dahin britische Helgoland zu Deutschland.

Nach dem Ende der Ära Bismarck wertet die Reichsregierung den Besitz von Kolonien neu: Betrachtete sie die Länder bislang nur als wertvolle Rohstoffquellen und Absatzmärkte, so erkennt sie jetzt auch ihren strategischen Wert als Flottenstützpunkte.

Massaker und Debatten

Die Bemühungen der seit 1890 im Auswärtigen Amt bestehenden Kolonialabteilung richten sich daher nach dem Ausbau des Eisenbahnnetzes und der Hafenanlagen auf die Erschließung der Territorien durch Straßen und den Aufbau eines geordneten Schul- und Erziehungswesen. Aufstände einheimischer Völker, denen die örtlichen Polizeikräfte nicht gewachsen sind, machen ab 1891 die Aufstellung von Schutztruppen notwendig. Sie sind militärisch ausgebildet und bewaffnet. Ihr Unterhalt aber verlangt vom Staat noch mehr Geld, als er bislang in die Kolonien fließen ließ. Dagegen protestieren Sozialdemokraten und Zentrumspartei heftig. Ihre Kritik an der Kolonialpolitik der Reichsregierung führt am 13. 12. 1906 sogar zur Auflösung des Reichstages. Unmittelbarer Anlass ist ein Aufstand der in Deutsch-Südwestafrika lebenden Hottentotten, der einen kolonialen Nachtragshaushalt von 29 Millionen Mark notwendig macht. Die Neuwahlen – »Hottentottenwahlen« genannt – vom 25. 1. 1907 bringen Reichskanzler Bülow mit 49 % statt früher 43 % ein klares Votum für seine Kolonialpolitik. Bülow kann nun die Kolonialabteilung im Auswärtigen Amt in ein Reichskolonialministerium umwandeln (3. 5. 1907), das umgehend Reformen im Kolonialwesen vornimmt. Vor allem findet ein Umdenken statt: Nicht die militärische Unterwerfung der Kolonialvölker habe Vorrang, sondern die wirtschaftliche Erschließung der Länder. Das fordert eine Denkschrift der Kolonialverwaltung schon Ende 1906: *„Wenn in früheren Jahren nur für die Hälfte der Summe, die uns jetzt der Krieg in Südwest-Afrika gekostet hat, Eisenbahnen in diesem Land gebaut worden wären, dann hätten wir wohl niemals den großen Aufstand erlebt und dafür heute eine rasch aufblühende Kolonie."* Die Einsicht kommt freilich spät, denn der »Maji-Maji-Aufstand« in Deutsch-Ostafrika wird 1905/06 mit Schutztruppen und Marinesoldaten niedergeschlagen, der Hereroaufstand (1904) und der Hottentottenaufstand (1904 bis 1909), beide in Deutsch-Südwestafrika, enden in Massakern unter den Einheimischen, die sich gegen die harte deutsche Kolonialpolitik und die Einweisung in Reservate auflehnen. Die Aufständischen werden in mehreren Schlachten besiegt, Fliehende in die wasserlose Steppe oder Wüste getrieben, wo sie verdursten oder in Sandstürmen umkommen.

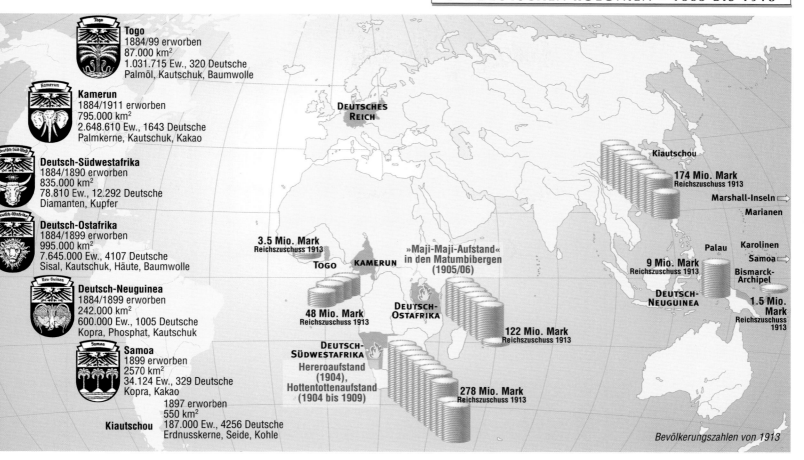

Togo
1884/99 erworben
87.000 km²
1.031.715 Ew., 320 Deutsche
Palmöl, Kautschuk, Baumwolle

Kamerun
1884/1911 erworben
795.000 km²
2.648.610 Ew., 1643 Deutsche
Palmkerne, Kautschuk, Kakao

Deutsch-Südwestafrika
1884/1890 erworben
835.000 km²
78.810 Ew., 12.292 Deutsche
Diamanten, Kupfer

Deutsch-Ostafrika
1884/1899 erworben
995.000 km²
7.645.000 Ew., 4107 Deutsche
Sisal, Kautschuk, Häute, Baumwolle

Deutsch-Neuguinea
1884/1899 erworben
242.000 km²
600.000 Ew., 1005 Deutsche
Kopra, Phosphat, Kautschuk

Samoa
1899 erworben
2570 km²
34.124 Ew., 329 Deutsche
Kopra, Kakao

Kiautschou
1897 erworben
550 km²
187.000 Ew., 4256 Deutsche
Erdnusskerne, Seide, Kohle

DEUTSCHES REICH

Kiautschou
174 Mio. Mark
Reichszuschuss 1913

Marshall-Inseln ⇨

Marianen

3.5 Mio. Mark
Reichszuschuss 1913

TOGO KAMERUN

»Maji-Maji-Aufstand«
in den Matumbibergen
(1905/06)

48 Mio. Mark
Reichszuschuss 1913

DEUTSCH-OSTAFRIKA

122 Mio. Mark
Reichszuschuss 1913

Palau

Karolinen

Samoa ⇨

Bismarck-Archipel

9 Mio. Mark
Reichszuschuss 1913

DEUTSCH-NEUGUINEA

1.5 Mio. Mark
Reichszuschuss 1913

DEUTSCH-SÜDWESTAFRIKA
Hereroaufstand
(1904),
Hottentottenaufstand
(1904 bis 1909)

278 Mio. Mark
Reichszuschuss 1913

Bevölkerungszahlen von 1913

Kolonien gehen verloren

Auf dem Höhepunkt kolonialer Macht, kurz vor Ausbruch des Ersten Weltkriegs, umfassen die deutschen Kolonien 3 Millionen km² mit 13.690.000 Einwohnern, darunter etwa 24.000 Deutsche. Nur sie stehen unter direkter kaiserlicher Verwaltung und deutschem Recht.

Der wirtschaftliche Wert der Kolonien für die deutsche Volkswirtschaft bleibt in den ersten Jahrzehnten gering und hinter den Erwartungen zurück. Die letzten Jahre vor dem Ersten Weltkrieg bringen dann den raschen Aufschwung, da die neu geschaffenen Infrastrukturen allmählich wirksam werden. Nun lässt auch die Kritik der Oppositionsparteien im Reichstag nach, obwohl 1913 immer noch nur ein Drittel der Reichszuschüsse von rund 150 Millionen Mark durch Einnahmen aus den Kolonien gedeckt wird.

Der Erste Weltkrieg erfasst auch die Kolonien. Togo, Deutsch-Neuguinea und die Festung Kiautschou fallen im ersten Kriegsjahr. Deutsch-Südwest kapituliert 1915, Kamerun 1916. Deutsch-Ost hingegen verteidigt sich mit nur geringen Kräften unter dem Kommandeur General von Lettow-Vorbeck bis über den Waffenstillstand von 1918 hinaus.

Im Vertrag von Versailles muss das Deutsche Reich auf alle Überseebesitzungen verzichten. Die deutschen Siedler werden enteignet und vertrieben, die Kolonien als Mandate des Völkerbundes den Siegerstaaten Belgien, Frankreich, Japan sowie Großbritannien und seinen Dominien Australien, Neuseeland und Südafrika zur Verwaltung übergeben. Die Aufteilung entspricht den zu Kriegsausbruch in geheimen Vereinbarungen zwischen den Alliierten getroffenen Abkommen.

Der Prestigebesitz an Kolonialgebieten kostet das Deutsche Reich mehr, als er einbringt (Karte oben). – Anfang 1904 erheben sich in Deutsch-Südwestafrika 8000 Angehörige des Hererovolkes. Der Aufstand wird von 7500 Mann der Schutztruppen niedergeschlagen (Schlacht am Waterberg 11. 8. 1904, Bild unten).

Der »Neue Kurs«

„Im Frühjahr 1888 stirbt Kaiser Wilhelm I. im Alter von einundneunzig Jahren. Nachfolger wird sein Sohn Friedrich Wilhelm, der als Friedrich III. lediglich neunundneunzig Tage regiert. Der neue Kaiser ist liberal, ein großer Bewunderer der britischen Verfassung und mit der ältesten Tochter von Königin Victoria verheiratet. Die Tatsache, dass er an Kehlkopfkrebs leidet, befreit Bismarck von seinen Befürchtungen einer zu liberalen Einstellung des Kaisers gegenüber dem Reich. Doch mit Friedrichs III. Tod werden auch die Hoffnungen auf ein liberales Deutschland und einen Ausgleich mit England, der Deutschlands prekäre Lage gesichert hätte, zu Grabe getragen."

Martin Kitchen, 1997

Edward VIII., britischer König und Onkel Wilhelms II., nennt den Neffen *„the most brilliant failure in history"*, den *„brillantesten Versager der Geschichte"*. Wilhelm II., der Sohn Friedrichs III., besteigt am 15. 6. 1888 den Thron. Hoch talentiert, aber oberflächlich, ein notorischer Aufschneider und politischer Wichtigtuer, liebt er militärisches Gepränge und Prunk. Seine Vorliebe für den »Kasinoton« der Potsdamer Garderegimenter, für Paraden und Manöver, vor allem aber seine markigen, aggressiven Sprüche spiegeln das Übergewicht des Militärischen in Deutschland wider. Wilhelms forsches Auftreten und der säbelrasselnde Inhalt seiner kriegerischen Reden tragen wesentlich dazu bei, Deutschland als Hochburg des Militarismus nachhaltig zu diskreditieren.

Gute Vorsätze

Als Wilhelm II. sein Amt übernimmt, ist er 29 Jahre alt. Er lässt niemanden darüber in Unkenntnis, dass er nicht im Schatten Kanzler Bismarcks stehen wolle: *„Ich lasse den alten Knaben noch sechs Monate weiterwursteln, dann regiere ich selbst"*, teilt er seinen Vertrauten mit. Wilhelm II. hat eine altmodische, patriarchalische Vorstellung von seinen Herrscheraufgaben und träumt davon, als »Sozialkaiser« in die Geschichte einzugehen. Während Bismarck das »Sozialistengesetz« weiter verschärfen will, möchte der Kaiser die Wohlfahrt der Arbeiter fördern, um sie der Sozialdemokratischen Partei abspenstig zu

machen und ihre Loyalität zu gewinnen. Im Bergarbeiterstreik 1889 setzt er sich für versöhnliche Lösungen ein, lässt das »Sozialistengesetz« auslaufen und engagiert sich für einen erweiterten Arbeiterschutz. Bismarck interpretiert Wilhelms Bemühungen als simplen Anbiederungsversuch an die untersten Klassen. Jedermann glücklich machen zu wollen, sei ein absurdes Unterfangen, meint der Kanzler. Aber das Volk begrüßt den »Neuen Kurs«, der ein Ende der innenpolitischen Stagnation der letzten Jahre verspricht.

Die Wahlen zum Reichstag am 20. 2. 1890 bringen die Niederlage für Bismarcks »Kartellregierung«, die seit dem 14. 1. 1887, aus Deutschkonservativen, Freikonservativen und Nationalliberalen bestehend, den Staat lenkte. Bismarck aber denkt nicht daran abzudanken. Er betreibt die Außerkraftsetzung der Verfassung und versucht, notfalls durch einen Staatsstreich und ohne Reichstag zu regieren. Sein Vorhaben misslingt, weder Politiker und Militärs noch Unternehmer oder hohe Beamte unterstützen ihn. Am 18. 3. 1890 entlässt der Kaiser Otto von Bismarck in Ungnaden. Mit ihm geht eine deutsche Ära zu Ende, die zu Recht nach ihm benannt ist, und eine neue beginnt: die »Wilhelminische«.

Bismarcks Abgang

Auf die Ablösung reagieren viele Deutsche erleichtert. Die »Deutsche Revue« schreibt: *„Seit dem ersten Tage seiner Regierung hat es keine vollständige Einheit in der Staatsleitung mehr gegeben. Und wie wäre sie möglich gewesen? Dort der Kanzler, der in vormärzlicher Zeit wurzelt, in dem System Metternichs aufgewachsen ist, hier der Kaiser, der den Geist der Tage seit dem erhebenden Kriegsjahre in sich aufgenommen!"* Dazu meldet sich der Kaiser zu Wort: *„Das Amt des wachhabenden Offiziers auf dem Staatsschiff ist Mir zugefallen"*, telegraphiert er am Tage der Entlassung Bismarcks an seinen ehemaligen Erzieher, Georg Hinzpeter, und fügt hinzu: *„Der Kurs bleibt der alte. Voll Dampf voran!"*

Die Lage der Arbeiter verbessert sich unter Wilhelm II. deutlich: Sonntagsarbeit für Kinder und Fabriksarbeit für Kinder unter 13 Jahren werden verboten. Die Arbeitszeit für Frauen wird auf 11 Stunden, die für Jugendliche unter 16 Jahren auf 10 Stunden pro Tag beschränkt. Eine

Finanzreform entlastet die Bevölkerungsschichten mit geringem Einkommen, die preußische Klassensteuer und das Dreiklassenwahlrecht fallen. Dank der von Kanzler Caprivi betriebenen Handelspolitik öffnen sich die Auslandsmärkte und bringen der deutschen Industrie nach langer Depression den Aufschwung.

Wilhelm II. gelingt es jedoch nicht, die Arbeiterschaft der Sozialdemokratie zu entfremden. Aus diesem Grund verliert er bald das Interesse an seinem sozialen Programm und schwenkt wieder auf den repressiven Kurs seines ehemaligen Kanzlers Bismarck ein.

Ein redlicher Kanzler

Der neue Kanzler, Generalleutnant Leo von Caprivi, besitzt nur bescheidene politische Erfahrungen. Der Mann der Mitte vertritt gemäßigte Ansichten, lehnt den Imperialismus und den Flottenausbau ab. Er versucht soziale Differenzen auszugleichen und die jährliche Auswanderung von etwa 100.000 Menschen zu stoppen. Versöhnlich nach allen Seiten, zieht er sich bald die Feindschaft aller zu. Die Agrarier nennen ihn den »Kanzler ohne Ahr und Halm«: Sie werfen ihm vor, sie zu ruinieren, weil er mit Russland ein Handelsabkom-

Die Reichstagswahlergebnisse von 1871 bis 1912 (Grafik rechts).

Eine Ansichtspostkarte des Vereins zur Hebung der Vaterlandsliebe propagiert die deutsche Flottenrüstung (Bild unten).

men anstrebt, das den Tausch deutscher Industrieprodukte gegen russisches Getreide vorsieht. Das »Helgoland-Sansibar-Abkommen« mache Großbritannien zu viele Zugeständnisse, meinen imperialistische Kreise und gründen am 9. 4. 1891 den extrem nationalistisch orientierten »Alldeutschen Verband«. Er setzt sich die *„Belebung des vaterländischen Bewusstseins in der Heimat und die Bekämpfung aller der nationalen Entwicklung entgegengesetzten Richtungen"* programmatisch zum Ziel.

Düstere Zukunft

Der komplizierten innenpolitischen entspricht eine ähnlich problematische Entwicklung in der Außenpolitik. Die Nichtverlängerung des »Rückversicherungsvertrages« mit Russland und der allmähliche Übergang zur Weltpolitik machen die Lage verworren. Der von Bismarck initiierte Vertrag widerspreche dem Zweibundabkommen mit Österreich und schütze das Deutsche Reich nicht vor einem französischen Angriff, argumentieren Kanzler Caprivi und das Auswärtige Amt. Trotz Russlands Drängen auf Verlängerung der »Rückversicherung« und der Bereitschaft zu Zugeständnissen bei einer Neufassung bleibt die Regierung –

⬛	Konservative
⬛	Liberale
⬛	Zentrum mit Welfen, Polen und Elsass-Lothringern
⬛	Sozialdemokraten
⬜	Sonstige

Wenn der Morgen graut,
Wenn das Frührot taut,
Hat der Kaiser schon an der
Flotte gebaut.

Ansichtspostkarten

herausgegeben

vom Verein zur Hebung der Vaterlandsliebe

Serie I

Aus Unsers Kaisers Tagewerk

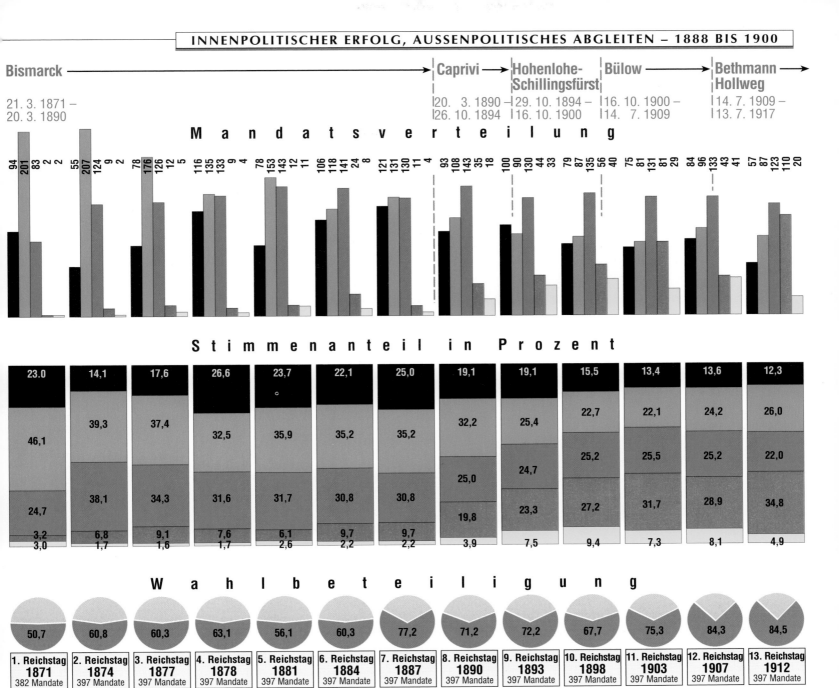

Bismarck ➝ **Caprivi** ➝ **Hohenlohe-Schillingsfürst** **Bülow** ➝ **Bethmann Hollweg** ➝

21. 3. 1871 –
20. 3. 1890

|20. 3. 1890 –
|26. 10. 1894

|29. 10. 1894 –
|16. 10. 1900

|16. 10. 1900 –
|14. 7. 1909

|14. 7. 1909 –
|13. 7. 1917

M a n d a t s v e r t e i l u n g

94 201 83 2 2 | 55 207 124 9 2 | 78 176 126 12 5 | 116 135 133 9 4 | 78 153 143 12 11 | 106 118 141 24 8 | 121 131 130 11 4 | 93 108 143 35 18 | 100 130 44 33 | 79 87 135 56 40 | 75 81 131 81 29 | 84 96 133 43 41 | 57 87 123 110 20

S t i m m e n a n t e i l   i n   P r o z e n t

23.0	14,1	17,6	26,6	23,7	22,1	25,0	19,1	19,1	15,5	13,4	13,6	12,3
46,1	39,3	37,4	32,5	35,9	35,2	35,2	32,2	25,4	22,7	22,1	24,2	26,0
								24,7	25,2	25,5	25,2	22,0
24,7	38,1	34,3	31,6	31,7	30,8	30,8	25,0	23,3	27,2	31,7	28,9	34,8
							19,8					
3,2	6,8	9,1	7,6	6,1	9,7	9,7	3,9	7,5	9,4	7,3	8,1	4,9
3,0	1,7	1,6	1,7	2,6	2,2	2,2						

W a h l b e t e i l i g u n g

50,7	60,8	60,3	63,1	56,1	60,3	77,2	71,2	72,2	67,7	75,3	84,3	84,5
1. Reichstag 1871 382 Mandate	**2. Reichstag 1874** 397 Mandate	**3. Reichstag 1877** 397 Mandate	**4. Reichstag 1878** 397 Mandate	**5. Reichstag 1881** 397 Mandate	**6. Reichstag 1884** 397 Mandate	**7. Reichstag 1887** 397 Mandate	**8. Reichstag 1890** 397 Mandate	**9. Reichstag 1893** 397 Mandate	**10. Reichstag 1898** 397 Mandate	**11. Reichstag 1903** 397 Mandate	**12. Reichstag 1907** 397 Mandate	**13. Reichstag 1912** 397 Mandate

mit Zustimmung des Kaisers – bei der Ablehnung. St. Petersburg wird misstrauisch und wird im Argwohn noch weiter bestärkt, als der »Helgoland-Sansibar-Vertrag« die Insel Helgoland, bislang britisch, in den Besitz des Deutschen Reiches bringt. Russland vermutet eine Abwendung Deutschlands vom Zarenreich und dessen Hinwendung zu Großbritannien. Es intensiviert, auf der Suche nach einem neuen Verbündeten, seine Kontakte zu Frankreich. Dieser Schritt fällt dem Zarenreich nicht schwer, weil zwischen ihm und Großbritannien starke Spannungen wegen Afghanistan und der osmanischen Meerengen bestehen. Am 17. 8. 1892 unterzeichnen Vertreter des russischen und französischen Ge-

neralstabs eine Militärkonvention zum Schutz gegen mögliche Angriffe von seiten der Dreibundstaaten. Die Konvention mündet 1893/94 in ein formelles Bündnis. Das Sicherheitssystem Bismarcks – das »Spiel mit den fünf Kugeln« – zerbricht, Europa ist in zwei Lager gespalten und leitet die zum Teil selbst verschuldete außenpolitische Isolierung des Deutschen Reiches ein.

Verstimmung in London

Als im Juli 1893 ein drohender Konflikt um Siam (heute Thailand) zwischen Großbritannien und Frankreich friedlich endet und im Oktober ein russisches Geschwader in Toulon

ohne britischen Protest vor Anker geht, erkennt das deutsche Auswärtige Amt das Scheitern seiner Bemühungen, sich mit London zu arrangieren.

Chlodwig Fürst zu Hohenlohe-Schillingsfürst, der Caprivi nachfolgt (29. 10. 1894), ist außenpolitisch noch weniger erfolgreich. Unter seiner Regierung kühlt das deutsch-britische Verhältnis weiter ab. Dazu trägt Kaiser Wilhelms II. antibritische Haltung im Burenkrieg bei. In einem Telegramm (»Krüger-Depesche« vom 3. 1. 1896) gratuliert er dem Präsidenten der Burenrepublik Transvaal im südlichen Afrika, Ohm Krüger, zu seinem erfolgreichen militärischen Widerstand gegen den Einfall von 800 britischen Freischärlern. London, das

sich offiziell von dem Überfall distanziert, ist verstimmt und erneuert daher die Mittelmeerentente von 1887 mit den Dreibundmächten Italien und Österreich-Ungarn nicht. Die Haltung Kaiser Wilhelms erklärt sich aus ökonomischen Interessen: 20 % aller ausländischen Investitionen in der Burenrepublik kommen aus Deutschland.

Als Großbritannien im Sommer 1900 die Republik Transvaal annektiert, um einer möglichen deutschen Protektoratserklärung zuvorzukommen, reist Ohm Krüger am 2. 12. 1900 nach Deutschland. Der Bittgang um Waffenhilfe endet schon in Köln: Der Kaiser verweigert eine Audienz, Vertreter der Reichsregierung raten ihm, nicht nach Berlin zu reisen.

Ein »Platz an der Sonne«

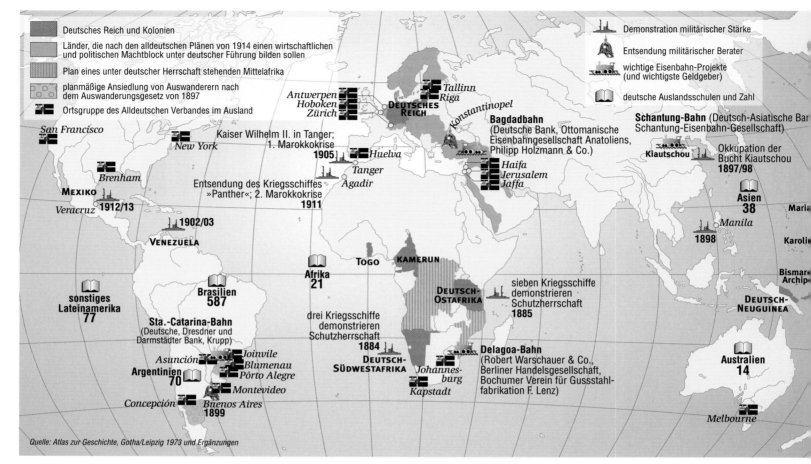

Deutsches Reich und Kolonien

Länder, die nach den alldeutschen Plänen von 1914 einen wirtschaftlichen und politischen Machtblock unter deutscher Führung bilden sollen

Plan eines unter deutscher Herrschaft stehenden Mittelafrika

planmäßige Ansiedlung von Auswanderern nach dem Auswanderungsgesetz von 1897

Ortsgruppe des Alldeutschen Verbandes im Ausland

Demonstration militärischer Stärke

Entsendung militärischer Berater

wichtige Eisenbahn-Projekte (und wichtigste Geldgeber)

deutsche Auslandsschulen und Zahl

San Francisco

New York

Brenham

MEXIKO 1912/13
Veracruz

1902/03

VENEZUELA

sonstiges Lateinamerika 77

Brasilien 587

Sta.-Catarina-Bahn (Deutsche, Dresdner und Darmstädter Bank, Krupp)

Asunción
Argentinien 70
Joinvile
Blumenau
Pôrto Alegre
Montevideo

Concepción
Buenos Aires 1899

Antwerpen
Hoboken
Zürich

Kaiser Wilhelm II. in Tanger; 1. Marokkokrise
1905
Huelva
Tanger
Agadir

Entsendung des Kriegsschiffes »Panther«; 2. Marokkokrise
1911

Afrika 21

TOGO   KAMERUN

drei Kriegsschiffe demonstrieren Schutzherrschaft
1884
DEUTSCH-SÜDWESTAFRIKA

DEUTSCH-OSTAFRIKA

sieben Kriegsschiffe demonstrieren Schutzherrschaft
1885

Johannesburg
Kapstadt

Delagoa-Bahn (Robert Warschauer & Co., Berliner Handelsgesellschaft, Bochumer Verein für Gussstahlfabrikation F. Lenz)

Tallinn
Riga
DEUTSCHES REICH

Konstantinopel

Bagdadbahn (Deutsche Bank, Ottomanische Eisenbahngesellschaft Anatoliens, Philipp Holzmann & Co.)

Haifa
Jerusalem
Jaffa

Schantung-Bahn (Deutsch-Asiatische Bar Schantung-Eisenbahn-Gesellschaft)

Kiautschou
Okkupation der Bucht Kiautschou 1897/98

Asien 38

Manila
1898

Maria

Karoli

Bismar Archip

DEUTSCH-NEUGUINEA

Australien 14

Melbourne

Quelle: Atlas zur Geschichte, Gotha/Leipzig 1973 und Ergänzungen

»Wer Weltmacht werden wollte, brauchte auch eine nennenswerte Kriegsflotte. So starten in den 1890er Jahren Großbritannien, Frankreich, die USA, Russland und als letztes 1897 auch das Deutsche Reich groß angelegte Flottenprogramme.«

Jürgen Mirow, 1997

Um 1890 liegt die deutsche Flotte an fünfter Stelle in der Weltrangliste und ist etwa gleich stark wie die russische oder italienische. Für den ehrgeizigen Admiral Alfred von Tirpitz, seit 1898 Staatssekretär im Reichsmarineamt, ist dieser Zustand für das deutsche Sendungsbewusstsein unerträglich. Besessen vom Gedanken, die deutsche Weltgeltung durch eine starke Flotte zur Schau zu stellen, gründet er im April 1898 den »Deutschen Flottenverein«, um die Bedeutung der Kriegsflotte für das Deutsche Reich publikumswirksam zu erklären und das Interesse der Bevölkerung zu wecken. Mit Vorträgen, Veranstaltungen und einer Flut von

Werbeschriften wendet sich Tirpitz an die Öffentlichkeit. Tatsächlich entfacht er innerhalb kurzer Zeit eine solche Begeisterung, dass z.B. der Kieler Matrosenanzug – modisch umgesetzt – ab 1894 zur typischen Kleidung von Buben und Mädchen wird, nicht nur im Deutschen Reich, sondern auch im befreundeten Österreich-Ungarn: Die Wiener Sängerknaben treten heute noch in dieser Uniform auf.

Sein Vorhaben findet nicht nur im Volk, sondern auch in der Wirtschaft große Beachtung. Reedereien und die Industrie erhoffen sich neue Aufträge, Imperialisten eine Erweiterung der Kolonien und die Inbesitznahme der Weltmeere. Patrioten begeistern sich an der Vorstellung, England in die Schranken zu weisen, sozialdemokratische Funktionäre erwarten sich mehr Arbeitsplätze und höhere Löhne für die Arbeiter.

Tirpitz bringt sein Flottengesetz 1898 im Reichstag ein; für den Aufbau einer aus zwei Geschwadern bestehenden Schlachtflotte fordert er ein Sonderbudget von 400 Millionen Mark. Die Abgeordneten bewilligen

es ihm mehrheitlich – ohne längere Debatte. Begründet wird das Gesetz mit dem Argument, der deutsche Welthandel bedürfe des Schutzes einer starken Flotte. Tatsächlich aber richtet Tirpitz die Kanonenrohre gegen England. Großbritannien ist für ihn der Gegner, der dem Deutschen Reich den Aufstieg zur Weltmacht verwehrt und dem er auf dem offenen Meer entgegentreten will.

Kanonen gegen England

In einen Memorandum vom 15. 7. 1897 präzisiert Tirpitz: *„Unsere Flotte muss […] so eingerichtet werden, dass sie ihre höchste Kriegsleistung zwischen Helgoland und der Themse entfalten kann […]. Die militärische Situation gegen England erfordert Linienschiffe in so hoher Zahl wie möglich.“*

Die Ermordung von zwei deutschen katholischen Missionaren in der chinesischen Provinz Schantung spielt den Befürwortern der rigorosen Flottenpolitik in die Hände. Am 14. 11. kreuzt vor der Bucht von Kiautschou ein deutsches Geschwa-

der und nimmt die Halbinsel in Besitz; der lang gehegte Wunsch, in Ostasien über einen Handels- und Flottenstützpunkt zu verfügen, ist erfüllt. Dazu erklärt am 6. 12. 1897 der Staatssekretär für Äußeres (Außenminister), Bernhard von Bülow: *„Wir müssen verlangen, dass der deutsche Missionar und der deutsche Unternehmer, die deutschen Waren, die deutsche Flagge und das deutsche Schiff in China gerade so geachtet werden wie diejenigen anderer Mächte. Wir sind endlich gern bereit, in Ostasien den Interessen anderer Großmächte Rechnung zu tragen, in der sicheren Voraussicht, dass unsere eigenen Interessen gleichfalls die ihnen gebührende Würdigung finden. Mit einem Wort: Wir wollen niemanden in den Schatten stellen, aber wir verlangen auch unseren Platz an der Sonne.“* Eine starke Flotte soll ihn erringen und sichern helfen.

Schon 1900 legt Tirpitz das zweite Flottengesetz vor, mit einem noch größeren Ausbauprogramm. Es fordert eine Verdopplung der deutschen Flotte auf vier Geschwader; 32 Linienschiffe, 8 große Kreuzer und 24 kleine Kreuzer sollen den Kern der maritimen Streitmacht stellen. Hinzu

Schwerpunkte und Stoßrichtungen deutscher Weltpolitik um 1900 (Karte links). – Alfred von Tirpitz (Bild ganz oben), deutscher Großadmiral. – Bernhard von Bülow (oben), deutscher Reichskanzler von 1900 bis 1909. – Eröffnung des ersten, 200 km langen Teilstücks der Bagdadbahn, 1903 (rechts unten).

britannien dem Deutschen Reich tatsächlich den Weg an die Spitze verwehren wolle. Der »Deutsche Flottenverein« und der »Alldeutsche Verband« schüren die englandfeindliche Stimmung. Aber auch die britischen Medien verbreiten Worte des Hasses über die Deutschen.

Gespräche mit London

Dabei stehen 1900/01 die Chancen für das Deutsche Reich günstig, mit Großbritannien in ein Bündnis zu treten. Die Weltmacht sieht sich einer Front mächtiger Gegner gegenüber, zu denen Russland und Frankreich zählen, und ist außenpolitisch weitgehend isoliert. Die Weltöffentlichkeit verurteilt den Krieg Englands gegen die Buren, die von Lord Kitchener angewandte Taktik der »verbrannten Erde« sowie die Konzentrationslager, in denen gefangene Burenfamilien schmachten. Eine Annäherung an das Deutsche Reich wäre für London willkommene Gelegenheit, die außenpolitische Isolation zu durchbrechen. Das britische Einlenken wertet das deutsche Außenamt falsch und hält es für eine Reaktion auf die zunehmende wirtschaftliche und politische Stärke des Reiches. Nach jahrelangem Bemühen, mit London ins Gespräch zu kommen, schrecken die Außenpolitiker jetzt vor der dargebotenen Hand zurück. Die Begründung ist rasch gefunden: Man wolle nicht der »Festlandsdegen« Britanniens sein.

Kanzler Bernhard von Bülow, seit 1900 im Amt, ein aalglatter Höfling und ergebener Erfüllungsgehilfe seines Kaisers, zeigt London die kalte Schulter und leitet wieder eine Orientierung nach Russland hin ein. Die deutsch-britischen Kontakte enden

in zwei für das Deutsche Reich wenig ergiebigen Absprachen: im August 1898 über eine künftige Aufteilung der portugiesischen Kolonien zwischen England und Deutschland und im Oktober 1900 über das »Prinzip der offenen Tür« im chinesischen Jangtse-Tal. Letzteres wird den Deutschen nicht geschenkt, sie müssen es sich durch ihren Einsatz im »Boxeraufstand« erkämpfen.

Differenzen wachsen

Außenpolitische Erfolge wie der schrittweise Abbau des Gegensatzes zu den USA und ein 1902 geschlossenes Verteidigungsbündnis mit Japan veranlassen die britische Regierung schließlich, sich aus den Kontaktgesprächen zurückzuziehen. Wegen der Errichtung der Bagdadbahn, die mitten in die britischen Interessenzonen des Nahen Ostens, an den Persischen Golf, führt, wachsen zugleich die Spannungen mit dem Deutschen Reich wieder an.

Im Zuge des wirtschaftlichen Imperialismus steigen gegen Ende des 19. Jhs. deutsche Banken gemeinsam mit der Schwerindustrie in den Eisenbahnbau im türkischen Kleinasien ein. Bereits 1888 und 1893 erwirbt die Deutsche Bank Baukonzessionen in Westanatolien. Die 1889 von ihr, der Dresdner Bank und anderen Kreditinstituten gegründete Anatolische Eisenbahngesellschaft erhält zwischen 1899 und 1911 neben der Konzession für den Ausbau des Hafens Haidar Pascha bei Konstantinopel auch eine zur Errichtung der Bahnlinie Konya – Bagdad – Basra, also einer durchgehenden Verbindung von Konstantinopel bis zum Persischen Golf. Das Projekt ruft zwangsläufig Interessenkonflikte

hervor. Deshalb zögert die deutsche Reichsregierung, das vom Botschafter in Konstantinopel, Marschall von Bieberstein, und dessen Vertreter, Alfred von Kiderlen-Wächter, wärmstens empfohlene Projekt zu unterstützen. Sowohl Russland als auch Großbritannien verweigern dem Bau der Bagdadbahn die Zustimmung, die Verwirklichung des Projekts scheint in weite Ferne gerückt. Als noch dazu die Orientreise Kaiser Wilhelms II. 1898 den Anschein erweckt, als wolle das Deutsche Reich die Schutzherrschaft über die etwa 300 Millionen Mohammedaner übernehmen, kostet es das deutsche Außenamt große Anstrengung, die Welt davon zu überzeugen, dass der kaiserliche Besuch in Konstantinopel nur aus traditioneller Freundschaft zum Osmanischen Reich erfolgte.

Ja zur Bagdadbahn

Ein deutsch-russisches Abkommen bringt schließlich die Wende. Nachdem Deutschland glaubhaft machen konnte, in Persien nur Handelsziele verfolgen zu wollen, sichert Russland am 19. 8. 1911 zu, das in seinem Einflussbereich liegende persische Eisenbahnnetz der Bagdadbahn anzuschließen und den Bau nicht mehr weiter zu behindern.

Anders verlaufen die Verhandlungen mit Großbritannien. Erst am 15. 6. 1914 vereinbart ein deutschbritisches Übereinkommen die Fertigstellung der Bagdadbahn unter deutscher Führung. Nur die Endstrecke zwischen Basra und dem Golf bleibt den Briten überlassen. Das Abkommen wird nicht mehr ratifiziert, am 28. 7. 1914 bricht der Erste Weltkrieg aus und zerstört Deutschlands imperiale Großmachtträume.

kommen noch 4 Linienschiffe und die 3 großen und 4 kleinen Kreuzer der Auslandsflotte. Mit dem starren Festhalten am Ausbauprogramm der Flotte – ab 1908 baut Deutschland Großkampfschiffe – torpediert Tirpitz die deutsch-englischen Verhandlungen (1909 bis 1911) über eine Angleichung der Flottenstärke. Großbritannien besteht auf dem »two power standard« und behält sich vor, doppelt so viele Kriegsschiffe wie Deutschland im Dienst zu haben. Das Deutsche Reich hingegen will von dem angestrebten 2 : 3-Verhältnis nicht abrücken. Die Verhandlungen scheitern, nicht zuletzt am schroffen Ton der deutschen Unterhändler.

Die Propaganda verwendet den Abbruch als Beweis dafür, dass Groß-

»Weltpolitik« im Abwind

„Die Lage des Deutschen Reiches hat sich in den kommenden Jahren, auch ohne sein Zutun, zunehmend verschlechtert. Es hatte seine Position zwischen Russland und England überschätzt und überreizt, ebenso seine Fähigkeit, Weltpolitik des Spätkommers aus der bedrohten Mittellage heraus ohne Anlehnung, ohne Juniorpartner, treiben zu können.“

Thomas Nipperdey, 1992

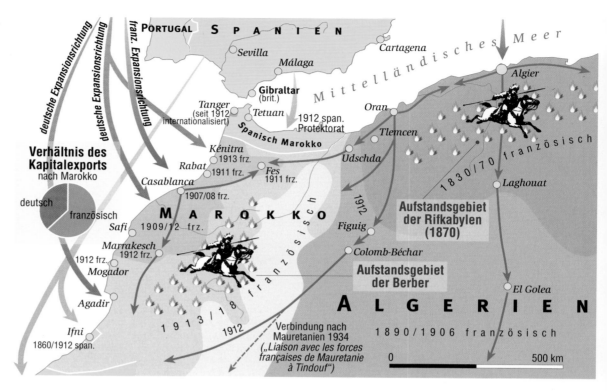

Um die Jahrhundertwende erkennen deutsche und französische Politiker und Militärs den strategischen Wert Marokkos als Wächter zum Mittelländischen Meer (Karte oben). – Kaiser Wilhelm II. in Tanger (Bild rechts unten).

Der beschleunigte Auf- und Ausbau der deutschen Schlachtflotte ab 1898 alarmiert England. Es nimmt die Herausforderung an, allerdings nicht so, wie die deutsche Seite es befürchtet, durch einen Überfall und die Vernichtung der Flotte noch in der Frühphase ihrer Entstehung – der britische Admiral Fisher stellt immerhin derartige Überlegungen an –, sondern auf dem Gebiet der Werft-, Stahl- und Finanzkapazität.

Die Briten entwickeln einen neuen, spektakulären Linienschiffstyp: Die »Dreadnought« (»Furchtlos«) soll allen anderen Kriegsschiffen überlegen sein. 1905 setzt zwischen England und Deutschland ein bisher noch nicht da gewesenes Wettrüsten ein, dem andere Großstaaten folgen. Schon 1909 ermüdet die Wirtschaft des Deutschen Reiches, im Wettlauf mit der britischen kann sie trotz neuer Rekorddaten nicht Schritt halten, Stahlproduktion, Stapellegung und Investitionen hinken hinterher.

Schlimmes Erwachen

Dieser bösen Überraschung folgt eine zweite: Am 8. 4. 1904 wird der Abschluss eines Abkommens zwischen London und Paris bekannt. Die »Entente cordiale«, von deutschen Außenpolitikern bisher für unwahrscheinlich gehalten, isoliert Deutschland noch weiter. Großbritannien und Frankreich, noch vor wenigen Jahren (1898) in Faschoda, Sudan, am Rand eines Krieges stehend, konnten ihre kolonialen Unstimmigkeiten begradigen; die französische Vormachtstellung in Marokko und die der Briten in Ägypten und im Sudan bleiben unangetastet. *„Eine erste Belastungsprobe bestand diese Konstellation im russisch-japanischen Krieg (1904/05), den die Deutschen im Sinne klassischer Ablenkung von Spannungen an der Peripherie zuvor diskret förder-*

ten“, stellt der Historiker Jost Dülffer fest. Und das, obwohl Frankreich mit Russland und Großbritannien mit Japan verbündet ist. Das Deutsche Reich muss sogar eine Kriegsdrohung Englands hinnehmen: Es möge umgehend die Kohlenlieferungen an das russische Ostseegeschwader einstellen, das sich auf dem Marsch nach Ostasien befinde.

Um das britisch-französische Einvernehmen zu sprengen, macht Kaiser Wilhelm II. am 31. 3. 1905 einen spektakulären Besuch im marokkanischen Tanger. Er demonstriert Stärke und den Willen, deutsche Ansprüche auf freien Handel – seit dem Madrider Vertrag 1880 multilateral, seit 1890 in einem Vertrag mit dem Sultanat bilateral festgelegt – nicht preiszugeben. Diese seien gefährdet, denn ein zusätzliches Abkommen der Entente cordiale erteile Frankreich den Freibrief zur Übernahme Marokkos. Paris zeigt sich zu bilateralen Gesprächen bereit, doch der unnachgiebige Kaiser wünscht die Marokkofrage vor einem internationalen Gremium zu erörtern. Die Konferenz findet vom 16. 1. bis 1. 4. 1906 im spanischen Algeciras statt. Doch statt des erhofften Triumphs über die französisch-britische Kolo-

nialpolitik bestätigt die Mehrheit der Teilnehmer Frankreichs Vorrechte in Nordafrika. Sogar Italien rückt vom Dreibundpartner Deutschland ab, und es kommt noch enttäuschender.

Fehlgelaufenes Bündnis

Wie stets im Sommer begibt sich Kaiser Wilhelm II. auch 1905 auf eine »Nordlandfahrt«. Diesmal soll das primär gesellschaftliche Ereignis auch einem politischen Zweck dienen. Auf Schloss Björkö, dem prächtigen Sommersitz des Zaren, trifft Wilhelm II. den Herrscher aller Reußen, Nikolaus II., in strahlender Laune. Die katastrophale russische Niederlage in der Seeschlacht von Tsushima am 27. 5. gegen die Japaner trübt sie ebenso wenig wie die in der Ukraine stattfindenden Judenpogrome oder die Meuterei auf dem Panzerkreuzer »Potemkin«.

In ausgelassener Stimmung kleiden sich die Monarchen in die Uniformen der Garderegimenter der anderen Seite, prosten einander zu und gehen nebenbei, in Abwesenheit ihrer Außenminister, einen Vertrag ein. Beide Länder verpflichten sich, einander im Falle eines Angriffs

durch andere europäische Mächte nach Kräften zu helfen. Frankreich solle später dem Bund beitreten. Der Björkö-Vertrag vom 25. 7. 1905 ist das Papier nicht wert, auf dem er steht. Reichskanzler Bülow kritisiert den mangelnden Schutz gegenüber Großbritannien, die russische Regierung erklärt, der Vertrag sei mit dem deutsch-österreichischen Zweibund unvereinbar. Zur herben Enttäuschung Kaiser Wilhelms II. wird der Vertrag nie ratifiziert. Seine Absicht, Weltpolitik zu machen, ist abermals gescheitert.

»Weltpolitik« treiben – von Kaiser Wilhelm II. in einer Rede anlässlich der Reichsgründungsfeier am 18. 1. 1896 zum ersten Mal offiziell angekündigt – ist seither zum Regierungsprogramm geworden. Eine präzise inhaltliche Definition dazu kann allerdings keiner der Politiker oder Publizisten, die das Wort lautstark führen, abgeben. Aber *„der Wille zur »Weltpolitik« war Allgemeingut“*, sagt der Historiker Michael Fröhlich. *„Diese Ansicht teilten Konservative wie Nationalliberale, die bürgerliche Linke wie weite Teile der SPD.“* Nur wenige Politiker sind anderer Meinung. So die Sozialdemokratin Rosa Luxemburg, die ihrer eigenen Partei vorhält:

„Wir wettern jeden Tag gegen die Weltpolitik, wir donnern gegen den Militarismus in Friedenszeiten; wo es aber wirklich zum Krieg kommt, unterlassen wir es, das Fazit zu ziehen und zu zeigen, dass unsere jahrelange Agitation auch wirklich in die Halme geschossen ist."

»Weltpolitik treiben«

Erst rückschauend charakterisiert 1915 der Historiker Otto Hinze aus deutscher Sicht den Begriff »Weltpolitik«: *„Kaum hatten wir die normale nationalstaatliche Daseinsform gewonnen, die Länder wie Frankreich und England schon seit Jahrhunderten besitzen, so sahen wir uns durch das Schicksal zu einer neuen Formwandlung gezwungen, um uns in dem werdenden Weltstaatensystem als eine der führenden Mächte, als »Weltmacht« aufrechtzuerhalten. Das ist der Sinn der »Weltpolitik«, die das Zeitalter Kaiser Wilhelms II. charakterisiert."*

Graf Waldersee, der deutsche Oberbefehlshaber der europäischen Interventionstruppen im chinesischen Boxeraufstand, notiert hingegen 1900: *„Wir sollen Weltpolitik treiben. Wenn ich nur wüsste, was das sein soll; zunächst doch nur ein Schlagwort."*

Einen weiteren schweren Schock muss das deutsche Außenamt 1907 hinnehmen: »Bär« und »Walfisch« –

Russland und Großbritannien – setzen Zeichen einer Annäherung. Über den Nahen Osten kommt es am 31. 8. zu einem Interessenausgleich: Persien wird in drei Einfluss-Sphären aufgeteilt. Der nördliche Abschnitt fällt den Russen, der südliche den Briten zu, der mittlere Streifen dient als Puffer, als Niemandsland. Die Signale für die internationale Politik sind unmissverständlich, der konfliktlose Ausgleich an einer sensiblen Naht gegensätzlicher Interessen erweitert die Entente cordiale zur Triple Entente (Dreierverband).

Zum ersten Mal führen deutsche Außenpolitiker das Wort »Einkreisung« im Mund. »Auskreisung« wäre treffender gewesen, denn wie sich zeigt, lösen die Großmächte weltpolitische Probleme immer häufiger ohne das Deutsche Reich. Bülows »Weltpolitik«-Anspruch beginnt sich in nichts aufzulösen.

Neue Krisen

Das Jahr 1908 bringt neue Krisen: Im Osmanischen Reich fordern die fortschrittlichen »Jungtürken« Reformen. Österreich-Ungarn befürchtet, dass die osmanische Regierung Ansprüche auf Bosnien-Herzegowina erheben könnte, das Wien seit 1878

besetzt hält. Um dem vorzubeugen, erklärt Kaiser Franz Joseph I. mit einem Handschreiben vom 5. 10. das Territorium für annektiert und löst damit den Protest der dort lebenden Serben aus. Tatsächlich entspricht die Besetzung nicht den Bestimmungen des Berliner Kongresses von 1878, ist aber zwischen dem österreichischen Außenminister Aloys Graf Aehrenthal, dem deutschen Staatssekretär Wilhelm von Schoen und dem russischen Außenminister Alexander Iswolsky abgesprochen.

Iswolsky verlangt im Gegenzug die diplomatische Unterstützung zur Öffnung der Dardanellen für russische Kriegsschiffe. Aber dass Wien so rasch handeln würde, damit rechnete man in St. Petersburg nicht. So reagiert man auch dort mit Protest, allerdings vergeblich, denn die Annexion ist vollzogen.

Das Deutsche Reich hat deutlich zu verstehen gegeben, dass es treu zum Zweibundpartner stehe. Dieses Verhalten bewirkt wieder ein Engerrücken von London, Paris und St. Petersburg. Die Auswirkungen der Annexion Bosniens und der Herzegowina zeigen sich im kommenden Jahr. Zar Nikolaus II. umgeht Österreich-Ungarn ostentativ und besucht König Victor Emmanuel III. von Italien. Am 24. 10. 1909 treffen sie das

Abkommen von Racconigi: Beide wollen *„es sich in erster Linie angelegen sein lassen, den Status quo auf der Balkanhalbinsel aufrechtzuerhalten."*

Ungestümer Kaiser

Das unüberlegte Auftreten Kaiser Wilhelms II. im Ausland sorgt wieder für Aufregung. Die Londoner Zeitung »Daily Telegraph« veröffentlicht am 28. 10. 1908 ein Interview mit dem Monarchen, in dem er nicht mit Kritik an den Mächten spart. Er versteigt sich zu der Behauptung, er habe während des Burenkrieges einen gegen England gerichteten Kontinentalbund verhindert. Die britische Öffentlichkeit reagiert gelassen, doch in Deutschland bricht ein Sturm der Entrüstung los. Um weiteren Schaden durch Äußerungen des Kaisers zu verhindern, beschließt der Reichstag, müsse man seine Prärogative (Vorrechte eines Herrschers) beschneiden. Dass der Kaiser den Wortlaut vor der Veröffentlichung seinem Kanzler Bülow zugeleitet, dieser ihn aber nicht gelesen hat, erfährt der Reichstag nicht.

Bülow, *„der Prachtkerl"*, wie ihn Wilhelm II. am Tag der Ernennung zum Kanzler genannt hat, tritt am 26. 6. 1909 zurück.

Frieden oder Krieg?

„Das Reich ließ sich insgesamt schwerer regieren; die Widersprüche in Gesellschaft und Politik nahmen zu, ohne dass sich ein Ausgleich fand. Die Polarisierung zwischen links und rechts wuchs, die Spannung von parlamentarischer Konsensbildung und außerparlamentarischer Agitation. Der Handlungsspielraum äußerer Politik wurde geringer, aber die Erwartungen an Erfolg stiegen."

Jost Dülffer, 1997

Theobald von Bethmann Hollweg hat eine glänzende Verwaltungslaufbahn hinter sich, als er am 14. 7. 1909 Bülows Nachfolge antritt. Er ist kein Mann des Militärs, kein Diplomat, auch kein Höfling wie Bülow, dafür ein Pessimist, der immer schwarz sieht. Als eine Straße zu seinem Landgut in Hohenfinow, 17 km westlich der Oder, mit Linden bepflanzt wird, hält er den Aufwand für unnötig: In ein paar Jahren sei das Land ohnehin russisch. Der Kaiser entscheidet sich auf Bülows Anraten für Bethmann Hollweg, weil dieser über ein Jahr für die Reichsfinanzreform mit den einzelnen Fraktionen verhandelte. Ihm ist zuzutrauen, den Etat wieder auf gesunde Füße zu stellen. Tatsächlich verbrauchen Rüstung, Kolonien, Bagdadbahn und andere Prestigeprojekte unverhältnismäßig viel Geld, sodass der Reichshaushalt jährlich ein Defizit von 500 Millionen Mark aufweist. Mit eiserner Sparsamkeit will Bethmann die Krise meistern, ohne ihr jedoch bis Kriegsausbruch ganz Herr zu werden. Auch die von ihm trotz seiner streng konservativen Grundhaltung angestrebte Demokratisierung kann er nicht durchsetzen. Das 1849 eingeführte Dreiklassenwahlrecht, das die Arbeiterschaft ungemein benachteiligt und für andauernde Beunruhigung im politisch-gesellschaftlichen Leben sorgt, gilt in Preußen, dem Kernland des Reiches, weiter. Dafür erzielt Bethmann Hollweg Fortschritte in der Sozialpolitik und kann Elsass-Lothringen 1911 eine neue Verfassung mit begrenzter Autonomie geben.

Jubel in der Presse

„Hurrah! Eine Tat!", so frohlockt am Morgen des 2. 7. 1911 die »Rheinisch-Westfälische Zeitung«. *„Dieser Aufschrei der Erleichterung war durch* eine Aktion ausgelöst worden, die Staatssekretär Alfred von Kiderlen-Wächter inszeniert hatte und die Diplomaten allenthalben vor ein Rätsel stellte"*, berichtet der Historiker Michael Fröhlich. Pathetisch-euphorisch meldet die Zeitung: *„Es wird wie ein jubelndes Aufatmen durch unser Volk gehen. Der deutsche Träumer erwacht aus zwanzigjährigem Dornröschenschlaf. Endlich eine Tat, eine befreiende Tat, die den Nebel bittersten Missmutes in deutschen Landen zerreißen muss."*

Der Anlass für den Jubelschrei liegt im fernen Marokko. Dorthin entsandte Frankreich Truppen zur Unterstützung des Sultans gegen Aufständische. Das war eine deutliche Verletzung der Algeciras-Akte. Deutschland reagiert mit scheinbarer Stärke, es entsendet das Kanonenboot »Panther« nach Agadir, an die marokkanische Küste. Scheinbare Stärke deshalb, weil die »Panther« mit zwei Schnelllade- und sechs Maschinenkanonen sowie zwei Maschinengewehren so gut wie keinen Gefechtswert besitzt. Berlin blufft also.

Am 1. 7. geht das Schiff an der Pier von Agadir vor Anker. Noch am gleichen Tag unterrichtet Bethmann Hollweg die Signatarmächte des Algeciras-Abkommens: *„Deutsche Firmen, die im Süden Marokkos und besonders in Agadir und Umgegend tätig sind, sind über eine gewisse Gärung unter den dortigen Stämmen beunruhigt, die durch die letzten Ereignisse in anderen Teilen des Landes hervorgerufen zu sein scheint. Diese Firmen haben sich an die Kaiserliche Regierung mit der Bitte um Schutz für Leben und Eigentum gewandt."*

London warnt …

Während Paris stillhält, sendet London eine scharf gehaltene Note an Berlin. Man möge den Bogen nicht überspannen, empfiehlt Britannien. Mit dem britischen Löwen ist nicht mehr zu spaßen: Am 20. 7. 1911 einigen sich London und Paris über einen Aufmarschplan, der den Einsatz eines britischen Expeditionskorps auf französischem Boden vorsieht, sollte Deutschland Frankreich angreifen. Der Kreis schließt sich: Großbritannien, Russland und Frankreich bilden auf der Basis mehrerer Vereinbarungen – der Anglorussischen Konvention von 1907, der Entente cordiale und des Zweierbundes – ohne formalen Beschluss den Dreiverband oder die Triple Entente. Doch anders als in der Ersten

Das deutsche Kanonenboot »Panther« (oben) vor den Festungsanlagen des marokkanischen Agadir. – Die Balkankriege 1912/13 und die Aufteilung des europäischen Teils des Osmanischen Reichs (Karte rechts unten).

Marokkokrise von 1905 ist Berlin bereit, Marokko den Franzosen zu überlassen, allerdings gegen Kompensationen; der »Panthersprung« soll die Forderung unterstreichen.

Der Marokko-Kongo-Vertrag vom 4. 11. 1911 legt die Zweite Marokkokrise bei: Marokko wird französisches Protektorat, der deutsche Mannesmann-Konzern darf dafür unbehelligt in Südmarokko nach Bodenschätzen schürfen und Anschlussbahnen bauen und Kamerun wird auf Kosten Französisch-Äquatorialafrikas um 263.000 km² vergrößert. Mehr holt Staatssekretär für Äußeres Kiderlen-Wächter in den Verhandlungen nicht heraus. Darüber sind Militärs und so gut wie alle Parteien des Reichstags unzufrieden. Helmuth von Moltke, Generalstabschef der Armee, schreibt während der Krise verärgert an seine Frau: *„Wenn wir aus dieser Affäre wieder mit eingezogenem Schwanz herausschlei-* chen, wenn wir uns nicht zu einer energischen Forderung aufraffen können, die wir bereit sind mit dem Schwert zu erzwingen, dann verzweifle ich an der Zukunft des Deutschen Reiches. Dann gehe ich. Vorher aber werde ich den Antrag stellen, die Armee abzuschaffen und uns unter das Protektorat Japans zu stellen, dann können wir ungestört Geld machen und versimpeln."*

… und verhandelt

Doch Kanzler Bethmann Hollweg ist friedliebend und sucht selbst unter Verlust der eigenen und der Autorität der Regierung den Ausgleich. Im Februar 1912 macht der britische Kriegsminister Richard Haldane in Berlin einen letzten Versuch zur Flottenverständigung: Denn in London haben sich die Politiker damit abgefunden, dass Deutschland eine starke Flotte haben will und ähnlich wie in

Deutschland liegen auch in Großbritannien die Staatsfinanzen im Keller. London zeigt sich an einer Verlangsamung des Rüstungswettlaufs und an einer Entspannung überhaupt interessiert. Die Haltung des Deutschen Reiches ist vorerst nicht ablehnend. Das Flottenbauprogramm von sechs auf zwölf Jahre auszudehnen würde den Reichsfinanzen gut tun. Nur an der Forderung eines Verhältnisses von 3 : 2 müsse man festhalten. Das kann Kriegsminister Haldane erst langfristig und im Zuge anderer Verständigungen zusichern.

Die Flottengespräche scheitern schließlich an der deutschen Forderung nach einer britischen Neutralitätserklärung im Falle eines Festlandskrieges. Das aber wäre für England die Abkehr von Frankreich und Russland und würde die eigene Handlungsfreiheit einschränken.

Die Folgen der Wirtschaftsrezession von 1911 bescheren den Sozialdemokraten in den Reichstagswahlen vom 12. 1. 1912 einen glänzenden Erfolg: Sie erringen 110 von insgesamt 397 Sitzen oder 34,8 % der abgegebenen Stimmen, werden stärkste Fraktion, gefolgt vom katholischen Zentrum mit 95 Mandaten. Das Votum für die Linken – bei einer mit 84,5 % außerordentlich hohen Wahlbeteiligung – bestätigt die Entfremdung des bürgerlichen Lagers vom »schwarz-blauen Block« des katholisch-konservativen Machtkartells, der seit Jahren eine dringend notwendige Finanzreform zu Gunsten der ostelbischen Großgrundbesitzer verschleppt. Dazu kommt die von der Regierung betriebene »Risikopolitik«, die von der »schweigenden Mehrheit« des Volkes nicht mitgetragen wird.

Unruheherd Balkan

Abermals schiebt sich der Balkan ins weltpolitische Rampenlicht. Als 1911 Italien das Osmanische Reich im Tripoliskrieg angreift, setzt es eine Kettenreaktion in Gang: Nach Aufständen in Albanien schließen im März 1912 Serbien, Bulgarien, Griechenland und Montenegro den Balkanbund – ein gegen die Pforte gerichtetes Bündnis. Im Oktober 1912 marschiert diese Allianz gegen die Türken und drängt sie im Ersten Balkankrieg fast an die Meerengen zurück. Österreich-Ungarn bezieht neuerlich Front gegen Russland, das seinen Einfluss mit Hilfe der orthodoxen Bruderstaaten auf dem Balkan ausdehnen möchte.

Im Deutschen Reich plädieren Kaiser Wilhelm II. und sein General-

stabschef Moltke für ein kräftiges Auftreten Österreich-Ungarns gegenüber den *„auswärtigen Slaven"*. Der Krieg, so Wilhelm, sei unvermeidlich, wenn Russland die Serben stütze. Moltke fordert den Krieg zum frühesten Zeitpunkt, Tirpitz – unzufrieden mit dem Fortgang im Flottenbau – will ihn in eineinhalb Jahren. Der Balkan beunruhigt London, als bekannt wird, dass Serbien mit panslawisch-russischer Unterstützung zur Adria strebt.

Das Gleichgewicht auf dem Festland ist bedroht, Großbritannien beruft ein Krisenmanagement ein. Auf der Botschafterkonferenz in London am 17. 12. 1912 findet Österreich die Lösung: Es empfiehlt, Albanien die Unabhängigkeit vom Osmanischen Reich zu geben und damit Serbien den Zugang zum Meer zu versperren. Die Kriegsgefahr für Europa ist noch einmal gebannt.

Slawen prophezeien den baldigen Krieg

Die Spannungen explodieren wieder im Zweiten Balkankrieg 1913, als alle Balkanmächte über Bulgarien herfal-

len, weil es den ihm zugesagten Anteil Mazedoniens von Serbien einfordert. Aber schon der Große Slawenkongress in St. Petersburg hat im Juli 1909 angekündigt: Die slawische Welt warte nur darauf, *„wo Russland im Verein mit den übrigen Slawenvölkern in Aktion treten muss, um die slawischen Ideale zu verwirklichen und um zu verhüten, dass der Austro-Germanismus die Liquidation der Türkei zu seinem Vorteil ausnutzt […]. Sicher wird in längstens zwei bis drei Jahren die Zeit gekommen sein, wo die Slawenwelt unter der Führung Russlands den großen Streich führen muss."*

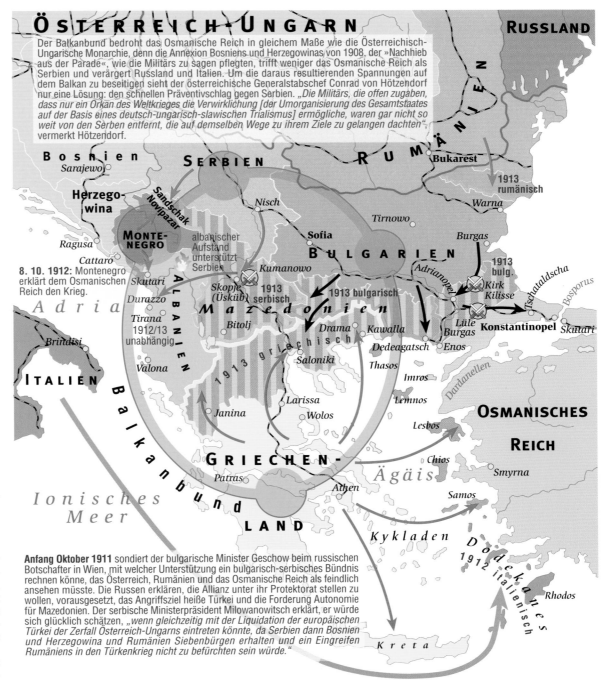

Anfang Oktober 1911 sondiert der bulgarische Minister Geschow beim russischen Botschafter in Wien, mit welcher Unterstützung ein bulgarisch-serbisches Bündnis rechnen könne, das Österreich, Rumänien und das Osmanische Reich als feindlich ansehen müsste. Die Russen erklären, die Allianz unter ihr Protektorat stellen zu wollen, vorausgesetzt, das Angriffsziel heiße Türkei und die Forderung Autonomie für Mazedonien. Der serbische Ministerpräsident Milowanowitsch erklärt, er würde sich glücklich schätzen, *„wenn gleichzeitig mit der Liquidation der europäischen Türkei der Zerfall Österreich-Ungarns eintreten könnte, da Serbien dann Bosnien und Herzegowina und Rumänien Siebenbürgen erhalten und ein Eingreifen Rumäniens in den Türkenkrieg nicht zu befürchten sein würde."*

Mord in Sarajewo

„Bis ins Jahr 1914 war der Handlungsspielraum der Reichsleitung unter von Bethmann Hollweg enger geworden. Die Abfolge internationaler Krisen sowie das Wettrüsten auf dem Land und zur See hatten die Spannungen zwischen den Großmächten verschärft und den Zusammenschluss der Bündnissysteme gefestigt.

Hans-Peter Ullmann, 1997

Am 28. 6. 1914 ermordet der bosnische Student serbischer Nationalität Gavrilo Princip den k.u.k. Thronfolger und Generalinspektor der gesamten österreichisch-ungarischen Armee Erzherzog Franz Ferdinand und dessen Gemahlin, Herzogin Sophie von Hohenberg, in der bosnischen Hauptstadt Sarajewo. Damit fällt der einflussreichste Vertreter eines friedlichen Ausgleichs mit den Südslawen des Vielvölkerstaates Österreich-Ungarn. Hinter den Attentätern steht die radikale serbische Geheimorganisation »Vereinigung oder Tod« bzw. »Schwarze Hand« mit ihrem erklärten Ziel, ein großserbisches Reich errichten zu wollen. Die Terrorgruppe wird vom Chef der Nachrichtenabteilung des serbischen Generalstabes, Oberst Dragutin Dimitrijević, geleitet, doch das wird erst nach dem Ersten Weltkrieg bekannt. Vorerst muss der Wiener Ballhausplatz entscheiden: Soll der Anschlag als Tat eines Einzelgängers heruntergespielt werden oder ist er als serbischer Angriff auf eine Großmacht anzusehen?

Verbrecherische Tat

Offiziell verabscheuen die politischen Kreise Europas die Tat und erwarten eine rasche Vergeltung. Nur der Erniedrigung Serbiens zu einem österreichisch-ungarischen Vasallenstaat, wie man es in Wien plant, wollen sie nicht zustimmen. In der Donaumonarchie herrscht die Meinung vor, dass man Serbien für das Attentat zur Verantwortung ziehen solle und nur ein Feldzug die Ruhe auf dem Balkan wieder herstellen könne.

Der Chef des k.u.k. Generalstabes, Franz Conrad von Hötzendorf, fordert den sofortigen Krieg gegen Serbien, doch Außenminister Leopold Graf Berchtold und der ungarische Ministerpräsident Stefan Graf Tisza zögern. Sie empfehlen, zunächst die deutsche Regierung zu konsultieren.

Dann verlangen die ungarischen Magnaten, erst auf die Einbringung der Ernte zu warten, würde sie doch durch den Truppenaufmarsch erheblich in Mitleidenschaft gezogen. Zuletzt will man die Abreise des französischen Präsidenten Raymond Poincaré aus St. Petersburg abwarten, ehe Serbien das Ultimatum gestellt wird.

Laut Heinrich von Tschirschky und Bögendorff, dem deutschen Botschafter in Wien, werden die Falken die Oberhand gewinnen; er berichtet am 30. 6. nach Berlin: *„Hier höre ich […] vielfach den Wunsch, es müsse einmal gründlich mit den Serben abgerechnet werden. Ich benutze jeden solchen Anlass, um ruhig, aber sehr nachdrücklich und ernst vor übereilten Schritten zu warnen."* Darüber und über das Zaudern der Österreicher erbost sich Kaiser Wilhelm II. Oft selbst ängstlich, nach außen aber säbelrasselnd, beschwört er eine Kriegspsychose herauf. Er notiert am 4. 7., *„jetzt oder nie"* müsse mit den Serben aufgeräumt werden. Die Julikrise 1914 nimmt ihren Lauf.

»Julikrise«

Des Kaisers Machtwort bewirkt wenig: Alle seine Anordnungen bedürfen gemäß der deutschen Verfassung der Gegenzeichnung durch den Reichskanzler, darauf wird seit der »Daily-Telegraph-Affäre« besonders geachtet. Bei Reichskanzler Theobald von Bethmann Hollweg liegt jetzt die Entscheidung über Krieg und Frieden. In Bethmanns strategischen Überlegungen – von Generalstabschef Moltke beeinflusst – scheint der große Krieg unvermeidlich. Als Alternative möchte er Russland nachhaltig schwächen und die Triple Entente zwischen Russland, Frankreich und England sprengen.

Zwischen dem 3. und 6. 7. erkundet Alexander Graf Hoyos, der Kabinettschef des österreichisch-ungarischen Außenministers Berchtold, in Berlin die deutsche Haltung und die Meinung zur allgemeinen Lage in Europa. Unterstaatssekretär Zimmermann – er vertritt den im Urlaub befindlichen Staatssekretär Gottlieb von Jagow – warnt vor dem Krieg gegen Serbien, weil ganz Europa in den österreichisch-serbischen Konflikt hineingezogen werde.

Am 5. 7. mittags empfängt Kaiser Wilhelm II. den k.u.k. Botschafter Ladislaus Graf von Szögyény-Marich im Neuen Palais in Potsdam. Der Botschafter fragt an, ob Berlin einen Angriff auf Serbien gutheißen würde. Kaiser Wilhelm II. versichert ohne zu zögern, Österreich könne mit der *„vollen Unterstützung Deutschlands"* rechnen.

Noch am gleichen Tag empfängt der Kaiser von Bethmann Hollweg und Zimmermann. Der Reichskanzler notiert: *„Diese Ansichten des Kaisers decken sich mit meinen Anschauungen."* – Szögyény kann am 6. 7. an Berchtold nach Wien berichten: *„Wir könnten […] mit Sicherheit darauf rechnen, dass auch der Reichskanzler, ebenso wie sein kaiserlicher Herr, ein sofortiges Einschreiten unsererseits gegen Serbien als radikalste und beste Lösung unserer Schwierigkeiten am Balkan ansieht."*

»Säbelrasseln«

Am 5. 7. gegen 17 Uhr und am nächsten Vormittag konferiert Wilhelm mit den Militärs. An Kriegsminister General Erich von Falkenhayn richtet er die Frage, ob das Heer für alle Fälle bereit sei. Falkenhayn bejaht dies *„ohne jede Einschränkung ganz kurz".* Noch am 6. 7. informiert Bethmann Hollweg den Botschafter in Wien, Tschirschky: *„Kaiser Franz Joseph könne sich aber darauf verlassen, dass S. M. im Einklang mit seinen Bündnispflichten und seiner alten Freundschaft treu an der Seite Österreich-Ungarns stehen werde."*

Ungeachtet der Krise begibt sich Wilhelm II. auf Anraten Bethmann Hollwegs auf seine traditionelle Nordlandreise. Bevor er in Kiel an Bord seines Schiffes geht, trifft er Gustav von Bohlen und Halbach und erklärt forsch, er werde sofort den Krieg erklären, wenn Russland mobilmache. Diesmal werde man sehen, dass er nicht umfalle.

Am 7. 7. erstattet Hoyos in Wien Bericht und der österreichische Ministerrat beschließt, die *„tunlichst rasche Entscheidung des Streitfalles mit Serbien im kriegerischen oder friedlichen Sinne"* herbeizuführen. Der deutsche Botschafter Tschirschky drängt am 8. 7. den österreichisch-ungarischen Außenminister, Leopold Graf Berchtold, unverzüglich zu handeln. Dieser aber ist in seinen Entscheidungen vom ungarischen Ministerpräsidenten Tisza abhängig und der weigert sich, Direktiven von Tschirschky entgegenzunehmen.

Die reichsdeutsche militärische Führung arbeitet währenddessen operative Detailpläne für einen Präventivkrieg aus. Der eigentliche Anlass des Krieges, Österreich-Ungarns Wunsch nach Niederschlagung Serbiens, wird immer mehr von deutschen militärischen Erwägungen überlagert. So erstellt der Generalstab den Entwurf für das Ultimatum an Belgien noch vor der serbischen Antwort auf das k.u.k. Ultimatum vom 23. 7. und leitet es am 26. 7. – also noch vor der k.u.k. Kriegserklärung – an das deutsche Auswärtige Amt weiter.

Ultimatum

Am 19. 7. ist das Konzept des österreichen Ultimatums fertig, vier Tage später liegt es der serbischen Regierung mit der Auflage vor, binnen 48 Stunden zu antworten. Die Forderungen sind so formuliert, dass Wien eine abschlägige Antwort annimmt. Doch die Überraschung ist groß, Serbien nimmt alle Forderungen bis auf eine an: Es verwehrt einer österreichischen Abordnung die Untersuchung der Hintergründe in Serbien.

britischer Stützpunkt

Interventionen,
militärischer Konflikt

expansive Bestrebungen

Spannungszonen,
Konfliktherde, Kriege

Die Ermordung des österreichischen Thronfolgers und seiner Frau (Bild links) in Sarajewo löst den Ersten Weltkrieg aus. – Die Bündnissysteme am Vorabend des Ersten Weltkriegs (Karten rechts).

In London wächst mittlerweile die Unruhe. Staatssekretär Sir Edward Grey schlägt am 27. 7. vor, London, Berlin, Paris und Rom mögen zwischen Wien und St. Petersburg, aber nicht zwischen Wien und Belgrad vermitteln. Den Vorschlag für eine Konferenz in London lehnt Berlin ab: Es sei für Deutschland unmöglich, seinen Bundesgenossen wegen einer Auseinandersetzung mit Serbien vor ein europäisches Gericht zerren zu lassen.

Noch am selben Tag erbittet Berchtold von Kaiser Franz Joseph die Unterzeichnung der Kriegserklärung an Serbien mit dem Hinweis, bei Temes-Kubin (Kovin) werde bereits gekämpft, was im Übrigen nicht der Wahrheit entspricht.

Krieg

Am 28. 7. erklärt Österreich den Krieg. Noch einmal versucht Grey das Ärgste zu verhindern, interveniert am 29. 7. in Berlin und ersucht, auf Österreich-Ungarn einzuwirken, damit es den Marsch nach Belgrad anhalte und seine Differenzen mit Russland den Mächten zur Vermittlung übertrage. Vergebens. Mittlerweile ist auch Zar Nikolaus II. nicht mehr bereit, den Konflikt gütlich beizulegen: Am 30. 7. erfolgt die Generalmobilmachung der russischen Armee, am nächsten Tag erklärt Berlin Russland den Krieg.

Nun kommt Schlag auf Schlag: Am 1. 8. mobilisieren Paris und Berlin, am 2. 8. richtet Deutschland an Belgien die Forderung (Sommation), deutsche Truppen durchmarschieren zu lassen. Am 3. 8. erklärt Deutschland Frankreich den Krieg. Rumänien und das Osmanische Reich bleiben neutral.

Der deutsche Einmarsch in das neutrale Belgien nach dem »Schlieffen-Plan« löst folgerichtig am 4. 8. die britische Kriegserklärung an das Deutsche Reich aus.

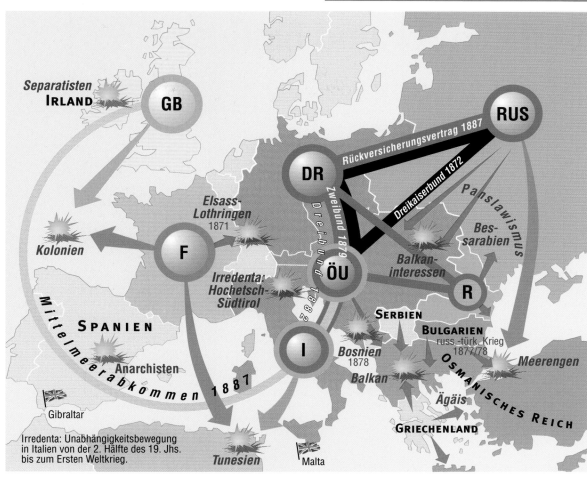

Irredenta: Unabhängigkeitsbewegung in Italien von der 2. Hälfte des 19. Jhs. bis zum Ersten Weltkrieg.

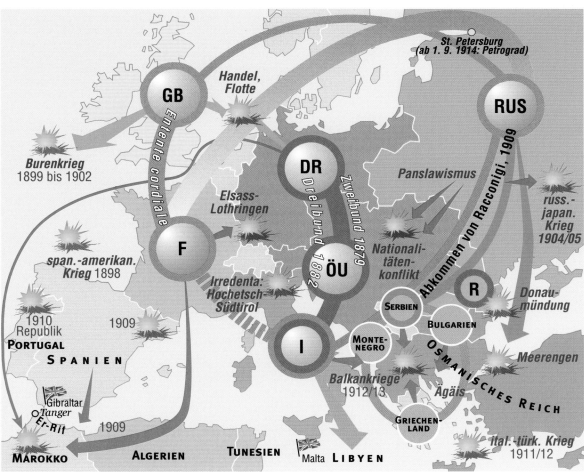

Um Länder und Einfluss

„Die deutsche Regierung konnte ihren Wunsch nach Gewinn aus dem Kriege oder zumindest ihre Absicht, sich freie Hand für den Fall eines günstigen Kriegsausganges zu wahren, nicht öffentlich aussprechen, sondern musste vor der Weltöffentlichkeit wie vor dem eigenen Volk eine Haltung einnehmen, die der feierlichen Proklamation des Verteidigungskrieges entsprach."

Fritz Fischer, 1967

Alle am Krieg beteiligten Staaten berufen sich 1914 darauf, einen Verteidigungskrieg zu führen. Zugleich aber verfolgen sie Kriegsziele unter dem Deckmantel der Entschädigung für den aufgezwungenen Krieg und der Vorbeugung gegen einen folgenden. Die Gebietsforderungen überschreiten rational begründete Ansprüche auf Entschädigung und Sicherung. Das Ziel steht fest, für den Sieger soll die Hegemonie innerhalb eines europäischen oder außereuropäischen Großraumes auf Dauer gewährleistet sein. Während die Alliierten ihre Gebietsansprüche in Vereinbarungen festlegen, halten sich deutsche Regierungs- und Industriellenvertreter bedeckt. Sie vermeiden es, nach außen hin Gebietsforderungen zu stellen; intern jedoch bestehen Pläne, in welcher Art die »Entschädigungen« von den Besiegten einzufordern wären.

Erste Kriegszielprogramme

Bethmann Hollweg verfasst am 9. 9. 1914 – noch vor der Niederlage an der Marne – eine »Vorläufige Aufzeichnung über die Richtlinien unserer Politik beim Friedensschluss«. Es ist kein fertiges oder verbindliches deutsches Kriegszielprogramm, sondern dient als Grundlage für die Abstimmung mit den verschiedenen obersten Reichsämtern.

Leitgedanke ist die *„Sicherung des Deutschen Reiches nach West und Ost auf erdenkliche Zeit"*; angestrebt wird eine deutsche Wirtschaftshegemonie über Mitteleuropa. Die britische und russische Weltmachtstellung bleiben davon unangetastet.

Annexionsforderungen – extreme und gemäßigte – stellen in den ersten Kriegsjahren neben dem »Alldeutschen Verband« und neben den Rechtsparteien – Konservative, Freikonservative und Nationalliberale –

auch das Zentrum, zeitweise sogar Teile der Linken, die Fortschrittliche Volkspartei und der rechte Flügel der Sozialdemokraten. Ähnliche Pläne hegen viele Wissenschaftler unterschiedlicher politischer Richtungen, die Führungsspitzen der Konzerne und die Wirtschaftsverbände von Schwerindustrie, verarbeitender Industrie, Handwerk und Landwirtschaft. Nur die sozialistische Linke spricht sich konsequent gegen jegliche territoriale Expansion aus.

Aus taktischen Gründen sieht sich Bethmann Hollweg gezwungen, seine grundsätzliche Einstellung zur Kriegszielfrage im Unbestimmten zu belassen. Mit der Formel »Reale Garantien für die künftige Sicherheit Deutschlands« soll eine Schwächung der deutschen Verhandlungsposition nach außen vermieden und nach innen eine gemeinsame Plattform für divergierende Kriegszielvorstellungen gefunden werden. Bethmanns offizielle Losung am 28. 5. 1915 lautet: *„ausharren, bis wir uns alle nur möglichen realen Garantien und Sicherheiten dafür geschaffen und erkämpft haben, dass keiner unserer Feinde wieder einen Waffengang wagen wird."*

Da die öffentliche Diskussion der Kriegsziele durch Presse und Versammlungen im Kriegszustandsrecht verboten wird, nimmt die Kriegszielbewegung ihre Zuflucht zum verfassungsrechtlich unanfechtbaren Mittel der Petition an das Parlament.

Wachsende Forderungen

Am 9. 12. 1915 erklärt der Kanzler im Reichstag kategorisch, je länger der Krieg dauere, um so höhere Garantien müsse das Reich für die Zukunft fordern. Am 5. 4. 1916 präzisiert er: Die russischen Ostseeprovinzen – das Baltikum – und Polen sollen von der russischen Herrschaft befreit werden. Belgien wolle das Deutsche Reich nicht annektieren, außer es würde von England und Frankreich als Vasall *militärisch und wirtschaftlich als Vorwerk gegen Deutschland"* missbraucht. Ab 27. 11. 1916 lässt die Militärkommandantur für Berlin die Kriegszieldiskussion zu. Untersagt ist jedoch, Ansprüche auf Gebietserweiterungen zu stellen, die über *„die Zwecke unserer Verteidigung und Selbsterhaltung"* hinausgehen.

Gegen Ende des Jahres 1916 steigen wieder die deutschen Hoffnungen auf einen baldigen Sieg. Die rasche Niederwerfung Rumäniens und

die Aufnahme des unbeschränkten U-Boot-Krieges am 31. 1. 1917 geben den Kriegszielträumern in den nationalen Verbänden neuen Auftrieb. Im Reichstag erweitert Bethmann am 27. 2. 1917 die bisherigen Forderungen zur Sicherung Deutschlands; er fordert Entschädigung für die dem Reich zugefügten Schäden. Das Kriegszielprogramm vom 16. 3. 1917 verwirft allerdings wieder alle überspitzten Gebietsforderungen, um ernsthafte Friedensgespräche nicht im Keime zu ersticken.

Das Resümee der Kriegszielbesprechungen des k.u.k. Ministers Czernin mit Bethmann am 26./27. 3. 1917 sieht als Minimalprogramm den »Status quo ante bellum« vor: Bei günstigem Kriegsausgang soll »der Osten« – man versteht darunter Russisch-Polen – zwischen dem Deutschen Reich und Österreich-Ungarn aufgeteilt werden. Die deutsch-österreichisch-ungarische Kriegszielbesprechung vom 23. 4. 1917 dagegen spricht Kurland, Litauen und Russisch-Polen dem Reich zu.

Euphorische Utopien

Der Zusammenbruch Russlands und die Friedensverträge mit der Ukrainischen Volksrepublik am 9. 2. 1918 und Russland am 3. 3. 1918 sowie der – ohne Wissen der Bündnispartner am 27. 8. 1918 abgeschlossene – deutsch-russische Ergänzungsvertrag lassen euphorische reichsdeutsche und österreichische Kriegszielerwartungen und -utopien für den Osten entstehen.

Die reichsdeutschen Bestrebungen richten sich auf Russisch-Polen, Litauen, Kurland, Livland, Estland, die Ukraine, die Krim, Kaukasien – hier besonders auf Georgien und die Erdöllager von Baku –, Rumänien, Belgien, Luxemburg und die nordfranzösischen Industriegebiete Briey und Longwy sowie auf ein Kolonialreich in Mittelafrika.

Die Absichten Österreich-Ungarns zielen auf Russisch-Polen, die Ukraine, auf Rumänien, Serbien, Montenegro und Albanien. Russisch-Polen, Rumänien und auch die Ukraine werden so zu Streitobjekten zwischen Berlin, Wien und dem Osmanischen Reich.

Auch Bulgarien meldet Wünsche an: Thrakien, Mazedonien und die gesamte Dobrudscha sollen mit dem Kernland zu einem Großbulgarien vereint werden. Das Osmanische

Der deutsche Kanzler Theobald von Bethmann Hollweg (Bild oben). – Die Kriegszielpolitik der Mittelmächte (Karte rechts).

Reich trachtet seine arabischen Teile zu erhalten und zusätzlich das bislang britische Ägypten wieder unter seinen direkten Einfluss zu bringen. Damit käme auch der Suezkanal in den Herrschaftsbereich der Mittelmächte und Großbritanniens »Nabelschnur« nach Indien und zum Fernen Osten wäre zerschnitten. In einer seltsamen Überschätzung der militärischen Gesamtlage dehnt das Osmanische Reich 1918 seine Gebietsforderungen auf Westthrakien, die Krim, Persien, Kaukasien, Aserbeidschan mit Baku und auf Teile Russisch-Turkestans aus.

Der Krieg ist noch nicht zu Ende, der Sieg in weiter Ferne, aber die Differenzen über künftige Einflussgebiete – vor allem im Kaukasusgebiet mit seinen reichen Erdöllagern – bringen arge Misstöne zwischen Berlin und Konstantinopel hervor. Ungeachtet dessen besteht innerhalb der Mittelmächte Übereinstimmung über die Behandlung der zu dominierenden islamischen, kaukasischen und indischen Länder.

Die Großmachtvorstellungen reichen – in Verkennung der Realität – mittlerweile schon bis zum Indischen Ozean. Nur wenige Monate später müssen die Militärs um einen Waffenstillstand bitten.

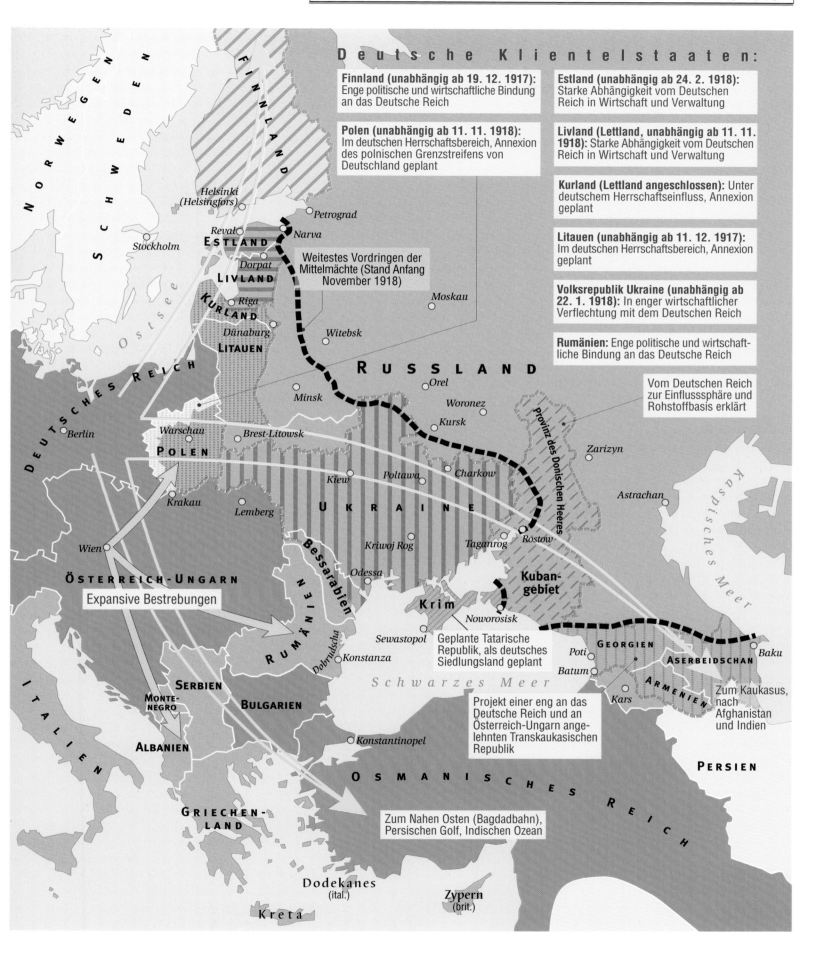

Deutsche Klientelstaaten:

Finnland (unabhängig ab 19. 12. 1917): Enge politische und wirtschaftliche Bindung an das Deutsche Reich

Estland (unabhängig ab 24. 2. 1918): Starke Abhängigkeit vom Deutschen Reich in Wirtschaft und Verwaltung

Polen (unabhängig ab 11. 11. 1918): Im deutschen Herrschaftsbereich, Annexion des polnischen Grenzstreifens von Deutschland geplant

Livland (Lettland, unabhängig ab 11. 11. 1918): Starke Abhängigkeit vom Deutschen Reich in Wirtschaft und Verwaltung

Kurland (Lettland angeschlossen): Unter deutschem Herrschaftseinfluss, Annexion geplant

Litauen (unabhängig ab 11. 12. 1917): Im deutschen Herrschaftsbereich, Annexion geplant

Volksrepublik Ukraine (unabhängig ab 22. 1. 1918): In enger wirtschaftlicher Verflechtung mit dem Deutschen Reich

Rumänien: Enge politische und wirtschaftliche Bindung an das Deutsche Reich

Vom Deutschen Reich zur Einflusssphäre und Rohstoffbasis erklärt

NORWEGEN

SCHWEDEN

FINNLAND

Helsinki (Helsingfors)

Petrograd

Reval
Narva

Stockholm

ESTLAND

Dorpat

LIVLAND

Moskau

Riga

KURLAND

Dünaburg

Witebsk

LITAUEN

Ostsee

DEUTSCHES REICH

RUSSLAND

Orel

Minsk

Woronez

Berlin

Kursk

Warschau

Brest-Litowsk

Zarizyn

POLEN

Provinz des Donischen Heeres

Kiew

Poltawa

Charkow

Krakau

Lemberg

UKRAINE

Astrachan

Wien

Kriwoj Rog

Taganrog

Rostow

ÖSTERREICH-UNGARN

Bessarabien

Odessa

Kubangebiet

Kaspisches Meer

Expansive Bestrebungen

RUMÄNIEN

Krim

Noworosisk

ITALIEN

Sewastopol

Geplante Tatarische Republik, als deutsches Siedlungsland geplant

GEORGIEN

Poti

ASERBEIDSCHAN

Baku

SERBIEN

Dobrudscha

Konstanza

Batum

ARMENIEN

MONTE-NEGRO

BULGARIEN

Schwarzes Meer

Kars

Zum Kaukasus, nach Afghanistan und Indien

ALBANIEN

Projekt einer eng an das Deutsche Reich und an Österreich-Ungarn angelehnten Transkaukasischen Republik

PERSIEN

GRIECHEN-LAND

Konstantinopel

OSMANISCHES REICH

Weitestes Vordringen der Mittelmächte (Stand Anfang November 1918)

Zum Nahen Osten (Bagdadbahn), Persischen Golf, Indischen Ozean

Dodekanes (ital.)

Zypern (brit.)

Kreta

263

Was die Militärs verschwiegen

„Mehr als vier Jahre lang, vom August 1914 bis zum November 1918, bestimmte das Auf und Ab des Krieges die Geschichte des Kaiserreiches. Nicht minder stark als der Verlauf wirkte sich der Wandel des Krieges selbst aus, der bald alle bekannten Dimensionen zu sprengen begann."

Hans-Peter Ullmann, 1997

So gut wie alle europäischen Heere sind 1914 auf die sofortigen Offensiven hin organisiert, bewaffnet, gedrillt und ausgebildet. Der Krieg werde kurz und entscheidend sein, tönen die Militärs. Selbst die Heeresversorgung baut auf diese Voraussagen und stützt sich auf Vorräte, die nur für einen kurzen Krieg berechnet sind.

Der deutsche Generalstab folgt dem Konzept des älteren Moltke und des Generalstabschefs Schlieffen, das die Vernichtung des Gegners nach dem klassischen Vorbild der Schlacht von Cannae (216) vorsieht. In kühnen Operationen, ohne Rücksicht auf Entblößung großer Gebietsabschnitte will er die französischen Armeen umfassen. Frankreich stellt

sich auf den Gegenschlag ein: Es plant, die erwartete und in ihren Vorbereitungen erkannte deutsche Offensive mit schwächeren Kräften in der Front anzunehmen und den vernichtenden Schlag mit einer gut bewaffneten Heeresreserve zu führen. Doch keiner der Krieg führenden Staaten hat Vorsorge für einen langen Feldzug getroffen, weder per-

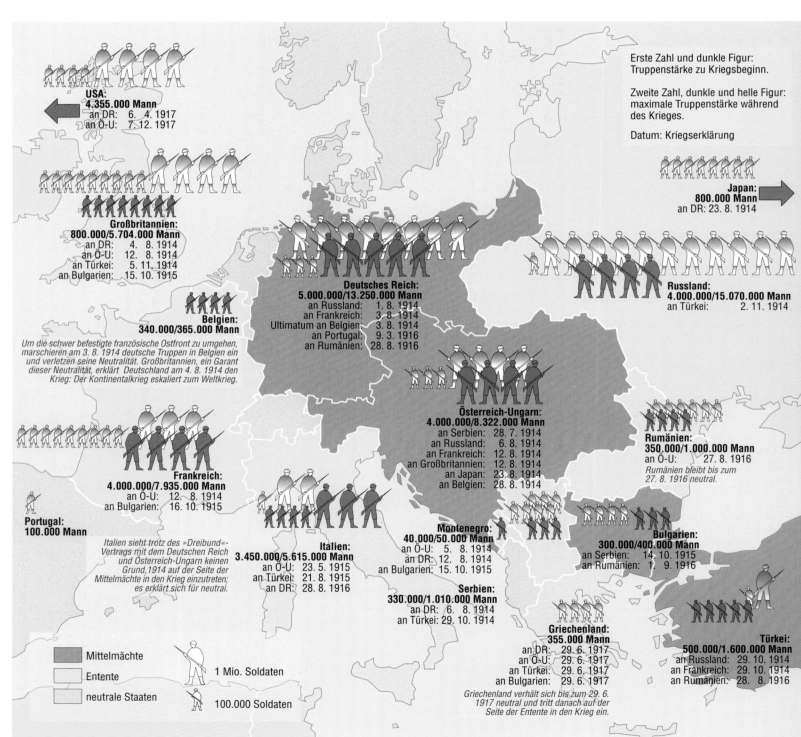

USA:
4.355.000 Mann
an DR: 6. 4. 1917
an Ö-U: 7. 12. 1917

Großbritannien:
800.000/5.704.000 Mann
an DR: 4. 8. 1914
an Ö-U: 12. 8. 1914
an Türkei: 5. 11. 1914
an Bulgarien: 15. 10. 1915

Belgien:
340.000/365.000 Mann

Um die schwer befestigte französische Ostfront zu umgehen, marschieren am 3. 8. 1914 deutsche Truppen in Belgien ein und verletzen seine Neutralität. Großbritannien, ein Garant dieser Neutralität, erklärt Deutschland am 4. 8. 1914 den Krieg: Der Kontinentalkrieg eskaliert zum Weltkrieg.

Frankreich:
4.000.000/7.935.000 Mann
an Ö-U: 12. 8. 1914
an Bulgarien: 16. 10. 1915

Portugal:
100.000 Mann

Italien sieht trotz des »Dreibund«-Vertrags mit dem Deutschen Reich und Österreich-Ungarn keinen Grund,1914 auf der Seite der Mittelmächte in den Krieg einzutreten; es erklärt sich für neutral.

Erste Zahl und dunkle Figur: Truppenstärke zu Kriegsbeginn.

Zweite Zahl, dunkle und helle Figur: maximale Truppenstärke während des Krieges.

Datum: Kriegserklärung

Japan:
800.000 Mann
an DR: 23. 8. 1914

Russland:
4.000.000/15.070.000 Mann
an Türkei: 2. 11. 1914

Deutsches Reich:
5.000.000/13.250.000 Mann
an Russland: 1. 8. 1914
an Frankreich: 3. 8. 1914
Ultimatum an Belgien: 3. 8. 1914
an Portugal: 9. 3. 1916
an Rumänien: 28. 8. 1916

Österreich-Ungarn:
4.000.000/8.322.000 Mann
an Serbien: 28. 7. 1914
an Russland: 6. 8. 1914
an Frankreich: 12. 8. 1914
an Großbritannien: 12. 8. 1914
an Japan: 23. 8. 1914
an Belgien: 28. 8. 1914

Rumänien:
350.000/1.000.000 Mann
an Ö-U: 27. 8. 1916
Rumänien bleibt bis zum 27. 8. 1916 neutral.

Italien:
3.450.000/5.615.000 Mann
an Ö-U: 23. 5. 1915
an Türkei: 21. 8. 1915
an DR: 28. 8. 1916

Montenegro:
40.000/50.000 Mann
an Ö-U: 5. 8. 1914
an DR: 12. 8. 1914
an Bulgarien: 15. 10. 1915

Serbien:
330.000/1.010.000 Mann
an DR: 6. 8. 1914
an Türkei: 29. 10. 1914

Bulgarien:
300.000/400.000 Mann
an Serbien: 14. 10. 1915
an Rumänien: 1. 9. 1916

Griechenland:
355.000 Mann
an DR: 29. 6. 1917
an Ö-U: 29. 6. 1917
an Türkei: 29. 6. 1917
an Bulgarien: 29. 6. 1917

Griechenland verhält sich bis zum 29. 6. 1917 neutral und tritt danach auf der Seite der Entente in den Krieg ein.

Türkei:
500.000/1.600.000 Mann
an Russland: 29. 10. 1914
an Frankreich: 29. 10. 1914
an Rumänien: 28. 8. 1916

Mittelmächte

Entente

neutrale Staaten

1 Mio. Soldaten

100.000 Soldaten

Europa starrt 1914 vor Waffen (Karte links). – Die Fahrt nach Paris endet in Tod und Vernichtung (Bild oben). – Der greise Kaiser Franz Joseph I. und Kaiser Wilhelm II. im Oktober 1915 (Bild rechts unten).

sonell noch materiell. Nur die USA planen nach ihrem Kriegseintritt auf lange Sicht. Ihre Strategie beabsichtigt, den Gegner zunächst in der offensiven Entwicklung zu behindern und parallel dazu die Aufrüstung voranzutreiben, um ihn durch materielle Übermacht zu erdrücken.

Kein Spaziergang nach Paris

Im reichsdeutschen Lager mangelt es nicht an Warnungen, keine übertriebenen Hoffnungen auf einen kurzen Krieg zu setzen. Der große Sieger des deutsch-französischen Krieges von 1870/71, Helmuth von Moltke, warnt schon am 27. 4. 1871: Das Deutsche Reich *„darf nicht hoffen, durch eine rasche und glückliche Offensive in letzterer Richtung [d.h. gegen Frankreich] sich in kurzer Zeit von dem einen Gegner zu befreien, um sich dann gegen den anderen zu wenden. Wir haben eben erst erlebt, wie schwer es ist, selbst den siegreichsten Kampf gegen Frankreich zu beenden.“* Damals fiel zwar die Entscheidung schon am 1. 9. 1870 bei Sedan. Doch der Krieg, von der neuen französischen, republikanischen Regierung unter Mobilisierung aller Kräfte zu einem Volkskrieg ausgeweitet, verlangte bis zur Kapitulation noch weitere 12 Schlachten. Mit dieser Erfahrung tritt der 90-jährige Moltke am 14. 5. 1890 in seiner letzten Reichstagsrede an die Öffentlichkeit: *„Meine Herren, wenn der Krieg, der jetzt schon mehr als zehn Jahre lang wie ein Damoklesschwert über unseren Häuptern schwebt, wenn dieser Krieg zum Ausbruch kommt, so ist seine Dauer und sein Ende nicht abzusehen.“*

Viele der aktiven Militärs wissen, dass der neue Krieg kein kurzer sein wird. General Rüdiger Graf von der Goltz hält das Kriegsende für nicht absehbar, desgleichen General August von Mackensen. Kriegsminister Erich von Falkenhayn erklärt einem US-Diplomaten, dass er mit einem vier Jahre dauernden Krieg rechne.

Doch 1914 vertrauen alle dem vom Generalstabschef der preußischen Armee, Alfred Graf von Schlieffen, 1905 entwickelten Strategieplan. Dieser beruht aber keineswegs auf der Illusion eines kurzen Krieges. Schlieffen selbst, mittlerweile 76 Jahre alt geworden, erklärt 1909: *Solche Kriege sind aber zu einer Zeit unmöglich, wo die Existenz der Nation auf einem ununterbrochenen Fortgang des Handels und der Industrie begründet ist [...]. Eine Ermattungsstrategie läßt sich nicht treiben, wenn der Unterhalt von Millionen den Aufwand von Milliarden erfordert.“* Die Militärs, die 1915/16 Schlieffens Worte in den Wind schlagen und den »Abnützungskrieg« befehlen, opfern sinnlos das Leben von Hunderttausenden.

Hauptwaffe: die Infanterie

1914 ist bei allen Mächten unbestritten die Infanterie die Hauptwaffe. Die Militärs nehmen an, dass die Infanterie selbst eine Feuerüberlegenheit im Zuge eines über große Entfernungen vorgetragenen Angriffes erzielen könne, daher hat die Artillerie nur unterstützende Funktion. Der Weg zur schweren Feuerwaffe muss erst beschritten werden. Die Kavallerie bewährt sich im Bewegungskrieg

bei der Aufklärung, doch ihre Glanzzeit ist – von wenigen Bravourstücken abgesehen – vorbei. Technische Kampfmittel wie Flugzeug, Luftschiff, Kraftfahrzeug und Fernmeldeübertragung stecken in ihrer Entwicklung 1914 noch in den Kinderschuhen.

Nach dem Schlieffen-Plan soll ein starker rechter Flügel das französische Heer in einem groß angelegten Linksschwenk umfassen und vernichten. Damit das Unternehmen zeitgerecht und unter Umgehung der französischen Festungen gelingt, ist der Durchmarsch durch das neutrale Belgien unumgänglich. Dass die Verletzung der belgischen Neutralität den Kriegseintritt Großbritanniens provozieren kann, nimmt die deutsche Heeresleitung in Kauf. Bis zum Sieg Deutschlands im Westen soll Österreich-Ungarn die Hauptlast bei der Abwehr der Russen tragen. Danach sollen die deutsch-österreichisch-ungarischen Armeen die Russen in Kongress-Polen vernichten.

Tannenberg und das »Wunder an der Marne«

Die operative Planung des deutschen Generalstabs erweist sich schon nach wenigen Kriegswochen als völliger Fehlschlag: Zwar gelingt innerhalb von vier Wochen ein rascher Vormarsch bis wenige Kilometer vor Paris, doch die russische Offensivkraft ist in den strategischen Überlegungen gründlich unterschätzt worden: Zwei russische Armeen marschieren in Ostpreußen ein und drohen es zu überrennen. In aller Eile werden von der Westfront Truppen nach Osten verlegt. Doch als sie eintreffen, sind die Russen bei Tannenberg (26. bis 30. 8. 1914) schon geschlagen und der russische Traum vom schnellen Sieg ist zu Ende. Aber die verlegten Truppen fehlen jetzt an der französischen Front. Generalstabschef Helmuth von Moltke, ein Neffe des Siegers von 1870/71 und radikaler Befürworter eines Krieges, hat mittlerweile die Truppen an der Marne zurückgenommen. Die Franzosen sprechen vom »Wunder an der Marne« (5. bis 12. 9. 1914), für die Mittelmächte ist der Krieg bereits jetzt verloren. Auch der neue Generalstabschef Erich von Falkenhayn kann eine Wende im Westen nicht mehr erzwingen.

Der Krieg nimmt ungeahnte Formen und Ausmaße an. Da Italien durch seine Neutralitätserklärung vom 3. 8. deutlich Distanz zum Dreibund demonstriert, befürchten die Generalstäbe in Berlin und Wien das

Schlimmste. Tatsächlich führt Rom Geheimverhandlungen mit Paris und London. Sie verlaufen so, dass Frankreich unbesorgt seine Truppen von der italienischen Grenze abzieht und an die Westfront wirft. Unerwartet schnell trifft auch das britische Expeditionskorps auf dem Festland ein.

Materialschlacht

Der von der Obersten Heeresleitung geplante Blitzsieg verwandelt sich in einen Stellungskrieg. Immer brutalere Kampfmittel gelangen zum Einsatz. Seit April 1915 versuchen die Deutschen, die feindlichen Stellungen mit Giftgas zu brechen, kurz darauf kontern die Alliierten mit dem gleichen Mittel. Der propagierte Bewegungskrieg wächst sich zu einer ungeheuren Materialschlacht aus, die das Deutsche Reich wegen fehlender Ressourcen auf Dauer nicht durchstehen kann. Ende 1915 treten Rohstoff- und Versorgungsmängel auf, Grundnahrungsmittel und Heizmaterialien werden knapp.

Im Osten kommt mittlerweile die russische »Dampfwalze« in Bewegung, sie trifft die Front der Mittelmächte dort, wo sie am schwächsten ist, im galizischen Abschnitt. Der Durchbruch ins ungarische Tiefland steht trotz erbitterter Abwehrkämpfe der Soldaten des Vielvölkerstaates Österreich-Ungarn bevor. Deutsche Gegenoffensiven im nördlichen und mittleren Abschnitt entlasten im letzten Augenblick die gefährdeten Frontabschnitt. Doch wie im Westen gelingt auch hier keine Umfassung der russischen Hauptstreitkräfte.

Friede im Osten

„Im Januar 1918 brachen Massen-streiks in Berlin und anderen Städten aus. [...] Die Mehrheitssozialisten schalteten sich ein, und dem Einfluss besonnener Gewerkschafts- und Par-teiführer gelang es, den Streik bald zu beenden. Aber gerade durch die Betei-ligung der Mehrheitssozialisten am Streik vertiefte sich die Kluft zwischen ihnen und jenen Kreisen des deutschen Volkes, die nach dem Siegfrieden im Osten einen gleichen Erfolg im Westen erzwingen wollten."

Karl Dietrich Erdmann, 1980

Das Blatt des Krieges wendet sich auf dem Balkan. Bei Sa-loniki eröffnen die Alliierten Ende Oktober 1915 die vierte Front, der die Mittelmächte zuletzt nichts mehr entgegenzusetzen haben. In Konstantinopel mehren sich die Stimmen, die eine Beendigung des Krieges fordern. Im September und Oktober 1917 gleichen die Abwehr-kämpfe der Österreicher und der Deutschen in Albanien und Mazedo-nien bereits Rückzugsgefechten. Wieder einmal versucht die Oberste Heeresleitung das Steuer herumzu-reißen: Ein Flankenangriff gegen die italienische Armee im oberen Ison-zotal soll die Balkanfront entlasten. Im Planungsstab wirkt ein Haupt-mann mit, der im Zweiten Weltkrieg zum Mythos werden wird: Erwin Rommel, der legendäre »Wüsten-fuchs« des deutschen Afrikakorps. Die Offensive, die zwischen Tolmein und Flitsch nördlich von Triest ab dem 24. 10. 1917 vorgetragen wird – es ist die letzte der insgesamt 12 un-gemein blutig verlaufenen Isonzo-schlachten – bringt den Mittelmäch-ten einen glänzenden Erfolg, die Italiener fliehen hinter die Piave.

Russisches Friedensangebot

Möglich wird der Sieg im Süden durch eine Entlastung an der russi-schen Front, die eine Truppenverla-gerung erlaubt. Bereits im Juli schei-terte die Kerenski-Offensive an der deutsch-österreichischen Abwehr. Die russischen Armeen strömen un-geordnet zurück. Sie bereiten den Boden der »Oktober-Revolution«, mit der die Bolschewiki die Macht er-greifen (7. 11. 1917) und dem von Kapitalisten angezettelten Krieg ein Ende setzen. Am 28. 11. 1917 schlägt der bolschewistische Volkskommis-

Kundgebungen gegen den drohenden Krieg (26. bis 30. 7. 1914)
Proteste gegen die wirtschaftliche Notlage
Antikriegsdemonstrationen
Proteste gegen die Verurteilung Karl Liebknechts
»Aprilstreik« 1917
revolutionäre Friedensbewegung in der Hochseeflotte
bedeutsame Konferenz revolutionärer Gruppen
Erscheinungsort linksgerichteter Druckwerke
Haftort linker Parteiführer

0   100 km

Antikriegsdemonstrationen in Deutschland von 1914 bis 1917 (Karte oben). – Die Unterzeichnung des Friedensver-trags von Brest-Litowsk (Bild rechts oben). – Thomas Woodrow Wilson trägt dem US-Kongress sein 14-Punkte-Pro-gramm zur Herstellung des Friedens in Europa vor (Bild rechts).

kammer« Ukraine und der Walachei zumindest mildern zu können.

Die Not der Heimatbevölkerung ist schon im ersten Kriegsjahr sichtbar geworden. Wie das Heer war auch die deutsche Wirtschaft 1914 auf einen langen Krieg nicht vorbereitet. Niemand rechnete außerdem mit der Seeblockade durch England, die schon 1915 zu Engpässen in der Nahrungs- und Genussmittelversorgung führte. Der Mangel an Arbeitskräften und Kunstdünger, dessen Grundstoffe die Munitionsherstellung verbraucht, lassen die Ernteerträge sinken. Die Kartoffelernte von 1916 liegt um 50 % niedriger als im Vorjahr. Die Lebensmittel müssen rationiert werden. Die städtische Bevölkerung leidet Hunger: Zwischen 1914 und 1918 sterben im Deutschen Reich mehr als 750.000 Menschen an Unterernährung.

Wilsons 14-Punkte-Angebot

Am 8. 1. 1918 trägt US-Präsident Woodrow Wilson dem Kongress in Washington sein Friedensprogramm für Europa vor. Der österreichisch-ungarische Ministerpräsident Ottokar Graf von Czernin reagiert auf das 14-Punkte-Programm Wilsons umgehend (12. 1.), da er unter starkem innenpolitischen Druck steht. Die Donaumonarchie wankt bereits wegen der Hungersnot, der Kriegsmüdigkeit und der Autonomiebestrebungen der Völker in den Grundfesten. Er hält Wilsons Bedingungen für akzeptabel: Rückzug auf die Grenzen von 1914, Rückgabe Elsass-Lothringens, die Abtretung der italienischsprachigen Gebiete von Trentino-Südtirol an Italien, Unabhängigkeit für Polen und freier Entscheid der Völker Österreich-Ungarns, ob

sie im Staatsverband der Monarchie verbleiben wollen.

Die Regierung des Deutschen Reiches ist jedoch entschlossen, weiter zu kämpfen.

Januarstreiks

Da droht ein innenpolitisches Ereignis plötzlich die strategische Planung über den Haufen zu werfen. Nach Streiks in der Donaumonarchie (14. bis 25. 1. 1918) greifen Proteste gegen die deutsche Verhandlungsführung in Brest-Litowsk auch auf das Reich über (28. 1.). An ihre Spitze stellt sich die Linke – Spartakusbund, USPD und SPD; die SPD allerdings, um den Streik möglichst bald zu beenden.

Nahezu 400.000 Industriearbeiter legen die Arbeit nieder. In Windeseile erfasst der Streik die großen Industriestädte. Auf dem Höhepunkt des Ausstandes streiken etwa 1 Million Arbeiter.

Die von Bethmann Hollweg 1914 proklamierte und von den Sozialdemokraten akzeptierte »Burgfriedenspolitik« – der Verzicht auf die Austragung parteipolitischer, konfessioneller, klassen- und verbandspolitischer Konflikte während des Krieges – wankt. Bislang opponierte im Reichstag nur die »Sozialdemokratische Arbeitsgemeinschaft« – eine selbständige Fraktion innerhalb der SPD unter Hugo Haase – und die von Karl Liebknecht geführte »Gruppe Internationale«, die sich ab 1. 1. 1916 »Spartakusgruppe« nennt. Außerhalb der Burgfriedensfront steht auch die am 6. 4. 1917 gegründete »Unabhängige Sozialdemokratische Partei« (USPD).

Der Januarstreik 1918 bricht nach wenigen Tagen zusammen. Die Reichsregierung lehnt Verhandlungen mit den Streikenden ab, verhängt den verschärften Belagerungs-

zustand und stellt kriegswichtige Betriebe wie Borsig oder AEG unter militärische Aufsicht.

Der »Brotfriede«

Mit einem Teilgebiet des früheren Russischen Reiches, der Ukraine, schließen die Mittelmächte am 9. 2. 1918 in Brest-Litowsk einen Friedensvertrag. Die erhofften Getreide- und Kartoffellieferungen bleiben jedoch aus: In der Ukraine fehlt es an Landarbeitern, intakten Eisenbahnlinien, Brücken und rollendem Material. So bringt der lauthals in Berlin und Wien propagierte »Brotfrieden« der Bevölkerung keine Entlastung – sie hungert und friert weiter.

sar für Auswärtige Angelegenheiten, Leo D. Trotzki, allen Krieg führenden Mächten einen Waffenstillstand vor. Während ihn die Alliierten ablehnen, stimmen die Mittelmächte zu. Bei ihnen wächst die Hoffnung, mit den im Osten frei werdenden Truppen im Westen doch noch einen »Siegfrieden« zu erzwingen. Allerdings sehen sich die deutschen Soldaten nahe der französischen Stadt Cambrai einer »Wunderwaffe« gegenüber. Ende November 1917 überrollen britische »Tanks« die deutschen Stellungen. Doch der Waffenstillstand vom 9. 12. 1917 mit Rumänien in Focşani und vom 15. 12. mit Russland in Brest-Litowsk nährt die Zuversicht, im Westen standzuhalten.

Auch den Lebensmittelmangel in der Heimat scheinen nun Getreide- und Maislieferungen aus der »Korn-

„Und nun lebt wohl, Leute!"

„Für Deutschland bedeutete der Erste Weltkrieg eine Überforderung. Er war das Ergebnis einer hartnäckigen Unterschätzung fremder Kräfte. Diese permanente Verkennung der Realitäten bildete die »Kontinuität des Irrtums« (Herzfeld), und sie reichte tief in die Wilhelminische Weltpolitik zurück."

Fritz Fischer, 1984

In den Friedensverhandlungen von Brest-Litowsk geht es nicht nur um die Lieferung von Nahrungsmitteln, sondern auch um die Gründung neuer Staaten am Westsaum des ehemaligen Zarenreiches. Die Mittelmächte unter Delegationsführer Richard von Kühlmann und dem österreichisch-ungarischen Außenminister Ottokar Graf von Czernin bringen ihre Wünsche vor: die Errichtung eines polnischen, litauischen und kurländischen Staates. Die russische Seite unter der Leitung von Leo Trotzki strebt den annexionslosen Frieden und das Selbstbestimmungsrecht der Völker an und widersetzt sich diesen Forderungen; Trotzki verlässt am 10. 2. 1918 die Verhandlungen.

Die Pattsituation »Weder Krieg noch Frieden« beunruhigt Ludendorff. Er befürchtet einen neuen russischen Waffengang, falls nicht bald Friede geschlossen wird. Die Reaktion Trotzkis war zu erwarten, daher befasste sich die Oberste Heeresleitung noch während der Friedensverhandlungen damit, wie das bolschewistische Russland in einem zentralen Angriff niederzuwerfen wäre. Die Abreise Trotzkis sieht Ludendorff als Kündigung des Waffenstillstandes an und setzt die Kriegshandlungen fort.

»Eisenbahnkrieg«

Von Februar bis April besetzen deutsche Truppen kampflos weite Teile des europäischen Russland (»Eisenbahnkrieg«). Nach einem deutschen Ultimatum vom 21. 2. 1918 setzt Wladimir Iljitsch Uljanov, genannt Lenin, am 23. 2. 1918 im Zentralkomitee der Bolschewiki die Annahme der deutschen Bedingungen durch. Die russische Delegation unterzeichnet den Friedensvertrag am 3. 3. 1918.

Es ist ein Diktatfriede, der Russland auf den Gebietsstand vor Peter dem Großen zurückwirft. Lenin aber

gewinnt innenpolitisch jene Atempause, die er für die Durchsetzung der bolschewistischen Revolution benötigt. Die radikale Beseitigung aller bisher geltenden gesellschaftlichen und wirtschaftlichen Werte beunruhigt Finnland. Es ersucht am 14. 2. in Berlin um militärischen Beistand. Formal befindet sich Finnland – bis zum 20. 3. 1917 Teil des Zarenreiches und danach in die Unabhängigkeit entlassen – noch im Kriegszustand mit dem Deutschen Reich. Am 7. 3. wird daher in Berlin in aller Eile ein deutsch-finnischer Friedensvertrag unterzeichnet. Bereits am 1. 4. schifft sich die deutsche »Ostsee-Division« nach Finnland ein. Zusammen mit den Truppen des finnischen Schutzkorps vertreibt sie am 13. 4. die in Helsinki und Südfinnland eingedrungenen »Roten Garden«.

An der Westfront versucht in der Zwischenzeit die deutsche Oberste Heeresleitung die Initiative noch einmal an sich zu reißen. Mit allen noch verfügbaren Kräften tritt das deutsche Heer am 21. 3. 1918 zur Offensive an, scheitert aber an der britisch-französischen Abwehr. Auch die nächsten Offensiven vom 27. 5. und 9. 6. erzwingen keine Entscheidung.

Österreich sucht Frieden

Zur gleichen Zeit hat die deutsche Heeresleitung noch ein anderes Problem zu lösen. Die österreichischen, zunächst geheimen Friedensverhandlungen und die Besorgnis erregenden nationalen Auflösungserscheinungen in der Donaumonarchie lassen ein baldiges Ausscheiden des Waffengefährten aus dem gemeinsamen Bündnis befürchten. Am 12. 5. empfängt Kaiser Wilhelm II. den österreichisch-ungarischen Monarchen, Karl I., im Hauptquartier in Spa zu konsultativen Gesprächen. Zwar deutet nichts auf die im Kriegsverlauf entstandene tiefe Abneigung der deutschen Reichs- und Militärführung gegenüber dem Verbündeten hin, aber das Ergebnis spricht für sich. Wien wird durch ein langfristiges enges politisches Bündnis, durch einen Waffenbund und durch ein Zoll- und Wirtschaftsabkommen fest an die Berliner Leine gelegt.

Letztes Aufbäumen

Ein weiteres Mal treten im Westen die deutschen Soldaten zur Großoffensive an. Es ist die letzte im Großen Krieg und scheitert wie die vorhergehenden. Am 6. 4. 1917 haben die Vereinigten Staaten von Amerika dem Deutschen Reich den Krieg erklärt, zwei Monate später, am 7. 6. 1917, betreten die ersten US-Soldaten europäisches Festland.

Am 15. und 17. 7. 1918 treten die Deutschen an der Marne und in der Champagne zur vierten und letzten Offensive gegen die Franzosen an. Dem alliierten Gegenangriff vom 18. 7. müssen die Deutschen weichen und über die Marne zurückgehen. Am »schwarzen Tag des deutschen Heeres«, dem 8. 8., zerreißt die Abwehrstellung zwischen Ancre und

Oise. Anfang September beziehen die Deutschen ihre letzte Auffangbastion, die »Siegfriedstellung«.

Das deutsche Volk ist des fruchtlosen Kämpfens müde. Daran ändert auch die letzte große Rede Kaiser Wilhelms II. in der Öffentlichkeit nichts. In einer Ansprache vor Arbeitern der Krupp-Werke in Essen am 11. 9. warnt er vor anarchistischen Tendenzen im Reich und der *„Flaumacherei"*: *„Der deutsche Volksblock, zu Stahl zusammengeschweißt, der soll dem Feinde seine Kraft zeigen. [...] Deutsche, die Schwerter hoch [...] zum Kampfe gegen alles, was gegen uns steht, und wenn es noch so lange dauert. Dazu helfe uns Gott. Und nun lebt wohl, Leute."*

Der Zusammenbruch ist nicht mehr aufzuhalten: Bulgarien streckt am 29. 9. die Waffen, der österreichisch-ungarische Verbündete ist am Ende seiner Kräfte.

Waffenstillstandsgesuch

Den Entschluss, um einen sofortigen Waffenstillstand zu bitten, fasst die Oberste Heeresleitung am 28. 9. 1918. Um besser als legitimierter Verhandlungspartner auftreten zu können, überlässt am 30. 9. Reichskanzler Georg Graf von Hertling dem für seine Friedensbereitschaft bekannten Prinzen Max von Baden das Amt. Um den Friedenswillen ernsthaft zu unterstreichen, werden die deutschen Truppen aus der »Siegfriedstellung« auf die »Hermannstellung« zurückgezogen. Ohne den designierten Reichskanzler, Max von

Rückzug deutscher Truppen von der Westfront, 1918 (Bild unten). – Der Westkriegsschauplatz (Karte rechts oben).

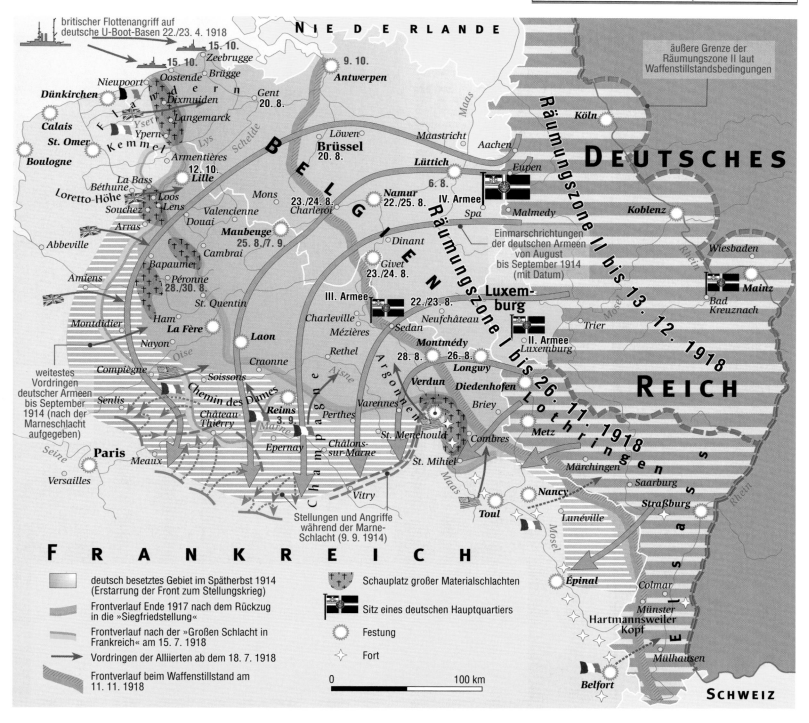

britischer Flottenangriff auf deutsche U-Boot-Basen 22./23. 4. 1918

äußere Grenze der Räumungszone II laut Waffenstillstandsbedingungen

Einmarschrichtungen der deutschen Armeen von August bis September 1914 (mit Datum)

weitestes Vordringen deutscher Armeen bis September 1914 (nach der Marneschlacht aufgegeben)

Stellungen und Angriffe während der Marne-Schlacht (9. 9. 1914)

Legend:

deutsch besetztes Gebiet im Spätherbst 1914 (Erstarrung der Front zum Stellungskrieg)

Frontverlauf Ende 1917 nach dem Rückzug in die »Siegfriedstellung«

Frontverlauf nach der »Großen Schlacht in Frankreich« am 15. 7. 1918

Vordringen der Alliierten ab dem 18. 7. 1918

Frontverlauf beim Waffenstillstand am 11. 11. 1918

Schauplatz großer Materialschlachten

Sitz eines deutschen Hauptquartiers

Festung

Fort

0   100 km

Baden, zu unterrichten, handelt die Oberste Heeresleitung so, dass der Entschluss zum Waffenstillstandsgesuch unwiderruflich ist: Sie lässt am 2. 10. die Führer der im Reichstag vertretenen Parteien wissen, dass die Fortsetzung des Krieges aussichtslos sei. Noch am gleichen Tag billigt der Kronrat das Gesuch um den Waffenstillstand. Gegen die Bedenken Max von Badens geht die deutsche Note in der Nacht vom 3. zum 4. 10. an die Schweizer Regierung ab, mit der Bitte, sie Staatssekretär Lansing in Washington zu übergeben (7. 10.).

Das Vertrauen der Bevölkerung hat sich seit 1916 von Kaiser Wilhelm ab- und Generalfeldmarschall Hindenburg zugewendet. Von einem Thronwechsel will das Kriegskabinett jedoch nichts wissen. Dieser Haltung stehen freilich die Wilson'schen Noten vom 14. und 23. 10. entgegen, die eine Abdankung des Kaisers, die Entlassung der führenden Militärs und die Errichtung einer Demokratie fordern. Am 23. 10. gibt Haase, der Führer der USPD, im Reichstag die Parole aus: „Sturz des Kaisers und der Monarchie", der auch der gemäßigte

Sozialdemokrat Gustav Noske am 24. 10. zustimmt. Hindenburg und Ludendorff hingegen erteilen einen Heeresbefehl: „Die Antwort Wilsons fordert die militärische Kapitulation. Sie ist deshalb für uns Soldaten unannehmbar. [...] Wilsons Antwort kann daher für uns Soldaten nur die Aufforderung sein, den Widerstand mit äußersten Kräften fortzusetzen. Wenn die Feinde erkennen werden, dass die deutsche Front mit allen Opfern nicht zu durchbrechen ist, werden sie zu einem Frieden bereit sein, der Deutschlands Zukunft gerade für die breiten Schichten des Volkes sichert."

Dieser Heeresbefehl, ohne Wissen der Reichsregierung verbreitet, führt am 26. 10. zur Entlassung Ludendorffs. Die »Dolchstoßlegende« ist geboren. Wilhelm II. und Ludendorff verbreiten sie: Das »im Felde unbesiegte Heer« wurde von der sozialistischen Agitation und ihrem Defätismus in der Heimat geschwächt und schließlich durch die »Novemberrevolution von hinten erdolcht«.

Seitdem wird die Legende zum Agitationsmittel rechter Parteien, um die Weimarer Republik von Beginn an zu diffamieren.

271

Tanz auf dem Vulkan

„Jetzt die Regierung zu übernehmen hieß, den Tanz auf einem Vulkan wagen. Die Zahl der existenzbedrohenden Probleme des Reiches war unübersehbar: Stabilisierung der Revolutionsregierung, Friedensschluss, Sicherung der Reichseinheit, Sicherung der Versorgung, Rückführung des Millionenheers der Soldaten, Wahrung der Rechtsstaatlichkeit, Bestandsaufnahme der durch den Krieg entstandenen unübersehbaren wirtschaftlichen und sozialen Folgen, Umstellung der Kriegs- auf Friedenswirtschaft, Vorbereitung einer neuen staatlichen und gesellschaftlichen Ordnung [...]"

Horst Möller, 1994

F riedrich Ebert wird am 4. 2. 1871, im Jahr der Bismarck'schen Reichsgründung, in Heidelberg als Sohn eines Schneidermeisters geboren. Er lernt das Sattlerhandwerk, schließt sich 1889 der Sozialdemokratischen Partei an und wird in Bremen Vorsitzender des Gewerkschaftskartells. Ab 1893 arbeitet er als Redakteur der lokalen sozialdemokratischen Zeitung, der »Bremer Bürgerzeitung«. Der Wochenlohn reicht nicht, um eine Familie zu ernähren, also drängt ihn sein künftige Frau, Luise Rumpf, einen einträglicheren Beruf zu ergreifen. Ebert eröffnet 1894 ein Gasthaus, obwohl ihm dieser neue Beruf nicht zusagt. 1912 übernimmt er mit Hugo Haase den Parteivorsitz der SPD. Ebert hat wenig für die Theorien von Karl Marx übrig. Er widmet sich der konkreten Gewerkschaftsarbeit.

Ausrufung der Republik

Am Samstag, den 9. 11. 1918, 14 Uhr, befinden sich SPD-Fraktionsvorsitzender Scheidemann und die meisten SPD-Abgeordneten in den Räumen des Reichstages und debattieren über die Organisation eines Aktionsausschusses der Betriebsvertrauensleute. Da hört Scheidemann von der Übergabe des Kanzleramtes durch Max von Baden an seinen Parteigenossen Friedrich Ebert. Geübt, improvisiert Reden zu halten, stürzt Scheidemann zu einem Balkon des Reichstagsgebäudes, schwingt sich auf die Brüstung und verkündet der demonstrierenden Menge lautstark: *„Das deutsche Volk hat auf der ganzen Linie gesiegt. Das alte Morsche ist zusammengebrochen; der Militarismus ist erle-*

digt! Die Hohenzollern haben abgedankt! Der Abgeordnete Ebert ist zum Reichskanzler ausgerufen worden."* Und dann: *„Sorgen Sie dafür, dass die neue deutsche*

Republik, die wir errichten werden, nicht durch irgendetwas gefährdet werde! Es lebe die deutsche Republik!"* Als Ebert hört, dass Scheidemann die Republik

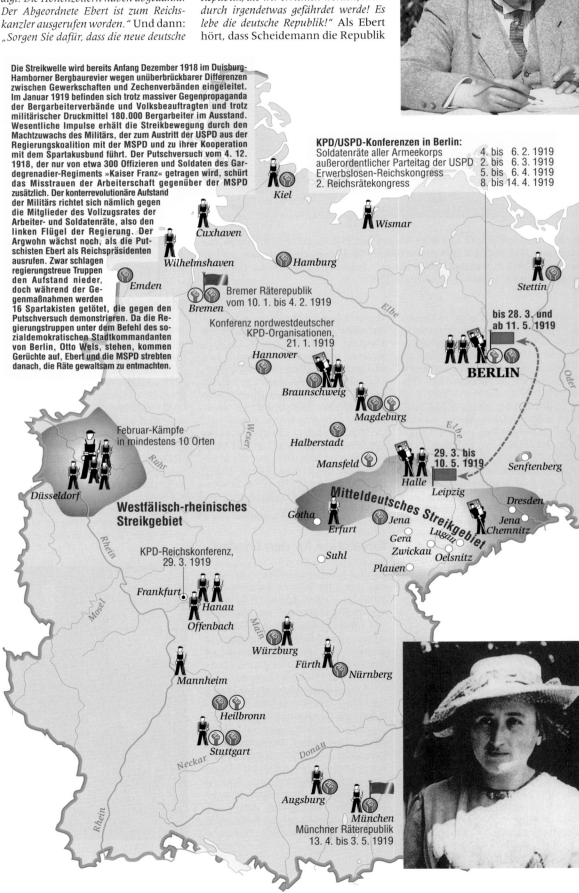

Die Streikwelle wird bereits Anfang Dezember 1918 im Duisburg-Hamborner Bergbaurevier wegen unüberbrückbarer Differenzen zwischen Gewerkschaften und Zechenverbänden eingeleitet. Im Januar 1919 befinden sich trotz massiver Gegenpropaganda der Bergarbeiterverbände und Volksbeauftragten und trotz militärischer Druckmittel 180.000 Bergarbeiter im Ausstand. Wesentliche Impulse erhält die Streikbewegung durch den Machtzuwachs des Militärs, der zum Austritt der USPD aus der Regierungskoalition mit der MSPD und zu ihrer Kooperation mit dem Spartakusbund führt. Der Putschversuch vom 4. 12. 1918, der nur von etwa 300 Offizieren und Soldaten des Gardegrenadier-Regiments »Kaiser Franz« getragen wird, schürt das Misstrauen der Arbeiterschaft gegenüber der MSPD zusätzlich. Der konterrevolutionäre Aufstand der Militärs richtet sich nämlich gegen die Mitglieder des Vollzugsrates der Arbeiter- und Soldatenräte, also den linken Flügel der Regierung. Der Argwohn wächst noch, als die Putschisten Ebert als Reichspräsidenten ausrufen. Zwar schlagen regierungstreue Truppen den Aufstand nieder, doch während der Gegenmaßnahmen werden 16 Spartakisten getötet, die gegen den Putschversuch demonstrieren. Da die Regierungstruppen unter dem Befehl des sozialdemokratischen Stadtkommandanten von Berlin, Otto Wels, stehen, kommen Gerüchte auf, Ebert und die MSPD strebten danach, die Räte gewaltsam zu entmachten.

KPD/USPD-Konferenzen in Berlin:
Soldatenräte aller Armeekorps | 4. bis 6. 2. 1919
außerordentlicher Parteitag der USPD | 2. bis 6. 3. 1919
Erwerbslosen-Reichskongress | 5. bis 6. 4. 1919
2. Reichsrätekongress | 8. bis 14. 4. 1919

Kiel
Wismar
Cuxhaven
Wilhelmshaven
Hamburg
Emden
Stettin
Bremer Räterepublik vom 10. 1. bis 4. 2. 1919
Bremen
bis 28. 3. und ab 11. 5. 1919
Konferenz nordwestdeutscher KPD-Organisationen, 21. 1. 1919
Hannover
BERLIN
Braunschweig
Magdeburg
Halberstadt
29. 3. bis 10. 5. 1919
Februar-Kämpfe in mindestens 10 Orten
Mansfeld
Senftenberg
Halle
Mitteldeutsches Streikgebiet
Leipzig
Düsseldorf
Dresden
Westfälisch-rheinisches Streikgebiet
Gotha
Jena
Chemnitz
Erfurt
Gera
Lugau
KPD-Reichskonferenz, 29. 3. 1919
Suhl
Zwickau
Oelsnitz
Plauen
Frankfurt
Hanau
Offenbach
Würzburg
Fürth
Nürnberg
Mannheim
Heilbronn
Stuttgart
Augsburg
München
Münchner Räterepublik 13. 4. bis 3. 5. 1919

Proteste und Streiks gegen die Ermordung Karl Liebknechts und Rosa Luxemburgs im Januar 1919

Streiks im Februar 1919

Streiks im März 1919

Streiks im April 1919

Streiks im Mai 1919

Hauptgebiete von Generalstreiks von Januar bis April

bewaffnete Konflikte im Januar 1919

bewaffnete Konflikte im Februar 1919

bewaffnete Konflikte im März 1919

bewaffnete Konflikte im April 1919

Räterepublik

Sitz der KPD-Zentrale und der Redaktion der »Roten Fahne«

Königsberg

Danzig

Weichsel

0   100 km

Quelle: bearbeitet nach dem Atlas zur Geschichte, Gotha 1982

Am 24. 12. 1918 sichert die Reichsregierung der Berliner Volksmarinedivision die Auszahlung des ausstehenden Soldes in der Höhe von 80.000 Mark zu, wenn sie künftig bewaffnete Aktionen gegen die Regierung unterlässt, aus dem von ihr besetzten Schloss abzieht und die Schlüssel zum Gebäude dem Stadtkommandanten, Otto Wels, übergibt. Da die Matrosen die Schlüssel jedoch nicht Wels, sondern dem Volksbeauftragten Emil Barth ausfolgen, verweigert Wels die Auszahlung des Soldes. Daraufhin setzt eine Abteilung der Matrosen den Stadtkommandanten fest. Ebert ersucht die Oberste Heeresleitung um Hilfe, die ohnehin interessiert ist, gegen Räte und bewaffnete Revolutionäre vorzugehen. Am Heiligen Abend kommt es zu einer Straßenschlacht, in der Frontsoldaten die in Schloss und Marstall verschanzten Matrosen beschießen. Der Schusswechsel wird abgebrochen, nachdem sich immer mehr Arbeiter auf die Seite der Marinesoldaten stellen. Die von den Linken als »Eberts Blutweihnacht« bezeichnete Aktion nimmt die von Wilhelm Dittmann, Hugo Haase und Emil Barth angeführte USPD zum Anlass, die Regierungskoalition mit den Mehrheitssozialisten zu verlassen.

Breslau

Oberschlesisches Streikgebiet

Beuthen

Gleiwitz

Friedrich Ebert (Bild Mitte oben). – Rosa Luxemburg (Bild ganz links). – Karl Liebknecht (Bild links). – Die Revolution in Deutschland von Mitte Januar bis Anfang Mai 1919 (Karte).

ausgerufen hat, brüllt er seinen verdutzten Parteigenossen an: *„Du hast kein Recht, die Republik auszurufen! Was aus Deutschland wird, ob Republik oder was sonst, das entscheidet eine Konstituante!"* (= verfassunggebende Versammlung). Er nimmt die demokratischen Spielregeln ernst.

Liebknecht im Hintertreffen

Scheidemanns spontane Reaktion stiehlt dem linksradikalen Kontrahenten Karl Liebknecht die Schau. Erst zwei Stunden später, um 16 Uhr, proklamiert er vor dem Berliner Schloss die *„freie sozialistische Republik Deutschland, die alle Stämme umfassen soll, in der es keine Knechte mehr geben wird, in der jeder ehrliche Arbeiter den ehrlichen Lohn seiner Arbeit finden wird."*
Liebknecht und sein extrem linker Spartakusbund sind ins Hintertreffen geraten und spüren dies am 10. 11., einen Tag nach Ausbruch der Revolution: Die sich rasch bildenden Arbeiter- und Soldatenräte folgen nicht ihm, sondern Ebert.
Eberts Position festigt sich. Unerwartet erhält er in den Abendstunden des 10. 11. die Unterstützung des Heeres. Der Erste Generalquartiermeister Wilhelm Groener bietet Ebert und dessen künftiger Regierung die Zusammenarbeit im Kampf gegen Linksradikale und revolutionäre Bewegungen an, sofern die Offiziere ihre angestammte Rolle in der Armee beibehalten dürfen. Ebert stimmt der Bedingung zu, er weiß, dass er die Hilfe des Heeres benötigen wird. Andererseits braucht auch Groener eine tatkräftige Regierung, denn auf seinem Tisch liegen die Waffenstillstandsbedingungen des französischen Generals Foch, über die er ohne Politiker nicht entscheiden kann. Das Übereinkommen zwischen Groener und Ebert ermöglicht es dem Reichskanzler in den nächsten Monaten, *„seine politischen Ziele konsequent zu verfolgen und die staatsrechtliche Revolutionierung des Reiches zu sichern"*, kommentiert der Historiker Horst Möller.

MSPD-USPD-Koalition

Gemeinsam mit der USPD bildet Ebert noch am 10. 11. die erste provisorische republikanische Regierung Deutschlands. Sie besteht auf paritätischer Grundlage aus einem »Rat der Volksbeauftragten« und einem durch linksradikale Arbeiter und Soldaten gewählten Aktionsausschuss, dem »Vollzugsrat«. Damit ist die Vorentscheidung zugunsten einer parlamentarischen Demokratie und nicht für eine Räterepublik gefallen.
Die Demokratie ist jedoch keineswegs gesichert. Viele Parteimitglieder der SPD befürworten das sowjetische Rätesystem, aber *„es gab kein allgemein verbindliches Rätemodell, auf das alle Anhänger festzulegen gewesen wären, vielmehr vermengten sich präzise Vorstellungen über einzelne Wirkungsfelder und Funktionen der Räte mit höchst diffusen Zielen"*, meint Horst Möller.
In der Regierung des »Rates der Volksbeauftragten« vertreten drei Mitglieder der Mehrheits-SPD, Friedrich Ebert, Philipp Scheidemann und Otto Landsberg, die stärkste politische Gruppe. Sie können sich auf die Mehrheit der Bevölkerung, die Arbeiter- und Soldatenräte und die Offiziere des Frontheeres stützen. Den politischen Idealen der Sozialdemokratie folgend, versucht die Gruppe um Ebert über den Reichstag und über die Selbstverwaltungskörperschaften in den Gemeinden die parlamentarische Demokratie zu verwirklichen. Voraussetzung dafür ist jedoch die Einführung eines allgemeinen, freien und geheimen Wahlrechts. Arbeiter- und Soldatenräte können daher bis zur Einberufung einer Nationalversammlung nur eine Übergangslösung darstellen, dies ist jedenfalls die überwiegende Meinung in der MSPD. Ebenso behutsam strebt die MSPD wirtschaftspolitische Ziele an. Zwar soll der private Kapitalismus zurückgedrängt werden, doch Verstaatlichungen will die Partei nicht radikal vornehmen.
Ganz anders der Koalitionspartner USPD, vertreten durch Hugo Haase, Wilhelm Dittmann und Emil Barth: Sie treten für eine parlamentarisch-rätedemokratische Form der Regierung ein. Ein Zweikammersystem aus einem berufsständischen Räteparlament und einem Parlament soll die parlamentarische Demokratie sichern und die Sozialisierung der Betriebe vorantreiben. Einigkeit mit der MSPD herrscht jedoch darüber, dass eine Räterepublik nach sowjetischem Muster abzulehnen ist.
Damit besteht keine Verständigungsbasis mehr mit dem Spartakusbund, der kompromisslos den Parlamentarismus ablehnt und für eine reine Räteregierung eintritt. Konsequent verlangt die radikal revolutionäre Gruppe um Rosa Luxemburg und Karl Liebknecht die Wahl von Soldaten- und Arbeiterräten im ganzen Deutschen Reich, in deren Händen Gesetzgebung und Verwaltung konzentriert sein sollen. Am 16. 11. fordert die Gruppe die Beseitigung der Reichsregierung und aller Parlamente sowie die Auflösung der Einzelstaaten zugunsten einer einheitlichen sozialistischen Republik.

Rosa Luxemburg

Rosa Luxemburg nimmt einen unmissverständlichen Standpunkt ein, wenn sie der *„parlamentarischen Maulwurfsweisheit"* die *„Dialektik der Revolution"* gegenüberstellt. *„Nicht durch Mehrheit zur revolutionären Taktik, sondern durch revolutionäre Taktik zur Mehrheit"*, lautet ihr Motto. Gleichzeitig aber lehnt sie Putschversuche einer revolutionären Minderheit ab, wenn die Mehrheit des Volkes und die Räte mit der bürgerlich-republikanischen Regierung des »Rates der Volksbeauftragten« einverstanden sind.
Am 12. 11. entsteht die Bayerische Volkspartei, am 13. 11. der militante, antirepublikanische Wehrverband »Der Stahlhelm«, am 14. 11. die Bayerische Mittelpartei, am 20. 11. die Deutsche Demokratie Partei und am 30. 11. die Deutschnationale Volkspartei. Die Parteienlandschaft zeigt eine bemerkenswerte Kontinuität zum Kaiserreich: Die DDP geht aus der Fortschrittlichen Volkspartei hervor, die Deutsche Zentrumspartei bleibt eine Konfessionspartei für Katholiken.

Ein Friede ohne Versöhnung

„Die Verhandlungen über einen Waffenstillstand waren noch in der Zeit der Regierung des Prinzen Max von Baden begonnen worden. Unterzeichnet wurde er am 11. November 1918 im Auftrag des Rates der Volksbeauftragten. Der Zentrumsabgeordnete und Staatssekretär Erzberger, der die deutsche Delegation in Compiègne geführt hatte, blieb auch in den folgenden Monaten der verantwortliche Leiter der deutschen Waffenstillstandspolitik."

Karl Dietrich Erdmann, 1993

Nicht von dem Vergleich mit der viel größeren Katastrophe von 1945, sondern von der Situation, den Erwartungen, den Hoffnungen und den Realitäten von 1918/19 ist auszugehen: Das Deutsche Reich kapituliert in einem Moment völliger Kampfunfähigkeit. Trotzdem leben viele in der Illusion, in einer Zeit der neuen Weltordnung durch US-Präsident Wilson gerechte Friedensbedingungen zu erhalten. Manche gehen sogar von einer vermeintlichen Stärke der Position aus: Das Reichsgebiet ist zwar fast frei von alliierten Truppen, befindet sich aber strategisch in einer hoffnungslosen Lage. So können die alliierten Staatsmänner angesichts der emotionsgeladenen Stimmung in ihren Heimatländern nicht auf die Gewinne des Krieges verzichten.

Der französische Staatspräsident Raymond Poincaré eröffnet am 18. 1. 1919 den Pariser Friedenskongress, an dem 32 Staaten teilnehmen. Auf Vorschlag Wilsons wird der französi-

sche Ministerpräsident Georges Clemenceau zum Präsidenten bestimmt.

Zum ersten Mal in der Geschichte der Menschheit nimmt sich eine große Völkergemeinschaft der Herstellung des Friedens an. Aus den in Versailles konferierenden Staaten entsteht der »Völkerbund«. Für Wilson ist der Völkerbund – ein weltweites System kollektiver Sicherheit – der *„Schlüssel des ganzen Friedens"*. Er hegt die Hoffnung, alle momentan notwendigen Abweichungen von seinen Prinzipien könnte allmählich der Völkerbund wieder rückgängig machen. Die Artikel des Völkerbundes werden Bestandteil des Friedensvertrages.

Wehrlos ausgeliefert

Für den Friedensvertrag von Versailles mit Deutschland hat Frankreich folgende Ziele: Gebietsabtretungen im Osten und Westen des Reiches, drastische Rüstungsbeschränkungen, weit reichende Reparationsverpflichtungen und Ausbau eines von Frankreich kontrollierten Bündnissystems in Ostmitteleuropa (Polen, später »Kleine Entente«). England versucht eine zu weit gehende Schwächung Deutschlands zu verhindern, es fürchtet die Bolschewisierung Mitteleuropas.

Polen erhält den größten Teil Westpreußens und Posens; das südliche Ostpreußen und Westpreußen östlich der Weichsel bleiben nach der Volksabstimmung am 11. 7. 1920 bei Deutschland. Danzig wird »freie Stadt« unter Aufsicht des Völkerbun-

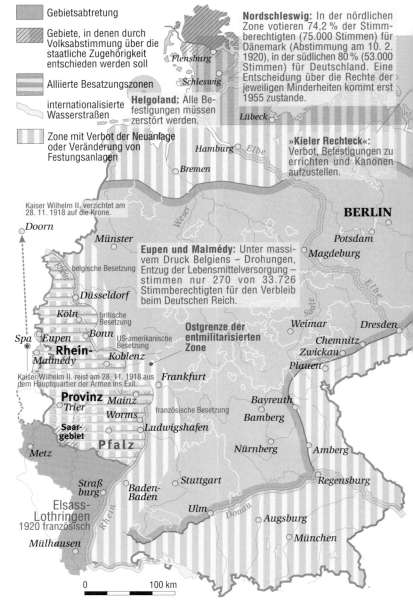

Gebietsabtretung

Gebiete, in denen durch Volksabstimmung über die staatliche Zugehörigkeit entschieden werden soll

Alliierte Besatzungszonen

internationalisierte Wasserstraßen

Zone mit Verbot der Neuanlage oder Veränderung von Festungsanlagen

Nordschleswig: In der nördlichen Zone votieren 74,2 % der Stimmberechtigten (75.000 Stimmen) für Dänemark (Abstimmung am 10. 2. 1920), in der südlichen 80 % (53.000 Stimmen) für Deutschland. Eine Entscheidung über die Rechte der jeweiligen Minderheiten kommt erst 1955 zustande.

Helgoland: Alle Befestigungen müssen zerstört werden.

»Kieler Rechteck«: Verbot, Befestigungen zu errichten und Kanonen aufzustellen.

Kaiser Wilhelm II. verzichtet am 28. 11. 1918 auf die Krone

BERLIN

Eupen und Malmédy: Unter massivem Druck Belgiens – Drohungen, Entzug der Lebensmittelversorgung – stimmen nur 270 von 33.726 Stimmberechtigten für den Verbleib beim Deutschen Reich.

Kaiser Wilhelm II. reist am 28. 11. 1918 aus dem Hauptquartier der Armee ins Exil

Flensburg, Schleswig, Lübeck, Hamburg, Elbe, Bremen, Weser, Doorn, Münster, Potsdam, Magdeburg, Saale, belgische Besetzung, Düsseldorf, Köln, britische Besetzung, Weimar, Dresden, Spa, Eupen, Bonn, US-amerikanische Besetzung, Chemnitz, Zwickau, Rhein-Malmédy, Koblenz, **Ostgrenze der entmilitarisierten Zone**, Plauen, Frankfurt, **Provinz** Trier, Mainz, Worms, französische Besetzung, Bayreuth, Bamberg, **Saargebiet**, Ludwigshafen, **Pfalz**, Nürnberg, Amberg, Metz, Straßburg, Baden-Baden, Stuttgart, Regensburg, Elsass-Lothringen 1920 französisch, Ulm, Donau, Augsburg, München, Mülhausen

0   100 km

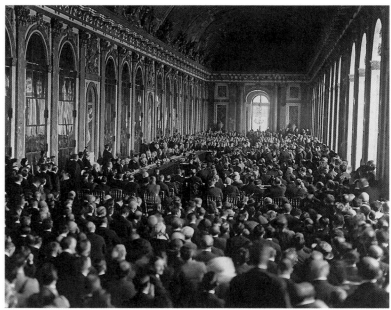

des mit außenpolitischer Vertretung durch Polen. In Oberschlesien findet im März 1921 eine Volksabstimmung statt, wonach der wirtschaftlich wichtigere Teil – trotz einer Mehrheit von 60 : 40 für Deutschland in ganz Oberschlesien, aber mit knapper Mehrheit für Polen in Ostoberschlesien – Polen zugeschlagen wird. Das Hultschiner Ländchen muss an die Tschechoslowakische Republik, das Memelgebiet an die Alliierten (zuerst unter französischer Besatzung, 1923/24 unter litauischer Oberhoheit) abgetreten werden. Nach einer Volksabstimmung in Nordschleswig fällt der Norden des Gebietes an Dänemark. Elsass-Loth-

ringen geht ohne Plebiszit an Frankreich, der preußische Kreis Eupen-Malmédy nach einer umstrittenen Abstimmung an Belgien.

Der französische Marschall Ferdinand Foch fordert das Saargebiet und den Rhein als Grenze, zumindest aber die militärische Kontrolle über den Fluss und die Brückenköpfe, sowie auf dem linken Rheinufer die Bildung mehrerer von Deutschland unabhängiger Staaten.

Schuldzuweisung

Mit Rücksicht auf Wilson begnügt sich Clemenceau mit der Entmilitari-

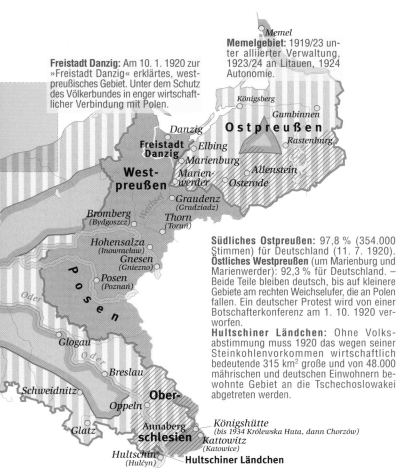

Freistadt Danzig: Am 10. 1. 1920 zur »Freistadt Danzig« erklärtes, west-preußisches Gebiet. Unter dem Schutz des Völkerbundes in enger wirtschaft-licher Verbindung mit Polen.

Memelgebiet: 1919/23 un-ter alliierter Verwaltung, 1923/24 an Litauen, 1924 Autonomie.

Memel

Königsberg

Gumbinnen

Ostpreußen

Danzig

Freistadt Danzig

Rastenburg

Elbing

West-preußen

Marienburg

Marien-werder

Allenstein

Osterode

Graudenz (Grudziadz)

Thorn (Toruń)

Bromberg (Bydgoszcz)

Hohensalza (Inowraclaw)

Gnesen (Gniezno)

Posen

Posen (Poznań)

Oder

Glogau

Oder

Breslau

Schweidnitz

Ober-schlesien

Oppeln

Königshütte (bis 1934 Królewska Huta, dann Chorzów)

Annaberg

Kattowitz (Katowice)

Glatz

Hultschin (Hulčyn)

Hultschiner Ländchen

Südliches Ostpreußen: 97,8 % (354.000 Stimmen) für Deutschland (11. 7. 1920). **Östliches Westpreußen** (um Marienburg und Marienwerder): 92,3 % für Deutschland. – Beide Teile bleiben deutsch, bis auf kleinere Gebiete am rechten Weichselufer, die an Polen fallen. Ein deutscher Protest wird von einer Botschafterkonferenz am 1. 10. 1920 ver-worfen.

Hultschiner Ländchen: Ohne Volks-abstimmung muss 1920 das wegen seiner Steinkohlenvorkommen wirtschaftlich bedeutende 315 km² große und von 48.000 mährischen und deutschen Einwohner be-wohnte Gebiet an die Tschechoslowakei abgetreten werden.

Der französische Außenminister und spätere Ministerpräsident Georges Cle-menceau zählt zu den erbittertsten Gegnern Deutschlands (Bild oben links). – Matthias Erzberger, Leiter der deutschen Delegation in Compiègne (Bild oben rechts). – Der Spiegelsaal von Versailles (Bild unten links). – Das Deut-sche Reich und die Bestimmungen des Vertrags von Versailles (Karte links).

Oberschlesien: 59,6 % (717.000 Stimmen) sprechen sich für Deutschland, 40,3 % (434.000 Stimmen) für Polen aus. Dieses Ergebnis wird von den Siegermächten unterschiedlich interpretiert: Frankreich will das oberschlesische Industrierevier Polen, Großbritannien und Italien wollen es Deutsch-land zuschlagen. Das für Deutschland günsti-ge Abstimmungsergebnis vom 20. 3. 1921 versucht der polnische Rechtsanwalt und Abstimmungskommissar Wojciech Korfanty zu unterlaufen. Korfanty, ehemaliger Abge-ordneter und Führer der Polenfraktion im preußischen Landtag und Reichstagsmitglied, ruft am 23. 3. 1921 seine Landsleute zum offenen Kampf für ein polnisches Oberschle-sien auf (»Korfanty-Aufstand«). Seine Frei-

korps stoßen auf die erbitterte Abwehr deut-scher Selbstschutzverbände unter General Höfer (Kämpfe um Annaberg). Nach dem Auf-marsch britischer Truppen im Juni 1921 ziehen sich die siegreichen deutschen Verbände und die geschlagenen Polen in ihre Ausgangs-stellungen zurück. Im Oktober 1921 erfolgt auf Empfehlung des tschechoslowakischen Staatspräsidenten Eduard Benesch die Auf-teilung Oberschlesiens. Das Deutsche Reich muss 3200 km² und 950.000 Einwohner an Polen abgeben. Städte mit deutscher Mehr-heit – wie Kattowitz (57 %) und Königshütte (75 %) – in mehrheitlich polnischem Umland sowie 75 % der Steinkohlenförderung und 80 % der Blei- und Zinkerzeugung gehen dem Deutschen Reich verloren.

sierung des Rheinlandes, der Beset-zung des linken Rheinufers und der Brückenköpfe für 15 Jahre sowie mit der Unterstellung des Saarlandes unter den Völkerbund; nach 15 Jah-ren soll eine Volksabstimmung über sein weiteres Schicksal entscheiden. Durch diese Regelungen verliert das Reich 15 % der landwirtschaftlichen Produktion, 20 % des Bergbaus und der eisenerzeugenden Industrie so-wie 6 bis 7 % der verarbeitenden In-dustrie. Doch erst die Reparationen werden zum Hauptproblem: Wilson will für Schäden, die durch den Bruch bestehenden Völkerrechts, und für Schäden, die der Zivilbevöl-kerung entstanden sind, vollen Er-

satz. Paris und London haben für Waffenkäufe in den USA hohe Schul-den angehäuft und müssen sie zurückzahlen.

Drückende Bestimmungen

Die Höhe der Reparationssumme wird im Vertrag nicht festgelegt, son-dern einer Reparationskommission überlassen. Der Artikel 231 stellt fest, dass Deutschland mit seinen Verbün-deten *„als Urheber"* für alle Kriegs-schäden der Alliierten verantwort-lich sei. Deutschland sieht darin ein moralisches Kriegsschuldverdikt. Die als einseitig empfundene Zuweisung

wird einmütig abgelehnt. Aber es gibt noch weitere Bestimmungen: Das Berufsheer wird auf eine Truppen-stärke von 100.000 Mann, die Mari-ne auf 15.000 Mann beschränkt; Festungen in der neutralen Zone müssen geschliffen werden, die Han-delsflotte und die deutschen Telegra-fenkabel müssen ausgeliefert wer-den. Der Besitz und die Herstellung von Panzer-, Gas-, Luft- und U-Boot-Waffen werden verboten. Alle Be-stimmungen werden durch interalli-ierte Ausschüsse überwacht. Die Kolonien und das deutsches Eigen-tum im Ausland gehen verloren.

Nochmals Krieg?

Am 7. 5. 1919 erhält die deutsche Delegation in Versailles das fertige Vertragswerk überreicht. Es dauert Wochen, bis am 29. 5. der Delegati-onsleiter, Graf Brockdorff-Rantzau, Gegenvorschläge übergibt, mit de-nen er die geschlossene Front der Al-liierten sprengen will, doch er er-reicht genau das Gegenteil: Die Solidarität der Sieger festigt sich noch mehr. Marschall Foch erarbeitet für den Fall der Ablehnung des Vertrags durch Berlin einen Feldzugsplan ge-gen Deutschland. Am 16. 6. ist der Vertragstext festgelegt. Die deut-schen Gegenvorschläge verbuchen nur in der Frage Oberschlesiens einen Teilerfolg. Hier soll eine Volks-abstimmung über die vorgesehene Abtretung entscheiden.

Überlegungen deutscher Militärs, bei einem möglichen alliierten Vor-marsch militärischen Widerstand zu leisten, weisen Hindenburg und Ge-

neralleutnant Groener zurück, beide halten ihn für aussichtslos.

Vertrag angenommen

In der Sitzung des Reichskabinetts vom 18./19. 6. stimmen schließlich sieben Minister für und sieben Minis-ter gegen die Vertragsunterzeichnung. Daraufhin tritt das Kabinett Scheide-mann am 20. 6. zurück, der Sozialde-mokrat Gustav Bauer bildet am 21. 6. ein neues Kabinett. Die neue Regie-rung erklärt sich am 22. 6. bereit, die Friedensbedingungen mit dem Vorbe-halt anzunehmen, dass Deutschland damit keine Kriegsschuld zuerkannt werde. Das wird von der Nationalver-sammlung gebilligt, aber von den Al-liierten zurückgewiesen. Unter dem Druck einer möglichen Wiederauf-nahme alliierter Militäroperationen stimmt die Reichsregierung dem Frie-densvertrag zu (23. 6.). Er tritt am 20. 1. 1920 in Kraft, der Weltkrieg ist fo-mell zu Ende.

Am 28. 6. unterzeichnen Außen-minister Hermann Müller (SPD) und Kolonial- und Verkehrsminister Jo-hannes Bell (Zentrum) im Spiegel-saal von Versailles den Vertrag für Deutschland am gleichen Ort, an dem 1871 das Deutsche Reich ausge-rufen wurde. Die USA unterzeich-nen den Vertrag nicht, sie schließen einen eigenen Friedensvertrag ab.

Der Versailler Vertrag wird ein-mütig als »Diktat-« oder »Unrechts-frieden« empfunden. Trotz allem be-hält das Deutsche Reich auch nach schweren Verlusten seine Substanz, während Österreich-Ungarn als eu-ropäische Großmacht untergeht.

Die Weimarer Republik

„Die Weimarer Republik entstand nicht als Resultat eines heroischen oder wenigstens in der nationalen Mythologie heroisierbaren Aktes. Sie war vielmehr das Ergebnis eines komplizierten und schmerzhaften Kompromisses, mehr Endprodukt von Niederlagen und wechselseitigen Zugeständnissen als strahlender Entwurf eines Neubeginns."

Detlev J. K. Peukert, 1997

Das Übereinkommen Kanzler Eberts mit Generalleutnant Groener am 10. 11. 1918 stellt die Weichen: Eine Nationalversammlung soll rasch wieder gesetzmäßige Zustände herstellen. Zur Beruhigung der Massen trägt auch der Abschluss des »Zentralarbeitsgemeinschafts«-Akommen zwischen den Unternehmerverbänden und den Gewerkschaften am 15. 12. 1918 bei. Denn der von Ebert geleitete Rat der Volksbeauftragten steht vor schwierigen Aufgaben. Hunger und Chaos gilt es zu verhindern, 8 Millionen Soldaten warten auf ihre Demobilisierung und Rückeingliederung in den Wirtschaftsprozess, davon müssen 3,5 Millionen Mann den Waffenstillstandbedingungen entsprechend in kürzester Zeit über den Rhein ins Reich überstellt werden. Die Seeblockade der Alliierten ist nach wie vor aufrecht und im Südwesten und Westen des Deutschen Reiches gefährden separatistische Tendenzen die staatliche Einheit, in den östlichen Grenzbereichen drohen polnische Expansionsbestrebungen und den Reparationslieferungen ist pünktlich nachzukommen. Die Ablieferung von 5000 Lokomotiven, 150.000 Waggons und 5000 LKWs als erste Reparationsleistung bringt das öffentliche Transportwesen nahezu zum Erliegen. Verzweifelt bemüht sich der deutsche Abgesandte Matthias Erzberger bei den Waffenstillstandsverhandlungen in einem Eisenbahnwaggon im Wald von Compiègne um eine Aufhebung der Seeblockade, doch vergeblich. Der französische Marschall Foch besteht auf der pünktlichen Erfüllung der Vereinbarungen, die am 11. 11. 1918, um 11 Uhr, in Kraft treten.

Um all diesen Problemen zu begegnen scheinen Ebert und dem Rat der Volksbeauftragten Wahlen zur Verfassunggebenden Nationalversammlung vordringlich zu sein. Am 29. 11. 1918 wird ein Gesetz verab-

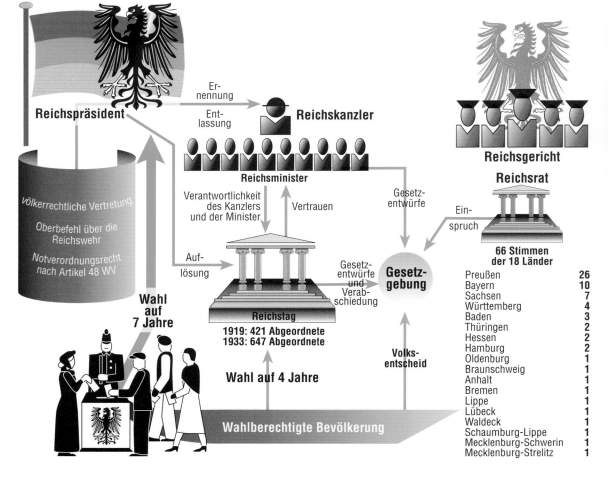

schiedet, das ein striktes Verhältniswahlsystem einführt, bei dem erstmals Frauen das aktive und passive Wahlrecht zusteht.

Die erste demokratische Wahl

Auf dem 1. Rätekongress vom 16. bis 20. 12. 1918 legen die Arbeiter- und Soldatenräte den Wahltermin für die Verfassunggebende Nationalversammlung fest, am 19. 1. 1919 soll die Wahl stattfinden. Überraschenderweise bringt sie den Parteien der parlamentarischen Demokratie eine überwältigende Mehrheit: die Mehrheitssozialdemokraten (MSPD) erreichen 163, das Zentrum 91 und die linksliberale Deutsche Demokratische Partei (DDP) 75 Sitze. Sie bilden die so genannte Weimarer Koalition. Weit abgeschlagen verbucht die USPD hinter der DNVP mit 44 Mandaten und vor der DVP mit 19 Mandaten zusammen mit der KPD nur 22 Sitze. Den Austritt der USPD aus dem

Rat der Volksbeauftragten am 28. 12. 1918 und die Hinwendung zur KPD, die am 1. 1. 1919 in Berlin aus dem Spartakusbund und den Bremer Linksradikalen hervorgegangen ist, honoriert das Stimmvolk nicht. Auch der »Januaraufstand« der Berliner Linksradikalen vom 5. 1. 1919, der den Sturz der Regierung Ebert-Scheidemann zum Ziel hat und von Regierungstruppen und militärisch geführten Freiwilligenverbänden (Freikorps) blutig niedergeschlagen wird, findet im Wahlergebnis (19. 1.) für die Linken keinen positiven Niederschlag. Selbst die Ermordung Karl Liebknechts und Rosa Luxemburgs, den Führern des Spartakusbundes, am 15. 1. 1919 durch die Garde-Schützen nimmt ein Großteil der Bevölkerung ohne Protest hin.

Neue Verfassungsorgane

Die Wahl ermöglicht am 10. 2. 1919 die Vorlage des »Gesetzes über die vorläufige Reichsgewalt« und die Er-

richtung von Verfassungsorganen: Reichspräsident, Reichsministerium, Staatenausschuss und Nationalversammlung. Am 11. 2. wird Ebert von der Nationalversammlung zum ersten Reichspräsidenten gewählt und bereits zwei Tage später, am 13. 2., stellt er das neue Reichskabinett, eine Koalition aus SPD, Demokraten und Zentrum, mit Reichsministerpräsident Scheidemann an der Spitze, der Öffentlichkeit vor.

Die Nationalversammlung verabschiedet die Weimarer Verfassung – deren ersten Entwurf der linksliberale Hugo Preuß verfasst – am 31. 7. 1919. Sie konstituiert das Reich als parlamentarische Republik: Das zentrale Organ der Reichsgewalt ist der Reichstag, ihm obliegen die Gesetzgebung für das Reich und die Kontrolle über die Exekutive. Die Reichsregierung hängt von seinem Vertrauen ab. Der Reichsrat hat als Vertreter der Länder bei der Gesetzgebung nur beratende Mitwirkung. Der Reichspräsident verfügt über weit reichende Befugnisse; er beruft und entlässt die Reichsregierung, kann den Reichstag auflösen und – mit Art. 48 – den Ausnahmezustand verhängen. Er wird direkt durch das Volk für sieben Jahre gewählt, kann unbeschränkt wieder gewählt werden und ist von der Parlamentsmehrheit unabhängig.

Im Prinzip stellt die Verfassung ein System politischer und sozialer Kompromisse zwischen der gemäßigten Arbeiterbewegung und demokratischen Teilen des Bürgertums dar. Sie ist in vielen Punkten vage, dadurch aber für eine Weiterentwicklung nach vielen Richtungen hin offen.

Wieder Unruhen

Zwischen Januar und Mai 1919 kommt es zu großen Streikaktionen. In München, Bremen und Braunschweig bilden sich nach dem Vorbild der Ungarischen Räterepublik des Béla Kun kurzlebige Räterepubliken. Erst durch massiven Einsatz von Freikorps wird die Revolution von 1918/19, die ein Teil des Volkes gar nicht wollte und von der sich der andere Teil ein ganz anderes Ergebnis erwartete, beendet.

Teile der SPD und ihrer Anhänger sind von der Kompromissbereitschaft ihrer Partei enttäuscht und wenden sich der USPD zu oder resignieren. Die radikale Linke rüstet zum revolutionären Sturz der Republik, die als zu bürgerlich gilt. Die Rechte trauert der heilen Welt des Kaiserreichs nach und möchte die parlamentarische Demokratie wieder abschaffen.

Die Reichstagswahl am 6. 6. 1920 ist für die Weimarer Koalition ein Debakel: Es gibt schwere Verluste für MSPD und DDP und Stimmengewinne für DNVP, DVP und USPD. In der Gesetzgebenden Nationalversammlung verfügen die Parteien der Koalition nur noch über 44,6 %.

Die Rechtsradikalen organisieren sich in vaterländischen Verbänden und zahlreichen Geheimbünden; es sind großteils illegale Nachfolgeorganisationen der offiziell aufgelösten Freikorps, die auch vor politischem Mord nicht zurückschrecken. Zahlreiche prominente Sozialdemokraten, liberale und katholische Demokraten und Kommunisten fallen in den ersten Jahren der Weimarer Republik politischen Mordanschlägen zum Opfer. Die Täter, fast ausnahmslos Angehörige oder ehemalige Angehörige von Freikorps oder der Reichswehr erhalten in der Regel nur milde Strafen: Viele Richter sind durch die Wertvorstellungen der wilhelminischen Zeit geprägt und meinen, in den Mördern leidenschaft-

Die Verfassung der Weimarer Republik (Grafik links). – Protestmarsch von Anhängern Eberts in Berlin am 3. 1. 1919 (Bild oben). – Die Parteienlandschaft der Weimarer Republik und ihre Entwicklungen (Grafik unten).

liche Verteidiger der alten Rechtsordnung wiederzuerkennen.

Rechte Terroristen

Doch zumindest die Mordanschläge auf Matthias Erzberger, Außenminister Walther Rathenau und Philipp Scheidemann, den ersten Ministerpräsidenten der Republik, gehen nicht auf fanatische Einzeltäter zurück, sondern sind das Werk einer rechtsradikalen terroristischen Untergrundorganisation, der »Organisation Consul« (O.C.).

Die Täter, ehemalige Angehörige der Marinebrigade II in Döberitz, erhalten ihre Befehle von ihrem nach dem Aufstand nach Bayern geflohenen Anführer, Kapitän Hermann Ehrhardt. Erst unter dem Eindruck dieser Morde verabschiedet der Reichstag am 21. 7. 1922 gegen die Stimmen von DNVP, BVP und KPD ein auf fünf Jahre befristetes »Gesetz zum Schutz der Republik«. Schwere Strafen drohen jenen, die Regierungsmitglieder ermorden oder die republikanische Staatsordnung bedrohen. Ein neu eingerichteter »Staatsgerichtshof« soll die Mordtaten ahnden und – gerät zur Farce: Im Oktober 1922 verurteilt er zwar 13 Personen wegen Beihilfe zur Ermordung Rathenaus zu Freiheitsstra-

fen, erkennt aber gleichzeitig, dass eine Verschwörung der Beschuldigten nicht erwiesen sei.

Auch das Verbot des Deutschvölkischen Schutz- und Trutzbundes im Januar 1923 trifft nicht den Kern: Seine Mitglieder gehen zu anderen völkischen Organisationen, unter anderem zur NSDAP.

Ende 1924 findet schließlich doch noch ein Prozess gegen die Mitglieder der »O. C.« statt und endet mit einem Freispruch. Der anklagende Oberreichsanwalt – im heutigen Sinne Oberstaatsanwalt – bezeichnet die Mitglieder der Mördervereinigung als *„ehrenhafte, wahrheitsliebende und unerschrockene Männer"*.

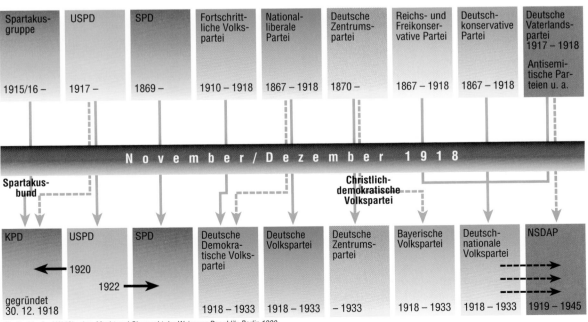

Quelle: Manfred Weißbecker, Macht und Ohnmacht der Weimarer Republik, Berlin 1990

Putschversuch, Mord und Terror

„Niemand kann an die Republik von Weimar denken, ohne deren Scheitern mitzudenken. Die Hoffnungen und Vergeblichkeiten der deutschen Geschichte verdichten sich geradezu in dem ersten demokratischen Experiment der Deutschen – von der fast bewusstlosen Euphorie jener Anfangsmonate des Jahres 1919, die Ernst Troeltsch »das Traumland der Waffenstillstandsperiode« genannt hat, bis zur Verzweiflung der Demokraten am Vorabend der »Machtergreifung«, die damals ein führender Sozialdemokrat in die Worte fasste: »Wenn man einmal die Frage aufwirft, Potsdam oder Weimar, muss man momentan sagen, Potsdam nein, Weimar aber auch nicht. Es ist doch augenblicklich alles zerschlagen«."

Hagen Schulze, 1994

Im Frühjahr 1920 muss die Weimarer Republik ihre erste große Bewährungsprobe bestehen. Gefahr droht ihr diesmal nicht durch linke, unorganisierte »Volksmarine-Divisionen«, sondern von militärisch straff geführten Rechtsextremisten, die, in der »Nationalen Vereinigung« zu einer Verschwörergruppe zusammengeschlossen, die Militärdiktatur anstreben. Hoch gestellte Militärs gehören den Putschisten an: Ludendorff zum Beispiel, aber auch General Walther Freiherr von Lüttwitz, dem die mitteldeutschen und ostelbischen Reichswehrverbände sowie sämtliche Freikorps unterstehen. Außerdem Hauptmann Waldemar Papst, der die Ermordung Rosa Luxemburgs und Karl Liebknechts zu verantworten hat. Weiter Traugott von Jagow, der letzte Polizeipräsident im kaiserlichen Berlin, und Wolfgang Kapp, ostpreußischer Generallandschaftsdirektor und Mitbegründer der »Deutschen Vaterlandspartei«, der nach deren Auflösung zur DNVP überwechselt.

Freikorps werden unruhig

Ausgelöst wird der Putsch durch die Abrüstungsbestimmungen des Versailler Vertrages, die am 10. 1. 1920 in Kraft treten und die Militärs die ganze Tragweite des verlorenen Krieges spüren lassen: Bis zum 31. 3. muss das Heer von 100.000 und die Marine auf 15.000 Mann verkleinert werden. Rund 300.000 Soldaten, Reichswehr- und Freikorpsangehö-

rige, stehen vor der Entlassung und vor der existenziellen Katastrophe, denn nur die wenigsten werden im zivilen Wirtschaftsleben Fuß fassen.

Besonders die Mitglieder der Freikorps fühlen sich von der Weimarer Regierung verraten. In ihrem Auftrag nahmen sie anstelle der Ostarmee, die nach Kriegsende unaufhaltsam heimwärts strömte, den Kampf auf: im Baltikum gegen die Rote Armee, an der deutschen Ostgrenze gegen Polen, im Deutschen Reich gegen linksradikale Revolutionäre. Doch Reichswehrminister Gustav Noske muss die Bedingungen der Alliierten erfüllen. Am 29. 2. 1920 löst er als ersten Verband die in Döberitz stationierte, 6000 Mann starke und von Korvettenkapitän Hermann Ehrhardt geführte Marinebrigade II auf. Ehrhardts Vorgesetzter, General von Lüttwitz, der »Vater der Freikorps« genannt, protestiert und fordert Ebert ultimativ auf, unverzüglich den Auflösungsbefehl zurückzunehmen, keine weiteren Reduzierungen von Heeresteilen vorzunehmen, Neuwahlen zum Reichstag auszuschreiben und einen parteilosen Fachminister für Truppenfragen einzusetzen. Ebert lehnt ab und Noske verfügt auf sein Geheiß die sofortige Beurlaubung von Lüttwitz.

Der Putsch

Doch Lüttwitz und Ehrhardt haben den Putsch gegen die Regierung längst beschlossen. Am 12. 3. um 22.00 Uhr marschiert die Marinebrigade II von Döberitz kampfbereit ab, um in Berlin die Macht an sich zu reißen. Ebert alarmiert die Reichswehrführung, um Gegenmaßnahmen zu besprechen.

Das Ergebnis ist erschütternd: Mit Ausnahme des preußischen Kriegsministers und Chefs der Heeresleitung, General Walther Reinhardt, lehnen die versammelten Oberkommandierenden, allen voran General Hans von Seeckt, den Einsatz von Reichswehrtruppen gegen die Putschisten ab: *„Reichswehr schießt nicht auf Reichswehr!"*

Der Militärputsch verläuft dennoch nicht nach den Wünschen der Militärs. Noch ehe die von einem Reichswehrbataillon unterstützte Marinebrigade das Berliner Regierungsviertel hermetisch abriegelt, um die Flucht der Staatsspitzen zu verhindern, können diese über Dresden nach Stuttgart fliehen. Auch die

sofortige Ernennung des ostpreußischen Generallandschaftsdirektors Wolfgang Kapp zum neuen Reichskanzler bringt die Putschisten nicht an die Macht, denn die demokratisch gewählte Regierung agiert von Stuttgart aus weiter.

Hilferuf an Arbeiter

Eine der ersten Regierungsaktivitäten in Stuttgart ist der Aufruf Eberts an die Arbeiterschaft mit geradezu revolutionär anmutender Wortwahl: *„Kein Proletarier darf der Militärdiktatur helfen! Generalstreik auf der ganzen Linie! Proletarier, vereinigt euch! Nieder mit der Gegenrevolution!"*

In der Tat folgen SPD und Gewerkschaften dem Aufruf spontan, die KPD hingegen nur zögerlich einen Tag später, da ihr wenig an der Verteidigung der geschmähten »Noske-Demokratie« liegt.

Am 15. 3. 1920 stehen 12 Millionen Arbeitende im Ausstand. Zum ersten Mal in der Geschichte der deutschen Streikbewegung werden sie dabei durch die Unternehmer tatkräftig unterstützt, denn diese zwingen die Kapp-Regierung, die Androhung der Todesstrafe für Streikposten und Streikführer zurückzunehmen.

An vielen Orten im Deutschen Reich flammen schwere Kämpfe zwischen Arbeitern und Putschisten auf. Aber der größte Teil der Reichswehr verhält sich neutral und in der Organisation der Putschisten treten schwere Mängel zutage. Schon am 17. 3. bricht der Aufstand der Militärs landesweit an der Abwehrhaltung der Arbeiterschaft, der Beamten und eines Großteils der Bevölkerung zusammen. Lüttwitz flieht nach Ungarn, Kapp nach Schweden und Ehrhardt taucht in Bayern unter.

Gefahr auch von links

Die Gefahr von rechts ist abgewendet, die von links nicht. Noch während des Kapp-Lüttwitz-Putsches übernehmen in den größeren Orten des Ruhrgebietes lokale »Vollzugsräte« der USPD, zum Teil auch von der KPD dirigiert, die Macht. Spontan organisieren sie Arbeiterwehren und werfen in erbitterten Kämpfen vordringende Freikorps zurück. Teile dieser Arbeiterwehren formieren sich zur 50.000 Mann starken revolutionären »Roten-Ruhr-Armee«, die bis Anfang April das ge-

samte Ruhrgebiet kontrolliert und örtlich auch gegen die SPD Front macht. Eine neuerliche Arbeitsniederlegung von 300.000 Bergarbeitern – rund 75 % der im Ruhrrevier beschäftigten Knappen – bringt ihnen unverhüllte Unterstützung: Der Widerstand der »Roten-Ruhr-Armee« gegen die Lüttwitz-Kapp-Putschisten weitet sich zu einer Bewegung für die Wiederbelebung und Vollendung der sozialen Revolution und des Rätesystems aus. Diese »Märzrevolution« ist die größte bewaffnete Aktion deutscher Arbeiter in der deutschen Geschichte.

Mangels straffer Organisation und einheitlicher Führung bleiben Ausschreitungen gegen Kapp-Lüttwitz-Anhänger und bürgerliche Bevölkerungsteile nicht aus. Vergeblich versucht die Regierung, durch ein Angebot für politische und soziale Reformen und eine allgemeine Amnestie die »Rote-Ruhr-Armee« zur Selbstauflösung zu bewegen.

»Kampf den Roten!«

Am 2. 4. 1920 ist der Verhandlungsspielraum erschöpft, General von Watter, seit 1919 Sicherheitsbeauftragter im Ruhrgebiet, erhält *„volle Freiheit des Handelns, zu tun, was die Lage gebietet"*, wie es offiziell heißt. Watter und seine Reichswehrtruppen lösen den Auftrag brutal: Massenverhaftungen in den besetzten Städten, Misshandlungen, militärische Standgerichte, sofort vollstreckte Todesurteile, wahllose Erschießungen von Arbeitern ohne jede Vernehmung stehen auf der Tagesordnung. Schon am nächsten Tag muss Reichspräsident Ebert nach der Erschießung verwundeter Angehöriger der »Roten-Ruhr-Armee« einschreiten und die Standgerichte verbieten. Am Ende der Kämpfe beklagen die Aufständischen über 1000 Tote, Reichswehr und Freikorps etwa 250. Ungezählt sind jene, die während des »weißen Terrors« der Regierungstruppen durch standrechtliche Hinrichtung oder Erschießung »auf der Flucht« ums Leben gekommen sind. Ihre Zahl soll die der gefallenen »Roten-Ruhr-Armisten« bei weitem übertreffen.

Die Kämpfe im Ruhrgebiet kommen der französischen Regierung sehr gelegen. Nach dem Abflauen der innerdeutschen Auseinandersetzung reagiert sie offiziell auf den Einsatz von Reichswehrtruppen, der gegen

Der Widerstand der deutschen Arbeiterschaft gegen den Kapp-Lüttwitz-Putsch vom März 1920 (Karte unten). – Geschützmannschaft der »Roten-Ruhr-Armee« in der Abwehr vordringender Freikorps (Bild unten rechts).

Garnison Döberitz

Streikgebiete

zentrale Streikleitung

Standort größerer Arbeiterwehrverbände

bewaffnete Auseinandersetzungen zwischen Arbeitern und Reichswehrtruppen bzw. Freikorps

besetzte Rheinprovinz

0   100 km

Flucht der Reichsregierung am 13./14. 3. 1920

die Artikel 42 und 43 des Versailler Friedensvertrages verstößt. Sie besagen, dass bis zum 10. 4. 1920 eine 50-km-Zone auf dem rechten Rheinufer zu entmilitarisieren sei.

Lediglich kleinere Truppenverbände zur Erfüllung von Polizeiaufgaben sind erlaubt. Alle Ansuchen der seit dem 21. 6. 1919 amtierenden Regierung unter Reichskanzler Gustav Bauer um vorübergehende Verstärkung der Reichswehreinheiten sind von der interalliierten Rheinlandkommission und von Paris abgewiesen worden. Am 28. 3. erklärt sich Frankreich bereit, gegen ein »Pfand« von fünf deutschen Städten eine Erhöhung der Truppenpräsenz für befristete Zeit zu erlauben. Unter

dem Druck der französischen Öffentlichkeit allerdings zieht die Regierung das Angebot wieder zurück und lässt am 6. 4. 1920 ihre Rheinarmee im Ruhrgebiet einmarschieren und fünf deutsche Städte, Hanau, Frankfurt am Main, Dieburg, Homburg und Darmstadt, besetzen. Das französische Vorgehen stößt auf die Kritik der Alliierten, Großbritannien wendet sich in einer Protestnote am 8. 4. gegen den Alleingang Frankreichs. Trotzdem zieht Paris seine Truppen erst am 17. Mai ab. Die Drohgebärde ist unmissverständlich: Beim geringsten Vergehen gegen die Bestimmungen des Vertrages von Versailles nimmt Frankreich das Ruhrgebiet in Besitz.

Neuer Hass gegen Frankreich

„In Deutschland rief der Ruhreinmarsch eine Stimmung fast wie im August 1914 hervor."

Hagen Schulze, 1994

Ohne deutsche Beteiligung gehen nach langen Beratungen am 29. 1. 1921 in Paris die Beratungen der Alliierten über die deutschen Reparationsleistungen zu Ende. Ab 1. 5. 1921 hat die Weimarer Republik 226 Milliarden Goldmark zu zahlen, zunächst in Jahresraten von 2, später von 6 Milliarden Goldmark. Des Weiteren sind jährlich 12 % des Wertes des deutschen Exports (etwa 1 bis 2 Milliarden Goldmark) abzuführen. Frankreich erhält mit 52 % der Reparationen den Löwenanteil, es folgen Großbritannien mit 22 %, Italien mit 10 % und Belgien mit 8 %; die übrigen 8 % verteilen sich auf andere alliierte Kriegsteilnehmer. Die Zahlungen erstrecken sich über 42 Jahre, die letzte Rate ist im Jahr 1963 fällig.

Treibende Kraft dieser ungemein harten Forderungen ist der französische Vorsitzende der Interalliierten Reparationskommission, Raymond Poincaré, der 1922 bis 1924 und 1926 bis 1929 als Ministerpräsident und Außenminister sein Land vertritt. Poincaré leiten bei den Verhandlungen mehrere Vorstellungen: Zum einen sollen die deutschen Zahlungen die französische Nachkriegskrise überwinden und die Kriegsschulden Frankreichs bei US-amerikanischen Banken abtragen helfen. Zum anderen erhofft sich Poincaré eine nachhaltige Schwächung Deutschlands.

Frankreich strebt zum Rhein

Die extreme Höhe der Reparationen, so rechnet Poincaré, werde der verhasste Nachbar auf Dauer nicht leisten können. Frankreich müsste also auf andere Weise seine Forderungen eintreiben: durch Besetzung des Rheinlandes und Kontrolle der Schwer- und Rüstungsindustrie im Ruhrgebiet. Er betrachtet die Reparationsansprüche als Instrument einer territorialen Revision des Versailler Vertrags, denn dieser hat nach massivem Einspruch Großbritanniens und der USA seinem Land nicht die geforderte Rheingrenze eingebracht.

Die Regierung Fehrenbach, seit 25. 6. 1920 im Amt, erklärt die Forderungen für unannehmbar. Auf der

Londoner Konferenz vom 1. bis 8. 3. 1921 bestehen die Alliierten auf Annahme der Forderungen oder Vorlage von Wünschen binnen vier Tagen. Das deutsche Angebot, 50 Milliarden Goldmark zu bezahlen, weisen die Siegermächte zurück.

Die Gläubiger in London reduzieren immerhin ihre Forderungen auf fast die Hälfte, auf 132 Milliarden Goldmark, erhöhen dafür aber den jährlichen Exportwert von 12 auf 26 % (»Londoner Ultimatum«, 5. 5. 1921). Auch diesen Wünschen könne man nicht nachkommen, erklärt die Regierung Fehrenbach. Sie überlässt am 10. 5. einer neu gebildeten Koalitionsregierung unter Reichskanzler Joseph Wirth (Zentrum) die Geschäfte. Wirth nimmt das »Londoner Ultimatum« an.

Konferenz in Genua

Da auch die deutschen Reparationszahlungen die daniederliegende Wirtschaft der europäischen Siegerstaaten nicht beleben, findet zwischen 10. 4. und 19. 5. 1922 in Genua eine Weltwirtschaftskonferenz statt. Den 28 europäischen Teilnehmern schließen sich Japan und Vertreter der britischen Dominien an. Die USA und die Türkei bleiben fern: Mit der bolschewistischen Sowjetunion wollen sie nicht an einem Tisch sitzen.

Für das teilnehmende Deutschland bedeutet die Konferenz die außenpolitische Anerkennung als gleichwertiger Partner. Den deutschen Vertretern, Reichskanzler Wirth und Wiederaufbauminister Rathenau, bleiben allerdings Zugeständnisse in der Reparationsfrage versagt. Damit zerschlägt sich ihre Hoffnung, durch eine »Erfüllungspolitik« nach der Maxime »Verständigung, Wiederaufbau und Versöhnung« den Anschluss an die Westmächte finden. Enttäuscht wendet sich Deutschland Moskau zu.

Moskau, ähnlich wie Berlin isoliert, nutzt die Möglichkeit, die internationale Ausgrenzung seit der Oktoberrevolution und alliierten Intervention (1919 bis 1920) zu durchbrechen. Am 16. 4. 1922 schließen das Deutsche Reich und die Sowjetunion ungeachtet ihrer ideologischen Gegensätze den Vertrag von Rapallo, der den Verzicht auf Ersatz der Kriegskosten und -schäden und die Förderung wirtschaftlicher Beziehungen zum Inhalt hat. Auch in militärischer Hinsicht gelingt eine

Annäherung: Geheim gehaltene Zusatzartikel behandeln den Aufbau einer Rüstungsindustrie in beiden Staaten und die gemeinsame Entwicklung schwerer Waffen, wie Panzer, Flugzeuge und Artillerie, deren Herstellung und Besitz Deutschland aufgrund der Versailler Bestimmungen verboten ist.

Die Spekulation der deutschen Diplomaten, durch den Vertrag von Rapallo die Front der Alliierten aufzuweichen, schlägt fehl. Frankreich sieht in diesem Abkommen ein sicherheitspolitisches Ärgernis, das nicht nur die angestrebte Schwächung der deutschen Wirtschaftskraft vermindert, sondern auch die Sowjetunion stärkt.

Vertrag von Rapallo

Der Vertrag von Rapallo erregt jedoch nicht nur die Franzosen. Unter anderen Vorzeichen ruft das Abkommen im Deutschen Reich wilde Spekulationen hervor: General von Seeckt sieht am 11. 9. 1922 bereits eine Wiederherstellung Deutschlands und der Sowjetunion in den Grenzen von 1914. In einer geheimen Denkschrift spricht er sich für die Teilung Polens aus, dessen Existenz *„unerträglich"* sei. Mit Polen werde *„eine der stärksten Säulen des Versailler Friedens, die Vormachtstellung Frankreichs"* verschwinden, meint Seeckt in Übereinstimmung mit den Völkischen im Reich.

Mittlerweile droht der Regierung des Zentrumspolitikers Joseph Wirth das Ende. Wirths Sturz geht auf eine sorgfältig hinter den Kulissen geplante Intrige der SPD und DVP zurück, die eine Koalition ohne Wirth planen. Die Sozialdemokraten verübeln Wirth den Rapallo-Vertrag, von dessen Abschluss sie erst im Nachhinein erfahren. Und dazu schwenkte Wirth im Laufe seiner Kanzlerschaft auf die Wirtschaftspolitik der Reichsbank und der Großindustrie ein. Der Deutschen Volkspartei ist Wirth ohne Angabe von Gründen suspekt. Im Spätsommer 1922 einigen sich die Parteispitzen der SPD – Hermann Müller und Otto Wels – mit jenen der Deutschen Volkspartei – Gustav Stresemann und Hans von Raumer – in aller Heimlichkeit, Wirth zu stürzen. Offiziell erklärt die SPD, mit der DVP im Reichstag nicht mehr zusammenarbeiten zu können, und Wirth muss zurücktreten. Doch die SPD, ungeübt im Intrigieren, steht plötzlich dem

Widerstand in den eigenen Reihen gegenüber. Als sie eine große Koalition unter der Kanzlerschaft des Kölner Oberbürgermeisters Konrad Adenauer bilden will, verweigert die sozialdemokratische Reichstagsfraktion die Zustimmung. Sie rückt von ihrer tatsächlichen und nicht gespielten programmatischen Gegnerschaft zur DVP kein Jota ab. Die Sozialdemokraten gehen als Verlierer des eigenen Spiels in die Opposition.

Schwache Regierung

Wilhelm Cuno, ein Direktor der Hapag (Hamburg-Amerika-Schifffahrtslinie), der noch nie ein Parlament von innen sah, bildet eine neue, industriefreundliche Regierung aus Zentrum, Deutschen Demokraten, Deutscher und Bayerischer Volkspartei. Der preußische Ministerpräsident Otto Braun (SPD) notiert in seinen Memoiren über den »Schönwetterpolitiker« Cuno: *„So angenehm der persönliche Verkehr mit Cuno war, […] so war ich doch oft erschreckt über seine fast kindliche Naivität und Ratlosigkeit, mit der er schwierigen politischen Situationen gegenüberstand."*

In genau dieser kritischen Phase gerät das Deutsche Reich in akute Wirtschaftsnot: Die Gold- und Devisenreserven sind verbraucht, die Staatsverschuldung erreicht schwindelnde Höhen, die Währung verfällt. Wohl verzichtet die Alliierte Reparationskommission im August 1922 vorläufig auf Geldzahlungen, verlangt aber zum Ausgleich eine Erhöhung der Güterleistungen in Form von Kohle und Holz für Telegra-

Raymond Poincaré, Vorsitzender der Interalliierten Reparationskommission (Bild links). – Die Bevölkerung des Deutschen Reichs 1925 (Karte unten). – Plakat gegen die Ruhrbesetzung (Bild unten rechts).

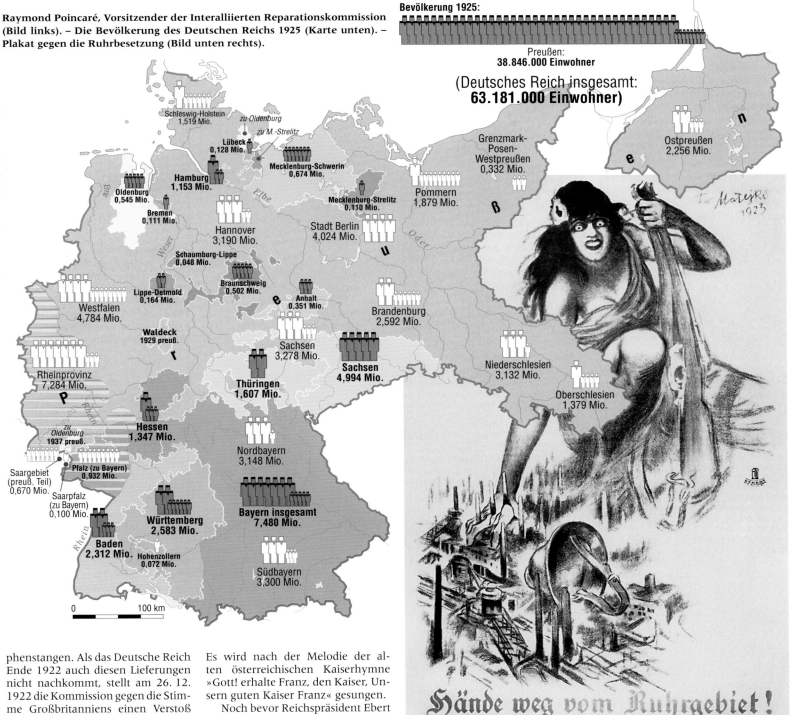

Bevölkerung 1925:

Preußen:
38.846.000 Einwohner

(Deutsches Reich insgesamt: 63.181.000 Einwohner)

Schleswig-Holstein 1,519 Mio.

zu Oldenburg
zu M.-Strelitz

Lübeck 0,128 Mio.

Mecklenburg-Schwerin 0,674 Mio.

Hamburg 1,153 Mio.

Oldenburg 0,545 Mio.

Bremen 0,111 Mio.

Hannover 3,190 Mio.

Mecklenburg-Strelitz 0,110 Mio.

Stadt Berlin 4,024 Mio.

Grenzmark-Posen-Westpreußen 0,332 Mio.

Pommern 1,879 Mio.

Ostpreußen 2,256 Mio.

Schaumburg-Lippe 0,048 Mio.

Braunschweig 0,502 Mio.

Anhalt 0,351 Mio.

Lippe-Detmold 0,164 Mio.

Brandenburg 2,592 Mio.

Westfalen 4,784 Mio.

Waldeck 1929 preuß.

Sachsen 3,278 Mio.

Sachsen 4,994 Mio.

Niederschlesien 3,132 Mio.

Rheinprovinz 7,284 Mio.

Thüringen 1,607 Mio.

Oberschlesien 1,379 Mio.

Hessen 1,347 Mio.

zu Oldenburg 1937 preuß.

Nordbayern 3,148 Mio.

Saargebiet (preuß. Teil) 0,670 Mio.

Pfalz (zu Bayern) 0,932 Mio.

Saarpfalz (zu Bayern) 0,100 Mio.

Württemberg 2,583 Mio.

Bayern insgesamt 7,480 Mio.

Baden 2,312 Mio.

Hohenzollern 0,072 Mio.

Südbayern 3,300 Mio.

0   100 km

phenstangen. Als das Deutsche Reich Ende 1922 auch diesen Lieferungen nicht nachkommt, stellt am 26. 12. 1922 die Kommission gegen die Stimme Großbritanniens einen Verstoß gegen die Abmachungen des Versailler Vertrages fest. Frankreich fordert sofortige territoriale Sanktionen und besetzt am 11. 1. 1923 mit fünf französischen Divisionen und einer belgischen Division das Ruhrgebiet.

Eine Protestwelle geht quer durch das Reich. Mit erhobenen Fäusten singen Demonstranten vor dem französischen Ruhrhauptquartier in Essen »Deutschland, Deutschland, über alles, über alles in der Welt«. Dieses »Lied der Deutschen« ist erst am 2. 9. 1922 von Reichspräsident Ebert zur Nationalhymne erklärt worden.

Es wird nach der Melodie der alten österreichischen Kaiserhymne »Gott! erhalte Franz, den Kaiser, Unsern guten Kaiser Franz« gesungen.

Noch bevor Reichspräsident Ebert am 13. 2. zum Boykott der Besatzer aufruft, gehen Beamte und Unternehmer zum »passiven Widerstand« über und arbeiten nur für deutsche Bedürfnisse. Darüber hinaus stellt die Regierung sofort alle Reparationslieferungen ein. Neuer Franzosenhass flammt auf. In Bochum provozieren Demonstranten einrückende Franzosen mit dem Lied »Siegreich wollen wir Frankreich schlagen«. Als diese in die Menge schießen, findet ein 17-jähriger Schüler den Tod. Entgegen den Appellen der Regierung zur Mäßigung nationaler Gefühle

gesellt sich zum passiven Widerstand auch ein aktiver: Ehemalige Freikorpsleute und Deutschvölkische sprengen Kanalbrücken und Gleisanlagen, um den Abtransport von Reparationsgütern zu behindern. Sie überfallen französische und belgische Wachtposten und töten mindestens acht deutsche Kollaborateure.

Zum Märtyrer des Widerstandes, und in der nationalsozialistischen wie auch kommunistischen Propa-

ganda zum deutschen Nationalhelden erhoben, wird der NSDAP-Angehörige Albert Leo Schlageter. Nach mehreren erfolgreichen Anschlägen gerät der 29-Jährige durch Verrat aus den eigenen Reihen in die Hände der französischen Besatzer. Nach einem ordentlichem Gerichtsverfahren fällt Schlageter am 26. 5. 1923 unter den Kugeln eines Erschießungskommandos. Raymond Poincaré verweigerte die Begnadigung.

Hände weg vom Ruhrgebiet!

Gefahr aus Bayern

„Aufstieg und Herrschaft des Nationalsozialismus standen ebenso in einem nationalgeschichtlichen wie in einem europäischen Zusammenhang. Zunächst war der Nationalsozialismus ein Produkt der deutschen Geschichte. Er war eine Folge der politischen und sozialen Spannungen im verspäteten deutschen Nationalstaat des Kaiserreichs, die dann durch Verlauf und Folgen des Ersten Weltkriegs entscheidend verschärft wurden. Diese Spannungen wurden zur Erblast der Weimarer Republik und gehörten zu den Voraussetzungen für den Aufstieg der antidemokratischen, nationalsozialistischen Massenbewegung und ihre Bündnisse mit den konservativen Machteliten. Geprägt durch das Kaiserreich wollten sie keinen Frieden mit der neuen parlamentarischen Demokratie."

Hans-Ulrich Thamer, 1996

Die Entstehung der nationalsozialistischen Bewegung fällt in die durch Revolution und Gegenrevolution, Hyperinflation und unerschwinglich hohe Reparationsleistungen geprägten Anfangsjahre der Weimarer Republik.

Zunächst steht die NSDAP in den Reihen der vielen völkisch-antisemitischen Protestgruppen und -grüppchen, für die nach Kriegsende München zum Sammel- und Agitationsplatz geworden ist.

Viele Parteigänger sind Mitglieder oder Sympathisanten des »Alldeutschen Verbandes«, der mächtigsten nationalen Gruppe der Vorkriegs- und Kriegszeit, die vaterländisches Bewusstsein, deutsches, nationales Denken und Handeln an ihre Fahnen geheftet hat.

Die »Thule-Gesellschaft«

Aus dem Alldeutschen Verband gehen mehrere völkisch-nationale Organisationen hervor, unter ihnen die »Thule-Gesellschaft«, die sich als »Germanenorden« versteht und geheime, okkulte Rituale praktiziert. Die rund 1500 Mitglieder wurzeln überwiegend im bürgerlichen Milieu. Auf Initiative des Gründers der Organisation, von Sebottendorff, entsteht das Freikorps »Oberland«, das an der Niederwerfung der bayerischen Räterepublik seinen Anteil hat. In ihrem Kampf gegen die Linke gründet die Thule-Gesellschaft auch Arbeiterzirkel, die sich am 5. 1. 1919 unter der Führung des gelernten

Werkzeugschlossers Anton Drexler und des Journalisten Karl Harrer zur Deutschen Arbeiterpartei zusammenschließen. Harrer verbreitet völkisch-antisemitisches und antibolschewistisches Gedankengut in der DAP. Von Stammtischdebatten und einigen Werbeveranstaltungen in Münchner Bierhallen abgesehen, entwickelt die Partei jedoch in der Öffentlichkeit wenig Aktivität.

Adolf Hitler

Ein anderer Ableger des Alldeutschen Verbandes, der »Deutschvölkische Schutz- und Trutzbund«, ist aktiver. Auch er ist antisemitisch ausgerichtet, innere Zerwürfnisse setzen dem Bund jedoch hart zu und seine Mitglieder wechseln zur DAP, die mittlerweile auf etwa 150 bis 200 Parteigänger angewachsen ist. Unter ihnen befindet sich der Kunst- und Ansichtskartenmaler Adolf Hitler.

Im oberösterreichischen Braunau am Inn am 20. 4. 1889 als Sohn eines Zollbeamten geboren, absolviert Hitler seine Schulzeit in Linz und Steyr, ohne jedoch das Abitur zu erreichen. In Wien versucht er vergeblich, an der Kunstakademie zu studieren. Seine architektonischen Probearbeiten werden abgelehnt: Sie enthalten zu wenig Menschen, lautet die Begründung. Er bezieht ein Zimmer in einem Männerheim und verdient seinen Unterhalt mit dem Malen von Ansichtskarten und durch verschiedene Gelegenheitsarbeiten.

Antisemitismus in Wien

In Wien lernt Hitler die wüsten antisemitischen und rassistischen Vorstellungen des ehemaligen Zisterziensermönchs Lanz von Liebenfels und seine Zeitschrift »Ostara« kennen. Sie beeindrucken ihn genauso wie die demagogischen, gegen Juden gerichteten Angriffe des christlichsozialen Wiener Bürgermeisters Karl Lueger. Die Kaiserstadt Wien mit ihrem Völkergemisch prägt Adolf Hitler. Aus dieser Stadt, der er zu Kriegsbeginn den Rücken kehrt, um der drohenden Einberufung zum österreichischen Militär zu entgehen, zieht er sein Weltbild. In München, der Stadt, der er sich zuwendet, richtet er am 3. 8. 1914 ein Gesuch an den bayerischen König, als Österreicher in einem bayerischen Regiment dienen zu dürfen.

Als Mitglied der DAP arbeitet sich Adolf Hitler mit geradezu fanatischem Eifer zur Parteispitze vor. Seine maßlosen Hasstiraden gegen Juden, Marxisten, Pazifisten und Demokraten, seine flammenden Aufrufe, das »Schanddiktat« von Versailles mit allen Mitteln zu bekämpfen, die »Novemberverbrecher« – er meint die Weimarer demokratische Regierung –, die dem kämpfenden Heer den Dolch in den Rücken rammten, zu verjagen, diese Tiraden gefallen den Leuten an den Biertischen. Vor allem die antisemitischen Parolen ziehen viele Mitglieder von anderen völkischen Gruppen in die DAP. Doch Adolf Hitler erntet nur, was in der Wilhelminischen Ära gesät worden ist: Der radikale Antisemitismus ist nicht seine Erfindung, aber er nutzt ihn als Integrationsideologie in der Entstehungsphase der DAP/NSDAP.

Die NSDAP

Dank der rastlosen Bemühungen Hitlers wandelt sich der locker geführte politische Debattierklub »Deutsche Arbeiterpartei« innerhalb weniger Monate zu einer straff organisierten Partei.

Am 24. 2. 1920 erfolgt die Umbenennung in Nationalsozialistische Deutsche Arbeiterpartei (NSDAP). Gleichzeitig legt Hitler ein gemeinsam mit Anton Drexler entworfenes 25-Punkte-Parteiprogramm vor. Die wichtigsten Ziele sind: der Anschluss Österreichs, die Rückerwerbung der Kolonien, die Wiederherstellung der deutschen Großmacht, eine Bodenreform, eine Verstaatlichung der Großunternehmen und die Ausbürgerung der Juden. Mit Drexler überwirft sich Hitler im Sommer 1921. Er erreicht, dass die Parteileitung ihm nahezu diktatorische Vollmachten überträgt.

Nach dieser ersten Krise wendet sich Hitler immer öfter an die Öffentlichkeit. Seine lauten Massenkundgebungen, der aggressive Stil seiner politischen Propagandareden sorgen für Aufsehen. Und Hitler versteht es,

seine Auftritte spektakulär zu gestalten. Zum »Deutschen Tag« in Coburg im Oktober 1922 begleiten ihn schon 800 Männer seines »Ordnerdienstes«. Hitler hat ihn im August 1921 zu seinem persönlichen Schutz ins Leben gerufen und nach einer Saalschlacht mit Parteigegnern »Sturmabteilung« bzw. »SA« genannt. Auch in Coburg geraten Nationalsozialisten und Sozialdemokraten aneinander. Diese Massenschlägerei macht die NSDAP plötzlich zu einer der auffallendsten antidemokratischen Agitationsparteien Süddeutschlands. Ab jetzt verzeichnet die Partei einen starken Zustrom Beitrittswilliger.

Geldgeber und Gönner

1923 steigt die Zahl der Parteimitglieder von 15.000 auf 55.000. Gönner aus der Bürokratie, dem Militär und dem Großbürgertum stellen sich ein, wie die Verlegerfamilie Bruckmann, der Klavierfabrikant Bechstein oder die Großindustriellenfamilie Thyssen. Sie sehen in Hitlers NSDAP die Unterstützung ihrer eigenen kontrasozialistischen Ziele und – sie spenden reichlich Geld.

In der Gründungsphase wählt sich die NSDAP ihre Vorbilder sehr geschickt: Von den Kommunisten übernimmt sie die Vorstellung, nicht Partei, sondern eine revolutionäre Bewegung zu sein. Auch den erfolgreichen »Marsch auf Rom« der itali-

enischen Faschisten mit Benito Mussolini als Anführer vom Oktober 1922 will sie kopieren. Die schweren politischen und ökonomischen Krisen des Jahres 1923 drängen die Weimarer Republik an den Rand des Zusammenbruchs. Während der Zeit der schwersten Belastung kommen in Bayern Gedanken an einen nationalen Umsturz auf.

nisationen und weist aus Osteuropa zugewanderte Juden aus. Der von Ebert verhängte Ausnahmezustand kümmert ihn wenig, er kann mit der wohlwollenden Haltung des Chefs der Heeresleitung in Berlin, General Hans von Seeckt, rechnen.

In dieser diffusen innenpolitischen Situation hofft Hitler sich in Bayern an die Macht zu putschen, als

Auftakt zum »Marsch auf Berlin«, in Nachahmung des faschistischen »Marsches auf Rom« ein Jahr zuvor. Am 8. 11. 1923 stürmen er und eine Handvoll Getreuer, unter ihnen Heß und Göring, den Münchner Bürgerbräukeller, in dem Kahr und seine Gefolgsleute tagen. Hitler erklärt, wild mit einer Pistole gestikulierend, den Ausbruch der *„Nationalen Revolu-*

tion". Davon lassen sich Kahr und seine Anhänger jedoch nicht beeindrucken. Erst als sich General Ludendorff auf die Seite Hitlers stellt, geht Kahr mit Hitler einen Pakt ein – um sich noch in der folgenden Nacht wieder loszusagen. Hitler hat das Nachsehen.

Nochmals versucht er das Steuer herumzureißen, organisiert am Morgen des 9. 11. einen »Marsch zur Feldherrnhalle«. Doch nun sind die Ordnungshüter wachsam, sie schießen in die Menge, 14 Putschisten sterben, im Gegenfeuer verlieren drei Polizisten ihr Leben. Während der am Marsch teilnehmende Ludendorff unbeeindruckt vom Gewehrfeuer weitermarschiert, flieht der leicht verletzte Hitler und wird kurz danach festgenommen.

Die Folgen sind unausweichlich: Die NSDAP wird verboten, Hitler und die Rädelsführer werden in einem Hochverratsprozess am 1. 4. 1924 zu Festungshaft in Landsberg verurteilt. Während seiner leichten Haft schreibt Hitler seine umfangreiche Programmschrift »Mein Kampf«.

Als Adolf Hitler am 20. 12. 1924 vorzeitig aus der Haft entlassen wird, ist die führerlos gewordene NSDAP in mehrere völkische Gruppen zerbrochen. Hitler gründet die NSDAP am 27. 2. 1925 neu und setzt ihr klare Ziele: Nicht durch Putsch und nationale Revolution von Bayern aus will er die Macht im Staate erringen, mit einer straff geführten Organisation auf Reichsebene und auf dem Weg der Legalität will er sie erobern.

Bayerische Putschpläne

Unter Berufung auf den Notstandsartikel 48 der Weimarer Verfassung bemächtigt sich Generalstaatskommissar Gustav Ritter von Kahr der Regierung. Kahr bildet mit General Otto von Lossow, dem bayerischen Wehrkreiskommandeur, und Oberst Hans von Seißer, dem Chef der bayerischen Landespolizei, ein »Triumvirat« und regiert mit diktatorischen Vollmachten. Er setzt das Republikschutzgesetz außer Kraft, verbietet sozialdemokratische Organisationen

Nach dem Verbot der NSDAP am 23. 11. 1923 tritt der Völkische Block unter dem Parteiführer Ludendorff an ihre Stelle (Bild links oben). – Die Rädelsführer des Hitlerputsches von 1924 vor ihrem Prozess (Bild oben: in der Mitte rechts Adolf Hitler, links von ihm Erich Ludendorff). – Im Reichstag vertretene Parteien der Weimarer Republik (Grafik rechts).

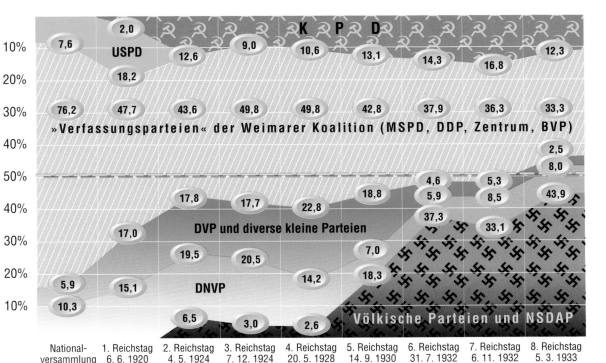

	National-versammlung 19. 1. 1919	1. Reichstag 6. 6. 1920	2. Reichstag 4. 5. 1924	3. Reichstag 7. 12. 1924	4. Reichstag 20. 5. 1928	5. Reichstag 14. 9. 1930	6. Reichstag 31. 7. 1932	7. Reichstag 6. 11. 1932	8. Reichstag 5. 3. 1933
KPD		2,0	9,0	10,6	13,1	14,3	16,8		12,3
USPD	7,6	12,6							
	18,2								
»Verfassungsparteien« der Weimarer Koalition (MSPD, DDP, Zentrum, BVP)	76,2	47,7	43,6	49,8	49,8	42,8	37,9	36,3	33,3
									2,5
							4,6	5,3	8,0
DVP und diverse kleine Parteien		17,0	17,8	17,7	22,8	18,8	5,9	8,5	43,9
DNVP	10,3	15,1	19,5	20,5	14,2	7,0	37,3	33,1	
	5,9					18,3			
Völkische Parteien und NSDAP			6,5	3,0	2,6				

Quelle: Josef und Ruth Becker (Hg.), Hitlers Machtergreifung 1933, München 1983

Stabilisierung der Weimarer Republik

„Im Laufe des Jahres 1924 mehrten sich die Anzeichen für eine Stabilisierung der Weimarer Republik. Tatsächlich war das nachfolgende Jahrfünft durch außen- und reparationspolitische Fortschritte, wirtschaftlichen Aufschwung sowie gesellschafts- und sozialpolitische Erfolge gekennzeichnet. Auf diesem Hintergrund beruhigte sich die innenpolitische Lage, während Kunst und Kultur eine Blütezeit erlebten. Diese erfreuliche Gesamtentwicklung wurde jedoch immer wieder durch gegenläufige Tendenzen oder Rückschläge in Frage gestellt.“

Reinhard Sturm, 1998

Eine wirtschaftliche Entspannung bringt der am 16. 8. 1924 in London zwischen den Alliierten und dem Deutschen Reich unterzeichnete Dawes-Plan. Dem Zahlungsplan für deutsche Reparationsleistungen liegt ein Gutachten zugrunde, das der US-Bankier und Wirtschaftsexperte Charles Dawes ausarbeitete. Der Plan wurde unter gehörigem Druck der US-amerikanischen Regierung den anderen Siegermächten abgerungen. Im Prinzip beruht der Plan auf einer Voraussetzung: der Gesundung der deutschen Wirtschaft und der Erwirtschaftung einer aktiven Handelsbilanz. Der Dawes-Plan sieht unter anderem eine jährliche deutsche Zahlung von 2,5 Milliarden Goldmark – erstmals im fünften Jahr in vollem Umfang zahlbar – vor. Zur Sicherung der Zahlungen werden Reichsbahn und Reichsbank als selbständige Gesellschaften unter internationale Kontrolle gestellt. Die Einnahmen aus Zöllen und Verbrauchssteuern unterliegen der Pfändung, der deutschen

Industrie werden Verbindlichkeiten von über 5 Milliarden Goldmark auferlegt. Als Starthilfe darf das Deutsche Reich eine Auslandsanleihe von 800 Millionen Goldmark aufnehmen, sodass es in den kommenden Jahren den Zahlungsverpflichtungen pünktlich nachkommen kann.

Der Leiter der deutschen Kommission zur Erstellung des Dawes-Planes, Gustav Stresemann, erwirkt während der Abschlusskonferenz in London die französische Zusicherung, das Ruhrgebiet zu räumen. Wenn auch die zeitliche Begrenzung und die endgültige Höhe der Reparationen noch immer nicht feststeht, so erweisen sich die neuen Zahlungsbedingungen doch als weitaus günstiger als jene des »Londoner Ultimatums« vom 5. Mai 1921.

Dawes-Plan angenommen

Positiv macht sich auch die spürbare Entspannung zwischen Deutschland und Frankreich bemerkbar, nachdem die Rückgabe des Ruhrgebietes zugesichert wird. Nachteilig hingegen wirkt sich künftig die durch die Auslandsanleihen hervorgerufene hohe deutsche Auslandsverschuldung aus. Das freilich können die Abgeordneten nicht ahnen, als sie am 29. 8. 1924 mit Zwei-Drittel-Mehrheit den Dawes-Plan im Reichstag zustimmen. Sogar mehr als die Hälfte der sonst opponierenden DNVP stimmt für die Annahme, wenn auch unter dem Druck industrieller und agrarischer Interessenverbände.

Am 1. 9. 1924 tritt der Dawes-Plan in Kraft. Danach – bis zum August 1925 – räumen die Franzosen und Belgier das Ruhrgebiet einschließlich

der von ihnen besetzten »Sanktionsstädte« Düsseldorf und Duisburg.

Locarno-Konferenz

Der Dawes-Plan leitet auch politisch eine Tauwetterperiode nach der Eiszeit zwischen Paris und Berlin ein. Das zeigt sich zwischen dem 5. und 16. 10. 1925 im Schweizer Kurort Locarno. Hier treffen sich die Regierungschefs und Außenminister Deutschlands, Großbritanniens, Frankreichs, Belgiens, Italiens, Polens und der Tschechoslowakei, um ein Abkommen über die Stabilisierung des Friedens in Europa zu schließen. Dies ist eine wesentliche Forderung der US-Regierung für die Vergabe weiterer Kredite.

In einem »Garantiepakt« erklären das Deutsche Reich, Frankreich und Belgien sowie als Garantiemächte Großbritannien und Italien die Unverletzlichkeit der deutschen Westgrenze. Deutschland verzichtet damit endgültig auf Eupen-Malmédy und Elsass-Lothringen, gleichzeitig ist es aber künftig vor territorialen Über-

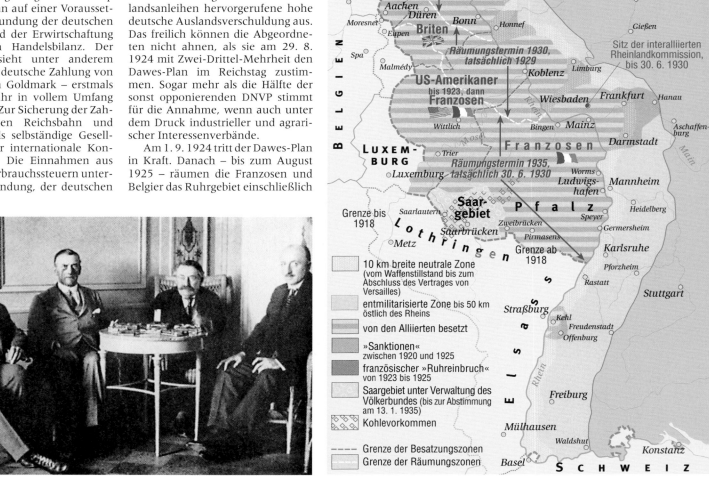

Kartenlegende:

- 10 km breite neutrale Zone (vom Waffenstillstand bis zum Abschluss des Vertrages von Versailles)
- entmilitarisierte Zone bis 50 km östlich des Rheins
- von den Alliierten besetzt
- »Sanktionen« zwischen 1920 und 1925
- französischer »Ruhreinbruch« von 1923 bis 1925
- Saargebiet unter Verwaltung des Völkerbundes (bis zur Abstimmung am 13. 1. 1935)
- Kohlevorkommen
- – – – Grenze der Besatzungszonen
- Grenze der Räumungszonen

Kartenbeschriftungen: NIEDERLANDE, Stadtlohn, Münster, Emmerich, Nimwegen, Wesel, Recklinghausen, Hamm, Gelsenkirchen, Oberhausen, Dortmund, Bochum, Arnsberg, Venlo, Essen, Duisburg, Iserlohn, Ruhr, Krefeld, Barmen, Mönchengladbach, Elberfeld, Lüdenscheid, Belgier, Düsseldorf, besetzt bis 1926, Maastricht, Köln, Siegen, Marburg, Aachen, Düren, Bonn, Honnef, Gießen, Moresnet, Eupen, Briten, Spa, Malmédy, Räumungstermin 1930, tatsächlich 1929, Koblenz, Limburg, Sitz der interalliierten Rheinlandkommission, bis 30. 6. 1930, US-Amerikaner bis 1923, dann Franzosen, Wiesbaden, Frankfurt, Hanau, Wittlich, Bingen, Mainz, Aschaffenburg, Mosel, Franzosen, Darmstadt, LUXEMBURG, Trier, Räumungstermin 1935, Luxemburg, tatsächlich 30. 6. 1930, Worms, Ludwigshafen, Mannheim, Pfalz, Saargebiet, Grenze bis 1918, Saarlautern, Speyer, Heidelberg, Lothringen, Saarbrücken, Zweibrücken, Germersheim, Metz, Pirmasens, Grenze ab 1918, Karlsruhe, Pforzheim, Elsass, Rastatt, Stuttgart, Straßburg, Kehl, Freudenstadt, Offenburg, Rhein, Freiburg, Mülhausen, Waldshut, Basel, Konstanz, SCHWEIZ

Stresemann (links) und Briand (zweiter von rechts) 1926 (Bild links unten). – Die Besetzung des Rheinlands (Karte links). – Paul von Hindenburg (oben). – Die deutsche Delegation auf dem Weg nach Locarno (Bild rechts unten).

griffen durch Belgien oder Frankreich sicher. Mit Frankreich und Belgien unterzeichnet Deutschland ein zweiseitiges Schiedsabkommen, das Konflikte dieser Länder auf den gerichtlichen Weg verweist.

Die Locarno-Verträge sind weitgehend das Werk des deutschen Außenministers Gustav Stresemann und seines französischen Amtskollegen Aristide Briand. In Anerkennung ihrer ausgleichenden, völkerverbindenden diplomatischen Arbeit erhalten beide am 10. 12. 1926 den Friedensnobelpreis.

Kein »Ost-Locarno«

Hat Stresemann dem Westen beide Arme zur Versöhnung entgegengestreckt, so verweigert er dies dem Osten. Zwar verpflichtet sich das Deutsche Reich in Schiedsverträgen mit Polen und der Tschechoslowakei, keine gewaltsame Veränderung der Grenzen herbeizuführen, eine Grenzgarantie aber – ein »Ost-Locarno« sozusagen – kommt nicht zustande. Das wäre einem Verzicht auf die deutschen Ostgebiete gleichgekommen und hätte einen möglichen Anschluss Österreichs ausgeschlossen. Diese Idee aber hat man noch nicht ganz zu den Akten gelegt, nachdem ihn die österreichischen Sozialdemokraten und nicht nur die Groß-

deutschen nach der Zerschlagung der Monarchie so heftig gefordert haben.

Locarno bringt mehr als nur eine deutsch-französische Annäherung, Locarno bedeutet eine spürbare Verbesserung der deutschen Position in der internationalen Politik: Deutschland findet am 10. 9. 1926 Aufnahme im Völkerbund.

Zum Ausgleich für die deutsche Westwendung in Locarno schließt Deutschland mit der UdSSR am 24. 4. 1926 den »Berliner Vertrag«. Es ist ein Freundschaftsvertrag, der für den Fall eines Krieges mit einem dritten Staat abgeschlossen wird: Beide Länder sichern einander Neutralität zu. Aber die interne Spitze richtet sich gegen den »Saisonstaat Polen«.

Hindenburg wird neuer Reichspräsident

Am 28. 2. 1925 stirbt überraschend Reichspräsident Ebert im Alter von nur 54 Jahren. Das Volk ist zum ersten Mal verfassungsgemäß aufgerufen, den neuen Reichspräsidenten für die nächsten sieben Jahre zu wählen. Nach einem ersten Wahlgang am 29. 3. 1925 entscheidet der noch immer populäre 78-jährige Generalfeldmarschall Paul von Hindenburg den zweiten Wahlgang am 26. 4. 1925 knapp für sich. Bevor er kandidiert, holt sich Hindenburg die Zustimmung »seines« Kaisers, der im niederländischen Doorn im Exil lebt. Im Wahlkampf gibt sich der Sieger

von Tannenberg vaterländisch und verfassungstreu. Die Wahl des ehemaligen Chefs der Obersten Heeresleitung, loyalen Monarchisten und Miturhebers der »Dolchstoß-Legende« zum ersten Mann im Staate bedeutet für die junge Demokratie einen schweren Schlag. Der liberale Publizist Theodor Wolff kann auch nicht umhin im »Berliner Tageblatt« festzustellen: *„Die Republikaner haben eine Schlacht verloren."*

Unter Hindenburg verschieben sich die Gewichte im Regierungssystem allmählich zugunsten der präsidialen Elemente der Verfassung, insbesondere durch die fundamentale Bedeutung des Artikels 48, der Notstandsverordnungen zulässt:

„Wenn ein Land die ihm nach der Reichsverfassung oder den Reichsgesetzen obliegenden Pflichten nicht erfüllt, kann der Reichspräsident es dazu mit Hilfe der bewaffneten Macht anhalten. Der Reichspräsident kann, wenn im Deutschen Reiche die öffentliche Sicherheit und Ordnung erheblich gestört oder gefährdet wird, die zur Wiederherstellung der öffentlichen Sicherheit und Ordnung nötigen Maßnahmen treffen, erforderlichenfalls mit Hilfe der bewaffneten Macht einschreiten. Zu diesem Zwecke darf er vorübergehend die in den Artikeln 114, 115, 117, 118, 123, 124 und 153 festgesetzten Grundrechte ganz oder zum Teil außer Kraft setzen."

Ende 1928 zeichnet sich allerdings für Deutschlands Finanzminister die Unmöglichkeit ab, den Reparationen in der nun nicht mehr kreditierten

»Normalrate« von 2,5 Milliarden RM jährlich nachzukommen.

Young-Plan

Diesmal wird der US-amerikanische Finanzexperte Owen D. Young gebeten, einen Zahlungsplan zu entwerfen. Und der enthält tatsächlich einige Neuerungen: Es wird nicht nur die endgültige Höhe der Reparationen mit 112 Milliarden RM, sondern auch die Dauer der Rückzahlungen festgeschrieben; 1988 soll die Schuld abgegolten sein. Gegen die heftige Agitation der extremen Rechten findet der Young-Plan im Reichstag am 12. 3. 1930 eine Mehrheit.

Hindenburgs Präferenzen liegen bei der Beteiligung der DNVP an und dem Fernhalten der SPD von der Regierung. Er versteht sich als Statthalter und Interessenvertreter der Hohenzollernmonarchie, was er freilich nur im Freundeskreis zugibt. In diesem Sinne entwickelt 1926/27 General Kurt von Schleicher, Chef der Wehrmachtabteilung im Reichswehrministerium, das Konzept einer autoritären Präsidialregierung.

Der Rücktritt des Kabinetts Müller am 27. 3. 1930 ermöglicht es, die Pläne eines autoritären Präsidialregimes in die Tat umzusetzen. Das ist eine bedeutsame Zäsur in der Geschichte der Weimarer Republik, denn die Phase ihrer »relativen Stabilisierung« – sie dauert von 1924 bis 1929/30 – geht zu Ende.

Der Tod der Demokratie

„Ab 24. Oktober 1929 begann ein dramatischer Verfall der Aktienkurse an der New Yorker Börse (»Schwarzer Freitag«). Ursache waren jahrelange Überinvestitionen in der Industrie und damit ein Überangebot an Waren, mit dem die Nachfrage nicht Schritt gehalten hatte. Binnen kurzem weitete sich die amerikanische Krise aufgrund der internationalen Finanz- und Wirtschaftsverflechtungen zur größten Krise der Weltwirtschaft im 20. Jahrhundert aus. Um liquid zu bleiben, mussten die US-Banken Gelder zurückfordern, die sie kurzfristig in Europa angelegt hatten. In den Industrieländern sanken Produktion und Beschäftigung, Löhne und Preise stark ab. Da die so genannten Selbstheilungskräfte des Marktes ebenso versagten wie die Instrumente der Wirtschaftspolitik, ging die konjunkturelle Krise der internationalen kapitalistischen Wettbewerbswirtschaft Mitte 1931 in eine tief greifende strukturelle Krise über."

Reinhard Sturm, 1998

Auf dem europäischen Festland will man den Kursverfall der New Yorker Börse noch nicht wahrhaben. Die Londoner Kursstürze und Panik in der Stadt an der Themse nimmt man noch gelassen hin. Der Leitartikel der angesehenen »Vossischen Zeitung« vom 27. 10. etwa geht wenig an den Kern der sich anbahnenden Wirtschaftskatastrophe: *„Wo man hinsieht, überall das gleiche Bild, nicht das eigene Geschäft hat die Firmen zu Fall gebracht, sondern kaufmännisch unverantwortliche Sondertransaktionen. Es gibt eben noch immer weite Kreise, die es bisher nicht über sich bringen können, zu soliden Grundsätzen zurückzukehren. Jahrelang wurden sie von den wahrhaft aufbauenden Kräften, die an eine solche Morschheit nicht glauben wollten oder konnten, unfreiwillig im Interesse der Gesamtheit durchgehalten […]"*

Unflexible Wirtschaft

Schon bald zeigt sich, dass Deutschland neben den USA zu den am stärksten betroffenen Ländern zählt: Es hat etwa drei Viertel der kurz- bis mittelfristigen Auslandskredite für langfristige Investitionen eingesetzt. Dazu gab es schon 1928 einen Rückgang bei der Nachfrage nach Investitions- und Konsumgütern. Dennoch investierte die Industrie im folgenden Jahr weiter und vergrößerte schon

vorhandene Überkapazitäten. Das Überangebot an Waren bewirkt eine Drosselung der Produktion, zunächst durch Kurzarbeit, dann mit Entlassungen. Kredite können nicht mehr zurückgezahlt werden, Firmenzusammenbrüche sind die Folge. Im Winter 1929/30 sind bereits 3 Millionen Menschen arbeitslos.

Massenarbeitslosigkeit

Der entstehende Teufelskreis von Arbeitslosigkeit, verringerter Nachfrage, sinkender Kaufkraft, noch mehr Arbeitslosigkeit usw. mündet in eine der schlimmsten wirtschaftlichen Nöte, die das Deutsche Reich je erlebte. Die Krise erfasst nun auch den Bauernstand. Viele kleine und mittlere Bauern können ihre Schulden nicht mehr zahlen, weil ihre Produkte nur verminderte Abnahme finden. Ihre Höfe werden zwangsversteigert, der Protest der Vertriebenen artet in Tätlichkeiten gegen Gerichtsvollzieher und Exekutivorgane aus. Amtsgebäude werden sogar durch Bomben attackiert.

Die Massenarbeitslosigkeit erschöpft die finanziellen Mittel der Arbeitslosenversicherung. Darüber geraten die Koalitionsparteien der Regierung Müller aus SPD, Zentrum, DVP und DDP in schweren Streit. Ende Dezember 1929 setzt die DVP die Ablösung des sozialdemokratischen Finanzministers Rudolf Hilferding durch. An seine Stelle tritt Paul Moldenhauer, Mitglied der DVP und Aufsichtsrat der I. G. Farben. Nun eskaliert der Streit zwischen den Regierungsfraktionen erst recht, es geht um Erhöhung der Beitragszahlungen zur Arbeitslosenunterstützung oder Kürzung des Arbeitslosengeldes. Am 27. 3. 1930 unterbreitet der Zentrumsfraktionsvorsitzende Heinrich Brüning einen Kompromissvorschlag, der die Streitfrage vertagen soll. Während die DVP zustimmt, verweigert die SPD die Zustimmung. So bleibt dem Kabinett Müller nur noch der Rücktritt.

Nun kommt Hindenburgs selbstherrliches Verhalten zum Tragen: Er ernennt am 29. 3. 1930 eigenmächtig, ohne vorherige Koalitionsverhandlungen und auf Vorschlag des Chefs des Ministeramtes im Reichswehrministerium, Kurt von Schleicher, den Zentrumspolitiker Heinrich Brüning zum Reichskanzler. Brüning bildet das erste Präsidialkabinett. Außer der SPD haben alle Parteien

Kenntnis von dem wenig demokratischen Vorgehen, denn Brüning ersetzt nur die drei sozialdemokratischen Minister, die anderen bleiben in seiner Regierungsmannschaft.

Verhängnisvolle Wende

Die neue Regierung steht auf schwachen Beinen, sie verfügt über keine Mehrheit im Reichstag. Brüning kann sich zwar auf den gemäßigten Flügel der Deutschnationalen Partei stützen, nicht aber auf die Radikalen um den Parteivorsitzenden Hugenberg. Brüning misst diesem Umstand wenig Bedeutung zu, er betont am 1. 4. 1930 in seiner Regierungserklärung, *„an keine Koalition gebunden"* zu sein und er wolle notfalls ohne oder sogar gegen den Reichstag regieren. Dafür stehen ihm laut Verfassung die Machtmittel des Reichspräsidenten zur Verfügung: der Arti-

Gestützt auf seine engen Verbindungen zu Generalleutnant Groener und Hindenburg übt Kurt von Schleicher – letzter Kanzler vor Hitler – von 1930 bis 1932 entscheidenden innenpolitischen Einfluss aus (oben). – Die Sozialdemokraten sehen sich wachsendem Druck von rechts und links ausgesetzt: 1928 dem des Bürgerblocks und 1930 dem der Nationalsozialisten und Kommunisten (Plakate unten und rechts unten). – Schema der Funktionsweise eines Präsidialkabinetts unter Reichspräsident Hindenburg (Grafik rechts).

kel 48, die Notstandsverordnung, und der Artikel 25, die Reichstagsauflösung. Die neue Regierung versteht sich als »Präsidialkabinett«, als »Hindenburg-Regierung«.

Deflationspolitik

Die ersten Gesetzesvorlagen – Finanzhilfen für die ostelbische Landwirtschaft, Steuererhöhungen zum Ausgleich des Reichshaushaltes 1930 – bringt Brüning mit knapper Mehrheit unter Dach und Fach. Aber die Arbeitslosigkeit wächst weiter und das Problem von Beitragserhöhung oder Zahlungskürzungen ist nicht vom Tisch.

Im Juni 1930 beschließt die Regierung beides, eine Beitragserhöhung von bisher 3,5 % auf 4,5 % bei gleichzeitiger Leistungskürzung und zusätzliche Steuern: Ledigensteuer, Notopfer für Beamte und Angestellte und eine einheitliche Kopfsteuer. Dieser eindeutigen Deflationspolitik verweigert der Reichstag seine Zustimmung (16. 7.). Jetzt macht Brüning seine in der Regierungserklärung ausgespochene Drohung wahr: Er setzt die Vorlagen mit Notstandsartikel 48 der Weimarer Verfassung in Kraft.

Die Verfassungswidrigkeit bringt die SPD-Fraktion im Reichstag zur Sprache und verlangt die Aufhebung der Vorlagen unter Berufung auf Absatz 3 der Notstandsverordnung: *„Die Maßnahmen sind auf Verlangen des Reichstags außer Kraft zu setzen."* Brüning denkt nicht daran, Hindenburg ebenso wenig, am 18. 7. 1930 löst der Reichspräsident den Reichstag auf.

Rechtsruck

Die fälligen Neuwahlen, die laut Verfassung innerhalb von 60 Tagen abgehalten werden müssen, enden für die Demokratie katastrophal: Hat bereits die Landtagswahl in Sachsen im Juni einen deutlichen Rechtsruck gebracht und die NSDAP mit 14 der 96 Parlamentssitze hinter der SPD mit 33 Sitzen schlagartig zur zweitstärksten Fraktion gemacht, so verachtfacht nun die Partei Hitlers ihre Mandate und zieht mit 107 Abgeordneten und 18,3 % der Stimmen hinter der SPD – wie in Sachsen – als zweitstärkste Partei ins Parlament ein.

„Die Gründe für die Umorientierung der Wähler werden erst verständlich, wenn man sich die materiellen und psychologischen Auswirkungen der Weltwirtschaftskrise vor Augen führt. Zum Zeitpunkt der Septemberwahlen lag die Arbeitslosenquote bereits bei 14 Prozent; hinter dieser Zahl verbargen sich Schicksale von mehr als 3 Millionen schlecht versorgten Arbeitnehmern und ihren Familien"*, stellt der Politologe Reinhard Sturm fest. *„Die Folge war eine politische Polarisierung: Die arbeitslose Arbeiterschaft, die insgesamt den beiden Linksparteien treu blieb, wählte zum Teil erstmals kommunistisch. Der »alte Mittelstand« hingegen, der sich sowohl von Seiten der Großunternehmen als auch seitens der Arbeitnehmer unter Druck genommen fühlte, dessen Vertrauen in den Weimarer Staat seit der Inflation 1923 erschüttert war und der jetzt in der Krise die sinkende Kaufkraft seiner Kunden zu spüren bekam, sah sich erneut von Verarmung und sozialem Abstieg bedroht."*

Bankenzusammenbrüche

Zwei einschneidende Ereignisse verschärfen gegen Ende 1931 die katastrophale Wirtschaftslage: Die von Deutschland und Österreich angestrebte Zollunion, die beiden Ländern deutliche Vorteile gebracht hätte, stößt auf die Ablehnung Frankreichs, da Paris darin den ersten Schritt zur Errichtung eines »Großdeutschland« erblickt.

Darauf reagieren Großinvestoren, die in der Zollunion eine sichere Wertanlage gesehen haben, und rufen ihr Kapital zurück, auch mittelfristige Kredite. In der Folge bricht in Österreich die renommierte Creditanstalt zusammen, in Deutschland müssen die Darmstädter und die Nationalbank ihre Auszahlungen an in Panik geratene Sparer einstellen.

Unterdessen koppelt die britische Regierung das Pfund Sterling vom Goldstandard ab, um es um 20% abwerten zu können. Dadurch sollen die Waren verbilligt werden und auf dem Weltmarkt der Konkurrenz standhalten. Nicht nur die Länder der Pfund-Währung, wie Indien, Ägypten, Australien, folgen dem Beispiel, auch andere Staaten greifen zu diesem währungspolitischen Mittel, um Exporte zu fördern und so Arbeitsplätze zu schaffen.

Nun bricht auch das bis dahin intakte internationale Währungssystem mit festen Wechselkursen auf der Basis des Goldpreises zusammen: Wohl steigt der Wert der Reichsmark, doch deutsche Waren sind auf dem Weltmarkt nicht mehr konkurrenzfähig. Alle diese Ereignisse lassen die Arbeitslosigkeit weiter ansteigen, Ende Februar 1932 liegt ihre Zahl – inklusive der Dunkelziffer durch jene Menschen, die sich der Arbeitslosigkeit schämen und sich nicht registrieren lassen – bei 7,6 Millionen. Der Lebensstandard sinkt dramatisch.

Machtmechanismen der Präsidialregierungen (1930 bis 1933)

Die Präsidialregierungen stützen sich laut Weimarer Verfassung auf eine im Prinzip verfassungswidrige Kombination der Artikel 48 und 25 WV (= Weimarer Verfassung). Durch Androhung und mögliche Anwendung der beiden Artikel wird der Reichstag als Entscheidungsinstrument ausgeschaltet.

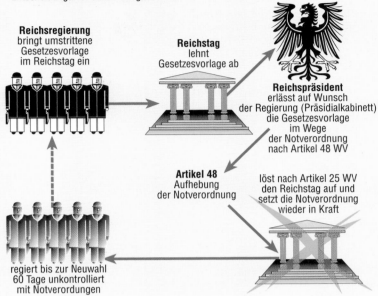

Reichsregierung bringt umstrittene Gesetzesvorlage im Reichstag ein

Reichstag lehnt Gesetzesvorlage ab

Reichspräsident erlässt auf Wunsch der Regierung (Präsidialkabinett) die Gesetzesvorlage im Wege der Notverordnung nach Artikel 48 WV

Artikel 48 Aufhebung der Notverordnung

löst nach Artikel 25 WV den Reichstag auf und setzt die Notverordnung wieder in Kraft

regiert bis zur Neuwahl 60 Tage unkontrolliert mit Notverordnungen

DAS SIND DIE FEINDE DER DEMOKRATIE!

HINWEG DAMIT! DESHALB WÄHLT LISTE ① SOZIALDEMOKRATEN!

Wer wählte Adolf Hitler?

„Manche als gesicherte Wahrheit gehandelte Hypothese gerät durch die vorgestellten Untersuchungsergebnisse ins Wanken, manches wissenschaftliche oder volkspädagogische Vorurteil wird erschüttert. Die NSDAP erweist sich keineswegs als die reine Mittelschichtbewegung, als die sie fast ein halbes Jahrhundert lang gehandelt wurde. Vielmehr repräsentiert sie – stärker als jede andere große Partei jener Jahre – von ihrer Wählerbasis her gesehen eine Art »Volkspartei des Protests« oder, wie man angesichts des relativen Übergewichts vor allem der evangelischen Selbständigen unter ihren Wählern plakativ formulieren könnte, eine »Volkspartei mit Mittelstandsbauch«."

Jürgen W. Falter, 1991

Vor 1930 gibt es keine zuverlässigen Angaben zu einem Soziogramm der Wähler der NSDAP. Unbestritten ist, dass die NSDAP bei den Reichstagswahlen 1930, 1932 und 1933 stärker als jede andere Partei jene Wähler gewinnt, die bei der jeweils vorausgehenden Wahl nicht wählten. Viele, die der NSDAP ihre Stimme geben, sind ehemalige Wähler der DNVP, bürgerlicher Mittelparteien oder der Interessen- und regionalen Splitterparteien. Einige wenige stimmten früher für die SPD, doch am resistentesten gegenüber der NSDAP zeigt sich das Wählerpotential des Zentrums, der BVP und der KPD. Von den NSDAP-Wählern der Septemberwahl 1930 haben rund 14 % bereits 1928 die NSDAP gewählt und 23 % sich 1928 nicht an der Wahl beteiligt, haben 31 % Parteien der bürgerlichen Mitte, 21 % DNVP, 9 % SPD und 2 % kleinere Parteien gewählt.

Die Hitler-Wähler

Die parteioffizielle Statistik gibt zur Berufsgliederung der NSDAP-Mitglieder für den Stand vom September 1930 an: Arbeiter 26 %, Angestellte 24 %, Selbständige 18,9 %, Beamte 7,7 %, Bauern 13,2 % und sonstige 10,2 %. Verschiedene Berufs- und Sozialgruppen sind – gemessen am Anteil der jeweiligen Gruppe an der Zahl aller Berufstätigen – in der Partei überrepräsentiert, die mittelständischen bzw. kleinbürgerlichen Gruppen: Selbständige, freie Berufe, Handwerker, Kaufleute, aber auch Angestellte und Beamte. Die NSDAP hat auch in den Wohnvierteln der Oberschicht und der oberen Mittelklasse in Großstädten überdurchschnittliche Erfolge zu verzeichnen, in Berlin, Hamburg, Essen und Dortmund erzielt sie Spitzenergebnisse.

Zulauf von kleinen Parteien

Insgesamt verläuft der Wählerstrom zur NSDAP wesentlich komplexer als bislang vermutet. Der Partei gelingt es 1930 von der gestiegenen Wählerbeteiligung und den Wählerverlusten der liberalen Mittelparteien und vom Wählerschwund der DNVP zu profitieren. Wahrscheinlich wechselt 1930 *„jeder dritte DNVP-Wähler, jeder vierte DDP-Wähler, jeder siebte Nichtwähler und jeder zehnte SPD-Wähler der Vorwahl zur NSDAP"*, meint der Wahlforscher Jürgen W. Falter. *„Unter den NSDAP-Zuwanderern von 1930 stellten damit Nichtwähler und DNVP-Wähler vor den Wählern der beiden liberalen Parteien das stärkste Kontingent. Im Juli 1932 ist vermutlich ferner jeder zweite Wähler der Splitterparteien, jeder dritte Wähler der Liberalen und der Deutschnationalen, jeder fünfte Nichtwähler sowie jeder siebte SPD-Wähler von 1930 zu den Nationalsozialisten gestoßen. Dies würde bedeuten, dass bei dieser Wahl ehemalige Anhänger der Splitterparteien für rund 30 Prozent der NSDAP-Gewinne verantwortlich wären. Wechselwähler von den Deutschnationalen und den Liberalen machten schätzungsweise zwischen 10 und 13 Prozent der NSDAP-Zuwanderer dieser Wahl aus, SPD-Abwanderer sogar mehr als 15 Prozent. Aber auch das Zentrum und die BVP, ja sogar die KPD scheinen, wenngleich in etwas geringerem Maße als die anderen Parteien, im Juli 1932 Wähler an die NSDAP verloren, im Gegenzug aber auch von ihr zurückgewonnen zu haben."*

Bei den im Juli 1932 mit Stimmschein wählenden Sommerurlaubern – die überwiegend besser situierten Kreisen angehören – hat die NSDAP überdurchschnittliche Ergebnisse verzeichnet. Einbrüche in die Arbeiterschaft kann die NSDAP vor allem dort erzielen, wo freie Gewerkschaften und Arbeiterparteien bis dahin wenig Erfolg hatten: bei Landarbeitern, Heimarbeitern, unselbständigen Handwerkern, Arbeitern kleinerer Betriebe sowie bei Arbeitern einiger Zweige des öffentlichen Dienstes, wie Post, Bahn und kommunale Betriebe. Weitgehend ablehnend gegenüber der NSDAP verhalten sich die Industriearbeiter, besonders die der Großbetriebe.

Eigenartigerweise und entgegen üblicher Meinung gelingt es der NSDAP nicht, die Front des Arbeitslosenheeres zu knacken. Die arbeitslosen Arbeiter – 1932/33 zählt ungefähr ein Drittel aller Arbeiter zu ihnen – stimmen für die KPD und, in geringerem Maße, für die SPD. Nur bei den arbeitslosen Angestellten erzielt die NSDAP nennenswerte Stimmengewinne.

Eine Partei für das Volk?

Unter den Wählern der NSDAP überwiegt ab 1930 das mittelständische Element. Die NSDAP, die ihre Ideologie von der Volksgemeinschaft und einen übersteigerten Nationalismus propagandistisch klug einzusetzen weiß, mobilisiert Angehörige aller Bevölkerungsschichten in so großer Zahl für sich, dass sie – bei aller Überrepräsentation des protestantischen Mittelschichtenbereiches – stärker als jede andere Partei den Charakter einer »Volkspartei« erwirbt.

Die NSDAP ist eine »junge« Partei: 1930 sind fast 70 % der NSDAP-Mitglieder jünger als 40 Jahre, 37 % jünger als 30 Jahre, bei den Parteifunktionären beträgt die Quote der unter 40-Jährigen ca. 65 %, der unter 30-Jährigen 26 %.

Auf die jüngere Generation übt der Nationalsozialismus seine Anziehungskraft quer durch alle sozialen Schichten aus. Schon relativ früh gelingt dem Nationalsozialistischen Deutschen Studentenbund der Einbruch in die Studentenschaft: Bei den Studenten-Wahlen im Wintersemester 1928/29 erhält er 15 % der Stimmen. An den Universitäten Erlangen und Greifswald erreicht die NSDAP schon 1929 die absolute Mehrheit; 1930 kommen sieben weitere Universitäten hinzu, an einigen anderen Hochschulen wird die absolute Mehrheit nur knapp verfehlt. Die sichtbar werdende Abwendung eines großen Teiles der akademischen Jugend von der Weimarer Demokratie schon vor 1930 signalisiert den bedrohlichen Schwund an Einfluss des Weimarer Staates.

Förderer und Gönner

„Dass diese Erfolge einen gehörigen Aufwand an finanziellen Mitteln erfordern ist unbestritten", meint der Historiker Wolfdieter Bihl. *„Doch an Förderern und Gönnern aus dem Großbürgertum und der Großindustrie mangelt es nicht. Zwei Perioden der materiellen Unterstützung können unterschieden werden: die Jahre 1925 bis 1930 und die Zeit ab September 1930. Vor 1930 hält sich das Interesse der Industrie an Hitler und seiner Partei in sehr engen Grenzen. Bis 1930 wird der Finanzbedarf der NSDAP durch ein breit ausgebautes System der Selbstfinanzierung in Form von Mitgliedsbeiträ-*

Wahlwerbung 1932 (Bild unten). – Der Aufstieg der NSDAP (Grafik rechts).

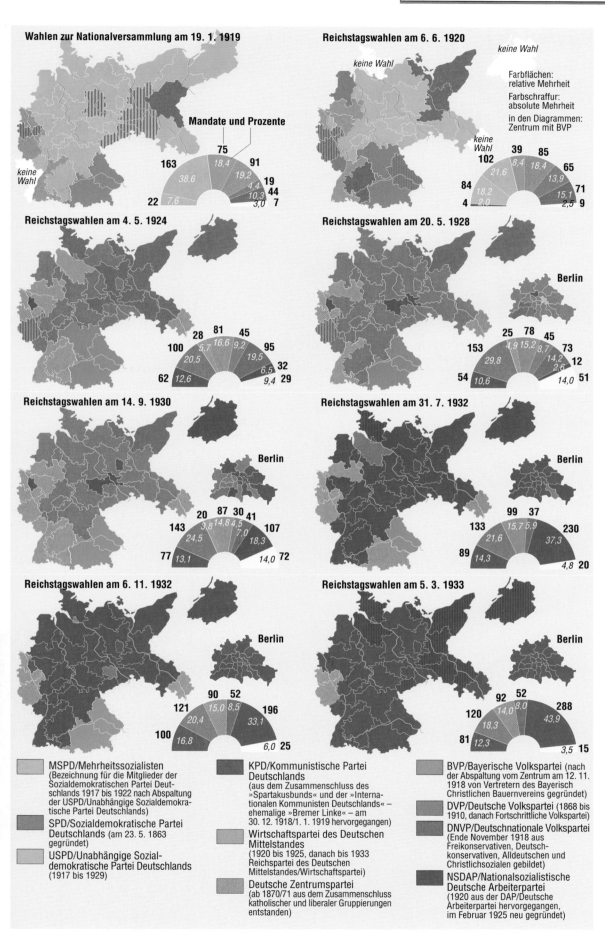

Wahlen zur Nationalversammlung am 19. 1. 1919

keine Wahl

Mandate und Prozente

75
18,4
163
38,6
91
19,2
19
4,4
44
10,3
22
7,6
7
3,0

Reichstagswahlen am 6. 6. 1920

keine Wahl

keine Wahl

Farbflächen:
relative Mehrheit

Farbschraffur:
absolute Mehrheit

in den Diagrammen:
Zentrum mit BVP

keine
Wahl

39
8,4
85
18,4
102
21,6
65
13,9
84
18,2
71
15,1
4
2,0
9
2,5

Reichstagswahlen am 4. 5. 1924

28
5,7
81
16,6
45
9,2
100
20,5
95
19,5
62
12,6
32
6,5
29
9,4

Reichstagswahlen am 20. 5. 1928

Berlin

25
4,9
78
15,2
45
8,7
153
29,8
73
14,2
54
10,6
12
2,6
51
14,0

Reichstagswahlen am 14. 9. 1930

Berlin

20
3,8
87
14,8
30
4,5
41
143
24,5
107
77
13,1
7,0
18,3
72
14,0

Reichstagswahlen am 31. 7. 1932

Berlin

99
15,7
37
5,9
133
21,6
230
37,3
89
14,3
20
4,8

Reichstagswahlen am 6. 11. 1932

Berlin

90
15,0
52
8,5
121
20,4
196
33,1
100
16,8
25
6,0

Reichstagswahlen am 5. 3. 1933

Berlin

92
14,0
52
8,0
120
18,3
288
43,9
81
12,3
15
3,5

MSPD/Mehrheitssozialisten
(Bezeichnung für die Mitglieder der
Sozialdemokratischen Partei Deutschlands 1917 bis 1922 nach Abspaltung
der USPD/Unabhängige Sozialdemokratische Partei Deutschlands)

SPD/Sozialdemokratische Partei
Deutschlands (am 23. 5. 1863
gegründet)

USPD/Unabhängige Sozial-
demokratische Partei Deutschlands
(1917 bis 1929)

KPD/Kommunistische Partei
Deutschlands
(aus dem Zusammenschluss des
»Spartakusbunds« und der »Internationalen Kommunisten Deutschlands« –
ehemalige »Bremer Linke« – am
30. 12. 1918/1. 1. 1919 hervorgegangen)

Wirtschaftspartei des Deutschen
Mittelstandes
(1920 bis 1925, danach bis 1933
Reichspartei des Deutschen
Mittelstandes/Wirtschaftspartei)

Deutsche Zentrumspartei
(ab 1870/71 aus dem Zusammenschluss
katholischer und liberaler Gruppierungen
entstanden)

BVP/Bayerische Volkspartei (nach
der Abspaltung vom Zentrum am 12. 11.
1918 von Vertretern des Bayerisch
Christlichen Bauernvereins gegründet)

DVP/Deutsche Volkspartei (1868 bis
1910, danach Fortschrittliche Volkspartei)

DNVP/Deutschnationale Volkspartei
(Ende November 1918 aus
Freikonservativen, Deutsch-
konservativen, Alldeutschen und
Christlichsozialen gebildet)

NSDAP/Nationalsozialistische
Deutsche Arbeiterpartei
(1920 aus der DAP/Deutsche
Arbeiterpartei hervorgegangen,
im Februar 1925 neu gegründet)

gen, Eintrittsgeldern bei Veranstaltungen und Schriftenverkauf sowie durch priva-te Spenden gedeckt, wobei Spenden aus dem Ausland, vor allem den USA, eine wichtige Rolle spielen.« Letztere stam-men sowohl von Auslandsdeutschen wie auch von einigen Finanzmagna-ten (Ford, Deterding, Kreuger), die – zum Teil aus ideologischen, beson-ders antisemitischen Motiven, zum Teil aus politischer Berechnung und wirtschaftlichen Erwägungen – der NSDAP beträchtliche Summen zu-kommen lassen. Bei den finanziellen Zuwendungen aus Kreisen der deut-schen Industrie schlagen die Spen-den einer großen Zahl kleiner Kapi-talisten stärker zu Buche als die einer kleinen Zahl großer Kapitalisten. Diejenigen Großindustriellen, die schon früh mit der NSDAP sympathi-sieren und sie finanziell fördern – zu ihnen gehören Flick und Thyssen – fallen gerade deshalb auf, weil sie eine Ausnahme darstellen. Man kann also den Durchbruch der NSDAP 1929/30 nicht maßgeblich auf eine aktive Förderung durch ein-flussreiche Wirtschaftsführer und auf Geldspenden der Großindustrie zu-rückführen. Andererseits haben die beträchtlichen Finanzhilfen der In-dustrie an die DNVP nicht verhin-dert, dass deren Wählerschaft 1930 fast zur Hälfte zu anderen Parteien abwandert. Geld allein ist daher kein Garant für politischen Erfolg.

Moralische Unterstützung

Seit 1931 sucht eine Reihe wichtiger Industrieführer und Bankiers Kon-takte zur NSDAP, allerdings der weit-aus kleinere Teil der großindustriel-len Prominenz. Diese Industriellen, die aus sehr unterschiedlichen Moti-ven in Verbindung zur NSDAP getre-ten sind, greifen der NSDAP auch fi-nanziell unter die Arme.

Wichtiger als Geld ist die morali-sche und politische Unterstützung und der maßgebliche Einfluss auf die Bürokratie staatlicher und wirt-schaftlicher Verwaltung, die diese In-dustriellen 1932/33 Hitler und der NSDAP gewähren.

Viele Industrielle halten zwar bis zuletzt an Schleicher fest, ihre maß-geblichen Vertreter sehen jedoch kaum Gründe dafür, einer möglichen Regierungsübernahme durch Hitler entgegenzuwirken.

Der Nationalsozialismus profitiert letzten Endes davon, dass die Indus-trie durch ihren Kampf gegen Parla-mentarismus, Parteienstaat, Sozial-demokratie und Gewerkschaften die Weimarer Republik schwächt, wenn nicht gar zum Wanken bringt.

Düstere Vorzeichen

„Für die deutschen Juden war die Episode der Weimarer Republik ein Traum, der sich in einen Alptraum verwandelte. Das Ende der Republik, der Hitlers Machtergreifung im Jahr 1933 den Todesstoß versetzte, bezeichnete auch den Untergang jeglicher Hoffnung, der Verlauf der Integration der Juden in die deutsche Gesellschaft, der nahezu ein Jahrhundert vorher so verheißungsvoll begonnen hatte, könnte zu Ende geführt werden."

Ruth Gay, 1993

Walther Rathenau, Sohn und Nachfolger des Gründers des AEG-Konzerns und seit 21. 1. 1922 Reichsaußenminister, warnt in der Schrift »Höre Israel!«: Die Juden mögen *nicht so auffällig sein!* Ihm wird nicht bewusst, dass er aufgrund seiner öffentlichen Funktion, als jüdischer Großindustrieller sowie als Organisator der Rohstoffwirtschaft im Ersten Weltkrieg, wohl der auffälligste und exponierteste Jude im Deutschen Reich ist. Aber er erkennt die Last der Identität der Juden. In einem Brief an Gertrud Wilhelmine von Hindenburg, die Schwägerin des Generalfeldmarschalls, schreibt er 1917: *„[…] wenn auch ich und meine Vorfahren nach besten Kräften unserem Lande gedient haben, so bin ich, wie Ihnen bekannt sein dürfte, als Jude Bürger zweiter Klasse."*

Irrationaler Hass

Die preußische Judenpolitik bedeutet für Rathenau die schwerste Kränkung einer Bevölkerungsgruppe, die in anderen Ländern, in denen die Juden zu *„den staatlich positivsten Elementen"* zählen, nicht möglich wäre. Im Deutschen Reich hingegen kursieren 1922 üble Knittelverse über ihn. In der von irrationalem Hass erfüllten Atmosphäre nehmen sich Rechtsradikale den prominentesten deutschen Juden, Rathenau, als Ziel. In Versammlungen, bei Demonstrationen brüllen Rechtsextremisten, rechte Studenten, Freikorpsangehörige ihren abgrundtiefen Hass heraus: *„Knallt ab den Walther Rathenau/die gottverfluchte Judensau!"* Am 24. 6. 1922 wird Rathenau ermordet.

Der Antisemitismus im Deutschen Reich zieht offiziell 1893 in den deutschen Reichstag ein: Im Plenum haben nun auch 16 Abgeordnete einer Antisemitenpartei das Wort.

Gleichzeitig werden der im Dienst der Konservativen stehende antisemitische »Bund der Landwirte«, der ebenfalls antisemitische »Deutschnationale Handlungsgehilfenverband« und der »Alldeutsche Verband« gegründet. Ideologen wie Paul de Lagarde, Julius Langbehn und der Schwiegersohn Richard Wagners, Houston Stewart Chamberlain, haben der völkisch-antijüdischen Entwicklung mit ihrer Lehre von der Einheit von Blut und Geist, Rasse und Religion vorgearbeitet.

1893 wurde auch der »Central-Verein deutscher Staatsbürger jüdischen Glaubens« gegründet. Er betont die enge Verbindung mit der deutschen Kultur: Die *„unbeirrbare Pflege deutscher Gesinnung"* ist oberstes Gebot und der erste Artikel in den Statuten. Anders als die spätere »Zionistische Vereinigung für Deutschland« gewinnt der »Central-Verein« eine große Anhängerschaft. Die Zionisten hingegen bleiben zahlenmäßig unbedeutend, aber international präsent: Deutsche Juden nehmen von 1904 bis 1920 das Amt des Präsidenten der zionistischen Weltorganisation ein.

Jüdische Soldaten

Im Ersten Weltkrieg dienen von insgesamt 550.000 Juden deutscher Staatsangehörigkeit rund 100.000 in der Armee, 80.000 davon an der Front. Der Blutzoll, den sie für Deutschland erbringen, ist hoch: 12.000 von ihnen fallen für das Vaterland. Über 35.000 jüdische Soldaten erhalten Tapferkeitsauszeich-

Fällt die Tätigkeit der antisemitischen Reichstagsabgeordneten bis zum Ersten Weltkrieg kaum ins Gewicht, so hört man im Oktober 1916 plötzlich auf sie. Aufgrund einer ihrer Eingaben veranlasst der Kriegsminister Adolf Wild von Hohenborn eine »Judenzählung« unter den Soldaten. Sie soll beweisen, dass im Vergleich zur Gesamtbevölkerung weniger Juden an der Front dienen als Nichtjuden, dafür weit mehr Juden unter den *„Reklamierten"* (im Volksmund »Drückeberger«) zu finden seien. Die Statistik wird nicht veröffentlicht, als sich herausstellt, dass in Wirklichkeit der Anteil der »Drückeberger« bei Nichtjuden höher liegt als bei Juden.

nungen, 2000 erreichen den Offiziersrang. Dennoch werden unmittelbar nach dem Krieg Schmähungen laut, die den Juden die Niederlage zuweisen. Dagegen protestiert der Central-Verein und tritt mit einem Plakat an die Öffentlichkeit: *„Die Juden sollen an allem schuld sein, so tönt es heute aus hinterhältig verbreiteten Flugblättern. […] Wir Juden sollen an allem schuld sein, dass der Krieg kam, aber in der Regierung und Diplomatie, in der Rüstungsindustrie und im Generalstab saßen keine Juden […]. Wir lehnen es ab, die Sündenböcke abzugeben für alle Schlechtigkeit der Welt."*

Den andauernden Diffamierungen der Rechtsextremisten bleiben die Juden wehrlos ausgeliefert. Für die wachsende Schar der Nationalsozialisten sind die Juden rücksichtslose Kapitalisten oder die Drahtzieher kommunistisch revolutionärer Umtriebe. Die Widersinnigkeit dieser Beschuldigungen fällt in einer Zeit *„ungeheurer moralischer Verwirrung"*, wie der Historiker Golo Mann schreibt, nicht weiter auf.

Agitationsmittel der völkischen Gruppen, an die die NSDAP anknüpft, sind allen voran die »Proto-

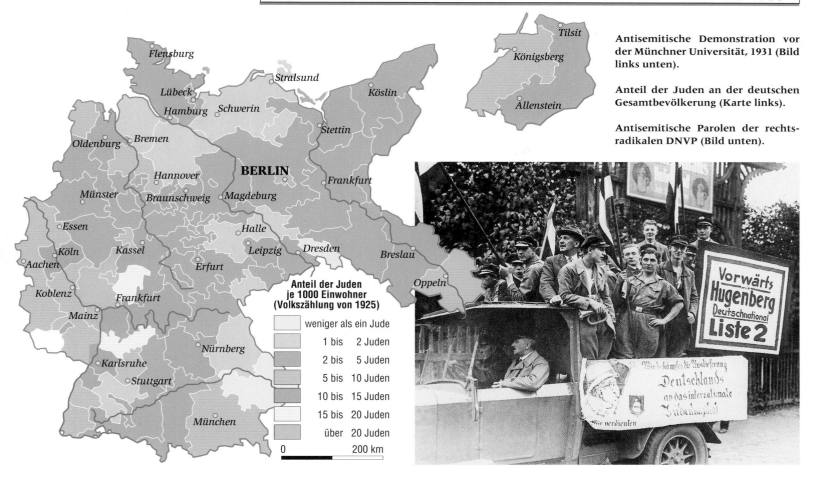

Anteil der Juden
je 1000 Einwohner
(Volkszählung von 1925)

weniger als ein Jude

1 bis 2 Juden

2 bis 5 Juden

5 bis 10 Juden

10 bis 15 Juden

15 bis 20 Juden

über 20 Juden

0   200 km

Antisemitische Demonstration vor der Münchner Universität, 1931 (Bild links unten).

Anteil der Juden an der deutschen Gesamtbevölkerung (Karte links).

Antisemitische Parolen der rechtsradikalen DNVP (Bild unten).

kolle der Weisen von Zion«, die auch Ende des 20. Jhs. noch immer zitiert werden, obwohl sie nichts anderes als eine geschickte Fälschung der zaristischen Geheimpolizei sind. Rathenau ist einer dieser »Weisen«, die Deutschland vernichten und die jüdische Weltherrschaft errichten wollen, behaupten seine Mörder.

Eine »Juden-Republik«?

Doch die Völkischen gehen in der Abneigung gegen alles Jüdische noch weiter: Sie stellen die Weimarer Republik als »Juden-Republik« hin. Man zeigt auf Hugo Preuß, der an der demokratischen Verfassung führend mitgearbeitet hat. Juden oder »Judenstämmlinge« sind ihrer Meinung nach auch unter den linksradikalen Revolutionären zu finden, wie Landauer, Luxemburg, Eisner, Leviné, Mühsam und Toller. Mit Ausnahme Landauers haben aber alle religiös, national und geistig nichts mehr mit dem Judentum gemein.

Im Jahr 1918/19 lehnt die Mehrheit der Juden die Revolution ab. Sie gehören dem liberal-bürgerlichen Lager an, zum Teil dem konservativen. Den 19 Regierungen der Republik von 1918 bis 1932 gehören 387

Reichsminister an, nur zwei davon sind Juden, Preuß und Rathenau, und drei sind »Judenstämmlinge«, nämlich Landsberger, Gradnauer und Hilferding. Unter den rund 500 Reichsbeamten im Rang vom Oberregierungsrat bis zum Staatssekretär sind nur 15 Juden und »Judenstämmlinge«, im gleichen Rang in Preußen 10 Juden unter 300. Kein Jude nimmt das Amt eines der 12 Oberpräsidenten, 35 Regierungspräsidenten oder 400 Landräte ein. Trotzdem heißt es, dass die Juden Deutschland beherrschen.

Terror

Tätliche Angriffe gegen Juden bleiben noch selten, wenn es auch während des Kapp-Putsches in Oberschlesien und Berlin zu Ausschreitungen kommt. Zwischen 1923 und September 1932 werden 128 Friedhofs- und 50 Synagogenschändungen festgestellt. Mit dem Machtzuwachs der Nationalsozialisten steigt die Zahl der tätlichen Ausschreitungen gegen Juden. Anfang 1930 werden in Berlin 8 Juden ermordet, acht Monate später 78 verletzt. Am 2. Mai 1931 besetzen Studenten alle Eingänge der Berliner Universität und

terrorisieren »jüdisch« aussehende Studenten. Der Rektor bleibt untätig. Juden aus Polen und Litauen, von der deutschen Heeresverwaltung als Rüstungsarbeiter angeworben, und Pogromflüchtlinge aus der Ukraine werden zum Teil aus Deutschland ausgewiesen. Freilich spricht auch der »Verband nationaldeutscher Juden« von einer »Ostjudengefahr«.

Assimilation

Die deutschen Juden sind in Gruppen gespalten, am stärksten ist nach wie vor der »Central-Verein«, der 1925 rund 70.000 Mitglieder zählt und für ca. 300.000 Juden spricht. Insgesamt gibt es in Deutschland 570.000 Juden, sie machen 0,9 % der Gesamtbevölkerung aus. Trotz aller Hindernisse verstärkt sich der Assimilationsprozess eher: 1925 entfallen auf 100 volljüdische Ehen fast 64 gemischt jüdisch-christliche Ehen.

Die Weltwirtschaftskrise erfasst auch die Juden: 30.000 von 115.000 jüdischen Lohnempfängern sind arbeitslos, 40.000 von 170.000 Berliner Juden beziehen durch jüdische Stellen Armenunterstützung.

Der akademische Nachwuchs gerät immer mehr ins antisemitische

Fahrwasser. Die Burschenschaften lehnen nach den »Eisenacher Beschlüssen« von 1920 *die Aufnahme von Juden und Judenstämmlingen grundsätzlich"* ab und bestrafen das Eingehen einer Mischehe mit Ausschluss. Der »Hohe Kösener S.C. Verband« definiert 1921: *"Ein Mischling soll als Jude gelten, wenn ein Teil seiner vier Großeltern getaufter Jude war oder sonst sich herausstellt, dass er jüdischer Abkunft ist."* 1923 bestimmt der »Cartellverband der deutschen Studentenverbindungen«: *"Hinderungsgrund für die Aufnahme in den C.V. bildet semitische Abstammung nachwirkbar bis auf die Großeltern."* 1920 schreibt Artur Dinter in seinem Buch »Die Sünde wider das Blut«: *„Wir würden nicht müde werden zu kämpfen und zu ringen, bis diese teuflische Rasse für die Menschheit unschädlich gemacht ist."*

Schon vor 1933 gab es folgende Knittelverse: *„Schlagt dem Judenpack die Schädel ein/und dann wird die Zukunft gewonnen sein./Stolz weht die Fahne im Wind,/wenn Judenblut vom Säbel rinnt."* Und man kann auch schon vor 1933 lesen: *„Kaufst du beim Jud, das ist nicht recht,/dem Juden geht es niemals schlecht,/doch deines Landes Kaufmannsstand,/der wandelt an Verderbens Hand."* Der Boden für die Nationalsozialisten ist gut vorbereitet.

Die Machtergreifung

„Das Jahr 1932 hat Hitlers Glück und Ende gebracht. Am 31. Juli hatte sein Aufstieg den Höhepunkt erreicht, am 13. August begann der Niedergang, als der Reichspräsident den Stuhl, den er ihm nicht zum Sitzen anbot, vor die Tür stellte. Seitdem ist das Hitlertum in einem Zusammenbruch, dessen Ausmaß und Tempo dem seines eigenen Aufstiegs vergleichbar ist. Das Hitlertum stirbt an seinem eigenen Lebensgesetz."

Gustav Stolpe, 1932

Gustav Stolpe, der angesehene liberale Publizist und Politiker irrt, als er damals den Niedergang des „Hitlertums" voraussagt. Seine Meinung teilen auch viele andere Beobachter, was nicht wundert, denn die NSDAP steckt seit ihrer Neugründung 1925 in ihrer tiefsten Krise. Aber nur ein halbes Jahr später berichtet der französische Botschafter in Berlin, André François-Poncet seiner Regierung von einer Rede des Reichskanzlers Adolf Hitler am 1. Juli 1933, in der Hitler das erfolgreiche Ende der »nationalen Revolution« verkündet, den Übergang zu einer neuen Ära nationalsozialistischer Herrschaft:

„In der Tat konnte sich Hitler zum Zeitpunkt seiner Rede rühmen, alles, was in Deutschland außerhalb der nationalsozialistischen Partei existierte, zerstört, zerstreut, aufgelöst, angegliedert oder aufgesaugt zu haben. Einer nach dem anderen mussten sich die Kommunisten, die Juden, die Sozialisten, die Gewerkschaften, die Mitglieder des »Stahlhelms«, die Deutschnationalen, die Frontkämpfer des »Kyffhäuserbundes«, die Katholiken in Bayern und im Reich und die evangelischen Kirchen unter sein Gesetz beugen. Er hat alle Polizeikräfte in seiner Hand. [...] Eine unerbittliche Zensur hat die Presse vollständig gezähmt."

Rasante Entwicklung

Tempo und Dynamik der nationalsozialistischen Machteroberung überrascht alle Zeitgenossen. Sie vollzieht sich nach dem Sturz Brünings am 30. 5. 1932, in der kurzen Kanzlerschaft Franz von Papens (Juni bis Dezember 1932) und Kurt von Schleichers (Dezember 1932 bis Januar 1933). Hitler fordert unmittelbar nach der Reichstagswahl am 6. 11. 1932 die Kanzlerschaft für sich und kann auf die Unterstützung einer

Gruppe von Wirtschaftsführern, wie den ehemaligen Reichsbankpräsidenten Hjalmar Schacht, zählen. Seine Förderer richten eine Eingabe an Hindenburg, in der die Betrauung Hitlers mit der Kanzlerschaft verlangt wird. Dazu ist Hindenburg unter der Voraussetzung bereit, dass Hitler eine parlamentarische Mehrheitsregierung bildet. Diese Bedingung lehnt Hitler ab, er greift nach einer Kanzlerschaft, die einem Präsidialkabinett vorsteht. Sein »Alles-oder-nichts«-Kurs stößt sogar in Teilen der NSDAP auf Ablehnung. Gregor Strasser, Wirtschaftssprecher der NSDAP, kann sich eine Regierungsbeteiligung der Partei auch ohne Kanzlerschaft Hitlers vorstellen. Hitler gerät unter Zeitdruck. Der Rückgang der Wählerzahlen bei den Reichstagswahlen und den Kommunalwahlen in Thüringen (4. 12. 1932) sowie Zersetzungserscheinungen in Partei und SA sind Ende 1932 unübersehbare Warnsignale. Die sozial so heterogene Mitgliederschaft und Wählerschaft der NSDAP ist nicht bereit, unbegrenzt lange auf die »Machtergreifung« zu warten. Hitler ist verurteilt, mit seiner Strategie in absehbarer Zeit erfolgreich sein zu müssen.

Hindenburgs Dilemma

Hitlers Hoffnungen, doch noch ans Ziel zu gelangen, fußen auf einem Dilemma Hindenburgs: Der greise Reichspräsident sieht sich seit Juli 1932 mit der Tatsache konfrontiert, dass NSDAP und KPD zusammen im Reichstag über eine Sperrmajorität verfügen, also einem Präsidialkabinett jederzeit das Misstrauen aussprechen oder Notverordnungen aufheben können. Für jede Regierung, die den Reichstag ignorieren, sich aber gleichzeitig am Ruder halten will, bleibt nur der Ausweg des Staatsnotstandes, also die Auflösung des Reichstages ohne Neuwahlen. Da nach Art. 25 der Verfassung spätestens am 60. Tag nach Auflösung des Reichstages die Neuwahl stattfinden muss, wäre ein Verzicht auf Neuwahlen oder eine Verschiebung auf unbestimmte Frist ein eindeutiger Verfassungsbruch.

Franz von Papen, von Hindenburg Ende November erneut mit der Regierungsbildung beauftragt, beabsichtigt, gegebenenfalls sein »Kampfprogramm« mit Gewalt durchsetzen: Ausschaltung des Reichstages, Unterdrückung der Parteien und semi-

Fackelzug der Nationalsozialisten vor dem Brandenburger Tor am Abend des 30. 1. 1933 (Bild oben). – Die Massenarbeitslosigkeit leistet Hitler Vorschub bei der Erringung der Macht (Karte rechts). – Der neue Reichskanzler Adolf Hitler mit dem Reichspräsidenten Paul von Hindenburg (Bild rechts unten).

politischen Organisationen durch Reichswehr und Polizei, einschneidende Verfassungsreformen mit nachträglicher Billigung durch Volksabstimmung oder eine neu zu berufende Nationalversammlung. Reichswehrminister Kurt von Schleicher stellt sich aber gegen die Verhängung des militärischen Ausnahmezustandes und wird am 3. 12. zum Reichskanzler ernannt. Schleicher bietet Strasser das Amt des Vizekanzlers an, was dieser aber auf Druck Hitlers ablehnt. Im Gegensatz zu den Erwartungen der Rechten verkündet Schleicher ein Programm des Ausgleichs. Seine Arbeitsbeschaffungspläne und die Annäherung an die Gewerkschaften sind Steine des Anstoßes für Industrie, Zollpolitik, Siedlungsprogramm und Großgrundbesitz. Führende Exponenten von Industrie und Großagrarwirtschaft fürchten, Schleicher könne sich als »Sozialist in Generalsuniform« entpuppen.

Geheime Gespräche

Die Reichstagsfraktion der DNVP fordert daher in einer Entschließung Mitte Januar 1933 eine vollständige Neubildung des Kabinetts; sie sieht in der Wirtschaftspolitik *„ein neues Abgleiten in sozialistisch-internationale Gedankengänge"*. Papen, der es seinem einstigen Freund Schleicher nicht verzeiht, dass dieser das Ende seiner Kanzlerschaft herbeigeführt hat, lädt Hitler am 4. 1. 1933 zu einem Gespräch im Haus des Kölner Bankiers

von Schröder ein. Papen schwebt zunächst eine Koalition von DNVP und NSDAP unter gemeinsamer und gleichberechtigter Führung seiner selbst und Hitlers vor. Im Laufe des Gesprächs muss Papen jedoch Hitlers Führungsanspruch akzeptieren, an dem dieser unnachgiebig festhält. Papen fungiert als zentraler Vermittler der Hitlergruppe, der DNVP-Führung und des Reichspräsidentenpalais, in dem jetzt auch der Sohn Hindenburgs, Oskar, eine wichtige Mittlerrolle zu spielen beginnt und auch für die Hitler-Papen-Lösung eintritt. Mitte Januar erhält Papen von Hindenburg *persönlich und streng vertraulich"* den Auftrag, die Möglichkeiten der Bildung einer neuen Regierung zu sondieren.

Hindenburg entscheidet

Unmerklich beginnt das Reichspräsidentenpalais zu Papen und Hitler zu schwenken, was zu einer wachsenden Entfremdung zwischen Hindenburg und Schleicher führt. Dazu tragen massive Klagen des von der NSDAP bereits stark unterwanderten Präsidiums des »Reichslandbundes« über Schleichers Politik bei. Unmissverständlich appelliert der »Reichslandbund« an Hindenburg, eine Regierung unter Einschluss der NSDAP zu berufen. Die endgültige Entscheidung fällt, als Schleicher nicht die von ihm gewünschte Vollmacht zur Auflösung des Reichstages erhält und daher am 28. 1. 1933 seinen Rücktritt einreichen muss. Damit entgeht

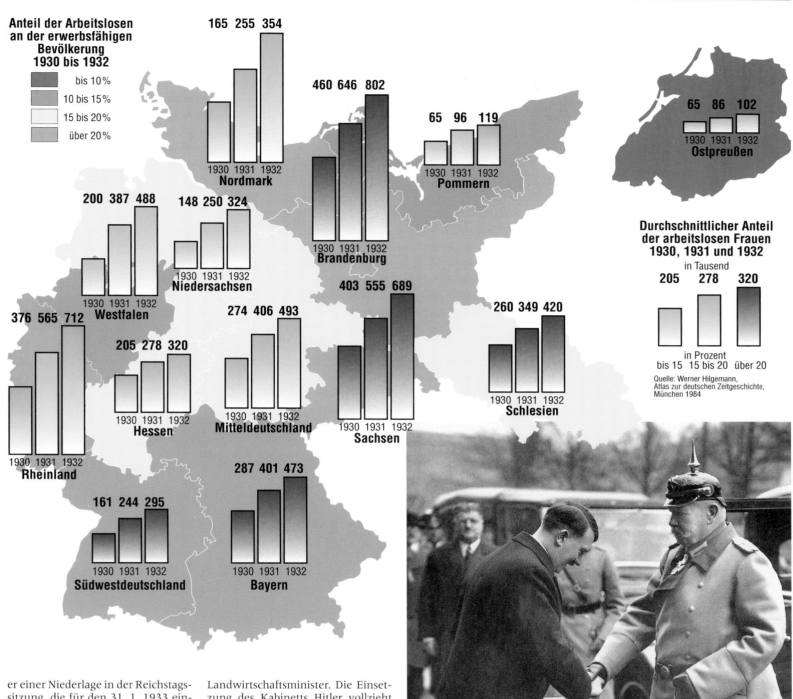

Anteil der Arbeitslosen an der erwerbsfähigen Bevölkerung 1930 bis 1932

- bis 10 %
- 10 bis 15 %
- 15 bis 20 %
- über 20 %

165 255 354
1930 1931 1932
Nordmark

460 646 802
1930 1931 1932
Brandenburg

65 96 119
1930 1931 1932
Pommern

65 86 102
1930 1931 1932
Ostpreußen

200 387 488
1930 1931 1932
Westfalen

148 250 324
1930 1931 1932
Niedersachsen

376 565 712
1930 1931 1932
Rheinland

205 278 320
1930 1931 1932
Hessen

274 406 493
1930 1931 1932
Mitteldeutschland

403 555 689
1930 1931 1932
Sachsen

260 349 420
1930 1931 1932
Schlesien

161 244 295
1930 1931 1932
Südwestdeutschland

287 401 473
1930 1931 1932
Bayern

Durchschnittlicher Anteil der arbeitslosen Frauen 1930, 1931 und 1932

in Tausend
205 278 320

in Prozent
bis 15   15 bis 20   über 20

Quelle: Werner Hilgemann, Atlas zur deutschen Zeitgeschichte, München 1984

er einer Niederlage in der Reichstagssitzung, die für den 31. 1. 1933 einberufen ist. In der Kabinettssitzung am 28. 1. berichtet Schleicher über die kurze Unterredung mit Hindenburg: Auf seine Bitte um Anweisung zur Auflösung habe Hindenburg erwidert, *„dass es dem jetzigen Kabinett nicht gelungen sei, eine parlamentarische Mehrheit für sich zu gewinnen. Er hoffe, nun ein Kabinett zu bekommen, das in der Lage sein werde, seine Gedanken durchzuführen."*

Nun ist der Weg frei für Papen: Schon am 30. 1. vereidigt Hindenburg das Hitler-Kabinett, an dem drei Nationalsozialisten und neun Konservative teilhaben. Papen wird Vizekanzler, Hugenberg Wirtschafts- und Landwirtschaftsminister. Die Einsetzung des Kabinetts Hitler vollzieht sich nicht als Staatsstreich, aber auch nicht als Übernahme der Regierungsverantwortung durch eine Koalitionsregierung, die über eine Mehrheit im Parlament verfügt. Das Kabinett Hitler ist ein Präsidialkabinett wie alle seine Vorgänger seit 1930.

Hitler, Führer einer dynamischen Massenpartei und einer nach Hunderttausenden zählenden paramilitärischen Organisation (SA/SS), hat aus seinen Zielen – Zerstörung der demokratischen Republik und Unterdrückung und Verfolgung der politischen Gegner – nie ein Hehl gemacht. Jetzt kann er sein Programm in die Tat umsetzen.

In die Diktatur

„Hitlers Ernennung zum Reichskanzler am 30. Januar 1933 markiert eine Zäsur in der Deutschen Geschichte. Doch entschied dieser Tag schon über die Zerstörung des Deutschen Reiches und die Teilung Europas? War das Ende des »Führerstaates« bereits besiegelt, noch ehe die Fundamente lagen? Bei aller Folgerichtigkeit, die wir rückschauend erkennen, war der Weg in die Katastrophe nicht zwangsläufig. Auch in der Geschichte des Dritten Reiches gab es Wendepunkte und Alternativen, und im Letzten war sie offen wie alle Geschichte."

Norbert Frei, 1996

Am Morgen des 30. Januar 1933, nach der Ernennung Hitlers zum Reichskanzler, sind die Größen des Reiches zufrieden: Vizekanzler Franz von Papen mit seinem politischen Geschick, zum richtigen Zeitpunkt den seiner Meinung nach richtigen Mann zum Kanzler vorgeschlagen zu haben, und auch Reichspräsident Hindenburg, sieht er doch im neuen Kabinett vertraute Gesichter, wie den Außenminister Konstantin von Neurath, Finanzminister Lutz Graf Schwerin von Krosigk und Justizminister Franz Gürtner.

Als der neue starke Mann im Kabinett gilt allgemein der Parteiführer der DNVP, Alfred Hugenberg. Er herrscht über ein Zeitungsimperium, vereinigt das Wirtschafts- und Landwirtschaftsministerium in seiner Hand und übernimmt kommissarisch auch die entsprechenden preußischen Ministerien. Generalleutnant von Blomberg steht dem Reichswehrministerium vor. Die drei Nationalsozialisten, neben Hitler noch Wilhelm Frick als Innenminister und Hermann Göring als Minister ohne Geschäftsbereich, scheinen dem überwiegend von Konservativen besetzten Kabinett nicht gefährlich werden zu können: Die Nationalsozialisten würden in dem ihnen ungewohnten Regierungsgeschäft bald abwirtschaften.

Die Dämme brechen

Im April 1933 berichtet der französische Botschafter in Berlin, André François-Poncet, seiner Regierung nach Paris: *„Als am 30. Januar das Kabinett Hitler/Papen an die Macht kam, versicherte man, dass in der Regie-*rung die Deutschnationalen […] Hitler und seinen Mitkämpfern Paroli bieten würden, dass die Nationalsozialisten mit der Feindschaft der Arbeiterklasse zu rechnen haben und dass schließlich die Katholiken der Zentrumspartei die Legalität verteidigen würden. Sechs Wochen später musste man feststellen, dass all diese Dämme, die die Flut der Hitler-Bewegung zuückhalten sollten, von der ersten Welle hinweggespült wurden."* In der Tat brechen durch die Dynamik der nationalsozialistischen Bewegung, die jetzt ungebremst mit ihren politischen Gegnern abrechnet, die Dämme. Doch diese Dämme sind längst schon unterhöhlt, denn die immer wieder betonten Parolen von der nationalen Erlösung, die nur die NSDAP zuwege brächte, zeigen jetzt Wirkung.

SPD und KPD werden von der Ernennung Hitlers zum Kanzler überrascht und haben keine Strategie dagegen entwickelt. Die KPD hält starr an ihrer »Sozialfaschismus-Theorie« fest, die in einer reformistischen SPD-Führung den eigentlichen politischen Gegner erkennt; und die SPD meint, Hitler werde sich wegen seiner Abhängigkeit von Großgrundbesitzern und Großindustriellen rasch verbrauchen.

Gelähmte SPD

In Wahrheit ist die SPD-Führung durch den »Preußenschlag« Papens vom 20. 7. 1932 schwer angeschlagen. Damals setzte Reichskanzler Papen die preußische Regierung unter SPD-Ministerpräsident Otto Braun per Notverordnung ab.

„Dass die einstmals mächtigste Arbeiterbewegung der Welt auch durch die Massenarbeitslosigkeit zutiefst verunsichert war und kaum zu einem Generalstreik zu bewegen sein würde, war den Gewerkschaftsführern nach dem 30. Januar 1933 ebenso bewusst wie zuvor am 20. Juli 1932 (»Preußenschlag«)", so der Historiker Hans-Ulrich Thamer.

Einmal im Amt des Reichskanzlers und als Chef einer Präsidialregierung, nimmt Hitler kein Blatt mehr vor den Mund und erklärt bereits am 3. 2. 1933 in einer Rede vor Truppen- und Wehrkreisbefehlshabern: Er wolle Parlamentarismus und Demokratie abschaffen. Ein Stichwortprotokoll berichtet: *„Völlige Umkehrung der gegenwärtigen Zustände in Deutschland. Keine Duldung der Betätigung irgendeiner Gesinnung, die dem Ziel entgegensteht (Pazifismus!). Wer sich nicht*
bekehren lässt, muss gebeugt werden. Ausrottung des Marxismus mit Stumpf und Stiel. […] Todesstrafe für Landes- und Volksverrat."*

Zwei Tage zuvor erwirkte Hitler vom Reichspräsidenten die Auflösung des Reichstages, da *„sich die Bildung einer arbeitsfähigen Mehrheit als nicht möglich herausstellt."* Hitler trägt alles dazu bei, dass eine Koalition mit anderen Parteien, die DNVP ausgenommen, nicht zustande kommt.

Ein letzter Wahlkampf

Die Neuwahlen für den Reichstag werden für den 5. 3. 1933 angesetzt und die Nationalsozialisten wissen den umgehend einsetzenden Wahlkampf zu führen. Hitler als Person steht im Mittelpunkt der Agitation; Hitler, der »Retter«, der »Erlöser«, der charismatische Staatslenker, der die Wähler von ihren Ängsten befreit und ihre Sehnsüchte erfüllt.

Der Wahlkampf wird unter dem Motto »Kampf dem Marxismus« geführt und richtet sich gegen beide Linksparteien. Der daraufhin von den Kommunisten propagierte Aufruf zum Generalstreik gibt Hitler am 4. 2. 1933 die Möglichkeit, mittels Notverordnung »Zum Schutze des deutschen Volkes« die Presse- und Versammlungsfreiheit einzuschränken. Darüber hinaus bietet sich die Chance, politische Parteien mundtot zu machen, wenn *„unmittelbare Gefahr für die öffentliche Sicherheit"* besteht. Der Minister ohne Geschäftsbereich Hermann Göring nutzt die Gelegenheit und setzt in Preußen eine gnadenlose Verfolgung politischer Gegner in Gang. Hitlers Propagandist und Demagoge Joseph Goebbels notiert voll Bewunderung: *„Göring räumt in Preußen auf mit einer herzerfrischenden Forschheit. Er hat das Zeug dazu, ganz radikale Sachen zu machen, und auch die Nerven, um einen harten Kampf durchzustehen."*

Hitler nützt den Brand des Reichstagsgebäudes, um das Deutsche Reich in seine Diktatur zu zwingen (Bild unten). – Mittel des Terrors: Konzentrationslager, SA-Brigaden, Volksgerichtshöfe (Karte rechts).

DEM DEUTSCHEN VOLKE

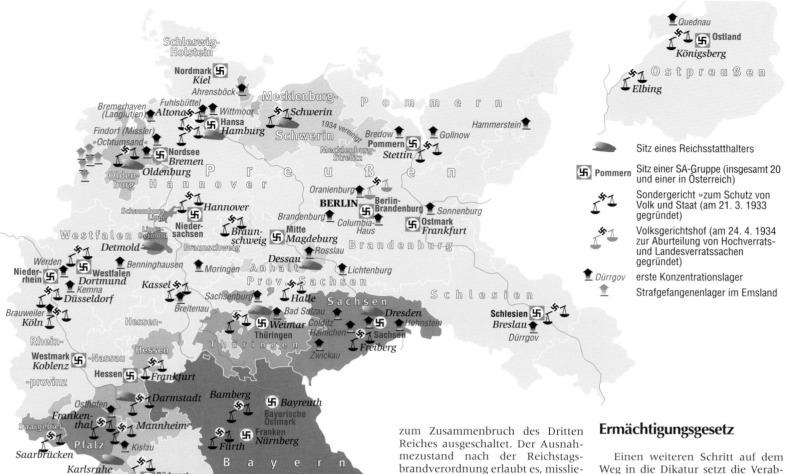

Sitz eines Reichsstatthalters

🔨 Pommern   Sitz einer SA-Gruppe (insgesamt 20 und einer in Österreich)

Sondergericht »zum Schutz von Volk und Staat (am 21. 3. 1933 gegründet)

Volksgerichtshof (am 24. 4. 1934 zur Aburteilung von Hochverrats- und Landesverratssachen gegründet)

Dürrgov   erste Konzentrationslager

Strafgefangenenlager im Emsland

Die demokratischen Bastionen sind nur noch Ruinen, dafür hat schon Papen mit seinem »Preußenschlag« gesorgt, als er in der Verwaltung die Entlassung der republiktreuen Beamtenschaft veranlasste. Jetzt werden die Polizeibeamten angewiesen, mit den Nationalen Verbänden SA, SS und Stahlhelm *„das beste Einvernehmen herzustellen“*.

Der Reichstag brennt

Noch bestehen die Parteien, die zwar dem stärker werdenden Terror der Hitler-Anhänger ausgesetzt, doch noch nicht »ausgeschaltet« sind. Hitler will sie erst später beseitigen, doch da spielt ihm ein unvorhersehbares Ereignis in die Hände: In der Nacht vom 27. auf den 28. 2. 1933 brennt

der Berliner Reichstag. Noch in der Brandnacht steht für die Nationalsozialisten fest, dass es sich um eine kommunistische Verschwörung handeln müsse, nachdem im brennenden Bismarcksaal der holländische Anarchist Marinus van der Lubbe festgenommen wird. Eine Verschwörergruppe kann allerdings nicht ausgemacht werden.

Die Nationalsozialisten wirken überrascht, sie fürchten tatsächlich einen kommunistischen Aufstandsversuch. Hitler überstürzt sich in hysterischen Drohungen: *„Es gibt kein Erbarmen; wer sich in den Weg stellt, wird niedergemacht. […] Die kommunistischen Abgeordneten müssen noch in dieser Nacht aufgehängt werden.“*

In jener Nacht werden alle Grundrechte der Weimarer Verfassung außer Kraft gesetzt und bleiben bis

zum Zusammenbruch des Dritten Reiches ausgeschaltet. Der Ausnahmezustand nach der Reichstagsbrandverordnung erlaubt es, missliebige Personen ohne Beweise und Rechtsbeistand willkürlich zu verhaften und festzuhalten. *„Das war die Scheinlegalisierung der berüchtigten »Schutzhaft«, die als willkürliche Freiheitsberaubung ohne richterliche Nachprüfungsmöglichkeit in den bald darauf eingerichteten Konzentrationslagern an Gegnern des NS-Regimes in barbarischer Weise ausgeführt wird“*, meint Hans-Ulrich Thamer.

Gleichschaltung

Trotz allen Terrors bringen die Wahlen vom 5. 3. 1933 der NSDAP nur 43,9 % und der DNVP nur 8 % der Stimmen. Der Stimmenzuwachs der NSDAP gegenüber den Wahlen vom November 1932 beträgt 10,8 %. Aber NSDAP und DNVP besitzen jetzt gemeinsam die absolute Mehrheit.

„Mit dem Wahltag begann der Prozess der Gleichschaltung in Ländern und Kommunen, aber auch der Verbände und Vereine“, so Hans-Ulrich Thamer.

In den Ländern treten nun elf Reichsstatthalter an die Stelle der Ministerpräsidenten; sie werden vom Reichspräsidenten nach Vorschlägen des Reichskanzlers ernannt. Damit besetzen die Nationalsozialisten auch die höchsten Ämter in den Ländern.

Ermächtigungsgesetz

Einen weiteren Schritt auf dem Weg in die Dikatur setzt die Verabschiedung des »Ermächtigungsgesetzes«, des »Gesetzes zur Behebung der Not von Volk und Reich«. Es erlaubt der Reichsregierung, ohne Zustimmung durch Reichstag und Reichsrat und ohne Gegenzeichnung durch den Reichspräsidenten Gesetze einschließlich des Haushaltsgesetzes zu erlassen. Die Abstimmung über das Ermächtigungsgesetz erfolgt bereits unter verfassungswidrigen Umständen: Die 81 KPD-Abgeordneten und 26 der 120 SPD-Abgeordneten sind verhaftet oder geflohen. Bis auf die SPD stimmen alle Parteien zu. Unerschrocken begründet der sozialdemokratische Parteivorsitzende Otto Wels in einer Rede vor den Abgeordneten – Hitler in brauner Uniform unterscheidet sich in nichts von seinen Paladinen – die Haltung seiner Partei: Eine Regierung könne nur Strenge walten lassen, *„wenn es nach allen Seiten gleichmäßig und unparteiisch geschieht und wenn man es unterlässt, besiegte Gegner zu behandeln, als seien sie vogelfrei. Freiheit und Leben kann man uns nehmen, die Ehre nicht.“* Wels schließt die letzte freie Rede im Reichstag mit einem Bekenntnis zur Demokratie und einem Gruß an *„die Verfolgten und Bedrängten“*.

Otto Wels stirbt am 16. 9. 1939 im Pariser Exil.

Alle Macht dem Führer

„Zerstörung stand am Beginn der nationalsozialistischen Ära und Selbstzerstörung an ihrem Ende. Symbolisiert das Jahr 1933 die parasitäre Zersetzung überlieferter Formen staatlicher und gesellschaftlicher Ordnung im Innern, so 1945 eine nach außen und nach innen gerichtete politische Destruktivität welthistorischen Zuschnitts."

Norbert Frei, 1996

Die Zerstörung des Parlamentarismus und die Ausschaltung des Reichstags bedeuten auch das Ende der Parteien, sofern sie sich nicht selbst auflösen oder im Zug des Gleichschaltungsgesetzes verschwunden sind. Die Vorgehensweise, um Parteien und Verbände zur Aufgabe zu zwingen, ist stets gleich: Drohungen und Verhaftungen. Erstes Ziel der Nationalsozialisten ist die Auflösung der KPD und ihrer Nebenorganisationen. Ihre Mandate werden ersatzlos gestrichen, die KPD ist als politische Partei einfach nicht mehr zugelassen. Katastrophal für die Parteigänger wirkt sich der Umstand aus, dass sie nicht mit der Unterstützung der Bevölkerung rechnen können. Ihre Radikalität während der Weimarer Ära hat sie dem Bürgertum suspekt gemacht. Zudem sind die KPD-Anhänger einem Spitzel- und Denunziantentum ausgesetzt. Bemerkenswert ist, dass jede Hilfe von der Moskauer Zentrale ausbleibt. Man betrachtet dort die Kommunistenverfolgung als innere Angelegenheit Deutschlands.

1. Mai wird Feiertag

Als sozialpolitische Tat sondergleichen lässt Hitler die Einführung des 1. Mai als »Feiertag der nationalen Arbeit« propagieren. Damit wird der seit 1890 als »Kampftag der Arbeiterbewegung« begangene 1. Mai in Deutschland erstmals offizieller Feiertag. Auf dem Höhepunkt der Maifeiern 1933, auf dem Tempelhofer Feld in Berlin, fordert Hitler die Überwindung von *Standesdünkel und Klassenwahnsinn"* und verspricht, für die Zukunft mehr Arbeit zu beschaffen. Die Gewerkschaftsführer hoffen wieder auf ein Weiterbestehen des »Allgemeinen Deutschen Gewerkschaftsbundes«, denn bislang hat die SA schon 46 Gewerkschaftszentralen besetzt und einige freie Ge-

werkschaften bestehen nicht mehr. Der folgende Tag bringt die Ernüchterung: Schlag 10 Uhr vormittags stürmen SA- und SS-Trupps im gesamten Deutschen Reich die noch verbliebenen Gewerkschaftshäuser, nehmen Funktionäre in Schutzhaft, zerstören Einrichtungen und transportieren Akten ab. Die Gewerkschaftskassen müssen samt und sonders ausgeliefert werden.

»Deutsche Arbeitsfront«

An die Stelle des ADGB tritt die von Robert Ley geführte »Deutsche Arbeitsfront« (DAF) und Kommissare übernehmen die Arbeit der ehemaligen Funktionäre. Formal ist die Mitgliedschaft bei der DAF freiwillig, tatsächlich wird auf beitrittsunwillige Arbeitnehmer aber Druck ausgeübt der Organisation beizutreten.

Bereitwillig sparen die Mitglieder auf einen Urlaub, den eine DAF-Unterorganisation, die »Nationalsozialistische Gemeinschaft Kraft durch Freude« (KdF), in fernen Ländern organisiert, oder auf einen KdF-Wagen aus dem Volkswagenwerk Fallersleben bei Wolfsburg.

Die Zerstörung der Gewerkschaften raubt der SPD ihre wertvollste Stütze. Den solidarischen Zusam-

menhalt der Partei bedrohen Auseinandersetzungen um den richtigen Kurs: Stillhalten und so einem Parteiverbot entgehen oder Flucht ins Ausland, um dort den Kampf gegen Hitler aufzunehmen.

Der Entschluss der Nationalsozialisten ist längst gefasst, neben der NSDAP darf keine andere Partei bestehen. Als SPD-Exilanten in Prag zum Sturz des Hitler-Regimes aufrufen, ist der Vorwand gegeben, noch in Deutschland greifbare SPD-Führer zu verhaften; am 22. 6. 1933 wird die SPD verboten.

Damit ist auch das Schicksal der bürgerlichen Parteien besiegelt: Die Deutsche Volkspartei löst sich selbst auf, Zentrum und BVP resignieren, nachdem Massenverhaftungen sie ihrer Führung beraubt haben. Am 5. 7. 1933 gibt das Zentrum als letzte noch bestehende demokratische Partei seine Auflösung bekannt. Auch das Ende der DNVP lässt nicht auf sich warten. Die Parteimitglieder werden als »Hospitanten« in die NSDAP übernommen.

In vorauseilendem Gehorsam unterwerfen sich Akademien und öffentliche Bibliotheken dem neuen Regime. Ab April 1933 kursieren »schwarze Listen« von Schriftstellern, die nach dem Willen der »braunen« Machthaber aus dem Geis-

tesleben des Neuen Deutschland ausgeschlossen werden müssen. Politische Autoren wie August Bebel, Hugo Preuß, Walther Rathenau, Karl Marx, Wissenschaftler wie Albert Einstein, Sigmund Freud und Dichter wie Bertolt Brecht, Stefan Zweig, Kurt Tucholsky, Arthur Schnitzler stehen auf der Verbotsliste. Um die »Schandliteratur« vor aller Augen zu diskriminieren, veranstaltet der NS-Studentenbund am 10. 5. 1933 auf den Plätzen der Haupt- und Universitätsstädte Bücherverbrennungen.

Unter den Büchern sind auch Werke des jetzt geächteten Heinrich Heine, der einst meinte: *„Wo man Bücher verbrennt, dort verbrennt man am Ende auch Menschen."*

Reichskonkordat

Hitler hat mit Hilfe von SA und SS, einer militärisch organisierten Eliteeinheit, der er den Namen »Schutzstaffel« gab, und ihrer Unterorganisationen alle bürgerlich-demokratischen Einrichtungen beseitigt. Nur noch die Kirche steht der Vollkommenheit seines totalitären Machtanspruchs im Wege. Über sie erzielt das neue Regime den ersten außenpolitischen Erfolg: Am 20. 7. 1933 erfolgt in Rom der Abschluss

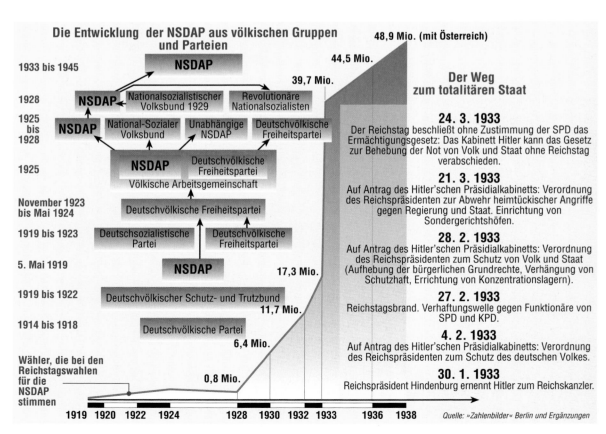

Die Entwicklung der NSDAP aus völkischen Gruppen und Parteien

48,9 Mio. (mit Österreich)
44,5 Mio.
39,7 Mio.

1933 bis 1945 — NSDAP

1928 — NSDAP — Nationalsozialistischer Volksbund 1929 — Revolutionäre Nationalsozialisten

1925 bis 1928 — NSDAP — National-Sozialer Volksbund — Unabhängige NSDAP — Deutschvölkische Freiheitspartei

1925 — NSDAP — Deutschvölkische Freiheitspartei — Völkische Arbeitsgemeinschaft

November 1923 bis Mai 1924 — Deutschvölkische Freiheitspartei

1919 bis 1923 — Deutschsozialistische Partei — Deutschvölkische Freiheitspartei

5. Mai 1919 — NSDAP — 17,3 Mio.

1919 bis 1922 — Deutschvölkischer Schutz- und Trutzbund — 11,7 Mio.

1914 bis 1918 — Deutschvölkische Partei — 6,4 Mio.

Wähler, die bei den Reichstagswahlen für die NSDAP stimmen — 0,8 Mio.

1919 1920 1922 1924 1928 1930 1932 1933 1936 1938

Der Weg zum totalitären Staat

24. 3. 1933
Der Reichstag beschließt ohne Zustimmung der SPD das Ermächtigungsgesetz: Das Kabinett Hitler kann das Gesetz zur Behebung der Not von Volk und Staat ohne Reichstag verabschieden.

21. 3. 1933
Auf Antrag des Hitler'schen Präsidialkabinetts: Verordnung des Reichspräsidenten zur Abwehr heimtückischer Angriffe gegen Regierung und Staat. Einrichtung von Sondergerichtshöfen.

28. 2. 1933
Auf Antrag des Hitler'schen Präsidialkabinetts: Verordnung des Reichspräsidenten zum Schutz von Volk und Staat (Aufhebung der bürgerlichen Grundrechte, Verhängung von Schutzhaft, Errichtung von Konzentrationslagern).

27. 2. 1933
Reichstagsbrand. Verhaftungswelle gegen Funktionäre von SPD und KPD.

4. 2. 1933
Auf Antrag des Hitler'schen Präsidialkabinetts: Verordnung des Reichspräsidenten zum Schutz des deutschen Volkes.

30. 1. 1933
Reichspräsident Hindenburg ernennt Hitler zum Reichskanzler.

Quelle: »Zahlenbilder« Berlin und Ergänzungen

Schirmherrschaft der Nationalsozialisten den Vertrauensmann Hitlers in kirchlichen Fragen, Pfarrer Ludwig Müller, zum »Reichsbischof« gewählt. Im Kampf Niemöllers gegen die staatlich protegierten »Deutschen Christen« entwickelt sich aus seinem »Pfarrernotbund« die »Bekennende Kirche« und wird Träger des kirchlichen Widerstandes. In den folgenden Jahren erhebt die »Bekennende Kirche« trotz Diskriminierung immer wieder ihre Stimme gegen Judenverfolgung, Euthanasie und Konzentrationslager. Niemöller, seit 1. 7. 1937 in Haft, kann erst am Kriegsende von deutschen Soldaten aus einem KZ in Südtirol befreit werden.

Mord in den eigenen Reihen

1934 gerät die NSDAP nochmals in die Krise. Nach der Machtübernahme im März 1933 wächst die SA durch eine große Zahl von Neuaufnahmen – oft verächtlich als »Märzgefallene« bezeichnet – zu einem Millionenheer an, in dem Vorstellungen von einer tief greifenden sozialen Umgestaltung des Deutschen Reiches verbreitet sind. Ihr Führer, Stabschef Ernst Röhm, sieht in der straff geführten Organisation die Basis einer neu zu errichtenden Volksmiliz, in der er die Reichswehr integrieren will. Gegen derartige Pläne erhebt die Reichswehrführung bei Hitler Einspruch. Hitler muss sich entweder für die Reichswehr oder für seinen Parteifreund entscheiden. Da der Krieg für Hitler beschlossen ist und er die Unterstützung des Militärs braucht, lässt er Röhm fallen.

Gerüchte über einen angeblichen Putschversuch Röhms – sie werden von der SS geschürt, die in der SA einen unwillkommenen Konkurrenten sieht – nimmt Hitler zum Anlass, die gesamte oberste SA-Führung, Röhm eingeschlossen, am 30. 6. 1934 ermorden zu lassen. Gleichzeitig entledigt sich der »Führer« des letzten Reichskanzlers, Kurt von Schleicher, und seiner Frau. Die dritte Phase der nationalsozialistischen Machtübernahme ist abgeschlossen: Die Kirche ist beruhigt, die SA entmachtet. Nach Hindenburgs Tod (2. 8. 1934) ernennt sich Hitler staatsstreichartig selbst zum Reichspräsidenten und lässt die Reichswehr einen Treueid auf ihn persönlich leisten – die Tore zur Diktatur stehen offen.

des Reichskonkordats. Auf deutscher Seite führen Vizekanzler Papen und Prälat Kaas, der letzte Vorsitzende der Zentrumspartei, die Verhandlungen; für den Vatikan verhandelt Kardinalstaatssekretär Pacelli, der spätere Papst Pius XII. Das Konkordat enthält Bestimmungen über die öffentliche Ausübung des katholischen Bekenntnisses in Deutschland. Für die Nationalsozialisten von Bedeutung ist der Entpolitisierungsartikel, der den katholischen Geistlichen jede parteipolitische Betätigung verbietet.

Die Unterzeichnung des Vertrages bringt der nationalsozialistischen Regierung einen willkommen Prestigegewinn, widerlegt sie doch, so meint man, den Verdacht ihrer Kirchenfeindlichkeit. Der Vatikan allerdings gerät unter Beschuss der demokratischen Kritik. Er rechtfertigt sein Vorgehen mit der offensichtlich klaren Einstellung des neuen Deutschland gegenüber dem Bolschewismus und der Gottlosenbewegung. 1957 hat das Bundesverfassungsgericht die Rechtmäßigkeit des Reichskonkordats auch für die Bundesrepublik Deutschland festgestellt. Das Konkordat verhindert nicht, dass sich ab 1934 die Konflikte zwischen katholischer Kirche und den Machthabern verschärfen.

Kirche gegen Regime

Engagierter noch als die katholische Kirche stellt sich die evangelische gegen das Regime. Sie sympathisiert zwar anfangs mit den Machthabern und erringt die Anerkennung für die aus ihren Reihen gegründeten »Deutschen Christen«. Aber die Sympathie kehrt sich bald um.

Der in Berlin-Dahlem tätige westfälische Pfarrer Martin Niemöller gründet im Frühjahr 1934 den »Pfarrernotbund« als Gegengewicht zu den »Deutschen Christen«. Diese haben auf einer Nationalsynode in Wittenberg am 27. 9. 1933 unter der

Der Werdegang der NSDAP (Grafik ganz links). – Hohe Justizbeamte auf dem Weg zu einem Staatsakt in der Berliner Oper (Bild oben links). – Bücherverbrennung auf dem Berliner Opernplatz (Bild links).

Hitler auf Erfolgskurs

„Hitler, der sich in der Rheinlandfrage auch unter dem Druck der Aufrüstungsnotwendigkeiten und der Sachargumente der Militärs wusste, hat die Beseitigung dieser letzten Abrüstungsbestimmung von Versailles [Art. 42/43], die in den Locarno-Vertrag von 1925 übernommen worden war und daher unter dem expliziten Schutz der Westmächte und Italiens stand, offenbar vom Frühjahr 1935 ab als nächste Etappe fest im Auge gehabt."

Ludolf Herbst, 1996

Als am 7. 3. 1936 auf Befehl Hitlers deutsche Truppenverbände ins Rheinland einrücken, verstößt der Reichskanzler bewusst gleich zweimal gegen gültiges Völkerrecht: gegen die Verträge von Versailles und Locarno. Versailles bestimmt die Entmilitarisierung des Territoriums links des Rheinufers, Locarno bestätigt dies nochmals ausdrücklich.

Die Besetzung des Rheinlands ist ein außerordentlich gewagtes Unternehmen: Würden Frankreich und Belgien zur Gegenattacke antreten, müsste Hitler seine drei Infanteriebataillone, die er zur Besetzung in Marsch gesetzt hat, zurücknehmen. Sie hätten den Alliierten keinen nennenswerten Widerstand leisten können. Reichskanzler Hitler selbst gibt später zu: *„Die achtundvierzig Stunden nach dem Einmarsch ins Rheinland sind die aufregendste Zeitspanne in meinem Leben gewesen."*

Aber die Franzosen marschieren nicht, weil Großbritannien sich weigert, eine Militäraktion mitzutragen. Zwar beraten am 10. 3. 1936 die Locarno-Mächte in Paris und London über die Rheinlandbesetzung und am 14. 3. tritt auch der Völkerbund deswegen zusammen, doch mehr als eine Protestnote und die Verurteilung des Deutschen Reiches wegen Vertragsbruchs kommt nicht zustande. Man akzeptiert, dass Deutschland die volle Wehrhoheit über das ganze Reichsgebiet wiederhergestellt und dadurch einseitig einen Teil des Versailler Vertrages aufgekündigt hat.

Die Weltkriegsalliierten sollten dies eigentlich als Bedrohung empfinden. Aber sie tun es nicht, sondern nehmen die Begründung Hitlers für sein Vorgehen zur Kenntnis. Er behauptet, der französisch-sowjetische Beistandspakt vom 2. 5. 1935 habe ihn dazu gezwungen, das Rheinland zu besetzen. Das Zusammengehen von Moskau und Paris stößt bei den Garantiemächten des Locarno-Paktes – Großbritannien und Italien – auf wenig Gegenliebe: Beide Staaten sehen, wie Hitler auch, mit Misstrauen, dass die Franzosen über den Weg des Beistandspaktes die Sowjetunion indirekt aus der machtpolitischen Isolation befreien.

Hitler macht Vorschläge

Hitler sieht sich in der Pose eines »europäischen Retters vor der Bolschewisierung«. Dass er kein allzu großes Risiko einging, zeigte sich erst nach Öffnung der geheimen Akten: Sowohl Großbritannien als auch Polen signalisierten schon vor der Rheinlandbesetzung ihre Zustimmung und Italiens Mussolini zeigt sich dankbar für Hitlers Unterstützung im Abessinienkrieg. In Frankreich ist die zaudernde, schwache Übergangsregierung Sarraut im Amt.

Um einem möglichen Widerstand dennoch zu begegnen, wartet Hitler mit einer Reihe von Vorschlägen auf: Fortbestand der Entmilitarisierung am Rhein, allerdings auch auf französischer Seite, ein Dreierpakt zur Sicherheit der belgischen und niederländischen Integrität, ein »Luftpakt« zwischen den drei Mächten Frankreich, Großbritannien und Deutschland sowie ein langfristiger Nichtangriffspakt mit Frankreich. Mit diesen Gegenangeboten, die nahezu vollständig die Vorstellungen der britischen Diplomatie berücksichtigen, verunsichert er sogar Mussolini, der, nach der Besetzung Abessiniens in Paris und London in Ungnade gefallen, eine geheime deutsch-britische Absprache befürchtet.

Weit reichende Wirkungen

Die Auswirkungen des »Wochenendcoups« auf die deutsche Machtstellung in Mitteleuropa reichen über eine verbesserte Handlungsfähigkeit der bewaffneten Macht weit hinaus: Belgien löst sich aus dem Bündnis mit Frankreich und pflegt wieder seine traditionelle Neutralität. Polen und die Kleine Entente – eine gegen die Revisionsbestrebungen Ungarns, Italiens und Bulgariens gerichtete Allianz zwischen Tschechoslowakei, Jugoslawien und Rumänien – verlieren ihr Vertrauen in die Bereitschaft der französischen Armee, ihnen im Ernstfall gegen Deutschland zu Hilfe zu kommen und orientieren sich ab 1936 mehr nach Berlin. Auch Italien bindet sich künftig noch enger an das Deutsche Reich.

Nach der reibungslosen Besetzung des Rheinlandes kann Hitler in den drei Jahren seit der Machtergreifung einen weiteren außenpolitischen Erfolg verbuchen: Am 1. 3. 1935 »holt« er, wie es im propagandistischen Ton der Nationalsozialisten heißt, das Saarland »heim«. Über 90 % der stimmberechtigten Bevölkerung entscheiden sich für den Anschluss an das Deutsche Reich. Als den *„glücklichsten Tag meines Lebens"* bezeichnet Hitler später den 18. 6. 1935, an dem das Flottenabkommen mit Großbritannien unterzeichnet wird. Es legt die Begrenzung der Seerüstung in einem Verhältnis von 35 : 100 fest und schließt den uneingeschränkten U-Boot-Krieg aus. Allerdings bleibt die von Hitler angestrebte Vertiefung der britisch-deutschen Beziehungen aus. Dennoch ermutigt ihn der Prestigegewinn, den er dank seiner außenpolitischen Erfolge im In- und Ausland verbucht, die Außenpolitik des Deutschen Reiches noch mehr als bisher zu beeinflussen. Das passive Verhalten der Westmächte während seines Schritts über den Rhein bestärkt Hitler im Glauben, man könne durch entschlossenes und forsches Auftreten mit den *„schlappen"* Demokratien erfolgreich Politik betreiben. So wird Hitlers Außenpolitik immer aggressiver und risikoreicher.

Der Chef der Heeresleitung, Freiherr von Fritsch, und der Reichskriegsminister von Blomberg bei einer Lagebesprechung mit Hitler (Bild unten). – Das Paktsystem des Dritten Reichs bis Kriegsbeginn (Karte rechts).

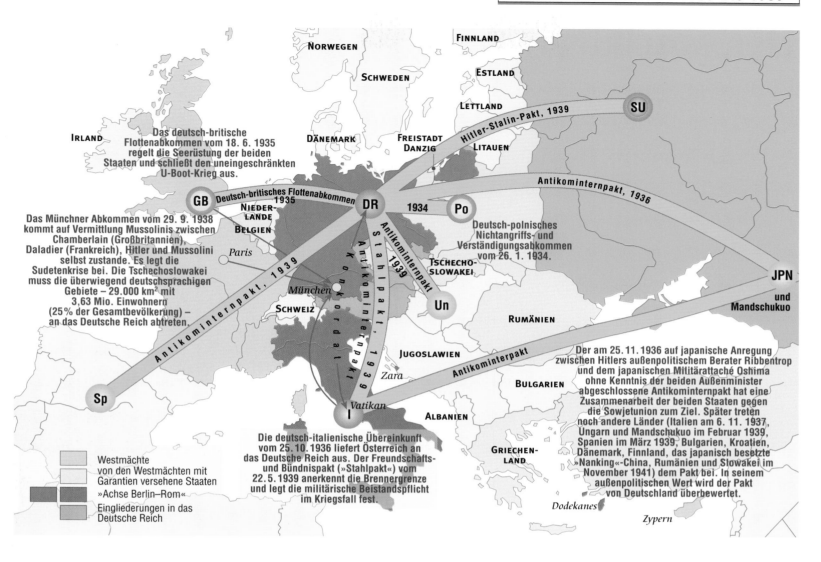

Da der Wunschpartner Großbritannien allen Werbungen widersteht, nähert sich Hitler auf der Suche nach einem gleichwertigen Verbündeten dem faschistischen Italien: Er bewundert den italienischen Staatschef und Diktator Benito Mussolini seit dessen Marsch auf Rom.

Italien, der neue Partner

Mussolini zeigt anfangs für Hitler und die Deutschen wenig Sympathie. Noch 1934 ist ein erster Annäherungsversuch Hitlers kläglich gescheitert: Der Duce (= Führer) trägt durch den Aufmarsch seiner Truppen an der Grenze von Südtirol zu Österreich, der Brennergrenze, zum Misslingen eines nationalsozialistischen Umsturzes in Österreich bei. Hitler hält die Truppenpräsenz damals für gegen sich gerichtet. Tatsächlich aber wartet das Gros der italienischen Kräfte im Pustertal vor Osttirol auf seinen Einsatz, denn Rom vermutet, dass Jugoslawien den Putschversuch

der Nationalsozialisten in Österreich zum Anlass nehmen könnte, um das Klagenfurter Becken zu besetzen. In diesem Falle wäre Italien, um einen jugoslawischen Macht- und Territorialgewinn zu verhindern, über das Gail- und Drautal in Österreich einmarschiert. Als sich aber das Deutsche Reich den Sanktionen des Völkerbundes gegen Italien wegen der Besetzung Abessiniens nicht anschließt, sondern sogar mit dringend benötigten Rohstofflieferungen zu Hilfe kommt, ändert Mussolini seine Meinung über Hitler.

Der Ausbruch des Spanischen Bürgerkriegs lässt die Diktatoren noch enger zusammenrücken, mit einer militärischen Intervention zugunsten des putschenden Franco. Am 25. 10. 1936 kommt in Berlin ein deutsch-italienisches Abkommen zustande, das Mussolini in einer Rede am 1. 11. als »Achse Berlin–Rom« bezeichnet. Im Vertrag anerkennt das Deutsche Reich offiziell die italienische Annexion Abessiniens, beide Staaten beschließen die spanische

Gegenregierung Francos zu unterstützen. Außerdem grenzen sie ihre wirtschaftlichen Interessensphären in Südosteuropa ab. Die »Achse Berlin–Rom« festigt sich weiter durch den Stahlpakt vom 22. 5. 1939. Das Abkommen bezweckt auf der Basis der Anerkennung der Brennergrenze die gegenseitige politische und diplomatische Unterstützung in Fortführung der Achse »Berlin–Rom«. Eine militärische Beistandspflicht auch bei einem Angriffskrieg und die enge Kooperation in der Kriegswirtschaft und im Militärwesen tragen deutlich offensive Züge.

Antikominternpakt

Auf der »Achse Berlin–Rom« und dem »Stahlpakt« baut Hitler seine gewalttätige Annexionspolitik auf. Unbekümmert kann er den nächsten Schritt programmieren: Mitte 1937 liegt eine fertige Studie auf dem Tisch von Hitlers Generalstab, der »Sonderfall Otto«, die militärische Beset-

zung Österreichs. Die eindeutig antikommunistische Grundeinstellung des nationalsozialistischen Deutschen Reiches nimmt Japan zum Anlass, mit Berlin zu beraten, wie eine Strategie zu entwickeln sei, um der „kommunistischen Zersetzung" durch die Kommunistische Internationale (Komintern) entgegenzuwirken. Die Beratungen finden am 25. 11. 1936 mit der Unterzeichnung des »Antikominternpaktes« ihren Abschluss. Dem Vertrag ist ein Geheimabkommen beigefügt, das beiden Staaten gegenseitige Neutralität im Falle eines nicht provozierten Angriffs der Sowjetunion auf eines der beiden Länder zusichert. Außerdem soll keiner der beiden Partner Verträge mit der Sowjetunion eingehen, die dem Geist des Antikominternpaktes widersprechen. Italien schließt sich dem Pakt im November 1937 an. Wie wenig Hitler von dem Zusatzprotokoll hält, zeigt er am 23. 8. 1939: Er schließt mit Stalin den Deutsch-Sowjetischen Nichtangriffspakt, der den Angriff auf Polen ermöglicht.

Der Anschluss: »Heim ins Reich«

„Art. 2. Deutschösterreich ist ein Bestandteil der Deutschen Republik. Besondere Gesetze regeln die Teilnahme Deutschösterreichs an der Gesetzgebung und Verwaltung der Deutschen Republik sowie die Ausdehnung des Geltungsbereichs von Gesetzen und Einrichtungen der Deutschen Republik auf Deutschösterreich."

Österreichisches Staatsgesetz, 1918

Bis 1806 bilden die österreichischen Erbländer und die böhmischen Länder einen Teil des Heiligen Römischen Reiches und Wien ist Sitz des römischen Kaisers und deutschen Königs. Von 1815 bis 1866 nimmt Österreich den Rang einer Präsidialmacht des Deutschen Bundes ein und steht in ständig wachsender Rivalität zum jüngeren Preußen. Habsburg ist im Deutschen Bund mit den Alpen- und böhmisch-mährischen Ländern, dem überwiegend italienischsprachigen Trentino, Triest, Istrien und Krain vertreten, aber ohne Ungarn und die Lombardei. Diese nichtdeutschsprachigen Länder erschweren die Bildung eines großen deutschen Nationalstaates.

Bismarck, ab 1862 preußischer Ministerpräsident, stellt sich gegen eine »großdeutsche« Lösung. Er strebt nach der »kleindeutschen« mit der Vorherrschaft Preußens in einem Deutschland – ohne Österreich.

Loyaler Partner

Der Dualismus Preußen – Österreich endet 1866 auf dem Schlachtfeld von Königgrätz. Österreich erleidet eine demütigende Niederlage und spielt politisch im deutschen Raum keine Rolle mehr. Als Partner bleibt es aber weiterhin für das Deutsche Reich wertvoll. Daher wirbt Bismarck um eine Allianz und hat am 7. 10. 1879 auch Erfolg: Der defensive »Zweibund« zwischen Berlin und Wien hält bis zum Ende des Ersten Weltkriegs. Kaiser Franz Joseph ist dem Deutschen Reich ein verlässlicher Partner: Am 13. 8. 1908 versucht der britische König Edward VII. in Bad Ischl vergeblich, ihn vom Bündnis mit Deutschland abzubringen. *„Sire, ich bin ein deutscher Fürst"*, entgegnet Franz Joseph I. und ist auch weiteren Werbungen nicht zugänglich. Als am Ende des Ersten Weltkriegs die nichtdeutschen Nationalitäten die Monarchie verlassen, entsteht am 30. 10. 1918 ein neuer österreichischer Staat. Wie sehr deutsches Empfinden die Politiker damals beherrschte, zeigt die Suche nach einem passenden Namen für Rest-Österreich. Am 12. 12. 1918 erfolgt die Ausrufung der »Republik Deutschösterreich«, diese Bezeichnung wird in der Verfassung verankert. Artikel 1 des Gesetzes über die Staats- und Regierungsform lautet: *„Deutschösterreich ist eine demokratische Republik"* und Artikel 2 besagt: *„Deutschösterreich ist ein Bestandteil der Deutschen Republik."*

Nicht lebensfähig?

Allgemein herrscht die Meinung vor, dass sich Deutschösterreich dem Deutschen Reich anschließen müsse. Einer der stärksten Befürworter ist der Sozialdemokrat Karl Renner, der Präsident der neuen Republik. Es sind hauptsächlich wirtschaftliche Gründe, die angeführt werden, denn man zweifelt an der Lebensfähigkeit des klein gewordenen Österreich. Die Sozialdemokraten pflegen Anschlussgedanken auch aus politischer Motivation, weil sie eine gesamtdeutsche sozialistische Republik anstreben. Die Deutschnationalen wieder hängen ihrer alten Reichsverbundenheit und dem Traum von 1848 nach. Bis 1933 nehmen so gut wie alle Parteien den Anschluss an Deutschland als Ziel in ihre Programme auf.

Nur die Kommunisten halten am Gedanken der österreichischen Eigenstaatlichkeit fest. Alfred Klahr, ein kommunistischer Publizist, definiert 1937 sogar eine eigene österreichische Nation.

Der Staatsvertrag von St. Germain-en-Laye vom 10. 9. 1919 verbietet den Anschluss an das Deutsche Reich. Das kümmert freilich die westlichen österreichischen Bundesländer nicht besonders. Am 24. 4. 1921 stimmen in Tirol unter Beteiligung der Landesregierung 98 % für den Anschluss, in Salzburg 99,3 %. Immerhin kann der Anschlusswille als politisches Druckmittel eingesetzt werden: Für den Anschlussverzicht gewährt der Völkerbund am 4. 10. 1922 eine Anleihe.

Verbot der österreichischen NSDAP

Auf diesem gut vorbereiteten Boden agieren die Nationalsozialisten mit der Parole »Heim ins Reich« außerordentlich erfolgreich. Bei den Landtagswahlen am 24. 4. 1932 erreicht die NSDAP in Wien, der Hochburg der Arbeiterschaft, 17,4 % der abgegebenen Stimmen. In Niederösterreich liegt sie hinter den 28 Mandaten der Chrisltichsozialen und den 20 Mandaten der Sozialdemokraten mit 8 Mandaten an dritter Stelle. In Innsbruck erweist sich die NSDAP bei den Gemeinderatswahlen vom 23. 4. 1933 als stärkste Partei. Gleichzeitig wachsen Radikalität und Aggressivität der Nationalsozialisten. Mord, Totschlag und Gewalt sind an der Tagesordnung, sodass am 19. 6. 1933 die NSDAP verboten wird. Viele österreichische Nationalsozialisten fliehen nach Bayern und bilden dort die »Österreichische Legion«.

Die Selbstausschaltung des Parlaments, Bürgerkrieg und die Ent-

Hitler bei seinem Einzug in Österreich, vor Stift Melk (Bild unten). – In großer Aufmachung berichten Zeitungen und Zeitschriften über den Anschluss Österreichs an das Dritte Reich (rechts oben). – Der militärische Einmarsch in Österreich (Karte ganz rechts oben).

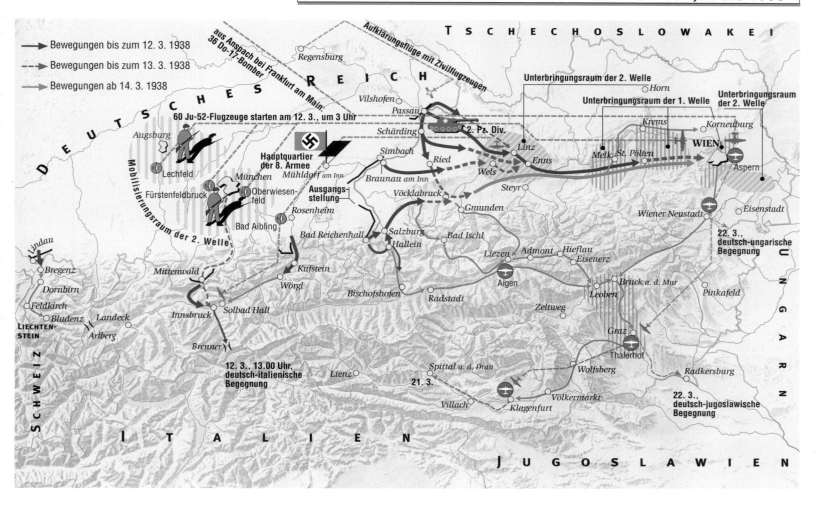

Mord am Kanzler

machtung von Sozialisten und Kommunisten durch die Christlichsozialen und das rechts der Mitte stehende Bundesheer führen Österreich in die Diktatur. Offiziell wird es ein *„christlicher, deutscher Bundesstaat auf ständischer Grundlage"* (1. 5. 1934). Der Vatikan und das faschistische Italien sind seine Schutzmächte. Aus der Abneigung Mussolinis gegen Hitler schlägt die christlichsoziale Regierung Kapital und hofft, Österreich vor einem deutschen Zugriff zu bewahren.

Mord am Kanzler

Trotz Verbot und Verdrängung in die Illegalität sind die österreichischen Nationalsozialisten weiter aktiv. Ihr Putschversuch vom 25. 7. 1934 scheitert zwar kläglich an der mangelhaften Organisation und weil die von Deutschland erwartete Hilfe ausbleibt, er endet mit dem Mord an Bundeskanzler Engelbert Dollfuß: Ein SA-Mann erschießt den Kanzler in dessen Amtsräumen auf dem Wiener Ballhausplatz. Kurt Schuschnigg, sein Nachfolger, setzt den autoritären Stil des Regierens fort, verweigert

weiterhin freie Wahlen und dem größten Teil der Bevölkerung die freie politische Meinungsäußerung. Sozialisten, Kommunisten und Nationalsozialisten bleiben in den »Untergrund« verbannt.

Mit der Machtergreifung Hitlers 1933 wächst der Druck Deutschlands auf Österreich, den Nationalsozialisten die Legalität zurückzugeben. Wirtschaftssanktionen wie die »Tausend-Mark-Sperre« – jeder Deutsche, der in Österreich Urlaub machen will, muss bei der Ausreise 1000 RM hinterlegen – und militärische Drohungen sollen den Alpenstaat gefügig machen.

Doch noch steht der starke italienische Verbündete hinter Österreich und auf seine Intervention kommt das »Juliabkommen« vom 11. 7. 1936 zustande, das die normalen Beziehungen zwischen Wien und Berlin wiederherstellt.

Der Freundschaftspakt zwischen Hitler und Mussolini vom 25. 10. 1936 lässt jedoch Italien von Österreich allmählich abrücken, sodass die Wiener Regierung in eine hilflose Lage gerät.

Den rauhen Wind bekommt Bundeskanzler Schuschnigg am 12. 2.

1938 auf dem Landsitz Hitlers, dem »Berghof« auf dem Obersalzberg bei Berchtesgaden, zu spüren.

Mit wilden Drohungen und in Anwesenheit des Oberkommandierenden der Wehrmacht fordert der deutsche Führer und Reichskanzler die Aufnahme von Nationalsozialisten in die österreichische Regierung, die Generalamnestie für österreichische NSDAP-Mitglieder, die Einstellung der gehässigen Berichterstattung in der Presse, gemeinsame Generalstabsgespräche, die Abstimmung der Außenpolitik, wirtschaftliche Zusammenarbeit u. a. m.

Das Ende Österreichs

Schuschnigg muss das »Berchtesgadener Abkommen« annehmen und ernennt den Nationalsozialisten Arthur Seyss-Inquart zum Innenminister. Zugleich aber ruft der Kanzler das Volk auf, am 12. 3. für ein *„freies und deutsches, unabhängiges und soziales, für ein christliches und einiges Österreich"* abzustimmen. Schuschnigg hofft auf ein eindeutiges Votum aller Bevölkerungsschichten, es soll ihm ein festes Auftreten gegenüber dem

Deutschen Reich ermöglichen. Doch Hitler vereitelt diese Volksabstimmung. Nachdem er aus Italien und Großbritannien erfährt, dass beide Regierungen keinen Einspruch gegen eine Annexion Österreichs erheben werden, gibt Hitler der Wehrmacht den Befehl zum Einmarsch.

Am 12. 3. 1938 marschieren deutsche Soldaten über die österreichische Grenze und werden von der Bevölkerung begeistert empfangen. Hitlers Einzug in Österreich am gleichen Tag gestaltet sich zu einem unbeschreiblichen Triumphzug. Die Begeisterung des Volkes inspiriert den deutschen Reichskanzler: Vom Balkon des Linzer Rathaus verkündet er einer begeisterten Menge, seine *„teure Heimat dem Deutschen Reich wiederzugeben."* Schon am 14. 3. tritt das »Gesetz über die Wiedervereinigung Österreichs mit dem Deutschen Reich« in Kraft. In Wien erklärt der Ministerrat Österreich zu einem Land des Deutschen Reiches, hofft also auf ein Maß innerer Autonomie. Nur Bundespräsident Wilhelm Miklas verweigert die Unterschrift und tritt zurück: Österreich hat nach einer fast 1000-jährigen Geschichte zu bestehen aufgehört.

Die Synagogen brennen

„Auf Befehl des Gruppenführers sind sofort innerhalb der Brigade 50 sämtliche jüdische Synagogen zu sprengen oder in Brand zu setzen."

SA der NSDAP-Brigade 50, 1938

Die Nacht vom 9. auf den 10. November 1938 ist die schwärzeste in der modernen deutschen Geschichte. Jüdische Wohnungen und Geschäfte werden geplündert und verwüstet, Friedhöfe geschändet, Bethäuser und Synagogen in Brand gesteckt, Jüdinnen vergewaltigt, Juden gequält, erniedrigt, totgeschlagen, ermordet. Der jahrelang geschürte Hass auf alles Jüdische reißt die letzten Schranken eines Rechtsstaates nieder und eröffnet den Krieg gegen eine wehrlose Minderheit. Der Auftakt zum kommenden Massenmord ist vollzogen.

Täter und Gaffer

Am Morgen des 10. November übersäen Berge von Glasscherben zerstörter jüdischer Einrichtungen die Straßen deutscher Städte; der Volksmund prägt deshalb den Begriff von der »Reichskristallnacht«. Zur Niedertracht der Taten einiger gesellt sich deren Verharmlosung durch die Masse der Gaffer. Ihr passives Verhalten trägt dazu bei, dass der Ein-

druck eines durch das gesamte deutsche Volk getragenen Racheakts gegen Juden entsteht. In Wahrheit ist der Pogrom von Reichspropagandaleiter Goebbels inszeniert, und Hitler scheint davon gewusst zu haben.

Unmittelbaren Anlass für die blutigen Ausschreitungen liefert das Attentat des 17-jährigen polnischen Juden Herschel Grynszpan auf den Gesandtschaftssekretär Ernst vom Rath in der deutschen Botschaft in Paris (7. 11. 1938). Aus Verzweiflung über die Abschiebung seiner Eltern aus Deutschland nach Polen schießt Grynszpan mehrmals auf den Diplomaten. Ernst vom Rath stirbt an den Folgen des Attentats. Die Todesnachricht trifft am Abend des 9. November gegen 21 Uhr in München ein. Zu diesem Zeitpunkt gedenken im »Alten Rathaussaal« führende Nationalsozialisten des Marsches zur Feldherrenhalle und des missglückten Putsches von 1923. Hitler, im Kreis »alter Kämpfer«, hört die Nachricht vom Tod Ernst vom Raths mit versteinertem Gesicht. Dann flüstert er aufgeregt mit Goebbels und verlässt abrupt die Versammlung, ohne seine mit Spannung erwartete Rede gehalten zu haben. Goebbels ergreift statt seiner das Wort. Er teilt den Anwesenden den Tod des Gesandtschaftssekretärs mit und gibt wüste antisemitische Beschimpfungen von sich. Goebbels ruft nach Vergeltung und Rache und verweist auf antijüdische

In der »Reichskristallnacht« verwüstetes jüdisches Geschäft in Berlin (Bild unten). – Der Pogrom vom 9. 11. 1938 im Dritten Reich (Karte rechts). – Brennende Synagoge in Baden-Baden (Bild rechts unten).

Ausschreitungen, die, schon während vom Rath im Koma lag, an mehreren Orten Deutschlands ausgebrochen seien. Seinen Hinweis auf Hitlers Entscheid, *„dass derartige Demonstrationen von der Partei weder vorzubereiten noch zu organisieren seien, soweit sie spontan entstünden, sei ihnen aber auch nicht entgegenzutreten"*, verstehen die meisten der anwesenden SA- und SS-Führer: Gegen 23 Uhr brechen sie zu ihren Kommandozentralen auf und alarmieren Gauleitun-

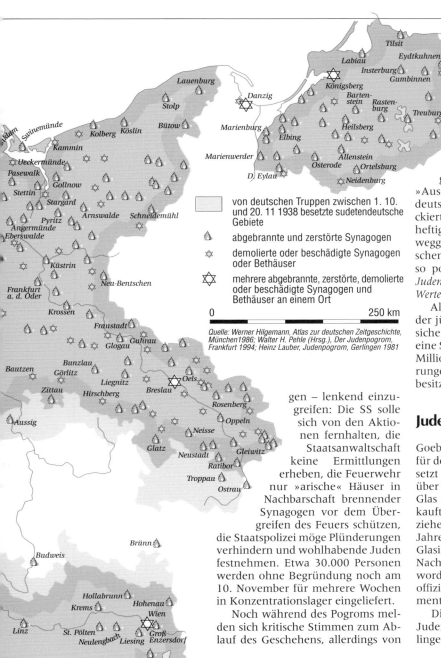

von deutschen Truppen zwischen 1. 10. und 20. 11 1938 besetzte sudetendeutsche Gebiete

⚶ abgebrannte und zerstörte Synagogen

✡ demolierte oder beschädigte Synagogen oder Bethäuser

✡ mehrere abgebrannte, zerstörte, demolierte oder beschädigte Synagogen und Bethäuser an einem Ort

0   250 km

Quelle: Werner Hilgemann, Atlas zur deutschen Zeitgeschichte, München 1986; Walter H. Pehle (Hrsg.), Der Judenpogrom, Frankfurt 1994; Heinz Lauber, Judenpogrom, Gerlingen 1981

jenen, die beauftragt sind, die »Arisierung« der Wirtschaft voranzutreiben: von Reichswirtschaftsminister Funk und dem Bevollmächtigten für den »Vierjahresplan«, Göring. In einer Konferenz am 12. 11. – aus gegebenem Anlass zum Thema »Ausschaltung der Juden aus dem deutschen Wirtschaftsleben« – attackiert Göring Goebbels besonders heftig, nicht aus humanitären Beweggründen, sondern aus ökonomischen. Es wäre ihm lieber gewesen, so poltert Göring, man hätte *„200 Juden erschlagen"* und *„nicht solche Werte vernichtet!"*

Allein die zerschlagenen Scheiben der jüdischen Geschäfte, so der Versicherungsexperte Hilgard, machten eine Schadenssumme von ca. 6 bis 10 Millionen RM aus, die die Versicherungen den zum Teil arischen Hausbesitzern ersetzen müssten.

Juden müssen zahlen

Goebbels' Antwort, die Juden hätten für den Schaden aufzukommen, versetzt Göring in Wut: Da Deutschland über keine Rohstoffe verfüge, müsse Glas gegen Devisen im Ausland gekauft werden. Schaufensterglas beziehe man aus Belgien, eine halbe Jahresproduktion der belgischen Glasindustrie sei in einer halben Nacht von den Akteuren zerschlagen worden. Von den Plünderungen – in offiziellen Meldungen heftigst dementiert – ganz zu schweigen.

Die Bemerkung Goebbels', die Juden mögen für die von NS-Wüstlingen angerichteten Zerstörungen

selbst aufkommen, findet Anklang: Die am Tag der Konferenz ergangene »Verordnung über eine Sühneleistung der Juden deutscher Staatsangehörigkeit« fordert von ihnen die Summe von einer Milliarde RM, zahlbar bis zum 15. August 1939. Das Geld vereinnahmt die Reichskasse.

Die Versicherungen wollen nicht so recht für die Sachschäden in verwüsteten Geschäften und Wohnungen aufkommen. Zahlungen wären, so der Assekuranzvertreter Hilgard, *„eine Abwälzung der dem Judentum auferlegten Strafe auf die rein deutschen Versicherungsgesellschaften. Eine solche Regelung würde die Leistungsfähigkeit der deutschen Versicherer zugunsten Juden schwächen und in höchstem Maße dem gesunden Rechtsempfinden aller Volksgenossen widersprechen."*

Die Versicherungen müssen dennoch zahlen, rund 225 Millionen RM Schadensvergütungen fließen dem Staat zu, die Juden erhalten nichts.

Das Ende der Ausschreitungen wird offiziell noch am 10. November bekannt gegeben. Gegen den Pogrom treten nur wenige auf. In Nürnberg geißelt Pfarrer Geyer am folgenden Sonntag das an Juden begangene Unrecht, auch andere katholische und evangelische Geistliche sagen mutig ihre Meinung.

Der November-Pogrom raubt den Juden jeden gesetzlichen Schutz und verhilft dem rassistischen Antisemitismus zum Durchbruch: Juden werden als Volksschädlinge deklariert. Der Weg zu ihrer physischen Vernichtung ist geebnet.

Drei Wochen nach dem 9. November prophezeit das SS-Organ »Schwarzes Korps« unverhohlen die *„restlose Vernichtung"* des Judentums in Deutschland.

gen – lenkend einzugreifen: Die SS solle sich von den Aktionen fernhalten, die Staatsanwaltschaft keine Ermittlungen erheben, die Feuerwehr nur »arische« Häuser in Nachbarschaft brennender Synagogen vor dem Übergreifen des Feuers schützen, die Staatspolizei möge Plünderungen verhindern und wohlhabende Juden festnehmen. Etwa 30.000 Personen werden ohne Begründung noch am 10. November für mehrere Wochen in Konzentrationslager eingeliefert.

Noch während des Pogroms melden sich kritische Stimmen zum Ablauf des Geschehens, allerdings von

gen und SA-Leitstellen. Sie erteilen ihre Befehle telefonisch: Ab Mitternacht gehen in ganz Deutschland SA-, SS- und HJ-Trupps in Uniform und in Zivil gegen jüdische Geschäfte und religiöse Einrichtungen vor, terrorisieren jüdische Bürgerinnen und Bürger. Die oft missverständlich formulierten Anordnungen enden in unkontrollierter Willkür. Erst nach Mitternacht beginnen höchste Parteistellen – vermutlich aufgrund Hitlers Anweisun-

Instrumente der Vernichtung

„Sie trugen eine schwarze Uniform und waren der Schrecken einer Nation. Sie führten den Totenkopf an ihrer Mütze und schworen dem Führer ewige Treue. Sie folgten der doppelten Sigrune und ermordeten Millionen von Menschen. Kaum ein Lebensbereich der Nation schien vor ihrem Zugriff sicher: Sie kommandierten die Polizei und die Geheimdienste. Sie bewachten Reichskanzlei und Konzentrationslager. [...] Das Volk spürte, dass die unheimliche Organisation ein engmaschiges Netz über das Reich geworfen hatte, aber sehen konnte es die SS-Maschen nicht."

Heinz Höhne, 1992

Herausragendes Machtinstrument des Dritten Reiches sind die »Schutzstaffeln« (SS) der NSDAP. Wie keine andere ist diese Organisation die Verkörperung der nationalsozialistischen Herrenmenschen-Ideologie. Die Frühgeschichte der SS reicht bis ins Jahr 1923. Damals stellt Hitler eine »Stabswache« unter der Führung von J. Berchtold auf und betraut sie mit Schutz- und Sicherungsaufgaben für die NSDAP und für seine eigene Person. Die »Stabswache«, der SA (Sturmabteilung), dem von Hitler schon 1921 gegründeten »Ordnerdienst«, unterstellt, entwickelt sich nur mäßig. Nach dem Hitler-Putsch 1923 verboten, wird sie 1925 mit dem Namen Schutzstaffel neu gegründet. Ihr Aufstieg zur machtvollsten Organisation im Dritten Reich beginnt am 6. 1. 1929. An diesem Tag übernimmt Heinrich Himmler das Kommando. Himmler ist Münchner, von Beruf Diplom-Landwirt und seit August 1923 Mitglied der NSDAP. Er vervielfacht innerhalb kürzester Zeit den Mannschaftsstand: 1929 zählt die Parteipolizei 280 Mann, 1933 gehören ihr schon 52.000 Mann an.

Himmler und die SS

Zum Reichsführer der SS ernannt, prägt Himmler die Truppe nach seinen Vorstellungen. Er fordert von ihr ein bedingungsloses Bekenntnis zu Hitler. Bewerber, die in die SS eintreten wollen, werden in den ersten Jahren nach den rassischen Ausleseprinzipien der NSDAP beurteilt. Anwärter auf eine gehobene Laufbahn haben einen bis 1750 zurückreichenden Ariernachweis zu erbringen, bei allen übrigen genügt ein solcher bis

1800. SS-Männer müssen mindestens 1,80 m groß sein.

Himmler zieht immer mehr Partei- und Staatsaufgaben an sich und die SS. 1931 fällt das neu errichtete »Rasse- und Siedlungsamt« in seine Kompetenz, im gleichen Jahr wird ein eigener SS-Sicherheitsdienst (SD) gegründet. Ihn übernimmt der ehemalige Oberleutnant Reinhard Heydrich. Im März 1933 stellt Himmler eine besonders straff geführte SS-Einheit auf, die »Leibstandarte Adolf Hitler«. Ihr Kommandant ist der aus dem Allgäu stammende gelernte Metzger Sepp Dietrich.

Die SS erweist sich 1934 als willfähriges Instrument der Vernichtung: Auf Befehl Hitlers ermorden SS-Angehörige im »Röhm-Putsch« vermeintliche Aufrührer in der SA. Bisher formal noch der SA unterstellt, löst Hitler die SS nun aus der, wie er meint, unzuverlässigen Organisation und erhebt sie zu einer mächtigen und selbständigen Einrichtung des Regimes. Himmler, von dessen Loyalität Hitler überzeugt ist, steigt 1936 zum Polizeichef ganz Deutschlands auf. Damit beginnt der Prozess der Verzahnung von SS und Polizei, den die Einführung des Himmler unterstellten Reichssicherheitshauptamtes (RSHA) 1939 abschließt.

Terrorzentrale

Das RSHA entwickelt sich zur Zentrale aller nationalsozialistischen Terror- und Repressionsmaßnahmen. Zu ihren vordringlichsten Aufgaben zählen die Bekämpfung politischer Gegner in allen Bereichen des politischen Lebens, auch in den besetzten oder angegliederten Gebieten, die »vorbeugende Verbrechensbekämpfung«, die Verfolgung von Zigeunern, die Tötung Geisteskranker (Euthanasie) und letzten Endes die »Endlösung der Judenfrage«, also Massenmord an den Juden im Machtbereich des Dritten Reichs. Damit verliert die in Misskredit gefallene SA noch eine weitere ihrer ursprünglichen Domänen: Die von ihr errichteten Konzentrationslager gehen in den Wirkungsbereich des Reichsführers SS Himmler über.

Mittlerweile umfasst die SS schon mehrere Organisationen mit unterschiedlichen Aufgaben: Die Allgemeine SS bildet den ursprünglichen Kern, aus dem sich im Laufe der folgenden Jahre Sondereinheiten abspalten. Der SD zum Beispiel, als

Nachrichten- und Abwehrdienst der NSDAP, die SS-Totenkopfverbände, die mit der Bewachung der Konzentrationslager (KL bzw. KZ) betraut sind, und die Verfügungstruppe, die, militärisch bewaffnet und ausgebildet, 1940 die Bezeichnung »Waffen-SS« erhält.

Widerstand der Wehrmacht

Das Hauptaugenmerk Himmlers richtet sich zunächst auf die Verfolgung von Juden und politisch Andersdenkenden und die Reorganisation der Konzentrationslager. Das Ergebnis ist eine Zentralisierung der Lager und ihre Abschottung vor den Hoheitsrechten von Justiz und Reichsinnenministerium, dem der Reichsführer SS Himmler bis 24. 8. 1943 unterstellt ist, sowie eine effizi-

entere Ausbeutung der Häftlinge durch schonungslose Arbeit.

Erwirbt sich die SS in den Bereichen der inneren Sicherheit relativ rasch eine Monopolstellung, so stößt sie mit ihren militärischen Ambitionen auf größeren Widerstand. Wohl besitzt sie mit der »Leibstandarte« und verschiedenen »Politischen Bereitschaften« – im Herbst 1934 zur »Verfügungstruppe« zusammengefasst – sowie Freiwilligenkorps schon früh militärisch ausgebildete Verbände, die der Kontrolle der Armeeführung entzogen sind. Aber diese Einheiten bleiben zahlen- und ausrüstungsmäßig bedeutungslos. Ihr

Stand: Altreich 1933 bis 1937,
Donau- und Alpengaue, Protektorat
Böhmen und Mähren 1938/39

Quelle: Werner Hilgemann, Atlas zur deutschen Zeitgeschichte, 1996; Michael Freeman, Atlas of Nazi Germany, 1987; Krakauer Schreibkalender, 1938; Gerhard Taddey, Lexikon der deutschen Geschichte, 1983; Diercke Schulatlas, 1938 u. a.

0   100 km

einer eigenen »SS- und Polizeigerichtsbarkeit« (17. 10. 1939) gefördert. Weiter gestärkt wird das politische Machtinstrument SS durch die Übernahme von Gestapo und Kriminalpolizei im Herbst 1939 sowie durch die Ernennung Himmlers zum »Reichskommissar für die Festigung des deutschen Volkstums«. Eigenmächtig morden die Himmler unterstellten Verfügungstruppen und der SD in den Ostgebieten Juden und sowjetische Politkommissare.

Im Reich selbst wachen Himmlers Schergen über die Einhaltung der Gesetze und Verordnungen. Verstöße gegen Lebensmittelrationierung und Verbrauchsregelungen, die Hungersnöte vermeiden sollen, werden oft mit dem Tod bestraft. Die »Kriegssonderstrafrechtsverordnung« gibt im § 5 über die »Zersetzung der Wehrkraft« dem Regime die Handhabe, jede kritische Bemerkung über das Kriegsgeschehen als todeswürdiges Verbrechen zu verfolgen. Die »Rundfunkverordnung« untersagt das Hören ausländischer Sender, die

»Volksschädlingsverordnung« findet Anwendung, *„wenn dies das gesunde Volksempfinden wegen der besonderen Verwerflichkeit der Straftat"* erfordert.

Die Geheime Staatspolizei

Eine Sonderstellung bei der Überwachung der Bevölkerung nimmt die Gestapo ein. Am 26. 4. 1933 vom damaligen preußischen Ministerpräsidenten Göring gegründet, übernimmt die Gestapo als politische Polizei die Aufgabe, *„alle staatsgefährlichen Bestrebungen im gesamten Staatsgebiet zu erforschen und zu bekämpfen."* Ihre Tarnung ist geschickt, sie scheint allgegenwärtig zu sein. Dabei sind in der Gestapo nie mehr als 30.000 Personen beschäftigt. Die Informationen bezieht sie von Spitzeln und Zuträgern aus dem Volk.

Die höchste Zahl an Belobigungen und Auszeichnungen Himmlers für die Gestapo-Leitstellen des Dritten Reiches darf die Gestapo-Leitstelle Wien verbuchen.

Standorte der SS (Karte links). – SS-Standarte aus dem Jahr 1931 (Bild links). – Deportation von Juden (Bild unten).

Legende (Karte)

SS-Verfügungstruppe
- SS-Standarte
- SS-Sturmbann
- SS-Junkerschule

SS-Totenkopf-Verbände
- SS-Totenkopfsturmbann
- SS-Totenkopfhundertschaft

Allgemeine SS
- SS-Oberabschnitt
- SS-Abschnitt

Mannschaftsstand beträgt am 1. 1. 1939 nur 14.000 Mann. Dennoch ist das Waffenmonopol des Heeres durchbrochen und soll in Zukunft weiter untergraben werden. Das kündigt bereits der Hitler-Erlass vom 17. 8. 1938 an, der die Aufgabenbereiche der SS im Verhältnis zu Polizei und Wehrmacht regelt und eindeutig feststellt, dass die SS-Verfügungungstruppe weder ein Teil des Heeres noch der Polizei ist, sondern als bewaffnete Truppe nur ihm zur Verfügung steht, eine »Prätorianergarde« des Führers gewissermaßen.

Mit der Schaffung neuer SS-Hauptämter und der Ernennung von höheren SS- und Polizeiführern im November 1937 erhält die SS-Verfügungstruppe noch mehr den Charakter einer »politischen Polizei«. Die höheren SS- und Polizeiführer üben während des Zweiten Weltkriegs in den besetzten Ländern vielfach ein unkontrolliertes Regiment aus und zeichnen für unzählige Morde an der jüdischen Bevölkerung in den Ostgebieten verantwortlich. Die Tendenz zur Verselbständigung der Verfügungstruppe wird mit der Errichtung

Orte des Grauens

„Die ersten KZ gab es im Burenkrieg (1901); so genannte concentration camps wurden von den Engländern als Internierungslager für Zivilgefangene eingerichtet. Im nationalsozialistischen Deutschland dienten sie seit 1933 zur Inhaftierung und Umerziehung aller »missliebigen Elemente« (wie Kommunisten, Sozialisten, Zentrumsangehörige, Geistliche u. a.) und zur Zwangsarbeit: Entstanden sind die KZ im Zuge der Verhaftungswelle nach der Machtübernahme 1933, die dazu führte, dass die Gefängnisse in kurzer Zeit völlig überfüllt waren und zusätzlicher Haftraum benötigt wurde."

Willy Dreßen, 1985

Im Unterschied zu den britischen KZ im Burenkrieg ist das deutsche System der Konzentrationslager ein Strukturmerkmal der nationalsozialistischen Herrschaft. Mehr noch: Die deutschen KZ werden – im programmatischen Ziel der NSDAP, die »Judenfrage in Europa einer Endlösung« zuzuführen – ab 1942 ein Mittel zum Völkermord.

Die ersten so genannten wilden KZ errichten SA, SS und Polizei in Fabriken, Lagerhallen und großen Veranstaltungssälen. In ihnen werden die nach der Reichstagsbrandverordnung in »Schutzhaft« genommenen vermeintlichen Gegner der Nationalsozialisten festgehalten. Hastig improvisierte Lager verschwinden allmählich, jene von Dachau, Oranienburg und Esterwegen bleiben jedoch bestehen. 1935 sind im Dritten Reich auf sieben KZ etwa 8000 Häftlinge verteilt. Nach der Röhm-Affäre (»Röhm-Putsch«) übernimmt die SS von der SA die Organisation der KZ und beginnt sie planmäßig auszubauen. Das Lager Dachau dient als Modell für alle künftigen KZ.

Immer mehr Häftlinge

In der ersten Zeit der nationalsozialistischen Herrschaft kommen in die KZ hauptsächlich politische Schutzhäftlinge, später durch den Erlass des Reichsjustizministeriums über »Berufs- und Gewohnheitsverbrecher und Asoziale« auch Kriminelle, Homosexuelle, Angehörige von Sekten, Landstreicher, »Arbeitsscheue« und Zigeuner. Zur Unterbringung einer so großen Zahl an Häftlingen entstehen ab 1937 die Lager von Buchenwald, Groß-Rosen, Ravensbrück, Flossen-

bürg, Neuengamme und, nach dem Anschluss Österreichs, Mauthausen. Nach dem Judenpogrom der »Reichskristallnacht« vom November 1938 steigt die Zahl der Inhaftierten auf 60.000, 1939 fällt sie wieder auf rund 25.000.

Die »Kapos«

Die äußere Bewachung der Lager übernehmen SS-Wachverbände (Totenkopfverbände), die innere Lagerverwaltung basiert auf dem »Kapo-System«: Das SS-Personal bestimmt Kriminelle als Vorarbeiter (ital. »capo« = »Kopf«), um politische Häftlinge, die oft der Intelligenz angehören, zu diskriminieren.

Die wegen ihrer unterschiedlichen tatsächlichen oder vermuteten Vergehen Inhaftierten kennzeichnet die Lagerverwaltung mit auf dem Kopf stehenden Dreiecken aus farbigem Stoff, die auf die Kleidung genäht werden. Kriminelle Häftlinge tragen grüne, politische rote, asoziale schwarze, Homosexuelle rosa und Bibelforscher violette »Winkel«. Jü-

dische Häftlinge erkennt man an einem gelben Davidstern, ausländische am Anfangsbuchstaben ihres Staatsnamens, der auf dem Winkel angebracht ist.

SS-Wirtschaftsbetriebe

Ab Mitte März 1942 liegt die Leitung der KZ beim Wirtschaftsverwaltungshauptamt der SS. Dieses gründet eigene SS-Wirtschaftsbetriebe und beginnt, das mittlerweile gewaltig angewachsene Reservoir an Häftlingen durch Zwangsarbeit auszubeuten. Sie werden in den »Deutschen Wirtschaftsbetrieben« eingesetzt, von der SS betriebene Firmen, die auf dem Sektor der Erd-, Stein- und Kiesgewinnung, Holz-, Textil- und Lederverarbeitung, Heil- und Nahrungsmittelherstellung tätig sind. Die Zwangsarbeiter werden außerdem der deutschen Industrie, vor allem der Rüstungsindustrie, zur Arbeit zur Verfügung gestellt.

Während des Krieges wächst die Zahl der Konzentrationslager. Die Forschung stellte bisher 17 verschie-

dene Kategorien von über 10.000 nationalsozialistischen Lagern fest. In 26 Lagern der besetzten Ostgebiete werden Menschen erschossen oder in zu Gaskammern umgebauten Lastkraftwagen vergiftet. In 11 Sammelstellen werden unheilbar geisteskranke Ostarbeiter und Polen ermordet. 22 Konzentrationshauptlagern sind 1202 Außenkommandos unterstellt, in denen die Häftlinge durch unmenschliche Arbeitsbedingungen umkommen. Für die männlichen und weiblichen jüdischen Häftlinge sind allein 941 Zwangsarbeitslager zuständig; 1944, nach der Besetzung Ungarns durch deutsche Truppen, nehmen 234 Sonderlager ungarische Juden auf.

Hitlers Drohung

Von den rund 10.000 Lagern liegen 5877 auf polnischem Gebiet. Darunter die Konzentrationshauptlager Auschwitz, Stutthof, Krakau, Lublin und die Todeslager Auschwitz-Birkenau, Belzec, Chelmno, Lublin-Majdanek, Sobibór und Treblinka, deren ausschließlicher Zweck das Töten der dort Eingelieferten ist.

Als Hitler am 30. 1. 1939 vor dem Reichstag droht, *„wenn es dem internationalen Finanzjudentum in und außerhalb Europas gelingen sollte, die Völker noch einmal in einen Weltkrieg zu stürzen, dann wird das Ergebnis nicht die Bolschewisierung der Erde und damit der Sieg des Judentums sein, sondern die Vernichtung der jüdischen Rasse in Europa"*, sind die deutschen Juden bereits rechtlich diskriminiert, wirtschaftlich ruiniert und in ihrer Bewegungsfreiheit eingeschränkt. Straßenbahnfahren ist ihnen verboten, auf Bänken in öffentlichen Parkanlagen prangt die Aufschrift *„Nur für Arier"*. Etwa 70 % der erwerbstätigen Juden dürfen ihren Beruf nicht mehr ausüben, existieren von den kümmerlichen Resten ihres Vermögens oder durch die Unterstützung jüdischer Hilfsorganisationen. Die zwischen 1939 und 1940 von staatlichen Stellen betriebene Auswanderungskampagne nutzen 160.000 Juden zur Flucht.

Völkermord

Das Schicksal der in Deutschland verbliebenen Juden ist zunächst ungewiss, denn konkrete Pläne hat die nationalsozialistische Führung mit ihnen nicht. Am 10. 2. 1942 wird der

Kinder im KZ Auschwitz nach der Befreiung 1945 (Bild unten). – Die Konzentrationslager und Todeslager 1939 bis 1945 (Karte rechts).

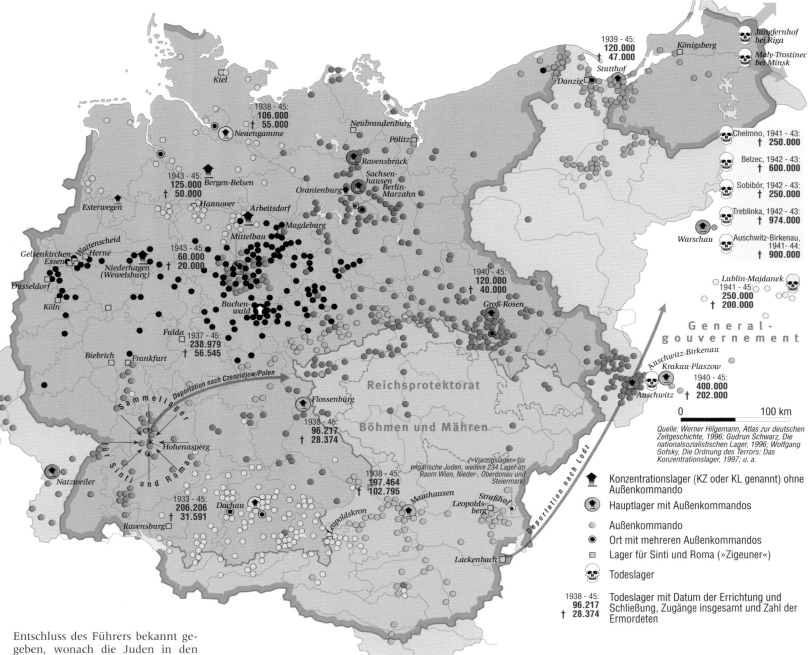

1939 - 45:
120.000
† **47.000**

Jungfernhof bei Riga

Maly-Trostinec bei Minsk

Kiel

Königsberg

Danzig

Stutthof

1938 - 45:
106.000
† **55.000**

Neuengamme

Neubrandenburg

Pölitz

Chelmno, 1941 - 43:
† **250.000**

Belzec, 1942 - 43:
† **600.000**

1943 - 45:
125.000
† **50.000**

Bergen-Belsen

Ravensbrück

Sachsenhausen

Oranienburg

Berlin-Marzahn

Sobibór, 1942 - 43:
† **250.000**

Esterwegen

Hannover

Arbeitsdorf

Treblinka, 1942 - 43:
† **974.000**

Warschau

Auschwitz-Birkenau, 1941 - 44:
† **900.000**

Magdeburg

Mittelbau

Gelsenkirchen
Wattenscheid
Essen
Herne

1943 - 45:
60.000
† **20.000**

Niederhagen (Wewelsburg)

Düsseldorf

Köln

Buchenwald

Groß-Rosen

1940 - 45:
120.000
† **40.000**

G e n e r a l -
g o u v e r n e m e n t

Fulda

1937 - 45:
238.979
† **56.545**

Lublin-Majdanek
1941 - 45:
250.000
† **200.000**

Biebrich

Frankfurt

Auschwitz-Birkenau

Krakau-Plaszow

Deportation nach Czenzidjow/Polen

Reichsprotektorat

1940 - 45:
400.000
† **202.000**

Auschwitz

Flossenbürg

1938 - 45:
96.217
† **28.374**

0   100 km

Böhmen und Mähren

Quelle: Werner Hilgemann, Atlas zur deutschen Zeitgeschichte, 1996; Gudrun Schwarz, Die nationalsozialistischen Lager, 1996; Wolfgang Sofsky, Die Ordnung des Terrors: Das Konzentrationslager, 1997; u. a.

»Vorzugslager« für ungarische Juden, weitere 234 Lager im Raum Wien, Nieder-, Oberdonau und Steiermark)

Natzweiler

1938 - 45:
197.464
† **102.795**

Mauthausen

Straßhof

Leopoldskron

Leopolds-berg

Deportation nach Lodz

⬛ Konzentrationslager (KZ oder KL genannt) ohne Außenkommando

1933 - 45:
206.206
† **31.591**

Hohenasperg

Dachau

⬛ Hauptlager mit Außenkommandos

○ Außenkommando

◉ Ort mit mehreren Außenkommandos

Ravensburg

⬜ Lager für Sinti und Roma (»Zigeuner«)

Lackenbach

☠ Todeslager

1938 - 45:
96.217
† **28.374**

Todeslager mit Datum der Errichtung und Schließung, Zugänge insgesamt und Zahl der Ermordeten

Entschluss des Führers bekannt gegeben, wonach die Juden in den Osten abzuschieben seien.

Tatsächlich aber beginnt mit dem Angriff auf die Sowjetunion die systematische Ermordung der europäischen Juden im Machtbereich des Dritten Reichs. Die vier dem Reichsführer SS Himmler unterstellten und durch Sonderregelung der Wehrmachtsgerichtsbarkeit entzogenen Einsatzgruppen in den besetzten Ostgebieten ermorden in Massenerschießungen über 590.000 Menschen, 90 % von ihnen sind Juden. *„Im Juni 1941 gab Himmler unter Berufung auf Hitler den Befehl, im Lager Auschwitz-Birkenau Massenvergasungsanlagen zu bauen, in denen ab April 1942 Millionen von Juden durch das Gift Zyklon B umgebracht wurden"*, berichtet der Historiker Werner Hilgemann.

Wannsee-Konferenz

Der Mordaktion ist am 20. 1. 1942 eine Besprechung in einem Kripogebäude am Großen Wannsee in Berlin vorausgegangen. SD-Chef Heydrich, Vertreter von Ministerien, Parteidienststellen und SS-Ämtern beraten über die »Endlösung der europäischen Judenfrage«. Heydrich spricht von rund 11 Millionen Juden, die für die »Endlösung« in Frage kommen. Sie sollen nach Osten evakuiert werden. Voraussetzung dafür ist, so Heydrich, die genaue Festlegung der für die Deportation in Frage kom-

menden Personen. Hierfür seien die »Nürnberger Gesetze« ausschlaggebend. Das ist ein Sammelbegriff für zwei Rassengesetze, die am 15. 9. 1935 während des »Reichsparteitags der Freiheit« in Nürnberg verabschiedet wurden: Das »Gesetz zum Schutz des deutschen Blutes und der deutschen Ehre« und das »Reichsbürgergesetz«.

Nach diesen Gesetzen ist Volljude, wer von drei jüdischen Großelternteilen abstammt. Als Jude oder »Mischling« gilt, wer zwei jüdische Großeltern hat, der jüdischen Glaubensgemeinschaft angehört oder mit

einem »Volljuden« oder einer »Volljüdin« verheiratet ist. Auf Grund dieser Gesetze erfolgt die Diskriminierung der Juden im Reich und endet schließlich in ihrer Deportation in Konzentrations- oder Todeslager. An die Stelle der Massenerschießungen tritt die Ermordung durch Auspuffgase in umgebauten Omnibussen, in »Gaskammern« oder durch »medizinische Experimente«, von deren tödlichem Ausgang die Ärzte wissen. Die Leichen werden nach der »Verwertung« etwa vorhandener Goldzähne und der Haupthaare in Krematorien verbrannt.

Die Zahl der zwischen 1939 und 1945 in Konzentrationslagern getöteten Juden liegt nach neuesten Forschungen bei etwa 5 Millionen.

Freie Hand für Hitler

„Das Münchner Abkommen bedeutet das Ende der Tschechoslowakei und das Ende des in den Pariser Vorortevertrögen geschaffenen Europa."

Boris Celovsky, 1958

Unter Berufung und vertrauend auf das 14-Punkte-Programm des US-Präsidenten Woodrow Wilson, erklären 1918 die deutschsprachigen Bewohner Böhmens, Mährens und Österreichisch-Schlesiens – später »Sudetendeutsche« genannt – ihre Absicht, zu Deutschösterreich gehören zu wollen. Doch was der Friedensvorschlag Wilsons anderen Nationalitäten – Slawen, Ungarn und Italienern – des Vielvölkerstaates Österreich erlaubt, gewährt er den Deutschen in Südtirol und in Böhmen und Mähren nicht. Gegen ihren Willen fallen die einen an Italien, die anderen an die Tschechoslowakische Republik.

Deutsche sind zwar in mehreren Parteien im Prager Parlament vertreten, nehmen im normalen Alltag aber nur den zweiten Rang ein. Bodenreformen, Umstrukturierungen, Entlassungen von Beamten und besonders die Weltwirtschaftskrise treffen vor allem sie. Durch die andauernden Benachteiligungen wächst der Unmut. Bis 1933 aber denken die Deutschen in Böhmen und Mähren nicht daran, sich gegen den bestehenden Staat zu stellen. Unter dem Eindruck von Hitlers Machtergreifung ändern viele ihre Meinung.

Konrad Henlein

Am 1. 10. 1933 gründet Konrad Henlein, Akademiker, Bankbeamter und Gauturnwart einer bündischen, aber nicht nationalsozialistischen Bewegung im Egerland, die »Sudetendeutsche Heimatfront«. Sie wird zum Sammelbecken der Deutschen in Böhmen, die sich in einem Radikalisierungsprozess befinden. Mit finanzieller Unterstützung des Dritten Reiches entwickelt sich die Bewegung zur »Sudetendeutschen Partei« (SdP) und erobert 1935 unter Henleins Führung bei den tschechoslowakischen Parlamentswahlen 44 von 300 Mandaten. Zwei Drittel der Deutschen geben Henlein ihre Stimme.

Dieses Ergebnis beeindruckt Hitler und ermutigt ihn, das Reich Schritt für Schritt abzurunden. Durch seine Erfolge in der »Heimholung«

des Saargebiets, mit dem deutsch-britischen Flottenabkommen, der Besetzung des Rheinlands und der »Achse Berlin–Rom« außenpolitisch noch aggressiver geworden, nimmt Hitler Österreich und die Tschechoslowakei ins Visier. Am 5. 11. 1937 findet eine Besprechung mit engsten Mitarbeitern statt. Teilnehmer sind: der Reichsminister ohne Geschäftsbereich Konstantin von Neurath, der Kriegsminister Werner von Blomberg und die Vertreter der drei Wehrmachtsteile, Hermann Göring (Luft), Werner Freiherr von Fritsch (Land) und Erich Raeder (See). Das Ergebnis findet im »Hoßbach-Protokoll« – nach Hitlers Wehrmachtsadjutanten Oberst Hoßbach benannt – seinen Niederschlag. Gemäß Punkt 3 des Protokolls beabsichtigt Hitler im Falle eines englisch-französisch-italienischen Mittelmeerkonflikts noch 1938 die »Ausschaltung« Österreichs und der Tschechoslowakei. Der Überfall auf die Tschechoslowakei sei *„blitzartig schnell"* durchzuführen, so Hitler. Die Aggressivität des Führers erschüttert Blomberg, Neurath und Fritsch; Generaloberst Beck, von Hoßbach unterrichtet, findet den Plan niederschmetternd.

»Fall Grün«

Nach dem reibungslosen Anschluss Österreichs im März 1938 – nur Mexiko und die UdSSR protestierten – will Hitler, unter dem Deckmantel des Selbstbestimmungsrechtes der

Sudetendeutschen, die »tschechische Frage« (»Fall Grün«) lösen. Mit dem Ausspruch *„wir müssen also immer so viel fordern, dass wir nicht zufrieden gestellt werden können"* fordert er Henlein auf, die Prager Regierung unter Druck zu setzen und die Republik von innen sturmreif zu machen. Am 21. 4. 1938 steht Hitlers Plan fest, innerhalb von vier Tagen im Zusammenwirken mit der SdP militärisch vollendete Tatsachen zu schaffen.

Fruchtlose Warnungen

Wilhelm Keitel, der Chef des am 1. 4. 1938 neu errichteten Oberkommandos der Wehrmacht, legt am 20. 5. die Neufassung des »Falles Grün« vor, der Überfall ist programmiert. Die so genannte Wochenendkrise verschärft die Lage: Gerüchte von deutschen Truppenkonzentrationen an der Grenze veranlassen die Prager Regierung eine Teilmobilisierung anzuordnen. Gleichzeitig warnen London und Paris davor, die Tschechoslowakische Republik anzugreifen, dies könne einen allgemeinen Krieg heraufbeschwören. Frankreich und die UdSSR würden ihrer Bündnispflicht gegenüber der Tschechoslowakei nachkommen. Unbeeindruckt teilt Hitler am 28. 5. höchsten Vertretern des Heeres, der Partei und der Regierung die Zerschlagung der Tschechoslowakei als seinen *„unabänderlichen Entschluss"* mit. Der »Fall Grün« solle bis *„spätestens ab 1. 10. 38 sichergestellt sein"*,

Polen und Ungarn seien zum sofortigen Eingreifen gegen die Tschechoslowakei zu veranlassen.

In London läuten die Alarmglocken. Aber von einem ernsthaften Willen, der Tschechoslowakei beizustehen, ist nichts zu merken. Am 21. 7. versichert Premierminister Chamberlain dem deutschen Botschafter Herbert von Dirksen, England wolle auf Prag einwirken, um ein Entgegenkommen in der Sudetenfrage zu erreichen. Zur gleichen Zeit erklärt in Berlin Außenminister von Ribbentrop seinem Staatssekretär von Weizsäcker, Deutschland

Konrad Henlein bei seiner Ankunft in London, vor seinem Gespräch mit Winston Churchill (oben). – Die Viermächtekonferenz in München (Bild unten, von links nach rechts: Chamberlain, Daladier, Hitler, Mussolini). – Das Großdeutsche Reich und seine Gaueinteilung 1942 (Karte rechts).

Altreich

Erweiterungen 1938 (Österreich, Sudetenland)

»Zerschlagung« der »Rest-Tschechei« 1938
(Reichsprotektorat Böhmen und Mähren)

Erweiterungen nach dem 1. 9. 1939

□ Sitz der Gauleitung

☠ Todeslager

0   250 km

sei nötigenfalls schon jetzt wegen der »Tschechei« zu einem großen Krieg mit den Westmächten bereit: *„Für eine Kriegsdauer von beliebiger Länge sind wir mit Rohstoffen ausgerüstet, den Flugzeugbau betreibt Göring so, dass wir jedem Gegner überlegen sind."*

Hektische Vermittlungen

Am 3. 8. entsendet die britische Regierung Viscount Steven Runciman als Vermittler nach Prag. Sein Bericht ist deprimierend: Die Tschechen seien kompromissbereiter als die Deutschen unter Henlein. Der Erfolg seiner Mission, so Runciman, hänge ausschließlich davon ab, *„ob Hitler den Krieg wolle oder nicht."* Nun schaltet sich der tschechoslowakische Staatspräsident Edvard Benesch ein und sichert weitere Zugeständnisse zu, ist sogar bereit, eine Wiedergutmachung an die Sudetendeutschen für erlittene Verfolgung und Ungerechtigkeiten zu leisten.

Auch dieses Eingeständnis begangener Missgriffe nehmen die sudetendeutschen Unterhändler nicht zur Kenntnis. Runciman kehrt unverrichteter Dinge nach London zurück. Hier ist man über die Absichten Hitlers bestens informiert. Kein Geringerer als Generalmajor Ewald von Kleist – er führt im Westfeldzug die nach ihm benannte Panzergruppe und befehligt 1942 bis 1944 die Heeresgruppe A an der Ostfront – erklärt bei seinem Londoner Aufenthalt am 18. 8. 1938 in mehreren Gesprächen die Lage in Berlin. Kleist handelt im Auftrag seines Vorgesetzten, des in Opposition zu Hitler stehenden Generalobersten von Beck. Gesprächspartner sind Unterstaatssekretär Sir Robert Vansittart, Winston Churchill, der zu dieser Zeit nicht an der Regierung beteiligt ist, und David Lloyd George. Sie informieren Premierminister Neville Chamberlain. Doch der misstraut den oppositionellen deutschen Generalität. Er versucht stattdessen, Hitler in ein System kollektiver europäischer Sicherheit einzubinden.

Premier Chamberlain besucht Deutschland dreimal und löst in der deutschen Bevölkerung Erleichterung aus, denn die Kriegspläne Hitlers stoßen auf keine mehrheitliche Zustimmung. Dennoch lässt der Führer von seinen Absichten, der »Zerschlagung der Tschechei«, nicht ab, wie er in einer hasstriefenden Rede am 12. 9. in Nürnberg kundtut.

Appeasement: Westmächte lenken ein

Und wieder geben die Westmächte Hitlers Aggressivität nach. Am 19. 9. empfehlen London und Paris der Prager Regierung die Abtretung des Sudetenlandes an Deutschland ohne Volksentscheid. Dafür bieten sie im Gegenzug eine internationale Garantie der neuen Grenzen an. Nun schwingt sich Hitler noch zum Fürsprecher polnischer und ungarischer Revisionsansprüche gegenüber der Tschechoslowakei auf. Nach der ergebnislosen Konferenz mit Chamberlain in Bad Godesberg (22./23. 9.) und der Rede Hitlers am 26. 9. im Berliner Sportpalast, in der er wenig glaubhaft versichert, das Sudetenland sei seine letzte territoriale Revisionsforderung, rechnet man mit einem baldigen Kriegsausbruch. Die Stimmung der deutschen Bevölkerung sinkt auf den Tiefpunkt. Als am 27. 9. eine kriegsmäßig ausgerüstete motorisierte Division durch Berlin rattert, stößt sie auf die schweigende Ablehnung der Bevölkerung.

Italiens Duce, Benito Mussolini, verfolgt unterdessen mit wachsender Besorgnis die Entwicklung in Mitteleuropa. Auf seine Vermittlung kommt am 29. 9. 1938 in München eine Konferenz zustande, an der die Regierungschefs des Deutschen Reiches, Hitler, Großbritanniens, Chamberlain, Frankreichs, Daladier, und er selbst für Italien teilnehmen.

Ohne Beteiligung der Tschechoslowakei wird die Forderung Hitlers angenommen, dass die Tschechen zwischen dem 1. und dem 10. 10. 1938 das Sudetengebiet dem Deutschen Reich zu überlassen hätten.

Das Münchner Abkommen beseitigt zwar für den Augenblick die von Hitler provozierte Kriegsgefahr, da jedoch eine internationale Garantie der neuen Grenzen nicht zustande kommt, ist es wahrscheinlich, dass Hitler die verkleinerte Tschechoslowakische Republik angreifen wird. Tatsächlich ergeht schon am 21. 10. 1938 seine Weisung für die militärisch-operative Vorbereitung zur *»Erledigung der Rest-Tschechei«*.

Die Würfel sind gefallen

„Ende Mai 1939 stand der Einmarsch in Polen fest. Und obwohl Hitler die Danzig-Frage und die des Baues einer Autobahn durch den Korridor in einer Weise aufwarf, die ihm eine polnische Abfuhr einbringen musste, wodurch er sich ein politisches Alibi zu schaffen versuchte, waren es doch nicht die aktuellen politischen, sondern die ökonomischen Probleme und das langfristige Lebensraumziel, die Hitler bewogen, Anfang September Polen zu überfallen."

Hans-Erich Volkmann, 1997

O bwohl sich die so genannte Zweite Republik der nunmehrigen Tschecho-Slowakei – von den Nationalsozialisten abfällig als »Rest-Tschechei« bezeichnet – vollständig dem Münchner Abkommen unterwirft, muss Staatspräsident Emil Hácha am 14. 3. 1939 zu neuen Verhandlungen nach Berlin. Insgesamt 42.000 km² und 5 Millionen Einwohner hat die Republik an die revisionslüsternen Nachbarn abgegeben. Nicht nur Deutschland holte sich mit dem Sudetenland 29.000 km² und 3,63 Millionen Einwohner, auch Polen nahm sich seinen Teil, das Olsagebiet, und Ungarn riss zuerst die Südslowakei, später auch das autonom gewordene Karpatorussland an sich.

Den herzkranken Hácha erwartet in Berlin nichts Gutes: Am nächsten Tag, um 6.00 Uhr früh, werden deutsche Truppen in die Tschecho-Slowakei einrücken, teilt ihm Hitler mit, sollte er der Auflösung des Staates nicht zustimmen. Hácha bricht ohnmächtig zusammen. Hitlers Leibarzt, Theo Morell, verabreicht dem Patienten eine stärkende Injektion. Hácha unterschreibt das Todesurteil für sein Land. Am 16. 3. 1939 verkündet Hitler in Prag die Errichtung des Protektorats Böhmen und Mähren, die Slowakei wird ein Satellitenstaat Deutschlands.

Die Reaktion im Westen wirkt schwach, London und Paris lassen es bei Protestnoten bewenden.

Neue Forderungen Hitlers

Zwischen Ende Oktober 1938 und Ende März 1939 bemühen sich Hitler und Ribbentrop, sich der Wirtschaftsressourcen Polens zu vergewissern und Polen durch den Beitritt zum Antikominterpakt in die antiso-

wjetische Front miteinzubeziehen. Dem Werben ist jedoch kein Erfolg beschieden, daher geht Hitler wieder wie gewohnt vor, er droht und macht Druck. Er fordert die Freistadt Danzig, eine exterritoriale Auto- und Eisenbahnverbindung als Korridor nach Ostpreußen und eine enge, gegen die Sowjetunion gerichtete Anlehnung Polens an Deutschland. Doch der polnische Außenminister, Oberst Josef Beck, selbstbewusst und von Hitlers Annexionserfolgen unbeeindruckt, lehnt am 26. 3. die seinem Land zugedachte Vasallenrolle ab. Damit ist Polen aus deutscher Sicht endgültig ins Lager der potenziellen Gegner übergewechselt. Nachdem Ende März die Versuche Londons, die Sowjetunion zusammen mit den ostmitteleuropäischen Staaten und den Westmächten in eine Defensivallianz gegen das Deutsche Reich einzubeziehen, am Widerstand Warschaus und Bukarests scheitern, garantieren London und Paris am 31. 3. die polnische Unabhängigkeit. Am 6. 4. wird das Garantieangebot in ein zweiseitiges britisch-polnisches Beistandsversprechen umgewandelt. Zum gleichen Zeitpunkt erteilt Hitler dem Oberkommando der Wehrmacht (OKW) die Weisung, den Angriff auf Polen unter dem Decknamen »Fall Weiß« so zu bearbeiten, *„dass die Durchführung ab 1. 9. 1939 jederzeit möglich ist."* Weiterhin sei der *„Krieg mit überraschenden, starken Schlägen zu eröffnen und zu schnellen Erfolgen zu führen."*

Das Ziel heißt: Osten

Am 28. 4. kündigt Hitler einseitig den deutsch-britischen Flottenvertrag; vom Tag des Abschlusses – dem 18. 6. 1935 – behauptete er einmal, er sei der schönste Tag seines Lebens gewesen. Ebenso einseitig löst Hitler den polnisch-deutschen Nichtangriffspakt. Von Reichspropagandaminister Joseph Goebbels gelenkt, verschärft ab Mai 1939 die deutsche Presse die Berichterstattung über Minderheitenspannungen in Polen und berichtet in marktschreierischem Ton über den Konflikt in und um Danzig.

Zu Wehrmachtsspitzen meint Hitler am 23. 5.: Danzig ist nicht mehr *„das Objekt, um das es geht"*, es handle sich vielmehr *„um die Erweiterung des Lebensraums im Osten und Sicherstellung der Ernährung sowie die Lösung des Baltikum-Problems."* Da Hitler einen Block England – Frankreich – So-

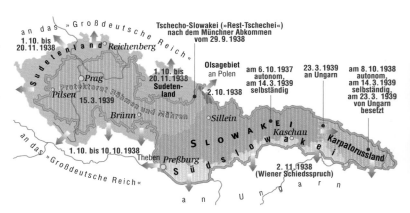

Die »Zerschlagung« der Tschechoslowakischen Republik 1938/39 (Karte oben). – Außenminister Ribbentrop, der sowjetische Staatschef Stalin und sein Außenminster Molotow nach der Unterzeichnung des deutsch-sowjetischen Nichtangriffspakts im August 1939 (Bild unten). – Die deutsch-sowjetische Interessengrenze im östlichen Europa (Karte rechts oben).

wjetunion für möglich hält, befasst er sich am 23. 5. auch mit der Alternative, bald *„den Westen anzufallen und dabei Polen zu erledigen."* Der Kampf mit England, meint der Führer, werde auf *„Leben und Tod"* geführt. Dass Hitler noch immer auf ein Arrangement mit London hofft, zeigt sein Gespräch mit dem Hohen Kommissar des Völkerbunds in Danzig, Carl Jacob Burckhardt, am 11. 8.: *„Alles was ich unternehme, ist gegen Russland gerichtet; wenn der Westen dumm und zu blind ist, dies zu begreifen, werde ich gezwungen sein, mich mit den Russen zu verständigen, den Westen zu schlagen und dann nach seiner Niederlage mich mit meinen versammelten Kräften gegen die Sowjetunion wenden. Ich brauche die Ukraine, damit man uns nicht wieder wie im letzten Krieg aushungert."*

Ein unglaublicher Pakt

Als sich im Juli 1939 herausstellt, dass eine Militärallianz mit Japan nicht zustande kommt, wendet sich Deutschland der Sowjetunion zu. Die steht seit 12. 8. mit Frankreich und Großbritannien in Verhandlungen über ein Militärbündnis. Chamberlain und Daladier weigern sich allerdings, der sowjetischen Forderung nachzugeben und im Konfliktfall den Sowjets ganz Ostmitteleuropa – über die baltischen Völker, die Polen und Rumänen hinweg – zu einem Durchmarsch gegen Deutschland preiszugeben. Die deutlichen Zeichen aus dem Kreml von Iossif Wissarionowitsch Dschugaschwili, genannt Stalin, dem Führer der

Sowjetunion, am 10. 3. auf dem XVIII. Kongress der KPdSU gelten Berlin: Er werde sein Land vor einem Konflikt bewahren, den *„Kriegstreiber, die daran gewöhnt sind, für sich die Kastanien aus dem Feuer holen zu lassen"*, anzetteln, tönt er. Kurz darauf entlässt er seinen Außenminister Litwinow, der jüdischer Abstammung ist. Dieses Zeichen versteht man in der Reichskanzlei. Am 19. 8. erfolgt der erste Schritt der Annäherung, ein Handels- und Kreditabkommen öffnet Berlin den Zugang zu den sowjetischen kriegswichtigen Rohstoffen, eine Grundvoraussetzung für eine erfolgreiche Kriegsführung. Der Kontakt führt im Weiteren zu einem Telegrammwechsel zwischen Stalin und Hitler, der den deutschen Außenminister Joachim von Ribbentrop – in seiner Willfährigkeit gegenüber dem Führer kaum mehr als ein Sonderbotschafter – nötigt, eiligst am 23. 8. 1939 nach Moskau zu fliegen. Ohne die im »Stahlpakt« vom 22. 5. 1939 vereinbarte Konsultation mit Italien zu beachten, unterzeichnet Ribbentrop noch am Tag seiner Ankunft im Beisein Stalins und von dessen neuen Außenminister, Wjatscheslaw Michailowitsch Molotow, den deutsch-sowjetischen Nichtangriffspakt und ein geheimes Zusatzabkommen über die »vierte Teilung« Polens sowie die Abgrenzung der beiderseitigen Interessensphären zwischen Ostsee und Schwarzem Meer. Laut diesem Abkommen fallen Finnland, Estland, Lettland und das rumänische Bessarabien in den Machtbereich Stalins. Der auf zehn Jahre abgeschlossene

Nichtangriffsvertrag sichert Hitler die Neutralität der Sowjetunion bei einem Angriff auf Polen. Auch soll er die Westmächte vor einer Intervention im deutsch-polnischen Konflikt abschrecken und, im Falle eines Angriffs auf den Westen, ihm den Rücken freihalten.

London macht ernst

Am 25. 8. erfolgt die Unterzeichnung des polnisch-britischen Bündnisvertrages, doch London versucht noch einmal, den bevorstehenden Krieg zu verhindern: Chamberlain bietet am 28. 8. über seinen Berliner Botschafter Sir Neville Meyrick Henderson Vermittlungen an. Doch Hitler besteht auf Danzig und den »Korridor« nach Ostpreußen. Ultimativ verlangt er nach einem bevollmächtigten Vertreter Polens, der bis 30. 8. in Berlin zu erscheinen habe. Die Frist verstreicht, kein polnischer Unterhändler kommt, deshalb bezeichnet Ribbentrop Henderson gegenüber die Angelegenheit als erledigt. Da auch Görings Vermittlungsversuche über den schwedischen Industriellen Birger Dahlerus und die von Mussolini am 30. 8. scheitern, beginnt der deutsche Angriff auf Polen am 1. 9. 1939, um 4.45 Uhr.

Um 10 Uhr vormittags tritt Reichskanzler Adolf Hitler in der Uniform eines Soldaten vor den Reichstag und begründet den ohne vorherige Kriegserklärung erfolgten Angriff auf Polen: *„Abgeordnete, Männer des Deutschen Reichstags. Seit Monaten leiden wir alle unter der Qual eines Problems, das uns einst das Versailler Diktat beschert hat und das nunmehr in seiner Ausartung und Entartung unerträglich geworden war. Danzig war und ist eine deutsche Stadt!"* Warum Hitler im Weiteren die Uhrzeit des Angriffs falsch angibt – *„Seit 5 Uhr 45 wird jetzt zurückgeschossen!"* –, ist unklar.

Offizieller Anlass für den Angriff ist ein angeblicher polnischer Überfall auf den deutschen Rundfunksender Gleiwitz im oberschlesischen Industrierevier. In Wahrheit fingiert auf Befehl von SD-Chef Heydrich am Abend des 31. 8. 1939 ein Einsatzkommando unter SS-Sturmbannführer Alfred Helmut Naujock den Anschlag. Damit soll die Weltöffentlichkeit überzeugt werden, dass polnische Grenzübergriffe einen Grad erreicht haben, der militärische Gegenmaßnahmen notwendig macht. Naujock besetzt mit seiner als polnische »Insurgenten« getarnten Gruppe den Senderaum, unterbricht das Programm und lässt einen polnischen Aufruf zum Kampf gegen die Deutschen verlesen. Währenddessen wird Gefechtslärm simuliert und ein als Pole verkleideter Häftling betäubt und erschossen.

Am 3. 9. 1939 stehen die Westmächte zu ihren Verpflichtungen und erklären dem Deutschen Reich den Krieg, ohne Polen wirksam helfen zu können. Auch die Sowjetunion hält still. Erst als die deutschen Truppen der vereinbarten Interessenlinie näher kommen und sie zum Teil bei der Verfolgung des Gegners überschreiten, rückt am 17. 9. 1939 Stalins Rote Armee vor.

Polen, veraltet bewaffnet und unterlegen, kapituliert nach verzweifelter Gegenwehr am 6. 10. 1939.

Verfolgung, Ausbeutung, unendliches Leid und Tod erwarten die polnische Bevölkerung für mehr als ein halbes Jahrzehnt unter deutscher Besatzung.

Bomben, die um 4.34 Uhr von Sturzkampfbombern des Typs Junkers Ju 87 der 3. Staffel des Stukageschwaders 1 auf die Brücke von Dirschau (Tczew) niedergehen, und Granaten, vom Linienschiff »Schleswig-Holstein« um 4.45 Uhr auf polnische Festungsanlagen der Westerplatte vor Danzig abgefeuert, eröffnen den Zweiten Weltkrieg. Er verändert die Welt grundlegend.

Krieg und Niederlage

„Und wenn Kriege, zerstörender und barbarischer als der Dreißigjährige, über Europa hinweggehen und es atomisiert und um Jahrhunderte zurückgeworfen hinterlassen werden, er, der Feind der Menschheit, wird der Urheber gewesen sein."

Thomas Mann, 23. 7. 1939

Durch den deutsch-sowjetischen Nichtangriffspakt vom 23. 8. 1939 verhindert Hitler zwar vorerst eine kriegsentscheidende gegnerische Koalition, es gelingt ihm jedoch nicht, die Westmächte aus seinem am 1. 9. begonnenen Krieg gegen Polen herauszuhalten. Sie verharren zunächst in scheinbarer Ruhe, sodass allgemein vom »Sitzkrieg« an der Westfront gesprochen wird. Doch gerade diese Ruhe zwingt Hitler zum Handeln. Den Versuch Englands, das Deutsche Reich von der schwedischen Erzzufuhr über den norwegischen Hafen Narvik abzuschneiden, kontert Hitler, indem er Dänemark und Norwegen (Unternehmen »Weserübung«, 9. 4. 1940) besetzt. Der nächste »Blitzkrieg« trifft die Niederlande (15. 5.) und Belgien (28. 5.). Das Gros des britischen Expeditionskorps entkommt über Dünkirchen zurück nach England und bildet dort den Kern der Heimatarmee. Wohl wird Frankreich am 22. 6. besiegt und Hitler im Triumphzug in Berlin als »größter Feldherr aller Zeiten« gefeiert, doch die verlorene Luftschlacht um England sowie die Aufgabe des Unternehmens »Seelöwe«, die eine Landung auf der britischen Insel zum Ziel hatte, bringen Prestigeeinbußen.

Zeiten der Siege

Italien, erst ab 10. 6. 1940 am Krieg beteiligt, bereitet zusätzlich Schwierigkeiten. Mussolinis Absicht, vom annektierten Albanien aus Griechenland anzugreifen, droht zu scheitern. Ein sofortiger deutscher Entlastungsvorstoß gegen Jugoslawien (17. 4. 1941) und Griechenland (21. 4. 1941) sowie die Eroberung Kretas verhindern eine Blamage des italienischen Partners, binden aber deutsche Einheiten im aufreibenden Partisanenkampf auf dem Balkan. Die zeitweilig spektakulären Erfolge des deutschen Afrikakorps unter Generalfeldmarschall Erwin Rommel in Nordafrika bringen kaum strategi-

schen Nutzen, denn sie nehmen den Briten nicht die Vorherrschaft im Mittelmeerraum. Malta, Zypern und Gibraltar bleiben in englischem Besitz und sind wichtige Stützpunkte für die Behinderung der Achsenmächte in ihrer Kriegführung. Die Wende in der Wüste von El Alamein zeigt, dass der äußerste Aktionsradius eines funktionierenden Nachschubs für die deutsch-italienischen Verbündeten erreicht ist.

Auch der deutsche Überfall auf die Sowjetunion (22. 6. 1941) ist zum Scheitern verurteilt. Wohl bringt das Unternehmen »Barbarossa« zu Beginn des Feldzugs raschen Geländegewinn, das militärische Ziel Astrachan–Wolga–Archangelsk und die Eroberung Moskaus und Leningrads bleiben aber außer Reichweite.

Der Anfang vom Ende

Die Schlacht um Stalingrad (Dezember 1942 bis Februar 1943), die für Generalfeldmarschall Friedrich Paulus und die 6. Armee in einer Katastrophe endet, bedeutet das Ende der deutschen Erfolge.

Am 11. 12. 1941 erklärt Hitler den USA den Krieg. Er handelt unter Zugzwang, denn das verbündete Japan überfällt am 7. 12. 1941 den US-amerikanischen Kriegshafen Pearl Harbor auf Hawaii und löst damit die Konfrontation mit der Weltmacht aus. Die ersten Amerikaner landen an der Küste Marokkos und Algeriens ab dem 7. 11. 1942 und machen sich für den Sturm auf die »Festung Europa« bereit. Die während der ersten Kriegsjahre erfolgreichen deutschen U-Boote behindern sie dabei nicht. Denn seit britische und US-amerikanische Aufklärungsflugzeuge und Kriegsschiffe mit Radar ausgerüstet sind und die deutschen U-Boote auch unter Wasser aufspüren, sinken die Ziffern versenkter Tonnagen und steigen ihre Verluste.

In Nordafrika sind die deutsch-italienischen Verbände zuletzt auf einen Brückenkopf in Tunesien von Ost und West zusammengedrängt. Nach ihrer Kapitulation (13. 5. 1943) ist der Weg für die Alliierten frei zum Sprung nach Sizilien (10. 7. 1943) und Italien wechselt das Lager, Mussolini wird gestürzt (25. 7. 1943), Marschall Pietro Badoglio nimmt Waffenstillstandsverhandlungen mit den Alliierten auf.

Hitler und seine ihm ergebenen Paladine halten dennoch am »End-

sieg« fest und setzen im Juli 1943 in der Offensive bei Kursk, der »Operation Zitadelle«, alles auf eine Karte. Modernste Panzer sollen den Einbruch der Sowjets bereinigen und zwei sowjetische Fronten (= Heeresgruppen) vernichten. Doch das Unternehmen scheitert, nur mit großer Anstrengung wird der Durchbruch der Roten Armee verhindert.

Die Fronten brechen

Im Januar 1944 bricht der Einschließungsring von Leningrad. Der Wehrmacht gelingt es nicht, die 900 Tage belagerte Stadt auszuhungern und sie – auf Hitlers Befehl – dem Erdboden gleichzumachen. Die Heeresgruppe Nord tritt den Rückzug an; auch die Ukraine muss im April 1944 nach schweren Kämpfen aufgegeben werden. Nach der erfolgreichen sowjetischen Sommeroffensive im Juni 1944 zerbricht die Heeresgruppe Mitte. Die Rote Armee stößt bis zur Weichsel und zum San vor. Hier hält sie – und schaut vom rechten Weichselufer zu, wie die Deutschen den Warschauer Aufstand der polnischen Heimatarmee niederschlagen.

Unterdessen sind am 6. 6. 1944 US-Amerikaner und Briten in der Normandie gelandet und haben ihren Brückenkopf trotz erbitterter deutscher Abwehr erweitert. Am 30./31. 7. 1944 gelingt US-amerikanischen Panzern der Durchbruch bei Avranches, damit ist der Weg nach Paris offen.

Die Niederlage vor Augen, versuchen am 20. Juli 1944 opponierende deutsche Militärs, Hitler durch ein Attentat in dessen Hauptquartier, der »Wolfsschanze« in Ostpreußen, zu

töten. Doch Hitler, von einem schweren Eichentisch geschützt, wird nur leicht verletzt. Oberst Schenk von Stauffenberg, der die Bombe unter dem Tisch deponiert hat, wird auf dem Rückweg zur Zentrale der Aufstandsbewegung in Berlin verhaftet. Der Plan »Walküre«, der die Übernahme der militärischen und vollziehenden Gewalt durch die Putschisten vorsah, ist gescheitert. Mehr als 200 Todesurteile fällt Roland Freisler, Präsident des Volksgerichtshofs; 89 Urteile werden in Berlin-Plötzensee vollzogen.

Ziviler Widerstand

Freisler ist ein unbarmherziger Knecht des Regimes und allgemein wegen seiner brutalen Prozessführung – u. a. gegen die Geschwister Hans und Sophie Scholl, Angehörige der Widerstandgruppe »Weiße Rose« – berüchtigt. Die Geschwister Scholl sind wegen des Abwurfs von Flugblättern in der Münchner Universität, in denen sie zum Widerstand gegen das System aufriefen, am 22. 2. 1943 hingerichtet worden.

Feuersturm

Hamburg ist in einem Feuersturm untergegangen, ebenso Köln, Dresden, das Ruhrgebiet, Stuttgart und viele andere Städte. Die Zerstörungen sind erschreckend und treffen vor allem die Zivilbevölkerung. Die Rüstungsindustrie hat ihre Betriebe längst schon in von Zwangs-, Ost- und Fremdarbeitern angelegte unterirdische Kavernen verlagert. Die dort produzierten »Wunderwaffen«,

Triumph für Moskau: Die sowjetische Fahne weht vom zerstörten Reichstag über Berlin (oben). – Der Zweite Weltkrieg in Europa (Karte rechts).

Von den Deutschen
eroberte Gebiete:

1939

1940

1941

1942

von den Deutschen am Tag der
Kapitulation (7. 5. 1945 in Reims,
9. 5. 1945 in Berlin-Karlshorst)
beherrschte Gebiete

Achsenmächte 1939

Verbündete 1939

Verbündete 1941

Sowjetunion

Alliierte

0   500 km

wie die Fernraketen V1 und V2, die durch die Bombardierung Londons ein britisches Nachgeben erzwingen sollten, oder aber die Düsenflugzeuge vom Typ Me 262 bringen keine Wende. Ebenso scheitert die letzte Offensive größeren Stils – ein Vorstoß durch die Ardennen – im Dezember 1944 an der alliierten materiellen Überlegenheit.

Das Ende des Zweiten Weltkriegs in Europa wird ab 12. 1. 1945 an der Ostfront durch die sowjetische Offensive aus dem Baranow-Brückenkopf an der Weichsel eingeleitet. Ostpreußen geht verloren, Breslau wird eingeschlossen, Wien fällt (13. 4.), um Berlin entbrennt am 25. 4 der Endkampf. Hitler heiratet im Führerbunker noch seine langjährige Freundin Eva Braun, tags darauf begehen beide Selbstmord (30. 4.). Am 7. 3. überschreiten die US-Amerikaner bei Remagen den Rhein und

überrennen die letzten deutschen Reserven, die sich ihnen entgegenstellen: alte Männer und halbe Kinder, zum »Volkssturm« zusammengefasst. Am 25. 4. 1945 ist das Großdeutsche Reich in zwei Hälften geteilt: bei Torgau reichen sich Sowjets und Amerikaner die Hand. Die bedingungslose Kapitulation, auf der Casablanca-Konferenz (24. 1. 1943) von US-Präsident Franklin Delano Roosevelt gefordert, wird am 7. 5.

1945 im Hauptquartier des Oberkommandierenden der Westalliierten, General Dwight David Eisenhower, für das Deutsche Reich von Generaloberst Jodl angeboten. Zwei Tage später, am 9. 5. 1945, kapituliert Generalfeldmarschall Keitel im sowjetischen Hauptquartier Berlin-Karlshorst vor dem russischen Marschall Georgi K. Schukow.

Der Zweite Weltkrieg ist nach fünf Jahren und 251 Tagen zu Ende.

Die uneinigen Vier

„Es war ein Krieg der Ideologien und ein Vernichtungskrieg ohne Parallele in der Geschichte. Auf 33 Millionen wird die Zahl der Opfer nichtdeutscher Nationalität geschätzt, zwischen vier und fünf Millionen Deutsche fanden den Tod. Beispiellos war der Zweite Weltkrieg auch wegen der Verbrechen, denen er als Hintergrund gedient hatte: der Völkermord an den europäischen Juden, an Sinti und Roma, die Ermordung von Behinderten und die Versklavung der polnischen und russischen Zwangsarbeiter. Dem Vernichtungsfeldzug im Zeichen der nationalsozialistischen Ideologie des deutschen »Herrenmenschentums« und des Weltherrschaftsstrebens wurde im Verständnis der westalliierten Demokratien ein Kreuzzug zur Befreiung der Welt vom Nationalsozialismus entgegengesetzt. Die Sowjetunion strebte nach Befreiung von Besatzung und Bedrohung und dann, im Zeichen ihrer expansiven Ideologie, nach Erweiterung und Befriedung ihres Einflussgebiets.“

Wolfgang Benz, 1998

Noch herrscht kein Friede auf der Welt. Wohl ist die Besetzung Deutschlands abgeschlossen; nach Hitlers Freitod nimmt eine Interimsregierung von Großadmiral Dönitz zwischen 2. 5. und 23. 5. 1945 die Geschäfte wahr, bis dieser gefangen gesetzt wird. Ab Juni üben dann die Befehlshaber der vier Siegermächte die Regierungsgewalt in Deutschland aus. Doch im Fernen Osten dauert der Krieg zwischen Japan und den USA noch an. Daran nehmen auf Drängen der US-Amerikaner seit 8. 8. 1945 die Sowjets durch einen Angriff auf das japanisch besetzte Mandschukuo teil.

Kurz zuvor, am 26. 6. 1945, haben 50 Staaten in San Francisco die Charta der »United Nations Organization« (UNO) unterzeichnet und ihren Willen bekundet, für einen weltweiten Frieden zu sorgen.

Konferenz in Potsdam

Dieser Friede wird zunächst gewaltsam hergestellt: Die vernichtenden Feuerschläge der zwei Atombombenabwürfe auf Hiroshima (6. 8.) und Nagasaki (9. 8.) zwingen Japan am 2. 9. 1945 zur Kapitulation. Erst jetzt ist der Zweite Weltkrieg zu Ende, fast auf den Tag genau nach sechs Jahren.

Mittlerweile hat in Potsdam bei Berlin vom 17. 7. bis 2. 8. 1945 die Konferenz der »Großen Drei« stattgefunden. Präsident Harry S. Truman (USA), Premierminister Sir Winston Churchill (Großbritannien) – er wird am 25. 7. von Clement Attlee abgelöst – und Iosiff Wissarionowitsch Stalin (UdSSR) beraten über die Zukunft Deutschlands und der osteuropäischen Staaten. Die »Großen Drei« trafen sich schon einmal – vom 4. bis 11. 2. 1945 – in Jalta auf der Halbinsel Krim. Damals nahm noch der inzwischen verstorbene Franklin D. Roosevelt als US-Präsident daran teil. Und schon damals zeigten sich große Meinungsunterschiede zwischen den Westalliierten und der Sowjetunion über die künftige Aufteilung der Interessensphären in der Welt. Der Anspruch Stalins auf ganz Ost- und Südosteuropa stieß bei Churchill und Roosevelt auf Widerstand. Großbritannien war für die Freiheit Polens in den Krieg gezogen, und jetzt sollte dieses Land, kaum befreit, wieder der Willkür eines Diktators ausgesetzt werden.

Keine Zerstückelung

Annähernd Einigkeit herrscht nur über die Ablehnung der 1943 in der Konferenz von Teheran beabsichtigten Zerstückelung Deutschlands, allerdings aus verschiedenen Motiven: Die Westmächte fürchten aus wirtschaftliche Überlegungen, eine Aufteilung würde Deutschlands Wirtschaftskraft lähmen. Verarmung wäre die Folge, der westlichen Wirtschaft ginge ein Absatzmarkt verloren und Reparationen wären in Frage gestellt. Aus dem gleichen Grund kommt der berüchtigte »Morgenthau-Plan« von US-Finanzminister Henry Morgenthau nicht mehr in Frage, der 1944 Deutschland in eine industrielose Agrargesellschaft verwandeln wollte.

Stalin nimmt von einer Zerstückelung Deutschlands aus ideologischen und wirtschaftlichen Gründen Abstand: Da die Sowjetunion bereits in der Mitte Deutschlands Fuß gefasst hat, erscheint es ihm leicht, nach dem Abzug der westalliierten Besatzung in das entstehende Vakuum nachzustoßen und auch das übrige Deutschland seinem Machtbereich einzuverleiben. Alte Gegensätze zwischen Ost und West brechen wieder auf: Der Demokratie im Westen steht die Diktatur des Ostens gegenüber.

Das zerstörte Köln am 24. 4. 1945 (Bild oben). – Die Zoneneinteilung 1945/46 (Karte rechts). – Demontage von Flugzeugmotoren aus einem Daimler-Benz-Werk bei Berlin (Bild rechts unten).

Das Interesse an einem Gleichgewicht der Mächte auf dem Kontinent ist nicht erloschen: Churchill schreibt am 12. 5. 1945 an Präsident Truman, dass ihn das Vorgehen der Sowjets in Ost-, Südost- und Mitteleuropa zutiefst beunruhige: *„Ein eiserner Vorhang ist vor ihrer Front niedergegangen. […] Es ist kaum zu bezweifeln, dass der gesamte Raum östlich der Linie Lübeck–Triest–Korfu schon binnen kurzem völlig in ihrer Hand sein wird.“* Doch schon vor ihm zeigte sich der US-Botschafter in Moskau, Harriman, am 20. 4. 1945 besorgt: *„Europa [steht] vor einer Invasion der Barbaren.“*

Die Oder-Neiße-Grenze

Die Potsdamer Konferenz bestätigt westliche Befürchtungen: Als am 21. 7. 1945 Deutschlandprobleme erörtert werden, teilt Stalin den Westalliierten mit, dass er die deutschen Gebiete östlich der Oder-Neiße-Linie, mit Ausnahme des Territoriums von Königsberg, den Polen übergeben habe, da alle Deutschen geflohen seien. Truman und Churchill widersprechen heftig, sie befürchten, Deutschland könne sich

ohne seine agrarischen Überschussgebiete nicht ernähren, zudem werde es die Leistungen des oberschlesischen Industriereviers zur Zahlung der Reparationen benötigen.

Doch Stalin hat bereits am 27. 7. 1944 mit dem »Polnischen Komitee zur Nationalen Befreiung« die Grenzen des künftigen Polens abgesteckt. Sie folgen im Westen der Oder und Neiße und im Osten im Wesentlichen jener Linie, die der britische Außenminister George Curzon schon 1919 vorgeschlagen hat. Damals wollte Curzon einen Konflikt zwischen Polen und der Sowjetunion vermeiden; mit dieser Lösung unzufrieden, führte Polen dennoch Krieg und eroberte große Gebiete östlich der so genannten Curzon-Linie. Der Hitler-Stalin-Pakt berücksichtigte 1939 die Curzon-Linie, sie trennte damals die deutsch-sowjetischen Interessensphären. Die von Stalin eigenmächtig verfügte Grenzziehung verhindert in Potsdam eine Verständigung zwischen den Alliierten.

Auch in der Frage der Reparationen gerät die Konferenz in eine Sackgasse: Noch in Jalta meinten die Siegermächte, Deutschland solle dafür keine Geldzahlungen leisten, son-

Map labels

breites Grenzband:
die künftige Bundesrepublik
Deutschland

Demarkationslinie zwischen
britisch-amerikanischen
und sowjetischen Truppen
am 9. 5. 1945

Helgoland

brit. Bombenziel-
und Manövergebiet
1945 bis 1951

Flensburg 5

Kiel 58

Lübeck 20

Rostock

Mecklenburg
Schwerin 15. 1. 1947
gegründet

Stettin

Bremerhaven 36

Hamburg 53,5

Oldenburg 1

Bremen 52

Kontrollgebiet der
Internat. Ruhrbehörde
(1948 bis 1952)

Fassberg

Hannover 51 52

Branden-
burg
24. 7. 1947
gegründet

Bad Oeynhausen

Münster 39

Wunstorf

Braunschweig

Bielefeld 26

50

Potsdam

Magdeburg

BERLIN
Viersektoren-
stadt

Duisburg 65

Essen 50 50,5

Dortmund 66

Sachsen-Anhalt
21. 7. 1947
gegründet

Krefeld 50 61

Düsseldorf 70

Kassel 63

Halle 30

Torgau 25. 4. 1945

Köln 48

Bonn 47

Aachen

Erfurt

Thüringen
20. 12. 1946
gegründet

Leipzig 60

Dresden 25

Sachsen
28. 2. 1947
gegründet

Chemnitz

Wiesbaden

Frankfurt 45

Württemberg-
Baden am
19. 9. 1945
gegründet

Bayreuth

Ludwigshafen 55

Saarland
Anschluss an das
franz. Währungs-
und Zollsystem

Mannheim 48

Karlsruhe 25

Nürnberg 49

20. 11. 1945
Eröffnung des
Kriegsverbrecher-
prozesses

Baden-Baden

Stuttgart 30

Augsburg 24

München 33

französischer
Brückenkopf
1944 bis 1953

Kehl

Königsberg 75

unter
sowjetischer
Verwaltung

Danzig 60

unter
polnischer
Verwaltung

**Zerstörungsgrad wichtiger deutscher
Großstädte**

⬤ über 500.000 Einwohner

◗ 250.000 bis 500.000 Einwohner

Viele Mittel- und Kleinstädte erlitten ungeheure
Zerstörungen: Düren zu 99 %, Paderborn zu 96 %,
Glogau und Küstrin zu 90 %, Bocholt zu 89 %, Hanau
zu 87 %, Gumbinnen und Elbing zu 80 %, Moers
und Gießen zu 76 %, Siegen zu 75 %, Emden und
Würzburg zu 74 %. Göttingen, Eisenach, Oldenburg,
Halle, Zwickau, Erfurt, Gotha, Regensburg und die
»Sanitätsstadt« Heidelberg blieben so gut wie
unbeschädigt.

0   200 km

Breslau 60

Oppeln

Gleiwitz

Besatzungszone

☐ US-amerikanische

☐ britische

☐ französische

☐ sowjetische

☐ polnisch bzw.
sowjetisch verwaltet

⌂ Sitz der Oberbefehlshaber
der Besatzungsmächte

☩ alliierter Flughafen

Body text

dern Sachwerte liefern. Ferner sollten Industrieanlagen demontiert und in die Siegerstaaten geschafft, Waren aus der laufenden Produktion abgeliefert und deutsche Arbeitskräfte zur Verfügung gestellt werden. Die Höhe der Reparationen war nicht festgelegt worden, aber 20 Milliarden US-Dollar, meinte man in Jalta, könnten als Gesprächsgrundlage bei kommenden Verhandlungen dienen. 10 Milliarden davon sollten die UdSSR erhalten. In Potsdam behaupten die Sowjets jetzt, dass ihre Forderungen in Jalta bereits anerkannt worden seien. Churchill und Truman widersprechen: Es bestehe durch die Wegnahme Schlesiens, Ostpreußens und von Teilen Pommerns eine veränderte Lage. Auch darin gelangen die Mächte zu keiner Übereinstimmung.

Ethnische Säuberung

Die USA, noch im Kriegszustand mit Japan und in der Meinung, sie könnten auf den Kriegseintritt der Sowjetunion im Fernen Osten nicht verzichten, lenken doch noch ein. Am vorletzten Konferenztag kommt es nur zu einem formalen Kompromiss: Die Zustimmung der Westalliierten zu den Textpassagen, dass die Gebiete östlich von Oder und Neiße nur der *„Verwaltung des polnischen Staates unterstellt werden sollten"* und dass *„die endgültige Festlegung der Westgrenze Polens bis zur Friedensregelung zurückgestellt werden sollte"*, bestätigt den von Stalin geschaffenen De-facto-Zustand und damit die Vertreibung der Deutschen aus diesen Ländern. Letzteres kümmert den Westen freilich wenig, hatte doch Churchill schon im Dezember 1944 *„das befriedigendste und dauerhafteste Mittel"* Frieden zu stiften genannt: *„Es wird keine Mischung der Bevölkerung geben, wodurch endlose Unannehmlichkeiten entstehen, wie zum Beispiel im Falle von Elsass-Lothringen. Reiner Tisch wird gemacht werden [...]."* Der Begriff »ethnische Säuberung« ist damals noch nicht geläufig.

Reparationen

Auch der Kompromiss über die Reparationen ist folgenschwer: Die Alliierten dürfen aus ihren Besatzungszonen Reparationen ziehen, ohne deren Höhe festzulegen. So geht eine Trennungslinie quer durch Deutschland, die zu einer dauerhaften Strukturgrenze werden wird, denn die USA und Großbritannien nehmen damit die Ausbeutung und Plünderung der Sowjetzone hin. Ihre Repa-

rationsleistung summiert sich letzten Endes auf ein Vielfaches dessen, was die Westzonen zu erbringen haben. Das vereinte Deutschland arbeitet an der Beseitigung der damals in Ostdeutschland angerichteten Schäden noch heute. Für einen kurzen Augenblick der solidarischen Einigkeit der Siegermächte haben die Westalliierten die Einheit Deutschlands geopfert und Leid von Millionen Vertriebenen in Kauf genommen.

Gerangel um Zonen

Die Alliierten gehen zum Alltag über: Sie richten sich in Deutschland ein, um es zu regieren: Jede Besatzungszone ist einem Oberbefehlshaber unterstellt, der nur seiner Regierung Rechenschaft schuldig ist. Um gesamtdeutsche Fragen zu koordinieren, bilden die vier Oberbefehlshaber den »Alliierten Kontrollrat«, der nur einstimmige Beschlüsse fassen kann. Als 1948 der sowjetische Vertreter den Kontrollrat aus Protest verlässt, kommt der gesamte Kontrollapparat zum Stillstand.

Schon vorher entstehen bei der Errichtung der Besatzungszonen zwischen den Alliierten Differenzen: Die Franzosen weigern sich, Karlsruhe und Stuttgart, die sie im Vormarsch genommen haben, jetzt aber

zur US-Zone gehören, zu räumen. Erst massive Drohungen der USA zwingen sie zum Abzug. In Thüringen, Sachsen und Mecklenburg wieder stehen Amerikaner, sie übergeben aber die Gebiete anstandslos an die Sowjets, denen sie zugesprochen sind. Die Sowjets sehen dafür Berlin als Faustpfand an.

Die Stadt, in vier Sektoren geteilt, soll von den Alliierten gemeinsam verwaltet werden. Die Sowjets verzögern die Übergabe der Sektoren an die Westalliierten. Daher marschieren Anfang Juli 1945 US-Amerikaner und Briten in Berlin ein und besetzen ihre Sektoren, die Franzosen folgen im August nach.

Die Franzosen spielen im alliierten Viererregespann eine seltsame Rolle: Weder zur Konferenz von Jalta noch zur Potsdamer Konferenz waren sie geladen. Charles de Gaulle, der provisorische Regierungschef Frankreichs, fühlt sich als zweitklassig behandelt und torpediert, um sich selbst zu beweisen, noch manchen Kontrollratsbeschluss. Aus Protest hält Frankreich auch an den ursprünglichen Plänen Deutschland zu zerstückeln fest. Wie zu den Revolutionszeiten von 1798 strebt es zum Rhein und, nach dem Ersten Weltkrieg auf den Geschmack gekommen, zum Ruhrgebiet. *„Die endgültige Abtrennung"* des rheinisch-westfälischen Gebietes einschließlich des Ruhrgebiets von Deutschland sei *„für die Deckung der französischen Grenze unerlässlich"*, behauptet die französische Regierung.

Der Krieg ist zu Ende, aber auf Deutschland warten schwere Zeiten.

Auseinander statt miteinander

„Nicht nur die Sieger verfolgten unterschiedliche Konzeptionen in ihrer Deutschlandpolitik, auch unter den nach 1945 aktiven deutschen Politikern gab es unterschiedliche Vorstellungen von dem Weg, den Deutschland nach seiner vollständigen Niederlage einschlagen sollte. Man wird die politischen Einflussmöglichkeiten der Deutschen nicht überschätzen dürfen. Die Siegermächte bestimmten die Politik in Deutschland, und sie ließen sich leiten von ihren europa- und weltpolitischen Interessen. Die besiegten Deutschen waren sicher nicht in der Lage, die von diesen Interessen gelenkte Deutschlandpolitik der Siegermächte zu durchkreuzen."

Eckart Thurich, 1991

Zunächst kümmert es die Deutschen wenig, welche politischen Ziele die Siegermächte verfolgen. Zu schwer lasten die Alltagssorgen auf ihnen: Es mangelt an Heizmaterial, Nahrungsmittel sind knapp. Nur 60 % des Lebensmittelbedarfs kann man im Land selbst aufbringen. Für den Rest, zumindest in ihren Zonen, muss jeder britische und US-amerikanische Steuerzahler jährlich 600 US-Dollar aufbringen, errechnen Experten in Washington.

Ein weiteres Problem bildet die zerrüttete Währung. Die Nationalsozialisten haben den Krieg über die Notenpresse finanziert, nun befinden sich 300 Milliarden Reichsmark im Umlauf, denen aber kein Warenangebot gegenübersteht. Darüber hinaus kursieren im Nachkriegsdeutschland drei Währungen: die Reichsmark, mit der staatliche Gehälter ausbezahlt werden, das Besatzungsgeld der Siegermächte, das nicht in Reichsmark umgetauscht werden kann und – Zigaretten, für die man auf dem »Schwarzmarkt« so gut wie alles erhält.

Naturalwirtschaft

Die Naturalwirtschaft blüht, wie in allen Zeiten der Not. Pelzmäntel wechseln für Töpfe und Kannen den Besitzer, ein Klavier gibt man für einen Sack Kartoffeln. Alliierte und die ihnen unterstellten deutschen Behörden bekämpfen den »Schwarzmarkt« – einen Tummelplatz für Schieber und Ganoven – mit Razzien vergeblich. Den »grauen Markt« aber, der so genannte Kompensati-

onsgeschäfte abwickelt, dulden die Alliierten. Ohne den Tausch von Fertigprodukten gegen Rohstoffe funktioniert die Produktion nicht, die aber muss in Schwung kommen, um die Reparationsverpflichtungen der Siegermächte zu erfüllen.

Trotz der beträchtlichen Alltagssorgen nimmt die deutsche Bevölkerung an der Eröffnung des »Hauptkriegsverbrecherprozesses« (20. 11. 1945) in Nürnberg regen Anteil. Angeklagt ist die Führungselite der Nationalsozialisten, soweit die Sieger sie in Gewahrsam bringen konnten. Adolf Hitler, Joseph Goebbels und Heinrich Himmler haben sich einer Anklage durch Selbstmord entzogen.

Am 1. 10. 1946 fällt der Urteilsspruch des Internationalen Gerichtshofs: Zwölf der ursprünglich 24 Angeklagten werden zum Tod durch den Strang verurteilt. Unter ihnen Reichsmarschall Göring, Außenminister Ribbentrop, der Chef des OKW Keitel, Reichsinnenminister Frick, der NSDAP-Gauleiter von Franken, Julius Streicher, und der Reichskommissar der Niederlande, Arthur Seyß-Inquart. Reichsarbeitsführer Robert Ley und Hermann Göring entgehen dem Strang, sie begehen Selbstmord. Gegen NSDAP-Reichsleiter Martin Bormann ergeht das Todesurteil in Abwesenheit. Hitlers Stellvertreter Heß, Wirtschaftsminister Walther Funk und der Oberbefehlshaber der Kriegsmarine, Erich Raeder, erhalten lebenslange Haftstrafen, die übrigen, unter ihnen Hitlernachfolger Karl Dönitz und Rüstungsminister Albert Speer, zeitlich begrenzte. Reichsbankpräsident (bis 1939) Hjalmar Schacht, der »Steigbügelhalter« Hitlers, Franz von Papen, und der Leiter des Deutschen Rundfunks, Hans Fritzsche, werden freigesprochen.

Umerziehung

Danach erfassen Entnazifizierung und »re-education«, die Umerziehung zum demokratischen Geist, das ganze Volk. Mit Fragebögen versuchen die Alliierten, die kleinen »Mitläufer« von den »Hauptschuldigen« unter den Nationalsozialisten herauszufiltern und sie zur Gewissenserforschung über die Mitschuld am nationalsozialistischen Regime anzuregen.

Die Sowjets nutzen in ihrer Zone die Entnazifizierung, um in großem Umfang Enteignungen von Indus-

triebossen und Großgrundbesitzern durchzuführen. Damit schaffen sie die Basis zur Errichtung einer sozialistischen Wirtschaft. So wechseln bei der Aktion »Junkerland in Bauernhand« 35 % der landwirtschaftlichen Nutzungsfläche in der Sowjetischen Besatzungszone (SBZ) den Besitzer. Einer Verstaatlichung der Wirtschaft steht somit nichts mehr im Wege. Dafür haben die Sowjets schon vorgesorgt und deutsche Kommunisten, die vor den Nationalsozialisten ins Moskauer Exil geflohen sind, zurückgeholt. Schon am 30. 4. 1945 landet bei Frankfurt an der Oder die »Gruppe Ulbricht«, die nach der Besetzung Berlins die Arbeit aufnimmt. Walter Ulbricht, der Leiter der Gruppe, ist seit 1919 Mitglied der KPD und seit 1937 im sowjetischen Exil. In Moskau organisiert er 1943 das Nationalkomitee »Freies Deutschland«, das sich den Sturz Hitlers und die Beendigung des Krieges zum Ziel setzt.

KPD erste Partei

Auch andere Kommunisten werden aktiv, in Mecklenburg die »Gruppe Sobottka«, in Sachsen die »Gruppe Ackermann«: *„Es muss demokratisch aussehen,"* erklärt Wolfgang Leonhard, führendes Mitglied der Gruppe Ulbricht, seine Direktiven, *„aber wir müssen alles in der Hand haben."* Das haben die Männer um Ulbricht aber nicht, denn dafür sorgen Vertreter der SMAD (Sowjetische Militär-Administration), die mit direkten Anweisungen aus Moskau die deutschen Kommunisten »beraten«.

Am 11. 6. 1945 lassen die Sowjets die KPD als erste Partei in ihrer Zone zu. Das Parteiprogramm scheint durchaus annehmbar: Mit den anderen, ebenfalls im Juni 1945 zugelassenen Parteien – SPD, CDU, LDP – will die KPD ein antifaschistisches, demokratisches Regime, eine parlamentarisch-demokratische Republik mit sämtlichen demokratischen Rechten und Freiheiten für das Volk ins Leben rufen.

Das Bekenntnis entspricht den Grundsätzen des Potsdamer Protokolls, in Wahrheit steuert die KPD aber ein anderes Ziel an: die Errichtung einer Volksdemokratie stalinistischer Prägung.

Im Frühjahr 1946 beschließen die KPD unter Wilhelm Pieck und die Ost-SPD unter Otto Grotewohl auf einem gemeinsamen Parteitag die Vereinigung der beiden Parteien

zur Sozialistischen Einheitspartei Deutschlands (SED). Die 800.000 Ost-SPD- und die 600.000 KPD-Mitglieder werden nicht gefragt. Nur in West-Berlin nimmt die SPD unter dem Schutz der West-Alliierten eine Abstimmung vor und entscheidet mit 82 % der Stimmen gegen eine Vereinigung mit den Kommunisten.

Im Westen Deutschlands merkt die Bevölkerung wenig von den komplizierten Mechanismen, mit denen sie regiert wird: Die Militärregierung erteilt als oberste Instanz Befehle, denen deutsche Amtsinhaber zur Regelung des Alltags folgen. Die »Amtsgehilfen« werden ausgewählt

und kurzerhand wieder entlassen, wie der 1933 aus dem Amt gejagte Oberbürgermeister von Köln, Konrad Adenauer. Zwar steht er als Gegner der Nationalsozialisten auf der »weißen Liste« der Alliierten ganz oben und wird Anfang Mai 1945 wieder Oberbürgermeister von Köln, schon im Oktober aber von der britischen Militärregierung wegen „Unfähigkeit und mangelnder Pflichterfüllung" wieder entlassen.

Parteien auch im Westen

Im Herbst 1945 lassen auch die Westmächte Parteien zu, zunächst nur auf lokaler Ebene. SPD, CDU, die CSU in Bayern und die FDP erlangen von Beginn an größere Bedeutung. Drei Männer sind es vor allem, die den Beginn des politischen Lebens der Bundesrepublik Deutschland prägen: Konrad Adenauer (CDU), Theodor Heuss (FDP) und der schon in der Weimarer Republik unermüdlich gegen den Nationalsozialismus tätige SPD-Vorsitzende Kurt Schumacher.

Die SPD organisiert ihren alten Mitgliederstock sehr rasch. CDU und CSU, zunächst nur auf Landesebene tätig, hingegen beginnen neu. Sie erhalten vor allem aus der ehemaligen Zentrumspartei, aus dem Lager der Liberalen und Konservativen sowie aus der Bayerischen Volkspartei Zulauf. Der FDP strömen liberale Kräfte aus der Weimarer DVP und DDP zu, die eine Sozialisierung der Wirtschaft grundsätzlich ablehnen.

Der Etablierung der Parteien folgen erste demokratische Wahlen. Im Januar 1946 finden Gemeinderatswahlen in Württemberg-Baden, das zur US-Zone gehört, statt, ab Oktober 1946 gibt es überall Landtagswahlen. Jetzt wechselt allmählich die Kommunal- und Landesverwaltung aus den Händen der Westalliierten in die deutscher Politiker. Da eine territoriale Neugliederung Gesamtdeutschlands noch aussteht, schaffen die Sieger in ihren Zonen einige neue Länder, um Preußen zu zerschlagen, das 1947 ein alliierter Kontrollratsbeschluss als »Hort des deutschen Militarismus« verurteilt. Von den alten Territorien bleiben nur Sachsen, die Stadtstaaten Bremen und Hamburg und Bayern erhalten; die seit 1815 bestehende bayerische Rheinpfalz geht im neuen Bundesland »Rheinland-Pfalz« auf. Die Neugliederung nach Bundesländern hält sich im Wesentlichen bis heute. Anders in der SBZ/DDR: Ihre fünf Länder werden 1952 aufgelöst und durch 14 Bezirke ersetzt. Dadurch wird eine weitere Voraussetzung zur

Errichtung eines sozialistischen Zentralstaates geschaffen.

Katastrophenwinter

Allmählich treten deutsche Politiker an die Öffentlichkeit. Anlass gibt der Katastrophenwinter von 1946/47, in dem die Menschen hungern und frieren. Wohl versuchen kirchliche und karitative Einrichtungen sowie Privatleute in den USA mit der CARE-Aktion (»Cooperative for American Remittances to Europe, Inc.«) die Not zu lindern, doch allein in Hamburg sterben bis Mitte Januar 1947 30 Menschen und in Berlin bis zum 10. Februar weitere 134 an Erfrierungen und Hunger.

Deshalb lädt zum historischen Datum des 7. 5. 1947 der bayerische Ministerpräsident Hans Ehard (CSU) alle deutschen Länderchefs nach München ein, um über den Weg wirtschaftlicher Zusammenarbeit und politischer Einheit ähnlichen Katastrophen gemeinsam zu begegnen. Alle Länder sind vertreten, auch die der Sowjet-Zone, die auf Geheiß Moskaus die Bildung einer Zentralverwaltung unter der Aufsicht des Kontrollrats fordern. Die westdeutschen Länder stimmen dagegen, das Treffen scheitert.

Der erste deutsche Einigungsversuch geht auf die Initiative der USA zurück. Ihr Außenminister, James F. Byrnes, erklärt am 6. 9. 1946 in Stuttgart, Deutschland könne den Reparationsforderungen der Alliierten nur nachkommen, wenn seine Wirtschaftseinheit hergestellt sei. Seine Rede ist Ausdruck einer Um-

orientierung der USA, die nach dem Scheitern der Außenministerkonferenz der vier Siegermächte vom Juli in Paris einen konstruktiven politischen Kurs in Deutschland einschlagen wollen. Bei den Beratungen über die Zukunft Deutschlands zeigten sich große Differenzen zwischen den Westalliierten und der Sowjetunion.

Großbritannien und die USA vereinbaren am 2. 12. 1946 in New York ein Bizonenabkommen, das am 1. 1. 1947 in Kraft tritt. Es sieht den Zusammenschluss der Westzonen vor, zunächst nur der US- und der britischen, denn Frankreich lehnt das Vorhaben ab. Es ist das große Ziel der USA und Großbritanniens, Westdeutschland bis 1949 die wirtschaftliche Selbständigkeit zurückzugeben.

Konrad Adenauer vor dem im Bau befindlichen Bundesratsgebäude am 16. 8. 1949 (Bild links oben). – Kurt Schumacher (Bild links unten). – Die Errichtung der Bizone 1947 (Karte oben). – Otto Grotewohl (links) gratuliert Wilhelm Pieck (rechts) zur Wahl als Staatspräsident der DDR (unten).

Zwei deutsche Staaten

„Das offenkundige Unvermögen der Großmächte, sich über die deutsche Frage zu einigen, zeigte sich bei der Außenministerkonferenz in Moskau im Frühjahr 1947. Die Sowjets beharrten wieder auf ihren Reparationsforderungen und verlangten unter anderem die Auflösung der Bizone, die Franzosen wünschten weiterhin die Abtrennung des Ruhr- und des Saargebiets von Deutschland."

Wolfgang Benz, 1998

Zu Beginn des Jahres 1947 tritt die große Wende in der US-amerikanischen Deutschlandpolitik ein: Fortan heißt die Devise nicht mehr »Deutschland niederhalten«, sondern »wieder aufbauen«. Anlass für den Meinungswandel sind internationale politische Entwicklungen.

Am 10. 3. 1947 tagen die Außenminister der »Großen Vier« in Moskau. Wichtigstes Thema ist ein Friedensvertrag mit Deutschland. Die Atmosphäre ist von Anfang an gespannt. Differenzen zwischen den Westmächten und der UdSSR über die expansive sowjetische Weltpolitik der vergangenen Monate treten nun zutage. Die sowjetische Übernahme der osteuropäischen Länder und die kommunistische Unterwanderung Griechenlands und der Türkei sind eindeutige Verstöße gegen das Abkommen von Jalta. Die Infiltration wollen die Westalliierten, allen voran die USA, nicht hinnehmen. Daran lässt US-Präsident Harry S. Truman in seiner Rede vor dem Kongress in Washington am 12. 3. 1947 keinen Zweifel. Zur Eindämmung (»containment«) der Sowjetunion verspricht Truman Griechenland und der Türkei massive Hilfe im Kampf gegen die kommunistische Bedrohung. Die Moskauer Konferenz scheitert, die Deutschlandfrage bleibt unbeantwortet.

Marshall-Plan

Das unbefriedigende Ergebnis bestärkt die USA und Großbritannien, eigene Lösungen zu finden; sie forcieren ihre deutsche Bizonenpolitik. Die Stärkung der Wirtschaft in ihren Zonen hat oberste Priorität und diesem Vorhaben kommt das neue außenpolitische Konzept der USA entgegen: ein großzügiges Hilfsprogramm zum Aufbau der Wirtschaft in

Europa im Allgemeinen. Das European Recovery Program (ERP), nach US-Außenminister George C. Marshall auch »Marshall-Plan« genannt, bietet nicht nur den europäischen Ländern des westlichen Einflussbereichs Wirtschaftshilfe an, sondern auch der Sowjetunion und ihren Satelliten. Moskau lehnt die Hilfe ab und verbietet seinen Trabanten, darunter auch der SBZ, die Annahme.

Die Einladung an Deutschland, am Marshall-Plan teilzunehmen, eröffnet den Westzonen die einmalige Gelegenheit, ihre Wirtschaft in Schwung zu bringen. Die SBZ hingegen bleibt vom Hilfsprogramm ausgeschlossen. Die Sowjetzone hat nun aus eigener Kraft für die enormen Reparationsforderungen der UdSSR aufzukommen: Allein in Sachsen werden bis Mitte 1948 etwa 1000 Betriebe demontiert und 250.000 Maschinen abtransportiert. In der gesamten Ostzone müssen 11.800 km Eisenbahnschienen abgebaut und Waren im Wert von rund 7 Milliarden US-$ aus der laufenden Produktion entnommen und in die Sowjetunion verfrachtet werden.

Alle Vorhaben, die westdeutsche Produktion zu steigern, hängen vom Erfolg eines schweren ökonomischen Eingriffs ab, einer Währungsreform: Findet sie nicht gleichzeitig in allen

Zonen statt, besteht die Gefahr der Spaltung in verschiedene Wirtschaftsgebiete und der Bildung eigener Staaten. Die USA handeln auf eigene Faust, denn ohne Rücksicht auf Einwände der befreundeten Mächte drucken sie ab Herbst 1947 die neue D(eutsche)-Mark. Gleichzeitig erarbeitet ein Expertenteam den »Cohn-Goldsmith-Dodge-Plan«, der das Abwertungsverhältnis der RM sowie einen Lastenausgleich zwischen den durch Krieg, Flucht und Vertreibung Geschädigten und jenen, die ihren Besitz retten konnten, festlegt.

Währungsreform

Am Abend des 18. 6. 1948 erfährt die deutsche Öffentlichkeit die Einzelheiten der Währungsreform, die am Sonntag, den 20. 6. 1948 in Kraft treten soll. In den drei Westzonen erhält jeder Deutsche – auch Neugeborene – als »Kopfquote« 60 DM in bar, davon 40 DM sofort, der Rest soll innerhalb der nächsten vier Wochen ausgegeben werden. Um aber den

Markt nicht durch zu starke Kaufkraft zu belasten, werden die restlichen 20 DM erst im August ausbezahlt. RM-Guthaben werden im Verhältnis 100 : 6,5 in DM umgerechnet. Durch die klaren monetären Verhältnisse steigt die Kaufkraft und Nachfrage und Angebot wachsen. Die gehorteten Warenbestände füllen die Schaufenster, der Schwarzhandel erliegt; das deutsche »Wirtschaftswunder« beginnt.

Während in der Sowjetzone der einmal eingeschlagene Weg einer staatlich gelenkten Wirtschaft nicht mehr zur Debatte steht, bekennt sich Westdeutschland zur wettbewerbs-

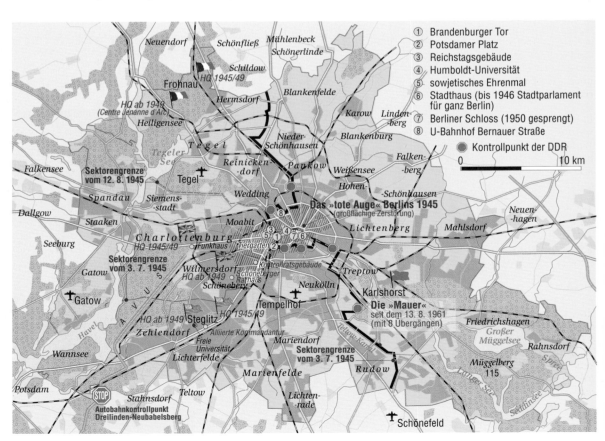

① Brandenburger Tor
② Potsdamer Platz
③ Reichstagsgebäude
④ Humboldt-Universität
⑤ sowjetisches Ehrenmal
⑥ Stadthaus (bis 1946 Stadtparlament für ganz Berlin)
⑦ Berliner Schloss (1950 gesprengt)
⑧ U-Bahnhof Bernauer Straße

● Kontrollpunkt der DDR

0 — 10 km

orientierten Marktwirtschaft. Allerdings betrachten viele Westdeutsche das ungewöhnliche Experiment mit Skepsis und Argwohn. Im Wirtschaftsexperten Ludwig Erhard findet es einen sachkundigen Befürworter. Im März 1948 auf Vorschlag der FDP und mit den Stimmen der CDU/CSU vom Frankfurter Wirtschaftsrat zum Direktor der Verwaltung für Wirtschaft gewählt, nimmt er die Funktionen eines Wirtschaftsministers der damaligen Bizone wahr. Im Zuge der Währungsreform erhält Erhard die nötigen Vollmachten, um den Abbau der Zwangswirtschaft einzuleiten. Nur wichtige Güter unterliegen noch einige Zeit festgesetzten Preisen, z. B. Kohle, Stahl, Treibstoffe und Grundnahrungsmittel. Nach anfänglichen Schwierigkeiten – die Preise klettern wegen der Nachfrage rasant in die Höhe – reguliert sich ein halbes Jahr später der Markt von selbst.

Blockade

Die Sowjets folgen dem westlichen Vorbild. Auch sie führen in der SBZ eine Währungsreform durch. Ihr Beschluss, die »Ostmark« als alleiniges Zahlungsmittel für ganz Berlin einzuführen, stößt aber auf den Widerstand der Westalliierten, die für ihre Sektoren nur die West-DM gelten lassen. Das wieder veranlasst die Sowjets, über West-Berlin eine Blockade aller Zufahrtswege zu verhängen und die Lieferung von Nahrungsmitteln und Energie aus ihrem Machtbereich in die Westsektoren einzustellen. Der Plan, ganz Berlin in ihre Hand zu bekommen, scheitert an der unbeugsamen Haltung des US-amerikanischen Militärbefehlshabers für Deutschland, General Lucius D. Clay. Er erklärt: *„Die Tschechoslowakei haben wir verloren [...]. Wenn Berlin fällt, folgt Westdeutschland als Nächstes. Wenn wir beabsichtigen, Europa gegen den Kommunismus zu halten, dürfen wir uns nicht von der Stelle rühren."* Die größte Transportaktion auf dem Luftweg beginnt. In pausenlosen Flügen werden 2 Millionen Einwohner der Berliner Westsektoren über drei Luftkorridore aus den deutschen Westzonen mit lebensnotwendigen Gütern versorgt. Alle 62 Sekunden startet und landet in Berlin ein Flugzeug. 277.264 Transportflüge durchbrechen für 462 Tage die Berliner Isolation. Die Sowjets heben am 12. 5. 1949 die Blockade auf.

Kurz nach der Londoner Konferenz, am 1. 7. 1948, die über einen künftigen westdeutschen Bundesstaat beriet, werden die Ministerpräsidenten der Länder in den Westzonen von den Militärgouverneuren nach Frankfurt am Main bestellt. In drei Dokumenten werden die Ländervertreter aufgefordert, eine Verfassunggebende Versammlung zur Errichtung eines neuen Staates einzuberufen. Erst später wird den Geladenen bewusst, dass diese Konferenz für Westdeutschland den entscheidenden Wendepunkt in der Besatzungspolitik bedeutet: die Abkehr vom alliierten Kriegsrecht zur deutschen Eigenverantwortlichkeit. Freilich geraten die Ministerpräsidenten im Hinblick auf einen gesamtdeutschen Staat in ein Dilemma, die Ostzone bleibt wegen der »Frankfurter Dokumente« ausgeklammert.

Gründung der Bundesrepublik Deutschland

Die Ländervertreter finden einen Ausweg: Sie bezeichnen die künftige oberste Volksvertretung nicht als »Nationalversammlung«, sondern als »Parlamentarischen Rat«. Er erarbeitet keine »Verfassung«, sondern ein »Grundgesetz«. Damit signalisieren die Ministerpräsidenten der Westzonen, dass sie auf die Teilnahme der SBZ an einem Gesamtstaat nicht verzichten wollen. Mit 53 Ja-Stimmen gegen 12 Nein-Stimmen nimmt am 8. 5. 1949 der Parlamentarische Rat das Grundgesetz an. Mit seiner offiziellen Verkündung am 23. 5. 1949 schlägt die Geburtsstunde der Bundesrepublik Deutschland. Die unbeschränkte Militärherrschaft der Alliierten in den Westzonen ist zu Ende, eine zivile Hohe Kommission löst die Militärgouverneure ab.

Als Moskau das Scheitern seiner Strategie, ganz Deutschland unter seine Kontrolle zu bringen, erkennt, erhält die SED grünes Licht zur Bildung eines eigenen Staates auf dem Boden der SBZ. Ende 1947 nimmt ein Volkskongress als Vorläufer einer deutschen Zentralregierung die Arbeit auf, an dem auch kommunistische Delegierte aus den Westzonen teilnehmen. Ein im Frühjahr 1948 von einem zweiten Volkskongress gewählter ständiger Deutscher Volksrat erarbeitet eine Verfassung, die am 19. 3. 1949 vom Volksrat verabschiedet wird; die Deutsche Demokratische Republik ist geboren. Die Wahlen für den 3. Deutschen Volkskongress im Mai 1949 finden nach einer Einheitsliste statt. Die Abstimmung entscheidet nur über Ja (66,1 %) oder Nein (33,9 %). Am 29. 5. 1949 billigt der Volkskongress endgültig die neue Verfassung; Deutschland ist gespalten.

Ludwig Erhard, der Mitbegründer des deutschen Wirtschaftswunders (Bild links oben). – Die Vier-Sektoren-Stadt Berlin 1945 bis 1961 (Karte links unten). – Transportflugzeuge durchbrechen die Berliner Blockade (Bild oben). – Sitzung des Volkskongresses zur Gründung der DDR (Bild unten).

Politische Eiszeit

„Kein Thema hat die deutsche Öffentlichkeit in der ersten Dekade der Adenauer-Ära so intensiv beschäftigt wie die Auseinandersetzung über den Kurs der Westintegration unter dem Gesichtspunkt der deutschen Wiedervereinigung. Die Verpflichtung der deutschen Politik auf die Wiedervereinigung war nicht nur in der Verfassung festgeschrieben, sie wurde auch von allen politischen Parteien mit Ausnahme der Kommunisten zu einem unverrückbaren Ziel ihrer Politik erklärt."

Kurt Sontheimer, 1991

Anfang 1949 tritt Frankreich dem Bizonen-Abkommen der USA und Großbritanniens bei und erweitert das westliche Deutschland zur Trizone. Die wirtschaftliche Lage der deutschen Westzonen erfährt dadurch eine weitere Stabilisierung. Gleichzeitig entstehen auf dem Arbeitsmarkt neue Probleme: Zuströmende Heimatvertriebene, Kriegsheimkehrer und Flüchtlinge müssen in den Arbeitsprozess eingegliedert werden. Anfang 1949 leben etwa 7,7 Millionen Vertriebene in Westdeutschland, 1,5 Millionen mehr als 1946. Auch die Zahl der Zuwanderer aus der SBZ erhöhte sich seit 1946 von 400.000 auf 1,4 Millionen. Das bewirkt eine Verdoppelung der Arbeitslosigkeit auf 8,3 % gegenüber dem Vorjahr.

Unter diesen Aspekten stellen sich am 14. 8. 1949 die Parteien Westdeutschlands der Wahl des 1. Bundestags. Die CDU/CSU unter Konrad

Adenauer und seiner »Wahllokomotive«, dem Konstrukteur des deutschen »Wirtschaftswunders«, Ludwig Erhard, und die SPD unter Kurt Schumacher stehen einander gegenüber. Die FDP kann das Zünglein an der Waage spielen, den übrigen Parteien, einschließlich der KPD, räumt man wenig Chancen ein, einen vorderen Rang einzunehmen.

Die Wahl geht denkbar knapp aus: Bei einer Beteiligung von 78,5 % der Stimmberechtigten verbucht die CDU/CSU 139 (31,0 %), die SPD 131 (29,2 %) und die FDP 52 Mandate (11,9 %). Nur 7 von insgesamt 19 Parteien und 3 parteilose Abgeordnete schaffen es ins Parlament, landen aber weit abgeschlagen. Im Ausland – die Oststaaten ausgenommen

– wird das Votum als Bekenntnis zur westlichen Demokratie verstanden. In diesem Sinne feiern die Bundesbürger am 7. 9. 1949 mit der Institutionalisierung der beiden gesetzgebenden Organe Bundestag und Bundesrat die Gründung der Bundesrepublik. Am 12. 9. wählen 402 Bundestagsabgeordnete (ohne Berlin) und 402 von den Ländern bestimmte Wahlmänner auf Vorschlag Konrad Adenauers den 65-jährigen FDP-Abgeordneten Theodor Heuss zum ersten Präsidenten der Bundesrepublik Deutschland. Der CDU-Vorsitzende in der britischen Zone, Konrad Adenauer, wird Bundeskanzler. CDU/CSU, FDP und DP (Deutsche Partei, 4 %, 17 Mandate) bilden für die nächsten 4 Jahre eine Koalitionsregierung. Die SPD begibt sich mit den Kleinparteien in die Opposition.

Regierungsprogramm

Das Programm der Regierung Adenauer stützt sich auf eine Politik im Geiste abendländisch-christlicher Kultur. Sie tritt für Prinzipien der sozialen Marktwirtschaft ein, fordert Einstellung der Demontage, Senkung der Besatzungskosten, Rückgabe der jenseits der Oder-Neiße-Linie liegenden deutschen Ostgebiete und Freilassung der noch in Kriegsgefangenschaft gehaltenen 500.000 Deutschen. Darauf antwortet der ostdeutsche SED-Vorsitzende Wilhelm Pieck, ein Sprachrohr Moskaus: Die Oder-Neiße-Grenze müsse als endgültige Ostgrenze Deutschlands angesehen werden.

Die SED ist bei ihrer geplanten Staatsgründung etwas ins Hintertreffen geraten, denn die Parteiführung wollte noch das Ergebnis ihrer KPD-Tochter in den Westzonen abwarten. Nach dem deprimierenden Resultat – nur 15 Mandate und 5,1 % der abgegebenen Stimmen – erklärt sich am 7. 10. 1949 der zweite Deutsche Volksrat zur Provisorischen Volkskammer; 34 Abgeordnete aus den fünf Landtagen der SBZ bilden eine Länderkammer. Damit verfügt auch die DDR über ein Zweikammersystem. Mit der Annahme der Verfassung der DDR durch die beiden Kammern wird aus der SBZ ein Staat, dem der am 11. 10. 1949 gewählte Wilhelm Pieck als Präsident vorsteht. Am folgenden Tag beruft die Volkskammer Otto Grotewohl zum Ministerpräsidenten. Die Teilung Deutschlands ist offiziell vollzogen.

Koreakrieg – Militarisierung

Deutschland ist nicht der einzige durch gegensätzliche Ideologien geteilte Staat. Auch durch Österreich zieht sich die Linie unterschiedlicher Interessen. Hier kann die Regierung aber die staatliche Einheit erhalten. Im Fernen Osten hingegen fällt im geteilten Korea im Juli 1950 der kommunistische Norden über den westlich orientierten Süden her, es

droht ein neuer Weltbrand. Sofort drängen sich Parallelen zu Mitteleuropa auf. Der Westen ist besorgt: Die zunehmende Militarisierung der »Kasernierten Volkspolizei« in der DDR unter Führung geschulter Militärs bedeutet nicht nur eine Bedrohung der unbewaffneten Bundesrepublik Deutschland. Der französische Ministerpräsident René Pleven unterbreitet im Herbst 1950 einen Plan für eine gemeinsame Armee westeuropäischer Staaten (Europäische Verteidigungsgemeinschaft, EVG), der auch westdeutsche Einheiten angehören sollen. Damit wird Adenauers Initiative, einem westlichen Sicherheitssystem anzugehören, außenpolitisch unterstützt. Bereits am 3. 12. 1949 ließ der Kanzler die Bereitschaft durchklingen, der am 4. 4. 1949 gegründeten NATO (Nordatlantikpakt) beizutreten. Dabei war er aber innerhalb der Bundesrepublik auf heftige Ablehnung gestoßen, Innenminister Heinemann drohte sogar seinen Rücktritt an. Gegen die Errichtung eines Bundesgrenzschutzes als Gegenstück zur in der DDR bestehenden »Kasernierten Volkspolizei« – einer schwer bewaffneten, alle Waffengattungen umfassenden und 100.000 Mann starken paramilitärischen Organisation – regt sich im Bundestag am 15. 2. 1951 aber kein Widerstand mehr.

Aufstand 17. Juni 1953

Nach dem Tod Stalins am 5. 3. 1953 gärt es in der DDR. Mitte Juni 1953 legen an vielen Orten Arbeiter aus Protest gegen eine von der SED beschlossene 10%ige Erhöhung der Arbeitsnormen die Arbeit nieder. Noch misst die Parteiführung den Ausständen keine Bedeutung bei, aber der 17. Juni 1953 bringt ein böses Erwachen: In Berlin gehen Tausende Werktätige auf die Straße. Wie ein Flächenbrand breitet sich ihr Protest über die ganze DDR aus. Der Bestand des Staates ist in Gefahr, Sowjettruppen mit schweren Panzern greifen ein und walzen den Aufstand nieder.

Die am 5. 5. 1955 ratifizierten Pariser Verträge bringen der Bundesrepublik Deutschland die lang ersehnte, aber beschränkte Souveränität. Bereits vier Tage nach Inkrafttreten des Vertragswerkes setzt der Westen ein Zeichen für die Anerkennung der Bundesrepublik als gleichberechtigter Partner: Die Bundesrepublik wird eingeladen, an einer Tagung der NATO teilzunehmen. Einem Wehrgesetz steht jetzt außer einigen hitzigen Bundestagsdebatten und den Gegenstimmen von SPD und FDP

nichts mehr entgegen, die Regierungskoalition aus CDU/CSU, FDP und DP verabschiedet am 7. 7. 1956 das Wehrpflichtgesetz. Schon am 2. 1. 1956 sind die ersten 800 Freiwilligen in Andernach eingerückt. Im Gegensatz zur »Nationalen Volksarmee« (NVA), deren Aufbau die Volkskammer der DDR am 18. 1. 1956 beschließt, lässt die Bundeswehr ein großzügiges Recht auf Wehrdienstverweigerung zu.

Ostintegration der DDR

Parallel zur Westintegration der Bundesrepublik Deutschland wird die Deutsche Demokratische Republik in den Ostblock eingebunden: 1949/50 werden diplomatische Beziehungen zu den Staaten Osteuropas und der Volksrepublik China aufgenommen, am 29. 9. 1950 erfolgt die Aufnahme in den Rat für gegenseitige Wirtschaftshilfe (COMECON).

Der Souveränitätsvertrag vom 20. 9. 1955 mit der UdSSR anerkennt die DDR als gleichwertigen Partner. Nur neun Tage nach der Ratifizierung der Pariser Verträge wird der Warschauer Pakt gegründet (14. 5. 1955).

Einen wesentlichen Beitrag zur Ostintegration leistet die DDR durch ihre Bereitschaft, den sowjetischen Sozialismus zu kopieren und das gesellschaftliche, politische und wirtschaftliche Leben nach ihm auszurichten. Sichtbare Merkmale dafür sind die Kollektivierung der Land-

wirtschaft, die Errichtung Volkseigener Betriebe (VEB) und die neu geschaffenen Landwirtschaftlichen Produktionsgenossenschaften (LPG).

Das Jahr 1955 bringt neben der Anerkennung der Bundesrepublik Deutschland und der Deutschen Demokratischen Republik auch aus anderen Gesichtspunkten Bemerkenswertes: Auf Einladung des sowjetischen Staatspräsidenten Nikolai Bulganin und des KPdSU-Parteichefs Nikita Chruschtschow fliegt Bundeskanzler Adenauer zu Gesprächen nach Moskau. Der deutschen Delegation geht es im Wesentlichen um die Freilassung der letzten deutschen Kriegsgefangenen und um normale zwischenstaatliche Beziehungen. Nach schwierigen Verhandlungen gelingt ein Konsens. Die Herstellung diplomatischer Beziehungen stellt einen einmaligen Fall dar, sind doch zwei deutsche Staaten in einem Land durch Botschaften vertreten. Die Bundesrepublik betrachtet diesen Umstand als Ausnahme, da sie in anderen Fällen nicht auf den Alleinvertretungsanspruch verzichtet und aufgrund der »Hallstein-Doktrin« die diplomatischen Beziehungen zu jenen Ländern abbricht, die die DDR anerkennen.

Doch dann schockt ein Ereignis von großer Tragweite die freie Welt: Am Morgen des 13. 8. 1961 riegeln bewaffnete DDR-Verbände die Grenze zu den Berliner Westsektoren ab. Eine Vereinigung Deutschlands ist in weite Ferne gerückt.

Steine gegen Panzer: Berlin, Juni 1953 (Bild links oben). – Der Aufstand vom 17. Juni 1953 (Karte links). – Auffanglager für Flüchtlinge in Berlin (unten).

Viele Hürden

„Das erste Glied in der Ursachenkette, die zur Vereinigung führte, war der Ruin des Kommunismus in Europa. Das System, nach dem im sowjetischen Machtbereich Politik und Wirtschaft betrieben wurden, war an die letzte Grenze seiner Möglichkeiten gekommen; es wurde mit keiner wesentlichen praktischen Frage mehr fertig, und der Geist, aus dem die Regierenden ihre politische Kraft zogen, hatte sich verflüchtigt."

Peter Bender, 1995

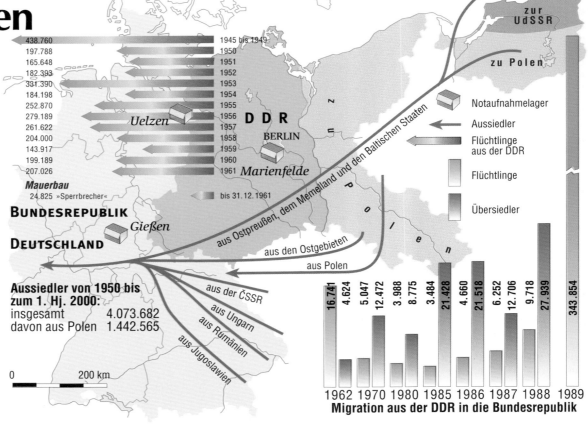

438.760	1945 bis 1949
197.788	1950
165.648	1951
182.393	1952
331.390	1953
184.198	1954
252.870	1955
279.189	1956
261.622	1957
204.000	1958
143.917	1959
199.189	1960
207.026	1961

Mauerbau
24.825 »Sperrbrecher«

bis 31.12.1961

BUNDESREPUBLIK

DEUTSCHLAND

Gießen

Aussiedler von 1950 bis zum 1. Hj. 2000:
insgesamt 4.073.682
davon aus Polen 1.442.565

0 — 200 km

Uelzen

D D R
BERLIN
Marienfelde

zur UdSSR

zu Polen

aus Ostpreußen, dem Memelland und den Baltischen Staaten

aus den Ostgebieten

aus Polen

aus der ČSSR

aus Ungarn

aus Rumänien

aus Jugoslawien

Notaufnahmelager
Aussiedler
Flüchtlinge aus der DDR
Flüchtlinge
Übersiedler

1962	1970	1980	1985	1986	1987	1988	1989
16.741	4.624	5.047	12.472	3.988	8.775	3.484	21.428	4.660	21.518	6.252	12.706	9.718	27.939	343.854

Migration aus der DDR in die Bundesrepublik

Der 13. 8. 1961 ist für die Berliner Bevölkerung kein Tag wie jeder andere. Im Ostsektor der Stadt herrscht ungewöhnliche Betriebsamkeit: Bewaffnete Einheiten der Grenzpolizei und Betriebskampfgruppen der DDR errichten unter dem Schutz von Panzerwagen Stacheldraht- und Sperrzäune. Die Verkehrsverbindungen sind unterbrochen, 193 Straßenzüge werden zu Sackgassen. Von den bisher 81 Sektorenübergängen bleiben nur noch 12 geöffnet, für die U- und S-Bahn-Verbindung nach West-Berlin steht in Ost-Berlin nur noch der Bahnhof Friedrichstraße offen. Zwei Tage später beginnt der eigentliche Mauerbau, die bisherigen Drahtverhaue sichern nun zusätzlich errichtete massive Betonplatten.

Der Westen steht dem Mauerbau ratlos gegenüber. Mit einem Appell beruhigen Bundesregierung und Berliner Senat die empörte Bevölkerung: Man möge *„in Ruhe der Herausforderung des Ostens"* begegnen, heißt es. Man wartet auf die Hilfe der Westalliierten, doch die zögern.

Am 15. 8. protestieren die Stadtkommandanten West-Berlins und erst am 17. 8. – nach Aufforderung durch den Regierenden Bürgermeister Willy Brandt – richten die USA, Frankreich und Großbritannien eine offizielle Protestnote an die UdSSR. Sie wird 24 Stunden später von Moskau zurückgewiesen. Der Mauerbau ist von langer Hand vorbeitet worden: Um den Flüchtlingsstrom von Ost nach West zu unterbinden, erhält DDR-Regierungschef Ulbricht von den Warschauer-Pakt-Staaten die Zustimmung dafür Anfang August 1961. Ohne diese Maßnahme wäre der wirtschaftliche Zusammenbruch der DDR unvermeidlich gewesen, denn allein am 1. 8. 1961 registrieren die Aufnahmelager West-Berlins 1322 Flüchtlinge.

Nachdem Deutschland keine tatkräftige Unterstützung durch den verbündeten Westen erwarten kann, ändert die Regierung ihre Politik. 1963 übernimmt Ludwig Erhard das Kanzleramt und löst Adenauer ab. In der »Friedensnote« vom 25. 3. 1966 erklärt die Regierung Erhard, dass sie bereit sei, *„Opfer auf sich zu nehmen"*, um Deutschland zusammenzuführen, und dass *„diese Aufgabe nur mit friedlichen Mitteln zu lösen"* sei. Dazu gehöre ein Friedensvertrag, der Ausgleich mit dem Osten sowie der Verzicht auf die unter polnischer bzw. sowjetischer Verwaltung stehenden ehemaligen deutschen Gebiete.

Frischer Wind

Einen weiteren Kurswechsel in der Ost- und Deutschlandpolitik nimmt die seit 1. 12. 1966 amtierende »große Koalition von CDU/CSU und SPD« vor. Bundeskanzler Kurt Georg Kiesinger (CDU) und sein Stellvertreter Willy Brandt (SPD) streben nicht wie Erhard nach einer Entspannung in Europa durch die deutsche Wiedervereinigung, sondern nach einer Wiedervereinigung als Ergebnis der Entspannung. Diese Formel bleibt Leitlinie der deutschen Ostpolitik bis 1989/90. Ein vereintes Deutschland, darüber sind sich Kie-

singer und Brandt einig, liege weder im Sinn des Westens noch des Ostens; Kiesinger meint: *„Deutschland, ein wiedervereintes Deutschland, hat eine kritische Größenordnung."* Man müsse vor allem das Gespräch mit der UdSSR suchen.

Zwischen 1967 und 1969 sondiert Willy Brandt in mehreren Gesprächen mit dem sowjetischen Außenminister Andrei Gromyko das Vorfeld des Deutschlandproblems. Es zeigt sich, dass die »Hallstein-Doktrin«, so effizient sie einmal war, jetzt zum Hindernis einer konstruktiven Ostpolitik geworden ist. Schrittweise distanziert sich die Bundesrepublik von ihrem bisherigen Vorgehen und nimmt diplomatische Beziehungen zu allen Ländern auf, die die DDR anerkennen. Dieses Vorgehen schürt das Misstrauen der Sowjetunion, die über ihren Hegemonialanspruch über ihre Trabanten gefährdet sieht. SED-Chef Walter Ulbricht profitiert von dieser neuen Situation, er kehrt die »Hallstein-Doktrin« um und erreicht, dass kein Ostblockland mit der Bundesrepublik diplomatische Beziehungen aufnimmt.

Passierschein in den Osten

Die DDR schottet sich noch mehr vom westlichen Bruder ab, auch die »Politik der menschlichen Erleichterungen« täuscht darüber nicht hinweg. Von Adenauer 1962 angeregt, soll sie die Lebensumstände der Bevölkerung in der Ostzone verbessern. Dazu dient die Ausstellung von Passierscheinen für West-Berliner zum Besuch Ost-Berlins.

Die Regierung Brandt, seit den Bundestagswahlen vom 28. 9. 1969 in Koalition mit der FDP, nimmt in der Ostpolitik einen neuen Anlauf: Willy Brandt trifft im März 1970 DDR-Ministerpräsident Willi Stoph in Erfurt zu einem ersten Gipfeltreffen der Regierungschefs der beiden deutschen Staaten. Das Eis ist gebrochen. Zwischen 1970 und 1973 schließt Brandt »Ostverträge« mit Moskau, Warschau und Prag, ein Vier-Mächte-Abkommen über Berlin und einen Grundlagenvertrag mit der DDR. Darin werden die bestehenden Grenzen anerkannt, der Status West-Berlins gesichert und eine weitere Zusammenarbeit in Aussicht gestellt. *„Die neue Ostpolitik leistete auf diese Weise einen wichtigen Beitrag zur Entschärfung des Ost-West-Konflikts",* so der Historiker Manfred Görtemaker. *„Außerdem schuf sie damit die Voraussetzung für die Einberufung der Konferenz über Sicherheit und Zusammenarbeit in Europa (KSZE) sowie für Gespräche über*

beiderseitige, ausgewogene Truppenbegrenzungen. Sie trug so dazu bei, der gesamteuropäischen Entspannung den Weg zu ebnen." Zu einem Sprengsatz für die DDR entwickelt sich der »Grundlagenvertrag« zwischen der Bundesrepublik Deutschland und der DDR vom 21. 12. 1972, der die Souveränität und Gleichberechtigung beider Staaten anerkennt. Die »Hallstein-Doktrin« verliert dadurch ihre Gültigkeit, die außenpolitische Isolation der DDR ist zu Ende. Innerhalb eines Jahres nehmen 68 Länder diplomatische Beziehungen zur DDR auf und die beiden deutschen Staaten werden in die UNO aufgenommen.

Aushöhlung

Die innenpolitischen Konsequenzen aber sind für die DDR nicht vorhersehbar: Der Grundlagenvertrag öffnet Besuchern aus dem Westen den Weg in den Osten. Von 1970 bis 1973 steigt die Zahl der Besucher von 2 Millionen auf über 8 Millionen. Die Zahl der Telefongespräche explodiert von 700.000 im Jahr 1970 auf 23 Millionen bis 1980. Die persönlichen Kontakte und das fast in der ganzen DDR zu empfangende bundesdeutsche Fernsehen erschüttern die innere Stabilität des Staates. Verstärkte »Abgrenzung« heißt jetzt die Strategie der DDR-Staatsführung.

Sie wurzelt allerdings schon in früheren Interpretationen der gemeinsamen deutschen Geschichte. So leugnet 1971 der DDR-Staatsratsvorsitzende und Generalsekretär der SED, Erich Honecker, den Fortbestand einer gemeinsamen deutschen Nation. Er spricht von einer Entwicklung zu zwei Nationen mit unterschiedlichen Gesellschaftssystemen, einem »sozialistischen« und einem »kapitalistischen«.

Um der Gefahr einer Unterhöhlung des DDR-Staates zu begegnen greift die Parteiführung zum bedenklichsten Mittel der Abwehr, dem Ausbau des Staatssicherheitsapparates, wie schon nach dem 17. 6. 1953. Beträgt der Etat des Ministeriums für Staatssicherheit (MfS) 1968 5,8 Milliarden Mark, so wächst er bis 1989 auf 22,4 Milliarden, die Zahl der hauptamtlichen Mitarbeiter steigt von 4000 in den 50er Jahren auf 100.000 im Jahr 1989. Dennoch kann der Stasi-Apparat nicht verhindern, dass die Bevölkerung der DDR die europäische Entspannung auch für sich reklamiert und eine Lockerung von Zensur und Überwachung fordert. Als Honecker im Dezember 1981 Bundeskanzler Schmidt (SPD) in Güstrow trifft, um über Reisemög-

lichkeiten zwischen den beiden Staaten zu verhandeln, sperren die Sicherheitskräfte die Bevölkerung in die Häuser: Es soll verhindert werden, dass sie, wie bei Brandts Besuch in Erfurt, auf die Straßen strömt und ihre Begeisterung über den Besuch kundtut.

Protestströmungen

Überall regen sich Unmut und Kritik, besonders innerhalb der geistigen Elite. Die SED-Führung bewilligt daher Künstlern Auslandstourneen, verweigert ihnen aber dann die Rückkehr in die Heimat. Auch die Kirche fordert die Aufhebung ihrer Diskriminierung. Der Protest gegen das System erlangt 1976 in der Selbstverbrennung von drei Pastoren – Oskar Brüsewitz, Rolf Günther und Gerhard Fischer – einen dramatischen Höhepunkt, die evangelische Kirche wird zum Sammelplatz der Opposition, der sich bemerkenswert viele Jugendliche anschließen. Der unerwartete Einmarsch sowjetischer Truppen in Afghanistan Ende 1979 stößt nicht nur im Westen und in der Dritten Welt, sondern auch im Ostblock auf herbe Kritik. Ein aus bol-

schewistischen Revolutionszeit herrührender Slogan – »Schwerter zu Pflugscharen« – zeigt nun für den hoch gerüsteten und 1974 als solcher propagierten »sozialistischen Staat der Arbeiter und Bauern« Rückwirkungen und die Parteispitze kann der rasch zunehmenden Protesthaltung des Volkes nur noch mit Verhaftung und Abschiebung begegnen.

Die Krise des »Sozialismus« beschränkt sich nicht allein auf die DDR. Die Unruhen greifen auch auf Polen, Ungarn und in die CSSR über. Staats- und Parteiführungen werden zudem durch neue Direktiven des am 10. 3. 1985 an die Macht gekommenen KPdSU-Generalsekretärs Michail Gorbatschow verunsichert. Er verwirft nicht nur die Breschnew-Doktrin, die der Sowjetunion ein Interventionsrecht in den »Bruderstaaten« zur Stützung ihrer Regime erlaubt, er redet auch einem liberalen Kurs: »Glasnost« und »Perestroika« oder »Transparenz« und »Umgestaltung« in der Politik sind seine neuen politische Richtlinien, die auch für alle »sozialistischen« Verbündeten zu gelten haben.

Doch die SED-Führung verweigert sich der neuen Zeit, sie hält starr an ihrem autoritären Kurs fest.

Willy Brandt am 7. 12. 1970 vor dem Ehrenmal für die Opfer des Warschauer Ghettoaufstands von 1944 (Bild links unten). – Flüchtlinge, Aus- und Übersiedler von 1945 bis 2000 (Karte links). – Helmut Schmidt (rechts) gratuliert Helmut Kohl (links) zum Sieg bei der Bundestagswahl im März 1983 (unten).

In Frieden leben

„Die Vereinigung Deutschlands war die Folge des Zusammenbruchs der DDR. Honeckers Nachfolger Egon Krenz öffnete die Grenzen, um seinen Willen zu einem Neubeginn zu beweisen, doch er wusste nicht, was er tat, denn er öffnete die Schleusen für einen Strom, den niemand eindämmen konnte."

Peter Bender, 1995

Als am 2. 5. 1989 ungarische Soldaten die elektronischen Sperren und den Stacheldrahtverhau an der Grenze zu Österreich abbauen und den »Eisernen Vorhang« zerreißen, meint die SED-Führung, es handle sich um eine »technische Maßnahme«, die keine Auswirkung auf die Grenzkontrolle haben werde. Beschwichtigt und gelassen trifft das Politbüro die Vorbereitungen zur Kommunalwahl am 7. 5. Man rechnet mit einem Verlust von 5 % als Tribut an die Demokratisierungswelle, die aus den benachbarten Oststaaten herüberschwappt, und an die wachsende Opposition in der DDR selbst. Als der Vorsitzende der Wahlkommission, Egon Krenz, das Wahlergebnis bekannt gibt, herrscht eitel Wonne im SED-Gremium: 95,98 % der Stimmen für die Kandidaten der Nationalen Front.

Doch in der Bevölkerung regt sich der Verdacht, die Wahl sei manipuliert. Bürgergruppen forschen nach, entdecken Unregelmäßigkeiten und erstatten Anzeige gegen unbekannt. Der Vorgang ist noch nie da gewesen: Bislang waren doch alle Wahlen in der DDR »frisiert« und niemand fand Außergewöhnliches dabei. Der Minister für Staatssicherheit (Stasi), Erich Mielke, alarmiert die Sicherheitsorgane, die Beschwerdeführer im Auge zu behalten.

Der Druck der Stasi wird unerträglich, und die Reformunfähigkeit der Regierung deprimiert das Volk. Immer mehr Bürger wollen die DDR verlassen. Im Sommer 1989 beantragen 120.000 Personen die Ausreise, und es werden immer mehr. Die DDR steht wie vor der Abriegelung der Zone (1952) und dem Mauerbau (1961) vor der Gefahr, dass sie bald ein Staat ohne Volk sein könnte. Tausende DDR-Bewohner versuchen durch Asyl in den bundesdeutschen Botschaften in Prag, Warschau und Budapest, die Reise in die Freiheit zu erzwingen. Am Rande einer UNO-Vollversammlung erwirkt Außenminister Hans-Dietrich Genscher von

seinem DDR-Amtskollegen Oskar Fischer, dass die Flüchtlinge in die Bundesrepublik ausreisen dürfen.

Gleichzeitig öffnet Ungarn die Grenze für DDR-Bürger zur Ausreise nach Österreich. Diesen Weg in den Westen benutzen bis September 1989 mehr als 32.000 Personen. Panik erfasst die DDR-Führung: Außenminister Fischer appelliert an Budapest, die Grenze zu sperren. Doch Ungarns Außenminister Gyula Horn hat eigenhändig mit seinem österreichischen Amtskollegen Alois Mock unter dem Beifall der Bevölkerung die Stacheldrahtverhaue geöffnet: Ein Zurück gibt es nicht mehr.

Fischer versucht die Exekutivmitglieder des Warschauer Pakts einzuberufen, um Ungarn zur »Vernunft« zu bringen, findet aber in Moskau kein Gehör mehr. Die Zeit sei vorbei, meint Gorbatschow, in der man die Meinung einer Mehrheit durch Zwang korrigieren konnte.

40 Jahre DDR

Unter diesen Vorzeichen beginnen am 7. 10. 1989 die Feierlichkeiten zum 40. Geburtstag der DDR. Unter den 4000 geladenen Gästen befindet sich auch KPdSU-Generalsekretär Michail Gorbatschow. Er hält ein Plädoyer für politische und wirtschaftliche Reformen. Honecker antwortet mit einer Lobeshymne auf die Errungenschaften des Sozialismus in der DDR, die herrschende schwere Krise erwähnt er nicht.

Enttäuschung breitet sich jetzt auch innerhalb der DDR-Parteiführung aus. Egon Krenz versucht noch zu retten, was zu retten ist, und setzt ein Reformpapier auf, doch es findet in der Öffentlichkeit keine Resonanz. Honecker trage die Schuld am Niedergang der DDR, heißt es. Am 18. 10. lässt ihn das Politbüro fallen – Honecker stimmt gegen sich selbst.

An seine Stelle tritt Krenz, er verspricht die »Wende« – sofortige Reformen. Vergeblich, das Volk fordert »Demokratie unbekrenzt« und »Sozialismus krenzenlos«.

Mittlerweile erreichen die Zahlen der Ausreisenden neue Rekordwerte: 225.000 verlassen bis zum Ende der ersten Novemberwoche die DDR in Richtung Bundesrepublik. Innenminister Wolfgang Schäuble warnt vor übertriebenen Hoffnungen, die Neuankömmlinge müssten für längere Zeit eher ärmliche Verhältnisse in Kauf nehmen.

Michail Gorbatschow (links) und Erich Honecker (rechts) bei den Feiern zum 40. Jahrestag der Gründung der DDR (oben). – Hans-Dietrich Genscher, Hannelore und Helmut Kohl und Richard von Weizsäcker (von links) begrüßen am 3. 10. 1990 die Vereinigung der Bundesrepublik Deutschland und der Deutschen Demokratischen Republik auf der Freitreppe des Berliner Reichstagsgebäudes (Bild unten). – Deutschland wieder vereint (Karte rechts).

Missverständnis

Die Ausreisebestimmungen sollen noch mehr erleichtert werden. Am Abend des 9. 11. 1989 übergibt Krenz dem ZK-Sekretär für Information, Günter Schabowski, die neuen Reisebestimmungen. Der präsentiert den Journalisten das Papier mit den Worten, die DDR habe ihre Grenzen geöffnet, und zitiert aus dem Text, dass jeder DDR-Bürger ab dem kommenden Morgen schnell und unbürokratisch ein Visum erhalten könne. Schabowski lässt sich seltsamerweise zu dem Nachsatz verleiten: Die Regelung trete »sofort« in Kraft. Die Verlautbarung wird von Radio und Fernsehen direkt übertragen. Noch in der Nacht machen sich viele zur Sektorengrenze auf, um einfach die Lage zu begutachten. Die Grenzposten sind verwirrt, sie haben keine Anweisungen, wissen nichts von der Falschinterpretation Schabowskis. Krenz, von Staatssicherheitsminister Mielke unterrichtet, dass an der Grenze *mehrere hundert* Menschen ausreisen wollen, antwortet, man möge sie lassen. Die Grenzbeamten

öffnen die Tore. Nach 28 Jahren birst die Mauer, an der so viele im Kugelhagel starben, als sie versuchten, dem »Arbeiterparadies« zu entkommen.

Am 13. 11. 1989 übergibt Krenz das Amt des Ministerpräsidenten an Hans Modrow, aber auch dessen Tage sind gezählt, am 3. 12. tritt das gesamte SED-Zentralkomitee zurück. Der Rechtsanwalt Gregor Gysi wird neuer Vorsitzender der SED, die ab sofort den Namen »(Sozialistische Einheitspartei –) Partei des Demokratischen Sozialismus« (SED-)PDS annimmt.

Überzeugungskraft

In der Bundesrepublik leistet indessen Außenminister Hans-Dietrich Genscher Schwerstarbeit: Er muss seine Amtskollegen von der Westeuropäischen Union (WEU) in Brüssel beruhigen. Ihnen ist bei Demonstrationen in der DDR der Ruf »Deutschland, einig Vaterland« unangenehm aufgefallen, aber Genscher versichert: Die Bundesrepublik werde keinen außenpolitischen Alleingang

unternehmen und die Wiedervereinigung nicht ohne Konsultationen anstreben.

Aus Moskau kommen andere Nachrichten. Dort spricht am 15. 11. Gorbatschow das Wort vor Studenten aus, das viele Deutsche erwarten: Wiedervereinigung. Hektik bricht im Bundeskanzleramt aus. In aller Eile erarbeiten Experten des Kanzlers ein 10-Punkte-Programm für eine mögliche Annäherung der beiden deutschen Staaten. Ziel ist eine bundesstaatliche Ordnung für ganz Deutschland. Das Papier findet mit Ausnahme der Grünen Anerkennung bei den Parteien. Der SPD-Vorsitzende Hans-Jochen Vogel meint zwar, die DDR-Bürger und -Bürgerinnen müssten ihre Zukunft selbst entscheiden, aber eine Wiedervereinigung stehe ohnehin nicht an.

DDR will Vereinigung

Hier aber irrt Vogel. Denn im gleichen Ausmaß, in dem die Regierung Modrow sich als unfähig erweist, der DDR-Bevölkerung eine halbwegs stabile wirtschaftliche und politische Basis zu geben, wächst deren Wille zur Wiedervereinigung. Dem Druck und der Aussichtslosigkeit, durch andere staatliche Konstruktionen – Wirtschafts- und Währungsunion, Konföderation etc. – wieder normale Verhältnisse herzustellen, geben schließlich die Regierungen Modrow und Kohl nach.

Alle stimmen zu

Die britische Premierministerin Margaret Thatcher und der französische Präsident François Mitterrand müssen freilich erst von US-Präsident George Bush gedrängt werden, nicht ins Fahrwasser von 1919 zu geraten und die Fehler ihrer Vorgänger nochmals zu begehen.

Jetzt zahlt sich die von Konrad Adenauer und Charles de Gaulle 1963 eingeleitete deutsch-französische Freundschaft aus, die auch Mitterrand und Kohl verbindet. Die Zustimmung der UdSSR erkauft sich Kohl durch Lieferung großer Mengen an Lebensmitteln und mit der Zusicherung einer umfassenden Zusammenarbeit auch nach der Wiedervereinigung. Die USA drängen. Am 28. 1. 1990 legen sie ein Verhandlungskonzept auf den Tisch, das »Zwei-plus-Vier«-Paket: Die Bundesrepublik und die DDR sollen mit den vier Siegermächten Fragen der Vereinigung beraten. Am 13. 2. 1990 herrscht am Beratungsort in Ottawa

grundsätzliche Einigkeit aller Beteiligten: Die Oder-Neiße-Grenze wird anerkannt, Deutschland verzichtet auf ein Viertel seines Territoriums von 1937; die Streitkräfte werden mit 370.000 Mann begrenzt; bis zum Abzug der sowjetischen Streitkräfte dürfen keine der NATO unterstellten Truppen auf dem Gebiet der ehemaligen DDR stationiert werden.

Am 3. 10. 1990 vollzieht sich unter dem Jubel Hunderttausender Menschen die Wiedervereinigung. *„Sie will nicht nur bezahlt, sondern auch gewollt sein"*, sind die Abschiedsworte von Lothar de Maizière, dem letzten DDR-Ministerpräsidenten. Bundespräsident Richard von Weizsäcker spricht die politische Seite der Vereinigung an: *„Zum ersten Mal bilden wir*

Deutschen keinen Streitpunkt auf der europäischen Tagesordnung. Unsere Einheit wurde niemandem aufgezwungen, sondern friedlich vereinbart. Sie ist Teil eines gesamteuropäischen geschichtlichen Prozesses, der die Freiheit der Völker und eine neue Friedensordnung unseres Kontinents zum Ziel hat. Diesem Ziel wollen wir Deutsche dienen. Ihm ist unsere Einheit gewidmet."

Wieder in Berlin

„Aufgabe der Deutschen wie ihrer Mit-Europäer wird es daher, durch eine rationale Besinnung auf ihre gemeinsame Geschichte tragfähige Konstruktionen zu finden. Sie müssen ihre legitimen nationalen Interessen und das Gesamtinteresse Europas an einer friedlichen Existenz ohne Deutschlands Hegemonie konstruktiv miteinander in Einklang bringen. Das erfordert auf allen Seiten viel Fingerspitzengefühl und gegenseitige Rücksicht."

Imanuel Geiss, 1999

Das Jahr 1999 ist für die Bundesrepublik Deutschland ein Jahr der Gedenktage: Vor 150 Jahren scheitert das Experiment der Frankfurter Paulskirche, den deutschen Ländern eine demokratische Verfassung zu geben, an der ablehnenden Haltung des preußischen Königs Friedrich Wilhelm IV.

Fünfzig Jahr später, 1899, steht das Deutsche Reich, mittlerweile Kaiserreich, auf dem Gipfel kolonialer Ausdehnung: Es kauft von Spanien die pazifischen Inselgruppen der Karolinen, Marianen und Palau und einigt sich mit den USA über die Samoa-Inseln. In Nizza siegt in einem internationalen Autorennen ein Wagen der Konstrukteure Daimler und Maybach, ihre Autos gelangen als »Mercedes« zu Weltruf; 100 Jahre später fusioniert Daimler-Benz mit dem amerikanischen Autoriesen Chrysler zu einem der mächtigsten Autokonzerne.

Vor 80 Jahren, 1919, steht das Deutsche Reich nach der Katastrophe des Ersten Weltkriegs vor einem Neubeginn. Die Siegermächte zwingen es, einen staatspolitischen Schritt zu tun, von dem niemand weiß, wohin er führen wird: Das Deutsche Kaiserreich wird Demokratie. Die Geburt des neuen Deutschen Reiches ist von Gewalttaten und Kämpfen machtgieriger linker und rechter Gruppen begleitet.

Polarisation

Vor 70 Jahren, 1929, wird Heinrich Himmler zum Reichsführer SS ernannt und erhält jene Machtfülle, die es ihm erlaubt, über Millionen Unschuldiger wegen ihrer Abstammung oder ihrer geistigen Haltung den Stab zu brechen. 1929 ist aber auch das Jahr, in dem Gustav Stresemann stirbt. Er ist Gründer der Deutschen

Volkspartei, 1923 Reichskanzler und bis zu seinem Tod Reichsaußenminister. Es ist sein Verdienst, trotz der antifranzösischen Strömungen in Deutschland die Verständigung mit Frankreich gesucht zu haben. Im französischen Außenminister Aristide Briand findet er einen geistesverwandten Partner.

Parallelen zu Bundeskanzler Konrad Adenauer und dem französischen Staatspräsidenten Charles de Gaulle drängen sich auf, die 1963 im »Elysée-Vertrag« das schon Jahrhunderte alte deutsch-französische Misstrauen ausräumen. Doch bis dahin ist der Weg noch schwierig.

Er führt vor 60 Jahren, 1939, mit dem deutschen Überfall auf Polen in die zweite große Jahrhundertkatastrophe: in den Zweiten Weltkrieg.

Nach verlorenem Krieg wird das Reich von den Siegern besetzt, territorial beschnitten, in einen westlichen und östlichen Teil zerrissen. Ein Teil Deutschlands versucht nochmals den demokratischen Kurs: Am 23. 5. 1949 verkündet Konrad Adenauer, Vorsitzender des Parlamentarischen Rates im westlichen Deutschland, das Grundgesetz der neuen Bundesrepublik Deutschland. Im östlichen Deutschland – in der unter sowjetischer Kontrolle stehenden SBZ (Sowjetisch Besetzte Zone) – zieht am 7. 10. der Volksrat unter Wilhelm Pieck nach und erklärt die Ostzone zur Deutschen Demokratischen Republik. Für 40 Jahre trennen Minenfelder und eine Mauer quer durch die einstige Reichshauptstadt das, was einst mühsam geeint wurde.

Hohe Besuche

Spät erkennen die Westmächte das menschliche Drama des geteilten Deutschland. US-Präsidenten reisen an und überzeugen sich: Lyndon B. Johnson (1961), dann John F. Kennedy (1963). Er spricht jene legendären Worte, die den Berlinern Mut machen: *„Ich bin ein Berliner!"* Vorerst aber gelten in der Deutschlandfrage jene Worte, die Foy Kohler, Leiter der Berlin-Arbeitsgruppe im US-amerikanischen Außenministerium, am Tag des Mauerbaus in Berlin, am 13. 8. 1961, ausspricht: *„Warten wir ab, wie sich die Dinge entwickeln."*

Das Jahr 1969 hält drei Gedenktage bereit: Der 69-jährige Gustav Heinemann (SPD) löst Heinrich Lübke (CDU) als Bundespräsident ab. Die von der Bundesversammlung durch-

geführte Wahl findet trotz heftiger Proteste der DDR und der Sowjetunion zum ersten Mal in West-Berlin statt. Das Signal aus Bonn ist unmissverständlich: Es denkt nicht einen Augenblick daran Berlin oder Ostdeutschland aufzugeben.

In die gleiche Kerbe schlägt Willy Brandt, der am 21. 10. 1969 die erste Koalitionsregierung aus SPD und FDP in Bonn vorstellt und in seiner Amtszeit den Grundstein zur Wiedervereinigung der beiden deutschen Länder legt. Zunächst aber feiert in den USA Werner Freiherr von Braun, einst Mitkonstrukteur von Hitlers »Wunderwaffen«, der Fernraketen V1 und V2, höchste Triumphe: Die von ihm mitentwickelte Saturn-Rakete trägt am 21. 7. 1969 die ersten Menschen zum Mond.

Demokratie und Gewalt

Auch 1979 wartet mit besonderen Ereignissen auf: Zum ersten Mal werden in der Bundesrepublik Abgeord-

nete für das Europäische Parlament direkt gewählt. Die Bundesrepublik entsendet 81 Vertreter von insgesamt 410 aus neun europäischen Staaten. Das Europäische Parlament, 1958 konstituiert, hat beratende und kontrollierende Funktionen und es gewinnt mit der Erweiterung Europas an Bedeutung.

Das Jahr 1979 zeigt sich noch von einer anderen Seite. Nach Gewalttaten extrem linker und anarchistischer Organisationen (so etwa der Sozialistische Deutsche Studentenbund, die Außerparlamentarische Opposition und die Rote Armee Fraktion) der sechziger und siebziger Jahre drängen sich nun Rechtsradikale in den Vordergrund.

Am 13. 9. 1979 geht der erste Prozess gegen sie zu Ende. Den sechs Angeklagten werden Waffendiebstahl, Raubüberfall und die Bildung neonazistischer Vereinigungen zur Last gelegt.

Die Rechtsextremisten werden in Zukunft durch ihre rassistischen Gewalttaten vorwiegend gegen jene Aus-

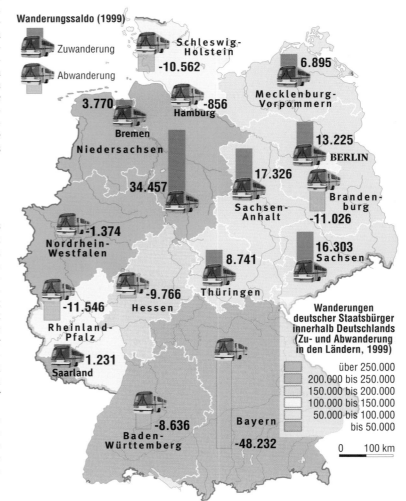

Wanderungssaldo (1999)

Zuwanderung
Abwanderung

Schleswig-Holstein **-10.562**

6.895 Mecklenburg-Vorpommern

3.770 Bremen

-856 Hamburg

13.225 BERLIN

34.457 Niedersachsen

17.326 Sachsen-Anhalt

-11.026 Brandenburg

-1.374 Nordrhein-Westfalen

16.303 Sachsen

8.741 Thüringen

-9.766 Hessen

-11.546 Rheinland-Pfalz

1.231 Saarland

-8.636 Baden-Württemberg

-48.232 Bayern

Wanderungen deutscher Staatsbürger innerhalb Deutschlands (Zu- und Abwanderung in den Ländern, 1999)

über 250.000
200.000 bis 250.000
150.000 bis 200.000
100.000 bis 150.000
50.000 bis 100.000
bis 50.000

0   100 km

länder, die in Deutschland leben, von sich reden machen.

Im ersten Halbjahr 1993 werden im vereinigten Deutschland 1007 Übergriffe mit rechtsradikalem Hintergrund gezählt. Morde, Brandlegungen und Anschläge in Solingen, Mölln, Rostock und Hoyerswerda stehen an der Spitze der Untaten.

1979 bringt ein Ereignis, das hitzige Debatten auslöst: Das dritte Programm des deutschen Fernsehens strahlt im Januar eine vierteilige erschütternde Serie aus: »Holocaust«, das Schicksal einer jüdischen Familie im Dritten Reich. Die daraufhin ausbrechenden emotionalen Diskussionen über die jüngste Vergangenheit zeigen, dass trotz aller Bemühungen das Thema weder sachlich verarbeitet noch abgeschlossen ist.

Das beweist auch die im April stattfindende Urteilsverkündung im Majdanekprozess, die weitere Kontroversen anheizt: Von neun wegen Beihilfe zum Mord im KZ Majdanek Angeklagten kommen vier frei, da ihnen im Einzelfall die Tat nicht nachgewiesen werden kann. In Majdanek kamen zwischen 1941 und 1944 etwa 250.000 Menschen ums Leben.

Auf nach Berlin

Das Jahr 1989 wartet mit einer sensationellen Wende auf, die vielen unvergesslich bleibt: Der »Eiserne Vorhang« bekommt Löcher, durch die DDR-Bürger in Massen in den Westen fliehen. Proteste in der DDR flammen auf, wenden sich zunehmend gegen das SED-Regime und bringen schließlich die Mauer in Berlin »zum Einsturz«. Das Aufbäumen gegen ein unzeitgemäßes politisches System bedeutet auch das Ende einer Epoche, die seit 1945 die Welt in Atem hielt, der des »Kalten Krieges«.

Zehn Jahre nach diesem epochalen Ereignis, 1999, am Übergang zu einem neuen Jahrhundert und Jahrtausend, findet ein weiteres denkwürdiges Ereignis statt: Nach Jahrzehnten des Exils und Provisoriums richtet die gesamtdeutsche Bundesregierung ihren Sitz wieder in Berlin ein, das 1871 zur Hauptstadt des Deutschen Reiches erhoben wurde. Der Entschluss des Deutschen Bundestags, den Regierungssitz von Bonn nach Berlin zu verlegen, fällt nicht leicht. Gegner und Befürworter beraten in hitzigen Debatten darüber und alle vorgebrachten Argumente tragen den Kern der Wahrheit in sich: Bonn habe sich in 40 Jahren bewährt und in der ganzen Welt hohes Ansehen erworben. Berlin als Hauptstadt könne bei den Nachbarn alte Ängste

Zukunftsstadt Berlin 1999 (oben). – Die Mobilität, erzwungen oder freiwillig, erreicht im 20. Jahrhundert in Deutschland ein bisher noch nicht da gewesenes Ausmaß: Aus den durch die Pariser Verträge verlorenen Gebieten wandern zwischen 1919 und 1938 etwa 900.000 Menschen in Deutschland ein. Ihnen folgt in der NS-Aktion »Heimholung ins Reich« zwischen 1939 bis 1944 eine weitere Million Deutscher, vorwiegend aus Osteuropa. Flucht vor der Roten Armee und die »wilde« Vertreibung aus dem Osten lassen nach dem Zweiten Weltkrieg etwa 7,7 Millionen Menschen in West- und Ostdeutschland Schutz suchen. Davon kommen etwa 3,2 Millionen Deutsche (»Sudetendeutsche«) aus der wieder erstandenen Tschechoslowakischen Republik. Von 1945 bis 1989 suchen etwa 3,5 Millionen Flüchtlinge, Übersiedler und »Sperrbrecher« aus der DDR und Aussiedler deutscher Volkszugehörigkeit aus früheren deutschen Ostgebieten oder anderen Staaten in der Bundesrepublik Aufnahme. Auch nach dem Mauerfall dauert die Abwanderung, nun aus den neuen Bundesländern in die alten, an. Erst 1995 beginnt sich die Migration zu stabilisieren. 1999 verzeichnen die neuen Länder – dank verbesserter wirtschaftlicher Verhältnisse – ein leichtes Plus in der Wanderungsbilanz (Karte links unten).

wachrufen, dass ein wiedervereintes und vergrößertes Deutschland, wirtschaftlich und politisch erstarkt, wieder Großmachtstreben unseligen Andenkens entwickle.

Die Berlin-Befürworter weisen diese Sorge als unbegründet zurück und betonen, Bonn sei stets nur als provisorische Hauptstadt angesehen worden und die neuen Länder würden sich mit Berlin als Hauptstadt gerade in den schwierigen Zeiten der Aufbauarbeiten wesentlich leichter in den neuen Staat einfügen.

Am Abend des 20. 6. 1991 fällt nach der vierstündigen Abschlussdebatte die Entscheidung: Die fraktionsfreie namentliche Abstimmung der 660 anwesenden Abgeordneten fällt knapp aus: 338 stimmen für, 320 gegen Berlin. Obwohl Parteizugehörigkeit im Wahlgang keine Rolle spielt, spricht sich doch eine Mehrheit von SPD und CSU für Berlin aus. Die Berlin-Gegner versuchen noch, durch eine Kosten-Nutzen-Rechnung die wirtschaftliche Kehrseite

der Verlegung des Regierungssitzes nachzuweisen, aber die Bundesregierung unter Bundeskanzler Helmut Kohl und der SPD-Ehrenvorsitzende Willy Brandt halten an dem einmal gefassten Beschluss fest. Bonn wird nicht vernachlässigt, es soll sich zum Verwaltungszentrum Deutschlands weiterentwickeln.

Betrachtungen über die Perspektiven Berlins in einem Gesamtdeutschland gibt es schon Jahre vor dem Fall der Mauer. Manche der Überlegungen gehen davon aus, dass die Stadt, nur 90 km von der polnischen Grenze entfernt, weit im Osten liegt. Modelle werden entwickelt, die Berlin zu einer Drehscheibe machen sollen oder ihm eine Brückenfunktion zwischen Ost und West zuschreiben. Doch alle enden an der Realität des »Eisernen Vorhangs«, der eine fast unüberwindliche Schranke darstellt. Als er fällt, eröffnen sich plötzlich neue Perspektiven: Die einstige politische Grenze entpuppt sich als »Wohlstandsgrenze«, in ihrem Nah-

bereich liegt Berlin. Ihre Überwindung ist nicht minder schwierig. „Wenn Berlin seine geographische Lage in Zukunft wirtschaftlich stärker nach Osten hin ausschöpfen will", stellt der Berlin-Experte Udo Wetzlaugk fest, „dann hängt das von den Möglichkeiten der dortigen Märkte ab. Bei den Einschätzungen unterscheiden sich Optimisten und Pessimisten, wobei Letztgenannte zumindest von einer sehr langen Dauer der Umstrukturierung und Anpassung in Osteuropa ausgehen. Entsprechend langsam nur könnte Berlin seine Randlage in eine Mittelpunktfunktion umwandeln. Die Schätzungen gehen weit ins nächste Jahrhundert. Die Optimisten hingegen erwarten einen baldigen glanzvollen Aufstieg der Berliner Wirtschaft als Umschlagplatz für den Handel zwischen dem west- und osteuropäischen Wirtschaftsraum, wo jeweils rund 300 Millionen Menschen und Konsumenten leben."

Einer glanzvollen Zukunft ist Tür und Tor geöffnet, wenn Friede, Freiheit, Gerechtigkeit und Bürgersinn oberstes Gebot bleiben.

Das Ende des Kalten Krieges

„Mit dem Ende des Ost-West-Konflikts durch den Zusammenbruch des von seinen politischen Führungspersonen gerne so genannten sozialistischen Weltsystems unter Führung der Sowjetunion hat sich auch die wechselseitige Bedrohung der Militärbündnisse NATO und Warschauer Pakt so gut wie verflüchtigt."

Wilfried von Bredow, 2002

NATO-Vollmitglieder

1 Belgien
2 Bundesrepublik Deutschland
3 Dänemark
4 Frankreich
5 Griechenland
6 Großbritannien
7 Island
8 Italien
9 Kanada
10 Luxemburg
11 Niederlande
12 Norwegen
13 Polen
14 Portugal
15 Spanien
16 Tschechische Republik
17 Türkei
18 Ungarn
19 USA

Warschauer-Pakt-Staaten
(bis zur Auflösung am 1.7.1991)

Fast wie ein Spuk verschwindet die jahrzehntelange Bedrohung, die von den beiden großen Machtblöcken NATO und Warschauer Pakt ausging. Einer der wichtigsten auslösenden Faktoren war die Wiedervereinigung Deutschlands. Schon im Dezember 1967 hatten hohe Militärs der NATO befunden: *„Eine endgültige und stabile Regelung in Europa ist … nicht möglich ohne eine Lösung der Deutschlandfrage, die den Kern der gegenwärtigen Spannungen in Europa bildet. Jede derartige Regelung muss die unnatürlichen Schranken zwischen Ost- und Westeuropa beseitigen, die sich in der Teilung Deutschlands am deutlichsten offenbaren."* Ihre Analyse erfährt 1989 die Bestätigung: Das vereinte Deutschland öffnet den Weg zwischen Ost und West und verhilft dem so genannten Helsinki-Prozess, der am 3. 7. 1973 in Helsinki begonnen hatte, endlich zum Durchbruch. Damals hatten Delegierte aus 33 europäischen Staaten beschlossen, dem Alten Kontinent eine friedliche, gerechte und dauerhafte Ordnung zu geben. Dieses hohe Ziel der »Konferenz über Sicherheit und Zusammenarbeit in Europa« (KSZE) ist nun durch die Wiedervereinigung der beiden deutschen Staaten greifbar nahe gerückt. Allerdings ahnt man noch nichts von den Problemen und möglichen Gefahren, die in der Folge auf Europa zukommen könnten und die der Zusammenbruch der Sowjetunion noch verschärft.

Am 31. 3. 1991 beschließen die Staatschefs der noch im Warschauer Pakt vertretenen Länder – Sowjetunion, Rumänien, Bulgarien, Polen, Ungarn und Tschechische Föderative Republik – die Auflösung des Bündnisses. Sie tritt am 1. 7. 1991 in Kraft. Dadurch fällt ein sicherheitspolitischer Stabilitätsfaktor weg. Es ist ungewiss, wie sich die Ostblockländer künftig verhalten werden. Denn, ging zwar vom Warschauer Pakt eine ständige militärische Bedrohung für die freie westliche Welt aus, und be-

nutzte ihn die Sowjetunion als Werkzeug ihres Weltmachtanspruchs, so war er doch ein Instrument, mit dem Moskau seine Trabanten lenken und kontrollieren konnte. Über den Warschauer Pakt und mit Wirtschaftshilfen sowie durch militärische Präsenz, hielt der Kreml nationale Egoismen, religiösen Fundamentalismus, soziale und ökonomische und ethnische Gegensätze in den »Bruderländern« im Zaum; mit seinem Rückzug treten alle diese Konfliktpotentiale in Erscheinung: Die Tschechoslowakische Republik zerbricht am 1. 1. 1993 wegen innerer Spannungen in zwei Teile, Ungarn und Rumänien geraten wegen ihrer ungelösten Minderheitenfragen in Konflikt, das traditionelle »europäische Pulverfass« Balkan explodiert und stürzt den Vielvölkerstaat Jugoslawien in den Bürgerkrieg. Noch bleibt er auf die jugoslawischen Teilrepubliken beschränkt, doch aus Belgrad kommen bereits alarmierende Ankündigungen: man wolle die serbische Grenze künftig bei Wien ziehen; Europa droht abermals in einen Krieg zu taumeln.

Wie schon in manchen Krisen zuvor, erweist sich das NATO-Verteidigungsbündnis als wichtiges stabilisierendes und Frieden erhaltendes Instrument. Nun wird es durch die Europäische Gemeinschaft ergänzt.

Aber der plötzliche Zusammenbruch der Sowjetunion hat den Westen völlig überrascht – er besitzt keine Srategien, um das entstandene Machtvakuum zu füllen.

Der Balkankrieg, die Öffnung des Ostens und die Suche der unabhängig gewordenen Länder nach neuen gesellschafts- und wirtschaftspolitischen Leitlinien offenbaren die Ratlosigkeit und die Verletzlichkeit des westlichen Europa gegenüber derartigen schweren politischen Erschütterungen und auf seinem Kontinent in Gewalt ausartenden Konflikten. Europa muss daher Fragen nach seiner kontinentalen Sicherheit und politischen Stabilität erneut stellen und darauf Antworten finden. Zudem steht es einem neuen bisher nicht in Erscheinung getretenem Phänomen gegenüber: es droht abermals in einen westlichen und einen östlichen Block zu zerfallen, obwohl das kommunistische Gegengewicht nun weggefallen ist. Nicht gegenläufige Ideologien drohen die neue Teilung herbeizuführen, sondern ökonomische, bislang wenig beachtete Entwicklungen, die von der Dynamik einer grenzüberschreitenden, zusammenwach-

senden Industriegesellschaft ausgehen. Während sich das östliche Europa in der Euphorie jüngst gewonnener Selbstständigkeit aller bisherigen übernationalen Bindungen entledigt, tendiert das westliche Europa zu mehr Integration.

Hier erweist sich nun die KSZE, die von Ost und West respektiert wird, als Gesprächs- und Verhandlungsbasis für beide Blöcke. Mehr noch, sie erfährt durch einhellige Befürwortung der ehemaligen Ostblockländer eine deutliche Aufwertung: Die am 21. 11. 1990 unterzeichnete »Charta von Paris für ein neues Europa« und die Gipfelbeschlüsse von Helsinki im Jahr 1992 ermöglichen der KSZE – unter Berücksichtigung der Menschenrechte, des demokratischen Verständnisses und der Rechtsstaatlichkeit – eine effizientere Sicherheitspolitik zu betreiben und umzusetzen.

Vier Jahre später erfolgt eine weitere Stärkung der Organisation. Im Treffen vom 5./6. 12. 1994 in Budapest wandeln die 55 Vollmitglieder der KSZE diese in ein politisches Instrument um, das Krisen und Konflikte früh erkennen, vor ihnen warnen, sie verhindern oder abbauen soll. Die in ihren Grundsätzen neu definierte KSZE nennt sich ab 1. 1. 1995 »Organisation für Sicherheit und Zusammenarbeit in Europa« oder kurz OSZE.

Schon bald nach ihrer Konstituierung legt sie ihre Bewährungsprobe ab. Konnte die KSZE den Konflikt auf dem Balkan mit Hilfe der NATO und befreundeter, neutraler Staaten eindämmen, so beschränkt ihn die OSZE auf die überschaubare und leichter kontrollierbare Region Albanien-Kosovo-Mazedonien. Die OSZE setzt dadurch erste sichtbare Zeichen einer Befriedung.

Krise in Russland

Bedrohlicher noch als die Balkankrise stellt sich die Lage der Sowjetunion nach dem Zusammenbruch des Ostblocks dar. Linientreue Kommunisten verteidigen hartnäckig ihre Machtpositionen, während die demokratischen Kräfte noch an ihren politischen Grundsätzen zimmern. Die Hinwendung der Regierung im Kreml zu demokratischen Prinzipien, ihr Wille, die Wirtschaft nach dem kapitalistischen System auszurichten, verunsichert freilich nicht nur große Teile der Bevölkerung, son-

dern auch die Regierungen der aus 15 Republiken bestehenden Sowjetunion.

Ob das Riesenreich seine Existenz über alle Umbrüche hinweg retten kann, ist die entscheidende Frage. Tatsächlich verlassen am 21. 12. 1991 vier Republiken den Staatsverband und wählen den Gang in die Unabhängigkeit, elf stimmen für die Aufrechterhaltung der staatlichen Einheit und geben dieser den Namen »Gemeinschaft Unabhängiger Staaten« (GUS). Als Nachfolgestaat der UdSSR übernimmt die GUS alle Lasten aus sowjetischer Zeit: den seit 1977 im Kaukasus tobenden Bürgerkrieg, der nun durch Terroranschläge kaukasischer Separatisten auch Moskau heimsucht und den Glauben der Bevölkerung an die Fähigkeit des Staates die innere Sicherheit zu garantieren schwer erschüttert; das Elend, das rund 40 % der 145 Millionen Einwohner unter die Armutsgrenze drückt; die Korruption, die jetzt ungeahnte Blüten treibt.

Bürgerkrieg und wirtschaftliche Not haben schwere Auswirkungen auf die neue GUS-Staatsführung. Sie behindern sie nicht nur in ihrer außenpolitischen Beweglichkeit, sie verdeutlichen auch den machtpolitische Gewichtsverlust und geben den kommunistischen Radikalen kräftigen Aufwind. Dem neuen Regime im Kreml droht der Zusammenbruch, ehe es noch Fuß fassen kann. Die westliche Welt betrachtet die Entwicklung mit Sorge, steht der GUS doch noch immer ein mächtiger Militärapparat zur Verfügung, es verfügt über mehr als dreißigtausend Nuklearwaffen und 1,24 Millionen Soldaten. Die Folgen eines Zerbrechens der GUS sind nicht abzuschätzen, sollten die neuen Staaten in Besitz

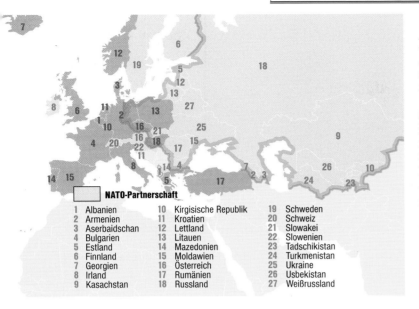

NATO-Partnerschaft

1	Albanien	10	Kirgisische Republik	19	Schweden
2	Armenien	11	Kroatien	20	Schweiz
3	Aserbaidschan	12	Lettland	21	Slowakei
4	Bulgarien	13	Litauen	22	Slowenien
5	Estland	14	Mazedonien	23	Tadschikistan
6	Finnland	15	Moldawien	24	Turkmenistan
7	Georgien	16	Österreich	25	Ukraine
8	Irland	17	Rumänien	26	Usbekistan
9	Kasachstan	18	Russland	27	Weißrussland

Die Teilung der Welt in die zwei großen, militärisch hochgerüsteten Blöcke der NATO und des Warschauer Paktes hat die Gefahr einer atomaren Auseinandersetzung mehrmals akut werden lassen. Nach Auflösung des östlichen Paktsystems orientieren sich viele der ehemaligen sozialistischen Staaten an der NATO (Karte oben). – Am 12. 3. 1999 treten Polen, Ungarn und die Tschechische Republik der NATO bei. Auf dem Grenzfluss Neiße, im tschechisch-polnisch-deutschen Dreiländereck, demonstrieren Offiziere aus den drei Staaten in einem Schlauchboot die Zusammengehörigkeit (Bild rechts unten).

dieses Arsenals gelangen. In einer Spontanhandlung entschließt sich daher das westliche Europa die Kremlführung mit Sachspenden und hohen finanziellen Beträgen zu unterstützen.

»Osterweiterung«

Nach der Lösung von Moskau wenden sich beinahe alle Oststaaten dem Westen zu. Estland, Lettland, Litauen, die Slowakei, Slowenien, Rumänien und Bulgarien ersuchen um Aufnahme in die NATO bzw. in die EU. Polen, Ungarn und die Tschechische Republik werden am 12. 3. 1999 Mitglieder des NATO-Verteidigungsbündnisses.

Die Ursachen der spontanen Neuorientierung liegen im Putschversuch Linksradikaler gegen den Generalsekretär der Sowjetunion, Michail Gorbatschow, im August 1991. Damals fürchteten die ehemaligen Warschauer-Pakt-Staaten ihre junge Souveränität wieder zu verlieren. Den Eintritt in das Sicherheitssystem der NATO empfanden sie daher als einzigen Ausweg. Neben der militärischen Rückendeckung verlockt die NATO auch aus anderem Grund ihr beizutreten: Sie präsentiert sich als eine Wertegemeinschaft, die den jungen Staaten bei der Festigung ihrer demokratischen Identität zu Seite stehen kann.

Für die NATO ergibt sich allerdings die Notwendigkeit neue strategische Überlegungen anzustellen. Um das von den USA geprägte Schlagwort von der »NATO-Osterweiterung« entbrennt eine heftig geführte Diskussion. Befürworter der NATO-Osterweiterung definieren sie als »enlargement«, als behutsames und wohl durchdachtes Ausgreifen. Gegner sprechen hingegen von einer »expansion«. Anerkannt ist das Argument mit Hilfe des NATO-Bündnisses Regionen politisch zu stabilisieren, die in der Vergangenheit Quellen kriegerischer Auseinandersetzungen gewesen sind. Kritiker weisen allerdings darauf hin, dass die Osterweiterung einen engeren Zusammenschluss der GUS bewirken und Europa abermals in zwei Teile spalten könnte.

Die deutsche Sicherheitspolitik widmet der Diskussion über die Osterweiterung hohe Aufmerksamkeit, sie vermeidet allerdings den Begriff und spricht vorsichtig von einer »Öffnung (nach Osten)«. Damit versucht sie dem Eindruck entgegenzuwirken, dass die westliche Allianz nach Osten expandieren wolle. Nicht Machterweiterung ist das Ziel, betont die deutsche Führung, sondern die »Vergrößerung einer Wertegemeinschaft«. 1998 formuliert dies der deutsche Außenminister Klaus Kinkel mit folgenden Worten: *„Die Öffnung der NATO ist nicht Ausdruck eines*

Expansionswillens der Allianz. Sie ist vielmehr Antwort auf das legitime Streben der mittel-, ost- und südosteuropäischen Staaten in die westlichen Strukturen und Institutionen.“

Ungeachtet dessen sind die Begriffe »NATO« und »Osterweiterung« Reizworte für Russland. Aus historischer Sicht ist dies verständlich, rückt doch der frühere Erzrivale NATO in die 1945 zwischen Ostsee und Schwarzem Meer von der Sowjetunion errichteten Sicherheitszone vor und entlässt Deutschland aus der Rolle eines »Frontstaates«. Die Differenzen zwischen der NATO in Brüssel und der Kremlführung gleichen sich im Mai 2002 aus, als Moskau auf Einladung der NATO als Berater an ihrem runden Tisch Platz nimmt. Ab jetzt kann sich Deutschland in einer militärischen Sicherheit wiegen, wie es sie noch nie erfahren hat. Und dennoch ist diese Sicherheit nicht restlos gewährleistet.

Gegenwärtig können Konflikte selbst aus weit entfernten Handlungsräumen in jeden beliebigen Staat getragen werden, durch speziell ausgebildete Terroristen oder atomare Lenkwaffen.

Bereits Ende April 1999 überlegen NATO-Spitzen, ob künftige Einsätze – wie jener im Kosovo – in ein gesamtstrategisches Konzept einzubinden seien und ob die NATO in Gebieten mit gefährdeter politischer Stabilität als »Weltpolizist« auftreten solle. Anfang Mai 1999 meint der aus dem Amt scheidende deutsche General Klaus Naumann, dass die NATO durch *„das Verhindern von Krisen an ihrer Peripherie und darüber hinaus den Schutz des Bündnisgebietes erhöhen muss.“* Er betont, dass *„Risiken, die man schon in der Entfernung erkennt“*, auch dort zu begegnen seien, denn *„Risiken in der Entfernung werden die Krisen der Zukunft sein.“*

Dieser Richtlinie folgt die Bundesregierung 2001, als ein vermutlich von islamischen Extremisten ausgeübter Terroranschlag das World Trade Center in New York am 11. 9. 2001 zerstört. Berlin entspricht dem Aufruf der USA, eine gemeinsame Militäraktion gegen vermeintliche Drahtzieher des Terroraktes in Afghanistan zu führen, unter Billigung des UNO-Sicherheitsrates und entsendet Soldaten zu einem bewaffneten Einsatz ins Ausland.

STICHWORT

»KSZE/OSZE«

Die KSZE oder Konferenz für Sicherheit und Zusammenarbeit in Europa geht auf eine Initiative der Sowjetunion zurück. Am 3. 7. 1973 in Helsinki gegründet, versteht sie sich als regionale Organisation der UNO und sieht den Schwerpunkt ihrer Tätigkeit in der Früherkennung und Bewältigung von zwischen- und innerstaatlichen Krisen. Noch bevor die UNO zum Einschreiten genötigt wird, versucht die KSZE Konflikte mit nicht-militärischen Mitteln auf dem Verhandlungsweg beizulegen. Die am 1. 1. 1995 in »Organisation für Sicherheit und Zusammenarbeit in Europa« (OSZE) umbenannte KSZE – zu ihr gehören auch die USA, Kanada und alle Nachfolgerepubliken der ehemaligen Sowjetunion – beschließt am 21. 3. 1995 einen »Stabilitätspakt für Europa« und bewährt sich in Bosnien und Herzegowina bei der Entwaffnung der streitenden Parteien.

Vor neuen Aufgaben

„Wir brauchen die Bundeswehr, um gegenüber Völkermord, Aggressionen und Erpressungen gewappnet zu sein. Wir müssen in solchen Fällen aber auch bereit sein, militärische Mittel einzusetzen, wenn alle anderen Mittel versagt haben. Ebenso wahr ist aber auch, dass militärische Mittel kein Allheilmittel sind und dass sie auch nicht im Vordergrund unseres Denkens stehen dürfen.“

Roman Herzog, 13. 3. 1995

Die Bundesrepublik Deutschland wird zur Zeit von keiner Seite militärisch bedroht. Das sind die Auswirkungen von drei Beschlüssen: Im ersten vom 5. 7. 1990 erklärt der in London tagende NATO-Gipfel den »Kalten Krieg« für beendet, im zweiten besiegeln am 21. 11. 1990 in Paris die 43 Mitgliedsländer der KSZE das Ende der Spaltung Europas und im dritten lösen am 31. 3. 1991 die noch im Warschauer Pakt vertretenen Ostblockstaaten ihre Militärallianz auf.

Nach Jahrzehnten der Angst, in einem dritten Weltkrieg zum atomaren Schlachtfeld der NATO und des Warschauer Paktes zu werden, ist Deutschland jetzt diese Sorge los. Der Wegfall des östlichen Feindbildes wirft jedoch die Frage nach dem Sinn der Bundeswehr auf. Eine Antwort darauf finden weder Politiker noch Militärs, beide geraten in einen Erklärungsnotstand, der zum Teil in heftige Diskussionen und Debatten mündet.

Vorerst erfüllen die Militärbürokraten pflichtgemäß die mit der ehemaligen DDR-Regierung getroffenen Vereinbarungen und übernehmen die Soldaten der am 3. 10. 1990 aufgelösten Nationalen Volksarmee (NVA) in die Bundeswehr.

Die Integration der NVA-Truppen verläuft nicht unproblematisch. Abgesehen davon, dass die DDR-Soldaten anderen Regeln der Disziplin unterworfen waren, müssen sie jetzt den Umgang mit neuen Waffen erlernen und sich mit anderen Vorschriften, Einsatzstrategien und Normen der Menschenführung vertraut machen. Außerdem wird jeder zu seiner früheren Tätigkeit in der DDR-Armee befragt. Ein eigener Beamtenapparat, die so genannte Gauck-Behörde, überprüft die etwaige Mitarbeit beim DDR-Staatssicherheitsdienst oder bei anderen politischen Abteilungen. Die Angehörigen sol-

cher Dienststellen finden in der Bundeswehr keine Aufnahme. Etwa 20 % der NVA-Offiziere und -Unteroffiziere müssen deshalb den Wehrdienst quittieren: von 3575 Offizieren finden rund 3000 in der Bundeswehr Aufnahme, von 6252 Unteroffizieren etwa 5000.

Einer Aufnahmesperre unterliegen auch Generäle und Admirale, Politoffiziere sowie alle Berufssoldaten der NVA, die älter als 55 Jahre sind. Zu den NVA-Angehörigen, die keinen Platz in der Bundeswehr finden, zählen auch Soldatinnen, die den Dienst mit der Waffe versahen. Das Grundgesetz der Bundesrepublik verbietet ihren Einsatz im Heer. Erst am 27. 10. 2000 ändert der Bundestag den Artikel 12a der Verfassung und erlaubt Frauen den Dienst mit der Waffe.

Kritiker dieser Verfassungsänderung zeigen sich erstaunt über die vielen weiblichen Freiwilligen, die sich zum Dienst mit der Waffe melden. Bereits beim ersten Termin zur Musterung wollen 1100 Frauen die Offizierslaufbahn ergreifen, 227 von ihnen erhalten den Einberufungsbefehl. Für die Laufbahn bei Mannschaften und Unteroffizieren entscheiden sich am 28. 11. 2000 insgesamt 1893 Bewerberinnen, davon treten 244 den Dienst an.

Schwierigkeiten bereitet der Bundeswehr die Entsorgung der NVA-Ausrüstung, die etwa 300.000 Tonnen Munition, 1,2 Millionen Handfeuerwaffen, 2300 Panzer, 9000 Schützenpanzer, 5000 Geschütze, 700 Flugzeuge und Hubschrauber und 192 Kriegsschiffe umfasst. Für sie besteht keine Verwendungsmöglichkeit, so fällt ein Großteil der Waffen der Verschrottung anheim, der geringere Teil gelangt zum Verkauf an interessierte Staaten.

Über die Nutzung von 2285 militärischen Einrichtungen, wie Munitionslager, Flugplätze, Marinestützpunkte, Kasernen, Radarstellungen und Truppenübungsplätze – auf ihnen versehen am 3. 10. 1990 über 50.000 NVA-Soldaten ihren Dienst –, wird von Fall zu Fall entschieden.

Empfinden die ehemaligen NVA-Soldaten die Auslese durch die Gauck-Behörde noch als politische Notwendigkeit, so erregt die Entscheidung der Finanzbehörden ihre Gemüter: Soldaten aus den neuen Ländern erhalten um 16 % weniger Sold als ihre Kameraden aus den alten Bundesländern, und dies bei gleichem Rang und gleichem Dienst.

Rekrutinnen in ihren tarnfarbenen Anzügen (Bild oben). – Am 6. 3. 2002 kommen zwei Bundeswehrsoldaten während ihres Auslandseinsatzes im Auftrag der UNO in Afghanistan durch einen Sprengunfall ums Leben. Ihre Särge werden am 9. 3. 2002 vom Flughafen in Kabul in die Heimat ausgeflogen (Bild unten). – Die am 16. 2. 2001 vom Verteidigungsminister Rudolf Scharping vorgestellten neuen Standorte der Bundeswehr (Karte rechts).

Das »Out-of-Area-Urteil«

Die Kontroversen um die Beibehaltung der Bundeswehr dauern mit wechselnder Intensität bis Anfang 1991 an. Dann finden sie wegen des Krieges am Golf ein vorläufiges Ende: Der Weltsicherheitsrat hatte die Weisung zur Aufstellung einer multinationalen Streitmacht erteilt, die unter der Führung der USA die Aggressoren aus dem Golfstaat Kuwait vertreiben soll. Auch die deutsche Bundesregierung ist aufgerufen, ein Truppenkontingent zu stellen. Nach einigem Zögern entsendet sie einige Dutzend Soldaten in die Krisenregion, die weit ab vom Kriegsschauplatz auf einem türkischen Stützpunkt Beobachterdienste versehen. Die zögerliche Haltung der Bundesregierung veranlasst allerdings die anderen am Kriegsgeschehen beteiligten Staaten harsche Kritik zu üben: Deutschland könne sich auf Dauer seiner Verpflichtung zur Teilnahme an gemeinschaftlichen Militäraktionen nicht

entziehen, wenngleich man das Zaudern aus historischer Sicht verstehe.

Der Einsatz deutscher Soldaten auf einem fremden Kriegsschauplatz weist zwar der Bundeswehr eine neue Aufgabe zu, gleichzeitig entfacht er aber eine neue Debatte, ob es politisch und moralisch vertretbar sei, nach dem nationalsozialistischen Expansionskrieg militärisch wieder aktiv zu werden. Da ein Diskussionsergebnis nicht erwartet werden kann, bewilligt 1993 die Regierung Kohl abermals den Einsatz deutscher Verbände, so in Somalia und – zur Überwachung des von der UNO verhängten Flugverbots – in Bosnien-Herzegowina. Dieser Alleingang ruft den Protest von SPD und FDP hervor. Sie fordern das Bundesverfassungsgericht auf, über die Richtigkeit des Vorgehens der Regierung zu entscheiden. Im »Out-of-Area-Urteil« vom 12. 7. 1994 stellen die Verfassungsrichter fest: *„Bewaffnete deutsche Streitkräfte dürfen sich künftig uneingeschränkt an friedenssichernden Einsätzen*

im Rahmen von Aktionen der NATO und der WEU zur Umsetzung von Beschlüssen des Sicherheitsrats der VN beteiligen."

Ungeachtet dessen erhebt am 19. 6. 2000 im Bundestag der PDS-Generalsekretär Gregor Gysi mit Unterstützung der »grünen« Fraktion die Forderung, die Bundeswehr abzuschaffen und die NATO als *„letzte Institution des Kalten Krieges"* aufzulösen. Der am 11. 9. 2001 auf die WTC-Türme in New York erfolgte Terroranschlag lässt die Kritiker der Bundeswehr verstummen. Manche Konflikte lassen sich offenbar doch nicht ohne militärischen Einsatz lösen.

Die Atempause in der Diskussion um die Bundeswehr nutzt am 27. 11. 2000 Verteidigungsminister Rudolf Scharping, um die sicherheitspolitische Lage Deutschlands und die Aufgaben der Bundeswehr zu erklären. Als Hauptpunkte nennt er: 1. Fortentwicklung der euro-asiatischen Gemeinschaft, 2. Stärkung der europäischen Handlungsfähigkeit, 3. Ausbau von Kooperation und Partnerschaft, 4. Förderung der regionalen Zusammenarbeit, 5. Fortsetzung der Rüstungskontrolle, 6. Stärkung der Sicherheitskontrollen und 7. Einbindung Russlands in wichtige europäische Fragen.

Debatte um die Wehrpflicht

Die Diskussionen um das Heer erhalten neue Nahrung, als Jungsozialisten mit dem Schlagwort »Chance ergreifen – Wehrpflicht abschaffen« für eine Streitmacht aus Berufssoldaten eintreten. Obwohl Bundestagsabgeordnete der SPD und des Bündnis 90/Die Grünen der Forderung zustimmen, halten Bundeskanzler Gerhard Schröder und Verteidigungsminister Rudolf Scharping an der Wehrpflicht fest.

Allerdings erhebt das Amtsgericht Düsseldorf beim Bundesverfassungsgericht Klage, dass die Beschränkung der allgemeinen Wehrpflicht auf Männer Frauen ausschließe und somit den im Grundgesetz verankerten Gleichheitsgrundsatz verletze. Das Bundesverfassungsgericht freilich fühlt sich nicht zu einem Urteil berufen und leitet die Klage an den Europäischen Gerichtshof weiter. Dieser findet eine salomonische Lösung: Die Frage, ob die ausschließlich auf Männer bezogene Wehrpflicht dem Grundgesetz widerspreche, sei eine politische, also habe sie der Bundestag zu beantworten …

Da sich die Opposition zur Wehrpflicht in der jetzigen Form bekennt und ohne ihre Zustimmung die Verfassung nicht geändert werden kann,

Standorte in Schleswig-Holstein
1 Bargum
2 Enge-Sande
3 Stadum
4 Harrislee
5 Flensburg
6 Hürup
7 Tarp
8 Idstedt
9 Wester-Ohrstedt
10 Kropp
11 Brekendorf
12 Alt Duvenstedt
13 Hohn
14 Borgstedt
15 Bünsdorf
16 Eckernförde
17 Altenhof
18 Panker
19 Lütjenburg
20 Kellinghusen
21 Arkebek

Standorte in Rheinland-Pfalz
1 Hilscheid
2 Börfink
3 Niederbrombach
4 Rheinböllen
5 Weiler bei Bingen
6 Birkenfeld
7 Ramstein-Miesenbach
8 Rupertsweiler
9 Germersheim

○ Standort einer Bundeswehreinheit
— Staatsgrenze
Landesgrenze
Regierungsbezirksgrenze

0   100 km

rückt ein Herr aus Berufssoldaten in weite Ferne. Die von der Regierung Schröder am 14. 6. 2000 beschlossene Strukturreform der Streitkräfte rührt daher nicht an der Wehrpflicht, sondern präzisiert andere Ziele:

1. Verringerung der Zahl der länger dienenden Soldaten von 340.000 auf 277.000 und der Zahl der Wehrpflichtigen von 135.000 auf 77.000.

2. Der auf neun Monate reduzierte Grundwehrdienst soll zusammenhängend in sechs Monaten abgedient werden, die restlichen drei Monate kann der Rekrut anschließend oder zu einem später Zeitpunkt als Wehrübungen abdienen. 3. Das Heer selbst besteht künftig aus militärischen Grundorganisationen und Einsatzkräften, die von den bisherigen

Hauptverteidigungs- und Krisenreaktionseinheiten ergänzt werden.

Ein wesentlicher Reformpunkt ist die Festlegung von über 500 Standorten der Bundeswehr, die sich in Übereinstimmung von Regierung und Militär über das ganze Land verteilen. Sie sollen nicht nur Volksnähe vermitteln, sondern auch wirtschaftliche Impulse setzen.

Grenzen überwinden

„So lange Europa nicht vereint war, haben wir Krieg gehabt. Europa lässt sich nicht mit einem Schlag herstellen und auch nicht durch eine einfache Zusammenfassung: Es wird durch konkrete Tatsachen entstehen, die zunächst eine Solidarität schaffen. Die Vereinigung der europäischen Nationen erfordert, dass der jahrhundertealte Gegensatz zwischen Frankreich und Deutschland ein Ende nimmt."

Robert Schuman, 9. 5. 1950

Die Errichtung der EU erfordert einen gewaltigen Beamtenapparat, der in vielen neuen Verwaltungsgebäuden untergebracht werden muss. Eines davon ist das Gebäude Berlaymont, der Sitz der Kommission (Bild oben). – Die EU nach Bevölkerung, Bruttoinlandsprodukt und historischer Entwicklung (Grafik rechts unten).

Mit diesen Worten legt der französische Außenminister Robert Schuman am 9. 5. 1950 einen Plan vor, der zur Basis eines vereinten Europas werden soll. Kernstück seines Vorschlags ist es, die Kohle- und Stahlproduktion Frankreichs, der Bundesrepublik Deutschland und anderer europäischer Staaten einer gemeinsamen Behörde zu unterstellen und so die Grundlagen für den wirtschaftlichen und politischen Zusammenschluss Europas zu schaffen.

Schumans Europaplan wird von Frankreich, Belgien, den Niederlanden, Luxemburg, Italien und der Bundesrepublik begrüßt. Bis zum Ende des Jahres steuern Politiker aus den sechs Ländern konstruktive Anregungen bei: So im November 1950 der niederländische Landwirtschaftsminister Sicco Leendert Mansholt, der die Gründung eines Dachverbandes europäischer Bauern wünscht, oder sein Regierungskollege Außenminister Dirk Uipko Stikker, der die Aufhebung von Handelshemmnissen in Europa vorschlägt, oder Frankreichs Verteidigungsminister René Pleven, er spricht sich im Oktober für eine Europäische Verteidigungsgemeinschaft aus.

Doch Europa ist zerrissen. Ein »Eiserner Vorhang« teilt es in eine östliche, von Moskau zentralistisch beherrschte und eine westliche, kapitalistisch-demokratische, unter dem Einfluss der USA stehende Hälfte. Zwei gegensätzliche Ideologien stehen einander gegenüber. Sie verfolgen nur ein Ziel: die Erringung der Weltherrschaft.

An der Naht dieser gegensätzlichen politischen Anschauungen liegen vom Krieg zerstörte Länder, die mit kargen Mitteln und internationaler Hilfe den Wiederaufbau beginnen. Dank großzügiger wirtschaftlicher Unterstützung durch die USA (»Marshallplan«), schreitet der Wie-

deraufbau im demokratischen Europa rascher voran als im sozialistischen und weckt gleichzeitig den Ehrgeiz von US-Hilfen unabhängig zu werden und den hohen Wirtschaftsstandard der USA zu erreichen. Schumans Worte *„die Schaffung einer mächtigen Produktionsgemeinschaft, die allen Ländern offen steht, die daran teilnehmen wollen, mit dem Zweck, allen Ländern, die sie umfasst, die notwendigen Grundstoffe für ihre industrielle Produktion zu gleichen Bedingungen zu liefern, wird die Fundamente zu ihrer wirtschaftlichen Vereinigung legen"* stoßen daher in den Staatskanzleien auf ungeteilte Zustimmung.

Bereits am 18. 4. 1951 gründen Frankreich, Belgien, die Niederlanden, Luxemburg, Italien und die Bundesrepublik die »Europäische Gemeinschaft für Kohle und Stahl« (EGKS), kurz »Montanunion« genannt. Der Gründungsvertrag sieht vor, *„durch Errichtung einer wirtschaftlichen Gemeinschaft den ersten Grundstein für eine weitere und vertiefte Gemeinschaft unter Völkern zu legen, die lange Zeit durch blutige Auseinandersetzungen entzweit waren."*

Die Westeuropäische Union

Ein Jahr später, am 27. 5. 1952, greifen in Paris die sechs Montanunionstaaten den Plan René Plevens eine Europäische Verteidigungsgemeinschaft (EVG) zu gründen auf. Der Vertrag sieht die Verschmelzung der nationalen Streitkräfte vor und findet die Befürwortung der USA, die eine Beteiligung deutscher Streitkräfte an der Verteidigung Westeuropas wünschen. Die Realisierung scheitert allerdings am 30. 8. 1954 am Veto der französischen Nationalversammlung, die eine deutsche Wiederbewaffnung fürchtet. Immerhin, die ehemaligen Gegner Deutschlands haben Ansätze gezeigt, den von ihnen – Frankreich, Großbritannien und den Benelux-Staaten – am 17. 3. 1947 unterzeichneten »Brüsseler Vertrag« zu überdenken, der sich gegen die Aufrüstung Deutschlands richtete. Dass der deutsche Verteidigungsbeitrag schließlich von Frankreich doch zur Kenntnis genommen werden muss, dokumentieren die am 5. 5. 1955 in Kraft getretenen »Pariser Verträge«. Sie verbinden völkerrechtlich die Aufhebung des Besatzungsregimes in der Bundesrepublik mit einem von ihr zu erbringenden, schon für die EVG geplanten Vertei-

digungsbeitrag im Rahmen der »Westeuropäischen Union« (WEU).

Diese geht am 20. 10. 1954 aus den »Brüsseler Verträgen« hervor, als in einer Konferenz – sie findet zwischen dem 1. und 3. 6. 1955 in Messina statt – sich die Außenminister der sechs EGKS-Staaten für eine Ausdehnung der bisherigen gemeinsamen Bewirtschaftung von Kohle und Stahl auf die gesamte Wirtschaft aussprechen. Der von der Bundesrepublik und Italien eingebrachte Vorschlag Großbritannien in den neuen Wirtschaftsmarkt miteinzubeziehen scheitert allerdings am französischen Veto. Paris befürchtet den Verlust der nationalen Souveränität.

Ohne Großbritannien unterzeichnen daher am 25. 3. 1957 die Delegierten der sechs EGKS-Staaten in Rom die Verträge zur Errichtung einer »Europäischen Wirtschaftsgemeinschaft« (EWG) und der »Europäischen Atomgemeinschaft« oder kurz EURATOM.

Diese »Römischen Verträge« sehen einen freien Markt durch Abbau aller Handelsschranken, eine einheitliche Wirtschaftspolitik und die Angleichung des Lebensstandards in allen Mitgliedstaaten vor. Um die dafür nötige gemeinsame Politik betreiben zu können, wird eine parlamentarische Versammlung ins Leben gerufen, die sich ab dem 30. 3. 1962 »Europäisches Parlament« nennt.

Am 1. 1. 1958 treten die »Römischen Verträge« in Kraft und sowohl die Kommission der EWG als auch die EURATOM nehmen ihre Arbeit in Brüssel auf.

Die Ausgrenzung Großbritanniens, aber auch anderer westlich orientierter europäischer Staaten hat Folgen. Auf Initiative Londons konstituiert sich am 4. 1. 1960 die »Europäische Freihandelsassoziation« (EFTA), der außer Großbritannien noch Norwegen, Schweden, Österreich, Portugal und die Schweiz angehören. Trotz vieler beschwörender Worte hochgestellter Politiker, die Einheit Europas über nationale Interessen zu stellen, ist der geplante Zusammenschluss zum machtpolitischen Poker entartet, in dem Paris das alte Spiel dominiert. Die alte französisch-britische Rivalität um die europäische Vorherrschaft und die Agrarlobby in Frankreich, die ihren Markt gegenüber den anderen in der Landwirtschaft verwurzelten europäischen Ländern abschottet, verhindern die Integration Europas für Jahrzehnte.

Doch auch innerhalb der EWG herrschen Differenzen in der Agrarmarktfrage. Sie soll eine am 30. 7. 1962 beschlossene »Gemeinsame Agrarpolitik« (GAP) ausgleichen. Für den französischen Staatspräsidenten General Charles de Gaulle bedeutet die GAP jedoch nur ein weiteres politisches Machtinstrument, um den britischen EWG-Beitritt zu verhindern. So erhebt er am 14. 1. 1963 die Beschuldigung, London verweigere die Unterordnung unter eine gemeinsame Agrarpolitik. Die Ursache, meint de Gaulle, sei die Verknüpfung Englands mit den Ländern des Commonwealth, die hätten aber einen ökonomischen Standard, der nicht in die EWG passe.

Wohl versucht der Außenminister der Bundesrepublik, Gerhard Schröder, zu vermitteln, doch sein französischer Amtskollege Maurice Couve de Murville beharrt auf dem vertretenen Standpunkt.

Die Gründung der EG

Großbritannien bleibt auch ausgeschlossen, als im April 1965 der Vertrag über den Zusammenschluss der Exekutivorgane von EGKS, EWG und EURATOM zur Errichtung der »Europäischen Gemeinschaften« (EG) von den sechs Mitgliedstaaten unterzeichnet wird. Sie beschließen die Errichtung eines gemeinsamen Rates und einer gemeinsamen Kommission, die am 1. 7. 1967 in Brüssel mit ihrer Arbeit beginnen. Ein Jahr später, am 1. 7. 1968, wird die Zollunion verwirklicht, die alle Handelsabgaben zwischen EG-Staaten hinfällig macht. Der Beschluss vom 22. 4. 1970, die Gemeinschaften mit Eigenmitteln zu finanzieren und die Kontrollbefugnisse des Europäischen Parlaments zu erweitern, verleiht dem vereinten Europa noch schärfere Konturen. Nun bekommen auch Verhandlungen mit beitrittswilligen Ländern Schwung. Die Gespräche vom 30. 6. 1970 mit Dänemark, Irland, Norwegen und Großbritannien führen am 1. 1. 1973 – mit Ausnahme Norwegens – zu ihrer Aufnahme in die EG.

Zügiger Fortschritt

Ab der Unterzeichnung des Vertrages über die Erweiterung der Haushaltsbefugnisse des Europäischen Parlaments und die Gründung des Europäischen Rechnungshofes am 1. 6. 1977 geht die Vereinigung Europas zügig voran:

1. 1. 1979 – Errichtung eines Europäischen Währungssystems (EWS), das auf der Währungseinheit ECU aufbaut. Alle am EWS beteiligten Währungen erhalten eigene Leitkurse und bilden zusammen den ECU.

7. und 10. 6. 1979 – Die Bürger der EG-Staaten wählen erstmals in allgemeiner und direkter Wahl 410 Abgeordnete ins Europäische Parlament.

1. 1. 1981 – Griechenland tritt der EG bei (»Europa der Zehn«).

14. und 17. 6. 1984 – Die zweite Wahl des Europäischen Parlaments.

1. 1. 1986 – Portugal und Spanien treten der EG bei, die dadurch zum »Europa der Zwölf« wird.

1. 7. 1987 – Die »Einheitliche Europäische Akte« tritt in Kraft. Sie schreibt die Angleichung der Rechtsvorschriften in den EG-Ländern vor und setzt die Realisierung eines Binnenmarktes bis 1993 zum Ziel.

15. und 18. 6. 1989 – Die dritte Wahl des Europäische Parlaments.

1. 1. 1990 – Beginn der »ersten Stufe« der Europäischen Wirtschafts- und Währungsunion (EWWU, auch WWU genannt). Wirtschafts-, Finanz-, Wechselkurs- und Geldpolitik sollen koordiniert werden.

2. 5. 1992 – Die EG- und EFTA-Staaten vereinbaren ihren Zusammenschluss zur Schaffung eines Europäischen Wirtschaftsraums (EWR).

1. 11. 1993 – Der umgangssprachlich so bezeichnete »Vertrag von Maastricht« – offiziell »Vertrag über die Europäische Union« – tritt in Kraft. Damit ist die Europäische Union (EU) als neues institutionelles Dach der bisher in den Europäischen Gemeinschaften vertretenen Staaten gegründet. Sie setzt sich folgende Ziele: 1. politische Zusammenarbeit im Bereich Justiz und Inneres; 2. Schaffung einer engen Wirtschafts- und Währungsunion; 3. koordiniertes Vorgehen in der Außen- und Sicherheitspolitik; 4. enge Zusammenarbeit in der Rechts- und Innenpolitik zur Bekämpfung der organisierten Kriminalität; 5. gemeinsame Drogensowie Einwanderungs-, Asyl- und Visapolitik.

1. 1. 1994 – Nachdem die Schweiz durch ein Referendum vom 6. 12. 1992 eine Teilnahme am EWR abgelehnt hatte, waren umfangreiche Anpassungen des EWR-Vertrages vom 2. 5. 1992 notwendig geworden. Daher beginnt erst jetzt die »zweite Stufe« der Wirtschafts- und Währungsunion und es erfolgt die Errichtung eines Europäischen Währungsinstitutes, des Vorläufers der Europäischen Zentralbank (EZB).

9. und 12. 6. 1994 – Die vierte Wahl des Europäischen Parlaments. Zur gleichen Zeit stimmt Österreich per Referendum dafür, Mitglied der EU zu werden.

1. 1. 1995 – Österreich, Finnland und Schweden treten in die EU ein und machen sie zum »Europa der Fünfzehn«; Norwegen hatte die EU-Mitgliedschaft 1994 abgelehnt.

26. 3. 1995 – Durch die Unterzeichnung des »Schengener Abkommens« entfallen die Personenkontrollen an den Binnengrenzen zwischen Frankreich, Belgien, Luxemburg, den Niederlanden, Spanien, Portugal und Deutschland.

31. 3. 1998 – Beitrittsverhandlungen mit Estland, Polen, der Tschechischen Republik, Ungarn, Slowenien und Zypern. Man nennt sie die »Luxemburg-Gruppe«.

2. 5. 1998 – Die Staats- und Regierungschefs von elf der fünfzehn EU-Staaten anerkennen den Euro als Einheitswährung.

1. 1. 1999 – »dritte Stufe« der Europäischen Wirtschafts- und Währungsunion tritt in Kraft. Belgien, Deutschland, Finnland, Frankreich, Irland, Italien, die Niederlande, Luxemburg, Österreich, Portugal und Spanien führen den Euro im bargeldlosen Zahlungsverkehr ein.

24. bis 26. 3. 1999 – Vor dem Hintergrund der EU-Osterweiterung beschließen die EU–Länder auf einer Sondertagung des Europäischen Rats in Berlin das Reformpaket »Agenda 2000«. Es hat sowohl die Neustrukturierung der Beitragszahlungen der EU-Mitglieder als auch eine Reform der Struktur- und Agrarpolitik zum Inhalt.

Damit die Ausgaben der EU nicht schneller wachsen als die Haushalte der Mitgliedstaaten, verständigen sich die Staats- und Regierungschefs auf ihre »reale Stabilisierung«. Insgesamt sieht der beschlossene Finanzrahmen für 2000 bis 2006 Ausgaben von 690 Milliarden Euro vor. Den größten Anteil davon nimmt mit 298 Milliarden Euro der Agrarsektor ein. Gleichzeitig werden die jährlichen Agrarsubventionen auf dem gegenwärtigen Stand von 40,5 Milliarden Euro eingefroren.

1. 5. 1999 – Der »Amsterdamer Vertrag« tritt in Kraft, den die Außenminister der fünfzehn EU-Staaten bereits im Oktober 1997 unterzeichnet hatten. Er ergänzt Bestimmungen des Vertrags über die Europäische Union.

10. und 13. 6. 1999 – Die fünfte Wahl des Europäischen Parlaments.

15. 6. 2000 – Beratungen über die Beitrittserklärungen von Bulgarien, Lettland, Litauen, Malta, Rumänien und der Slowakischen Republik (»Helsinki-Gruppe«).

7. bis 11. 12. 2000 – Tagung des Europäischen Rats in Nizza. Die Staats- und Regierungschefs der EU-Länder unterzeichnen einen Vertrag, der die Handlungsfähigkeit der EU nach der Aufnahme neuer Mitgliedstaaten sichern soll. Zum Abschluss der Konferenz erfolgt die Proklamation der Charta der Grundrechte der Europäischen Union.

2. 1. 2001 – Griechenland wird zwölftes Mitglied der der Euro-Zone.

25. 3. 2001 – Dänemark, Finnland, Schweden und die Nicht-EU-Länder Island und Norwegen treten dem »Schengener Abkommen« bei.

14. und 15. 12. 2001 – Im belgischen Laeken beschließt der Europäische Rat die Einrichtung eines Konvents zur Ausarbeitung einer europäischen Verfassung und notwendiger Reformen. Die Vertreter der nationalen Parlamente werden in den Reformprozess eingebunden.

1. 1. 2002 – Zwölf der fünfzehn EU-Staaten führen den Euro als Bargeld ein.

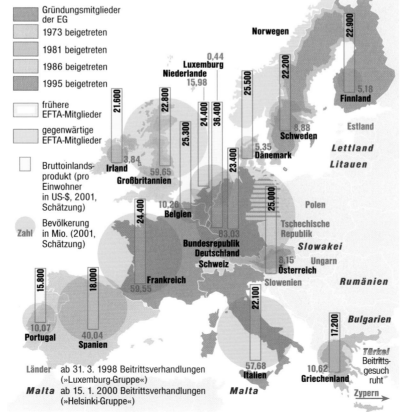

Gründungsmitglieder der EG
1973 beigetreten
1981 beigetreten
1986 beigetreten
1995 beigetreten
frühere EFTA-Mitglieder
gegenwärtige EFTA-Mitglieder

Bruttoinlandsprodukt (pro Einwohner in US-\$, 2001, Schätzung)

Zahl   Bevölkerung in Mio. (2001, Schätzung)

Norwegen   22.900

Luxemburg 0,44
Niederlande 15,98

21.600   Irland 3,84
Großbritannien 59,65

22.800

25.300

24.400

36.400

25.500

22.200

Finnland 5,18

Schweden 8,88
Estland

23.400   Dänemark 5,35
Lettland
Litauen

24.400   Belgien 10,26

25.000   Polen

Tschechische Republik

Bundesrepublik Deutschland 83,03
Schweiz

Slowakei

Ungarn 9,15
Österreich

15.800   Portugal 10,07

18.000   Spanien 40,04

Frankreich 59,55

Slowenien

22.100   Rumänien

17.200   Bulgarien

Länder   ab 31. 3. 1998 Beitrittsverhandlungen (»Luxemburg-Gruppe«)
Malta   ab 15. 1. 2000 Beitrittsverhandlungen (»Helsinki-Gruppe«)

Italien 57,68
Malta

Griechenland 10,62

Türkei Beitrittsgesuch ruht
Zypern

Der Weg zum Euro

„Die Einführung des Euro hat zu kontroversen Diskussionen vor allem in der deutschen Öffentlichkeit geführt. Insbesondere die Erfüllung der im Maastricht-Vertrag vorgesehenen fiskalischen Konvergenzkriterien zu Schuldenstand und Neuverschuldung stand im Vorfeld der historischen Entscheidung über Teilnehmer und Start der Europäischen Währungsunion (EWU) Anfang Mai 1998 im Mittelpunkt des Interesses."

Norbert Walter, 1998

Als im Dezember 1995 die Regierungs- und Staatschefs der fünfzehn EU-Länder die Einführung einer Einheitswährung beschließen, wagen sie zwar einen entscheidenden Schritt in die Zukunft Europas, aber sie wissen nicht, wie ihn die Bürger ihrer Länder aufnehmen und beurteilen werden. Die neue Währung nennen sie Euro, um

den Zusammenschluss Europas auch auf dem Geldsektor zu betonen. Der Euro löst am 1.1.1999 den ECU (Abk. für European Currency Unit) ab, jene künstliche Währungseinheit, die seit dem 1.1.1981 im Rahmen des Europäischen Währungssytems (EWS) den europäischen Zentralbanken als Recheneinheit zum Ausgleich der Salden dient. Zur Gewöhnung und zur Erleichterung der Umstellung von Wirtschaft und Finanzen führt man den Euro bis zum 31.12.2001 nur als Buchgeld ein. Die Bevölkerung kann sich seiner als Bargeld erst ab dem 1.1.2002 bedienen. Doch nur in zwölf der fünfzehn EU-Länder. So in Belgien, Deutschland, Finnland, Frankreich, Irland, Italien, Luxemburg, den Niederlanden, Österreich, Portugal und Spanien. Dänemark und Schweden fehlen im »Euroland«, ebenso Großbritannien, das sein Pfund am 16.9.1992 aus dem Europäischen Währungssy-

stem abzieht. Den Anlass dazu geben Börsenspekulationen, die den Wert des britischen Pfund fallen lassen.

Bis zur Einführung des Euro als Bargeld bleiben die nationalen Währungen im Umlauf, mit dem Vorteil, dass sie keinem Wechselkursrisiko mehr unterliegen: Denn Anfang Mai 1998 einigen sich die Staats- und Regierungschefs der EU-Länder, während eines Treffens in Brüssel, auf Umtauschkurse, die zu Beginn 1999 wirksam werden.

Vorbereitend dazu war am 1.11.1993 im »Vertrag von Maastricht« die Gründung einer »Europäischen Wirtschafts- und Währungsunion« (EWWU, auch EWU) beschlossen worden. Diese Entscheidung trafen die Politiker in der Meinung, dass nur eine gemeinsame Währung und eine einheitliche, von allen EU-Ländern getragene Währungspolitik Europa eine dauerhafte Friedensordnung geben könne.

Für die Einheitswährung und die Errichtung der EWWU sprechen auch wirtschaftliche Gründe. Seit vielen Jahren vollzieht sich in westlichen Europa ein wirtschaftlicher Verschmelzungsprozess, der die nationalen Grenzen zwischen den Gütermärkten verwischt. Finanzmärkte wachsen zusammen, Standortkonkurrenzen greifen über politische Grenzen hinweg; historisch gesehen findet eine Entnationalisierung der Volkswirtschaften statt; sie orientieren sich nicht mehr nach Staatsgrenzen, sondern nach Regionen. Dieser dynamische Zusammenschluss von Wirtschaftsräumen macht eine Vereinheitlichung der Währungen erforderlich, da sie der Wirtschaft Kosten erspart, die sonst bei Finanztransaktionen zwischen verschiedenen Währungen entstehen. Der Wunsch nach einer Einheitswährung wird verständlich, wenn der Vergleich zu den USA gezogen wird, in

Das Währungsgebiet des Euro und sein Einflussbereich (Grafik unten). – Die Anteile der nationalen Zentralbanken an der EZB (Grafik rechts unten).

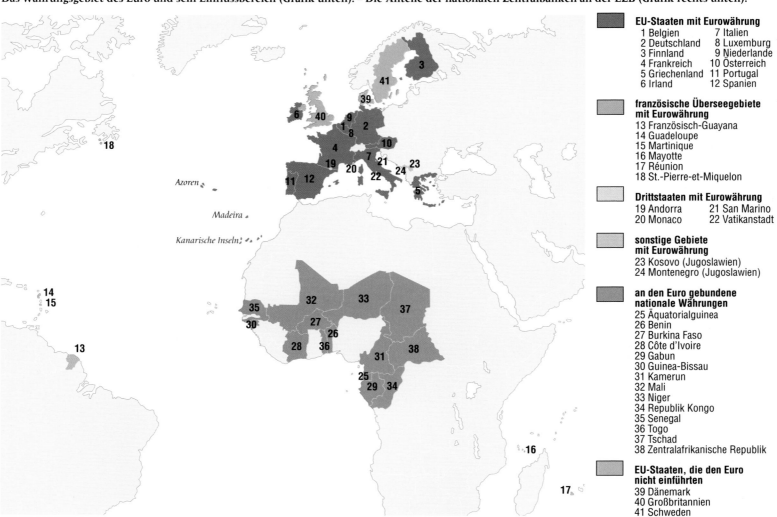

EU-Staaten mit Eurowährung
1 Belgien
2 Deutschland
3 Finnland
4 Frankreich
5 Griechenland
6 Irland
7 Italien
8 Luxemburg
9 Niederlande
10 Österreich
11 Portugal
12 Spanien

französische Überseegebiete mit Eurowährung
13 Französisch-Guayana
14 Guadeloupe
15 Martinique
16 Mayotte
17 Réunion
18 St.-Pierre-et-Miquelon

Drittstaaten mit Eurowährung
19 Andorra
20 Monaco
21 San Marino
22 Vatikanstadt

sonstige Gebiete mit Eurowährung
23 Kosovo (Jugoslawien)
24 Montenegro (Jugoslawien)

an den Euro gebundene nationale Währungen
25 Äquatorialguinea
26 Benin
27 Burkina Faso
28 Côte d'Ivoire
29 Gabun
30 Guinea-Bissau
31 Kamerun
32 Mali
33 Niger
34 Republik Kongo
35 Senegal
36 Togo
37 Tschad
38 Zentralafrikanische Republik

EU-Staaten, die den Euro nicht einführten
39 Dänemark
40 Großbritannien
41 Schweden

denen der US-Dollar einen Wirtschaftsraum von über 250 Millionen Einwohnern abdeckt, während in der Europäischen Union bis zur Einführung des Euro für einen Wirtschaftsraum von 365 Millionen Einwohnern 15 verschiedene Währungen nebeneinander bestehen.

Größere Finanzmärkte

Es ist daher notwendig, die schwankenden (volatilen) Kapital- und Wechselkursbewegungen abzuschaffen, soll die Wirtschaft international wettbewerbsfähig bleiben.

In der Tat öffnet die EWWU mit ihrer einheitlichen Währung der Wirtschaft nicht nur größere Finanzmärkte, sie regt auch den Wettbewerb auf dem europäischen Finanzsektor an.

„Die Vereinheitlichung der Währungen wird langfristig zu einer Effizienzsteigerung der Wirtschaft, zu höheren Einkommen und zu mehr Arbeitsplätzen in Europa führen (wenngleich sich der Umfang dieser Effekte nicht verlässlich angeben lässt und auch nicht euphorisch überschätzt werden sollte)", meint Rüdiger Pohl, Präsident des Instituts für Wirtschaftsforschung in Halle. *„Allerdings müssen sich die Teilnehmerländer der EWWU auf einen verschärften Standortwettbewerb einstellen. Weil Wechselkursüberlegungen für Standortentscheidungen innerhalb der EWWU entfallen, werden andere Bestimmungsgründe der Standortwahl – unter anderem regionale Unterschiede in den Lohn- und Gehaltsniveaus, steuerlichen Lasten, Regulierungen, Qualifikationen der Arbeitnehmer – umso stärker wirksam werden."*

Bis zur Einführung des Euro gebe es keine von den EG bzw. EU-Mitgliedsstaaten gemeinsam verantwortete Geld- oder Währungspolitik, führt Pohl weiter aus und erklärt: *„Das bisherige Europäische Währungssystem (EWS) stellt lediglich einen Modus für das Nebeneinander von ansonsten in nationaler Verantwortung belassenen Währungen dar."* Aber *„die Verschmelzung der Märkte bindet die Länder wirtschaftlich aneinander. In der Konsequenz dominiert in Sachen Geld- und Währungspolitik die Deutsche Bundesbank, als Notenbank der größten europäischen Wirtschaft und Währung. Ihre Aktivitäten stellen Vorgaben dar, denen sich die europäischen Partnerstaaten praktisch anpassen müssen."* Dies kann über kurz oder lang zu politischen Differenzen innerhalb der EG führen.

Tatsächlich gerät die Deutsche Bundesbank ins Schussfeld der Kritik, als sie 1992 an einer Hochzinspolitik festhält und Anleger anregt, die DM – auf Kosten anderer europäischer Währungen – in großem Um-

fang zu erwerben. Pfund, Lira und Peseta geraten in Turbulenzen, ebenso verliert der französische Franc stark an Wert, was zu erheblichen Verstimmungen zwischen Paris und Bonn führt. Die Errichtung einer Zentralbank für die EG-Staaten wird daher dringlich.

Zwar nimmt am 1. 1. 1994 in Frankfurt am Main das Europäische Währungsinstitut (EWI) die Arbeit auf, doch seine Aufgabe beschränkt sich auf die Koordination der Geldpolitik der (noch) souveränen Nationalbanken der EU-Länder. Gleichzeitig mit der Errichtung des EWI hatten die Regierungs- und Staatschefs der EU-Länder auch die Errichtung einer Europäischen Zentralbank (EZB) beschlossen, die bei Einführung einer europäischen Währung diese zu verwalten habe. Am 1. 6. 1998 wird die EZB in Frankfurt am Main tätig. Noch behalten die nationalen Zentralbanken ihre geldpolitische Verantwortung, sie geht erst am 1. 1. 1999 an die EZB über, die mit den Nationalbanken künftig das »Europäische System der Zentralbanken (ESZB)« bildet.

Vorrangiges Ziel von EZB und ESZB ist laut Artikel 105 EG-Vertrag die Erhaltung und Sicherung der Geldwertstabilität in der EU im gemeinwirtschaftlichen Sinn, denn Inflation hätte erhebliche ökonomische und gesellschaftspolitische Beeinträchtigungen zur Folge:

„So ergeben sich negative Wachstumswirkungen, weil inflationäre Prozesse einerseits zur Zunahme von Investitionsrisiken und andererseits zu strukturellen Verzerrungen führen können", erklärt Norbert Walter, Chefvolkswirt der Deutschen Bank. *„Die Verzerrung der Preisstrukturen schränkt zudem die internationale Wettbewerbsfähigkeit der nationalen Volkswirtschaft ein. Neben den negativen Wirkungen auf das Wachstum haben inflationäre Prozesse Auswirkungen auf die Einkommens- und Vermögensverteilung."*

Darüberhinaus darf die EZB die Wirtschaftspolitik der EU-Länder unterstützen, wenn dadurch die Stabilität des Euro gesichert wird.

Inflation als »Kampfmittel«

Die Ansicht, Inflation nicht mehr als Mittel der Wirtschaftspolitik ins Spiel zu bringen, hat sich mittlerweile in allen EU-Staaten durchgesetzt.

Das war nicht immer so. Beispielsweise betrug der – staatlich geduldete – Anstieg der Verbraucherpreise 1980 gegenüber 1979 in Frankreich 13,6 %, in Großbritannien 18,0 %, in Italien 21,2 % und im EU-Durch-

schnitt 13,5 %. Die Regierungen hofften damit bessere Exportchancen zu haben und die Arbeitslosigkeit niedrig halten zu können. Die Erfolge der »kontrollierten Inflation« währten nur kurz und mit einer sprunghaft ansteigenden Staatsverschuldung stellte sich Ernüchterung ein: Seither haben die nationalen Zentralbanken, die Finanzminister und die Wirtschaftsfachleute aus den Fehlern gelernt.

Denn als die höchstzulässige Inflationsrate in der EU 1997 – dem Referenzjahr für das »Maastricht-Examen« (das ist die Erfüllung der Wirtschaftsdaten, die Maastrichter Vertrag vorgeschreibt, um in die EU aufgenommen zu werden) – mit 1,6 % festgelegt wird, erheben die nationalen Zentralbanken keinen Widerspruch: die Länder erreichen das vorgegebene Ziel. Es fällt aber auf, dass nicht Deutschland – das Musterland der Geldwertstabilität – die so genannte Orientierungsgröße (Benchmark) bestimmt, sondern Länder wie Irland, Finnland oder Frankreich. Bedenklich erscheint, dass im Frühjahr 2002 Frankreich von der Linie abweicht und zur Sicherung seiner Exportfähigkeit eine höhere Inflationsrate in Kauf nehmen will. Deutschland und Portugal wird im gleichen Zeitraum von der EZB sogar der »blaue Brief« angedroht, sollten sie keine Maßnahmen zur Geldwertstabilität des Euro treffen.

Die Geschichte des Euro

Die Idee einer Einheitswährung für Europa ist nicht neu. 1970 entwirft der luxemburgische Ministerpräsident Pierre Werner ein Modell – den »Werner-Plan« –, das die stufenweise Verwirklichung einer Wirtschafts- und Währungsunion bis 1980 vorsieht. Auf Initiative von Bundeskanzler Helmut Schmidt und Frankreichs Staatspräsident Valéry

Giscard d'Estaing ruft 1979 die EG das Europäische Währungssystem (EWS) ins Leben, die Einführung einer Einheitswährung lässt aber noch auf sich warten.

Erst der am 19. 7. 1984 zum Präsidenten der EG-Kommission ernannte französische Wirtschaftsminister Jacques Lucien Delors drängt auf die Errichtung einer Währungsunion und die Einführung einer gemeinsamen Währung. Während eines Gipfeltreffens in Hannover am 28. 6. 1988 überzeugt er die Staats- und Regierungschefs der EG-Staaten von der Notwendigkeit eines Zentralbankensystems als Kernstück einer Wirtschafts- und Währungsunion.

Anfang 1990 fallen – bis auf wenige Ausnahmen – alle Kapitalmarktbeschränkungen in der EU und im Februar 1992 wird im Maastrichter Vertrag der Termin der Währungsunion mit 1. 1. 1999 bestimmt.

Doch am 16. 9. 1992 gerät das EWS ins Trudeln: Das britische Pfund und die Lira kündigen ihre Mitgliedschaft im Währungsverbund auf, sie sind durch Börsenspekulationen unter Druck geraten. Da diese anhalten, beschließen die Finanzminister der EWS-Staaten am 2. 8. 1993 die Schwankungsbreite der Wechselkurse von 2,25 % bzw. 6 % (für Spanien und Portugal) auf 15 % jeweils nach oben und unten zu erhöhen. Damit ist der Grundsatz der Währungsstabilität gebrochen und das EWS ist ausgesetzt. Ungeachtet dessen nimmt 1994 das Europäische Währungsinstitut (EWI) – der Vorläufer der Europäischen Zentralbank (EZB) – in Frankfurt seine Arbeit auf. Die europäischen Währungen werden zum Teil massiv abgewertet und finden so den Anschluss an die wirtschaftliche Realität wieder. Dadurch kann der Termin der Einführung des Euro als Bargeld am 1. 1. 2002 eingehalten werden. Nur Dänemark, Großbritannien und Schweden treten der Eurozone nicht bei.

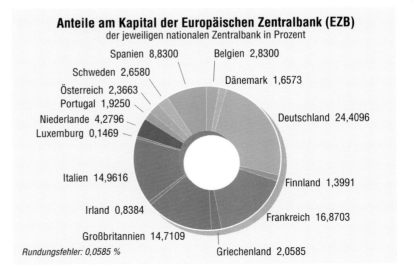

Anteile am Kapital der Europäischen Zentralbank (EZB)
der jeweiligen nationalen Zentralbank in Prozent

Spanien 8,8300
Belgien 2,8300
Schweden 2,6580
Dänemark 1,6573
Österreich 2,3663
Portugal 1,9250
Deutschland 24,4096
Niederlande 4,2796
Luxemburg 0,1469
Italien 14,9616
Finnland 1,3991
Irland 0,8384
Frankreich 16,8703
Großbritannien 14,7109
Griechenland 2,0585

Rundungsfehler: 0,0585 %

Probleme der Wiedervereinigung

„Parallel zu den Verhandlungen mit den »vier Mächten« über die außenpolitischen Aspekte der Wiedervereinigung wurden zwischen den beiden deutschen Staaten die Probleme der inneren Einigung besprochen. Dabei ging es um höchst komplexe politische, rechtliche und wirtschaftliche Fragen, bei deren Lösung man auf keinen Präzedenzfall zurückgreifen konnte. Vordringlich war die Klärung der Bedingungen für die Wirtschafts- und die Währungsunion, die – nicht zuletzt auf Drängen der DDR-Führung – Anfang Februar von der Bundesregierung angekündigt worden war und zum 1. 7. 1990 in Kraft treten sollte.“

Manfred Görtemaker, 1996

Obwohl die Politiker aller Parteien der Bundesrepublik über Jahrzehnte hinweg immer wieder beteuern, keinen sehnlicheren Wunsch zu haben als die Wiedervereinigung, stehen sie dem Ereignis, als es endlich eintritt, überrascht und unvorbereitet gegenüber. Dabei kündigt es sich schon im Mai 1989 an, als Ungarn seinen Teil des Eisernen Vorhangs zu Österreich hebt und am 11. 9. 1989 ein Abkommen mit der DDR aufkündigt, das es verpflichtet, DDR-Bürger, die ausreisen wollen, in die DDR abzuschieben. Etwa 25.000 Personen wählen damals den Weg über die ungarische Grenze nach Österreich und weiter in die Bundesrepublik. Den Massensturm, den die Öffnung der Mauer in Berlin am 9. 11. 1989 bewirkt – innerhalb von drei Tagen stellen die DDR-Behörden 4,3 Millionen Visa für Reisen in den Westen aus –, begleiten so gut wie keine lenkenden Maßnahmen.

Es scheint, als hätte das größere, reichere und glücklichere westliche Deutschland in all den Jahren der Trennung das ärmere, kleinere östliche Deutschland vergessen. Bundespräsident Walter Scheel hat am 17. 6. 1986 in seiner Rede zum »Tag der deutschen Einheit« die allgemeine Stimmung treffend wiedergegeben: *„Die Teilung hat uns viele Schmerzen bereitet. Schmerzt sie uns noch?“*

Das Ende der Teilung führt nun aber allen Politikern der Bundesrepublik, insbesondere der Regierung Kohl, eindringlich vor Augen, dass die Welle der Übersiedler nur zu stoppen ist, wenn den Ostdeutschen wirtschaftliche und soziale Perspektiven geboten werden können. Vordring-

lich stellt sich dabei das Problem der Währungsangleichung. Die Bundesregierung in Bonn nimmt daher mit der am 18. 3. 1990 gewählten, demokratisch legitimierten DDR-Regierung Gespräche über die Errichtung einer Währungs-, Wirtschafts- und Sozialunion der beiden deutschen Staaten auf. Bereits am 18. 5. 1990 unterzeichnen die Finanzminister den Staatsvertrag. Mit seinem Inkrafttreten am 1. 7. 1990 wird die West-DM auch für Ostdeutschland alleiniges und offizielles Zahlungsmittel, werden alle Gehälter, Löhne, Renten, Pensionen, Stipendien, Mieten, Pachten und bestimmte Sozialeistungen zum Kurs 1:1 umgestellt. Im selben Verhältnis erfolgt der Umtausch von Sparguthaben für Kinder bis zu 2000 DM, für Erwachsene bis 4000 DM und für Senioren bis 6000 DM. Die darüber liegenden Sparguthaben, die Schulden oder Bargeld über einem bestimmten Grenzwert werden mit Wechselkurs von 2:1 umgetauscht. Zugleich wird die soziale Marktwirtschaft eingeführt und die DDR-Sozialversicherung dem Versicherungssystem der Bundesrepublik angepasst.

Diese Maßnahmen sichern fürs Erste die Lebensgrundlage der neuen Bundesbürger. Welche enormen Erblasten allerdings die SED-Diktatur hinterlassen hat, merken die Politiker erst später: Das Regime Erich Honecker hatte den DDR-Staat an den Rand des Bankrotts gesteuert. Keine von der DDR-Regierung veröffentlichten Wirtschaftsstatistiken entspricht den Tatsachen. Da der Maschinenpark hoffnungslos veraltet ist – 29 % der Produktionsmittel sind zwischen 11 und 20 Jahre alt, 21 % sogar älter als 20 Jahre –, produzierten die Unternehmen nur etwa ein Drittel dessen, was vergleichbare westdeutsche Firmen erzeugen, vor allem aber kaum konkurrenzfähige Güter für den Weltmarkt. Die Verluste subventionierte der Staat – allein 1989 mit rund 120 Milliarden DDR-Mark – und häufte dadurch einen ungeheuren Schuldenberg an. Der Aufbau des Ostens und seine Heranführung an westliche Standards wird gewaltiger Anstrengungen bedürfen, dessen ist sich die Bundesregierung in Bonn bewusst. Im Mai 1990 kommt sie daher mit den alten Bundesländern überein, einen »Fonds Deutsche Einheit« einzurichten, der bis zur Verabschiedung eines neuen, gesamtdeutschen Haushaltsplans 1995 dem Osten Son-

Arbeitslosigkeit, Abbau öffentlicher sozialer Leistungen und zu niedrige Löhne bereiten der Bevölkerung Sorgen: Im Bild oben demonstrieren Arbeitslose in der Berliner Innenstadt am 8. 5. 1998. Sie tragen symbolisch einen Sarg mit der Aufschrift »Sozialstaat« zu Grabe. – Arbeitslosigkeit und Einkommen in der Bundesrepublik (Grafik rechts).

dermittel des Bundes und der alten Länder zur Verfügung stellen soll. Zwischen 1990 und 1994 erhält der Osten 160,7 Milliarden DM, 40 % davon fließen zur Verbesserung der Infrastruktur in die Gemeinden.

Die »Treuhandanstalt«

Um die ostdeutsche Wirtschaft der neuen politischen und wirtschaftlichen Lage anzupassen wird am 1. 3. 1990 noch von der DDR-Regierung unter Hans Modrow die »Treuhandanstalt« mit einer Zentrale in Berlin und 25 Außenstellen in den neuen Ländern gegründet. Absicht der DDR-Regierung ist es über die »Treuhand« im Zuge des Übergangs zu einem »marktwirtschaftlichen Sozialismus« die Umwandlung der staatlichen Betriebe in private Unternehmen in Angriff zu nehmen. Der rechtliche Rahmen der »Treuhand« erfährt am 17. 6. 1990 durch das noch von der Volkskammer der DDR erlassene «Gesetz zur Privatisierung und Reorganisation des volkseigenen Vermögens« eine Novellierung: Sie wird mit der Umwandlung aller staatlichen Unternehmen in Kapitalgesellschaften alleiniger Kapitaleigner dieser Unternehmen. 1990 sind dies rund 8000 Volkseigene Betriebe, die durch Entflechtung und Teilungen noch mehr werden. Daneben ver-

waltet die Treuhand rund 1,45 Millionen ha landwirtschaftlicher Nutzfläche – das entspricht ungefähr einem Drittel der gesamten Agrarfläche der neuen Länder – und etwa 770.000 ha Forstflächen Volkseigener Güter und Landwirtschaftlicher Produktionsgenossenschaften (LPG). Den Verkauf bzw. die Umwandlung der Betriebe in Kapitalgesellschaften behindern allerdings viele Umstände: Frühere Eigentümer melden ihre Ansprüche an, die erst einer Klärung bedürfen, Stilllegungen von Betrieben wegen Unrentabilität werden mitunter durch politische Intervention unterlaufen.

Die Treuhand beendet ihre Tätigkeit am 31. 12. 1994. Gewinne aus ihren Maßnahmen zur Sanierung der Volkseigenen Betriebe – Privatisierung, Ablösung von Altschulden – zieht sie nicht, stattdessen hinterlässt sie 204,6 Milliarden DM Schulden, zu denen weitere 31 Milliarden DM Altschulden der ostdeutschen Wohnungswirtschaft und 102,4 Milliarden DM Verbindlichkeiten des Kreditabwicklungsfonds kommen. Dieser Fonds hatte bis zum 3. 10. 1995 die aufgelaufenen Schulden des Staatshaushalts der noch bestehenden Deutschen Demokratischen Republik gebucht. Alle Verbindlichkeiten werden mit der Auflösung der Treuhand am 1. 1. 1995 auf einen dafür eigens eingerichteten Erblastentilgungsfonds übertragen.

Diese Schuldenlast fällt um vieles höher aus, als der Bundesfinanzminister bei der Budgeterstellung der Sanierungskosten angenommen hat. Er ist von einem kräftigen Engagement der privaten Wirtschaft ausgegangen, das nun, trotz ursprünglichen Zusagen, ausgeblieben war. Im ersten Jahr nach der Einführung der Wirtschafts-, Währungs- und Sozialunion hatte sie erst knapp 13 Milliarden DM im Osten angelegt und der Staat musste wesentlich höhere Zuschüsse für die neuen Länder aufbringen, als geplant waren. Insgesamt erreichen die Belastungen des öffentlichen Haushalts 1992 rund 1,3 Billionen DM.

Trotz gewaltiger Finanzspritzen – die so genannten Transferzahlungen steigen von 133 Milliarden DM im Jahr 1991 auf 194 Milliarden DM im Jahr 1995 – lässt der Aufschwung für die ostdeutsche Wirtschaft auf sich warten und die Aufwendungen für öffentliche Stützungs- und Arbeitsbeschaffungsprogramme müssen wegen der rapide wachsenden Staatsverschuldung reduziert werden. Das bewirkt ein Ansteigen der Arbeitslosigkeit auf 15 und mehr Prozent und lässt die ostdeutsche Bevölkerung an der Richtigkeit der Maßnahmen der Regierung zweifeln: 1993 meinen 75 %, dass sich die Gesellschaft in einer Krise befinde, und 50 % halten die wirtschaftliche Lage für schlecht und glauben, sie werde sich auch in nächster Zeit nicht ändern.

Von der Wirtschaftskrise ist die Industrie besonders hart betroffen. Auftragseingänge, Produktion und Beschäftigung zeigen rückläufige Tendenzen, nur die Bauwirtschaft zeigt sich zunächst robust.

Arbeitsmarkt und Renten

Ungeachtet der Rezession, die üblicherweise ein Sinken der Inflationsrate bewirkt, bleibt diese – wegen der Erhöhung der Wohnungsmieten – in Westdeutschland im 1. Quartal 1993 mit 4,2 % (1992: 4,0 %) unverändert hoch. Erst Mitte Mai 1994 setzt eine Belebung der deutschen Wirtschaft ein und das Bruttoinlandsprodukt (BIP) steigt im 1. Halbjahr gegenüber 1993 um 3 %. Der Aufschwung berührt den Arbeitsmarkt jedoch nicht: Im Juli 1994 erreicht die Arbeitslosenquote in Westdeutschland mit 8,3 % und in Ostdeutschland mit 15,1 % neue Rekorde.

Der Arbeitsmarkt bleibt auch in den Folgejahren angespannt, obwohl sich die deutsche Wirtschaft gut entwickelt und Mitte 1995 die »Wachstumspause« überwunden ist.

Kräftig wachsende Exportleistungen bewirken einen Aufschwung, der das BIP – ähnlich wie in den Hochkonjunkturjahren zwischen 1976 und 1979 (3,5 %) und 1983 bis 1989 (3 %) – um etwa 3 % wachsen lässt. Eine Abwertung des Euro im Jahr 2000 steigert die Auslandsnachfrage und treibt die Exportquote um 12,1 % gegenüber 1999 in die Höhe. Nun sinkt bundesweit im Durchschnitt die Arbeitslosenquote auf 9,6 %. Doch nur der Westen ist Nutznießer mit 7,8 %, im Osten bleibt sie mit 17,4 % extrem hoch.

Dieses Gefälle auszugleichen kündigt die SPD 1998 im Wahlkampf an. Am 14. 7. 2000 verabschiedet sie mit ihrem Koalitionspartner Bündnis 90/Die Grünen ein neues Abgabengesetz, das private Haushalte und Unternehmen ab 2001 mit 62,5 Milliarden DM entlasten soll. Man will dadurch die Kaufkraft stärken und Arbeitsplätze schaffen. Den Ausfall an Steuern versucht die Regierung über eine »ökologische Steuerreform«, der »Ökosteuer«, wettzumachen: Sie erhöht die Abgaben auf Benzin und elektrischen Strom. Dadurch entlastet sie den Staatshaushalt. Um die Notwendigkeit die Rentenversicherung neu zu regeln, kommt sie aber nicht herum, die Kosten drohen zu explodieren.

Das von Bundesarbeitsminister Walter Riester (SPD) erarbeitete Konzept sieht den Einstieg in eine zusätzliche freiwillige kapitalgedeckte Altersversorgung vor. Der Aufbau des dafür notwendigen Kapitalsockels soll 2002 mit Beiträgen von 1 % des Bruttoarbeitsentgelts beginnen und bis 2008 in Zwei-Jahres-Schritten auf 4 % ansteigen. Haushalte mit niedrigen oder mittleren Einkommen erhalten staatliche Zuschüsse, Beziehern höherer Einkommen wird für ihre Aufwendungen in bestimmtem Rahmen Steuerfreiheit gewährt. Der Plan stößt auf die Kritik der Opposition und des Koalitionspartners Bündnis 90/Die Grünen. Die Frage der Rentenversicherung wird daher den Bundestag, die Parteien, die Wirtschaft, Versicherungsverbände und die Rentenbezieher weiter beschäftigen.

Vor den innenpolitischen Problemen – die besonders durch die anhaltend hohe Arbeitslosigkeit geprägt sind – tritt die Außenpolitik zurück. Sie ist durch die zunehmende politische Entfremdung Deutschlands und Frankreichs gekennzeichnet. Deshalb erteilt Paris dem wohlmeinenden Vorschlag Außenministers Joschka Fischer, den europäischen Staatenbund durch eine Föderation zu ersetzen, eine klare Absage.

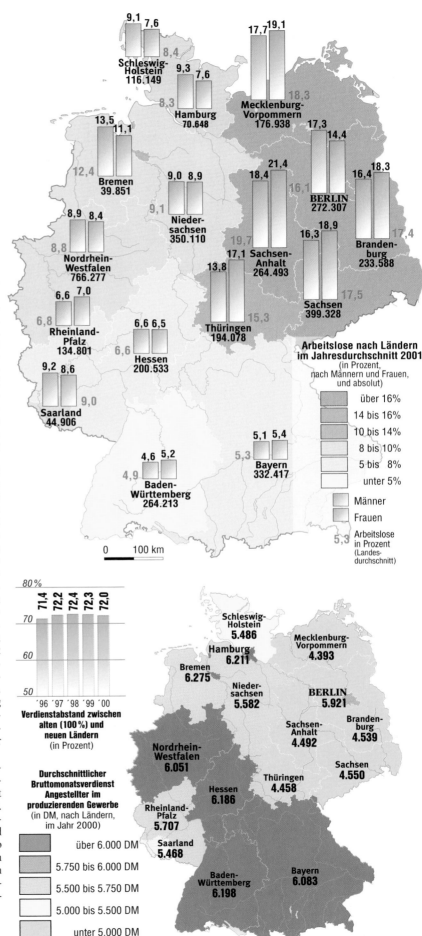

Arbeitslose nach Ländern im Jahresdurchschnitt 2001 (in Prozent, nach Männern und Frauen, und absolut)

- über 16 %
- 14 bis 16 %
- 10 bis 14 %
- 8 bis 10 %
- 5 bis 8 %
- unter 5 %

Männer
Frauen

5,3 Arbeitslose in Prozent (Landesdurchschnitt)

0   100 km

Schleswig-Holstein 116.149 — 9,1 / 7,6 / 8,4
Hamburg 70.648 — 9,3 / 7,6 / 8,3
Mecklenburg-Vorpommern 176.938 — 17,7 / 19,1 / 18,3
Bremen 39.851 — 13,5 / 11,1 / 12,4
Niedersachsen 350.110 — 9,0 / 8,9 / 9,1
BERLIN 272.307 — 17,3 / 14,4 / 16,1
Nordrhein-Westfalen 766.277 — 8,9 / 8,4 / 8,8
Sachsen-Anhalt 264.493 — 18,4 / 21,4 / 19,7
Brandenburg 233.588 — 16,4 / 18,3 / 17,4
Rheinland-Pfalz 134.801 — 6,6 / 7,0 / 6,8
Hessen 200.533 — 6,6 / 6,5 / 6,6
Thüringen 194.078 — 13,8 / 17,1 / 15,3
Sachsen 399.328 — 16,3 / 18,9 / 17,5
Saarland 44.906 — 9,2 / 8,6 / 9,0
Baden-Württemberg 264.213 — 4,6 / 5,2 / 4,9
Bayern 332.417 — 5,1 / 5,4 / 5,3

80 %
71,4 72,2 72,4 72,3 72,0
70
60
50
'96 '97 '98 '99 '00

Verdienstabstand zwischen alten (100 %) und neuen Ländern (in Prozent)

Durchschnittlicher Bruttomonatsverdienst Angestellter im produzierenden Gewerbe (in DM, nach Ländern, im Jahr 2000)

- über 6.000 DM
- 5.750 bis 6.000 DM
- 5.500 bis 5.750 DM
- 5.000 bis 5.500 DM
- unter 5.000 DM

Schleswig-Holstein 5.486
Hamburg 6.211
Mecklenburg-Vorpommern 4.393
Bremen 6.275
Niedersachsen 5.582
BERLIN 5.921
Sachsen-Anhalt 4.492
Brandenburg 4.539
Nordrhein-Westfalen 6.051
Hessen 6.186
Thüringen 4.458
Sachsen 4.550
Rheinland-Pfalz 5.707
Saarland 5.468
Baden-Württemberg 6.198
Bayern 6.083

Einigkeit und Recht und Freiheit

„Zum ersten Mal in der Geschichte der Bundesrepublik Deutschland haben die Wähler einen vollständigen Regierungswechsel herbeigeführt."

Dieter Roth, 2000

Das Ergebnis der Bundestagswahl vom 27. 9. 1998 – es bringt der SPD 40,9 % der gültig abgegebenen Stimmen oder 285 Sitze und verweist die CDU/CSU mit 35,1 % Stimmenanteil oder 245 Sitzen auf den zweiten Rang – überrascht die Beobachter der innenpolitischen Entwicklung seit dem Mauerfall nicht: Die Regierungsparteien aus CDU, CSU und FDP finden im Wahlkampf kein geeignetes Mittel gegen das Programm der SPD. Beharrlich weichen sie der Arbeitslosenfrage aus und beschäftigen sich mehr mit den Themen innere Sicherheit und Außenpolitik. Die SPD hingegen konzentriert ihre Wahlwerbung auf die hohe Arbeitslosigkeit in der Bundesrepublik, vor allem in den neuen Ländern, und gewinnt damit die Mehrheit der Wähler für sich. Der Arbeitslosigkeit wolle sie den Kampf ansagen, verspricht die SPD und tatsächlich fährt sie mit der Parole »Bündnis für Arbeit« im Vorfeld der Bundestagswahl bei allen Landtags- und Kommunalwahlen Erfolg um Erfolg ein.

So auch in der Landtagswahl von Niedersachsen am 1. 3. 1998, in der die SPD ihren Spitzenkandidaten Gerhard Schröder vorstellt: In diesem allgemein als Test für die Bundestagswahl betrachteten Referendum steigert sich die traditionelle Arbeiterpartei von 44,3 % im Jahr 1994 auf 47,9 % im Jahr 1998, während die CDU von 36,4 % auf 35,9 % zurückfällt. Wahlanalytiker hegen daher keinen Zweifel mehr, wer der Gewinner der Bundestagswahl sein wird. Allerdings beantworten sie die Frage, mit wem die SPD koalieren werde, nur mit Vorbehalten, seit sich die von der SPD umworbene Partei Bündnis 90/Die Grünen durch die Ankündigung den Benzinpreis auf 5 DM anheben und den Austritt aus der NATO empfehlen zu wollen den Unwillen der Wähler zugezogen hat. Aber auch die CDU agiert unglücklich. Sie will die Bevölkerung von einer Wahl der SPD abhalten, indem sie erklärt, dass diese mit der postkommunistischen PDS einen antibürgerlichen, »roten« Block bilden möchte.

Die Bundestagswahl vom Herbst 1998 bringt ein klares Votum. Zum ersten Mal in der Geschichte der Bundesrepublik Deutschland führen die Wähler einen vollständigen Regierungswechsel herbei und nicht nur den Tausch eines Koalitionspartners. Nie zuvor haben die Christdemokraten so viele Wähler verloren und die Sozialdemokraten so viele hinzugewonnen. Zum ersten Mal schaffen auch sechs Parteien die Fünfprozenthürde. An ihr scheitern 27 andere Parteien, darunter zwei rechtsradikale Parteien: die Republikaner mit 1,8 % und die Deutsche Volksunion (DVU) mit 1,2 %.

Union im Hintertreffen

Das Votum der Wähler ändert die parteipolitische Landschaft der Bundesrepublik grundlegend. Noch in den 80er-Jahren stellte die Union die Mehrzahl der Ministerpräsidenten, nach dem 27. 9. nur noch in Baden-Württemberg, Bayern, Sachsen und Thüringen; alle übrigen Länder gehen an die SPD, die nun in beiden Kammern über eine stabile Mehrheit verfügt und eine kaum eingeschränkte gesetzgebende Macht besitzt. Und dennoch, der Start der neu gebildeten Regierungskoalition SPD-Bündnis 90/Die Grünen gestaltet sich schwieriger als erwartet: Die Arbeit wird durch die persönlichen Rivalitäten zwischen dem SPD-Vorsitzenden Oskar Lafontaine und dem Vorsitzenden des SPD-Bundestagsfraktion Rudolf Scharping behindert. Lafontaine setzt sich schließlich durch, Scharping muss den Vorsitz aufgeben und wird Verteidigungsminister, Peter Struck, seit Dezember 1990 Erster Parlamentarischer Geschäftsführer der SPD-Fraktion, wird Fraktionschef.

Das interne Gerangel über Spitzenpositionen in der SPD berührt das öffentliche Interesse kaum. Anders die Besetzung des Außenministeramtes mit Joschka Fischer vom Bündnis 90/Die Grünen. Seine Ernennung – er ist gleichzeitig Vizekanzler – erregt internationale Aufmerksamkeit. Dem früheren hessischen Umweltminister eilt der Ruf eines »Bürgerschrecks« voraus, den er sich als Aktivist der Gruppe »Revolutionärer Kampf« zwischen 1968 und 1975 erworben hat. Die dramatischen Ereignisse im »Deutschen Herbst« von 1977 – Mordanschläge der terroristischen Vereinigung »Rote-Armee-Fraktion« (RAF) auf den General-

bundesanwalt Siegfried Buback, auf den Arbeitgeberpräsidenten Hanns Martin Schleyer und auf den Bankier Jürgen Ponto sowie der Freitod der zu lebenslanger Haft verurteilten Terroristen Andreas Baader, Gudrun Ensslin und Jan-Carl Raspe – haben bei Joschka Fischer allerdings ein Umdenken bewirkt. Seit 1980 Mitglied der Partei »Die Grünen«, zog er 1983 in den Bundestag ein und profilierte sich als Realpolitiker. Sein Eintreten für neue marktwirtschaftliche Maßstäbe, für eine Neuorientierung in der Außenpolitik und für eine bleibende Bindung Deutschlands an den Westen machten ihn für die SPD zum geeigneten Koalitionspartner, umso mehr als Fischer ankündigt, die Kontinuität der bisherigen deutschen Außenpolitik weiterführen und klare Akzente in der Menschenrechts- und Friedenspolitik setzen zu wollen.

Am 10. 11. 1998 gibt Bundeskanzler Gerhard Schröder vor dem Bundestag seine erste Regierungserklärung ab. Nach Willy Brandt und Helmut Schmidt ist er der dritte Kanzler, den die SPD stellt.

In der mit großer Spannung erwarteten Rede kündigt Schröder einen Konsolidierungskurs in der Haushalts- und Finanzpolitik, den Abbau der Arbeitslosigkeit und die Kontinuität in der Außenpolitik an. Ein »Bündnis für Arbeit« soll eine wirtschaftspolitische und sozialpolitische Übereinstimmung zwischen Regierung und Sozialpartnern herstellen. Der Deutsche Gewerkschaftsbund (DGB) – er bezeichnet sich als

erste »Arbeitsmarktpartei« – erklärt seine Bereitschaft das Programm mitzutragen, sofern die mittleren und unteren Einkommen spürbar von Steuern entlastet werden. Im Gegenzug sei der Gewerkschaftsbund bereit Zurückhaltung bei Lohn- und Gehaltsforderungen zu üben, bietet der Gewerkschaftsvorsitzende Dieter Schulte an. Auch die konservativ-liberalen Arbeitgeberverbände signalisieren ihre Kompromissbereitschaft.

Zuwanderungspolitik

Herrscht in der Bekämpfung der Arbeitslosigkeit allgemeiner Konsens, so wird ein neues Asylrecht zum Streitfall innerhalb der Koalition. Anlass gibt das Asylbewerberleistungsgesetz, das am 25. 6. 1998 von der SPD noch mit der Regierung Kohl beschlossen worden war. Es sieht die Kürzung von Sozialleistungen für zwei Ausländergruppen vor: für Ausländer, die in der Absicht nach Deutschland gereist sind, Sozialleistungen zu beziehen und für Ausländer, die durch falsche Angaben zu ihrer Identität oder durch Vernichtung ihrer Personalausweise eine Abschiebung verhindern wollen.

Die SPD will an dem Gesetz festhalten, das Bündnis 90/Die Grünen fordert eine Änderung. Ein heftiger Streit entbrennt, in dessen Verlauf Innenminister Otto Schily von der SPD die bisherige Handhabung des Asylrechts einer grundsätzlichen Kri-

Am 19. 4. 1999 wird in Anwesenheit von Bundespräsident Roman Herzog, Bundestagspräsident Wolfgang Thierse und Bundeskanzler Gerhard Schröder das umgebaute Reichstagsgebäude als Sitz des Deutschen Bundestages offiziell eingeweiht (Bild oben). – Die Bundestagswahlergebnisse vom 27. 11. 1998 (Grafik rechts unten).

tik unterzieht. Die Kontroversen enden in einem Kompromiss: Eine Einwanderungskommission möge konkrete Empfehlungen für ein neues Regelwerk erarbeiten. Die Bestellung der als liberal geltenden früheren Bundestagspräsidentin Rita Süssmuth (CDU) zur Vorsitzenden der Kommission stößt allerdings auf den heftigen Widerstand der Unionsparteien. Sie rufen eine eigene Einwanderungskommission ins Leben, deren Vorsitz der saarländische Ministerpräsident Peter Müller (CDU) übernimmt.

In den Blickpunkt der Öffentlichkeit rückt die Ausländerpolitik der neuen Regierung durch die Ankündigung Bundeskanzler Schröders, den Arbeitskräftebedarf in der Softwareindustrie durch ausländische Computerspezialisten decken zu wollen. Zur Diskussion steht auch die Einführung einer »Greencard«, die ebenso heftig diskutiert wird, wie die gegen sie gerichtete Kampagne »Kinder statt Inder«, mit der der Spitzenkandidat der CDU Jürgen Rüttgers am 14. 5. 2000 die Landtagswahl in Nordrhein-Westfalen für seine Partei entscheiden will.

Spendenskandale

Zum alles beherrschenden parteipolitischen Thema aber wächst sich die CDU-Parteispendenaffäre aus, die im Zuge von staatsanwaltlichen Ermittlungen gegen den früheren CDU-Schatzmeister Walther Leisler Kiep ab November 1999 ans Tageslicht kommt. Im Mittelpunkt der Untersuchungen steht Altbundeskanzler Helmut Kohl, der zugibt, während seiner Parteiführung die Einrichtung von illegalen Konten zur Annahme von Spenden zugelassen und zwischen 1993 und 1998 Barspenden in der Höhe von 1,5 bis 2 Millionen DM entgegengenommen zu haben. Die Spendenaffäre zieht allmählich auch CDU-Parteichef Wolfgang Schäuble, die CDU-Schatzmeisterin Brigitte Baumeister, den ehemaligen Bundesinnenminister Manfred Kanther und den hessischen Ministerpräsidenten Roland Koch in den Strudel der Ermittlungen. Auf Grund der vorliegenden Vergehen verhängt am 15. 2. 2000 daher der Bundestagspräsident Wolfgang Thierse (SPD) über die CDU eine Bußgeldzahlung von 41,3 Millionen DM, die sie wegen Verstoßes gegen das Parteienfinanzierungsgesetz an die Bundeskasse zu entrichten habe.

Der Parteispendenskandal bewirkt kurzfristig nicht nur eine Umstrukturierung der CDU – neue Parteivorsitzende wird im März 2000 die Ostdeutsche Angela Merkel –, sondern führt auch in der Bevölkerung zu einem großen Vertrauensverlust in die Redlichkeit der Parteien. Die Krise vertieft sich, als im März 2002 auch die SPD in einen Spendenskandal verwickelt wird: Auf den Konten der Kölner SPD tauchen Spenden auf, die nicht ordnungsgemäß verbucht sind.

Die Kölner Staatsanwaltschaft erhebt Klage wegen Unterschlagung, Vorteilsnahme und Vorteilsgewährung im Zusammenhang mit dem Bau einer Müllverbrennungsanlage in den 90er-Jahren. Eine Summe von 29 Millionen DM soll in dunkle Kanäle geflossen sein. Die Machenschaften begünstigte ein besonderes politisches Arrangement, der »Kölner Klüngel«: Ihn bezeichnet der ehemalige Kölner Oberbürgermeister Norbert Burger (SPD) als *Ausräumen von Schwierigkeiten im Vorfeld von Entscheidungen*.

Extremismus

Ein Problem, das auch andere europäische Regierungen beschäftigt, ruft in der Bundesrepublik besondere Sorge hervor: das Steigen rechtsextremer Tendenzen.

Nachdem im Mai 1945 die Alliierten die Nationalsozialistische Arbeiterpartei (NSDAP) und ihre Nebenorganisationen verboten haben, untersagt 1952 das Bundesverfassungsgericht auch der nationalsozialistisch ausgerichteten Sozialistischen Reichspartei (SRP) ein weiteres Auftreten; sie errang bei den Landtagswahlen 1951 in Niedersachsen 11 % und in Bremen 7,7 % der Stimmen. Das Verbot zeigt Wirkung: Die Nachfolgeorganisation Deutsche Reichspartei (DRP) geht bei den Bundestagswahlen 1953, 1957 und 1961 sang- und klanglos unter.

Eine zweite Welle rechtsextremer Strömungen setzt Mitte der 60er-Jahre ein. Die 1964 aus dem Zusammenschluss der DRP mit anderen neonazistischen Gruppen hervorgegangene Nationaldemokratische Partei Deutschlands (NPD) erzielt unter dem Vorsitz Adolf von Thaddens vor dem Hintergrund einer wirtschaftlichen Rezession bei Landtagswahlen 1967/68 starke Stimmengewinne, so in Baden-Württemberg 9,8 %. Bei der Bundestagswahl von 1969 scheitert sie aber mit 4,3 % der Stimmen. Hingegen verbuchen die Republikaner (REP) – 1983 von Franz Schönhuber aus dem rechten Flügel der CSU gegründet – in der 1. Hälfte der 90er-Jahre einige Erfolge.

Die Zersplitterung der rechtsextremen Parteien – zu ihnen gehört die Deutsche Volksunion des Münchener Verlegers Gerhard Frey, die 1998 mit 16 Abgeordneten in das Parlament von Sachsen-Anhalt einzieht – verhindert bislang überzeugende Erfolge. Aber Extremismusforscher vermuten, dass 10 bis 18 % der wahlberechtigten Bevölkerung anfällig für rechtsradikale Parolen sind, obwohl die Zahl der Neonazis auf nur 5000 Mitglieder geschätzt wird. Insgesamt stützen 50.000 Sympathisanten die Rechtsextremisten, 9000 können als gewaltbereit bezeichnet werden, zu ihnen zählen die »Skinheads«.

Nach vielen kriminellen Akten der Ausländerfeindlichkeit, des Rassismus und des Antisemitismus – im Jahr 2000 steigen sie um 10 % – erreichen die Gewalttaten am 14. 6. 2000 in der Ermordung des Mosambikaners Alberto Adriano im Dessauer Stadtpark einen neuen Höhepunkt. Der Anschlag vom 27. 7. 2000 in Düsseldorf, bei dem neun jüdische Zuwanderer aus der ehemaligen Sowjetunion verletzt werden, bewegt am 8. 11. schließlich die Bundesregierung das Verbot der NPD als mutmaßlichen Drahtziehers des Anschlags zu beantragen.

Wirtschaftliche und soziale Ungleichheit, Unzufriedenheit mit herrschenden politischen Systemen, Sorge den Arbeitsplatz an ausländische Billiglohnnehmer zu verlieren und die Angst vor ethnischer Überfremdung bilden das Potenzial, aus dem die Extremisten ihre Anhänger holen. Erstaunlich wenige, wie die amtlichen Zahlen zeigen.

Thüringens Innenminister Christian Köckert (CDU) nennt für sein Bundesland 260 NPD- und 200 DVU-Mitglieder, 30 Mitglieder besitzt der Bund Deutscher Patrioten, 20 die Freiheitliche Deutsche Volkspartei. Die Jugendorganisation der NPD zählt 70 Anhänger, der Thüringer Heimatschutz 160. Die Stärke der Republikaner in Thüringen beziffert Köckert mit 190. Weitere 400 Personen gehören nicht organisierten Nazi-Vereinen an, 350 der Skinhead-Szene. Dem gegenüber stehen die »Kommunistische Plattform in der PDS« mit 100, die DKP und die MLPD mit je 50 und die Autonomen mit 350 Personen.

Sorge bereitet den Politikern, dass eine extremistische Minderheit eine demokratische Mehrheit terrorisiert. In Thüringen nimmt die Zahl rechtsextremistischer Straftaten von 1118 im Jahre 1990 auf 1850 im Jahre 2000 zu. Bundesweit hat sich die politische Kriminalität um 59 % erhöht. Aufklärung tut also Not, um dem Extremismus, gleichgültig von welcher Seite, zu begegnen. Zur Förderung von Initiativen dazu sieht der Bundeshaushalt 2001 einen Betrag von 50 Millionen DM vor.

Von den Parteien errungene Wahlkreise (Direktmandate) bei der Bundestagswahl 1998

von der SPD erobert und der CDU/CSU verloren

von der SPD verteidigt

von CDU/CSU verteidigt

siehe Nebenkarten

Schleswig-Holstein
Hamburg
Mecklenburg-Vorpommern
Bremen
Niedersachsen
BERLIN
Brandenburg
Sachsen-Anhalt
Nordrhein-Westfalen
Sachsen
Hamburg
Thüringen
Hessen
PDS
Rheinland-Pfalz
Saarland
Berlin
Rhein-/Ruhrgebiet
Bayern
Frankfurt
Baden-Württemberg
München

„Auferstanden aus Ruinen …"

„Auferstanden aus Ruinen und der Zukunft zugewandt, lass uns dir zum Guten dienen, Deutschland einig Vaterland. Alte Not gilt es zu zwingen, und wir zwingen sie vereint, denn es muss uns doch gelingen, dass die Sonne schön wie nie über Deutschland scheint."

Nationalhymne der DDR

In der Nacht vom 28. zum 29. März 1942 erprobt die britische Royal Air Force (RAF) erstmals die Taktik des Flächenbombardements. Mit einem Großangriff von 234 Flugzeugen beginnt sie die so genannte strategische Luftoffensive gegen Städte und Industrieanlagen in Deutschland. Als erstes Ziel bombardiert die RAF Lübeck, die einstige »Königin der Hanse«. Dem Angriff, der strategisch-militärischen Objekten gilt, fällt die Altstadt zum Opfer und mit ihr der in seinen ältesten Fundamenten bis 1173 – in die Zeit Heinrichs des Löwen – zurückzudatierende Dom St. Marien, die Kirche St. Petri, das Schnabbelhaus und das Haus der Buddenbrooks. Schon vier Wochen später ereilt Rostock das gleiche Schicksal, danach reiht sich Stadt an Stadt, soweit sie im Aktionsradius der britischen Luftstreitkräfte liegen. Am Ende des Zweiten Weltkriegs gleichen Deutschlands Städte einem riesigen Trümmerfeld, das unermessliche Kulturgüter unter sich begräbt.

Nach der Rückkehr aus dem amerikanischen Exil berichtet der Historiker Golo Mann: *„Bis dahin hatte ich London für arg zerstört gehalten, aber wie harmlos, wie gerade eben angekratzt war es, verglichen mit den Trümmern, zwischen denen wir uns bewegten."* Und weiter: *„Wie oft hat man uns erzählt, die Bombardierungen gälten den kriegswichtigen industriellen Anlagen, nicht aber den Innen- und Wohnstädten. Oft war das Gegenteil der Fall; die Frankfurter Innenstadt total zerstört, die Chemiewerke von Hoechst ganz gut ausgespart …"*

Nach dem Krieg ist daher die Wohnraumbeschaffung das vordringlich zu lösende Problem: Ende 1946, eineinhalb Jahre nach Kriegsende, stehen für vierzehn Millionen Haushalte nur acht Millionen Wohnungen zur Verfügung und davon sind viele beschädigt. Besonders hart betroffen sind Berlin, Hamburg und Köln. Von den Besatzungszonen ist die britische am stärksten betroffen. Die Hafen- und Industriestädte an Rhein und Ruhr liegen zu

22 % in Schutt und Asche, 35 % sind beschädigt. Dagegen weisen die Orte der Sowjetzone mit 7 % an Zerstörungen und 12 % an Beschädigungen die relativ geringsten Schäden auf.

Am Beispiel Lübeck

Wie in vielen anderen Städten ist man sich in der Nachkriegszeit auch in Lübeck lange unschlüssig, wie die Wunden durch die Vernichtung hochwertiger Baukultur zum Vernarben gebracht werden können, z. B. der Dom wieder aufgebaut und gestaltet werden soll. Erst nachdem St. Marien wiederhergestellt ist, wagen sich 1960 die Stadtväter an den Wiederaufbau des Doms. Etwa 13 Millionen Mark kostet er, 20 % stammen aus Spenden, den Rest bringen Kirche, Stadt, Land und Bund auf. 1982 finden die teuren und zeitaufwendigen Arbeiten ihren Abschluss: Das »Paradies«, der prächtige Vorraum des Doms, erstrahlt wieder in seiner mittelalterlichen Pracht.

In Lübeck macht die »harte Arbeit auf lange Sicht«, wie der Wiederaufbau in der »Stunde Null«, 1945, von den Politikern genannt wird, nicht bei den großen Baudenkmälern halt, sie erfasst nach und nach die ganze Altstadt. 1987 erfährt diese Leistung eine internationale Anerkennung: Die UNESCO erklärt den wiedererrichteten mittelalterlichen Stadtkern Lübecks – als Zeugen der Backstein-

Zu den Welterbestätten Deutschlands gehören unter anderem Quedlinburg mit der Altstadt und dem Geburtshaus des Dichters Friedrich Gottlieb Klopstock (Bild oben) und die Schlösser und Parks von Potsdam-Sanssouci (Bild unten). – Bislang unterzeichneten 167 Staaten die Konvention der UNESCO »Zum Schutz des Kultur- und Naturerbes der Welt«, 124 davon fanden mit insgesamt 721 Denkmälern bereits internationale Anerkennung. Deutschland nimmt mit 27 Welterbestätten den fünften Platz ein (Grafik rechts oben).

gotik – zum »Weltkulturerbe«. Diese Bezeichnung wird besonders erhaltenswerten Stätten des Menschheitserbes verliehen.

Das »Weltkulturerbe« ist 1972 von der UNESCO ins Leben gerufen

worden. Zum Kulturerbe gehören Baudenkmäler, Stadtensembles und Kulturlandschaften, Industriedenkmäler und Kunstwerke wie Felsbilder oder Höhlenmalereien. Das Naturerbe umfasst geologische Forma-

tionen, Fossilienfundstätten – etwa Messel bei Darmstadt –, Naturlandschaften und Schutzreservate von Tieren und Pflanzen, die vom Aussterben bedroht sind. Über die Aufnahme von Stätten in die Welterbeliste entscheidet das UNESCO-Welterbekomitee, das einmal jährlich zusammentrifft. Es richtet sich dabei streng nach den Kriterien, die in der Konvention über das Welterbe festgelegt sind. Im Komitee sind Experten aus 21 Ländern vertreten, die von den Unterzeichnerstaaten gewählt werden. Der Internationale Rat für Kulturdenkmäler (ICOMOS) und die Internationale Vereinigung für die Erhaltung der Natur und ihrer Ressourcen (IUCN) unterstützen das Komitee. Wird eine Natur- oder Kulturstätte als Welterbe anerkannt, bedeutet dies die Verpflichtung der betroffenen Regierung, die Schutz- und Erhaltungsmaßnahmen eigenständig zu finanzieren. Länder, die nur über begrenzte Mittel verfügen, können im Rahmen der Konvention auf einen Welterbefonds zurückgreifen, der aus dem Pflichtbeitrag der Unterzeichnerstaaten (ein Prozent ihrer Beiträge zum ordentlichen Haushalt der UNESCO), aus freiwilligen Beiträgen der Mitgliedstaaten, aus Spenden und aus Einnahmen durch Welterbekampagnen finanziert wird.

Kulturelle Kostbarkeiten

Deutschland ist im Sommer 2002 mit 27 Objekten in der Liste des Welterbes eingetragen. Es liegt damit unter den 167 Welterbeländern hinter Spanien (37 Objekte), Italien (35), Frankreich (28) und China (28) an fünfter Stelle.

Vor der Altstadt von Lübeck finden der Dom zu Aachen 1978, der Dom zu Speyer, die Würzburger Residenz 1981, die Wallfahrtskirche »Die Wies« bei Pfaffenhofen 1983, die Schlösser Augustusburg und Falkenlust in Brühl 1984, der Dom und die Michaeliskirche von Hildesheim 1985 und die römischen Baudenkmäler, der Dom und die Liebfrauenkirche von Trier 1986 Aufnahme als Welterbe. Weitere Denkmäler folgen, sofern sie den strengen Auflagen der UNESCO entsprechen. Denn Aufnahme in der Liste des Welterbes finden sie nur, wenn sie die in der Konvention festgelegten Kriterien der »Einzigartigkeit« und – bei Kulturstätten – der »Authentizität« bzw. – bei Naturstätten – der »Integrität« erfüllen und ein überzeugender »Erhaltungsplan« vorliegt.

Zweifellos setzt das UNESCO-Programm, einmalige Kultur- und Naturdenkmale in ihrer Ursprünglichkeit der Menschheit zu erhalten, neue Impulse zum Schutz bestehender, aber auch zur Wiedererrichtung verloren gegangener oder zerstörter Objekte. So beginnt 2001 der Wiederaufbau des Potsdamer Stadtschlosses, kurz nachdem die Stadtverordneten ihn beschlossen haben. Schwer fiel es den Stadtvätern freilich nicht, kommt doch das Kapital dafür aus privater Hand: Der Fernsehmoderator Günther Jauch spendet das Geld zur Errichtung des Nordtores des Schlosses, des Fortuna-Portals. Ob hinter der rekonstruierten Fassade später ein Tagungshotel oder ein Museum Platz finden oder der Landtag einziehen wird, ist noch ungewiss.

Nur wenige hundert Meter vom Schloss entfernt liegt das Trümmerfeld der Garnisonkirche. 1968 fällt auf Anordnung der SED-Regierung die Bombenruine einem Sprengkommando zum Opfer. Nun soll sie mit Spendengeldern wieder aufgebaut werden.

Welterbe im Osten

Nach dem Fall der Mauer wird auch UNESCO-Kommission für das Welterbe auf das historische Kulturgut der ehemaligen DDR aufmerksam. Nach den Schlössern und Parks von Sanssouci 1990, der Altstadt von Quedlinburg 1994, den Bauhausstätten von Dessau und Weimar und den Luthergedenkstätten in Eisleben und Wittenberg 1996 herrscht am 2. 12. 1998 in Weimar große Freude darüber, dass die UNESCO die Aufnahme des »Klassischen Weimar« in die Reihe der Welterbestätten beschlossen hat. „Die Stadt ist glücklich, dass im japanischen Kyoto diese Entscheidung vor dem Beginn des Kulturstadtjahres '99 gefallen ist", jubelt Weimars Oberbürgermeister Volkhardt Germer.

In der Tat kann sich das Kulturgut »Klassisches Weimar« sehen lassen: Teile der Altstadt, die Wohnhäuser Goethes und Schillers, die Stadtkirche, das Herderhaus, das Wittumpalais, zahlreiche Schlösser, Parks und Orangerien stehen nun unter UNESCO-Schutz.

Nach Weimar finden auch andere ostdeutsche Kulturstätten die begehrte internationale Anerkennung: so die Wartburg und die Berliner Museumsinsel 1999 und das Gartenreich Dessau-Wörlitz 2000.

Damit findet die Reihe aufnahmewürdiger Ensembles und Objekte noch kein Ende, denn langsam, aber unaufhaltsam spricht sich herum, dass die schönsten Städte im Osten liegen. Zum Beispiel Freiberg am Rande des Erzgebirges.

Wie in anderen Städten des Ostens entgeht das historische Stadtzentrum dem Bombenhagel des Krieges. Später kommt ihm die wirtschaftliche Impotenz der DDR zugute, die zwar einen dramatischen Verfall der Bausubstanz verursacht, zugleich aber die Zerstörungssucht sozialistischer Stadtplanung in Grenzen hält, alte Plätze und Straßenzüge bleiben unangetastet. Vor allem in der Provinz versinken viele Orte in ein rettendes Dämmern.

Freiberg zählt zu den am besten erhaltenen unter ihnen. Im Mittelalter durch den Silberbergbau reich geworden, besticht es heute noch mit einem spätgotisch-renaissancezeitlichen Stadtbild von einzigartiger Geschlossenheit. Über weite Strecken von einer zehn Meter hohen Mauer mit Wehrtürmen, Graben und vorgelagertem Grüngürtel eingefasst, bietet die Altstadt über fünfhundert Baudenkmäler, von denen gut vier Fünftel älter als dreihundert Jahre sind.

Abbrüche konnten in Freiberg bisher verhindert werden. Das Baudezernat folgt nicht dem neuen Städtebaukonzept »Stadtumbau Ost«, das zu oft nur die euphemistische Umschreibung für Abrisspolitik ist.

Ähnliches gilt auch für Görlitz, die östlichste Stadt Deutschlands. Als der Verfall in den 70er-Jahren soweit fortgeschritten ist, dass der Abriss der gesamten Innenstadt erwogen wird, scheitert dieser am Geldmangel. Zum Glück für die Nachwelt. Nun sind zwei Drittel der Altstadt saniert und in wenigen Jahren wird Görlitz vermutlich die schönste Stadt Deutschlands und als UNESCO-Kulturerbe anerkannt sein.

beide Städte: Altstadtensemble, Backsteingotik

SCHLESWIG-HOLSTEIN · Lübeck 1987
Mittelalterlicher Stadtkern
Stralsund 2002
Wismar 2002
MECKLENBURG-VORPOMMERN
HAMBURG
BREMEN
NIEDER-SACHSEN
BRANDENBURG
Dom und Abteikirche
Hildesheim 1985
Schlösser, Parks, Palais
Potsdam 1990
Museumsinsel 1999
BERLIN
Erzbergwerk, Altstadt, Kaiserpfalz
Goslar 1992
SACHSEN-ANHALT
Melanchthonhaus, Stadt- und Schlosskirche
1994
Dessau 1996
Wittenberg 2000
NORDRHEIN-WESTFALEN
Zeche und Kokerei Zollverein
Essen 2001
1300 Fachwerkhäuser, Romanik
Quedlinburg
Wörlitz 2000
Landschaftsgestaltung der Aufklärung
Krönungskirche, Pfalzkapelle
Köln 1996 gotischer Dom
Eisleben 1996
SACHSEN
Aachen 1978
Brühl 1984
Wartburg/Eisenach 1999
Weimar 1996
»Meisterhäuser« des Bauhaus-Stils
Schlossbaukunst des 18. Jh.s
800 Jahre alte Burg
THÜRINGEN
Luthers Geburts- und Sterbehaus
Koblenz
Mittelrheintal, Kulturlandschaft 2002
HESSEN
Fundstätte von Fossilien des Eozäns
Bamberg 1993
Geisteszentrum des 18. und 19. Jh.s
römische Baudenkmäler
Mainz 1995
Messel 1995
Würzburg 1981
Stadtensemble
Trier 1986
RHEINLAND-PFALZ
Lorsch 1991
barocke Residenz
SAARLAND 1994
Speyer 1981
karolingische Torhalle, Klosterrelikte
Völklingen
Hütte, Industriedenkmal
Maulbronn 1993
vollständig erhaltenes mittelalterliches Kloster
BAYERN
Hauptwerk deutscher Romanik
BADEN-WÜRTTEMBERG
Reichenau 2000
Pfaffenwinkel 1983
bayerisches Rokoko, Wieskirche
Jahreszahlen geben die Aufnahme als Welterbe an
0 — 100 km
Benediktinerkloster, romanische Kirchen
Anmerkung: Die Luthergedenkstätten in Eisleben und Wittenberg gelten als eine Welterbestätte, ebenso die im Juni 2002 aufgenommenen Ostseestädte Wismar und Stralsund.

Karl Dietrich Adam, Der Mensch der Vorzeit. Führer durch das Urmensch-Museum Steinheim an der Murr; Stuttgart 1984.

Gerd Albrecht und Andrea Hahn, Rentierjäger im Brudertal. Die jungpaläolitischen Fundstellen um den Petersfels und das Städtische Museum Engen im Hengau, Stuttgart 1991.

Gerd Althoff, Otto III., Darmstadt 1996.

Archäologisches Landesmuseum Baden-Württemberg (Hrsg.), Die Alamannen, Stuttgart 1997.

Atlas zur Geschichte, 2 Bände; Gotha, Leipzig 1973.

Atlas Historyczny Polski; Warschau o.J.

Walter Kaemling, Atlas zur Geschichte Niedersachsens; Braunschweig 1987.

Dietwulf Baatz, Fritz-Rudolf Herrmann (Hrsg.), Die Römer in Hessen; Stuttgart 1989.

Klaus J. Bade, Deutsche im Ausland – Fremde in Deutschland; München 1993.

Adolf Bär, Paul Quensel (Hrsg.), Bildersaal Deutscher Geschichte; Stuttgart, Berlin, Leipzig 1890.

Eli Barnavi, Universalgeschichte der Juden; Wien 1993.

Bayerischer Schulbuch-Verlag, Großer Historischer Weltatlas, 3 Bände, München 1978.

Wolfgang Behringer, Hexen – Glaube, Verfolgung, Vermarktung; München 1998.

Wolfgang Behringer, Hexen und Hexenprozesse; München 1995.

Peter Bender, Die »Neue Ostpolitik« und ihre Folgen; Vom Mauerbau bis zur Vereinigung, München 1995.

Wolfgang Benz und Walter H. Pehle, Lexikon des deutschen Widerstandes; Frankfurt am Main 1994.

Wolfgang Benz, Potsdam 1945. Besatzungswirtschaft und Neuaufbau im Vier-Zonen-Deutschland; München 1992.

Wolfgang Benz, Die Gründung der Bundesrepublik. Von der Bizone zum souveränen Staat; München 1994.

Wolfgang Benz, Deutschland 1945-1949 – Besatzungszeit und Staatengründung; Bonn 1998.

Wolfgang Benz, Hans Buchheim, Hans Mommsen (Hrsg.), Der Nationalsozialismus. Studien zur Ideologie und Herrschaft, Frankfurt am Main 1995.

Klaus Bergdolt, Der schwarze Tod in Europa. Die große Pest und das Ende des Mittelalters; München 1994.

Helmut Beumann, Die Ottonen, Stuttgart, Berlin, Köln 1994.

Adolf Birke, Nation ohne Haus. Deutschland 1945-1961; Berlin 1994.

Christine Bockisch-Bräuer, John P. Zeitler (Hrsg.), Kulthöhlen. Funde, Deutungen, Fakten; Nürnberg 1996.

Hartmut Boockmann, Stauferzeit und spätes Mittelalter. Deutschland 1125-1517, Berlin 1994.

Peter Borowsky, Zeiten des Wandels. Deutschland 1961-1974, Informationen zur politischen Bildung 258; Bonn 1998.

Egon Boshof, Die Salier; Stuttgart, Berlin, Köln 1995.

Manfred Botzenhart, Reform, Restauration, Krise, Deutschland 1789-1847; Darmstadt 1997.

Martin Broszat, Die Machtergreifung. Der Aufstieg der NSDAP und die Zerstörung der Weimarer Republik; München 1994.

Martin Broszat, Der Staat Hitlers; München 1995.

Göran Burenhult (Hrsg.), Die ersten Menschen. Die Usprünge des Menschen bis 10.000 v.Chr.; Hamburg 1993.

Göran Burenhult (Hrsg.), Die Menschen der Steinzeit. Jäger, Sammler und frühe Bauern; Hamburg 1993.

Rupert Butler, Illustrierte Geschichte der GESTAPO, Augsburg 1996.

Boris Celovsky, Das Münchener Abkommen von 1938; Stuttgart 1958.

Detlev Claussen, Vom Judenhass zum Antisemitismus; Darmstadt und Neuwied 1987.

Detlev Claussen, Grenzen der Aufklärung – Die gesellschaftliche Genese des modernen Antisemitismus; Frankfurt am Main 1994.

Chronik – Bibliothek des 20. Jahrhunderts 1900-1999, 100 Bände, Gütersloh, München.

Chronik der Deutschen; Gütersloh, München 1995.

Werner Conze, Volker Hentschel (Hrsg.), PLOETZ –Deutsche Geschichte, Epochen und Daten; Darmstadt 1996.

Gordon A. Craig, Königgrätz; Wien/Hamburg, 1966.

Heinz Cüppers (Hrsg.), Die Römer in Rheinland-Pfalz; Stuttgart 1990.

Wolfgang Czysz, Karlheinz Dietz, Thomas Fischer, Hans-Jörg Kellner (Hrsg.), Die Römer in Bayern; Stuttgart 1995.

Falko Daim (Hrsg.), Hunnen und Awaren – Reitervölker aus dem Osten; Bad Vöslau 1996.

Hermann Dannheimer, Rupert Gebhard (Hrsg.), Das keltische Jahrtausend; Mainz 1993.

Lucy S. Dawidowitz, Der Krieg gegen die Juden, 1933-1945, München 1979.

Alexander Demandt (Hrsg.), Deutschlands Grenzen in der Geschichte, München 1991.

Georg Denzler, Volker Fabricius, Christen und Nationalsozialisten; Frankfurt am Main 1995.

Hannsferdinand Döbler, Die Germanen. Ein Lexikon zur europäischen Frühgeschichte; Gütersloh, Berlin München, Wien 1975.

Philippe Dollinger, Die Hanse; Stuttgart 1989.

Dieter Dowe, Heinz-Gerhard Haupt, Dieter Langewiesche (Hrsg.), Europa 1848; Bonn 1998.

Joachim Ehlers, Die Entstehung des Deutschen Reiches; München 1998.

Thomas Ellwein, Krisen und Reformen. Die Bundesrepublik seit den sechziger Jahren; München 1993.

Evamaria Engel, Die Deutsche Stadt des Mittelalters, München 1993.

Ernst Engelberg, Bismarck, 2 Bände; München 1991, 1993.

Karl Dietrich Erdmann, Die Weimarer Republik; München 1993.

Karl Dietrich Erdmann, Der Erste Weltkrieg; München 1995.

Karl Dietrich Erdmann, Deutschland unter der Herrschaft des Nationalsozialismus 1933-1939; München 1996.

Karl Dietrich Erdmann, Das Ende des Reiches und die Neubildung deutscher Staaten; München 1993.

Karl Dietrich Erdmann, Der Zweite Weltkrieg; München 1994.

Eugen Ewig, Die Merowinger und das Frankenreich; Stuttgart, Berlin, Köln 1993.

Jürgen W. Falter, Hitlers Wähler; München 1991.

Philipp Filtzinger, Dieter Planck, Bernhard Cämmerer, Die Römer in Baden-Württemberg; Stuttgart, Aalen 1986.

Fritz Fischer, Griff nach der Weltmacht. Die Kriegszielpolitik des kaiserlichen Deutschland 1914/18; Düsseldorf 1984.

Fritz Fischer, Krieg der Illusionen. Die deutsche Politik von 1911-1914; Düsseldorf 1987.

Thomas Fischer, Römer und Bajuwaren an der Donau, Regensburg 1988.

Michael Freeman, Atlas of Nazi-Germany; London, Sydney, 1987.

Norbert Frei, Der Führerstaat. Nationalsozialistische Herrschaft 1933 bis 1945; München 1996.

Saul Friedländer, Das Dritte Reich und die Juden, München 1998.

Klaus Friedland, Die Hanse; Stuttgart, Berlin, Köln 1991.

Michael Fröhlich, Imperialismus – Deutsche Kolonial- und Weltpolitik 1880-1914, München 1994.

Ruth Gay, Geschichte der Juden in Deutschland, München 1993.

Imanuel Geiss, Geschichte des Rassismus; Frankfurt am Main 1988.

Imanuel Geiss, Der lange Weg in die Katastrophe, 1815-1914; München 1988.

Imanuel Geiss, Geschichte griffbereit. Epochen, Daten, Personen, Schauplätze, Begriffe, Staaten; 6 Bände, Dortmund 1993.

Imanuel Geiss, Geschichte im Überblick. Daten und Zusammenhänge der Weltgeschichte; Reinbek bei Hamburg 1995.

Imanuel Geiss, Chronik des 19. Jahrhunderts; Gütersloh, München 1996.

Andreas Gestrich, Geschichte der Familie im 19. und 20. Jahrhundert; München 1999.

Dieter Geuenich, Geschichte der Alemannen; Stuttgart, Berlin, Köln 1996.

Nachum T. Gidal, Die Juden in Deutschland von der Römerzeit bis zur Weimarer Republik, Köln 1997.

Marija Gimbutas, Das Ende Alteuropas. Der Einfall von Steppennomaden aus Südrussland und die Indogermanisierung Mitteleuropas; Innsbruck 1994.

Manfred Görtemaker, Der Weg zur Einheit. Deutschland seit Mitte der achtziger Jahre, Informationen zur politischen Bildung 250; Bonn 1996.

Walter Grab (Hrsg.), Die Revolution von 1848/49. Eine Dokumentation; Stuttgart 1998.

Hermann Graml, Reichskristallnacht. Antisemitismus und Judenverfolgung im Dritten Reich; München 1988.

Karlheinz Graudenz, Hanns-Michael Schindler, Die deutschen Kolonien, Augsburg 1995.

Helga Grebing, Arbeiterbewegung. Sozialer Protest und kollektive Interessenvertretung bis 1914, München 1993.

Hermann Greive, Die Juden, Grundzüge ihrer Geschichte; Darmstadt 1989.

Dieter Groh und Peter Brandt, »Vaterlandslose Gesellen«, Sozialdemokratie und Nation 1860-1990, München 1992.

Großer Atlas zur Weltgeschichte, Braunschweig 1990.

Horst Gründer, Geschichte der deutschen Kolonien; Paderborn 1985.

Hans F. K. Günther, Rassenkunde des Deutschen Volkes; München 1934.

Hans-Werner Hahn, Die industrielle Revolution in Deutschland; München1998.

Friedrich Heer, Karl der Große und seine Welt; Wien, München, Zürich 1977

Helmut Heiber, Die Republik von Weimar; München 1994.

Ludolf Herbst, Das nationalsozialistische Deutschland, 1933-1945; Darmstadt 1997.

Ludolf Herbst, Option für den Westen. Vom Marshallplan bis zum deutsch-französischen Vertrag; München 1989.

Franz Herre, Bismarck. Der preußische Deutsche; Augsburg, 1997.

Jürgen Herrnkind, Helmut Kistler, Herbert Raisch (Hrsg.), Atlas zur Universalgeschichte; München 1979.

Arno Herzig, Jüdische Geschichte in Deutschland, Von den Anfängen bis zur Gegenwart, München 1997.

Klaus Hildebrand (Hrsg.), Das Deutsche Reich im Urteil der Großen Mächte und europäischen Nationen, München 1995.

Werner Hilgemann, Atlas zur deutschen Zeitgeschichte; München, Zürich 1986.

Heinz Höhne, Der Orden unter dem Totenkopf, Die Geschichte der SS; Augsburg 1992.

Edgar Hösch, Geschichte der Balkanländer, München 1988.

Heinz Günter Horn (Hrsg.), Die Römer in Nordrhein-Westfalen; Stuttgart 1987.

Otto Hue, Die Bergarbeiter; Berlin, Bonn 1981.

Eberhard Isenmann, Die deutsche Stadt im Spätmittelalter; Stuttgart 1988.

Gerhard Jaeckel, Die deutschen Kaiser; Oldenburg, Hamburg, München; 1980.

Ute Jäger, Die Römer an der Donau – Bad Gögging, Kastell Eining; Treuchtlingen 1993.

Erwin Keefer, Steinzeit; Stuttgart 1993.

Hubert Jedin, Kenneth Scott Latourette, Jochen Martin (Hrsg.), Atlas zur Kirchengeschichte. Die christlichen Kirchen in Geschichte und Gegenwart; Freiburg im Breisgau 1970.

Wolfgang Kimmig, Die Heuneburg an der oberen Donau; Stuttgart 1983.

Hermann Kinder, Werner Hilgemann, Atlas zur Weltgeschichte. Von den Anfängen bis zur Gegenwart; München, Zürich 1982.

Helmut Kistler, Die Entstehung der Bundesrepublik Deutschland, Informationen zur politischen Bildung 224; Bonn 1989.

Martin Kitchen, Illustrierte Geschichte Deutschland; Augsburg 1998.

Margot Klee, Der Limes zwischen Rhein und Main; Stuttgart 1989.

Gerhard Köbler, Historisches Lexikon der deutschen Länder; München 1992.

Wolfgang Köllmann (Hrsg.), Bevölkerung und Raum in Neuerer und Neuester Zeit, Bevölkerungs-Ploetz; Würzburg 1963.

Werner König, dtv-Atlas zur deutschen Sprache; München 1979.

Eugen Kogon, Der SS-Staat; München 1974.

Helmut Kohl, Ich wollte Deutschlands Einheit; Berlin 1996.

Karl-Friedrich Krieger, König, Reich und Reichsreform im Spätmittelalter, München 1992.

Peter Kolb, Wer waren die Kelten? München 1993.

Martin Kuckenburg, Siedlungen der Vorgeschichte in Deutschland, 300.000 bis 15 v.Chr.; Köln 1993.

Harry Kühnel (Hrsg.), Alltag im Spätmittelalter; Graz, Wien, Köln 1996.

Nicholas de Lange, Jüdische Welt. Bildatlas der Weltkulturen – Kunst, Geschichte und Lebensformen; Augsburg 1997.

Heinz Lauber, Judenpogrom: »Reichskristallnacht« November 1938 in Großdeutschland; Gerlingen 1981.

Johannes Lehmann, Die Staufer – Glanz und Elend eines deutschen Kaisergeschlechts; Bindlach 1991.

LIST, Geschichte unserer Welt in Karten und Dokumenten; München 1965.

Otto J. Maenchen-Helfen, Die Welt der Hunnen; Wiesbaden 1997.

Dieter Mania, Die ersten Menschen in Europa; Stuttgart 1998.

Peter Marschalck, Bevölkerungsgeschichte Deutschlands im 19. und 20. Jahrhundert; Frankfurt am Main 1984.

Wilfried Meghin, Die Langobarden. Archäologie und Geschichte; Stuttgart o. J.

Enno Meyer, Grundzüge der Geschichte Polens; Darmstadt 1990.

Jürgen Mirow, Geschichte des Deutschen Volkes. Von den Anfängen bis zur Gegenwart, Gernsbach 1996.

Horst Möller, Fürstenstaat oder Bürgernation. Deutschland 1763-1815; Berlin 1994.

Horst Möller, Weimar. Die unvollendete Demokratie; München 1993.

Dietrich Mühlberg, Proletariat. Kultur und Lebensweise im 19. Jahrhundert, Wien, Köln, Graz 1986.

Helmut Müller (Hrsg.), Deutsche Geschichte in Schlaglichtern; Mannheim, Leipzig, Wien, Zürich 1996.

Thomas Nipperdey, Deutsche Geschichte 1800-1866, Bürgerwelt und starker Staat, München 1991.

Gerhard Paul, Michael Mallmann (Hrsg.), Die GESTAPO; Darmstadt 1995.

Walter H. Pehle (Hrsg.), Der Judenpogrom 1938. Von der »Reichskristallnacht« zum Völkermord; Frankfurt am Main 1994.

Detlev J. K. Peukert, Die Weimarer Republik; Darmstadt 1997.

Heinrich Pleticha (Hrsg.), Deutsche Geschichte. Von den Anfängen bis zur Gegenwart, 6 Bände; Gütersloh, München 1998.

Der große PLOETZ – Die Daten-Enzyklopädie der Weltgeschichte; Freiburg im Breisgau, 1998.

Ernst Probst (Hrsg.), Deutschland in der Bronzezeit. Bauern, Bronzegießer und Burgherren zwischen Nordsee und Alpen, München 1996.

Pierre Riché, Die Karolinger; München 1995.

Adolf Rieth (Hrsg.), Führer durch das Federseemuseum, Stuttgart 1969.

Helmuth K. G. Rönnefarth (Hrsg.), Konferenzen und Verträge, Vertrags-Ploetz, 3 Bände; Würzburg 1958 bis 1963.

Georg Wilhelm Sante (Hrsg.), PLOETZ – Reich und Länder. Geschichte der deutschen Territorien, 2 Bände; Darmstadt 1978.

Anton Scherer (Hrsg.), Die Urheimat der Indogermanen, Darmstadt 1968.

Axel Schildt, Deutschland in den fünfziger Jahren. Informationen zur politischen Bildung 256; Bonn 1997.

Gerhard Schildt, Die Arbeiterschaft im 19. und 20. Jahrhundert; München 1996.

Heinz Schilling, Aufbruch und Krise. Deutschland 1517-1648; Berlin 1994.

Heinz Schilling, Höfe und Allianzen. Deutschland 1648-1763; Berlin 1994.

Bernhard Schimmelpfennig, Könige und Fürsten, Kaiser und Papst nach dem Wormser Konkordat; München 1996.

Helmut Schlichtherle (Hrsg.), Pfahlbauten rund um die Alpen; Stuttgart 1997.

Gerhard Schulz, Revolutionen und Friedensschlüsse 1917-1920; München 1985.

Hagen Schulze, Der Weg zum Nationalstaat; München 1992.

Hagen Schulze, Weimar. Deutschland 1917-1933; Berlin 1994.

Hans K. Schulze, Vom Reich der Franken zum Land der Deutschen. Merowinger und Karolinger; Berlin 1994.

Klaus Schönhoven, Reformismus und Radikalismus. Gespaltene Arbeiterbewegung im Weimarer Sozialstaat; München 1989.

Gudrun Schwarz, Die nationalsozialistischen Lager; Frankfurt 1996.

Ute Seidel, Bronzezeit; Stuttgart 1995.

Wolfram Siemann, Die deutsche Revolution von 1848/49; Darmstadt 1997.

Wolfgang Sofsky, Die Ordnung des Terrors: Das Konzentrationslager; Frankfurt am Main 1997.

Ulrich Speck, 1848. Chronik einer deutschen Revolution; Frankfurt am Main, Leipzig 1998.

Max Spindler (Hrsg.), Bayerischer Geschichtsatlas, München 1969.

Dietrich Staritz, Die Gründung der DDR. Von der sowjetischen Besatzungswirtschaft zum sozialistischen Staat; München1995.

George H. Stein, Geschichte der Waffen-SS; Königstein/Taunus 1978.

Michael Stürmer, Das ruhelose Reich. Deutschland 1866-1918, Berlin 1994.

Reinhard Sturm, Weimarer Republik. Informationen zur politischen Bildung 261; Bonn 1998.

Gerhard Taddey (Hrsg.), Lexikon der deutschen Geschichte; Stuttgart 1983.

Hans-Ulrich Thamer, Verführung und Gewalt. Deutschland 1933-1945; Berlin 1994.

Hans-Ulrich Thamer, Nationalsozialismus I. Von den Anfängen bis zur Festigung der Macht. Informationen zur politischen Bildung 251; Bonn 1996.

Dietrich Thränhardt, Geschichte der Bundesrepublik Deutschland, 1949-1990; Darmstadt 1997.

Eckart Thurich, Die Sieger in Deutschland. Informationen zur politischen Bildung 232; Bonn 1991.

Eckart Thurich, Die Teilung Deutschlands 1955 bis zur Einheit. Informationen zur politischen Bildung 233; Bonn 1991.

Richard H. Tilly, Vom Zollverein zum Industriestaat. Die wirtschaftlich-soziale Entwicklung Deutschlands 1834 bis 1914; München 1990.

Wilhelm Treue, Gesellschaft, Wirtschaft und Technik Deutschlands im 19. Jahrhundert, München 1994.

Johannes Tuchel, Konzentrationslager; Boppard am Rhein 1991.

Hans-Peter Ullmann, Das Deutsche Kaiserreich; Darmstadt,1997.

Veit Valentin, Geschichte der deutschen Revolution 1848-1849, 2 Bände; Weinheim; Berlin 1998.

Martin Vogt (Hrsg.), Deutsche Geschichte Von den Anfängen bis zur Gegenwart; Stuttgart, Weimar 1997.

Bernd-Jürgen Wendt, Großdeutschland. Außenpolitik und Kriegsvorbereitung des Hitler-Regimes; München 1993.